"책 표지 한번 별나네?"

책의 얼굴이라는 표지에 책에 대한 정보가 없으니 당황스러우셨죠?

우리 함께 공부하는 별님들의 꿈은 무엇인가요?
꿈은 명사가 아닌 동사여야 합니다.
제가 동사의 꿈을 여러분과 함께 꾸고자 합니다.

많은 사람들이 쓰는 책의 얼굴에 선한 메시지가 담겨진다면 얼마나 아름다울까?

이 작은 움직임이 큰 몸짓으로 바뀌어 나간다면 우리는 얼마나 더 따스해질까?

그래서 과감하게 책의 얼굴을 바꿔 보기로 했습니다.
누군가에게 도움을 주는 삶.
저도 사실은 익숙하진 않습니다.

우리 함께 해봐요.
삶 속에서, 그냥 평범한 일상 속에서
나도 누군가에게 도움을 '지금' 주고 있다는 느낌을 가져 보죠.

별똥별을 보고 소원을 빌면 이루어진다고 하죠?

큰별쌤과 함께 한국사를 공부한 별님들의 따뜻한 마음,
그 마음이 모여 간절한 바람이 있는 곳에 별똥별이 되어 날아갑니다.

이 책을 통해 나오는 수익금의 일부가
누군가에게 희망의 빛으로 다가가길 소망합니다.
이 책을 통해 우리는 서로를 기대고 있는 '사람(人)'이라는 사실을
공유하길 소망합니다.

이 책을 통해 당신은 '지금' 누군가의 별똥별이 되어줄 수 있습니다.
이미 누군가의 꿈을 '지금' 응원하고 있는 겁니다.

우리 별님들은 그런 사람입니다.

집필 및 검토

최태성

모두의 별★별 한국사 연구소장

EBS 한국사 대표 강사, ETOOS 한국사 강사

성균관대학교 사학과 졸업

중·고등학교 한국사 교과서 및 역사부도 집필

EBS 평가원 연계 교재 집필 및 검토

2011~2012년 EBS 역사 자문위원

2013년 국사편찬위원회 자문위원

2022~2024년 국가 보훈부 정책 자문 위원

MBC 〈무한도전〉 '문화재 특강' 진행

KBS1 TV 〈역사저널 그날〉 패널 출연

KBS 라디오 FM 대행진 〈별별 히스토리〉 코너 진행

EBS1 〈미래교육 플러스〉 진행

tvN STORY 〈벌거벗은 한국사〉 진행

JTBC 〈역사 이야기꾼〉 출연

2025년 대통령 표창

모두의 별★별 한국사 연구소 곽승연 이상선 김혜진 권혜성

Staff

발행인 정선욱

퍼블리싱 총괄 남형주

기획·개발 김태원 박하영 김인겸

디자인 김정인

유통·마케팅 서준성 김지희

제작·물류 김한길 김경수 신영민

큰별쌤 최태성의 별★별 한국사 기출 500제 한국사능력검정시험 | 심화(1·2·3급) 202512 제10판 1쇄   202601 제10판 3쇄

펴낸곳 이투스에듀(주) 서울시 서초구 남부순환로 2547

고객센터 1599-3225   **등록번호** 제2007-000035호   **ISBN** 979-11-389-3445-9 [13910]

- 이 책은 저작권법에 따라 보호받는 저작물이므로 무단전재와 무단복제를 금합니다.
- 잘못 만들어진 책은 구입처에서 교환해 드립니다.

2026년 한국사능력검정시험 심화 시험 일정

여러분의 합격을 기원합니다. ^^

구분		원서 접수 기간	시험일
제77회	정기	1월 6일(화) 10:00 ~ 1월 13일(화) 17:00	2월 7일(토)
	추가	1월 20일(화) 10:00 ~ 1월 23일(금) 17:00	
제78회	정기	4월 21일(화) 10:00 ~ 4월 28일(화) 17:00	5월 23일(토)
	추가	5월 5일(화) 10:00 ~ 5월 8일(금) 17:00	
제79회	정기	7월 7일(화) 10:00 ~ 7월 14일(화) 17:00	8월 9일(일)
	추가	7월 21일(화) 10:00 ~ 7월 24일(금) 17:00	
제80회	정기	9월 15일(화) 10:00 ~ 9월 22일(화) 17:00	10월 17일(토)
	추가	9월 29일(화) 10:00 ~ 10월 2일(금) 17:00	
제81회	정기	11월 3일(화) 10:00 ~ 11월 10일(화) 17:00	11월 28일(토)
	추가	11월 11일(수) 10:00 ~ 11월 13일(금) 17:00	

* 추가 접수는 원서 접수 기간 종료 후 잔여 좌석에 한함
* 시험 결과 발표 : 시험 종료 후 2주 이내 한국사능력검정시험 홈페이지를 통해 발표

큰별쌤 최태성의
별★별한국사

큰별쌤 최태성의
별★별 한국사

기출 500제

한국사능력검정시험
심화 (1·2·3급)

최태성 지음

기출 BOOK

한국사능력검정시험이란?

한능검 접수 가이드 영상

한국사능력검정시험은 국사편찬위원회에서 개발한 다양한 유형의 문항을 통해 우리 역사에 대한 관심을 제고하고, **한국사 전반에 걸쳐 역사적 사고력을 평가**할 수 있는 시험입니다. 이를 통해 한국사 교육의 올바른 방향을 제시하고 자발적 역사 학습을 통한 고차원적 사고력과 문제해결 능력 배양을 목적으로 하고 있습니다.

시험 목적
- 우리 역사에 대한 관심을 확산·심화시키는 계기를 마련함
- 균형 잡힌 역사의식을 갖도록 함
- 고차원적 사고력과 문제해결 능력을 육성함
- 역사 교육의 올바른 방향을 제시함

 시험 주관 및 시행 기관
국사편찬위원회

 응시 대상
한국사에 관심 있는 대한민국 국민(외국인도 가능)

※ 출처 : 국사편찬위원회 한국사능력검정시험

시험 종류 및 인증 등급

시험 종류	심화	기본
인증 등급	1급(80점 이상)	4급(80점 이상)
	2급(70~79점)	5급(70~79점)
	3급(60~69점)	6급(60~69점)
문항 수	50문항(5지 택1형)	50문항(4지 택1형)

※ 배점 : 100점 만점(문항별 1점~3점 차등 배점)

심화 시험 시간

시간	내용	소요 시간
10:00~10:10	오리엔테이션(시험 시 주의 사항)	10분
10:10~10:15	신분증 및 수험표 확인(감독관)	5분
10:15~10:20	문제지 배부	5분
10:20~11:40	시험 실시(50문항)	80분

평가 내용

시험 종류	평가 내용
심화	한국사 심화 과정으로 한국사에 대한 체계적인 이해를 바탕으로 한국사의 주요 사건과 개념을 종합적으로 이해하고, 역사 자료를 분석하고 해석하는 능력, 한국사의 흐름 속에서 시대적 상황 및 쟁점을 파악하는 능력
기본	한국사 기본 과정으로 기초적인 역사 상식을 바탕으로 한국사의 필수 지식과 기본적인 흐름을 이해하는 능력

여기서 잠깐!

1급을 받기 위해서는 80점 이상을 받아야 합니다. 그러나 "심화" 시험의 난도는 기존 고급과 비슷한 수준이고, 문제 유형도 바뀌지 않았기 때문에 걱정할 필요가 전혀 없어요. 지금처럼 큰별쌤을 믿고 중요한 개념들 위주로 학습하면 합격할 수 있습니다.

시험 합격 비법

유튜브 최태성 1TV(인강 전문 채널)

모두의 별★별 한국사 (http://www.etoos.com/bigstar)

원서 접수 및 자세한 시험 정보

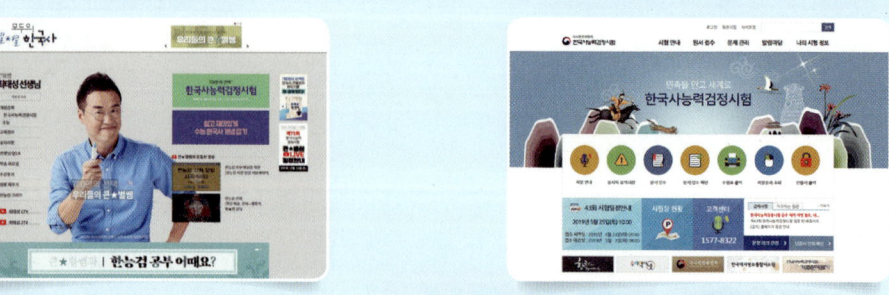

한국사능력검정시험 (http://www.historyexam.go.kr)

큰별쌤의 결론은?

1. 초등부터 성인까지 한국사 필수 시대!
한국사를 손 놓을 수는 없죠!

2. 한국사는 계속된다! 쭈~욱!
공무원 시험, 교원임용 시험, 승진 시험 등

3. 한국사능력검정시험은 선발 시험이 아닌 인증 시험!
80점 이상이면 1급
70~79점이면 2급
60~69점이면 3급

4. 도전해 볼 만한 수준!
한 달 정도만 투자해서 필수 개념만 익히면 합격할 수 있어요.

전체적인 흐름을 파악하고, 개념을 꼼꼼히 확인하세요.
사진, 자료 등은 시대와 꼭 연결하여 익숙하게 만들어 두세요.

시험 합격도 중요하지만 한국사 공부를 통해 역사 속의 사람들을 만나 소통해 보고
한 번의 인생 어떻게 살아갈 것인가를 생각해 보는 계기가 되기를 바랄게요.

이 책의 구성

최신 기출문제 10회분 수록!

'기출문제는 얼마나 풀어야 할까?' 모든 수험생이 하는 고민일 거예요. 많이 풀면 좋겠지만, 시간은 한정되어 있죠. 수험생들의 학습 패턴과 기출문제를 철저히 분석하여 학습 효과를 극대화할 수 있는 분량, 2025년 제76회 시험부터 2023년 제67회 시험까지 최신 기출문제 10회분, 총 500문항을 수록하였습니다.

연습은 실전처럼!

실전처럼 학습할 수 있도록 실제 시험지와 같게 구성하였어요. 실제 시험을 치르듯이 **시험 시간 80분**에 맞춰 문제를 풀어 보세요.

해설 강의 제공!

한국사능력검정시험 해설 강의는 유튜브 최태성 1TV(인강 전문 채널)와 모두의 별★별 한국사(www.etoos.com/bigstar)에서 확인할 수 있어요.

이 책의 차례

심화 제76회	한국사능력검정시험 문제지	008
심화 제75회	한국사능력검정시험 문제지	020
심화 제74회	한국사능력검정시험 문제지	032
심화 제73회	한국사능력검정시험 문제지	044
심화 제72회	한국사능력검정시험 문제지	056
심화 제71회	한국사능력검정시험 문제지	068
심화 제70회	한국사능력검정시험 문제지	080
심화 제69회	한국사능력검정시험 문제지	092
심화 제68회	한국사능력검정시험 문제지	104
심화 제67회	한국사능력검정시험 문제지	116

왜 기출문제인가?

한능검 시험의 43문항 정도는 기본적인 내용만 알면 풀 수 있는 문항입니다! 기출문제를 풀면서 나왔던 주제들만 습득해도 충분히 합격할 수 있어요!

원칙 1 | 나온 주제가 또 출제된다!

76회 | 광무개혁

33 -033 밑줄 그은 '개혁'의 내용으로 옳은 것은? [2점]

이번 시간에는 **구본신참을 기본 방향으로 내세워 추진한** 개혁에 대한 의견을 들어보고자 합니다.

원수부와 무관 학교 설치, 상공 학교와 회사, 공장 설립 등 자주독립과 근대화에 필요한 문물을 적극적으로 도입하려 한 의미 있는 개혁이었습니다.

하지만 체제 변화를 부르지 않는 근대적 문물 수용의 확대뿐이었습니다. 일본 등 열강의 간섭에서도 완전히 벗어나지 못하였습니다.

① 개혁을 추진하기 위해 군국기무처를 두었다.
② 행정 기구를 6조에서 8아문으로 개편하였다.
③ 근대식 무기 제조 공장인 기기창을 설립하였다.
④ 토지 소유권을 확인해 주는 **지계를 발급**하였다.
⑤ 개혁의 방향을 제시한 홍범 14조를 반포하였다.

74회 | 광무개혁

30 -130 밑줄 그은 '개혁'의 내용으로 옳은 것은? [2점]

이 자료는 파리 만국 박람회 당시 한국관의 모습을 담은 채색 광고 엽서이다. 고종은 황제 즉위 후 **구본신참을 내세운 개혁을 추진**하면서, 박람회를 서구 문물을 받아들이고 우리나라를 세계에 소개하는 기회로 활용하고자 했다. 이후 1902년 고종은 박람회 관련 업무를 담당할 정부 기관으로 농상공부 산하에 임시 박람회 사무소를 개설하였다.

① 지계아문을 설치하여 **지계를 발급**하였다.
② 건양이라는 독자적인 연호를 채택하였다.
③ 박문국을 설치하고 한성순보를 발행하였다.
④ 근대식 무기 제조 공장인 기기창을 설립하였다.
⑤ 개혁의 방향을 제시한 홍범 14조를 반포하였다.

72회 | 광무개혁

35 -235 밑줄 그은 '개혁'의 내용으로 옳은 것은? [2점]

덕수궁 내에 있는 정관헌은 전통 건축 양식에 근대적 요소를 결합한 것으로 평가받고 있습니다. 고종이 황제로 즉위한 후 **구본신참을 바탕으로 개혁을 추진**할 때 건립되었습니다.

① 홍범 14조를 반포하였다.
② 공사 노비법을 혁파하였다.
③ 신식 군대인 별기군을 창설하였다.
④ 근대 교육 기관인 육영 공원을 설립하였다.
⑤ 지계아문을 설치하여 토지 소유자에게 **지계를 발급**하였다.

원칙 2 | 선택지가 반복해서 출제된다!

중요 선택지가 반복 출제되는 게 보이시죠? 반복되는 선택지만 습득해도 합격점을 받을 수 있어요!

기출 500제 사용법

기출 BOOK

실제 시험 시간 80분에 맞추어 문제지를 풉니다.

해설 BOOK

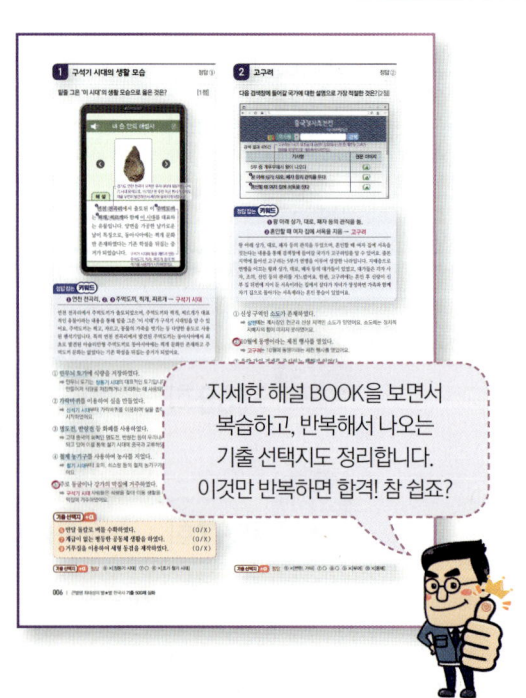

자세한 해설 BOOK을 보면서 복습하고, 반복해서 나오는 기출 선택지도 정리합니다. 이것만 반복하면 합격! 참 쉽죠?

2주 합격 STUDY PLAN

		계획	공부한 날	Time Table			점수
1 Day	제76회	월 일 요일	월 일 요일	문제 해설	: :	~ ~	: :	
2 Day	제75회	월 일 요일	월 일 요일	문제 해설	: :	~ ~	: :	
3 Day	제74회	월 일 요일	월 일 요일	문제 해설	: :	~ ~	: :	
4 Day	제73회	월 일 요일	월 일 요일	문제 해설	: :	~ ~	: :	
5 Day	제72회	월 일 요일	월 일 요일	문제 해설	: :	~ ~	: :	
6 Day	제71회	월 일 요일	월 일 요일	문제 해설	: :	~ ~	: :	
7 Day	제70회	월 일 요일	월 일 요일	문제 해설	: :	~ ~	: :	
8 Day	제69회	월 일 요일	월 일 요일	문제 해설	: :	~ ~	: :	
9 Day	제68회	월 일 요일	월 일 요일	문제 해설	: :	~ ~	: :	
10 Day	제67회	월 일 요일	월 일 요일	문제 해설	: :	~ ~	: :	
11 Day	복습	월 일 요일	월 일 요일	문제 해설	: :	~ ~	: :	
12 Day	복습	월 일 요일	월 일 요일	문제 해설	: :	~ ~	: :	
13 Day	복습	월 일 요일	월 일 요일	문제 해설	: :	~ ~	: :	
14 Day	실전 연습	월 일 요일	월 일 요일	문제 해설	: :	~ ~	: :	

D-14	제76회		D-7	제69회
D-13	제75회		D-6	제68회
D-12	제74회		D-5	제67회
D-11	제73회		D-4	복습
D-10	제72회		D-3	복습
D-9	제71회		D-2	복습
D-8	제70회		D-1	실전 연습

2025년도 제76회 한국사능력검정시험 문제지

1-001 밑줄 그은 '이 시대'의 생활 모습으로 옳은 것은? [1점]

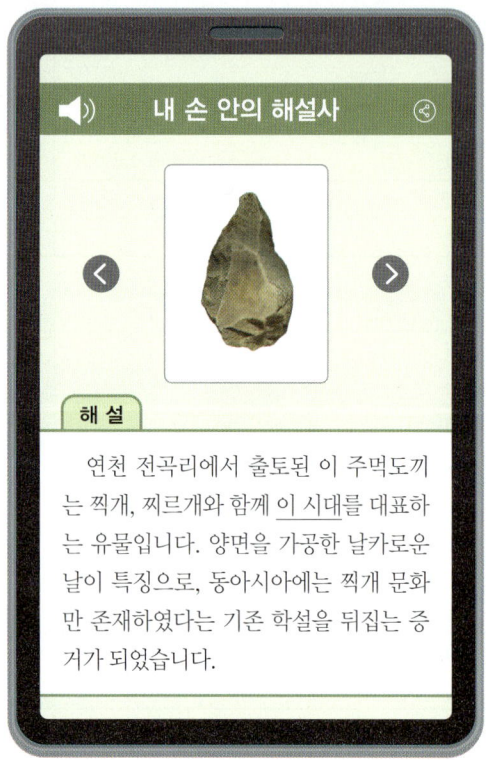

내 손 안의 해설사

해설
연천 전곡리에서 출토된 이 주먹도끼는 찍개, 찌르개와 함께 이 시대를 대표하는 유물입니다. 양면을 가공한 날카로운 날이 특징으로, 동아시아에는 찍개 문화만 존재하였다는 기존 학설을 뒤집는 증거가 되었습니다.

① 민무늬 토기에 식량을 저장하였다.
② 가락바퀴를 이용하여 실을 만들었다.
③ 명도전, 반량전 등 화폐를 사용하였다.
④ 철제 농기구를 사용하여 농사를 지었다.
⑤ 주로 동굴이나 강가의 막집에 거주하였다.

2-002 다음 검색창에 들어갈 국가에 대한 설명으로 가장 적절한 것은? [2점]

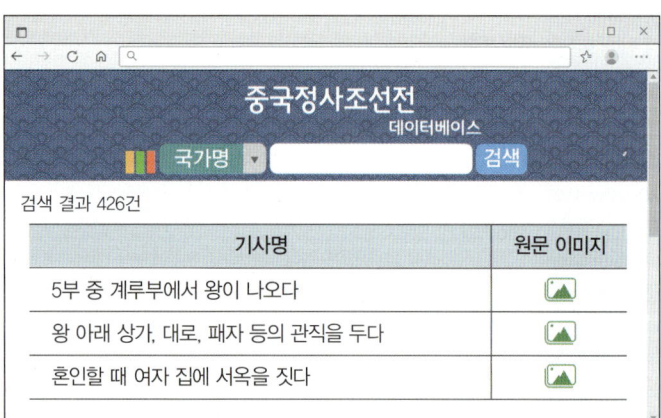

중국정사조선전 데이터베이스
검색 결과 426건

기사명	원문 이미지
5부 중 계루부에서 왕이 나오다	
왕 아래 상가, 대로, 패자 등의 관직을 두다	
혼인할 때 여자 집에 서옥을 짓다	

① 신성 구역인 소도가 존재하였다.
② 10월에 동맹이라는 제천 행사를 열었다.
③ 읍락 간의 경계를 중시하는 책화가 있었다.
④ 사회 질서 유지를 위해 범금 8조를 두었다.
⑤ 화백 회의에서 국가의 중대사를 결정하였다.

3-003 (가)~(다)를 일어난 순서대로 옳게 나열한 것은? [2점]

(가) 고구려 왕 거련이 직접 군사를 거느리고 백제를 공격하였다. 백제 왕 경이 문주를 신라에 보내 도움을 요청하였다. …… 신라군이 도착하기 전에 백제가 고구려에 함락되었고 경 또한 살해되었다.

(나) 백제 왕이 태자와 함께 정예군 3만 명을 거느리고 고구려에 침입하여 평양성을 공격하였다. 고구려 왕 사유가 힘을 다해 싸워 이를 막았으나 날아오는 화살에 맞아 죽었다.

(다) 백제 왕 명농이 가야와 함께 와서 관산성을 공격하였다. …… 신라군이 맞서 싸웠는데 삼년산군의 고간 도도가 급습하여 백제 왕을 죽였다.

① (가) - (나) - (다)
② (가) - (다) - (나)
③ (나) - (가) - (다)
④ (나) - (다) - (가)
⑤ (다) - (가) - (나)

4-004 (가) 국가의 문화유산으로 옳은 것은? [1점]

입체 퍼즐로 만드는 우리 문화유산

금동 대향로
부여 능산리에서 발견된 금동 대향로는 (가) 를 대표하는 문화유산으로 국보로 지정되어 있습니다. 용이 받치고 있는 연꽃 형태의 몸체 위에 산봉우리로 둘러싸인 반원형의 뚜껑이 있고, 그 꼭대기에는 봉황이 자리 잡고 있습니다. 불교와 도교 요소가 복합적으로 표현된 걸작입니다.

5-005 (가) 국가의 경제 상황으로 가장 적절한 것은? [2점]

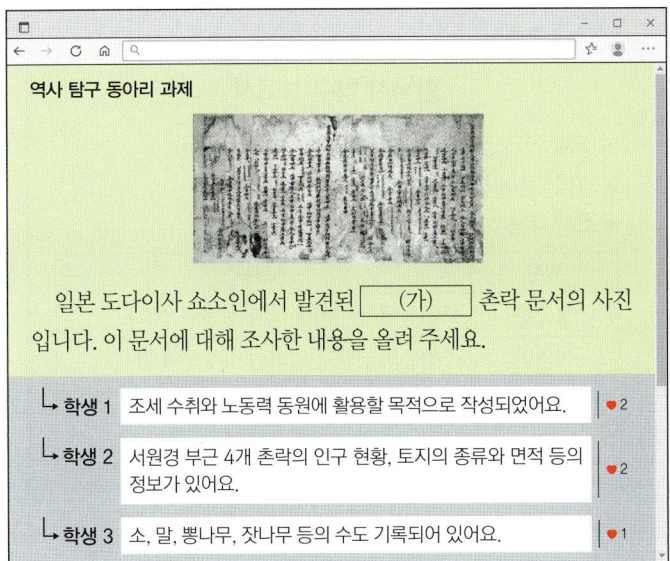

일본 도다이사 쇼소인에서 발견된 (가) 촌락 문서의 사진입니다. 이 문서에 대해 조사한 내용을 올려 주세요.

- 학생 1: 조세 수취와 노동력 동원에 활용할 목적으로 작성되었어요.
- 학생 2: 서원경 부근 4개 촌락의 인구 현황, 토지의 종류와 면적 등의 정보가 있어요.
- 학생 3: 소, 말, 뽕나무, 잣나무 등의 수도 기록되어 있어요.

① 경성과 경원에 무역소를 두었다.
② 솔빈부의 말을 특산품으로 수출하였다.
③ 서적점, 다점 등의 관영 상점을 운영하였다.
④ 청해진을 중심으로 해상 무역이 번성하였다.
⑤ 특수 행정 구역인 소에서 여러 물품을 생산하였다.

6-006 다음 대화에 나타난 왕에 대한 설명으로 옳은 것은? [2점]

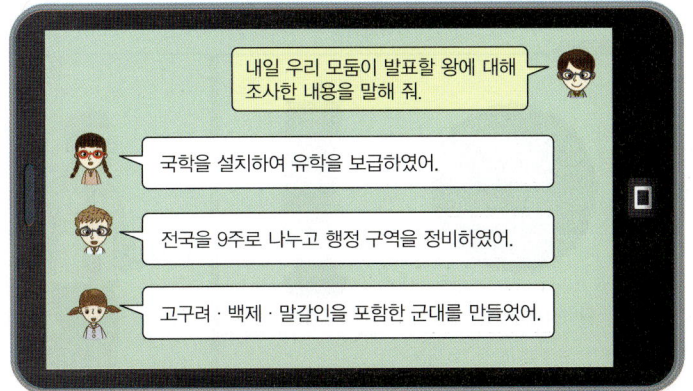

- 내일 우리 모둠이 발표할 왕에 대해 조사한 내용을 말해 줘.
- 국학을 설치하여 유학을 보급하였어.
- 전국을 9주로 나누고 행정 구역을 정비하였어.
- 고구려·백제·말갈인을 포함한 군대를 만들었어.

① 병부를 설치하고 율령을 반포하였다.
② 관료전을 지급하고 녹읍을 폐지하였다.
③ 화랑도를 국가적인 조직으로 개편하였다.
④ 관리 선발을 위해 독서삼품과를 시행하였다.
⑤ 국호를 마진으로 바꾸고 도읍을 철원으로 옮겼다.

7-007 다음 자료에 해당하는 인물에 대한 설명으로 옳은 것은? [2점]

1/3 진골 출신의 신라 승려이며, 당으로 건너가 불법을 구하고자 하였습니다.

2/3 귀국 후 관세음보살을 뵙고자 하는 마음에서 백화도량발원문을 짓고 낙산사를 창건한 것으로 전해집니다.

3/3 부석사 등 여러 절을 창건하여 불법을 전파하면서 많은 제자를 양성하였습니다.

① 보현십원가를 지었다.
② 세속 5계를 제시하였다.
③ 대승기신론소를 저술하였다.
④ 화엄일승법계도를 작성하였다.
⑤ 신편제종교장총록을 편찬하였다.

8-008 (가) 국가에 대한 설명으로 옳은 것은? [2점]

#51. 서재 안

최치원이 책상 앞에 앉아 표문을 쓰고 있다. 화면이 표문을 비추며 최치원의 목소리로 내레이션이 흐른다.

내레이션 : 지난날 (가) 의 왕자 대봉예가 자신들의 자리를 신라 위에 있게 해 달라고 청하였습니다. 황제 폐하께서 '나라의 순서는 원래 강약에 따라 정하는 것이 아니다.'라는 조칙을 내려 순서를 바로잡아 주셨습니다. 이에 오래된 신하가 소외되는 근심은 덜었으나, 앞으로 같은 일이 생길까 우려됩니다.

① 역사서인 유기와 신집을 편찬하였다.
② 내신좌평, 내두좌평 등 6좌평이 있었다.
③ 5경 15부 62주의 지방 행정 제도를 갖추었다.
④ 도병마사에서 변경의 군사 문제 등을 논의하였다.
⑤ 골품에 따라 관등 승진, 일상생활 등을 엄격히 제한하였다.

제76회 한국사능력검정시험 (심화)

9-009 (가) 시기에 있었던 사실로 옳은 것은? [3점]

지난번에 김지정 등이 일으킨 반란으로 시해된 선왕의 시호를 혜공이라 하겠노라.

중앙에서 세금을 독촉해 옵니다. 그동안 시달려 온 사벌주 농민들, 우리 함께 뭉칩시다!

우리도 원종과 함께하겠습니다!

① 비담과 염종의 난이 진압되었다.
② 김헌창이 웅천주에서 반란을 일으켰다.
③ 연개소문이 정변을 일으켜 권력을 잡았다.
④ 만적을 비롯한 노비들이 반란을 모의하였다.
⑤ 김춘추가 당으로 건너가 군사적 지원을 요청하였다.

10-010 다음 상황 이후에 전개된 사실로 옳은 것은? [2점]

견훤이 금산사에 있은 지 3개월 만에 막내아들 능예, 딸 쇠복, 총애하는 첩 고비 등과 더불어 금성으로 달아나 사람을 보내 왕에게 만나기를 청하였다. 왕이 기뻐하여 유금필, 왕만세 등을 보내 그를 위로하고 맞아오도록 하였다. 견훤이 도착하자, 두터운 예로써 대접하였다.

① 신숭겸이 공산 전투에서 전사하였다.
② 신검의 군대가 일리천 전투에서 패배하였다.
③ 궁예가 군대를 보내 나주 일대를 점령하였다.
④ 김선평, 권행 등이 고창 전투에서 활약하였다.
⑤ 경애왕이 후백제군의 왕경 습격으로 사망하였다.

11-011 다음 장면에 등장하는 왕에 대한 설명으로 옳은 것은? [2점]

짐은 일찍이 유학에 깊은 관심을 가져 청연각과 보문각을 설립하고, 학사를 두어 경전을 강론하게 하였다. 이번엔 양현고를 두어 선비를 양성하게 하라.

① 국자감에 7재라는 전문 강좌를 개설하였다.
② 지방 12목에 경학박사를 처음 파견하였다.
③ 서적포를 설치하여 출판을 담당하게 하였다.
④ 대도에 만권당을 세워 중국 학자와 교유하였다.
⑤ 외국어 교육과 통역을 관장하는 통문관을 설치하였다.

12-012 (가) 인물에 대한 설명으로 옳은 것은? [3점]

한국사 탐구 보고서

■ 주제: 인물로 보는 무신 정권
■ 방법: 문헌 조사, 인터넷 검색 등
■ 조사 내용

인물	내용
정중부	보현원에서 이의방 등과 정변을 일으킴
이의민	조위총의 난을 진압하여 상장군이 됨
최충헌	봉사 10조를 올려 시정 개혁을 요구함
(가)	야별초를 좌·우별초로 나누어 편성함

① 원종을 폐위하고 안경공 창을 즉위시켰다.
② 9재 학당을 설립하여 유교 교육에 힘썼다.
③ 인사 행정 담당 기구로 정방을 설치하였다.
④ 전민변정도감의 책임자로서 개혁을 이끌었다.
⑤ 오월에 사신을 보내고 검교태보의 직을 받았다.

13-013 (가) 국가의 경제 상황으로 가장 적절한 것은? [2점]

황비창천 명 거울은 (가) 에서 사용했던 것으로 풍랑이 몰아치는 바다 위에 배 한 척이 돛을 펴고 나아가는 모습이 표현되어 있습니다. 이 거울에 묘사된 배를 토대로 오른쪽 사진과 같이 당시 무역선의 모습을 유추하였습니다. (가) 시대 사람들은 송, 일본뿐만 아니라 동남아시아, 아라비아 상인들과도 교역을 하였습니다.

황비창천* 명(銘) 거울   무역선

* 황비창천: 밝게 빛나는 창성한 하늘

① 초량 왜관을 통해 일본과 무역하였다.
② 덕대가 광산을 전문적으로 경영하였다.
③ 당항성, 영암이 국제 무역항으로 번성하였다.
④ 거란도, 영주도를 통해 주변국과 교역하였다.
⑤ 주전도감을 설치하여 해동통보를 발행하였다.

14. (가)~(다)를 일어난 순서대로 옳게 나열한 것은? [2점]

(가) 이자겸과 척준경이 군사를 동원하여 궁궐을 침범하고 불태웠다. 왕을 위협하여 남궁(南宮)으로 거처를 옮기게 하고, 안보린·최탁 등 17인을 죽였다. 이외에도 죽인 군사가 헤아릴 수 없을 정도였다.

(나) 왕규가 광주원군을 [왕으로] 세우고자 하였는데, 일찍이 밤에 왕이 깊이 잠든 것을 엿보고 자신의 일당을 침소에 잠입시켜 대역죄를 행하려고 하였다. 왕이 그것을 알아차리고 한주먹으로 쳐 죽인 후 좌우 시종들에게 끌어내게 하였다.

(다) 강조의 군사들이 들어오자, 왕이 어쩔 수 없음을 깨닫고 태후와 함께 목 놓아 울며 법왕사로 갔다. 잠시 후 황보유의 등이 대량원군을 왕위에 올렸다. 강조는 왕을 폐위시켜 양국공으로 삼고, 군사를 보내 김치양 부자와 유행간 등 7인을 죽였다.

① (가) - (나) - (다)
② (가) - (다) - (나)
③ (나) - (가) - (다)
④ (나) - (다) - (가)
⑤ (다) - (가) - (나)

15. (가) 지역의 탐구 활동으로 가장 적절한 것은? [3점]

고지도로 보는 (가) 의 역사

이 지도는 1872년에 제작된 (가) 전도의 일부로, 고려 왕조의 궁궐터였던 만월대와 고려 최고 교육 기관인 국자감을 계승한 성균관의 위치를 확인할 수 있다. 또한, 태조 왕건과 신혜 왕후가 함께 안장된 현릉, 거란이 보낸 낙타가 굶어 죽었다는 만부교, 정몽주를 기리기 위해 세운 숭양 서원 등도 표시되어 있다.

① 몽골의 사신 저고여가 피살된 곳을 조사한다.
② 서희가 외교 담판을 통해 획득한 곳을 찾아본다.
③ 강감찬이 건의하여 건설된 성곽이 있는 곳을 검색한다.
④ 김보당이 무신 정권에 저항하여 봉기한 곳을 파악한다.
⑤ 최무선이 화포를 이용하여 왜구를 물리친 곳을 알아본다.

16. (가)에 대한 고려의 대응으로 옳은 것은? [2점]

이 탑은 방호별감 김윤후가 군인과 백성들을 이끌고 (가) 을/를 상대로 충주산성에서 승리한 것을 기념하여 세운 것이야.

당시 군인과 백성이 결사 항전하는 모습이 표현되어 있어. 탑 윗부분의 1253은 승전 연도를 의미해.

① 강화도로 도읍을 옮겨 항전하였다.
② 광군을 조직하여 침입에 대비하였다.
③ 삼수병으로 구성된 훈련도감을 신설하였다.
④ 별무반을 편성하고 동북 9성을 축조하였다.
⑤ 철령위 설치에 반발하여 요동 정벌을 추진하였다.

17. 다음 특별전에 전시될 문화유산으로 가장 적절한 것은? [1점]

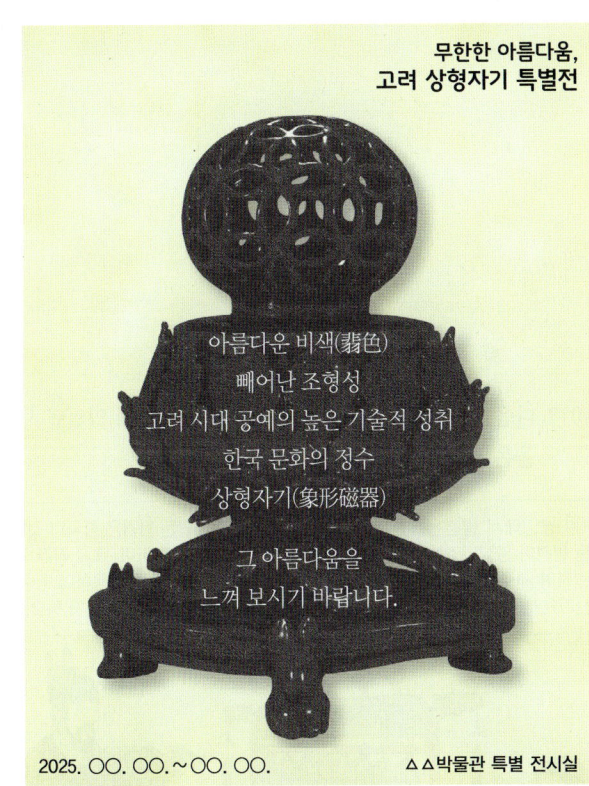

무한한 아름다움, 고려 상형자기 특별전

아름다운 비색(翡色)
빼어난 조형성
고려 시대 공예의 높은 기술적 성취
한국 문화의 정수
상형자기(象形磁器)

그 아름다움을 느껴 보시기 바랍니다.

2025. ○○. ○○.~○○. ○○.   △△박물관 특별 전시실

①  ②  ③
④  ⑤

제76회 한국사능력검정시험 (심화)

18 -018 다음 가상 뉴스 이후에 있었던 사실로 옳은 것은? [1점]

① 쌍기의 건의로 과거제가 도입되었다.
② 빈민 구제를 위해 흑창이 설립되었다.
③ 매를 기르고 훈련시키는 응방이 설치되었다.
④ 의천이 국청사를 중심으로 천태종을 개창하였다.
⑤ 망이·망소이가 가혹한 수탈에 저항하여 봉기하였다.

20 -020 (가) 왕의 재위 시기에 있었던 사실로 옳은 것은? [2점]

① 유자광의 고변으로 남이가 처형되었다.
② 기사환국으로 송시열이 죽임을 당하였다.
③ 외척 간의 권력 다툼으로 윤임이 제거되었다.
④ 위훈 삭제를 주장한 조광조 일파가 축출되었다.
⑤ 조의제문이 발단이 되어 김일손 등이 피해를 입었다.

19 -019 다음 가상 대화에 등장하는 왕의 재위 시기에 있었던 사실로 옳은 것은? [3점]

① 훈련 교범인 무예도보통지가 간행되었다.
② 전통 한의학을 정리한 동의보감이 저술되었다.
③ 음악 이론 등을 집대성한 악학궤범이 완성되었다.
④ 유교 윤리의 보급을 위해 삼강행실도가 편찬되었다.
⑤ 군정, 재정의 내용을 정리한 만기요람이 만들어졌다.

21 -021 밑줄 그은 '전쟁' 중에 있었던 사실로 옳은 것은? [2점]

① 정문부가 북관 대첩을 이끌었다.
② 정봉수가 용골산성에서 항쟁하였다.
③ 최윤덕이 이만주 부대를 정벌하였다.
④ 강홍립이 사르후 전투에 참전하였다.
⑤ 김준룡이 광교산 전투에서 항전하였다.

22. (가)에 대한 설명으로 옳은 것은? [2점]

이것은 옥당이라고도 불린 (가) 에 걸려 있던 현판으로, '십팔학사들의 서책이 있는 관부'라는 뜻의 글이 있습니다. 이 관청이 궁중의 도서를 관리하고 문한(文翰)과 왕의 자문을 담당하였기에 당나라 황제를 보좌했던 십팔학사의 고사에 빗대어 표현한 것입니다.

① 수도의 행정과 치안을 담당하였다.
② 사헌부, 사간원과 함께 3사로 불렸다.
③ 대사성, 좨주, 직강 등의 관직이 있었다.
④ 왕명 출납을 맡은 왕의 비서 기관이었다.
⑤ 사초와 시정기를 바탕으로 실록을 편찬하였다.

23. (가)에 대한 탐구 활동으로 가장 적절한 것은? [1점]

서울에 있는 간사한 무리가 경주인(京主人)이라고 하며 각 도의 공물을 방납하면서 그 값을 두 배에서 수십 배까지 징수하였다. …… 영의정 김육이 (가) 을/를 충청도에서 먼저 시험할 것을 청하였다. 왕이 여러 차례 신하들에게 의견을 물었으나 서로 엇갈렸다. 이때에 왕이 다시 김육 등 여러 신하들을 불러 그것이 편리한지 여부에 대한 의견들을 듣고 비로소 호서(湖西)에 먼저 행하기로 정하였다.

① 전시과에서 전지 지급 기준의 변화를 찾아본다.
② 일부 상류층에게 선무군관포를 거둔 목적을 알아본다.
③ 과전 지급 대상을 현직 관리로 제한한 까닭을 검색한다.
④ 풍흉에 관계없이 전세 부담액을 고정한 이유를 분석한다.
⑤ 관청에 물품을 조달하는 공인이 등장한 배경을 조사한다.

24. 밑줄 그은 '이 인물'에 대한 설명으로 옳은 것은? [2점]

- 이 인물이 저술한 곽우록에 대해 말해 보자.
- 곽우는 벼슬이 없는 자의 걱정이란 뜻이래.
- 이 책에는 영업전을 설정하고 그 매매를 금지하는 한전론에 대한 내용 등이 담겨 있어.

① 의산문답에서 무한 우주론을 주장하였다.
② 북학의에서 절약보다 적절한 소비를 권장하였다.
③ 열하일기에서 수레와 선박의 필요성을 서술하였다.
④ 성호사설에서 나라를 망치는 여섯 가지 좀을 제시하였다.
⑤ 우서에서 사농공상의 직업적 평등과 전문화를 강조하였다.

25. 다음 자료에 등장하는 왕에 대한 설명으로 옳은 것은? [2점]

○ 개천이 점점 막혀 …… 장마 때마다 범람할까 근심하게 되었다. 왕이 이르기를 …… 이에 준천사(濬川司)를 설치하여 병조 판서와 한성부 판윤, 삼군문의 대장으로 하여금 준천 당상을 겸하도록 하고 도청, 낭청 각 1인을 두었다. 매년 개천 바닥을 파서 물이 넘치지 않도록 하였다.

○ 국초에 신문고를 설치하여 억울함을 지닌 백성들로 하여금 북을 쳐서 알리도록 하였는데, 그 법이 폐해진 지 이미 오래되었다. 왕이 …… 마침내 복구하도록 명하였다. 북을 울리는 자가 있으면 …… 해당 관청에서 아뢰도록 하였다.

① 나선 정벌에 조총 부대를 파견하였다.
② 통치 규범을 재정비한 속대전을 편찬하였다.
③ 청과 국경을 정한 백두산정계비를 건립하였다.
④ 문신을 재교육하기 위한 초계문신제를 시행하였다.
⑤ 한성 방어를 위하여 총융청과 수어청을 창설하였다.

26. 다음 가상 대화가 이루어진 시기에 볼 수 있는 모습으로 적절하지 않은 것은? [2점]

- 지난달에 대왕대비께서 사학(邪學)에 대한 단속을 강화하라고 하교하셨다는군.
- 이승훈이 잡혀가고 정약종도 죄인으로 몰려 죽었다고 하네. 우리 교인들에 대한 탄압이 점점 심해지고 있군.

① 상평통보로 물건을 거래하는 객주
② 인삼 무역으로 크게 수익을 본 송상
③ 주자소에서 계미자를 주조하는 장인
④ 고추, 담배 등의 상품 작물을 재배하는 농민
⑤ 저잣거리에서 한글 소설을 읽어 주는 전기수

27 (가)에 해당하는 작품으로 옳은 것은? [1점]

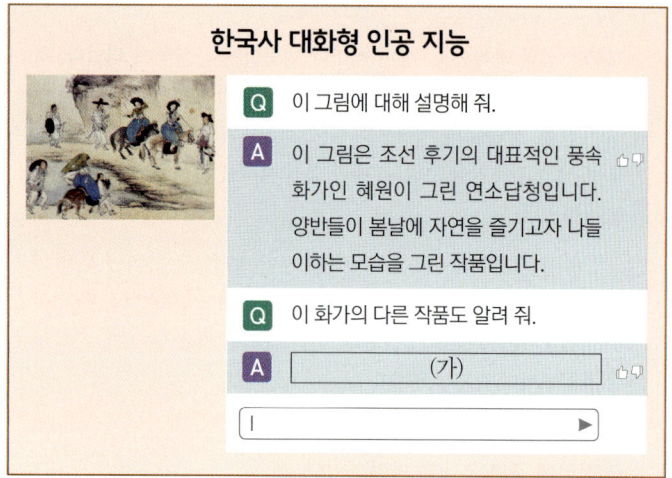

①  ②  ③
④  ⑤

28 다음 상소가 올려진 시기를 연표에서 옳게 고른 것은? [3점]

전 호조 참판 최익현 아룁니다. …… 다행히 성상의 뜻이 척화에 있는데 힘입어 기정진과 이항로가 상소를 하여 강화가 불가함을 말하자 전하께서 그 말을 받아들여 주셨습니다. 이런 연유로 10년 동안에는 양적들이 우리를 탐내었으나 감히 그 뜻을 펴지 못하였습니다. …… 옛날의 왜인들은 이웃 나라였으나 지금의 왜인들은 도적들이니, 강화할 수 없습니다. 왜인들이 양적들의 앞잡이가 되었기 때문입니다.

① (가) ② (나) ③ (다) ④ (라) ⑤ (마)

29 밑줄 그은 '중건' 시기에 있었던 사실로 옳은 것은? [2점]

> 사료로 보는 한국사
>
> 대원위께서 분부하신 내용, "지금 영건할 때에 이른바 원납전은 실로 힘닿는 대로 내어 공역을 도와야 하는 것인데, …… 모두 가난하지 않은 자들인데 아직 한 푼도 바친 바가 없으니 또한 무슨 까닭인가. …… 여전히 책임을 면하려고 둘러대기만 하면서, 면제되는지 한 번 시험해 보려는 계책을 펴니 매우 통탄스럽다. 모두 일일이 불러서 그 이유를 따져 묻고, 상세히 회답하여 죄를 심리하고 처리하는 바탕이 되도록 하라."
> - "영건일감" -
>
> [해설] 이 사료는 경복궁 중건을 주관한 영건도감에서 평안도에 보낸 공문의 내용을 요약한 것이다. 당시 이 중건에 필요한 비용을 마련하기 위해 원납전을 내게 하였는데, 백성들은 이를 '원해서 납부하는 돈'이 아니라 '원망하며 납부하는 돈'이라고 불렀다.

① 청·일 전쟁이 발발하였다.
② 삼정이정청이 설치되었다.
③ 영국이 거문도를 불법으로 점령하였다.
④ 김기수가 수신사로 일본에 파견되었다.
⑤ 한성근 부대가 문수산성에서 항전하였다.

30 밑줄 그은 '이 장정'에 대한 설명으로 옳은 것은? [2점]

① 임오군란을 계기로 체결되었다.
② 거중 조정의 조항을 포함하였다.
③ 방곡령을 선포할 수 있는 조건을 명시하였다.
④ 부산항과 원산항이 개항되는 결과를 가져왔다.
⑤ 외국인을 재정 고문으로 두도록 하는 조항을 담고 있다.

31 -031 (가) 운동에 대한 설명으로 옳은 것은? [1점]

특별 전시

(가) , 기록으로 되살아나다

부패한 지배층과 외세의 침략에 맞서 새로운 세상을 꿈꾸며 봉기했던 (가) 관련 기록물이 세계 기록 유산으로 등재된 것을 기념하여 특별전을 개최합니다. 많은 관람 부탁드립니다.

• 기간 : 2025. ○○. ○○. ~ ○○. ○○.
• 장소 : △△ 박물관 특별 전시실
• 주요 전시 자료

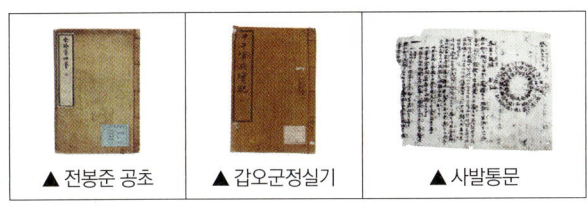

▲ 전봉준 공초   ▲ 갑오군정실기   ▲ 사발통문

① 일본의 황무지 개간권 요구를 저지하였다.
② 조선 총독부의 방해와 탄압으로 중단되었다.
③ 집강소를 중심으로 폐정 개혁안을 실천하였다.
④ 이른바 남한 대토벌 작전으로 큰 피해를 입었다.
⑤ 상황 수습을 위해 박규수가 안핵사로 파견되었다.

32 -032 (가) 단체의 활동으로 옳은 것은? [2점]

역 사 신 문

제△△호   1897년 ○○월 ○○일

독립관에서 토론의 장이 열리다

지난 일요일 오후 독립관에서 (가) 의 첫 토론회가 '조선의 급선무는 인민의 교육이다.'라는 주제로 개최되었다. 이날 토론회에는 찬반 양측의 열띤 논의가 있었고, 법부대신 한규설 등 정부 고위 인사들도 참석해 교육 문제에 대한 다양한 의견을 제시하였다. 다음 토론회에서는 '도로를 개선하는 것이 위생을 위한 최고의 방법'이라는 주제로 (가) 의 위원 이상재 씨를 포함한 4인이 열띤 토론을 벌일 예정이다.

① 고종 강제 퇴위 반대 운동을 주도하였다.
② 만세보를 발행하여 민족의식을 고취하였다.
③ 파리 강화 회의에 독립 청원서를 제출하였다.
④ 관민 공동회를 개최하여 헌의 6조를 결의하였다.
⑤ 계몽 서적을 보급하기 위해 태극 서관을 운영하였다.

33 -033 밑줄 그은 '개혁'의 내용으로 옳은 것은? [2점]

① 개혁을 추진하기 위해 군국기무처를 두었다.
② 행정 기구를 6조에서 8아문으로 개편하였다.
③ 근대식 무기 제조 공장인 기기창을 설립하였다.
④ 토지 소유권을 확인해 주는 지계를 발급하였다.
⑤ 개혁의 방향을 제시한 홍범 14조를 반포하였다.

34 -034 (가)~(라)에 들어갈 내용으로 옳은 것을 <보기>에서 고른 것은? [3점]

보기
ㄱ. (가) - 교육 입국 조서에 근거하여 설립되었어요.
ㄴ. (나) - 알렌의 건의로 세워진 최초의 서양식 병원이었어요.
ㄷ. (다) - 서대문과 청량리 사이를 오가는 전차를 운영하였어요.
ㄹ. (라) - 나운규가 제작한 영화 아리랑을 상영하였어요.

① ㄱ, ㄴ   ② ㄱ, ㄷ   ③ ㄴ, ㄷ
④ ㄴ, ㄹ   ⑤ ㄷ, ㄹ

제76회 한국사능력검정시험 (심화)

35 -035 (가)에 들어갈 내용으로 가장 적절한 것은? [2점]

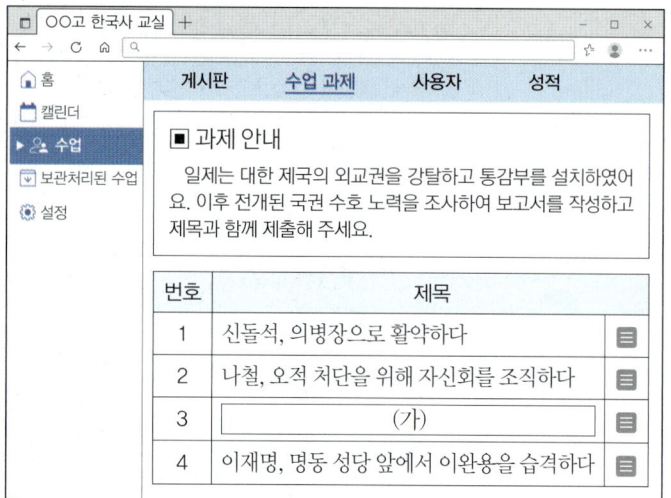

① 김홍집, 조선책략을 가져오다
② 김옥균, 개화당 정부를 수립하다
③ 김윤식, 영선사로 청에 다녀오다
④ 유길준, 조선 중립화론을 건의하다
⑤ 이상설, 고종의 특사로 헤이그에 가다

36 -036 밑줄 그은 '이 시기'에 볼 수 있는 모습으로 가장 적절한 것은? [1점]

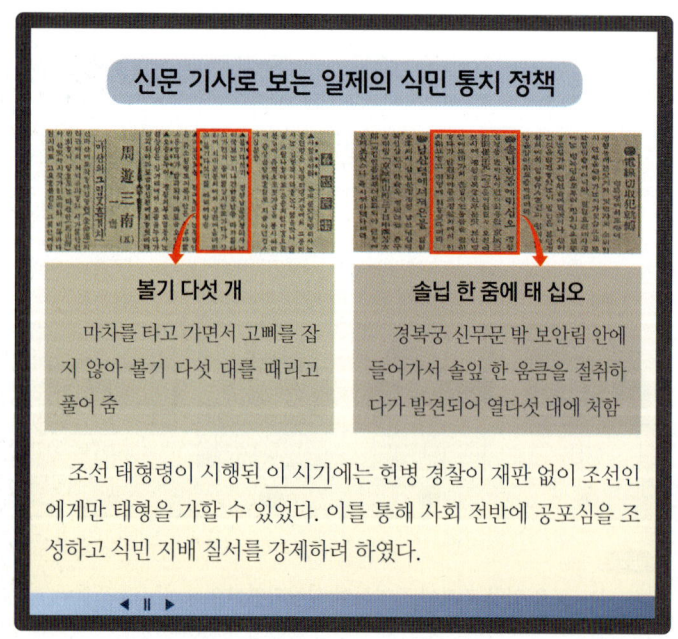

① 암태도 소작 쟁의에 참여하는 농민
② 제복을 입고 칼을 찬 채 수업하는 교사
③ 잡지 어린이에 실을 원고를 작성하는 작가
④ 토월회에서 연극 공연을 준비하고 있는 배우
⑤ 경성 고무 여자 직공 조합의 파업을 취재하는 기자

37 -037 다음 법령이 발표된 이후의 사실로 옳은 것은? [3점]

① 국권 회복을 위해 해조신문이 창간되었다.
② 평양 숭의 여학교에서 송죽회가 결성되었다.
③ 메가타의 주도로 화폐 정리 사업이 실시되었다.
④ 회사 설립을 허가제로 하는 회사령이 공포되었다.
⑤ 조선 민립 대학 기성회 창립을 위한 총회가 개최되었다.

38 -038 (가) 단체에 대한 설명으로 옳은 것은? [2점]

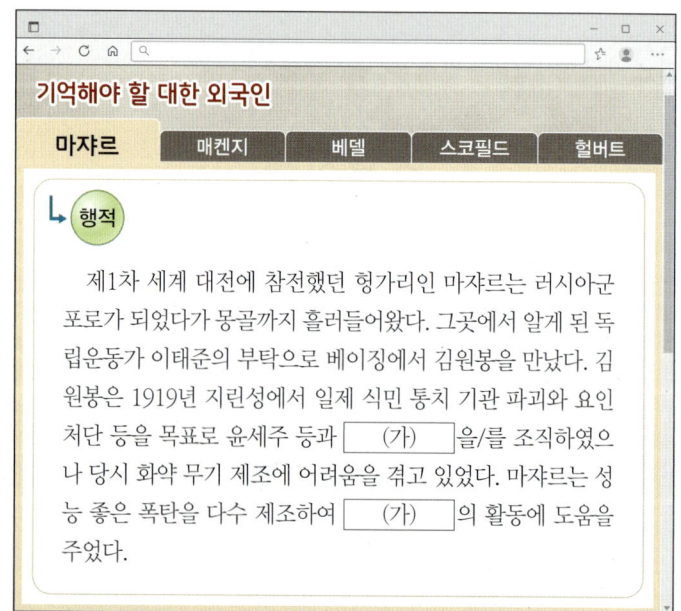

① 신흥 강습소를 세워 독립군을 양성하였다.
② 구미 위원부를 설치하여 외교 활동을 전개하였다.
③ 단원인 이봉창이 일왕 행렬에 폭탄을 투척하였다.
④ 조선 혁명 선언을 통해 이념과 활동 방침을 밝혔다.
⑤ 조선 총독부에 국권 반환 요구서를 제출하고자 하였다.

39-039 밑줄 그은 '이 운동'에 대한 설명으로 옳은 것은? [2점]

이 삽화는 평양에서 조만식 등의 주도로 시작된 이 운동을 풍자하고 있습니다. 이 운동이 '내 살림 내 것으로' 등의 구호를 내세워 호응을 얻자, 일제는 제2의 3·1 운동으로 확산될 것을 우려하여 탄압하였습니다. 한편, 일각에서는 자본가의 이익만을 추구한다는 비판도 있었습니다.

① 대한매일신보의 후원을 받아 확산되었다.
② 순종의 인산일을 기회로 삼아 추진하였다.
③ 자작회, 토산 애용 부인회 등이 활동하였다.
④ 신간회가 진상 조사단을 파견하여 지원하였다.
⑤ 강주룡이 을밀대 지붕에서 고공 농성을 벌였다.

40-040 (가) 단체에 대한 설명으로 옳은 것은? [2점]

나는 1927년에 결성된 여성 운동 단체 (가) 의 집행 위원으로 강령과 규약 작성에 참여한 박신우입니다. 이 강령에서 조선 여성의 공고한 단결과 정치·경제·사회 등 전반적인 이익 옹호가 이 단체의 목표임을 분명히 하였습니다.

① 개벽, 신여성 등의 잡지를 발행하였다.
② 여성 교육을 위해 이화 학당을 설립하였다.
③ 좌우를 아우르는 민족 협동 전선으로 결성되었다.
④ 조선학 운동을 전개하여 여유당전서를 간행하였다.
⑤ 최초의 여성 권리 선언문인 여권통문을 발표하였다.

41-041 (가)에 대한 설명으로 옳지 않은 것은? [2점]

이달의 독립운동가

하늘에서 땅에서 독립운동을 펼쳐 나간
이상정·권기옥 부부

▲ 권기옥과 이상정

이상정과 권기옥은 중국에서 독립운동을 하던 중 부부의 연을 맺고, 함께 독립운동에 헌신하였다.
중국군에서 활동하던 이상정은 (가) 의 한국 광복군 창설에 기여하였고, 외무부 외교 연구 위원으로도 활동하였다.
한국 최초의 여성 비행사였던 권기옥은 대한민국 애국 부인회를 재조직하였고, 다른 한국인 비행사들과 함께 충칭에서 한국 광복군 비행대 설립을 계획하던 중 해방을 맞았다.
이러한 공적을 인정하여 1977년 건국 훈장 독립장을 각각 추서 및 수여하였다.

① 한인 자치 기관인 경학사를 조직하였다.
② 자금 마련을 위해 독립 공채를 발행하였다.
③ 삼균주의를 기초로 하는 건국 강령을 발표하였다.
④ 육군 주만 참의부를 편성하여 무장 투쟁을 펼쳤다.
⑤ 임시 사료 편찬회를 두어 한·일 관계 사료집을 간행하였다.

42-042 다음 일기가 작성된 이후의 사실로 옳은 것은? [1점]

7월 13일(화)
경성은 뉴스를 듣기에는 참으로 빠르다. …… 중·일은 전쟁을 하게 되었다. …… 아아, 슬프다. 조선에서도 만약 이러한 때 영웅 한 사람이 있었더라면 회복할 가망이 많은데, 나는 아직 지위가 그렇지 않아 가슴만 태운다. 피만 끓는다. 영웅이여 일어서라 일어서라. 우리 조선은 영원히 죽었는가.

10월 8일(금)
조회할 때 일본인들이 조선인의 심장을 자기들의 심장으로 하려는 일본의 계략에서, 총독 미나미 지로가 소위 황국 신민의 서사인지 뭔지를 만들어서 각 학생에게 암송하도록 하였다. 그래서 나도 그것을 읽었다. 그러나 우리 조선 혼은 영원히 변하지 않을 것이다.

① 미쓰야 협정이 체결되었다.
② 치안 유지법이 제정되었다.
③ 조선사 편수회가 조직되었다.
④ 여자 정신 근로령이 공표되었다.
⑤ 동양 척식 주식회사가 설립되었다.

제76회 한국사능력검정시험 (심화)

43 -043 (가)에 들어갈 주제로 적절하지 않은 것은? [2점]

〈2025년 시민 강좌〉
일제 강점기, 새로운 문화와 일상

우리 도서관에서는 일제 강점기 새로운 문화의 유입과 일상생활의 변화를 주제로 강의를 준비하였습니다. 많은 관심과 참여 바랍니다.

- 일시 : 2025. ○○. ○○. 13:00~17:00
- 장소 : △△ 도서관 다목적실

◆ 강의 주제 ◆

[제1강] 백화점, 자본주의적 소비문화의 공간
[제2강] 끽다점, 도시 사교 문화의 확산
[제3강] (가)
[제4강] 문화 주택, 새로운 주택 양식의 수용

① 몸뻬, 전시 체제의 의생활
② 라디오 방송, 연예 오락의 유행
③ 경평 축구 대회, 스포츠의 대중화
④ 새마을 운동, 농촌의 생활 환경 개선
⑤ 모던 걸, 전통적 여성상을 탈피한 신여성의 등장

44 -044 (가)에 대한 설명으로 옳은 것은? [3점]

휘문 중학 운동장에서 (가) 의 수반인 여운형 씨가 5천여 군중 앞에서 해방의 제일성을 힘 있게 외쳤다. "조선 민족 해방의 날은 왔다. …… 어제 15일 아침 8시에 엔도 조선 총독부 정무총감의 초청을 받아 …… 나는 다섯 가지 요구를 제안하여 무조건 승낙을 받았다. 1. 전 조선 각지에 구속되어 있는 정치, 경제범을 즉시 해방하라 …… 4. 민족 해방의 모든 원동력이 되는 학생 훈련과 청년 조직에 대하여 간섭하지 말라 …… 이것으로 우리 민족 해방의 첫걸음을 내딛게 되었으니 우리가 지난날에 아프고 쓰렸던 것은 이 자리에서 모두 잊어버리자. ……"

① 신한 공사를 설립하였다.
② 좌우 합작 7원칙을 제시하였다.
③ 한인 국방 경위대를 창설하였다.
④ 남북 협상 공동 성명서를 발표하였다.
⑤ 조선 인민 공화국 수립이 선포된 후 해산하였다.

45 -045 밑줄 그은 '이 사건'에 대한 설명으로 옳은 것은? [1점]

이 비석에는 이 사건을 소재로 한 현기영의 소설 순이삼촌의 주요 내용이 새겨져 있습니다. 이곳 제주에서는 남한만의 단독 선거에 반대하는 세력을 진압한다는 명분으로 토벌대에 의해 수많은 주민들이 희생당했습니다. 비석을 세우지 않고 눕혀 놓은 것은 이 비극을 표현하기 위함입니다.

① 향토 예비군 창설의 계기가 되었다.
② 조봉암이 간첩 혐의를 받아 사형되었다.
③ 유엔군이 한반도에 파병되는 원인이 되었다.
④ 허정 과도 정부가 구성되는 결과를 가져왔다.
⑤ 진상 규명과 희생자 명예 회복을 위한 특별법이 제정되었다.

46 -046 (가)~(마)에 대한 탐구 활동으로 적절하지 않은 것은? [3점]

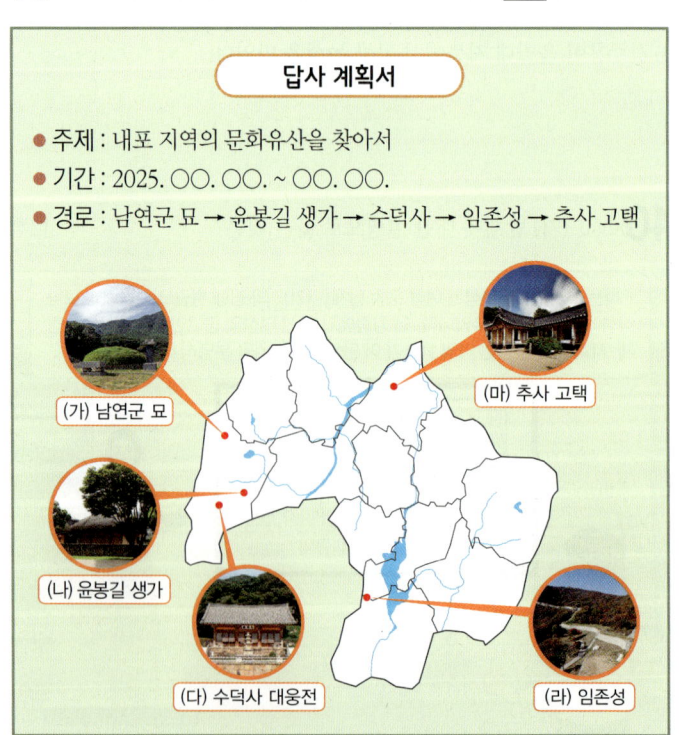

답사 계획서

- 주제 : 내포 지역의 문화유산을 찾아서
- 기간 : 2025. ○○. ○○. ~ ○○. ○○.
- 경로 : 남연군 묘 → 윤봉길 생가 → 수덕사 → 임존성 → 추사 고택

(가) 남연군 묘 / (나) 윤봉길 생가 / (다) 수덕사 대웅전 / (라) 임존성 / (마) 추사 고택

① (가) - 오페르트 도굴 미수 사건에 대해 찾아본다.
② (나) - 한인 애국단의 활동을 조사한다.
③ (다) - 고려 시대 건축물의 공포 양식을 알아본다.
④ (라) - 백제 부흥 운동에 대해 파악한다.
⑤ (마) - 이황과 사단칠정 논쟁을 한 인물을 검색한다.

제76회 한국사능력검정시험 (심화)

47 -047 (가)~(다) 학생이 발표한 내용을 일어난 순서대로 옳게 나열한 것은? [2점]

주제 : 우리나라 헌법 개정의 역사

(가) 대통령과 부통령의 임기는 4년으로 하며, 1회로 규정한 중임 횟수를 개헌 당시 대통령에게만 적용하지 않는다는 부칙을 달았어요.

(나) 대통령이 통일 주체 국민 회의의 의장이 되고, 국회 의원 정수의 3분의 1을 추천하도록 개정된 헌법이 만들어졌어요.

(다) 대통령은 국민의 보통·평등·직접·비밀 선거에 의하여 선출하고 대통령의 임기는 5년으로 하며, 중임할 수 없도록 했어요.

① (가) - (나) - (다)
② (가) - (다) - (나)
③ (나) - (가) - (다)
④ (나) - (다) - (가)
⑤ (다) - (가) - (나)

48 -048 밑줄 그은 '정부' 시기에 볼 수 있는 모습으로 가장 적절한 것은? [2점]

이것은 서울에 최초로 설정된 개발 제한 구역을 표시한 지도입니다. 경부 고속 국도를 준공하는 등 경제 발전에 힘쓰던 당시 정부는 도시의 무질서한 확산을 방지하고 도시 주변의 자연환경을 보전하기 위해 처음으로 개발 제한 구역을 설정하였습니다.

① 서울 지하철 1호선 개통식을 취재하는 기자
② 반민족 행위 처벌법을 통과시키는 국회 의원
③ 한·중 자유 무역 협정(FTA)에 서명하는 장관
④ 금융 실명제 실시로 신분증을 요구하는 은행 직원
⑤ 외환 위기 극복을 위한 금 모으기 운동에 동참하는 시민

49 -049 다음 뉴스가 보도된 정부 시기의 통일 노력으로 옳은 것은? [2점]

하계 올림픽을 성공적으로 마친 대통령은 오늘 한 국가 원수로서 처음으로 헝가리를 방문하였습니다. 헝가리는 우리 정부의 북방 정책에 대한 지지와 협력 의사를 함께 표명하였습니다. 이것은 정부가 발표한 7·7 선언의 성과로 평가되고 있습니다.

① 남북 조절 위원회가 구성되었다.
② 남북한이 유엔에 동시 가입하였다.
③ 금강산 해로 관광 사업이 시작되었다.
④ 개성에 남북 경제 협력 협의 사무소가 설치되었다.
⑤ 최초로 남북 이산가족 고향 방문단 교환이 이루어졌다.

50 -050 (가)~(마)에 대한 설명으로 옳지 않은 것은? [3점]

🔍 역사 돋보기   **우리나라의 연호(年號)**

연호는 군주가 자기의 치세 연차(年次)에 붙이는 칭호이다. 중국에서 시작되었으며 그 영향으로 우리나라, 일본, 베트남 등에서도 사용되었다. 연호는 원칙적으로 황제만 사용 가능하고, 제후 왕은 독자적인 연호를 쓸 수 없었다.

우리나라에서 최초로 확인되는 연호는 고구려 (가) 의 영락이다. 신라도 (나) 이 건원이라는 연호를, 뒤를 이은 진흥왕은 개국·태창·홍제 등의 연호를 사용하였다.

발해 고왕은 연호를 천통으로 했으며, (다) 은/는 인안, 문왕은 대흥, 선왕은 건흥이라는 연호를 사용하였다.

고려 태조는 천수를 사용하고, (라) 은/는 광덕·준풍을 연호로 삼았다.

조선은 고종 대에 개국 기년(開國紀年)을 공문서에 사용하다가 건양, 광무로 연호를 정하였다. 그 뒤를 이은 (마) 은/는 융희라는 연호를 사용하였다.

① (가) - 군대를 보내 신라에 침입한 왜를 격퇴하였다.
② (나) - 금관가야를 복속하여 영토를 확대하였다.
③ (다) - 장문휴를 보내 당의 산둥반도를 공격하였다.
④ (라) - 노비안검법을 시행하여 호족 세력을 견제하였다.
⑤ (마) - 전제 군주제를 명문화한 대한국 국제를 반포하였다.

2025년도 제75회 한국사능력검정시험 문제지

1 -051 (가) 시대의 생활 모습으로 가장 적절한 것은? [1점]

△△ 역사 동아리 사진전
송국리

■ 기간: 2025년 ○○월 ○○일~○○월 ○○일
■ 장소: 본관 2층 동아리실

초대의 글

사유 재산과 계급이 발생한 (가) 시대의 생활 모습을 잘 보여 주는 부여 송국리 유적이 발굴 50주년을 맞이하였습니다. 우리 동아리에서는 이를 기념하여 사진전을 개최합니다. 송국리형 토기, 비파형 동검 등 이 유적에서 출토된 대표적인 유물들을 사진으로 만나보세요!

① 주먹도끼 등 뗀석기를 처음 제작하였다.
② 소를 이용한 깊이갈이가 널리 보급되었다.
③ 주로 강가의 동굴이나 막집에 거주하였다.
④ 많은 인력을 동원하여 고인돌을 축조하였다.
⑤ 가락바퀴를 이용하여 실을 뽑기 시작하였다.

2 -052 (가), (나) 사이의 시기에 있었던 사실로 옳은 것은? [2점]

(가) 진승과 항우가 군사를 일으켜 천하가 혼란해지자, 연(燕)·제(齊)·조(趙)의 백성이 괴로움을 견디다 못해 점차 준왕에게 망명해 왔다. 준왕은 이들을 서쪽 지역에 거주하게 하였다.

(나) 좌장군이 패수상군을 격파하고 왕검성에 이르러 그 성의 서북 방면을 포위하였다. 누선장군도 좌장군과 합세하여 성의 남쪽에 주둔하였다. 우거왕이 끝까지 성을 굳게 지키니, 수개월이 지나도 함락시킬 수 없었다.

① 위만이 왕위를 찬탈하였다.
② 이사부가 우산국을 복속시켰다.
③ 온조가 위례성에 도읍을 정하였다.
④ 관구검이 환도성을 침략하여 함락하였다.
⑤ 미천왕이 서안평을 공격하여 영토를 넓혔다.

3 -053 (가) 국가의 문화유산으로 옳은 것은? [2점]

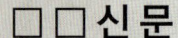

□□신문
제△△호 2025년 ○○월 ○○일

금관 특별전 개최

▲ 금관총 금관

올해 가을 아시아 태평양 경제 협력체(APEC) 정상 회의를 맞이하여 특별한 문화 행사가 경주에서 열린다. 금관총 금관, 황남 대총 금관 등 현재까지 발견된 (가) 의 금관 6점이 최초로 한자리에 모이는 '금관 특별전'은 세계 각국에 우리 문화의 우수성을 알리는 계기가 될 것으로 기대된다.

①  ②  ③
④  ⑤

4 -054 (가) 나라에 대한 설명으로 옳은 것은? [2점]

국가유산청은 (가) 의 중심지였던 경상북도 고령군을 한국의 다섯 번째 고도로 지정하였습니다. 고령에는 궁성지, 지산동 고분군, 방어성인 주산성 등 (가) 의 문화유산들이 보존되어 있어 이와 같이 지정되었습니다.

경북 고령군, 다섯 번째 고도(古都)로 지정

① 신라 진흥왕에 의해 복속되었다.
② 광평성 등의 정치 기구를 마련하였다.
③ 화백 회의를 통해 국정을 운영하였다.
④ 대가들이 사자, 조의, 선인을 거느렸다.
⑤ 박, 석, 김의 3성이 교대로 왕위를 계승하였다.

제75회 한국사능력검정시험 (심화)

5-055 밑줄 그은 '그 나라'의 경제 상황으로 가장 적절한 것은? [2점]

> 그 나라는 관(官)을 세움에 9등이 있다. 첫 번째는 토졸이라 하며, 1품에 비견된다. 옛 이름은 대대로이며, 국정을 모두 맡는다. 3년마다 교대하는데, 직에 걸맞은 자가 있으면 연한에 구애받지 않는다. …… 또 여러 큰 성에는 녹살(욕살)을 두는데, 도독에 비견된다. 여러 성에는 처려근지를 두는데, 자사에 비견된다. 또한, 도사라 이르기도 한다.
> - "한원" -

① 수도에 동시전이 설치되었다.
② 집집마다 부경이라는 창고가 있었다.
③ 금속 화폐인 건원중보가 주조되었다.
④ 솔빈부의 말이 특산품으로 수출되었다.
⑤ 곡물을 대여하고 이자를 받은 내용을 좌관대식기에 남겼다.

6-056 (가)에 들어갈 내용으로 가장 적절한 것은? [2점]

① 김흠돌의 난이 진압되었어요.
② 만적이 개경에서 봉기를 도모하였어요.
③ 관료전이 지급되고 녹읍이 폐지되었어요.
④ 김헌창이 웅천주에서 반란을 일으켰어요.
⑤ 이차돈의 순교를 계기로 불교가 공인되었어요.

7-057 다음 자료에 나타난 상황 이후에 있었던 사실로 옳은 것은? [3점]

> 당(唐)이 광주사마 장손사를 보내 수(隋) 병사의 해골을 묻은 곳에 와서 제사를 지내고, 당시에 [고구려가] 세운 경관(京觀)*을 허물었다. 봄 2월에 왕이 많은 사람을 동원하여 동북의 부여성에서 동남의 바다에 이르기까지 천 리 남짓에 걸쳐 장성을 쌓았다.
> - "삼국사기" -
>
> *경관: 승전을 기념하기 위해 적의 유해를 한곳에 모아 만든 무덤

① 을지문덕이 살수에서 대승을 거두었다.
② 고구려가 신라에 침입한 왜를 물리쳤다.
③ 김무력이 관산성에서 백제군을 격파하였다.
④ 연개소문이 정변을 일으켜 권력을 장악하였다.
⑤ 백제가 평양성을 공격하여 고구려 왕이 전사하였다.

8-058 다음 자료에 나타난 국가에 대한 설명으로 옳은 것은? [2점]

> ○ 조영이 죽으니, 시호를 고왕이라 하였다. 아들 무예가 왕위에 올라 영토를 크게 개척하니, 동북의 모든 오랑캐들이 두려워하여 신하가 되었다. 또 연호를 인안(仁安)으로 고쳤다.
> ○ 무예가 죽자, 시호를 무왕이라 하였다. 아들 흠무가 왕위에 올라 연호를 대흥(大興)으로 고쳤다.
> ○ 인수가 왕위에 올라 연호를 건흥(建興)으로 고치니, 그의 4대조 야발은 조영의 아우이다. 인수는 바다 북쪽의 여러 부(部)를 토벌하고 영역을 크게 넓힌 공이 있다.

① 골품에 따라 관등 승진을 제한하였다.
② 주자감을 설치하여 인재를 양성하였다.
③ 내신좌평 등 6좌평의 관제를 정비하였다.
④ 국경 지역인 양계에 병마사를 파견하였다.
⑤ 상수리 제도를 통해 지방 세력을 견제하였다.

9-059 (가) 지역에 대한 탐구 활동으로 가장 적절한 것은? [2점]

① 정약전이 자산어보를 저술한 곳을 알아본다.
② 비담과 염종이 반란을 일으킨 곳을 찾아본다.
③ 성왕이 새로운 도읍지로 정한 곳을 검색한다.
④ 윤충이 의자왕의 명을 받아 함락시킨 곳을 확인한다.
⑤ 신립이 배수의 진을 치고 왜군과 맞선 곳을 답사한다.

제75회 한국사능력검정시험 (심화)

10-060 (가), (나) 사이의 시기에 있었던 사실로 옳은 것은? [3점]

> (가) 견훤이 신라의 수도로 들어갔다. 포석정에서 연회를 벌이고 있던 신라 왕은 적의 병사들이 이르렀다는 말을 듣고 부인과 함께 달아나 성의 남쪽에 있는 별궁에 숨었다. 견훤은 신라 왕을 찾아내고 핍박하여 자결하게 하였다.
>
> (나) 견훤이 고창군을 포위하자 유금필이 왕에게 아뢰기를, "싸워 보지도 않고 먼저 패배를 걱정하는 것은 어째서입니까? 신은 군대를 진격해 서둘러 공격하기를 바랍니다."라고 하니 왕이 허락하였다.

① 신숭겸이 공산 전투에서 전사하였다.
② 안승이 보덕국의 왕으로 책봉되었다.
③ 흑치상지가 임존성에서 군사를 일으켰다.
④ 최치원이 왕에게 시무 10여 조를 건의하였다.
⑤ 왕건이 일리천 전투에서 신검에게 승리하였다.

11 -061 (가) 왕에 대한 설명으로 옳은 것은? [2점]

> **사료로 만나는 한국사**
>
> 교서를 내려 말하기를, "태학조교 송승연과 나주목(羅州牧)의 경학박사 전보인이 [학생들을] 이끌어 잘 도와서, 학문을 널리 닦으라는 공자의 뜻에 합치된다. 가르침에 게으르지 않아서 내가 학문을 권장하는 뜻에 들어맞으니 마땅히 그들을 발탁하여 특별하고 두터운 총애를 보이도록 하라."라고 하였다.
>
> [해설] 위 사료는 (가) 이/가 유학 교육에 공이 있는 태학조교와 나주목의 경학박사를 치하하는 "고려사"의 기록이다. 중앙뿐 아니라 지방의 교육도 장려했던 (가) 은/는 처음으로 12목을 설치하고 지방관에 이어 경학박사와 의학박사를 파견하였다.

① 광덕, 준풍 등의 독자적 연호를 사용하였다.
② 신돈을 중심으로 전민변정 사업을 추진하였다.
③ 청연각과 보문각을 두어 학문 연구를 장려하였다.
④ 정계와 계백료서를 지어 관리의 규범을 제시하였다.
⑤ 최승로의 시무 28조를 받아들여 통치 체제를 정비하였다.

12-062 (가)의 침입에 대한 고려의 대응으로 옳은 것은? [1점]

> 이곳은 전라남도 진도의 용장성 유적으로, 삼별초가 조성한 궁궐의 터가 남아 있습니다. 고려 정부가 (가) 와/과 강화를 맺자, 이에 반발한 삼별초는 왕족인 승화후 온을 왕으로 삼고 이곳으로 내려와 궁궐과 성을 쌓아 항쟁을 계속하였습니다. 단기간 사용되었음에도 왕궁과 외성이 있고, 여러 개의 성문과 치(雉) 등 다양한 시설이 확인된다고 합니다.

① 윤관을 보내 동북 9성을 개척하였다.
② 상비군으로 구성된 훈련도감을 설치하였다.
③ 박위로 하여금 쓰시마섬을 정벌하게 하였다.
④ 서희를 파견하여 소손녕과 외교 담판을 벌였다.
⑤ 대장도감을 설치하여 팔만대장경을 간행하였다.

13-063 (가)에 들어갈 내용으로 가장 적절한 것은? [2점]

> 이 초상화 속 인물은 고려의 학자인 문헌공 최충으로, 해동공자라고 불리기도 하였습니다. 거란의 침입으로 개경이 함락되어 서적들이 소실되자 역사서 편찬을 위한 수찬관에 임명되었습니다. 유학을 보급하고 인재 양성에 힘쓴 그는 (가)

① 불씨잡변을 지어 불교를 비판하였습니다.
② 만권당에서 원의 학자들과 교유하였습니다.
③ 지공거 출신으로 9재 학당을 설립하였습니다.
④ 입학도설을 저술하여 성리학의 기본 원리를 해설하였습니다.
⑤ 성균관의 대사성이 되어 정몽주 등을 학관으로 천거하였습니다.

14. 다음 상황이 나타난 시기를 연표에서 옳게 고른 것은? [2점]

서경 반란군이 검교첨사 최경을 개경으로 보내 표문을 올려 이르기를, "폐하께서 음양의 지극한 말을 믿으시고 도참의 비설을 고찰하시어 대화궁을 창건하시니 천제(天帝)의 도움을 본떠 만드신 것입니다. …… 인심은 두려운 것이며 군중의 분노는 막기 어려우니 만약 폐하께서 수레를 타고 임하신다면 병란은 그칠 것입니다."라고 하였다. 표문이 도착하니 모두 말하기를, "신하가 감히 군주를 부르다니 그 사자(使者)를 베는 것이 옳습니다."라고 하였다.

918	1009	1126	1170	1356	1392
	(가)	(나)	(다)	(라)	(마)	
고려 건국	강조의 정변	이자겸의 난	무신 정변	쌍성총관부 탈환	고려 멸망

① (가) ② (나) ③ (다) ④ (라) ⑤ (마)

15. 교사의 질문에 대한 학생의 답변으로 가장 적절한 것은? [2점]

자료는 '이생규장전'의 일부입니다. 이 작품은 홍건적의 침입으로 왕이 피란하고 백성이 고통을 겪는 등 전란의 참혹했던 상황을 역사적 배경으로 하고 있습니다. 이 상황 이후에 전개된 역사적 사실에 대해 말해 볼까요?

[문학으로 만나는 한국사]

신축년에 홍건적이 개경을 점거하자 임금은 복주(福州)로 피란하였다. 적들은 집을 불태워 없애버렸으며, 사람을 죽이고 가축을 잡아먹었다. 부부와 친척끼리도 서로 보호하지 못했고 동서로 달아나 숨어서 제각기 살길을 찾았다. 이생은 가족들을 데리고 외진 산골로 숨었는데, 한 도적이 칼을 빼어들고 뒤를 쫓아왔다. 이생은 달아나 목숨을 건졌지만, 그의 아내 최랑은 도적에게 사로잡혔다.

① 김사미가 운문을 거점으로 봉기하였어요.
② 강감찬이 흥화진 전투에서 승리하였어요.
③ 후주 출신 쌍기가 과거제 도입을 건의하였어요.
④ 최충헌이 교정도감을 두어 국정을 총괄하였어요.
⑤ 이성계가 위화도에서 회군하여 정권을 장악하였어요.

16. 다음 상황이 나타난 국가의 경제 모습으로 옳은 것은? [2점]

○ 동소(銅所)·철소(鐵所)·자기소(瓷器所)·지소(紙所)·묵소(墨所) 등 여러 소에서 별공으로 바치는 물건들을 너무 과중하게 징수하여 장인들이 고통스러워 도망하고 있다.

○ 왕이 명령하기를, "이제 처음으로 화폐를 주조하는 법을 제정하였으니, 주조한 돈 1만 5천 관(貫)을 여러 관리와 군인들에게 나누어 주어 이를 통용의 시초로 삼고 전문(錢文)은 해동통보라 하여라."라고 하였다.

① 청해진을 설치하여 해상 무역을 전개하였다.
② 재정 문제를 해결하기 위한 당백전이 발행되었다.
③ 계해약조가 체결되어 세견선의 입항이 허가되었다.
④ 육의전을 제외한 시전 상인의 금난전권이 폐지되었다.
⑤ 예성강 하구의 벽란도가 국제 무역항으로 번성하였다.

17. (가)에 들어갈 내용으로 가장 적절한 것은? [1점]

2025년 한국사 교양 강좌

고려의 과학 기술

우리 학회에서는 고려의 과학 기술에 대해 알아보는 교양 강좌를 마련하였습니다. 관심 있는 분들의 많은 참여를 바랍니다.

■ 강의 주제
[제1강] 수시력의 도입과 최성지의 활동
[제2강] (가)
[제3강] 화통도감의 설치와 화약 무기의 개발
[제4강] 고려 청자의 발달과 상감 기법의 활용

■ 일시: 2025년 8월 매주 수요일 오후 7시
■ 장소: □□대학교 인문대학 대강의실
■ 주최: △△학회

① 의약학의 발전과 향약집성방의 편찬
② 100리 척의 사용과 동국지도의 제작
③ 기하학적 원리와 경주 석굴암의 조성
④ 금속 활자 기술과 직지심체요절의 간행
⑤ 농업 기술의 발달과 임원경제지의 저술

18 -068 (가) 국가의 문화유산으로 옳은 것은? [2점]

19 -069 다음 자료를 활용한 탐구 활동으로 가장 적절한 것은? [2점]

> 처음에 공신 배극렴·조준·정도전이 세자를 세울 것을 청하면서, 나이와 공로를 고려하여 정하기를 청하였다. 임금이 강씨를 중히 여겨 이방번에게 뜻이 있었으나, 공신들은 방번이 적합하지 않다고 생각하여 사적으로 서로 이야기하기를, "만일 강씨 소생이어야 한다면 막내가 조금 낫겠다."라고 하였다. 이후 임금이 "누가 세자가 될 만한가?"라고 물으니, 맏아들 혹은 공로가 있는 사람을 세워야만 된다고 간절히 말하는 사람이 없었다. 이에 극렴이 말하기를, "막내아들이 좋습니다."라고 하니, 임금이 마침내 뜻을 결정하여 어린 이방석을 왕세자로 삼았다.

① 제1차 왕자의 난이 일어난 이유를 찾아본다.
② 수양 대군이 정권을 장악하는 과정을 조사한다.
③ 사림이 동인과 서인으로 나뉘게 된 계기를 파악한다.
④ 폐모살제 등을 구실로 반정을 일으킨 세력을 검색한다.
⑤ 허적과 윤휴 등 남인이 대거 축출되는 사건을 알아본다.

20 -070 (가) 기구에 대한 설명으로 옳은 것은? [2점]

① 수도의 행정과 치안을 담당하였다.
② 을묘왜변을 계기로 상설 기구화되었다.
③ 서얼 출신 학자들이 검서관에 등용되었다.
④ 역사서를 편찬하고 사고에 보관하는 일을 맡았다.
⑤ 대사헌을 수장으로 집의, 장령 등의 관직을 두었다.

21 -071 (가)에 대한 조선의 대응으로 옳은 것은? [2점]

① 사신 접대를 위해 한성에 동평관을 두었다.
② 두만강 일대를 개척하여 6진을 설치하였다.
③ 강화도로 도읍을 옮겨 장기 항전을 준비하였다.
④ 철령위 설치에 반발하여 요동 정벌을 추진하였다.
⑤ 신기군, 신보군, 항마군 등으로 구성된 별무반을 조직하였다.

22. (가), (나) 사이의 시기에 있었던 사실로 옳은 것은? [3점]

> (가) 대신 등에게 전교하기를, "조광조 등의 일은 내가 늘 마음속에서 잊지 않았으나 선왕(先王)께서 전에 허락하지 않으셨으므로 감히 가벼이 고치지 못하였다. 이제는 내 병이 위독하여 비로소 유언하니 조광조 등의 벼슬을 모두 회복할 수 있으면 다행이겠다. 현량과도 회복하여 거두어 등용하도록 하라."라고 하였다.
>
> (나) 부제학 정언각이 아뢰기를, "소신이 양재역에 이르러서 벽에 써 붙인 주서(朱書)를 보았는데 국가에 관계된 내용이었으므로 지극히 놀랐습니다. …… 또 반역의 잔당들은 이미 죄를 물었습니다만, 심영은 대왕대비를 가리켜 신하로서 할 수 없는 말을 하였습니다. 신하가 그와 같은 말을 하고서 어떻게 천지 사이에 용납될 수 있겠습니까."라고 하였다.

① 자의 대비의 복상 문제로 예송이 일어났다.
② 외척 간의 권력 다툼으로 윤임이 제거되었다.
③ 세자 책봉 문제를 계기로 정철이 유배되었다.
④ 희빈 장씨 소생의 원자 책봉 문제로 환국이 발생하였다.
⑤ 폐비 윤씨 사사 사건의 전말이 알려져 김굉필 등이 처형되었다.

23. (가) 전쟁 중에 있었던 사실로 옳은 것은? [2점]

> **문학으로 보는 한국사**
>
> 남한산성 무너진 날 죽었어야 할 몸인데
> 초수(楚囚)* 되어 아직도 못 돌아간 신하라네
> 서쪽으로 오며 형 생각에 몇 번이나
> 눈물 뿌렸던고
> 동녘을 바라보니 아우 그린 형이 가련하네
> ……
> 부부 은정(恩情) 중하기도 한데
> 만난 지 두 돌도 못 되었네그려
> 이제는 만 리 밖에 이별하여
> 백년가약이 헛되구나
> 길이 멀어 편지도 못 부치고
> 산이 높아 꿈조차 더디 넘네
> 나의 살 길 기약할 수 없으니
> 뱃속의 아이나 잘 보살펴주오
>
> *초수: 포로를 뜻함
>
> [해설]
> 이 작품은 송시열이 펴낸 "삼학사전"에 수록된 시로, 오달제가 형과 아내에게 보낸 것입니다. 삼학사는 (가) 때 척화론을 주장하다가 이듬해 심양으로 잡혀가 순절한 홍익한, 윤집, 오달제를 말합니다. "삼학사전"에는 삼학사의 절개와 비극적 최후가 묘사되어 있습니다. 인조의 뒤를 이어 즉위한 효종은 (가) 의 치욕을 씻기 위해 북벌을 추진하는 한편 순절한 인물을 기리고 그 후손을 등용하는 정책을 펼쳤습니다.

① 송상현이 동래성에서 항전하였다.
② 김준룡이 광교산 전투에서 승리하였다.
③ 이괄의 반란 세력이 도성을 장악하였다.
④ 강홍립 부대가 사르후 전투에 참전하였다.
⑤ 신류가 조총 부대를 이끌고 흑룡강에서 전투를 벌였다.

24. (가) 왕에 대한 설명으로 옳은 것은? [2점]

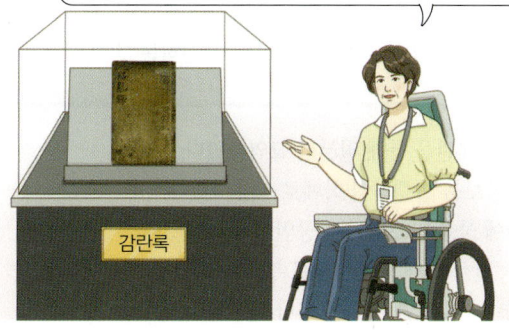

> 이 책은 이인좌의 난을 평정한 직후 (가) 의 명으로 송인명 등이 난의 진행 과정과 원인에 대해 여러 자료를 참고해서 편찬한 것입니다. 어제(御製) 서문에는 이인좌의 난이 일어난 원인을 붕당에서 찾고 있으며, 이와 같은 변란의 재발을 막기 위하여 이 책을 편찬한다고 명시되어 있습니다.
>
> 감란록

① 경기도에 한하여 대동법을 시행하였다.
② 수도 방어를 위하여 금위영을 창설하였다.
③ 탕평 교서를 반포하고 탕평비를 건립하였다.
④ 문신을 재교육하기 위한 초계문신제를 실시하였다.
⑤ 통치 체제를 정비하기 위해 대전회통을 편찬하였다.

25. 밑줄 그은 '시기'에 볼 수 있는 모습으로 가장 적절한 것은? [1점]

> 이것은 장용영이 존재하던 시기 한양 도성 일대를 그린 도성도입니다. 종묘 부근에 장용영의 위치가 표시되어 있습니다. 이 지도에는 또 어떤 특징이 있을까요?
>
> 두드러진 특징은 남쪽을 바라보며 정사를 보는 왕의 시각에 맞춰 그려, 지도의 상단이 남쪽으로 되어 있다는 점입니다. 또한, 산수화풍의 산세 표현은 겸재 정선의 화풍을 따른 것으로 보입니다.

① 세책가에서 춘향전을 빌리는 부녀
② 동국정운을 편찬하는 집현전의 학자
③ 주자소에서 계미자를 제작하는 장인
④ 형평사 창립 대회 개최를 취재하는 기자
⑤ 시전의 상행위를 감독하는 경시서의 관리

제75회 한국사능력검정시험 (심화)

26-076 다음 상황이 나타난 시기의 경제 모습으로 옳지 <u>않은</u> 것은? [2점]

> 비가 내리자 왕이 특별히 화성부에 이르기를, "흉년이 들었을 때 기근을 구제하는 데 서쪽 지방의 토란이나 남쪽 지방의 고구마보다 월등히 나은 것은 메밀이다. 내가 이 때문에 모내기의 시기를 놓치게 되면 반드시 메밀을 대신 파종하도록 권장하는 것이다."라고 하였다.

① 염포의 왜관을 통해 일본과 교역하였다.
② 상평통보를 발행하여 화폐로 사용하였다.
③ 관청에 물품을 조달하는 공인이 활동하였다.
④ 송상, 만상이 대청 무역으로 부를 축적하였다.
⑤ 덕대가 물주에게 자금을 받아 광산을 경영하였다.

27-077 (가) 왕의 재위 시기에 있었던 사실로 옳은 것은? [2점]

이 그림은 세도 정치의 주요 인물이자 (가) 의 장인인 김조순의 별저 옥호정과 그 일대를 그린 옥호정도입니다. 삼청동 북악산 백련봉 일대에 위치한 별저의 모습을 통해 당시 세도가였던 안동 김씨의 위세를 짐작할 수 있습니다.

① 오페르트가 남연군 묘 도굴을 시도하였다.
② 이만손이 주도하여 영남 만인소를 올렸다.
③ 이시애가 길주를 근거지로 난을 일으켰다.
④ 홍경래 등이 봉기하여 정주성을 점령하였다.
⑤ 곽재우, 고경명 등이 의병장으로 활약하였다.

28-078 (가) 사건에 대한 설명으로 옳은 것은? [2점]

> 김옥균 등은 청이 우리 자주권을 침해하는 데 분노하여 일본 공사와 (가) 을/를 일으켜 '일본당'으로 지목되었다. (가) 이/가 실패하자 온 나라가 그를 역적이라 하였다. 나는 조정에 몸을 담고 있어 그를 토벌하여 죽여야 한다는 것 외에 다른 목소리를 낼 수 없었다. 그러나 김옥균과 나의 마음이 그 뜻이 다른 데 있는 것이 아니라 나라를 사랑하는 데서 나온 것이었다.
> — "속음청사" —

① 개혁 추진 기구로 교정청이 설치되었다.
② 전개 과정에서 홍범 14조가 반포되었다.
③ 통리기무아문이 신설되는 배경이 되었다.
④ 김기수가 수신사로 파견되는 결과를 가져왔다.
⑤ 청·일 간에 톈진 조약이 체결되는 계기가 되었다.

29-079 (가) 종교에 대한 설명으로 옳은 것은? [1점]

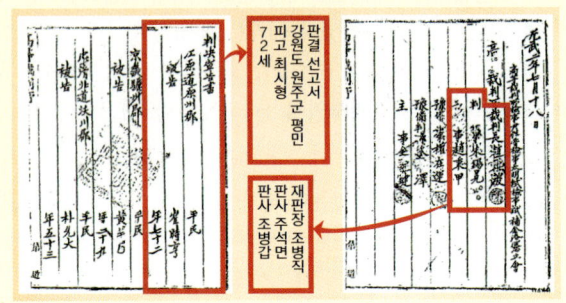

재판 기록으로 보는 한국사

[해설] 자료는 (가) 의 제2대 교주 최시형에 대한 판결 선고서이다. 교조 신원 운동을 주도했던 그는 1894년 전봉준, 김개남 등이 이끈 농민군과 합세한 일로 도망자 신세가 되었고, 결국 1898년 원주에서 체포되어 고등 재판소에서 재판을 받았다. 당시 재판에는 농민 수탈로 고부 봉기를 촉발시켰던 조병갑이 판사로 참여하였고, 법부대신 조병직이 재판장으로서 최시형에게 사형을 선고하였다.

① 포접제를 활용하여 교세를 확장하였다.
② 배재 학당을 세워 신학문 보급에 앞장섰다.
③ 박중빈을 중심으로 새 생활 운동을 추진하였다.
④ 일제의 통제에 맞서 사찰령 폐지 운동을 벌였다.
⑤ 의민단을 조직하여 항일 무장 투쟁을 전개하였다.

30-080 밑줄 그은 '전쟁' 기간에 있었던 사실로 옳은 것은? [3점]

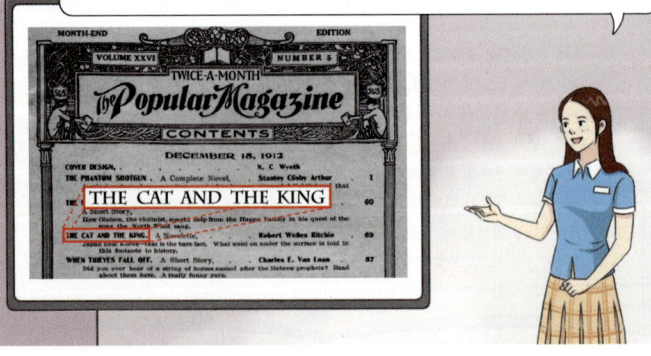

미국 잡지 '포퓰러 매거진'의 1912년 마지막 호에는 한반도를 둘러싼 대한 제국과 일본, 러시아 간의 암투를 다룬 첩보 소설(The cat and the king)이 실렸습니다. 베델, 민영환 등 당대 인물들이 등장하는 이 소설은 일제가 포츠머스 조약을 체결하여 <u>전쟁</u>을 끝내고 대한 제국의 외교권을 박탈하려 하는 등 긴박하게 전개되었던 당시 상황을 배경으로 하고 있습니다.

① 고종이 아관 파천을 단행하였다.
② 일본이 독도를 불법 편입하였다.
③ 러시아가 절영도 조차를 요구하였다.
④ 조·청 상민 수륙 무역 장정을 체결하였다.
⑤ 평양 관민이 대동강에 침입한 제너럴 셔먼호를 불태웠다.

제75회 한국사능력검정시험 (심화)

31 -081 (가) 인물에 대한 설명으로 옳은 것은? [3점]

상소문으로 보는 역사 이야기 – '지부복궐척화의소'

한국사 채널 조회수 250,809

자료는 위정척사 운동의 대표적 인물인 (가) 이/가 강화도 조약 체결에 반대하며 올린 '지부복궐척화의소'의 일부로, "면암집"에 실려 있습니다. 표시된 부분은 '기자(箕子)의 옛 땅이며 대명(大明)의 동쪽 울타리'인 조선이 조약을 체결하게 되면 '하루아침에 서양 오랑캐로 전락'할 수 있다는 내용으로, 화이론적 세계관에 바탕을 둔 그의 왜양일체론이 잘 드러나 있습니다.

① 고종의 밀지를 받아 독립 의군부를 조직하였다.
② 도쿄에서 일왕이 탄 마차를 향해 폭탄을 던졌다.
③ 을사늑약이 체결되자 태인에서 의병을 일으켰다.
④ 명동 성당 앞에서 이완용을 습격하여 중상을 입혔다.
⑤ 13도 창의군을 지휘하여 서울 진공 작전을 전개하였다.

32 -082 ㉠~㉤에 대한 설명으로 옳은 것은? [2점]

이준 연보

1859년 함경도 북청에서 출생
1895년 법관 양성소 졸업
1898년 ㉠ 독립 협회 가입
1904년 ㉡ 보안회 조직
       일제의 압력으로 황해도 철도(鐵島)로 유배
1905년 ㉢ 헌정 연구회 조직
1906년 ㉣ 대한 자강회 조직
1907년 ㉤ 신민회 가입
       네덜란드 헤이그 만국 평화 회의에 특사로 파견, 사망
1962년 건국 훈장 대한민국장 추서

① ㉠ - 고종 강제 퇴위 반대 운동을 전개하였다.
② ㉡ - 일제의 황무지 개간권 요구를 저지시켰다.
③ ㉢ - 일제가 조작한 105인 사건으로 와해되었다.
④ ㉣ - 대성 학교를 설립하여 민족 교육을 실시하였다.
⑤ ㉤ - 조소앙의 삼균주의를 기초로 건국 강령을 발표하였다.

33 -083 다음 자료를 작성한 인물에 대한 설명으로 옳은 것은? [1점]

'동양 평화'와 '한국 독립'에 대한 문제는 이미 세계 모든 나라 사람들이 다 아는 사실이며 당연한 일로 굳게 믿었고, 한국과 청국 사람들의 마음에 깊게 새겨졌다. …… 만일 일본이 지금의 정책을 바꾸지 않고 이웃 나라들을 날날이 억누른다면, 차라리 다른 인종에게 망할지언정 같은 인종에게 욕을 당하지는 않겠다는 생각이 한국과 청국 사람들의 마음에서 용솟음칠 것이다. …… 동양 평화를 위한 의로운 싸움을 하얼빈에서 시작하고, 옳고 그름을 가리는 자리는 뤼순으로 정하였다.

① 샌프란시스코에서 흥사단을 창립하였다.
② 황준헌이 쓴 조선책략을 국내에 들여왔다.
③ 초대 통감이었던 이토 히로부미를 사살하였다.
④ 유만수 등과 함께 부민관 폭파 의거를 일으켰다.
⑤ 국권 피탈 과정을 정리한 한국통사를 저술하였다.

34 -084 밑줄 그은 '시기'에 있었던 사실로 옳은 것은? [2점]

헌병이 일반 경찰 업무를 담당하던 시기에 일제는 범죄 즉결례를 제정하여 재판 없이 체포 또는 구금하고 벌금을 물리거나 태형에 처할 수 있게 하였습니다. 시행 이듬해 일제는 범죄 즉결례에 있는 태형 규정을 삭제하고, 조선 태형령을 제정하여 태형은 오직 조선인에게만 적용하였습니다.

법령으로 만나는 일제 강점기

제1조 경찰서장 또는 그 직무를 취급하는 자는 그 관할 구역 안의 다음 각호의 범죄를 즉결할 수 있다.
 1. 구류·태형 또는 과료형에 해당하는 죄
 3. 3월 이하의 징역·금고·금옥이나 구류·태형 또는 100원 이하의 벌금이나 과료형에 처하여야 하는 행정 법규 위반의 죄
 - 범죄 즉결례 -

제1조 3개월 이하의 징역 또는 구류에 처해야 하는 자는 그 상황에 따라 태형에 처할 수 있다.
제13조 본령은 조선인에 한해 적용한다.
 - 조선 태형령 -

① 미쓰야 협정이 체결되었다.
② 조선 사상범 예방 구금령이 제정되었다.
③ 박문국이 설치되어 한성순보를 발행하였다.
④ 황국 중앙 총상회가 상권 수호 운동을 주도하였다.
⑤ 회사 설립 시 총독의 허가를 받도록 하는 회사령이 시행되었다.

제75회 한국사능력검정시험 (심화)

35-085 다음 기사가 보도된 시기에 볼 수 있는 모습으로 가장 적절한 것은? [2점]

□□신문
제△△호   ○○○○년 ○○월 ○○일

[사설] 대홍수의 재난에서 조선의 형제들을 구하라

▲ 침수된 용산 일대

대홍수로 중부 지방에 엄청난 피해가 발생하였다. 7월 18일에는 용산과 뚝섬 일대가 완전 침수되었고 이튿날은 광주군 선리 주민 292명이 물에 빠져 죽었다. 경부선은 10일간 불통이었다. 그럼에도 총독부는 이와 같은 홍수 피해에 무성의하게 대처하고 있다. 재작년 일본에서 관동 대지진이 일어났을 때 조선인들이 박해를 받았음에도 불구하고 우리 조선의 형제들은 능력껏 구제의 손길을 뻗쳤었다. 그러나 지금 조선에서 홍수 피해로 각지에서 재난이 일어나고 있는데도 총독부와 일본인 거류민들은 모른 척하고 있다. 조선인이여! 조선인을 구하라. 재난을 당한 형제와 같이 울며 아프며 살 길을 구하라.

① 영선사 일행으로 청에 가는 생도
② 경성 제국 대학에서 공부하는 학생
③ 국채 보상 운동의 모금에 참여하는 상인
④ 육영 공원에서 영어를 가르치는 미국인 교사
⑤ 전차 개통식에 참여하는 한성 전기 회사 직원

36-086 (가) 운동의 배경으로 가장 적절한 것은? [1점]

파리 강화 회의가 진행되던 프랑스에서는 일제 강점기 최대 규모의 독립운동이었던 (가) 와/과 관련된 내용이 보도된 바 있습니다. 이와 관련하여 "일본 당국이 가혹한 탄압을 하고 있으며 혁명의 희생자 수가 이미 상당하다."라고 보도하며, (가) 에 대해 '혁명'이라는 표현을 사용한 기사가 주목됩니다.

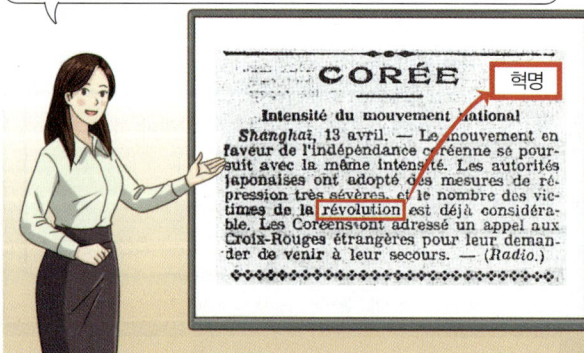

① 간도 참변으로 민간인이 학살되었다.
② 민영익을 대표로 한 보빙사가 파견되었다.
③ 대한 제국의 마지막 황제 순종이 서거하였다.
④ 언론사의 주도로 브나로드 운동이 전개되었다.
⑤ 미국 대통령 윌슨이 민족 자결주의를 제창하였다.

37-087 (가) 단체에 대한 설명으로 옳은 것은? [2점]

[우리 고장의 독립운동가]
일우(一宇) 김한종 (1883~1921)

충청남도 예산군 광시면 출생이다. 1915년 대구에서 박상진 등이 국권 회복을 위해 조직한 (가) 의 충청도 지부장으로, 군자금 모금과 친일 관리 처단을 주도하였다. 이후 일제에 체포되어 총사령 박상진과 함께 사형을 선고받고 대구 형무소에서 생을 마감하였다. 1963년에 건국 훈장 독립장이 추서되었다.

① 군대식 조직을 갖춘 비밀 결사였다.
② 정우회 선언의 영향으로 결성되었다.
③ 조선 혁명 선언을 활동 지침으로 삼았다.
④ 중국군과 함께 영릉가 전투에서 큰 전과를 올렸다.
⑤ 만민 공동회를 열어 열강의 이권 침탈을 비판하였다.

38-088 (가)~(라)를 발표된 순서대로 옳게 나열한 것은? [3점]

(가) 제1조 대한국은 세계 만국에 공인된 자주독립 제국이다.
    제2조 대한 제국의 정치는 만세에 걸쳐 불변할 전제 정치이다.
    제3조 대한국 대황제는 무한한 군권(君權)을 누린다.

(나) 중추원은 아래에 열거한 사항을 심사하고 회의하여 결정하는 곳으로 할 것이다.
    1. 법률, 칙령의 제정, 폐지, 개정에 관한 사항
    6. …… 중추원 의관의 절반은 정부에서 나라에 공로가 있는 사람을 추천하고, 그 절반은 인민 협회 중에서 27세 이상으로 정치·법률·학식에 통달한 자를 투표해서 선거할 것이다.

(다) 제1조 대한민국은 민주 공화국이다.
    제2조 대한민국의 주권은 국민에게 있고 모든 권력은 국민으로부터 나온다.
    제102조 이 헌법을 제정한 국회는 이 헌법에 의한 국회로서의 권한을 행하며 그 의원의 임기는 국회 개회일로부터 2년으로 한다.

(라) 융희 황제가 삼보(三寶)를 포기한 8월 29일은 즉 우리 동지가 삼보를 계승한 8월 29일이니 그 사이 순간도 멈춘 적이 없다. 우리 동지는 완전한 상속자이니 저 황제권이 소멸한 시점은 즉 민권이 발생한 시점이오, 옛 한국의 마지막 1일은 즉 신한국 최초의 1일이다.

① (가) - (나) - (다) - (라)　　② (가) - (나) - (라) - (다)
③ (나) - (가) - (라) - (다)　　④ (나) - (다) - (가) - (라)
⑤ (다) - (라) - (나) - (가)

39 (가) 지역에서 있었던 민족 운동으로 옳은 것은? [2점]

사진은 (가) (으)로 이주한 한인 노동자들의 모습입니다. 이민자들은 1905년 (가) 의 유카탄반도에 도착한 뒤 에네켄 농장 20여 곳에 분산 배치되어 고된 노동에 시달렸습니다. 이들은 어려운 환경 속에서도 독립운동 자금을 모금하는 등 국권 회복을 위한 노력에 동참하였습니다.

① 한인 자치 기구인 경학사를 조직하였다.
② 권업회를 조직하고 권업신문을 발간하였다.
③ 중광단을 결성하여 항일 투쟁을 전개하였다.
④ 숭무 학교를 설립하여 독립군을 양성하였다.
⑤ 유학생들이 중심이 되어 2·8 독립 선언서를 발표하였다.

41 (가) 단체에 대한 설명으로 옳은 것은? [3점]

자네 (가) 에서 발행한 잡지 "한글" 이번 호 보았는가? '한글 맞춤법 통일안' 개정 신판이 발매되었다는 소식이 실렸더군.

읽었네. 최근 훈민정음 해례본의 발견으로 한글 창제일이 명확해졌다는군. 이제 (가) 에서는 한글날을 창제일에 맞춰 10월 9일로 시정한다고 하네.

① 최초로 한글에 띄어쓰기를 도입하였다.
② 국어 문법서인 대한문전을 편찬하였다.
③ 태극 서관을 설립하여 서적을 보급하였다.
④ 조선말(우리말) 큰사전 편찬을 추진하였다.
⑤ 국문 연구소를 두어 한글을 체계적으로 연구하였다.

40 교사의 질문에 대한 학생의 답변으로 가장 적절한 것은? [3점]

이 자료는 전라남도 신안군(당시 무안군)의 한 섬에서 발생한 사건의 결과로, 소작인회 대표와 지주 문재철 사이에 맺어진 화해 조건입니다. 소작인들은 고율의 소작료를 징수하는 지주에게 1년여에 걸쳐 저항하여 소작료를 낮추는 성과를 거두었습니다. 이 사건 이후의 사실에 대해 말해 볼까요?

1. 소작료를 4할로 하고, 1할은 농업 장려금으로 할 것
2. 농업 장려금은 소작인회에서 관리할 것
3. 소작인회에 지주도 참여할 것
4. 미납한 소작료는 3개년을 기한으로 분납할 것
5. 파괴하여 철거한 문태현의 비석을 복구할 것
6. 현재 조사 중인 형사 피고 사건은 양방에서 취하할 것
7. 지주가 소작인회에 기본금 2천 원을 기증할 것

① 양전 사업이 실시되어 지계가 발급되었어요.
② 함경도와 황해도에서 방곡령이 선포되었어요.
③ 전국 단위 조직인 조선 농민 총동맹이 결성되었어요.
④ 일본의 토지 침탈에 맞서 농광 회사가 설립되었어요.
⑤ 기한 내에 소유지를 신고하게 하는 토지 조사령을 제정하였어요.

42 (가)에 들어갈 내용으로 가장 적절한 것은? [1점]

이것은 잡지 "별건곤"에 실린 삽화로, 서양식 복장을 한 '모던 걸', '모던 보이'를 풍자한 것입니다. 일제 강점기에는 잡지, 라디오 등의 매체를 통해 새로운 근대 문화가 소개되었습니다. 당시 나타난 문화적 현상에 대해 검색한 것을 말해 볼까요?

자본주의적 소비 문화의 상징인 백화점이 도심에 들어섰습니다.

① 나운규의 영화 아리랑이 상영되었습니다.
② 한글 신문인 제국신문이 간행되었습니다.
③ 정비석의 소설 자유부인이 출판되었습니다.
④ 잡지 사상계가 높은 판매 부수를 기록하였습니다.
⑤ 아침 이슬 등의 곡이 금지곡으로 지정되었습니다.

43 (가) 부대에 대한 설명으로 옳은 것은? [2점]

> **사료로 만나는 여성 독립운동사**
>
> 이중 삼중의 억압에 눌려 신음하던 자매들이여! 어서 빨리 일어나 이 민족 해방 운동의 뜨거운 용광로로 뛰어오라. …… 어둠 속에서 비추는 새벽빛 같은 (가) 의 자유를 쟁취하려는 봉화는 붉고 맑게 빛난다. 이미 모인 혁명 동지들은 뜨거운 손길을 내밀고 열정에 넘쳐 속히 달려옴을 기다리고 있다. 오라!
>
> [해설] 이 사료는 "광복"에 실린 지복영의 글 중 일부이다. 그녀는 1940년 9월, 충칭에서 자신의 아버지 지청천을 총사령으로 하는 (가) 이/가 창설될 때 오광심, 김정숙, 조순옥 등과 함께 참여하였다. 그녀는 대원 모집, 선전 활동 등을 이어오다 광복을 맞이하였다.

① 청산리에서 일본군에 맞서 승리를 거두었다.
② 미국과 연계하여 국내 진공 작전을 준비하였다.
③ 동북 항일 연군으로 개편되어 유격전을 전개하였다.
④ 쌍성보, 대전자령 전투 등에서 일본군에 승리하였다.
⑤ 중국 관내(關內)에서 결성된 최초의 한인 무장 부대였다.

44 밑줄 그은 '이 시기'에 시행된 일제의 정책으로 옳은 것은? [1점]

- 이것은 일제가 각종 놋그릇과 생활용품들을 공출한 후 찍은 사진이야. 당시 금속류 회수령이 실시되었지.
- 맞아. 중·일 전쟁을 일으키고 침략 전쟁을 확대했던 이 시기 일제는 군수 물자 생산을 위해 사찰의 종까지 걷어가기도 했어.

① 언론을 통제하기 위하여 신문지법을 제정하였다.
② 애국반을 조직하여 한국인의 생활을 통제하였다.
③ 경복궁에서 최초로 조선 물산 공진회를 개최하였다.
④ 재정 고문 메가타의 주도 아래 화폐 정리 사업을 실시하였다.
⑤ 보통학교의 수업 연한을 4년으로 규정한 제1차 조선 교육령을 시행하였다.

45 다음 성명이 발표된 이후의 사실로 옳은 것은? [3점]

> 지금 이때 나의 단일한 염원은 3천만 동포와 손을 잡고 통일된 조국, 독립된 조국의 달성을 위하여 공동 분투하는 것뿐이다. 이 육신을 조국이 요구한다면 당장이라도 제단에 바치겠다. 나는 통일된 조국을 건설하려다가 38선을 베고 쓰러질지언정 일신에 구차한 안일을 취하여 단독 정부를 세우는 데는 협력하지 아니하겠다. 나는 내 생전에 38선 이북에 가고 싶다. 그쪽 동포들도 제집을 찾아가는 것을 보고서 죽고 싶다. 궂은 날을 당할 때마다 38선을 싸고도는 원귀의 곡성이 내 귀에 들리는 것도 같았다. 고요한 밤에 홀로 앉으면 남북에서 헐벗고 굶주리는 동포들의 원망스런 용모가 내 앞에 나타나는 것도 같았다.

① 모스크바 3국 외상 회의가 개최되었다.
② 송진우, 김성수 등이 한국 민주당을 창당하였다.
③ 좌우 합작 위원회에서 좌우 합작 7원칙을 발표하였다.
④ 우리나라 최초의 보통 선거인 5·10 총선거가 실시되었다.
⑤ 여운형이 중심이 되어 조선 건국 준비 위원회를 조직하였다.

46 밑줄 그은 '정부' 시기에 있었던 사실로 옳은 것은? [2점]

이 사진은 6·25 전쟁 중 부산 임시 국회에서 개헌안을 표결하는 장면입니다. 정부는 부산 일대에 계엄을 선포하고 야당 의원들이 탄 통근 버스를 강제로 연행하는 등 공포 분위기를 조성하였습니다. 개헌안은 군인과 경찰이 국회 의사당을 완전히 포위한 상태에서 토론 없이 기립 표결로 통과되었습니다.

① 경부 고속 도로가 개통되었다.
② 한·미 상호 방위 조약이 체결되었다.
③ 함평 고구마 피해 보상 운동이 전개되었다.
④ 대통령 긴급 명령으로 금융 실명제가 실시되었다.
⑤ 사회 정화를 명분으로 삼청 교육대가 설치되었다.

47 -097 (가) 정부 시기에 있었던 사실로 옳은 것은? [2점]

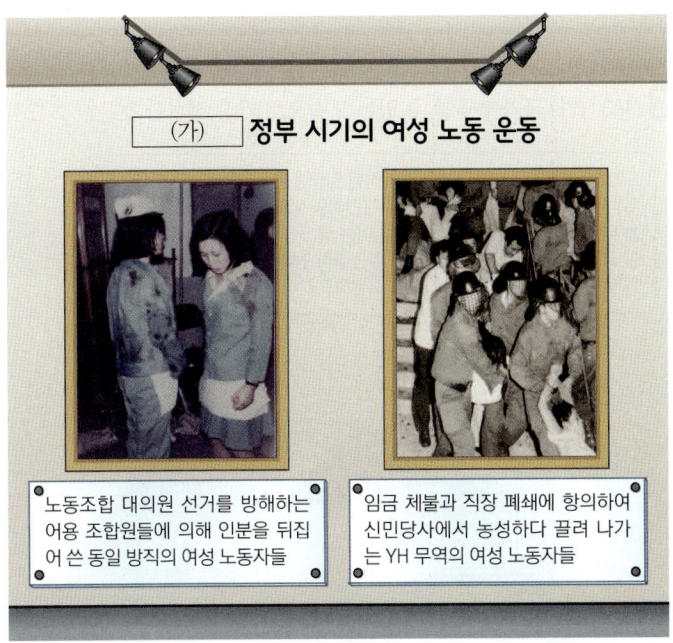

(가) 정부 시기의 여성 노동 운동
- 노동조합 대의원 선거를 방해하는 어용 조합원들에 의해 인분을 뒤집어 쓴 동일 방직의 여성 노동자들
- 임금 체불과 직장 폐쇄에 항의하여 신민당사에서 농성하다 끌려 나가는 YH 무역의 여성 노동자들

① 부천 경찰서 성 고문 사건이 발생하였다.
② 정부에 비판적인 경향신문이 폐간되었다.
③ 최저 임금 결정을 위한 최저 임금 위원회가 설치되었다.
④ 자치 단체장까지 선출하는 지방 자치제가 전면 시행되었다.
⑤ 긴급 조치 철폐 등을 요구하는 3·1 민주 구국 선언이 발표되었다.

48 -098 밑줄 그은 '민주화 운동'에 대한 설명으로 옳은 것은? [1점]

- 사진 속 쓰러진 인물이 대학교 정문에서 시위 도중 경찰이 쏜 최루탄에 피격된 이한열이지?
- 맞아. 이 사건은 호헌 철폐와 독재 타도를 외친 민주화 운동이 확산하는 데 영향을 주었어.

① 유신 체제 붕괴의 배경이 되었다.
② 당시 대통령이 하야하는 결과를 가져왔다.
③ 5년 단임의 대통령 직선제 개헌을 이끌어 냈다.
④ 시위 과정에서 시민군이 자발적으로 조직되었다.
⑤ 굴욕적인 한·일 국교 정상화에 반대하여 일어났다.

49 -099 다음 기사 내용이 보도된 정부 시기에 있었던 사실로 옳은 것은? [3점]

□□신문

군대 내 사조직 '하나회' 청산 매듭

어제 단행된 군 장성 정기 인사를 통해 하나회 회원으로 알려진 중장급 이상 장성 전원이 보직 해임되었다. 이번 인사는 문민정부 출범 직후인 지난해 3월 8일 육군 참모 총장과 기무사령관을 전격적으로 예편 조치함으로써 시작된 군대 내 사조직 청산 작업을 마무리한 것이다. 군 내부에서도 이번 하나회 완전 제거가 군이 정치적 중립을 확보하고 안정과 결속을 다지는 계기가 될 것으로 기대하고 있다.

① 칠레와의 자유 무역 협정(FTA)이 체결되었다.
② 처음으로 연간 수출액 100억 달러가 달성되었다.
③ 서울과 평양에서 7·4 남북 공동 성명이 발표되었다.
④ 북방 외교를 추진하여 사회주의 국가인 소련과 수교하였다.
⑤ 거창 사건 등 관련자의 명예 회복에 관한 특별 조치법이 제정되었다.

50 -100 (가) 지역에 대한 탐구 활동으로 가장 적절한 것은? [2점]

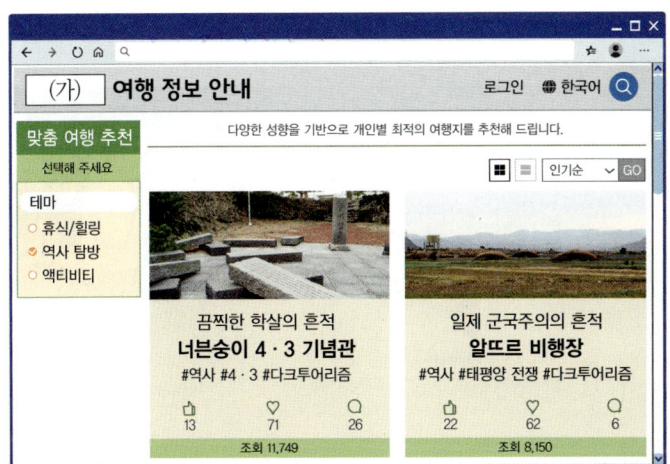

(가) 여행 정보 안내
- 끔찍한 학살의 흔적 **너븐숭이 4·3 기념관** #역사 #4·3 #다크투어리즘
- 일제 군국주의의 흔적 **알뜨르 비행장** #역사 #태평양 전쟁 #다크투어리즘

① 원종과 애노가 봉기한 곳을 검색한다.
② 외규장각 도서의 약탈 과정을 조사한다.
③ 강주룡이 고공 시위를 전개한 장소를 알아본다.
④ 김만덕이 흉년에 굶주린 백성을 구제한 기록을 살펴본다.
⑤ 러시아의 남하를 견제한다는 구실로 영국군이 점령한 지역을 찾아본다.

2025년도 제74회 한국사능력검정시험 문제지

1-101 (가) 시대의 생활 모습으로 가장 적절한 것은? [1점]

올해는 서울 암사동 유적 발견 100주년입니다. 1925년 을축년 대홍수로 우연히 모습이 드러난 이 유적은 수차례 발굴 과정에서 (가) 시대의 대표적 유물인 빗살무늬 토기와 갈돌, 갈판이 출토되고, 유구인 집터가 발견되었습니다.

서울 암사동 유적 발견 100주년 맞아

① 목책과 환호 등 방어 시설을 갖추었다.
② 소를 이용한 깊이갈이가 일반화되었다.
③ 농경과 목축을 통해 식량을 생산하였다.
④ 지배층의 무덤으로 고인돌을 축조하였다.
⑤ 거푸집을 이용하여 세형 동검을 제작하였다.

2-102 밑줄 그은 '이 나라'에 대한 설명으로 옳은 것은? [2점]

이곳 강화 참성단은 단군왕검이 하늘에 제사를 올리던 제단이라고 전합니다. 우리 역사상 최초의 국가인 이 나라를 세운 것을 기념하는 개천절 행사가 매년 열리며, 전국 체육 대회 성화 채화식도 이곳에서 거행됩니다.

① 여러 가(加)들이 사출도를 다스렸다.
② 동맹이라는 제천 행사를 개최하였다.
③ 민며느리제라는 혼인 풍습이 있었다.
④ 읍락 간의 경계를 중시하는 책화가 있었다.
⑤ 왕 아래 상, 대부, 장군 등의 관직을 두었다.

3-103 (가) 국가에서 볼 수 있는 모습으로 가장 적절한 것은? [2점]

이번에 촉각 전시물로 새롭게 제작된 장군총은 (가) 의 대표적인 무덤입니다. 반듯하게 다듬은 돌을 계단처럼 쌓아 만든 이 무덤의 높이는 약 13미터이고, 한 변의 최대 길이는 약 31미터에 달합니다. 거대한 크기를 고려할 때 왕의 무덤일 가능성이 높습니다. 이 무덤의 주인이 누구였을지 상상하며 만져보면 어떨까요?

① 녹과전을 지급받는 관리
② 경당에서 수련하는 청년
③ 팔만대장경판을 만드는 장인
④ 지방의 22담로에 파견되는 왕족
⑤ 황룡사 구층 목탑의 축조를 건의하는 승려

4-104 (가), (나) 사이의 시기에 있었던 사실로 옳은 것은? [3점]

(가) 백제 왕 명농이 가야와 함께 와서 관산성을 공격하였다. [신라의] 군주(軍主)인 각간 우덕과 이찬 탐지 등이 맞서 싸웠으나 불리하였다. …… 고간 도도가 급히 쳐서 백제 왕을 죽였다.

(나) 8월에 [백제 왕이] 장군 윤충을 보내 군사 1만을 거느리고 신라 대야성을 공격하였다. 성주 품석이 처자와 함께 나와 항복하자 윤충이 모두 죽이고 그 머리를 베어 왕도로 보냈다.

① 백제가 국호를 남부여로 고쳤다.
② 진흥왕이 대가야를 공격하여 복속시켰다.
③ 계백이 이끈 결사대가 황산벌에서 패배하였다.
④ 김춘추가 당으로 건너가 군사 동맹을 체결하였다.
⑤ 신라가 한강 하류를 차지하여 신주를 설치하였다.

제74회 한국사능력검정시험 (심화)

5-105 (가) 국가에 대한 설명으로 옳은 것은? [2점]

여러분이 계신 곳은 (가) 의 능산리 고분군 중 동하총 증강 현실 전시실입니다. 동하총 무덤방의 벽에는 사신도가, 천장에는 연꽃과 구름무늬가 그려져 있습니다. 이는 송산리 6호분과 함께 (가) 의 고분 벽화 연구에 중요한 자료로 평가됩니다.

① 일길찬, 사찬 등의 관등이 있었다.
② 지방 장관으로 욕살, 처려근지 등이 있었다.
③ 특산물로 단궁, 과하마, 반어피가 유명하였다.
④ 사회 질서를 유지하기 위해 범금 8조를 두었다.
⑤ 왕족인 부여씨와 8성 귀족이 지배층을 이루었다.

6-106 밑줄 그은 '이 왕'에 대한 설명으로 옳은 것은? [3점]

history_♡ 감은사지, 나홀로 역사 답사 #감은사는 삼국 통일의 위업을 달성한 이 왕이 부처의 힘을 빌어 왜구의 침입을 막고자 짓기 시작한 절이야. 그 뜻을 이어받은 아들 신문왕이 완공했고, 절의 이름을 #감은사라고 지었다고 해. 나는 이제 이 왕의 수중릉인 #대왕암으로 이동!

① 이사부를 보내 우산국을 복속하였다.
② 건원이라는 독자적 연호를 사용하였다.
③ 관료전을 지급하고 녹읍을 폐지하였다.
④ 거칠부에게 명하여 국사를 편찬하였다.
⑤ 지방관을 감찰하고자 외사정을 파견하였다.

7-107 (가) 국가에 대한 설명으로 옳은 것은? [2점]

이 지도는 (가) 이/가 주변 국가들과 교역하는 데 이용한 교통로를 나타낸 것입니다. 이 국가는 교통로를 통해 담비·호랑이·표범·곰 등의 가죽과 인삼·우황 등의 약재를 주요 품목으로 주변 국가들과 교역하였습니다. 또한, 소그드 은화, 청동 낙타상 등 출토 유물을 통해 서역과의 교류 사실도 확인할 수 있습니다.

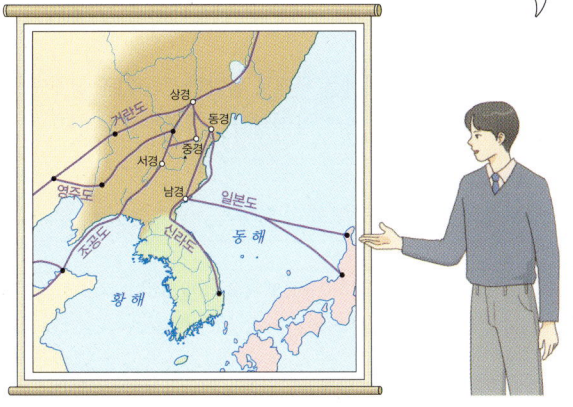

① 왜에 칠지도를 만들어 보냈다.
② 9서당 10정의 군사 조직을 운영하였다.
③ 광평성을 비롯한 각종 정치 기구를 마련하였다.
④ 제사장인 천군과 신성 지역인 소도가 존재하였다.
⑤ 서적 관리, 주요 문서 작성 등을 위해 문적원을 두었다.

8-108 (가) 종파에 대한 설명으로 가장 적절한 것은? [2점]

이것은 (가) 의 9산문 중 가지산문의 대표 사찰인 보림사에 있는 철조 비로자나불 좌상입니다. 이 불상의 왼팔 뒤편에 헌안왕 2년 무주 장사현의 부관인 김수종이 아뢰어 만들었다는 새김글이 양각되어 있어 정확한 조성 연대를 알 수 있습니다. 이와 같은 철불은 승탑과 더불어 9세기부터 크게 유행하였습니다.

① 하늘에 제사 지내는 초제를 거행하였다.
② 참선과 수행을 통한 깨달음을 강조하였다.
③ 시경, 서경, 역경 등을 주요 경전으로 삼았다.
④ 신선 사상을 기반으로 불로장생을 추구하였다.
⑤ 인내천 사상을 내세워 인간 평등을 주장하였다.

9-109 (가)에 들어갈 내용으로 가장 적절한 것은? [1점]

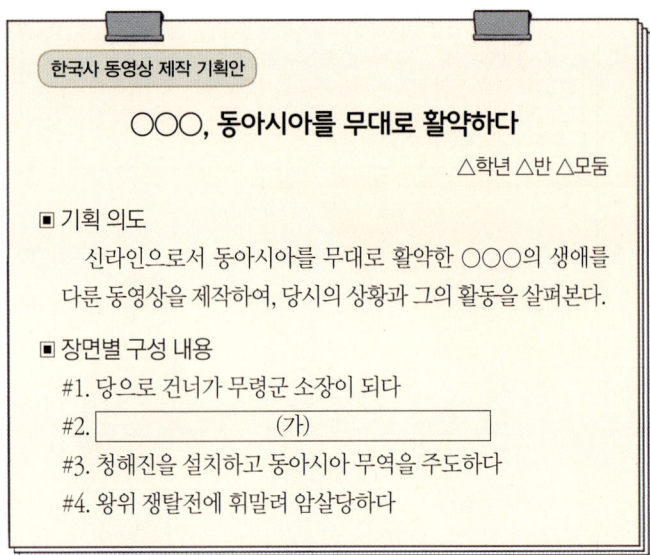

① 화왕계를 지어 국왕에게 바치다
② 산둥반도에 적산 법화원을 창건하다
③ 외교 문서인 청방인문표를 작성하다
④ 격황소서를 지어 세상에 이름을 떨치다
⑤ 구법 순례기인 왕오천축국전을 저술하다

10-110 다음 가상 대화 이후에 있었던 사실로 옳은 것은? [2점]

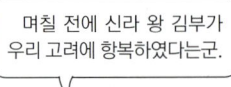

① 안승이 보덕국 왕으로 임명되었다.
② 신숭겸이 공산 전투에서 전사하였다.
③ 원종과 애노가 사벌주에서 반란을 일으켰다.
④ 왕건이 일리천에서 신검의 군대를 물리쳤다.
⑤ 견훤이 고창 전투에서 고려군에게 패배하였다.

11-111 밑줄 그은 '이 왕'이 추진한 정책으로 옳은 것은? [1점]

스스로 탐구하는 역사 수업
호족 세력을 숙청하고 왕권을 강화한 이 왕에 대해 조사한 내용을 올려 주세요.

정치	외교	사회
억울하게 노비가 된 사람을 양인으로 풀어 주는 노비안검법을 실시하였어요.	후주와의 사신 왕래로 대외 관계 안정을 꾀하였어요.	빈민을 구제하는 제위보를 설치하였어요.

① 폐정 개혁을 목표로 정치도감을 설치하였다.
② 광덕, 준풍이라는 독자적 연호를 사용하였다.
③ 예의상정소에서 상정고금예문을 편찬하였다.
④ 전국에 12목을 설치하고 지방관을 파견하였다.
⑤ 관리에게 등급에 따라 전지와 시지를 지급하였다.

12-112 (가), (나) 사이의 시기에 있었던 사실로 옳은 것은? [2점]

(가) 거란에서 사신을 파견하며 낙타 50필을 보냈다. 왕은 거란이 일찍이 발해와 지속적으로 화목하다가 갑자기 의심을 일으켜 맹약을 어기고 멸망시켰으니, 이는 매우 무도하여 친선 관계를 맺을 이웃으로 삼을 수는 없다고 생각하였다. 드디어 교빙을 끊고 사신 30인을 섬으로 유배 보냈으며, 낙타는 만부교 아래에 매어 두니 모두 굶어 죽었다.

(나) 왕이 나주로 들어갔는데, 밤에 척후병이 잘못 보고하기를, "거란 군사들이 이르렀습니다."라고 하였다. 왕이 크게 놀라서 밖으로 달려 나오자 지채문이 아뢰어 이르기를, "주상께서 밤중에 행차하시면 백성들이 놀라 혼란하게 되니, 바라옵건대 행궁으로 돌아가십시오. 제가 염탐하여 알아보고 나서, 그 후에 움직이셔도 됩니다."라고 하였다.

① 묘청이 칭제건원을 주장하였다.
② 강감찬이 흥화진 전투에서 승리하였다.
③ 서희의 활약으로 강동 6주를 획득하였다.
④ 최우가 강화도로 도읍을 옮겨 항전하였다.
⑤ 윤관이 별무반을 이끌고 동북 9성을 개척하였다.

13-113 (가) 국가의 문화유산으로 적절하지 않은 것은? [3점]

14-114 (가)~(다)를 일어난 순서대로 옳게 나열한 것은? [3점]

(가) 김보당이 정중부·이의방을 토벌하고 의종을 다시 세우고자 …… 동북면지병마사 한언국과 군사를 일으켜 함께 하도록 했다. …… 정중부·이의방이 이 소식을 듣고 장군 이의민, 산원(散員) 박존위로 하여금 군사를 거느리고 남로로 가도록 했고, 또 군사를 서해도로 파견하여 대응하도록 했다.

(나) 최충헌은 최충수와 함께 봉사를 올렸다. "…… 낡은 제도를 혁파하고 새로운 정치를 도모하심에 오로지 태조의 올바른 법을 따르시어 중흥의 길을 환히 여시길 바랍니다. 삼가 열 가지 사항을 아뢰옵니다."

(다) 왕과 세자가 몽골에서 개경으로 돌아온 이후, 삼별초가 반란을 일으켜 승화후 왕온을 [왕으로] 세우고 진도에 웅거하였다.

① (가) - (나) - (다)　② (가) - (다) - (나)
③ (나) - (가) - (다)　④ (나) - (다) - (가)
⑤ (다) - (가) - (나)

15-115 다음 자료에 나타난 시기의 사회 모습으로 적절한 것은? [2점]

○ 7재를 설치하였다. 주역을 [공부하는 곳은] 이택재, 상서는 대빙재, 모시(毛詩)는 경덕재, 주례는 구인재, 대례는 복응재, 춘추는 양정재, 무학은 강예재라고 하였다.

○ 왕이 결정하시기를 "…… 무학이 점차 번성하여 장차 문학하는 사람들과 각을 세워 불화하게 되면 매우 편치 못하게 될 것이다. …… 무학으로 무사를 선발하는 일과 무학재의 호칭은 모두 혁파하겠다."라고 하였다.

① 서얼이 통청 운동을 전개하였다.
② 사창절목에 따라 사창제가 시행되었다.
③ 왕조 교체를 예언하는 정감록이 유포되었다.
④ 병자에게 약을 지급하는 혜민국이 설치되었다.
⑤ 국산 약재와 치료 방법을 정리한 향약집성방이 간행되었다.

16-116 (가) 인물에 대한 설명으로 옳은 것은? [2점]

이것은 '불일보조국사'라는 시호를 받은 (가) 의 행적을 담고 있는 송광사 보조국사비입니다. 비문에는 그가 정혜결사를 조직하고, 권수정혜결사문을 지었다는 내용이 들어 있습니다. 또한, 당시 국왕이 그의 뜻을 흠모하여 그가 머물렀던 송광산 길상사(吉祥寺)를 조계산 수선사(修禪社)로 이름을 바꿔 주며 직접 글씨를 써서 보냈다는 등의 내용이 기록되어 있습니다.

① 법화 신앙에 중점을 둔 백련 결사를 이끌었다.
② 돈오점수를 바탕으로 꾸준한 수행을 강조하였다.
③ 승려들의 전기를 기록한 해동고승전을 저술하였다.
④ 선문염송집을 편찬하고 유불 일치설을 주장하였다.
⑤ 성상융회를 제창하여 교종 내 대립을 해소하고자 하였다.

17-117 밑줄 그은 '이 시기'에 볼 수 있는 모습으로 적절한 것은? [2점]

① 농상집요를 소개하는 관리
② 흑창에서 곡식을 빌리는 농민
③ 사섬서에서 저화를 발행하는 장인
④ 선혜청에서 공가(貢價)를 받는 상인
⑤ 상평통보로 물건을 거래하는 보부상

18-118 ㉠~㉣에 대한 설명으로 옳은 것을 <보기>에서 고른 것은? [2점]

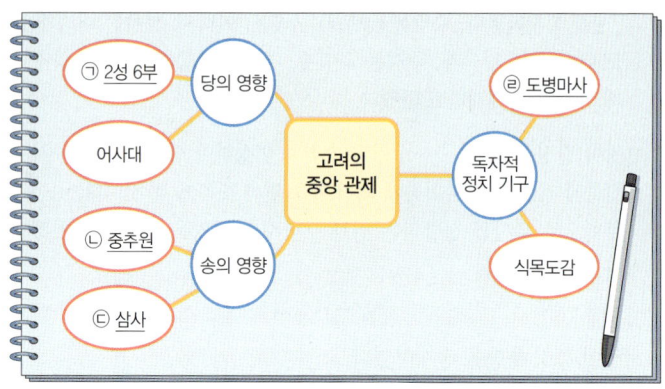

<보기>
ㄱ. ㉠ - 좌·우사정이 6부를 나누어 관할하였다.
ㄴ. ㉡ - 군사 기밀과 왕명 출납을 담당하였다.
ㄷ. ㉢ - 5품 이하의 관원에 대한 서경권을 행사하였다.
ㄹ. ㉣ - 재추를 중심으로 국방, 군사 문제를 논의하였다.

① ㄱ, ㄴ ② ㄱ, ㄷ ③ ㄴ, ㄷ
④ ㄴ, ㄹ ⑤ ㄷ, ㄹ

19-119 (가)에 해당하는 문화유산으로 옳은 것은? [2점]

□□신문

조선 왕실의 신위 제자리로, 155년 만에 재현된 환안제

(가) 의 보수 공사가 완료됨에 따라, 창덕궁 옛 선원전에 임시 봉안되었던 조선 왕과 왕비, 대한 제국 황제와 황후의 신위 49위를 (가) (으)로 다시 모셔오는 환안제가 155년 만에 재현되었다. 이번 의례에는 내외국인으로 구성된 시민 행렬단도 함께 참여하여 그 의미를 더했다. 환안제와 더불어 앞으로 전시와 체험 프로그램을 비롯해 다채로운 행사가 이어질 예정이다.

①
②
③
④
⑤

20-120 (가) 왕의 재위 시기에 있었던 사실로 옳은 것은? [2점]

이 그림은 무관 오자치를 그린 것으로, 현존하는 무관 초상화 중에서 가장 이른 시기의 작품입니다. 오자치는 (가) 이/가 호패법을 재실시하는 등 지방 세력 통제를 강화하자, 이에 반발하며 함길도에서 이시애가 일으킨 난을 평정한 공으로 적개공신에 책봉되었습니다.

① 간경도감이 설치되었다.
② 조선경국전이 편찬되었다.
③ 국조오례의가 완성되었다.
④ 부민고소금지법이 제정되었다.
⑤ 혼일강리역대국도지도가 제작되었다.

21-121 밑줄 그은 '이 전란' 이후에 있었던 사실로 옳은 것은? [2점]

이것은 강화 교섭 결렬 이후 일본의 재침으로 시작된 이 전란 당시 흥양(현재 고흥군) 현감 최희량이 작성한 전과 보고서의 일부입니다. 여기에는 흥양에 침입한 일본군을 격퇴한 사실과 새로 제작한 전선(戰船)에 대한 내용 등이 자세히 기록되어 있으며, 삼도수군통제사 이순신의 서명도 있습니다.

① 신숙주가 일본에 다녀와 해동제국기를 저술하였다.
② 나세 등이 화포를 사용하여 진포에서 왜구를 격퇴하였다.
③ 포로 송환을 목적으로 회답 겸 쇄환사가 일본에 파견되었다.
④ 조선 정부의 교역 제한에 반발하여 사량진 왜변이 일어났다.
⑤ 국방 문제를 논의하기 위한 임시 기구로 비변사가 설치되었다.

22-122 (가) 시기에 있었던 사실로 옳은 것은? [3점]

부왕께서 승하하신 기해년에는 고대 중국의 예가 아닌 경국대전에 따라 기년복으로 정했다고 기억한다. 오늘의 대공복 또한 경국대전에 따라 정한 것인가?

성상을 시해하려는 자가 있다는 목호룡의 고변으로 조정이 큰 혼란에 휩싸였다는군.

연잉군과 노론이 곤경에 처하게 될 것 같군.

→ (가) →

① 인조반정으로 북인 세력이 몰락하였다.
② 기축옥사로 이발 등 동인 세력이 축출되었다.
③ 양재역 벽서 사건으로 이언적 등이 화를 입었다.
④ 인현 왕후가 폐위되고 남인이 권력을 차지하였다.
⑤ 붕당의 폐해를 경계하기 위해 탕평비가 건립되었다.

제74회 한국사능력검정시험 (심화)

23-123 (가) 인물에 대한 설명으로 옳은 것은? [2점]

> 이 그림은 강세황이 그린 도산서원도입니다. 여기에는 서원의 배치와 건물 크기, 방향 등이 실제와 부합하게 묘사되어 있으며 건물 이름도 표기되어 있어 당시의 모습을 잘 보여 줍니다. 도산 서원은 성학십도를 지어 군주의 수양을 강조하고, 기대승과 사단칠정 논쟁을 전개한 (가) 의 학문과 덕을 기리는 곳입니다.

① 최초의 서원인 백운동 서원을 건립하였다.
② 명에 대한 의리를 내세운 기축봉사를 올렸다.
③ 동호문답을 통해 다양한 개혁 방안을 제시하였다.
④ 예안 향약을 시행하여 향촌의 교화를 위해 노력하였다.
⑤ 예학을 조선의 현실에 맞게 정리한 가례집람을 저술하였다.

24-124 (가) 왕이 추진한 정책으로 옳은 것은? [1점]

> [해설] 이것은 장용영 내영에서 수원외사 번암 채제공에게 보낸 전령(傳令)입니다. 새롭게 마련된 장용영 절목의 문제점을 중앙에 아뢰어 고치도록 권한 내용을 담고 있습니다. 장용영은 (가) 이/가 조직한 친위 부대로 서울에 내영, 수원 화성에 외영을 두어 규장각과 함께 왕권 강화를 목적으로 운영되었습니다.

① 나선 정벌에 조총 부대를 파견하였다.
② 호포제를 시행하여 양반에게도 군포를 징수하였다.
③ 문신을 재교육하기 위한 초계문신제를 실시하였다.
④ 삼정의 문란을 시정하고자 삼정이정청을 설치하였다.
⑤ 각 궁방과 중앙 관서의 공노비 6만여 명을 해방하였다.

25-125 (가) 사건에 대한 설명으로 옳은 것은? [3점]

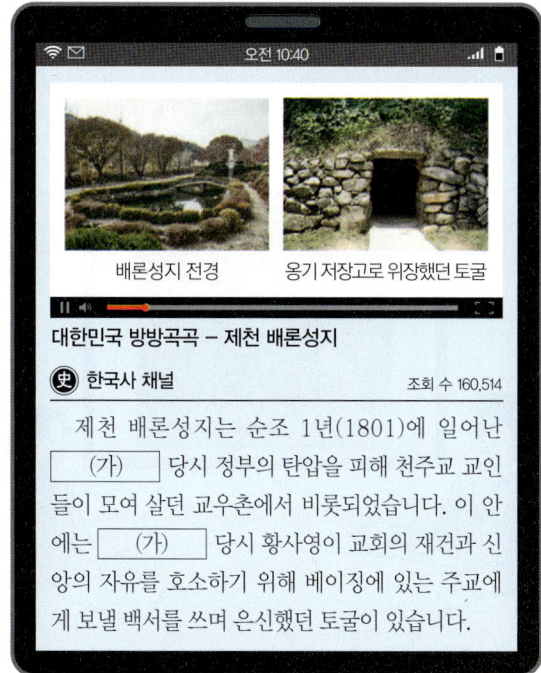

> 제천 배론성지는 순조 1년(1801)에 일어난 (가) 당시 정부의 탄압을 피해 천주교 교인들이 모여 살던 교우촌에서 비롯되었습니다. 이 안에는 (가) 당시 황사영이 교회의 재건과 신앙의 자유를 호소하기 위해 베이징에 있는 주교에게 보낼 백서를 쓰며 은신했던 토굴이 있습니다.

① 한성 조약이 체결되는 결과를 가져왔다.
② 정부의 요청으로 출병한 청군이 진압하였다.
③ 사태의 수습을 위해 박규수가 안핵사로 파견되었다.
④ 이필제가 영해 지역에서 난을 일으키는 계기가 되었다.
⑤ 전개 과정에서 이승훈, 정약용 등이 연루되어 처벌되었다.

26-126 밑줄 그은 '이 시기'에 볼 수 있는 모습으로 적절하지 않은 것은? [1점]

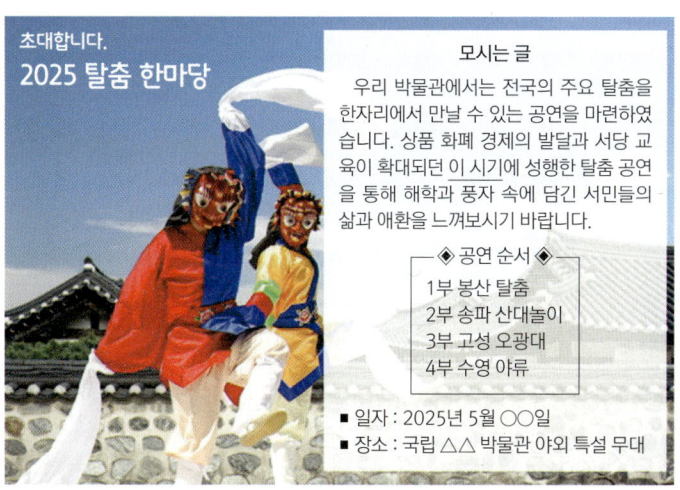

> 초대합니다. 2025 탈춤 한마당
>
> 모시는 글
> 우리 박물관에서는 전국의 주요 탈춤을 한자리에서 만날 수 있는 공연을 마련하였습니다. 상품 화폐 경제의 발달과 서당 교육이 확대되던 이 시기에 성행한 탈춤 공연을 통해 해학과 풍자 속에 담긴 서민들의 삶과 애환을 느껴보시기 바랍니다.
>
> ◆ 공연 순서 ◆
> 1부 봉산 탈춤
> 2부 송파 산대놀이
> 3부 고성 오광대
> 4부 수영 야류
>
> ■ 일자: 2025년 5월 ○○일
> ■ 장소: 국립 △△ 박물관 야외 특설 무대

① 판소리 흥보가를 구경하는 농민
② 주자소에서 계미자를 만드는 장인
③ 옥계 시사에서 시를 낭송하는 중인
④ 세책가에서 춘향전을 빌리는 부녀자
⑤ 호랑이를 소재로 민화를 그리는 화가

27 -127 밑줄 그은 '이 시기'의 경제 상황으로 옳은 것은? [1점]

이것은 한양의 모습을 그린 수선총도입니다. 지도에서 시전의 위치를 확인할 수 있습니다. 이를 통해 알 수 있는 내용에 대해 더 설명해 주시겠어요?

지도에는 종로에 위치한 시전 외에도 도성 내 이현, 남대문 밖의 칠패와 같은 난전이 표기되어 있습니다. 이를 통해 시장이 도성 밖으로 확대되고 있던 이 시기의 모습을 확인할 수 있습니다. 당시에는 서로의 취급 물품을 두고 난전과 시전 사이의 갈등, 시전들 간의 다툼이 일어나기도 하였습니다.

① 백성에게 정전이 지급되었다.
② 초량 왜관을 통해 일본과 교역하였다.
③ 주전도감에서 해동통보가 발행되었다.
④ 벽란도가 국제 무역항으로 번성하였다.
⑤ 시장을 관리하기 위한 동시전이 설치되었다.

28 -128 다음 자료에 대한 탐구 활동으로 가장 적절한 것은? [2점]

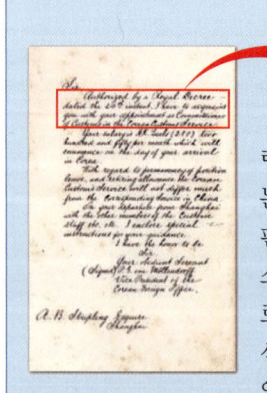

왕명에 따라, 귀하가 조선 해관의 세무사로 임명되었음을 알려 드립니다.

이 자료는 조선 정부가 영국인 스트리플링을 인천 해관의 초대 세무사로 임명한다는 문서로, 당시 통리교섭통상사무아문 협판 묄렌도르프가 왕명을 받아 발송하였다. 스트리플링은 임명을 받고 두 달 뒤 제물포로 입국하여 인천 해관 창설에 참여했다. 조선 정부는 인천 해관 창설을 통해 관세 부과 업무를 공식적으로 시작하였다.

① 한·일 의정서의 체결 과정을 파악한다.
② 미쓰야 협정이 끼친 영향을 조사한다.
③ 강화도 조약이 체결된 계기를 알아본다.
④ 조·미 수호 통상 조약의 내용을 분석한다.
⑤ 헤이그 특사가 파견되는 원인을 살펴본다.

29 -129 (가)~(마)에 들어갈 내용으로 적절하지 않은 것은? [2점]

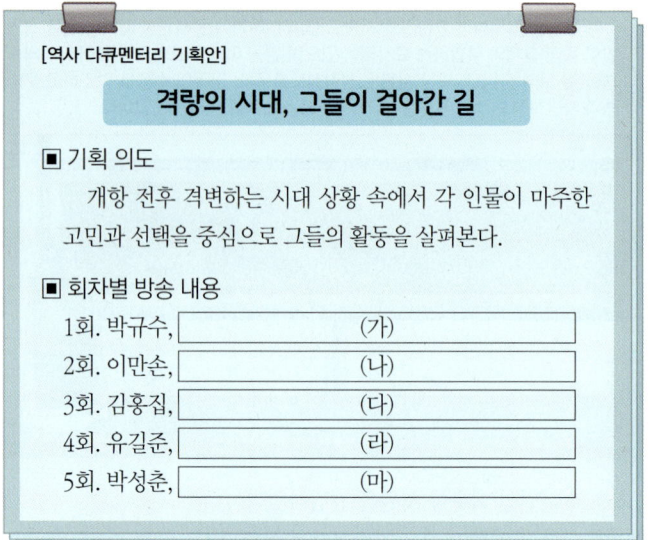

[역사 다큐멘터리 기획안]

격랑의 시대, 그들이 걸어간 길

■ 기획 의도
　개항 전후 격변하는 시대 상황 속에서 각 인물이 마주한 고민과 선택을 중심으로 그들의 활동을 살펴본다.

■ 회차별 방송 내용
　1회. 박규수, (가)
　2회. 이만손, (나)
　3회. 김홍집, (다)
　4회. 유길준, (라)
　5회. 박성춘, (마)

① (가) - 북학 사상을 바탕으로 통상 개화론을 주장하다
② (나) - 영남 만인소를 주도해 개항과 통상에 반대하다
③ (다) - 보빙사로 미국에 다녀와 개화 정책을 추진하다
④ (라) - 서유견문을 집필하여 서양 근대 문명을 소개하다
⑤ (마) - 백정 출신으로 관민 공동회에서 연설하다

30 -130 밑줄 그은 '개혁'의 내용으로 옳은 것은? [2점]

이 자료는 파리 만국 박람회 당시 한국관의 모습을 담은 채색 광고 엽서이다. 고종은 황제 즉위 후 구본신참을 내세운 개혁을 추진하면서, 박람회를 서구 문물을 받아들이고 우리나라를 세계에 소개하는 기회로 활용하고자 했다. 이후 1902년 고종은 박람회 관련 업무를 담당할 정부 기관으로 농상공부 산하에 임시 박람회 사무소를 개설하였다.

① 지계아문을 설치하여 지계를 발급하였다.
② 건양이라는 독자적인 연호를 채택하였다.
③ 박문국을 설치하고 한성순보를 발행하였다.
④ 근대식 무기 제조 공장인 기기창을 설립하였다.
⑤ 개혁의 방향을 제시한 홍범 14조를 반포하였다.

제74회 한국사능력검정시험 (심화)

31 -131 (가)에 대한 탐구 활동으로 가장 적절한 것은? [1점]

(가) 에 참여한 이름 없는 이들을 위한 위령탑. 주변 조형물에는 '농민의 얼굴'과 '죽창'도 새겨져 있음
#여기는_정읍시_고부면

댓글 2개
○○○ : 이 마을에서 전봉준 등이 고부 군수 조병갑의 횡포에 맞서 사발통문을 작성했어.
□□□ : 고부 농민 봉기를 시작으로 전개된 (가) 에 참여한 이들의 흔적을 찾아볼 수 있어.

① 삼국 간섭의 결과를 알아본다.
② 척화비가 건립된 계기를 조사한다.
③ 전주 화약이 체결되는 과정을 살펴본다.
④ 영국이 거문도를 점령한 목적을 분석한다.
⑤ 외규장각 도서가 약탈된 배경을 찾아본다.

32 -132 다음 가상 대화 이후에 전개된 사실로 옳은 것은? [2점]

몇 달 전 한성에서 시위대 부대원들과 일본군 사이에 시가전이 있었습니다. 애비슨 선생님께서는 이때 다친 부대원들을 치료해 주셨는데요, 기억에 남는 일이 있다면 말씀해 주세요.

군대 해산 명령에 맞서 시위대 대대장 박승환이 자결한 후 전개된 시가전에서 부상 입은 부대원들이 실려 왔습니다. 여자 간호사들은 그동안 남자 환자들의 치료를 꺼리던 관습과 달리 헌신적으로 치료에 나섰습니다. 오래된 관습이 한순간에 깨지는 놀라운 순간이었습니다.

① 최익현이 태인에서 의병을 일으켰다.
② 일본이 독도를 불법적으로 편입하였다.
③ 스티븐스가 외교 고문으로 부임하였다.
④ 13도 창의군이 서울 진공 작전을 전개하였다.
⑤ 유인석이 이끄는 부대가 충주성을 점령하였다.

33 -133 밑줄 그은 '이곳'에서 있었던 민족 운동으로 옳은 것은? [2점]

첫 공식 이민. 백여 명의 이민자들이 대한 제국이 발행한 여행권을 가슴에 품고 낯선 땅에 1903년 도착했다. 두려움과 희망이 함께했다.

그들을 기다린 건 사탕수수 농장의 고된 노동이었다. 열악한 환경에서도 1905년까지 노동 이민으로 약 7,000명이 이곳에 이주해 묵묵히 뿌리를 내렸다.

1910년, 일제의 국권 침탈로 그들은 돌아갈 곳도 보호받을 나라도 잃었다. 고된 환경 속에서도 그들은 한인 사회를 중심으로 스스로의 길을 만들어 갔다.

① 한인 자치 기구인 경학사를 설립하였다.
② 권업신문을 발간하여 민족의식을 고취하였다.
③ 유학생을 중심으로 2·8 독립 선언을 발표하였다.
④ 신한 청년당이 파리 강화 회의에 대표를 파견하였다.
⑤ 대조선 국민군단을 결성하고 군사 훈련을 실시하였다.

34 -134 다음 기사가 보도된 시기에 볼 수 있는 모습으로 가장 적절한 것은? [3점]

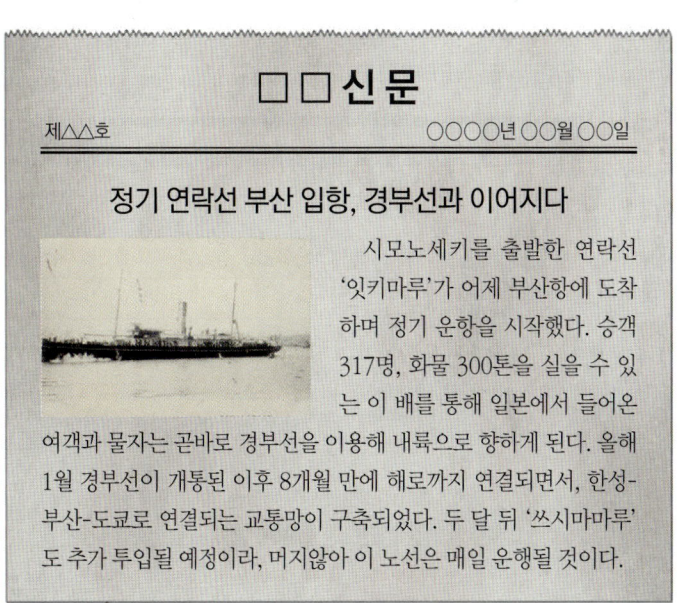

□□신문
제△△호 ○○○○년 ○○월 ○○일

정기 연락선 부산 입항, 경부선과 이어지다

시모노세키를 출발한 연락선 '잇키마루'가 어제 부산항에 도착하며 정기 운항을 시작했다. 승객 317명, 화물 300톤을 실을 수 있는 이 배를 통해 일본에서 들어온 여객과 물자는 곧바로 경부선을 이용해 내륙으로 향하게 된다. 올해 1월 경부선이 개통된 이후 8개월 만에 해로까지 연결되면서, 한성-부산-도쿄로 연결되는 교통망이 구축되었다. 두 달 뒤 '쓰시마마루'도 추가 투입될 예정이라, 머지않아 이 노선은 매일 운행될 것이다.

① 대한매일신보를 읽고 있는 청년
② 경성 제국 대학에 입학하는 학생
③ 원각사에서 은세계 공연을 보는 여성
④ 통리기무아문에서 개화 정책을 논의하는 관리
⑤ 어린이날 기념행사에 참여하는 천도교 소년회 회원

제74회 한국사능력검정시험 (심화)

35-135 다음 상황이 나타난 시기를 연표에서 옳게 고른 것은? [3점]

○ 어제 러시아 공사 파블로프 씨가 용천군 용암포 삼림 회사의 편의를 위하여 전화와 전선을 추가로 가설할 뜻으로 외부(外部)에 조회하였으니, 외부에서 답 조회하기를 "해당 사안은 결코 인준하기 어려우니 귀 공사도 해당 회사에 훈칙하여 전신주 가설 사항은 절대 마음먹지 못하게 하라" 하였다더라.
― 황성신문 ―

○ 일본, 영국, 미국의 각 공사가 우리 정부에 의주의 개방을 권고하더니, 영국 공사가 다시 조회하기를 "의주는 육지로 연결되어 화물을 운반하기가 매우 어렵고, …… 용암포는 크고 작은 선박들이 지장없이 왕래할 수 있으니 용암포를 개항하라"고 하였고, 일본 공사가 또 조회하기를 "용암포 개항이 합당하니 속히 타결하라" 하였더라.
― 황성신문 ―

	(가)	(나)	(다)	(라)	(마)	
신미양요		갑신정변	청·일 전쟁 발발	아관파천	러·일 전쟁 발발	국권피탈

① (가) ② (나) ③ (다) ④ (라) ⑤ (마)

36-136 (가) 운동에 대한 설명으로 옳은 것은? [2점]

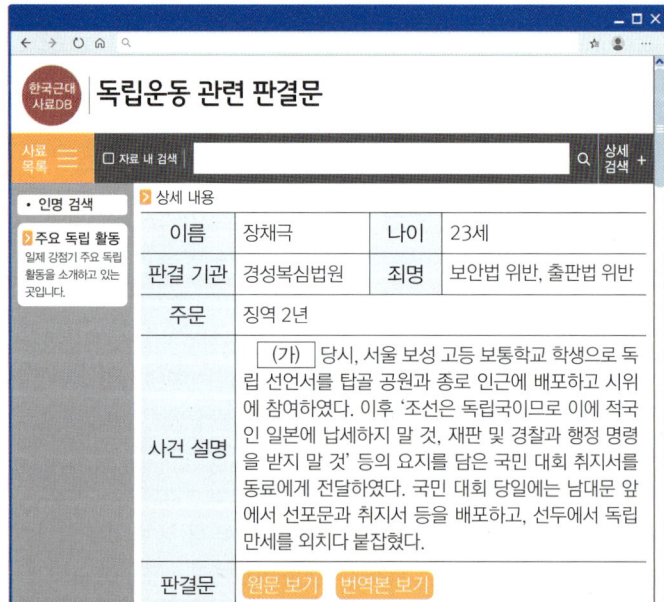

① 정우회 선언의 영향을 받았다.
② 통감부의 탄압과 방해로 중단되었다.
③ 순종의 인산일을 기회로 삼아 추진되었다.
④ 전개 과정에서 일제가 제암리 학살 등을 자행하였다.
⑤ 성진회와 각 학교 독서회에 의해 전국적으로 확산되었다.

37-137 (가)에 대한 설명으로 옳은 것은? [1점]

① 고종 강제 퇴위 반대 운동을 전개하였다.
② 일제의 황무지 개간권 요구를 저지하였다.
③ 영은문이 있던 자리 부근에 독립문을 건립하였다.
④ 독립운동 자금 마련을 위해 독립 공채를 발행하였다.
⑤ 조선 총독부에 국권 반환 요구서를 제출하려 하였다.

38-138 밑줄 그은 '이 단체'에 대한 설명으로 옳은 것은? [2점]

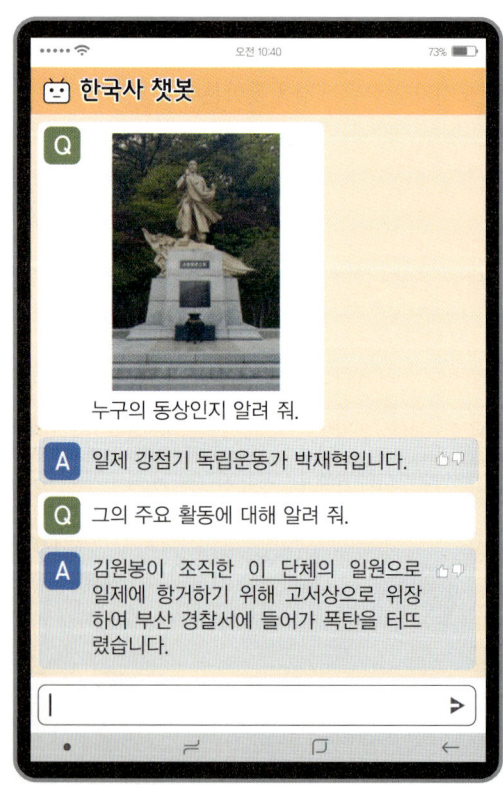

① 원산 노동자 총파업을 지원하였다.
② 신흥 강습소를 세워 독립군을 양성하였다.
③ 김익상, 김상옥 등이 단원으로 활동하였다.
④ 상덕태상회를 통하여 군자금을 모집하였다.
⑤ 도쿄에서 일어난 이봉창 의거를 계획하였다.

39-139 (가) 인물에 대한 설명으로 옳은 것은? [2점]

> 사료로 보는 한국사
>
> 조선사 연구는 과거 역사적, 사회적 발전의 변동 과정을 구체적이고 현실적으로 구명함과 동시에 실천적 동향을 이론화하는 것을 임무로 삼아야 한다. 그것을 위해서는 인류 사회의 일반적 운동 법칙인 사적 변증법으로 그 민족 생활의 계급적 제관계와 더불어 사회 체제의 역사적 변동을 구체적으로 분석하고 다시 그 법칙성을 일반적으로 추상화하는 것에 의해서만 가능하다.
>
> [해설] 이 사료는 (가) 이/가 저술한 조선사회경제사의 일부입니다. 그는 이 책에서 한국사가 세계사의 보편적인 발전 법칙에 따라 발전하였다는 주장을 펼치며 한국 고대 경제사를 원시 씨족 사회, 원시 부족 국가의 제 형태, 노예 국가 시대로 체계화하여 서술하였습니다.

① 조선 불교 유신론을 주장하였다.
② 식민 사학의 정체성론을 반박하였다.
③ 조선사 편수회에 들어가 조선사 편찬에 참여하였다.
④ 진단 학회를 설립하여 실증주의 사학을 발전시켰다.
⑤ 민족을 역사 서술의 중심에 둔 독사신론을 집필하였다.

40-140 (가)에 들어갈 내용으로 적절하지 않은 것은? [1점]

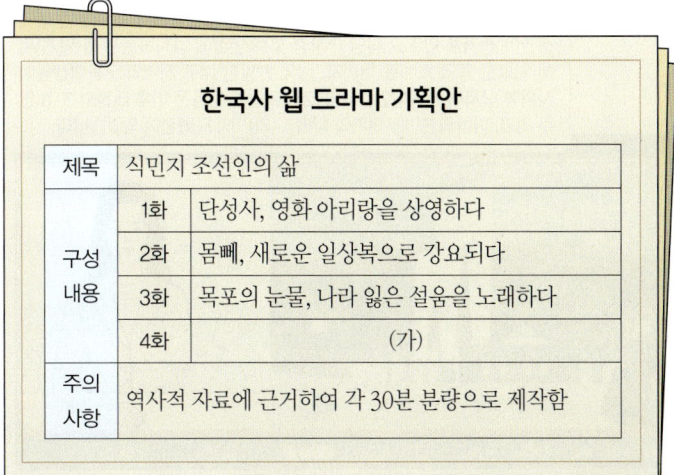

제목	식민지 조선인의 삶	
구성 내용	1화	단성사, 영화 아리랑을 상영하다
	2화	몸뻬, 새로운 일상복으로 강요되다
	3화	목포의 눈물, 나라 잃은 설움을 노래하다
	4화	(가)
주의 사항	역사적 자료에 근거하여 각 30분 분량으로 제작함	

한국사 웹 드라마 기획안

① 잡지 신여성, 여권 신장을 주장하다
② 조선 형평사, 사회적 차별 철폐를 외치다
③ 소설 상록수, 브나로드 운동을 널리 알리다
④ 경성 방직 주식회사, 광목 태극성을 광고하다
⑤ 새마을 운동, 근면·자조·협동을 기치로 내세우다

41-141 (가)~(마)에 들어갈 내용으로 적절하지 않은 것은? [2점]

■ 모둠별 과제 안내

일제 강점기 국외 동포들의 삶과 시련을 주제로 보고서를 작성한 후 제목과 함께 게시판에 올려 주세요.
※ 과제 마감일은 5월 24일입니다.

번호	제목	첨부 파일
1	1모둠 – 만주	(가)
2	2모둠 – 일본	(나)
3	3모둠 – 연해주	(다)
4	4모둠 – 중앙아시아	(라)
5	5모둠 – 미국	(마)

① (가) - 일본군의 보복으로 간도 참변이 일어나다
② (나) - 관동 대지진 당시 자경단에게 학살당하다
③ (다) - 에네켄 농장에서 고된 노동에 시달리다
④ (라) - 소련 당국에 의해 강제로 이주되어 오다
⑤ (마) - 교민들을 중심으로 흥사단이 창립되다

42-142 (가) 부대에 대한 설명으로 옳은 것은? [2점]

> 우리 고장의 독립운동가
>
> 이름에 조국의 광복을 담다
> **오광선**
> (1896~1967)
>
>
>
> 경기도 용인특례시 처인구 원삼면 출생으로 본명은 성묵이다. 1915년 중국으로 망명한 후 '조선의 광복'이라는 뜻의 광선(光鮮)으로 개명하였다. 1920년 대한 독립군단 중대장으로 독립군을 지휘하였다. 만주 사변이 일어나자 (가) 의 총사령관 지청천 등과 함께 중국군과 연합하여 1933년 대전자령에서 일본군을 상대로 대승을 거두는 데 중요한 역할을 하였다. 1962년 건국 훈장 독립장을 받았다.

① 봉오동 전투에서 일본군을 크게 격파하였다.
② 미국과 연계하여 국내 진공 작전을 계획하였다.
③ 중국 의용군과 연합하여 영릉가 전투에서 승리하였다.
④ 조선 민족 전선 연맹 산하의 군사 조직으로 결성되었다.
⑤ 한국 독립당의 군사 조직으로 북만주 지역에서 활약하였다.

제74회 한국사능력검정시험 (심화)

43-143 밑줄 그은 '시기'에 있었던 사실로 옳은 것은? [1점]

이 자료는 조선어 학회가 추진하던 조선말 사전 편찬에 보탬이 되고자 함경도의 독자가 보내온 글로 '배우리(병아리)', '고얘앙(고양이)' 등 50여 개의 방언이 적혀 있습니다. 국가 총동원법이 시행되던 시기에 일제는 한글 연구를 민족 운동으로 간주하여 조선어 학회 회원들을 치안 유지법 위반 혐의로 대거 투옥하고 원고를 압수하였습니다.

① 조선 태형령이 반포되었다.
② 조선 노농 총동맹이 결성되었다.
③ 임시 토지 조사국이 설립되었다.
④ 황국 신민 서사 암송이 강요되었다.
⑤ 조선 민립 대학 기성회가 창립되었다.

45-145 밑줄 그은 '이 전쟁' 중에 있었던 사실로 옳은 것은? [2점]

사진은 이 전쟁 당시 부산의 천막 교실 중 하나입니다. 임시 수도였던 부산에는 서울을 비롯한 각지의 학교가 피란해 와 천막 교실에서 수업이 진행되었습니다. 힘든 생활 중에서도 배움이 멈추지 않았다는 사실을 기억해 주세요.

① 발췌 개헌안이 통과되었다.
② 삼청 교육대가 설치되었다.
③ 한·미 상호 방위 조약이 체결되었다.
④ 여수·순천 10·19 사건이 일어났다.
⑤ 국가 보위 비상 대책 위원회가 구성되었다.

44-144 (가) 사건에 대한 설명으로 가장 적절한 것은? [2점]

(가) 사건에 대한 기록물이 마침내 유네스코 세계 기록 유산으로 등재되었습니다. 이 사건은 당시 남한만의 단독 선거에 반대하는 무장대와 이를 진압하는 토벌대 간의 무력 충돌, 그 뒤 토벌대의 진압 과정에서 수많은 제주도민이 희생된 비극이었습니다. 기록물에는 수형인 명부와 희생자 유족 증언 등이 포함되어 있는데, 이번 등재로 국가 폭력에 맞서 진실을 밝히려는 노력과 함께 화해와 상생, 평화와 인권의 가치가 세계의 기억으로 인정받게 되었습니다.

14,673건의 (가) 기록물, 세계 기록 유산 등재

① 대통령이 하야하는 결과를 이끌어 냈다.
② 호헌 철폐와 독재 타도 등의 구호를 내세웠다.
③ 통일 주체 국민 회의가 구성되는 배경이 되었다.
④ 6·3 시위의 전개와 비상계엄이 선포되는 계기가 되었다.
⑤ 진상 규명 및 희생자 명예 회복에 관한 특별법이 제정되었다.

46-146 (가)에 들어갈 민주화 운동에 대한 설명으로 옳은 것은? [2점]

이것은 2·28 민주 운동을 기념하는 탑입니다. 이 운동은 이승만 독재 정권이 선거를 앞두고 야당 부통령 후보 연설에 참석하는 것을 막기 위해 일요일 등교 조치를 내리자, 이에 반발한 대구 지역의 고등학생들이 시위에 나서며 시작되었습니다. 2·28 민주 운동은 이후 대전의 3·8 민주 의거, 마산의 3·15 의거와 함께 (가) 의 도화선이 되었습니다.

① 시위 도중 대학생 이한열이 희생되었다.
② 시민군이 조직되어 계엄군에 저항하였다.
③ 허정 과도 정부가 출범하는 계기가 되었다.
④ 5년 단임의 대통령 직선제 개헌을 이끌어 냈다.
⑤ 야당 총재의 국회 의원직 제명으로 촉발되었다.

제74회 한국사능력검정시험 (심화)

47 -147 교사의 질문에 대한 학생의 답변으로 가장 적절한 것은? [3점]

이 자료는 종교계와 재야인사들이 명동 성당에서 독재 정권을 비판하며 발표한 3·1 민주 구국 선언의 일부입니다. 이 선언이 발표된 이후에 있었던 사실에 대해 말해 볼까요?

민주 구국 선언

1. 이 나라는 민주주의 기반 위에 서야 한다.
⋮
첫째로 우리는 국민의 자유를 억압하는 긴급 조치를 곧 철폐하고 민주주의를 요구하다가 투옥된 민주 인사들과 학생들을 석방하라고 요구한다. 국민의 의사가 자유로이 표명될 수 있도록 언론, 집회, 출판의 자유를 국민에게 돌리라고 요구한다.
둘째로 우리는 유신 헌법으로 허울만 남은 의회 정치가 회복되어야 한다고 주장한다. 자유로이 표현되는 민의를 국회는 입법에 반영해야 하고 정부는 이를 행정에 반영시켜야 한다. 이것을 꺼리고 막는 정권은 국민을 위한다면서 실은 국민을 위하려는 뜻이 없는 정권이다.
⋮

① 국회 별관에서 3선 개헌안이 통과되었습니다.
② 정부에 비판적인 경향신문이 폐간되었습니다.
③ YH 무역 노동자들이 야당 당사에서 농성하였습니다.
④ 최고 통치 기구인 국가 재건 최고 회의가 구성되었습니다.
⑤ 평화 통일론을 주장한 진보당의 조봉암이 처형되었습니다.

48 -148 다음 기사가 보도된 정부 시기의 경제 상황으로 적절한 것은? [2점]

□□신문
제△△호   ○○○○년 ○○월 ○○일

IMF 구제 금융 조기 상환

오늘 정부는 외환 위기 당시 국제 통화 기금(IMF)으로부터 빌린 돈을 모두 갚았다고 밝혔다. 구제 금융을 신청한 지 3년 8개월 만에 전액 조기 상환하게 된 것이다. 이에 따라 우리나라는 앞으로 정책 수립 과정에서 IMF의 간섭을 받지 않아도 되며, 회원국이면 누구나 해마다 진행하는 연례 협의만 하면 된다.

① 경제 기획원이 발족하였다.
② 제4차 경제 개발 5개년 계획이 추진되었다.
③ 미국과 자유 무역 협정(FTA)을 체결하였다.
④ 저유가·저금리·저달러의 3저 호황이 있었다.
⑤ 대통령 직속 자문 기구로 노사정 위원회가 출범하였다.

49 -149 다음 연설문을 발표한 정부 시기의 통일 노력으로 옳은 것은? [2점]

6·15 공동 선언은 한반도의 운명을 바꾸어 놓은 역사적 전환점이었습니다. …… 남북 당국 간 회담이 100여 차례 이상 열리고, 인적·물적 교류도 크게 늘어났습니다. …… 참여 정부는 햇볕 정책과 6·15 정신을 계승, 발전시킨 '평화 번영 정책'을 추진해 나가고 있습니다. 이대로 가면 한반도에 화해와 협력의 질서가 구축되고, 평화와 번영의 새로운 동북아 시대가 열리게 될 것입니다. 무엇보다 중요한 것은 남북 간 신뢰 구축입니다. 각 분야의 교류와 협력을 활성화시키고, 북핵 문제를 평화적으로 해결해 나가야 합니다.

① 판문점에서 남북 정상 회담을 개최하였다.
② 남북한이 국제 연합(UN)에 동시 가입하였다.
③ 남북 이산가족의 고향 방문을 최초로 성사시켰다.
④ 평화 통일 외교 정책에 관한 6·23 특별 성명을 발표하였다.
⑤ 남북 간 경제 교류 활성화를 위한 개성 공단 착공식을 열었다.

50 -150 ㉠~㉤에 대한 설명으로 적절하지 <u>않은</u> 것은? [3점]

한국사 톺아보기 역사 속 관리 선발 방식

신라는 국학 학생 등을 대상으로 유교 경전에 대한 이해 정도를 평가하여 관리로 선발하는 ㉠ 독서삼품과를 마련하였다. 하지만 골품제 때문에 관료제 운영에 큰 기능을 발휘하지 못하였다.

고려 시대에는 시험을 통해 인재를 등용하는 ㉡ 과거가 도입되어 운영되면서 제술과, 명경과, 잡과가 승과와 함께 시행되었다. 그러나 반드시 과거로만 관직에 진출하는 것이 아니라, 음서 등으로 관직에 진출하기도 하였다.

조선 시대의 관리는 과거, 취재, 음서, 천거 등을 통해 선발되었다. 과거는 ㉢ 문과, 무과, 잡과로 구성되었는데 문과와 무과를 중심으로 하여 양반 관료 체제가 갖추어졌다. 한편, 조선 중기에는 ㉣ 현량과를 통해서 조정에 진출한 신진 세력들이 훈구 세력의 부정과 비리를 비판하기도 하였다.

개항기에는 군국기무처의 주도로 과거를 폐지하고 별도의 ㉤ 선거 조례를 제정하여 과거 시험에서 평가하였던 유교 경전에 대한 지식이나 문장력보다는 실무에 적합한 재능과 능력을 갖춘 인재를 관리로 등용하고자 하였다.

① ㉠ - 원성왕 재위 시기에 시행되었다.
② ㉡ - 쌍기의 건의를 수용하여 실시하였다.
③ ㉢ - 식년시, 알성시, 증광시 등으로 운영되었다.
④ ㉣ - 중종 때 조광조를 비롯한 사림들이 실시를 주장하였다.
⑤ ㉤ - 대한 제국 수립 이후 개혁의 일환으로 처음 단행되었다.

2025년도 제73회 한국사능력검정시험 문제지

1-151 (가) 시대의 생활 모습으로 옳은 것은? [1점]

〈집에서 만나는 박물관〉 2월호

부여 송국리 출토 유물

이번 호에서는 부여 송국리에서 출토된 대표적인 유물을 소개합니다. 사유 재산과 계급이 발생한 (가) 시대의 유물을 통해 당시 사람들의 생활 모습을 상상해 보세요.

🥿 유물 소개

◆ 비파형 동검
검몸[劍身] 아랫부분의 폭이 넓고 둥근 비파 모양을 이루며, 중앙보다 약간 위에 뚜렷한 좌우 돌기가 있는 것이 특징임. 또한, 검몸과 자루를 따로 만들어 결합하는 방식으로 제작됨.

◆ 민무늬 토기
무늬가 없는 토기를 일컬음. 지역과 시기에 따라 다양한 형태를 보이는데 송국리형 토기는 평평한 바닥의 작은 굽, 계란 모양의 몸체와 바깥으로 벌어진 입구 부분이 특징임.

① 소를 이용한 깊이갈이가 일반화되었다.
② 반달 돌칼을 사용하여 벼를 수확하였다.
③ 주로 동굴이나 강가의 막집에서 살았다.
④ 주먹도끼, 찍개 등의 뗀석기를 처음 제작하였다.
⑤ 가락바퀴와 뼈바늘을 이용하여 옷을 만들기 시작하였다.

2-152 (가), (나) 사이의 시기에 있었던 사실로 옳은 것은? [3점]

(가) 연개소문은 왕의 조카인 장을 왕으로 세우고 스스로 막리지가 되었다. 그 관직은 당의 병부상서 겸 중서령의 직임과 같다.

(나) 검모잠은 남은 백성을 모아 궁모성에서 패강 남쪽으로 내려와 당나라 관인 및 승려 법안 등을 죽이고 신라로 향하였다. 사야도에 이르러 고구려 대신 연정토의 아들 안승을 알현하고, 한성으로 모셔와 임금으로 받들었다.

① 을지문덕이 살수에서 대승을 거두었다.
② 사찬 시득이 기벌포에서 당군을 격파하였다.
③ 관구검이 이끄는 군대가 환도성을 함락하였다.
④ 김춘추가 당으로 건너가 군사 동맹을 체결하였다.
⑤ 장문휴가 자사 위준이 관할하는 당의 등주를 공격하였다.

3-153 (가) 나라에 대한 설명으로 옳은 것은? [2점]

이 그림은 (가) 의 시조인 이진아시왕의 표준 영정입니다. 신증동국여지승람 등의 기록에 따르면 수로왕과 형제인 그는 고령 일대를 중심으로 나라를 세웠다고 합니다.

① 진흥왕 때 신라에 복속되었다.
② 집사부를 비롯한 14부를 설치하였다.
③ 지방 장관으로 욕살, 처려근지 등을 두었다.
④ 여러 가(加)들이 별도로 사출도를 주관하였다.
⑤ 왕족인 부여씨와 8성의 귀족이 지배층을 이루었다.

4-154 (가), (나) 나라에 대한 설명으로 옳은 것은? [2점]

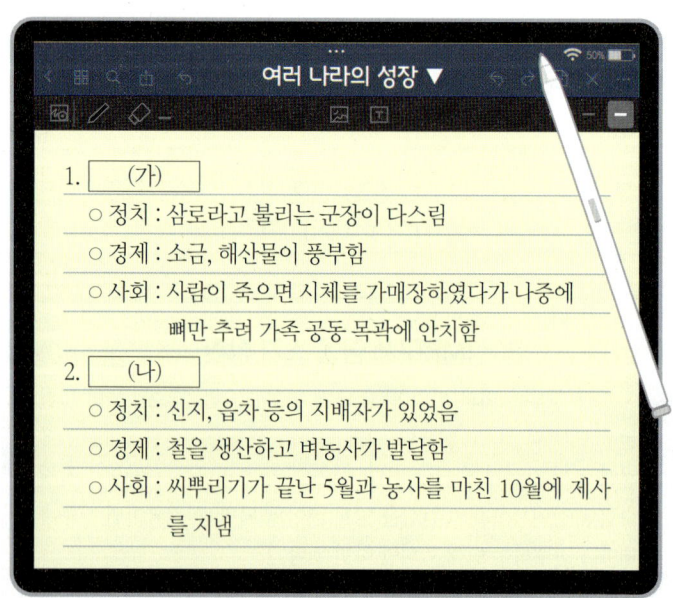

여러 나라의 성장 ▼

1. (가)
○ 정치 : 삼로라고 불리는 군장이 다스림
○ 경제 : 소금, 해산물이 풍부함
○ 사회 : 사람이 죽으면 시체를 가매장하였다가 나중에 뼈만 추려 가족 공동 목곽에 안치함

2. (나)
○ 정치 : 신지, 읍차 등의 지배자가 있었음
○ 경제 : 철을 생산하고 벼농사가 발달함
○ 사회 : 씨뿌리기가 끝난 5월과 농사를 마친 10월에 제사를 지냄

① (가) - 영고라는 제천 행사를 열었다.
② (가) - 사회 질서를 유지하기 위해 범금 8조를 만들었다.
③ (나) - 신성 지역인 소도가 존재하였다.
④ (나) - 제가 회의에서 나라의 중대사를 결정하였다.
⑤ (가), (나) - 도둑질한 자에게 12배로 배상하게 하였다.

제73회 한국사능력검정시험 (심화)

5 -155 밑줄 그은 '왕'에 대한 설명으로 옳은 것은? [2점]

> ○ 고구려가 군사를 일으켜 쳐들어왔다. 왕이 듣고 군사를 패하(浿河)가에 매복시켜 그들이 이르기를 기다렸다가 급히 치니 고구려 군사가 패배하였다.
>
> ○ 옛 기록에 이르기를, "백제는 나라를 연 이래 문자로 일을 기록한 적이 없는데 이 왕 때에 이르러 박사 고흥을 얻어 처음으로 서기가 있게 되었다."라고 하였다.

① 금마저에 미륵사를 창건하였다.
② 윤충을 보내 대야성을 함락하였다.
③ 사비로 천도하고 국호를 남부여로 고쳤다.
④ 평양성을 공격하여 고국원왕을 전사시켰다.
⑤ 동진에서 온 마라난타를 통해 불교를 수용하였다.

6 -156 다음 특별전에 전시될 문화유산으로 가장 적절한 것은? [2점]

디지털 실감 영상으로 재현한 고구려의 문화유산

우리 박물관은 '영락'이라는 연호를 사용한 왕의 능비를 디지털 영상으로 복원하여 선보이고자 합니다. 네 면에 새겨진 1,700여 개의 문자와 능비의 실물 크기, 표면 질감을 생생하게 재현하였습니다. 한편, 이번 전시에서는 그의 시호가 새겨진 문화유산도 함께 전시할 예정이오니 많은 관심 부탁드립니다.

■ 기간 : 2025년 ○○월 ○○일~○○월 ○○일
■ 장소 : △△박물관 1층 로비

①
②
③
④
⑤

7 -157 밑줄 그은 '시기'에 있었던 사실로 옳은 것은? [3점]

> 이것은 보령 성주사지 대낭혜화상탑비로, 진성 여왕의 명을 받아 최치원이 비문을 작성했습니다. 혜공왕 피살 이후 왕위 쟁탈전이 치열했던 시기에 당에서 수행하고 돌아와 9산 선문 중 하나인 성주산문을 개창한 낭혜화상의 행적이 기록되어 있습니다.

① 김흠돌 등 진골 세력이 숙청되었다.
② 김헌창이 웅천주에서 반란을 일으켰다.
③ 거칠부가 왕명에 의해 국사를 편찬하였다.
④ 복신과 도침이 부여풍을 왕으로 추대하였다.
⑤ 자장의 건의로 황룡사 구층 목탑이 건립되었다.

8 -158 (가) 국가에 대한 설명으로 옳지 <u>않은</u> 것은? [2점]

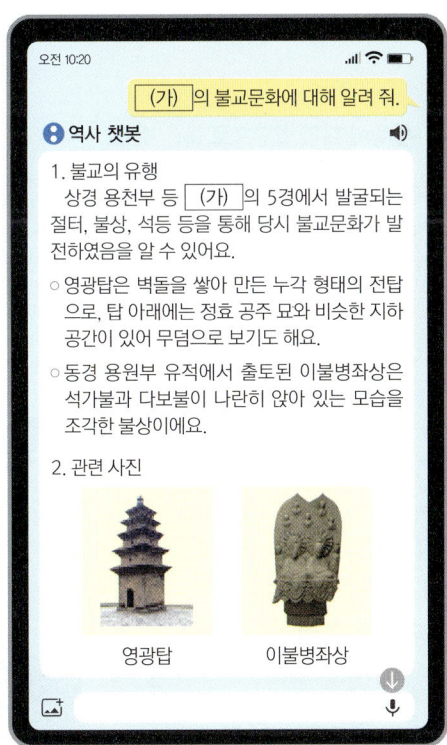

① 교육 기관으로 주자감을 설립하였다.
② 감찰 업무를 담당하는 중정대가 있었다.
③ 인안, 대흥 등 독자적인 연호를 사용하였다.
④ 거란도, 영주도 등을 통해 주변국과 교역하였다.
⑤ 내신좌평, 내두좌평 등 6좌평의 관제를 마련하였다.

9-159 (가) 제도를 시행한 국가에 대한 설명으로 옳은 것은? [1점]

> ○ 풍월주(風月主), 원화(源花)의 법이 폐하여진 지 이미 여러 해였다. 왕은 나라를 일으키려면 풍월도를 먼저 하여야 한다고 생각하여 다시금 영(令)을 내려 귀인과 양가의 자제 중에서 얼굴이 아름답고 덕행이 있는 자를 선발해서 분장을 시켜 (가) 또는 국선(國仙)이라 이름하였다.
> ○ 좋은 가문 출신의 남자로서 덕행이 있는 자를 뽑아 (가) (이)라 하였다. 처음 설원랑을 받들어 국선으로 삼았는데 이것이 시초이다.

① 태학과 경당을 두어 인재를 양성하였다.
② 유랑민을 구휼하는 활인서를 설치하였다.
③ 정사암 회의에서 국가 중대사를 결정하였다.
④ 도병마사에서 변경의 군사 문제 등을 논의하였다.
⑤ 골품에 따라 관등 승진, 일상생활 등을 엄격히 제한하였다.

10-160 (가) 인물에 대한 설명으로 옳은 것은? [3점]

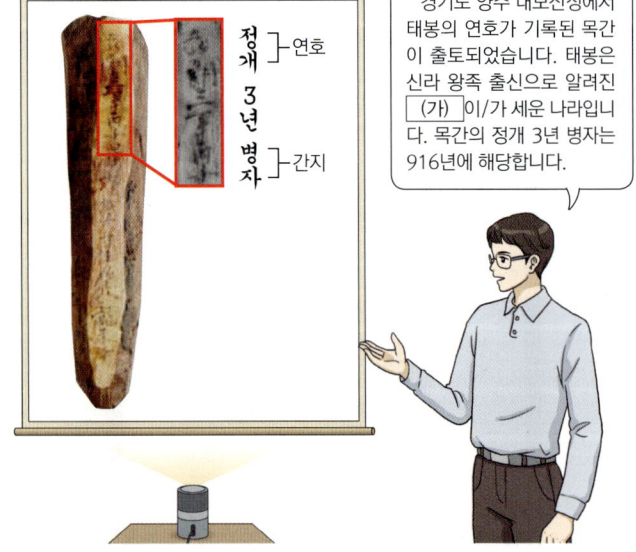

경기도 양주 대모산성에서 태봉의 연호가 기록된 목간이 출토되었습니다. 태봉은 신라 왕족 출신으로 알려진 (가) 이/가 세운 나라입니다. 목간의 정개 3년 병자는 916년에 해당합니다.

① 경주의 사심관으로 임명되었다.
② 12목에 지방관을 처음으로 파견하였다.
③ 폐정 개혁을 목표로 정치도감을 설치하였다.
④ 광평성을 비롯한 각종 정치 기구를 마련하였다.
⑤ 오월(吳越)에 사신을 보내고 검교태보의 직을 받았다.

11-161 (가) 왕에 대한 설명으로 옳은 것은? [2점]

교외 체험 학습 보고서

△학년 △반 △△번 이름 □□□

● 날짜 : 2025년 ○○월 ○○일
● 장소 : 경상북도 안동 태사묘
● 학습 내용

안동 태사묘는 고창 전투에서 (가) 을/를 도와 견훤을 물리치는 데 공을 세워 향직을 수여 받은 권행, 김선평, 장길(장정필)의 위패를 봉안하고 있는 사당이다. 이번 체험 학습을 통해 안동이라는 지명이 고창 전투에서 승리한 (가) 이/가 고창군을 안동부로 승격시킨 데서 유래하였다는 것을 알 수 있었다.

① 한양을 남경으로 승격시켰다.
② 주전도감을 설치하여 해동통보를 발행하였다.
③ 쌍기의 건의를 받아들여 과거제를 실시하였다.
④ 청연각과 보문각을 두어 학문 연구를 장려하였다.
⑤ 정계와 계백료서를 지어 관리의 규범을 제시하였다.

12-162 다음 상황이 나타난 국가의 경제 모습으로 옳은 것은? [2점]

> 무릇 장마·가뭄·병충해·서리 피해로 작황이 부실한 경작지를 촌전(村典)*이 수령에게 보고하면 수령이 직접 검사하여 호부에 신고하고, 호부에서는 다시 삼사에 보낸다. 삼사에서는 넘겨받은 문서를 조사한 뒤에 다시 그 지역 안찰사로 하여금 따로 사람을 보내 자세히 살펴 조사하게 하여 재해로 피해를 입었다면 조세를 감면한다.
>
> *촌전 : 촌의 대표

① 벽란도가 국제 무역항으로 번성하였다.
② 고추, 담배 등이 상품 작물로 재배되었다.
③ 시장을 감독하는 관청인 동시전이 설치되었다.
④ 광산을 전문적으로 경영하는 덕대가 활동하였다.
⑤ 삼남 지방의 농법을 소개한 농사직설이 보급되었다.

13-163 다음 검색창에 들어갈 왕의 재위 시기에 있었던 사실로 옳은 것은? [2점]

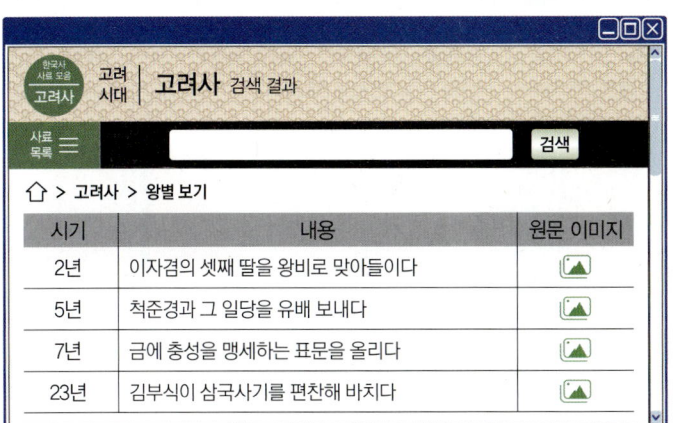

① 최충헌이 봉사 10조를 올렸다.
② 동북 9성이 여진에 반환되었다.
③ 국자감이 성균관으로 개칭되었다.
④ 묘청 등이 서경에서 난을 일으켰다.
⑤ 광덕, 준풍 등의 독자적 연호가 사용되었다.

14-164 다음 사건에 대한 탐구 활동으로 가장 적절한 것은? [1점]

> 망이 등이 홍경원에 불을 지르고 절에 있던 승려 10여 인을 죽였으며, 주지승을 위협하여 개경으로 서신을 가져가게 하였다. 그 서신에 대략 이르기를, "이미 우리 고을을 현으로 승격시키고 또 수령을 두어 안무하더니, 돌이켜 다시 군대를 내어 토벌하러 와서 우리 어머니와 아내를 옥에 가두었으니 그 뜻은 어디에 있는가? 차라리 칼날 아래 죽을지언정 끝내 항복하여 포로가 되지 않을 것이며, 반드시 개경까지 가고야 말겠다."라고 하였다.

① 안동도호부가 설치된 경위를 알아본다.
② 특수 행정 구역인 소에 대한 차별을 조사한다.
③ 신라 말 호족 세력이 성장하게 된 계기를 살펴본다.
④ 통청 운동을 통해 청요직으로 진출한 인물을 검색한다.
⑤ 경기에 한하여 설치된 과전이 농민에게 미친 영향을 파악한다.

15-165 (가) 군사 조직에 대한 설명으로 옳은 것은? [2점]

① 거란의 침입에 대비하여 설치되었다.
② 최씨 무신 정권의 군사적 기반이었다.
③ 원의 요청으로 일본 원정에 참여하였다.
④ 신기군, 신보군, 항마군으로 편성되었다.
⑤ 최영의 지휘 아래 홍산에서 왜구를 격퇴하였다.

16-166 다음 검색창에 들어갈 역사서에 대한 설명으로 옳은 것은? [3점]

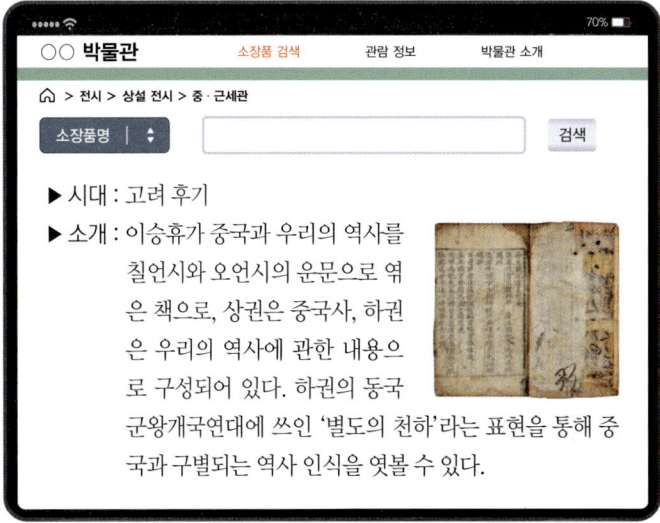

① 남북국이라는 용어가 처음 사용되었다.
② 불교사를 중심으로 민간 설화를 담았다.
③ 단군의 고조선 건국 이야기가 수록되었다.
④ 왕명에 의해 고승들의 전기가 기록되었다.
⑤ 본기, 열전 등으로 구성된 기전체 형식으로 서술되었다.

제73회 한국사능력검정시험 (심화)

17 -167 (가) 왕의 재위 시기에 있었던 사실로 옳은 것은? [2점]

(가)께서 돌아가신 뒤 어린 왕을 새로 옹립한 이인임이 원과의 관계 회복에 나섰다는군.

나도 들었네. 기철 세력을 숙청하고, 쌍성총관부를 수복했던 (가) 의 정책이 중단될까 염려되네.

① 대각국사 의천이 천태종을 개창하였다.
② 신돈을 중심으로 전민변정 사업이 추진되었다.
③ 만적이 개경에서 노비를 모아 반란을 모의하였다.
④ 최충이 문헌공도를 설립하여 유학 교육에 힘썼다.
⑤ 이규보가 고구려 계승 의식을 강조한 동명왕편을 지었다.

18 -168 (가)에 대한 고려의 대응으로 옳은 것은? [2점]

특별 기획

최무선과 화포 이야기

우리 박물관은 화약과 화기를 제조한 최무선 탄생 700주년 기념 특별전을 개최합니다. 특히 진포 대첩에서 나세, 심덕부 등과 함께 화포를 이용해 (가) 을/를 물리친 장면을 실감 영상으로 만나보실 수 있습니다. 많은 관람 바랍니다.

• 기간 : 2025년 ○○월 ○○일~○○월 ○○일
• 장소 : △△ 박물관 특별 전시실

① 광군을 조직하여 침입에 대비하였다.
② 경성과 경원에 무역소를 설치하였다.
③ 박위를 파견하여 근거지를 토벌하였다.
④ 어영청을 중심으로 북벌을 추진하였다.
⑤ 대장도감을 설치하여 팔만대장경을 간행하였다.

19 -169 (가)~(마)에 대한 설명으로 옳지 않은 것은? [3점]

① (가) - 사초와 시정기 등을 종합하여 편찬하였다.
② (나) - 청주 흥덕사에서 금속 활자본으로 간행되었다.
③ (다) - 병인양요 당시 일부가 프랑스군에게 약탈되었다.
④ (라) - 허준이 우리나라와 중국의 의서를 망라하여 집대성하였다.
⑤ (마) - 국왕의 비서 기관에서 발행한 관보이다.

20 -170 (가) 인물에 대한 설명으로 옳은 것은? [2점]

사료로 보는 한국사

임금의 자질에는 어리석은 자질도 있고 현명한 자질도 있으며 강한 자질도 있고 유약한 자질도 있어서 한결같지 않으니, 재상은 임금의 아름다운 점은 순종하고 나쁜 점은 바로잡으며, 옳은 일은 받들고 옳지 않은 것은 막아서, 임금으로 하여금 가장 올바른 경지에 들게 해야 한다.

[해설] 이 글은 이성계를 도와 조선 건국을 주도한 (가) 이/가 저술한 조선경국전의 일부입니다. 그는 국가 운영을 위한 종합적인 통치 규범을 제시하고, 재상의 역할을 강조하였습니다.

① 불씨잡변을 지어 불교를 비판하였다.
② 계유정난을 계기로 정계에서 축출되었다.
③ 최초의 서원인 백운동 서원을 건립하였다.
④ 일본에 다녀와서 해동제국기를 편찬하였다.
⑤ 성리학의 개념을 도식으로 설명한 성학십도를 지었다.

21-171 (가) 왕의 업적으로 옳은 것은? [2점]

- 월인천강지곡이라는 제목에는 하나의 달이 천 개의 강물에 비친다는 뜻이 담겨 있는데요, 이 책의 편찬 경위를 말씀해 주세요.
- 훈민정음이 창제되고 3년 후에 왕비가 세상을 떠나자, (가) 은/는 명복을 빌기 위해 아들 수양 대군에게 부처의 일대기와 설법을 담은 석보상절을 편찬하도록 명했습니다. 그 내용을 (가) 이/가 한글 노랫말로 옮긴 것이 월인천강지곡입니다.

① 수도 방어를 위해 금위영을 설치하였다.
② 음악 이론 등을 집대성한 악학궤범을 완성하였다.
③ 한양을 기준으로 한 역법서인 칠정산을 간행하였다.
④ 역대 문물제도를 정리한 동국문헌비고를 편찬하였다.
⑤ 현직 관리에게만 수조지를 지급하는 직전법을 실시하였다.

22-172 (가) 국가에 대한 조선의 정책으로 옳은 것은? [2점]

그림 속 장소는 창덕궁에 있었던 대보단으로, 임진왜란 때 조선에 원군을 보낸 (가) 의 황제를 기리고자 숙종 대에 건립한 제단입니다. 조선은 이곳에서 제사를 지내 이미 멸망한 (가) 에 대한 의리를 지키고자 하였습니다.

① 나선 정벌에 조총 부대를 파견하였다.
② 하정사, 천추사 등 사절단을 보내었다.
③ 백두산정계비를 세워 국경을 획정하였다.
④ 한성에 동평관을 두어 무역을 허용하였다.
⑤ 공녀를 보내기 위해 결혼도감을 설치하였다.

23-173 (가)에 들어갈 내용으로 가장 적절한 것은? [2점]

[역사 다큐멘터리 기획안]

폭정으로 흔들리는 조선

■ 기획 의도
  국왕이 대신, 삼사 등과 함께 국정을 운영한 선왕 대의 정치 구조를 깨고 폭정을 일삼다가 폐위된 ○○○. 그의 재위 시기에 일어난 정치적 혼란을 살펴본다.

■ 구성 내용
  1부. 선왕 대에 성장한 삼사와 대립하다
  2부. 조의제문을 구실로 사림을 탄압하다
  3부. (가)
  4부. 반복된 폭정으로 반정이 일어나 폐위되다

① 이괄의 난이 일어나 공주로 피란하다
② 단종의 복위를 꾀한 성삼문 등을 처형하다
③ 영창 대군을 죽이고 인목 대비를 유폐하다
④ 위훈 삭제를 주장한 조광조 일파를 제거하다
⑤ 폐비 윤씨 사사 사건을 빌미로 신하들을 숙청하다

24-174 (가)~(마)에서 있었던 사실로 옳은 것은? [1점]

답사 계획서

- 주제: 우리나라 성곽의 역사를 찾아서(서울·경기·인천 편)
- 기간: 2025년 ○○월 ○○일~○○월 ○○일(4박 5일)
- 경로: 강화산성 → 북한산성 → 서울 한양 도성 → 남한산성 → 수원 화성

(가) 강화산성 (나) 북한산성 (다) 서울 한양 도성
(마) 수원 화성 (라) 남한산성

① (가) - 정봉수가 후금의 침입에 맞서 싸웠다.
② (나) - 김준룡이 근왕병을 이끌고 적장을 사살하였다.
③ (다) - 신립이 배수의 진을 치고 전투를 벌였다.
④ (라) - 병자호란 때 인조가 피란하여 항전하였다.
⑤ (마) - 임진왜란 때 권율이 일본군을 크게 물리쳤다.

25. (가) 기구에 대한 설명으로 옳은 것은? [3점]

> ○ 지방 고을에는 그곳의 유력한 집안이 있습니다. 그 가운데 서울에 살면서 벼슬하는 자들의 모임을 ___(가)___ (이)라고 합니다. …… 간사한 향리의 범법 행위를 살펴서 지방의 풍속을 유지했는데, 그 유래가 오래되었습니다.
> — "성종실록" —
>
> ○ 평소에 각 고을을 담당하는 ___(가)___ (이)라고 부르는 곳도 원래는 지방의 풍속이 법에 어긋나는지 살피기 위하여 설치한 것입니다. 그런데 지금은 향리를 침학하여 사람들이 대부분 괴롭게 여기고 있습니다.
> — "선조실록" —

① 사헌부, 사간원과 함께 3사로 불렸다.
② 소속 관원을 은대 학사라고도 칭하였다.
③ 서얼 출신 학자들이 검서관에 등용되었다.
④ 관할 유향소 임원의 임명권을 행사하였다.
⑤ 대사성 이하 좨주, 직강 등의 관직을 두었다.

26. (가) 인물의 작품으로 옳은 것은? [1점]

> 이곳 철원 삼부연 폭포는 겸재 (가) 이/가 그린 그림으로도 유명합니다. 우리 산천의 아름다움을 사실적으로 표현한 진경산수화를 실제 모습과 함께 감상해 보세요.

①
②
③
④
⑤

27. (가) 왕의 재위 시기에 있었던 사실로 옳은 것은? [2점]

(가) 어진

이 그림은 (가) 의 초상화로, 조선 시대에 그려진 현존하는 어진 가운데 군복을 입고 있는 유일한 사례이다. 강화 도령으로 불렸던 그는 안동 김씨인 순원 왕후의 명으로 왕위에 올랐지만, 임술 농민 봉기가 일어나는 등 혼란한 상황 속에서 승하하였다. 6·25 전쟁 때 화재로 어진의 일부가 소실되었다.

① 윤지충 등이 처형된 신해박해가 일어났다.
② 오페르트가 남연군 묘 도굴을 시도하였다.
③ 국왕의 친위 부대인 장용영이 창설되었다.
④ 경신환국 등 여러 차례 환국이 발생하였다.
⑤ 박규수의 건의로 삼정이정청이 설치되었다.

28. 다음 자료를 활용한 탐구 주제로 가장 적절한 것은? [2점]

> 선무군관 직책을 특별히 설치하고 서북을 제외한 6도에서 벼슬이 없는 자들 중 선정한다. 사족이 아니거나 음서를 받지 않은 자들, 군보(軍保) 역할에 그치기에는 아까운 자들을 대상으로 한다. 평시에는 입번(立番)과 훈련을 면해 주고 다만 베 1필을 받는데, 유사시에는 관할 수령이 지도하여 방비에 임하도록 한다.

① 토산물을 쌀, 동전 등으로 납부하게 한 원인
② 균역법 실시로 인한 세입 감소분의 보충 방안
③ 시전 상인의 특권을 축소한 신해통공 단행 배경
④ 전세를 풍흉에 따라 9등급으로 차등 부과한 이유
⑤ 설점수세제를 시행하여 민간의 광산 개발을 허용한 목적

29. 다음 자료에 나타난 사건에 대한 설명으로 옳은 것은? [2점]

> 아, 고금 천하에 김옥균, 홍영식 등의 역적들처럼 극악하고 무도한 자들이 있었겠습니까? …… 처음에는 연회를 베풀어 사람들을 찔러 죽이고 끝에는 변고가 일어났다고 선언하고는 전하를 강박하여 처소를 옮기게 하였습니다. 일본 사람들을 끼고 병기를 휘둘러 재상들을 모두 죽여 궁궐에 피를 뿌리고 장상(將相)의 중직을 잠깐 동안에 차지하여 종묘사직을 위태롭게 하였습니다.

① 청군의 개입으로 3일 만에 실패하였다.
② 전개 과정에서 홍범 14조가 반포되었다.
③ 통리기무아문이 설치되는 계기가 되었다.
④ 조·일 통상 장정이 체결되는 결과를 초래하였다.
⑤ 구식 군인에 대한 차별 대우가 발단이 되어 일어났다.

30. 밑줄 그은 '이 시기'에 볼 수 있는 모습으로 적절하지 <u>않은</u> 것은? [1점]

이것은 경상도 단성현 김○봉 가계의 직역 변화입니다. 사노비였던 그는 노력 끝에 면천되었고, 후손들도 꾸준히 신분 상승을 도모하여 유학 직역을 획득하였습니다. 이와 같이 신분 질서가 크게 동요한 <u>이 시기</u>에는 구향과 신향 간의 향전이 발생하기도 하였습니다.

본인	김○봉	사노비
아들	김○발	보인(保人)
⋮		
5세손	김○려	유학(幼學)
6세손	김○흠	유학(幼學)

〈김○봉 가계의 직역 변화〉

① 빈민을 구휼하는 제위보의 관리
② 시사(詩社)에서 시를 낭송하는 중인
③ 상평통보로 물건을 거래하는 보부상
④ 세책가에서 홍길동전을 빌리는 부녀자
⑤ 송파장에서 산대놀이 공연을 하는 광대

31. (가), (나) 사이의 시기에 있었던 사실로 옳은 것은? [2점]

(가) 통문으로 장터에 모이라는 기별이 왔다. 저녁 먹은 후 여러 마을에서 징 소리며 나팔 소리, 고함 소리가 천지에 뒤끓더니 수천 명 군중들이 우리 마을 앞길로 몰려와 군수 조병갑을 죽인다며 소요를 일으켰다. 군중이 사방으로 포위하고 몰아갈 때 조병갑은 서울로 도망갔다.

(나) 우두머리는 선화당을 점거하고 다른 동학 도당들은 나누어 사대문을 막으니 성 안의 백성과 아전, 군교 등이 미처 나오지 못하고 화염 속에 빠진 자가 많아 그 수를 알지 못하였습니다. 전주성이 삽시간에 함락된 것은 감영이나 전주부의 관속 무리 중 내응하는 자가 많았기 때문입니다.

① 남접과 북접이 논산에서 연합하였다.
② 최제우가 혹세무민의 죄로 처형되었다.
③ 일본이 군대를 동원하여 경복궁을 점령하였다.
④ 농민군이 황룡촌 전투에서 관군에 승리하였다.
⑤ 우금치에서 농민군이 관군과 일본군에 맞서 싸웠다.

32. 다음 상황의 배경으로 가장 적절한 것은? [3점]

역사 신문

제△△호   ○○○○년 ○○월 ○○일

시전 상인, 외국 상인의 퇴거를 요구하다

며칠 전 시전 상인 수백 명이 가게 문을 닫고 외아문(통리교섭통상사무아문) 앞에서 연좌시위를 시작하였다. 시전 상인들은 몇 해 전부터 외국 상인의 한성 침투로 인해 입는 피해가 크다는 점을 주장하며 퇴거를 요구하였다. 향후 정부가 이 문제를 어떻게 해결해 나갈 것인지 귀추가 주목된다.

① 동양 척식 주식회사가 설립되었다.
② 일제가 황무지 개간권을 요구하였다.
③ 조·청 상민 수륙 무역 장정이 체결되었다.
④ 메가타의 주도로 화폐 정리 사업이 시행되었다.
⑤ 회사 설립을 허가제로 하는 회사령이 공포되었다.

33. (가) 운동에 대한 설명으로 옳은 것은? [2점]

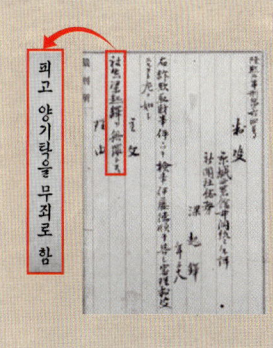

이 자료는 (가) 에 참여한 양기탁에 대한 판결문의 일부이다. 양기탁은 일본에서 들어온 차관을 갚기 위해 일어난 (가) 의 의연금을 횡령하였다는 이유로 기소되었다. 판결문에는 피고인 양기탁이 증거 불충분으로 무죄를 선고 받은 내용이 담겨 있다.

① 대한매일신보의 지원을 받아 확산되었다.
② 조선 총독부의 탄압과 방해로 실패하였다.
③ 백정에 대한 사회적 차별 철폐를 요구하였다.
④ 조선 민립 대학 기성회에서 모금 활동을 주도하였다.
⑤ 일본, 프랑스 등의 노동 단체로부터 격려 전문을 받았다.

34-184 (가) 조약에 대한 설명으로 옳은 것은? [1점]

저는 지금 워싱턴에 있는 옛 주미 대한 제국 공사관 건물 앞에 나와 있습니다. 이곳은 1889년부터 외교 공관으로 사용되었으나, (가) 으로 외교권을 박탈당하여 그 기능을 상실하였습니다. 현재 이 건물을 대한민국 정부가 매입하여 전시관으로 활용하고 있습니다.

① 러·일 전쟁 중에 체결되었다.
② 최혜국 대우를 최초로 규정하였다.
③ 천주교 포교 허용의 근거가 되었다.
④ 통감부가 설치되는 결과를 초래하였다.
⑤ 스티븐스가 외교 고문으로 파견되는 배경이 되었다.

35-185 다음 가상 대화가 이루어진 시기 이후에 볼 수 있는 모습으로 가장 적절한 것은? [2점]

자네 들었는가? 며칠 전 한성 전기 회사에서 개통한 전차에 어린아이가 깔려 죽었다고 하네.

나도 들었네. 사고를 보고 격분한 사람들이 전차를 전복시키고 불태웠다더군.

① 척화비를 세우기 위해 돌을 다듬는 석공
② 거문도를 불법 점령하고 있는 영국 군인
③ 연무당에서 일본과 조약을 체결하는 관리
④ 보빙사의 일원으로 미국에 파견되는 역관
⑤ 경부선 철도 개통식을 취재하는 신문 기자

36-186 (가) 지역에서 있었던 민족 운동에 대한 설명으로 옳은 것은? [2점]

이것은 (가) 에 세워진 신흥 강습소의 구성원이 만든 신흥 교우단의 기관지입니다. 이 기관지에는 군사, 교육, 역사 등 다양한 분야의 글이 게재되어 동포들의 민족의식을 고취하였습니다. 특히 신흥 무관 학교의 전신인 신흥 강습소의 조직과 활동을 알려 주는 내용이 많아 (가) 에서 전개된 독립운동을 연구하는 데 가치가 있습니다.

① 한인 자치 기구인 경학사를 조직하였다.
② 유학생을 중심으로 2·8 독립 선언서를 발표하였다.
③ 대조선 국민군단을 조직하여 군사 훈련을 실시하였다.
④ 대한 광복군 정부를 수립하여 무장 투쟁을 준비하였다.
⑤ 독립군 비행사 양성을 위해 한인 비행 학교를 설립하였다.

37-187 밑줄 그은 '시기'에 시행된 일제의 정책으로 옳은 것은? [1점]

이것은 어느 공립 보통학교의 졸업식 사진으로, 교원이 제복을 입고 칼을 차고 수업하던 당시 일제의 식민지 지배 정책을 잘 보여 주고 있어.

맞아. 헌병이 일반 경찰 업무를 맡아 재판 없이 체포 또는 구금하고, 벌금을 물리거나 태형에 처하기도 했던 시기였지.

① 국가 총동원법을 공포하였다.
② 산미 증식 계획을 시행하였다.
③ 토지 조사 사업을 실시하였다.
④ 황국 신민 서사의 암송을 강요하였다.
⑤ 조선 사상범 예방 구금령을 제정하였다.

제73회 한국사능력검정시험 (심화)

38-188 (가) 단체에 대한 설명으로 옳은 것은? [2점]

> 한 나라 한 사회나 한 집안의 장래를 맡은 사람은 누구인가. 곧 그 집안이나 그 사회나 그 나라의 아들과 손자일 것이다. …… (가) 은/는 어린이를 위한 부모의 도움이 두터워지기를 바라는 마음에서 5월 1일 오늘을 기회로 삼아 '어린이의 날'이라고 이름하고, 소년 회원이 거리마다 늘어서서 "항상 10년 후의 조선을 생각하십시오."라고 쓴 인쇄물을 배포하며 취지를 선전했다. 이러한 일은 조선 소년 운동의 처음이며, 다른 사회에서도 많이 응원하여 노력하기를 바란다.

① 한글 맞춤법 통일안을 제정하였다.
② 기관지로 진단 학보를 발행하였다.
③ 오산 학교를 설립하여 인재를 양성하였다.
④ 김기전, 방정환 등이 주축이 되어 활동하였다.
⑤ 여성 교육의 중요성을 강조한 여권통문을 발표하였다.

39-189 밑줄 그은 '시기'에 볼 수 있는 모습으로 가장 적절한 것은? [2점]

> 이 영상은 면양 장려 사업을 선전하기 위해 제작한 영화의 일부분으로, 대공황 이후 일제가 농촌 진흥 운동을 추진하던 시기의 모습을 담고 있습니다. 면양 장려 사업은 일본 기업 등에 공업 원료를 공급하기 위한 목적으로 실시되었습니다. 이 사업은 한반도 남부 지방에 면화 재배를 확대하는 면작 증식 계획과 함께 남면북양 정책으로 불렸습니다.

① 근우회 창립총회에 참여하는 학생
② 경성 제국 대학 설립을 추진하는 관리
③ 원각사에서 연극 은세계를 공연하는 배우
④ 서울 진공 작전에 참여하는 13도 창의군 의병
⑤ 혁명적 농민 조합을 결성하여 일제에 저항하는 농민

40-190 밑줄 그은 '사건'에 대한 설명으로 옳은 것은? [2점]

> **□□신문**
> 제△△호 1929년 ○○월 ○○일
>
> ### 신간회, 최고 간부를 광주로 특파하다
>
> 지난 3일 전남 광주에서 일어난 고등 보통학교 학생 대 중학생의 충돌 사건에 대하여 신간회 본부에서는 지난 5일 중앙 상무 집행 위원회의 결의로 장성, 송정, 광주 세 지회에 긴급 조사를 지시하며 사태의 진전을 주시하고 있었다. 지난 8일 밤에는 신간회 주요 간부들이 긴급 상의한 결과, 사건 내용을 철저히 조사하는 동시에 구금된 학생들의 석방을 교섭하기 위하여 신간회 중앙 집행 위원장 허헌 씨와 서기장 황상규 씨, 회계장 김병로 씨 등 최고 간부를 광주까지 특파하였다고 한다.

① 순종의 인산일을 기회로 삼아 일어났다.
② 조선어 학회가 해산되는 결과를 가져왔다.
③ 정우회 선언을 발표하는 데 영향을 주었다.
④ 전국적인 시위와 동맹 휴학으로 확산하였다.
⑤ 일제가 이른바 문화 통치를 실시하는 계기가 되었다.

41-191 (가)~(마)에 들어갈 내용으로 적절하지 <u>않은</u> 것은? [3점]

> **일제 강점기 대중문화 탐구 안내**
>
> 일제 강점기에는 매체의 발달과 함께 대중문화가 유행하였습니다. 이 시기 대중문화는 다양한 측면에서 식민지 조선인의 일상에 영향을 미쳤습니다. 그러나 일제는 식민 지배를 합리화하기 위한 선전 도구로 대중문화를 이용하기도 하였습니다.
>
> 모둠별로 담당한 주제를 탐구하여 보고서로 제출하세요.
> ※ 과제 마감일은 2월 16일입니다.
>
> | 모둠 | 문화 영역 | 주제 |
> |---|---|---|
> | 1 | 가요 | (가) |
> | 2 | 영화 | (나) |
> | 3 | 방송 | (다) |
> | 4 | 소비 | (라) |
> | 5 | 잡지 | (마) |

① (가) - 아침 이슬, 건전 가요에서 금지곡으로 지정되다
② (나) - 병정님, 조선인에 대한 징병제 실시를 미화하다
③ (다) - 경성 방송국, 우리말 방송을 검열하여 송출하다
④ (라) - 미쓰코시 백화점, 자본주의적 소비문화가 이식되다
⑤ (마) - 신여성, 여권 신장 등의 내용으로 여성을 계몽하다

제73회 한국사능력검정시험 (심화)

42-192 (가) 단체의 활동으로 옳은 것은? [2점]

[우리 고장의 독립운동가]

조선 총독 암살을 시도했던 청년
유진만
(1912~1966)

세종특별자치시 연서면 출생으로 김구가 일제의 요인 제거 및 주요 기관 파괴를 목적으로 상하이에서 조직한 (가) 의 단원이다. 조선 총독 우가키 가즈시게를 암살하라는 지령을 받고 국내에 잠입하였으나 거사 전 검거되었다. 치안 유지법 등 위반 혐의로 징역 6년의 형을 선고받았다. 1990년 건국 훈장 애국장이 추서되었다.

① 일제가 조작한 105인 사건으로 와해되었다.
② 파리 강화 회의에 독립 청원서를 제출하였다.
③ 단원인 윤봉길이 훙커우 공원 의거를 실행하였다.
④ 신채호가 작성한 조선 혁명 선언을 지침으로 삼았다.
⑤ 군사 훈련을 위해 조선 혁명 간부 학교를 설립하였다.

43-193 (가) 부대에 대한 설명으로 옳은 것은? [3점]

우리들은 군사 통일에 대한 구체적 의견으로 (가) 와/과 한국 광복군을 합병하여 조선 민족 혁명군으로 편성하자는 방안을 제출하였다. …… 그러나 대한민국 임시 정부와 한국 광복군 측에서는 우리들의 주장을 종래 찬성하지 아니하였고, 결국 본대는 한국 광복군 제1지대로 개편하게 되었다. …… (가) 은/는 1938년 10월 10일 우한(武漢)에서 성립된 이래로 김원봉 대장의 정확한 영도 하에서 가장 우수한 수백 청년 간부의 희생적 분투와 노력에 의하여 모든 험로와 난관을 충파하면서 전진하여 왔으며 또 이런 과정을 통하여 과거 43개월간 광영한 역사를 창조하였다. …… 본대 전체 동지는 한국 광복군을 확대 발전시키기 위해 노력할 것을 언명한다.

① 동북 항일 연군으로 개편되어 유격전을 전개하였다.
② 간도 참변 이후 조직을 정비하고 자유시로 이동하였다.
③ 쌍성보, 대전자령 전투 등에서 일본군을 크게 물리쳤다.
④ 조선 민족 전선 연맹 산하의 군사 조직으로 결성되었다.
⑤ 홍범도 부대와 연합하여 청산리에서 일본군과 교전하였다.

44-194 밑줄 그은 '운동'에 대한 설명으로 옳은 것은? [2점]

선생님께서 참여하신 운동은 '조선 사람 조선 것'이라는 구호를 내세웠다는 점에서 사실상 독립운동이 아니냐고 일제 경찰이 심문할 때 어떻게 대응하셨나요?

조선 물산의 생산과 소비를 장려하는 운동에 조선인이 참여하는 것은 당연한 일이 아닌가, 오사카 사람이 오사카의 물산을 장려하는 것도 문제 삼을 것이냐고 반문하니 주의만 주고 가더군요.

① 조선 노동 총동맹을 중심으로 전개되었다.
② 보국안민, 제폭구민 등이 구호로 사용되었다.
③ 조선 관세령 폐지 등을 배경으로 확산하였다.
④ 황국 중앙 총상회가 설립되는 결과를 가져왔다.
⑤ 일본 제일 은행권 화폐가 유통되는 계기가 되었다.

45-195 교사의 질문에 대한 학생의 답변으로 가장 적절한 것은? [1점]

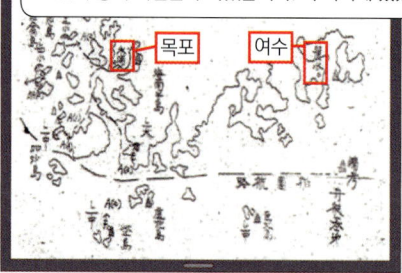

지도는 목포와 여수 일대의 일본군 방어 시설을 표시한 것입니다. 일본군은 아시아·태평양 전쟁 말기 연합군의 상륙을 저지하기 위해 한반도 남서 해안 지역에 대규모 군사 방어 시설을 구축했습니다. 이 시기에 있었던 사실에 대해 말해 볼까요?

① 고종의 밀지를 받아 독립 의군부가 결성되었어요.
② 만주 군벌과 일제가 미쓰야 협정을 체결하였어요.
③ 여자 정신 근로령으로 여성들이 강제 동원되었어요.
④ 상하이에서 주권 재민을 천명한 대동단결 선언이 발표되었어요.
⑤ 독립운동의 방략을 논의하고자 국민 대표 회의가 개최되었어요.

46-196 다음 상황이 나타난 시기를 연표에서 옳게 고른 것은? [2점]

미·소 공동 위원회를 속개시킴으로써 국제적으로 약속된 조선 민주주의 임시 정부 수립을 촉진하려는 좌우 합작 운동은 김규식의 입원과 여운형의 피습 사건으로 말미암아 합작의 앞날이 우려되는 상황이었다. 그러나 최근 김규식이 퇴원하고 여운형의 치료도 순조로워, 22일 오후 7시 시내 모처에서 김규식, 여운형 두 사람을 비롯한 좌우 대표가 참석한 가운데 정식으로 예비회담이 개최되었다.

(가)	(나)	(다)	(라)	(마)
8·15 광복	모스크바 3국 외상 회의	5·10 총선거 실시	대한민국 정부 수립	6·25 전쟁 발발	한·미 상호 방위 조약 체결

① (가) ② (나) ③ (다) ④ (라) ⑤ (마)

47 (가)에 들어갈 주제로 가장 적절한 것은? [2점]

2025년 연속 기획 강좌
헌법으로 보는 한국 현대사

우리 학회에서는 헌법의 변천에 따른 민주주의 발전의 역사를 살펴보는 강좌를 마련하였습니다. 이번 달에는 '제헌 헌법'에 대한 강의를 준비하였으니 많은 관심과 참여 바랍니다.

■ 강의 주제 ■
[제1강] 헌법 전문, 3·1 운동의 정신을 담다
[제2강] 민주 공화국의 명문화로 주권 재민의 원칙을 다시 천명하다
[제3강] (가)
[제4강] 농민에게 농지를 분배하는 경자유전의 실현을 추구하다

■ 일시 : 2025년 ○○월 매주 토요일 15:00~17:00
■ 장소 : □□학회 회의실

① 양원제 국회와 내각 책임제 정부를 구성하다
② 반민족 행위자를 처벌할 수 있는 근거를 마련하다
③ 국민의 직접 선거로 5년 단임제 대통령을 선출하다
④ 초대 대통령의 중임 제한 철폐, 장기 집권 체제를 강화하다
⑤ 긴급 조치, 대통령이 국민의 기본권을 제한할 수 있게 하다

48 다음 자료에 나타난 민주화 운동에 대한 설명으로 옳은 것은? [1점]

우리는 왜 총을 들 수밖에 없었는가? 그 대답은 너무나 간단합니다. 너무나 무자비한 만행을 더 이상 보고 있을 수만 없어서 너도나도 총을 들고 나섰던 것입니다. …… 계엄 당국은 공수 부대를 대량으로 투입하여 시내 곳곳에서 학생, 젊은이들에게 무차별 살상을 자행하였으니 …… 너무나 경악스러운 또 하나의 사실은 20일 밤부터 계엄 당국은 발포 명령을 내려 무차별 발포를 시작했다는 것입니다. 이 고장을 지키고자 이 자리에 모이신 민주 시민 여러분! 그런 상황에 우리가 할 수 있는 일은 무엇이겠습니까?

① 4·13 호헌 조치 철폐를 요구하였다.
② 시민군을 조직하여 계엄군에 대항하였다.
③ 시위 도중 김주열이 최루탄을 맞고 사망하였다.
④ 직선제 개헌을 약속한 6·29 민주화 선언을 이끌어 냈다.
⑤ 국민의 요구에 굴복하여 대통령이 하야하는 결과를 가져왔다.

49 (가) 정부 시기에 볼 수 있는 모습으로 가장 적절한 것은? [2점]

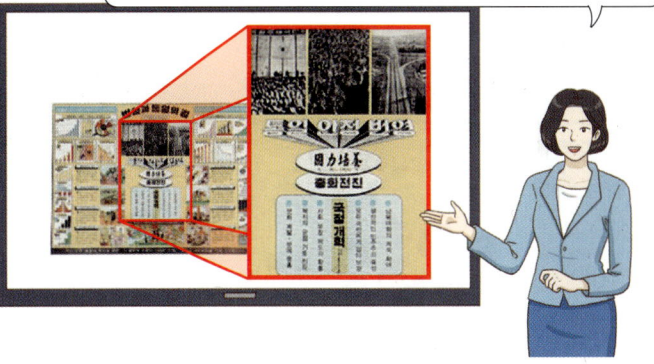

이것은 통일 주체 국민 회의에서 대통령을 선출하도록 헌법을 개정한 (가) 정부의 홍보물입니다. "우리 모두 불굴의 투지와 굳은 단결로써 조국의 안정과 번영, 그리고 평화 통일을 위해 전진합시다."라는 문구 등으로 헌법을 미화하였습니다.

① 거리에서 장발과 미니스커트를 단속하는 경찰
② 교복 자율화 조치로 사복을 입고 등교하는 학생
③ 금융 실명제에 따라 신분증 제시를 요구하는 은행원
④ 칠레와의 자유 무역 협정(FTA) 비준을 보도하는 기자
⑤ 전국 민주 노동조합 총연맹 창립 대회에 참가하는 노동자

50 (가), (나) 사이의 시기에 있었던 사실로 옳은 것은? [3점]

(가) 1. 남과 북은 6·15 공동 선언을 고수하고 적극 구현해 나간다.
⋮
3. 남과 북은 군사적 적대 관계를 종식하고 한반도에서 긴장 완화와 평화를 보장하기 위해 긴밀히 협력하기로 하였다.
- 10·4 남북 정상 선언 -

(나) 1. 남과 북은 남북 관계의 전면적이며 획기적인 개선과 발전을 이룩하여 공동 번영과 자주 통일의 미래를 앞당겨 나갈 것이다.
⋮
3. 남과 북은 항구적이며 공고한 평화 체제를 구축하기 위해 적극 협력해 나갈 것이다.
- 한반도의 평화와 번영, 통일을 위한 판문점 선언 -

① 7·4 남북 공동 성명이 발표되었다.
② 개성 공업 지구 조성이 합의되었다.
③ 남북한이 국제 연합(UN)에 동시 가입하였다.
④ 남북 이산가족 고향 방문단의 교환이 최초로 실현되었다.
⑤ 평창 동계 올림픽 개막식에서 남북 선수단이 공동 입장하였다.

심화 2024년도 제72회 한국사능력검정시험 문제지

1-201 (가) 시대의 생활 모습으로 옳은 것은? [1점]

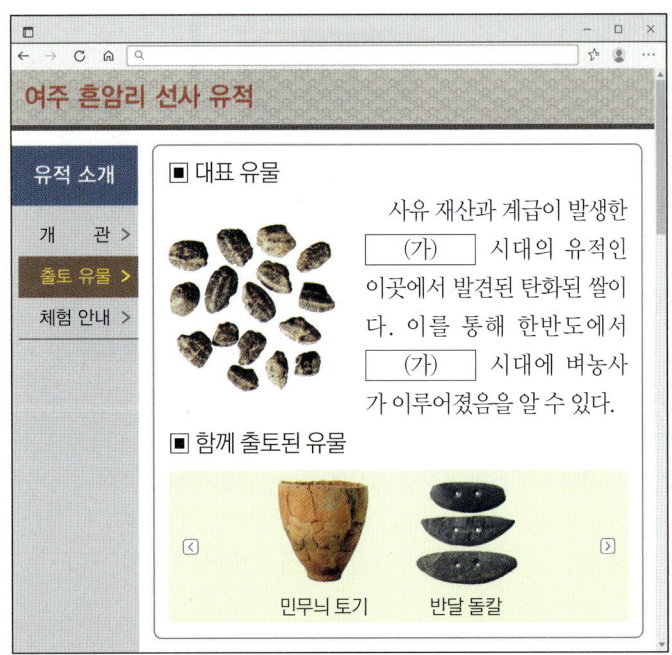

① 주로 동굴이나 강가의 막집에서 살았다.
② 지배층의 무덤으로 고인돌을 축조하였다.
③ 농경과 목축을 시작하여 식량을 생산하였다.
④ 호미, 쇠스랑 등의 철제 농기구를 제작하였다.
⑤ 주먹도끼, 찍개 등의 뗀석기를 처음 제작하였다.

2-202 밑줄 그은 '이 나라'에 대한 탐구 활동으로 가장 적절한 것은? [2점]

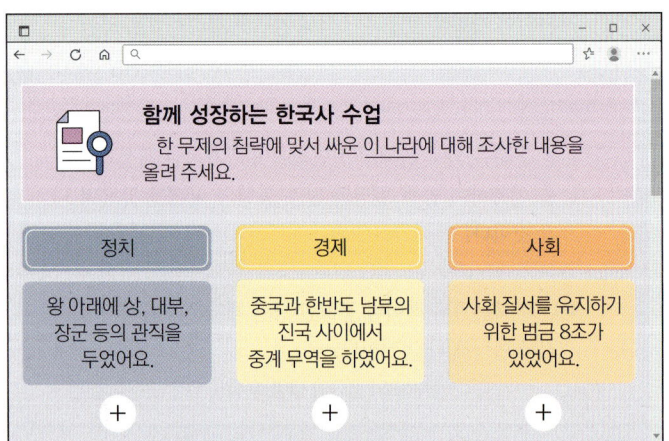

① 임신서기석의 내용을 분석한다.
② 칠지도에 새겨진 명문을 해석한다.
③ 수도 왕검성의 위치에 대한 자료를 검색한다.
④ 10월에 지냈던 제천 행사인 동맹을 살펴본다.
⑤ 국가의 중대사를 논의한 화백 회의에 대해 조사한다.

3-203 (가), (나) 사이의 시기에 있었던 사실로 옳은 것은? [2점]

> (가) 겨울에 백제 왕이 태자와 함께 정병 3만 명을 거느리고 고구려를 침입하여 평양성을 공격하였다. 고구려 왕 사유가 힘껏 싸우며 막다가 날아오는 화살을 맞고 죽었다.
>
> (나) 정월에 백제는 고구려의 도살성을 쳐서 빼앗았다. 3월에는 고구려가 백제의 금현성을 함락시켰다. 신라 왕이 양국의 병사가 지친 틈을 타 이찬 이사부에게 명하여 병사를 내어 쳐서 두 성을 빼앗아 증축하고 갑사 1천 명을 두어 지키게 하였다.

① 신라가 기벌포에서 당군을 격파하였다.
② 고구려가 국내성에서 평양으로 천도하였다.
③ 계백이 이끈 결사대가 황산벌에서 패배하였다.
④ 연개소문이 정변을 일으켜 권력을 장악하였다.
⑤ 김춘추가 당으로 건너가 군사 동맹을 체결하였다.

4-204 (가)~(다) 지역에 대한 설명으로 옳지 않은 것은? [3점]

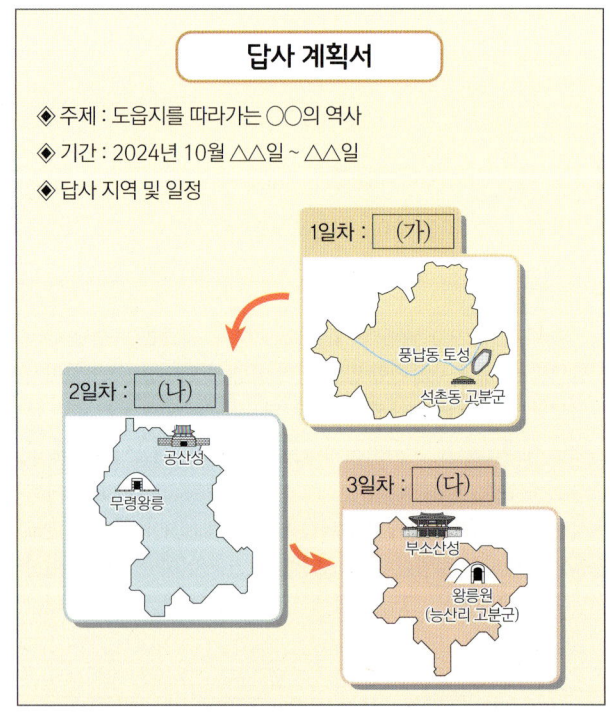

① (가) - 고구려에서 남하한 온조가 도읍으로 삼았다.
② (나) - 문주왕 때 천도한 곳이다.
③ (나) - 중국 남조의 영향을 받은 벽돌무덤이 있다.
④ (다) - 왕궁리 오층 석탑이 있다.
⑤ (다) - 백제 금동 대향로가 출토되었다.

제72회 한국사능력검정시험 (심화)

5-205 (가) 국가에 대한 설명으로 옳은 것은? [2점]

이것은 (가) 의 쌍영총 벽화의 개마 무사 부분 모사도입니다. 안악 3호분 등 (가) 의 다른 고분 벽화에서도 개마 무사가 그려져 있어 이 국가의 군사, 무기 등의 모습을 알 수 있습니다.

① 태학과 경당을 두어 인재를 양성하였다.
② 골품에 따라 관등 승진에 제한이 있었다.
③ 국경 지역인 양계에 병마사를 파견하였다.
④ 정사암에서 국가의 중대한 일을 결정하였다.
⑤ 여러 가(加)들이 별도로 사출도를 주관하였다.

6-206 (가)에 들어갈 내용으로 가장 적절한 것은? [1점]

```
통일 신라의 경제    ◆ 강좌 주제 ◆
한국사 교양 강좌    제1강 촌락 문서에 나타난 수취 체제의 특징
                  제2강 서시와 남시 설치를 통해 본 상업 발달
                  제3강 ┌─────(가)─────┐
                  
■ 일시 : 2024년 10월 △△일 △△시 ~ △△시
■ 장소 : ○○대학교 대강당
```

① 상평창과 물가 조절
② 은병이 화폐 유통에 미친 영향
③ 진대법으로 알아보는 빈민 구제
④ 덩이쇠 수출을 통해 본 낙랑과의 교역
⑤ 울산항을 통한 아라비아 상인들과의 교류

7-207 밑줄 그은 '이 국가'에 대한 설명으로 옳은 것은? [2점]

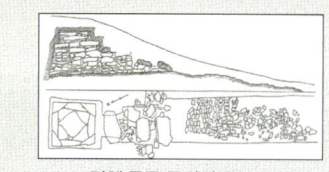 

정혜 공주 무덤의 구조도   정혜 공주 묘지석

지린성 둔화에서 발견된 이 국가의 정혜 공주 무덤은 모줄임천장 구조의 굴식 돌방무덤으로 고구려 양식을 계승하고 있다. 또한, 내부에서 출토된 묘지석에 '황상'이라는 칭호가 사용된 점을 통해 이 국가의 자주성을 확인할 수 있다.

① 서경을 북진 정책의 기지로 삼았다.
② 정당성의 대내상이 국정을 총괄하였다.
③ 영락이라는 독자적인 연호를 사용하였다.
④ 군사 조직으로 9서당 10정을 편성하였다.
⑤ 관리 선발을 위해 독서삼품과를 시행하였다.

8-208 교사의 질문에 대한 학생의 답변으로 옳은 것은? [2점]

화면에 표시된 부분은 진성 여왕 때 유포된 글로 당시 정치 상황을 비판하는 내용입니다. 삼국유사에 따르면 '찰니나제'는 여왕을, '소판니'와 '삼아간'은 위홍 등 간신들을 의미하는 것으로, 그들 때문에 나라가 망한다는 뜻입니다. 이 여왕의 재위 시기에 있었던 사실을 말해 볼까요?

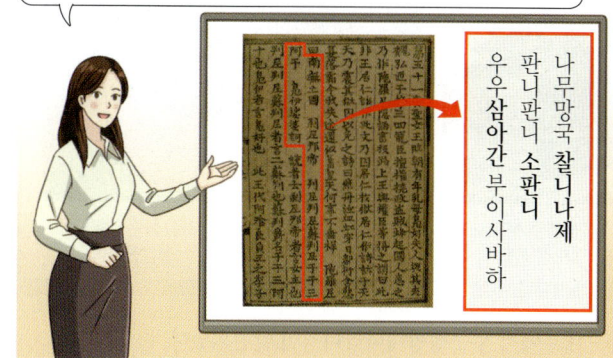

① 김흠돌이 반란을 도모하였어요.
② 김사미와 효심이 난을 일으켰어요.
③ 원종과 애노가 사벌주에서 봉기하였어요.
④ 김유신이 비담과 염종의 난을 진압하였어요.
⑤ 복신과 도침이 주류성에서 군사를 일으켰어요.

9-209 (가) 인물에 대한 설명으로 옳은 것은? [2점]

나는 지금 경주 포석정지에 와 있어. 삼국사기에 의하면 이곳은 경애왕이 연회를 벌이다가 (가) 의 습격을 받은 곳이야.

(가) 에 대해 더 알려 줄래?

그는 공산 전투에서 고려군에 대승을 거두기도 했어.

① 훈요 10조를 남겼다.
② 경주의 사심관으로 임명되었다.
③ 금마저에 미륵사를 창건하였다.
④ 완산주를 도읍으로 삼아 나라를 세웠다.
⑤ 광평성을 비롯한 정치 기구를 마련하였다.

제72회 한국사능력검정시험 (심화)

10-210 (가)~(다)에 대한 설명으로 옳은 것은? [3점]

① (가) - 내부에서 무구정광대다라니경이 발견되었다.
② (가) - 1층 탑신에 당의 장수 소정방의 명으로 새긴 글이 있다.
③ (나) - 자장의 건의로 건립되었다.
④ (나) - 돌을 벽돌 모양으로 다듬어 쌓았다.
⑤ (다) - 선종의 영향을 받아 만들어졌다.

11-211 다음 검색창에 들어갈 왕의 재위 기간에 있었던 사실로 옳은 것은? [2점]

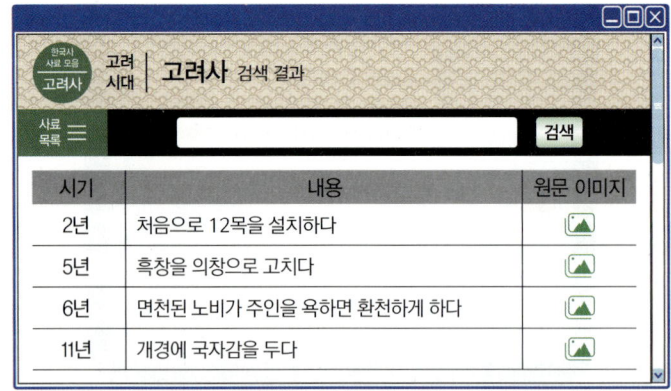

① 관학을 진흥하고자 양현고를 설치하였다.
② 광덕, 준풍 등의 독자적 연호를 사용하였다.
③ 주전도감을 설치하여 해동통보를 발행하였다.
④ 정계와 계백료서를 지어 관리의 규범을 제시하였다.
⑤ 최승로의 시무 28조를 받아들여 통치 체제를 정비하였다.

12-212 (가)에 대한 고려의 대응으로 옳은 것은? [2점]

① 윤관을 보내 동북 9성을 개척하였다.
② 화통도감을 두어 화포를 제작하였다.
③ 광군을 조직하여 침입에 대비하였다.
④ 박위를 파견하여 근거지를 토벌하였다.
⑤ 철령위 설치에 반발해 요동 정벌을 추진하였다.

13-213 (가)에 들어갈 내용으로 적절한 것은? [2점]

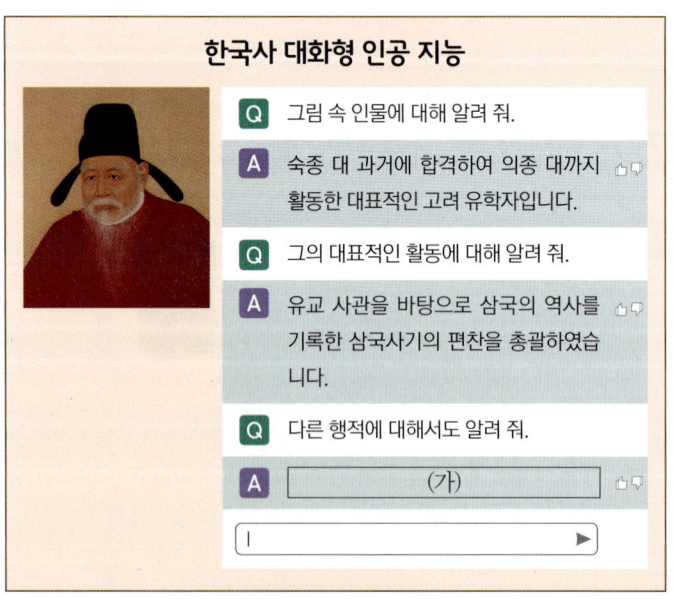

① 봉사 10조를 국왕에게 올렸습니다.
② 관군을 이끌고 묘청의 난을 진압하였습니다.
③ 만권당에서 원의 유학자들과 교유하였습니다.
④ 불씨잡변을 저술하여 불교를 비판하였습니다.
⑤ 9재 학당을 설립하여 유학 교육에 힘썼습니다.

14-214 (가)~(다)를 일어난 순서대로 옳게 나열한 것은? [3점]

(가) 왕이 먼저 나라 안의 신하들을 권유하여 개경으로 환도하게 하였다. 여러 신하들이 말하기를 "임금의 명령인데, 감히 따르지 않을 수 있겠는가?"라고 하였으므로, 임유무가 화가 나서 어떻게 해야 할지를 알지 못하였다.

(나) 조위총이 군사를 일으키자, 이의방이 이의민을 정동 대장군 지병마사로 임명하였다. 이의민이 군사를 거느리고 전투에 나섰다가 날아오는 화살에 눈을 맞았으나, 철령으로 진군하여 사방에서 북을 치고 고함을 지르면서 급습하여 크게 격파하였다.

(다) 백관이 최우의 집에 나아가 정년도목(政年都目)을 올렸다. 최우가 청사에 앉아 그것을 받았다. 6품 이하는 당하(堂下)에서 두 번 절하고 땅에 엎드려 감히 고개를 들고 보지 못하였다. 이때부터 최우는 정방을 그의 집에 두고 백관의 인사 행정을 처리하였다.

① (가) - (나) - (다)
② (가) - (다) - (나)
③ (나) - (가) - (다)
④ (나) - (다) - (가)
⑤ (다) - (나) - (가)

15-215 밑줄 그은 '시기'의 사실로 옳은 것은? [2점]

① 권문세족이 도평의사사를 장악하였다.
② 왕조 교체를 예언하는 정감록이 유포되었다.
③ 강조가 정변을 일으켜 김치양을 제거하였다.
④ 김보당이 의종 복위를 주장하며 난을 일으켰다.
⑤ 국정을 총괄하는 기구로 교정도감이 설치되었다.

16-216 (가) 국가의 경제 상황으로 옳은 것은? [2점]

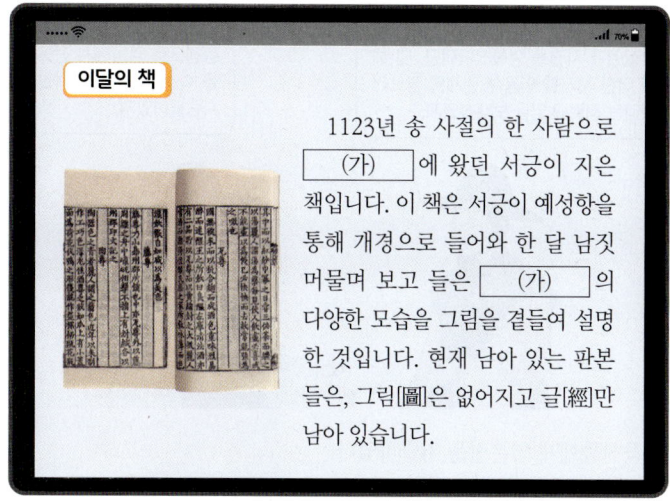

① 솔빈부의 말이 특산품으로 유명하였다.
② 송상이 전국 각지에 송방을 설치하였다.
③ 서적점, 다점 등의 관영 상점을 운영하였다.
④ 집집마다 부경이라고 불리는 창고가 있었다.
⑤ 광산을 전문적으로 경영하는 덕대가 나타났다.

17-217 (가) 국가의 탑으로 옳은 것은? [1점]

 ①  ②  ③

 ④  ⑤

18. 밑줄 그은 '임금'에 대한 설명으로 옳은 것은? [2점]

자네 들었는가? 임금께서 민무구, 민무질에게 자결을 명하셨다더군. 몇 해 전 어린 세자를 이용해 권세를 잡으려 했다는 죄로 귀양을 보내셨었지.

나도 들었네. 중전마마의 동생으로 임금께서 정도전을 숙청할 때 공을 세웠던 사람들이었지.

① 공신들에게 역분전을 지급하였다.
② 주자소를 두어 계미자를 주조하였다.
③ 정치도감을 설치하여 개혁을 추진하였다.
④ 구황촬요를 간행하여 기근에 대비하였다.
⑤ 유자광의 고변을 계기로 남이를 처형하였다.

19. (가) 기구에 대한 설명으로 옳은 것은? [3점]

도로명으로 보는 역사 : 만리재로

이 도로명은 만리재에서 유래한 것이다. 만리재는 조선의 문신 최만리가 살았다고 하여 붙여진 지명이다. 세자의 스승이기도 하였던 최만리는 세종이 학문 연구, 편찬 사업 등을 수행하도록 설치한 (가) 의 부제학으로 활약하였다. 그러나 훈민정음 창제를 반대하는 상소를 올려 세종과 갈등을 빚기도 하였다.

① 은대(銀臺)라고도 불렸다.
② 전문 강좌인 7재를 운영하였다.
③ 고려의 삼사와 같은 기능을 수행하였다.
④ 단종 복위 운동을 계기로 세조에 의해 폐지되었다.
⑤ 대사성을 수장으로 좨주, 직강 등의 관직을 두었다.

20. 밑줄 그은 '전하'의 재위 기간에 있었던 사실로 옳은 것은? [2점]

전하께서 성군을 이으셨으니, 예악(禮樂)으로 태평 시절을 일으키실 때가 바로 지금이다. 장악원 소장의 의궤와 악보가 오랜 세월이 지나서 끊어지고 문드러졌다. 다행히 보존된 것 역시 모두 엉성하고 오류가 있으며 빠진 것이 많다. 이에 성현 등에게 명하여 다시 교정하게 하였다. 책이 완성되자 악학궤범이라고 이름 지었다.

① 예학을 정리한 가례집람이 저술되었다.
② 국가의 기본 법전인 경국대전이 완성되었다.
③ 외교 문서를 집대성한 동문휘고가 편찬되었다.
④ 붕당의 폐해를 경계하기 위한 탕평비가 건립되었다.
⑤ 이조 전랑 임명을 둘러싸고 김효원과 심의겸이 대립하였다.

21. 밑줄 그은 '이 사건'이 일어난 시기를 연표에서 옳게 고른 것은? [2점]

이곳은 최근에 개방된 효릉입니다. 조선 국왕 인종과 그의 왕비 인성 왕후가 모셔져 있습니다. 인종은 즉위한 지 1년도 되지 않아 사망하였습니다. 인종의 죽음은 윤원형, 윤임 등 외척 간의 권력 다툼으로 사림이 피해를 입은 이 사건의 계기가 되었습니다.

(가)	(나)	(다)	(라)	(마)
이시애의 난	연산군 즉위	중종 반정	기묘 사화	선조 즉위	이괄의 난

① (가) ② (나) ③ (다) ④ (라) ⑤ (마)

22. (가) 사절단에 대한 설명으로 옳은 것은? [2점]

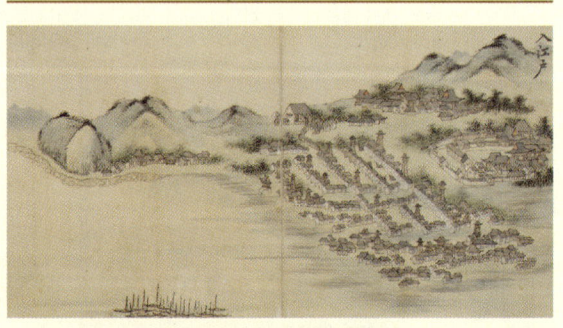

그림으로 보는 조선 사절단의 여정

"사로승구도"는 1748년 에도 막부의 요청으로 조선이 일본에 파견한 (가) 이/가 부산에서 에도에 이르는 여정을 담은 작품입니다. 일본의 명승지나 사행 중 겪은 인상적인 광경을 30장면으로 표현하였는데, 위 그림은 사절단이 에도로 들어갈 때 보았던 모습을 그린 것입니다.

① 연행사라는 이름으로 보내졌다.
② 암행어사의 형태로 비밀리에 파견되었다.
③ 민영익, 홍영식, 서광범 등이 참여하였다.
④ 사행을 다녀온 여정을 조천록으로 남겼다.
⑤ 관련 기록물이 세계 기록 유산에 등재되었다.

23 (가)에 들어갈 작품으로 옳은 것은? [1점]

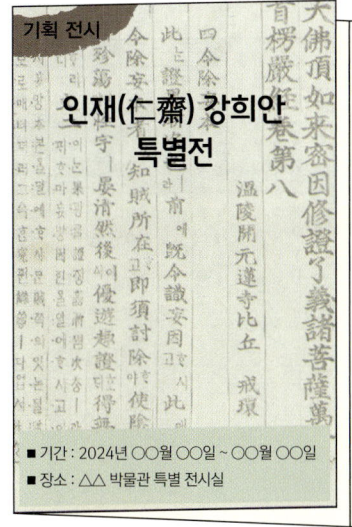

기획 전시
인재(仁齋) 강희안 특별전

대표 전시 작품

(가)

조선 전기 시·그림·글씨에 모두 뛰어난 것으로 유명했던 강희안의 대표작으로 간결하고 과감한 필치가 돋보인다.

■ 기간: 2024년 ○○월 ○○일 ~ ○○월 ○○일
■ 장소: △△박물관 특별 전시실

①  ②  ③

④  ⑤

24 밑줄 그은 '전란' 중에 있었던 사실로 옳은 것은? [2점]

초대합니다
창작 뮤지컬 비운의 의순 공주, 애숙

삼전도에서의 굴욕적인 항복으로 전란은 끝났습니다. 이후 조선의 공주를 부인으로 삼겠다는 청 섭정왕의 요구로 조선 국왕의 양녀가 되어 원치 않은 결혼을 해야 했던 의순 공주 이애숙. 그녀의 굴곡진 삶을 한 편의 뮤지컬로 선보입니다.

• 일시: 2024년 ○○월 ○○일 ○○시
• 장소: 의정부 △△문화 회관 대극장

① 이종무가 대마도를 정벌하였다.
② 강홍립이 사르후 전투에 참전하였다.
③ 김준룡이 광교산 전투에서 승리하였다.
④ 조헌이 금산에서 의병을 이끌고 활약하였다.
⑤ 신립이 탄금대에서 배수의 진을 치고 전투를 벌였다.

25 밑줄 그은 '이 법'에 대한 설명으로 옳은 것은? [1점]

방납의 폐단을 개혁하고자 한 인물

이원익은 방납의 폐단을 없애고자 선혜청을 두고 이 법을 실시할 것을 주장했습니다.

이이 / 유성룡 / 이원익 / 김육

화면을 누르면 설명을 들을 수 있습니다.

① 양반에게도 군포를 거두었다.
② 토지 1결당 쌀 2두의 결작을 부과하였다.
③ 전세를 풍흉에 따라 9등급으로 차등 과세하였다.
④ 부족한 재정 보충을 위해 선무군관포를 징수하였다.
⑤ 관청에 물품을 조달하는 공인이 등장하는 배경이 되었다.

26 (가) 인물에 대한 설명으로 옳은 것은? [2점]

메타버스로 만나는 조선의 인물

기축봉사를 올려 명에 대한 의리를 강조한 나는 희빈 장씨의 소생을 원자로 정한 데에 반대하다가 이곳 제주도로 유배되었습니다.

귤림 서원 / (가) / 학생 1 / 학생 2

① 기해예송에서 기년설을 주장하였다.
② 지전설을 주장한 의산문답을 집필하였다.
③ 양명학을 연구하여 강화학파를 형성하였다.
④ 역대 명필을 연구하여 추사체를 창안하였다.
⑤ 양반의 허례와 무능을 풍자한 양반전을 지었다.

제72회 한국사능력검정시험 (심화)

27 -227 다음 자료에 나타난 시기의 경제 상황으로 옳지 <u>않은</u> 것은? [1점]

비변사의 계사에, "현재 시전의 병폐로 서울과 지방의 백성이 원망하는 바는 오로지 도고(都庫)에 있습니다. 시중 시세를 조종하여 홀로 이익을 취하니 그 폐단은 한이 없습니다. 한성부에서 엄히 금하도록 하되 그 가운데 매우 심하게 폐단을 빚는 3강(한강·용산강·서강)의 시목전(柴木廛)·염해전(鹽醢廛)과 같은 무리는 그 주모자를 색출하여 형조로 송치해서 엄한 형벌로 다스려 후일을 징계하도록 분부하는 것이 어떻겠습니까?" 하니 윤허한다고 답하였다.

① 금속 화폐인 건원중보가 주조되었다.
② 담배와 면화 등의 상품 작물이 재배되었다.
③ 보부상이 장시를 돌아다니며 상업 활동을 하였다.
④ 모내기법의 확대로 벼와 보리의 이모작이 성행하였다.
⑤ 설점수세제의 시행으로 민간의 광산 개발이 허용되었다.

28 -228 (가) 왕에 대한 설명으로 옳은 것은? [2점]

가상 현실 버스에 오신 여러분 환영합니다. 지금 창문 스크린으로 보고 계신 것은 무예도보통지에 실린 무예 동작입니다. (가) 의 명으로 이덕무, 박제가, 백동수 등이 편찬한 무예도보통지에는 기존의 무예신보에 마상 무예가 추가되어 총 24개의 무예가 실려 있습니다. 이 책은 장용영의 훈련 교재로 사용되었습니다.

① 백두산정계비를 세워 청과의 국경을 정하였다.
② 삼군부를 부활시켜 군사 업무를 담당하게 하였다.
③ 통치 체제를 정비하기 위해 속대전을 편찬하였다.
④ 규장각에 검서관을 두어 서얼 출신 학자들을 기용하였다.
⑤ 한양을 기준으로 역법을 정리한 칠정산 내편을 제작하였다.

29 -229 (가)~(라)에 들어갈 내용으로 옳은 것을 <보기>에서 고른 것은? [2점]

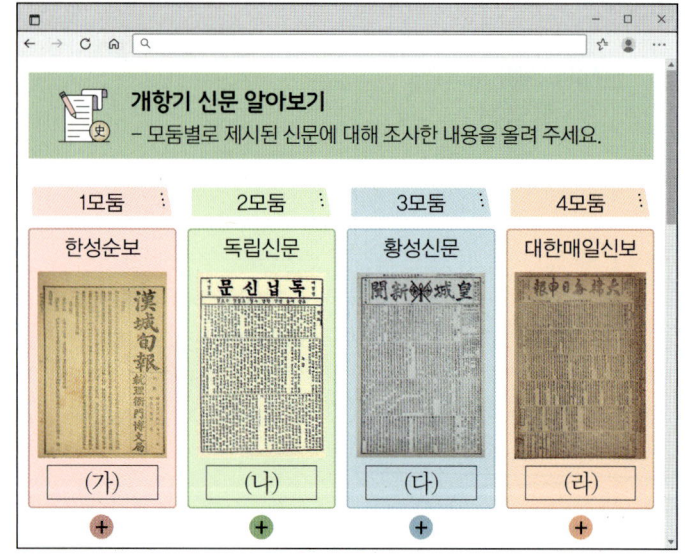

보기
ㄱ. (가) - 정부에서 발행한 순 한문 신문이었어요.
ㄴ. (나) - 서재필의 주도로 창간되었어요.
ㄷ. (다) - 일장기를 삭제한 손기정 사진이 실렸어요.
ㄹ. (라) - 상업 광고가 처음으로 게재되었어요.

① ㄱ, ㄴ   ② ㄱ, ㄷ   ③ ㄴ, ㄷ
④ ㄴ, ㄹ   ⑤ ㄷ, ㄹ

30 -230 (가), (나) 체결 사이의 시기에 있었던 사실로 옳은 것은? [3점]

(가) 제6칙 이후 조선국 항구에 거주하는 일본 인민은 양미(糧米)와 잡곡을 수출, 수입할 수 있다.
제7칙 일본국 정부에 속한 모든 선박은 항세를 납부하지 않는다.

(나) 제9관 입항하거나 출항하는 각 화물이 해관을 통과할 때는 응당 본 조약에 첨부된 세칙(稅則)에 따라 관세를 납부해야 한다.
제37관 조선국에서 가뭄과 홍수, 전쟁 등의 일로 인해 국내에 양식이 결핍할 것을 우려하여 일시 쌀 수출을 금지하려고 할 때에는 1개월 전에 지방관이 일본 영사관에게 통지하여 미리 그 기간을 항구에 있는 일본 상인들에게 전달하여 일률적으로 준수하는 데 편리하게 한다.

① 조·미 수호 통상 조약이 체결되었다.
② 러시아가 용암포 조차를 요구하였다.
③ 영국이 거문도를 불법으로 점령하였다.
④ 일본 군함 운요호가 영종도를 공격하였다.
⑤ 청과 대등한 입장에서 한·청 통상 조약이 맺어졌다.

제72회 한국사능력검정시험 (심화)

31-231 밑줄 그은 '사건' 이후에 전개된 사실로 옳은 것은? [2점]

> 조선 왕 전하께
> …… 9월 말에 평양의 대동강에서 좌초한 미국 상선에 승선한 사람들이 살해당했고 배가 불살라졌다는 고통스럽고 놀랄 만한 사건이 있었다고 들었습니다. 본 총병은 본국 수사 제독의 위임으로 파견되어 상세히 조사하라는 명을 받았습니다. 과연 이러한 일이 있었는지, 사실인지 아닌지, 생존자가 몇 사람인지 등을 귀국에서 신속히 조사해 분명히 답해 주시길 부탁드립니다.
> - 미국 군함 와추세트(Wachusett) 수사 총병 슈펠트(Shufeldt) -

① 홍경래가 난을 일으켰다.
② 임술 농민 봉기가 일어났다.
③ 황사영 백서 사건이 발생하였다.
④ 어재연이 광성보 전투에서 전사하였다.
⑤ 청의 요청으로 나선 정벌에 조총 부대를 파견하였다.

32-232 (가) 시기에 있었던 사실로 옳은 것은? [3점]

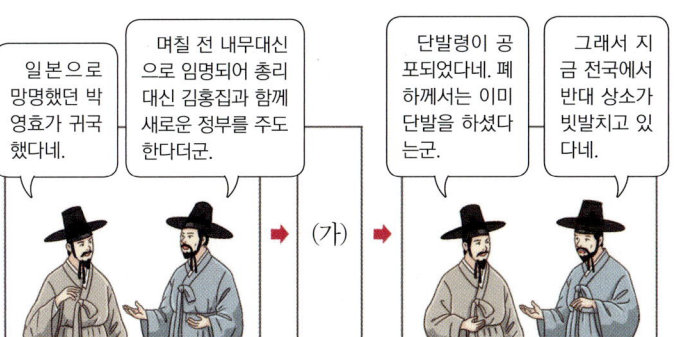

① 과거제가 폐지되었다.
② 호포제가 실시되었다.
③ 교정청이 설치되었다.
④ 5군영이 2영으로 통합되었다.
⑤ 교육 입국 조서가 반포되었다.

33-233 (가)에 들어갈 내용으로 옳은 것은? [3점]

답사 계획서

- 주제 : 동학 농민군의 발자취를 따라서
- 기간 : 2024년 ○○월 ○○일 ~ ○○일
- 답사 장소

지역	장소	설명
부안	백산	호남 창의 대장소(大將所)를 설치하고 4대 강령을 발표하였다.
장성	황룡 전적	(가)
공주	우금치 전적	농민군이 관군과 일본군을 상대로 격전을 벌이다 패배하였다.

① 농민군이 정부와 화약을 맺었다.
② 최제우가 혹세무민의 죄로 처형되었다.
③ 홍계훈의 관군을 상대로 농민군이 승리하였다.
④ 피신해 있던 농민군의 지도자 전봉준이 체포되었다.
⑤ 농민들이 조병갑의 탐학에 맞서 만석보를 파괴하였다.

34-234 밑줄 그은 '이 시기'의 의병 활동에 대한 설명으로 옳은 것은? [2점]

이곳 지리산 연곡사에는 의병장 고광순의 순절비가 있습니다. 그는 지리산을 중심으로 장기 항전을 계획하다가 일본군의 토벌 작전으로 순국하였습니다. 고종의 강제 퇴위와 군대의 강제 해산으로 의병 활동이 고조된 이 시기에는 고광순을 비롯하여 각계각층의 사람들이 국권 회복을 위해 활동했습니다.

① 13도 창의군을 결성하였다.
② 한·중 연합 전선을 형성하였다.
③ 최익현이 태인에서 궐기하였다.
④ 고경명 등이 의병장으로 활약하였다.
⑤ 봉오동 전투에서 일본군을 격퇴하였다.

제72회 한국사능력검정시험 (심화)

35-235 밑줄 그은 '개혁'의 내용으로 옳은 것은? [2점]

> 덕수궁 내에 있는 정관헌은 전통 건축 양식에 근대적 요소를 결합한 것으로 평가받고 있습니다. 고종이 황제로 즉위한 후 구본신참을 바탕으로 개혁을 추진할 때 건립되었습니다.

① 홍범 14조를 반포하였다.
② 공사 노비법을 혁파하였다.
③ 신식 군대인 별기군을 창설하였다.
④ 근대 교육 기관인 육영 공원을 설립하였다.
⑤ 지계아문을 설치하여 토지 소유자에게 지계를 발급하였다.

36-236 (가) 운동에 대한 설명으로 옳은 것은? [1점]

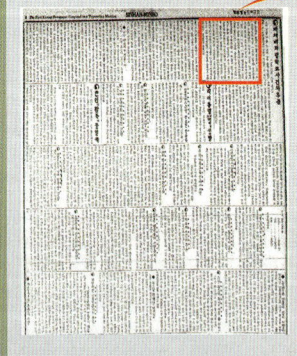

언론 보도로 본 만세 기념일

> 3월 1일에 배화 여학교 학생 일동은 학교 동산에 올라가서 우리 독립 선언 기념을 경축하기 위하여 만세를 부르고, 배재 학교 생도 일동은 3월 1일에 일제히 결석하고 3월 2일에 등교하여 갑자기 그 학교 마당에서 만세를 불렀으니 …… 저와 같은 불미한 행동을 허락한 까닭으로 그 학교 교장들은 파직하고 심하면 그 학교를 폐쇄할 지경에 이르겠다더라.

[해설] 이 자료는 신한민보 1920년 4월 20일자에 실린 기사이다. 민족 최대의 독립운동이었던 (가) 의 1주년 무렵 배화 여학교와 배재 학교 학생들이 만세 운동을 전개하여 학교가 폐쇄될 위기에 처했다는 내용이 담겨 있다.

① 통감부의 방해와 탄압으로 중단되었다.
② 러시아의 절영도 조차 요구를 저지하였다.
③ 순종의 인산일을 기회로 삼아 추진되었다.
④ 대한민국 임시 정부 수립의 계기가 되었다.
⑤ 성진회와 각 학교 독서회에 의해 전국적으로 확산되었다.

37-237 (가) 부대에 대한 설명으로 옳은 것은? [3점]

이달의 독립운동가

노은(蘆隱) 김규식

- 생몰년 : 1882~1931
- 생애 및 활동

경기도 구리에서 태어났다. 대한 제국 군인 출신으로 의병 활동에 참여하다가 일본군에게 체포되어 복역하였다. 1920년 청산리 전투에서 김좌진, 이범석 등이 이끈 (가) 의 지도부로 활약하였다. 이후 러시아, 만주 일대에서 독립운동을 계속하다가 1931년에 순국하였다. 1963년 건국 훈장 독립장이 추서되었다.

① 영릉가에서 일본군에 승리를 거두었다.
② 미국과 연계하여 국내 진공 작전을 계획하였다.
③ 중국 팔로군과 함께 호가장 전투에서 활약하였다.
④ 동북 항일 연군으로 개편되어 유격전을 전개하였다.
⑤ 중광단을 중심으로 조직되어 항일 독립 전쟁에 참여하였다.

38-238 밑줄 그은 '이 지역'을 지도에서 옳게 찾은 것은? [1점]

 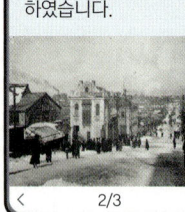 

> 여기 눈에 띄는 주소 표지판이 하나 있습니다. '세울스카야 2A'. 그 뜻은 '서울 거리 2A 번지'입니다. 왜 이런 주소가 있을까요?

> 사실 이 지역에는 신한촌 등 한인 집단 거주지가 있었습니다. 그러나 이곳에 살던 한인들은 1937년에 중앙아시아로 강제 이주를 당하였습니다.

> 세월이 흘러 현재는 신한촌의 역사를 기억하기 위한 조형물이 세워져 있습니다. 점차 잊히는 이들의 역사, 우리의 관심이 필요한 때입니다.

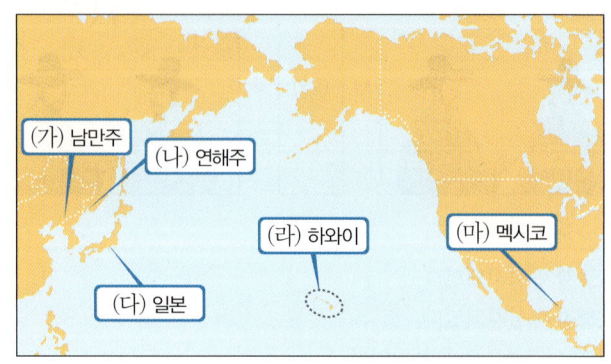

① (가) ② (나) ③ (다) ④ (라) ⑤ (마)

제72회 한국사능력검정시험 (심화)

39 (가)에 들어갈 내용으로 적절한 것은? [2점]

자료로 보는 한국 영화

이 자료는 일제 강점기에 발행된 극장 홍보지로, 심훈이 감독한 무성 영화 '먼동이 틀 때'를 소개한 것이다. 이 영화는 나운규의 '아리랑'에 이어 한국 영화 초기 명작으로 평가받기도 한다. 이외에도 심훈은 다수의 시나리오와 영화 평론을 집필하였으며, _____(가)_____

① 별 헤는 밤, 참회록 등의 시를 남겼다.
② 국문 연구소의 연구 위원으로 활동하였다.
③ 근대극 형식을 도입한 토월회를 조직하였다.
④ 실천적인 유교 정신을 강조하는 유교 구신론을 저술하였다.
⑤ 브나로드 운동을 소재로 한 소설 상록수를 신문에 연재하였다.

40 (가)에 들어갈 내용으로 가장 적절한 것은? [1점]

탐구 활동 계획서

1. 주제 : _____(가)_____
2. 조사 방법 : 문헌 조사, 인터넷 검색 등
3. 참고 자료

• 자료 1

미쓰코시 백화점 경성 지점

경성 우편국을 끼고 돌아서면 요지경 같은 진고개. …… 미쓰코시에 들어가니 아래층은 음식과 과자를 팔고, 2층으로 가니 거기는 일본 옷감뿐이더라.
- "별건곤" -

• 자료 2

토막집과 토막민

경성부 내의 토막민 수가 1,583호이고 인구가 5,000여 명에 달한다고 한다. …… 토막민 자체에 대한 사회적 책임으로 보아 중대한 사회 문제라고 아니 할 수 없는 것이다.
- 동아일보 -

① 개화 정책의 추진과 한계
② 식민지 근대 도시의 이중성
③ 형평 운동의 전개 과정과 반발
④ 경제 개발 5개년 계획의 시행 결과
⑤ 상품 화폐 경제의 발달과 신분제의 동요

41 밑줄 그은 '시기'에 볼 수 있는 사회 모습으로 가장 적절한 것은? [2점]

이것은 한 제과 업체의 캐러멜 광고로 탱크와 전투기 그림을 활용하여 "캐러멜도 싸우고 있다!"라는 문구를 담고 있습니다. 중·일 전쟁 이후 일제가 국가 총동원법을 시행한 시기에 제작된 이 광고는 당시 군국주의 문화가 일상에까지 스며들어 있었음을 잘 보여 줍니다.

① 몸뻬 착용을 권장하는 애국반 반장
② 경성 제국 대학 설립을 추진하는 관리
③ 헌병 경찰에게 끌려가 태형을 당하는 농민
④ 원산 총파업에 연대 지원금을 보내는 외국 노동자
⑤ 안창남의 고국 방문 비행을 환영하기 위해 상경하는 청년

42 ㉠~㉤에 대한 설명으로 옳지 않은 것은? [2점]

단재 신채호 연보

- 1880년 충청도 회덕에서 출생
- 1898년 성균관에 입학
- 1907년 ㉠ 신민회 활동에 참여하고 대한매일신보 필진으로 근무
- 1919년 상하이로 가서 ㉡ 대한민국 임시 정부 수립에 참여
- 1923년 ㉢ '조선 혁명 선언' 작성
- 1927년 무정부주의 동방 연맹 창립 대회에 참가
- 1928년 타이완 지룽에서 체포됨
- 1931년 ㉣ "조선상고사"가 조선일보에 연재됨
- 1936년 ㉤ 뤼순 감옥에서 사망

① ㉠ - 광주 학생 항일 운동에 진상 조사단을 파견하였다.
② ㉡ - 이륭양행에 교통국을 설치하여 국내와 연락을 취하였다.
③ ㉢ - 의열단이 활동 지침으로 삼았다.
④ ㉣ - 역사를 아와 비아의 투쟁으로 정의하였다.
⑤ ㉤ - 안중근 의사가 순국한 곳이다.

제72회 한국사능력검정시험 (심화)

43 -243 (가) 사건에 대한 설명으로 가장 적절한 것은? [3점]

이것은 냉전과 분단의 상징물인 독일 베를린 장벽의 일부로, (가) 을/를 기념하는 이 공원에 기증되었습니다. 이곳 제주도에서 일어난 (가) 은/는 남한만의 단독 선거에 반대하는 무장대와 이를 진압하는 토벌대 간의 무력 충돌, 그 뒤 토벌대의 진압 과정에서 수많은 제주도민이 희생된 사건으로, 6·25 전쟁이 끝나고 나서야 종결되었습니다.

① 허정 과도 정부가 구성되는 결과를 가져왔다.
② 국가 보위 비상 대책 위원회가 설치되는 배경이 되었다.
③ 장기 독재를 비판하는 3·1 민주 구국 선언을 발표하였다.
④ 민주화를 위한 개헌 청원 100만 인 서명 운동을 전개하였다.
⑤ 정부 차원에서 진상 조사 보고서를 발간하고 공식 사과하였다.

44 -244 교사의 질문에 대한 학생의 대답으로 적절하지 않은 것은? [2점]

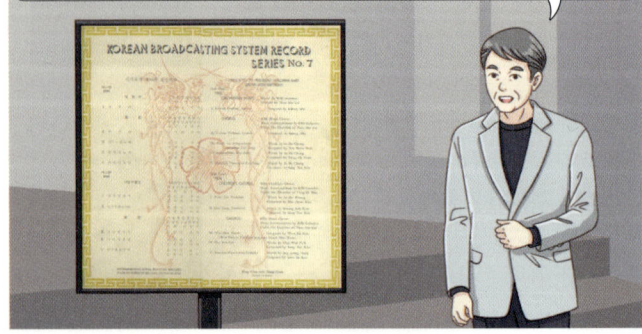

이것은 그의 84세 생일을 위해 기획된 LP 음반의 재킷으로, '제84회 탄신 기념'이라고 적혀 있습니다. 음반에는 '애국가', '만수무강하시리', '우남 행진곡' 등이 수록되어 있습니다. 그러나 그는 다음 해에 일어난 4·19 혁명으로 하야했습니다. 그가 대통령으로 재임하던 시기에 있었던 사실을 말해 볼까요?

① 경부 고속 도로가 개통되었어요.
② 한·미 상호 방위 조약이 체결되었어요.
③ 진보당의 당수였던 조봉암이 처형되었어요.
④ 반민족 행위 특별 조사 위원회가 해체되었어요.
⑤ 유상 매수, 유상 분배 원칙의 농지 개혁법이 제정되었어요.

45 -245 밑줄 그은 '당시 헌법'이 시행된 시기에 볼 수 있는 모습으로 가장 적절한 것은? [2점]

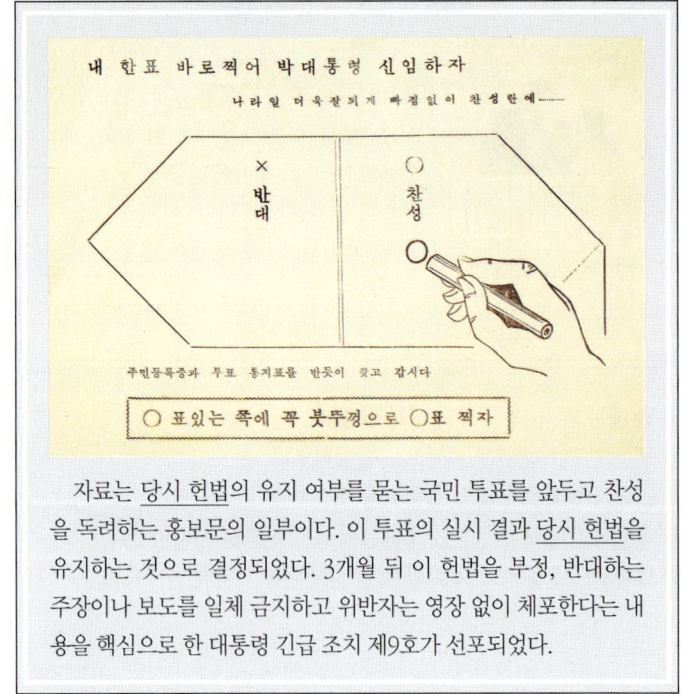

자료는 당시 헌법의 유지 여부를 묻는 국민 투표를 앞두고 찬성을 독려하는 홍보문의 일부이다. 이 투표의 실시 결과 당시 헌법을 유지하는 것으로 결정되었다. 3개월 뒤 이 헌법을 부정, 반대하는 주장이나 보도를 일체 금지하고 위반자는 영장 없이 체포한다는 내용을 핵심으로 한 대통령 긴급 조치 제9호가 선포되었다.

① 국민 방위군에 소집되는 청년
② 개성 공단 착공식에 참석하는 기업인
③ 미·소 공동 위원회의 재개를 요구하는 시민
④ 남북 기본 합의서 채택 소식을 보도하는 기자
⑤ 통일 주체 국민 회의 대의원 명단을 점검하는 공무원

46 -246 (가) 민주화 운동에 대한 설명으로 적절한 것은? [2점]

① 굴욕적인 한·일 국교 정상화에 반대하였다.
② 5년 단임의 대통령 직선제 개헌을 이끌어 냈다.
③ 시위 과정에서 시민군이 자발적으로 조직되었다.
④ 3선 개헌 반대 범국민 투쟁 위원회를 결성하였다.
⑤ 대통령 중심제에서 의원 내각제로 바뀌는 계기가 되었다.

[47~48] 다음을 읽고 물음에 답하시오.

(가) ㉠왕은 5월에 교서를 내려 문무 관료들에게 토지를 차등 있게 주었다. …… 봄 정월에 중앙과 지방 관리들의 녹읍을 폐지하고 해마다 조를 차등 있게 주고 이를 일정한 법으로 삼았다.

(나) 처음으로 직관(職官)·산관(散官)의 각 품의 전시과를 제정하였는데, 관품의 높고 낮은 것은 논하지 않고 다만 인품만 가지고 전시과의 등급을 결정하였다.

(다) 도평의사사에서 글을 올려 과전을 지급하는 법을 정할 것을 청하니, 그 의견을 따랐다. 경기는 사방의 근본이므로 마땅히 과전을 설치하여 사대부를 우대하여야 한다. 무릇 수도에 거주하며 왕실을 지키는 자는 현직, 산직(散職)을 불문하고 각각 과(科)에 따라 받게 한다.

(라) 만약 그 자신이 죽고 그 아내에게 미치게 되면 수신전이라 일컬었고, 부부가 다 죽고 그 아들에게 전해지면 휼양전이라 일컬었으며, 만약 그 아들이 관직에 제수되더라도 그대로 그 전지를 주고는 과전이라 일컬었는데, …… ㉡왕께서 이를 없애고, 현직 관리에게 주어 직전(職田)이라 하였던 것입니다.

47 -247 (가)~(라)를 일어난 순서대로 옳게 나열한 것은? [3점]

① (가) - (나) - (다) - (라)
② (가) - (나) - (라) - (다)
③ (나) - (가) - (라) - (다)
④ (나) - (다) - (가) - (라)
⑤ (다) - (라) - (나) - (가)

48 -248 ㉠, ㉡ 왕에 대한 설명으로 옳은 것을 〈보기〉에서 고른 것은? [2점]

〈보기〉
ㄱ. ㉠ - 병부를 처음으로 설치하였다.
ㄴ. ㉠ - 전국에 9주 5소경을 설치하였다.
ㄷ. ㉡ - 6조 직계제를 시행하였다.
ㄹ. ㉡ - 초계문신제를 실시하였다.

① ㄱ, ㄴ   ② ㄱ, ㄷ   ③ ㄴ, ㄷ
④ ㄴ, ㄹ   ⑤ ㄷ, ㄹ

49 -249 다음 뉴스가 보도된 정부 시기의 사실로 옳은 것은? [2점]

① 서울 올림픽 대회가 개최되었다.
② 보도 지침으로 언론이 통제되었다.
③ 삼풍 백화점 붕괴 사고가 일어났다.
④ 양성평등의 실현을 위해 호주제가 폐지되었다.
⑤ 사회 통합을 위한 다문화 가족 지원법이 시행되었다.

50 -250 (가) 지역을 지도에서 옳게 찾은 것은? [1점]

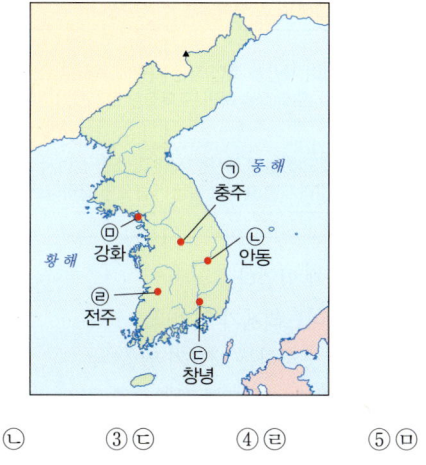

① ㉠   ② ㉡   ③ ㉢   ④ ㉣   ⑤ ㉤

2024년도 제71회 한국사능력검정시험 문제지

심화

1-251 (가) 시대의 생활 모습으로 옳은 것은? [1점]

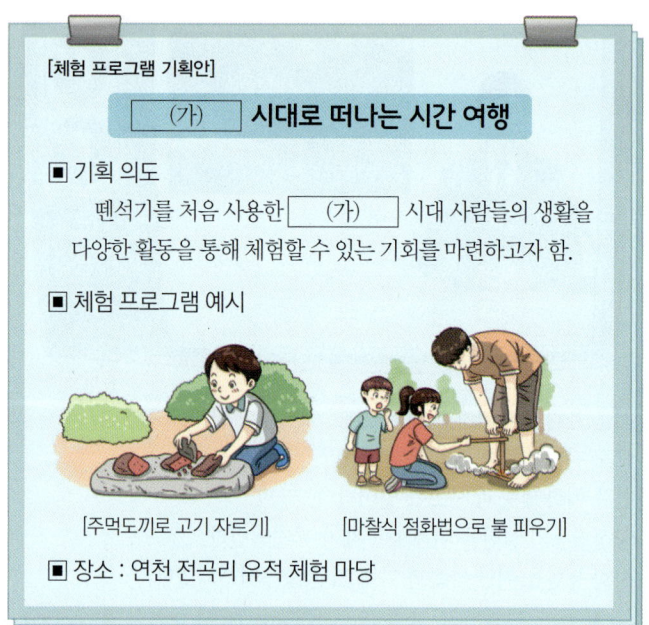

① 주로 동굴이나 바위 그늘에서 살았다.
② 청동 방울 등을 의례 도구로 사용하였다.
③ 따비와 괭이로 땅을 갈아 농사를 지었다.
④ 거푸집을 이용하여 세형 동검을 제작하였다.
⑤ 빗살무늬 토기를 만들어 식량을 저장하였다.

2-252 다음 검색창에 들어갈 나라에 대한 설명으로 옳은 것은? [2점]

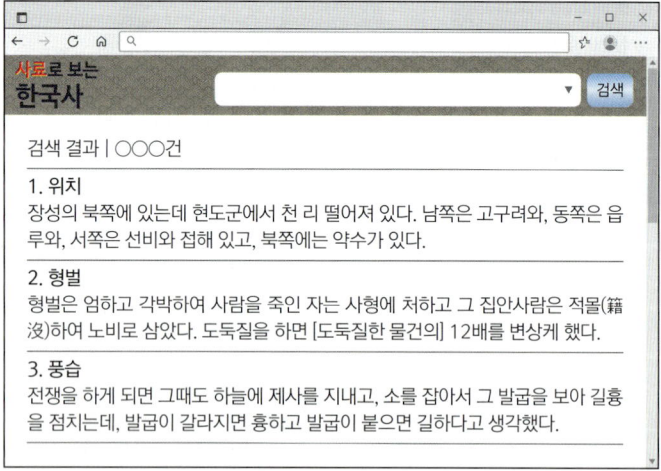

① 신성 지역인 소도가 있었다.
② 혼인 풍습으로 민며느리제가 있었다.
③ 읍락 간의 경계를 중시하는 책화가 있었다.
④ 여러 가(加)들이 각각 사출도를 주관하였다.
⑤ 사회 질서를 유지하기 위해 범금 8조를 만들었다.

3-253 (가) 나라에 대한 설명으로 옳은 것은? [1점]

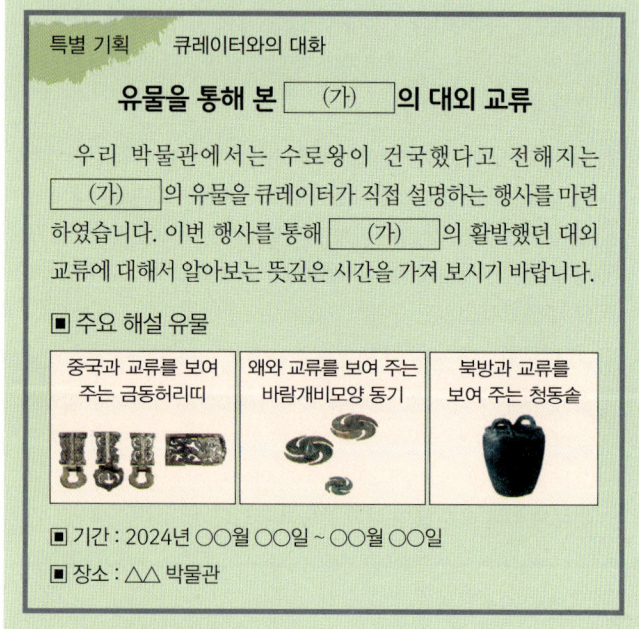

① 법흥왕 때 신라에 복속되었다.
② 서옥제라는 혼인 풍습이 있었다.
③ 6좌평이 중요한 국사를 논의하였다.
④ 만장일치제로 운영된 화백 회의가 있었다.
⑤ 지방에 22담로를 두어 왕족을 파견하였다.

4-254 (가) 인물에 대한 설명으로 옳은 것은? [3점]

> 왕이 고구려가 자주 국경을 침략하는 것을 걱정하여 수에 군사를 요청해 고구려를 치고자 하였다. 이에 (가) 에게 명하여 걸사표를 짓도록 하였다. (가) 이/가 말하기를, "자기가 살고자 남을 멸하는 것은 출가한 승려로서 적합한 행동은 아니지만, 제가 대왕의 땅에서 살고 대왕의 물과 풀을 먹고 있으니 어찌 감히 명을 따르지 않겠습니까."라고 하면서 글을 써서 올렸다.

① 구법 순례기인 왕오천축국전을 남겼다.
② 황룡사 구층 목탑의 건립을 건의하였다.
③ 무애가를 지어 불교 대중화에 기여하였다.
④ 사군이충 등을 포함한 세속 5계를 제시하였다.
⑤ 풍수지리 사상이 반영된 송악명당기를 저술하였다.

5-255 (가)~(다) 학생이 발표한 내용을 일어난 순서대로 옳게 나열한 것은? [2점]

[한국사 주제 발표]
백제의 성장과 발전

(가) 도읍을 사비로 옮기고, 국호를 남부여라고 하였어요.
(나) 동진에서 온 마라난타를 통해 불교를 수용하였어요.
(다) 고구려의 평양성을 공격하고 황해도 일부 지역을 차지하였어요.

① (가) - (나) - (다)
② (가) - (다) - (나)
③ (나) - (가) - (다)
④ (나) - (다) - (가)
⑤ (다) - (나) - (가)

7-257 (가)에 해당하는 국가유산으로 옳은 것은? [2점]

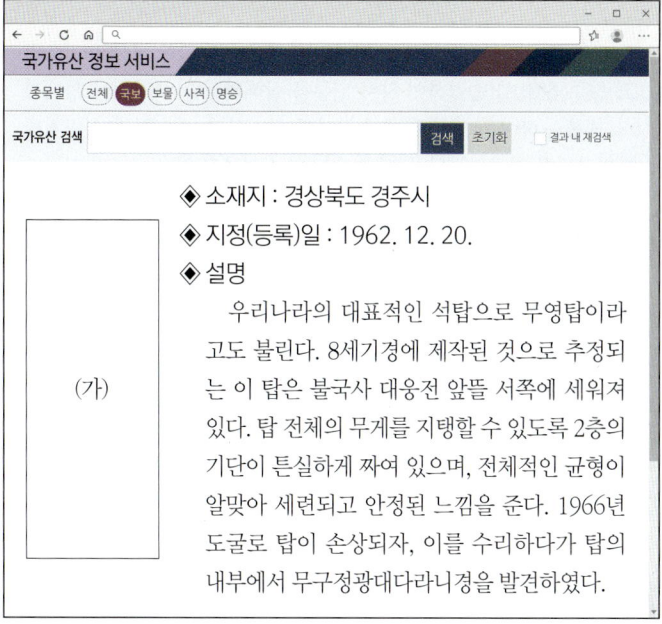

◆ 소재지 : 경상북도 경주시
◆ 지정(등록)일 : 1962. 12. 20.
◆ 설명
우리나라의 대표적인 석탑으로 무영탑이라고도 불린다. 8세기경에 제작된 것으로 추정되는 이 탑은 불국사 대웅전 앞뜰 서쪽에 세워져 있다. 탑 전체의 무게를 지탱할 수 있도록 2층의 기단이 튼실하게 짜여 있으며, 전체적인 균형이 알맞아 세련되고 안정된 느낌을 준다. 1966년 도굴로 탑이 손상되자, 이를 수리하다가 탑의 내부에서 무구정광대다라니경을 발견하였다.

①  ②  ③

④  ⑤

6-256 밑줄 그은 '왕'에 대한 설명으로 옳은 것은? [2점]

여러 신하들이 국호를 신라로 확정하고 임금의 호칭을 신라 국왕으로 하자고 건의하니, 왕께서 이를 따르셨다고 하네.

나도 들었네. 작년에는 순장을 금지한다는 명을 내리셨지. 앞으로 우리나라의 발전이 기대되는구먼.

① 병부와 상대등을 설치하였다.
② 백제 비유왕과 동맹을 체결하였다.
③ 이사부를 보내 우산국을 복속시켰다.
④ 매소성 전투에서 당의 군대를 격파하였다.
⑤ 김흠돌의 난을 진압하고 귀족들을 숙청하였다.

8-258 다음 상황 이후에 전개된 사실로 옳은 것은? [3점]

12월에 황제가 함원전에서 포로를 받아들였다. [황제가] 왕은 정사를 자기가 한 것이 아니라 하였기에 용서하여 사평태상백 원외동정으로 삼았다. 천남산은 사재소경으로, 승려 신성은 은청광록대부로, 천남생은 우위대장군으로 삼았다. …… 천남건은 검주(黔州)로 유배를 보냈다. 5부, 176성, 69만여 호를 나누어 9도독부, 42주, 100현으로 만들고, 평양에 안동도호부를 두어 이를 통치하게 하였다.
- 『삼국사기』 -

① 안승이 보덕국 왕으로 임명되었다.
② 을지문덕이 살수에서 대승을 거두었다.
③ 김춘추가 당과의 군사 동맹을 성사시켰다.
④ 의자왕이 윤충을 보내 대야성을 함락하였다.
⑤ 연개소문이 정변을 일으켜 영류왕을 시해하였다.

제71회 한국사능력검정시험 (심화)

9-259 다음 사건이 일어난 시기를 연표에서 옳게 고른 것은? [2점]

> 개원(開元) 20년에 발해가 천자의 조정을 원망하여 군사를 거느리고 등주(登州)를 습격하여 자사 위준을 살해하였습니다. 이에 황제께서 크게 노하여 하행성 등에게 군사를 징발하여 바다를 건너 공격해 토벌하도록 명하였습니다. 아울러 당에 숙위하고 있던 신라인 김사란을 귀국시켜 신라로 하여금 발해를 공격하도록 하였습니다. …… 겨울은 깊어 가고 눈이 많이 내려 신라와 당의 군대가 추위에 고생하므로 회군을 명령하였습니다.

(가)	(나)	(다)	(라)	(마)
발해 건국	무왕 즉위	문왕 상경 천도	선왕 즉위	고려 건국	발해 멸망

① (가) ② (나) ③ (다) ④ (라) ⑤ (마)

10-260 다음 자료에 나타난 시기의 경제 상황으로 옳은 것은? [1점]

> 왕이 제서(制書)를 내리기를, "백성을 부유하게 하고 국가를 이롭게 하는 것으로 전화(錢貨)만큼 중요한 것이 없다. 서북의 양조(兩朝)에서는 이를 행한 지 이미 오래되었으나 우리나라는 홀로 아직 행하지 않고 있다. 이제 처음으로 화폐를 주조하는 법을 제정하고, 이에 따라 주조한 동전 15,000관(貫)을 재추(宰樞)와 문무 양반 및 군인에게 나누어 하사하여 화폐 사용의 시작점으로 삼고자 한다. 전문(錢文)은 해동통보라고 한다."라고 하였다.

① 송상이 전국 각지에 송방을 두었다.
② 감자, 고구마 등의 구황 작물이 재배되었다.
③ 시장을 감독하는 관청인 동시전이 설치되었다.
④ 예성강 하구의 벽란도가 국제 무역항으로 번성하였다.
⑤ 설점수세제의 시행으로 민간의 광산 개발이 허용되었다.

11-261 (가), (나) 사이의 시기에 있었던 사실로 옳은 것은? [3점]

> (가) 처음으로 역분전을 정하였다. 통일할 때 조정의 관리들과 군사들에게 관계(官階)는 논하지 않고, 그 사람의 성품과 행동이 착하고 악함과 공로가 크고 작음을 참작하여 차등 있게 주었다.
>
> (나) 12월에 문무 양반 및 군인들의 전시과를 개정하였다. 제1과는 전지 100결, 시지 70결을 지급한다. …… 제18과는 전지 20결을 지급한다. 이 한(限)에 들지 못한 자에게는 모두 전지 17결을 주기로 하고 이것을 통상의 법식으로 한다.

① 경기에 한하여 과전법이 실시되었다.
② 쌍기의 건의로 과거제가 시행되었다.
③ 신돈이 전민변정도감의 책임자가 되었다.
④ 만적이 개경에서 노비를 모아 반란을 모의하였다.
⑤ 최충헌이 봉사 10조를 올려 시정 개혁을 건의하였다.

12-262 (가) 인물의 활동으로 옳은 것은? [2점]

> ○ 북원의 도적 우두머리인 양길은 (가) 이/가 자신을 배신한 것을 미워하여 국원 등 10여 곳의 성주들과 그를 칠 것을 모의하고 비뇌성 아래로 진군하였다. 그러나 양길의 병사는 패배하여 흩어져 달아났다.
> - "삼국사기" -
>
> ○ [태조가] 수군을 거느리고 서해로부터 광주(光州) 부근에 이르러 금성군을 쳐서 함락하고 10여 군현을 공격하여 차지하였다. 이에 금성군을 고쳐서 나주라 하고 군사를 나누어서 지키게 한 뒤 돌아왔다. …… (가) 이/가 변경의 일을 물었는데, 태조가 변방을 안정시키고 경계를 넓힐 전략을 보고하였다. 좌우의 신하가 모두 [태조를] 주목하게 되었다.
> - "고려사" -

① 일리천 전투에서 신검의 군대를 물리쳤다.
② 9산 선문 중 하나인 가지산문을 개창하였다.
③ 문무 관료전을 지급하고 녹읍을 폐지하였다.
④ 광평성을 비롯한 각종 정치 기구를 마련하였다.
⑤ 정계와 계백료서를 지어 관리의 규범을 제시하였다.

13-263 (가)에 들어갈 내용으로 가장 적절한 것은? [2점]

① 국자감에 전문 강좌인 7재를 개설하였어.
② 사액 서원에 서적과 노비 등을 지급하였어.
③ 독서삼품과를 실시하여 인재를 등용하였어.
④ 초계문신제를 시행하여 문신을 재교육하였어.
⑤ 흥왕사에 교장도감을 두고 속장경을 편찬하였어.

제71회 한국사능력검정시험 (심화)

14 -264 다음 서술형 평가의 답안에 들어갈 내용으로 가장 적절한 것은? [1점]

> **서술형 평가** ○학년 ○○반 이름:○○○
>
> ◎ 다음 상황들이 나타난 시기의 사회 모습을 서술하시오.
>
> ○ 이의방은 평소 자기를 핍박하는 이고를 미워하였는데, 이고가 난을 모의한다는 말을 듣고 그를 살해하였다.
> ○ 서경 유수 조위총이 반란을 일으켰는데, 두경승이 향산동 통로역에서 반란군을 패퇴시켰다.
> ○ 최우가 정방(政房)을 자기 집에 설치하고 문사를 선발하여 여기에 소속시켰다.
>
> 답안

① 서얼이 통청 운동을 전개하였다.
② 청해진을 거점으로 국제 무역이 이루어졌다.
③ 왕조 교체를 예언하는 정감록 등이 유포되었다.
④ 망이·망소이의 난 등 하층민의 봉기가 발생하였다.
⑤ 역관들이 시사(詩社)에 참여해 위항 문학 활동을 하였다.

15 -265 (가)에 대한 고려의 대응으로 옳은 것은? [2점]

> ○ 박서는 김중온의 군사로 성의 동서쪽을, 김경손의 군사로는 성의 남쪽을, 별초 250여 인은 나누어 3면을 지키게 하였다. (가) 의 군사들이 성을 여러 겹으로 포위하고 공격하자 성안의 군사들이 갑자기 나가 싸워 그들을 패주시켰다.
> ○ 송문주는 귀주에서 종군하였던 사람인데 그 공으로 낭장(郎將)으로 초수(超授)되었다. 이후 죽주 방호별감이 되었을 때, (가) 이/가 죽주성에 이르러 보름 동안이나 다방면으로 공격하였으나 성을 빼앗지 못하고 물러갔다.

① 강화도로 도읍을 옮겨 항전하였다.
② 광군을 창설하여 침입에 대비하였다.
③ 화통도감을 설치하여 군사력을 증강하였다.
④ 철령위 설치에 반발하여 요동 정벌을 추진하였다.
⑤ 신기군, 신보군, 항마군으로 구성된 별무반을 창설하였다.

16 -266 (가) 국가의 국가유산으로 옳지 <u>않은</u> 것은? [1점]

> **□□신문** 제△△호 2024년 ○○월 ○○일
>
> ### '국보 순회전 : 모두의 곁으로', 강진군에서 열려
>
>
> ▲ 청자 상감 모란무늬 항아리
>
> 국립 중앙 박물관이 지역 간의 문화 격차를 해소하기 위해 기획한 국보 순회전이 전남 강진군에서 '도자기에 핀 꽃, 상감 청자'를 주제로 개최된다. 이번 전시에서는 청자 상감 모란무늬 항아리, 청자 상감 물가풍경무늬 매병 등 (가) 의 대표적인 국가유산인 상감 청자가 공개된다. 특히 국보 '청자 상감 모란무늬 항아리'는 왕실 자기의 전형을 보여 주는 유물로 모란을 정교하고 화려하면서도 사실적으로 묘사하였다는 평가를 받는다. 전시회 관계자는 "상감 청자의 생산지였던 강진군에서 개최되어 더 큰 의미가 있다."라고 밝혔다.

①  ②  ③

④  ⑤

17 -267 다음 가상 인터뷰의 주인공에 대한 설명으로 옳은 것은? [3점]

> 최근에 역옹패설을 저술하셨는데 독자들이 관심 가질 만한 내용을 소개해 주세요.
>
> 고위 관리 유청신이 원의 사신과 몽골말로 직접 대화하자 홍자번이 역관을 심하게 꾸짖었고, 이에 유청신이 부끄러워 한 일화가 실려 있습니다.

① 불씨잡변을 지어 불교를 비판하였다.
② 정혜결사를 통해 불교 개혁에 앞장섰다.
③ 청방인문표를 지어 인질의 석방을 요구하였다.
④ 고구려 계승 의식을 강조한 동명왕편을 지었다.
⑤ 만권당에서 조맹부, 요수 등의 문인들과 교유하였다.

18-268 (가) 지역에서 있었던 사실로 옳은 것은? [3점]

① 왕건이 고창 전투에서 견훤에게 승리하였다.
② 묘청이 반란을 일으키고 국호를 대위라 하였다.
③ 흥덕사에서 금속 활자본인 직지심체요절이 간행되었다.
④ 정중부를 비롯한 무신들이 보현원에서 정변을 일으켰다.
⑤ 이성계를 중심으로 한 고려군이 황산에서 왜구를 격퇴하였다.

19-269 밑줄 그은 '임금'의 재위 시기에 있었던 사실로 옳은 것은? [2점]

임금이 무악에 이르러서 도읍을 정할 땅을 물색하였다. 좌시중 조준, 우시중 김사형에게 말하였다. "고려 말에 서운관에서 송도의 지덕이 이미 쇠했다는 이유로 여러 번 글을 올려 한양으로 도읍을 옮기자고 하였다. 근래에는 계룡이 도읍할 만한 곳이라 하기에 백성을 공사에 동원하여 힘들게 하였다. 이제 또 여기가 도읍할 만한 곳이라 하여 와서 보니, 유한우 등이 도리어 무악보다는 송도가 더 명당이라고 고집한다. 그대들은 도읍할 만한 곳을 서운관 관리에게 다시 보고받도록 하라."

① 독창적 문자인 훈민정음이 반포되었다.
② 수도 방어를 위하여 금위영이 창설되었다.
③ 조선의 기본 법전인 경국대전이 완성되었다.
④ 왕위 계승을 둘러싸고 왕자의 난이 발생하였다.
⑤ 성삼문 등이 상왕의 복위를 꾀하다가 처형되었다.

20-270 (가) 기구에 대한 설명으로 옳은 것은? [2점]

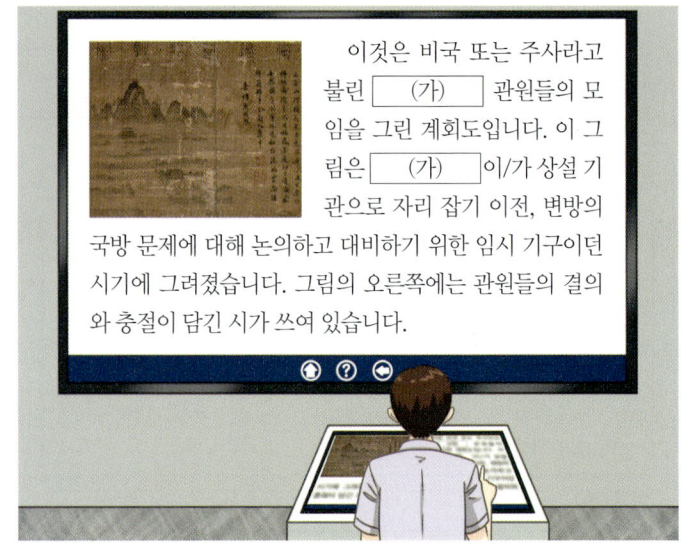

① 수도의 행정과 치안을 담당하였다.
② 흥선 대원군이 집권한 시기에 혁파되었다.
③ 국왕 직속 사법 기구로 반역죄 등을 다루었다.
④ 5품 이하의 관리 임명에 대한 서경권을 행사하였다.
⑤ 도승지를 수장으로 좌승지, 우승지 등의 관직을 두었다.

21-271 밑줄 그은 '이 사건'에 대한 설명으로 옳은 것은? [2점]

① 김종직의 조의제문이 발단이 되었다.
② 폐비 윤씨 사사 사건이 원인이 되었다.
③ 왕실 외척 간의 권력 다툼으로 일어났다.
④ 진성 대군이 왕으로 즉위하는 결과를 가져왔다.
⑤ 조광조 등이 반정 공신의 위훈 삭제를 주장하였다.

22. (가), (나) 사이의 시기에 있었던 사실로 옳은 것은? [2점]

> (가) 임금이 여러 도(道)에 명을 내렸다. "나라의 운세가 매우 좋지 않아 역적 이괄이 군사를 일으켰는데, 여러 장수들이 좌시하여 수도가 함락되고 말았다. …… 예로부터 반역은 어느 시대에나 있었지만, 이처럼 극도로 흉악한 역적은 없었다. 종사와 자전*을 염려하여 남쪽으로 피란하기로 결정하였다."
>
> (나) 정명수가 심양에 있는 소현 세자의 관소에 와서 용골대의 뜻을 전하기를, "세자가 이곳에 들어온 지가 이미 5년이 되었으니, 어찌 스스로 먹고살 길을 마련하지 않는가. 세자와 인질들에게 어찌 먹고살 식량을 늘 지급해 줄 수가 있겠는가. 경작할 땅을 주어 내년부터 각자 농사를 지어 먹도록 함이 마땅하다."라고 하였다.
>
> * 자전(慈殿): 임금의 어머니

① 정문부가 길주에서 의병을 이끌었다.
② 삼수병으로 구성된 훈련도감이 설치되었다.
③ 영창 대군이 사사되고 인목 대비가 유폐되었다.
④ 이덕형이 구원병 요청을 위해 명에 청원사로 파견되었다.
⑤ 김상헌 등이 남한산성에서 화의에 반대하여 항전을 주장하였다.

23. 다음 자료를 활용한 탐구 활동으로 가장 적절한 것은? [2점]

> 좌의정 채제공이 왕에게 아뢰었다. "빈둥거리는 무뢰배가 삼삼오오 떼를 지어 스스로 상점을 개설하고 일용품을 거래하는 일이 많아졌습니다. 그들은 큰 물건에서 작은 물건까지 싼값에 억지로 사들이기 일쑤입니다. 혹 물건 주인이 말을 듣지 않으면 난전(亂廛)으로 몰아서 결박하여 형조와 한성부로 끌고 가 혹독한 형벌을 당하도록 합니다. 이 때문에 물건 주인은 본전에서 밑지더라도 어쩔 수 없이 팔고 갑니다. 그리고 무뢰배들은 제각기 가게를 벌여놓고 배나 되는 값을 받습니다. 어쩔 수 없이 사야 하는 사람은 그 가게 외에서는 물건을 구할 수 없기 때문에, 물건 값이 날마다 치솟고 있습니다."

① 계해약조의 체결 과정을 확인한다.
② 오가작통법의 실시 목적을 파악한다.
③ 신해통공을 단행하게 된 배경을 조사한다.
④ 토지 소유자에게 결작을 부과한 이유를 살펴본다.
⑤ 풍흉에 따라 전세를 차등 부과하는 기준을 알아본다.

24. 밑줄 그은 '이 왕'의 재위 시기에 있었던 사실로 옳은 것은? [2점]

① 최제우가 혹세무민의 죄로 처형되었다.
② 변급, 신류 등이 나선 정벌에 참여하였다.
③ 국왕의 친위 부대인 장용영이 창설되었다.
④ 경신환국 등 여러 차례 환국이 발생하였다.
⑤ 정여립 모반 사건을 빌미로 기축옥사가 일어났다.

25. 밑줄 그은 '이 인물'에 대한 설명으로 옳은 것은? [2점]

① 기대승과 사단칠정 논쟁을 전개하였다.
② 북한산비가 진흥왕 순수비임을 고증하였다.
③ 양명학을 연구하여 강화학파를 형성하였다.
④ 청으로부터 시헌력을 도입하자고 건의하였다.
⑤ 열하일기에서 수레와 선박의 사용을 강조하였다.

26. 다음 가상 대화가 이루어진 시기에 볼 수 있는 모습으로 적절하지 <u>않은</u> 것은? [2점]

① 담배 농사를 짓는 농민
② 염포 왜관에서 교역하는 상인
③ 세책가에서 춘향전을 빌리는 부녀자
④ 관청에 필요한 물품을 납품하는 공인
⑤ 송파장에서 산대놀이 공연을 벌이는 광대

28. (가) 사건 이후에 일어난 사실로 옳은 것은? [1점]

① 의궤를 비롯한 외규장각 도서가 약탈당하였다.
② 홍경래 등이 난을 일으켜 정주성을 점령하였다.
③ 종로를 비롯한 전국 각지에 척화비가 건립되었다.
④ 제너럴 셔먼호가 대동강 유역에서 통상을 요구하였다.
⑤ 황사영이 외국 군대의 출병을 요청하는 백서를 작성하였다.

27. 밑줄 그은 '이 시기'에 있었던 사실로 옳은 것은? [2점]

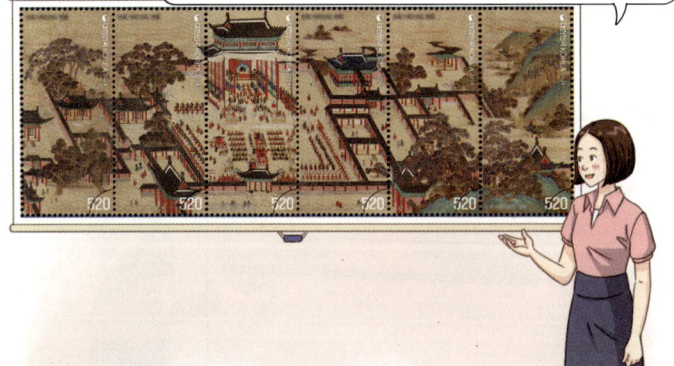

① 어영청을 중심으로 북벌이 추진되었다.
② 윤지충 등이 처형된 신해박해가 일어났다.
③ 이필제가 영해 지역을 중심으로 난을 일으켰다.
④ 경복궁 중건 비용 마련을 위해 당백전이 발행되었다.
⑤ 삼정의 문란을 해결하기 위해 삼정이정청이 설치되었다.

29. (가), (나) 조약 사이의 시기에 볼 수 있는 모습으로 가장 적절한 것은? [3점]

> (가) 부산항에서 일본국 인민이 통행할 수 있는 도로 이정(里程)은 부두로부터 기산하여 조선 이법(里法)으로 동서남북 직경 10리로 정한다. 동래부는 이정 밖에 있지만 특별히 왕래할 수 있다. 일본국 인민은 마음대로 통행하며 조선 토산물과 일본국 물품을 사고팔 수 있다.
>
> (나) 통상 지역에서 조선 이법 100리 이내, 혹은 장래 양국 관원이 서로 의논하여 정하는 경계 안에서 영국 인민은 여행증명서 없이 마음대로 돌아다닐 수 있다. 여행증명서를 지닌 영국 인민은 조선 각지를 돌아다니며 통상하거나, 각종 화물을 들여와 팔거나 (단, 조선 정부가 불허한 서적·인쇄물 등은 제외), 일체 토산물을 구매할 수 있다.

① 거문도를 불법으로 점거하는 영국 군인
② 남연군 묘의 도굴을 시도하는 독일 상인
③ 부산 절영도의 조차를 요구하는 러시아 공사
④ 조·청 상민 수륙 무역 장정을 체결하는 청 관리
⑤ 톈진 조약에 따라 조선에서 철수하는 일본 군인

제71회 한국사능력검정시험 (심화)

30 (가)에 대한 설명으로 옳은 것은? [2점]

한국의 무형 문화유산 – (가)
한국사 알림이 채널

궁중 무용 중 유일하게 사람 형상의 가면을 쓰고 추는 춤으로 5명이 중앙과 동서남북을 상징하는 5가지 색깔의 옷을 입고 춤을 춥니다. 가면의 팥죽색은 악귀를 물리치는 벽사의 의미를 담고 있습니다. 2009년 '유네스코 무형 문화유산'으로 등재되었습니다.

① 처용 설화를 바탕으로 하였다.
② 종묘에서 행하는 제향 의식이다.
③ 부처의 영취산 설법 모습을 재현하였다.
④ 창과 아니리, 너름새 등으로 구성되었다.
⑤ 양반, 파계승 등을 풍자하는 내용이 담겨 있다.

31 밑줄 그은 '개혁'의 내용으로 옳은 것은? [2점]

(어제 발행된 관보를 보았는가? 지난 8월 국모 시해 사건 이후 김홍집 내각에서 추진한 개혁의 일환으로 태양력을 시행한다더니, 그에 맞추어 연호를 새로 정하라는 조칙이 내려졌군.)

(그래서 내일부터 양력 1월 1일이 시작되고, 새로운 연호는 건양으로 정해졌다고 하네.)

① 양전 사업을 실시하여 지계를 발급하였다.
② 지방 행정 구역을 8도에서 23부로 개편하였다.
③ 군제를 개편하여 친위대와 진위대를 설치하였다.
④ 공사 노비법을 혁파하고 과부의 재가를 허용하였다.
⑤ 교육의 기본 방향을 제시한 교육 입국 조서를 반포하였다.

32 (가) 기구를 통해 추진된 정책으로 옳은 것은? [2점]

이곳은 기기창 건물 중 하나인 번사창입니다. 강화도 조약 체결 이후 정부는 국내외 정세에 대응하고 개화 정책을 총괄하기 위한 기구로 (가) 을/를 설치하였습니다. 이 기구의 건의로 청에 파견한 영선사 일행에 유학생을 포함시켜 근대 문물을 배워 오도록 하였습니다. 이러한 노력의 영향으로 설치된 근대적 무기 공장이 바로 기기창이었습니다.

① 별기군을 창설하였다.
② 원수부를 설치하였다.
③ 대전통편을 편찬하였다.
④ 신문지법을 공포하였다.
⑤ 서당 규칙을 제정하였다.

33 (가) 신문에 대한 설명으로 옳은 것은? [1점]

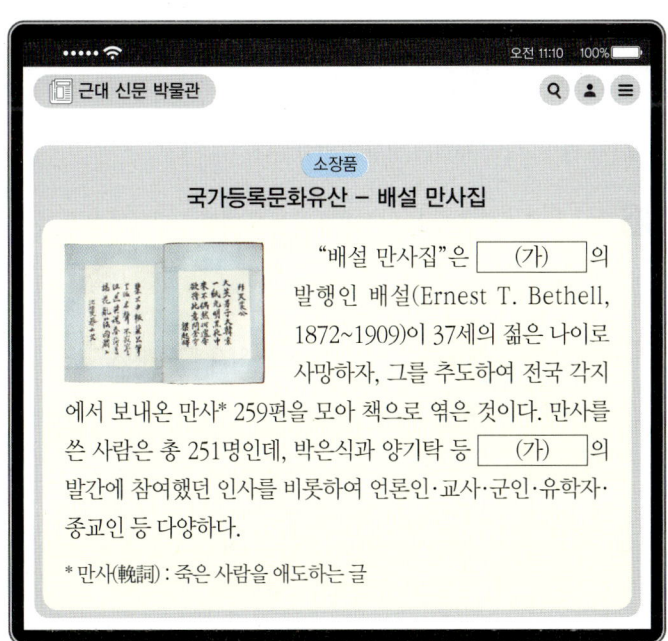

근대 신문 박물관

소장품
국가등록문화유산 – 배설 만사집

"배설 만사집"은 (가) 의 발행인 배설(Ernest T. Bethell, 1872~1909)이 37세의 젊은 나이로 사망하자, 그를 추도하여 전국 각지에서 보내온 만사* 259편을 모아 책으로 엮은 것이다. 만사를 쓴 사람은 총 251명인데, 박은식과 양기탁 등 (가) 의 발간에 참여했던 인사를 비롯하여 언론인·교사·군인·유학자·종교인 등 다양하다.

* 만사(輓詞) : 죽은 사람을 애도하는 글

① 박문국에서 발행하였다.
② 브나로드 운동을 주도하였다.
③ 여권통문을 처음 게재하였다.
④ 국채 보상 운동을 지원하였다.
⑤ 순 한글판으로 발행된 최초의 신문이었다.

34 (가) 단체의 활동으로 옳은 것은? [2점]

> 독립문 주춧돌 놓는 예식을 독립 공원 부지에서 열었다. …… 회장 안경수 씨가 연설하기를, "(가) 이/가 처음에 시작할 때 단지 회원이 네다섯 명이더니 오늘날 회원은 수천 명이다. 조선 인민들이 나라가 독립되는 것을 좋아하기에 심지어 궁벽한 시골에 사는 인민 중에서 독립문 세우는 데 돈을 보조하는 사람들이 있으며, 외국 사람 중에서도 돈 낸 사람들이 많이 있었다. 이것을 보면 조선 사람들도 오늘부터 조선에서 모든 일을 (가) 하듯이 시작하여 모두 합심하기를 바란다."라고 하였다.

① 고종 강제 퇴위 반대 운동을 전개하였다.
② 일제의 황무지 개간권 요구를 저지시켰다.
③ 중추원 개편을 통한 의회 설립을 추진하였다.
④ 대성 학교를 설립하여 민족 교육을 실시하였다.
⑤ 독립운동 자금 마련을 위해 독립 공채를 발행하였다.

35 밑줄 그은 '사업'에 대한 탐구 활동으로 가장 적절한 것은? [2점]

화폐로 보는 한국사
백동화(白銅貨)는 전환국에서 발행한 액면가 2전 5푼의 동전이다. 당시 재정 궁핍으로 본위 화폐인 은화는 거의 주조되지 않았고, 보조 화폐인 백동화가 주로 제조되어 사용되었다. 러·일 전쟁 중에 재정 고문으로 임명된 메가타 다네타로의 주도하에 전환국을 폐지하고 백동화와 엽전을 일본 제일 은행권으로 교환하는 <u>사업</u>을 추진하면서, 백동화의 발행이 중단되었다.

① 군국기무처의 활동을 조사한다.
② 당오전이 발행된 배경을 파악한다.
③ 삼국 간섭이 발생한 원인을 분석한다.
④ 대한 광복회가 결성된 목적을 살펴본다.
⑤ 제1차 한·일 협약 체결의 영향을 알아본다.

36 (가) 지역에서 일어난 민족 운동에 대한 설명으로 옳은 것은? [3점]

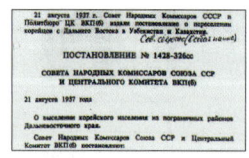

이 문서는 일제에 협력하는 것을 방지한다는 명분으로 (가) 의 한인들을 중앙아시아로 강제 이주시키라는 명령서이다.

1937년에 소련 공산당 서기장 스탈린이 승인한 이 명령의 시행으로 블라디보스토크를 포함한 (가) 의 한인 10만 명 이상이 우즈베키스탄, 카자흐스탄 등지로 강제 이주당하였다.

① 권업회를 조직하고 신문을 발행하였다.
② 한인 자치 기구인 경학사를 설립하였다.
③ 유학생을 중심으로 2·8 독립 선언서를 발표하였다.
④ 독립군 양성을 위해 대조선 국민군단을 결성하였다.
⑤ 서전서숙과 명동 학교를 설립하여 민족 교육을 실시하였다.

37 (가) 인물의 활동으로 옳은 것은? [1점]

신간 도서 소개

동양 평화론
미완의 원고, 책으로 출간

"슬프도다! 천만 뜻밖에도 일본이 승리한 이후에 가장 가깝고 친하며 어질고 약한, 같은 인종인 한국을 억눌러 강제로 조약을 맺었다."

(가) 은/는 뤼순 감옥에서 사형 집행을 눈앞에 두고 온 힘을 다해 동양 평화론을 집필하였다. 안타깝게도 그는 원고를 완성하지 못하고 형장의 이슬로 사라졌지만, 국가 간의 평등과 상호 협력으로 평화를 이룩하자는 그의 주장은 오늘날에도 시사점을 준다.

① 명동 성당 앞에서 이완용을 습격하였다.
② 하얼빈에서 이토 히로부미를 사살하였다.
③ 타이중에서 일본 육군 대장을 저격하였다.
④ 샌프란시스코에서 D.W. 스티븐스를 처단하였다.
⑤ 서울역에서 신임 총독의 마차에 폭탄을 투척하였다.

38 밑줄 그은 '시기'의 사회 모습으로 가장 적절한 것은? [2점]

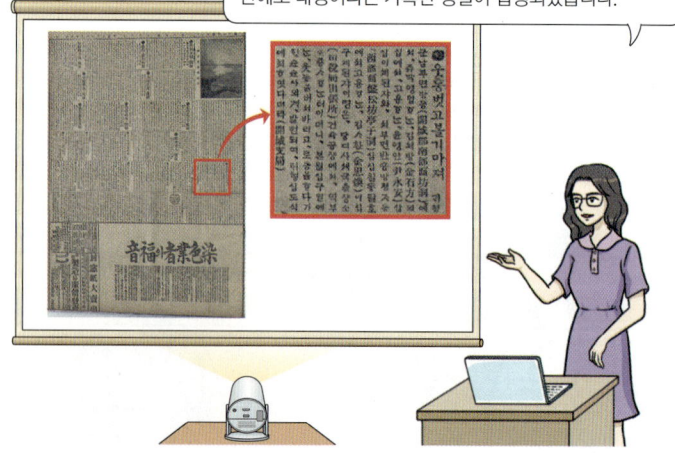

개성에서 청년 두 명이 웃통을 벗고 일하다가 순사에게 발견되어 태형에 처해졌다는 신문 기사입니다. 일제가 조선 태형령을 시행한 <u>시기</u>에는 기사의 내용처럼 사소한 사안에도 태형이라는 가혹한 형벌이 집행되었습니다.

① 육영 공원에서 외국인 교사를 초빙하였다.
② 애국반이 편성되어 일상생활이 통제되었다.
③ 조선 형평사가 창립되어 형평 운동을 전개하였다.
④ 나운규가 제작한 아리랑이 단성사에서 개봉되었다.
⑤ 경복궁에서 조선 물산 공진회가 최초로 개최되었다.

39 (가), (나)가 공포된 시기의 사이에 있었던 사실로 옳은 것은? [2점]

> (가) 회사령 폐지에 관한 건
>   회사령은 폐지한다.
>   - 부칙
>   1. 이 영은 공포일로부터 시행한다.
>   2. 구령에 의하여 설립한 회사로 이 영 시행 당시 존재하는 것은 조선 민사령에 의하여 설립한 것으로 본다.
>
> (나) 조선 총독부 농촌 진흥 위원회 규정
>   제1조 조선의 농산어촌 진흥에 관한 방침, 시설 및 통제에 관한 중요 사항을 심의하기 위하여 조선 총독부에 조선 총독부 농촌 진흥 위원회를 둔다.
>   제3조 위원장은 조선 총독부 정무총감으로 한다.

① 함경도에서 방곡령이 선포되었다.
② 조선 물산 장려회가 평양에서 창립되었다.
③ 황국 중앙 총상회의 상권 수호 운동이 전개되었다.
④ 유상 매수, 유상 분배를 규정한 농지 개혁법이 제정되었다.
⑤ 국가 총동원법을 제정하여 인력과 물자를 강제 동원하였다.

40 다음 자료가 발표된 시기를 연표에서 옳게 고른 것은? [2점]

> 대학을 세운다는 일은 극히 거창하여 여간 몇 사람의 힘으로는 도저히 성취할 바가 아니므로 금일까지 실지의 운동이 일어나지 못하였던 것이라. 그러나 일이 거창하고 어렵다고 시작을 아니하면 언제까지든지 조선 사람의 대학이라는 것은 생겨볼 수가 없다. 그러므로 이번에 조선 전도의 다수한 유지를 망라하여 민중적 운동으로 될 수 있는 대로 많은 사람의 힘을 합하여 민립 대학 한 곳을 세워 보고자 이상재, 이승훈 등의 주창으로 수일 전에 민립 대학 기성 준비회를 조직하고 집행 위원을 선정하였는데, 장차 각 부·군에서 다수한 발기인의 참가를 구하여 경성에서 발기회를 열고 실행 방법을 결정할 터이다.

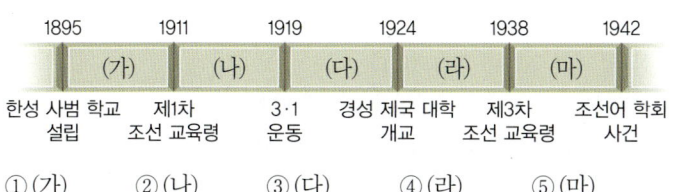

① (가) ② (나) ③ (다) ④ (라) ⑤ (마)

41 (가) 사건 이후에 전개된 사실로 옳은 것은? [3점]

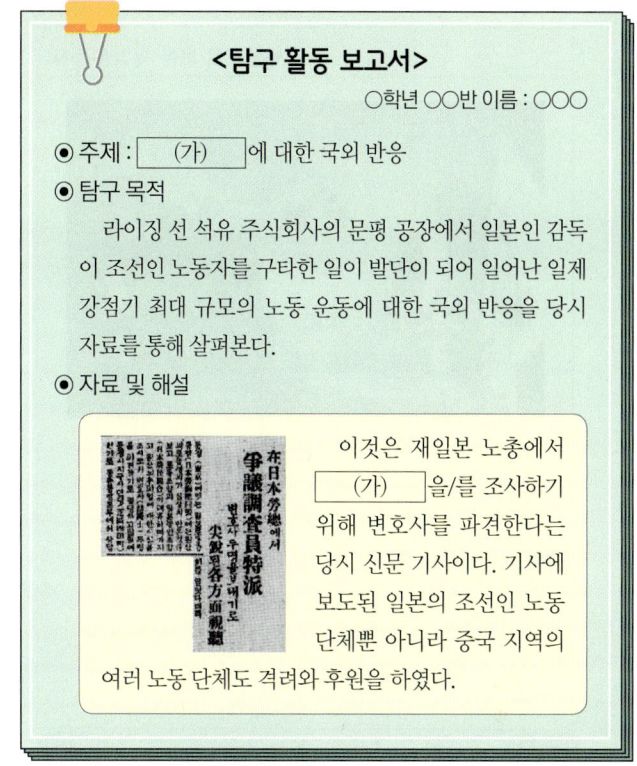

① 동양 척식 주식회사가 설립되었다.
② 강주룡이 을밀대 지붕에서 고공 농성을 벌였다.
③ 황실의 지원을 받아 대한 천일 은행이 창립되었다.
④ 전국 단위의 조직인 조선 노농 총동맹이 조직되었다.
⑤ 고율의 소작료에 반발하여 암태도 소작 쟁의가 발생하였다.

42 (가)에 들어갈 내용으로 가장 적절한 것은? [1점]

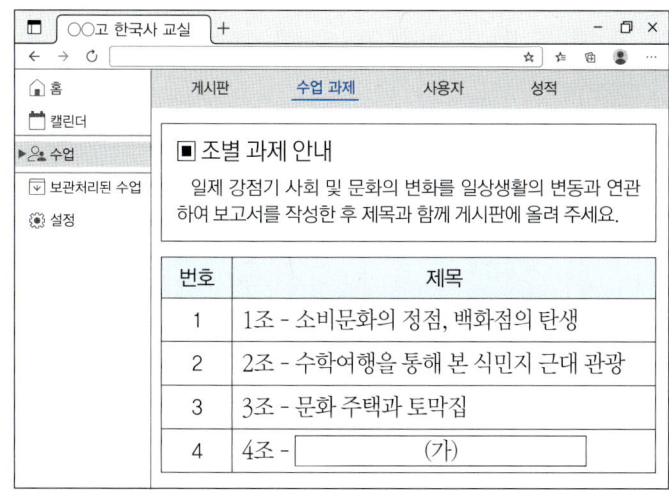

① 서양식 의료의 수용, 광혜원
② 근대적 우편 제도의 시작, 우정총국
③ 전시 통제 체제 속에서 강요된 여성복, 몸뻬
④ 근면, 자조, 협동을 기치로 내세운 새마을 운동
⑤ 상품 광고의 새로운 장을 연 컬러텔레비전 방송

43 (가) 부대에 대한 설명으로 옳은 것은? [2점]

[해설] 이 사진은 충칭에서 열린 대한민국 임시 정부의 '__(가)__ 총사령부 성립 전례식' 기념사진 중 하나이다. 사진에는 대한민국 임시 정부 주석 김구와 함께 이 부대의 총사령관인 지청천이 '광복 조국'이 쓰인 기를 들고 있는 모습이 보인다. __(가)__ 은/는 영국군의 요청으로 인도, 미얀마 전선에서 작전을 펼치는 등 활발한 활동을 전개하였다.

① 자유시 참변으로 세력이 약화되었다.
② 영릉가에서 일본군에 승리를 거두었다.
③ 봉오동 전투에서 일본군을 크게 물리쳤다.
④ 미군과 연계하여 국내 진공 작전을 준비하였다.
⑤ 쌍성보 전투에서 한·중 연합 작전을 전개하였다.

44 밑줄 그은 '시기'에 볼 수 있는 모습으로 적절하지 않은 것은? [2점]

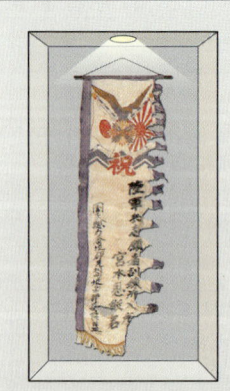

장행기

장행기는 지원병 형식으로 끌려가는 청년을 환송하기 위해 국민 총력 조선 연맹 지부에서 만들어 준 깃발이다. 이 장행기의 주인공은 일제가 중·일 전쟁을 일으키고 침략을 확대하던 시기에 지원병으로 끌려가 전사하였다. 장행기에는 창씨개명한 그의 일본식 이름이 적혀 있다.

① 국방헌금 모금에 적극 협력하는 부호
② 황국 신민 서사 암송을 강요받는 학생
③ 원각사에서 연극 은세계를 공연하는 배우
④ 내선일체에 협력하자는 논설을 쓰는 언론인
⑤ 국민 징용령에 의해 강제로 동원되는 노동자

45 다음 안내에 따라 학생이 발표한 내용으로 가장 적절한 것은? [3점]

학생 여러분, 이번 시간에는 우리 고장의 유적과 기념물을 조사해서 발표하는 활동을 하겠습니다. 우리 고장은 금강 중류에 위치한 유서 깊은 도시입니다. 남한에서 최초로 발굴된 구석기 유적이 있어 선사 시대부터 우리 고장에 사람이 살았던 것을 알 수 있습니다. 또한, 삼국이 상호 경쟁하던 시기에는 백제의 수도로서 백제 중흥을 위한 노력이 전개되었던 곳으로 백제 고분을 통해 당시의 문화를 엿볼 수 있습니다. 고려 시대에는 최승로의 건의에 따라 설치된 12목 중의 하나였고, 이후 조선 시대에도 감영이 있어 지역의 중심지 역할을 하였습니다. 그리고 근대에는 동학 농민군이 관군과 일본군에 맞서 치열한 전투를 전개하는 등 외세를 물리치기 위한 민족 운동이 펼쳐지기도 하였습니다.
그럼, 모둠별로 우리 고장의 다양한 유적과 기념물에 대해 조사한 후 알게 된 내용을 발표해 봅시다.

① 갑 - 수양개 유적을 조사하여 우리 고장에 살던 구석기인들이 다양한 기법으로 석기를 제작했음을 알 수 있었습니다.
② 을 - 송산리 고분군의 벽돌무덤을 조사하여 무령왕이 중국 남조, 왜 등과 활발하게 교류했음을 알 수 있었습니다.
③ 병 - 만인 의총을 조사하여 정유재란 당시 우리 고장의 백성들이 조·명 연합군과 함께 결사 항전했음을 알 수 있었습니다.
④ 정 - 만석보 유지비를 조사하여 우리 고장 농민들이 군수 조병갑의 수탈에 저항하여 봉기했음을 알 수 있었습니다.
⑤ 무 - 아우내 3·1 운동 독립 사적지를 조사하여 유관순이 우리 고장에서 만세 시위를 주도했음을 알 수 있었습니다.

46 (가) 전쟁 중에 있었던 사실로 옳은 것은? [2점]

저는 지금 부산의 재한 유엔 기념 공원 내에 있는 유엔군 전몰장병 추모명비 앞에 와 있습니다. __(가)__ 에서 전사하거나 실종된 4만여 명의 이름을 새겨 넣어 추도와 기억의 공간으로 만든 이곳에서 평화의 가치를 생각해 보았으면 합니다.

① 애치슨 라인이 발표되었다.
② 한·일 기본 조약이 체결되었다.
③ 국가 보위 비상 대책 위원회가 설치되었다.
④ 김구, 김규식 등이 남북 협상에 참여하였다.
⑤ 비상계엄이 선포된 가운데 발췌 개헌안이 통과되었다.

제71회 한국사능력검정시험 (심화)

47 -297 밑줄 그은 '총선거'에 대한 설명으로 옳은 것은? [1점]

공보물로 본 우리나라 선거의 역사

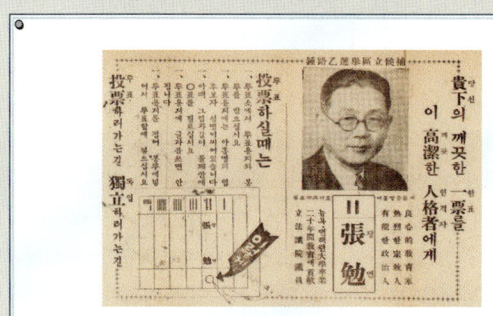

[해설] 이것은 유엔 한국 임시 위원단의 감시하에 우리나라 최초로 실시된 총선거에 출마한 장면 후보자의 선거 공보이다. 후보자의 사진, 약력, 선거 구호 등이 보이고, 특히 자세한 투표 안내가 눈에 띈다.

① 5·16 군사 정변 이후에 실시되었다.
② 제헌 국회 의원을 선출하기 위해 시행되었다.
③ 통일 주체 국민 회의 대의원이 투표에 참여하였다.
④ 민의원, 참의원으로 구성된 양원제 국회가 탄생하였다.
⑤ 신한 민주당이 창당 한 달 만에 제1 야당이 되는 결과를 가져왔다.

48 -298 다음 기사가 보도된 정부 시기의 사실로 옳은 것은? [3점]

□□신문

제△△호　　　　　　　　　　　○○○○년 ○○월 ○○일

제24회 서울 올림픽 개회식이 열리다

제24회 서울 올림픽 개회식이 어제 잠실 올림픽 주경기장에서 성공적으로 열렸다. 개회식 마지막 행사에서는 주제곡 '손에 손잡고'가 울려 퍼지는 가운데 서울 올림픽 마스코트인 호돌이를 비롯하여 이전 올림픽의 마스코트들이 함께 춤추는 장면이 연출되어 동서 화합의 의미를 더했다.

12년 만에 동서 양 진영이 함께 모인 이번 대회에서는 160개국의 선수 8,000여 명이 참가하여 과거 어느 대회보다 수준 높은 경기가 펼쳐질 것으로 예상된다.

① 국민 교육 헌장이 발표되었다.
② 3당 합당으로 민주 자유당이 창당되었다.
③ 군 내부의 사조직인 하나회가 해체되었다.
④ 사회 정화를 명분으로 삼청 교육대가 설치되었다.
⑤ 외환 위기 극복을 위한 금 모으기 운동이 전개되었다.

49 -299 (가) 민주화 운동에 대한 설명으로 옳은 것은? [2점]

• 하계 답사 안내 •

우리 문화원에서는 부산과 마산 지역의 시민과 학생들이 일으킨 (가) 의 의미를 조명하는 답사를 준비하였습니다. YH 무역 사건, 야당 총재의 국회 의원직 제명 등 일련의 사건으로 당시 정부에 대한 민심 이반이 가속화하는 가운데 일어난 (가) 의 유적지를 둘러보면서 민주주의의 소중함을 되새기는 기회가 되길 바랍니다.

◆ 기간 : 2024년 ○월 ○○일 ~ ○월 ○○일
◆ 답사 일정
 • 1일차 : 부산대 10·16 기념관 - 국제 시장 - 부산 양서 협동조합 터
 • 2일차 : 경남대 교내 기념석 - 서항 공원 - 창동 사거리
◆ 주요 답사지

10·16 기념관

서항 공원 내 기념물

◆ 주관 : △△ 문화원

① 유신 체제 붕괴의 배경이 되었다.
② 시민군을 조직하여 계엄군에 대항하였다.
③ 시위 도중 김주열이 최루탄을 맞고 사망하였다.
④ 직선제 개헌을 약속한 6·29 선언을 이끌어 냈다.
⑤ 대통령이 하야하여 미국으로 망명하는 결과를 가져왔다.

50 -300 다음 연설이 있었던 정부의 통일 노력으로 옳은 것은? [2점]

노벨 위원회가 긍정적으로 평가해 준 최근의 남북 관계에 대해 몇 말씀드리겠습니다. 저는 지난 6월에 북한의 김정일 국방 위원장과 역사적인 남북 정상 회담을 가졌습니다. …… 우리의 일관되고 성의 있는 자세와 노르웨이를 비롯한 전 세계 모든 나라의 햇볕 정책에 대한 지지는 북한의 태도를 바꾸게 만들었습니다.

① 남북 기본 합의서를 교환하였다.
② 7·4 남북 공동 성명을 발표하였다.
③ 6·15 남북 공동 선언을 채택하였다.
④ 한반도 비핵화 공동 선언에 합의하였다.
⑤ 남북 이산가족 고향 방문단의 교환을 최초로 실현하였다.

2024년도 제70회 한국사능력검정시험 문제지

1 -301 (가) 시대의 생활 모습으로 가장 적절한 것은? [1점]

<오늘의 한국사 퀴즈>
매일 문제 풀고 한국사 박사 되자!

◆ 사유 재산과 계급이 발생한 (가) 시대의 대표적인 유물을 고르시오.

① 철제 무기로 정복 활동을 벌였다.
② 오수전, 화천 등의 중국 화폐로 교역하였다.
③ 많은 인력을 동원하여 고인돌을 축조하였다.
④ 주로 동굴이나 강가에 막집을 짓고 거주하였다.
⑤ 가락바퀴와 뼈바늘을 사용하여 옷을 만들기 시작하였다.

2 -302 (가) 나라에 대한 설명으로 옳은 것은? [2점]

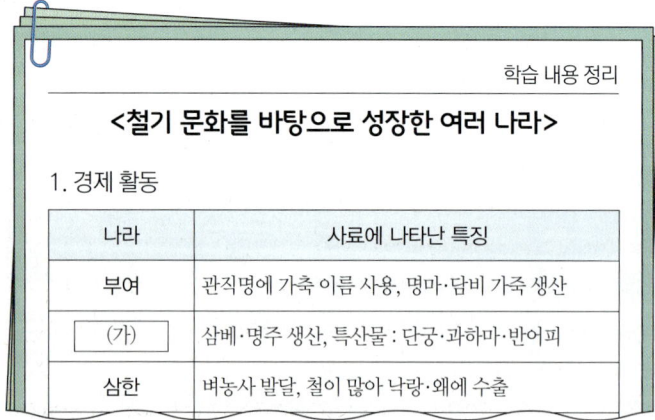

① 신지, 읍차 등의 지배자가 있었다.
② 혼인 풍습으로 민며느리제가 있었다.
③ 10월에 무천이라는 제천 행사를 열었다.
④ 여러 가(加)들이 각각 사출도를 주관하였다.
⑤ 제가 회의에서 나라의 중대사를 결정하였다.

3 -303 다음 자료에 나타난 사건의 영향으로 가장 적절한 것은? [3점]

왕이 문주에게 일러 말하기를, "내가 어리석고 밝지 못하여 간사한 사람[도림]의 말을 믿어 이 지경이 되었다. …… 나는 마땅히 사직에서 죽겠지만, 네가 이곳에서 함께 죽는 것은 이로울 게 없다. 어찌 난을 피하여 나라의 계통을 잇지 않겠는가?"라고 하였다. …… 고구려의 대로 제우·재증걸루·고이만년 등이 북성을 공격하여 7일 만에 빼앗았다. 이동하여 남성을 공격하니 성 안 사람들이 두려워하였다. 왕이 성을 나와 도망하자, 고구려 장수 재증걸루 등이 왕을 보고 말에서 내려 절한 다음에 그 얼굴을 향해 세 번 침을 뱉고는 죄를 나열한 다음 포박하여 아차성 아래로 보내 죽였다.

① 고구려가 평양으로 천도하였다.
② 동성왕이 나·제 동맹을 강화하였다.
③ 고국원왕이 근초고왕의 공격을 받아 전사하였다.
④ 백제가 고구려를 견제하고자 북위에 국서를 보냈다.
⑤ 신라가 왜를 격퇴하기 위해 고구려에 군사를 청하였다.

4 -304 (가) 왕의 재위 시기에 있었던 사실로 옳은 것은? [2점]

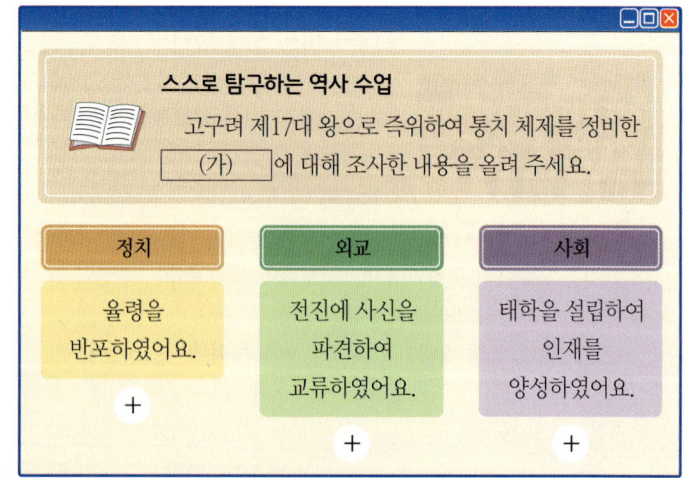

① 승려 순도를 통해 불교를 수용하였다.
② 낙랑군을 축출하여 영토를 확장하였다.
③ 영락이라는 독자적인 연호를 사용하였다.
④ 을지문덕이 살수에서 수의 군대를 물리쳤다.
⑤ 이문진이 유기를 간추린 신집 5권을 편찬하였다.

제70회 한국사능력검정시험 (심화)

5-305 강연자의 질문에 대한 청중의 답변으로 가장 적절한 것은? [2점]

화면에 보이는 고구려의 사신도와 백제 산수무늬 벽돌은 신선 사상을 기반으로 불로장생을 추구하는 이 종교의 내용이 잘 표현된 문화유산입니다. 이 종교와 관련된 역사적 사실은 무엇이 있을까요?

강서대묘 사신도 중 현무도 / 산수무늬 벽돌

① 간경도감에서 경전이 간행되었습니다.
② 연개소문이 당에 도사 파견을 요청하였습니다.
③ 과거 시험의 교재로 사서집주가 채택되었습니다.
④ 범일이 9산 선문 중 하나인 사굴산문을 개창하였습니다.
⑤ 주요 경전의 이름이 새겨진 임신서기석이 만들어졌습니다.

6-306 (가) 승려에 대한 설명으로 옳은 것은? [2점]

일체유심조
모든 것은 마음먹기에 달려 있다!

우리 역사상 불교 발전에 가장 크게 이바지한 승려를 가리는 이번 투표에서 여러분들의 현명한 선택을 기다립니다.

■ 주요 활동
• "금강삼매경론", "대승기신론소" 등 저술
• 일심 사상과 화쟁 사상 주장

기호 ○번 (가)

① 구법 순례기인 왕오천축국전을 남겼다.
② 황룡사 구층 목탑의 건립을 건의하였다.
③ 무애가를 지어 불교 대중화에 기여하였다.
④ 화랑도의 규범으로 세속 5계를 제시하였다.
⑤ 화엄일승법계도를 지어 화엄 사상을 정리하였다.

7-307 (가) 국가에 대한 설명으로 옳은 것은? [1점]

신라고기(新羅古記)에 이르기를 "고(구)려의 옛 장수 조영의 성은 대씨(大氏)니 남은 군사를 모아 태백산 남쪽에서 나라를 세우고 나라 이름을 (가) (이)라고 하였다." …… 지장도(指掌圖)에 보면 "(가) 은/는 만리장성 동북쪽 모서리 밖에 있다."라고 하였다.

① 군사 조직으로 9서당 10정을 편성하였다.
② 정사암에 모여 국가 중대사를 논의하였다.
③ 광평성을 비롯한 각종 정치 기구를 갖추었다.
④ 5경 15부 62주의 지방 행정 제도를 마련하였다.
⑤ 상수리 제도를 시행하여 지방 세력을 견제하였다.

8-308 (가) 인물에 대한 설명으로 옳은 것은? [2점]

[역사 다큐멘터리 기획안]

도당 유학생, 서로 다른 길을 걷다

■ 기획 의도
당에 건너가 유학했던 6두품들이 신라로 돌아온 이후의 행보를 알아본다.

■ 구성 내용
1. (가) , 진성 여왕에게 시무책 10여 조를 올리다
2. 최승우, 견훤의 신하로 왕건에게 보내는 격문을 짓다
3. 최언위, 고려에 투항하여 문한관으로 문명을 떨치다

① 향가 모음집인 삼대목을 편찬하였다.
② 외교 문서인 청방인문표를 작성하였다.
③ 격황소서를 지어 문장가로서 이름을 떨쳤다.
④ 유식의 교의를 담은 해심밀경소를 저술하였다.
⑤ 국왕에게 조언하는 내용의 화왕계를 저술하였다.

9-309 다음 상황이 나타난 시기를 연표에서 옳게 고른 것은? [3점]

각간 김경신이 해몽을 청하자 아찬 여삼은 "복두를 벗은 것은 위에 다른 사람이 없다는 뜻이요, 소립을 쓴 것은 면류관을 쓸 징조이며, 12현금(絃琴)을 든 것은 12대손까지 왕위를 전한다는 조짐이며, 천관사 우물로 들어간 것은 궁궐로 들어갈 상서로운 조짐입니다."라고 하였다. "위에 주원이 있는데 어찌 내가 왕위에 오를 수 있겠소?"라고 경신이 묻자, 아찬이 대답하기를 "청컨대 은밀히 북천신에게 제사 지내면 될 것입니다."라고 하여 이에 따랐다. 얼마 지나지 않아 선덕왕이 죽자, 나라 사람들이 김주원을 왕으로 받들어 궁중으로 맞아들이려 했다. 주원의 집은 북천 북쪽에 있었는데 홀연히 냇물이 불어나 건널 수가 없었다. 이에 경신이 먼저 궁궐로 들어가 왕위에 올랐다.

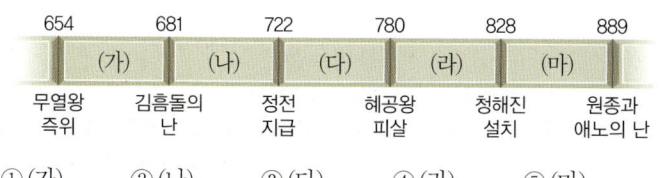

654	681	722	780	828	889
(가)	(나)	(다)	(라)	(마)	
무열왕 즉위	김흠돌의 난	정전 지급	혜공왕 피살	청해진 설치	원종과 애노의 난

① (가) ② (나) ③ (다) ④ (라) ⑤ (마)

제70회 한국사능력검정시험 (심화)

10 -310 (가)에 들어갈 내용으로 적절한 것은? [2점]

> **한국사 동영상 제작 계획안**
>
> **다시 하나로, 민족의 재통일을 이루다**
> ○학년 ○반 ○모둠
>
> ■ 제작 의도
> 고려의 후삼국 통일 과정과 역사적 의의를 주요 인물과 관련된 사건의 발생 순서에 따라 살펴본다.
>
> ■ 장면별 구성 내용
> #1. 신숭겸, 공산 전투에서 전사하다
> #2. 왕건, 고창 전투에서 후백제군을 물리치다
> #3. 견훤, 금산사에서 탈출하여 고려에 귀순하다
> #4.   (가)
> #5. 왕건, 일리천에서 신검의 군대에 승리하다

① 안승, 보덕국 왕으로 책봉되다
② 궁예, 국호를 태봉으로 바꾸다
③ 경순왕 김부, 경주의 사심관이 되다
④ 윤충, 대야성을 공격하여 함락시키다
⑤ 흑치상지, 임존성에서 부흥군을 이끌다

11 -311 (가) 국가의 경제 상황으로 옳은 것은? [1점]

① 특산품으로 솔빈부의 말이 유명하였다.
② 풍흉에 따라 9등급으로 전세를 거두었다.
③ 감자, 고구마 등의 작물이 널리 재배되었다.
④ 경시서의 관리들이 시전의 상행위를 감독하였다.
⑤ 설점수세제를 시행하여 민간의 광산 개발을 허용하였다.

12 -312 (가)~(마)에 들어갈 내용으로 적절한 것은? [3점]

> 〈한국사 학술 강좌〉
>
> **인물로 보는 고려 불교사**
>
> 우리 학회에서는 고려 승려들의 활동을 통해 불교사의 흐름을 파악하는 자리를 마련하였습니다. 관심 있는 분들의 많은 참여를 바랍니다.
>
> ■ 강좌 주제 ■
> 제1강 균여,   (가)
> 제2강 의천,   (나)
> 제3강 지눌,   (다)
> 제4강 요세,   (라)
> 제5강 혜심,   (마)
>
> • 일시 : 2024년 ○○월 ○○일 09:00~17:00
> • 장소 : □□ 박물관 대강당
> • 주최 : △△ 학회

① (가) - 법화 신앙에 중점을 둔 백련 결사를 제창하다
② (나) - 심성의 도야를 강조한 유불 일치설을 주장하다
③ (다) - 권수정혜결사문을 작성하여 정혜쌍수를 강조하다
④ (라) - 이론과 수행을 함께 강조하는 교관겸수를 제시하다
⑤ (마) - 보현십원가를 지어 불교 교리를 대중에게 전파하다

13 -313 (가) 왕에 대한 설명으로 옳은 것은? [2점]

이것은 조카 헌종을 몰아내고 즉위한 (가) 의 넷째 딸인 복령 궁주 왕씨 묘지명입니다. 여기에서는 복령 궁주를 '천자의 딸'이라고 표현하여 국왕의 권위를 드러내고자 하였습니다. (가) 은/는 개경 세력을 견제하고자 남경에 궁궐을 짓고, 재정을 확보하기 위해 주전도감을 설치하여 해동통보를 발행하는 등 왕권 강화를 꾀하였습니다.

① 여진 정벌을 위해 별무반을 창설하였다.
② 전국에 12목을 설치하고 관리를 파견하였다.
③ 광덕, 준풍 등의 독자적인 연호를 사용하였다.
④ 거란의 침입에 대비하여 개경에 나성을 축조하였다.
⑤ 정계와 계백료서를 지어 관리의 규범을 제시하였다.

14-314 (가) 사건에 대한 탐구 활동으로 가장 적절한 것은? [2점]

대한민국 방방곡곡 – 거제 둔덕기성 전경
한국사 채널   조회 수 140,525

거제의 둔덕기성은 신라 시대에 축조되었고, 고려 시대에 성벽이 개축되어 축성법의 변화를 연구하는 데 학술적 가치가 큰 사적입니다. 정중부 등이 일으킨 (가) (으)로 폐위된 의종이 이곳에서 머물렀다고 전해지고 있습니다. 이후 김보당은 의종을 경주로 피신시켜 복위를 시도하였습니다.

① 정동행성이 설치되는 배경을 살펴본다.
② 철령위 설치에 대한 최영의 대응을 검색한다.
③ 칭제건원과 금국 정벌을 주장한 인물을 찾아본다.
④ 서경 유수 조위총이 반란을 일으킨 이유를 알아본다.
⑤ 이성계 등 신흥 무인 세력이 성장하는 과정을 조사한다.

15-315 (가), (나) 사이의 시기에 있었던 사실로 옳은 것은? [2점]

(가) 최우가 녹전거(祿轉車) 100여 대를 빼앗아 집안의 재물을 강화도로 옮기니, 수도가 흉흉하였다. …… 또 사자(使者)를 여러 도에 나누어 보내어, 백성을 산성과 섬으로 옮겼다.

(나) 김방경과 흔도(忻都), 홍차구, 왕희, 왕옹 등이 3군을 거느리고 진도를 토벌하여 크게 격파하고, 승화후 왕온을 죽였다. 김통정이 남은 무리를 이끌고 탐라로 도망하여 들어갔다.

① 양규가 곽주성을 급습하여 탈환하였다.
② 최무선이 진포에서 왜구를 격퇴하였다.
③ 강조가 정변을 일으켜 국왕을 폐위하였다.
④ 김윤후가 처인성에서 살리타를 사살하였다.
⑤ 이자겸과 척준경이 반란을 일으켜 궁궐을 불태웠다.

16-316 다음 자료에 나타난 시기의 사회 모습으로 적절한 것은? [1점]

○ 당시 응방·겁령구 및 내수(內豎) 등의 천한 자들이 모두 사전(賜田)을 받았는데, 많은 경우는 수백 결에 이르렀다. 일반 백성을 유인하여 전호로 삼고, 가까운 곳에 있는 민전에서는 모두 수조하였으므로 주와 현에서는 부세가 들어올 바가 없게 되었다.

○ 공주가 장차 입조(入朝)할 예정이었으므로, 인후와 염승익에게 명하여 양가의 자녀로서 나이가 14~15세인 자들을 선발하였고, 순군(巡軍)과 홀적(忽赤) 등으로 하여금 인가를 수색하게 하였다. 혹 밤중에 침실에 돌입하거나 노비를 포박하여 심문하기도 하였으니, 비록 자녀가 없는 자라 할지라도 깜짝 놀라 동요하게 되었다. 원망하며 우는 소리가 온 거리에 가득하였다.

① 최충이 9재 학당을 설립하였다.
② 만적이 개경에서 반란을 모의하였다.
③ 지배층을 중심으로 변발과 호복이 유행하였다.
④ 국난 극복을 기원하며 초조대장경이 조판되었다.
⑤ 기근에 대비하기 위하여 구황촬요가 간행되었다.

17-317 (가) 왕에 대한 설명으로 옳은 것은? [2점]

오늘 말씀해 주실 삼공신회맹문에는 어떤 내용이 담겨 있나요?

이 문서에는 두 차례에 걸친 왕자의 난으로 즉위한 (가) 이/가 삼공신들과 함께 종묘사직 및 산천에 제를 올려 충의와 신의를 맹세한 내용이 기록되어 있습니다. 삼공신은 개국 공신, 제1차 왕자의 난에서 공을 세운 정사공신, 제2차 왕자의 난을 평정하는 데 도움을 준 좌명공신을 말합니다.

개국정사좌명삼공신회맹문

① 경국대전을 완성하여 통치 체제를 정비하였다.
② 초계문신제를 시행하여 문신들을 재교육하였다.
③ 길주를 근거지로 일어난 이시애의 난을 진압하였다.
④ 문하부를 폐지하고 낭사를 사간원으로 독립시켰다.
⑤ 붕당의 폐해를 경계하기 위한 탕평비를 건립하였다.

18-318 (가) 인물에 대한 설명으로 옳은 것은? [2점]

이것은 (가) 이/가 함길도에 있을 때 화살이 날아왔는데도 놀라지 않고 태연히 연회를 계속 즐겼다는 고사를 담은 야연사준도입니다. 세종 대 함길도 병마도절제사로 활약했던 그는 문종 대 고려사절요 편찬을 총괄하였고, 단종 대 좌의정의 자리에 올랐으나 계유정난 때 살해되었습니다.

① 두만강 일대에 6진을 개척하였다.
② 탄금대에서 배수의 진을 치고 싸웠다.
③ 조총 부대를 이끌고 나선 정벌에 나섰다.
④ 왜구의 근거지인 쓰시마섬을 정벌하였다.
⑤ 외교 담판을 통해 강동 6주를 획득하였다.

20-320 다음 자료에 대한 탐구 활동으로 가장 적절한 것은? [2점]

○ 조광조 등이 아뢰기를, "소격서가 요사하고 허탄함은 이미 경연에서 다 아뢰었고 전하께서도 그것이 허탄함을 환히 아시니 지금 다시 말할 것이 없습니다. ……"라고 하였다.

○ 신광한이 아뢰기를, "지난번에 조광조가 아뢰었던 천거로 인재를 뽑는 일은 여럿이 의논한 일입니다. 각별히 천거하는 것은 한(漢)에서 시행한 현량과와 효렴과를 따르는 것이 가합니다. 이것은 자주 할 수는 없으나 지금은 이를 시행할 만한 기회입니다. ……"라고 하였다.

① 호포제를 실시한 배경을 조사한다.
② 기해예송의 전개 과정과 결과를 파악한다.
③ 중종 때 사림파 언관들이 제기한 주장을 검색한다.
④ 정여립 모반 사건을 계기로 동인이 입은 피해를 찾아본다.
⑤ 인현 왕후가 폐위되고 남인이 권력을 차지한 사건을 알아본다.

19-319 밑줄 그은 '전하'의 재위 시기에 있었던 사실로 옳은 것은? [2점]

며칠 전 전하께서 예문관에서 옛 집현전의 직제를 분리하여 홍문관으로 이관하는 것을 명하셨다고 하네. 이제 홍문관이 옛 집현전의 기능을 대신한다는 것이지.

홍문관원들이 경연관을 겸한다고 하니 앞으로 경연이 더욱 활성화되겠군.

① 국왕의 친위 부대인 장용영이 설치되었다.
② 백운동 서원이 사액을 받아 소수 서원이 되었다.
③ 국가의 의례를 정비한 국조오례의가 완성되었다.
④ 통치 체제를 정비하기 위해 속대전이 편찬되었다.
⑤ 수조권이 세습되던 수신전과 휼양전이 폐지되었다.

21-321 (가) 전쟁 중에 있었던 사실로 옳은 것은? [2점]

문학으로 만나는 한국사

홍계남이 당초 의병을 일으켜 흉적을 쳐서 활을 쏘아 맞히고 벤 수급이 매우 많았고 가는 곳마다 공을 세우니, 적들이 홍장군이라고 부르며 감히 침범하지 못했다. 호서(충청도) 내지가 편안할 수 있었던 것은 모두 홍계남의 공이라고 한다. 가상한 일이다. 의병이 곳곳에서 봉기하였지만, …… 고경명과 조헌은 모두 나랏일에 몸을 바쳐 죽을 자리에서 죽었으니 가히 그 명성에 걸맞는다고 말할 수 있다.

- "쇄미록"

[해설] 이 작품은 오희문이 (가) 중에 있었던 일을 적은 일기이다. 적군의 침입과 약탈, 의병장의 활동, 피란민의 참혹한 생활 등이 생생하게 담겨 있다.

① 삼수병으로 구성된 훈련도감이 설치되었다.
② 왕이 도성을 떠나 남한산성으로 피란하였다.
③ 송시열, 이완 등을 중심으로 북벌이 추진되었다.
④ 국방 문제를 논의하기 위해 비변사가 신설되었다.
⑤ 제한된 범위의 무역을 허용한 계해약조가 체결되었다.

제70회 한국사능력검정시험 (심화)

22 -322 (가)~(마)에 대한 설명으로 적절하지 않은 것은? [3점]

답사 계획서

- 주제 : 불교 문화유산이 숨 쉬는 곳, 산사(山寺)를 찾아서
  - 유네스코가 주목한 사찰을 중심으로
- 기간 : 2024년 ○○월 ○○일~○일
- 경로 : 보은 법주사 → 영주 부석사 → 안동 봉정사 → 합천 해인사
  → 순천 선암사

(가) 보은 법주사
(나) 영주 부석사
(다) 안동 봉정사
(라) 합천 해인사
(마) 순천 선암사

① (가) - 오층 목조탑 내부에 부처의 일생을 그린 팔상도가 있다.
② (나) - 배흘림기둥에 주심포 양식으로 축조된 무량수전이 있다.
③ (다) - 현존하는 우리나라 최고(最古)의 목조 건물인 극락전이 있다.
④ (라) - 팔만대장경판을 보관하고 있는 장경판전이 있다.
⑤ (마) - 무구정광대다라니경이 발견된 삼층 석탑이 있다.

23 -323 밑줄 그은 '제도'에 대한 설명으로 옳은 것을 <보기>에서 고른 것은? [2점]

이원익의 건의로 경기도에서 시행되는 수취 제도에 대해 설명해 주세요.

이번에 시행되는 제도는 지방의 특산물을 징수하면서 나타난 방납의 폐단을 막아 백성들의 부담을 줄여 주기 위한 것입니다. 공물을 현물 대신 토지의 결수에 따라 쌀로 납부합니다.

보기

ㄱ. 선혜청에서 관련 업무를 담당하였다.
ㄴ. 재정을 보충하기 위해 지주에게 결작을 부과하였다.
ㄷ. 관청에 물품을 조달하는 공인이 등장하는 배경이 되었다.
ㄹ. 어장세, 선박세 등이 국가 재정으로 귀속되는 결과를 가져왔다.

① ㄱ, ㄴ   ② ㄱ, ㄷ   ③ ㄴ, ㄷ
④ ㄴ, ㄹ   ⑤ ㄷ, ㄹ

24 -324 다음 시나리오에 등장하는 왕의 재위 시기에 있었던 사실로 옳은 것은? [2점]

#5. 궁궐 안
왕과 신하들이 대화하는 장면

신하1 : 전하, 우리나라의 습속은 예로부터 신분에 따라 등용하는 것이 원칙이었습니다. 서얼들을 적자와 똑같이 대우한다면, 서얼이 적자를 능멸하는 폐단이 열리게 될 것입니다.

왕 : 수많은 서얼들도 나의 신하인데 그들이 제자리를 얻지 못하고 포부도 펴지 못한다면 이 또한 과인의 허물일 것이오. 규장각에 검서관을 두어 이덕무, 박제가, 유득공, 서이수를 등용하려는 내 결심은 변함이 없을 것이니 그리 알고 물러들 가시오.
…

① 왕권 강화를 위해 6조 직계제가 시행되었다.
② 거중기 등을 활용하여 수원 화성이 축조되었다.
③ 청과 국경을 정하는 백두산정계비가 건립되었다.
④ 통치 체제를 정비하기 위해 대전회통이 편찬되었다.
⑤ 삼정의 문란을 시정하기 위한 삼정이정청이 설치되었다.

25 -325 다음 상황이 나타난 시기에 볼 수 있는 모습으로 적절하지 않은 것은? [1점]

김화진 등이 아뢰기를, "…… 만상과 송상이 함께 수많은 가죽을 마음대로 밀무역을 합니다. 수달 가죽은 금지 품목 가운데 하나인데 변경을 지키는 관리들이 대수롭지 않게 여겨 1년, 2년이 되면 곧 일상적인 물건과 같아지니 …… 이후로는 한결같이 법전에 의거하여 금지 조항을 거듭 자세히 밝혀서 송상과 만상에게 법을 범해서는 안 되며, 범하는 사람이 있으면 일일이 적발하여 법에 따라 엄격하게 처벌한다는 것을 분명히 알게 해야 합니다. 아울러 살피지 못한 변방의 관리들도 드러나는 대로 무겁게 다스린다는 뜻을 분명히 알게 해야 합니다. ……"라고 하니, 임금이 그리하라 하였다.

① 채굴 노동자를 고용하는 덕대
② 벽란도에서 교역하는 송의 상인
③ 상평통보로 물건을 거래하는 보부상
④ 포구에서 물품의 매매를 중개하는 여각
⑤ 담배, 인삼 등 상품 작물을 재배하는 농민

제70회 한국사능력검정시험 (심화)

26-326 (가) 인물에 대한 설명으로 옳은 것은? [2점]

① 북한산비가 진흥왕 순수비임을 고증하였다.
② 청으로부터 시헌력을 도입하자고 건의하였다.
③ 우서에서 사농공상의 직업적 평등을 주장하였다.
④ 양반전을 지어 양반의 허례와 무능을 풍자하였다.
⑤ 10리마다 눈금을 표시한 대동여지도를 완성하였다.

28-328 (가), (나) 사이의 시기에 있었던 사실로 옳은 것은? [3점]

(가) 순무영에서 정족산성 수성장 양헌수가 보내온 보고에 의하면, "…… 우리 군사가 잠입한 사실을 적들이 알지 못하였습니다. 오늘 저들은 우리가 지키고 있는 성을 점령할 계책으로 그 우두머리가 말을 타고 나귀를 끌고 짐바리와 술과 음식을 가지고 동문과 남문으로 나누어 들어왔습니다. 이때 우리 군사들이 좌우에 매복하였다가 일제히 총탄을 퍼부었습니다. ……"라고 하였습니다.

(나) 4월 24일에 계속해서 올린 강화 진무사 정기원의 치계에, "미국 배가 다시 항구로 들어와서 광성진을 습격하여 함락하였는데, 중군 어재연이 힘껏 싸우다가 목숨을 바쳤고, 사망한 군사가 매우 많습니다. 적병은 초지포 부근에 주둔하였습니다. 장수 이렴이 밤을 이용하여 습격해서야 그들을 퇴각시켰습니다."라고 하였습니다.

① 일본 군함 운요호가 영종도를 공격하였다.
② 오페르트가 남연군 묘의 도굴을 시도하였다.
③ 마젠창과 묄렌도르프가 고문으로 파견되었다.
④ 영국군이 러시아를 견제하기 위해 거문도를 점령하였다.
⑤ 황사영이 외국 군대의 출병을 요청하는 백서를 작성하였다.

27-327 (가) 인물의 작품으로 옳은 것은? [1점]

이 작품은 조선 후기 대표적 풍속화가인 단원 (가) 이/가 나귀를 타고 유람하는 나그네의 시점으로 그린 행려풍속도병입니다. 8폭 병풍에는 계절에 따라 변해가는 산수와 대장간, 나루터 등 다양한 세상살이의 모습이 생동감 있게 표현되어 있습니다. 각 폭의 그림 위쪽에는 그의 스승인 강세황의 그림평이 적혀 있습니다.

①  ②  ③

④  ⑤

29-329 (가) 조약에 대한 설명으로 옳은 것은? [2점]

미국에서 발행된 'Frank Leslies Illustrated Newspaper' 1883년 9월 29일자에 실린 보빙사의 사진이다. 전권대신 민영익과 부대신 홍영식 등으로 구성된 보빙사는 (가) 체결로 미국 공사가 부임하자 그에 대한 답례로 파견되었다. 미국에서 아서 대통령을 만나고 우체국, 신문사, 병원 등 각종 근대 시설을 시찰하고 돌아왔다.

① 최혜국 대우를 최초로 규정하였다.
② 통감부가 설치되는 계기가 되었다.
③ 천주교 포교 허용의 근거가 되었다.
④ 재정 고문을 두도록 하는 조항을 담고 있다.
⑤ 부산, 원산, 인천이 개항되는 결과를 가져왔다.

제70회 한국사능력검정시험 (심화)

30 -330 (가)에 대한 설명으로 옳은 것은? [2점]

우정총국 개국 축하연에서 일부 급진 개화파가 (가) 을/를 일으켰습니다.
1/3

권력을 장악한 그들은 청과의 사대 관계 청산 등을 담은 개혁 정강을 발표하였습니다.
2/3

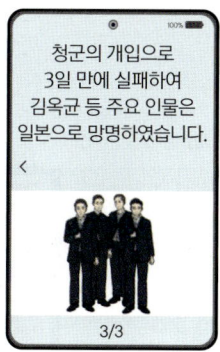
청군의 개입으로 3일 만에 실패하여 김옥균 등 주요 인물은 일본으로 망명하였습니다.
3/3

① 전개 과정에서 집강소가 설치되었다.
② 수신사가 파견되는 데 영향을 주었다.
③ 한성 조약이 체결되는 결과를 가져왔다.
④ 사태 수습을 위해 박규수가 안핵사로 파견되었다.
⑤ 구식 군인에 대한 차별 대우가 발단이 되어 일어났다.

32 -332 (가) 의병에 대한 설명으로 옳은 것은? [2점]

이달의 독립운동가

최초의 여성 의병 지도자 윤희순(尹熙順)

- 생몰년 : 1860~1935
- 생애 및 활동
  경기도 구리 출신으로 명성 황후 시해 사건이 일어나자 '안사람 의병가'를 창작하여 여성의 의병 참여를 독려하는 데 앞장섰다. 고종의 강제 퇴위와 군대 해산에 반발하여 일어난 (가) 당시 30여 명의 여성으로 의병대를 조직하여 최초의 여성 의병장으로 활약하였다. 일제에 나라를 뺏긴 이후에는 만주로 망명하여 항일 인재 양성과 무장 투쟁을 이어 나갔다. 1990년 건국 훈장 애족장이 추서되었다.

① 최익현이 태인에서 궐기하였다.
② 고종의 해산 권고 조칙에 따라 해산하였다.
③ 민종식이 이끄는 부대가 홍주성을 점령하였다.
④ 일본에 국권 반환 요구서를 제출하고자 하였다.
⑤ 의병 부대가 연합하여 서울 진공 작전을 전개하였다.

31 -331 (가) 궁궐에 대한 설명으로 옳은 것은? [3점]

돈덕전으로의 초대

돈덕전이 재건되어 전시관으로 개관합니다. 많은 관람 부탁드립니다.

- 주소 : 서울특별시 중구 세종대로 99
- 개관일 : 2023년 ○○월 ○○일

● 소개
돈덕전은 (가) 안에 지어진 유럽풍 외관의 건물로, 고종 즉위 40주년 기념행사를 열기 위해 건립되었다. 1층에는 폐하를 알현하는 폐현실, 2층에는 침실이 자리하여 각국 외교 사절의 폐현 및 연회장, 국빈급 외국인의 숙소로 사용되었다.
러시아 공사관에서 (가) (으)로 거처를 옮긴 뒤부터 고종은 중명전을 비롯한 서구식 건축물을 지어 근대 국가로서의 면모를 보여 주고자 하였다. 돈덕전 역시 이러한 의도가 투영된 건축물이다.

① 제1차 미·소 공동 위원회가 개최되었다.
② 도성 내 서쪽에 있어 서궐이라고 불렸다.
③ 일제에 의해 창경원으로 격하되기도 하였다.
④ 정도전이 궁궐과 주요 전각의 명칭을 정하였다.
⑤ 태종이 도읍을 한양으로 다시 옮기며 건립하였다.

33 -333 ⊙ 시기에 볼 수 있는 모습으로 가장 적절한 것은? [2점]

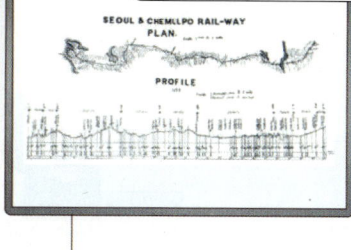

이것은 경인선 철도의 노선 계획도입니다. 경인선은 미국인 모스로부터 부설권을 사들인 일본에 의해 서울에서 인천을 잇는 철도로 개통되었습니다. 완공 후 ⊙ 서대문 정거장에서 철도 개통식이 열렸습니다. 이후 경부선, 경의선 철도가 차례로 개통되었습니다. 그 과정에서 많은 토지가 철도 부지로 수용되고 농민들이 공사에 강제로 동원되면서 많은 저항이 있었습니다.

① 학도 지원병을 독려하는 지식인
② 금난전권 폐지에 반대하는 시전 상인
③ 근우회가 주최하는 강연에 참여하는 여성
④ 두모포에서 무력시위를 벌이는 일본 군인
⑤ 근대 학문을 가르치는 한성 사범 학교 교사

34 밑줄 그은 '이 지역'에서 있었던 민족 운동으로 옳은 것은? [3점]

□□신문

제△△호　　　　　　　　　　○○○○년 ○○월 ○○일

"원병상 회고록"으로 본 국외 민족 운동

한국 독립운동사의 일면을 살펴볼 수 있는 책이 발간되었다. 이 책은 신흥 무관 학교 졸업생이자 교관으로 독립군 양성에 헌신한 원병상의 회고록이다. 책에는 이 지역에 세워진 신흥 무관 학교의 변화 과정과 학생들의 생활상이 구체적으로 담겨 있을 뿐만 아니라, 국권 피탈 이후 망명해 온 독립지사들이 힘겹게 정착해 나가는 과정이 생생하게 기록되어 있어 독립운동사와 생활사 자료로서 가치가 크다.

① 한인 자치 기구인 경학사가 설립되었다.
② 권업회가 조직되어 기관지를 발행하였다.
③ 유학생들을 중심으로 2·8 독립 선언서가 발표되었다.
④ 대조선 국민군단이 결성되어 군사 훈련을 실시하였다.
⑤ 흥사단이 창립되어 교민들에게 민족의식을 심어 주고자 하였다.

36 밑줄 그은 '시기'에 시행된 일제의 정책으로 옳은 것은? [1점]

① 애국반을 조직하였다.
② 신문지법을 제정하였다.
③ 조선 태형령을 시행하였다.
④ 산미 증식 계획을 실시하였다.
⑤ 황국 신민 서사의 암송을 강요하였다.

35 밑줄 그은 '운동'에 대한 설명으로 옳은 것은? [1점]

① 통감부의 방해와 탄압으로 중단되었다.
② 천도교 소년회가 창립된 후 본격화되었다.
③ 일제가 이른바 문화 통치를 실시하는 배경이 되었다.
④ 성진회와 각 학교 독서회에 의해 전국으로 확산되었다.
⑤ 시위를 준비하는 과정에서 사회주의자들이 대거 검거되었다.

37 (가) 종교에 대한 설명으로 옳은 것은? [2점]

① 개벽, 신여성 등의 잡지를 발간하였다.
② 한용운 등이 사찰령 폐지를 주장하였다.
③ 박중빈을 중심으로 새 생활 운동을 펼쳤다.
④ 김창숙의 주도로 파리 장서 운동을 전개하였다.
⑤ 무장 투쟁을 전개하기 위해 중광단을 조직하였다.

제70회 한국사능력검정시험 (심화)

38-338 (가)~(다)를 일어난 순서대로 옳게 나열한 것은? [2점]

주제 : 1920년대 국외 민족 운동의 시련

(가) 일본군이 독립군에 대한 보복으로 간도 지역의 한인을 학살한 간도 참변이 발생하였어요.

(나) 독립군의 통합 과정에서 많은 희생자가 발생한 자유시 참변이 일어났어요.

(다) 만주에서 활동하는 독립군 색출을 위해 조선 총독부가 만주 군벌과 미쓰야 협정을 체결하였어요.

① (가) - (나) - (다)
② (가) - (다) - (나)
③ (나) - (가) - (다)
④ (나) - (다) - (가)
⑤ (다) - (가) - (나)

40-340 밑줄 그은 '이 시기'에 시행된 일제의 정책으로 옳은 것은? [1점]

이 사진은 어느 국민학교의 수업 장면입니다. 중·일 전쟁 이후 일제가 침략 전쟁을 확대하던 이 시기에는 학생들도 '대동아 전쟁'이라는 주제로 일제의 침략 행위를 정당화하는 교육을 받아야 했습니다.

① 회사령을 공포하였다.
② 치안 유지법을 제정하였다.
③ 헌병 경찰제를 실시하였다.
④ 경성 제국 대학을 설립하였다.
⑤ 조선 사상범 예방 구금령을 시행하였다.

39-339 밑줄 그은 '시기'에 볼 수 있는 모습으로 가장 적절한 것은? [3점]

아리랑 아리랑 아라리오 ~~ 아리랑 고개로 넘어간다 ~~ 나를 버리고 가시는 임은 ~~ 십 리도 못가서 발병 난다 ~~ ♪

이 노래가 영화 음악으로도 쓰였다는 것을 알고 있었어?

나운규가 감독과 주연을 모두 맡았네.

이 영화가 처음 제작 발표된 시기의 민족적 애환을 잘 표현하였다는 평가를 받고 있어.

① 관민 공동회에서 연설하는 백정
② 교육 입국 조서를 발표하는 관리
③ 원각사에서 은세계 공연을 보는 관객
④ 전차 개통식에 참여하는 한성 전기 회사 직원
⑤ 카프(KAPF)를 형성하여 활동하는 신경향파 작가

41-341 밑줄 그은 '나'에 대한 설명으로 옳은 것은? [3점]

나는 1913년 상하이 망명 후 동제사에 참여하였소. 1917년에는 대동단결 선언을 작성했다오. 여기에서 나는 주권이 국민에게 있음을 밝혔는데, 이것이 공화정을 지향하는 정치사상으로 평가받고 있다오. 1930년에는 안창호 등과 함께 한국 독립당을 창당하였소. 이후 대한민국 임시 정부 건국 강령 초안도 작성하였다오.

대동단결의 선언

① 조선 혁명 선언을 작성하였다.
② 한국독립운동지혈사를 저술하였다.
③ 극동 인민 대표 대회에서 의장단으로 선출되었다.
④ 헤이그에서 열린 만국 평화 회의에 특사로 파견되었다.
⑤ 새로운 국가 건설을 위한 이념으로 삼균주의를 주장하였다.

42-342 다음 편지가 작성된 시기를 연표에서 옳게 고른 것은? [2점]

> 친애하는 메논 박사
>
> 남북 지도자 회담에 관하여 귀하와 귀 위원단에게 우리의 의견과 각서를 이미 제출한 바이오니와 우리는 가급적 우리 양인의 명의로 남에서 이에 찬동하는 제 정당의 대표 회담을 소집하여 이미 제출한 바에 제1차 보조를 하겠습니다. 이 회의에서 남쪽이 대표를 선출하면 북쪽에 연락할 인원과 방법에 대한 것을 결정하겠습니다. 귀 위원단이 이에 대하여 원만하고 적극적인 협조를 직접 간접으로 하여 주시면 대단히 감사하겠으며 우리 양방의 노력으로 하여금 우리가 공동으로 목적하는 바를 이루어지기를 믿습니다. 끝으로 우리의 심각한 경의를 표합니다.
>
> 김구, 김규식

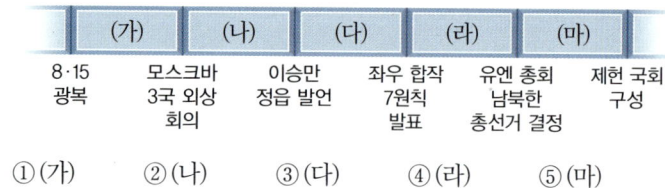

(가)	(나)	(다)	(라)	(마)
8·15 광복	모스크바 3국 외상 회의	이승만 정읍 발언	좌우 합작 7원칙 발표	유엔 총회 남북한 총선거 결정	제헌 국회 구성

① (가) ② (나) ③ (다) ④ (라) ⑤ (마)

43-343 다음 연설문을 발표한 정부의 통일 노력으로 옳은 것은? [2점]

> 제5차 남북 고위급 회담에서 서명된 합의서는 남과 북이 오랜 단절과 대립을 청산하여 상호 신뢰를 바탕으로 이 땅에, 평화의 질서를 구축하고 교류 협력을 통해 민족의 화해와 공동 번영을 이루어가기 위해 필요한 조처들을 망라하고 있습니다. …… 석 달 전 남북한의 유엔 동시 가입과 이에 이은 이번 합의서의 서명은 한반도 문제 해결과 민족 통일을 향한 여정에 획기적인 이정표를 세운 것입니다. …… 나는 올해 안에 한반도의 비핵화를 실현하는 합의를 이루고 밝아오는 새해와 함께 남과 북이 평화와 협력, 평화와 공동 번영의 새로운 시대를 힘차게 열게 되기를 바랍니다.

① 판문점에서 남북 정상 회담을 개최하였다.
② 남북 이산가족의 고향 방문을 최초로 성사시켰다.
③ 민족자존과 통일 번영을 위한 7·7 선언을 발표하였다.
④ 7·4 남북 공동 성명을 실천하기 위해 남북 조절 위원회를 구성하였다.
⑤ 남북 관계 발전과 평화 번영을 위한 10·4 남북 정상 선언에 서명하였다.

44-344 다음 상황 이후에 일어난 사실로 옳은 것은? [2점]

> 오늘 미합중국 존 포스터 덜레스 국무 장관과 우리나라 변영태 외무 장관 사이에 상호 방위 조약이 체결되었습니다. 이로써 양국은 우호 관계를 바탕으로 한국에 대한 공산주의자들의 침공에 맞서 나란히 싸울 수 있도록 상호 이해와 공동의 이상을 나누게 되었습니다.

① 반민족 행위 특별 조사 위원회가 설치되었다.
② 평화 통일론을 주장한 진보당의 조봉암이 처형되었다.
③ 비상계엄이 선포된 가운데 발췌 개헌안이 통과되었다.
④ 미국의 극동 방위선을 규정한 애치슨 라인이 발표되었다.
⑤ 유상 매수, 유상 분배를 규정한 농지 개혁법이 제정되었다.

45-345 (가), (나) 헌법에 대한 설명으로 옳은 것은? [2점]

(가)	제39조 ① 대통령은 통일 주체 국민 회의에서 토론 없이 무기명 투표로 선거한다. 제47조 대통령의 임기는 6년으로 한다. 제59조 ① 대통령은 국회를 해산할 수 있다.
(나)	제39조 ① 대통령은 대통령 선거인단에서 무기명 투표로 선거한다. ③ 대통령 선거인단에서 재적 대통령 선거인 과반수의 찬성을 얻은 자를 대통령 당선자로 한다. 제45조 대통령의 임기는 7년으로 하며, 중임할 수 없다.

① (가) - 6·25 전쟁 중 부산에서 공포되었다.
② (가) - 대통령의 국회 의원 1/3 추천 조항을 담고 있다.
③ (나) - 호헌 동지회 결성의 배경이 되었다.
④ (나) - 3·1 민주 구국 선언에 영향을 주었다.
⑤ (가), (나) - 6월 민주 항쟁 이후에 제정되었다.

46-346 (가) 시기에 있었던 사실로 옳은 것은? [1점]

 오늘 내린 긴급 재정 경제 명령은 명실상부한 금융 실명제에 대한 국민의 열망을 반영하고 있습니다.

➡ (가) ➡

 정부는 금융 외환 시장의 어려움을 극복하기 위해 국제 통화 기금에 유동성 조절 자금 지원을 요청하였습니다.

① 처음으로 수출액 100억 달러를 달성하였다.
② 미국과 자유 무역 협정(FTA)을 체결하였다.
③ 저유가·저금리·저달러의 3저 호황이 있었다.
④ 경제 협력 개발 기구(OECD) 회원국이 되었다.
⑤ 원조 물자를 가공하는 삼백 산업이 발달하였다.

47 밑줄 그은 '정부' 시기에 있었던 사실로 옳은 것은? [3점]

① 평창 동계 올림픽이 개최되었다.
② 전국 민주 노동조합 총연맹이 창립되었다.
③ 헝가리와 상주 대표부 설치 협정을 체결하였다.
④ 진실·화해를 위한 과거사 정리 기본법이 제정되었다.
⑤ 중학교 입시 제도가 폐지되고 무시험 추첨제가 실시되었다.

48 ㉠~㉤에 대한 설명으로 적절하지 않은 것은? [2점]

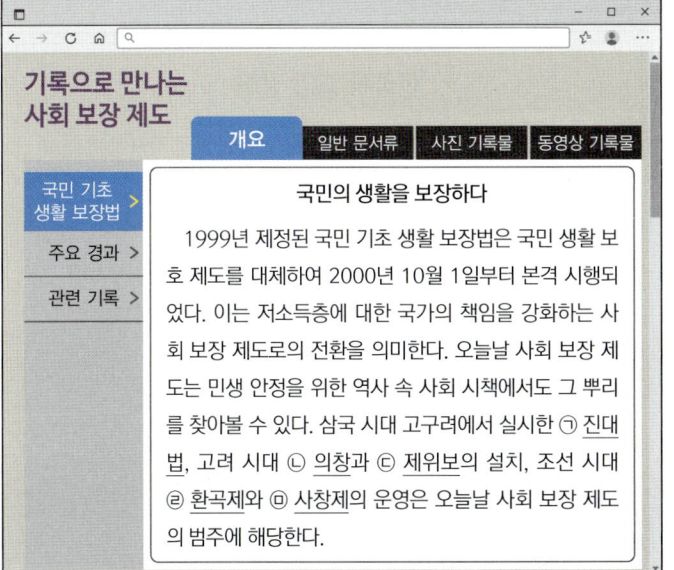

① ㉠ - 고국천왕이 시행하였다.
② ㉡ - 성종이 흑창을 확대 개편하여 설치하였다.
③ ㉢ - 기금을 모아 그 이자로 빈민을 구휼하였다.
④ ㉣ - 세도 정치기에 농민을 수탈하는 수단으로 변질되었다.
⑤ ㉤ - 구제도감을 두어 백성을 구호하였다.

49 다음 기사가 보도된 정부 시기의 사실로 옳은 것은? [2점]

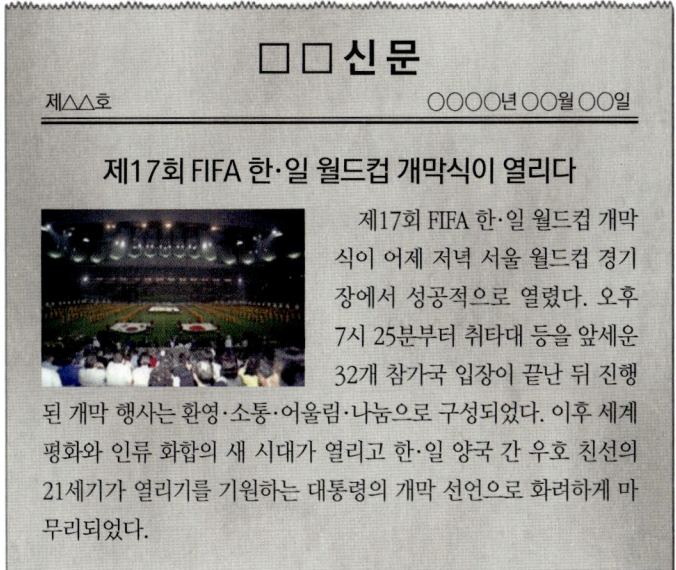

① 중앙정보부가 창설되었다.
② 국가 인권 위원회가 출범하였다.
③ 세계 무역 기구(WTO)에 가입하였다.
④ G20 정상 회의를 서울에서 개최하였다.
⑤ 37년 만에 야간 통행금지가 해제되었다.

50 (가), (나) 지역에서 있었던 사실로 옳은 것을 <보기>에서 고른 것은? [2점]

보기
ㄱ. (가) - 김광제 등을 중심으로 국채 보상 운동이 시작되었다.
ㄴ. (가) - YH 무역 노동자들이 폐업에 항의하며 농성을 벌였다.
ㄷ. (나) - 한·일 학생 간의 충돌을 계기로 민족 운동이 일어났다.
ㄹ. (나) - 3·15 부정 선거를 규탄한 김주열의 시신이 발견되었다.

① ㄱ, ㄴ   ② ㄱ, ㄷ   ③ ㄴ, ㄷ
④ ㄴ, ㄹ   ⑤ ㄷ, ㄹ

심화 2024년도 제69회 한국사능력검정시험 문제지

1-351 (가) 시대의 생활 모습으로 가장 적절한 것은? [1점]

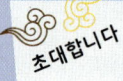

수장고에서 찾아낸 유물 이야기

우리 박물관은 수장고의 유물을 선정하여 분기별로 특별 전시회를 개최하고 있습니다. 이번 전시회에서는 (가) 시대를 주제로 한 유물들이 전시될 예정입니다.

■ 대표 전시 유물

 동삼동 패총 유적에서 출토된 빗살무늬 토기로 짧은 사선 무늬, 생선뼈무늬 등이 잘 드러납니다. 농경과 목축이 시작된 (가) 시대에 식량의 저장과 조리를 위해 이와 같은 토기가 제작되었습니다.

■ 기간 : 2024. ○○. ○○. ~ ○○. ○○.
■ 장소 : △△박물관 특별 전시실

① 반달 돌칼을 이용하여 벼를 수확하였다.
② 주로 동굴이나 강가의 막집에 거주하였다.
③ 가락바퀴와 뼈바늘로 옷을 만들어 입었다.
④ 많은 인력을 동원하여 고인돌을 축조하였다.
⑤ 주먹도끼, 찍개 등의 뗀석기를 처음 제작하였다.

2-352 밑줄 그은 '이 왕'의 업적으로 옳은 것은? [2점]

이 비석은 원래 도선국사비, 무학대사비 등으로 알려져 있었지.

맞아. 그런데 조선 후기에 김정희가 금석과안록에서 이 왕이 건립한 순수비임을 고증하였어.

① 관료전을 지급하고 녹읍을 폐지하였다.
② 인재 등용을 위해 독서삼품과를 실시하였다.
③ 이차돈의 순교를 계기로 불교를 공인하였다.
④ 지방관을 감찰하기 위해 외사정을 파견하였다.
⑤ 대아찬 거칠부에게 명하여 국사를 편찬하였다.

3-353 (가), (나) 나라에 대한 설명으로 옳은 것을 〈보기〉에서 고른 것은? [3점]

(가) 대군장이 없고, 그 관직으로는 후(侯)와 읍군과 삼로가 있다. …… 해마다 10월이면 하늘에 제사를 지내는데, 밤낮으로 술 마시며 노래 부르고 춤추니, 이를 무천이라 한다. 또 호랑이를 신으로 여겨 제사 지낸다. - "후한서" 동이열전 -

(나) 해마다 5월이면 씨뿌리기를 마치고 귀신에게 제사를 지낸다. 떼를 지어 모여서 노래와 춤을 즐기며 술 마시고 노는데 밤낮으로 쉬지 않는다. …… 국읍에 각각 한 사람씩을 세워서 천신의 제사를 주관하게 하는데, 이를 천군이라 부른다. - "삼국지" 위서 동이전 -

〈보기〉
ㄱ. (가) - 혼인 풍습으로 민며느리제가 있었다.
ㄴ. (가) - 읍락 간의 경계를 중시하는 책화가 있었다.
ㄷ. (나) - 신지, 읍차 등의 지배자가 있었다.
ㄹ. (나) - 여러 가(加)들이 별도로 사출도를 주관하였다.

① ㄱ, ㄴ ② ㄱ, ㄷ ③ ㄴ, ㄷ
④ ㄴ, ㄹ ⑤ ㄷ, ㄹ

4-354 (가)에 들어갈 내용으로 적절한 것은? [2점]

한국사 교양 강좌

우리 학회는 백제 웅진기의 역사를 주제로 교양 강좌를 운영하고 있습니다. 이번 달에는 백제 중흥의 기틀을 마련한 왕에 대한 강좌를 준비하였습니다.

제1강 - 동성왕을 시해한 백가를 처단하다
제2강 - 지방의 22담로에 왕족을 파견하다
제3강 - (가)
제4강 - 공주 왕릉원에 안장되다

■ 주최 : □□학회
■ 일시 : 2024년 2월 매주 수요일 19:00~21:00
■ 장소 : ○○대학교 인문대학 대강의실

① 금마저에 미륵사를 창건하다
② 윤충을 보내 대야성을 함락하다
③ 평양성을 공격하여 고국원왕을 전사시키다
④ 진흥왕과 연합하여 한강 하류 지역을 수복하다
⑤ 사신을 보내 중국 남조의 양과 외교 관계를 강화하다

제69회 한국사능력검정시험 (심화)

5-355 (가), (나) 사이의 시기에 있었던 사실로 옳은 것은? [2점]

(가) 을지문덕이 우중문에게 시를 보내 이르기를, "신묘한 계책은 천문을 다 헤아렸고 기묘한 계획은 지리를 모두 통달하였도다. 싸움에 이겨 이미 공로가 드높으니 만족할 줄 알고 그치기를 바라노라."라고 하였다.

(나) 안시성 사람들이 황제의 깃발과 일산을 멀리서 바라보고, 곧장 성에 올라가 북을 치고 소리를 질렀다. 황제가 화를 내자, 이세적은 성을 함락하는 날에 남자를 모두 구덩이에 묻어 죽이자고 청하였다. 안시성 사람들이 이를 듣고 더욱 굳게 지키니, 오래도록 공격하여도 함락되지 않았다.

① 관구검이 환도성을 공격하여 함락하였다.
② 계백이 이끄는 군대가 황산벌에서 항전하였다.
③ 연개소문이 정변을 일으켜 권력을 장악하였다.
④ 광개토 대왕이 신라에 침입한 왜를 격퇴하였다.
⑤ 미천왕이 낙랑군을 축출하여 영토를 확장하였다.

7-357 (가)~(다)를 일어난 순서대로 옳게 나열한 것은? [3점]

(가) 사찬 시득이 수군을 거느리고 소부리주 기벌포에서 설인귀와 싸웠으나 패배하였다. 다시 나아가 크고 작은 22번의 싸움에서 승리하고, 4천여 명의 목을 베었다.

(나) 흑치상지가 도망하여 흩어진 무리들을 모으니, 열흘 사이에 따르는 자가 3만여 명이었다. …… 흑치상지가 별부장 사타상여를 데리고 험준한 곳에 웅거하여 복신과 호응하였다.

(다) 검모잠이 국가를 다시 일으키기 위하여 당을 배반하고 보장왕의 외손 안승을 세워 임금으로 삼았다. 당 고종이 대장군 고간을 보내 행군총관으로 삼고 병력을 내어 그들을 토벌하니, 안승이 검모잠을 죽이고 신라로 달아났다.

① (가) - (나) - (다)
② (가) - (다) - (나)
③ (나) - (가) - (다)
④ (나) - (다) - (가)
⑤ (다) - (나) - (가)

6-356 다음 설명에 해당하는 문화유산으로 옳은 것은? [2점]

8-358 (가) 국가의 경제 상황으로 옳은 것은? [2점]

이 문서는 일본의 도다이사 쇼소인에서 발견된 것으로, (가) 의 5소경 중 하나인 서원경 주변 촌락을 포함한 4개 촌락의 인구 현황, 토지의 종류와 면적 등이 상세히 기록되어 있습니다.

① 경성과 경원에 무역소를 두었다.
② 수도에 서시와 남시를 설치하였다.
③ 주전도감에서 해동통보를 발행하였다.
④ 독점적 도매상인인 도고가 출현하였다.
⑤ 감자, 고구마 등을 구황 작물로 재배하였다.

9-359 (가) 국가에 대한 설명으로 옳은 것은? [2점]

> 명문(名文)으로 만나는 한국사
>
> …… 신이 삼가 (가) 의 원류를 살펴보건대, 고구려가 멸망하기 이전에는 본디 이름도 없는 조그마한 부락에 불과하였는데, …… 걸사[비]우와 대조영 등이 측천무후가 임조(臨朝)할 즈음에 이르러, 영주에서 반란이 일어나자 그곳에서 도주하여 황구(荒丘)를 차지하고 비로소 진국(振國)이라고 칭하였습니다. ……
>
> [해설] 이 글은 최치원이 작성한 사불허북국거상표(謝不許北國居上表)의 일부입니다. 이를 통해 북국으로 표현된 (가) 의 건국 과정 등을 파악할 수 있습니다.

① 정사암 회의에서 나라의 중대사를 결정하였다.
② 지방의 여러 성에 욕살, 처려근지 등을 두었다.
③ 도병마사에서 변경의 군사 문제 등을 논의하였다.
④ 서적 관리, 주요 문서 작성 등을 위해 문적원을 두었다.
⑤ 골품에 따라 관등 승진, 일상생활 등을 엄격히 제한하였다.

10-360 (가) 왕에 대한 설명으로 옳은 것은? [1점]

이 불상은 충청남도 논산시에 있는 개태사지 석조 여래 삼존 입상으로, 큼직한 손과 신체의 굴곡이 거의 드러나지 않는 원통형의 형태가 특징입니다. 개태사는 후삼국을 통일한 (가) 이/가 이를 기념하여 세운 사찰입니다.

① 관학 진흥을 위해 양현고를 설치하였다.
② 쌍기의 건의를 받아들여 과거제를 시행하였다.
③ 전국에 12목을 설치하고 지방관을 파견하였다.
④ 전시과 제도를 처음 마련하여 관리에게 토지를 지급하였다.
⑤ 후대 왕들이 지켜야 할 정책 방향을 담은 훈요 10조를 남겼다.

11-361 다음 검색창에 들어갈 지역에서 있었던 사실로 옳은 것은? [3점]

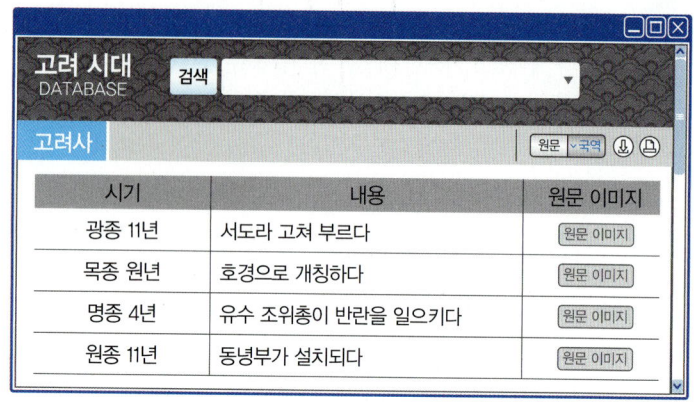

고려 시대 DATABASE 검색
고려사

시기	내용	원문 이미지
광종 11년	서도라 고쳐 부르다	원문 이미지
목종 원년	호경으로 개칭하다	원문 이미지
명종 4년	유수 조위총이 반란을 일으키다	원문 이미지
원종 11년	동녕부가 설치되다	원문 이미지

① 정몽주가 이방원 세력에게 피살되었다.
② 묘청이 반란을 일으키고 국호를 대위라 하였다.
③ 몽골의 침략으로 황룡사 구층 목탑이 소실되었다.
④ 흥덕사에서 금속 활자로 직지심체요절이 간행되었다.
⑤ 정서가 유배 중에 정과정이라는 고려 가요를 지었다.

12-362 다음 자료에 나타난 국가의 경제 상황으로 옳은 것은? [2점]

> ○ 이때에 은병을 화폐로 쓰기 시작하였다. 그 제도는 은 한 근으로 만들며 본국의 지형을 본뜨도록 하였다. 속칭 활구라 하였다.
>
> ○ 도평의사사에서 방을 붙여 알리기를, "지금부터 은병 하나를 쌀로 환산하여 개경에서는 15~16석, 지방에서는 18~19석의 비율로 하되, 경시서에서 그 해의 풍흉을 살펴 그 값을 정할 것이다."라고 하였다.

① 솔빈부의 말을 특산물로 수출하였다.
② 서적점, 다점 등의 관영 상점을 운영하였다.
③ 청해진을 중심으로 해상 무역을 전개하였다.
④ 광산을 전문적으로 경영하는 덕대가 활동하였다.
⑤ 기유약조를 체결하여 일본과의 교역을 재개하였다.

제69회 한국사능력검정시험 (심화)

13-363 (가)에 대한 고려의 대응으로 옳은 것은? [2점]

> 변방의 장수가 보고하기를, " (가) 이/가 매우 사나워 변방의 성을 침입하고 있습니다."라고 하였다. …… 드디어 출병하기로 의논을 정하여 윤관을 원수로 삼고 지추밀원사 오연총을 부원수로 삼았다. 윤관이 아뢰기를, "신이 일찍이 선왕의 밀지를 받들었고 지금 또 엄명을 받았으니, 어찌 감히 삼군을 통솔하여 (가) 의 보루를 깨뜨리고 우리의 강토를 개척하여 나라의 수치를 씻지 않겠습니까."라고 하였다.

① 광군을 창설하여 침입에 대비하였다.
② 박위를 파견하여 근거지를 토벌하였다.
③ 강화도로 도읍을 옮겨 장기 항전을 준비하였다.
④ 선물 받은 낙타를 만부교에서 굶어 죽게 하였다.
⑤ 동북 9성을 설치하고 경계를 알리는 비석을 세웠다.

14-364 다음 자료를 활용한 탐구 활동으로 가장 적절한 것은? [1점]

> ○ 남쪽에서 도적들이 봉기하였다. 가장 심한 자들은 운문을 거점으로 한 김사미와 초전을 거점으로 한 효심이었다. 이들은 유랑민을 불러 모아 주현을 습격하여 노략질하였다.
>
> ○ 원율 사람인 이연년이 백적도원수라 자칭하며 많은 사람을 불러 모아 여러 주군을 공격하여 노략질하니 최린이 지휘사 김경손과 함께 그들을 격파하였다.

① 노비안검법이 실시된 목적을 알아본다.
② 삼정이정청이 설치된 과정을 살펴본다.
③ 사심관 제도가 시행된 사례를 조사한다.
④ 집강소에서 추진한 개혁의 내용을 분석한다.
⑤ 무신 집권기 하층민의 반란이 발생한 배경을 파악한다.

15-365 다음 사건이 일어난 시기를 연표에서 옳게 고른 것은? [2점]

> 조일신이 전 찬성사 정천기 등과 함께 기철·기륜·기원·고용보 등을 제거할 것을 모의하고 그들을 체포하게 하였는데, 기원은 잡아서 목을 베고 나머지는 모두 도망갔다. 조일신이 그 무리를 거느리고 나아가서 왕이 있던 궁궐을 포위하고, 숙직하고 있던 판밀직사사 최덕림, 상호군 정환 등 여러 사람을 죽였다.

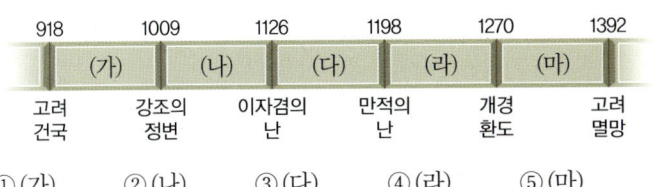

① (가) ② (나) ③ (다) ④ (라) ⑤ (마)

16-366 밑줄 그은 '국가'의 문화유산으로 옳지 않은 것은? [2점]

> 이것은 왕실의 종친인 신안공 왕전이 몽골의 침략을 받던 시기에 국가의 태평을 기원하며 발원한 법화경서탑도(法華經書塔圖)입니다. 감색 종이에 금가루 등으로 법화경 수만 자를 한 자씩 써서 칠층 보탑을 형상화한 것이 특징입니다.

17-367 (가), (나) 사이의 시기에 있었던 사실로 옳은 것은? [3점]

> (가) 살리타가 이첩(移牒)하기를, "황제께서 고려가 사신 저고여를 죽인 이유 등 몇 가지 일을 묻게 하셨다."라고 하면서 말 2만 필, 어린 남녀 수천 명, 자주색 비단 1만 필, 수달피 1만 장과 군사의 의복을 요구하였다.
>
> (나) 첨의부에서 아뢰기를, "제국 대장 공주의 겁령구*와 내료(內僚)들이 좋은 땅을 많이 차지하여 산천으로 경계를 정하고 사패(賜牌)**를 받아 조세를 납입하지 않으니, 청컨대 사패를 도로 거두소서."라고 하였다.
>
> * 겁령구: 시종인
> ** 사패: 토지 등에 대한 권리를 인정해 주는 증서

① 신숭겸이 공산 전투에서 전사하였다.
② 최승로가 왕에게 시무 28조를 올렸다.
③ 김방경의 군대가 탐라에서 삼별초를 진압하였다.
④ 강감찬이 개경에 나성을 축조할 것을 건의하였다.
⑤ 경대승이 정중부 등을 제거하고 권력을 장악하였다.

18-368 (가) 인물의 활동으로 옳은 것은? [2점]

① 홍산 전투에서 왜구를 물리쳤다.
② 화통도감의 설치를 건의하였다.
③ 정변을 일으켜 목종을 폐위하였다.
④ 의종 복위를 도모하여 군사를 일으켰다.
⑤ 교정별감이 되어 국정 전반을 장악하였다.

19-369 밑줄 그은 '대책'에 대한 탐구 활동으로 가장 적절한 것은? [2점]

> 양역(良役)의 편중됨이 실로 양민의 뼈를 깎아 지탱하지 못하는 폐단이 됩니다. 전하께서 이를 불쌍하게 여겨 2필의 역을 특별히 1필로 감하였으니, 이는 천지와 같은 큰 은덕이요 죽은 사람을 살려 주는 은혜입니다. …… 그러나 이미 포를 감하였으니 마땅히 그 대신할 것을 보충해야 하나 나라의 재원은 한정이 있습니다. …… 이에 신들은 감히 눈앞의 한때 일을 다행으로 여기지 않고 좋은 대책을 찾아 반드시 오래도록 이어지게 하겠습니다.

① 공인이 등장하게 된 배경을 살펴본다.
② 당백전 발행이 끼친 영향을 파악한다.
③ 선무군관포를 징수한 목적을 찾아본다.
④ 토산물을 쌀, 동전 등으로 납부하게 한 원인을 조사한다.
⑤ 전세를 풍흉에 따라 9등급으로 차등 부과한 이유를 알아본다.

20-370 (가) 기구에 대한 설명으로 옳은 것은? [2점]

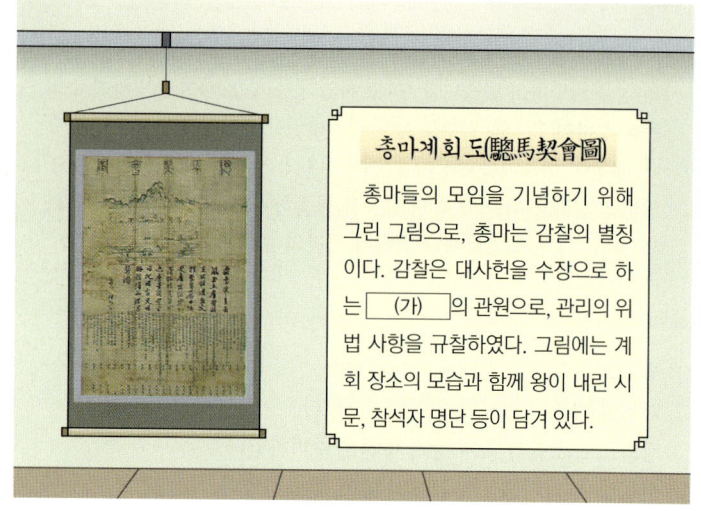

① 수도의 행정과 치안을 담당하였다.
② 왕명 출납을 맡은 왕의 비서 기관이었다.
③ 왕에게 경서 등을 강론하는 경연을 주관하였다.
④ 역사서를 편찬하고 사고에 보관하는 일을 맡았다.
⑤ 5품 이하 관리의 임명 과정에서 서경권을 행사하였다.

21-371 (가)에 들어갈 내용으로 가장 적절한 것은? [2점]

① 성학집요를 지어서 임금에게 바쳤어요.
② 김종직의 조의제문을 사초에 포함시켰어요.
③ 최초의 서원인 백운동 서원을 건립하였어요.
④ 소학의 보급과 현량과 실시를 주장하였어요.
⑤ 재상 중심의 정치를 강조한 조선경국전을 저술하였어요.

22-372 밑줄 그은 '이 왕'이 추진한 정책으로 옳은 것은? [2점]

(말풍선) 역사적 평가가 엇갈리는 이 왕에 대한 생각을 말해 보자.
(말풍선) 동생 영창 대군을 죽이고 어머니 인목 대비를 폐위한 것은 비난받을 행동이었어.
(말풍선) 후금과의 관계 악화를 피하려 한 외교 정책은 국가의 안정을 도모한 적절한 선택이었다고 생각해.

① 6조 직계제를 처음으로 실시하였다.
② 학문 연구 기관으로 집현전을 두었다.
③ 전란의 피해를 복구하고 동의보감을 간행하였다.
④ 역대 문물제도를 정리한 동국문헌비고를 편찬하였다.
⑤ 시전 상인의 특권을 축소하는 신해통공을 단행하였다.

23-373 밑줄 그은 '이 전쟁'의 영향으로 가장 적절한 것은? [2점]

사료로 만나는 한국사

신풍부원군 장유가 예조에 단자를 올리기를 "외아들이 있는데 강도(江都)의 변 때 그의 처가 잡혀갔다가 속환되어 지금은 친정 부모집에 가 있습니다. 그대로 배필로 삼아 함께 조상의 제사를 받들 수 없으니, 새로 장가들도록 허락해 주십시오."라고 하였다.

위 사료는 이 전쟁 중 강화도가 함락되면서 적국으로 끌려갔다 돌아온 며느리를 아들과 이혼하게 해달라는 내용의 글이다. 국왕이 삼전도에서 항복하며 종결된 이 전쟁으로 많은 사람들이 포로로 끌려갔다. 여성들은 살아 돌아오더라도 절개를 잃었다는 이유로 억울하게 이혼을 당하기도 하였다.

① 이완 등을 중심으로 북벌이 추진되었다.
② 김종서가 두만강 일대에 6진을 개척하였다.
③ 이종무가 적의 근거지인 쓰시마섬을 정벌하였다.
④ 강홍립이 이끄는 부대가 사르후 전투에 참전하였다.
⑤ 국방 문제를 논의하기 위해 비변사가 처음으로 설치되었다.

24-374 (가) 왕의 재위 시기에 있었던 사실로 옳은 것은? [2점]

만약 그 자신이 죽고 아내에게 전지가 전해지면 수신전이라 하였고, 부부가 모두 죽고 아들에게 전해지면 휼양전이라 일컬었으며, 만약 그 아들이 관직에 제수된다면 그대로 그 전지를 주고 과전이라 하였다. …… (가) 이/가 이 제도를 폐지하고 현직 관리에게 전지를 주고 직전이라 하였다.

① 불교 경전을 간행하는 간경도감이 설치되었다.
② 음악 이론 등을 집대성한 악학궤범이 완성되었다.
③ 세계 지도인 혼일강리역대국도지도가 제작되었다.
④ 신하를 재교육하기 위한 초계문신제가 실시되었다.
⑤ 삼남 지방의 농법을 소개한 농사직설이 편찬되었다.

25-375 (가) 지역에서 있었던 사실로 옳은 것은? [2점]

① 제1차 미·소 공동 위원회가 개최되었다.
② 명 신종을 기리는 만동묘가 건립되었다.
③ 강주룡이 을밀대 지붕에서 고공 농성을 벌였다.
④ 고구려비가 남한 지역에서 유일하게 발견되었다.
⑤ 박재혁이 경찰서에서 폭탄을 터뜨리는 의거를 일으켰다.

26-376 (가) 시기에 있었던 사실로 옳은 것은? [3점]

① 무신 이징옥이 반란을 일으켰다.
② 송시열이 유배된 후 사사되었다.
③ 자의 대비의 복상 문제로 예송이 일어났다.
④ 정여립 모반 사건을 빌미로 기축옥사가 발생하였다.
⑤ 붕당 정치의 폐해를 막기 위해 탕평비가 건립되었다.

제69회 한국사능력검정시험 (심화)

27 -377 (가) 인물에 대한 설명으로 옳은 것은? [2점]

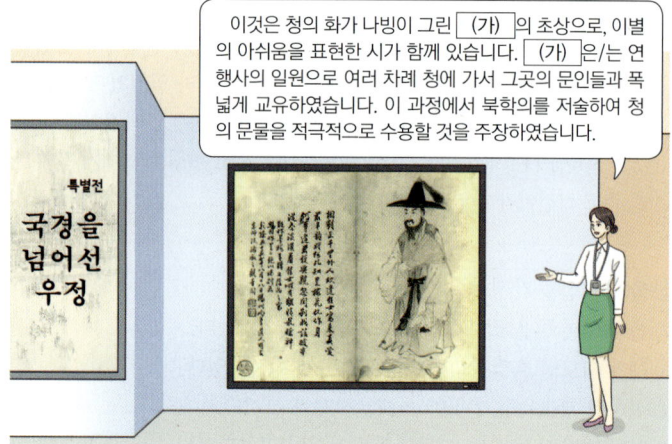

이것은 청의 화가 나빙이 그린 (가) 의 초상으로, 이별의 아쉬움을 표현한 시가 함께 있습니다. (가) 은/는 연행사의 일원으로 여러 차례 청에 가서 그곳의 문인들과 폭넓게 교유하였습니다. 이 과정에서 북학의를 저술하여 청의 문물을 적극적으로 수용할 것을 주장하였습니다.

① 세계 지리서인 지구전요를 저술하였다.
② 의산문답에서 무한 우주론을 주장하였다.
③ 기기도설을 참고하여 거중기를 설계하였다.
④ 서자 출신으로 규장각 검서관에 기용되었다.
⑤ 양반전을 지어 양반의 허례와 무능을 풍자하였다.

28 -378 다음 가상 대화가 이루어진 시기의 사회 모습으로 가장 적절한 것은? [1점]

자네 소식 들었나? 지난달 진주에서 백성들이 난을 일으켜 관아를 습격하고 아전의 집을 불태웠다더군.

나도 들었네. 경상 우병사 백낙신의 탐학과 향리들의 횡포에 맞서 유계춘이 주도하였다고 하더군.

① 빈민 구제를 위해 흑창이 설치되었다.
② 원종과 애노가 사벌주에서 봉기하였다.
③ 홍건적의 침입으로 개경이 함락되었다.
④ 지배층을 중심으로 변발과 호복이 유행하였다.
⑤ 안동 김씨 등의 세도 정치로 매관매직이 성행하였다.

29 -379 (가) 사건에 대한 설명으로 옳은 것은? [1점]

대한민국 방방곡곡 – 전등사
史 한국사 채널   조회 수 82,461

전등사는 강화도 정족산성 안에 위치한 사찰로 대웅전, 약사전 등 많은 문화유산을 보유하고 있다. 사찰 내에는 조선왕조실록을 보관하였던 정족산 사고가 복원되어 있다. 뿐만 아니라 (가) 때 프랑스군을 물리친 양헌수 장군의 승전비도 있다.

① 운요호 사건을 빌미로 일어났다.
② 왕이 공산성으로 피란하는 계기가 되었다.
③ 전개 과정에서 외규장각 도서가 약탈당하였다.
④ 사태 수습을 위해 이용태가 안핵사로 파견되었다.
⑤ 황사영이 외국 군대의 출병을 요청하는 원인이 되었다.

30 -380 다음 자료에 나타난 사건의 영향으로 가장 적절한 것은? [2점]

이때 세금을 부과하는 직책의 신하들이 재물을 거두어들여 자기 배만 채우면서 각영(各營)에 소속된 군인들의 봉급은 몇 달 동안 나누어 주지 않았다. 그리하여 훈국(訓局)의 군사가 맨 먼저 난을 일으키고, 각영의 군사가 잇달아 일어났다. 이들은 이최응, 민겸호, 김보현, 민창식을 죽였고 또 중전을 시해하려 하였다. 중전은 장호원으로 피하였다.

① 강화도 조약이 체결되었다.
② 김기수가 수신사로 일본에 파견되었다.
③ 종로와 전국 각지에 척화비가 세워졌다.
④ 일본 공사관 경비 명목으로 일본군이 주둔하였다.
⑤ 통리기무아문을 설치하고 그 아래에 12사를 두었다.

제69회 한국사능력검정시험 (심화)

31-381 (가)에 들어갈 내용으로 적절한 것은? [2점]

> 한국사 챗봇
>
> Q 군국기무처에 대해 알려 줘.
>
> A 군국기무처는 국정 전반에 걸친 개혁을 담당한 기구입니다. 총재는 김홍집이었으며, 유길준 등 개화파와 박준양 등 흥선 대원군 계열의 인사로 구성되었습니다. 개혁을 추진하면서 수개월 동안 200여 건의 안건을 의결하였습니다.
>
> Q 이 기구에서 의결한 주요 개혁 내용을 알려 줘.
>
> A (가)

① 공사 노비법을 혁파하였습니다.
② 5군영을 2영으로 통합하였습니다.
③ 건양이라는 연호를 제정하였습니다.
④ 한성 사범 학교 관제를 반포하였습니다.
⑤ 지계아문을 설치하여 지계를 발급하였습니다.

32-382 (가) 단체에 대한 설명으로 옳은 것은? [2점]

> 신들은 나라가 나라일 수 있는 조건은 두 가지가 있다고 생각합니다. 첫째는 자립하여 다른 나라에 의지하지 않는 것이며, 둘째는 자수(自修)하여 나라 안에 정법(政法)을 행하는 것입니다. 이 두 가지는 하늘이 우리 폐하께 부여해 준 하나의 큰 권한으로서, 이 권한이 없으면 나라가 없는 것입니다. 그래서 신 등은 (가) 을/를 설립하여 독립문을 세우고 위로는 황상의 지위를 높이며, 아래로는 인민의 뜻을 확고히 함으로써 억만년 무궁한 기초를 확립하고자 하였던 것입니다.

① 만세보를 발행하여 민중 계몽에 힘썼다.
② 일본의 황무지 개간권 요구를 저지하였다.
③ 일제가 조작한 105인 사건으로 와해되었다.
④ 중추원 개편을 통해 의회 설립을 추진하였다.
⑤ 독립운동 자금 마련을 위해 독립 공채를 발행하였다.

33-383 다음 자료에 나타난 민족 운동에 대한 설명으로 옳은 것은? [1점]

> 거액의 외채 1,300만 원을 해마다 미루다가 갚지 못할 지경에 이른다면 나라를 보존하기 어려울 것이니, 나라를 보존하지 못하면, 아! 우리 동포는 장차 무엇에 의지하겠습니까? …… 근래에 신문을 접하니, 영남에서 시작하여 서울에 이르기까지 담배를 끊어 나라의 빚을 갚자는 논의가 시작되었고, 발기한 지 며칠이 되지 않아 의연금을 내는 자들이 날마다 이른다 하니, 우리 백성들이 임금에게 충성하고 나라를 사랑하는 마음을 통쾌하게 볼 수 있습니다.

① 조선 총독부의 탄압과 방해로 실패하였다.
② 대한매일신보 등의 지원을 받아 확산되었다.
③ 대한민국 임시 정부가 수립되는 계기가 되었다.
④ 백정에 대한 사회적 차별 철폐를 목적으로 하였다.
⑤ 조선 민립 대학 기성회에서 모금 활동을 전개하였다.

34-384 다음 대화에 나타난 사건 이후의 사실로 옳은 것은? [3점]

① 신식 군대인 별기군이 창설되었다.
② 묄렌도르프가 외교 고문으로 파견되었다.
③ 초대 통감으로 이토 히로부미가 부임하였다.
④ 기유각서가 체결되어 사법권을 박탈당하였다.
⑤ 관민 공동회가 개최되어 헌의 6조를 결의하였다.

제69회 한국사능력검정시험 (심화)

35 밑줄 그은 '이 운동'에 대한 설명으로 옳은 것을 <보기>에서 고른 것은? [2점]

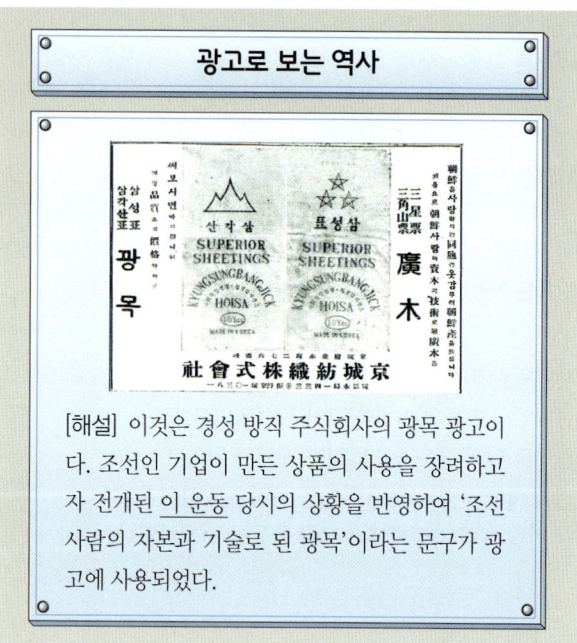

광고로 보는 역사

[해설] 이것은 경성 방직 주식회사의 광목 광고이다. 조선인 기업이 만든 상품의 사용을 장려하고자 전개된 이 운동 당시의 상황을 반영하여 '조선 사람의 자본과 기술로 된 광목'이라는 문구가 광고에 사용되었다.

보기
ㄱ. 회사령 폐지 등이 배경이 되었다.
ㄴ. 황국 중앙 총상회의 주도하에 전개되었다.
ㄷ. 평양에서 시작되어 전국적으로 확산되었다.
ㄹ. 대동 상회 등 근대적 상회사가 설립되는 계기가 되었다.

① ㄱ, ㄴ ② ㄱ, ㄷ ③ ㄴ, ㄷ
④ ㄴ, ㄹ ⑤ ㄷ, ㄹ

36 (가) 단체에 대한 설명으로 옳은 것은? [2점]

이달의 독립운동가

황상규

경상남도 밀양 출생이다. 1918년 만주로 망명하였으며 김동삼, 김좌진, 안창호 등과 대한 독립 선언서를 발표하였다.
1919년 11월 김원봉 등과 (가) 을/를 조직하여 일제 기관의 파괴와 조선 총독 이하의 관리 및 매국노의 암살 등을 꾀하였다. 1920년에 국내로 폭탄을 들여와 의거를 준비하던 중 발각되어 7년의 징역형을 선고받았다. 1963년 건국 훈장 독립장이 추서되었다.

① 조선 혁명 선언을 활동 지침으로 삼았다.
② 삼균주의를 기초로 한 건국 강령을 발표하였다.
③ 잡지 개벽 등을 발행하여 민족의식을 고취하였다.
④ 훙커우 공원에서 일어난 윤봉길 의거를 계획하였다.
⑤ 조선 총독부에 국권 반환 요구서를 제출하려 하였다.

37 (가)~(다)를 발표된 순서대로 옳게 나열한 것은? [3점]

(가) 우리들 민중의 통곡과 복상이 결코 이척[순종]의 죽음에 있지 않다는 것을 민중 각자의 마음속에 그것을 명백히 말해 주고 있다. 우리들의 비애와 통렬한 애도는 경술년 8월 29일 이래 쌓이고 쌓인 슬픔이다. …… 금일의 통곡·복상의 충성과 의분을 돌려 우리들의 해방 투쟁에 바치자!

(나) 조선 민족의 정치적 의식이 발달함에 따라 민족적 중심 단결을 요구하는 시기를 맞이하여 민족주의를 표방한 신간회가 발기인의 연명으로 3개 조의 강령을 발표하였다. ……
1. 우리는 정치적·경제적 각성을 촉진함
1. 우리는 단결을 공고히 함
1. 우리는 기회주의를 일체 부인함

(다) 우리 2천만 생령(生靈)을 사랑하고 조국을 사랑하는 광주 학생 남녀 수십 명이 중상을 입었다. 고뇌하는 청년 학생 2백 명이 불법으로 철창 속에 갇혀 있다. …… 우리들은 광주 학생의 석방을 요구하는 동시에 참을 수 없는 피눈물로 시위 대열에 나가는 것이다.

① (가) - (나) - (다) ② (가) - (다) - (나)
③ (나) - (가) - (다) ④ (나) - (다) - (가)
⑤ (다) - (나) - (가)

38 밑줄 그은 '시기'에 볼 수 있는 모습으로 가장 적절한 것은? [1점]

이곳은 전라남도 여수시 거문도에 있는 해안 동굴 진지입니다. 국가 총동원법이 시행되던 시기에 일제는 이와 같은 군사 시설물을 거문도를 비롯한 각지에 구축하였습니다.

① 태형을 집행하는 헌병 경찰
② 원산 총파업에 참여하는 노동자
③ 황국 신민 서사를 암송하는 학생
④ 경성 제국 대학 설립을 추진하는 관리
⑤ 서울 진공 작전에 참여하는 13도 창의군 의병

제69회 한국사능력검정시험 (심화)

39 -389 (가), (나) 법령이 발표된 사이의 시기에 있었던 사실로 옳은 것은? [3점]

> (가) 제1조 신한 공사를 조선 정부에서 독립한 기관으로써 창립함. 공사는 군정 장관 또는 그의 수임자가 후임자를 임명할 때까지 10명의 직무를 집행하는 취체역이 관리함.
> 제4조 …… 동양 척식 주식회사가 소유하던 조선 내 법인의 일본인 재산은 전부 신한 공사에 귀속됨.
>
> (나) 제4조 본법 시행에 관한 사무는 농림부 장관이 관장한다.
> 제12조 농지의 분배는 농지의 종목, 등급 및 농가의 능력 등에 기준한 점수제에 의거하되 1가당 총경영 면적 3정보를 초과하지 못한다.
> 제13조 분배받은 농지에 대한 상환액 및 상환 방법은 다음에 의한다.
> 1. 상환액은 해당 농지의 주생산물 생산량의 12할 5푼을 5년간 납입케 한다.

① 조선 건국 동맹이 결성되었다.
② 한·미 상호 방위 조약이 체결되었다.
③ 조선 사상범 예방 구금령이 공포되었다.
④ 5·10 총선거로 제헌 국회가 구성되었다.
⑤ 정부에 비판적인 경향신문이 폐간되었다.

40 -390 다음 가상 인터뷰의 주인공에 대한 설명으로 옳은 것은? [2점]

① 진단 학회를 조직하였다.
② 한국독립운동지혈사를 저술하였다.
③ 식민 사학의 정체성론을 반박하였다.
④ 우리말 큰사전 편찬 사업을 추진하였다.
⑤ 민족의 얼을 강조하고 조선학 운동을 주도하였다.

41 -391 (가) 부대에 대한 설명으로 옳은 것은? [2점]

> 한국 독립운동을 촉진하고 한국 혁명 역량을 집중하기 위해 이번 달 15일 중국 국민당 군사 위원회는 조선 의용대를 개편하여 (가) 에 편입할 것을 특별히 명령하였다. 제1지대는 총사령에게 직속되어 이(지)청천 장군이 통할한다. …… (가) 의 총사령부는 충칭에 설치하기로 결정하였다.

① 자유시 참변으로 세력이 약화되었다.
② 영릉가 전투에서 일본군에 승리하였다.
③ 쌍성보 전투에서 한·중 연합 작전을 전개하였다.
④ 국내 정진군을 편성하여 국내 진공 작전을 추진하였다.
⑤ 홍범도 부대와 연합하여 청산리에서 일본군을 격퇴하였다.

42 -392 밑줄 그은 '전쟁' 중에 있었던 사실로 옳은 것은? [1점]

① 애치슨 라인이 발표되었다.
② 가쓰라·태프트 밀약이 체결되었다.
③ 모스크바 3국 외상 회의가 개최되었다.
④ 흥남에서 대규모 철수 작전이 전개되었다.
⑤ 김구, 김규식 등이 남북 협상에 참여하였다.

제69회 한국사능력검정시험 (심화)

43-393 다음 성명을 발표한 정부 시기에 볼 수 있는 모습으로 적절한 것은? [2점]

> 내각 책임제 속에서 행정부에 맡겨진 책무를 유감없이 수행하기 위해 무엇보다 먼저 행정부 내의 기강 확립에 주안점을 두지 않아서는 안 될 것입니다. …… 부정 선거 원흉의 처단은 이미 공소 제기와 구형을 한 터이므로 법원의 엄정한 판결이 있을 것을 기대하는 바입니다.

① 국민 교육 헌장을 읽고 있는 학생
② 서울 올림픽 대회에 참가하는 선수
③ 개성 공단 착공식을 취재하는 기자
④ 함평 고구마 피해 보상 투쟁에 참여하는 농민
⑤ 민의원에서 통과된 법안을 심의하는 참의원 의원

44-394 밑줄 그은 '개헌' 이후에 있었던 사실로 옳은 것은? [2점]

대한 변호사 협회장의 성명

이번 개헌 안건의 의결에 있어서 찬성표 수가 135이고 재적 의원 수가 203인 것은 변하지 않는 수이다. 그러면 재적인 수의 3분의 2는 135.333이니 이 선에 도달하려면 동일한 표수가 있어야 될 것이다. …… 찬성표가 재적인 수에 도달하거나 또는 정족수 이상 되어야 하거늘 0.333에 도달하지 못하니 그것을 사사오입이라는 구실로 떼어버리고 정족수인 3분의 2와 동일한 수라고 하는 것은 헌법 위반이 되는 것이므로 법조인으로서 이를 이해하기 곤란하다.

① 여수·순천 10·19 사건이 일어났다.
② 진보당의 당수였던 조봉암이 처형되었다.
③ 반민족 행위 특별 조사 위원회가 설치되었다.
④ 국회 프락치 사건으로 일부 국회 의원이 체포되었다.
⑤ 여운형 등의 주도로 좌우 합작 위원회가 구성되었다.

45-395 (가) 헌법이 시행된 시기의 사실로 옳은 것은? [2점]

> 사진은 인민 혁명당 재건위 사건 재판 당시의 모습입니다. 이 사건은 (가) 헌법에 의거하여 발동한 긴급 조치 제4호 등으로 정부에 비판적인 인물들을 반국가 세력으로 몰아 처벌한 것입니다. 당시 사형을 당한 8명은 2007년에 열린 재심 공판에서 무죄를 선고받았습니다.

① 김주열이 최루탄을 맞고 사망하였다.
② 부천 경찰서 성 고문 사건이 발생하였다.
③ 개헌 청원 백만 인 서명 운동이 전개되었다.
④ 국민 보도 연맹원에 대한 학살이 자행되었다.
⑤ 민주화 시위 도중 대학생 강경대가 희생되었다.

46-396 (가) 정부 시기의 경제 상황으로 옳은 것은? [1점]

사진으로 보는 (가) 정부

경부 고속 도로 개통 | 포항 제철소 1기 준공

① 제3차 경제 개발 5개년 계획을 추진하였다.
② 미국과 자유 무역 협정(FTA)을 체결하였다.
③ 대통령 긴급 명령으로 금융 실명제를 실시하였다.
④ 국제 통화 기금(IMF)의 구제 금융 지원금을 조기 상환하였다.
⑤ 저임금 노동자의 생활 안정을 위해 최저 임금법을 제정하였다.

제69회 한국사능력검정시험 (심화)

[47~48] 다음을 읽고 물음에 답하시오.

> (가) 여덟째는 적금서당이다. 왕 6년에 보덕국 사람들로 당을 만들었다. 금장의 색은 적흑이다. 아홉째는 청금서당이다. …… 금장의 색은 청백이다.
>
> (나) 응양군, 1령(領)으로 군에는 정3품의 상장군 1인과 종3품의 대장군 1인을 두었으며, …… 정8품의 산원 3인, 정9품의 위 20인, 대정은 40인을 두었다.
>
> (다) 무위영, 절목계하본(節目啓下本)에 의하여 낭청 1명을 훈련도감의 예에 따라 문신으로 추천하여 군색종사관으로 칭하고 …… 중군은 포장·장어영 중군을 거친 자로 추천하여 금군별장이라 칭한다.
>
> (라) 별대와 정초군의 군병을 합하여 한 영(營)의 제도를 만들어 본영은 금위영이라 칭하고, 군병은 금위별대라 칭한다.

47 (가)~(라) 군사 조직을 만들어진 순서대로 옳게 나열한 것은? [3점]

① (가) - (나) - (다) - (라)
② (가) - (나) - (라) - (다)
③ (나) - (가) - (라) - (다)
④ (나) - (다) - (가) - (라)
⑤ (다) - (라) - (나) - (가)

48 밑줄 그은 '왕'의 업적으로 옳은 것은? [2점]

① 김흠돌의 난을 진압하였다.
② 병부와 상대등을 설치하였다.
③ 나선 정벌에 조총 부대를 파견하였다.
④ 정계와 계백료서를 지어 관리의 규범을 제시하였다.
⑤ 쌍성총관부를 공격하여 철령 이북의 땅을 수복하였다.

49 (가) 민주화 운동에 대한 설명으로 옳은 것은? [1점]

이곳은 옛 전남 도청 본관으로 (가) 당시 시민군이 계엄군에 항쟁한 장소입니다. 정부는 본관을 포함한 옛 전남 도청을 복원하여 (가) 의 의미를 기억하고 추모하는 공간으로 되살리겠다고 하였습니다. 건물 내부에는 당시 상황을 알 수 있는 실물 또는 가상 콘텐츠 공간 등이 조성될 예정입니다.

① 3·1 민주 구국 선언을 발표하였다.
② 시위 도중 대학생 이한열이 희생되었다.
③ 호헌 철폐, 독재 타도 등의 구호를 외쳤다.
④ 허정 과도 정부가 출범하는 계기가 되었다.
⑤ 관련 기록물이 유네스코 세계 기록 유산으로 등재되었다.

50 다음 뉴스가 보도된 정부 시기에 있었던 사실로 옳은 것은? [3점]

오늘 수방사령관과 특전사령관이 해임되었습니다. 지난달 육군참모총장과 기무사령관이 교체된 이후 불과 한 달여 만에 단행된 인사 조치입니다. 군 내부의 사조직을 해체하려는 문민정부의 의지가 반영된 것으로 보입니다.

① 굴욕적인 대일 외교에 반대하는 6·3 시위가 일어났다.
② 북방 외교를 추진하여 사회주의 국가인 소련과 수교하였다.
③ 통일 방안을 논의하기 위해 남북 조절 위원회를 설치하였다.
④ 경제적 취약 계층을 위한 국민 기초 생활 보장법을 시행하였다.
⑤ 역사 바로 세우기를 내세우며 옛 조선 총독부 건물을 철거하였다.

2023년도 제68회 한국사능력검정시험 문제지

1-401 (가) 시대의 생활 모습에 대한 설명으로 옳은 것은? [1점]

사진으로 만나는 고창 고인돌 유적

우리 박물관에서는 2000년 유네스코 세계 유산으로 등재된 고창 고인돌 유적을 소개하는 특별전을 마련하였습니다. 고인돌은 계급이 발생한 (가) 시대를 대표하는 무덤입니다. 사진을 통해 다양한 고인돌의 형태를 살펴보시기 바랍니다.

■ 기간 : 2023년 ○○월 ○○일~○○월 ○○일
■ 장소 : ▲▲박물관 기획 전시실

① 반달 돌칼로 벼를 수확하였다.
② 소를 이용하여 깊이갈이를 하였다.
③ 주로 동굴이나 강가의 막집에서 살았다.
④ 오수전, 화천 등의 중국 화폐로 교역하였다.
⑤ 옷을 만들 때 가락바퀴와 뼈바늘을 이용하기 시작하였다.

2-402 (가)에 들어갈 내용으로 가장 적절한 것은? [2점]

#8. 궁궐 안

손자와 대화하며 과거를 회상하는 장면

손자 : 할아버지, 어떻게 왕이 되셨나요?
왕 : 이 땅에 들어와서 처음에는 국경 수비를 맡았다가 준왕을 몰아내고 왕이 되었지.
손자 : 또 무슨 일을 하셨어요?
왕 : 왕검성을 중심으로 기반을 정비하고 백성을 받아들여 나라의 내실을 다졌단다. 그리고 (가)

① 율령을 반포하여 체제를 정비하였단다.
② 화랑도를 국가적인 조직으로 개편하였단다.
③ 내신 좌평 등 여섯 명의 좌평을 거느렸단다.
④ 진번과 임둔을 복속하여 영토를 확대하였단다.
⑤ 지방의 여러 성에 욕살, 처려근지 등을 두었단다.

3-403 다음 자료에 해당하는 나라에 대한 설명으로 옳은 것은? [2점]

○ 산릉과 넓은 못[澤]이 많아서 동이 지역에서는 가장 넓고 평탄한 곳이다. …… 사람들은 체격이 크고 성품은 굳세고 용감하며, 근엄·후덕하여 다른 나라를 쳐들어가거나 노략질하지 않는다.

○ 은력(殷曆) 정월에 지내는 제천 행사는 국중 대회로 날마다 마시고 먹고 노래하고 춤추는데, 그 이름을 영고라 했다.

— "삼국지" 위서 동이전 —

① 신성 지역인 소도가 존재하였다.
② 혼인 풍습으로 민며느리제가 있었다.
③ 여러 가(加)들이 각각 사출도를 주관하였다.
④ 특산물로 단궁, 과하마, 반어피가 유명하였다.
⑤ 왕 아래 상가, 대로, 패자 등의 관직이 있었다.

4-404 (가)~(마) 문화유산에 대한 설명으로 적절하지 않은 것은? [2점]

답사 계획서

◆ 주제 : 백제 왕들의 흔적을 찾아서
◆ 기간 : 2023년 ○○월 ○○일~○○일
◆ 답사 지역 및 일정 안내

(가) 공산성
(나) 무령왕릉
(다) 부소산성
(라) 능산리 고분군
(마) 왕궁리 유적

① (가) - 웅진성이라 불리기도 하였다.
② (나) - 중국 남조의 영향을 받았다.
③ (다) - 성왕이 전사한 곳이다.
④ (라) - 사신도 벽화가 남아 있는 무덤이 발견되었다.
⑤ (마) - 수부(首府)라는 글자가 새겨진 기와가 출토되었다.

제68회 한국사능력검정시험 (심화)

5-405 (가), (나) 사이의 시기에 있었던 사실로 옳은 것은? [3점]

> (가) 겨울에 왕이 장차 백제를 쳐서 대야성에서의 싸움을 되갚으려고 이찬 김춘추를 고구려에 보내서 군사를 청하였다. 대야성 전투에서 패하였을 때 도독인 품석의 아내도 죽었는데, 바로 춘추의 딸이었다.
>
> (나) 춘추가 무릎을 꿇고 아뢰기를, "…… 만약 폐하께서 천조(天朝)의 군사를 빌려주시어 흉악한 무리를 없애주지 않으신다면 저희 백성은 모두 포로가 될 것이니, 그렇다면 산 넘고 바다 건너 행하는 술직(述職)*도 다시는 바랄 수 없을 것입니다."라고 하였다. 당 태종이 매우 옳다고 여겨서 군사의 출정을 허락하였다.
>
> *술직: 제후가 입조하여 천자에게 맡은 직무를 아뢰는 것
>
> – "삼국사기" –

① 문무왕이 안승을 보덕국 왕으로 봉하였다.
② 안시성의 군사와 백성들이 당군을 물리쳤다.
③ 복신과 도침이 부여풍을 왕으로 추대하였다.
④ 계백이 이끄는 군대가 황산벌에서 항전하였다.
⑤ 진흥왕이 대가야를 정복하여 영토를 확장하였다.

6-406 밑줄 그은 '시기'에 있었던 사실로 옳은 것은? [2점]

합천 해인사 길상탑과 그 안에서 나온 묘길상탑기(탁본)

> 최치원이 지은 해인사 묘길상탑기에는 진성 여왕이 다스리던 시기의 혼란스러운 사회상이 묘사되어 있습니다. '전란과 흉년으로 악 중의 악이 없는 곳이 없고 도처에 굶어 죽거나 싸우다 죽은 시신이 널려 있다.'고 한탄하는 내용이 적혀 있습니다.

① 원광이 세속 5계를 제시하였다.
② 이차돈의 순교로 불교가 공인되었다.
③ 원종과 애노가 사벌주에서 봉기하였다.
④ 거칠부가 왕명에 의해 국사를 편찬하였다.
⑤ 자장의 건의로 황룡사 구층 목탑이 건립되었다.

7-407 (가) 나라에 대한 설명으로 옳은 것은? [2점]

김해 봉황동 유적, 사적으로 확대 지정

> (가) 의 대표적 생활 유적인 봉황대가 회현리 패총과 합쳐져 김해 봉황동 유적으로 확대 지정되었습니다. 이 유적은 김수로왕에 의해 건국되었다고 전해진 (가) 의 초기 모습을 추정해 볼 수 있는 귀중한 문화유산입니다.

① 집사부를 비롯한 14부를 두었다.
② 집집마다 부경이라는 창고가 있었다.
③ 대가들이 사자, 조의, 선인을 거느렸다.
④ 철이 많이 생산되어 낙랑, 왜 등에 수출하였다.
⑤ 왕족인 부여씨와 8성의 귀족이 지배층을 이루었다.

8-408 밑줄 그은 '왕'의 업적으로 옳은 것은? [1점]

> ○ 왕은 이름이 구부이고, 고국원왕의 아들이다. 신체가 장대하고, 웅대한 지략이 있었다.
> ○ 진(秦) 왕 부견이 사신과 승려 순도를 보내 불상과 경문을 주었다. 왕이 사신을 보내 답례로 방물(方物)을 바쳤다. – "삼국사기" –

① 태학을 설립하여 인재를 양성하였다.
② 도읍을 국내성에서 평양으로 옮겼다.
③ 서안평을 점령하여 영토를 확장하였다.
④ 영락이라는 독자적인 연호를 사용하였다.
⑤ 을파소를 등용하고 진대법을 시행하였다.

9-409 밑줄 그은 '교서'를 내린 왕의 재위 기간에 볼 수 있는 모습으로 가장 적절한 것은? [3점]

> 상평창을 양경(兩京)과 12목에 설치하고 교서를 내렸다. "한서 식화지에 '그해가 풍년인지 흉년인지에 따라 곡식을 풀거나 거두어들이는 것을 행한다.'라고 하였다. …… 경시서에 맡겨 곡식을 풀거나 거두어들이도록 하라."

① 서적포에서 책을 인쇄하는 관리
② 국자감 학생들을 가르치는 박사
③ 양현고의 재정을 관리하는 관원
④ 9재 학당에서 유교 경전을 읽는 학생
⑤ 청연각의 소장 도서를 분류하는 학사

제68회 한국사능력검정시험 (심화)

10-410 (가) 국가의 문화유산으로 옳은 것은? [2점]

□□신문
제△△호　○○○○년 ○○월 ○○일

[특집] 우리 역사를 찾아서 – 영광탑

영광탑은 중국 지린성 창바이조선족자치현에 있으며, 벽돌로 쌓아 만든 누각 형태의 전탑이다. 지하에는 무덤으로 보이는 공간이 있는 것이 특징이다. 1980년대 중국 측의 조사에서 (가) 의 탑으로 확정하였다.

①  ②  ③

④  ⑤

11-411 (가) 왕의 재위 시기에 있었던 사실로 옳은 것은? [1점]

공은 대송(大宋) 강남 천주 출신이다. …… 예빈성 낭중에 임명하고 집 한 채를 내려 주었다.

이것은 고려에 귀화한 채인범의 묘지명으로 현존하는 고려 시대 묘지명 중 가장 오래된 것입니다. 노비안검법을 실시한 (가) 은/는 채인범, 쌍기 등의 귀화인들을 적극 등용하였습니다.

① 최승로가 시무 28조를 건의하였다.
② 경기에 한하여 과전법이 실시되었다.
③ 신돈이 전민변정도감의 판사가 되었다.
④ 빈민 구제 기관인 흑창이 처음 설치되었다.
⑤ 광덕, 준풍 등의 독자적 연호가 사용되었다.

12-412 (가) 시대의 지방 통치 체제에 대한 설명으로 옳은 것은? [2점]

개경으로 가는 주요 길목인 혜음령에 세워졌던 혜음원에는 행인의 안전한 통행을 위한 숙소와 사원이 있었습니다. 혜음원지를 통해 개경 외에 남경, 동경 등이 설치되었던 (가) 시대 원(院)의 모습을 유추할 수 있습니다.

① 22담로에 왕족을 파견하였다.
② 전국에 9주 5소경을 설치하였다.
③ 특수 행정 구역으로 향, 부곡, 소가 있었다.
④ 지방관을 감찰하기 위하여 외사정을 두었다.
⑤ 지방 행정 구역을 8도에서 23부로 개편하였다.

13-413 (가)~(다)를 일어난 순서대로 옳게 나열한 것은? [3점]

(가) 금의 군주 아구다가 국서를 보내 이르기를, "형인 금 황제가 아우인 고려 국왕에게 문서를 보낸. …… 이제는 거란을 섬멸하였으니, 고려는 우리와 형제의 관계를 맺어 대대로 무궁한 우호 관계를 이루기 바란다."라고 하였다.

(나) 윤관이 여진인 포로 346명과 말, 소 등을 조정에 바치고 영주·복주·웅주·길주·함주 및 공험진에 성을 쌓았다. 공험진에 비(碑)를 세워 경계로 삼고 변경 남쪽의 백성을 옮겨 와 살게 하였다.

(다) 정지상 등이 왕에게 아뢰기를, "대동강에 상서로운 기운이 있으니 신령스러운 용이 침을 토하는 형국으로, 천 년에 한 번 만나기 어려운 일입니다. 천심에 응답하고 백성들의 뜻에 따르시어 금을 제압하소서."라고 하였다.

① (가) - (나) - (다)　② (가) - (다) - (나)
③ (나) - (가) - (다)　④ (나) - (다) - (가)
⑤ (다) - (나) - (가)

14-414 ㉠에 대한 답으로 옳지 않은 것은? [2점]

① 고구려 무용총에 별자리를 그린 벽화가 있어.
② 삼국사기에 일식, 월식에 관한 많은 관측 기록이 있어.
③ 충선왕은 서운관에서 천체 운행을 관측하도록 했어.
④ 선조 때는 날아가서 폭발하는 비격진천뢰가 개발되었어.
⑤ 홍대용이 의산문답을 통해 지전설과 무한 우주론을 주장했어.

16-416 다음 서술형 평가의 답안에 들어갈 내용으로 가장 적절한 것은? [2점]

서술형 평가 ○학년 ○○반 이름: ○○○

◎ 아래의 인물들이 활동한 시기에 볼 수 있는 사회 모습에 대해 서술하시오.

○ 윤수는 응방을 관리하였는데 권력을 믿고 악행을 행하여 사람들로부터 비난받았다.
○ 유청신은 몽골어를 익혀 여러 차례 원에 사신으로 가서 공을 세우고 충렬왕의 총애를 받아 장군이 되었다.
○ 기철과 형제들은 누이동생이 원 순제의 황후가 된 후 국법을 무시하고 횡포를 부렸다.

답안

① 왕조 교체를 예언하는 정감록이 유포되었습니다.
② 대각국사 의천이 해동 천태종을 개창하였습니다.
③ 지배층을 중심으로 변발과 호복이 유행하였습니다.
④ 가혹한 수탈에 저항하여 망이·망소이가 봉기하였습니다.
⑤ 상민층이 납속과 공명첩을 활용하여 신분 상승을 꾀하였습니다.

15-415 (가) 군사 조직에 대한 설명으로 옳은 것은? [2점]

① 후금의 침입에 대비하고자 창설되었다.
② 원의 요청으로 일본 원정에 참여하였다.
③ 신기군, 신보군, 항마군으로 편성되었다.
④ 진도에서 용장성을 쌓고 몽골에 대항하였다.
⑤ 응양군과 용호군으로 구성된 국왕의 친위 부대였다.

17-417 (가) 문화유산에 대한 설명으로 옳은 것은? [2점]

2023년 프랑스 국립 도서관에서 열린 '인쇄하다! 구텐베르크의 유럽' 전에서 (가) 이/가 공개되었습니다.

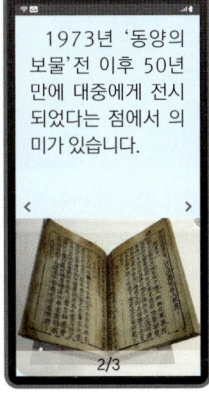
1973년 '동양의 보물' 전 이후 50년 만에 대중에게 전시되었다는 점에서 의미가 있습니다.

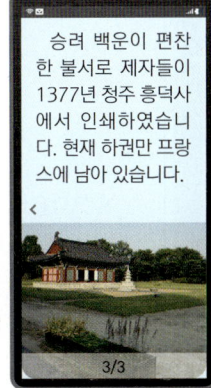
승려 백운이 편찬한 불서로 제자들이 1377년 청주 흥덕사에서 인쇄하였습니다. 현재 하권만 프랑스에 남아 있습니다.

① 신미양요 때 미군이 탈취하였다.
② 현존하는 최고(最古)의 금속 활자본이다.
③ 거란의 침입을 물리치기 위해 제작하였다.
④ 장영실, 이천 등이 제작한 활자로 인쇄하였다.
⑤ 불국사 삼층 석탑을 보수하는 과정에서 발견되었다.

18-418 밑줄 그은 '인물'에 대한 설명으로 옳은 것은? [2점]

① 최초의 서원인 백운동 서원을 건립하였다.
② 일본에 다녀와서 해동제국기를 편찬하였다.
③ 성학십도를 지어 군주의 도를 도식으로 설명하였다.
④ 조선경국전을 저술하여 통치 제도 정비에 기여하였다.
⑤ 경세유표를 집필하여 국가 제도의 개혁 방향을 제시하였다.

19-419 (가) 왕에 대한 설명으로 옳은 것은? [3점]

① 주자소를 설치하여 계미자를 주조하였다.
② 현직 관리를 대상으로 직전법을 실시하였다.
③ 조선의 기본 법전인 경국대전을 완성하였다.
④ 기유약조를 체결하여 일본과의 무역을 재개하였다.
⑤ 폐비 윤씨 사사 사건을 빌미로 갑자사화를 일으켰다.

20-420 (가) 전쟁에 대한 탐구 활동으로 가장 적절한 것은? [1점]

① 나선 정벌의 전적지를 검색한다.
② 북학론이 끼친 영향을 파악한다.
③ 명량 해전의 승리 요인을 분석한다.
④ 삼정이정청의 활동 내용을 찾아본다.
⑤ 4군과 6진을 개척한 과정을 알아본다.

21-421 (가)의 활동으로 옳은 것은? [3점]

문학으로 만나는 역사 인물	[해설]
請看千石鐘 非大扣無聲 爭似頭流山 天鳴猶不鳴 천 석 들어가는 큰 종을 보소서 크게 치지 않으면 소리가 없다오 어떻게 해야만 두류산*처럼 하늘이 울어도 울지 않을까 * 두류산 : 지리산의 별칭	(가) 이/가 만년에 지리산 기슭 산천재에서 학문을 연구하고 제자들을 가르치며 지은 시이다. 지리산에 빗대어 자신의 높은 기상을 표현하였다. 그의 호는 남명으로, 조선 중기 경상우도의 대표적인 성리학자로 알려져 있다. 평소 경(敬)과 의(義)를 강조하며 학문의 실천성을 강조하였다.

① 곽재우, 정인홍 등의 제자를 배출하였다.
② 기기도설을 참고하여 거중기를 설계하였다.
③ 위훈 삭제를 주장하여 훈구 세력의 반발을 샀다.
④ 북학의를 저술하여 수레와 배의 이용을 권장하였다.
⑤ 양명학을 체계적으로 연구하여 강화학파를 형성하였다.

22. 밑줄 그은 '왕'의 재위 기간에 있었던 사실로 옳은 것은? [2점]

<역사 다큐멘터리 제작 기획안>

조선, 전국적인 규모의 여론 조사를 실시하다!

■ 기획 의도
여론 조사를 통해 정책을 추진하려는 왕의 모습에서 '민본'의 의미를 생각해 본다.

■ 장면별 주요 내용
#1. 왕은 관리와 백성을 대상으로 공법 시행에 대한 전국적인 찬반 조사를 명하다.
#2. 호조에서 찬성 98,657명, 반대 74,149명이라는 결과를 보고하다.
#3. 여러 차례 보완을 거쳐 토지의 비옥도와 풍흉에 따라 조세를 차등 징수하는 내용의 공법을 확정하다.

① 세계 지도인 혼일강리역대국도지도가 제작되었다.
② 각지의 농법을 작물별로 정리한 농사직설이 간행되었다.
③ 유능한 인재를 양성하기 위해 초계문신제가 시행되었다.
④ 우리나라와 중국의 의서를 망라한 동의보감이 완성되었다.
⑤ 전국의 지리, 풍속 등이 수록된 동국여지승람이 편찬되었다.

24. 다음 왕에 대한 설명으로 옳은 것은? [2점]

초상과 어진으로 만나는 조선의 왕

왼편은 연잉군 시절인 20대의 초상이며 오른편은 50대의 어진이다. 그는 즉위 후 탕평 교서를 반포하고 탕평비를 건립하였다. 준천사를 신설하여 홍수에 대비하였으며, 신문고를 다시 설치하여 백성들의 억울함을 듣고자 하였다.

① 통치 체제를 정비하기 위해 대전회통을 편찬하였다.
② 왕권 강화를 위해 친위 부대인 장용영을 설치하였다.
③ 각 궁방과 중앙 관서의 공노비 6만여 명을 해방하였다.
④ 어영청을 중심으로 국방력을 강화하고 북벌을 추진하였다.
⑤ 균역법을 시행하여 백성들의 군역 부담을 줄여 주고자 하였다.

23. 다음 상황이 나타난 시기에 볼 수 있는 모습으로 적절하지 않은 것은? [1점]

- 송파장에 왔으니 산대놀이 보고 가자.
- 송파장에 사람들도 많고 상평통보도 두둑이 챙겨서 좋네.
- 쌀 팔고 고추, 담배 사러 왔는데 이런 구경도 하게 되는군.

① 벽란도에서 인삼을 사는 송의 상인
② 호랑이를 소재로 민화를 그리는 화가
③ 광산 노동자에게 품삯을 나눠 주는 덕대
④ 여러 장시를 돌며 물품을 판매하는 보부상
⑤ 저잣거리에서 영웅 소설을 읽어 주는 전기수

25. (가) 관서에 대한 설명으로 옳은 것은? [2점]

체험 활동 소감문

2023년 12월 2일 ○○○

지난 토요일에 '승경도' 놀이를 체험했다. 승경도는 조선 시대 관직 이름을 적은 놀이판이다. 윷을 던져 말을 옮기는데, 승진을 할 수도 있지만 자칫하면 파직이 되거나 사약까지 받을 수 있어 흥미진진했다.

놀이 규칙에 은대법이 있는데, (가) 을/를 총괄하는 도승지 자리에 도착한 사람은 당하관 자리에 있는 사람들이 던진 윷의 결괏값을 이용할 수 있는 규칙이다. 은대가 무엇인지 몰랐는데, (가) 을/를 뜻함을 알게 되었다.

① 수도의 행정과 치안을 맡아보았다.
② 재상들이 합의하여 국정을 총괄하였다.
③ 반역죄, 강상죄를 범한 중죄인을 다스렸다.
④ 왕의 비서 기관으로 왕명의 출납을 담당하였다.
⑤ 외적의 침입에 대비하기 위한 임시 기구로 설치되었다.

제68회 한국사능력검정시험 (심화)

26-426 다음 상황이 나타난 시기를 연표에서 옳게 고른 것은? [3점]

> ○ 송준길이 아뢰었다. "적처(嫡妻) 소생이라도 둘째부터는 서자입니다. …… 둘째 아들은 비록 왕통을 계승하였더라도 (그를 위해서는) 3년복을 입어서는 안 됩니다."
>
> ○ 허목이 상소하였다. "장자를 위해 3년복을 입는다는 것은 위로 쳐서 정체(正體)이기 때문입니다. …… 첫째 아들이 죽어서 적처 소생의 둘째를 세우는 것도 역시 장자라고 부릅니다."

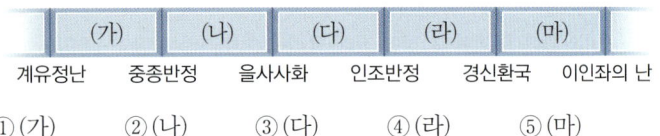

(가)	(나)	(다)	(라)	(마)
계유정난	중종반정	을사사화	인조반정	경신환국	이인좌의 난

① (가) ② (나) ③ (다) ④ (라) ⑤ (마)

27-427 (가) 문화유산에 대한 설명으로 옳은 것은? [1점]

이 건물은 (가) 의 정전입니다. (가) 은/는 태조 이성계가 개경에 처음 세웠는데, 도읍을 한양으로 옮긴 후 지금의 위치에 건립하였습니다. 사직과 더불어 왕조 국가를 표현하는 상징이었습니다.

① 경내에 조선 총독부 청사가 세워졌다.
② 역대 국왕과 왕비의 신주가 모셔져 있다.
③ 대성전과 명륜당을 중심으로 구성되어 있다.
④ 일제 강점기에 창경원으로 격하되기도 하였다.
⑤ 토지와 곡식의 신에게 제사를 지내는 공간이다.

28-428 (가)에 들어갈 대답으로 적절한 것은? [2점]

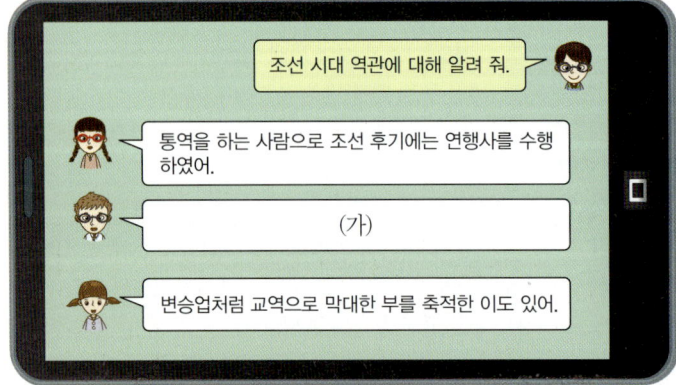

> 조선 시대 역관에 대해 알려 줘.
> 통역을 하는 사람으로 조선 후기에는 연행사를 수행하였어.
> (가)
> 변승업처럼 교역으로 막대한 부를 축적한 이도 있어.

① 사간원에서 간쟁을 담당하였어.
② 매매, 상속, 증여의 대상이었어.
③ 수군, 봉수 등 천역에 종사하였어.
④ 수령을 보좌하면서 향촌 실무를 담당하였어.
⑤ 사역원에서 노걸대언해 같은 교재로 교육받았어.

29-429 다음 특별전에서 볼 수 있는 도시의 역사에 대한 설명으로 적절하지 않은 것은? [2점]

송악(松嶽) 개주(開州)
열린 성(城)의 도시 특별전
여지도 속 옛 궁성

① 고려 태조 왕건이 도읍으로 삼았다.
② 원의 영향을 받은 경천사지 십층 석탑이 축조되었다.
③ 조선 후기 송상이 근거지로 삼아 전국적으로 활동하였다.
④ 일제 강점기 강주룡이 을밀대 지붕 위에서 고공 농성을 하였다.
⑤ 북위 38도선 분할 이후 남한에 속했다가 정전 협정으로 북한 지역이 되었다.

30-430 다음 대화가 오갔던 회담 결과 체결된 조약에 대한 설명으로 옳은 것은? [2점]

운요호가 작년에 귀국 경내를 통과하다가 포격을 받았으니, 귀국이 교린의 우의를 저버린 것입니다.
일본 전권변리대신 구로다 기요타카

운요호는 국적과 이유를 밝히지 않고 곧장 우리가 수비하는 곳으로 진입해 왔으니, 변방 수비병의 발포는 부득이한 것이었소.
조선 접견대관 신헌

① 천주교 포교가 허용되었다.
② 갑신정변의 영향으로 체결되었다.
③ 일본 측의 해안 측량권이 인정되었다.
④ 통신사가 처음 파견되는 계기가 되었다.
⑤ 외국 상인의 내지 통상권을 최초로 규정하였다.

제68회 한국사능력검정시험 (심화)

31 -431 (가)~(다)를 일어난 순서대로 옳게 나열한 것은? [2점]

(가) 고부에서 민란이 다시 일어났다는 소문이 자자합니다. …… 장흥 부사 이용태를 고부군 안핵사로 임명하여 밤새 달려가 엄격히 조사하여 등급을 나누고 구별하여 보고하게 하소서.

(나) 전봉준은 무주 집강소에 다음과 같은 통문을 보냈다. "최근 일본이 경복궁을 침범하였다. 국왕이 욕을 당했으니, 우리들은 마땅히 달려가 목숨을 걸고 의로써 싸워야 한다."

(다) 청국의 간섭을 끊어버리고 우리 대조선국의 고유한 독립 기초를 굳건히 하였는데, 이번에 마관(馬關, 시모노세키) 조약으로 말미암아 세계에 드러나는 빛이 더욱 빛나게 되었다.

① (가) - (나) - (다)
② (가) - (다) - (나)
③ (나) - (가) - (다)
④ (나) - (다) - (가)
⑤ (다) - (나) - (가)

33 -433 (가) 사절단에 대한 설명으로 옳은 것은? [2점]

미국 공사의 부임에 대한 답례로 (가) 이/가 파견되었습니다. 8명의 조선 관리로 구성된 이들은 40여 일 동안 미국에 체류하면서 뉴욕의 전등 시설과 우체국, 보스턴 박람회 등을 시찰하였습니다.

① 에도 막부의 요청으로 파견되었다.
② 별기군(교련병대) 창설을 건의하였다.
③ 조선책략을 들여와 국내에 소개하였다.
④ 기기국에서 무기 제조 기술을 습득하고 돌아왔다.
⑤ 전권대신 민영익과 홍영식, 서광범 등으로 구성되었다.

32 -432 해설사가 설명하는 사건이 발생한 시기를 연표에서 옳게 고른 것은? [3점]

조선 정부는 이곳에 해관을 설치하고 동래부 거류지의 일본 상인과 거래하는 조선 상인으로부터 세금을 징수하였습니다. 그러자 일본 상인이 조약 위반이라고 반발하였고, 결국 3개월 만에 수세가 중단되었습니다.

(가)	(나)	(다)	(라)	(마)
척화비 건립	제1차 수신사 파견	영국의 거문도 점령	함경도 방곡령 선포	청·일 전쟁 발발	러·일 전쟁 발발

① (가) ② (나) ③ (다) ④ (라) ⑤ (마)

34 -434 (가)에 들어갈 내용으로 적절한 것은? [1점]

학술 발표회

우리 연구회에서는 중·일 전쟁 발발 이후 실시된 일제의 식민 통치 정책에 대한 학술 발표회를 마련하였습니다. 관심 있는 분들의 많은 참석 바랍니다.

- 주제 : (가)
- 일시 : 2023년 ○○월 ○○일 14:00~17:00
- 장소 : △△대학교 인문대학 소회의실
- 주최 : □□ 연구회

① 치안 유지법의 제정 배경
② 조선 태형령의 적용 사례 분석
③ 제1차 조선 교육령의 제정 목적
④ 경성 제국 대학의 설립 의도와 과정
⑤ 국가 총동원법의 제정과 조선에서의 시행

35. 다음 자료에 나타난 민족 운동에 대한 설명으로 옳지 않은 것은? [2점]

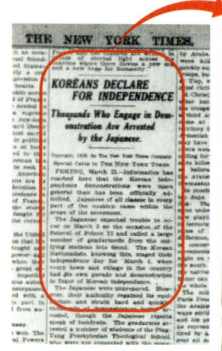

한국인들이 독립 선언을 하다
- 집회에 참가한 수천 명 체포 -

일본 당국은 고종의 장례식을 계기로 문제가 발생할 것으로 예상하고 많은 헌병을 서울로 집결시켰다. …… 전국의 모든 도시와 마을에서 독립을 위한 행진과 시위가 일어났다. 일본 측은 당황했지만 곧 재정비하여 강력하고 신속한 진압에 나섰다. 그 결과 수천 명의 시위대가 체포되었지만 일본 측 보고서에는 수백 명으로 기록되어 있다.

① 중국의 5·4 운동에 영향을 주었다.
② 대한민국 임시 정부 수립의 계기가 되었다.
③ 신간회에서 진상 조사단을 파견하여 지원하였다.
④ 국외로도 확산되어 필라델피아에서 한인 자유 대회가 열렸다.
⑤ 평화적 만세 운동에서 무력 투쟁 사례가 늘어나기 시작하였다.

36. (가) 단체에 대한 설명으로 옳은 것은? [2점]

이 자료에 대해 말씀해 주시겠습니까?

이 자료는 (가) 의 활동 목적이 잘 드러나 있는 통용 장정의 일부입니다. (가) 은/는 안창호와 양기탁 등이 중심이 된 비밀 결사로 태극 서관을 설립하여 회원들의 연락 장소로 사용하였습니다.

본회의 목적은……
쇠퇴한 교육과 산업을 개량하고
사업을 유신시켜
유신된 국민이 통일 연합해서
유신이 된 자유 문명국을 성립시킨다.

① 복벽주의를 표방하였다.
② 13도 창의군을 결성하였다.
③ 일제의 황무지 개간권 요구를 저지하였다.
④ 근대 교육을 위해 배재 학당을 설립하였다.
⑤ 일제가 조작한 105인 사건으로 해체되었다.

37. 밑줄 그은 '개혁'에 해당하는 내용으로 옳은 것을 〈보기〉에서 고른 것은? [2점]

[건축으로 보는 한국사] 석조전

고종은 황제로서의 권위와 근대 국가를 향한 의지를 보여 주기 위해 서양의 신고전주의 양식으로 설계된 석조전 착공을 명하였다. 그러나 황제권 강화를 표방하며 개혁을 추진하던 고종은 석조전이 완공되기 전에 강제로 퇴위당하였다.

〈보기〉
ㄱ. 박문국을 설치하여 한성순보를 발행하였다.
ㄴ. 통리기무아문을 설치하여 개화 정책을 추진하였다.
ㄷ. 관립 상공 학교를 설립하여 실업 교육을 실시하였다.
ㄹ. 지계아문을 설치하여 토지 소유자에게 지계를 발급하였다.

① ㄱ, ㄴ   ② ㄱ, ㄷ   ③ ㄴ, ㄷ
④ ㄴ, ㄹ   ⑤ ㄷ, ㄹ

38. 밑줄 그은 '회의'에 대한 설명으로 옳은 것은? [3점]

본 회의는 2천만 민중의 공의(公意)를 지키는 국민적 대회합으로서, 최고의 권위에 의해 국민의 완전한 통일을 견고하게 하며 광복 대업의 근본 방침을 수립하고, 이로써 우리 민족의 자유를 만회하고 독립을 완성하기를 기도하며 이에 선언하노라. 삼일 운동으로써 우리 민족의 정신적 통일은 이미 표명되었다. …… 본 대표들은 국민이 위탁한 사명을 받아 국민적 대단결을 힘써 도모하며, 독립 전도의 대방책을 확립하여 통일적 기관하에서 대업을 기성(期成)하려 한다.

① 창조파와 개조파가 대립하였다.
② 대일 선전 성명서를 공표하였다.
③ 삼균주의를 기초로 하는 건국 강령을 발표하였다.
④ 파리 강화 회의에 김규식을 파견할 것을 결정하였다.
⑤ 지청천을 사령관으로 하는 한국 광복군을 조직하였다.

제68회 한국사능력검정시험 (심화)

39-439 밑줄 그은 '이 계획'에 대한 설명으로 옳은 것은? [1점]

이 계획 실시로 인하여 수리 조합비 부담이 커졌어. 가뜩이나 지세도 부담되는데 개량 종자 구입비로 돈이 더 들어가네. 이래서 살겠나.

우리 마을 박서방은 소작농으로 전락하였다지. 우리 집은 쌀이 없어 만주에서 들여온 잡곡만 먹고 있다네.

① 독립 협회 결성의 계기가 되었다.
② 국채 보상 운동의 배경이 되었다.
③ 재정 고문 메가타의 주도로 시행되었다.
④ 토지 조사 사업이 시행되는 배경이 되었다.
⑤ 일본의 쌀 부족 현상을 해결하기 위해 시행되었다.

40-440 (가) 부대에 대한 설명으로 옳은 것은? [2점]

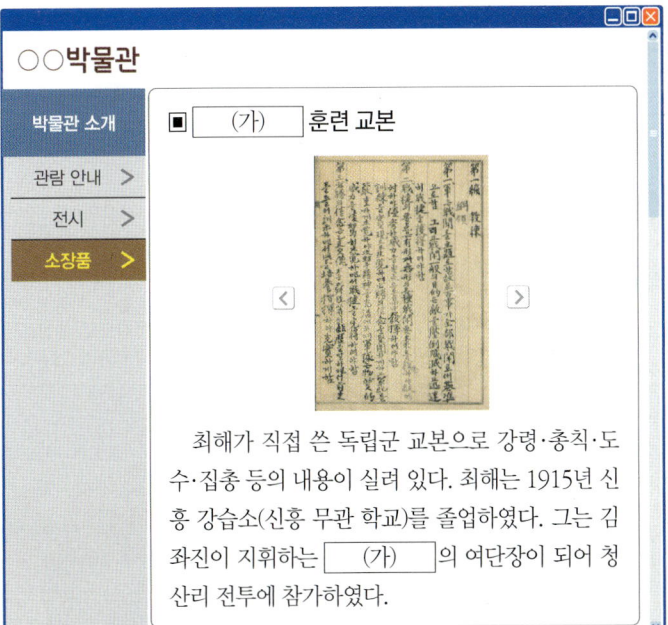

○○박물관
박물관 소개
관람 안내
전시
소장품

(가) 훈련 교본

최해가 직접 쓴 독립군 교본으로 강령·총칙·도수·집총 등의 내용이 실려 있다. 최해는 1915년 신흥 강습소(신흥 무관 학교)를 졸업하였다. 그는 김좌진이 지휘하는 ㅤ(가)ㅤ의 여단장이 되어 청산리 전투에 참가하였다.

① 대전자령에서 일본군을 기습하였다.
② 영릉가에서 일본군에 승리를 거두었다.
③ 동북 항일 연군으로 개편되어 유격전을 전개하였다.
④ 중광단을 중심으로 조직되어 항일 독립 전쟁에 참여하였다.
⑤ 인도·미얀마 전선에 파견되어 영국군과 연합 작전을 펼쳤다.

41-441 다음 가상 일기의 밑줄 그은 '운동'에 대한 설명으로 옳은 것은? [1점]

> 1925년 ○○월 ○○일
>
> 우리 백정들은 신분제가 폐지되었음에도 끊임없이 차별받았다. 다 같은 조선 민족인데 왜 우리를 핍박하는 걸까? 우리는 저울처럼 평등한 세상을 만들기 위해 몇 해 전부터 <u>운동</u>을 벌이고 있지만 사람들의 인식을 바꾸기는 쉽지 않은 것 같다. 얼마 전 예천에서는 '백정을 핍박하는 것은 죄가 아니다.'라고 말하는 사람도 있다고 하니 우리는 언제쯤 평등한 대우를 받을 수 있을까?

① 조선 형평사의 주도로 전개되었다.
② 대한매일신보의 지원을 받아 확대되었다.
③ 평양에서 시작하여 전국적으로 확산되었다.
④ 순종의 인산일을 기한 대규모 시위를 계획하였다.
⑤ 라이징 선 석유 회사의 한국인 구타 사건을 계기로 시작되었다.

42-442 교사의 질문에 대한 학생의 답변으로 적절하지 않은 것은? [2점]

이 우표는 6·25 전쟁이 발발하고 북한군에 점령당했던 서울을 되찾은 것을 기념해 만들어졌습니다. 9월 28일 서울 수복 이후에 벌어진 상황에 대해 말해 볼까요?

① 반공 포로가 석방되었어요.
② 한·미 상호 방위 조약이 체결되었어요.
③ 흥남에서 대규모 철수가 이루어졌어요.
④ 유엔군이 인천 상륙 작전을 전개하였어요.
⑤ 비상계엄이 선포된 가운데 발췌 개헌안이 통과되었어요.

43. (가) 정부의 통일 정책에 대한 설명으로 옳은 것은? [1점]

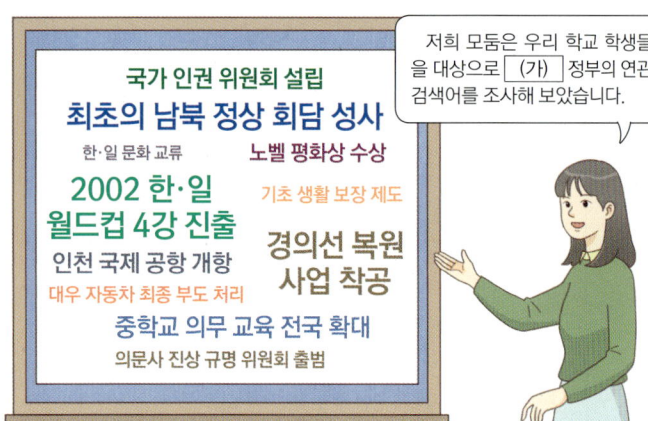

① 남북 기본 합의서에 서명하였다.
② 남북한이 유엔에 동시 가입하였다.
③ 7·4 남북 공동 성명을 발표하였다.
④ 6·15 남북 공동 선언을 채택하였다.
⑤ 남북 이산가족 고향 방문을 최초로 실현하였다.

44. (가) 민주화 운동에 대한 설명으로 옳은 것은? [2점]

① 긴급 조치 철폐를 요구하였다.
② 장면 내각이 출범하는 배경이 되었다.
③ 전남 도청에서 시민군이 계엄군에 맞서 싸웠다.
④ 민주화를 위한 개헌 청원 100만 인 서명 운동이 전개되었다.
⑤ 5년 단임의 대통령 직선제 개헌이 이루어지는 계기가 되었다.

45. 다음 사건이 있었던 정부 시기의 경제 상황으로 옳은 것은? [3점]

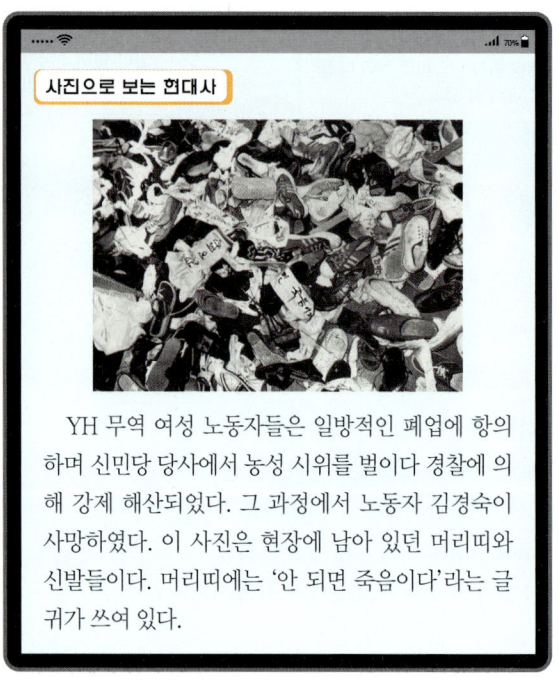

① 금융 실명제가 실시되었다.
② 연간 수출액 100억 달러가 달성되었다.
③ 개성 공단에서 의류 생산이 시작되었다.
④ 칠레와 자유 무역 협정(FTA)을 체결하였다.
⑤ 저금리, 저유가, 저달러의 3저 호황이 있었다.

46. 밑줄 그은 '정부' 시기의 사회 모습으로 옳은 것은? [2점]

① 금강산 관광이 시작되었다.
② 서울 올림픽 대회가 개최되었다.
③ 삼풍 백화점 붕괴 사고가 발생하였다.
④ 보도 지침을 통해 언론을 통제하였다.
⑤ 양성평등 실현을 위해 호주제가 폐지되었다.

47 (가)에 들어갈 내용으로 옳은 것은? [2점]

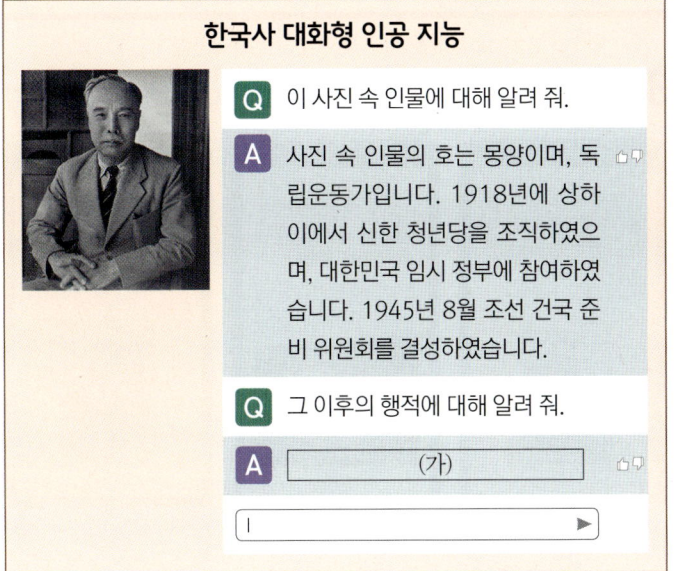

① 한국 민주당을 창당하였습니다.
② 5·10 총선거에 출마하였습니다.
③ 단독 정부 수립을 주장하였습니다.
④ 조선 혁명 선언을 작성하였습니다.
⑤ 좌우 합작 위원회를 조직하였습니다.

48 교사의 질문에 대한 학생의 답으로 옳은 것은? [2점]

① 울주 대곡리 반구대에 고래 사냥 모습을 새겼습니다.
② 이제현이 만권당에서 원의 학자들과 교류하였습니다.
③ 청소년들이 경당에서 책을 읽고 활쏘기를 배웠습니다.
④ 독특한 회계 정리 방식인 사개치부법을 사용하였습니다.
⑤ 정혜 공주 묘지석에는 유교 경전과 중국 역사서의 내용이 인용되어 있습니다.

49 (가)~(마)의 설명과 사진을 연결한 것으로 옳지 <u>않은</u> 것은? [3점]

(가) 태토와 유약이 모두 백색이고 1,200도 이상에서 구워 만든 자기다. 영국 여왕 엘리자베스 2세가 이 자기 중 하나를 보면서 '세상에서 제일 아름다운 그릇'이라는 찬사를 보냈다.

(나) 철분이 약간 함유된 태토에 유약을 입혀 고온에서 구워 낸 자기다. 송 사신 서긍은 "푸른 빛깔을 고려인은 비색(翡色)이라 하는데 근래에 들어 빛깔이 더욱 좋아졌다."고 하였다.

(다) 회색 태토 위에 백토로 표면을 분장한 뒤에 유약을 입혀 구운 자기다. 고유섭이 회청색을 띠는 사기라는 의미로 '분장회청사기(분청사기)'라 하였다.

(라) 초벌구이한 백자 위에 코발트로 그림 그린 후 유약을 발라 구운 자기다. 코발트는 수입산 안료였기에 예종은 관찰사를 통해 백성들이 회회청(코발트)을 구해 오도록 독려할 정도였다.

(마) 표면에 무늬를 파고 백토와 자토를 그 자리에 넣어 초벌구이한 후 유약을 발라 구워 낸 자기다. 최순우는 "고려 사람들은 비색의 자기에 영롱한 수를 놓는 방법을 궁리해 냈다."고 하였다.

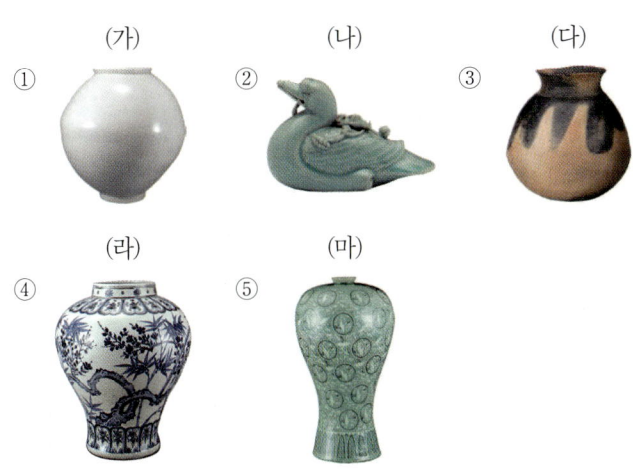

50 다음 사건의 영향을 받아 발생한 사실로 옳은 것은? [2점]

① 신한 공사가 설립되어 귀속 재산을 관리하였다.
② 부산에서 조선 방직의 총파업 사건이 발생하였다.
③ 경제 자립을 목표로 제1차 경제 개발 5개년 계획이 추진되었다.
④ 미국에서 들여온 원조 물자를 기반으로 삼백 산업이 발달하였다.
⑤ 평화 시장 노동자들을 중심으로 한 청계 피복 노동조합이 결성되었다.

2023년도 제67회 한국사능력검정시험 문제지

1 -451 (가) 시대의 생활 모습으로 옳은 것은? [1점]

> 계급이 출현한 (가) 시대의 생활상을 엿볼 수 있는 환호, 고인돌, 민무늬 토기 등이 울주 검단리 유적에서 발굴되었습니다. 특히 마을의 방어 시설로 보이는 환호는 우리나라의 (가) 시대 유적에서 처음 확인된 것으로, 둘레가 약 300미터에 달합니다.

① 철제 무기로 정복 활동을 벌였다.
② 주로 동굴이나 막집에서 거주하였다.
③ 소를 이용한 깊이갈이가 일반화되었다.
④ 비파형 동검과 청동 거울 등을 제작하였다.
⑤ 빗살무늬 토기에 음식을 저장하기 시작하였다.

2 -452 (가)~(라)에 들어갈 내용으로 옳은 것을 <보기>에서 고른 것은? [2점]

<여러 나라의 제천 행사>

나라	내용
부여	(가)
고구려	(나)
동예	(다)
삼한	(라)

보기
ㄱ. (가) - 무천이라는 제천 행사에서 밤낮으로 음주가무를 즐겼다.
ㄴ. (나) - 10월에 지내는 제천 행사는 국중대회로 동맹이라 하였다.
ㄷ. (다) - 영고라는 제천 행사를 열고 죄수를 풀어 주기도 하였다.
ㄹ. (라) - 씨뿌리기가 끝난 5월과 농사를 마친 10월에 제사를 지냈다.

① ㄱ, ㄴ   ② ㄱ, ㄷ   ③ ㄴ, ㄷ
④ ㄴ, ㄹ   ⑤ ㄷ, ㄹ

3 -453 다음 자료에 해당하는 왕에 대한 설명으로 옳은 것은? [1점]

백제 제26대 왕 명농, 지혜와 식견이 뛰어나고 결단력이 있었다.
1/3

웅진에서 사비로 도읍을 옮기고 백제의 중흥을 꾀했다.
2/3

구천(관산성 부근)에서 신라의 복병에게 목숨을 잃었다.
3/3

① 국호를 남부여로 개칭하였다.
② 금마저에 미륵사를 창건하였다.
③ 고흥에게 서기를 편찬하게 하였다.
④ 윤충을 보내 대야성을 함락하였다.
⑤ 동진에서 온 마라난타를 통해 불교를 수용하였다.

4 -454 (가)에 해당하는 문화유산으로 옳은 것은? [3점]

> 국보로 지정된 (가) 은 현존하는 신라 탑 중에 가장 오래된 것으로 평가받습니다. 이 탑은 돌을 벽돌 모양으로 다듬어 쌓았다는 특징이 있으며, 선덕 여왕 3년에 건립된 것으로 추정됩니다.

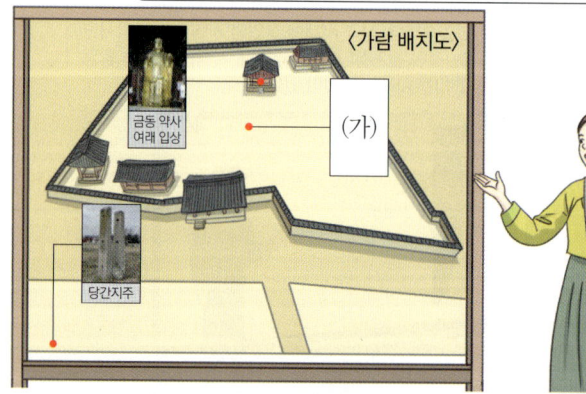

①    ②    ③

④    ⑤

5. (가)에 들어갈 내용으로 가장 적절한 것은? [3점]

한국사 동영상 제작 계획안

삼국이 하나 되다
○학년 ○반 ○모둠

■ 제작 의도
    삼국 통일 과정을 사건의 발생 순서대로 구성하여 그 의의와 한계를 살펴본다.

■ 장면별 구성 내용
#1. 김춘추가 당과의 군사 동맹을 성사시키다
#2. 백제의 결사대 5천 명이 황산벌에서 패하다
#3. 연개소문이 죽고 내분이 일어나다
#4. (가)
#5. 신라 수군이 기벌포에서 승리하다

① 흑치상지가 당의 유인궤에게 항복하다
② 문무왕이 안승을 보덕국 왕으로 책봉하다
③ 을지문덕이 살수에서 수의 군대를 물리치다
④ 부여풍이 백강에서 왜군과 함께 당군에 맞서 싸우다
⑤ 개로왕이 북위에 사신을 보내 고구려 공격을 요청하다

6. 밑줄 그은 '이 승려'에 대한 설명으로 옳은 것은? [2점]

POST CARD

○○에게
    나는 지금 영주 부석사에 와 있어. 이곳은 당에 가서 화엄학을 공부한 <u>이 승려</u>가 세운 절이야. 선묘각과 부석을 통해 그가 선묘 낭자의 도움을 받아 사찰을 건립했다는 설화를 떠올릴 수 있었어. 그리고 무량수전 배흘림기둥에 기대어 멀리 풍경을 보니, 너와 함께 다시 와보고 싶다는 생각이 들었어. 그럼 이만 줄일게. 안녕.

△△가

① 황룡사 구층 목탑의 건립을 건의하였다.
② 무애가를 지어 불교 대중화에 노력하였다.
③ 유식의 교의를 담은 해심밀경소를 저술하였다.
④ 승려들의 전기를 정리한 해동고승전을 편찬하였다.
⑤ 현세의 고난에서 구제받고자 하는 관음 신앙을 강조하였다.

7. (가) 왕의 업적으로 옳은 것은? [2점]

대왕암이 내려다 보이는 이곳은 경주 이견대입니다. 선왕을 기리며 감은사를 완공한 (가) 은/는 이곳에서 용을 만나는 신묘한 일을 겪었고, 이를 통해 검은 옥대와 만파식적의 재료가 된 대나무를 얻었다고 합니다.

① 향가 모음집인 삼대목을 편찬하였다.
② 관료전을 지급하고 녹읍을 폐지하였다.
③ 인사를 담당하는 위화부를 창설하였다.
④ 건원이라는 독자적인 연호를 사용하였다.
⑤ 시장을 감독하기 위해 동시전을 설치하였다.

8. 다음 상황 이후에 전개된 사실로 옳은 것은? [2점]

> 이찬 김지정이 반역하여 무리를 모아 궁궐을 에워싸고 침범하였다. 여름 4월에 상대등 김양상이 이찬 경신과 함께 군사를 일으켜 김지정 등을 죽였으나, 왕과 왕비는 반란군에게 살해되었다. 양상 등이 왕의 시호를 혜공왕이라 하였다.
> — "삼국사기" —

① 김흠돌이 반란을 도모하였다.
② 이사부가 우산국을 복속하였다.
③ 김대성이 불국사 조성을 주도하였다.
④ 장보고가 왕위 쟁탈전에 가담하였다.
⑤ 거칠부가 왕명에 의해 국사를 편찬하였다.

제67회 한국사능력검정시험 (심화)

9 -459 (가) 국가에 대한 설명으로 옳은 것은? [2점]

이 글은 양태사가 지은 '밤에 다듬이 소리를 듣고'라는 한시로, 정효 공주 묘지(墓誌) 등과 함께 (가) 의 한문학 수준을 보여 주는 대표적인 사례입니다. 이 시에는 문왕 때 일본에 사신으로 파견된 그가 다듬이 소리를 듣고 고국을 그리워하는 마음이 잘 표현되어 있습니다.

> 서리 기운 가득한 하늘에 달빛 비치니 은하수도 밝은데
> 나그네 돌아갈 일 생각하니 감회가 새롭네
> 홀로 앉아 지새는 긴긴 밤 근심에 젖어 마음 아픈데
> 홀연히 들리누나 이웃집 아낙네 다듬이질 소리
> 바람결에 그 소리 끊기는 듯 이어지는 듯
> 밤 깊어 별빛 기우는데 잠시도 쉬지 않네
> 나라 떠나온 뒤로 아무 소리 듣지 못하더니
> 이제 타향에서 고향 소리 듣는구나
> ⋮

① 교육 기관으로 주자감을 설립하였다.
② 골품제라는 엄격한 신분제를 마련하였다.
③ 정사암에 모여 국가 중대사를 논의하였다.
④ 관리 선발을 위해 독서삼품과를 시행하였다.
⑤ 청연각과 보문각을 설치하여 학문 연구를 장려하였다.

10 -460 다음 상황 이후에 있었던 사실로 옳은 것은? [3점]

파진찬 신덕, 영순 등이 신검에게 견훤을 금산사에 유폐하고 사람을 보내 금강을 죽이도록 권하였다. 신검이 대왕을 자칭하고 국내에 대사면령을 내렸다. 교서에 이르기를, "…… 왕위를 어리석은 아이에게 줄 뻔하였다. 다행스러운 것은 상제께서 진정한 마음을 내리시니 군자들이 허물을 고쳤고 맏아들인 나에게 명하여 이 한 나라를 다스리게 하셨다는 점이다. ……"라고 하였다.

① 궁예가 광평성을 설치하였다.
② 장문휴가 당의 등주를 공격하였다.
③ 신숭겸이 공산 전투에서 전사하였다.
④ 왕건이 일리천 전투에서 승리하였다.
⑤ 김헌창이 웅천주에서 반란을 일으켰다.

11 -461 (가) 왕이 추진한 정책으로 옳은 것은? [1점]

한국사 묻고 답하기 조회 수 : 123

🔵 질문 고려 시대 연호에 대하여 질문합니다.
고려는 중국의 연호를 주로 사용한 것으로 알고 있는데, 중국과 다른 연호를 쓴 사례가 있나요?

↳ 답변
↳ 태조가 고려를 건국한 후 천수라는 연호를 사용했습니다.
↳ (가) 이/가 왕권을 강화하기 위해 광덕, 준풍이라는 연호를 제정하고, 개경을 황도라 칭하기도 하였습니다.

① 과거제를 도입하였다.
② 흑창을 처음 설치하였다.
③ 전시과 제도를 시행하였다.
④ 삼국사기 편찬을 명하였다.
⑤ 12목에 지방관을 파견하였다.

12 -462 (가) 왕의 재위 기간에 있었던 사실로 옳은 것은? [3점]

〈역사 연극 시나리오 구상〉
제목 : (가) 의 험난한 피란길
○학년 ○반 ○모둠

장면 1 : 강조의 정변을 구실로 침입한 거란군이 서경까지 이르자 강감찬이 왕에게 남쪽으로 피란할 것을 권유한다.

장면 2 : 왕이 개경을 떠나 전라도 삼례에 이르는 동안 호위군이 도망가는 등의 어려움을 겪는다.

장면 3 : 나주에 도착한 왕은 강화가 성립되어 거란군이 물러간다는 소식을 듣고 안도한다.

① 만부교 사건이 일어났다.
② 초조대장경 조판이 시작되었다.
③ 사신 저고여가 귀국길에 피살되었다.
④ 공주 명학소에서 망이·망소이가 봉기하였다.
⑤ 신돈을 중심으로 전민변정 사업이 추진되었다.

13 (가) 인물의 활동으로 옳은 것은? [2점]

이것은 이의민을 제거하고 정권을 장악한 (가) 의 묘지명 탁본입니다. 여기에는 그가 명종의 퇴위와 신종의 즉위에 관여한 사실 등이 기록되어 있습니다.

① 인사 행정을 담당하던 정방을 폐지하였다.
② 교정도감을 두어 국가의 중요한 사무를 처리하였다.
③ 삼별초를 이끌고 진도로 이동하여 대몽 항쟁을 펼쳤다.
④ 화약과 화포 제작을 위한 화통도감 설치를 건의하였다.
⑤ 후세의 정책 방향을 제시하기 위해 훈요 10조를 남겼다.

14 (가), (나) 사이의 시기에 있었던 사실로 옳은 것은? [2점]

(가) 윤관이 포로 346구와 말 96필, 소 300여 마리를 바쳤다. 의주와 통태진·평융진에 성을 쌓고, 함주·영주·웅주·길주·복주, 공험진과 함께 북계 9성이라 하였다.

(나) 그해 12월 16일에 처인부곡의 작은 성에서 적과 싸우던 중 화살로 적의 괴수인 살리타를 쏘아 죽였습니다. 사로잡은 자들이 많았으며 나머지 무리는 무너져 흩어졌습니다.

① 외침에 대비하여 광군을 조직하였다.
② 서희의 활약으로 강동 6주를 획득하였다.
③ 이제현이 만권당에서 유학자들과 교유하였다.
④ 묘청 등이 칭제건원과 금 정벌을 주장하였다.
⑤ 압록강에서 도련포까지 천리장성을 축조하였다.

15 다음 자료를 활용한 탐구 활동으로 가장 적절한 것은? [2점]

시중 김방경과 대장군 인공수를 [상국(上國)]에 파견하여 표문을 올렸다. "우리나라는 근래 역적을 소탕하는 대군에 군량을 공급하는 일로 이미 해마다 백성에게서 양식을 거두어들였습니다. 게다가 일본 정벌에 필요한 전함을 건조하는 데 장정들이 모두 징발되었고 노약자들만 겨우 밭 갈고 씨 뿌리는 일을 하고 있습니다."

① 삼전도비가 건립된 계기를 찾아본다.
② 정동행성이 설치되는 배경을 살펴본다.
③ 사심관 제도가 시행된 원인을 조사한다.
④ 조위총의 난이 전개되는 과정을 알아본다.
⑤ 권수정혜결사문이 작성된 목적을 파악한다.

16 밑줄 그은 '불상'에 해당하는 문화유산으로 옳은 것은? [2점]

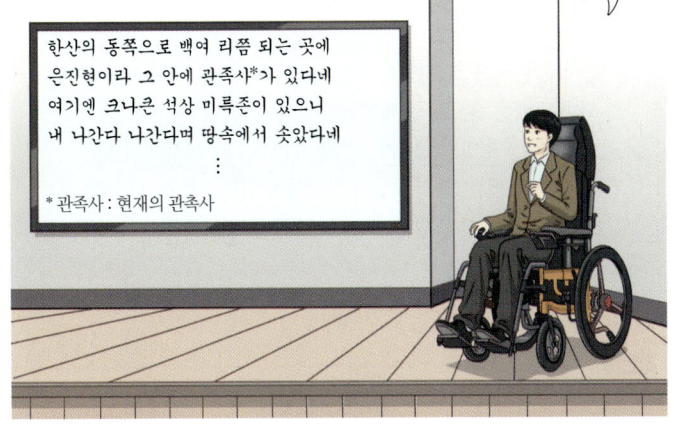

이것은 이색의 목은집에 실린 시의 일부입니다. 그는 관촉사에서 열린 법회에 참여하고 그곳에서 보았던 불상을 떠올리며 이 시를 지었습니다.

한산의 동쪽으로 백여 리쯤 되는 곳에
은진현이라 그 안에 관족사*가 있다네
여기엔 크나큰 석상 미륵존이 있으니
내 나간다 나간다며 땅속에서 솟았다네
⋮
*관족사 : 현재의 관촉사

①  ②  ③
④  ⑤

17 (가) 교육 기관에 대한 설명으로 옳은 것은? [2점]

(가) **입학 자격 공고**

1. 국자학생은 문·무관 3품 이상인 자의 아들과 손자 및 훈관 2품으로 현공 이상을 지닌 자의 아들, 아울러 경관 4품으로 3품 이상의 훈봉을 지닌 자의 아들로 한다.
2. 태학생은 문·무관 5품 이상인 자의 아들과 손자, 정·종 3품관의 증손자 및 훈관 3품 이상의 봉작이 있는 자의 아들로 한다.
3. 사문학생은 훈관 3품 이상으로서 봉작이 없는 자의 아들, 4품으로서 봉작이 있는 자 및 문·무관 7품 이상인 자의 아들로 한다.

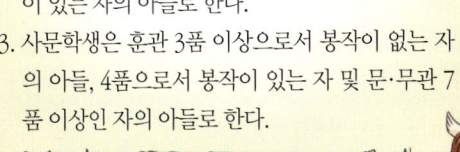

① 문헌공도로 불리기도 하였다.
② 중앙에서 교수나 훈도가 파견되었다.
③ 전국의 부·목·군·현에 하나씩 설치되었다.
④ 장학 기금 마련을 위해 양현고가 설립되었다.
⑤ 사가독서제를 시행하여 학문에 전념하게 하였다.

18-468 ㉠~㉣ 기구에 대한 설명으로 옳은 것을 〈보기〉에서 고른 것은? [2점]

🔍 **역사 돋보기** 　**왕실과의 혼인을 통한 이자겸의 출세**

음서로 관직에 진출한 이자겸은 1108년 둘째 딸이 예종의 비가 되면서 빠른 속도로 출세하였다.
1109년 ㉠ 추밀원(중추원) 부사, 1111년 ㉡ 어사대의 대부가 된다. 1113년에는 ㉢ 상서성의 좌복야에 임명되었고, 1118년 재신으로서 판이부사를 맡았으며, 1122년 ㉣ 중서문하성 중서령에 오른다.

〈보기〉
ㄱ. ㉠ - 군사 기밀과 왕명 출납을 담당하였다.
ㄴ. ㉡ - 소속 관원이 낭사와 함께 서경권을 행사하였다.
ㄷ. ㉢ - 화폐·곡식의 출납과 회계를 담당하였다.
ㄹ. ㉣ - 원 간섭기에 도평의사사로 개편되었다.

① ㄱ, ㄴ　② ㄱ, ㄷ　③ ㄴ, ㄷ
④ ㄴ, ㄹ　⑤ ㄷ, ㄹ

19-469 다음 상황이 나타난 시기를 연표에서 옳게 고른 것은? [2점]

명 황제가 말하기를, "철령을 따라 이어진 북쪽과 동쪽과 서쪽은 원래 개원로(開元路)*가 관할하던 군민(軍民)이 속하던 곳이니, 한인·여진인·달달인·고려인을 그대로 요동에 소속시켜라."라고 하였다. …… 왕은 최영과 함께 요동을 공격하기로 계책을 결정하였으나, 감히 드러내어 말하지 못하고 사냥 간다는 핑계를 대고 서쪽으로 해주에 행차하였다.

* 개원로(開元路) : 원이 설치한 행정 구역

1351	1359	1380	1391	1394	1400
(가)	(나)	(다)	(라)	(마)	
공민왕 즉위	홍건적 침입	황산 대첩	과전법 실시	한양 천도	태종 즉위

① (가)　② (나)　③ (다)　④ (라)　⑤ (마)

20-470 밑줄 그은 '이 역사서'에 대한 설명으로 옳은 것은? [3점]

대개 이미 지나간 나라의 흥망은 장래의 교훈이 되기에 이 역사서를 편찬하여 올리는 바입니다. …… 범례는 사마천의 "사기"를 따르고, 대의(大義)는 모두 왕께 아뢰어 재가를 얻었습니다. 본기(本紀)라는 이름을 피하고 세가(世家)라고 한 것은 명분의 중요성을 나타내기 위함이며, 가짜 왕인 신씨들[신우, 신창]을 세가에 넣지 않고 열전으로 내린 것은 그들이 왕위를 도둑질한 사실을 엄히 논죄하려는 것입니다.

① 발해사를 우리 역사로 체계화하였다.
② 고구려 시조의 일대기를 서사시로 표현하였다.
③ 불교사를 중심으로 고대의 민간 설화를 수록하였다.
④ 고조선부터 고려 말까지의 역사를 연대순으로 기록하였다.
⑤ 조선 건국을 정당화하는 입장에서 고려의 역사를 정리하였다.

21-471 (가) 기구에 대한 설명으로 옳은 것은? [2점]

우부승지 김종직이 아뢰기를, "고려 태조는 여러 고을에 영을 내려 공변되고 청렴한 선비를 뽑아서 향리들의 불법을 규찰하게 하였으므로 간사한 향리가 저절로 없어져 5백 년간 풍화를 유지할 수 있었습니다. 우리 조정에서는 이시애의 난 이후 (가) 이/가 혁파되자 간악한 향리들이 불의를 자행하여서 건국한 지 1백 년도 못 되어 풍속이 쇠퇴해졌습니다. …… 청컨대 (가) 을/를 다시 설립하여 향풍(鄕風)을 규찰하게 하소서."라고 하였다.
　　　　　　　　　　　　　　　　　- "성종실록" -

① 조광조 일파의 건의로 폐지되었다.
② 좌수와 별감을 중심으로 운영되었다.
③ 풍기 군수 주세붕이 처음 설립하였다.
④ 대사성 이하 좨주, 직강 등의 관직을 두었다.
⑤ 매향(埋香) 활동 등 각종 불교 행사를 주관하였다.

22. 다음 검색창에 들어갈 인물의 활동으로 옳은 것은? [2점]

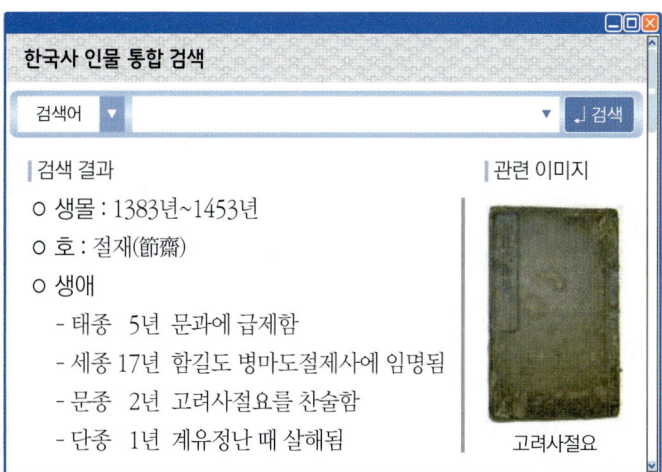

① 여진을 정벌하고 6진을 개척하였다.
② 불씨잡변을 지어 불교를 비판하였다.
③ 반정 공신의 위훈 삭제를 주장하였다.
④ 왜구의 근거지인 쓰시마섬을 정벌하였다.
⑤ 충청도 지역까지 대동법의 확대 실시를 건의하였다.

23. 다음 가상 대화가 이루어진 시기에 볼 수 있는 모습으로 적절하지 않은 것은? [1점]

① 담배 농사를 짓고 있는 농민
② 관청에 종이를 납품하는 공인
③ 시사(詩社)에서 시를 낭송하는 중인
④ 장시에서 판소리 공연을 하는 소리꾼
⑤ 솔빈부의 특산품인 말을 수입하는 상인

24. 다음 기사에 보도된 전투 이후의 사실로 옳은 것은? [2점]

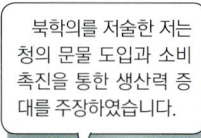

역사 신문

조·명 연합군, 평양성 탈환

평안도 도체찰사 류성룡, 도원수 김명원이 이끄는 관군이 명 제독 이여송 부대에 합세하여 평양성을 되찾았다. 이번 전투에서 아군의 불랑기포를 비롯한 화포가 위력을 발휘하여 일본군은 크게 패하고 남쪽으로 내려갔다. 이 전투의 승리는 향후 전쟁의 판도를 바꿀 것으로 기대된다.

① 송상현이 동래성에서 항전하였다.
② 권율이 행주산성에서 적군을 격퇴하였다.
③ 이순신이 한산도 앞바다에서 대승을 거두었다.
④ 신립이 탄금대 앞에서 배수의 진을 치고 싸웠다.
⑤ 최윤덕이 올라산성에서 이만주 부대를 정벌하였다.

25. (가), (나) 인물에 대한 설명으로 옳은 것은? [2점]

① (가) - 100리 척을 사용하여 동국지도를 제작하였다.
② (가) - 곽우록에서 토지 매매를 제한하는 한전론을 제시하였다.
③ (나) - 의산문답에서 중국 중심의 세계관을 비판하였다.
④ (나) - 여전론을 통해 마을 단위의 공동 경작을 주장하였다.
⑤ (가), (나) - 양명학을 연구하여 강화학파를 형성하였다.

제67회 한국사능력검정시험 (심화)

26-476 (가)~(다)를 일어난 순서대로 옳게 나열한 것은? [2점]

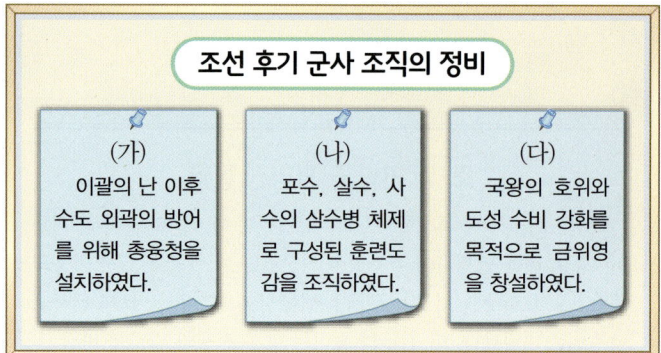

조선 후기 군사 조직의 정비

(가) 이괄의 난 이후 수도 외곽의 방어를 위해 총융청을 설치하였다.

(나) 포수, 살수, 사수의 삼수병 체제로 구성된 훈련도감을 조직하였다.

(다) 국왕의 호위와 도성 수비 강화를 목적으로 금위영을 창설하였다.

① (가) - (나) - (다)
② (가) - (다) - (나)
③ (나) - (가) - (다)
④ (나) - (다) - (가)
⑤ (다) - (나) - (가)

27-477 (가) 왕의 재위 기간에 있었던 사실로 옳은 것은? [1점]

이 그림은 화성능행도 8폭 중 일부로, (가) 이/가 혜경궁 홍씨를 모시고 현륭원에 다녀오는 모습을 그린 것입니다. 위엄을 갖춘 행렬의 장대함과 구경꾼들의 생동감 넘치는 표정이 잘 드러나 있습니다.

① 자의 대비의 복상 문제로 예송이 전개되었다.
② 명의 신종을 제사 지내는 만동묘가 설치되었다.
③ 문신을 재교육하기 위한 초계문신제가 실시되었다.
④ 붕당의 폐해를 경계하는 탕평비가 성균관에 건립되었다.
⑤ 비변사의 혁파로 의정부와 삼군부의 기능이 정상화되었다.

28-478 다음 상황이 나타난 시기를 연표에서 옳게 고른 것은? [3점]

사학(邪學) 죄인 황사영은 사족으로서 사술(邪術)에 미혹됨이 가장 심한 자였다. [그는] 의금부에서 체포하려는 것을 미리 알고 피신하였는데, 상복을 입고 성명을 바꾸거나 토굴에 숨어서 종적을 감춘 지 반 년이 지났다. 포청에서 은밀히 염탐하여 지금에야 제천 땅에서 붙잡았다. 그의 문서를 수색하던 중 백서를 찾았는데, 장차 북경의 천주당에 전하려고 한 것이었다.

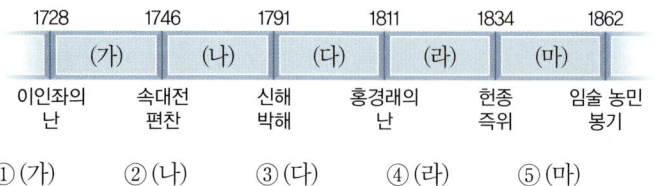

1728	1746	1791	1811	1834	1862
(가)	(나)	(다)	(라)	(마)	
이인좌의 난	속대전 편찬	신해 박해	홍경래의 난	헌종 즉위	임술 농민 봉기

① (가) ② (나) ③ (다) ④ (라) ⑤ (마)

29-479 (가) 사건에 대한 설명으로 옳은 것은? [1점]

이 척화비는 자연석에 비문을 새긴 것이 특징입니다. 척화비는 제너럴 셔먼호 사건을 구실로 일어난 (가) 이후 전국 각지에 세워졌습니다. 이를 통해 서양 세력과의 통상 수교를 거부한 역사의 한 장면을 엿볼 수 있습니다.

① 청군의 개입으로 종결되었다.
② 외규장각 도서가 약탈되는 결과를 가져왔다.
③ 에도 막부에 통신사가 파견되는 계기가 되었다.
④ 사태 수습을 위해 박규수가 안핵사로 파견되었다.
⑤ 전개 과정에서 어재연 부대가 광성보에서 항전하였다.

30-480 (가), (나) 조약에 대한 설명으로 옳은 것은? [3점]

(가) 제4조 …… 조선 상인이 북경에서 규정에 따라 교역하고, 중국 상인이 조선의 양화진과 서울에 들어가 영업소를 개설한 경우를 제외하고 각종 화물을 내지로 운반하여 상점을 차리고 파는 것을 허가하지 않는다. ……

(나) 제37관 조선국에서 가뭄과 홍수, 전쟁 등의 일로 국내에 양식이 부족할 것을 우려하여 일시 쌀 수출을 금지하려고 할 때에는 1개월 전에 지방관이 일본 영사관에 통지하고, 미리 그 기간을 항구에 있는 일본 상인들에게 전달하여 일률적으로 준수하는 데 편리하게 한다.

① (가) - 통감부가 설치되는 계기가 되었다.
② (가) - 조선의 관세 자주권을 최초로 인정하였다.
③ (나) - 최혜국 대우를 규정한 조항을 담고 있다.
④ (나) - 일본 공사관의 경비병 주둔을 명시하였다.
⑤ (가), (나) - 갑신정변의 영향으로 체결되었다.

31 다음 검색창에 들어갈 신문에 대한 설명으로 옳은 것은? [2점]

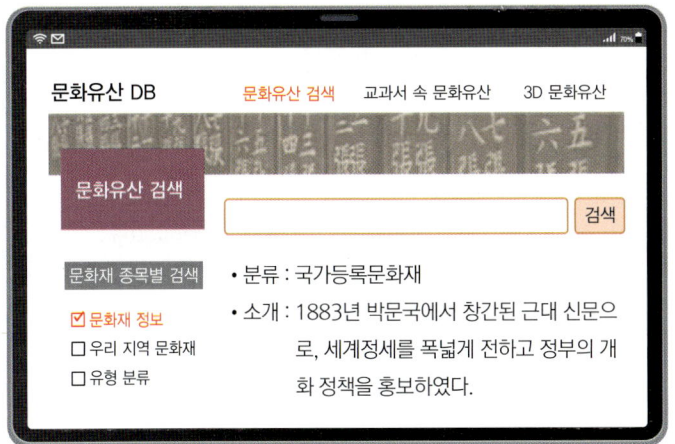

① 여권통문을 처음 보도하였다.
② 국채 보상 운동의 확산에 기여하였다.
③ 의병 투쟁에 호의적인 기사를 게재하였다.
④ 외국인이 읽을 수 있도록 영문으로도 발행되었다.
⑤ 순 한문 신문으로 열흘마다 발행하는 것이 원칙이었다.

33 다음 대화에 해당하는 교육 기관에 대한 설명으로 옳은 것은? [2점]

① 7재라는 전문 강좌가 개설되었다.
② 조선 총독부의 탄압으로 폐교되었다.
③ 교육 입국 조서에 근거하여 세워졌다.
④ 주요 건물로 대성전과 명륜당을 두었다.
⑤ 헐버트, 길모어 등이 교사로 초빙되었다.

32 다음 가상 뉴스에서 보도하는 사건 이후에 전개된 사실로 옳은 것은? [1점]

① 남접과 북접이 논산에서 연합하였다.
② 농민군이 황룡촌 전투에서 관군에 승리하였다.
③ 교조 신원을 요구하는 보은 집회가 개최되었다.
④ 사태 수습을 위해 안핵사 이용태가 파견되었다.
⑤ 전봉준이 농민을 이끌고 고부 관아를 습격하였다.

34 (가) 인물의 활동으로 옳은 것은? [3점]

① 샌프란시스코에서 흥사단을 창립하였다.
② 황준헌이 쓴 조선책략을 국내에 들여왔다.
③ 인재 양성을 위해 오산 학교를 설립하였다.
④ 국문 연구소를 설립하고 연구 위원으로 활동하였다.
⑤ 독립 협회의 제안을 받아들여 중추원 관제 개편을 추진하였다.

35. (가)에 들어갈 내용으로 가장 적절한 것은? [2점]

한국사 특강

우리 학회에서는 고종이 황제로 즉위한 이후 구본신참에 입각하여 추진한 정책을 주제로 강좌를 마련하였습니다. 많은 관심과 참여 바랍니다.

■ 강좌 내용 ■
- 제1강   (가)
- 제2강 대한국 국제 반포와 황제 중심 정치 구조
- 제3강 지계 발급과 근대적 토지 소유권

• 기간: 2023년 10월 ○○일~○○일
• 일시: 매주 토요일 14:00~16:00
• 장소: △△ 연구원

① 통역관 양성을 위한 동문학 설립
② 개혁 방향을 제시한 홍범 14조 반포
③ 통리기무아문 설치와 개혁 정책 추진
④ 원수부 창설과 황제의 군 통수권 강화
⑤ 23부로의 지방 제도 개편과 지방관 권한 축소

36. (가), (나) 사이의 시기에 있었던 사실로 옳은 것은? [2점]

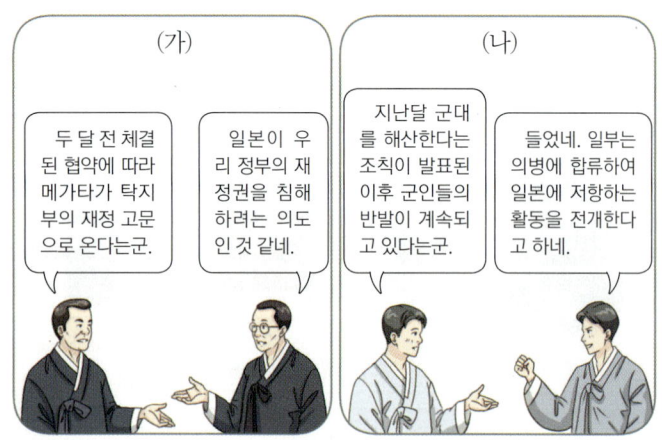

① 데라우치가 초대 총독으로 부임하였다.
② 13도 창의군이 서울 진공 작전을 전개하였다.
③ 기유각서를 통해 일제에 사법권을 박탈당하였다.
④ 상권 수호를 위해 황국 중앙 총상회가 조직되었다.
⑤ 헤이그에서 열린 만국 평화 회의에 특사가 파견되었다.

37. (가) 단체에 대한 설명으로 옳은 것은? [2점]

판결문

피고: 오복영 외 1인
주문: 피고 두 명을 각 징역 7년에 처한다.
이유
제1. 피고 오복영은 이전부터 조선 독립을 희망하고 있었다.
1. 대정 11년(1922) 11월 중 김상옥, 안홍한 등이 조선 독립 자금 강탈을 목적으로 권총, 불온문서 등을 가지고 조선에 오는 것을 알고 천진에서 여비 40원을 조달함으로써 동인 등으로 하여금 조선으로 들어오게 하고
2. 대정 12년(1923) 8월 초순   (가)   단원으로 활약할 목적으로 피고 이영주의 권유에 의해 동 단에 가입하고
3. 이어서 피고 이영주와 함께   (가)   단장 김원봉 및 단원 유우근의 지휘하에 피고 두 명은 조선 내 관리를 암살하고 주요 관아, 공서를 폭파함으로 민심의 동요를 초래하고 ……

① 일제의 황무지 개간권 요구를 저지하였다.
② 일제가 조작한 105인 사건으로 큰 타격을 입었다.
③ 단원인 나석주가 동양 척식 주식회사에 폭탄을 던졌다.
④ 조선 총독부에 국권 반환 요구서를 제출하고자 하였다.
⑤ 이륭양행에 교통국을 설치하여 국내와 연락을 취하였다.

38. 밑줄 그은 '이 운동'에 대한 설명으로 옳은 것을 〈보기〉에서 고른 것은? [1점]

이것은 1929년 11월 한·일 학생 간의 충돌을 계기로 시작된 이 운동을 기념하는 탑입니다. 당시 민족 차별에 분노한 광주 지역 학생들이 대규모 시위를 전개하였고, 전국의 많은 학교가 동맹 휴학으로 동참하였습니다. 이 기념탑은 학생들의 단결된 의지를 타오르는 횃불로 형상화한 것입니다.

보기
ㄱ. 조선인 본위의 교육 제도 확립 등을 요구하였다.
ㄴ. 대한매일신보의 후원 속에 전국으로 확산하였다.
ㄷ. 신간회에서 진상 조사단을 파견하여 지원하였다.
ㄹ. 일제가 이른바 문화 통치를 실시하는 배경이 되었다.

① ㄱ, ㄴ   ② ㄱ, ㄷ   ③ ㄴ, ㄷ
④ ㄴ, ㄹ   ⑤ ㄷ, ㄹ

제67회 한국사능력검정시험 (심화)

39-489 (가) 부대에 대한 설명으로 옳은 것은? [2점]

> 대전자령은 태평령이라고도 하는데, 일본군이 서남부의 왕칭현 쪽으로 가려면 반드시 지나가야 하는 지점이었다. 대전자령의 양쪽은 험준한 절벽과 울창한 산림 지대로 되어 있어 적을 공격하기에 알맞은 곳이었다. 이 전투에 (가) 의 주력 부대 500여 명, 차이시잉(柴世榮)이 거느리는 중국 의용군인 길림구국군 2,000여 명이 참가하였다. …… 한·중 연합군은 계곡 양편 산기슭에 구축되어 있는 참호 속에 미리 매복·대기하여 일본군 습격 준비를 마쳤다.
> - "청천장군의 혁명투쟁사" -

① 영국군의 요청으로 인도·미얀마 전선에 투입되었다.
② 간도 참변 이후 조직을 정비하고 자유시로 이동하였다.
③ 중국 관내(關內)에서 결성된 최초의 한인 무장 부대였다.
④ 홍범도 부대와 연합하여 청산리에서 일본군과 교전하였다.
⑤ 한국 독립당의 군사 조직으로 북만주 지역에서 활약하였다.

40-490 밑줄 그은 '이 시기'에 있었던 사실로 옳은 것은? [1점]

> **문학으로 만나는 한국사**
>
> "이제 곧 창씨개명이 문제가 아닐 날이 닥칠 겁니다. 그때는 사느냐 죽느냐, 이 문제가 턱에 걸려서 아무것도 뵈지 않을걸요. 아 왜 거년(去年) 칠월에 국가 총동원법 제4조라고 허면서, 국민 징용령이 안 떨어졌습니까? 일본 본토는 그렇다 치고, 조선, 대만, 사할린, 남양 군도에까지 그 징용령이 시행되고 있는 판에, 징병령인들 떨어지지 않겠습니까? 지금 지원병 제도는 장차 징병 문제를 결정하려는 시험으로 해 보는 것이라고 허드구만요."
> 이기채는 가슴이 까닭 없이 덜컥, 내려앉는다.
> - "혼불" -
>
> [해설] 이 작품에는 일제가 국가 총동원법을 제정하고 노동력 수탈을 위해 국민 징용령 등을 시행하던 <u>이 시기</u> 우리 민족의 삶이 잘 표현되어 있다.

① 조선 태형령이 공포되었다.
② 헌병 경찰 제도가 실시되었다.
③ 경성 제국 대학이 설립되었다.
④ 조선 농민 총동맹이 조직되었다.
⑤ 황국 신민 서사 암송이 강요되었다.

41-491 (가) 종교에 대한 설명으로 옳은 것은? [2점]

> **기획 전시**
> ### 방정환이 꿈꾼 어린이를 위한 나라
>
> 우리 박물관에서는 "어린이" 창간 100주년을 기념하는 특별전을 준비하였습니다. 동학을 계승한 종교인 (가) 계열의 방정환 등이 어린이들에게 다양한 읽을거리를 제공하기 위해 발간한 잡지 "어린이"의 전시와 함께 여러 체험 행사를 준비하였으니 많은 관심 바랍니다.
>
> • 기간: 2023. ○○.○○.~○○.○○.
> • 장소: △△ 박물관 특별 전시실
> • 전시 자료 소개

▲ "어린이" 제7권 제3호

▲ "어린이" 제9권 제1호

① 한용운 등이 사찰령 폐지를 주장하였다.
② 만세보를 발행하여 민중 계몽에 앞장섰다.
③ 박중빈을 중심으로 새 생활 운동을 펼쳤다.
④ 배재 학당을 세워 신학문을 보급하고자 힘썼다.
⑤ 의민단을 조직하여 항일 무장 투쟁을 전개하였다.

42-492 (가)에 들어갈 내용으로 가장 적절한 것은? [3점]

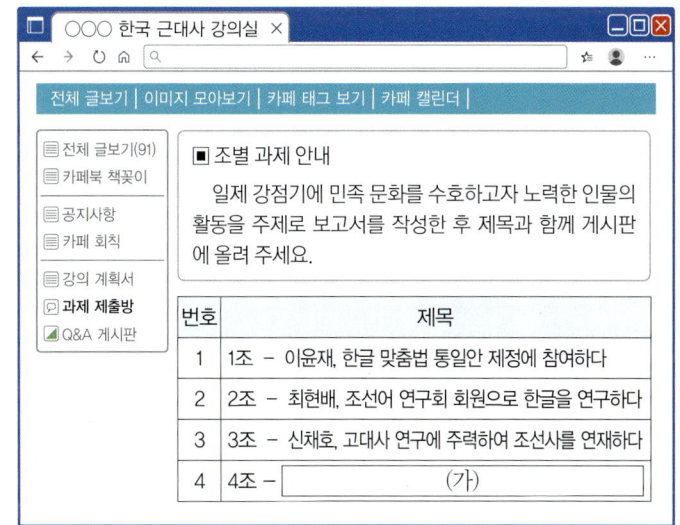

① 정인보, 민족의 얼을 강조하고 조선학 운동을 전개하다
② 장지연, 황성신문에 시일야방성대곡이라는 논설을 싣다
③ 유길준, 서유견문을 집필하여 서양 근대 문명을 소개하다
④ 최익현, 지부복궐척화의소를 올려 왜양일체론을 주장하다
⑤ 신헌, 강화도 조약 체결의 전말을 기록한 심행일기를 남기다

제67회 한국사능력검정시험 (심화)

43 -493 밑줄 그은 '이 지역'에서 있었던 민족 운동으로 옳은 것은? [2점]

이것은 1923년 이 지역에서 발생한 지진 당시 희생된 조선인을 위로하기 위해 세운 추도비입니다. 지진이 일어나자 "조선인이 불을 질렀다", "조선인이 공격해 온다" 등의 유언비어가 퍼졌고, 이에 현혹된 사람들이 조직한 자경단 등에 의해 수많은 조선인이 학살되었습니다.

① 한인 자치 기구인 경학사를 설립하였다.
② 민족 교육을 위해 서전서숙을 건립하였다.
③ 유학생을 중심으로 2·8 독립 선언서를 발표하였다.
④ 대조선 국민군단을 결성하여 군사 훈련을 실시하였다.
⑤ 대한 광복군 정부를 세워 무장 독립 투쟁을 준비하였다.

44 -494 (가) 인물에 대한 설명으로 옳은 것은? [2점]

□□일보
제△△호   2023년 ○○월 ○○일

'몽양 (가) 장례식 만장' 117점 국가등록문화재 등록 예고

1918년 중국에서 신한 청년당을 조직하고 해방 후 좌우 합작 운동을 추진한 (가) 선생의 마지막 길에 내걸린 만장(輓章)이 국가등록문화재가 된다. 만장이란 망자를 추모하는 글을 비단이나 종이에 적어 만든 깃발로, 1947년 거행된 그의 장례식에는 각계각층이 애도하는 만장이 내걸렸다.

이 만장은 독립운동에 헌신하고 광복 후 좌우 대통합을 위해 노력했던 그에 대한 대중들의 인식과 평가를 담은 자료로서 중요한 역사적 가치가 있다.

① 조선 건국 동맹을 결성하였다.
② 한국독립운동지혈사를 저술하였다.
③ 권업회의 초대 회장으로 선출되었다.
④ 대한 광복회를 조직하여 친일파를 처단하였다.
⑤ 백산 상회를 설립하여 독립운동 자금을 마련하였다.

45 -495 밑줄 그은 '개헌안'의 시행 결과로 옳은 것은? [2점]

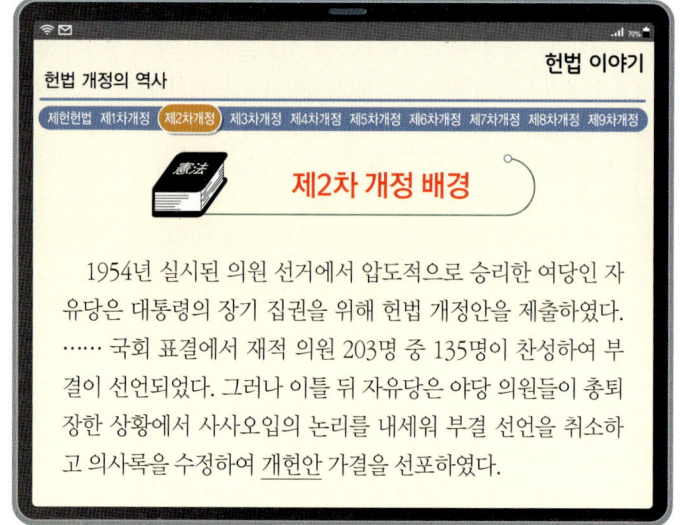

헌법 이야기
헌법 개정의 역사
제헌헌법 제1차개정 **제2차개정** 제3차개정 제4차개정 제5차개정 제6차개정 제7차개정 제8차개정 제9차개정

제2차 개정 배경

1954년 실시된 의원 선거에서 압도적으로 승리한 여당인 자유당은 대통령의 장기 집권을 위해 헌법 개정안을 제출하였다. …… 국회 표결에서 재적 의원 203명 중 135명이 찬성하여 부결이 선언되었다. 그러나 이틀 뒤 자유당은 야당 의원들이 총퇴장한 상황에서 사사오입의 논리를 내세워 부결 선언을 취소하고 의사록을 수정하여 개헌안 가결을 선포하였다.

① 통일 주체 국민 회의에서 대통령이 선출되었다.
② 5년 단임의 대통령이 직선제에 의해 선출되었다.
③ 대통령이 국회 의원의 3분의 1을 추천하게 되었다.
④ 국회에서 간접 선거 방식으로 대통령이 선출되었다.
⑤ 개헌 당시의 대통령에 한하여 중임 제한이 철폐되었다.

46 -496 (가)~(마)에 들어갈 내용으로 적절하지 않은 것은? [1점]

스스로 탐구하는 역사 수업
우리 역사에서 사용된 화폐를 주제로 보고서를 작성한 후 제목과 함께 올려 주세요.
※ 과제 마감일은 10월 21일입니다.

번호	제목
1	1모둠 - 명도전, (가)
2	2모둠 - 해동통보, (나)
3	3모둠 - 은병, (다)
4	4모둠 - 상평통보, (라)
5	5모둠 - 백동화, (마)

① (가) - 중국 연과의 교류 관계를 보여 주다
② (나) - 의천의 건의로 화폐가 주조되다
③ (다) - 경복궁 중건을 위해 제작되다
④ (라) - 법화로 발행되어 전국적으로 유통되다
⑤ (마) - 전환국에서 화폐가 발행되다

제67회 한국사능력검정시험 (심화)

[47~48] 다음 자료를 읽고 물음에 답하시오.

(가) 만적 등 6명이 북산에서 나무하다가 공사 노비를 불러 모아 모의하기를, "국가에서 경인년·계사년 이후로 높은 벼슬이 천한 노비에게서 많이 나왔으니, 장수와 재상이 어찌 종자가 있으랴. …… 그 주인을 죽이고 노비 문서를 불태워 삼한에서 천인을 없애면 모두 공경 장상이 될 수 있을 것이다."라고 하였다.

(나) 왕 7년, 노비를 안검하여 그 시비를 분별하도록 명하자, 노비로 주인을 배반한 자가 매우 많아지고 윗사람을 능멸하는 풍조가 크게 행해졌다. 사람들이 모두 탄식하고 원망하였다. 대목 왕후가 이를 간절히 간언하였으나 왕은 받아들이지 않았다.

(다) 1. 문벌, 양반과 상인들의 등급을 없애고 귀천에 관계없이 인재를 선발하여 등용한다.
1. 과부가 재가하는 것은 귀천을 막론하고 자신의 의사대로 하게 한다.
1. 공노비와 사노비에 관한 법을 일체 혁파하고 사람을 사고파는 일을 금지한다.

(라) "임금이 백성을 대할 때는 귀천이 없고 내외 없이 고루 균등하게 적자(赤子)로 여겨야 하는데, 노(奴)와 비(婢)라고 하여 구분하는 것이 어찌 똑같이 동포로 여기는 뜻이겠는가. 내노비 36,974명과 시노비 29,093명을 모두 양민으로 삼도록 하라. 그리고 승정원으로 하여금 노비 문서를 거두어 돈화문 밖에서 불태우도록 하라."

47 (가)~(라)를 일어난 순서대로 옳게 나열한 것은? [3점]

① (가) - (나) - (다) - (라) ② (가) - (나) - (라) - (다)
③ (나) - (가) - (라) - (다) ④ (나) - (다) - (가) - (라)
⑤ (다) - (라) - (나) - (가)

48 (가)~(라)를 활용한 탐구 활동으로 적절한 것을 <보기>에서 고른 것은? [2점]

<보기>
ㄱ. (가) - 무신 집권기에 발생한 하층민의 봉기에 대해 알아본다.
ㄴ. (나) - 호족의 경제적 기반을 약화시킨 제도를 살펴본다.
ㄷ. (다) - 균역법이 시행되는 배경을 파악한다.
ㄹ. (라) - 삼정이정청이 설치된 계기를 조사한다.

① ㄱ, ㄴ ② ㄱ, ㄷ ③ ㄴ, ㄷ
④ ㄴ, ㄹ ⑤ ㄷ, ㄹ

49 (가) 정부 시기에 있었던 사실로 옳은 것은? [2점]

① 정부에 비판적인 경향신문이 폐간되었다.
② 국민의 요구에 굴복하여 대통령이 하야하였다.
③ 민주화 시위 도중 대학생 강경대가 희생되었다.
④ 장기 독재에 저항한 3·1 민주 구국 선언이 발표되었다.
⑤ 기존의 헌법을 유지하는 4·13 호헌 조치가 선언되었다.

50 다음 연설이 있었던 정부의 통일 노력으로 옳은 것은? [2점]

① 남북한이 국제 연합(UN)에 동시 가입하였다.
② 민족자존과 통일 번영을 위한 7·7 선언을 발표하였다.
③ 남북 이산가족 고향 방문단의 교환 방문을 최초로 성사시켰다.
④ 7·4 남북 공동 성명 실천을 위해 남북 조절 위원회를 구성하였다.
⑤ 남북 관계 발전과 평화 번영을 위한 10·4 남북 정상 선언을 발표하였다.

역사에 무임승차하지 말자

학생들이 시험에 자주 출제되지 않는 분들은 '중요하지 않은 사람', '몰라도 되는 사람' 이렇게 얘기하는 걸 들을 때가 있어요.

저도 강의하면서 '이건 중요하지 않습니다.'라고 이야기할 때가 있지만 이건 어디까지나 시험에 한해서이지 무엇이 중요하고 무엇이 중요하지 않다고 말할 수 있겠습니까?

이 분들은 지금 여러분이 살고 있는 이 대한민국을 만들어 주기 위해서 자신의 목숨을 내놓고 독립운동을 하신 분들입니다. 함부로 중요하다 중요하지 않다 이야기할 수 있는 그런 분들이 결코 아닙니다.

이 책을 덮으며 마지막으로 이분들에 대한 감사함을 가슴에 담길, 그리고 이분들이 만들어 놓은 역사에 **무임승차 하지 않길** 다짐했으면 합니다.

한국사능력검정시험, 접수부터 합격까지
"큰★별쌤의 라이브방송과 함께"

▶ 최태성1TV에서

한능검 D-28 (금, 22시)
한능검 시작합시다!

"한능검 접수와 함께 스타트~"
큰★별쌤의 합격 열차에 탑승하세요.

D-21 (금, 22시)
한능검 아직도 구석기니?

"열공 부스터를 달아 봅시다."
큰★별쌤과 함께 쭉쭉 진도를 빼 봅시다.

D-14 (금, 22시)
한능검 이제 2주 남았다!

"2주. 이제 총력전이다."
큰★별쌤의 특급 진단과 함께 중간 점검하는 시간을 가져보세요.

D-7 (금, 22시)
한능검 7일의 기적!

"포기하지마! 아직 7일이나 남았어."
큰★별쌤이 기적과 같은 일주일을 보내는 방법을 알려드립니다.

D-1 (20시)
한능검 전야제

"내일 시험지 보고 깜놀할 준비해."
큰★별쌤의 예언과도 같은 족집게 강의, 실시간 시청자가 3만이 넘었던 전설의 라방! 꼭 챙기세요.

D-DAY
시험 당일 가답안 공개

"두구두구~ 과연 나는 합격?"
시험이 끝난 직후, 큰★별쌤과 함께 바로 가답안을 채점해 보세요.

D+14 (금, 22시)
한능검 합격자 발표 및 분석

"시험 결과가 나오는 날, 모두 모여라."
다 같이 모여 큰★별쌤과 함께 의미 있는 마무리를 해요.

별★별 한국사 한국사능력검정시험 시리즈
이미 많은 분들이 합격으로 검증해 주셨습니다!

송*지(eu***8794)

시험 이상의 쓸모를 찾는 강의

임용고시 응시를 위해 큰별쌤 강의를 보기 시작했습니다. 역사는 암기 과목이라고 생각했기 때문에 겁을 많이 먹고 시작했는데 선생님의 아트판서와 일목요연한 강의를 들으니 필요 없는 걱정이었다는 것을 느끼게 되었습니다. … 그리고 전 임용고시를 준비 중인 수험생이면서 고등학생 아이들을 가르치는 기간제 교사인데, 강의 속 큰별쌤의 학습 전 동기부여와 가슴을 울리는 응원멘트를 들으면서 '나는 어떤 어른이, 어떤 교사가 될 것인가'라는 생각을 하게 되었습니다. 그래서 개학을 한 현재 무작정 지식 전달이 아닌 학생들이 '왜?'라는 의문을 가지고 수업에 참여할 수 있게끔 하는 방안을 모색하고 시도 중입니다. 저도 최태성 선생님처럼 '선생님'이라는 단어가 어울리는 어른이 되고 싶습니다.

학교 다닐 때보다 더 흥미를 갖게 해주는 강의

최*영(c****91)

뒤늦게 한능검 준비하는데 최태성 선생님 덕분에 더욱 확실하고 비장하게 준비하고 있습니다.
차근차근 하다 보니 책장 한 칸이 선생님 이름으로 채워지고 있어요.ㅎㅎ
한국사 단순 암기에 질려버렸던 학생 시절이 아쉬울 정도로 흥미가 생겨요.
열심히 공부하는 분들은 다 아는 내용일 수 있지만 역사적 순서가 헷갈리거나 뭔가 건너뛴 느낌이 드는 부분을 채운다거나 단순 암기가 싫고 역사의 흐름이 중요한 사람들에게 완전 추천하는 강의입니다.

최*(ly****60)

심화 1급 받고 신나서 자발적으로 쓰는 후기
역시 '갓 태 성'

제목에는 1급 받고 신나서 쓴 후기라고 적었지만 사실 1급이 나왔다는 것보다 선생님과 함께 역사를 배우면서 재미없고 졸렸던 역사에서 즐겁고 교훈이 많은 우리의 역사를 알게 되었다는 것이 더 신납니다. 고딩 때 억지로 외우면서 시험 점수에 급급했던 과거가 생각나 부끄럽기도 하더라고요. 그땐 왜 그저 연도 외우고 이름 외우기만 했었는지… 심화 시험이어도 연도를 거의 외우지 않은 채 시험을 보았고 선생님께서 그렇게 이해시켜주셔서 더 좋았어요.

4일 공부하고 1급 합격! 감사합니다!!

이*진(dldb***128)

제가 워낙 벼락치기파라 체념하는 마음으로 고사장까지 갔는데 88점으로 1급 합격했습니다. 고득점은 아니지만 그래도 합격해서 마음은 흡족하네요ㅎㅎ 훌륭한 퀄리티의 강의를 무료로 제공해 주셔서 정말 감사합니다. 판서 내용이 워낙 깔끔해서 핵심만 공부해도 합격 완전 가능입니다. 시간이 없어서 하루에 10강씩 듣고, 기출은 교재에 수록된 문제만 겨우 풀어보고 시험을 봤습니다. 저는 어렸을 때부터 역사를 좋아해서 어느 정도 베이스가 있었고, 운도 따라주었기에 합격한 것 같습니다. 혹시나 이 후기를 읽으실 다른 수험생들께서는 최소 일주일은 잡고 여유 있게 기출 선지까지 보신 후 시험을 본다면 훨씬 고득점을 받으실 수 있을 것 같습니다.

엄*현(500***631)

제 글이 최태성 선생님께 꼭 닿았으면 좋겠습니다!!

제가 한국사 1급을 목표로 도전을 하게 된 건, 부끄럽지만 취업을 위한 자격증 취득 때문이었습니다. 혼자서 공부하기는 너무 어렵고 힘들 것 같아 고등학생 때 ebs로 최태성 선생님을 잠깐 만났던 생각이 나면서 최태성쌤 강의와 교재로 공부를 해야겠다고 생각했습니다. 선생님께서는 무료로 강의를 올려주신 데다가 그 퀄리티가 너무 좋아서 정말 감탄을 금치 못했어요. 교재 판서도 너무 깔끔하고 이해가 쉽게 교재가 구성이 되어 있어서 공부하기 훨씬 수월했던 것 같아요.

기출 BOOK 빠른 정답 찾기

76회 한국사능력검정시험 정답
기출 BOOK 008~019쪽

1	2	3	4	5	6	7	8	9	10	11	12	13	14	15	16	17	18	19	20	21	22	23	24	25
⑤	②	③	①	④	②	④	③	②	②	①	③	⑤	④	③	①	①	③	④	⑤	①	②	⑤	④	②
26	27	28	29	30	31	32	33	34	35	36	37	38	39	40	41	42	43	44	45	46	47	48	49	50
③	③	②	⑤	①	③	④	④	③	⑤	②	⑤	④	③	②	①	④	④	⑤	⑤	⑤	①	①	②	⑤

75회 한국사능력검정시험 정답
기출 BOOK 020~031쪽

1	2	3	4	5	6	7	8	9	10	11	12	13	14	15	16	17	18	19	20	21	22	23	24	25
④	①	⑤	①	②	④	④	②	③	①	⑤	⑤	③	③	⑤	⑤	④	③	①	⑤	②	②	②	③	①
26	27	28	29	30	31	32	33	34	35	36	37	38	39	40	41	42	43	44	45	46	47	48	49	50
①	④	⑤	①	②	③	②	③	⑤	②	⑤	①	③	④	③	④	①	②	②	④	②	⑤	③	⑤	④

74회 한국사능력검정시험 정답
기출 BOOK 032~043쪽

1	2	3	4	5	6	7	8	9	10	11	12	13	14	15	16	17	18	19	20	21	22	23	24	25
③	⑤	②	②	⑤	⑤	⑤	②	②	⑤	②	④	③	①	①	④	②	①	④	①	④	③	④	③	⑤
26	27	28	29	30	31	32	33	34	35	36	37	38	39	40	41	42	43	44	45	46	47	48	49	50
②	②	④	①	③	④	⑤	①	④	④	④	③	②	③	⑤	④	⑤	①	③	③	⑤	⑤	⑤	⑤	⑤

73회 한국사능력검정시험 정답
기출 BOOK 044~055쪽

1	2	3	4	5	6	7	8	9	10	11	12	13	14	15	16	17	18	19	20	21	22	23	24	25
②	④	①	③	④	⑤	②	⑤	⑤	④	⑤	①	④	②	②	③	②	③	⑤	①	③	②	⑤	④	④
26	27	28	29	30	31	32	33	34	35	36	37	38	39	40	41	42	43	44	45	46	47	48	49	50
①	⑤	②	①	②	④	③	①	④	⑤	①	③	④	⑤	④	①	③	④	③	③	②	②	①	⑤

72회 한국사능력검정시험 정답
기출 BOOK 056~067쪽

1	2	3	4	5	6	7	8	9	10	11	12	13	14	15	16	17	18	19	20	21	22	23	24	25
②	③	②	④	①	⑤	②	④	④	⑤	⑤	③	②	④	①	③	②	④	②	④	②	⑤	④	③	⑤
26	27	28	29	30	31	32	33	34	35	36	37	38	39	40	41	42	43	44	45	46	47	48	49	50
①	①	④	①	①	④	②	③	④	⑤	⑤	④	②	⑤	②	①	①	⑤	①	⑤	②	①	③	②	③

71회 한국사능력검정시험 정답

기출 BOOK 068~079쪽

1	2	3	4	5	6	7	8	9	10	11	12	13	14	15	16	17	18	19	20	21	22	23	24	25
①	④	①	④	⑤	③	⑤	①	②	④	②	④	①	④	①	⑤	⑤	①	④	②	③	⑤	③	④	②
26	27	28	29	30	31	32	33	34	35	36	37	38	39	40	41	42	43	44	45	46	47	48	49	50
②	⑤	③	④	①	③	①	④	③	⑤	①	②	⑤	②	③	②	③	④	③	②	⑤	②	②	①	③

70회 한국사능력검정시험 정답

기출 BOOK 080~091쪽

1	2	3	4	5	6	7	8	9	10	11	12	13	14	15	16	17	18	19	20	21	22	23	24	25
③	③	②	①	②	③	④	③	④	③	④	③	①	④	④	③	④	①	③	③	①	⑤	②	②	②
26	27	28	29	30	31	32	33	34	35	36	37	38	39	40	41	42	43	44	45	46	47	48	49	50
④	①	②	①	③	①	⑤	⑤	①	③	③	⑤	①	⑤	⑤	⑤	⑤	③	②	②	④	②	⑤	②	②

69회 한국사능력검정시험 정답

기출 BOOK 092~103쪽

1	2	3	4	5	6	7	8	9	10	11	12	13	14	15	16	17	18	19	20	21	22	23	24	25
③	⑤	③	⑤	③	②	④	②	④	⑤	②	②	⑤	⑤	①	③	①	③	⑤	④	③	②	①	①	④
26	27	28	29	30	31	32	33	34	35	36	37	38	39	40	41	42	43	44	45	46	47	48	49	50
②	④	⑤	③	④	①	④	②	④	②	①	①	③	④	②	④	④	⑤	②	④	①	②	①	⑤	⑤

68회 한국사능력검정시험 정답

기출 BOOK 104~115쪽

1	2	3	4	5	6	7	8	9	10	11	12	13	14	15	16	17	18	19	20	21	22	23	24	25
①	④	③	③	②	③	④	①	②	①	⑤	③	③	④	④	③	②	④	②	③	①	②	①	⑤	④
26	27	28	29	30	31	32	33	34	35	36	37	38	39	40	41	42	43	44	45	46	47	48	49	50
④	②	⑤	④	④	①	②	⑤	⑤	③	⑤	⑤	①	⑤	④	①	④	④	②	②	④	⑤	③	③	⑤

67회 한국사능력검정시험 정답

기출 BOOK 116~127쪽

1	2	3	4	5	6	7	8	9	10	11	12	13	14	15	16	17	18	19	20	21	22	23	24	25
④	④	①	④	②	⑤	②	④	①	④	①	②	②	④	②	③	④	①	③	⑤	②	①	⑤	②	④
26	27	28	29	30	31	32	33	34	35	36	37	38	39	40	41	42	43	44	45	46	47	48	49	50
③	③	③	⑤	③	⑤	①	⑤	⑤	④	⑤	③	②	⑤	⑤	②	①	③	①	①	③	②	①	④	②

큰별쌤 최태성의
별★별한국사

기출
500제

한국사능력검정시험
심화 (1·2·3급)

최태성 지음

해설 BOOK

이 책의 구성

킬러 문항
난도 최상의 킬러 문항을 표시하였어요.

정답 잡는 키워드
정답을 찾을 수 있는 키워드를 한눈에 보여 줍니다. 핵심 키워드를 기억하세요.

자세한 선택지 해설
선택지 하나하나를 꼼꼼하고 자세하게 설명한 친절한 해설을 통해 아는 내용은 다시 확인하고, 부족한 부분은 채워 보세요.

기출 선택지 +α
한국사능력검정시험은 나온 선택지가 또 나옵니다. 나올 만한 기출 선택지를 O/X 문제로 제시하여 빈틈없이 대비할 수 있도록 하였어요.

연표로 흐름잡기
주요 사건의 흐름을 파악할 수 있도록 연표로 정리하였어요.

핵심 개념
반복해서 출제되는 핵심 개념을 정리하였어요. 다시 확인하면서 학습한 내용을 복습하세요.

이 책의 차례

심화 제**76**회	한국사능력검정시험 해설	005
심화 제**75**회	한국사능력검정시험 해설	031
심화 제**74**회	한국사능력검정시험 해설	057
심화 제**73**회	한국사능력검정시험 해설	083
심화 제**72**회	한국사능력검정시험 해설	109
심화 제**71**회	한국사능력검정시험 해설	135
심화 제**70**회	한국사능력검정시험 해설	161
심화 제**69**회	한국사능력검정시험 해설	187
심화 제**68**회	한국사능력검정시험 해설	213
심화 제**67**회	한국사능력검정시험 해설	239

심화 제76회

2025년 10월 18일(토) 시행

합격률 **49.3%**
응시 인원: 61,119명
합격 인원: 30,110명

해설 강의 바로 보기

시대별 출제 비중

전근대 27문항

- **선사 2문항**: 구석기 시대의 생활 모습, 고구려
- **고대 8문항**: 삼국의 경쟁, 백제의 문화유산, 통일 신라의 경제, 신문왕의 정책, 의상의 활동, 발해, 신라 말의 상황, 후삼국 통일 과정
- **고려 8문항**: 예종의 정책, 최우의 활동, 고려의 경제 상황, 고려 전기 정치 상황의 변화, 개성의 역사, 고려의 대몽 항쟁, 고려의 문화유산, 원 간섭기의 사실
- **조선 9문항**: 세종 재위 시기의 사실, 연산군 재위 시기의 사실, 임진왜란 중의 사실, 홍문관, 대동법, 이익의 활동, 영조의 정책, 신유박해 시기의 사회 모습, 신윤복의 작품

근현대 23문항

- **개항기 8문항**: 위정척사 운동, 흥선 대원군 집권 시기의 사실, 조·청 상민 수륙 무역 장정, 동학 농민 운동, 독립 협회의 활동, 광무개혁, 개항 이후 도입된 근대 문물, 을사늑약 체결 이후의 국권 수호 노력
- **일제 강점기 9문항**: 1910년대 일제 식민 통치, 제2차 조선 교육령 발표 이후의 사실, 의열단, 물산 장려 운동, 근우회, 대한민국 임시 정부의 활동, 1930년대 후반 이후의 사실, 일제 강점기의 사회 모습, 내포 지역의 문화유산
- **현대 5문항**: 조선 건국 준비 위원회, 제주 4·3 사건, 우리나라 헌법 개정의 역사, 박정희 정부 시기의 사실, 노태우 정부의 통일 노력
- **시대 통합 1문항**: 우리나라의 연호

분류별 출제 비중 (고대~조선)

- 정치: 14문항
- 경제: 3문항
- 사회: 1문항
- 문화: 7문항

난이도별 출제 비중

- 상: 4문항
- 중: 34문항
- 하: 12문항

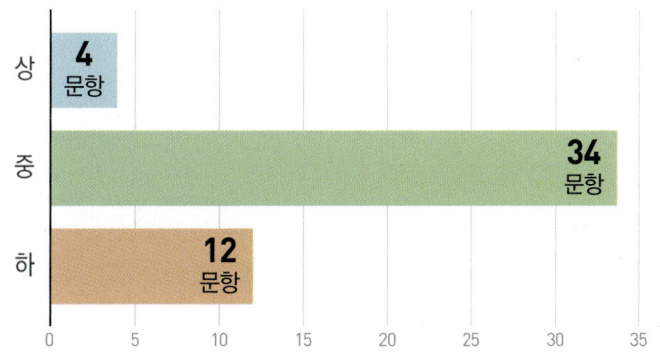

큰별쌤의 한 줄 평
충분한 개념 숙지가 필요한 약간 어려운 시험

1 구석기 시대의 생활 모습   정답 ⑤

밑줄 그은 '이 시대'의 생활 모습으로 옳은 것은? [1점]

내 손 안의 해설사

경기도 연천 전곡리 유적은 우리나라의 대표적인 구석기 시대 유적으로, 1978년 한 주한 미군 병사가 주먹도끼를 우연히 발견하면서 세상에 알려지게 되었어요.

해설
❶ 연천 전곡리에서 출토된 이 ❷ 주먹도끼는 ❸ 찍개, 찌르개와 함께 이 시대를 대표하는 유물입니다. 양면을 가공한 날카로운 날이 특징으로, 동아시아에는 찍개 문화만 존재하였다는 기존 학설을 뒤집는 증거가 되었습니다. 구석기 시대에 돌을 깨뜨려 만든 주먹도끼, 찍개, 찌르개 등의 뗀석기를 사용하기 시작하였어요.

> **정답 잡는 키워드**
> ❶ 연천 전곡리, ❷, ❸ 주먹도끼, 찍개, 찌르개 → **구석기 시대**

연천 전곡리에서 주먹도끼가 출토되었으며, 주먹도끼와 찍개, 찌르개가 대표적인 유물이라는 내용을 통해 밑줄 그은 '이 시대'가 구석기 시대임을 알 수 있어요. 주먹도끼는 찍고, 자르고, 동물의 가죽을 벗기는 등 다양한 용도로 사용된 뗀석기입니다. 특히 연천 전곡리에서 발견된 주먹도끼는 동아시아에서 최초로 발견된 아슐리안형 주먹도끼로 동아시아에는 찍개 문화만 존재하고 주먹도끼 문화는 없었다는 기존 학설을 뒤집는 증거가 되었어요.

① 민무늬 토기에 식량을 저장하였다.
➡ 민무늬 토기는 청동기 시대의 대표적인 토기입니다. 신석기 시대부터 토기가 만들어져 식량을 저장하거나 조리하는 데 사용되었어요.

② 가락바퀴를 이용하여 실을 만들었다.
➡ 신석기 시대부터 가락바퀴를 이용하여 실을 뽑아 옷이나 그물 등을 만들기 시작하였어요.

③ 명도전, 반량전 등 화폐를 사용하였다.
➡ 고대 중국의 화폐인 명도전, 반량전 등이 우리나라 철기 시대 유적에서 발견되고 있어 이를 통해 철기 시대에 중국과 교류하였음을 알 수 있어요.

④ 철제 농기구를 사용하여 농사를 지었다.
➡ 철기 시대부터 호미, 쇠스랑 등의 철제 농기구가 제작되어 농사에 사용되었어요.

⑤ 주로 동굴이나 강가의 막집에 거주하였다.
➡ 구석기 시대 사람들은 식량을 찾아 이동 생활을 하며 주로 동굴이나 강가의 막집에 거주하였어요.

> **기출 선택지 +α**
> ❻ 반달 돌칼로 벼를 수확하였다. (O / X)
> ❼ 계급이 없는 평등한 공동체 생활을 하였다. (O / X)
> ❽ 거푸집을 이용하여 세형 동검을 제작하였다. (O / X)

기출 선택지 +α 정답 ❻ X [청동기 시대] ❼ O ❽ X [초기 철기 시대]

2 고구려   정답 ②

다음 검색창에 들어갈 국가에 대한 설명으로 가장 적절한 것은? [2점]

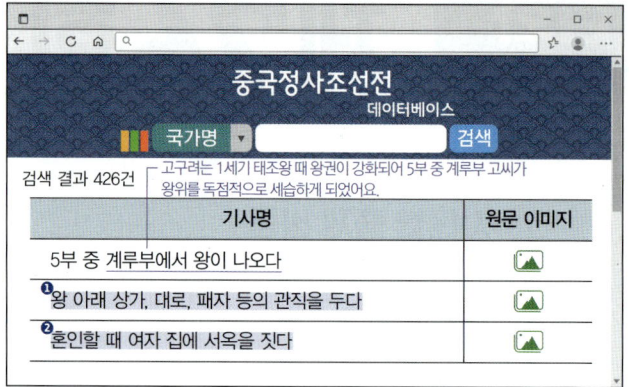

중국정사조선전 데이터베이스

국가명 [검색]

검색 결과 426건 — 고구려는 1세기 태조왕 때 왕권이 강화되어 5부 중 계루부 고씨가 왕위를 독점적으로 세습하게 되었어요.

기사명	원문 이미지
5부 중 계루부에서 왕이 나오다	
❶ 왕 아래 상가, 대로, 패자 등의 관직을 두다	
❷ 혼인할 때 여자 집에 서옥을 짓다	

> **정답 잡는 키워드**
> ❶ 왕 아래 상가, 대로, 패자 등의 관직을 둠,
> ❷ 혼인할 때 여자 집에 서옥을 지음 → **고구려**

왕 아래 상가, 대로, 패자 등의 관직을 두었으며, 혼인할 때 여자 집에 서옥을 짓는다는 내용을 통해 검색창에 들어갈 국가가 고구려임을 알 수 있어요. 졸본 지역에 들어선 고구려는 5부가 연맹을 이루어 성장한 나라입니다. 지배층으로 연맹을 이끄는 왕과 상가, 대로, 패자 등의 대가들이 있었고, 대가들은 각자 사자, 조의, 선인 등의 관리를 거느렸어요. 한편, 고구려에는 혼인 후 신랑이 신부 집 뒤편에 지어 둔 서옥이라는 집에서 살다가 자녀가 장성하면 가족과 함께 자기 집으로 돌아가는 서옥제라는 혼인 풍습이 있었어요.

① 신성 구역인 소도가 존재하였다.
➡ 삼한에는 제사장인 천군과 신성 지역인 소도가 있었어요. 소도에는 정치적 지배자의 힘이 미치지 못하였어요.

②10월에 동맹이라는 제천 행사를 열었다.
➡ 고구려는 10월에 동맹이라는 제천 행사를 열었어요.

③ 읍락 간의 경계를 중시하는 책화가 있었다.
➡ 동예에는 다른 부족의 경계를 함부로 침범하였을 때 소나 말, 노비 등으로 변상하게 하는 책화가 있었어요.

④ 사회 질서 유지를 위해 범금 8조를 두었다.
➡ 고조선은 사회 질서를 유지하기 위해 범금 8조를 두었어요. 현재 3개 조항이 전해져 이를 통해 당시의 사회 모습을 짐작할 수 있어요.

⑤ 화백 회의에서 국가의 중대사를 결정하였다.
➡ 신라에는 귀족들이 모여 국가의 중대사를 결정하는 화백 회의가 있었어요.

> **기출 선택지 +α**
> ❻ 낙랑과 왜에 철을 수출하였다. (O / X)
> ❼ 집집마다 부경이라는 창고가 있었다. (O / X)
> ❽ 대가들이 사자, 조의, 선인 등을 거느렸다. (O / X)
> ❾ 여러 가(加)들이 별도로 사출도를 주관하였다. (O / X)
> ❿ 단궁, 과하마, 반어피 등이 특산물로 유명하였다. (O / X)

기출 선택지 +α 정답 ❻ X [변한, 가야] ❼ O ❽ O ❾ X [부여] ❿ X [동예]

3 삼국의 경쟁   정답 ③

(가)~(다)를 일어난 순서대로 옳게 나열한 것은? [2점]

> (가) ❶고구려 왕 거련이 직접 군사를 거느리고 백제를 공격하였다. 백제 왕 경이 문주를 신라에 보내 도움을 요청하였다. …… 신라군이 도착하기 전에 ❷백제가 고구려에 함락되었고 경 또한 살해되었다.
>
> (나) ❸백제 왕이 태자와 함께 정예군 3만 명을 거느리고 고구려에 침입하여 평양성을 공격하였다. ❹고구려 왕 사유가 힘을 다해 싸워 이를 막았으나 날아오는 화살에 맞아 죽었다.
>
> (다) ❺백제 왕 명농이 가야와 함께 와서 관산성을 공격하였다. …… ❻신라군이 맞서 싸웠는데 삼년산군의 고간 도도가 급습하여 백제 왕을 죽였다.

정답 잡는 키워드

❶ 고구려 왕이 백제를 공격함, ❷ 백제가 함락되고 백제 왕이 살해됨
→ (가) 장수왕의 백제 한성 함락(5세기)

❸ 백제 왕이 고구려의 평양성을 공격함, ❹ 고구려 왕이 화살에 맞아 죽음 → (나) 근초고왕의 고구려 평양성 공격(4세기)

❺ 백제 왕이 관산성을 공격함, ❻ 신라군이 백제 왕을 죽임
→ (다) 관산성 전투에서 성왕 전사(6세기)

(가) 고구려 왕 거련이 백제를 공격하여 백제가 함락되고 백제 왕 경이 살해되었다는 내용을 통해 고구려 장수왕이 백제의 도읍 한성을 함락한 상황임을 알 수 있어요. 장수왕은 국내성에서 평양으로 도읍을 옮기고 본격적으로 남진 정책을 추진하였어요. 475년에 직접 군사를 이끌고 백제를 공격하여 한성을 함락하고 개로왕을 살해하였어요.

(나) 백제 왕이 고구려의 평양성을 공격하여 고구려 왕 사유가 전사하였다는 내용을 통해 백제 근초고왕의 평양성 공격 상황임을 알 수 있어요. 근초고왕은 371년에 고구려의 평양성을 공격하였고, 이때에 고국원왕이 전사하였어요.

(다) 백제 왕 명농이 관산성을 공격하여 신라군과 맞서 싸우다가 죽었다는 내용을 통해 관산성 전투가 일어난 상황임을 알 수 있어요. 백제 성왕은 신라와 연합하여 고구려를 공격해 한강 하류 지역을 되찾았으나 곧이어 신라의 공격을 받아 한강 유역을 상실하였어요. 이에 분노한 성왕은 554년에 신라 공격에 나섰으나 관산성 전투에서 전사하였어요.

① (가) - (나) - (다)
② (가) - (다) - (나)
③ (나) - (가) - (다)
→ (나) 백제 근초고왕의 고구려 평양성 공격(4세기) → (가) 고구려 장수왕의 백제 한성 함락(5세기) → (다) 관산성 전투에서 백제 성왕 전사(6세기)
④ (나) - (다) - (가)
⑤ (다) - (가) - (나)

4 백제의 문화유산   정답 ①

(가) 국가의 문화유산으로 옳은 것은? [1점]

입체 퍼즐로 만드는 우리 문화유산

금동 대향로

❶부여 능산리에서 발견된 금동 대향로는 (가) 를 대표하는 문화유산으로 국보로 지정되어 있습니다. 용이 받치고 있는 연꽃 형태의 몸체 위에 산봉우리로 둘러싸인 반원형의 뚜껑이 있고, 그 꼭대기에는 봉황이 자리 잡고 있습니다. 불교와 도교 요소가 복합적으로 표현된 걸작입니다.

부여(사비)는 서울(한성), 공주(웅진)에 이어 백제의 세 번째 도읍이었어요. 부여 능산리에서 발견된 금동 대향로는 백제 왕실의 의례에 사용되었을 것으로 추정됩니다.

정답 잡는 키워드

❶ 부여 능산리에서 발견된 금동 대향로 → 백제

부여 능산리에서 발견된 금동 대향로가 제시된 것으로 보아 (가) 국가가 백제임을 알 수 있어요. 금동 대향로는 사비 시기 백제 왕실의 무덤이 다수 발굴된 능산리 고분군(부여 왕릉원) 근처의 절터에서 발견되었어요. 백제 금동 대향로의 뚜껑 부분에는 신선이 노니는 모습과 봉황이 새겨져 있어 도교 사상이 반영되었음을 알 수 있어요. 또한, 연꽃이 피어나는 듯한 몸체 부분의 조각에서는 불교적인 요소를 볼 수 있어요.

①  → 신선이 사는 이상 세계를 표현한 백제의 산수 무늬 벽돌이에요.

②  → 신라의 고분인 경주 천마총에서 출토된 천마총 금관이에요.

③  → 신라의 고분인 경주 호우총에서 출토된 고구려의 청동 그릇이에요.

④  → 김해 대성동 고분군에서 출토된 금관가야의 철제 판갑옷이에요.

⑤  → 발해의 대표적인 불상인 이불병좌상이에요.

기출 선택지 +α

❻ (O / X)   ❼ (O / X)   ❽ (O / X)

기출 선택지 +α

정답 ❻ ×[고구려, 금동 연가 7년명 여래 입상] ❼ ○[백제, 무령왕 금제 관식]
❽ ×[고려, 청동 은입사 포류수금문 정병]

5 통일 신라의 경제 정답 ④

(가) 국가의 경제 상황으로 가장 적절한 것은? [2점]

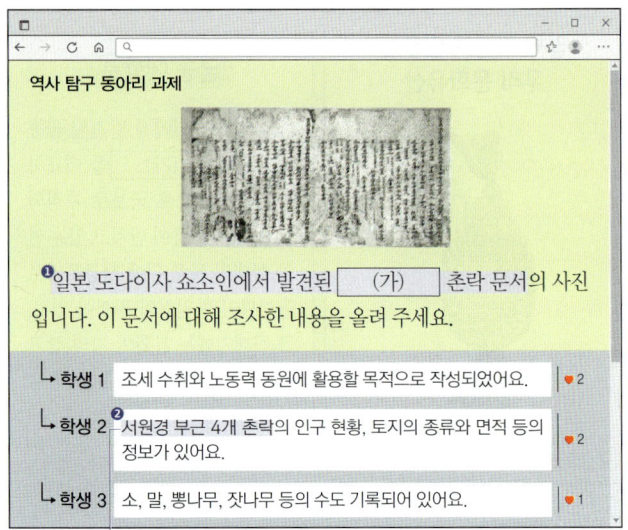

정답 잡는 키워드
❶ 일본 도다이사 쇼소인에서 발견된 촌락 문서,
❷ 서원경 부근 4개 촌락의 정보 → 신라 촌락 문서

일본 도다이사 쇼소인에서 발견되었으며 서원경 부근 4개 촌락의 정보가 기록되어 있다는 내용을 통해 자료의 문서가 신라 촌락 문서임을 알 수 있어요. 신라 촌락 문서는 각 촌락의 인구수, 토지 종류와 면적, 소와 말의 수, 수목의 종류와 수 등을 조사하여 3년에 한 번씩 기록한 것입니다. 신라 촌락 문서를 통해 당시의 경제 상황과 세무 행정에 대해 짐작할 수 있어요.

① 경성과 경원에 무역소를 두었다.
  ➡ 조선은 여진의 요청으로 국경 지역인 경성과 경원에 무역소를 설치하여 필요한 물품을 거래할 수 있게 하였어요.
② 솔빈부의 말을 특산품으로 수출하였다.
  ➡ 발해는 목축이 발달하였으며, 특산품으로 솔빈부의 말이 유명하였어요.
③ 서적점, 다점 등의 관영 상점을 운영하였다.
  ➡ 고려는 대도시에 서적점, 다점 등의 관영 상점을 설치하여 상업을 육성하였어요.
④ 청해진을 중심으로 해상 무역이 번성하였다.
  ➡ 신라는 흥덕왕 때 장보고가 설치한 청해진을 중심으로 해상 무역이 번성하였어요.
⑤ 특수 행정 구역인 소에서 여러 물품을 생산하였다.
  ➡ 고려에는 향, 부곡, 소라는 특수 행정 구역이 있었는데, 이 중 소에서는 주로 국가에서 필요로 하는 수공업품을 생산하였어요.

기출 선택지 +α
❻ 수도에 서시와 남시를 설치하였다. (O/X)
❼ 활구라고 불리는 은병이 유통되었다. (O/X)
❽ 독점적 도매상인인 도고가 출현하였다. (O/X)
❾ 벽란도가 국제 무역항으로 번성하였다. (O/X)
❿ 송상이 전국 각지에 송방을 설치하였다. (O/X)

기출 선택지 +α
정답 ❻ O ❼ X[고려] ❽ X[조선 후기] ❾ X[고려] ❿ X[조선 후기]

6 신문왕의 정책 정답 ②

다음 대화에 나타난 왕에 대한 설명으로 옳은 것은? [2점]

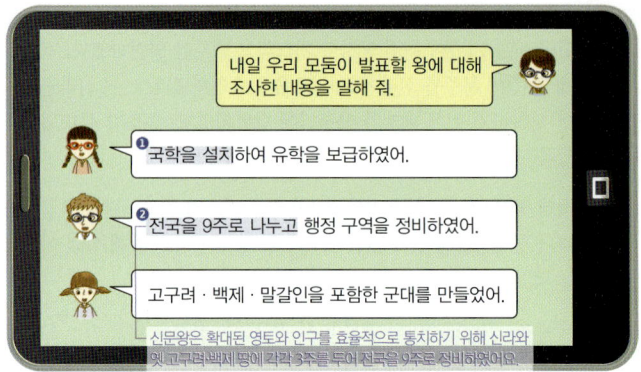

정답 잡는 키워드
❶ 국학 설치, ❷ 전국을 9주로 나눔 → 신문왕

국학을 설치하고 전국을 9주로 나누었다는 내용을 통해 대화에 나타난 왕이 신라 신문왕임을 알 수 있어요. 문무왕의 뒤를 이어 왕위에 오른 신문왕은 즉위 직후 장인 김흠돌이 모의한 반란을 진압하고 진골 귀족 세력을 숙청하여 왕권을 강화하였어요. 유학 교육을 위해 국학을 설치하여 인재를 양성하였으며, 지방 행정 체제를 9주 5소경으로 정비하였어요. 또한, 9서당의 중앙군 체제를 완비하였는데, 9서당에는 신라인 외에 고구려인과 백제인, 말갈인을 포함하였으며 옷깃의 색으로 각각의 서당을 구분하였어요.

① 병부를 설치하고 율령을 반포하였다.
  ➡ 법흥왕은 병부를 설치하여 군권을 장악하고 율령을 반포하여 국가 체제를 정비하였어요.
② 관료전을 지급하고 녹읍을 폐지하였다.
  ➡ 신문왕은 조세 수취만 가능한 관료전을 지급하고 노동력까지 징발할 수 있는 녹읍을 폐지하여 귀족의 세력 기반을 약화하였어요.
③ 화랑도를 국가적인 조직으로 개편하였다.
  ➡ 진흥왕은 화랑도를 국가적인 조직으로 개편하여 인재를 양성하였어요.
④ 관리 선발을 위해 독서삼품과를 시행하였다.
  ➡ 원성왕은 국학의 학생들을 대상으로 유교 경전의 이해 수준을 평가하여 관리로 등용하는 독서삼품과를 시행하였어요.
⑤ 국호를 마진으로 바꾸고 도읍을 철원으로 옮겼다.
  ➡ 송악에서 후고구려를 세운 궁예는 국호를 '마진'으로 바꾸고 철원으로 도읍을 옮겼어요. 이후 다시 국호를 '태봉'으로 바꾸었어요.

기출 선택지 +α
❻ 백성에게 정전을 지급하였다. (O/X)
❼ 거칠부에게 국사를 편찬하게 하였다. (O/X)
❽ 이사부를 보내 우산국을 복속하였다. (O/X)
❾ 이차돈의 순교를 계기로 불교를 공인하였다. (O/X)
❿ 김흠돌을 비롯한 진골 귀족 세력을 숙청하였다. (O/X)

기출 선택지 +α
정답 ❻ X[성덕왕] ❼ X[진흥왕] ❽ X[지증왕] ❾ X[법흥왕] ❿ O

7 의상의 활동   정답 ④

다음 자료에 해당하는 인물에 대한 설명으로 옳은 것은? [2점]

정답 잡는 키워드
❶ 진골 출신의 신라 승려, ❷, ❸ 낙산사, 부석사 등 창건 → 의상

진골 출신의 신라 승려이며 낙산사, 부석사 등 여러 절을 창건하였다는 내용을 통해 자료에 해당하는 인물이 의상임을 알 수 있어요. 의상은 당에 가서 화엄학을 공부하고 신라로 돌아와 '모든 존재는 서로 의존하여 조화를 이룬다.'라는 화엄 사상을 설파하고 신라 화엄종을 개창하였어요. 또한, 관세음보살에 의지하여 현세의 고난에서 구제받고자 하는 관음 신앙을 전파하였어요.

① 보현십원가를 지었다.
→ 고려의 균여는 '보현십원가' 등 향가를 지어 대중에게 불교 교리를 전파하는 데 힘썼어요.

② 세속 5계를 제시하였다.
→ 신라의 원광은 화랑도가 지켜야 할 행동 규범으로 세속 5계를 제시하였어요.

③ 대승기신론소를 저술하였다.
→ 신라의 원효는 "대승기신론소", "십문화쟁론", "금강삼매경론" 등을 저술하였어요.

④ 화엄일승법계도를 작성하였다.
→ 신라의 의상은 화엄 사상의 요지를 축약한 '화엄일승법계도'를 지어 화엄 사상을 정리하였어요.

⑤ 신편제종교장총록을 편찬하였다.
→ 고려의 의천은 송에서 유학한 후 돌아와 송, 거란 등 동아시아 여러 나라의 불교 서적을 수집하여 그 목록을 정리한 "신편제종교장총록"을 편찬하였어요.

기출 선택지 +α
❻ 무애가를 지어 불교 대중화에 기여하였다. (O / X)
❼ 승려들의 전기를 정리하여 해동고승전을 편찬하였다. (O / X)
❽ 현세의 고난에서 구제받고자 하는 관음 신앙을 강조하였다. (O / X)

핵심 개념 | 원효와 의상의 활동

원효	• 불교 대중화에 기여 : 아미타 신앙 전파('나무아미타불'만 외우면 누구나 극락에 갈 수 있다고 주장), 무애가를 지어 불교 교리를 쉽게 풀어 알림 • 일심 사상과 화쟁 사상을 통해 종파 간의 사상적 대립 조화 추구 • "대승기신론소", "십문화쟁론", "금강삼매경론" 저술
의상	• 관음 신앙(관세음보살을 믿어 현세의 고난 구제) 전파 • 화엄종 개창, 화엄 사상 정립 • 부석사와 낙산사를 비롯한 많은 사찰 건립, '화엄일승법계도' 저술

기출 선택지 +α 정답 ⑥ ×[원효] ⑦ ×[각훈] ⑧ ○

---

8 발해   정답 ③

(가) 국가에 대한 설명으로 옳은 것은? [2점]

#51. 서재 안
대봉예는 발해의 왕족으로, 하정사로 당에 갔다가 황제를 만날 때의 자리 순서가 신라 사신보다 아래가 되자 이에 항의하였어요.

❶최치원이 책상 앞에 앉아 표문을 쓰고 있다. 화면이 표문을 비추며 최치원의 목소리로 내레이션이 흐른다.

내레이션 : 지난날 (가) 의 ❷왕자 대봉예가 자신들의 자리를 신라 위에 있게 해 달라고 청하였습니다. 황제 폐하께서 '나라의 순서는 원래 강약에 따라 정하는 것이 아니다.'라는 조칙을 내려 순서를 바로잡아 주셨습니다. 이에 오래된 신하가 소외되는 근심은 덜었으나, 앞으로 같은 일이 생길까 우려됩니다.

정답 잡는 키워드
❶ 최치원, ❷ 왕자 대봉예가 자신들의 자리를 신라 위에 있게 해 달라고 청함 → 발해

최치원이 등장하는 것으로 보아 통일 신라 시기에 해당함을 알 수 있어요. 또한, 왕자 대봉예가 황제에게 자신들의 자리를 신라 위에 있게 해 달라고 청하였다는 내용을 통해 (가) 국가가 발해임을 알 수 있습니다. 신라가 삼국을 통일한 이후 대동강 이북 지역에는 대조영이 세운 발해가 들어섰어요. 문왕 이후 발해와 당은 친교를 맺었는데, 당은 사신들이 입조할 때 발해 사신의 자리를 신라 사신의 아래에 두었어요. 9세기 후반 대봉예는 발해가 신라보다 더 강성하다고 생각하여 발해의 자리를 신라 위에 있게 해 달라고 당 황제에게 요청하였으나 뜻을 이루지 못하였어요. 이에 최치원은 발해(북국) 요청을 허락하지 않은 일에 대해 감사를 표하는 '사불허북국거상표(謝不許北國居上表)'라는 표문을 지어 당 황제에게 올렸어요.

① 역사서인 유기와 신집을 편찬하였다.
→ "유기"는 고구려의 역사서입니다. 영양왕 때 이문진이 "유기"를 간추린 "신집" 5권을 편찬하였으나, 둘 다 현재 전해지지 않습니다.

② 내신좌평, 내두좌평 등 6좌평이 있었다.
→ 백제는 내신좌평, 내두좌평, 위사좌평 등 6좌평의 관제를 마련하였어요.

③ 5경 15부 62주의 지방 행정 제도를 갖추었다.
→ 발해는 주요 지역에 5경을 설치하였으며, 지방을 15부로 나누고 그 아래 62주를 두는 지방 행정 제도를 마련하였어요.

④ 도병마사에서 변경의 군사 문제 등을 논의하였다.
→ 도병마사는 고려의 독자적 정치 기구로 중서문하성의 재신과 중추원의 추밀이 참여하여 국방과 군사 문제 등을 논의하였어요. 원 간섭기에 기능이 확대되면서 도평의사사로 개편되었어요.

⑤ 골품에 따라 관등 승진, 일상생활 등을 엄격히 제한하였다.
→ 신라는 엄격한 신분제인 골품제를 마련하여 골품에 따라 관등 승진, 일상생활 등을 제한하였어요.

기출 선택지 +α
❻ 욕살, 처려근지 등의 지방관을 두었다. (O / X)
❼ 정당성의 대내상이 국정을 총괄하였다. (O / X)
❽ 왕족인 부여씨와 8성의 귀족이 지배층을 이루었다. (O / X)
❾ 서적 관리, 주요 문서 작성 등을 위해 문적원을 두었다. (O / X)

기출 선택지 +α 정답 ⑥ ×[고구려] ⑦ ○ ⑧ ×[백제] ⑨ ○

9 신라 말의 상황 정답 ②

(가) 시기에 있었던 사실로 옳은 것은? [3점]

진성 여왕 때 중앙 정부가 관리를 보내 조세를 독촉하자 889년 원종과 애노가 사벌주에서 봉기하였어요.

정답 잡는 키워드

❶ 시해된 선왕의 시호를 혜공으로 함 → **혜공왕 피살(8세기 후반)**

❷, ❸ 사벌주의 농민들이 원종과 함께 뭉침
→ **원종과 애노의 난(9세기 후반)**

첫 번째 그림은 시해된 선왕의 시호를 혜공이라고 정하는 것으로 보아 8세기 후반 혜공왕이 피살된 이후의 상황임을 알 수 있고, 두 번째 그림은 사벌주 농민들이 중앙의 세금 독촉에 맞서 원종과 함께하겠다고 말하는 것으로 보아 9세기 후반 원종과 애노의 난이 일어난 상황임을 알 수 있어요. 신라는 780년 혜공왕이 피살된 이후 진골 귀족들의 왕위 다툼이 치열하게 전개되면서 중앙 정치가 혼란에 빠지고 지방 통제력이 약화되었어요. 지방에서는 호족 세력이 성장하여 스스로 성주 또는 장군이라고 칭하며 독자적인 세력을 형성하였어요. 또한, 귀족들의 농민 수탈이 심해지면서 농민의 생활이 피폐해졌어요. 이러한 혼란은 진성 여왕 때 극에 달하여 889년 원종과 애노의 난을 시작으로 전국 각지에서 농민 봉기가 잇달아 일어났어요.

① 비담과 염종의 난이 진압되었다.
  ➡ 신라 선덕 여왕 때인 7세기 중반에 비담과 염종이 난을 일으키자 김유신이 이를 진압하였어요(647).

②김헌창이 웅천주에서 반란을 일으켰다.
  ➡ 9세기 전반 신라 헌덕왕 때 웅천주 도독 김헌창이 아버지 김주원이 왕위에 오르지 못한 것에 불만을 품고 반란을 일으켰어요(822).

③ 연개소문이 정변을 일으켜 권력을 잡았다.
  ➡ 7세기 중반에 고구려의 연개소문이 정변을 일으켜 영류왕을 제거하고 보장왕을 옹립한 후 정권을 장악하였어요(642).

④ 만적을 비롯한 노비들이 반란을 모의하였다.
  ➡ 고려 무신 집권기에 만적을 비롯한 노비들이 신분 해방 성격의 반란을 모의하였으나 사전에 계획이 발각되어 실패하였어요(1198).

⑤ 김춘추가 당으로 건너가 군사적 지원을 요청하였다.
  ➡ 신라의 김춘추는 백제의 공격에 맞서기 위해 고구려와의 동맹을 시도하였으나 실패하자 648년에 당으로 건너가 군사적 지원을 요청하여 나·당 동맹을 성사시켰어요.

기출 선택지 +α

❻ 김사미와 효심이 난을 일으켰다. (O / X)
❼ 장보고가 왕위 쟁탈전에 가담하였다. (O / X)
❽ 복신과 도침이 주류성에서 군사를 일으켰다. (O / X)
❾ 묘청 등이 중심이 되어 서경 천도를 주장하였다. (O / X)

정답 ❻ ×[고려 무신 집권기] ❼ O ❽ ×[660년 백제 멸망 이후] ❾ ×[고려 인종 때]

---

10 후삼국 통일 과정 정답 ②

다음 상황 이후에 전개된 사실로 옳은 것은? [2점]

> 견훤이 넷째 아들 금강에게 왕위를 물려주려고 하자 큰아들 신검이 반발하여 견훤을 금산사에 가두었어요.
>
> ❶견훤이 금산사에 있은 지 3개월 만에 막내아들 능예, 딸 쇠복, 총애하는 첩 고비 등과 더불어 ❷금성으로 달아나 사람을 보내 왕에게 만나기를 청하였다. 왕이 기뻐하여 유금필, 왕만세 등을 보내 그를 위로하고 맞아오도록 하였다. 견훤이 도착하자, 두터운 예로써 대접하였다.

정답 잡는 키워드

❶, ❷ 견훤이 금산사에 있은 지 3개월 만에 금성으로 달아나 왕에게 만나기를 청함 → **견훤의 고려 귀순(935)**

견훤이 금산사에 있은 지 3개월 만에 금성으로 달아나 왕에게 만나기를 청하였으며, 왕이 그를 위로하고 맞이하였다는 내용을 통해 935년 견훤이 고려에 귀순하는 상황임을 알 수 있어요. 공산 전투에서 승리한 후백제는 전략적으로 중요한 지역인 고창(지금의 안동)을 공격하였어요. 그러나 태조 왕건이 이끄는 고려군이 고창 지역 호족들의 지원을 받아 후백제군을 대파하였어요. 이후 견훤은 왕위 계승에 불만을 품은 아들 신검에 의해 금산사에 유폐되었으나 금산사를 탈출하여 고려에 귀순하였고, 태조 왕건은 그를 받아들여 '상보'라고 존칭하며 대우하였어요. 이어 신라의 경순왕도 고려에 항복하였어요.

① 신숭겸이 공산 전투에서 전사하였다.
  ➡ 927년에 공산(지금의 대구 팔공산)에서 후백제군과 고려군이 전투를 벌였어요. 전투는 후백제의 승리로 끝났고 이 과정에서 고려의 장수 신숭겸이 태조 왕건의 목숨을 구하고 전사하였어요.

②신검의 군대가 일리천 전투에서 패배하였다.
  ➡ 견훤은 고려에 귀순한 이후 후백제 공격을 건의하였어요. 이에 태조 왕건은 후백제 공격에 나섰고 936년에 일리천 전투에서 신검의 후백제군을 물리쳤어요.

③ 궁예가 군대를 보내 나주 일대를 점령하였다.
  ➡ 10세기 초 궁예는 휘하에 있던 왕건에게 군사를 주어 당시 후백제의 세력권이었던 금성군을 공격하여 차지하였어요. 이후 궁예는 금성군을 나주로 개칭하였어요.

④ 김선평, 권행 등이 고창 전투에서 활약하였다.
  ➡ 930년에 벌어진 고창 전투에서 고창 지역의 호족 김선평, 권행 등의 활약으로 고려군이 후백제군을 크게 물리쳤어요.

⑤ 경애왕이 후백제군의 왕경 습격으로 사망하였다.
  ➡ 927년에 견훤이 이끄는 후백제군이 신라의 금성을 공격하여 경애왕을 죽게 하고 경순왕을 새 왕으로 세웠어요.

기출 선택지 +α

❻ 안승이 보덕국의 왕으로 임명되었다. (O / X)
❼ 궁예가 정변으로 왕위에서 축출되었다. (O / X)
❽ 의자왕이 윤충을 보내 대야성을 함락시켰다. (O / X)
❾ 경순왕 김부가 경주의 사심관으로 임명되었다. (O / X)

정답 ❻ ×[674년] ❼ ×[918년] ❽ ×[642년] ❾ O

11 예종의 정책   정답 ①

다음 장면에 등장하는 왕에 대한 설명으로 옳은 것은? [2점]

> 짐은 일찍이 유학에 깊은 관심을 가져 ❶청연각과 보문각을 설립하고, 학사를 두어 경전을 강론하게 하였다. 이번엔 ❷양현고를 두어 선비를 양성하게 하라.

예종은 양현고를 운영하여 마련한 장학 기금으로 국자감에 다니는 학생들을 재정적으로 지원하게 하였어요.

정답 잡는 키워드

❶ 청연각과 보문각 설립, ❷ 양현고 설치 → **예종**

청연각과 보문각을 설립하고 양현고를 두었다는 내용을 통해 제시된 장면에 등장하는 왕이 고려 예종임을 알 수 있어요. 예종은 청연각과 보문각을 설립하여 학문 연구를 장려하였어요. 청연각은 왕실 도서를 관리하고 경연을 주관하였으며, 보문각은 학문 연구와 함께 왕의 정치적 자문을 담당하였어요. 또한, 사학의 융성으로 침체된 관학을 진흥하기 위해 장학 재단인 양현고를 설치하기도 하였어요.

①**국자감에 7재라는 전문 강좌를 개설하였다.**
→ **예종**은 관학을 진흥하기 위해 국자감에 전문 강좌인 7재를 개설하였어요.

② 지방 12목에 경학박사를 처음 파견하였다.
→ **성종**은 최승로의 건의에 따라 전국 주요 지역에 12목을 설치하고 경학박사와 의학박사를 파견하여 교육을 담당하게 하였어요.

③ 서적포를 설치하여 출판을 담당하게 하였다.
→ **숙종**은 관학을 진흥하기 위해 국자감에 출판을 담당하는 서적포를 설치하였어요.

④ 대도에 만권당을 세워 중국 학자와 교유하였다.
→ **충선왕**은 원의 수도 대도에 있는 자신의 집에 만권당을 세워 이제현 등 고려 학자가 원의 학자와 교유하게 하였어요.

⑤ 외국어 교육과 통역을 관장하는 통문관을 설치하였다.
→ **충렬왕**은 외국어 교육과 통역에 관한 업무를 관장하는 관청인 통문관을 설치하였어요.

기출 선택지 +α

❻ 윤관을 보내 동북 9성을 축조하였다. (O/X)
❼ 폐정 개혁을 목표로 정치도감을 설치하였다. (O/X)
❽ 개경에 귀법사를 세우고 균여를 주지로 삼았다. (O/X)
❾ 정계와 계백료서를 지어 관리의 규범을 제시하였다. (O/X)
❿ 최승로의 시무 28조를 받아들여 통치 체제를 정비하였다. (O/X)

기출 선택지 +α 정답 ❻ O ❼ X[충목왕] ❽ X[광종] ❾ X[태조 왕건] ❿ X[성종]

---

12 최우의 활동   정답 ③

(가) 인물에 대한 설명으로 옳은 것은? [3점]

한국사 탐구 보고서

■ 주제 : 인물로 보는 무신 정권
■ 방법 : 문헌 조사, 인터넷 검색 등
■ 조사 내용

무신 정변 이후 이의방 → 정중부 → 경대승 → 이의민 → 최충헌으로 최고 권력자가 바뀌는 혼란이 이어졌어요. 최충헌이 집권한 후에는 그의 아들 최우로 권력이 세습되었어요.

인물	내용
정중부	보현원에서 이의방 등과 정변을 일으킴
이의민	조위총의 난을 진압하여 상장군이 됨
최충헌	봉사 10조를 올려 시정 개혁을 요구함
(가)	야별초를 좌·우별초로 나누어 편성함

정답 잡는 키워드

❶ 야별초를 좌·우별초로 나누어 편성 → **최우**

야별초를 좌·우별초로 나누어 편성하였다는 내용을 통해 (가) 인물이 최우임을 알 수 있어요. 고려 무신 집권기에 최우는 개경의 치안 유지를 위해 야별초를 설치하였어요. 야별초의 기능과 권한이 점차 확대되고 인원이 늘어나자 좌별초와 우별초로 나누었고, 이후 몽골군에게 포로로 잡혀갔다가 탈출해 온 병사들로 구성된 신의군이 더해져 삼별초가 편성되었습니다.

① 원종을 폐위하고 안경공 창을 즉위시켰다.
→ 고려 무신 집권기에 **임연**은 당시 최고 집권자인 김준을 죽이고 권력을 잡은 후 원종을 폐위하고 안경공 창을 즉위시켰어요. 그러나 몽골의 개입으로 원종이 복위하였어요.

② 9재 학당을 설립하여 유교 교육에 힘썼다.
→ **최충**은 관직에서 물러난 뒤 사립 교육 기관인 9재 학당(문헌공도)을 설립하여 유학 교육에 힘썼어요.

③**인사 행정 담당 기구로 정방을 설치하였다.**
→ **최우**는 자신의 집에 인사 행정 담당 기구로 정방을 설치하고 인사권을 장악하였어요.

④ 전민변정도감의 책임자로서 개혁을 이끌었다.
→ 고려 말 공민왕 때 **신돈**은 전민변정도감의 책임자로 임명되어 권문세족의 경제 기반을 약화하고 국가 재정을 확대하는 정책을 주도하였어요.

⑤ 오월에 사신을 보내고 검교태보의 직을 받았다.
→ 후백제를 세운 **견훤**은 오월에 사신을 보내 검교태보의 직을 받았고, 후당에도 사신을 보내 외교 관계를 맺었어요.

기출 선택지 +α

❻ 역사서인 사략을 저술하였다. (O/X)
❼ 화통도감의 설치를 건의하였다. (O/X)
❽ 외교 담판을 통해 강동 6주를 획득하였다. (O/X)
❾ 강화도로 도읍을 옮겨 몽골의 침략에 대비하였다. (O/X)

기출 선택지 +α 정답 ❻ X[이제현] ❼ X[최무선] ❽ X[서희] ❾ O

13 고려의 경제 상황   정답 ⑤

(가) 국가의 경제 상황으로 가장 적절한 것은? [2점]

> 황비창천 명 거울은 (가) 에서 사용했던 것으로 풍랑이 몰아치는 바다 위에 배 한 척이 돛을 펴고 나아가는 모습이 표현되어 있습니다. 이 거울에 묘사된 배를 토대로 오른쪽 사진과 같이 당시 무역선의 모습을 유추하였습니다. ❶ (가) 시대 사람들은 송, 일본뿐만 아니라 동남아시아, 아라비아 상인들과도 교역을 하였습니다.

고려에 왕래하던 아라비아 상인들에 의해 고려가 '코리아'라는 이름으로 서방세계에 알려지기도 하였어요.

황비창천* 명(銘) 거울   무역선
* 황비창천: 밝게 빛나는 창성한 하늘

정답 잡는 키워드

❶ 송, 일본뿐만 아니라 동남아시아, 아라비아 상인들과도 교역을 함
→ **고려**

송, 일본, 동남아시아, 아라비아 상인들과 교역하였다는 내용을 통해 (가) 국가가 고려임을 알 수 있어요. 고려 시대에 수도 개경과 거리가 가까웠던 예성강 하구의 벽란도가 국제 무역항으로 번성하였어요. 벽란도에는 송, 일본 등 주변국은 물론 멀리 아라비아 상인까지도 왕래하였어요.

① **초량 왜관**을 통해 일본과 무역하였다.
→ **조선 후기**에 부산 초량에 왜관을 설치하고 일본과 무역하였어요.

② **덕대**가 광산을 전문적으로 경영하였다.
→ **조선 후기**에 민영 광산이 발달하면서 상인이나 지주 등 물주로부터 자본을 받아 광산을 전문적으로 경영하는 덕대가 등장하였어요.

③ **당항성, 영암**이 **국제 무역항**으로 번성하였다.
→ 삼국 통일 이후 **신라**에서 당항성, 영암이 국제 무역항으로 번성하였어요.

④ **거란도, 영주도**를 통해 주변국과 교역하였다.
→ **발해**는 신라도, 거란도, 영주도, 일본도 등의 교통로를 통해 주변국과 교역하였어요.

⑤ **주전도감**을 설치하여 **해동통보**를 발행하였다.
→ **고려**의 숙종은 의천의 건의에 따라 주전도감을 설치하고 은병(활구), 해동통보 등의 여러 화폐를 발행하였어요.

기출 선택지 +α

❻ 경시서가 수도의 시전을 감독하였다. (O / X)
❼ 내상, 만상 등이 무역을 통해 부를 축적하였다. (O / X)
❽ 시장을 관리하는 관청인 동시전이 설치되었다. (O / X)
❾ 건원중보가 발행되어 금속 화폐의 통용이 추진되었다. (O / X)
❿ 민간의 광산 개발을 허용하는 설점수세제를 시행하였다. (O / X)

기출 선택지 +α 정답 ❻ O ❼ X [조선 후기] ❽ X [신라] ❾ O ❿ X [조선 후기]

---

14 고려 전기 정치 상황의 변화   정답 ④

(가)~(다)를 일어난 순서대로 옳게 나열한 것은? [2점]

혜종 때 외척 세력 왕규와 혜종의 이복동생 왕요(정종) 등의 왕위 다툼으로 왕권이 불안정하였어요.

(가) ❶ 이자겸과 척준경이 군사를 동원하여 궁궐을 침범하고 불태웠다. 왕을 위협하여 남궁(南宮)으로 거처를 옮기게 하고, 안보린·최탁 등 17인을 죽였다. 이외에도 죽인 군사가 헤아릴 수 없을 정도였다.

(나) ❷ 왕규가 광주원군을 [왕으로] 세우고자 하였는데, 일찍이 밤에 왕이 깊이 잠든 것을 엿보고 자신의 일당을 침소에 잠입시켜 대역죄를 행하려고 하였다. 왕이 그것을 알아차리고 한주먹으로 쳐 죽인 후 좌우 시종들에게 끌어내게 하였다.

(다) 강조의 군사들이 들어오자, 왕이 어찌할 수 없음을 깨닫고 태후와 함께 목 놓아 울며 법왕사로 갔다. 잠시 후 황보유의 등이 대량원군을 왕위에 올렸다. ❸ 강조는 왕을 폐위시켜 양국공으로 삼고, 군사를 보내 김치양 부자와 유행간 등 7인을 죽였다.

강조가 목종을 폐위하고 현종을 옹립하는 정변을 일으키자 이를 구실로 거란군이 고려에 침입하였어요(2차 침입).

정답 잡는 키워드

❶ 이자겸과 척준경이 군사를 동원하여 궁궐을 침범함
→ **(가) 이자겸의 난(1126)**
❷ 왕규가 광주원군을 왕으로 세우고자 함 → **(나) 왕규의 난(945)**
❸ 강조가 왕을 폐위시키고 김치양 등을 죽임
→ **(다) 강조의 정변(1009)**

(가) 고려 인종 때 대표적 문벌인 경원 이씨 가문의 이자겸은 왕실과 중첩된 혼인 관계를 맺고 왕권을 위협할 정도로 막강한 권력을 행사하였어요. 이에 인종이 이자겸을 제거하려 하자, 이자겸이 스스로 왕이 되고자 척준경과 함께 반란을 일으켰어요(이자겸의 난, 1126). 인종은 척준경을 회유하여 이자겸의 난을 진압하고, 왕권을 회복하기 위해 서경 세력을 등용하여 개혁 정치를 추진하였어요.
(나) 광주 지방 호족 출신으로 고려 왕실의 외척이 된 왕규는 태조 왕건이 죽고 혜종이 즉위하자, 자신의 외손자인 광주원군을 왕위에 올리기 위해 두 차례에 걸쳐 혜종을 암살하려 하였으나 모두 실패하였어요(왕규의 난, 945).
(다) 고려 목종 때 왕의 어머니인 천추 태후가 섭정을 하게 되면서 천추 태후의 총애를 받던 김치양이 권세를 휘둘렀어요. 목종은 자신의 신변을 보호하기 위해 서북면(평안도)에 있던 강조를 불러들였어요. 강조는 개경으로 오던 중에 왕이 이미 죽었다는 소문을 듣고 김치양 일파를 몰아내고자 하였으나 곧 목종이 살아 있다는 소식을 들었어요. 이에 주저하던 강조는 위태로운 상황을 평정한다는 명분으로 진군하여 김치양 일파를 제거하고 목종도 폐위하였어요. 그리고 대량원군을 새 왕(현종)으로 세웠어요(강조의 정변, 1009).

① (가) - (나) - (다)
② (가) - (다) - (나)
③ (나) - (가) - (다)
④ (나) - (다) - (가)
→ (나) 혜종 때 왕규의 난(945) → (다) 목종 때 강조의 정변(1009) → (가) 인종 때 이자겸의 난(1126)
⑤ (다) - (가) - (나)

15 개성의 역사   정답 ③

(가) 지역의 탐구 활동으로 가장 적절한 것은? [3점]

고지도로 보는 (가) 의 역사

이 지도는 1872년에 제작된 (가) 전도의 일부로, ❶고려 왕조의 궁궐터였던 만월대와 고려 최고 교육 기관인 국자감을 계승한 성균관의 위치를 확인할 수 있다. 또한, 태조 왕건과 신혜 왕후가 함께 안장된 현릉, ❷거란이 보낸 낙타가 굶어 죽었다는 만부교, 정몽주를 기리기 위해 세운 숭양 서원 등도 표시되어 있다.

> 고려 시대 성균관은 당시 수도인 개성에 있었어요. 조선 건국 이후에는 한양에 새로 성균관이 세워져 최고 교육 기관의 역할을 담당하였어요.

정답 잡는 키워드

❶ 고려 왕조의 궁궐터였던 만월대,
❷ 거란이 보낸 낙타가 굶어 죽었다는 만부교 → **개성(개경)**

개성(개경)은 고려가 몽골의 침입을 받아 강화도로 도읍을 옮겼던 시기를 제외하고 고려가 멸망할 때까지 고려 왕조의 수도로서 정치, 경제, 문화의 중심지 역할을 하였어요. 개성(개경)에는 고려 왕조의 궁궐터였던 만월대, 거란이 보낸 낙타가 굶어 죽었다는 만부교 등 고려 시대의 유적이 많이 남아 있어요.

① 몽골의 사신 저고여가 피살된 곳을 조사한다.
➡ 1225년에 고려에 왔던 몽골의 사신 저고여가 귀국길에 **압록강 부근**에서 피살되는 사건이 일어났어요. 몽골은 이를 빌미로 고려를 침략하였어요.

② 서희가 외교 담판을 통해 획득한 곳을 찾아본다.
➡ 거란의 1차 침입 당시 서희는 거란 장수 소손녕과 외교 담판을 벌여 송과의 관계를 끊기로 약속하여 거란군을 물러나게 하고, 여진을 쫓아내고 **강동 6주**(지금의 평안북도 지역)를 획득하였어요.

③ 강감찬이 건의하여 건설된 성곽이 있는 곳을 검색한다.
➡ 11세기 초 거란과의 긴장 상황이 이어지는 가운데 강감찬의 건의로 수도 **개경(개성)**을 방어하기 위해 이를 둘러싸는 나성이 축조되었어요.

④ 김보당이 무신 정권에 저항하여 봉기한 곳을 파악한다.
➡ 무신 집권기인 1173년에 동북면 병마사 김보당이 의종 복위를 주장하며 **동계**(지금의 함경남도와 강원도 일부 지역)에서 봉기하였어요.

⑤ 최무선이 화포를 이용하여 왜구를 물리친 곳을 알아본다.
➡ 고려 말 최무선은 화통도감의 설치를 건의하였고, 이곳에서 제작한 화약과 화포를 이용하여 **진포**(금강 하구)에 침입한 왜구를 격퇴하였어요.

기출 선택지 +α

❻ 배중손이 삼별초를 지휘하였던 근거지를 찾아본다. (O/X)
❼ 공민왕이 홍건적의 침입 때 피란한 지역을 찾아본다. (O/X)
❽ 김사미가 가혹한 수탈에 저항하여 봉기한 곳을 조사한다. (O/X)

기출 선택지 +α 정답 ❻×[강화도, 진도] ❼×[안동] ❽×[운문(지금의 청도)]

---

16 고려의 대몽 항쟁   정답 ①

(가)에 대한 고려의 대응으로 옳은 것은? [2점]

이 탑은 방호별감 김윤후가 군인과 백성들을 이끌고 (가) 을/를 상대로 충주산성에서 승리한 것을 기념하여 세운 것이야.

당시 군인과 백성이 결사 항전하는 모습이 표현되어 있어. 탑 윗부분의 1253은 승전 연도를 의미해.

> 몽골군이 충주성을 포위하고 공격하는 가운데 김윤후는 신분과 무관하게 전공에 따라 보상할 것을 약속하며 노비 문서를 불태워 사기를 높였어요.

정답 잡는 키워드

❶, ❷ 김윤후가 충주산성에서 승리함 → **몽골**

김윤후가 군인과 백성들을 이끌고 충주산성에서 상대하여 승리하였다는 내용을 통해 (가)가 몽골임을 알 수 있어요. 몽골은 사신 저고여의 피살을 구실로 1231년에 고려를 침략하였고, 이후에도 여러 차례 고려에 침입하였어요. 김윤후는 1232년에 처인성에서 부곡민을 이끌고 몽골 장수 살리타를 사살하였으며, 1253년에는 충주산성에서 식량이 떨어져 위기에 직면한 상황에서 관민을 독려하여 함께 몽골군에 맞서 싸워 결국 격퇴하였어요.

①강화도로 도읍을 옮겨 항전하였다.
➡ **몽골**이 침략하자 당시 최고 집권자였던 최우는 일단 강화를 맺어 몽골군을 철수하게 한 뒤 강화도로 도읍을 옮겨 장기 항전에 대비하였어요.

② 광군을 조직하여 침입에 대비하였다.
➡ 고려는 정종 때 **거란**의 침입에 대비하기 위해 예비군 성격의 광군을 창설하였어요.

③ 삼수병으로 구성된 훈련도감을 신설하였다.
➡ 조선은 **일본**의 침략으로 일어난 임진왜란 중에 포수, 사수, 살수의 삼수병으로 편성된 훈련도감을 설치하였어요.

④ 별무반을 편성하고 동북 9성을 축조하였다.
➡ 고려는 별무반을 편성하여 **여진**을 정벌하고 동북 9성을 축조하였어요.

⑤ 철령위 설치에 반발하여 요동 정벌을 추진하였다.
➡ 고려 우왕 때 **명**이 철령위를 설치하여 철령 이북의 영토를 직접 통치하겠다고 통고하자 이에 반발하여 우왕과 최영이 요동 정벌을 추진하였어요.

기출 선택지 +α

❻ 양규가 무로대에서 적군을 물리쳤다. (O/X)
❼ 송문주가 죽주성에서 적군을 격퇴하였다. (O/X)
❽ 박위로 하여금 쓰시마섬을 정벌하게 하였다. (O/X)
❾ 대장도감을 설치하여 팔만대장경을 간행하였다. (O/X)

핵심 개념 | 몽골과의 전쟁(13세기)

원인	몽골의 지나친 공물 요구, 몽골 사신 저고여의 피살을 구실로 침입(1231) → 이후 여러 차례 침입
전개	· 몽골의 1차 침입 후 고려 정부의 강화 천도(1232), 팔만대장경 조판 · 귀주성 전투(박서, 송문주), 처인성 전투(경기 용인, 김윤후와 부곡민의 활약), 죽주 전투(송문주), 충주성 전투(김윤후, 노비 중심) · 고려 정부가 몽골과 강화 체결, 무신 정권 붕괴, 개경 환도(1270)
영향	국토의 황폐화, 문화유산 소실(초조대장경판, 황룡사 9층 목탑 등)

기출 선택지 +α 정답 ❻×[거란] ❼○ ❽×[왜구] ❾○

17 고려의 문화유산 정답 ①

다음 특별전에 전시될 문화유산으로 가장 적절한 것은? [1점]

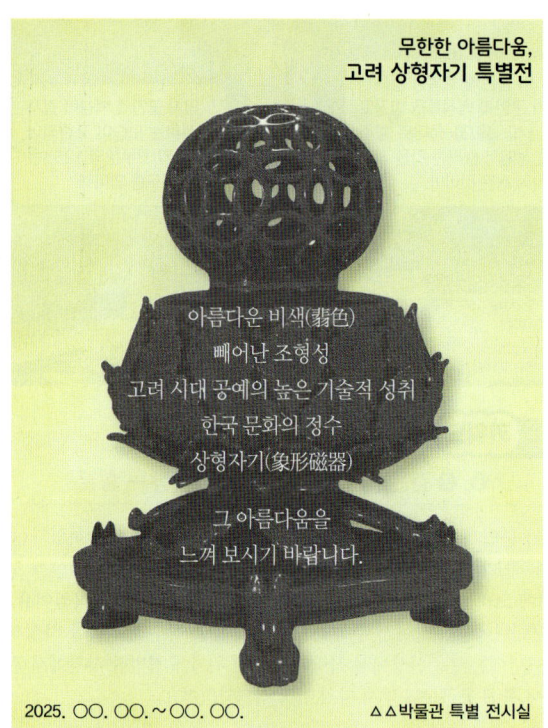

무한한 아름다움,
고려 상형자기 특별전

아름다운 비색(翡色)
빼어난 조형성
고려 시대 공예의 높은 기술적 성취
한국 문화의 정수
상형자기(象形磁器)

그 아름다움을
느껴 보시기 바랍니다.

2025. ○○. ○○. ~ ○○. ○○.   △△박물관 특별 전시실

상형자기는 인물, 동물, 식물 등의 형상을 본떠서 만든 도자기를 말해요. 고려는 수준 높은 청자 제작 기술을 가지고 있었어요. 고려 청자는 비색이라 불리는 고유의 색을 띠고 있으며 다양한 형태로 만들어졌어요.

①
➡ **고려** 시대에 만들어진 청자 어룡 모양 주전자입니다. 용의 머리와 물고기의 몸을 가진 상상 속의 동물을 형상화하였어요.

②
➡ **조선** 시대에 만들어진 백자 청화 이형 연적이에요.

③
➡ **조선** 시대에 만들어진 분청사기 철화 모란당초문 자라병이에요.

④
➡ **가야**의 수레바퀴 모양 토기입니다. 부장품으로 만들어진 것으로 추정됩니다.

⑤
➡ **조선** 시대에 만들어진 분청사기 희준이에요. 코끼리 형상을 본떠 만든 제례 의식용 그릇이에요.

18 원 간섭기의 사실 정답 ③

다음 가상 뉴스 이후에 있었던 사실로 옳은 것은? [1점]

❶ 세자 시절 원의 황녀와 혼인하신 국왕께서는 오늘 고려로 들어오시는 황녀를 맞이하기 위해 서북면에 행차하셨습니다. 이 자리에서 신하들이 본인처럼 ❷ 변발을 하지 않은 점을 크게 질책하셨습니다.

└ 변발은 중국 북방 민족의 풍속으로 앞머리는 깎고 뒷머리만 남겨 길게 땋아 늘인 머리 모양을 말해요.

원의 황녀, 겁령구들과 입국하다

└ 원의 공주를 따라온 시종을 말해요. 공주의 위세에 힘입어 고려에서 높은 지위를 얻어 권력을 행사하였어요.

정답 잡는 키워드

❶ 세자 시절 원의 황녀와 혼인한 국왕, ❷ 변발을 함 → **원 간섭기**

왕이 원의 황녀와 혼인하였으며 신하들이 본인처럼 변발하지 않은 점을 질책하였다는 내용을 통해 원 간섭기의 가상 뉴스임을 알 수 있어요. 고려는 강화도로 천도하여 오랜 기간 몽골의 침입에 맞섰으나 결국 강화를 맺고 개경으로 환도하였고, 이후 몽골이 세운 원의 내정 간섭을 받게 되었어요. 고려 왕이 원의 공주와 혼인하여 고려는 원의 부마국(사위의 나라)이 되었으며, 원은 이를 내세워 고려 왕실에서 사용하는 호칭은 물론 관제까지 격을 낮추게 하였어요. 또한, 고려의 일부 영토를 빼앗아 쌍성총관부, 동녕부, 탐라총관부를 설치하고 그 주변 지역을 직접 통치하기도 하였어요.

① 쌍기의 건의로 과거제가 도입되었다.
➡ **고려 전기** 광종 때 쌍기의 건의로 시험을 통해 관리를 선발하는 과거제가 도입되었어요.

② 빈민 구제를 위해 흑창이 설립되었다.
➡ **고려 전기** 태조 때 빈민 구제를 위한 흑창이 처음 설립되었어요.

③ 매를 기르고 훈련시키는 응방이 설치되었다.
➡ **원 간섭기**에 원에 조공으로 보낼 매를 잡아 기르고 훈련시키기 위한 관청인 응방이 설치되었어요.

④ 의천이 국청사를 중심으로 천태종을 개창하였다.
➡ **고려 전기** 숙종 때 대각국사 의천이 해동 천태종을 개창하여 교종을 중심으로 선종을 통합하고자 하였어요.

⑤ 망이·망소이가 가혹한 수탈에 저항하여 봉기하였다.
➡ **무신 집권기**인 명종 때 지배층의 가혹한 수탈에 저항하여 공주 명학소에서 망이·망소이가 봉기하였어요.

기출 선택지 +α

❻ 신돈이 전민변정도감의 설치를 건의하였다. (O / X)
❼ 국난을 극복하고자 초조대장경을 간행하였다. (O / X)
❽ 국정을 총괄하는 기구로 교정도감이 설치되었다. (O / X)

정답 ❻ ○[고려 후기 공민왕 때] ❼ ×[고려 전기 현종 때] ❽ ×[무신 집권기]

19 세종 재위 시기의 사실   정답 ④

다음 가상 대화에 등장하는 왕의 재위 시기에 있었던 사실로 옳은 것은? [3점]

지난번 남양에서 발견된 경석으로 만든 편경이 완성되었는데요, 이와 관련하여 새로운 정책을 구상하고 계신가요?

❶ 박연이 만든 편경은 중국의 것보다 음높이가 정확하며 그 소리가 맑고 아름다웠소. 이를 활용하여 ❷ 궁중 음악인 아악을 정비해 보고자 하오.

정답 잡는 키워드

❶ 박연, ❷ 궁중 음악인 아악 정비 → **세종**

박연이 편경을 만들었으며 이를 활용하여 궁중 음악인 아악을 정비해 보고자 한다는 내용을 통해 가상 대화에 등장하는 왕이 조선 세종임을 알 수 있어요. 세종은 고려 시대부터 전해온 아악과 중국의 아악을 연구하여 정리하였으며, 소리의 길이와 높이를 정확히 표시하기 위해 새로운 악보인 정간보를 창안하였어요. 또한, 박연에게 기본이 되는 음을 불어서 낼 수 있는 율관을 제작하게 하고, 이를 바탕으로 정확한 음높이의 편경을 만들게 하였어요. 이 시기에 박연은 궁중 음악과 악기를 정비하고 악보를 체계적으로 정리하였으며, 여러 차례 상소를 올려 음악에 관련된 각종 제도의 정비를 건의하였어요.

① 훈련 교범인 **무예도보통지**가 간행되었다.
➡ **정조** 때 이덕무, 박제가, 백동수 등에 의해 훈련 교범인 "무예도보통지"가 간행되었어요.

② 전통 한의학을 정리한 **동의보감**이 저술되었다.
➡ **광해군** 때 허준의 주도로 우리의 전통 한의학을 체계적으로 정리한 "동의보감"이 저술되었어요.

③ 음악 이론 등을 집대성한 **악학궤범**이 완성되었다.
➡ **성종** 때 궁중 음악인 아악, 당악, 향악 등에 관한 이론과 제도 등을 정리한 "악학궤범"이 완성되었어요.

④ 유교 윤리의 보급을 위해 삼강행실도가 편찬되었다.
➡ **세종** 때 유교 윤리의 보급을 위해 모범이 될 만한 중국과 우리나라의 충신, 효자, 열녀의 이야기를 그림과 글로 담은 "삼강행실도"가 편찬되었어요.

⑤ 군정, 재정의 내용을 정리한 **만기요람**이 만들어졌다.
➡ **순조** 때 국정 운영에 참고할 수 있도록 국가 재정과 군정에 관련된 내용을 정리한 "만기요람"이 만들어졌어요.

기출 선택지 +α

❻ 금속 활자인 갑인자가 제작되었다. (O / X)
❼ 국가의 기본 법전인 경국대전이 완성되었다. (O / X)
❽ 외교 문서를 집대성한 동문휘고가 편찬되었다. (O / X)
❾ 한양을 기준으로 한 역법서인 칠정산이 간행되었다. (O / X)
❿ 역대 문물제도를 정리한 동국문헌비고가 만들어졌다. (O / X)

기출 선택지 +α 정답 ❻ O ❼ ×[성종] ❽ ×[정조] ❾ O ❿ ×[영조]

---

20 연산군 재위 시기의 사실   정답 ⑤

(가) 왕의 재위 시기에 있었던 사실로 옳은 것은? [2점]

이 노래는 백성들이 교동도로 유배된 (가) 을/를 원망하며 부른 것입니다. 그는 ❶폐비 윤씨 사사 사건을 빌미로 신하들을 숙청하는 등 폭정을 자행하다가 ❷반정으로 폐위되었습니다.

충성이란 사모요
거동은 곧 교동일세
일만 흥청 어디 두고
석양 하늘에 뉘를 좇아 가는고
두어라 예 또한 가시의 집이니
날 새우기엔 무방하고 또 조용하지요

성희안 일파가 반정을 일으켜 연산군을 몰아내고 중종을 왕위에 올렸어요.

조선 성종의 계비이자 연산군의 생모인 윤씨를 폐위한 뒤 사약을 내려 죽인 사건을 말해요.

정답 잡는 키워드

❶ 폐비 윤씨 사사 사건을 빌미로 신하들을 숙청함,
❷ 반정으로 폐위됨 → **연산군**

폐비 윤씨 사사 사건을 빌미로 신하들을 숙청하는 등 폭정을 자행하다가 반정으로 폐위되었다는 내용을 통해 (가) 왕이 조선 연산군임을 알 수 있어요. 연산군은 어머니인 폐비 윤씨가 사사된 사건의 전말을 알게 되자, 이에 연루된 성종의 후궁들과 이복형제에게 보복하였어요. 그 뒤 사건을 더욱 확대하여 윤씨 폐위와 사사에 관련된 인물을 모조리 찾아내어 처벌하였어요. 이때 김굉필을 비롯한 사림 세력은 물론 훈구 세력까지 피해를 입었는데, 이를 갑자사화라고 합니다.

① 유자광의 고변으로 남이가 처형되었다.
➡ **예종** 때 유자광이 남이가 역모를 꾀한다고 고변하여 남이가 처형되었어요.

② 기사환국으로 송시열이 죽임을 당하였다.
➡ **숙종** 때 일어난 기사환국으로 송시열이 죽임을 당하였으며, 서인이 축출되고 남인이 정권을 차지하였어요.

③ 외척 간의 권력 다툼으로 윤임이 제거되었다.
➡ **명종** 때 외척이었던 윤임 일파(대윤)와 윤원형 일파(소윤)의 대립으로 을사사화가 일어나 윤임이 제거되었어요.

④ 위훈 삭제를 주장한 조광조 일파가 축출되었다.
➡ **중종** 때 조광조가 주장한 위훈 삭제가 원인이 되어 기묘사화가 일어났어요. 이로 인해 조광조 일파가 정계에서 축출되고 많은 사림이 피해를 입었어요.

⑤ 조의제문이 발단이 되어 김일손 등이 피해를 입었다.
➡ **연산군** 때 김일손이 스승 김종직의 '조의제문'을 사초에 실은 것을 문제 삼아 훈구 세력이 사림 세력을 공격하여 많은 사림이 피해를 입은 무오사화가 일어났어요.

기출 선택지 +α

❻ 정여립 모반 사건으로 기축옥사가 일어났다. (O / X)
❼ 자의 대비의 복상 문제로 예송이 전개되었다. (O / X)
❽ 양재역 벽서 사건으로 이언적 등이 화를 입었다. (O / X)
❾ 성삼문 등이 상왕의 복위를 꾀하다가 처형되었다. (O / X)
❿ 공신 책봉에 불만을 품고 이괄이 반란을 일으켰다. (O / X)

기출 선택지 +α 정답 ❻ ×[선조] ❼ ×[현종] ❽ ×[명종] ❾ ×[세조] ❿ ×[인조]

21 임진왜란 중의 사실 정답 ①

밑줄 그은 '전쟁' 중에 있었던 사실로 옳은 것은? [2점]

> 이치(梨峙)는 금산에서 전주로 넘어가는 길목에 위치한 요충지이다. 이곳에서 전라 절제사 **권율**과 동복 현감 황진이 이끄는 관군은 치열한 전투 끝에 적의 진격을 저지하였다. 그 결과 **전라도의 곡창 지대와 조선 수군의 배후를 지키는 데 기여**하여 전쟁 초기 적군의 전략에 타격을 입혔다.

정답 잡는 키워드

❶ 권율, ❷ 전라도의 곡창 지대와
조선 수군의 배후를 지키는 데 기여함 → 임진왜란

권율 등이 이끄는 관군이 적의 진격을 저지하여 전라도의 곡창 지대와 조선 수군의 배후를 지키는 데 기여하였다는 내용을 통해 밑줄 그은 '전쟁'이 임진왜란임을 알 수 있어요. 1592년에 왜군이 조선을 침략하여 임진왜란이 일어났어요. 전쟁 초기에 왜군이 빠르게 북상하면서 조선은 열세에 몰렸어요. 왜군은 전쟁에 필요한 식량을 확보하기 위해 곡창 지대인 호남 지방을 점령하고자 금산, 웅치를 거쳐 이치를 넘어 전주로 들어가려 하였어요. 이에 관군과 의병이 금산과 웅치에서 치열한 전투를 벌였으나 왜군을 막지 못했고, 이치에서 전라 절제사 권율과 동복 현감 황진이 이끄는 관군이 왜군의 진격을 저지하는 데 성공하였어요. 한편, 바다에서는 이순신이 이끄는 수군이 왜군에 대승을 거두고 제해권을 장악하면서 왜군의 북진을 막았어요. 또한, 각지에서 일어난 의병의 활약과 명군의 지원으로 전세가 바뀌었어요.

① **정문부가 북관 대첩을 이끌었다.**
➡ 임진왜란 때 정문부는 왜군에 맞서 북관 대첩을 이끌어 길주, 성진 등 함경도 북부 지역을 되찾았어요.

② 정봉수가 용골산성에서 항쟁하였다.
➡ 정묘호란 때 정봉수와 이립 등이 용골산성에서 후금의 군대에 맞서 싸웠어요.

③ 최윤덕이 이만주 부대를 정벌하였다.
➡ 세종 때 최윤덕이 올라산성에서 여진의 부족장인 이만주의 부대를 정벌하였어요.

④ 강홍립이 사르후 전투에 참전하였다.
➡ 광해군 때 후금과 대립하고 있던 명의 요청에 따라 지원군으로 파견된 강홍립 부대가 사르후 전투에 참전하였어요.

⑤ 김준룡이 광교산 전투에서 항전하였다.
➡ 병자호란 때 김준룡이 근왕병을 이끌고 남한산성으로 진군하던 중 지금의 경기도 용인의 광교산 일대에서 청의 군대와 싸워 승리하였어요.

기출 선택지 +α

❻ 송상현이 동래성에서 항전하였다. (O / X)
❼ 김시민이 진주성에서 적군을 크게 물리쳤다. (O / X)

기출 선택지 +α 정답 ❻ O ❼ O

---

22 홍문관 정답 ②

(가)에 대한 설명으로 옳은 것은? [2점]

> 이것은 **옥당**이라고도 불린 (가) 에 걸려 있던 현판으로, '십팔학사들의 서책이 있는 관부'라는 뜻의 글이 있습니다. 이 관청이 **궁중의 도서를 관리하고 문한(文翰)과 왕의 자문을 담당**하였기에 당나라 황제를 보좌했던 십팔학사의 고사에 빗대어 표현한 것입니다.
>
> 홍문관은 옥당, 옥서 등의 별칭으로도 불렸어요.

정답 잡는 키워드

❶ 옥당, ❷ 궁중의 도서 관리, 문한과 왕의 자문 담당 → 홍문관

옥당이라고도 불렸으며 궁중의 도서를 관리하고 문한과 왕의 자문을 담당하였다는 내용을 통해 (가)가 홍문관임을 알 수 있어요. 조선 성종은 세조 때 폐지된 집현전을 계승한 홍문관을 설치하였어요. 홍문관은 궁중의 각종 문서를 관리하고 국왕의 자문을 담당하였어요. 또한, 홍문관의 관원은 모두 경연관을 겸직하며 경연을 주관하였어요.

① 수도의 행정과 치안을 담당하였다.
➡ 한성부는 수도 한성의 행정과 치안을 담당하였어요.

② **사헌부, 사간원과 함께 3사로 불렸다.**
➡ 홍문관은 사헌부, 사간원과 함께 3사로 불리며 언론 기능을 담당하였어요.

③ 대사성, 좨주, 직강 등의 관직이 있었다.
➡ 성균관은 조선 시대의 최고 교육 기관으로 대사성을 수장으로 좨주, 직강 등의 관직을 두었어요.

④ 왕명 출납을 맡은 왕의 비서 기관이었다.
➡ 승정원은 왕명 출납을 맡은 왕의 비서 기관으로 은대, 후원 등의 이름으로 불리기도 하였어요.

⑤ 사초와 시정기를 바탕으로 실록을 편찬하였다.
➡ 춘추관에 설치된 실록청에서 사초와 시정기 등을 바탕으로 "조선왕조실록"을 편찬하였어요.

기출 선택지 +α

❻ 사림의 건의로 중종 때 폐지되었다. (O / X)
❼ 집현전의 학문 연구 기능을 계승하였다. (O / X)
❽ 서얼 출신 학자들이 검서관에 등용되었다. (O / X)
❾ 왕에게 경서 등을 강론하는 경연을 주관하였다. (O / X)
❿ 국왕 직속 사법 기구로 반역죄 등을 처결하였다. (O / X)

기출 선택지 +α 정답 ❻ X [소격서] ❼ O ❽ X [규장각] ❾ O ❿ X [의금부]

23 대동법   정답 ⑤

(가)에 대한 탐구 활동으로 가장 적절한 것은? [1점]

> 서울에 있는 간사한 무리가 경주인(京主人)이라고 하며 **①각 도의 공물을 방납하면서 그 값을 두 배에서 수십 배까지 징수하였다.** …… **②영의정 김육이 [(가)]을/를 충청도에서 먼저 시험할 것을 청하였다.** 왕이 여러 차례 신하들에게 의견을 물었으나 서로 엇갈렸다. 이때에 왕이 다시 김육 등 여러 신하들을 불러 그것이 편리한지 여부에 대한 의견들을 듣고 비로소 호서(湖西)에 먼저 행하기로 정하였다.

> 방납은 각 지방의 공물을 아전이나 상인 등이 대신 납부하고 중간 이익을 얻는 일을 말해요. 그 대가를 터무니없이 비싸게 거두어들이는 등 폐단이 커져 백성의 부담이 가중되었어요.

정답 잡는 키워드
① 방납의 폐단 발생, ② 김육이 충청도에서 먼저 시험할 것을 청함
→ **대동법**

공물을 방납하면서 그 값을 수십 배까지 징수하는 일이 발생하는 상황에서 김육이 충청도에서 먼저 시험할 것을 청하였다는 내용을 통해 (가)가 방납의 폐단을 바로잡기 위해 실시된 대동법임을 알 수 있어요. 방납으로 인한 폐해가 심화되자 광해군 때 소유한 토지를 기준으로 공납을 부과하여 쌀이나 베, 동전 등으로 납부하게 하는 대동법이 경기도에서 처음으로 시행되었어요. 이후 이원익, 김육 등의 노력으로 강원도, 충청도, 전라도에 확대 시행되었고, 숙종 때에 이르러 일부 지역을 제외한 전국에서 대동법이 실시되었어요.

① 전시과에서 전지 지급 기준의 변화를 찾아본다.
→ 전시과는 고려의 토지 제도로 경종 때 처음 제정되어 전현직 관리에게 관등과 인품을 기준으로 수조권을 지급하였어요. 이후 목종 때 관등만을 기준으로 삼는 것으로 개정되었으며, 문종 때에는 현직 관리에게만 지급하는 것으로 개정되었어요.

② 일부 상류층에게 선무군관포를 거둔 목적을 알아본다.
→ 조선 영조는 균역법 시행으로 줄어든 재정을 보충하기 위해 일부 부유한 상민에게 선무군관의 칭호를 주고 매년 군포 1필을 징수하였어요.

③ 과전 지급 대상을 현직 관리로 제한한 까닭을 검색한다.
→ 조선 세조 때 수신전, 휼양전 등의 명목으로 토지가 세습되어 신진 관리에게 지급할 과전이 부족해지자 직전법을 제정하여 현직 관리에게만 수조권을 지급하였어요.

④ 풍흉에 관계없이 전세 부담액을 고정한 이유를 분석한다.
→ 조선 인조는 전세 부담을 줄여 주기 위해 영정법을 시행하여 풍흉에 관계없이 토지 1결당 쌀 4~6두로 납부액을 고정하였어요.

⑤**관청에 물품을 조달하는 공인이 등장한 배경을 조사한다.**
→ 대동법이 시행되면서 관청에서 공가를 받고 필요한 물품을 납품하는 공인이 등장하였어요. 공인의 활동은 상공업 발달을 촉진하였어요.

기출 선택지 +α
⑥ 토지 소유자에게 결작을 부과한 이유를 살펴본다. (O / X)
⑦ 토산물을 쌀, 동전 등으로 납부하게 한 원인을 조사한다. (O / X)
⑧ 전세를 풍흉에 따라 9등급으로 차등 부과한 이유를 알아본다. (O / X)
⑨ 경기에 한하여 설치된 과전이 농민에게 미친 영향을 파악한다. (O / X)

기출 선택지 +α 정답 ⑥ ×[균역법] ⑦ ○ ⑧ ×[연분9등법] ⑨ ×[과전법]

---

24 이익의 활동   정답 ④

밑줄 그은 '이 인물'에 대한 설명으로 옳은 것은? [2점]

- 이 인물이 저술한 곽우록에 대해 말해 보자.
- 곽우는 벼슬이 없는 자의 걱정이란 뜻이래.
- 이 책에는 영업전을 설정하고 그 매매를 금지하는 한전론에 대한 내용 등이 담겨 있어.

정답 잡는 키워드
① "곽우록" 저술, ② 한전론 주장 → **이익**

저서 "곽우록"에 한전론에 대한 내용이 담겨 있다는 것으로 보아 밑줄 그은 '이 인물'이 이익임을 알 수 있어요. 이익은 조선 후기의 실학자로 농업 중심의 개혁론을 강조하였어요. "성호사설"과 "곽우록" 등을 저술하였는데, "곽우록"에서는 한 가구당 생계에 필요한 최소한의 토지를 영업전으로 정하고, 영업전의 매매를 제한하는 방식의 한전론을 토지 개혁안으로 제시하였어요.

① 의산문답에서 무한 우주론을 주장하였다.
→ 홍대용은 "의산문답"에서 지전설과 무한 우주론을 주장하며 중국 중심의 세계관을 비판하였어요.

② 북학의에서 절약보다 적절한 소비를 권장하였다.
→ 박제가는 "북학의"에서 재물을 우물에 비유하며 절약보다 적절한 소비를 권장하였어요.

③ 열하일기에서 수레와 선박의 필요성을 서술하였다.
→ 박지원은 청에 다녀온 후 청에서 보고 들은 내용을 기록한 "열하일기"에서 수레와 선박의 사용을 강조하였어요.

④**성호사설에서 나라를 망치는 여섯 가지 좀을 제시하였다.**
→ 이익은 "성호사설"에서 노비제, 과거제, 양반 문벌, 사치와 미신, 승려, 게으름을 나라를 좀먹는 여섯 가지 폐단으로 지적하였어요.

⑤ 우서에서 사농공상의 직업적 평등과 전문화를 강조하였다.
→ 유수원은 "우서"에서 상공업을 진흥하기 위해서는 사농공상의 직업적 평등과 전문화가 이루어져야 한다고 주장하였어요.

기출 선택지 +α
⑥ 지봉유설에서 천주실의를 조선에 소개하였다. (O / X)
⑦ 청으로부터 시헌력을 도입하자고 건의하였다. (O / X)
⑧ 마과회통에서 홍역에 대한 지식을 정리하였다. (O / X)
⑨ 양반전을 지어 양반의 허례와 무능을 풍자하였다. (O / X)
⑩ 금석과안록에서 북한산비가 진흥왕 순수비임을 고증하였다. (O / X)

기출 선택지 +α 정답 ⑥ ×[이수광] ⑦ ×[김육] ⑧ ×[정약용] ⑨ ×[박지원] ⑩ ×[김정희]

25 영조의 정책   정답 ②

다음 자료에 등장하는 왕에 대한 설명으로 옳은 것은? [2점]

- 개천이 점점 막혀 …… 장마 때마다 범람할까 근심하게 되었다. 왕이 이르기를 …… 이에 ❶ 준천사(濬川司)를 설치하여 병조 판서와 한성부 판윤, 삼군문의 대장으로 하여금 준천 당상을 겸하도록 하고 도청, 낭청 각 1인을 두었다. 매년 개천 바닥을 파서 물이 넘치지 않도록 하였다.
  - 영조는 토사가 쌓여 하천 바닥이 높아지면서 청계천이 자주 범람하자 준천사를 설치하여 청계천 바닥을 파내는 등의 정비를 하였어요.
- 국초에 ❷ 신문고를 설치하여 억울함을 지닌 백성들로 하여금 북을 쳐서 알리도록 하였는데, 그 법이 폐해진 지 이미 오래되었다. 왕이 …… 마침내 ❸ 복구하도록 명하였다. 북을 울리는 자가 있으면 …… 해당 관청에서 아뢰도록 하였다.
  - 신문고는 백성의 억울한 일을 해결해 줄 목적으로 대궐 밖에 달았던 북이에요. 조선 태종 때 처음 설치되었어요.

정답 잡는 키워드

❶ 준천사 설치, ❷, ❸ 신문고를 다시 설치 → **영조**

준천사를 설치하여 매년 개천 바닥을 파서 물이 넘치지 않게 하였으며, 신문고를 복구하였다는 내용을 통해 자료에 등장하는 왕이 조선 영조임을 알 수 있어요. 영조는 붕당 정치의 폐단을 바로잡기 위해 붕당을 없애려는 자신의 뜻에 동의하는 탕평파를 중심으로 국정을 운영하였어요. 탕평 정치에 대한 자신의 의지를 알리기 위해 성균관 입구에 탕평비를 세우기도 하였습니다. 또한, 홍수에 대비하기 위해 준천사를 설치하고 개천(청계천)을 준설하였으며, 신문고를 다시 설치하고 지나친 형벌을 금지하였어요.

① 나선 정벌에 조총 부대를 파견하였다.
  ➡ 효종은 청의 요청에 따라 나선 정벌을 위해 변급, 신류 등이 이끄는 조총 부대를 파견하였어요.

②통치 규범을 재정비한 속대전을 편찬하였다.
  ➡ 영조는 "경국대전" 반포 이후 법령이 추가되면서 법전과 법령 사이에 모순이 나타나 법 집행에 혼란이 생기자 이를 정리하여 통일 법전으로 "속대전"을 편찬하였어요.

③ 청과 국경을 정한 백두산정계비를 건립하였다.
  ➡ 숙종은 관리를 파견하여 청의 관리와 함께 백두산 일대를 답사하게 한 뒤 청과의 국경을 정한 백두산정계비를 건립하였어요.

④ 문신을 재교육하기 위한 초계문신제를 시행하였다.
  ➡ 정조는 재능 있는 젊은 문신을 뽑아 재교육하는 초계문신제를 시행하여 자신의 정책을 뒷받침할 인재를 양성하였어요.

⑤ 한성 방어를 위하여 총융청과 수어청을 창설하였다.
  ➡ 인조는 후금과의 관계가 악화되는 가운데 한성을 방어하기 위해 총융청과 수어청을 창설하였어요.

기출 선택지 +α

❻ 시전 상인의 특권을 축소한 신해통공을 실시하였다. (O/X)
❼ 붕당의 폐해를 경계하기 위한 탕평비를 건립하였다. (O/X)
❽ 각 궁방과 중앙 관서의 공노비 6만여 명을 해방하였다. (O/X)
❾ 어영청을 중심으로 국방력을 강화하고 북벌을 추진하였다. (O/X)
❿ 균역법을 시행하여 백성들의 군역 부담을 줄여 주고자 하였다. (O/X)

기출 선택지 +α 정답 ❻ ×[정조] ❼ ○ ❽ ×[순조] ❾ ×[효종] ❿ ○

26 신유박해 시기의 사회 모습   정답 ③

다음 가상 대화가 이루어진 시기에 볼 수 있는 모습으로 적절하지 않은 것은? [2점]

지난달에 대왕대비께서 ❶ 사학(邪學)에 대한 단속을 강화하라고 하교하셨다는군.

❷ 이승훈이 잡혀가고 정약종도 죄인으로 몰려 죽었다고 하네. 우리 교인들에 대한 탄압이 점점 심해지고 있군.

- 조선 시대에 정학(正學, 바른 학문)이라 여기던 성리학에 반하거나 위배되는 학문을 '사악한 학문'이라는 의미로 사학(邪學)이라고 불렀어요. 조선 후기에는 천주교와 동학이 대표적인 사학으로 지목되었어요.

정답 잡는 키워드

❶ 사학에 대한 단속 강화, ❷ 이승훈이 잡혀가고 정약종이 죽임을 당함 → **신유박해(조선 후기 순조 때)**

사학에 대한 단속을 강화하였으며 이승훈과 정약종 등이 처벌을 받았다는 내용을 통해 가상 대화가 이루어진 시기가 신유박해(1801)가 일어난 조선 후기 순조 때임을 알 수 있어요. 정조가 사망하고 순조가 어린 나이에 즉위하면서 정순 왕후가 수렴청정을 하게 되고 노론 강경파가 권력을 잡았어요. 순조 즉위 직후 정순 왕후는 사학, 즉 천주교에 대한 단속을 강화할 것을 지시하였고, 이에 따라 천주교를 탄압한 신유박해가 일어났어요. 신유박해 과정에서 이승훈, 정약종 등이 처형되었고, 정약용 등 많은 사람이 연루되어 유배를 가는 등 처벌을 받았어요.

① 상평통보로 물건을 거래하는 객주
  ➡ 조선 후기에 상품 화폐 경제가 발달하면서 화폐 유통이 확대되어 상평통보가 널리 사용되었어요.

② 인삼 무역으로 크게 수익을 본 송상
  ➡ 조선 후기에 내상, 송상, 만상 등 지역에 기반을 둔 사상이 활발하게 활동하였어요. 개성을 근거지로 활동한 송상은 전국 각지에 송방이라는 지점을 설치하였으며, 인삼 무역 등으로 큰 이익을 얻었어요.

③주자소에서 계미자를 주조하는 장인
  ➡ 조선 전기 태종 때 인쇄 업무를 담당하는 주자소가 설치되고 금속 활자인 계미자가 주조되었어요.

④ 고추, 담배 등의 상품 작물을 재배하는 농민
  ➡ 조선 후기에 시장에 내다 팔기 위한 고추, 담배 등의 상품 작물이 널리 재배되었어요.

⑤ 저잣거리에서 한글 소설을 읽어 주는 전기수
  ➡ 조선 후기에 한글 소설이 유행하였으며 사람이 많이 모이는 곳에서 이야기책을 전문적으로 읽어 주는 전기수가 등장하였어요.

27 신윤복의 작품   정답 ③

(가)에 해당하는 작품으로 옳은 것은? [1점]

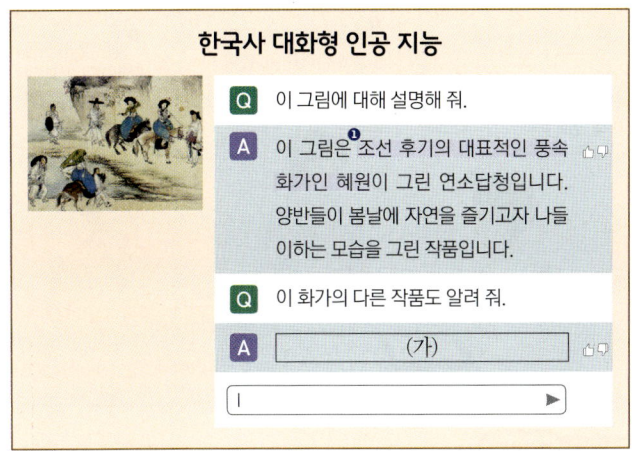

정답 잡는 키워드

❶ 조선 후기의 대표적인 풍속화가인 혜원 → **신윤복**

조선 후기의 대표적인 풍속화가로 '혜원'이라는 호를 쓴 인물은 신윤복이에요. 혜원 신윤복은 단원 김홍도와 더불어 조선 후기에 활동한 대표적인 풍속화가로 꼽힙니다. 섬세하고 세련된 필치로 양반들의 풍류와 남녀 사이의 애정을 묘사하였어요.

①
➡ **김득신**이 그린 파적도입니다.

②
➡ **김준근**의 풍속화로 혼례를 치르는 모습을 그렸어요.

③
➡ **신윤복**이 그린 월하정인입니다.

④
➡ **김홍도**가 그린 타작입니다.

⑤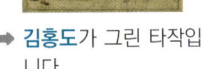
➡ **강희안**이 그린 고사관수도입니다.

기출 선택지 +α

⑥ (O/X)   ⑦ (O/X)   ⑧ (O/X)

기출 선택지 +α 정답 ⑥ ×[김득신, 노상알현도] ⑦ ○[단오풍정] ⑧ ×[김홍도, 무동]

---

28 위정척사 운동   정답 ②

다음 상소가 올려진 시기를 연표에서 옳게 고른 것은? [3점]

> 전 호조 참판 ❶**최익현** 아룁니다. …… 다행히 성상의 뜻이 척화에 있는 데 힘입어 기정진과 이항로가 상소를 하여 강화가 불가함을 말하자 전하께서 그 말을 받아들여 주셨습니다. 이런 연유로 10년 동안에는 양적들이 우리를 탐내었으나 감히 그 뜻을 펴지 못하였습니다. …… 옛날의 왜인들은 이웃 나라였으나 ❷**지금의 왜인들은 도적들이니, 강화할 수 없습니다.** 왜인들이 양적들의 앞잡이가 되었기 때문입니다.

1860년대에 기정진, 이항로 등의 유생들은 서양 열강의 통상 요구에 반대하며 서양의 무력 침략에 맞서 싸우자는 척화주전론을 주장하였어요.

정답 잡는 키워드

❶ 최익현, ❷ 왜인들이 양적들의 앞잡이가 되었기 때문에 강화할 수 없음 → **최익현이 왜양일체론 주장(1876)**

최익현이 상소에 왜인들이 양적들의 앞잡이가 되었기 때문에 강화할 수 없다고 쓴 것으로 보아 상소가 올려진 시기가 일본과 강화도 조약 체결 논의가 진행되던 때임을 알 수 있어요. 최익현은 대표적인 위정척사 인물로 강화도 조약 체결 논의가 진행되자 일본과 서양 세력이 다르지 않다는 왜양일체론을 내세우며 개항에 반대하였어요.

(가)	(나)	(다)	(라)	(마)
고종 즉위	신미 양요	갑신 정변	을미 사변	러·일 전쟁 발발	국권 피탈

➡ 1871년 **신미양요** 이후 흥선 대원군은 전국 각지에 척화비를 세우고 통상 수교 거부 정책을 더욱 강화하였어요. 그러나 고종이 직접 통치에 나서고 통상 개화론이 대두하면서 개항을 요구하는 목소리가 높아졌어요. 한편, 일본 내에서 조선을 공격하자는 정한론이 힘을 얻는 상황에서 일본은 운요호 사건을 일으켜 조선에 개항을 요구하였어요. 이에 따라 개항 논의가 진행되자 위정척사파를 중심으로 개항 반대 운동이 일어났어요. 이때 **최익현은 왜양일체론을 주장**하며 강화도 조약 체결에 반대하였어요. 그러나 조선 정부는 1876년에 일본과 강화도 조약을 체결하고 문호를 개방하였어요. 개항 이후 조선 정부는 개화 정책을 추진하였고, 이에 대한 반발로 1882년에 임오군란이 일어나기도 하였어요. 임오군란 이후 청의 내정 간섭이 심화되는 상황에서 김옥균, 박영효, 서광범 등 급진 개화파가 1884년에 우정총국 개국 축하연을 기회로 삼아 정변을 일으켰으나 청군의 개입으로 3일 만에 실패하였어요(**갑신정변**).

따라서 최익현이 왜양일체론을 주장한 시기는 신미양요와 갑신정변 사이인 ② **(나)**입니다.

① (가)   ②(나)   ③ (다)   ④ (라)   ⑤ (마)

연표로 흐름잡기

- **1871** — 신미양요, 전국에 척화비 건립
- **1873** — 최익현이 흥선 대원군 탄핵과 고종 친정 요구, 고종의 친정 선포
- **1875** — 운요호 사건
- **1876** — **최익현이 왜양일체론 주장**, 강화도 조약 체결
- **1882** — 임오군란
- **1884** — 우정총국 설치, **갑신정변**

29 흥선 대원군 집권 시기의 사실

정답 ⑤

밑줄 그은 '중건' 시기에 있었던 사실로 옳은 것은? [2점]

> 경복궁은 임진왜란 때 불타버렸어요. 이후 몇 차례
> 중건 논의가 있었으나 실행되지 않다가 흥선 대원군
> 집권시기에 중건 사업이 이루어졌어요.
>
> **사료로 보는 한국사**
>
> 대원위께서 분부하신 내용, "지금 영건할 때에 이른 바 원납전은 실로 힘닿는 대로 내어 공역을 도와야 하는 것인데, …… 모두 가난하지 않은 자들인데 아직 한 푼도 바친 바가 없으니 또한 무슨 까닭인가. …… 여전히 책임을 면하려고 둘러대기만 하면서, 면제되는지 한 번 시험해 보려는 계책을 펴니 매우 통탄스럽다. 모두 일일이 불러서 그 이유를 따져 묻고, 상세히 회답하여 죄를 심리하고 처리하는 바탕이 되도록 하라."
> – "영건일감" –

[해설] 이 사료는 ❶경복궁 중건을 주관한 영건도감에서 평안도에 보낸 공문의 내용을 요약한 것이다. 당시 이 중건에 필요한 비용을 마련하기 위해 ❷원납전을 내게 하였는데, 백성들은 이를 '원해서 납부하는 돈'이 아니라 '원망하며 납부하는 돈'이라고 불렀다.

> 원납전은 경복궁 중건을 위해 거두어들인 기부금이에요. 각 고을 단위로 할당량을 정해 강제로 거두거나 원납전을 바친 이들에게는 대가로 관직을 주기도 하였어요.

정답 잡는 키워드

❶ 경복궁 중건, ❷ 원납전을 내게 함
→ **흥선 대원군 집권기(1863~1873)**

경복궁을 중건하고 있으며 이에 필요한 비용을 마련하기 위해 원납전을 내게 하였다는 내용을 통해 밑줄 그은 '중건' 시기가 흥선 대원군 집권기임을 알 수 있어요. 1863년 어린 나이로 왕이 된 고종을 대신하여 왕의 아버지인 흥선 대원군이 집권하였어요. 흥선 대원군은 대내적으로 세도 정치로 문란해진 정치 질서를 바로잡고 왕권을 강화하기 위해 비변사를 혁파하고 의정부와 삼군부를 부활하는 등의 정치 개혁을 추진하였어요. 이러한 가운데 실추된 왕실의 권위를 바로 세우기 위해 경복궁 중건 사업을 추진하고 원납전 징수, 당백전 발행 등을 통해 중건에 필요한 비용을 마련하였어요. 또한, 삼정의 문란을 바로잡고자 호포제, 사창제 등을 실시하였어요. 대외적으로는 서양과의 통상 수교를 거부하는 정책을 폈으며 병인양요, 신미양요 등 서양 열강의 침략을 겪으면서 그 입장을 강화하였어요. 그러나 1873년 고종이 정치 일선에 나서면서 흥선 대원군은 실각하게 되었고, 조선 정부의 대외 정책에도 변화가 나타나게요.

① 청·일 전쟁이 발발하였다.
  ➡ 1894년에 동학 농민 운동이 일어나자 조선 정부는 청에 파병을 요청하였고 톈진 조약에 따라 일본도 조선에 군대를 보냈어요. 이후 일본군이 경복궁을 무력 점령하고 아산만 부근에서 청군을 기습 공격하여 청·일 전쟁이 발발하였어요.

② 삼정이정청이 설치되었다.
  ➡ 철종 때 진주 농민 봉기의 수습을 위해 파견되었던 안핵사 박규수의 건의에 따라 삼정의 문란을 시정하기 위한 삼정이정청이 설치되었어요(1862).

③ 영국이 거문도를 불법으로 점령하였다.
  ➡ 1885년에 영국이 러시아의 남하를 견제한다는 명분을 내세워 거문도를 불법 점령하였어요(~1887).

④ 김기수가 수신사로 일본에 파견되었다.
  ➡ 1876년 강화도 조약 체결 직후에 김기수가 수신사로 일본에 파견되었어요.

⑤ 한성근 부대가 문수산성에서 항전하였다.
  ➡ 1866년 병인양요 때 한성근 부대가 문수산성에서 프랑스군에 항전하였어요.

30 조·청 상민 수륙 무역 장정

정답 ①

밑줄 그은 '이 장정'에 대한 설명으로 옳은 것은? [2점]

> 이 장정이 맺어진 이후 나타난 변화에 대해 말해 보자.
> ❶ 청 상인이 양화진과 한성에 점포를 열 수 있게 되었어.
> ❷ 조선의 상권을 둘러싸고 청과 일본 상인의 경쟁이 치열해졌지.
>
> 개항 초기에는 일본 상인이 조선의 무역을 거의 독점하였으나, 조·청 상민 수륙 무역 장정 체결 이후 청 상인의 진출이 활발해져 조선의 상권을 둘러싸고 청·일 상인이 치열하게 대립하였어요.

정답 잡는 키워드

❶ 청 상인이 양화진과 한성에 점포를 열 수 있게 됨,
❷ 조선의 상권을 둘러싸고 청과 일본 상인의 경쟁이 치열해짐
→ **조·청 상민 수륙 무역 장정**

청 상인이 양화진과 한성에 점포를 열 수 있게 되었고, 조선의 상권을 둘러싸고 청과 일본 상인의 경쟁이 치열해졌다는 내용을 통해 밑줄 그은 '이 장정'이 1882년에 체결된 조·청 상민 수륙 무역 장정임을 알 수 있어요. 임오군란 직후 청은 조선이 청의 속국임을 명시하고 조선에서의 치외 법권 인정 등의 규정을 담은 조·청 상민 수륙 무역 장정의 체결을 강요하였어요. 조·청 상민 수륙 무역 장정이 체결되면서 허가받은 청 상인의 내륙 진출이 허용되어 조선 상인이 큰 타격을 입었어요. 또한, 청 상인의 조선 진출이 본격화되면서 청 상인과 일본 상인 간의 상권 경쟁이 치열해졌어요.

① 임오군란을 계기로 체결되었다.
  ➡ 청군의 개입으로 임오군란이 진압된 후 청의 강요로 조·청 상민 수륙 무역 장정이 체결되었어요.

② 거중 조정의 조항을 포함하였다.
  ➡ 조·미 수호 통상 조약에서 처음으로 거중 조정 조항이 포함되었어요. 거중 조정은 양국 중 한 나라가 제3국과 분쟁이 생겼을 때 분쟁을 원활하게 해결할 수 있도록 돕는 행위를 말해요.

③ 방곡령을 선포할 수 있는 조건을 명시하였다.
  ➡ 조·일 통상 장정에는 조선에서 자연재해나 변란으로 인한 식량 부족의 우려가 있을 때 방곡령을 선포할 수 있다는 규정이 포함되었어요.

④ 부산항과 원산항이 개항되는 결과를 가져왔다.
  ➡ 강화도 조약으로 조선 정부는 부산 외 두 곳의 항구를 개항하게 되었어요. 이에 따라 원산과 인천이 차례로 개항되었어요.

⑤ 외국인을 재정 고문으로 두도록 하는 조항을 담고 있다.
  ➡ 일본은 제1차 한·일 협약을 강요하여 대한 제국의 재정·외교 분야에 일본이 추천하는 외국인 고문을 초빙하도록 하였어요. 그 결과 재정 고문에 일본인 메가타, 외교 고문에 미국인 스티븐스가 임명되었어요.

기출 선택지 +α

❻ 최혜국 대우를 최초로 규정하였다. (O/X)
❼ 통감부가 설치되는 결과를 가져왔다. (O/X)
❽ 조선의 관세 자주권을 최초로 인정하였다. (O/X)
❾ 외국 상인의 내지 통상권을 최초로 규정하였다. (O/X)

기출 선택지 +α

정답 ⑥ ×[조·미 수호 통상 조약] ⑦ ×[을사늑약] ⑧ ×[조·미 수호 통상 조약] ⑨ ○

31 동학 농민 운동   정답 ③

(가) 운동에 대한 설명으로 옳은 것은? [1점]

> **특별 전시**
>
> **(가), 기록으로 되살아나다**
>
> ❶ 부패한 지배층과 외세의 침략에 맞서 새로운 세상을 꿈꾸며 봉기했던 (가) 관련 기록물이 세계 기록 유산으로 등재된 것을 기념하여 특별전을 개최합니다. 많은 관람 부탁드립니다.
>
> • 기간 : 2025. ○○. ○○. ~ ○○. ○○.
> • 장소 : △△ 박물관 특별 전시실
> • 주요 전시 자료
>
> 주모자가 드러나지 않도록 사발 모양으로 둥글게 빙 돌려 이름을 적은 문서를 말해요. 전봉준 등 고부 농민 봉기를 주도한 사람들의 이름과 결의 사항 등이 기록되어 있어요.

▲ ❷ 전봉준 공초

▲ 갑오군정실기

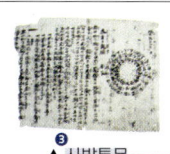
▲ ❸ 사발통문

동학 농민군의 지도자 전봉준은 우금치 전투 패배 이후 순창에서 체포되었으며 서울로 압송된 후 이듬해 처형되었어요.

정답 잡는 키워드

❶ 부패한 지배층과 외세의 침략에 맞서 봉기함,
❷ 전봉준 공초, ❸ 사발통문 → **동학 농민 운동**

부패한 지배층과 외세의 침략에 맞서 봉기하였으며 주요 전시 자료로 '전봉준 공초'와 '사발통문' 등이 제시된 것으로 보아 (가) 운동이 동학 농민 운동임을 알 수 있어요. 고부 군수 조병갑의 탐학에 맞서 전봉준의 주도로 농민 봉기가 일어났어요. 고부 관아를 점령한 농민군은 조선 정부의 중재로 해산하였고, 정부는 사태 수습을 위해 이용태를 안핵사로 파견하였어요. 그러나 이용태가 봉기에 참여한 농민군을 동학교도로 몰아 탄압하자 전봉준을 비롯한 농민과 동학교도가 무장과 백산에서 제폭구민, 보국안민을 내세우며 다시 봉기하였어요. 전봉준 등이 이끈 동학 농민군은 황토현 전투와 황룡촌 전투에서 관군을 격파하고 전주성까지 점령하였으나 청과 일본의 개입을 우려하여 정부와 전주 화약을 맺은 후 해산하였어요. 이후 일본군이 경복궁을 무력 점령하고 내정을 간섭하자 동학 농민군은 반일 기치를 내걸고 다시 봉기하였어요. 그러나 우금치 전투에서 일본군과 관군에 크게 패하고 전봉준, 김개남, 손화중 등 지도부가 체포되면서 동학 농민 운동은 끝이 났어요.

① 일본의 황무지 개간권 요구를 저지하였다.
→ 1904년에 결성된 보안회가 **일본의 황무지 개간권 요구에 반대하는 운동**을 전개하여 일본의 요구를 저지하였어요.

② 조선 총독부의 방해와 탄압으로 중단되었다.
→ 조선 총독부는 국권 피탈 이후에 설치되었어요. 1920년대 **민립 대학 설립 운동 등**이 조선 총독부의 방해와 탄압으로 중단되었어요.

③ 집강소를 중심으로 폐정 개혁안을 실천하였다.
→ **동학 농민 운동** 당시 동학 농민군은 정부와 전주 화약을 체결한 뒤 전라도 각지에 집강소를 설치하여 폐정 개혁안을 실천하였어요.

④ 이른바 남한 대토벌 작전으로 큰 피해를 입었다.
→ 서울 진공 작전이 실패한 이후에도 계속 이어진 **호남 지역의 의병 운동**은 일본의 이른바 남한 대토벌 작전으로 큰 피해를 입어 활동이 위축되었어요.

⑤ 상황 수습을 위해 박규수가 안핵사로 파견되었다.
→ 경상 우병사 백낙신의 탐학과 횡포에 맞서 **진주 농민 봉기**가 일어나자 조선 정부는 상황 수습을 위해 박규수를 안핵사로 파견하였어요.

---

32 독립 협회의 활동   정답 ④

(가) 단체의 활동으로 옳은 것은? [2점]

> **역사 신문**
> 제△△호   1897년 ○○월 ○○일
>
> **독립관에서 토론의 장이 열리다**
>
> 지난 일요일 오후 독립관에서 (가) 의 첫 토론회가 '조선의 급선무는 인민의 교육이다.'라는 주제로 개최되었다. 이날 토론회에는 찬반 양측의 열띤 논의가 있었고, 법부대신 한규설 등 정부 고위 인사들도 참석해 교육 문제에 대한 다양한 의견을 제시하였다. 다음 토론회에서는 '도로를 개선하는 것이 위생을 위한 최고의 방법'이라는 주제로 (가) 의 ❷ 위원 이상재 씨를 포함한 4인이 열띤 토론을 벌일 예정이다.
>
> 독립 협회는 청의 사신을 접대하던 모화관을 고쳐 독립관이라 하고, 독립 협회의 사무소 및 집회 장소로 사용하였어요.

정답 잡는 키워드

❶ 독립관에서 첫 토론회 개최, ❷ 위원 이상재 → **독립 협회**

독립관에서 토론회를 개최하였으며 이상재가 위원 가운데 한 명이라는 내용을 통해 (가) 단체가 독립 협회임을 알 수 있어요. 독립 협회는 미국에서 돌아온 서재필의 주도로 창립되어 독립문과 독립관을 건립하였어요. 또한, 민중 집회인 만민 공동회를 개최하여 러시아 등 열강의 이권 침탈을 규탄하였어요. 그 결과 러시아의 절영도 조차 요구를 저지하였고, 한·러 은행을 폐쇄하는 성과를 거두었어요.

① 고종 강제 퇴위 반대 운동을 주도하였다.
→ **대한 자강회**는 헤이그 특사 파견이 빌미가 되어 고종이 강제 퇴위를 당하자 고종 강제 퇴위 반대 운동을 전개하였어요.

② 만세보를 발행하여 민족의식을 고취하였다.
→ **천도교**는 기관지로 만세보를 발행하여 민족의식을 고취하고 민중을 계몽하고자 하였어요.

③ 파리 강화 회의에 독립 청원서를 제출하였다.
→ **대한민국 임시 정부**는 프랑스 파리에서 활동하고 있던 김규식을 전권 대사로 임명하여 파리 강화 회의에 독립 청원서를 제출하였어요.

④ 관민 공동회를 개최하여 헌의 6조를 결의하였다.
→ **독립 협회**는 박정양 내각과 함께 관민 공동회를 개최하여 국정 개혁안인 헌의 6조를 결의하고 고종에게 올려 승인을 받았어요.

⑤ 계몽 서적을 보급하기 위해 태극 서관을 운영하였다.
→ **신민회**는 애국 계몽 운동의 일환으로 태극 서관을 운영하여 계몽 서적 등을 보급하였어요.

기출 선택지 +α

❻ 중추원 개편을 통한 의회 설립을 추진하였다.   (O / X)
❼ 대성 학교를 설립하여 민족 교육을 실시하였다.   (O / X)

핵심 개념 | 독립 협회

창립	아관 파천 이후 열강의 이권 침탈 심화 → 서재필 주도로 독립신문 창간, 독립 협회 창립(1896)
활동	• 민중 계몽 운동 : 독립문·독립관 건립, 만민 공동회 개최 • 자주 국권 운동 : 러시아의 절영도 조차 요구 저지, 한·러 은행 폐쇄 • 관민 공동회 개최 : 헌의 6조 결의 • 의회 설립 운동 → 대한 제국 정부가 새로운 중추원 관제 반포

기출 선택지 +α 정답 ❻ O ❼ X [신민회]

33 광무개혁   정답 ④

밑줄 그은 '개혁'의 내용으로 옳은 것은? [2점]

정답 잡는 키워드

❶ 구본신참을 기본 방향으로 내세워 추진,
❷ 원수부와 무관 학교 설치, 상공 학교와 회사, 공장 설립 → **광무개혁**

구본신참을 기본 방향으로 내세워 추진하였으며, 원수부와 무관 학교를 설치하고 상공 학교와 회사, 공장 등을 설립하였다는 내용을 통해 밑줄 그은 '개혁'이 대한 제국 수립 이후 추진된 광무개혁임을 알 수 있어요. 1897년에 러시아 공사관에서 경운궁(덕수궁)으로 돌아온 고종은 연호를 '광무'로 정하고 환구단에서 황제의 자리에 올라 대한 제국의 수립을 선포하였어요. 대한 제국은 구본신참의 원칙 아래 광무개혁을 추진하여 대한국 국제를 반포하고 원수부를 설치하였으며, 근대적 토지 소유 제도를 확립하기 위해 양지아문과 지계아문을 두었어요. 또한, 상공업을 진흥하려는 식산흥업 정책을 추진하여 근대적 공장과 회사를 설립하고, 실업 교육을 위한 상공 학교를 세웠어요.

① 개혁을 추진하기 위해 **군국기무처**를 두었다.
  ➡ 조선 정부는 1894년에 초정부적 개혁 기구인 군국기무처를 설치하고 **제1차 갑오개혁**을 추진하였어요.

② 행정 기구를 6조에서 **8아문**으로 **개편**하였다.
  ➡ 조선 정부는 **제1차 갑오개혁** 때 행정 기구를 6조에서 8아문으로 개편하였어요.

③ 근대식 무기 제조 공장인 **기기창**을 **설립**하였다.
  ➡ 조선 정부는 청에 파견한 영선사 일행이 귀국한 뒤 근대식 무기 제조 공장인 기기창을 설립하였어요(1883).

④ 토지 소유권을 확인해 주는 지계를 발급하였다.
  ➡ 대한 제국은 **광무개혁** 추진 과정에서 양전 사업을 실시하여 토지 소유를 증명해 주는 문서인 지계를 발급하였어요.

⑤ 개혁의 방향을 제시한 홍범 14조를 **반포**하였다.
  ➡ 고종은 **제2차 갑오개혁** 때 국정 개혁의 기본 방향을 제시한 홍범 14조를 반포하였어요(1895).

기출 선택지 +α

❻ 건양이라는 연호를 사용하였다. (O / X)
❼ 관립 의학교와 광제원을 설립하였다. (O / X)
❽ 지방 행정 구역을 8도에서 23부로 개편하였다. (O / X)
❾ 관립 상공 학교를 설립하여 실업 교육을 실시하였다. (O / X)

기출 선택지 +α 정답 ❻ ×[을미개혁] ❼ ○ ❽ ×[제2차 갑오개혁] ❾ ○

---

34 개항 이후 도입된 근대 문물   정답 ③

(가)~(라)에 들어갈 내용으로 옳은 것을 <보기>에서 고른 것은? [3점]

ㄱ. (가) - **교육 입국 조서**에 근거하여 **설립**되었어요.
  ➡ 교육 입국 조서는 제2차 갑오개혁 과정에서 발표되었고, 이를 계기로 **한성 사범 학교**, **외국어 학교** 등이 설립되었어요. 배재 학당은 1885년에 개신교 선교사 아펜젤러가 세운 근대식 사립 학교입니다.

ㄴ. (나) - 알렌의 건의로 세워진 **최초의 서양식 병원**이었어요.
  ➡ **광혜원**은 알렌의 건의로 1885년에 세워진 우리나라 최초의 서양식 병원이에요. 설립 직후 제중원으로 이름이 바뀌었어요.

ㄷ. (다) - 서대문과 청량리 사이를 오가는 **전차**를 운영하였어요.
  ➡ **한성 전기 회사**는 대한 제국 황실과 미국인이 1898년에 공동 출자하여 설립한 우리나라 최초의 전기 회사입니다. 한성 시내의 전등, 전차, 전화 사업 등을 추진하였어요.

ㄹ. (라) - 나운규가 제작한 **영화 아리랑**을 **상영**하였어요.
  ➡ 1926년에 **단성사**에서 나운규가 제작한 영화 '아리랑'이 개봉되었어요. 원각사는 1908년에 세워진 우리나라 최초의 서양식 극장으로 은세계, 치악산 등의 신극이 공연되었어요.

① ㄱ, ㄴ   ② ㄱ, ㄷ   ③ ㄴ, ㄷ
④ ㄴ, ㄹ   ⑤ ㄷ, ㄹ

35 을사늑약 체결 이후의 국권 수호 노력 정답 ⑤

(가)에 들어갈 내용으로 가장 적절한 것은? [2점]

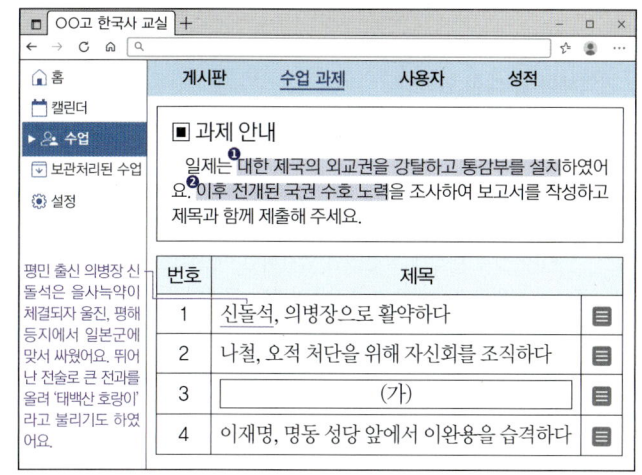

정답 잡는 키워드

❶ 대한 제국의 외교권 강탈, 통감부 설치,
❷ 이후 전개된 국권 수호 노력
→ 을사늑약(1905) 체결 이후 민족의 저항

일제는 1905년에 강제로 을사늑약을 체결하여 대한 제국의 외교권을 강탈하고 이듬해 통감부를 설치하였어요. 을사늑약이 체결되자 각계각층에서 조약 체결에 항거하는 운동이 일어났어요. 양반 유생 출신의 최익현과 민종식 등이 을사의병을 일으켰고, 평민 출신 신돌석도 의병장으로 활약하였어요. 나철, 오기호 등은 을사늑약 체결에 앞장선 을사오적을 처단하기 위해 자신회를 조직하였으며, 이재명은 명동 성당 앞에서 을사오적 가운데 한 명인 이완용을 습격하여 중상을 입혔어요.

① 김홍집, 조선책략을 가져오다
→ 김홍집은 1880년 제2차 수신사로 일본에 다녀오면서 청의 외교관 황준헌이 쓴 "조선책략"을 국내에 들여왔어요. "조선책략"의 내용이 알려지면서 이만손을 중심으로 영남 지역의 유생들이 만인소를 올리는 등 위정척사 운동이 일어났어요. "조선책략"은 조선 정부가 미국과 수교하는 데 영향을 끼쳤어요.

② 김옥균, 개화당 정부를 수립하다
→ 김옥균을 비롯한 급진 개화파는 1884년 우정총국 개국 축하연을 기회로 삼아 갑신정변을 일으켜 개화당 정부를 수립하고 개혁 정강을 발표하였어요.

③ 김윤식, 영선사로 청에 다녀오다
→ 영선사 김윤식이 이끄는 유학생과 기술자들이 1881년 청에 파견되어 근대식 무기 제조 기술과 군사 훈련법 등을 배우고 돌아왔어요. 이들은 귀국 후 기기창 설립을 주도하였어요.

④ 유길준, 조선 중립화론을 건의하다
→ 1885년에 영국이 거문도를 불법 점령하자 유길준은 유럽의 벨기에, 불가리아와 같이 조선도 열강이 보장하는 중립국이 되어야 한다는 조선 중립화론을 구상하였어요.

⑤ 이상설, 고종의 특사로 헤이그에 가다
→ 고종은 을사늑약 체결의 부당함을 국제 사회에 알리기 위해 1907년 이상설, 이준, 이위종을 만국 평화 회의가 열리는 네덜란드 헤이그에 특사로 파견하였어요.

36 1910년대 일제 식민 통치 정답 ②

밑줄 그은 '이 시기'에 볼 수 있는 모습으로 가장 적절한 것은? [1점]

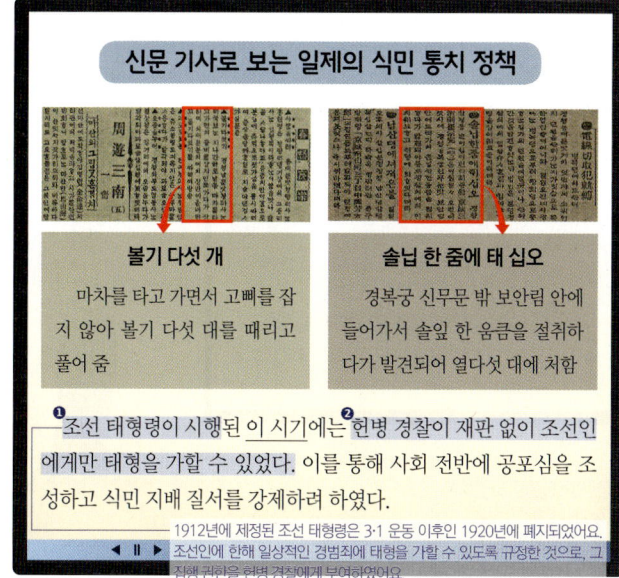

정답 잡는 키워드

❶ 조선 태형령 시행,
❷ 헌병 경찰이 재판 없이 조선인에게만 태형을 가함 → 1910년대

조선 태형령이 시행되었으며 헌병 경찰이 재판 없이 조선인에게만 태형을 가하였다는 내용을 통해 밑줄 그은 '이 시기'가 1910년대임을 알 수 있어요. 일제는 1910년대에 강압적인 무단 통치를 실시하였어요. 군사 경찰인 헌병이 일반 경찰 업무까지 맡는 헌병 경찰 제도를 실시하였으며, 범죄 즉결례를 만들어 헌병 경찰이 정식 재판 없이 벌금이나 구류, 태형 등의 처벌을 할 수 있게 하였어요. 또한, 조선 태형령을 제정하여 한국인에게만 태형을 집행하였어요.

① 암태도 소작 쟁의에 참여하는 농민
→ 1923년에 전라남도 목포 인근의 암태도 농민들이 고율의 소작료를 징수하는 지주 문재철의 횡포에 맞서 소작 쟁의를 벌였어요.

②제복을 입고 칼을 찬 채 수업하는 교사
→ 1910년대에 일제는 교사나 일반 관리에게도 제복을 입고 칼을 차게 하여 사회 전반에 위협적 분위기를 조성하였어요.

③ 잡지 어린이에 실을 원고를 작성하는 작가
→ 방정환, 김기전 등이 중심이 된 천도교 소년회가 소년 운동을 전개하면서 1923년에 잡지 "어린이"를 발간하였어요.

④ 토월회에서 연극 공연을 준비하고 있는 배우
→ 1923년에 일본 도쿄에서 박승희 등 한국인 유학생들이 중심이 되어 토월회라는 극단을 조직하였어요.

⑤ 경성 고무 여자 직공 조합의 파업을 취재하는 기자
→ 1923년에 서울 지역의 고무 공장 여성 노동자들이 임금 삭감과 부당한 대우에 반발하여 파업을 벌였어요.

기출 선택지 +α

❻ 몸뻬 착용을 권장하는 애국반 반장 (O/X)
❼ 경성 제국 대학에서 공부하는 학생 (O/X)
❽ 경부선 철도 개통식을 구경하는 청년 (O/X)

기출 선택지 +α

정답 ❻ ×[1930년대 후반 이후] ❼ ×[1924년 이후] ❽ ×[1905년]

37. 제2차 조선 교육령 발표 이후의 사실 정답 ⑤

다음 법령이 발표된 이후의 사실로 옳은 것은? [3점]

> 이 법령은 '내선공통(內鮮共通)'의 미명하에 보통학교의 수업 연한을 소학교와 동일하게 적용하였습니다. 그러나 입학 자격과 학교 운영 등에서 여전히 차별적인 요소를 담고 있습니다.

제1조 조선에서의 교육은 이 영에 따른다.
제2조 국어[일본어]를 사용하는 자의 보통교육은 소학교령, 중학교령, 고등 여학교령을 따른다.
제3조 국어[일본어]를 사용하지 않는 자에게 보통 교육을 하는 학교는 보통학교, 고등 보통학교, 여자 고등 보통학교로 한다.
❶ 제5조 보통학교의 수업 연한은 6년으로 한다. 단, 토지의 정황에 의하여 5년 또는 4년으로 할 수 있다.

> 일제는 1922년에 발표한 제2차 조선 교육령에서 보통학교의 수업 연한을 기존 4년에서 6년으로 늘렸어요.

정답 잡는 키워드

❶ 보통학교의 수업 연한을 6년으로 함
→ **제2차 조선 교육령(1922)**

보통학교의 수업 연한을 6년으로 한다는 내용을 통해 제시된 법령이 1922년에 발표된 제2차 조선 교육령임을 알 수 있어요. 3·1 운동을 계기로 일제는 강압적인 무단 통치의 한계를 인식하고 이른바 문화 통치로 식민 통치 방식을 바꾸었어요. 교육 정책면에서는 제2차 조선 교육령을 발표하여 형식상 학제를 일본과 동일하게 개편하였지만, 실상은 일본식 교육을 강화하려는 기만적 식민지 교육 정책에 지나지 않았어요.

① 국권 회복을 위해 해조신문이 창간되었다.
➡ 1908년에 러시아 블라디보스토크에서 국권 회복과 러시아 한인 동포들의 계몽을 목적으로 해조신문이 창간되었어요.

② 평양 숭의 여학교에서 송죽회가 결성되었다.
➡ 1913년에 평양 숭의 여학교 교사와 학생들의 주도로 항일 비밀 결사 조직인 송죽회가 결성되었어요.

③ 메가타의 주도로 화폐 정리 사업이 실시되었다.
➡ 제1차 한·일 협약 체결(1904) 후 재정 고문으로 파견된 일본인 메가타의 주도로 화폐 정리 사업이 실시되었어요. 이 사업의 결과 한국인이 설립한 은행과 한국 상인들이 큰 타격을 입었어요.

④ 회사 설립을 허가제로 하는 회사령이 공포되었다.
➡ 1910년에 회사 설립 시 조선 총독의 허가를 받도록 하는 회사령이 공포되었어요.

⑤ 조선 민립 대학 기성회 창립을 위한 총회가 개최되었다.
➡ 1923년에 조선 민립 대학 기성회가 창립되어 한국인을 위한 대학 설립을 위해 모금 운동을 벌였어요.

기출 선택지 +α

❻ 서당 규칙이 제정되었다. (O/X)
❼ 원산 총파업이 일어났다. (O/X)
❽ 조선어 연구회가 결성되었다. (O/X)

기출 선택지 +α 정답 ❻ ×[1918년] ❼ ○[1929년] ❽ ×[1921년]

---

38. 의열단 정답 ④

(가) 단체에 대한 설명으로 옳은 것은? [2점]

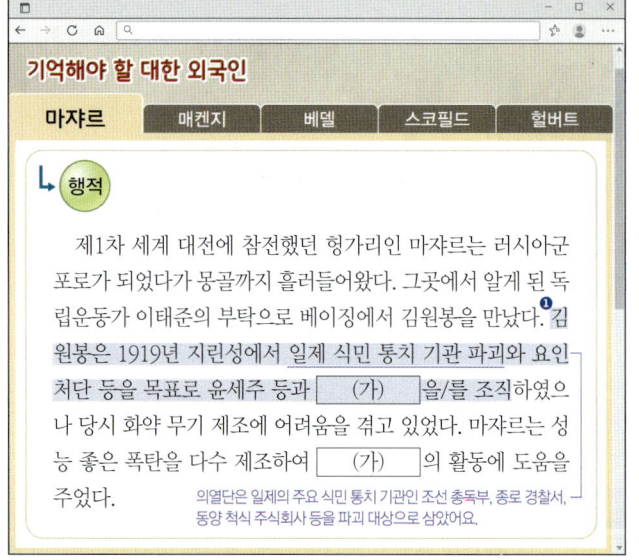

기억해야 할 대한 외국인 — 마쟈르

행적: 제1차 세계 대전에 참전했던 헝가리인 마쟈르는 러시아군 포로가 되었다가 몽골까지 흘러들어왔다. 그곳에서 알게 된 독립운동가 이태준의 부탁으로 베이징에서 김원봉을 만났다. ❶ 김원봉은 1919년 지린성에서 일제 식민 통치 기관 파괴와 요인 처단 등을 목표로 윤세주 등과 (가) 을/를 조직하였으나 당시 화약 무기 제조에 어려움을 겪고 있었다. 마쟈르는 성능 좋은 폭탄을 다수 제조하여 (가) 의 활동에 도움을 주었다.

> 의열단은 일제의 주요 식민 통치 기관인 조선 총독부, 종로 경찰서, 동양 척식 주식회사 등을 파괴 대상으로 삼았어요.

정답 잡는 키워드

❶ 김원봉이 1919년 지린성에서 일제 식민 통치 기관 파괴와 요인 처단 등을 목표로 조직함 → **의열단**

김원봉이 1919년 지린성에서 일제 식민 통치 기관 파괴와 요인 처단 등을 목표로 조직하였다는 내용을 통해 (가) 단체가 의열단임을 알 수 있어요. 3·1 운동 이후 만주 지린성에서 김원봉의 주도로 의열단이 조직되었어요. 박재혁, 김익상, 김상옥, 김지섭, 나석주 등이 단원으로 활동하며 식민 통치 기관에 폭탄을 투척하는 등의 의거를 통해 항일 투쟁을 전개하였어요. 하지만 의열단은 1920년대 후반에 들어서 개별적인 의열 투쟁의 한계를 느끼고 조직적인 무장 투쟁 노선으로 전환하였어요.

① 신흥 강습소를 세워 독립군을 양성하였다.
➡ 신민회 회원이 중심이 되어 서간도(남만주)에 신흥 강습소를 세워 독립군을 양성하였어요. 신흥 강습소는 후에 신흥 무관 학교로 발전하였어요.

② 구미 위원부를 설치하여 외교 활동을 전개하였다.
➡ 대한민국 임시 정부는 미국 워싱턴에 구미 위원부를 설치하여 외교 활동을 전개하였어요.

③ 단원인 이봉창이 일왕 행렬에 폭탄을 투척하였다.
➡ 한인 애국단의 단원 이봉창은 일본 도쿄에서 일왕 행렬에 폭탄을 투척하는 의거를 일으켰어요.

④ 조선 혁명 선언을 통해 이념과 활동 방침을 밝혔다.
➡ 의열단은 신채호가 작성한 '조선 혁명 선언'을 활동 지침으로 삼았어요. 신채호는 '조선 혁명 선언'에서 민중의 직접 혁명을 주장하였어요.

⑤ 조선 총독부에 국권 반환 요구서를 제출하고자 하였다.
➡ 고종의 밀지를 받아 임병찬이 조직한 독립 의군부는 조선 총독부에 국권 반환 요구서를 발송하려 하였으나 조직이 발각되어 실행하지 못하였어요.

기출 선택지 +α

❻ 김익상, 김상옥 등이 단원으로 활동하였다. (O/X)
❼ 상덕태상회를 통하여 군자금을 모집하였다. (O/X)
❽ 복벽주의를 내세우며 의병 전쟁을 준비하였다. (O/X)
❾ 단원인 나석주가 동양 척식 주식회사에 폭탄을 던졌다. (O/X)

기출 선택지 +α 정답 ❻ ○ ❼ ×[대한 광복회] ❽ ×[독립 의군부] ❾ ○

39 물산 장려 운동   정답 ③

밑줄 그은 '이 운동'에 대한 설명으로 옳은 것은? [2점]

> 삽화로 보는 한국사
>
> 이 삽화는 평양에서 조만식 등의 주도로 시작된 이 운동을 풍자하고 있습니다. 이 운동이 '내 살림 내 것으로' 등의 구호를 내세워 호응을 얻자, 일제는 제2의 3·1 운동으로 확산될 것을 우려하여 탄압하였습니다. 한편, 일각에서는 자본가의 이익만을 추구한다는 비판도 있었습니다.

물산 장려 운동은 '내 살림 내 것으로', '조선 사람 조선 것' 등의 구호를 내세우며 토산품 애용을 강조하였습니다.

물산 장려 운동으로 토산품을 애용하려는 의식이 확산되었으나 민족 기업의 생산력이 뒷받침되지 않아 토산품 가격이 상승하자 사회주의자로부터 비판을 받기도 하였어요.

정답 잡는 키워드
❶ 평양에서 조만식 등의 주도로 시작됨,
❷ '내 살림 내 것으로' 등의 구호를 내세움 → **물산 장려 운동**

평양에서 조만식 등의 주도로 시작되었으며 '내 살림 내 것으로' 등의 구호를 내세웠다는 내용을 통해 밑줄 그은 '이 운동'이 1920년대에 전개된 물산 장려 운동임을 알 수 있어요. 1920년에 회사 설립이 신고제로 바뀌고 일본 상품에 대한 관세가 철폐된다는 소식이 전해지자 일본 기업에 비해 그 수나 자본금이 훨씬 적고 기술력도 뒤처지는 한국인 자본가와 기업의 위기의식이 높아졌어요. 이러한 가운데 민족 산업과 자본을 보호·육성하여 민족 경제의 자립을 이루자는 물산 장려 운동이 조만식 등의 주도로 평양에서 시작되었어요.

① 대한매일신보의 후원을 받아 확산되었다.
➡ 1907년에 일어난 **국채 보상 운동**은 대한매일신보 등의 후원을 받아 전국으로 확산되었어요.

② 순종의 인산일을 기회로 삼아 추진하였다.
➡ 1926년 순종의 인산일을 기회로 삼아 천도교계 민족주의 세력과 사회주의 세력, 학생들이 함께 **6·10 만세 운동**을 계획하였으나 사전에 발각되어 일제의 감시를 피한 학생들의 주도로 만세 시위가 전개되었어요.

③ 자작회, 토산 애용 부인회 등이 활동하였다.
➡ **물산 장려 운동**은 자작회, 토산 애용 부인회 등의 단체들이 활발하게 참여하여 전국으로 확산되었어요.

④ 신간회가 진상 조사단을 파견하여 지원하였다.
➡ 1929년에 **광주 학생 항일 운동**이 일어나자 신간회가 현지에 진상 조사단을 파견하여 지원하였어요.

⑤ 강주룡이 을밀대 지붕에서 고공 농성을 벌였다.
➡ 1931년에 평양에 있는 고무 공장의 노동자 강주룡이 **임금 삭감 반대 및 노동 조건 개선을 주장**하며 을밀대 지붕에서 고공 농성을 벌였어요.

40 근우회   정답 ③

(가) 단체에 대한 설명으로 옳은 것은? [2점]

> 나는 1927년에 결성된 여성 운동 단체 (가) 의 집행 위원으로 강령과 규약 작성에 참여한 박신우입니다. 이 강령에서 조선 여성의 공고한 단결과 정치·경제·사회 등 전반적인 이익 옹호가 이 단체의 목표임을 분명히 하였습니다.
>
> (가) 강령 및 규약

정답 잡는 키워드
❶ 1927년에 결성된 여성 운동 단체, ❷ 조선 여성의 공고한 단결과 정치·경제·사회 등 전반적인 이익 옹호가 목표 → **근우회**

조선 여성의 공고한 단결과 정치·경제·사회 등 전반적인 이익 옹호를 목표로 1927년에 결성된 여성 운동 단체라는 내용을 통해 (가) 단체가 근우회임을 알 수 있어요. 근우회는 조선 여성의 단결과 지위 향상을 목표로 삼았으며, 기관지 "근우"를 발간하고 야학, 강연회 등을 개최하여 여성 노동자의 조직화와 여성 계몽에 힘썼어요.

① 개벽, 신여성 등의 잡지를 발행하였다.
➡ **천도교**는 민중 계몽을 위해 "개벽", "신여성" 등의 잡지를 발행하였어요.

② 여성 교육을 위해 이화 학당을 설립하였다.
➡ **개신교** 선교사 스크랜턴은 1886년에 우리나라 최초의 여성 교육 기관인 이화 학당을 설립하였어요.

③ 좌우를 아우르는 민족 협동 전선으로 결성되었다.
➡ 1927년에 신간회 결성을 계기로 좌우를 아우르는 민족 협동 전선으로 **근우회**가 결성되었어요.

④ 조선학 운동을 전개하여 여유당전서를 간행하였다.
➡ **정인보, 안재홍 등**은 조선학 운동을 전개하여 정약용의 저서를 모은 "여유당전서"를 간행하였어요.

⑤ 최초의 여성 권리 선언문인 여권통문을 발표하였다.
➡ 1898년에 **서울 북촌의 양반 여성들**이 우리나라 최초의 여성 권리 선언문인 여권통문을 발표하였어요.

기출 선택지 +α
❻ 잡지 근우를 발간하였다. (O / X)
❼ 평양에 자기 회사를 설립하였다. (O / X)
❽ 배재 학당을 세워 신학문 보급에 기여하였다. (O / X)
❾ 조선 여성의 단결과 지위 향상을 목표로 하였다. (O / X)
❿ 민족주의 계열과 사회주의 계열의 여성들이 연합하였다. (O / X)

정답 ❻ ○ ❼ ×[신민회] ❽ ×[개신교 선교사 아펜젤러] ❾ ○ ❿ ○

41 대한민국 임시 정부의 활동   정답 ①

(가)에 대한 설명으로 옳지 않은 것은? [2점]

이달의 독립운동가 — '빼앗긴 들에도 봄은 오는가'를 지은 민족 시인 이상화의 형이에요. 중국 충칭의 육군 참모 학교에서 교관으로 활동하였으며, 대한민국 임시 정부에 참여하여 한국 광복군의 창설을 적극적으로 지원하였어요.

하늘에서 땅에서 독립운동을 펼쳐 나간
이상정·권기옥 부부

▲ 권기옥과 이상정

이상정과 권기옥은 중국에서 독립운동을 하던 중 부부의 연을 맺고, 함께 독립운동에 헌신하였다.

중국군에서 활동하던 이상정은 (가) 의 ❶한국 광복군 창설에 기여하였고, 외무부 외교 연구 위원으로도 활동하였다.

한국 최초의 여성 비행사였던 권기옥은 대한민국 애국 부인회를 재조직하였고, 다른 한국인 비행사들과 함께 충칭에서 한국 광복군 비행대 설립을 계획하던 중 해방을 맞았다. 이러한 공적을 인정하여 1977년 건국 훈장 독립장을 각각 추서 및 수여하였다.

정답 잡는 키워드
❶ 한국 광복군 창설 → 대한민국 임시 정부

한국 광복군을 창설하였다는 내용을 통해 (가)가 대한민국 임시 정부임을 알 수 있어요. 3·1 운동을 계기로 독립운동을 체계적으로 이끌 지도부의 필요성이 커지면서 상하이에서 대한민국 임시 정부가 수립되었어요. 윤봉길의 상하이 훙커우 공원 의거 이후 대한민국 임시 정부는 상하이를 떠나 여러 지역을 거쳐 1940년 충칭에 정착하였어요. 이곳에서 대한민국 임시 정부는 중국 국민당 정부의 지원을 받아 정규군으로 한국 광복군을 창설하였어요. 1941년 일본이 하와이 진주만을 기습 공격하여 태평양 전쟁이 일어나자 대한민국 임시 정부는 일본에 선전 포고를 하고 한국 광복군을 연합군의 일원으로 참전시켰어요.

① 한인 자치 기관인 경학사를 조직하였다.
➡ 서간도(남만주) 삼원보 지역에서 신민회 회원이 중심이 되어 한인 자치 기관인 경학사를 조직하였어요.

② 자금 마련을 위해 독립 공채를 발행하였다.
➡ 대한민국 임시 정부는 독립운동 자금을 마련하기 위해 독립 공채를 발행하고 의연금을 거두었어요.

③ 삼균주의를 기초로 하는 건국 강령을 발표하였다.
➡ 대한민국 임시 정부는 1941년에 충칭에서 조소앙의 삼균주의를 기초로 하는 건국 강령을 발표하였어요.

④ 육군 주만 참의부를 편성하여 무장 투쟁을 펼쳤다.
➡ 대한민국 임시 정부는 1924년에 만주에서 직할 부대로 육군 주만 참의부를 편성하여 무장 투쟁을 전개하였어요.

⑤ 임시 사료 편찬회를 두어 한·일 관계 사료집을 간행하였다.
➡ 대한민국 임시 정부는 1919년에 임시 사료 편찬회를 두고 우리 민족의 독립운동과 관련된 사료를 수집·정리하여 "한·일 관계 사료집"을 간행하였어요.

42 1930년대 후반 이후의 사실   정답 ④

다음 일기가 작성된 이후의 사실로 옳은 것은? [1점]

7월 13일 (화)
경성은 뉴스를 듣기에는 참으로 빠르다. …… 중·일은 전쟁을 하게 되었다. …… 아아, 슬프다. 조선에서도 만약 이러한 때 영웅 한 사람이 있었더라면 회복할 가망이 많은데, 나는 아직 지위가 그렇지 않아 가슴만 태운다. 피만 끓는다. 영웅이여 일어서라 일어서라. 우리 조선은 영원히 죽었는가.

10월 8일 (금)
조회할 때 일본인들이 조선인의 심장을 자기들의 심장으로 하려는 일본의 계략에서, 총독 미나미 지로가 ❷소위 황국 신민의 서사인지 뭔지를 만들어서 각 학생에게 암송하도록 하였다. 그래서 나도 그것을 읽었다. 그러나 우리 조선 혼은 영원히 변하지 않을 것이다.

일제는 1937년에 일왕에 대한 충성 맹세문인 황국 신민 서사를 제정하고 모든 한국인에게 암송을 강요하였어요.

정답 잡는 키워드
❶ 중·일이 전쟁을 하게 됨, ❷ 황국 신민 서사를 암송하게 함
→ 중·일 전쟁 발발(1937) 이후

중·일이 전쟁을 하게 되었으며 각 학생에게 황국 신민 서사를 암송하게 하였다는 내용을 통해 중·일 전쟁이 발발한 1937년에 작성된 일기임을 알 수 있어요. 따라서 1937년 이후의 사실을 찾으면 됩니다. 일제는 중·일 전쟁을 일으켜 침략 전쟁을 확대하면서 한국인을 전쟁에 쉽게 동원하기 위해 민족의식을 말살하는 정책을 강화하였어요. 황국 신민 서사 암송과 신사 참배를 강요하였으며, 한국인의 성과 이름을 일본식으로 강제로 바꾸게 하였어요. 또한, 일제는 국가 총동원법을 제정·시행하여 직접적이고 강제적인 방식으로 전쟁에 필요한 인력과 물자를 동원하였어요.

① 미쓰야 협정이 체결되었다.
➡ 일제는 1925년에 중국 군벌과 미쓰야 협정을 체결하여 만주 지역에서 활동하고 있는 독립군에 대한 탄압을 강화하였어요.

② 치안 유지법이 제정되었다.
➡ 일제는 1925년에 치안 유지법을 제정하여 사회주의 운동과 독립운동을 탄압하는 데 이용하였어요.

③ 조선사 편수회가 조직되었다.
➡ 조선사 편수회는 1925년에 조선 총독부에 의해 설치된 기관으로 식민 사관에 입각한 "조선사"를 편찬하였어요.

④ 여자 정신 근로령이 공포되었다.
➡ 일제는 1944년에 여자 정신 근로령을 공포하여 여성들을 군수 공장 등에 강제로 끌고 가 노동력을 착취하였어요.

⑤ 동양 척식 주식회사가 설립되었다.
➡ 일제는 1908년에 한국의 토지와 자원을 수탈할 목적으로 동양 척식 주식회사를 설립하였어요.

기출 선택지 +α

⑥ 조선 태형령이 공포되었다.		(O/X)
⑦ 미곡 공출제가 시행되었다.		(O/X)
⑧ 헌병 경찰 제도가 실시되었다.		(O/X)
⑨ 조선 노농 총동맹이 결성되었다.		(O/X)
⑩ 조선 사상범 예방 구금령이 공포되었다.		(O/X)

기출 선택지 +α 정답 ⑥ ×[1912년] ⑦ O ⑧ ×[1910년대] ⑨ ×[1924년] ⑩ O

43 일제 강점기의 사회 모습   정답 ④

(가)에 들어갈 주제로 적절하지 않은 것은? [2점]

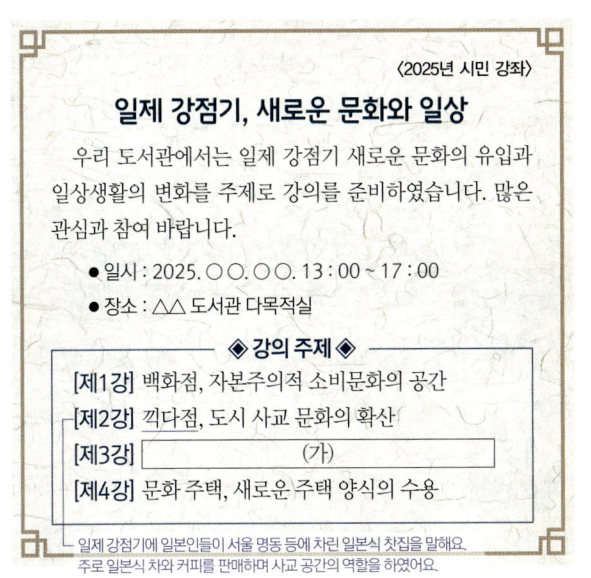

〈2025년 시민 강좌〉
일제 강점기, 새로운 문화와 일상

우리 도서관에서는 일제 강점기 새로운 문화의 유입과 일상생활의 변화를 주제로 강의를 준비하였습니다. 많은 관심과 참여 바랍니다.

- 일시: 2025. ○○. ○○. 13:00 ~ 17:00
- 장소: △△ 도서관 다목적실

◆ 강의 주제 ◆
[제1강] 백화점, 자본주의적 소비문화의 공간
[제2강] 끽다점, 도시 사교 문화의 확산
[제3강] (가)
[제4강] 문화 주택, 새로운 주택 양식의 수용

― 일제 강점기에 일본인들이 서울 명동 등에 차린 일본식 찻집을 말해요. 주로 일본식 차와 커피를 판매하며 사교 공간의 역할을 하였어요.

① 몸뻬, 전시 체제의 의생활
➡ 일제는 중·일 전쟁(1937) 이후 전시 동원 체제를 강화하면서 애국반을 통해 남성에게는 국민복을, 여성에게는 몸뻬 착용을 강요하였어요.

② 라디오 방송, 연예 오락의 유행
➡ 1927년 일본인에 의해 경성 방송국이 세워져 라디오 방송이 시작되었어요. 개국 초기에는 단일 채널에서 한국어 방송과 일본어 방송을 교대로 편성하였는데, 일본어 방송이 주를 이루었어요.

③ 경평 축구 대회, 스포츠의 대중화
➡ 1929년부터 경성과 평양의 축구단이 두 지역을 오가며 친선 경기를 가졌어요. 이러한 경기는 단순한 시합을 넘어 스포츠의 대중화와 근대 축구 발전에 기여하였어요. 광복 이후에도 친선 경기가 잠시 이어졌으나, 1946년 미·소 군정의 행정 경계가 강화되면서 남북 간 왕래가 제한되어 중단되었어요.

④ 새마을 운동, 농촌의 생활 환경 개선
➡ 박정희 정부는 1970년부터 농촌의 생활 환경 개선과 소득 증대를 목표로 새마을 운동을 전개하였어요.

⑤ 모던 걸, 전통적 여성상을 탈피한 신여성의 등장
➡ 1920년대 중반 이후 경성에서 새로운 소비문화가 형성되면서 서구적 의상 스타일과 의식을 지닌 '모던 걸'과 '모던 보이'가 등장하였어요. 이때 모던 걸은 '신여성'이라고도 불렸어요.

킬러 문항
44 조선 건국 준비 위원회   정답 ⑤

(가)에 대한 설명으로 옳은 것은? [3점]

> 휘문 중학 운동장에서 (가) 의 ❶수반인 여운형 씨가 5천여 군중 앞에서 ❷해방의 제일성을 힘 있게 외쳤다. "조선 민족 해방의 날은 왔다. …… ❸어제 15일 아침 8시에 엔도 조선 총독부 정무총감의 초청을 받아 …… 나는 다섯 가지 요구를 제안하여 무조건 승낙을 받았다. 1. 전 조선 각지에 구속되어 있는 정치, 경제범을 즉시 해방하라 …… 4. 민족 해방의 모든 원동력이 되는 학생 훈련과 청년 조직에 대하여 간섭하지 말라 …… 이것으로 우리 민족 해방의 첫걸음을 내딛게 되었으니 우리가 지난날에 아프고 쓰렸던 것은 이 자리에서 모두 잊어버리자. ……"

정답 잡는 키워드
❶ 여운형이 수반, ❷ 해방의 제일성,
❸ 15일에 조선 총독부 정무총감에게 다섯 가지 요구를 제안하여 무조건 승낙을 받음 → **조선 건국 준비 위원회**

조직의 수반인 여운형이 해방의 제일성으로 15일 아침에 조선 총독부 정무총감에게 정치·경제범 석방 등 다섯 가지 요구를 제안하여 승낙을 받았음을 외쳤다는 내용을 통해 (가)가 조선 건국 준비 위원회임을 알 수 있어요. 1944년 여운형은 일제의 패망과 광복에 대비하여 국내에 비밀리에 조선 건국 동맹을 결성하였어요. 조선 건국 동맹은 광복 직후에 조선 건국 준비 위원회로 개편되었어요. 1945년 8월 15일 조선 총독부는 여운형에게 치안권과 행정권 이양을 제의하였고, 여운형은 정치범과 경제범 석방, 3개월간의 식량 보급, 치안 유지와 건국 활동에 대한 불간섭 등을 조건으로 이를 수락하였어요. 이어 조선 건국 준비 위원회는 전국 각지에 지부를 두고 치안대를 조직하여 질서 유지 활동을 하였어요.

① 신한 공사를 설립하였다.
➡ 미군정은 1946년에 동양 척식 주식회사와 일본인 소유였던 토지 등 귀속 재산의 처리를 위해 신한 공사를 설립하였어요.

② 좌우 합작 7원칙을 제시하였다.
➡ 1946년 제1차 미·소 공동 위원회가 무기 휴회되고 이승만이 남한만의 단독 정부 수립을 주장하는 상황에서 통일 정부 수립을 추구한 여운형, 김규식 등이 좌우 합작 위원회를 조직하고 좌우 합작 7원칙을 발표하였어요.

③ 한인 국방 경위대를 창설하였다.
➡ 재미 한족 연합 위원회는 1942년에 미국 로스앤젤레스에서 한인 군사 조직인 한인 국방 경위대를 창설하여 대일 항전의 의지를 드러냈어요.

④ 남북 협상 공동 성명서를 발표하였다.
➡ 1948년에 남북 지도자 협의회(남북 조선 제정당·사회단체 지도자 협의회)는 외국 군대 철수, 내전 방지, 통일 정부 수립 등의 내용이 담긴 남북 협상 공동 성명서를 발표하였어요.

⑤ 조선 인민 공화국 수립이 선포된 후 해산하였다.
➡ 조선 건국 준비 위원회는 미군의 한반도 진주에 대비하여 1945년 9월 6일에 조선 인민 공화국의 수립을 선포하고 다음 날 해산하였어요.

45 제주 4·3 사건 정답 ⑤

밑줄 그은 '이 사건'에 대한 설명으로 옳은 것은? [1점]

이 비석에는 이 사건을 소재로 한 현기영의 소설 순이삼촌의 주요 내용이 새겨져 있습니다. 이곳 제주에서는 남한만의 단독 선거에 반대하는 세력을 진압한다는 명분으로 토벌대에 의해 수많은 주민들이 희생당했습니다. 비석을 세우지 않고 눕혀 놓은 것은 이 비극을 표현하기 위함입니다.

정답 잡는 키워드

❶ 제주에서 남한만의 단독 선거에 반대하는 세력을 진압한다는 명분으로 토벌대에 의해 수많은 주민이 희생당함 → **제주 4·3 사건**

제주에서 남한만의 단독 선거에 반대하는 세력을 진압한다는 명분으로 토벌대에 의해 수많은 주민들이 희생되었다는 내용을 통해 밑줄 그은 '이 사건'이 제주 4·3 사건임을 알 수 있어요. 제2차 미·소 공동 위원회가 결렬된 후 유엔 총회는 유엔 감시하에 한반도에서 인구 비례에 따른 총선거를 의결하고 유엔 한국 임시 위원단을 파견하였어요. 그러나 소련이 유엔 한국 임시 위원단의 입북을 거부하자 유엔 소총회가 개최되어 남한만의 단독 총선거를 결정하였어요. 이에 제주도에서 좌익 세력과 일부 주민이 남한만의 단독 선거에 반대하며 무장봉기하였고, 이를 미군정과 이승만 정부가 보낸 토벌대가 진압하는 과정에서 무고한 제주도 주민들이 다수 희생된 제주 4·3 사건이 일어났어요.

① 향토 예비군 창설의 계기가 되었다.
➡ 1968년 북한 무장 공비가 청와대 습격을 시도한 1·21 사태를 계기로 향토 예비군이 창설되었어요.

② 조봉암이 간첩 혐의를 받아 사형되었다.
➡ 1958년 이승만 정부는 평화 통일론을 주장한 진보당의 조봉암과 진보당 간부들을 국가 변란 혐의로 체포하고 이듬해 조봉암에게 국가 보안법 위반과 간첩죄를 씌워 사형에 처하였어요(진보당 사건).

③ 유엔군이 한반도에 파병되는 원인이 되었다.
➡ 1950년 6·25 전쟁이 일어나자 유엔 안전 보장 이사회는 북한의 남침을 침략 행위로 규정하고 유엔군의 한반도 파병을 결정하였어요.

④ 허정 과도 정부가 구성되는 결과를 가져왔다.
➡ 1960년 4·19 혁명이 일어나 이승만이 대통령직에서 물러나고 허정 과도 정부가 구성되었어요.

⑤ 진상 규명과 희생자 명예 회복을 위한 특별법이 제정되었다.
➡ 제주 4·3 사건으로 많은 제주도민이 희생되거나 억울하게 옥살이를 하였어요. 이에 김대중 정부 시기인 2000년에 제주 4·3 사건 진상 규명 및 희생자 명예 회복에 관한 특별법이 제정되었어요.

기출 선택지 +α

❻ 대통령이 하야하는 결과를 이끌어 냈다. (O/X)
❼ 호헌 철폐와 독재 타도 등의 구호를 내세웠다. (O/X)
❽ 통일 주체 국민 회의가 구성되는 배경이 되었다. (O/X)

기출 선택지 +α 정답 ❻ ×[4·19 혁명] ❼ ×[6월 민주 항쟁] ❽ ×[유신 헌법 제정]

---

46 내포 지역의 문화유산 정답 ⑤

(가)~(마)에 대한 탐구 활동으로 적절하지 않은 것은? [3점]

답사 계획서
- 주제 : 내포 지역의 문화유산을 찾아서
- 기간 : 2025. ○○. ○○. ~ ○○. ○○.
- 경로 : 남연군 묘 → 윤봉길 생가 → 수덕사 → 임존성 → 추사 고택

(가) 남연군 묘 / (나) 윤봉길 생가 / (다) 수덕사 대웅전 / (라) 임존성 / (마) 추사 고택

내포 지역은 충청남도의 서부 지역을 말해요. 아산, 당진, 예산, 서산, 태안, 홍성 등이 여기에 해당합니다. 제시된 지도의 남연군 묘, 윤봉길 생가, 수덕사 대웅전, 임존성, 추사 고택 등은 모두 예산 지역에 위치한 사적이에요.

① (가) - 오페르트 도굴 미수 사건에 대해 찾아본다.
➡ 1868년에 독일 상인 오페르트가 통상 협상에 이용하기 위해 흥선 대원군의 아버지인 남연군의 묘를 도굴하려다가 실패하였어요.

② (나) - 한인 애국단의 활동을 조사한다.
➡ 한인 애국단의 단원 윤봉길은 1932년에 상하이 훙커우 공원에서 열린 일왕의 생일과 상하이 사변의 승리를 축하하는 기념식 단상에 폭탄을 던져 일본군 장성과 고위 관리들을 처단하였어요.

③ (다) - 고려 시대 건축물의 공포 양식을 알아본다.
➡ 예산 수덕사 대웅전은 고려 시대에 지어진 대표적인 주심포 양식의 건물이에요.

④ (라) - 백제 부흥 운동에 대해 파악한다.
➡ 백제 멸망 이후 흑치상지는 임존성에서 군사를 일으켜 백제 부흥 운동을 전개하였어요.

⑤ (마) - 이황과 사단칠정 논쟁을 한 인물을 검색한다.
➡ 이황은 기대승과 사단칠정에 대한 논쟁을 벌였으며 기대승의 의견을 수용하여 자신의 견해를 수정하기도 하였어요. 추사 고택은 추사 김정희가 살던 집입니다.

47 우리나라 헌법 개정의 역사 정답 ①

(가)~(다) 학생이 발표한 내용을 일어난 순서대로 옳게 나열한 것은? [2점]

주제 : 우리나라 헌법 개정의 역사

❶ 대통령과 부통령의 임기는 4년으로 하며, ❷ 1회로 규정한 중임 횟수를 개헌 당시 대통령에게만 적용하지 않는다는 부칙을 달았어요.

❸ 대통령이 통일 주체 국민 회의의 의장이 되고, 국회 의원 정수의 3분의 1을 추천하도록 개정된 헌법이 만들어졌어요.

대통령은 국민의 보통·평등·직접·비밀 선거에 의하여 선출하고 ❹ 대통령의 임기는 5년으로 하며, 중임할 수 없도록 했어요.

(가) (나) (다)

유신 헌법에 따라 대통령의 추천으로 선출된 국회 의원들은 유신 정우회를 구성하여 국회 내에서 대통령의 입장을 뒷받침하는 역할을 하였어요.

정답 잡는 키워드

❶ 대통령과 부통령의 임기는 4년, ❷ 1회로 규정한 중임 횟수를 개헌 당시 대통령에게만 적용하지 않음
→ (가) 제2차 개헌(사사오입 개헌, 1954)

❸ 대통령이 통일 주체 국민 회의 의장, 국회 의원 정수의 3분의 1 추천
→ (나) 제7차 개헌(유신 헌법, 1972)

❹ 대통령의 임기는 5년, 중임할 수 없음 → (다) 제9차 개헌(1987)

(가) 대통령과 부통령의 임기를 4년으로 하며 1회로 규정한 중임 횟수를 개헌 당시 대통령에게만 적용하지 않는다는 내용을 통해 1954년에 이루어진 제2차 개헌(사사오입 개헌)임을 알 수 있어요. 자유당 정부는 이승만의 장기 집권을 위해 개헌 당시의 대통령에 한해 중임 제한을 철폐하는 것을 주요 내용으로 하는 개헌을 추진하였어요. 개헌안이 통과되기 위해서는 재적 의원의 3분의 2인 136명의 찬성표가 필요하였는데 투표 결과 135명의 찬성표가 나오자 자유당 정부는 '사사오입(반올림)'의 논리를 억지로 적용하여 개헌안을 통과시켰어요.

(나) 대통령이 통일 주체 국민 회의의 의장이 되고 국회 의원 정수의 3분의 1을 추천하도록 개정되었다는 내용을 통해 1972년에 단행된 제7차 개헌(유신 헌법)임을 알 수 있어요. 박정희 정부는 1972년에 대통령에게 헌법을 초월하는 긴급 조치권과 국회 해산권, 법관 인사권, 국회 의원 3분의 1 추천권 등 막강한 권한을 부여하는 개헌을 단행하여 장기 독재 체제를 구축하였어요. 통일 주체 국민 회의는 대통령을 선출하고, 대통령의 추천을 받아 국회 의원 3분의 1을 뽑는 권한을 가졌어요.

(다) 대통령의 임기를 5년 단임으로 규정한 것으로 보아 1987년에 이루어진 제9차 개헌임을 알 수 있어요. 1987년 전두환 정부는 강경한 탄압에도 '호헌 철폐', '독재 타도'를 외치는 시민과 대학생들의 시위가 계속되자 결국 국민의 뜻에 굴복하고 여당의 차기 대통령 후보인 노태우를 내세워 대통령 직선제 개헌 요구를 수용하겠다는 6·29 민주화 선언을 발표하였어요. 이에 따라 5년 단임의 대통령 직선제 개헌 등을 주요 내용으로 하는 개헌이 이루어졌어요.

① (가) - (나) - (다)
→ (가) 제2차 개헌(사사오입 개헌, 1954) → (나) 제7차 개헌(유신 헌법, 1972) → (다) 제9차 개헌(1987)
② (가) - (다) - (나)
③ (나) - (가) - (다)
④ (나) - (다) - (가)
⑤ (다) - (가) - (나)

48 박정희 정부 시기의 사실 정답 ①

밑줄 그은 '정부' 시기에 볼 수 있는 모습으로 가장 적절한 것은? [2점]

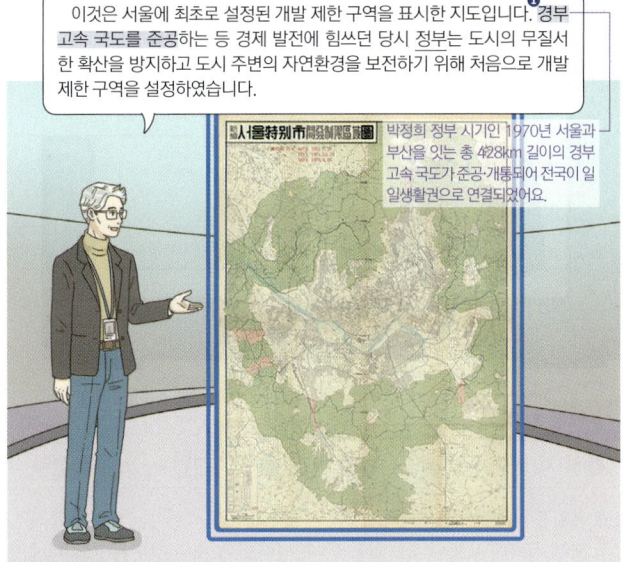

이것은 서울에 최초로 설정된 개발 제한 구역을 표시한 지도입니다. 경부 고속 국도를 준공하는 등 경제 발전에 힘쓰던 당시 정부는 도시의 무질서한 확산을 방지하고 도시 주변의 자연환경을 보전하기 위해 처음으로 개발 제한 구역을 설정하였습니다.

박정희 정부 시기인 1970년 서울과 부산을 잇는 총 428km 길이의 경부 고속 국도가 준공·개통되어 전국이 일일생활권으로 연결되었어요.

정답 잡는 키워드

❶ 경부 고속 국도 준공 → 박정희 정부

경부 고속 국도가 준공되었다는 내용을 통해 밑줄 그은 '정부'가 박정희 정부임을 알 수 있어요. 박정희 정부는 1960년대에 제1, 2차 경제 개발 5개년 계획을 추진하여 노동 집약적 경공업을 육성하였어요. 1970년대에는 제3, 4차 경제 개발 5개년 계획을 통해 중화학 공업 중심의 경제 성장을 추진하였어요. 이 시기에 경부 고속 국도 건설, 포항 종합 제철 준공, 100억 달러 수출 달성 등이 이루어졌어요.

①서울 지하철 1호선 개통식을 취재하는 기자
→ 박정희 정부 시기인 1974년에 서울역과 청량리역 사이를 운행하는 서울 지하철 1호선이 개통되었어요.

② 반민족 행위 처벌법을 통과시키는 국회 의원
→ 이승만 정부 시기인 1948년에 제헌 국회에서 친일 반민족 행위자 처벌을 위한 반민족 행위 처벌법이 제정되었어요.

③ 한·중 자유 무역 협정(FTA)에 서명하는 장관
→ 박근혜 정부 시기인 2015년에 중국과 자유 무역 협정(FTA)을 체결하였어요.

④ 금융 실명제 실시로 신분증을 요구하는 은행 직원
→ 김영삼 정부 출범 직후인 1993년에 금융 거래의 투명성을 확보하고자 대통령 긴급 명령으로 금융 실명제가 실시되었어요.

⑤ 외환 위기 극복을 위한 금 모으기 운동에 동참하는 시민
→ 김영삼 정부 시기인 1997년 말에 외환 위기로 국제 통화 기금(IMF)에 구제 금융을 요청하였어요. 이후 민간 차원에서 금 모으기 운동이 시작되었어요. 금 모으기 운동은 김대중 정부 시기까지 이어졌고, 국제 통화 기금의 구제 금융을 조기에 상환하는 원동력이 되었어요.

기출 선택지 +α

❻ 서울 올림픽 대회에 참가하는 선수 (O/X)
❼ 함평 고구마 피해 보상 투쟁에 참여하는 농민 (O/X)
❽ 최저 임금법 제정으로 최저 임금을 심의하는 위원 (O/X)
❾ 정부의 도시 정책에 반발해 시위를 하는 광주 대단지 이주민 (O/X)

기출 선택지 +α 정답 ❻ ×[노태우 정부] ❼ ○ ❽ ×[전두환 정부] ❾ ○

49 노태우 정부의 통일 노력   정답 ②

다음 뉴스가 보도된 정부 시기의 통일 노력으로 옳은 것은? [2점]

❶ 하계 올림픽을 성공적으로 마친 대통령은 오늘 한국 국가 원수로서 처음으로 헝가리를 방문하였습니다. 헝가리는 우리 정부의 북방 정책에 대한 지지와 협력 의사를 함께 표명하였습니다. 이것은 정부가 발표한 ❷ 7·7 선언의 성과로 평가되고 있습니다.

서울 올림픽 대회가 개최되기 약 2개월 전에 노태우 정부가 발표한 7·7 선언은 사회주의 국가와 적극 교류하는 북방 정책 추진의 출발점이 되었어요.

정답 잡는 키워드

❶ 하계 올림픽을 성공적으로 마침, ❷ 7·7 선언 → 노태우 정부

하계 올림픽을 성공적으로 마쳤으며 7·7 선언을 발표하였다는 내용을 통해 노태우 정부 시기에 보도된 뉴스임을 알 수 있어요. 노태우 정부는 1988년에 민족자존과 통일 번영을 위한 7·7 선언을 발표하였으며, 서울 올림픽 대회를 성공적으로 개최하였어요. 1991년에는 남북 기본 합의서를 교환하여 남북한 상호 체제를 인정하고 상호 불가침에 합의하였어요.

① 남북 조절 위원회가 구성되었다.
➡ 박정희 정부 시기에 7·4 남북 공동 성명의 합의 사항을 이행하기 위해 남북 조절 위원회가 구성되었어요.

②남북한이 유엔에 동시 가입하였다.
➡ 노태우 정부 시기인 1991년에 남북한이 유엔에 동시 가입하였어요.

③ 금강산 해로 관광 사업이 시작되었다.
➡ 김대중 정부 시기에 정주영의 소 떼 방북을 계기로 금강산 해로 관광 사업이 시작되었어요.

④ 개성에 남북 경제 협력 협의 사무소가 설치되었다.
➡ 노무현 정부 시기에 남북한 간 직접 거래 확대와 투자 촉진을 목적으로 개성에 남북 경제 협력 협의 사무소가 설치되었어요.

⑤ 최초로 남북 이산가족 고향 방문단 교환이 이루어졌다.
➡ 전두환 정부 시기에 최초로 남북 이산가족의 고향 방문단과 예술 공연단의 교환 방문이 이루어졌어요.

기출 선택지 +α

❻ 남북 기본 합의서가 채택되었다. (O/X)
❼ 6·15 남북 공동 선언이 발표되었다. (O/X)
❽ 제2차 남북 정상 회담이 개최되었다. (O/X)
❾ 남북한 비핵화 공동 선언이 채택되었다. (O/X)
❿ 서울과 평양에서 7·4 남북 공동 성명이 발표되었다. (O/X)

정답 ❻ ○ ❼ ×[김대중 정부] ❽ ×[노무현 정부] ❾ ○ ❿ ×[박정희 정부]

50 우리나라의 연호   정답 ⑤

(가)~(마)에 대한 설명으로 옳지 않은 것은? [3점]

> 🔍 **역사** 돋보기   **우리나라의 연호(年號)**
>
> 연호는 군주가 자기의 치세 연차(年次)에 붙이는 칭호이다. 중국에서 시작되었으며 그 영향으로 우리나라, 일본, 베트남 등에서도 사용되었다. 연호는 원칙적으로 황제만 사용 가능하고, 제후 왕은 독자적인 연호를 쓸 수 없었다.
>
> 우리나라에서 최초로 확인되는 연호는 고구려 [(가)]의 영락이다. 신라도 [(나)]이 건원이라는 연호를, 뒤를 이은 진흥왕은 개국·태창·홍제 등의 연호를 사용하였다.
>
> 발해 고왕은 연호를 천통으로 했으며, [(다)]은/는 인안, 문왕은 대흥, 선왕은 건흥이라는 연호를 사용하였다.
>
> 고려 태조는 천수를 사용하고, [(라)]은/는 광덕·준풍을 연호로 삼았다.
>
> 조선은 고종 대에 개국 기년(開國紀年)을 공문서에 사용하다가 건양, 광무로 연호를 정하였다. 그 뒤를 이은 [(마)]은/는 융희라는 연호를 사용하였다.

갑오개혁 때 조선이 건국된 1392년을 원년으로 하는 개국 기년이 채택되었어요.

을미개혁 때 태양력 사용을 계기로 '건양'이라는 연호를 제정하였어요.

① (가) - 군대를 보내 신라에 침입한 왜를 격퇴하였다.
➡ 고구려 광개토 태왕은 '영락'이라는 독자적인 연호를 사용하였어요. 광개토 태왕은 신라 내물 마립간의 요청에 따라 군대를 보내 신라에 침입한 왜를 격퇴하고 한반도 남부 지역까지 영향력을 확대하였어요.

② (나) - 금관가야를 복속하여 영토를 확대하였다.
➡ 신라 법흥왕은 '건원'이라는 연호를 사용하였어요. 법흥왕은 율령을 반포하여 중앙 집권 체제를 정비하였고, 금관가야를 복속하여 영토를 확대하였어요.

③ (다) - 장문휴를 보내 당의 산둥반도를 공격하였다.
➡ 발해 무왕은 '인안'이라는 연호를 사용하였어요. 무왕은 당과 교류에 나선 흑수 말갈을 정벌하고자 하였으며, 장문휴를 보내 당의 산둥반도 등주를 공격하였어요.

④ (라) - 노비안검법을 시행하여 호족 세력을 견제하였다.
➡ 고려 광종은 '광덕', '준풍' 등을 연호로 삼았어요. 광종은 노비안검법을 시행하여 국가 재정을 확충하고 공신과 호족의 세력 기반을 약화하였어요.

⑤(마) - 전제 군주제를 명문화한 대한국 국제를 반포하였다.
➡ 고종은 '광무'라는 연호를 제정하고, 황제의 자리에 올라 대한 제국 수립을 선포하였어요. 이후 광무개혁 과정에서 전제 군주제를 명문화한 대한국 국제를 반포하였어요. 고종의 뒤를 이어 즉위한 순종이 '융희'라는 연호를 사용하였어요.

심화

2025년 8월 9일(토) 시행

제75회

합격률 62.0%
응시 인원 : 85,868명
합격 인원 : 53,199명

시대별 출제 비중

전근대 27문항

- **선사** 2문항
  청동기 시대의 생활 모습, 고조선

- **고대** 8문항
  신라의 문화유산, 대가야, 고구려의 경제, 신라 말의 상황, 천리장성 축조 이후의 사실, 발해, 부여의 역사, 후삼국 통일 과정

- **고려** 8문항
  성종의 정책, 고려의 대몽 항쟁, 최충의 활동, 묘청의 난, 홍건적 침입 이후의 사실, 고려의 경제, 고려의 과학 기술, 고려의 문화유산

- **조선** 9문항
  제1차 왕자의 난, 사헌부, 조선과 여진의 관계, 인종~명종 재위 시기의 사실, 병자호란, 영조의 정책, 조선 후기의 사회 모습, 조선 후기의 경제, 순조 재위 시기의 사실

근현대 23문항

- **개항기** 6문항
  갑신정변, 동학, 러·일 전쟁 중의 사실, 최익현의 활동, 애국 계몽 운동 단체, 안중근의 활동

- **일제 강점기** 10문항
  1910년대 일제 식민 통치, 1920년대의 사회 모습, 3·1 운동, 대한 광복회, 멕시코 지역의 민족 운동, 암태도 소작 쟁의 이후의 사실, 조선어 학회, 일제 강점기의 사회 모습, 한국 광복군, 1940년대 일제 식민 통치

- **현대** 6문항
  대한민국 정부 수립 과정, 이승만 정부 시기의 사실, 박정희 정부 시기의 사실, 6월 민주 항쟁, 김영삼 정부 시기의 사실, 제주도의 역사

- **시대 통합** 1문항
  정치 체제의 변화

분류별 출제 비중 고대~조선

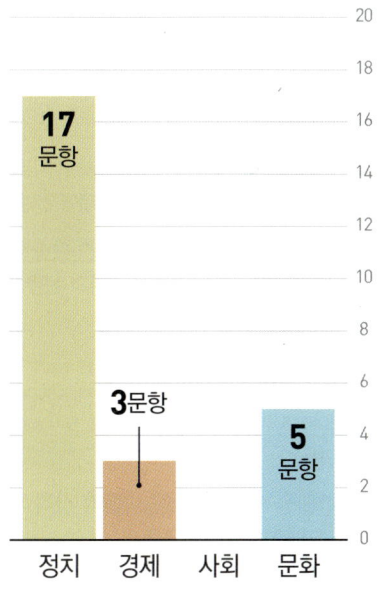

- 정치 17문항
- 경제 3문항
- 사회 0
- 문화 5문항

난이도별 출제 비중

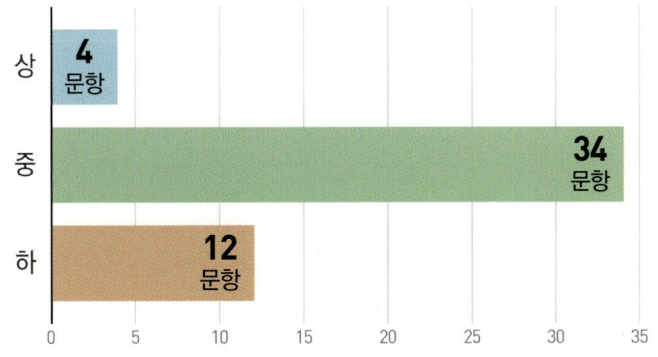

- 상 4문항
- 중 34문항
- 하 12문항

큰별쌤의 한 줄 평

약간 어려운 자료가 출제되었으나 기본 개념과 흐름으로 풀 수 있는 보통 난이도의 시험

1 청동기 시대의 생활 모습   정답 ④

(가) 시대의 생활 모습으로 가장 적절한 것은? [1점]

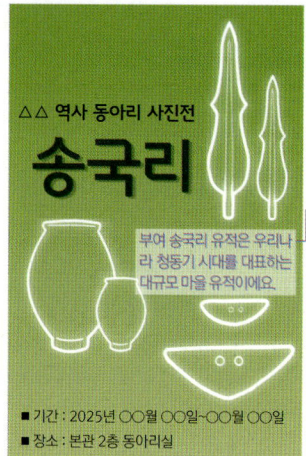

△△ 역사 동아리 사진전
송국리

부여 송국리 유적은 우리나라 청동기 시대를 대표하는 대규모 마을 유적이에요.

초대의 글

❶ 사유 재산과 계급이 발생한 (가) 시대의 생활 모습을 잘 보여 주는 부여 송국❷리 유적이 발굴 50주년을 맞이하였습니다. 우리 동아리에서는 이를 기념하여 사진전을 개최합니다. 송국리형 토기, ❸비파형 동검 등 이 유적에서 출토된 대표적인 유물들을 사진으로 만나보세요!

- 기간: 2025년 ○○월 ○○일~○○월 ○○일
- 장소: 본관 2층 동아리실

칼날 모양이 비파라는 악기를 닮아 이름 붙여진 비파형 동검은 청동기 시대의 대표적인 유물이에요.

정답 잡는 키워드

❶ 사유 재산과 계급 발생, ❷ 부여 송국리 유적, ❸ 비파형 동검
→ **청동기 시대**

사유 재산과 계급이 발생하였으며 부여 송국리 유적에서 비파형 동검 등이 출토되었다는 내용을 통해 (가) 시대가 청동기 시대임을 알 수 있어요. 청동기 시대에는 생산력이 향상되어 잉여 생산물이 생기고 사유 재산이 발생하였어요. 이에 따라 빈부의 차이가 생기면서 계급이 형성되었습니다. 또한, 정복 활동이 활발해지면서 계급 분화가 뚜렷해지고 권력과 경제력이 있는 지배자가 등장하였어요. 청동기 시대에는 비파형 동검, 청동 거울, 청동 방울 등 청동으로 만든 도구가 만들어졌는데, 주로 지배자의 무기나 장신구, 의례용 도구로 사용되었어요.

① 주먹도끼 등 뗀석기를 처음 제작하였다.
➡ 구석기 시대에 주먹도끼, 찍개 등의 뗀석기를 처음 제작하였어요.

② 소를 이용한 깊이갈이가 널리 보급되었다.
➡ 소를 이용한 깊이갈이는 고려 시대에 일반화되었어요.

③ 주로 강가의 동굴이나 막집에 거주하였다.
➡ 구석기 시대 사람들은 주로 강가의 동굴이나 막집에 거주하였으며, 식량을 찾아 이동 생활을 하였어요.

④ 많은 인력을 동원하여 고인돌을 축조하였다.
➡ 고인돌은 청동기 시대에 만들어진 지배자의 무덤이에요. 거대한 규모의 고인돌을 통해 당시에 많은 인력을 동원할 수 있는 지배자가 있었음을 알 수 있어요.

⑤ 가락바퀴를 이용하여 실을 뽑기 시작하였다.
➡ 신석기 시대에 가락바퀴를 이용하여 실을 뽑기 시작하였으며, 뼈바늘을 이용하여 옷이나 그물 등을 만들었어요.

기출 선택지 +α

❻ 반달 돌칼을 사용하여 벼를 수확하였다. (O / X)
❼ 오수전, 화천 등의 중국 화폐로 교역하였다. (O / X)
❽ 쟁기, 쇠스랑 등의 철제 농기구가 이용되었다. (O / X)
❾ 빗살무늬 토기에 음식을 저장하기 시작하였다. (O / X)
❿ 의례 도구로 청동 거울과 청동 방울 등을 제작하였다. (O / X)

정답 ❻ O   ❼ X [철기 시대]   ❽ X [철기 시대]   ❾ X [신석기 시대]   ❿ O

---

2 고조선   정답 ①

(가), (나) 사이의 시기에 있었던 사실로 옳은 것은? [2점]

기원전 3세기경 고조선에서는 부왕, 준왕과 같은 강력한 왕권을 가진 왕이 등장하여 왕위를 세습하였어요.

(가) 진승과 항우가 군사를 일으켜 천하가 혼란해지자, ❶연(燕)·제(齊)·조(趙)의 백성이 괴로움을 견디다 못해 점차 준왕에게 망명해 왔다. 준왕은 이들을 서쪽 지역에 거주하게 하였다.

(나) 좌장군이 패수상군을 격파하고 왕검성에 이르러 그 성의 서북 방면을 포위하였다. 누선장군도 좌장군과 합세하여 성의 남쪽에 주둔하였다. ❷❸우거왕이 끝까지 성을 굳게 지키니, 수개월이 지나도 함락시킬 수 없었다.

위만의 손자 우거왕 때 고조선은 한 무제의 공격을 받아 1년 넘게 저항하였지만 결국 왕검성이 함락되며 멸망하였어요.

정답 잡는 키워드

❶ 연, 제, 조의 백성이 준왕에게 망명해 옴
→ (가) 기원전 3세기 말~기원전 2세기 초
❷, ❸ 우거왕이 끝까지 왕검성을 지킴 → (나) 기원전 2세기 말

(가)는 연, 제, 조의 백성이 준왕에게 망명해 왔다는 내용을 통해 기원전 3세기 말~기원전 2세기 초의 상황임을 알 수 있어요. 기원전 3세기 말에 진이 멸망하고 한이 중국을 재통일하였어요. 진·한 교체기의 혼란을 피해 연, 제, 조 등 여러 나라의 백성이 고조선으로 이주해 오자, 고조선의 준왕은 이들을 받아들이고 서쪽 국경 지역에 거주하게 하였어요. 이 시기에 연에서 무리를 이끌고 고조선에 들어온 위만이 국경의 수비를 담당하면서 세력을 키운 후 준왕을 몰아내고 왕위에 올랐어요(기원전 194). (나)는 왕검성이 포위되었으나 우거왕이 성을 지켜 수개월이 지나도 함락시킬 수 없었다는 내용을 통해 고조선이 한의 공격을 받은 기원전 2세기 말의 상황임을 알 수 있어요. 고조선은 위만 집권 이후 중국의 한과 한반도 남부의 진 사이에서 중계 무역을 독점하며 성장하였어요. 이로 인해 한과 대립하게 되었고, 우거왕 때 한 무제가 고조선을 공격하였어요. 고조선은 한의 공격에 맞서 1년여 동안 항전하였으나 지배층의 내분으로 멸망하였어요(기원전 108).

① 위만이 왕위를 찬탈하였다.
➡ 기원전 2세기 초 위만이 준왕을 공격하여 왕위를 찬탈하였어요.

② 이사부가 우산국을 복속시켰다.
➡ 6세기 신라 지증왕 때 이사부가 지금의 울릉도 일대인 우산국을 복속시켰어요.

③ 온조가 위례성에 도읍을 정하였다.
➡ 기원전 1세기 고구려에서 남하한 온조가 한강 유역의 위례성에 도읍을 정하고 백제를 건국하였어요.

④ 관구검이 환도성을 침략하여 함락하였다.
➡ 3세기 고구려 동천왕 때 위의 장수 관구검이 환도성을 침략하여 함락하였어요.

⑤ 미천왕이 서안평을 공격하여 영토를 넓혔다.
➡ 4세기 고구려 미천왕은 서안평을 공격하여 영토를 넓히고 낙랑군과 대방군을 축출하였어요.

기출 선택지 +α

❻ 고흥이 서기를 편찬하였다. (O / X)
❼ 고국원왕이 평양성에서 전사하였다. (O / X)
❽ 침류왕이 동진으로부터 불교를 수용하였다. (O / X)
❾ 유리왕이 졸본에서 국내성으로 천도하였다. (O / X)

정답 ❻ X [4세기 백제]   ❼ X [4세기 고구려]   ❽ X [4세기 백제]   ❾ X [1세기 고구려]

3 신라의 문화유산   정답 ⑤

(가) 국가의 문화유산으로 옳은 것은? [2점]

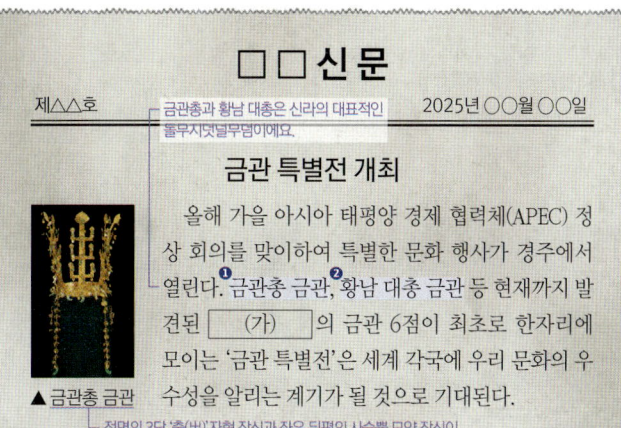

□□신문

제△△호　금관총과 황남 대총은 신라의 대표적인 돌무지덧널무덤이에요.　2025년 ○○월 ○○일

금관 특별전 개최

올해 가을 아시아 태평양 경제 협력체(APEC) 정상 회의를 맞이하여 특별한 문화 행사가 경주에서 열린다. ❶금관총 금관, ❷황남 대총 금관 등 현재까지 발견된 (가) 의 금관 6점이 최초로 한자리에 모이는 '금관 특별전'은 세계 각국에 우리 문화의 우수성을 알리는 계기가 될 것으로 기대된다.

▲ 금관총 금관
정면의 3단 '출(出)'자형 장식과 좌우 뒤편의 사슴뿔 모양 장식이 전형적인 신라 금관 양식을 잘 보여 줍니다.

정답 잡는 키워드
❶ 금관총 금관, ❷ 황남 대총 금관 → 신라

금관총 금관, 황남 대총 금관 등을 통해 (가) 국가가 신라임을 알 수 있어요. 신라는 뛰어난 금 세공 기술을 바탕으로 금관을 제작하였어요. 황남 대총 금관, 금관총 금관, 서봉총 금관, 천마총 금관, 금령총 금관 등 신라 고분에서 출토된 5점과 도굴되었다가 국가에서 압수한 교동 금관 1점 등 총 6점의 금관이 현존하고 있습니다.

①
②
③

➡ 부여 능산리 절터에서 출토된 백제의 금동 대향로입니다.
➡ 고구려의 문화유산인 금동 연가 7년명 여래 입상이에요.
➡ 김해 대성동 고분군에서 출토된 금관가야의 판갑옷이에요.

④
⑤

➡ 고구려 양식을 계승한 발해의 석등이에요.
➡ 신라의 고분인 천마총에서 출토된 천마도입니다.

기출 선택지 +α

❻ 　❼ 　❽
(O/X)　(O/X)　(O/X)

정답　❻ ×[고구려, 강서 수산리 고분 벽화]　❼ ×[백제, 무령왕릉 석수]
　　　❽ O[경주 배동 석조 여래 삼존 입상]

---

4 대가야   정답 ①

(가) 나라에 대한 설명으로 옳은 것은? [2점]

국가유산청은 ❶(가) 의 중심지였던 ❷경상북도 고령군을 한국의 다섯 번째 고도로 지정하였습니다. 고령에는 궁성지, 지산동 고분군, 방어성인 주산성 등 (가) 의 문화유산들이 보존되어 있어 이와 같이 지정되었습니다.

4~6세기 무렵에 만들어진 대가야 지배층의 무덤으로 추정되고 있어요. 금동관, 판갑옷과 투구 등 많은 유물이 출토되었어요.

가야는 여러 개의 소국으로 이루어진 연맹 국가로 전기에는 경상남도 김해의 금관가야가, 후기에는 경상북도 고령의 대가야가 연맹을 이끌었어요.

경북 고령군, 다섯 번째 고도(古都)로 지정

정답 잡는 키워드
❶ 경상북도 고령군, ❷ 지산동 고분군 → 대가야

경상북도 고령군이 중심지이며 지산동 고분군이 문화유산인 것으로 보아 (가) 나라가 대가야임을 알 수 있어요. 대가야는 김수로왕의 형제인 이진아시왕이 건국하였다고 전해집니다. 전기 가야 연맹을 주도한 금관가야가 고구려 광개토 태왕이 보낸 군대의 공격을 받아 쇠퇴한 이후 대가야가 후기 가야 연맹을 주도하였어요.

① 신라 진흥왕에 의해 복속되었다.
　➡ 대가야는 신라 진흥왕 때 신라에 복속되었고 이후 가야 연맹은 해체되었어요.

② 광평성 등의 정치 기구를 마련하였다.
　➡ 후고구려를 건국한 궁예는 국호를 '마진'으로 바꾼 후 광평성을 비롯한 여러 정치 기구를 마련하여 중앙 정치 조직을 정비하였어요.

③ 화백 회의를 통해 국정을 운영하였다.
　➡ 신라는 귀족 회의인 화백 회의를 통해 국가의 중대사를 논의하였어요.

④ 대가들이 사자, 조의, 선인을 거느렸다.
　➡ 고구려에서는 대가들이 사자, 조의, 선인 등의 관리를 거느렸어요.

⑤ 박, 석, 김의 3성이 교대로 왕위를 계승하였다.
　➡ 신라 초기에는 박, 석, 김의 3성이 교대로 왕위를 계승하였고, 내물 마립간 때 김씨의 독점적인 왕위 세습이 확립되었어요.

기출 선택지 +α

❻ 왜에 칠지도를 만들어 보냈다. (O/X)
❼ 후기 가야 연맹을 주도하였다. (O/X)
❽ 나·당 연합군에 의해 멸망하였다. (O/X)
❾ 집사부를 비롯한 14부를 설치하였다. (O/X)
❿ 빈민을 구제하기 위해 진대법을 시행하였다. (O/X)

정답　❻ ×[백제]　❼ O　❽ ×[백제, 고구려]　❾ ×[신라]　❿ ×[고구려]

5 고구려의 경제 정답 ②

밑줄 그은 '그 나라'의 경제 상황으로 가장 적절한 것은? [2점]

> 그 나라는 관(官)을 세움에 9등이 있다. 첫 번째는 토졸이라 하며, 1품에 비견된다. 옛 이름은 ❶대대로이며, 국정을 모두 맡는다. 3년마다 교대하는데, 직에 걸맞은 자가 있으면 연한에 구애받지 않는다. …… 또 여러 큰 성에는 ❷녹살(욕살)을 두는데, 도독에 비견된다. 여러 성에는 ❸처려근지를 두는데, 자사에 비견된다. 또한, 도사라 이르기도 한다.
>
> - "한원" -

정답 잡는 키워드

❶ 대대로, ❷ 녹살(욕살), ❸ 처려근지 → 고구려

대대로가 국정을 모두 맡았으며 여러 성에 녹살(욕살), 처려근지를 두었다는 내용을 통해 밑줄 그은 '그 나라'가 고구려임을 알 수 있어요. 대대로는 고구려의 국정을 총괄한 최고 관등으로 토졸이라고도 불렸어요. 고구려는 수도를 5부로 나누어 다스렸으며 지방의 여러 성에는 욕살, 처려근지 등의 지방관을 파견하였어요.

① 수도에 동시전이 설치되었다.
→ 신라는 지증왕 때 수도 금성(경주)에 시장인 동시와 이를 감독하기 위한 관청인 동시전을 설치하였어요.

②집집마다 부경이라는 창고가 있었다.
→ 고구려에는 집집마다 부경이라는 작은 창고가 있었어요.

③ 금속 화폐인 건원중보가 주조되었다.
→ 고려는 성종 때 우리나라 최초의 금속 화폐인 건원중보를 주조하였어요.

④ 솔빈부의 말이 특산품으로 수출되었다.
→ 발해는 목축이 발달하여 말이 특산품이자 주요 수출품이었는데, 특히 솔빈부의 말이 유명하였어요.

⑤ 곡물을 대여하고 이자를 받은 내용을 좌관대식기에 남겼다.
→ 백제는 백성들에게 곡물과 식량을 대여하고 이자를 받은 내용을 좌관대식기에 남겼어요.

기출 선택지 +α

❻ 백성에게 정전이 지급되었다. (O / X)
❼ 수도에 서시와 남시를 설치하였다. (O / X)
❽ 활구라고 불리는 은병이 유통되었다. (O / X)
❾ 감자, 고구마 등의 구황 작물이 재배되었다. (O / X)
❿ 수도에 도시부라는 관청을 설치하여 시장을 관리하였다. (O / X)

정답 ⑥ ×[신라] ⑦ ×[신라] ⑧ ×[고려] ⑨ ×[조선 후기] ⑩ ×[백제]

---

6 신라 말의 상황 정답 ④

(가)에 들어갈 내용으로 가장 적절한 것은? [2점]

- 780년 혜공왕이 피살된 이후 왕위 쟁탈전이 계속되어 신라는 150여 년간 20명의 왕이 교체되는 혼란에 빠졌어요.
- ❶혜공왕이 피살되어 무열왕계 직계 자손의 왕위 계승이 끊긴 이후, ❷진골 귀족들의 왕위 다툼이 치열하게 전개되던 시기에 일어났던 일을 말해 볼까요?
- 양길 등 스스로 성주 또는 장군이라 칭하는 ❸호족 세력이 성장하였어요.
- 호족 중에는 토착 세력인 촌주 출신이 많았으나 중앙에서 밀려난 귀족, 지방에 주둔하며 군사력을 키운 군인, 해상 무역으로 성장한 세력, 농민 반란을 통해 성장한 세력도 있었어요.

정답 잡는 키워드

❶, ❷ 혜공왕이 피살된 후 진골 귀족들의 왕위 다툼이 치열하게 전개, ❸ 호족 세력 성장 → 8세기 후반 이후

혜공왕 피살 이후 진골 귀족들의 왕위 다툼이 치열하게 전개되던 시기이며, 호족 세력이 성장하였다는 내용을 통해 (가)에 들어갈 내용이 신라 말에 해당하는 8세기 후반 이후의 사실임을 알 수 있어요. 혜공왕이 피살된 이후 신라에서는 왕위 쟁탈전이 치열하게 전개되어 중앙 정치가 혼란에 빠지고 지방 통제력은 약해졌어요. 이에 지방에서 스스로 성주 또는 장군이라 칭하는 호족이 독자적인 세력을 형성하며 성장하여 정치·군사·경제적 지배권을 장악하였어요. 또한, 이 시기에 귀족들의 농민 수탈이 심해져 농민 중에는 토지를 잃고 노비가 되거나 도적이 되는 이들도 있었어요. 이러한 혼란은 진성 여왕 때 극에 달하여 원종과 애노의 난 등 하층민의 봉기가 전국 곳곳에서 일어났어요.

① 김흠돌의 난이 진압되었어요.
→ 7세기 후반 신문왕 때 왕의 장인인 김흠돌이 반란을 도모하였으나 진압되었어요.

② 만적이 개경에서 봉기를 도모하였어요.
→ 고려 무신 집권기에 만적이 노비를 모아 신분 해방을 도모하는 봉기를 모의하였으나 사전에 계획이 발각되어 실패하였어요.

③ 관료전이 지급되고 녹읍이 폐지되었어요.
→ 7세기 후반 신문왕 때 관료전이 지급되고 녹읍이 폐지되어 진골 귀족의 경제적 기반이 약해졌어요.

④김헌창이 웅천주에서 반란을 일으켰어요.
→ 9세기 헌덕왕 때 웅천주 도독 김헌창이 자신의 아버지 김주원이 왕위에 오르지 못한 것에 불만을 품고 반란을 일으켰어요(822).

⑤ 이차돈의 순교를 계기로 불교가 공인되었어요.
→ 6세기 법흥왕 때 이차돈의 순교를 계기로 불교가 공인되었어요.

기출 선택지 +α

❻ 김사미와 효심이 난을 일으켰어요. (O / X)
❼ 원종과 애노가 사벌주에서 봉기하였어요. (O / X)
❽ 김유신이 비담과 염종의 난을 진압하였어요. (O / X)
❾ 복신과 도침이 주류성에서 군사를 일으켰어요. (O / X)

정답 ⑥ ×[고려 무신 집권기] ⑦ ○ ⑧ ×[7세기 선덕 여왕 때] ⑨ ×[7세기 백제 멸망 후]

킬러 문항

7 천리장성 축조 이후의 사실   정답 ④

다음 자료에 나타난 상황 이후에 있었던 사실로 옳은 것은? [3점]

> 당(唐)이 광주사마 장손사를 보내 수(隋) 병사의 해골을 묻은 곳에 와서 제사를 지내고, 당시에 ❶고구려가 세운 경관(京觀)*을 허물었다. 봄 2월에 왕이 많은 사람을 동원하여 ❷동북의 부여성에서 동남의 바다에 이르기까지 천 리 남짓에 걸쳐 장성을 쌓았다.
> └ 고구려는 영류왕 때부터 보장왕 때까지 부여성에서 비사성에
>   이르는 천리장성을 축조하였어요(631~647).
>
> – "삼국사기" –
>
> * 경관 : 승전을 기념하기 위해 적의 유해를 한곳에 모아 만든 무덤

정답 잡는 키워드

❶, ❷ 고구려가 동북의 부여성에서 동남의 바다에 이르기까지 천 리 남짓에 걸쳐 장성을 쌓음 → **고구려의 천리장성 축조 시작(631)**

당이 사람을 보내 고구려가 승전을 기념하기 위해 수 병사의 유해를 모아 만든 경관을 허물었으며, 고구려가 천 리에 걸쳐 장성을 쌓았다는 내용을 통해 고구려가 천리장성을 쌓기 시작한 7세기 중반의 상황임을 알 수 있어요. 6세기 후반 중국을 통일한 수는 여러 차례 고구려를 침략하였어요. 고구려는 수의 공격을 막아 냈고, 이 과정에서 국력이 쇠퇴한 수는 멸망하였어요. 수에 이어 들어선 당은 초기에는 고구려에 우호적이었으나, 당 태종이 즉위하면서 점차 고구려를 압박하였어요. 당의 사신이 고구려가 수와의 전쟁에서 승리한 것을 기념하기 위해 세운 경관을 헐어버리는 사건이 일어나자, 고구려는 당의 침입에 대비하여 영류왕 때인 631년부터 국경 지역에 천리장성을 쌓기 시작하였어요.

① 을지문덕이 살수에서 대승을 거두었다.
  ➡ 을지문덕이 이끈 고구려군은 612년에 살수에서 수의 군대에 맞서 대승을 거두었어요.

② 고구려가 신라에 침입한 왜를 물리쳤다.
  ➡ 고구려 광개토 태왕은 400년에 군대를 파견하여 신라에 침입한 왜를 물리쳤어요.

③ 김무력이 관산성에서 백제군을 격파하였다.
  ➡ 김무력이 이끈 신라군이 554년에 관산성 전투에서 백제 성왕을 전사시키고 백제군을 격파하였어요.

④ 연개소문이 정변을 일으켜 권력을 장악하였다.
  ➡ 천리장성 공사의 감독을 맡은 연개소문이 642년에 영류왕을 시해하고 보장왕을 왕위에 올리는 정변을 일으켜 권력을 장악하였어요.

⑤ 백제가 평양성을 공격하여 고구려 왕이 전사하였다.
  ➡ 백제 근초고왕은 371년에 고구려의 평양성을 공격하여 고국원왕을 전사시켰어요.

기출 선택지 +α

❻ 법흥왕이 금관가야를 병합하였다.   (O / X)
❼ 나·당 연합군이 사비성을 함락하였다.   (O / X)
❽ 김춘추가 당과의 군사 동맹을 성사시켰다.   (O / X)
❾ 고구려가 국내성에서 평양으로 천도하였다.   (O / X)
❿ 안시성의 군사와 백성들이 당군을 물리쳤다.   (O / X)

기출 선택지 +α 정답 ❻ ×[532년] ❼ ○[660년] ❽ ○[648년] ❾ ×[427년] ❿ ○[645년]

---

8 발해   정답 ②

다음 자료에 나타난 국가에 대한 설명으로 옳은 것은? [2점]

> ┌ 발해를 건국한 대조영이 죽자 아들 대무예가 왕위에
> │ 올랐는데 그가 발해 제2대 왕, 무왕이에요.
> ○ 조영이 죽으니, 시호를 고왕이라 하였다. 아들 무예가 왕위에 올라 영토를 크게 개척하니, 동북의 모든 오랑캐들이 두려워하여 신하가 되었다. 또 ❶연호를 인안(仁安)으로 고쳤다.
>
> ○ 무예가 죽자, 시호를 무왕이라 하였다. 아들 흠무가 왕위에 올라 ❷연호를 대흥(大興)으로 고쳤다.
>   └ 무왕이 죽자 그의 아들 대흠무가 왕위에 올
>   랐는데 그가 발해 제3대 왕, 문왕이에요.
>
> ○ 인수가 왕위에 올라 ❸연호를 건흥(建興)으로 고치니, 그의 4대조 야발은 조영의 아우이다. 인수는 바다 북쪽의 여러 부(部)를 토벌하고 영역을 크게 넓힌 공이 있다.
> └ 대인수는 대조영의 동생인 대야발의 후손으로,
>   발해의 전성기를 이룬 선왕이에요.

정답 잡는 키워드

❶, ❷, ❸ '인안', '대흥', '건흥' 연호 사용 → **발해**

'인안', '대흥', '건흥' 등의 연호를 사용하였다는 내용을 통해 자료에 나타난 국가가 발해임을 알 수 있어요. 발해는 대조영이 고구려 유민과 말갈인을 이끌고 지린성 동모산에서 세운 나라로 고구려 계승 의식을 표방하였어요. 발해는 무왕 때 '인안', 문왕 때 '대흥', 선왕 때 '건흥'이라는 독자적인 연호를 사용하였어요. 선왕 때 옛 고구려 영토의 대부분을 차지하고 전성기를 이루었으며, 이 무렵 중국으로부터 해동성국이라고 불리기도 하였어요.

① 골품에 따라 관등 승진을 제한하였다.
  ➡ 신라는 엄격한 신분 제도인 골품제를 운영하여 골품에 따라 관등 승진, 일상생활 등을 제한하였어요.

② 주자감을 설치하여 인재를 양성하였다.
  ➡ 발해는 최고 교육 기관으로 주자감을 설치하여 인재를 양성하였어요.

③ 내신좌평 등 6좌평의 관제를 정비하였다.
  ➡ 백제는 내신좌평, 위사좌평 등 6좌평의 관제를 정비하였어요.

④ 국경 지역인 양계에 병마사를 파견하였다.
  ➡ 고려는 5도 양계의 지방 행정 제도를 정비하였어요. 일반 행정 구역인 5도에는 안찰사, 국경 지역인 양계에는 병마사를 파견하였어요.

⑤ 상수리 제도를 통해 지방 세력을 견제하였다.
  ➡ 신라는 지방 세력을 견제하기 위해 지방의 세력가나 그 자제를 일정 기간 수도에 거주하게 하는 상수리 제도를 실시하였어요.

기출 선택지 +α

❻ 정당성의 대내상이 국정을 총괄하였다.   (O / X)
❼ 관리 선발을 위해 독서삼품과를 시행하였다.   (O / X)
❽ 지방관을 감찰하기 위해 외사정을 파견하였다.   (O / X)
❾ 서적 관리, 주요 문서 작성 등을 위해 문적원을 두었다. (O / X)

핵심 개념 | 발해의 발전

무왕	장문휴를 보내 당의 산둥 지방 등주 공격, 일본·돌궐과 교류, '인안' 연호 사용
문왕	• 당과 친선 관계 형성, 당의 제도와 문물 수용 → 3성 6부 체제, 상경성 건설(당 장안성의 주작대로 모방) • 신라와 상설 교통로(신라도)를 통해 교역, 상경으로 천도, '대흥' 연호 사용
선왕	• 요동 진출, 지방 행정 체제 확립(5경 15부 62주), '건흥' 연호 사용 • 9세기 초 전성기를 누림, 옛 고구려 땅의 대부분 차지 → 이 무렵 중국으로부터 해동성국이라고 불리기도 함

기출 선택지 +α 정답 ❻ ○ ❼ ×[신라] ❽ ×[신라] ❾ ○

9 부여의 역사   정답 ③

(가) 지역에 대한 탐구 활동으로 가장 적절한 것은? [2점]

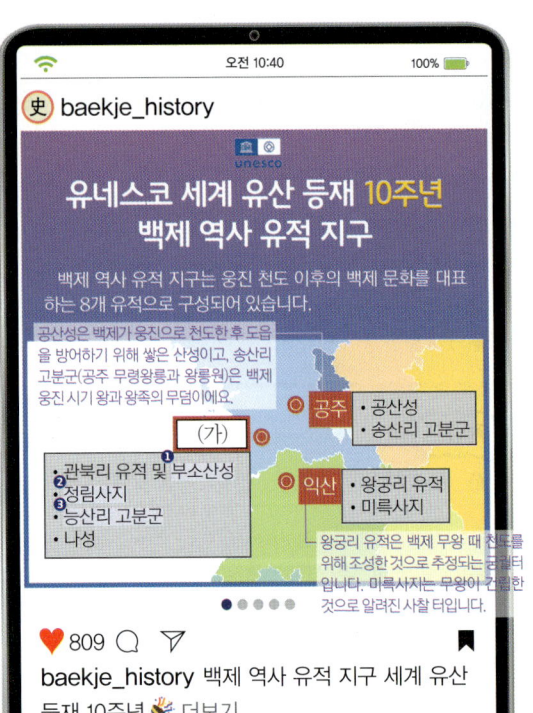

정답 잡는 키워드

❶ 부소산성, ❷ 정림사지, ❸ 능산리 고분군 → **부여**

부소산성, 정림사지, 능산리 고분군 등을 통해 (가) 지역이 부여임을 알 수 있어요. 부소산성은 백제 성왕 때 웅진(지금의 공주)에서 사비(지금의 부여)로 도읍을 옮기면서 축조한 것으로 추정됩니다. 정림사지는 현재 부여에 있는 사찰 터로, 정림사지 5층 석탑이 남아 있어요. 능산리 고분군은 부여에 위치한 백제 왕실의 무덤군으로 모두 7기의 무덤이 있어요. 부여는 공주, 익산과 함께 백제 역사 유적 지구로 2015년 유네스코 세계 유산에 등재되었어요.

① 정약전이 자산어보를 저술한 곳을 알아본다.
  ➡ 조선 후기에 정약전은 유배지인 **흑산도**에서 인근의 수산 생물을 조사하여 "자산어보"를 저술하였어요.

② 비담과 염종이 반란을 일으킨 곳을 찾아본다.
  ➡ 신라 선덕 여왕 때 비담과 염종은 **경주** 명활성에서 반란을 일으켰으나 김유신에 의해 진압되었어요.

③ 성왕이 새로운 도읍지로 정한 곳을 검색한다.
  ➡ 백제 성왕은 도읍을 웅진(지금의 공주)에서 대외 진출에 유리한 사비(지금의 **부여**)로 옮겼어요.

④ 윤충이 의자왕의 명을 받아 함락시킨 곳을 확인한다.
  ➡ 윤충은 백제 의자왕의 명을 받아 신라를 공격하여 지금의 경상남도 **합천**에 있었던 대야성을 함락시켰어요.

⑤ 신립이 배수의 진을 치고 왜군과 맞선 곳을 답사한다.
  ➡ 임진왜란 초기에 신립은 **충주** 탄금대에서 배수의 진을 치고 왜군에 맞서 싸웠으나 패하였어요.

10 후삼국 통일 과정   정답 ①

(가), (나) 사이의 시기에 있었던 사실로 옳은 것은? [3점]

> (가) 견훤이 신라의 수도로 들어갔다. 포석정에서 연회를 벌이고 있던 신라 왕은 적의 병사들이 이르렀다는 말을 듣고 부인과 함께 달아나 성의 남쪽에 있는 별궁에 숨었다. 견훤은 신라 왕을 찾아내고 핍박하여 자결하게 하였다. — 유금필은 왕건의 고려 건국 때 공을 세운 개국 공신으로, 고창 전투를 비롯한 여러 전투에서 활약하여 후삼국 통일에 크게 기여하였어요.
> (나) 견훤이 고창군을 포위하자 유금필이 왕에게 아뢰기를, "싸워 보지도 않고 먼저 패배를 걱정하는 것은 어째서입니까? 신은 군대를 진격해 서둘러 공격하기를 바랍니다."라고 하니 왕이 허락하였다.

정답 잡는 키워드

❶, ❷ 견훤이 신라의 수도로 들어가 신라 왕을 자결하게 함
  → (가) **견훤의 신라 금성 공격, 경애왕을 죽게 함(927)**
❸ 견훤이 고창군 포위, ❹, ❺ 유금필이 왕에게 공격 건의
  → (나) **고창 전투(930)**

(가)는 견훤이 신라의 수도로 들어가 신라 왕을 자결하게 하였다는 내용을 통해 927년 후백제가 신라 금성을 공격한 상황임을 알 수 있어요. 후백제의 견훤은 신라가 고려와 연합하려는 움직임을 보이자 이를 막기 위해 기습적으로 신라의 수도 금성을 공격하였어요. 견훤은 경애왕을 자결하게 하고 경순왕을 새로운 왕으로 세웠어요. 이에 앞서 경애왕의 구원 요청을 받은 고려의 왕건은 신라를 지원하기 위해 군사를 이끌고 나섰으나 이미 금성이 함락된 뒤였어요. 왕건의 고려군은 돌아가던 후백제군과 공산(대구)에서 싸웠으나 패배하였어요. (나)는 견훤이 고창군을 포위하자 유금필이 왕(태조 왕건)에게 공격을 건의하는 것으로 보아 930년 고창 전투 당시의 상황임을 알 수 있어요. 공산 전투에서 승리한 후백제는 고려와의 주도권 다툼에서 한동안 우세를 확보하였어요. 고려의 왕건은 신라와의 관계를 유지하고 호족과의 연합 체제를 강화하였어요. 후삼국의 패권을 둘러싼 후백제와 고려의 대립은 다시 격화되었고, 전략적 요충지인 고창(안동)에서 전투가 벌어졌어요. 고려는 지역 호족들의 지원을 받아 승리하였고, 이를 계기로 후삼국 통일의 주도권을 장악하게 되었어요.

① **신숭겸이 공산 전투에서 전사하였다.**
  ➡ 927년 공산 전투 당시 고려의 장수 신숭겸은 후백제군에게 포위되어 위기에 빠진 왕건의 목숨을 구하고 전사하였어요.

② 안승이 보덕국의 왕으로 책봉되었다.
  ➡ 안승은 고구려 부흥 운동을 주도한 검모잠을 제거한 후 신라에 망명하였고, **674년** 보덕국의 왕으로 책봉되었어요.

③ 흑치상지가 임존성에서 군사를 일으켰다.
  ➡ **660년** 백제 멸망 후 흑치상지는 임존성에서 군사를 일으켜 백제 부흥 운동을 전개하였어요.

④ 최치원이 왕에게 시무 10여 조를 건의하였다.
  ➡ **894년** 최치원은 신라 말의 혼란스러운 정치 상황을 바로잡기 위해 진성 여왕에게 시무 10여 조를 건의하였으나 귀족들의 반발로 실현되지는 못하였어요.

⑤ 왕건이 일리천 전투에서 신검에게 승리하였다.
  ➡ **936년** 왕건은 일리천 전투에서 신검이 이끄는 후백제군을 물리치고 후삼국을 통일하였어요.

기출 선택지 +α

❻ 궁예가 정변으로 왕위에서 축출되었다. (O/X)
❼ 경순왕 김부가 경주의 사심관으로 임명되었다. (O/X)

기출 선택지 +α 정답 ❻ ×[918년] ❼ ×[935년]

11 성종의 정책 정답 ⑤

(가) 왕에 대한 설명으로 옳은 것은? [2점]

사료로 만나는 한국사

교서를 내려 말하기를, "태학조교 송승연과 나주목(羅州牧)의 경학박사 전보인이 [학생들을] 이끌어 잘 도와서, 학문을 널리 닦으라는 공자의 뜻에 합치된다. 가르침에 게으르지 않아서 내가 학문을 권장하는 뜻에 들어맞으니 마땅히 그들을 발탁하여 특별하고 두터운 총애를 보이도록 하라."라고 하였다.

[해설] 위 사료는 (가) 이/가 유학 교육에 공이 있는 태학조교와 나주목의 경학박사를 치하하는 "고려사"의 기록이다. 중앙뿐 아니라 지방의 교육도 장려했던 (가) 은/는 ❶처음으로 12목을 설치하고 지방관에 이어 ❷경학박사와 의학박사를 파견하였다. _{고려 성종은 12목에 경학박사와 의학박사를 각각 1명씩 파견하여 지방 관민의 자제를 가르치게 하였어요.}

정답 잡는 키워드

❶ 처음으로 12목 설치, ❷ 경학박사와 의학박사 파견 → 성종

처음으로 12목을 설치하고 지방관에 이어 경학박사와 의학박사를 파견하였다는 내용을 통해 (가) 왕이 고려 성종임을 알 수 있어요. 성종은 2성 6부의 중앙 관제를 마련하고 전국에 12목을 설치하여 지방관을 파견하였어요. 또한, 지방 세력을 통제하기 위해 향리제를 정비하였어요. 인재 양성을 위해 국자감을 설치하고 지방에 경학박사를 파견하는 등 유학 교육을 장려하였으며, 연등회의 규모를 축소하고 팔관회를 폐지하였어요.

① 광덕, 준풍 등의 독자적 연호를 사용하였다.
➡ 광종은 황제를 칭하고 '광덕', '준풍' 등의 독자적 연호를 사용하였어요.

② 신돈을 중심으로 전민변정 사업을 추진하였다.
➡ 공민왕은 권문세족의 폐해가 극심하였던 토지와 노비 문제를 바로잡기 위해 신돈을 중심으로 전민변정 사업을 추진하였어요.

③ 청연각과 보문각을 두어 학문 연구를 장려하였다.
➡ 예종은 청연각과 보문각을 두어 학문 연구를 장려하였어요. 청연각은 궐내에 설치한 도서관이며, 보문각은 청연각이 궐내에 있어 학자들이 출입에 어려움을 겪자 따로 설치한 기관이에요.

④ 정계와 계백료서를 지어 관리의 규범을 제시하였다.
➡ 태조 왕건은 "정계"와 "계백료서"를 지어 관리들이 지켜야 할 규범을 제시하였어요.

⑤ 최승로의 시무 28조를 받아들여 통치 체제를 정비하였다.
➡ 성종은 최승로가 올린 시무 28조를 받아들여 유교 정치 이념을 바탕으로 통치 체제를 정비하였어요.

기출 선택지 +α

⑥ 관학을 진흥하고자 양현고를 설치하였다. (O/X)
⑦ 지방 세력 통제를 위해 향리제를 정비하였다. (O/X)
⑧ 국자감을 설립하여 유학 교육 진흥에 힘썼다. (O/X)
⑨ 주전도감을 설치하여 해동통보를 발행하였다. (O/X)
⑩ 쌍기의 건의를 받아들여 과거제를 실시하였다. (O/X)

기출 선택지 +α 정답 ⑥ ×[예종] ⑦ ○ ⑧ ○ ⑨ ×[숙종] ⑩ ×[광종]

12 고려의 대몽 항쟁 정답 ⑤

(가)의 침입에 대한 고려의 대응으로 옳은 것은? [1점]

이곳은 전라남도 진도의 용장성 유적으로, 삼별초가 조성한 궁궐의 터가 남아 있습니다. ❶고려 정부가 (가) 와/과 강화를 맺자, 이에 반발한 삼별초는 ❷왕족인 승화후 온을 왕으로 삼고 ❸이곳으로 내려와 궁궐과 성을 쌓아 항쟁을 계속하였습니다. 단기간 사용되었음에도 왕궁과 외성이 있고, 여러 개의 성문과 치(雉) 등 다양한 시설이 확인된다고 합니다.

정답 잡는 키워드

❶, ❷, ❸ 고려 정부가 강화를 맺자 삼별초가 승화후 온을 왕으로 삼고 진도 용장성에서 항쟁을 계속함 → 몽골

고려 정부가 강화를 맺자 삼별초가 이에 반발하여 왕족인 승화후 온을 왕으로 삼고 진도 용장성에서 항쟁을 계속하였다는 내용을 통해 (가)가 몽골임을 알 수 있어요. 1231년 몽골은 사신 저고여 피살 사건을 구실로 고려를 침략하였어요. 최씨 무신 정권은 일단 강화를 요청하여 몽골군을 물러나게 하고, 수도를 강화도로 옮겨 장기 항전을 준비하였어요. 이후 몽골은 여러 차례 고려를 침략하였고, 고려는 백성을 중심으로 대몽 항쟁을 전개하였어요. 1270년 고려 정부가 몽골과 강화를 맺고 개경 환도를 결정하자 삼별초는 이에 반발하여 강화도에서 봉기하였어요. 배중손이 이끈 삼별초는 승화후 온을 왕으로 추대하여 독자적인 정부를 세웠으며, 진도로 내려가 용장성을 쌓고 몽골에 대항하였어요. 이후 진도가 함락되자 다시 제주도로 근거지를 옮겨 항쟁을 이어 갔으나 고려와 몽골 연합군에 의해 진압되었어요.

① 윤관을 보내 동북 9성을 개척하였다.
➡ 고려 예종 때 윤관이 별무반을 이끌고 여진을 정벌한 후 동북 9성을 개척하였어요.

② 상비군으로 구성된 훈련도감을 설치하였다.
➡ 조선은 일본의 침입으로 일어난 임진왜란 당시 상비군으로 구성된 훈련도감을 설치하였어요. 훈련도감은 포수, 사수, 살수의 삼수병으로 편성되었어요.

③ 박위로 하여금 쓰시마섬을 정벌하게 하였다.
➡ 고려 창왕 때 박위로 하여금 왜구의 근거지인 쓰시마섬을 정벌하게 하였어요.

④ 서희를 파견하여 소손녕과 외교 담판을 벌였다.
➡ 고려 성종 때 거란이 침입하자 서희가 거란 장수 소손녕과 외교 담판을 벌여 강동 6주를 획득하였어요.

⑤ 대장도감을 설치하여 팔만대장경을 간행하였다.
➡ 강화도로 천도한 후 최씨 무신 정권은 부처의 힘을 빌려 몽골의 침입을 물리치기 위해 대장도감을 설치하고 팔만대장경을 간행하였어요.

기출 선택지 +α

⑥ 양규가 무로대에서 적군을 물리쳤다. (O/X)
⑦ 송문주가 죽주성에서 적군을 격퇴하였다. (O/X)
⑧ 화통도감을 설치하여 군사력을 증강하였다. (O/X)

기출 선택지 +α 정답 ⑥ ×[거란] ⑦ ○ ⑧ ×[왜구]

13 최충의 활동   정답 ③

(가)에 들어갈 내용으로 가장 적절한 것은? [2점]

이 초상화 속 인물은 고려의 학자인 문헌공 최충으로, 해동공자라고 불리기도 하였습니다. 거란의 침입으로 개경이 함락되어 서적들이 소실되자 역사서 편찬을 위한 수찬관에 임명되었습니다. 유학을 보급하고 인재 양성에 힘쓴 그는 (가)

최충은 고대 중국의 공자와 견주어 '바다 동쪽의 공자'라는 뜻의 '해동공자'라 불릴 만큼 당시 최고의 유학자였어요.

최충은 고려 전기에 문하시중 등을 역임한 문신으로, 시호는 '문헌'이에요. 유학자로서 명망이 높아 해동공자라고도 불렸어요. 목종 때 문과에 장원 급제하여 관직에 진출하였고, 현종 때 거란의 침입으로 서적들이 소실되자 수찬관이 되어 태조부터 목종에 이르는 역사를 기록한 "칠대실록"의 편찬에 참여하였어요.

① 불씨잡변을 지어 불교를 비판하였습니다.
→ 조선 초기에 정도전은 성리학자의 입장에서 불교 교리를 비판한 "불씨잡변"을 저술하였어요.

② 만권당에서 원의 학자들과 교유하였습니다.
→ 고려 말 충선왕은 원의 연경에 머물면서 자신의 집에 만권당이라는 독서당을 세웠어요. 이곳에서 이제현 등 고려의 학자들이 원의 학자들과 교유하였어요.

③ 지공거 출신으로 9재 학당을 설립하였습니다.
→ 지공거는 고려 시대에 과거 시험이 있을 때 이를 주관한 임시 직책으로 시험관을 말해요. 지공거를 지냈던 최충은 관직에서 물러난 뒤 9재 학당을 설립하여 유학 교육에 힘썼어요. 9재 학당은 최충의 시호를 따 문헌공도라고 불리기도 하였어요.

④ 입학도설을 저술하여 성리학의 기본 원리를 해설하였습니다.
→ 고려 후기에 권근은 성리학 입문서 성격의 "입학도설"을 저술하여 성리학의 기본 원리를 글과 그림을 통해 쉽게 해설하였어요.

⑤ 성균관의 대사성이 되어 정몽주 등을 학관으로 천거하였습니다.
→ 고려 후기에 이색은 성균관의 대사성이 되어 정몽주 등을 학관으로 천거하여 성리학 보급에 공헌하였어요.

기출 선택지 +α

⑥ 역옹패설과 사략을 저술하였다. (O / X)
⑦ 왕명에 의해 삼국사기를 편찬하였다. (O / X)
⑧ 문헌공도를 설립하여 유학 교육에 힘썼다. (O / X)
⑨ 봉사 10조를 올려 시정 개혁을 건의하였다. (O / X)
⑩ 고구려 계승 의식을 강조한 동명왕편을 지었다. (O / X)

정답 ⑥ ×[이제현] ⑦ ×[김부식] ⑧ ○ ⑨ ×[최충헌] ⑩ ×[이규보]

14 묘청의 난   정답 ③

다음 상황이 나타난 시기를 연표에서 옳게 고른 것은? [2점]

❶ 서경 반란군이 검교첨사 김정을 개경으로 보내 표문을 올려 이르기를, "폐하께서 음양의 지극한 말을 믿으시고 도참의 비설을 고찰하시어 대화궁을 창건하시니 천제(天帝)의 도움을 본떠 만드신 것입니다. …… 인심은 두려운 것이며 군중의 분노는 막기 어려우니 ❷ 만약 폐하께서 수레를 타고 임하신다면 병란은 그칠 것입니다."라고 하였다. 표문이 도착하니 모두 말하기를, "신하가 감히 군주를 부르다니 그 사자(使者)를 베는 것이 옳습니다."라고 하였다.

묘청 등은 고려 인종에게 청하여 서경에 새 궁궐인 대화궁을 짓는 등 서경 천도를 준비하였으나 개경 세력의 반대로 무산되었어요.

정답 잡는 키워드

❶, ❷ 서경 반란군이 개경에 있는 왕에게 행차를 요청함
→ **묘청의 난**

서경 반란군이 개경에 있는 왕에게 행차를 요청하는 것으로 보아 묘청, 정지상 등 서경 세력이 서경에서 반란을 일으킨 상황(1135)임을 알 수 있어요.

918	1009	1126	1170	1356	1392
(가)	(나)	(다)	(라)	(마)	
고려 건국	강조의 정변	이자겸의 난	무신 정변	쌍성총관부 탈환	고려 멸망

→ 고려 건국 이후 국가 체제를 정비하는 과정에서 과거와 음서를 통해 여러 대에 걸쳐 고위 관리를 배출한 문벌이 형성되었어요. 이들은 서로 혼인 관계를 맺어 지위를 유지하였고 몇몇 가문은 왕실과의 혼인을 통해 권력을 장악하였어요. 그 중 경원 이씨 가문은 왕실과의 중첩된 혼인 관계를 통해 유력한 외척 가문으로 성장하였어요. 특히 인종 때 막강한 권력을 가지고 있던 이자겸은 스스로 왕이 되고자 반란을 일으켰어요(이자겸의 난). 반란은 곧 진압되었지만, 그 영향으로 왕권은 실추되고 지배층 내 분열과 갈등이 심해졌어요. 이에 인종은 승려 묘청과 정지상 등 서경 세력을 등용하여 개혁을 추진하였어요. 이 과정에서 묘청을 비롯한 서경 세력이 풍수지리설을 바탕으로 서경 길지설을 내세워 서경 천도를 추진하였으나 뜻대로 되지 않자 반란을 일으켰어요(묘청의 난). 반란은 김부식이 이끄는 관군에 의해 진압되었지만 문벌 지배 체제의 모순은 더욱 심화되었어요. 이러한 가운데 무신 정변이 일어나면서 무신 정권이 들어섰어요.
따라서 묘청의 난이 일어난 시기는 이자겸의 난과 무신 정변 사이인 ③ (다)입니다.

① (가)   ② (나)   ③ (다)   ④ (라)   ⑤ (마)

연표로 흐름잡기

- 1126 ─ 이자겸이 척준경과 함께 반란을 일으킴 (이자겸의 난)
- 1129 ─ 서경에 대화궁 완공
- 1135 ─ **묘청의 난**
- 1170 ─ 정중부를 비롯한 무신들이 정변을 일으켜 정권 장악 (무신 정변)

15 홍건적 침입 이후의 사실 정답 ⑤

교사의 질문에 대한 학생의 답변으로 가장 적절한 것은? [2점]

- 홍건적이 고려에 침입하여 개경을 함락하자 공민왕이 복주(지금의 안동)로 피란하여 반격을 준비하였어요.

자료는 '이생규장전'의 일부입니다. 이 작품은 ❶홍건적의 침입으로 왕이 피란하고 백성이 고통을 겪는 등 전란의 참혹했던 상황을 역사적 배경으로 하고 있습니다. 이 상황 이후에 전개된 역사적 사실에 대해 말해 볼까요?

[문학으로 만나는 한국사]
신축년에 홍건적이 개경을 점거하자 임금은 복주(福州)로 피란하였다. 적들은 집을 불태워 없애버렸으며, 사람을 죽이고 가축을 잡아먹었다. 부부와 친척끼리도 서로 보호하지 못했고 동서로 달아나 숨어서 제각기 살길을 찾았다. 이생은 가족들을 데리고 외진 산골로 숨었는데, 한 도적이 칼을 빼들고 뒤를 쫓아왔다. 이생은 달아나 목숨을 건졌지만, 그의 아내 최랑은 도적에게 사로잡혔다.

정답 잡는 키워드

❶ 홍건적의 침입으로 왕이 피란 → 공민왕 재위 시기

홍건적의 침입으로 왕이 피란하였다는 내용을 통해 고려 공민왕 재위 시기의 상황임을 알 수 있어요. 홍건적은 원 말기에 일어난 한족 반란군이에요. 공민왕 재위 시기에 홍건적의 일부가 원의 군사에 쫓겨 고려에 침입하였어요. 한때 개경이 함락되고 공민왕이 안동으로 피란하기도 하였으나 홍건적을 몰아내고 개경을 되찾았어요. 따라서 공민왕 재위 시기에 있었던 홍건적의 침입 이후의 사실을 찾으면 됩니다.

① 김사미가 운문을 거점으로 봉기하였어요.
➡ 무신 집권기인 명종 때 김사미가 운문(지금의 청도)을 거점으로 봉기하였어요.

② 강감찬이 흥화진 전투에서 승리하였어요.
➡ 현종 때 일어난 거란의 3차 침입 당시 강감찬이 흥화진에서 거란군을 크게 물리쳤어요.

③ 후주 출신 쌍기가 과거제 도입을 건의하였어요.
➡ 광종 때 후주에서 귀화한 쌍기의 건의로 과거제가 시행되었어요.

④ 최충헌이 교정도감을 두어 국정을 총괄하였어요.
➡ 무신 집권기인 희종 때 최충헌은 청교역에서 자신과 자신의 아들 최우를 죽이려는 모의가 있자 이를 조사하기 위해 교정도감을 처음 설치하였어요. 이후 교정도감은 국정을 총괄하는 최고 권력 기구가 되었어요.

⑤ 이성계가 위화도에서 회군하여 정권을 장악하였어요.
➡ 공민왕의 뒤를 이어 즉위한 우왕 때 요동 정벌을 위해 출정한 이성계가 위화도에서 군대를 멈추고 우왕에게 회군 명령을 요청하였지만 받아들여지지 않자 군대를 돌려 개경으로 돌아와 우왕과 최영을 몰아내고 권력을 장악하였어요.

기출 선택지 +α

❻ 최무선이 진포에서 왜구를 격퇴하였다. (O / X)
❼ 이자겸이 금의 사대 요구를 수용하였다. (O / X)
❽ 조준 등의 건의로 과전법이 제정되었다. (O / X)
❾ 정중부 등이 정변을 일으켜 권력을 차지하였다. (O / X)
❿ 최우가 인사 행정 담당 기구로 정방을 설치하였다. (O / X)

기출 선택지 +α
정답 ❻ O [우왕 때] ❼ X [인종 때] ❽ O [공양왕 때] ❾ X [의종 때] ❿ X [무신 집권기인 고종 때]

---

16 고려의 경제 정답 ⑤

다음 상황이 나타난 국가의 경제 모습으로 옳은 것은? [2점]

○ 동소(銅所)·철소(鐵所)·자기소(瓷器所)·지소(紙所)·묵소(墨所) 등 ❶여러 소에서 별공으로 바치는 물건들을 너무 과중하게 징수하여 장인들이 고통스러워 도망하고 있다.

○ 왕이 명령하기를, "이제 처음으로 화폐를 주조하는 법을 제정하였으니, 주조한 돈 1만 5천 관(貫)을 여러 관리와 군인들에게 나누어 주어 이를 통용의 시초로 삼고 전문(錢文)은 ❷해동통보라 하여라."라고 하였다.

- 고려 시대에 여러 소에서 각종 수공업품을 생산하여 왕실이나 관아에 바쳤어요. 생산하는 물품에 따라 동소(구리), 철소(쇠), 자기소(도자기), 지소(종이), 묵소(먹) 등으로 구분되었습니다.

정답 잡는 키워드

❶ 여러 소에서 별공을 바침, ❷ 해동통보 주조 → 고려

동소, 철소, 자기소 등 여러 소가 있었으며 해동통보를 주조하였다는 내용을 통해 고려 시대의 상황임을 알 수 있어요. 고려에는 향·부곡·소라는 특수 행정 구역이 있었는데, 향·부곡의 주민은 주로 농업에 종사하였고, 소의 주민은 주로 수공업품을 생산하였어요. 이곳의 주민은 거주 이전의 자유가 제한되고 일반 군현민에 비해 더 많은 세금을 내는 등 차별을 받았어요. 고려 숙종 때 화폐 주조 기관인 주전도감이 설치되고 은병(활구), 해동통보 등의 화폐가 발행되었으나 널리 유통되지는 못하였어요.

① 청해진을 설치하여 해상 무역을 전개하였다.
➡ 신라 흥덕왕 때 장보고가 완도에 청해진을 설치하여 해적을 소탕한 후 이곳을 중심으로 해상 무역을 전개하였어요.

② 재정 문제를 해결하기 위한 당백전이 발행되었다.
➡ 조선 고종 때 집권한 흥선 대원군은 경복궁 중건에 필요한 비용을 마련하기 위해 당백전이라는 고액 화폐를 발행하였어요.

③ 계해약조가 체결되어 세견선의 입항이 허가되었다.
➡ 조선은 세종 때 대마도주와 계해약조를 체결하여 제한된 범위의 무역을 허용하였어요.

④ 육의전을 제외한 시전 상인의 금난전권이 폐지되었다.
➡ 조선 정조 때 신해통공이 단행되어 육의전을 제외한 시전 상인의 금난전권이 폐지되었어요.

⑤ 예성강 하구의 벽란도가 국제 무역항으로 번성하였다.
➡ 고려 시대에 예성강 하구의 벽란도가 국제 무역항으로 번성하여 송과 일본뿐 아니라 아라비아 상인도 왕래하였어요.

기출 선택지 +α

❻ 모내기법이 전국적으로 확산되었다. (O / X)
❼ 관리에게 전지와 시지를 지급하였다. (O / X)
❽ 서적점, 다점 등의 관영 상점이 운영되었다. (O / X)
❾ 삼남 지방의 농법을 소개한 농사직설이 보급되었다. (O / X)
❿ 설점수세제의 시행으로 민간의 광산 개발이 허용되었다. (O / X)

기출 선택지 +α
정답 ❻ X [조선 후기] ❼ O ❽ O ❾ X [조선 전기] ❿ X [조선 후기]

17 고려의 과학 기술 정답 ④

(가)에 들어갈 내용으로 가장 적절한 것은? [1점]

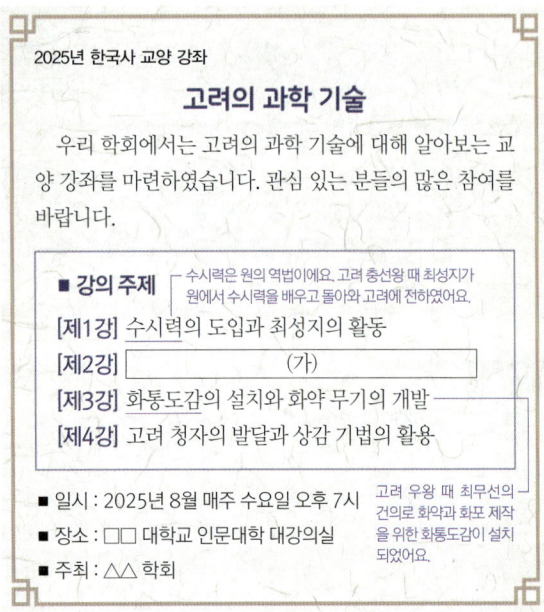

2025년 한국사 교양 강좌

고려의 과학 기술

우리 학회에서는 고려의 과학 기술에 대해 알아보는 교양 강좌를 마련하였습니다. 관심 있는 분들의 많은 참여를 바랍니다.

■ 강의 주제 수시력은 원의 역법이에요. 고려 충선왕 때 최성지가 원에서 수시력을 배우고 돌아와 고려에 전하였어요.

[제1강] 수시력의 도입과 최성지의 활동
[제2강] (가)
[제3강] 화통도감의 설치와 화약 무기의 개발
[제4강] 고려 청자의 발달과 상감 기법의 활용

■ 일시 : 2025년 8월 매주 수요일 오후 7시 고려 우왕 때 최무선의 건의로 화약과 화포 제작을 위한 화통도감이 설치되었어요.
■ 장소 : □□ 대학교 인문대학 대강의실
■ 주최 : △△ 학회

① 의약학의 발전과 **향약집성방**의 편찬
➡ "향약집성방"은 **조선** 세종 때 편찬된 의학 서적으로, 국산 약재와 이를 이용한 치료 방법이 소개되어 있어요.

② 100리 척의 사용과 **동국지도**의 제작
➡ **조선** 후기에 정상기는 최초로 100리 척을 사용한 동국지도를 제작하였어요.

③ 기하학적 원리와 **경주 석굴암**의 조성
➡ 경주 석굴암은 인공 석굴 사원으로 **통일 신라** 시기에 조성되었어요. 돔 형태의 사원으로 신라의 수준 높은 과학 기술을 보여 줍니다.

④ 금속 활자 기술과 **직지심체요절**의 간행
➡ **고려** 시대에 청주 흥덕사에서 현존하는 세계에서 가장 오래된 금속 활자 인쇄본인 "직지심체요절"이 간행되었어요.

⑤ 농업 기술의 발달과 **임원경제지**의 저술
➡ "임원경제지"는 **조선** 후기에 서유구가 농촌 생활에 필요한 지식, 기술 등을 백과사전식으로 정리한 책이에요.

기출 선택지 +α

❻ 기기도설을 참고하여 설계한 거중기 (O / X)
❼ 태양의 그림자로 시간을 보는 앙부일구 (O / X)
❽ 외적의 침입에 대비한 신무기, 신기전과 화차 (O / X)
❾ 활판 인쇄술의 발달을 가져온 계미자와 갑인자 (O / X)

정답 ❻ ×[조선 후기] ❼ ×[조선 전기] ❽ ×[조선 전기] ❾ ×[조선 전기]

18 고려의 문화유산 정답 ③

(가) 국가의 문화유산으로 옳은 것은? [2점]

메타버스 전시관

❶ 은진 미륵이라고도 불리는 거대한 이 불상은 (가) 시대 초기에 만들어진 것으로, 논산 ❷ 관촉사에 가면 볼 수 있어. 역사적, 예술적 가치가 재평가되어 보물에서 국보로 변경되었다고 해. 이번에는 탑을 만나러 가 볼까?

고려 광종 때 만들어진 것으로 알려진 논산 관촉사 석조 미륵보살 입상은 이상적인 우아함을 추구한 신라 불상과는 달리 투박하면서도 독창적인 모습을 보여 줍니다.

정답 잡는 키워드

❶ 은진 미륵이라고도 불리는 거대한 불상, ❷ 논산 관촉사 → **고려**

은진 미륵이라고도 불리는 거대한 불상이며, 논산 관촉사에 있다는 내용을 통해 자료의 불상이 고려 시대에 제작된 논산 관촉사 석조 미륵보살 입상임을 알 수 있어요. 따라서 (가) 국가는 고려입니다. 고려 초기에 지방 호족의 영향으로 개성 있는 모습의 거대 불상이 만들어졌어요. 논산 관촉사 석조 미륵보살 입상은 우리나라 석조 불상 가운데 가장 큰 불상이에요.

① ➡ **백제**의 익산 미륵사지 석탑이에요.

② ➡ **신라**의 경주 불국사 3층 석탑이에요.

③  ➡ **고려**의 개성 경천사지 10층 석탑이에요. 원의 영향을 받아 대리석으로 만들어졌어요.

④  ➡ **발해**의 전탑인 영광탑이에요.

⑤  ➡ **신라**의 경주 분황사 모전 석탑이에요.

기출 선택지 +α

❻ (O / X) ❼ (O / X) ❽ (O / X)

정답 ❻ O[평창 월정사 8각 9층 석탑] ❼ ×[백제, 부여 정림사지 5층 석탑]
❽ ×[신라, 구례 화엄사 4사자 3층 석탑]

19 제1차 왕자의 난

정답 ①

다음 자료를 활용한 탐구 활동으로 가장 적절한 것은? [2점]

> 처음에 ❶공신 배극렴·조준·정도전이 세자를 세울 것을 청하면서, 나이와 공로를 고려하여 정하기를 청하였다. 임금이 강씨를 중히 여겨 이방번에게 뜻이 있었으나, 공신들은 방번이 적합하지 않다고 생각하여 사적으로 서로 이야기하기를, "만일 강씨 소생이어야 한다면 막내가 조금 낫겠다."라고 하였다. 이후 임금이 "누가 세자가 될 만한가?"라고 물으니, 맏아들 혹은 공로가 있는 사람을 세워야만 된다고 간절히 말하는 사람이 없었다. 이에 극렴이 말하기를, "막내아들이 좋습니다."라고 하니, ❷임금이 마침내 뜻을 결정하여 어린 이방석을 왕세자로 삼았다.
>
> 태조 이성계에게는 첫째 부인 한씨 소생의 아들 여섯 명과 계비 강씨 소생의 아들 두 명이 있었어요. 태조는 이들 중 계비 강씨 소생의 여덟째 아들 이방석을 왕세자로 책봉하였어요.

정답 잡는 키워드

❶ 공신 정도전 등이 세자를 세울 것을 청함,
❷ 왕이 어린 이방석을 왕세자로 삼음 → **태조 재위 시기**

배극렴, 조준, 정도전이 세자를 세울 것을 청하였으며 임금이 어린 이방석을 왕세자로 삼았다는 내용을 통해 조선 태조 재위 시기의 상황임을 알 수 있어요. 태조가 어린 막내아들 이방석을 왕세자로 삼자, 이방원(후에 태종)이 무력으로 이복동생 이방석과 이방번을 비롯해 정도전 등 반대파를 제거하고 정권을 장악하였어요(제1차 왕자의 난).

①**제1차 왕자의 난이 일어난 이유를 찾아본다.**
➡ **태조** 때 왕위 계승 문제를 둘러싸고 제1차 왕자의 난이 일어났고, 이어 태조의 둘째 아들 이방과(후에 정종)가 세자로 책봉되었어요.

② **수양 대군**이 **정권**을 **장악**하는 과정을 조사한다.
➡ **단종** 때 왕의 숙부인 수양 대군(후에 세조)이 계유정난을 일으켜 정권을 장악하였어요.

③ 사림이 **동인**과 **서인**으로 나뉘게 된 계기를 파악한다.
➡ **선조** 때 이조 전랑 임명과 척신 정치의 잔재 청산 문제를 둘러싸고 사림이 동인과 서인으로 나뉘었어요.

④ **폐모살제** 등을 구실로 **반정**을 일으킨 세력을 검색한다.
➡ **광해군** 때 서인 세력은 폐모살제를 구실로 반정을 일으켜 광해군을 몰아내고 인조를 왕위에 올렸어요.

⑤ 허적과 윤휴 등 남인이 대거 **축출**되는 사건을 알아본다.
➡ **숙종** 때 경신환국이 일어나 허적과 윤휴 등 남인이 대거 축출되고 서인이 정치적 주도권을 장악하였어요.

20 사헌부

정답 ⑤

(가) 기구에 대한 설명으로 옳은 것은? [2점]

> 이 그림은 (가)의 감찰인 김종한 등 23인의 계회를 기념하여 그린 이십삼상대회도입니다. ❶'상대'는 백관에 대한 규찰과 탄핵 등을 관장하던 (가)의 별칭입니다. 이 계회도의 하단에는 감찰 23인의 품계와 성명, 그리고 그 부친의 관직과 성명 등이 기재되어 있어 조선 초기 계회도를 이해하는 데 큰 도움이 됩니다.
>
> 사헌부의 감찰이 서릿발같이 매섭고 엄정하다는 뜻에서 사헌부를 '서리 상(霜)' 자를 써서 상대라고도 하였어요.

정답 잡는 키워드

❶ 별칭 '상대', ❷ 백관에 대한 규찰과 탄핵 등 관장 → **사헌부**

'상대'라고도 불렸으며 백관에 대한 규찰과 탄핵 등을 관장한 조선 시대의 기구는 사헌부입니다. 사헌부는 대사헌을 수장으로 하는 조선 시대의 감찰 기구로 상대, 오대, 백부라고도 하였어요. 사헌부의 관리는 사간원의 관리와 함께 대간이라 불렸으며, 5품 이하의 관리 임명에 대한 서경권을 행사하였어요. 또한, 사헌부는 사간원, 홍문관과 함께 3사로 불리며 언론 기능을 담당하였어요.

① 수도의 행정과 치안을 담당하였다.
➡ 조선 시대에 **한성부**는 수도 한성의 행정과 치안을 담당하였어요.

② 을묘왜변을 계기로 상설 기구화되었다.
➡ **비변사**는 처음에 외적의 침입에 대비하는 임시 기구로 설치되었지만 을묘왜변을 계기로 상설 기구화되었어요. 임진왜란 이후에는 국정 전반을 총괄하는 기구가 되었어요.

③ 서얼 출신 학자들이 검서관에 등용되었다.
➡ 정조 때 서얼 출신인 박제가, 유득공, 이덕무 등이 **규장각** 검서관에 등용되었어요.

④ 역사서를 편찬하고 사고에 보관하는 일을 맡았다.
➡ 조선 시대에 **춘추관**은 역사서를 편찬하고 사고에 보관하는 일을 담당하였어요.

⑤**대사헌을 수장으로 집의, 장령 등의 관직을 두었다.**
➡ **사헌부**에는 장관 역할을 하는 대사헌을 비롯하여 집의, 장령, 감찰 등의 관직이 있었어요.

기출 선택지 +α

❻ 업무 일지인 내각일력을 작성하였다. (O/X)
❼ 사간원, 홍문관과 함께 삼사로 불렸다. (O/X)
❽ 왕명 출납을 맡은 왕의 비서 기관이었다. (O/X)
❾ 왕에게 경서 등을 강론하는 경연을 주관하였다. (O/X)
❿ 5품 이하 관리의 임명 과정에서 서경권을 행사하였다. (O/X)

기출 선택지 +α 정답 ❻ ×[규장각] ❼ ○ ❽ ×[승정원] ❾ ×[홍문관] ❿ ○

21 조선과 여진의 관계 정답 ②

(가)에 대한 조선의 대응으로 옳은 것은? [2점]

이 그림에는 1588년 북병사 장양공 이일이 변경을 침범하던 (가) 을/를 정벌하는 장면이 그려져 있습니다. 조선 초에는 (가) 을/를 회유하기 위해 **경성과 경원에 무역소를 설치**하기도 하였으나, 이들은 수시로 변경을 침범하였고 조선 정부의 토벌도 이어졌습니다.

조선은 국경지대에서 일어나는 여진의 노략질을 막기 위해 경성과 경원에 무역소를 설치하여 이들이 필요한 물품을 구할 수 있게 하였어요.

장양공정토시전부호도

정답 잡는 키워드

❶ 경성과 경원에 무역소 설치 → 여진

회유책으로 경성과 경원에 무역소를 설치하였다는 내용을 통해 (가)가 여진임을 알 수 있어요. 조선은 초기에 명에 대해서는 사대, 여진과 일본에 대해서는 대등하게 교류하는 교린의 원칙을 적용하여 외교 관계를 맺었어요. 이에 따라 여진에 대해 4군과 6진을 개척하는 강경책을 펴는 한편, 귀순을 장려하고 무역소를 설치하여 무역을 허용하는 등 회유책도 함께 추진하였어요. 또한, 여진에서 오는 사신을 접대하기 위해 한성에 북평관을 설치하기도 하였어요.

① 사신 접대를 위해 한성에 **동평관**을 두었다.
 ➡ **조선**은 **일본** 사신이 머무는 숙소로 한성에 동평관을 두었어요.

②두만강 일대를 개척하여 6진을 **설치**하였다.
 ➡ **조선** 세종 때 **여진** 정벌에 나서 최윤덕이 압록강 유역에 4군을, 김종서가 두만강 유역에 6진을 설치하였어요.

③ **강화도**로 도읍을 옮겨 **장기 항전**을 준비하였다.
 ➡ **고려** 무신 집권기에 **몽골**이 침입하자 당시 최고 권력자였던 최우는 강화도로 도읍을 옮겨 장기 항전을 준비하였어요.

④ 철령위 설치에 반발하여 요동 정벌을 **추진**하였다.
 ➡ **고려** 우왕 때 **명**이 철령위를 설치하려고 하자 이에 반발하여 우왕과 최영이 요동 정벌을 추진하였어요.

⑤ 신기군, 신보군, 항마군 등으로 구성된 **별무반**을 **조직**하였다.
 ➡ **고려** 숙종 때 윤관의 건의로 **여진** 정벌을 위한 별무반이 조직되었어요. 별무반은 기병인 신기군, 보병인 신보군, 승병인 항마군으로 구성되었어요.

기출 선택지 +α

❻ 부산포, 제포, 염포의 삼포를 개항하였다. (O/X)
❼ 사절 왕래를 위하여 북평관을 개설하였다. (O/X)
❽ 막부의 요청에 따라 통신사를 파견하였다. (O/X)
❾ 압록강 상류 지역을 개척하여 4군을 설치하였다. (O/X)

기출 선택지 +α 정답 ❻ ×[일본] ❼ O ❽ ×[일본] ❾ O

22 인종~명종 재위 시기의 사실 정답 ②

(가), (나) 사이의 시기에 있었던 사실로 옳은 것은? [3점]

─ 조선 인종이 선왕인 중종 때 기묘사화로 사사된 조광조의 벼슬을 회복시켜 줄 것을 대신들에게 명하였어요.

(가) 대신 등에게 전교하기를, "조광조 등의 일은 내가 늘 마음속에서 잊지 않았으나 **선왕(先王)**께서 전에 허락하지 않으셨으므로 감히 가벼이 고치지 못하였다. 이제는 내 병이 위독하여 비로소 유언하니 **조광조 등의 벼슬을 모두 회복할 수 있으면 다행이겠다.** 현량과도 회복하여 거두어 등용하도록 하라."라고 하였다.

(나) 부제학 정언각이 아뢰기를, "소신이 **양재역**에 이르러서 벽에 써 붙인 주서(朱書)를 보았는데 국가에 관계된 내용이었으므로 지극히 놀랐습니다. …… 또 반역의 잔당들은 이미 죄를 물었습니다마는, 심영은 대왕대비를 가리켜 신하로서 할 수 없는 말을 하였습니다. 신하가 그와 같은 말을 하고서 어떻게 천지 사이에 용납될 수 있겠습니까."라고 하였다.

─ 조선 명종 때 일어난 을사사화 이후 양재역에 대비(문정 왕후)가 권력을 잡고 간신이 설쳐 나라가 곧 망할 것이라는 내용의 벽서가 붙었어요.

정답 잡는 키워드

❶, ❷ 선왕께서 허락하지 않았던 조광조 등의 벼슬을 모두 회복하도록 유언으로 남김 → (가) 인종 재위 시기

❸ 양재역 벽에 써 붙인 주서
 → (나) 명종 재위 시기(양재역 벽서 사건)

(가)는 선왕께서 허락하지 않아 고치지 못하였다가 유언을 남겨 조광조 등의 벼슬을 모두 회복하도록 하였다는 내용을 통해 조선 인종 재위 시기의 상황임을 알 수 있어요. 중종 때 일어난 기묘사화로 조광조 일파가 정계에서 축출되었어요. 중종의 뒤를 이어 즉위한 인종은 사림 세력을 중용하면서 기묘사화 때 희생된 조광조 등을 복권하고 현량과 급제자의 자격을 복구하였어요. (나)는 양재역에 국가와 관계된 벽서가 붙어 있다는 내용을 통해 조선 명종 재위 시기에 일어난 양재역 벽서 사건의 상황임을 알 수 있어요. 인종이 즉위 8개월 만에 사망하고, 인종의 뒤를 이어 명종이 어린 나이로 즉위하자 명종의 어머니인 문정 왕후가 수렴청정을 하였어요. 이후 인종의 외척 세력인 대윤(윤임 일파)과 명종의 외척 세력인 소윤(윤원형 일파)의 대립이 심화되어 을사사화가 일어나 대윤 세력이 몰락하고 소윤이 정권을 장악하였어요. 이러한 상황에서 양재역에 문정 왕후와 소윤 세력의 전횡을 비판하는 내용의 벽서가 붙었어요. 소윤 세력은 이를 빌미로 대윤의 잔당이 반역을 꾀하려 한다고 몰아 숙청을 단행하였어요.

① 자의 대비의 복상 문제로 **예송**이 일어났다.
 ➡ **현종** 때 자의 대비의 복상 문제를 두고 두 차례 예송이 일어났어요. (나) 이후의 사실이에요.

②외척 간의 권력 다툼으로 윤임이 제거되었다.
 ➡ **명종 즉위 직후** 외척인 윤임 일파와 윤원형 일파 간의 권력 다툼으로 을사사화가 일어나 윤임이 제거되었어요.

③ 세자 책봉 문제를 계기로 **정철**이 유배되었다.
 ➡ **선조** 때 서인 계열의 정철이 광해군을 세자로 책봉할 것을 건의한 것이 문제가 되어 유배되고 동인이 정권을 잡게 되었어요. (나) 이후의 사실이에요.

④ 희빈 장씨 소생의 원자 책봉 문제로 **환국**이 발생하였다.
 ➡ **숙종** 때 희빈 장씨 소생의 원자 책봉 문제로 기사환국이 일어나 서인이 축출되고 남인이 집권하였어요. (나) 이후의 사실이에요.

⑤ 폐비 윤씨 사사 사건의 전말이 알려져 김굉필 등이 처형되었다.
 ➡ **연산군** 때 폐비 윤씨 사사 사건의 전말이 알려져 갑자사화가 일어나 김굉필 등이 처형되었어요. (가) 이전의 사실이에요.

23 병자호란   정답 ②

(가) 전쟁 중에 있었던 사실로 옳은 것은? [2점]

> 문학으로 보는 한국사
>
> 남한산성 무너진 날 죽었어야 할 몸인데
> 초수(草囚)* 되어 아직도 못 돌아간 신하라네
> 서쪽으로 오며 형 생각에 몇 번이나
> 눈물 뿌렸던고
> 동녘을 바라보니 아우 그린 형이 가련하네
> ……
> 부부 은정(恩情) 중하기도 한데
> 만난 지 두 돌도 못 되었네그려
> 이제는 만 리 밖에 이별하여
> 백년가약이 헛되구나
> 길이 멀어 편지도 못 부치고
> 산이 높아 꿈조차 더디 넘네
> 나의 살 길 기약할 수 없으니
> 뱃속의 아이나 잘 보살펴주오
>
> *초수 : 포로를 뜻함

[해설]
이 작품은 송시열이 펴낸 "삼학사전"에 수록된 시로, 오달제가 형과 아내에게 보낸 것입니다. 삼학사는 **(가)** 때 척화론을 주장하다가 이듬해 심양으로 잡혀가 순절한 홍익한, 윤집, 오달제를 말합니다. "삼학사전"에는 삼학사의 절개와 비극적 최후가 묘사되어 있습니다. ❷ 인조의 뒤를 이어 즉위한 효종은 **(가)** 의 치욕을 씻기 위해 북벌을 추진하는 한편 순절한 인물을 기리고 그 후손을 등용하는 정책을 펼쳤습니다.
삼학사는 병자호란 당시 화의를 반대하며 결사 항전을 주장한 세 명의 관료로, 인조가 항복한 뒤 청의 심양으로 끌려가 죽임을 당하였어요.

정답 잡는 키워드
❶ 삼학사가 척화론 주장, ❷ 인조의 뒤를 이어 즉위한 효종이 치욕을 씻기 위해 북벌 추진 → **병자호란**

삼학사가 척화론을 주장하였으며, 인조의 뒤를 이어 즉위한 효종이 전쟁으로 당한 치욕을 씻기 위해 북벌을 추진하였다는 내용을 통해 (가) 전쟁이 병자호란임을 알 수 있어요. 정묘호란 이후 후금은 국호를 '청'으로 바꾸고 조선에 군신 관계를 요구하였어요. 조선 조정에서는 청과 화친해야 한다는 주화론과 청에 굴복해서는 안 된다는 척화론이 대립하였으나 척화론이 우세하여 청의 요구를 거절하였어요. 이에 청이 조선을 침략하여 병자호란이 일어났어요. 인조와 조정 대신들은 남한산성으로 피란하여 청에 항전하였으나 결국 항복하고 삼전도에서 굴욕적인 항복 의식을 치렀어요. 이후 소현 세자와 봉림 대군이 청에 인질로 끌려갔고, 삼학사를 비롯한 많은 신하와 백성들도 청에 잡혀갔어요. 인조의 뒤를 이어 왕위에 오른 효종(봉림 대군)은 청에 당한 치욕을 갚기 위해 어영청을 중심으로 북벌을 추진하였어요.

① 송상현이 동래성에서 항전하였다.
➡ **임진왜란** 발발 직후 일본군에 맞서 동래 부사 송상현이 동래성에서 항전하였으나 패배하였어요.

②김준룡이 광교산 전투에서 승리하였다.
➡ **병자호란** 때 김준룡이 근왕병을 이끌고 지금의 경기도 용인 광교산 일대에서 청의 군대와 싸워 승리하였어요.

③ 이괄의 반란 세력이 도성을 장악하였다.
➡ 인조반정에서 공을 세운 이괄이 인조 즉위 후 자신의 공로가 낮게 평가된 것에 불만을 품고 반란을 일으켰어요(**이괄의 난**). 이괄의 난은 진압되었지만 그 잔당이 후금으로 넘어가 인조의 즉위가 부당하다고 주장하였어요. 이를 명분으로 후금이 조선을 침략하여 정묘호란이 일어났어요.

④ 강홍립 부대가 사르후 전투에 참전하였다.
➡ **광해군** 때 후금과 대립하고 있던 명의 요청에 따라 강홍립 부대가 파견되어 후금과 명이 벌인 사르후 전투에 참전하였어요.

⑤ 신류가 조총 부대를 이끌고 흑룡강에서 전투를 벌였다.
➡ 효종 때 청의 요청에 따라 **나선 정벌**을 위한 조총 부대가 두 차례 파견되었는데, 두 번째 파견된 신류가 조총 부대를 이끌고 흑룡강에서 러시아군과 전투를 벌였어요.

24 영조의 정책   정답 ③

(가) 왕에 대한 설명으로 옳은 것은? [2점]

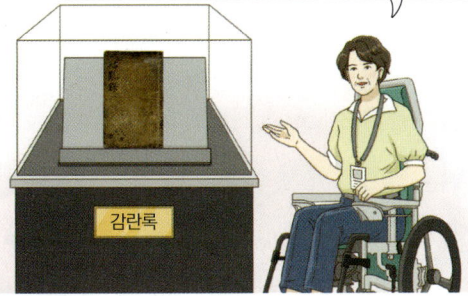

> 경종이 죽고 영조가 왕위를 잇자 이인좌 등이 영조의 즉위 과정에 의혹을 제기하며 반란을 일으켰어요. 무신년에 일어났기 때문에 무신란이라고도 합니다.

이 책은 ❶ **이인좌의 난**을 평정한 직후 **(가)** 의 명으로 송인명 등이 난의 진행 과정과 원인에 대해 여러 자료를 참고해서 편찬한 것입니다. 어제(御製) 서문에는 ❷ **이인좌의 난이 일어난 원인을 붕당에서 찾고 있으며**, 이와 같은 변란의 재발을 막기 위하여 이 책을 편찬한다고 명시되어 있습니다.

감란록

정답 잡는 키워드
❶ 이인좌의 난 평정,
❷ 이인좌의 난이 일어난 원인을 붕당에서 찾음 → **영조**

이인좌의 난을 평정하였으며 이인좌의 난이 일어난 원인을 붕당에서 찾고 있다는 내용을 통해 (가) 왕이 조선 영조임을 알 수 있어요. 영조 즉위 초에 이인좌를 중심으로 한 소론 세력이 왕과 노론 세력을 제거할 목적으로 반란을 일으켰으나 진압되었어요. 영조는 왕세제 시절 노론과 소론 사이의 갈등 속에서 붕당 정치의 폐단을 직접 겪었어요. 이에 즉위 후 붕당 정치의 폐해를 바로잡기 위해 자신의 뜻에 동의하는 탕평파를 중심으로 정국을 운영하였어요.

① 경기도에 한하여 대동법을 시행하였다.
➡ **광해군**은 공납을 현물 대신 소유한 토지를 기준으로 쌀이나 베, 동전 등으로 납부하게 하는 대동법을 시행하였어요.

② 수도 방어를 위하여 금위영을 창설하였다.
➡ **숙종**은 국왕 호위와 수도 방어를 위해 금위영을 창설하였어요. 금위영이 창설되면서 5군영 체제가 완성되었어요.

③탕평 교서를 반포하고 탕평비를 건립하였다.
➡ **영조**는 붕당 정치의 폐해를 경계하기 위해 탕평 교서를 반포하였어요. 또한, 탕평의 의지를 널리 알리기 위해 성균관 앞에 탕평비를 건립하였어요.

④ 문신을 재교육하기 위한 초계문신제를 실시하였다.
➡ **정조**는 젊고 유능한 문신을 선발하여 규장각에서 재교육하는 초계문신제를 실시하였어요.

⑤ 통치 체제를 정비하기 위해 대전회통을 편찬하였다.
➡ **고종** 때 흥선 대원군은 "속대전"과 "대전통편" 편찬 이후 추가된 각종 법규를 보완하여 "대전회통"을 편찬하였어요.

핵심 개념	영조의 개혁 정치
정치	• 이인좌의 난 진압, 공론의 주재자인 산림의 존재 부정, 붕당의 근거지인 서원 대폭 정리 • 이조 전랑의 권한 축소, 탕평비 건립(붕당의 폐해 경계)
경제	균역법 실시(1년에 군포 1필 징수) → 농민의 군포 부담 감소
사회	형벌 제도 완화(사형수에 대한 삼심제를 엄격하게 시행, 지나친 형벌 금지), 신문고 제도 부활, 준천사 신설(청계천 준설)
문물 정비	"속대전", "동국문헌비고" 등 편찬

25 조선 후기의 사회 모습   정답 ①

밑줄 그은 '시기'에 볼 수 있는 모습으로 가장 적절한 것은? [1점]

> 이것은 ❶장용영이 존재하던 시기 한양 도성 일대를 그린 도성도입니다. 종묘 부근에 장용영의 위치가 표시되어 있습니다. 이 지도에는 또 어떤 특징이 있을까요?

> 두드러진 특징은 남쪽을 바라보며 정사를 보는 왕의 시각에 맞춰 그려, 지도의 상단이 남쪽으로 되어 있다는 점입니다. 또한, 산수화풍의 섬세한 표현은 ❷겸재 정선의 화풍을 따른 것으로 보입니다.

> 겸재 정선은 조선 후기에 진경 산수화라는 독자적인 화풍을 개척하여 우리 산천의 아름다움을 사실적으로 표현하였어요.

정답 잡는 키워드

❶ 장용영 존재, ❷ 겸재 정선의 화풍을 따른 것으로 보임 → **조선 후기**

장용영이 존재하였으며 겸재 정선의 화풍을 따른 것으로 보인다는 내용을 통해 밑줄 그은 '시기'가 정조가 재위하던 조선 후기임을 알 수 있어요. 조선 정조는 자신의 개혁 정책을 뒷받침할 군사적 기반을 강화하기 위해 국왕 친위 부대인 장용영을 창설하였어요. 장용영은 정조 사후 곧 폐지되었어요. 겸재 정선은 조선 후기에 진경 산수화를 그린 대표적인 화가로 금강전도, 인왕제색도 등의 작품을 남겼어요.

① 세책가에서 춘향전을 빌리는 부녀자
  → **조선 후기**에 "홍길동전", "춘향전" 등 한글 소설이 유행하면서 돈을 받고 책을 빌려주는 세책가가 성행하였어요.

② 동국정운을 편찬하는 집현전의 학자
  → "동국정운"은 **조선 전기**인 세종 때 집현전 학자들이 왕명을 받아 편찬한 책이에요. 우리나라 한자음을 바로잡아 통일된 표준음을 정한 후 이를 훈민정음으로 표기하였어요.

③ 주자소에서 계미자를 제작하는 장인
  → **조선 전기**인 태종 때 활자 주조 관청인 주자소가 설치되어 금속 활자인 계미자가 주조되었어요.

④ 형평사 창립 대회 개최를 취재하는 기자
  → **1923년**에 진주에서 조선 형평사가 조직되어 백정에 대한 사회적 차별 철폐 운동인 형평 운동을 전개하였어요.

⑤ 시전의 상행위를 감독하는 경시서의 관리
  → **고려 시대**에 시전의 상행위를 감독하기 위해 경시서가 설치되었어요. 경시서는 조선 시대까지 이어졌지만, 세조 때 평시서로 이름이 바뀌었어요.

기출 선택지 +α

❻ 농상집요를 소개하는 관리	(O / X)
❼ 빈민을 구휼하는 제위보의 관리	(O / X)
❽ 옥계 시사에서 시를 낭송하는 중인	(O / X)
❾ 장시에서 판소리 공연을 하는 소리꾼	(O / X)
❿ 호랑이를 소재로 민화를 그리는 화가	(O / X)

기출 선택지 +α 정답 ❻ X [고려 후기] ❼ X [고려] ❽ O ❾ O ❿ O

---

26 조선 후기의 경제   정답 ①

다음 상황이 나타난 시기의 경제 모습으로 옳지 않은 것은? [2점]

> 비가 내리자 왕이 특별히 화성부에 이르기를, "흉년이 들었을 때 기근을 구제하는 데 서쪽 지방의 토란이나 남쪽 지방의 ❶고구마보다 월등히 나은 것은 메밀이다. 내가 이 때문에 모내기의 시기를 놓치게 되면 반드시 메밀을 대신 파종하도록 권장하는 것이다."라고 하였다.

정답 잡는 키워드

❶ 고구마 재배 → **조선 후기**

고구마가 재배되고 있는 것으로 보아 자료의 상황이 나타난 시기가 조선 후기임을 알 수 있어요. 조선 후기에 감자, 고구마 등의 작물이 전래되어 구황 작물로 널리 재배되었고, 남부 일부 지역에서 시행되던 모내기법이 전국적으로 확대되었어요. 모내기법은 당시 농업 생산력을 증대하는 효과를 가져왔지만, 논에 물을 대는 시기에 가뭄이 들면 큰 피해를 입는 취약점이 있었어요. 따라서 모내기법 보급과 함께 수리 시설의 중요성이 커져 저수지, 보가 새로 만들어지는 등 수리 시설이 확대되었어요.

① 염포의 왜관을 통해 일본과 교역하였다.
  → 염포는 **조선 전기**인 세종 때 일본인에게 교역을 허락하여 왕래할 수 있도록 개항한 3포 가운데 하나입니다. 부산포, 제포와 함께 개항되었으나 중종 때 폐쇄되었어요.

② 상평통보를 발행하여 화폐로 사용하였다.
  → **조선 후기**에 상공업이 발달하고 대동법 실시 등으로 화폐 유통이 확대되어 상평통보가 널리 사용되었어요.

③ 관청에 물품을 조달하는 공인이 활동하였다.
  → **조선 후기**에 대동법이 시행되면서 관청에서 필요로 하는 물품을 조달하는 공인이 활동하였어요. 공인의 활동은 상공업의 발달을 촉진하였어요.

④ 송상, 만상이 대청 무역으로 부를 축적하였다.
  → **조선 후기**에 개성의 송상, 의주의 만상이 대청 무역으로 부를 축적하였어요.

⑤ 덕대가 물주에게 자금을 받아 광산을 경영하였다.
  → **조선 후기**에 덕대로 불린 광산 전문 경영인이 물주로부터 자금을 받아 채굴업자와 노동자를 고용하여 광산을 경영하는 형태가 발달하였어요.

27 순조 재위 시기의 사실 정답 ④

(가) 왕의 재위 시기에 있었던 사실로 옳은 것은? [2점]

이 그림은 ❶세도 정치의 주요 인물이자 (가) 의 ❷장인인 김조순의 별저 옥호정과 그 일대를 그린 옥호정도입니다. 삼청동 북악산 백련봉 일대에 위치한 별저의 모습을 통해 당시 세도가였던 안동 김씨의 위세를 짐작할 수 있습니다.

정조 사후 순조가 어린 나이에 즉위하면서 순조의 장인인 김조순을 중심으로 하는 안동 김씨 세력의 세도 정치가 전개되었어요.

정답 잡는 키워드
❶ 세도 정치, ❷ 장인인 김조순 → 순조

세도 정치가 전개되던 시기의 왕으로 장인이 김조순이라는 내용을 통해 (가) 왕이 조선 순조임을 알 수 있어요. 정조가 사망한 후 순조, 헌종, 철종으로 이어진 3대 60여 년 동안 왕실과 혼인 관계를 맺은 몇몇 가문이 비변사를 중심으로 정치권력을 독점하고 권세를 휘두른 세도 정치가 전개되었어요. 세도 정치 시기에 국가 기강이 해이해져 탐관오리의 수탈과 삼정의 문란이 극에 달하였어요. 이에 고통받던 농민들의 봉기가 전국 각지에서 일어났어요.

① 오페르트가 남연군 묘 도굴을 시도하였다.
→ 고종 재위 시기인 1868년에 독일 상인 오페르트가 흥선 대원군의 아버지 남연군의 묘를 도굴하여 통상 협상에 이용하려고 하였으나 도굴에 실패하였어요.

② 이만손이 주도하여 영남 만인소를 올렸다.
→ 고종 재위 시기인 1881년에 "조선책략" 유포와 정부의 개화 정책에 반대하여 이만손의 주도로 영남 유생들이 만인소를 올렸어요.

③ 이시애가 길주를 근거지로 난을 일으켰다.
→ 세조 때 중앙 집권 체제를 강화하기 위해 함길도(함경도) 출신 수령의 임명을 줄이고 중앙에서 직접 관리를 파견하였어요. 이에 불만을 품은 함길도 토착 세력 이시애가 길주를 근거지로 난을 일으켰으나 진압되었어요.

④ 홍경래 등이 봉기하여 정주성을 점령하였다.
→ 순조 때 서북 지역(평안도)에 대한 차별과 지배층의 수탈에 반발하여 홍경래 등이 난을 일으켜 정주성을 점령하였으나 관군에 의해 진압되었어요.

⑤ 곽재우, 고경명 등이 의병장으로 활약하였다.
→ 선조 때 일어난 임진왜란 당시 곽재우, 고경명 등이 의병장으로 활약하였어요.

기출 선택지 +α
❻ 최제우가 혹세무민의 죄로 처형되었다. (O / X)
❼ 훈련 교범인 무예도보통지가 편찬되었다. (O / X)
❽ 박규수의 건의로 삼정이정청이 설치되었다. (O / X)
❾ 황사영이 외국 군대의 출병을 요청하는 백서를 작성하였다. (O / X)

기출 선택지 +α 정답 ❻ ×[고종] ❼ ×[정조] ❽ ×[철종] ❾ ○

---

28 갑신정변 정답 ⑤

(가) 사건에 대한 설명으로 옳은 것은? [2점]

> ❶김옥균 등이 청이 우리 자주권을 침해하는 데 분노하여 일본 공사와 (가) 을/를 일으켜 '일본당'으로 지목되었다. (가) 이/가 실패하자 온 나라가 그를 역적이라 하였다. 나는 조정에 몸을 담고 있어 그를 토벌하여 죽여야 한다는 것 외에 다른 목소리를 낼 수 없었다. 그러나 김옥균과 나의 마음은 그 뜻이 다른 데 있는 것이 아니라 나라를 사랑하는 데서 나온 것이었다.
> - "속음청사" -

정답 잡는 키워드
❶ 김옥균 등이 청의 자주권 침해에 분노하여 일본 공사와 함께 일으킴 → 갑신정변

김옥균 등이 청의 자주권 침해에 분노하여 일본 공사와 함께 일으켰다는 내용을 통해 (가) 사건이 갑신정변임을 알 수 있어요. 김옥균, 박영효 등 급진 개화파는 일본의 메이지 유신을 본받아 급진적인 개혁을 추진하려 하였어요. 이들은 일본 공사의 지원을 약속받고 우정총국 개국 축하연을 기회로 1884년에 갑신정변을 일으켰어요. 급진 개화파는 개화당 정부를 구성하고 청과의 사대 관계 청산, 호조로의 재정 일원화, 문벌 폐지, 능력에 따른 인재 등용 등을 담은 개혁 정강을 발표하였어요. 하지만 청군이 개입하자 일본군이 약속을 어기고 곧바로 철수하면서 정변은 3일 만에 실패로 끝났어요. 갑신정변 이후 조선 정부는 일본에 배상금을 지불하고 일본 공사관 신축 비용을 부담한다고 약속한 한성 조약을 체결하였어요.

① 개혁 추진 기구로 교정청이 설치되었다.
→ 조선 정부는 동학 농민군과 전주 화약을 체결한 후 개혁 추진 기구로 교정청을 설치하였어요. 교정청은 군국기무처가 설치되면서 폐지되었어요.

② 전개 과정에서 홍범 14조가 반포되었다.
→ 제2차 갑오개혁 시기에 고종은 개혁의 기본 방향을 제시한 홍범 14조를 반포하였어요.

③ 통리기무아문이 신설되는 배경이 되었다.
→ 조선 정부는 1880년에 개화 정책을 총괄하는 기구로 통리기무아문을 설치하고 그 아래에 12사를 두었어요.

④ 김기수가 수신사로 파견되는 결과를 가져왔다.
→ 1876년 강화도 조약 체결 직후 김기수가 수신사로 일본에 파견되었어요.

⑤ 청·일 간에 톈진 조약이 체결되는 계기가 되었다.
→ 갑신정변 후 청과 일본은 조선에서 양국 군대를 공동 철수하고 이후 조선에 파병할 때에는 서로 미리 통보할 것을 약속한 톈진 조약을 체결하였어요.

기출 선택지 +α
❻ 전개 과정에서 집강소가 설치되었다. (O / X)
❼ 청군의 개입으로 3일 만에 실패하였다. (O / X)
❽ 보국안민, 제폭구민을 기치로 내걸었다. (O / X)
❾ 한성 조약이 체결되는 결과를 가져왔다. (O / X)
❿ 구식 군인에 대한 차별 대우가 발단이 되어 일어났다. (O / X)

기출 선택지 +α 정답 ❻ ×[동학 농민 운동] ❼ ○ ❽ ×[동학 농민 운동] ❾ ○ ❿ ×[임오군란]

29 동학   정답 ①

(가) 종교에 대한 설명으로 옳은 것은? [1점]

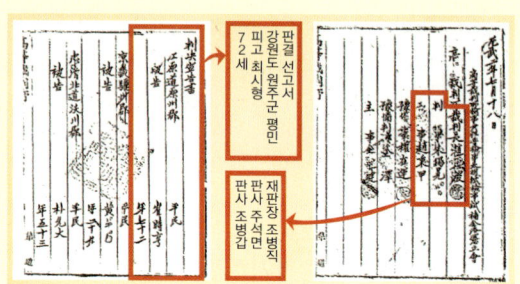

재판 기록으로 보는 한국사

[해설] 자료는 ⓐ (가) 의 제2대 교주 최시형에 대한 판결 선고서이다. ❷ 교조 신원 운동을 주도했던 그는 1894년 전봉준, 김개남 등이 이끈 농민군과 합세한 일로 도망자 신세가 되고, 결국 1898년 원주에서 체포되어 고등 재판소에서 재판을 받았다. 당시 재판에는 농민 수탈로 고부 봉기를 촉발시켰던 조병갑이 판사로 참여하였고, 법부대신 조병직이 재판장으로서 최시형에게 사형을 선고하였다.

최제우의 뒤를 이은 제2대 교주 최시형이 교리와 조직을 정비하면서 동학은 삼남 지방을 중심으로 빠르게 퍼져나갔어요.

정답 잡는 키워드

❶ 제2대 교주 최시형, ❷ 교조 신원 운동 → 동학

제2대 교주 최시형이 교조 신원 운동을 주도하였다는 내용을 통해 (가) 종교가 동학임을 알 수 있어요. 동학은 최제우가 창시한 종교로 마음속에 한울님을 모시는 시천주를 강조하고 '사람이 곧 한울(하늘)'이라는 인내천을 내세웠어요. 조선 정부는 유교적 사회 질서를 어지럽힌다는 이유를 들어 동학을 탄압하고 혹세무민의 죄를 물어 교조 최제우를 처형하였어요. 이후 위축되었던 동학의 교세는 제2대 교주 최시형의 노력으로 크게 확장되었고, 1890년대에 들어서 동학교도는 교조 최제우의 억울함을 풀고 포교의 자유를 얻기 위해 교조 신원 운동을 전개하였어요.

①포접제를 활용하여 교세를 확장하였다.
➡ 동학은 포교와 신자 관리를 위해 만든 포접제를 활용하여 교세를 확장하였어요. 포접제는 마을이나 군 단위로 접을 조직하고 수십 개의 접을 포로 묶은 동학의 조직망이에요. 이는 동학 농민 운동의 중요한 조직 기반이 되었어요.

② 배재 학당을 세워 신학문 보급에 앞장섰다.
➡ 개신교 선교사 아펜젤러는 배재 학당을 세워 신학문 보급에 앞장섰어요.

③ 박중빈을 중심으로 새 생활 운동을 추진하였다.
➡ 박중빈이 창시한 원불교는 간척 사업을 추진하고 허례 폐지, 근검절약 등을 강조한 새 생활 운동을 전개하였어요.

④ 일제의 통제에 맞서 사찰령 폐지 운동을 벌였다.
➡ 불교계에서는 한용운 등이 주축이 되어 일제의 통제에 맞서 사찰령 폐지 운동을 전개하였어요.

⑤ 의민단을 조직하여 항일 무장 투쟁을 전개하였다.
➡ 천주교는 만주에서 항일 무장 투쟁 단체인 의민단을 조직하였어요.

기출 선택지 +α

❻ 동경대전을 경전으로 삼았다. (O / X)
❼ 프랑스와의 조약을 통해 포교가 허용되었다. (O / X)

기출 선택지 +α 정답 ❻ ○ ❼ ×[천주교]

---

30 러·일 전쟁 중의 사실   정답 ②

밑줄 그은 '전쟁' 기간에 있었던 사실로 옳은 것은? [3점]

미국 잡지 '포퓰러 매거진'의 1912년 마지막 호에는 한반도를 둘러싼 대한 제국과 일본, 러시아 간의 암투를 다룬 첩보 소설(The cat and the king)이 실렸습니다. 베델, 민영환 등 당대 인물들이 등장하는 이 소설은 일제가 ❶포츠머스 조약을 체결하여 전쟁을 끝내고 대한 제국의 ❷외교권을 박탈하려 하는 등 긴박하게 전개되었던 당시 상황을 배경으로 하고 있습니다.

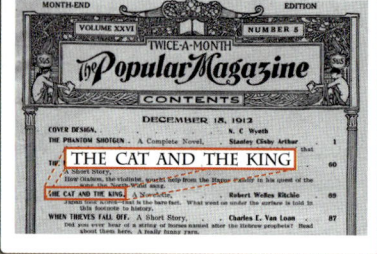 

1905년 9월에 러·일 전쟁을 마무리하기 위해 미국 포츠머스에서 체결된 강화 조약으로, 일본이 전쟁에서 사실상 승리했음을 확인해 준 조약이었어요.

정답 잡는 키워드

❶, ❷ 일제가 포츠머스 조약 체결로 종전한 후 대한 제국의 외교권을 박탈하려 함 → 러·일 전쟁(1904~1905)

일제가 포츠머스 조약을 체결하여 전쟁을 끝내고 대한 제국의 외교권을 박탈하려 하였다는 내용을 통해 밑줄 그은 '전쟁'이 러·일 전쟁임을 알 수 있어요. 1904년 대한 제국을 둘러싼 러·일 간의 갈등이 고조되자 고종은 국외 중립을 선언하였어요. 그러나 일본이 인천과 뤼순 등지에서 러시아 군함을 기습 공격하면서 러·일 전쟁이 발발하였어요. 이후 전쟁에서 승기를 잡은 일본은 미국과 가쓰라·태프트 밀약을 체결하고, 영국과는 제2차 영·일 동맹을 맺었어요. 그리고 전쟁 마무리를 위해 미국의 중재로 1905년에 러시아와 포츠머스 조약을 체결하였어요. 이러한 조약을 통해 일본은 열강으로부터 사실상 대한 제국에 대한 독점적 지배권을 인정받았어요. 곧이어 일본은 군대를 동원하여 대한 제국의 외교권을 빼앗는 을사늑약을 체결하였어요.

① 고종이 아관 파천을 단행하였다.
➡ 고종은 을미사변 이후 신변에 위협을 느껴 1896년에 러시아 공사관으로 거처를 옮기는 아관 파천을 단행하였어요.

②일본이 독도를 불법 편입하였다.
➡ 러·일 전쟁 중에 일본은 독도를 시마네현 소속으로 불법 편입하였어요(1905).

③ 러시아가 절영도 조차를 요구하였다.
➡ 1897년에 러시아가 저탄소 설치를 위한 절영도 조차를 요구하였어요. 이에 독립 협회는 만민 공동회를 열어 러시아의 절영도 조차 요구를 저지하였어요.

④ 조·청 상민 수륙 무역 장정을 체결하였다.
➡ 1882년 임오군란 직후에 조·청 상민 수륙 무역 장정이 체결되어 허가받은 청 상인의 내지 통상이 허용되었어요.

⑤ 평양 관민이 대동강에 침입한 제너럴 셔먼호를 불태웠다.
➡ 1866년에 미국 상선 제너럴 셔먼호가 대동강을 거슬러 평양까지 들어와 통상을 요구하며 살인과 약탈을 자행하자 평양 관민이 제너럴 셔먼호를 불태워 침몰시켰어요.

기출 선택지 +α

❻ 초대 통감으로 이토 히로부미가 부임하였다. (O / X)
❼ 일본인 메가타가 대한 제국의 재정 고문으로 초빙되었다. (O / X)
❽ 대한 제국이 기유각서를 통해 일제에 사법권을 박탈당하였다. (O / X)

기출 선택지 +α 정답 ❻ ×[1906년] ❼ ○ ❽ ×[1909년]

31 최익현의 활동   정답 ③

(가) 인물에 대한 설명으로 옳은 것은? [3점]

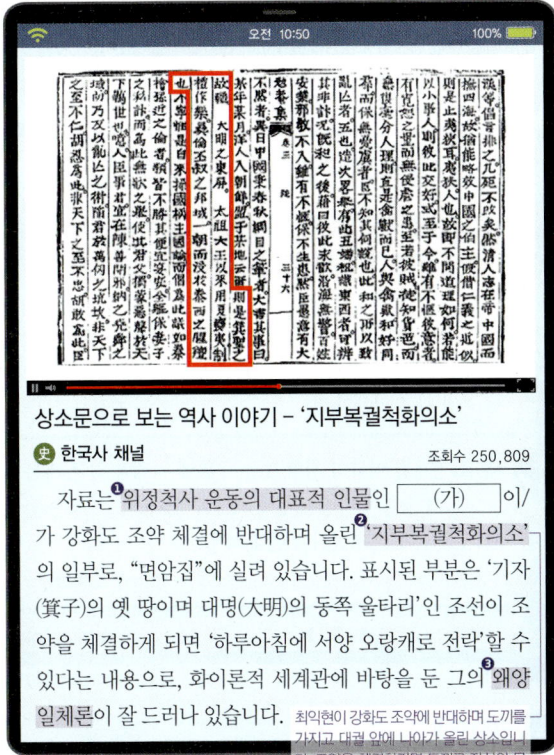

상소문으로 보는 역사 이야기 – '지부복궐척화의소'

史 한국사 채널   조회수 250,809

자료는 ❶위정척사 운동의 대표적 인물인 (가) 이/가 강화도 조약 체결에 반대하며 올린 ❷'지부복궐척화의소'의 일부로, "면암집"에 실려 있습니다. 표시된 부분은 '기자(箕子)의 옛 땅이며 대명(大明)의 동쪽 울타리'인 조선이 조약을 체결하게 되면 '하루아침에 서양 오랑캐로 전락'할 수 있다는 내용으로, 화이론적 세계관에 바탕을 둔 그의 ❸왜양일체론이 잘 드러나 있습니다.

> 최익현이 강화도 조약에 반대하며 도끼를 가지고 대궐 앞에 나아가 올린 상소입니다. 조약을 체결하려면 도끼로 자신의 목부터 쳐달라는 비장한 결의를 담았어요.

정답 잡는 키워드

❶ 위정척사 운동의 대표적 인물, ❷ 지부복궐척화의소, ❸ 왜양일체론 → **최익현**

위정척사 운동의 대표적 인물로 지부복궐척화의소를 올려 왜양일체론을 주장하였다는 내용을 통해 (가) 인물이 최익현임을 알 수 있어요. 최익현은 서원 철폐 등 흥선 대원군의 정책을 비판하며 흥선 대원군의 하야를 요구하는 상소를 올렸어요. 이를 계기로 흥선 대원군이 물러나고 고종이 친정을 선포하였어요. 대표적인 위정척사파 인물인 최익현은 일본과 강화도 조약 체결 논의가 진행되자 개항에 반대하며 지부복궐척화의소를 올려 일본과 서양 세력이 다르지 않다는 왜양일체론을 주장하였어요.

① 고종의 밀지를 받아 독립 의군부를 조직하였다.
➡ 임병찬은 고종의 밀지를 받고 전국 각지의 유생들을 모아 독립 의군부를 조직하였어요.

② 도쿄에서 일왕이 탄 마차를 향해 폭탄을 던졌다.
➡ 이봉창은 김구가 조직한 한인 애국단의 단원으로 일본 도쿄에서 일왕이 탄 마차를 향해 폭탄을 던졌어요.

③ 을사늑약이 체결되자 태인에서 의병을 일으켰다.
➡ 최익현은 을사늑약이 체결되자 상소를 올려 을사오적의 처단을 주장하였고, 전라북도 태인에서 의병을 일으켜 항거하였어요.

④ 명동 성당 앞에서 이완용을 습격하여 중상을 입혔다.
➡ 이재명은 을사늑약 체결에 앞장선 친일파 이완용을 명동 성당 앞에서 습격하여 중상을 입혔어요.

⑤ 13도 창의군을 지휘하여 서울 진공 작전을 전개하였다.
➡ 허위는 의병 연합 부대인 13도 창의군의 군사장을 맡아 서울 진공 작전을 전개하였어요.

32 애국 계몽 운동 단체   정답 ②

㉠~㉤에 대한 설명으로 옳은 것은? [2점]

이준 연보

1859년 함경도 북청에서 출생
1895년 법관 양성소 졸업
1898년 ㉠ 독립 협회 가입
1904년 ㉡ 보안회 조직
   일제의 압력으로 황해도 철도(鐵島)로 유배
1905년 ㉢ 헌정 연구회 조직
1906년 ㉣ 대한 자강회 조직
1907년 ㉤ 신민회 가입
   네덜란드 헤이그 만국 평화 회의에 특사로 파견, 사망
1962년 건국 훈장 대한민국장 추서

> 이준은 네덜란드 헤이그에서 열린 만국 평화 회의에 이상설, 이위종과 함께 특사로 파견되어 을사늑약의 불법성을 폭로하고자 하였어요.

① ㉠ - 고종 강제 퇴위 반대 운동을 전개하였다.
➡ 대한 자강회는 고종 강제 퇴위 반대 운동을 전개하다가 일제의 탄압으로 해산되었어요. 독립 협회는 민중 집회인 만민 공동회를 개최하였으며, 정부 대신과 시민이 함께 참여한 관민 공동회에서 헌의 6조를 결의하고 중추원 개편을 통한 의회 설립을 추진하였어요.

② ㉡ - 일제의 황무지 개간권 요구를 저지시켰다.
➡ 보안회는 일제의 황무지 개간권 요구에 반대하는 운동을 전개하여 일제의 요구를 저지하는 데 성공하였어요.

③ ㉢ - 일제가 조작한 105인 사건으로 와해되었다.
➡ 비밀 결사로 조직된 신민회는 일제가 조작한 105인 사건으로 조직이 드러나 와해되었어요. 헌정 연구회는 입헌 군주제 수립을 목표로 하였으며, 친일 단체인 일진회의 반민족 행위를 규탄하였어요.

④ ㉣ - 대성 학교를 설립하여 민족 교육을 실시하였다.
➡ 신민회는 인재 양성을 위해 오산 학교와 대성 학교를 설립하여 민족 교육을 실시하였어요. 대한 자강회는 전국에 지회를 설치하고 월보를 발행하였으며, 고종 강제 퇴위 반대 운동을 전개하였어요.

⑤ ㉤ - 조소앙의 삼균주의를 기초로 건국 강령을 발표하였다.
➡ 대한민국 임시 정부는 충칭에서 조소앙의 삼균주의를 기초로 건국 강령을 발표하였어요. 신민회는 안창호, 양기탁 등이 중심이 되어 조직한 비밀 결사로 공화 정체의 근대 국가 건설을 목표로 활동하였어요.

33 안중근의 활동   정답 ③

다음 자료를 작성한 인물에 대한 설명으로 옳은 것은? [1점]

> '동양 평화'와 '한국 독립'에 대한 문제는 이미 세계 모든 나라 사람들이 다 아는 사실이며 당연한 일로 굳게 믿었고, 한국과 청국 사람들의 마음에 깊게 새겨졌다. …… 만일 일본이 지금의 정책을 바꾸지 않고 이웃 나라들을 낱낱이 억누른다면, 차라리 다른 인종에게 망할지언정 같은 인종에게 욕을 당하지는 않겠다는 생각이 한국과 청국 사람들의 마음에서 용솟음칠 것이다. …… ❶동양 평화를 위한 의로운 싸움을 하얼빈에서 시작하고, 옳고 그름을 가리는 자리는 뤼순으로 정하였다.
> — 뤼순에서 진행된 재판에서 안중근은 대한의 독립 주권을 침탈하고 동양 평화를 교란한 이토 히로부미를 대한의군 참모중장 자격으로 총살한 것이라고 밝혔어요.

정답 잡는 키워드

❶ 동양 평화를 위한 의로운 싸움을 하얼빈에서 시작하고, 옳고 그름을 가리는 자리는 뤼순으로 정함 → **안중근**

동양 평화를 위한 의로운 싸움을 하얼빈에서 시작하고, 옳고 그름을 가리는 자리는 뤼순으로 정하였다는 내용을 통해 자료를 작성한 인물이 안중근임을 알 수 있어요. 연해주에서 의병을 이끌고 활약하던 안중근은 1909년에 만주 하얼빈에서 을사늑약의 강제 체결을 주도하고 초대 통감을 지낸 이토 히로부미를 처단하는 의거를 일으켜 일제에 체포되었어요. 뤼순 감옥에 갇혀 사형 집행을 앞두고 있던 안중근은 일제의 침략상을 비판하며 한·중·일이 대등한 위치에서 서로 존중하고 협력할 때 진정한 동양의 평화를 지킬 수 있다는 주장을 담은 "동양 평화론"의 집필을 시작하였어요. 하지만 그의 저술은 사형 집행이 앞당겨져 완성되지 못하였어요.

① 샌프란시스코에서 흥사단을 창립하였다.
  → 안창호는 105인 사건으로 신민회가 해체된 후 미국으로 건너가 샌프란시스코에서 재미 한인을 중심으로 흥사단을 창립하였어요.

② 황준헌이 쓴 조선책략을 국내에 들여왔다.
  → 제2차 수신사로 일본에 파견된 김홍집은 귀국하면서 청의 외교관 황준헌이 쓴 "조선책략"을 국내에 들여왔어요.

③ 초대 통감이었던 이토 히로부미를 사살하였다.
  → 안중근은 을사늑약의 강제 체결을 주도하고 초대 통감을 지냈던 이토 히로부미를 하얼빈에서 사살하였어요.

④ 유만수 등과 함께 부민관 폭파 의거를 일으켰다.
  → 1945년 서울 부민관에서 친일 단체가 일제에 대한 충성을 맹세하고 전쟁 협력을 강조하기 위한 대회를 개최하자 유만수, 조문기 등 대한 애국 청년당원들이 부민관 폭파 의거를 일으켰어요.

⑤ 국권 피탈 과정을 정리한 한국통사를 저술하였다.
  → 박은식은 "한국통사"를 저술하여 국혼의 중요성을 강조하고 일제의 침략 과정을 다루었어요.

기출 선택지 +α

❻ 동양 평화론을 저술하였다. (O/X)
❼ 타이중에서 일본 육군 대장을 저격하였다. (O/X)
❽ 동양 척식 주식회사에 폭탄을 투척하였다. (O/X)
❾ 서전서숙을 설립하여 민족 교육을 실시하였다. (O/X)
❿ 조선 혁명 간부 학교를 세워 독립군을 양성하였다. (O/X)

기출 선택지 +α

정답 ❻ O ❼ X[조명하] ❽ X[나석주] ❾ X[이상설, 이동녕 등] ❿ X[김원봉]

---

34 1910년대 일제 식민 통치   정답 ⑤

밑줄 그은 '시기'에 있었던 사실로 옳은 것은? [2점]

> ❶헌병이 일반 경찰 업무를 담당하던 시기에 일제는 ❷범죄 즉결례를 제정하여 재판 없이 체포 또는 구금하고 벌금을 물리거나 태형에 처할 수 있게 하였습니다. 시행 이듬해 일제는 범죄 즉결례에 있는 태형 규정을 삭제하고, ❸조선 태형령을 제정하여 태형은 오직 조선인에게만 적용하였습니다.

법령으로 만나는 일제 강점기

제1조 경찰서장 또는 그 직무를 취급하는 자는 그 관할 구역 안의 다음 각호의 범죄를 즉결할 수 있다.
 1. 구류·태형 또는 과료형에 해당하는 죄
 3. 3월 이하의 징역·금고·금옥이나 구류·태형 또는 100원 이하의 벌금이나 과료형에 처하여야 하는 행정 법규 위반의 죄
— 범죄 즉결례 —

제1조 3개월 이하의 징역 또는 구류에 처해야 하는 자는 그 상황에 따라 태형에 처할 수 있다.
제13조 본령은 조선인에 한해 적용한다.
— 조선 태형령 —

일제는 1912년에 한국인에게만 태형을 적용하는 조선 태형령을 제정하였어요. 조선 태형령은 1920년에 폐지되었어요.

정답 잡는 키워드

❶ 헌병이 일반 경찰 업무 담당, ❷ 범죄 즉결례 제정, ❸ 조선 태형령 제정 → **1910년대**

헌병이 일반 경찰 업무를 담당하였으며 범죄 즉결례와 조선 태형령을 제정하였다는 내용을 통해 밑줄 그은 '시기'가 1910년대임을 알 수 있어요. 일제는 1910년대에 강압적인 무단 통치를 시행하였어요. 이 시기에 군사 경찰인 헌병이 일반 경찰 업무를 담당하며 한국인의 일상생활까지 통제하였어요. 또한, 범죄 즉결례를 제정하여 즉결 처분권을 통해 정식 재판 없이 한국인에게 벌금이나 구류, 태형 등의 처벌을 내릴 수 있게 하였어요. 1919년 3·1 운동이 일어나자 일제는 무단 통치의 한계를 느끼고 이른바 문화 통치로 통치 방식을 바꾸었어요.

① 미쓰야 협정이 체결되었다.
  → 일제는 1925년에 만주에서 활동하는 독립군을 탄압하기 위해 만주 군벌과 미쓰야 협정을 체결하였어요.

② 조선 사상범 예방 구금령이 제정되었다.
  → 일제는 1941년에 독립운동을 사전에 막기 위해 범죄(독립운동)를 일으킬 우려가 있다는 자의적인 판단만으로 사상범을 미리 체포하거나 구금할 수 있다는 내용을 담은 조선 사상범 예방 구금령을 제정하였어요.

③ 박문국이 설치되어 한성순보를 발행하였다.
  → 1883년에 박문국이 설치되어 한성순보가 발행되었지만, 갑신정변이 일어나 신문 발행이 중단되었어요.

④ 황국 중앙 총상회가 상권 수호 운동을 주도하였다.
  → 1898년에 시전 상인들은 외국 상인의 상권 침탈에 맞서 황국 중앙 총상회를 조직하고 상권 수호 운동을 전개하였어요.

⑤ 회사 설립 시 총독의 허가를 받도록 하는 회사령이 시행되었다.
  → 일제는 1910년에 회사를 설립할 때 조선 총독의 허가를 받도록 하는 회사령을 실시하여 민족 자본의 성장을 억제하였어요.

35 1920년대의 사회 모습   정답 ②

다음 기사가 보도된 시기에 볼 수 있는 모습으로 가장 적절한 것은? [2점]

> 1925년에 기록적인 폭우가 쏟아져 전국적으로 큰 피해가 발생하였어요. 이 해가 을축년이었기 때문에 이때 일어난 홍수를 '을축년 대홍수'라고 부르기도 합니다.

□□신문
제△△호　　　　　　　　　　○○○○년 ○○월 ○○일

[사설] 대홍수의 재난에서 조선의 형제들을 구하라

▲ 침수된 용산 일대

대홍수로 중부 지방에 엄청난 피해가 발생하였다. 7월 18일에는 용산과 뚝섬 일대가 완전 침수되었고 이튿날은 광주군 선리 주민 292명이 물에 빠져 죽었다. 경부선은 10일간 불통이었다. 그럼에도 ❶총독부는 이와 같은 홍수 피해에 무성의하게 대처하고 있다. ❷재작년 일본에서 관동 대지진이 일어났을 때 조선인들이 박해를 받았음에도 불구하고 우리 조선의 형제들은 능력껏 구제의 손길을 뻗쳤었다. 그러나 지금 조선에서 홍수 피해로 각지에서 재난이 일어나고 있는데도 총독부와 일본인 거류민들은 모른 척하고 있다. 조선인이여! 조선인을 구하라. 재난을 당한 형제와 같이 울며 아프며 살 길을 구하라.

정답 잡는 키워드

❶ 총독부, ❷ 재작년 일본에서 관동 대지진이 일어남 → **1925년**

총독부가 홍수 피해에 무성의하게 대처하고 있으며, 재작년 일본에서 관동 대지진이 일어났다는 내용을 통해 기사가 보도된 시기가 1925년임을 알 수 있어요. 1923년에 일본에서 관동 대지진이 일어났어요. 일본 내 민심이 크게 동요된 상황에서 조선인이 폭동을 일으켰다는 등의 유언비어가 퍼졌고 이에 동조한 일본인들이 자경단을 조직하여 일본에 살고 있는 수많은 한국인을 학살하였어요.

① <u>영선사</u> 일행으로 청에 가는 생도
→ 영선사 일행은 1881년에 근대식 무기 제조 기술과 군사 훈련법을 배우기 위해 청에 파견되었어요.

②❷<u>경성 제국 대학</u>에서 공부하는 학생
→ 일제는 한국인의 고등 교육에 대한 열망을 잠재우기 위해 1924년에 경성 제국 대학을 설립하였어요.

③ <u>국채 보상 운동</u>의 모금에 참여하는 상인
→ 1907년에 대구에서 국민의 성금을 모아 국채를 갚고 국권을 회복하자는 국채 보상 운동이 시작되었어요.

④ <u>육영 공원</u>에서 영어를 가르치는 미국인 교사
→ 조선 정부는 1886년에 근대 교육 기관인 육영 공원을 설립하고 헐버트, 길모어 등 외국인 교사를 초빙하여 근대 학문을 교육하였어요. 육영 공원은 국권 피탈 이전인 1894년에 폐교되었습니다.

⑤ <u>전차 개통식</u>에 참여하는 한성 전기 회사 직원
→ 1898년에 한성 전기 회사가 설립되어 전기가 공급되면서 이듬해인 1899년에 서대문과 청량리를 오가는 우리나라 최초의 전차가 개통되었어요.

기출 선택지 +α

❻ 거문도를 불법 점령하는 영국군　　　　　　　　　(O / X)
❼ 경부선 철도 개통식을 구경하는 청년　　　　　　(O / X)
❽ 국민 징용령에 의해 강제로 동원되는 노동자　　　(O / X)

기출 선택지 +α 정답　❻ ×[1885~1887년]　❼ ×[1905년]　❽ ×[1939년 이후]

---

36 3·1 운동   정답 ⑤

(가) 운동의 배경으로 가장 적절한 것은? [1점]

> 파리 강화 회의가 진행되던 프랑스에서는 ❶일제 강점기 최대 규모의 독립운동이었던 (가) 와/과 관련된 내용이 보도된 바 있습니다. 이와 관련하여 ❷"일본 당국이 가혹한 탄압을 하고 있으며 혁명의 희생자 수가 이미 상당하다."라고 보도하며, (가) 에 대해 '혁명'이라는 표현을 사용한 기사가 주목됩니다.

3·1 운동 전개 과정에서 만세 시위가 확산되자 일제는 헌병 경찰과 군대를 동원하여 시위를 폭력적으로 탄압하였어요. 경기도 화성 제암리에서는 교회에 주민들을 몰아넣고 무차별 학살하는 만행을 저지르기도 하였어요.

정답 잡는 키워드

❶ 일제 강점기 최대 규모의 독립운동,
❷ 일본 당국의 가혹한 탄압 → **3·1 운동**

일제 강점기 최대 규모의 독립운동이며, 일본 당국이 가혹하게 탄압하고 있다는 내용을 통해 (가) 운동이 3·1 운동임을 알 수 있어요. 1919년에 종교계 지도자들과 학생 대표들이 고종의 인산일에 즈음하여 대대적인 만세 시위를 계획하였어요. 1919년 3월 1일, 민족 대표들은 탑골 공원에 나아가 독립 선언서를 낭독하고 시위를 전개할 계획이었으나, 시위가 과격해질 것을 우려하여 태화관이라는 음식점에 모여 독립 선언서를 낭독하고 스스로 일제에 체포되었어요. 비슷한 시각 탑골 공원에 모여 있던 학생과 시민들은 민족 대표들이 나타나지 않자 독립 선언서를 가져와 낭독하고 만세 운동을 시작하였어요. 3·1 운동은 전국 각지는 물론 해외로까지 확산된 일제 강점기 최대 규모의 독립운동이었어요. 3·1 운동 이후 일제는 무단 통치의 한계를 느끼고 이른바 문화 통치를 실시하였어요. 또한, 3·1 운동은 대한민국 임시 정부가 수립되는 계기가 되었어요.

① <u>간도 참변</u>으로 민간인이 학살되었다.
→ 봉오동 전투와 청산리 전투에서 패배한 일본군은 이에 대한 보복으로 1920년에 간도 참변을 일으켰어요.

② 민영익을 대표로 한 <u>보빙사</u>가 <u>파견</u>되었다.
→ 조·미 수호 통상 조약 체결 후 1883년에 미국 공사가 조선에 부임하자 이에 대한 답례로 조선 정부가 미국에 보빙사를 파견하였어요.

③ 대한 제국의 마지막 황제 <u>순종</u>이 <u>서거</u>하였다.
→ 1926년 4월에 서거한 순종의 인산일을 기회로 삼아 6·10 만세 운동이 추진되었어요.

④ 언론사의 주도로 <u>브나로드 운동</u>이 <u>전개</u>되었다.
→ 1930년대 전반에 동아일보는 '배우자 가르치자 다 함께 브나로드'라는 구호 아래 농촌 계몽을 위한 브나로드 운동을 전개하였어요.

⑤ 미국 대통령 윌슨이 민족 자결주의를 제창하였다.
→ 1918년에 미국의 대통령 윌슨이 민족 자결주의를 제창하였어요. 이 소식이 국내에 전해져 3·1 운동이 일어나는 데 영향을 끼쳤어요.

기출 선택지 +α

❻ 상하이에서 국민 대표 회의가 개최되었다.　　　　(O / X)
❼ 도쿄 유학생들을 중심으로 2·8 독립 선언서가 발표되었다.
　　　　　　　　　　　　　　　　　　　　　　　　(O / X)

기출 선택지 +α 정답　❻ ×[1923년]　❼ ○

37. 대한 광복회 — 정답 ①

(가) 단체에 대한 설명으로 옳은 것은? [2점]

[우리 고장의 독립운동가]

일우(一宇) 김한종 (1883~1921)

충청남도 예산군 광시면 출생이다. ❶1915년 대구에서 박상진 등이 국권 회복을 위해 조직한 ___(가)___ 의 충청도 지부장으로, ❷군자금 모금과 친일 관리 처단을 주도하였다. 이후 일제에 체포되어 총사령 박상진과 함께 사형을 선고받고 대구 형무소에서 생을 마감하였다. 1963년에 건국 훈장 독립장이 추서되었다.

대한 광복회는 군자금을 마련하기 위해 일제의 세금 수송 마차를 습격하거나 일본인이 운영하는 광산을 공격하였고, 전국의 부호를 상대로 의연금 모집 통고문을 발송하기도 하였어요.

정답 잡는 키워드

❶ 1915년 대구에서 박상진 등이 조직,
❷ 군자금 모금과 친일 관리 처단 → **대한 광복회**

1915년 대구에서 박상진 등이 국권 회복을 위해 조직하였으며, 군자금 모금과 친일 관리 처단을 주도하였다는 내용을 통해 (가) 단체가 대한 광복회임을 알 수 있어요. 대한 광복회는 군자금을 모아 만주에 무관 학교를 세우고자 하였으며, 친일파 처단 등의 활동을 벌였어요. 군자금 마련을 위해 활동하던 중 일제 경찰에게 조직이 드러나 주요 인물들이 체포되면서 큰 타격을 받아 활동을 중단하였어요.

① **군대식 조직을 갖춘 비밀 결사였다.**
  → 대한 광복회는 군대식 조직을 갖춘 비밀 결사로, 공화 정체의 국민 국가 수립을 목표로 삼았어요.

② 정우회 선언의 영향으로 결성되었다.
  → 민족주의 세력과의 제휴를 밝힌 사회주의계의 정우회 선언을 계기로 1927년에 좌우 합작의 항일 단체인 신간회가 결성되었어요.

③ 조선 혁명 선언을 활동 지침으로 삼았다.
  → 의열단은 민중의 직접 혁명을 강조한 신채호의 '조선 혁명 선언'을 활동 지침으로 삼아 개별적인 의열 투쟁을 벌였어요.

④ 중국군과 함께 영릉가 전투에서 큰 전과를 올렸다.
  → 남만주 지역에서 활동한 조선 혁명군은 항일 중국군과 연합하여 영릉가 전투에서 일본군에 승리를 거두었어요.

⑤ 만민 공동회를 열어 열강의 이권 침탈을 비판하였다.
  → 독립 협회는 민중 집회인 만민 공동회를 열어 열강의 이권 침탈을 비판하고 이권 수호 운동을 전개하였어요.

기출 선택지 +α

❻ 상덕태상회를 통하여 군자금을 모집하였다. (O/X)
❼ 중추원 개편을 통한 의회 설립을 추진하였다. (O/X)
❽ 공화 정체의 국민 국가 수립을 목표로 삼았다. (O/X)
❾ 구미 위원부를 설치하여 외교 활동을 전개하였다. (O/X)
❿ 국권 반환 요구서를 조선 총독에게 제출할 것을 계획하였다. (O/X)

정답 ❻ O ❼ X[독립 협회] ❽ O ❾ X[대한민국 임시 정부] ❿ X[독립 의군부]

---

38. 정치 체제의 변화 — 정답 ③ [킬러 문항]

(가)~(라)를 발표된 순서대로 옳게 나열한 것은? [3점]

(가) 제1조 대한국은 세계 만국에 공인된 자주독립 제국이다.
   제2조 대한 제국의 정치는 만세에 걸쳐 불변할 전제 정치이다.
   제3조 대한국 대황제는 무한한 군권(君權)을 누린다.
   — 대한국 국제에서는 황제가 군 통수권, 입법권, 행정권, 사법권 등 모든 권한을 가진다고 규정하였다.

(나) 중추원은 아래에 열거한 사항을 심사하고 회의하여 결정하는 곳으로 할 것이다.
   1. 법률, 칙령의 제정, 폐지, 개정에 관한 사항
   6. …… 중추원 의관의 절반은 정부에서 나라에 공로가 있는 사람을 추천하고, 그 절반은 인민 협회 중에서 27세 이상으로 정치·법률·학식에 통달한 자를 투표해서 선거할 것이다.

(다) 제1조 대한민국은 민주 공화국이다.
   제2조 대한민국의 주권은 국민에게 있고 모든 권력은 국민으로부터 나온다.
   제102조 이 헌법을 제정한 국회는 이 헌법에 의한 국회로서의 권한을 행하며 그 의원의 임기는 국회 개회일로부터 2년으로 한다.
   — 제헌 헌법에 의한 국회 의원의 임기는 4년이었으나, 제헌 국회 의원에 한해서는 2년으로 제한하였다.

(라) 융희 황제가 삼보(三寶)를 포기한 8월 29일은 즉 우리 동지가 삼보를 계승한 8월 29일이니 그 사이 순간도 멈춘 적이 없다. 우리 동지는 완전한 상속자이니 저 황제권이 소멸한 시점은 즉 민권이 발생한 시점이오, 옛 한국의 마지막 1일은 즉 신한국 최초의 1일이다.

(가) 대한 제국의 정치를 전제 정치로 규정하고 황제에게 무한한 군권을 부여한다는 내용을 통해 대한국 국제임을 알 수 있어요. 고종은 러시아 공사관에서 경운궁으로 환궁한 후 대한 제국의 수립을 선포하고, 1899년에 황제의 전제적 권한을 규정한 **대한국 국제를 반포**하였어요.

(나) 중추원 의관의 절반을 정부가 추천하고 나머지 절반은 인민 협회에서 선거로 뽑는다는 내용을 통해 관민 공동회에서 헌의 6조를 결의한 이후 반포된 새로운 중추원 관제임을 알 수 있어요. 독립 협회는 중추원 개편을 통한 의회 설립 운동을 추진하였어요. 1898년에 헌의 6조를 결의한 이후 박정양 내각은 독립 협회의 요구를 받아들여 **중추원 관제를 개편**하여 중추원 의관의 절반을 독립 협회에서 선출하도록 하였어요.

(다) 대한민국은 민주 공화국이며 이 헌법을 제정한 국회의 의원 임기를 2년으로 정한다는 내용을 통해 1948년에 제정된 제헌 헌법임을 알 수 있어요. 1948년 5·10 총선거를 통해 구성된 제헌 국회는 **제헌 헌법을 제정**하였어요. 제헌 헌법은 대한민국을 민주 공화국이라고 규정하였으며 국민에게 주권이 있음을 명시하였어요.

(라) 융희 황제(순종)가 주권을 포기하여 우리 동지, 즉 국민에게 주권이 넘어왔다는 내용을 통해 1917년에 상하이에서 발표된 대동단결 선언임을 알 수 있어요. 신규식, 신채호, 조소앙 등은 주권 재민 사상을 담은 **대동단결 선언을 발표**하여 일제의 국권 강탈로 국내 동포가 주권을 행사하기 어려운 상황에 있으므로 국외에 거주하는 동포가 그 권한을 위임받아 임시 정부를 수립해야 한다고 주장하였어요. 대동단결 선언은 3·1 운동을 계기로 실현된 대한민국 임시 정부 수립에 영향을 끼쳤어요.

① (가) - (나) - (다) - (라)
② (가) - (나) - (라) - (다)
③ **(나) - (가) - (라) - (다)**
  → (나) 새로운 중추원 관제(1898) → (가) 대한국 국제(1899) → (라) 대동단결 선언(1917) → (다) 제헌 헌법(1948)
④ (나) - (다) - (가) - (라)
⑤ (다) - (라) - (나) - (가)

39 멕시코 지역의 민족 운동   정답 ④

(가) 지역에서 있었던 민족 운동으로 옳은 것은? [2점]

사진은 (가) (으)로 이주한 한인 노동자들의 모습입니다. 이민자들은 1905년 ❶(가) 의 유카탄반도에 도착한 뒤 ❷에네켄 농장 20여 곳에 분산 배치되어 고된 노동에 시달렸습니다. 이들은 어려운 환경 속에서도 독립운동 자금을 모금하는 등 국권 회복을 위한 노력에 동참하였습니다.

유카탄반도는 멕시코 남동부에 있으며, 반도의 대부분 지역이 열대 기후에 속해요.

에네켄은 선인장과의 식물로, 노끈이나 밧줄 등을 만드는 섬유의 원료였어요. 1905년에 멕시코로 이주한 한인의 절반 이상이 에네켄 농장에서 일하였어요.

정답 잡는 키워드

❶ 유카탄반도, ❷ 에네켄 농장 → 멕시코

이민자들이 유카탄반도에 도착한 뒤 에네켄 농장에 배치되어 고된 노동에 시달렸다는 내용을 통해 (가) 지역이 멕시코임을 알 수 있어요. 대한 제국 시기에 하와이, 미국 본토, 멕시코 등지로 노동 이민이 시작되었어요. 당시 하와이로 이주한 사람들은 사탕수수 농장, 멕시코로 이주한 사람들은 에네켄 농장에서 주로 일하였습니다. 이들은 열악한 환경에서 고된 노동에 시달렸지만, 어려움 속에서도 성금을 모아 독립운동을 지원하였어요.

① 한인 자치 기구인 경학사를 조직하였다.
➡ 서간도(남만주) 지역에서 신민회 회원이 중심이 되어 한인 자치 기구인 경학사를 조직하였어요.

② 권업회를 조직하고 권업신문을 발간하였다.
➡ 연해주 지역의 한인 동포는 자치 단체인 권업회를 조직하였어요. 권업회는 기관지로 권업신문을 발간하였어요.

③ 중광단을 결성하여 항일 투쟁을 전개하였다.
➡ 북간도 지역에서 대종교도가 중심이 된 중광단이 결성되어 항일 투쟁을 전개하였어요. 이후 중광단은 북로 군정서로 발전하였어요.

④ 숭무 학교를 설립하여 독립군을 양성하였다.
➡ 멕시코로 이주한 한인 동포는 독립군 양성 기관으로 숭무 학교를 설립하여 항일 무장 투쟁을 준비하였어요.

⑤ 유학생들이 중심이 되어 2·8 독립 선언서를 발표하였다.
➡ 일본 도쿄에서 민족 자결주의의 영향을 받은 한국인 유학생들이 중심이 되어 2·8 독립 선언서를 발표하였어요.

기출 선택지 +α

❻ 신흥 강습소를 세워 독립군을 양성하였다. (O / X)
❼ 대조선 국민군단을 결성하고 군사 훈련을 실시하였다. (O / X)
❽ 대한 광복군 정부를 세워 무장 독립 투쟁을 준비하였다. (O / X)

기출 선택지 +α 정답 ❻ ×[서간도(남만주)] ❼ ×[하와이] ❽ ×[연해주]

---

40 암태도 소작 쟁의 이후의 사실   정답 ③

교사의 질문에 대한 학생의 답변으로 가장 적절한 것은? [3점]

이 자료는 전라남도 신안군(당시 무안군)의 한 섬에서 발생한 사건의 결과로, ❶소작인회 대표와 ❷지주 문재철 사이에 맺어진 화해 조건입니다. 소작인들은 고율의 소작료를 징수하는 지주에게 1년여에 걸쳐 저항하여 소작료를 낮추는 성과를 거두었습니다. 이 사건 이후의 사실에 대해 말해 볼까요?

1. 소작료를 4할로 하고, 1할은 농업 장려금으로 할 것
2. 농업 장려금은 소작인회에서 관리할 것
3. 소작인회에 지주도 참여할 것
4. 미납한 소작료는 3개년을 기한으로 분납할 것
5. 파괴하여 철거한 문태현의 비석을 복구할 것
6. 현재 조사 중인 형사 피고 사건은 양방에서 취하할 것
7. 지주가 소작인회에 기본금 2천 원을 기증할 것

지주 문재철이 수확량의 7할 이상을 소작료로 거두자 암태도 농민들이 소작인회를 결성하고 소작료 납부 거부, 수확 거부 등의 투쟁을 벌였어요.

정답 잡는 키워드

❶, ❷ 소작인들이 고율의 소작료를 징수하는 지주 문재철에게 저항하여 소작료를 낮추는 성과를 거둠
→ 암태도 소작 쟁의(1923~1924)

1923년 전라남도 신안군 암태도에서 소작 농민들이 고율의 소작료를 징수하는 지주 문재철의 횡포에 맞서 소작 쟁의를 전개하였어요. 농민들은 1년여에 걸친 투쟁 끝에 소작료를 4할로 낮추는 성과를 거두었어요.

① 양전 사업이 실시되어 지계가 발급되었어요.
➡ 대한 제국은 광무개혁 과정에서 국가 재정을 확보하기 위해 양전 사업을 실시하여 근대적 토지 소유 증명 문서인 지계를 발급하였어요.

② 함경도와 황해도에서 방곡령이 선포되었어요.
➡ 조·일 통상 장정 체결 이후 1889~1890년에 함경도와 황해도에서 방곡령이 선포되었어요. 이에 대해 일본은 1개월 전 통보 규정을 어겼다고 트집을 잡아 방곡령을 철회시키고 일본 상인이 피해를 입었다며 손해 배상을 요구하였어요.

③ 전국 단위 조직인 조선 농민 총동맹이 결성되었어요.
➡ 전국적인 노동자·농민 조직으로 결성된 조선 노농 총동맹이 1927년에 조선 노동 총동맹과 조선 농민 총동맹으로 분화되었어요.

④ 일본의 토지 침탈에 맞서 농광 회사가 설립되었어요.
➡ 러·일 전쟁 중에 자행된 일제의 토지 침탈에 맞서 개간 사업을 목적으로 1904년에 농광 회사가 설립되었어요.

⑤ 기한 내에 소유지를 신고하게 하는 토지 조사령을 제정하였어요.
➡ 일제는 토지 조사 사업에 관한 법령으로 1912년에 토지 조사령을 제정하였어요. 이에 따라 기한 내에 소유자가 직접 신고한 토지만 소유권이 인정되었어요.

기출 선택지 +α

❻ 미곡 공출제가 시행되었다. (O / X)
❼ 근대적 상회사인 대동 상회가 설립되었다. (O / X)
❽ 노동 조건 개선을 요구하며 원산 노동자 총파업이 전개되었다. (O / X)

기출 선택지 +α 정답 ❻ O[1939년 이후] ❼ ×[1883년] ❽ O[1929년]

41 조선어 학회   정답 ④

(가) 단체에 대한 설명으로 옳은 것은? [3점]

정답 잡는 키워드

❶ 잡지 "한글", ❷ 한글 맞춤법 통일안 → 조선어 학회

잡지 "한글"을 발행하고 한글 맞춤법 통일안을 개정하였다는 내용을 통해 (가) 단체가 조선어 학회임을 알 수 있어요. 조선어 학회는 1921년에 결성된 조선어 연구회를 계승하여 우리말과 글을 연구하였어요. 잡지 "한글"을 다시 발행하고 한글 맞춤법 통일안과 표준어를 제정하였으며, 이를 기초로 "조선말(우리말) 큰사전"의 편찬 작업을 추진하였어요.

① 최초로 한글에 띄어쓰기를 도입하였다.
   ➡ 선교사 존 로스는 1877년에 한국어 교재인 "조선어 첫걸음"에서 최초로 한글에 띄어쓰기를 도입하였어요. 이후 서재필, 주시경, 선교사 헐버트 등이 독립신문에 띄어쓰기를 본격적으로 적용하였어요.

② 국어 문법서인 대한문전을 편찬하였다.
   ➡ 유길준은 우리말의 체계를 종합적으로 정리한 국어 문법서인 "대한문전"을 편찬하였어요.

③ 태극 서관을 설립하여 서적을 보급하였다.
   ➡ 신민회는 계몽 서적의 출판과 보급을 위해 태극 서관을 설립하였어요.

④ 조선말(우리말) 큰사전 편찬을 추진하였다.
   ➡ 조선어 학회는 "조선말(우리말) 큰사전"의 편찬을 시도하였지만, 일제가 조작한 조선어 학회 사건으로 강제 해산되어 완성하지 못하였어요.

⑤ 국문 연구소를 두어 한글을 체계적으로 연구하였다.
   ➡ 대한 제국 정부는 1907년에 학부 아래에 한글을 연구하기 위한 기관으로 국문 연구소를 설립하였어요. 주시경과 지석영 등이 국문 연구소에서 국문 정리와 맞춤법 연구를 하였어요.

기출 선택지 +α

❻ 우리말 음운 연구서인 언문지를 저술하였다. (O / X)
❼ 한글 연구를 목적으로 학부 아래에 설립되었다. (O / X)
❽ 한글 맞춤법 통일안과 표준어 사정안을 제정하였다. (O / X)
❾ 주시경을 중심으로 국문을 정리하고 철자법을 연구하였다. (O / X)

기출 선택지 +α 정답 ❻ ×[유희] ❼ ×[국문 연구소] ❽ ○ ❾ ×[국문 연구소]

---

42 일제 강점기의 사회 모습   정답 ①

(가)에 들어갈 내용으로 가장 적절한 것은? [1점]

일제 강점기에는 잡지, 라디오 등의 매체를 통해 새로운 근대 문화가 소개되었고, 대도시를 중심으로 퍼져 나갔어요. 1920년대 중반 이후 양복과 양장이 관료와 학생들을 중심으로 보급되었고, 모자·넥타이·구두·핸드백 등을 차려입은 '모던 걸', '모던 보이'가 등장하였어요. 1930년에는 우리나라 최초의 백화점인 미쓰코시 백화점 경성 지점이 지하 1층, 지상 4층의 대규모 신관을 건립하고 영업을 시작하였어요. 이로써 한국 내에 자본주의적 소비문화가 확산되었어요.

① 나운규의 영화 아리랑이 상영되었습니다.
   ➡ 1926년에 나운규가 제작한 영화 '아리랑'이 단성사에서 개봉되었어요.

② 한글 신문인 제국신문이 간행되었습니다.
   ➡ 제국신문은 1898년에 창간되었으며, 순한글로 발행되어 서민층과 부녀자에게 호응을 얻었어요. 제국신문은 재정난과 일제의 탄압으로 1910년에 폐간되었어요.

③ 정비석의 소설 자유부인이 출판되었습니다.
   ➡ 1954년에 정비석의 장편 소설 "자유부인"이 출판되었어요. 이 소설은 6·25 전쟁 이후 한국 사회의 윤리적 문제와 서구 근대 문화의 가치관 유입으로 인한 변화를 다루었어요.

④ 잡지 사상계가 높은 판매 부수를 기록하였습니다.
   ➡ 1953년에 장준하가 월간 잡지 "사상계"를 창간하였어요. "사상계"는 창간호가 발간과 동시에 매진되는 등 큰 호응을 얻었어요.

⑤ 아침 이슬 등의 곡이 금지곡으로 지정되었습니다.
   ➡ 박정희 정부는 유신 헌법을 선포하고 언론·출판·예술 활동을 강력히 규제하였어요. 특히 1975년에 대통령 긴급 조치 제9호를 선포한 후 '아침 이슬'을 비롯한 여러 노래들을 금지곡으로 지정하였어요.

43 한국 광복군   정답 ②

(가) 부대에 대한 설명으로 옳은 것은?   [2점]

> 사료로 만나는 여성 독립운동사
>
> 이중 삼중의 억압에 눌려 신음하던 자매들이여! 어서 빨리 일어나 이 민족 해방 운동의 뜨거운 용광로로 뛰어오라. …… 어둠 속에서 비추는 새벽빛 같은 ⎡(가)⎦의 자유를 쟁취하려는 봉화는 붉고 맑게 빛난다. 이미 모인 혁명 동지들은 뜨거운 손길을 내밀고 열정에 넘쳐 속히 달려옴을 기다리고 있다. 오라!
>
> [해설] 이 사료는 "광복"에 실린 지복영의 글 중 일부이다. 그녀는 ❶1940년 9월, 충칭에서 자신의 아버지 지청천을 총사령으로 하는 ⎡(가)⎦이/가 창설될 때 ❷오광심, 김정숙, 조순옥 등과 함께 참여하였다. 그녀는 대원 모집, 선전 활동 등을 이어오다 광복을 맞이하였다.
>
> 대한민국 임시 정부는 1932년에 일어난 윤봉길 의거 이후 상하이를 떠나 중국의 여러 지역으로 옮겨 다니다가 1940년에 충칭에 정착하였어요.

정답 잡는 키워드

❶ 1940년 충칭에서 지청천을 총사령으로 하여 창설,
❷ 오광심 등이 참여 → **한국 광복군**

1940년 충칭에서 지청천을 총사령으로 하여 창설되었으며, 오광심 등이 참여하였다는 내용을 통해 (가) 부대가 한국 광복군임을 알 수 있어요. 1940년 충칭에 자리 잡은 대한민국 임시 정부는 중국 국민당 정부의 지원을 받아 한국 광복군을 창설하였어요. 1941년 일제가 태평양 전쟁을 일으키자 대한민국 임시 정부는 일본에 선전 포고를 하였고, 이후 한국 광복군은 연합군의 일원으로 대일전에 참전하였어요. 영국군의 요청에 따라 한국 광복군의 병력 일부가 인도·미얀마 전선에 파견되기도 하였습니다.

① 청산리에서 일본군에 맞서 승리를 거두었다.
➡ 북로 군정서와 대한 독립군 등 독립군 연합 부대는 청산리 일대에서 일본군을 크게 격파하였어요.

②미국과 연계하여 국내 진공 작전을 준비하였다.
➡ 한국 광복군은 미국 전략 정보국(OSS)과 협력하여 국내 정진군을 조직하고 국내 진공 작전을 추진하였어요. 그러나 일본의 갑작스러운 항복으로 작전을 실행에 옮기지는 못하였어요.

③ 동북 항일 연군으로 개편되어 유격전을 전개하였다.
➡ 만주 지역에서 중국 공산당의 주도로 조직된 동북 인민 혁명군은 민족이나 이념에 관계없이 항일 연합 전선을 만들기 위해 동북 항일 연군으로 개편되어 유격전을 전개하였어요.

④ 쌍성보, 대전자령 전투 등에서 일본군에 승리하였다.
➡ 1930년대 초반에 한국 독립군은 총사령관 지청천의 지휘 아래 중국 호로군과 연합하여 쌍성보 전투, 대전자령 전투 등에서 일본군을 격파하였어요.

⑤ 중국 관내(關内)에서 결성된 최초의 한인 무장 부대였다.
➡ 1938년에 김원봉 등이 중국 국민당 정부의 지원을 받아 우한에서 조직한 조선 의용대는 중국 관내에서 결성된 최초의 한인 무장 부대였어요.

기출 선택지 +α

❻ 영국군의 요청으로 인도·미얀마 전선에 투입되었다. (O / X)
❼ 조선 민족 전선 연맹 산하의 군사 조직으로 결성되었다. (O / X)

기출 선택지 +α 정답 ❻ ○   ❼ ×[조선 의용대]

---

44 1940년대 일제 식민 통치   정답 ②

밑줄 그은 '이 시기'에 시행된 일제의 정책으로 옳은 것은?   [1점]

(말풍선) 이것은 일제가 각종 놋그릇과 생활용품들을 공출한 후 찍은 사진이야. 당시 ❶금속류 회수령이 실시되었지.

(말풍선) 맞아. ❷중·일 전쟁을 일으키고 침략 전쟁을 확대했던 이 시기 일제는 군수 물자 생산을 위해 사찰의 종까지 걷어가기도 했어.

정답 잡는 키워드

❶ 금속류 회수령이 실시됨, ❷ 일제가 중·일 전쟁을 일으키고 침략 전쟁을 확대함 → **1940년대**

일제가 중·일 전쟁을 일으키고 침략 전쟁을 확대하였으며, 금속류 회수령이 실시되었다는 내용을 통해 밑줄 그은 '이 시기'가 1940년대임을 알 수 있어요. 일제는 1937년에 중·일 전쟁을 일으키고 침략 전쟁을 확대하면서 한국인을 전쟁에 쉽게 동원하기 위해 내선일체와 일선동조론을 내세우며 한국인의 정체성과 민족의식을 말살하는 민족 말살 정책을 본격적으로 실시하였어요. 또한, 국가 총동원법을 제정하여 이를 근거로 전쟁에 필요한 인적·물적 자원을 수탈하였어요. 1941년에는 군수 물자 생산을 위해 금속류 회수령을 공포하여 각 가정의 놋그릇, 가마솥, 사찰의 종과 불상까지 가리지 않고 빼앗아 갔어요.

① 언론을 통제하기 위하여 신문지법을 제정하였다.
➡ 일제는 민족 신문을 탄압·통제하기 위해 대한 제국 정부를 압박하여 1907년에 신문지법을 제정하였어요.

②애국반을 조직하여 한국인의 생활을 통제하였다.
➡ 일제는 1938년에 애국반을 조직하여 한국인의 생활을 통제하고 전쟁에 필요한 인력과 자원을 효과적으로 동원하였어요.

③ 경복궁에서 최초로 조선 물산 공진회를 개최하였다.
➡ 일제는 1915년에 경복궁에서 전국의 물품을 수집·전시한 박람회인 조선 물산 공진회를 개최하였어요. 식민 통치를 미화하고 그 성과를 선전하기 위해 열린 행사로, 박람회장 조성 과정에서 경복궁의 많은 건물이 헐렸습니다.

④ 재정 고문 메가타의 주도 아래 화폐 정리 사업을 실시하였다.
➡ 일제는 대한 제국 정부를 압박하여 1905년에 일본인 재정 고문 메가타의 주도 아래 화폐 정리 사업을 실시하였어요. 이 사업의 결과 한국인이 설립한 은행과 한국 상인들이 큰 타격을 입었어요.

⑤ 보통학교의 수업 연한을 4년으로 규정한 제1차 조선 교육령을 시행하였다.
➡ 일제는 1911년에 제1차 조선 교육령을 공포하여 보통학교의 수업 연한을 4년으로 정하고, 농업·상업 등 실무적 업무에 도움이 되는 과목만 개설하였어요.

45 대한민국 정부 수립 과정   정답 ④

다음 성명이 발표된 이후의 사실로 옳은 것은? [3점]

> 지금 이때 나의 단일한 염원은 3천만 동포와 손을 잡고 통일된 조국, 독립된 조국의 달성을 위하여 공동 분투하는 것뿐이다. 이 육신을 조국이 요구한다면 당장에라도 제단에 바치겠다. ❶나는 통일된 조국을 건설하려다가 38선을 베고 쓰러질지언정 일신에 구차한 안일을 취하여 단독 정부를 세우는 데는 협력하지 아니하겠다. 나는 내 생전에 38선 이북에 가고 싶다. 그쪽 동포들도 제집을 찾아가는 것을 보고서 죽고 싶다. 궂은 날을 당할 때마다 38선을 싸고도는 원귀의 곡성이 내 귀에 들리는 것도 같았다. 고요한 밤에 홀로 앉으면 남북에서 헐벗고 굶주리는 동포들의 원망스런 용모가 내 앞에 나타나는 것도 같았다.

정답 잡는 키워드
❶ 나는 통일된 조국을 건설하려다가 38선을 베고 쓰러질지언정 …… 단독 정부를 세우는 데는 협력하지 아니하겠다.
→ 김구의 '삼천만 동포에게 읍고함'(1948. 2.)

'나는 통일된 조국을 건설하려다가 38선을 베고 쓰러질지언정 일신에 구차한 안일을 취하여 단독 정부를 세우는 데는 협력하지 아니하겠다.'는 내용을 통해 제시된 자료가 김구가 남한만의 단독 정부 수립에 반대하며 자신의 입장을 밝힌 '삼천만 동포에게 읍고함'임을 알 수 있어요. 두 차례의 미·소 공동 위원회가 성과를 거두지 못하자, 한반도 문제는 유엔으로 넘어갔어요. 유엔 총회에서는 인구 비례에 따른 남북한 총선거 실시를 의결하였어요. 그러나 소련이 유엔 한국 임시 위원단의 입북을 거부하자, 유엔 소총회가 개최되어 위원단의 접근이 가능한 지역, 즉 남한 지역에서라도 총선거를 실시할 것을 논의하였어요. 남북이 분단될 위기에 처하자 김구, 김규식 등은 통일 정부 수립을 목표로 북한 지역의 인사들에게 남북 협상을 제안하였어요. '삼천만 동포에게 읍고함'은 김구가 협상을 위해 평양으로 건너가기 전인 1948년 2월에 발표한 성명이에요.

① 모스크바 3국 외상 회의가 개최되었다.
➡ 1945년 12월에 모스크바에서 미국, 영국, 소련의 외무 장관이 모여 한반도 문제를 논의한 모스크바 3국 외상 회의가 개최되었어요.

② 송진우, 김성수 등이 한국 민주당을 창당하였다.
➡ 1945년 9월에 송진우, 김성수 등 우익 인사들이 중심이 되어 한국 민주당을 창당하였어요.

③ 좌우 합작 위원회에서 좌우 합작 7원칙을 발표하였다.
➡ 1946년 10월에 좌우 합작 위원회가 미·소 공동 위원회 속개, 통일 임시 정부 수립 등을 내용으로 하는 좌우 합작 7원칙을 발표하였어요.

④우리나라 최초의 보통 선거인 5·10 총선거가 실시되었다.
➡ 1948년 5월에 우리나라 최초의 보통 선거인 5·10 총선거가 실시되어 제헌 국회가 구성되었어요.

⑤ 여운형이 중심이 되어 조선 건국 준비 위원회를 조직하였다.
➡ 1945년 광복 직후에 여운형이 중심이 되어 조선 건국 동맹을 기반으로 조선 건국 준비 위원회를 조직하였어요.

기출 선택지 +α
❻ 반민족 행위 처벌법이 제정되었다. (O / X)
❼ 여수·순천 10·19 사건이 발생하였다. (O / X)
❽ 남한만의 단독 정부 수립을 주장한 정읍 발언이 제기되었다. (O / X)

기출 선택지 +α 정답 ❻ O[1948년 9월] ❼ O[1948년 10월] ❽ X[1946년 6월]

---

46 이승만 정부 시기의 사실   정답 ②

밑줄 그은 '정부' 시기에 있었던 사실로 옳은 것은? [2점]

❶이 사진은 6·25 전쟁 중 부산 임시 국회에서 개헌안을 표결하는 장면입니다. ❷정부는 부산 일대에 계엄을 선포하고 야당 의원들이 탄 통근 버스를 강제로 연행하는 등 공포 분위기를 조성하였습니다. 개헌안은 군인과 경찰이 국회 의사당을 완전히 포위한 상태에서 토론 없이 기립 표결로 통과되었습니다.

1952년 5월 이승만 정부는 임시 수도였던 부산에 계엄령을 선포하고 대통령 직선제 개헌안에 반대하는 야당 의원들이 탄 통근 버스를 헌병대로 강제 연행하여 구금하였어요. 이를 부산 정치 파동이라고 합니다.

정답 잡는 키워드
❶ 6·25 전쟁 중 부산 임시 국회에서 개헌안 표결, ❷ 부산 일대에 계엄 선포, 야당 의원들을 강제 연행(부산 정치 파동) → 이승만 정부

6·25 전쟁 중에 부산 임시 국회에서 개헌안이 통과되었으며, 부산 정치 파동이 일어났다는 내용을 통해 밑줄 그은 '정부'가 이승만 정부임을 알 수 있어요. 6·25 전쟁이 발발하기 직전에 실시된 제2대 국회 의원 선거에서 정부에 비판적인 무소속 출마자가 대거 당선되었어요. 이승만 정부는 국회에서 대통령을 뽑는 간선제로는 이승만이 대통령에 재선될 가능성이 낮다고 판단하였어요. 이에 자유당을 창당하여 지지 세력을 결집하고 대통령 직선제 개헌을 추진하였습니다. 1952년 정부가 제출한 개헌안이 국회에서 부결되자 이승만 정부는 비상계엄을 선포하고 부산 정치 파동을 일으켜 야당 의원들을 탄압하고 공포 분위기를 조성하였어요. 이러한 가운데 국회에서 대통령 직선제와 양원제 국회를 주요 내용으로 하는 발췌 개헌안이 통과되었어요.

① 경부 고속 도로가 개통되었다.
➡ 박정희 정부 시기인 1970년에 서울과 부산을 잇는 경부 고속 도로가 개통되었어요.

②한·미 상호 방위 조약이 체결되었다.
➡ 이승만 정부 시기인 1953년에 6·25 전쟁의 정전 협정이 체결되고 이후 한·미 상호 방위 조약이 체결되었어요.

③ 함평 고구마 피해 보상 운동이 전개되었다.
➡ 박정희 정부 시기인 1976년에 함평군 농협이 고구마 전량 수매를 약속한 뒤 이를 이행하지 않아 농민들이 피해를 입은 사건이 일어났어요. 농민들은 피해 보상을 요구하며 투쟁을 전개하여 1978년에 보상을 약속받았어요.

④ 대통령 긴급 명령으로 금융 실명제가 실시되었다.
➡ 김영삼 정부 시기에 금융 거래의 투명성을 확보하고자 대통령 긴급 명령으로 금융 실명제가 실시되었어요.

⑤ 사회 정화를 명분으로 삼청 교육대가 설치되었다.
➡ 전두환 등 신군부 세력이 신설한 국가 보위 비상 대책 위원회(국보위)가 1980년 5월에 사회 정화를 명분으로 삼청 교육대를 설치하였어요.

기출 선택지 +α
❻ 프로 야구가 6개 구단으로 출범하였다. (O / X)
❼ 인민 혁명당 재건위 사건으로 관련자가 탄압받았다. (O / X)
❽ 여당 부통령 후보 당선을 위한 3·15 부정 선거가 자행되었다. (O / X)

기출 선택지 +α 정답 ❻ X[전두환 정부] ❼ X[박정희 정부] ❽ O

47 박정희 정부 시기의 사실 정답 ⑤

(가) 정부 시기에 있었던 사실로 옳은 것은? [2점]

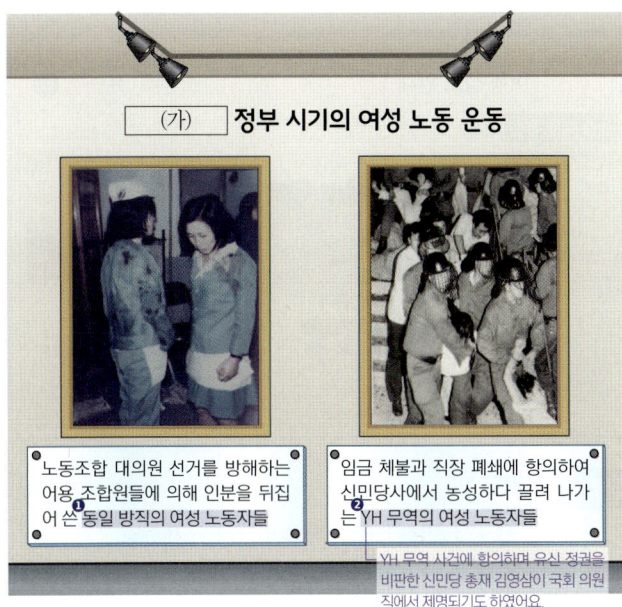

(가) 정부 시기의 여성 노동 운동

- ❶ 노동조합 대의원 선거를 방해하는 어용 조합원들에 의해 인분을 뒤집어 쓴 동일 방직의 여성 노동자들
- ❷ 임금 체불과 직장 폐쇄에 항의하여 신민당사에서 농성하다 끌려 나가는 YH 무역의 여성 노동자들

※ YH 무역 사건에 항의하며 유신 정권을 비판한 신민당 총재 김영삼이 국회 의원직에서 제명되기도 하였어요.

정답 잡는 키워드
❶ 동일 방직의 여성 노동자들, ❷ YH 무역의 여성 노동자들 → **박정희 정부**

동일 방직 여성 노동자들에게 인분을 투척하는 사건이 일어났으며, YH 무역의 여성 노동자들이 신민당사에서 농성하다 끌려 나갔다는 내용을 통해 (가) 정부가 박정희 정부임을 알 수 있어요. 동일 방직의 여성 노동자들은 남성 중심의 노동조합에 대항하여 1972년부터 민주 노동조합 운동을 전개하였어요. 1978년에는 회사 측의 사주를 받은 남성 노동자들이 조합원 투표를 준비하는 여성 노동자들에게 인분을 투척하는 사건이 일어나기도 하였어요. 1979년에는 YH 무역의 여성 노동자들이 회사의 일방적인 폐업 조치에 항의하여 당시 야당이었던 신민당사에서 농성을 벌이자 경찰이 강경 진압하였어요.

① 부천 경찰서 성 고문 사건이 발생하였다.
→ **전두환 정부** 시기인 1986년에 부천 경찰서에서 여성 노동자에 대한 조사 과정에서 성 고문 사건이 일어났어요.

② 정부에 비판적인 경향신문이 폐간되었다.
→ **이승만 정부**는 정부에 비판적인 기사를 게재하는 경향신문을 1959년에 폐간하는 등 언론을 통제하였어요.

③ 최저 임금 결정을 위한 최저 임금 위원회가 설치되었다.
→ **전두환 정부** 시기인 1987년에 최저 임금 결정을 위한 최저 임금 위원회가 설치되었어요.

④ 자치 단체장까지 선출하는 지방 자치제가 전면 시행되었다.
→ **김영삼 정부** 시기인 1995년에 지방 자치제가 전면 시행되어 주민들이 지방 의회 의원뿐 아니라 지방 자치 단체장까지 직접 선출하게 되었어요.

⑤ 긴급 조치 철폐 등을 요구하는 3·1 민주 구국 선언이 발표되었다.
→ **박정희 정부** 시기인 1976년에 김대중, 함석헌 등 재야인사들이 긴급 조치 철폐 등을 요구하는 3·1 민주 구국 선언을 발표하였어요.

기출 선택지 +α
❻ 베트남 파병에 관한 브라운 각서가 체결되었다. (O/X)
❼ 민주화 시위 도중 대학생 강경대가 희생되었다. (O/X)
❽ 한·일 국교 정상화에 반대하는 6·3 시위가 전개되었다. (O/X)

기출 선택지 +α 정답 ❻ O ❼ X[노태우 정부] ❽ O

48 6월 민주 항쟁 정답 ③

밑줄 그은 '민주화 운동'에 대한 설명으로 옳은 것은? [1점]

- 사진 속 쓰러진 인물이 대학교 정문에서 시위 도중 경찰이 쏜 ❶최루탄에 피격된 이한열이지?
- 맞아. 이 사건은 ❷호헌 철폐와 독재 타도를 외친 민주화 운동이 확산하는 데 영향을 주었어.
- 전두환 정부가 당시 현행 헌법에 따라 간선제로 차기 대통령을 선출한다는 4·13 호헌 조치를 발표하자 '호헌 철폐'를 외치는 시위가 확산되었어요.

정답 잡는 키워드
❶ 이한열이 시위 도중 경찰이 쏜 최루탄에 피격됨,
❷ 호헌 철폐와 독재 타도를 외침 → **6월 민주 항쟁**

이한열이 시위 도중 경찰이 쏜 최루탄에 피격되었으며, 호헌 철폐와 독재 타도를 외쳤다는 내용을 통해 밑줄 그은 '민주화 운동'이 6월 민주 항쟁임을 알 수 있어요. 강압적 통치에 대한 국민의 불만이 커지고 직선제 개헌 운동 등 민주화의 요구가 거세졌음에도 전두환 정부는 이를 묵살하고 4·13 호헌 조치를 발표하였어요. 그러나 직선제 개헌을 향한 국민의 열망은 사그라지지 않았어요. 이러한 상황에서 박종철 고문치사 사건에 대한 진실이 폭로되자, 폭압적인 정부를 규탄하는 시위가 일어났어요. 4·13 호헌 조치의 철폐와 박종철 고문치사 사건의 진상 규명을 요구하는 시위가 전국으로 퍼지는 가운데 시위에 참가한 대학생 이한열이 경찰이 쏜 최루탄에 피격되는 사건이 일어났고, 이에 분노한 수많은 학생과 시민들이 거리로 나와 호헌 철폐, 직선제 개헌 쟁취, 독재 타도 등을 외쳤어요.

① 유신 체제 붕괴의 배경이 되었다.
→ **부·마 민주 항쟁**이 확산되자 대처 방안을 두고 정권 내 갈등이 커지는 가운데 대통령 박정희가 중앙정보부장 김재규의 총탄에 사망한 10·26 사태가 일어나 유신 체제는 사실상 붕괴되었어요.

② 당시 대통령이 하야하는 결과를 가져왔다.
→ **4·19 혁명**으로 이승만이 대통령직에서 하야하고 허정 과도 정부가 수립되었어요.

③ 5년 단임의 대통령 직선제 개헌을 이끌어 냈다.
→ **6월 민주 항쟁**의 결과 대통령 직선제를 수용하는 6·29 민주화 선언이 발표되었고, 이에 따라 5년 단임의 대통령 직선제 개헌이 이루어졌어요.

④ 시위 과정에서 시민군이 자발적으로 조직되었다.
→ **5·18 민주화 운동** 당시 광주의 학생과 시민들은 계엄군의 발포 등 무력 진압에 대항하여 자발적으로 시민군을 조직하였어요.

⑤ 굴욕적인 한·일 국교 정상화에 반대하여 일어났다.
→ 박정희 정부의 굴욕적인 한·일 국교 정상화에 반대하여 **6·3 시위**가 일어났어요.

기출 선택지 +α
❻ 4·13 호헌 조치 철폐를 요구하였다. (O/X)
❼ 야당 총재의 국회 의원직 제명으로 촉발되었다. (O/X)
❽ 신군부의 비상계엄 확대와 무력 진압에 저항하였다. (O/X)

기출 선택지 +α 정답 ❻ O ❼ X[부·마 민주 항쟁] ❽ X[5·18 민주화 운동]

49 김영삼 정부 시기의 사실 정답 ⑤

다음 기사 내용이 보도된 정부 시기에 있었던 사실로 옳은 것은? [3점]

□□신문
제△△호 ○○○○년 ○○월 ○○일

군대 내 사조직 '하나회' 청산 매듭

어제 단행된 군 장성 정기 인사를 통해 하나회 회원으로 알려진 중장급 이상 장성 전원이 보직 해임되었다. 이번 인사는 문민정부 출범 직후인 지난해 3월 8일 육군 참모 총장과 기무사령관을 전격적으로 예편 조치함으로써 시작된 군대 내 사조직 청산 작업을 마무리한 것이다. 군 내부에서도 이번 하나회 완전 제거가 군이 정치적 중립을 확보하고 안정과 결속을 다지는 계기가 될 것으로 기대하고 있다.

5·16 군사 정변(1961) 이후 30여 년 만인 1993년에 민간인 출신의 대통령이 이끄는 문민정부가 출범하였어요.

정답 잡는 키워드
❶ 군대 내 사조직 '하나회' 청산, ❷ 문민정부 → **김영삼 정부**

문민정부에서 군대 내 사조직인 하나회의 청산 작업을 마무리하였다는 내용을 통해 기사 내용이 보도된 시기가 김영삼 정부 시기임을 알 수 있어요. 김영삼은 대통령 당선 이후 군부 출신이 아니라는 점을 부각시켜 새 정부의 명칭을 문민정부로 정하였어요. 김영삼 정부는 군대 내의 사조직이었던 하나회를 중심으로 하는 신군부 세력을 해체하기 위해 대대적인 군 개혁에 착수하여 하나회를 척결하였어요.

① 칠레와의 자유 무역 협정(FTA)이 체결되었다.
➡ 칠레와의 자유 무역 협정(FTA)은 **김대중 정부** 시기에 정식 서명이 이루어졌고, 노무현 정부 시기부터 발효되었어요.

② 처음으로 연간 수출액 100억 달러가 달성되었다.
➡ **박정희 정부** 시기인 1977년에 처음으로 연간 수출액 100억 달러가 달성되었어요.

③ 서울과 평양에서 7·4 남북 공동 성명이 발표되었다.
➡ **박정희 정부** 시기에 남북한은 '자주, 평화, 민족 대단결'이라는 평화 통일의 3대 원칙에 합의한 7·4 남북 공동 성명을 발표하였어요.

④ 북방 외교를 추진하여 사회주의 국가인 소련과 수교하였다.
➡ **노태우 정부** 시기에 냉전이 해체되는 국제 정세의 변화 속에서 북방 외교를 추진하여 소련, 중국 등 사회주의 국가들과 수교를 맺었어요.

⑤ 거창 사건 등 관련자의 명예 회복에 관한 특별 조치법이 제정되었다.
➡ **김영삼 정부** 시기인 1996년에 거창 사건 등 관련자의 명예 회복에 관한 특별 조치법이 제정되었어요. 거창 사건은 6·25 전쟁 중인 1951년 경상남도 거창에서 국군이 공비 토벌 작전을 벌이는 과정에서 민간인이 집단 학살당한 사건이에요. 김영삼 정부는 이처럼 공비 토벌을 이유로 국군 병력의 작전 수행 중 주민들이 희생당한 사건의 희생자와 그 유족들의 명예를 회복시켜 주기 위해 관련법을 마련하였어요.

기출 선택지 +α
❻ 국민 기초 생활 보장법이 시행되었다. (O/X)
❼ 37년 만에 야간 통행금지가 해제되었다. (O/X)
❽ 전국 민주 노동조합 총연맹이 창립되었다. (O/X)
❾ 양성 평등의 실현을 위해 호주제가 폐지되었다. (O/X)

기출 선택지 +α 정답 ❻ ×[김대중 정부] ❼ ×[전두환 정부] ❽ ○ ❾ ×[노무현 정부]

---

50 제주도의 역사 정답 ④

(가) 지역에 대한 탐구 활동으로 가장 적절한 것은? [2점]

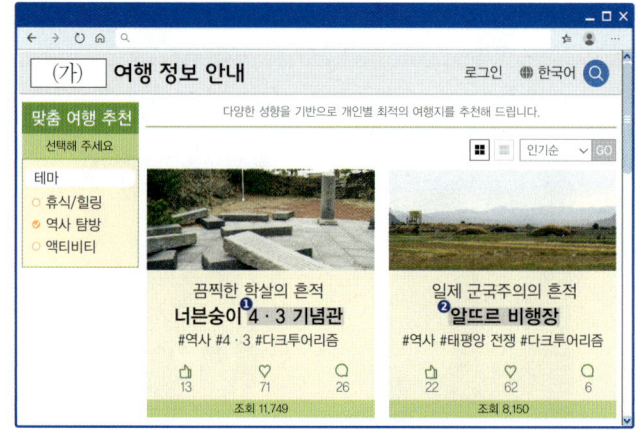

정답 잡는 키워드
❶ 4·3 기념관, ❷ 알뜨르 비행장 → **제주도**

4·3 기념관과 알뜨르 비행장이 있다는 내용을 통해 (가) 지역이 제주도임을 알 수 있어요. 1948년에 제주도에서 도내 좌익 세력과 일부 주민이 남한만의 단독 정부 수립에 반대하여 일으킨 무장봉기를 미군정과 이승만 정부가 보낸 토벌대가 진압하는 과정에서 많은 수의 무고한 주민이 희생당한 제주 4·3 사건이 일어났어요. 알뜨르 비행장은 일제가 침략 전쟁의 전초 기지로 활용한 군사 시설로 격납고, 고사포 진지 등의 시설이 남아 있어요.

① 원종과 애노가 봉기한 곳을 검색한다.
➡ 신라 진성 여왕 때 원종과 애노가 중앙 정부의 세금 독촉에 맞서 지금의 **상주** 지역인 사벌주에서 봉기하였어요.

② 외규장각 도서의 약탈 과정을 조사한다.
➡ 병인양요 당시 프랑스군이 퇴각하면서 **강화도** 외규장각에 보관되어 있던 도서를 약탈해 갔어요.

③ 강주룡이 고공 시위를 전개한 장소를 알아본다.
➡ 일제 강점기인 1931년에 노동자 강주룡이 **평양** 을밀대 지붕에 올라가 임금 삭감 철회를 요구하면서 고공 시위를 전개하였어요.

④ 김만덕이 흉년에 굶주린 백성을 구제한 기록을 살펴본다.
➡ 조선 후기에 **제주도**에서 막대한 부를 축적한 상인 김만덕은 극심한 기근이 들자 자신의 재산을 내어 제주도민을 구휼하였어요.

⑤ 러시아의 남하를 견제한다는 구실로 영국군이 점령한 지역을 찾아본다.
➡ 1885년에 영국군이 러시아의 남하를 견제한다는 구실로 **거문도**를 불법 점령하였어요.

기출 선택지 +α
❻ 무령왕과 왕비의 무덤이 발굴된 곳을 답사한다. (O/X)
❼ 동학 농민군이 정부와 화약을 맺은 장소를 조사한다. (O/X)
❽ 공민왕이 홍건적의 침입 때 피란한 지역을 찾아본다. (O/X)
❾ 유계춘이 백낙신의 수탈에 맞서 봉기한 지역을 검색한다. (O/X)

기출 선택지 +α 정답 ❻ ×[공주] ❼ ×[전주] ❽ ×[안동] ❾ ×[진주]

심화 제74회

2025년 5월 24일(토) 시행

합격률 **40.1%**
응시 인원: 74,452명
합격 인원: 29,864명

해설 강의 바로 보기

시대별 출제 비중

전근대 27문항

- **선사** 2문항
  신석기 시대의 생활 모습, 고조선

- **고대** 8문항
  고구려의 사회 모습, 삼국의 경쟁, 백제, 문무왕의 업적, 발해, 선종, 장보고, 후삼국 통일 과정

- **고려** 8문항
  광종의 정책, 고려와 거란의 관계, 고려의 문화유산, 무신 집권기의 사실, 고려의 사회 모습, 지눌의 활동, 원 간섭기의 사실, 고려의 중앙 정치 조직

- **조선** 9문항
  종묘, 세조 재위 시기의 사실, 정유재란 이후의 사실, 현종~경종 재위 시기의 사실, 이황의 활동, 정조의 정책, 신유박해, 조선 후기의 사회 모습, 조선 후기의 경제 상황

근현대 23문항

- **개항기** 7문항
  개항기 경제 행정의 변화, 개항기 인물, 광무개혁, 동학 농민 운동, 대한 제국 군대 해산 이후의 사실, 경부선 개통 시기의 사회 모습, 용암포 사건

- **일제 강점기** 9문항
  하와이 지역의 민족 운동, 3·1 운동, 대한민국 임시 정부, 의열단, 백남운, 일제 강점기 사회 모습, 일제 강점기 국외 동포들의 삶과 시련, 한국 독립군, 1930년대 후반 이후의 사실

- **현대** 6문항
  제주 4·3 사건, 6·25 전쟁, 4·19 혁명, 3·1 민주 구국 선언 발표 이후의 사실, 김대중 정부 시기의 경제 상황, 노무현 정부 시기의 통일 노력

- **시대 통합** 1문항
  역사 속 관리 선발 방식

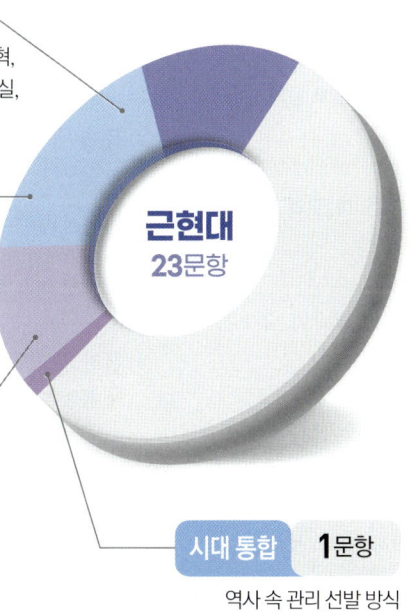

분류별 출제 비중 고대~조선

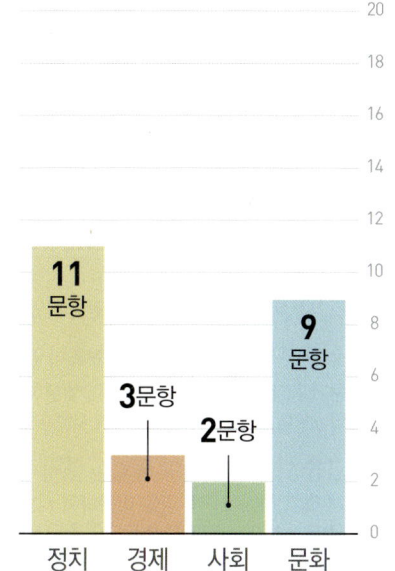

- 정치: 11문항
- 경제: 3문항
- 사회: 2문항
- 문화: 9문항

난이도별 출제 비중

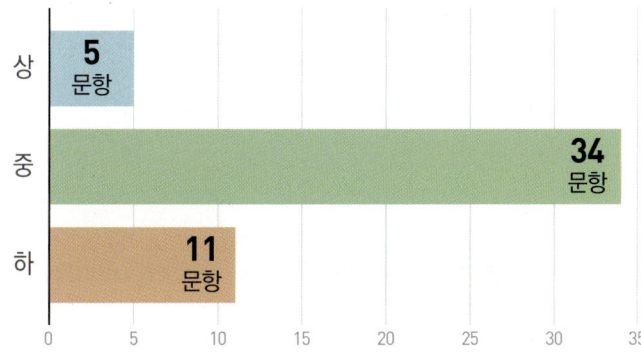

- 상: 5문항
- 중: 34문항
- 하: 11문항

큰별쌤의 한줄평

꼼꼼히 봐야 하는 자료와 까다로운 선지가 출제된 어려운 시험

1 신석기 시대의 생활 모습　　　　　정답 ③

(가) 시대의 생활 모습으로 가장 적절한 것은?　[1점]

> 한강 변에 위치한 대표적인 신석기 시대 유적으로, 다수의 움집터가 발견되어 당시 사람들이 마을을 이루어 정착 생활을 하였음을 알 수 있어요.

> 올해는 ❶ 서울 암사동 유적 발견 100주년입니다. 1925년 을축년 대홍수로 우연히 모습이 드러난 이 유적은 수차례 발굴 과정에서 (가) 시대의 대표적 유물인 ❷ 빗살무늬 토기와 ❸ 갈돌, 갈판이 출토되고, 유구인 집터가 발견되었습니다.

서울 암사동 유적 발견 100주년 맞아

정답 잡는 키워드
❶ 서울 암사동 유적, ❷ 빗살무늬 토기, ❸ 갈돌, 갈판
→ **신석기 시대**

서울 암사동 유적에서 빗살무늬 토기와 갈돌, 갈판 등이 출토되었다는 내용을 통해 (가) 시대가 신석기 시대임을 알 수 있어요. 신석기 시대 사람들은 빗살무늬 토기를 만들어 식량을 저장하거나 음식을 조리하였으며, 갈돌과 갈판 등 간석기를 만들어 사용하였어요. 또한, 가락바퀴와 뼈바늘을 이용하여 옷이나 그물 등을 만들기도 하였어요.

① 목책과 환호 등 방어 시설을 갖추었다.
➡ 목책은 나무로 만든 울타리이며, 환호는 마을 둘레를 따라 파 놓은 도랑을 말해요. **청동기 시대**에는 외부의 침입에 대비하기 위해 목책과 환호 등의 방어 시설을 갖추었어요.

② 소를 이용한 깊이갈이가 일반화되었다.
➡ 소를 이용한 깊이갈이는 철기 시대부터 시작된 것으로 보이며, **고려 시대**에 일반화되었어요.

③ 농경과 목축을 통해 식량을 생산하였다.
➡ **신석기 시대**에는 농경과 목축을 통해 식량을 생산하기 시작하였으며, 강가나 바닷가에 마을을 이루어 정착 생활을 하였어요.

④ 지배층의 무덤으로 고인돌을 축조하였다.
➡ **청동기 시대**에 사유 재산과 계급이 발생하고 권력과 경제력을 가진 지배층이 나타났으며, 많은 인력을 동원하여 지배층의 무덤으로 고인돌을 축조하였어요.

⑤ 거푸집을 이용하여 세형 동검을 제작하였다.
➡ **초기 철기 시대**에 거푸집을 이용하여 세형 동검을 제작하였어요. 세형 동검은 주로 한반도 지역에서 출토되어 한국식 동검이라고도 불립니다.

기출 선택지 +α
❻ 반달 돌칼을 이용하여 벼를 수확하였다.　(O/X)
❼ 주로 동굴이나 강가의 막집에 거주하였다.　(O/X)
❽ 쟁기, 쇠스랑 등의 철제 농기구를 사용하였다.　(O/X)
❾ 가락바퀴와 뼈바늘을 이용하여 옷을 만들었다.　(O/X)

정답　❻ ×[청동기 시대]　❼ ×[구석기 시대]　❽ ×[철기 시대]　❾ ○

---

2 고조선　　　　　정답 ⑤

밑줄 그은 '이 나라'에 대한 설명으로 옳은 것은?　[2점]

> 이곳 강화 참성단은 ❶ 단군왕검이 하늘에 제사를 올리던 제단이라고 전합니다. ❷ 우리 역사상 최초의 국가인 이 나라를 세운 것을 기념하는 개천절 행사가 매년 열리며, 전국 체육 대회 성화 채화식도 이곳에서 거행됩니다.

> 단군왕검은 하늘 신의 아들인 환웅과 곰에서 여인이 된 웅녀 사이에서 태어났다고 전해집니다. "삼국유사", "제왕운기"에 단군의 고조선 건국 이야기가 수록되어 있어요.

정답 잡는 키워드
❶ 단군왕검이 세움, ❷ 우리 역사상 최초의 국가 → **고조선**

단군왕검이 세웠으며 우리 역사상 최초의 국가라는 내용을 통해 밑줄 그은 '이 나라'가 고조선임을 알 수 있어요. 고조선은 청동기 문화를 바탕으로 세워졌으며, 사회 질서를 유지하기 위해 범금 8조를 두었어요. 기원전 4~3세기경에는 중국의 연과 대립할 정도로 성장하였어요. 기원전 2세기에 중국에서 넘어온 위만이 준왕을 몰아내고 왕이 된 이후 고조선은 중국의 한과 한반도 남부의 진 사이에서 중계 무역을 독점하며 많은 이익을 얻었어요.

① 여러 가(加)들이 사출도를 다스렸다.
➡ **부여**에서는 왕이 중앙을 다스리고 마가, 우가, 저가, 구가 등 여러 가(加)들이 별도로 사출도를 다스렸어요.

② 동맹이라는 제천 행사를 개최하였다.
➡ **고구려**는 10월에 동맹이라는 제천 행사를 개최하였어요.

③ 민며느리제라는 혼인 풍습이 있었다.
➡ **옥저**에는 남자 집에서 장래에 며느리가 될 여자아이를 데려와 키우고 성인이 되면 여자 집에 예물을 주고 혼인하게 하는 민며느리제라는 혼인 풍습이 있었어요.

④ 읍락 간의 경계를 중시하는 책화가 있었다.
➡ **동예**에는 읍락 간의 경계를 중시하여 다른 읍락의 영역을 함부로 침범하면 소나 말, 노비 등으로 변상하게 하는 책화라는 풍습이 있었어요.

⑤ 왕 아래 상, 대부, 장군 등의 관직을 두었다.
➡ 기원전 3세기경 **고조선**에는 부왕, 준왕과 같은 강력한 왕이 등장하여 왕위를 세습하였고, 왕 아래 상, 대부, 장군 등의 관직이 있었어요.

기출 선택지 +α
❻ 무천이라는 제천 행사를 열었다.　(O/X)
❼ 정사암에 모여 재상을 선출하였다.　(O/X)
❽ 신지, 읍차라 불린 지배자가 있었다.　(O/X)
❾ 진번과 임둔을 복속시켜 세력을 확장하였다.　(O/X)
❿ 전국 7웅 중 하나인 연과 대립할 만큼 강성하였다.　(O/X)

정답　❻ ×[동예]　❼ ×[백제]　❽ ×[삼한]　❾ ○　❿ ○

3 고구려의 사회 모습 정답 ②

(가) 국가에서 볼 수 있는 모습으로 가장 적절한 것은? [2점]

> 이번에 촉각 전시물로 새롭게 제작된 ❶장군총은 (가) 의 대표적인 무덤입니다. 반듯하게 다듬은 돌을 계단처럼 쌓아 만든 이 무덤의 높이는 약 13미터이고, 한 변의 최대 길이는 약 31미터에 달합니다. 거대한 크기를 고려할 때 왕의 무덤일 가능성이 높습니다. 이 무덤의 주인이 누구였을지 상상하며 만져보면 어떨까요?

중국 지린성 지안 지역에 위치한 고구려의 대형 돌무지무덤이에요.

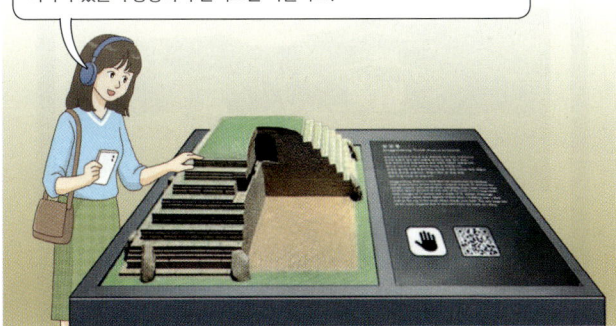

정답 잡는 키워드

❶ 장군총 → 고구려

'장군총'을 통해 (가) 국가가 고구려임을 알 수 있어요. 고구려 초기에는 돌무지무덤이 많이 만들어졌어요. 장군총은 고구려의 대표적인 돌무지무덤이며 계단식으로 조성되었어요. 왕릉으로 추정되나 무덤의 주인이 누구인지 밝혀지지 않았어요.

① 녹과전을 지급받는 관리
→ 고려 후기에 관직 복무에 대한 대가로 관리에게 지급한 현물 급여(녹봉)를 보충하기 위해 녹과전을 지급하였어요.

②경당에서 수련하는 청년
→ 고구려는 지방에 경당을 설치하여 청소년에게 학문과 무예를 가르쳤어요.

③ 팔만대장경판을 만드는 장인
→ 고려는 부처의 힘을 빌려 몽골의 침입을 물리치고자 하는 염원을 담아 팔만대장경판을 만들었어요.

④ 지방의 22담로에 파견되는 왕족
→ 백제 무령왕은 지방 통제를 강화하기 위해 22담로에 왕족을 파견하였어요.

⑤ 황룡사 구층 목탑의 축조를 건의하는 승려
→ 신라의 승려 자장은 선덕 여왕에게 황룡사 9층 목탑의 건립을 건의하였어요.

기출 선택지 +α
❻ 도병마사에서 회의하는 관리 (O/X)
❼ 솔빈부의 말을 판매하는 상인 (O/X)
❽ 화엄일승법계도를 저술하는 승려 (O/X)

핵심 개념 | 고대의 고분

고구려	돌무지무덤(장군총 - 계단식 무덤, 벽화 없음) → 굴식 돌방무덤(강서대묘, 무용총, 각저총 - 입구와 벽화가 있음, 도굴이 쉬운 구조)
백제	돌무지무덤(석촌동 고분군) → 굴식 돌방무덤 + 벽돌무덤(무령왕릉, 중국 남조의 영향)
신라	돌무지덧널무덤(천마총 - 입구와 벽화가 없음, 도굴이 어려운 구조)
통일 신라	굴식 돌방무덤(김유신 묘 - 봉토 주위를 둘레돌로 두르고 12지 신상 조각)
발해	• 정혜 공주 묘(굴식 돌방무덤) : 고구려 양식의 영향을 받음 • 정효 공주 묘(벽돌무덤) : 당과 고구려 양식이 결합됨

기출 선택지 +α 정답 ⑥ ×[고려] ⑦ ×[발해] ⑧ ×[신라]

킬러 문항
4 삼국의 경쟁 정답 ②

(가), (나) 사이의 시기에 있었던 사실로 옳은 것은? [3점]

> *554년 백제 성왕은 한강 하류 지역을 신라에 빼앗기자 대가야와 연합하여 신라의 관산성을 공격하였어요.*
> (가) ❶백제 왕 명농이 가야와 함께 와서 관산성을 공격하였다. [신라의] 군주(軍主)인 각간 우덕과 이찬 탐지 등이 맞서 싸웠으나 불리하였다. …… ❷고간 도도가 급히 쳐서 백제 왕을 죽였다.
>
> (나) 8월에 [백제 왕이] 장군 ❸윤충을 보내 군사 1만을 거느리고 신라 대야성을 공격하였다. 성주 품석이 처자와 함께 나와 항복하자 윤충이 이 모두 죽이고 그 머리를 베어 왕도로 보냈다.
> *김품석은 대야성의 성주이자 김춘추의 사위였어요.*
> *642년 백제 의자왕은 윤충을 보내 신라의 수도 금성으로 가는 길목에 위치한 대야성을 함락하였어요.*

정답 잡는 키워드

❶, ❷ 백제 왕이 관산성을 공격하다가 사망함
→ (가) 관산성 전투(554)

❸ 윤충이 대야성 함락 → (나) 대야성 전투(642)

(가)는 백제 왕이 관산성을 공격하다가 사망하였다는 내용을 통해 백제 성왕이 전사한 관산성 전투(554) 상황임을 알 수 있어요. (나)는 윤충이 대야성을 공격해 성주를 죽였다는 내용을 통해 의자왕 때 일어난 대야성 전투(642) 상황임을 알 수 있어요. 백제 성왕은 신라 진흥왕과 연합하여 고구려를 공격해 한강 하류 지역을 되찾았어요. 그러나 곧이어 신라의 공격으로 백제는 한강 유역을 다시 빼앗겼습니다. 이에 분노한 성왕이 신라 공격에 나섰으나 관산성 전투에서 전사하였어요. 이후 642년에 백제 의자왕이 신라를 공격하여 40여 성을 빼앗았고, 윤충을 보내 대야성을 함락하였어요.

① 백제가 국호를 남부여로 고쳤다.
→ 백제는 성왕 때 웅진(공주)에서 사비(부여)로 도읍을 옮기고 국호를 '남부여'로 고쳤어요(538).

②진흥왕이 대가야를 공격하여 복속시켰다.
→ 신라 진흥왕은 한강 유역을 차지한 뒤 대가야를 공격하여 낙동강 유역까지 영토를 확장하였어요(562).

③ 계백이 이끈 결사대가 황산벌에서 패배하였다.
→ 백제 의자왕 때 계백이 이끈 결사대가 황산벌에서 신라군에 맞서 싸웠으나 패배하고, 나·당 연합군의 공격으로 사비성이 함락되면서 백제는 멸망하였어요(660).

④ 김춘추가 당으로 건너가 군사 동맹을 체결하였다.
→ 대야성을 빼앗긴 신라는 김춘추를 고구려에 보내 군사 지원을 요청하였으나 실패하였어요. 이후 김춘추는 당으로 건너가 나·당 동맹을 성사시켰어요(648).

⑤ 신라가 한강 하류를 차지하여 신주를 설치하였다.
→ 신라 진흥왕은 동맹이었던 백제를 공격하여 한강 하류 지역까지 차지한 뒤 '새로운 땅'이라는 뜻의 신주를 설치하였어요(553). 이는 백제 성왕이 관산성 전투를 일으킨 직접적인 계기가 되었어요.

기출 선택지 +α
❻ 장수왕이 한성을 공격하여 함락시켰다. (O/X)
❼ 고구려가 신라에 침입한 왜를 격퇴하였다. (O/X)
❽ 을지문덕이 살수에서 수의 군대를 물리쳤다. (O/X)
❾ 백제가 고구려를 견제하고자 북위에 국서를 보냈다. (O/X)
❿ 근초고왕이 평양성을 공격하여 고국원왕을 전사시켰다. (O/X)

기출 선택지 +α 정답 ⑥ ×[475년] ⑦ ×[400년] ⑧ ○[612년] ⑨ ×[472년] ⑩ ×[371년]

5 백제 정답 ⑤

(가) 국가에 대한 설명으로 옳은 것은? [2점]

> 여러분이 계신 곳은 (가) 의 ❶능산리 고분군 중 동하총 증강 현실 전시실입니다. 동하총 무덤방의 벽에는 사신도가, 천장에는 연꽃과 구름무늬가 그려져 있습니다. 이는 ❷송산리 6호분과 함께 (가) 의 고분벽화 연구에 중요한 자료로 평가됩니다.

능산리 고분군(부여 왕릉원)은 백제 사비 시기 왕과 왕족의 무덤이고, 송산리 고분군(공주 무령왕릉과 왕릉원)은 백제 웅진 시기 왕과 왕족의 무덤이에요.

정답 잡는 키워드
❶ 능산리 고분군, ❷ 송산리 6호분 → 백제

능산리 고분군과 송산리 6호분을 통해 (가) 국가가 백제임을 알 수 있어요. 부여 능산리 고분군은 사비 시기에 조성된 대표적인 백제 왕실의 무덤으로 알려져 있어요. 동하총은 능산리 고분군에 있는 굴식 돌방무덤으로 네 벽에는 사신도, 천장에는 연꽃무늬와 구름무늬가 그려져 있어요. 송산리 6호분은 무령왕릉과 함께 공주 송산리 고분군에 있는 두 기의 벽돌무덤 가운데 하나입니다. 무덤 내부에 사신도 벽화가 그려져 있어요.

① 일길찬, 사찬 등의 관등이 있었다.
  ➡ 일길찬, 사찬은 신라의 관등이에요. 신라는 17관등을 두었는데 일길찬과 사찬은 17관등 가운데 7번째, 8번째 관등이에요.

② 지방 장관으로 욕살, 처려근지 등이 있었다.
  ➡ 고구려는 지방의 여러 성에 욕살, 처려근지 등의 관리를 두어 다스렸어요.

③ 특산물로 단궁, 과하마, 반어피가 유명하였다.
  ➡ 동예는 특산물로 단궁(활), 과하마(말), 반어피(바다표범의 가죽)가 유명하였어요.

④ 사회 질서를 유지하기 위해 범금 8조를 두었다.
  ➡ 고조선은 사회 질서를 유지하기 위해 범금 8조를 두었어요. 현재 3개 조항이 전해져 당시 사회 모습을 짐작할 수 있어요.

⑤ 왕족인 부여씨와 8성 귀족이 지배층을 이루었다.
  ➡ 백제에서는 왕족인 부여씨와 8성의 귀족이 지배층을 이루었어요.

기출 선택지 +α
❻ 귀족 합의제인 화백 회의를 운영하였다. (O/X)
❼ 인안, 대흥 등의 독자적인 연호를 사용하였다. (O/X)
❽ 집사부 외 13부를 두고 행정 업무를 분담하였다. (O/X)
❾ 오경박사, 의박사, 역박사 등을 일본에 파견하였다. (O/X)
❿ 수도에 도시부라는 관청을 설치하여 시장을 관리하였다. (O/X)

기출 선택지 +α 정답 ❻×[신라] ❼×[발해] ❽×[신라] ❾○ ❿○

---

6 문무왕의 업적 정답 ⑤

밑줄 그은 '이 왕'에 대한 설명으로 옳은 것은? [3점]

오전 10:20

history_♡ 감은사지, 나홀로 역사 답사 #감은사는 ❶삼국 통일의 위업을 달성한 이 왕이 부처의 힘을 빌어 왜구의 침입을 막고자 짓기 시작한 절이야. 그 뜻을 이어받은 ❷아들 신문왕이 완공했고, 절의 이름을 #감은사라고 지었다고 해. 나는 이제 이 왕의 수중릉인 ❸#대왕암으로 이동!

> 감은사는 문무왕이 왜구의 침입을 막기 위해 짓기 시작하였으나 생전에 완성하지 못하였고, 아들 신문왕 때 완공되었어요. 신문왕이 아버지 문무왕의 은혜에 감사하는 마음을 담아 절의 이름을 감은사라고 지었다고 해요.

> 경주 앞바다에 있으며 문무왕의 무덤으로 알려져 있어요. 죽어서도 동해의 용이 되어 나라를 지키겠다며 바다에 장사 지내라는 문무왕의 유언에 따라 수중릉으로 조성되었다고 해요.

정답 잡는 키워드
❶ 삼국 통일의 위업 달성, ❷ 아들 신문왕, ❸ 대왕암 → 문무왕

삼국 통일의 위업을 달성하였고, 아들 신문왕이 뜻을 이어받아 감은사를 완성하였으며, 왕의 무덤이 수중릉으로 조성된 대왕암이라는 내용을 통해 밑줄 그은 '이 왕'이 신라 문무왕임을 알 수 있어요. 문무왕은 당과 연합하여 668년에 평양성을 함락하고 고구려를 멸망시켰어요. 그 후 당이 한반도 전체를 지배하려고 하자 전쟁을 벌여 당군을 한반도에서 축출하고 삼국 통일을 완성하였어요. 문무왕의 뒤를 이어 왕위에 오른 신문왕은 아버지 문무왕을 기리기 위해 감은사를 완성하였어요.

① 이사부를 보내 우산국을 복속하였다.
  ➡ 지증왕은 이사부를 보내 지금의 울릉도 일대인 우산국을 복속하였어요.

② 건원이라는 독자적 연호를 사용하였다.
  ➡ 법흥왕은 '건원'이라는 독자적인 연호를 사용하였어요.

③ 관료전을 지급하고 녹읍을 폐지하였다.
  ➡ 신문왕은 관료전을 지급하고 녹읍을 폐지하여 귀족 세력의 경제 기반을 약화하였어요.

④ 거칠부에게 명하여 국사를 편찬하였다.
  ➡ 진흥왕은 거칠부에게 명하여 역사서인 "국사"를 편찬하게 하였어요.

⑤ 지방관을 감찰하고자 외사정을 파견하였다.
  ➡ 문무왕은 지방관을 감찰하기 위해 감찰 관리인 외사정을 파견하였어요.

기출 선택지 +α
❻ 병부와 상대등을 설치하였다. (O/X)
❼ 백제 비유왕과 동맹을 체결하였다. (O/X)
❽ 매소성에서 당의 군대를 격파하였다. (O/X)
❾ 국가적인 조직으로 화랑도를 개편하였다. (O/X)
❿ 김흠돌을 비롯한 진골 귀족 세력을 숙청하였다. (O/X)

기출 선택지 +α 정답 ❻×[법흥왕] ❼×[눌지 마립간] ❽○ ❾×[진흥왕] ❿×[신문왕]

7 발해   정답 ⑤

(가) 국가에 대한 설명으로 옳은 것은?   [2점]

> 이 지도는 (가) 이/가 주변 국가들과 교역하는 데 이용한 교통로를 나타낸 것입니다. 이 국가는 교통로를 통해 담비·호랑이·표범·곰 등의 가죽과 인삼·우황 등의 약재를 주요 품목으로 주변 국가들과 교역하였습니다. 또한, 소그드 은화, 청동 낙타상 등 출토 유물을 통해 서역과의 교류 사실도 확인할 수 있습니다.

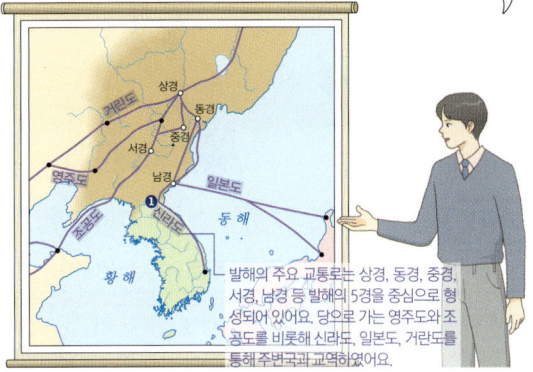

발해의 주요 교통로는 상경, 동경, 중경, 서경, 남경 등 발해의 5경을 중심으로 형성되어 있어요. 당으로 가는 영주도와 조공도를 비롯해 신라도, 일본도, 거란도를 통해 주변국과 교역하였어요.

정답 잡는 키워드

❶ 신라도, 일본도, 거란도, 영주도, 조공도 → **발해**

신라도, 일본도, 거란도, 영주도 등을 통해 주변 국가들과 교역하였다는 내용을 통해 (가) 국가가 발해임을 알 수 있어요. 발해는 고구려 멸망 이후 대조영이 고구려 유민과 말갈인을 이끌고 지린성 동모산에서 세운 나라로, 고구려 계승 의식을 내세웠어요. 발해는 건국 초기에 고구려를 멸망시킨 당과 신라를 적대시하여 이들 국가와 대립하였으나 문왕 때 대립 관계를 개선하였어요. 반면, 일본과는 건국 초부터 당, 신라를 견제할 목적으로 빈번하게 왕래하고 활발하게 교역하였어요.

① 왜에 **칠지도**를 만들어 보냈다.
 ➡ **백제**는 왜에 칠지도를 만들어 보냈는데 이를 통해 백제와 왜가 교류하였음을 알 수 있어요.

② **9서당 10정**의 군사 조직을 운영하였다.
 ➡ **신라**는 삼국 통일 이후 9서당의 중앙군과 10정의 지방군으로 군사 조직을 운영하였어요. 9서당은 신라인 외에 백제인, 고구려인, 말갈인까지 포함하였으며, 신라는 이를 통해 민족 융합을 꾀하였어요.

③ **광평성**을 비롯한 각종 정치 기구를 마련하였다.
 ➡ **후고구려**를 세운 궁예는 국호를 '**마진**'으로 바꾼 후 광평성 등 각종 정치 기구를 마련하여 중앙 정치 조직을 정비하였어요.

④ 제사장인 **천군**과 신성 지역인 **소도**가 존재하였다.
 ➡ **삼한**에는 제사장인 천군과 신성 지역인 소도가 존재하였어요. 소도에는 정치적 지배자의 힘이 미치지 못하였어요.

⑤ 서적 관리, 주요 문서 작성 등을 위해 문적원을 두었다.
 ➡ **발해**는 3성 6부의 중앙 정치 조직을 중심으로 관리 감찰 기구인 중정대, 서적 관리와 주요 문서 작성 등을 담당한 문적원, 국립 교육 기관인 주자감 등을 두었어요.

기출 선택지 +α

❻ 교육 기관으로 주자감을 두었다. (O/X)
❼ 중정대를 두어 관리를 감찰하였다. (O/X)
❽ 영락이라는 독자적인 연호를 사용하였다. (O/X)
❾ 5경 15부 62주의 지방 행정 제도를 갖추었다. (O/X)
❿ 청연각과 보문각을 설치하여 학문 연구를 장려하였다. (O/X)

기출 선택지 +α 정답 ❻ O ❼ O ❽ X [고구려] ❾ O ❿ X [고려]

8 선종   정답 ②

(가) 종파에 대한 설명으로 가장 적절한 것은?   [2점]

> 이것은 (가) 의 9산문 중 가지산문의 대표 사찰인 보림사에 있는 철조 비로자나불 좌상입니다. 이 불상의 왼팔 뒤편에 헌안왕 2년 무주 장사현의 부관인 김수종이 아뢰어 만들었다는 새김글이 양각되어 있어 정확한 조성 연대를 알 수 있습니다. 이와 같은 철불은 승탑과 더불어 9세기부터 크게 유행하였습니다.

신라 말에 선종이 유행하면서 지방 호족의 지원으로 9산문이 형성되었어요.

신라 말에 승려 체징은 전라남도 장흥 가지산에 보림사를 세우고 9산문 중 하나인 가지산문을 개창하였어요.

정답 잡는 키워드

❶ 9산문 → **선종**

'9산문'을 통해 (가) 종파가 선종임을 알 수 있어요. 신라 말에 선종이 유행하면서 가지산문, 실상산문, 사굴산문 등 9개의 산문이 형성되었어요. 선종은 실천 수행을 통한 깨달음을 추구하는 불교 종파로 신라 말에 성장한 지방 호족의 사상적 배경이 되었어요. 선종이 확산되면서 승려의 사리나 유골을 모신 승탑과 승려의 행적을 기록한 탑비 건립이 유행하였어요.

① 하늘에 제사 지내는 **초제**를 거행하였다.
 ➡ 초제는 국가 차원에서 지내는 제사로 **도교** 의례의 하나였어요.

② **참선과 수행을 통한 깨달음**을 강조하였다.
 ➡ 신라 말에 참선과 수행을 통한 깨달음을 강조한 **선종**이 지방 호족의 지원을 받아 유행하였어요.

③ **시경, 서경, 역경** 등을 주요 경전으로 삼았다.
 ➡ "시경", "서경", "역경"은 **유교**의 주요 경전으로 삼경이라고 불렸어요. "대학", "논어", "맹자", "중용" 등 사서와 함께 유교에서 중요하게 다루어졌어요.

④ **신선 사상**을 기반으로 **불로장생**을 추구하였다.
 ➡ **도교**는 산천 숭배, 신선 사상과 결합하여 불로장생과 현세 구복을 추구하였어요.

⑤ **인내천** 사상을 내세워 인간 평등을 주장하였다.
 ➡ **동학**은 마음속에 한울님을 모시는 시천주와 '사람이 곧 한울(하늘)'이라는 인내천을 강조하였어요.

기출 선택지 +α

❻ 동경대전을 경전으로 삼았다. (O/X)
❼ 단군을 숭배의 대상으로 하였다. (O/X)
❽ 미륵불이 세상을 구원한다고 예언하였다. (O/X)
❾ 마음속에 한울님을 모시는 시천주를 강조하였다. (O/X)

기출 선택지 +α 정답 ❻ X [동학] ❼ X [대종교] ❽ X [미륵 신앙] ❾ X [동학]

9 장보고   정답 ②

(가)에 들어갈 내용으로 가장 적절한 것은? [1점]

> **한국사 동영상 제작 기획안**
>
> ○○○, 동아시아를 무대로 활약하다
> △학년 △반 △모둠
>
> ■ 기획 의도
> 신라인으로서 동아시아를 무대로 활약한 ○○○의 생애를 다룬 동영상을 제작하여, 당시의 상황과 그의 활동을 살펴본다.
>
> ■ 장면별 구성 내용
> #1. ❶ 당으로 건너가 무령군 소장이 되다
> #2. (가)
> #3. ❷ 청해진을 설치하고 동아시아 무역을 주도하다
> #4. 왕위 쟁탈전에 휘말려 암살당하다
>
> 장보고는 청해진을 중심으로 당과 신라, 일본을 잇는
> 동아시아 해상 무역권을 장악하였어요.

정답 잡는 키워드
❶ 당으로 건너가 무령군 소장이 됨, ❷ 청해진을 설치함
→ **장보고**

당으로 건너가 무령군 소장이 되었으며 청해진을 설치하였다는 내용을 통해 자료의 인물이 신라의 장보고임을 알 수 있어요. 장보고는 당으로 건너가 군인으로 활동하다가 흥덕왕 때 신라로 돌아왔어요. 장보고는 흥덕왕에게 완도에 진영을 설치할 것을 건의하여 허락을 받아 청해진을 설치하고 해적을 소탕한 후 해상 무역을 통해 세력을 키웠어요. 이후 중앙의 왕위 쟁탈전에 관여하였고, 청해진을 거점으로 반란을 도모하다가 자객에 의해 암살당하였어요.

① 화왕계를 지어 국왕에게 바치다
➡ 설총은 꽃에 비유하여 충신을 가까이할 것을 조언한 '화왕계'를 지어 신문왕에게 바쳤어요.

②산둥반도에 적산 법화원을 창건하다
➡ 장보고는 산둥반도의 적산촌에 신라인을 위한 사찰인 법화원을 창건하였어요.

③ 외교 문서인 청방인문표를 작성하다
➡ 강수는 당에 잡혀 있던 태종 무열왕의 아들 김인문을 석방해 줄 것을 당의 고종에게 청하는 '청방인문표'를 작성하였어요.

④ 격황소서를 지어 세상에 이름을 떨치다
➡ 최치원은 당에서 반란을 일으킨 황소에게 항복을 권하는 격문인 '격황소서'를 지어 문장가로 이름을 널리 알렸어요.

⑤ 구법 순례기인 왕오천축국전을 저술하다
➡ 혜초는 인도와 중앙아시아 지역을 다녀온 후 구법 순례기인 "왕오천축국전"을 저술하였어요.

기출 선택지 +α

❻ 영주에 부석사를 창건하다 (O/X)
❼ 향가 모음집인 삼대목을 편찬하다 (O/X)
❽ 진성 여왕에게 시무책 10여 조를 올리다 (O/X)
❾ 화랑도의 규범으로 세속 5계를 제시하다 (O/X)

기출 선택지 +α
정답 ❻ ×[의상] ❼ ×[위홍, 대구화상] ❽ ×[최치원] ❾ ×[원광]

---

10 후삼국 통일 과정   정답 ④

다음 가상 대화 이후에 있었던 사실로 옳은 것은? [2점]

 며칠 전에 ❶ 신라 왕 김부가 우리 고려에 항복하였다는군.

 전해 들었네. 우리 왕께서 신라국을 없애 경주라 하고, 그에게 식읍으로 하사하셨다더군.

고려는 신라 왕 김부(경순왕)의 항복으로 전쟁을 치르지 않고 신라를 통합하였어요.

정답 잡는 키워드
❶ 신라 왕 김부가 고려에 항복함 → 935년

고려의 후삼국 통일 과정에서 신라 경순왕이 고려에 항복한 935년 이후의 사실을 찾으면 됩니다. 927년 후백제의 견훤은 신라의 수도 금성을 습격하여 경애왕을 죽게 하고 김부(경순왕)를 왕으로 세웠어요. 이에 앞서 신라는 고려에 지원을 요청하였는데 왕건이 군사를 이끌고 도착하기 전에 금성은 이미 후백제군에 점령되었어요. 고려의 왕건은 돌아가던 후백제군을 공산(대구)에서 공격하였으나 패배하였어요. 930년에 왕건은 고창(안동) 전투에서 후백제에 승리하여 후삼국 통일의 주도권을 잡았어요. 935년 후백제에서는 왕위 계승에 불만을 품은 신검이 난을 일으켜 아버지 견훤을 금산사에 유폐하였고, 견훤은 탈출하여 고려에 귀순하였어요. 같은 해 신라의 경순왕 김부가 고려에 항복하면서 고려는 신라를 통합하였어요. 이후 왕건은 일리천 전투에서 신검의 후백제군을 격퇴하고 후삼국을 통일하였어요.

① 안승이 보덕국 왕으로 임명되었다.
➡ 고구려 부흥 운동을 전개하던 안승이 신라에 귀순하자 문무왕은 안승을 금마저(익산)에 머물게 하고 674년에 보덕국 왕으로 임명하였어요.

② 신숭겸이 공산 전투에서 전사하였다.
➡ 고려의 장수 신숭겸은 927년에 공산 전투에서 위기에 빠진 왕건을 구하고 전사하였어요.

③ 원종과 애노가 사벌주에서 반란을 일으켰다.
➡ 신라 진성 여왕 때인 889년에 원종과 애노가 사벌주에서 반란을 일으켰어요. 이를 시작으로 전국 각지에서 농민 봉기가 잇달아 일어났어요.

④왕건이 일리천에서 신검의 군대를 물리쳤다.
➡ 왕건은 936년에 견훤과 함께 일리천 전투에서 신검의 후백제군을 물리쳤어요. 패배한 후백제의 신검은 남은 군사를 이끌고 황산으로 후퇴하였으나 결국 고려에 항복하였고 이로써 후백제는 멸망하였어요.

⑤ 견훤이 고창 전투에서 고려군에게 패배하였다.
➡ 왕건은 930년에 고창 지역 호족들의 지원을 받아 고창 전투에서 견훤의 후백제군을 물리쳤어요.

기출 선택지 +α

❻ 장문휴가 당의 등주를 공격하였다. (O/X)
❼ 궁예가 국호를 태봉으로 바꾸었다. (O/X)
❽ 김헌창이 웅천주에서 반란을 일으켰다. (O/X)
❾ 사찬 시득이 기벌포에서 당군에 승리하였다. (O/X)
❿ 견훤이 경주를 습격하여 경애왕을 죽게 하였다. (O/X)

기출 선택지 +α
정답 ❻ ×[732년] ❼ ×[911년] ❽ ×[822년] ❾ ×[676년] ❿ ×[927년]

11 광종의 정책   정답 ②

밑줄 그은 '이 왕'이 추진한 정책으로 옳은 것은? [1점]

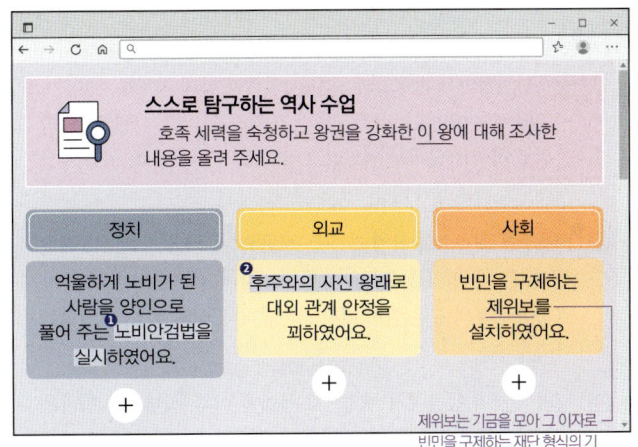

정답 잡는 키워드

❶ 노비안검법 실시, ❷ 후주와 사신 왕래 → 광종

노비안검법을 실시하였으며 후주와 사신을 교환하였다는 내용을 통해 밑줄 그은 '이 왕'이 고려 광종임을 알 수 있어요. 왕위 계승을 둘러싼 외척 간의 다툼이 이어지는 가운데 왕위에 오른 광종은 노비안검법을 실시하여 공신과 호족 세력을 약화하고 국가 재정을 확충하였어요. 또한, 과거제를 도입하여 유교적 소양을 갖춘 신진 세력을 등용하였으며, 공복을 제정하여 관리의 위계질서를 세웠어요. 대외적으로는 후주와 사신을 교환하며 외교적인 안정을 꾀하였어요.

① 폐정 개혁을 목표로 정치도감을 설치하였다.
➡ 충목왕은 정치도감을 설치하여 폐정 개혁을 추진하였어요.

②광덕, 준풍이라는 독자적 연호를 사용하였다.
➡ 광종은 황제를 칭하고 '광덕', '준풍' 등의 독자적 연호를 사용하였어요.

③ 예의상정소에서 상정고금예문을 편찬하였다.
➡ 예의상정소는 신분에 따른 의복 제도와 공문서 양식 등 여러 의례를 제정하기 위해 설치된 관청입니다. "상정고금예문"은 인종 때 고금의 예법에 관한 글을 모아 편찬한 예서로 현존하지는 않아요. 고려 고종 때 "상정고금예문"을 금속 활자로 다시 인쇄하였다는 기록이 있습니다.

④ 전국에 12목을 설치하고 지방관을 파견하였다.
➡ 성종은 최승로의 시무 28조를 받아들여 전국의 주요 지역에 12목을 설치하고 지방관을 파견하였어요.

⑤ 관리에게 등급에 따라 전지와 시지를 지급하였다.
➡ 경종 때 처음으로 전시과 제도를 마련하여 관리에게 관직 복무의 대가로 등급에 따라 전지와 시지를 지급하였어요.

기출 선택지 +α

❻ 과거제를 도입하였다. (O/X)
❼ 학문 교류를 위해 만권당을 설립하였다. (O/X)
❽ 신돈을 등용하여 전민변정도감을 운영하였다. (O/X)
❾ 개경에 귀법사를 세우고 균여를 주지로 삼았다. (O/X)
❿ 국자감에 서적포를 두어 출판을 담당하게 하였다. (O/X)

기출 선택지 +α 정답 ❻ O ❼ X [충선왕] ❽ X [공민왕] ❾ O ❿ X [숙종]

12 고려와 거란의 관계   정답 ③

(가), (나) 사이의 시기에 있었던 사실로 옳은 것은? [2점]

(가) 거란에서 사신을 파견하며 낙타 50필을 보냈다. 왕은 거란이 일찍이 발해와 지속적으로 화목하다가 갑자기 의심을 일으켜 맹약을 어기고 멸망시켰으니, 이는 매우 무도하여 친선 관계를 맺을 이웃으로 삼을 수는 없다고 생각하였다. 드디어 교빙을 끊고 사신 30인을 섬으로 유배 보냈으며, 낙타는 만부교 아래에 매어 두니 모두 굶어 죽었다.
└ 고려 태조 때 일어난 만부교 사건으로 고려와 거란의 외교 관계가 단절되었어요.

(나) 왕이 나주로 들어갔는데, 밤에 척후병이 잘못 보고하기를, "거란 군사들이 이르렀습니다."라고 하였다. 왕이 크게 놀라 밖으로 달려 나오자 지채문이 아뢰어 이르기를, "주상께서 밤중에 행차하시면 백성들이 놀라 혼란하게 되니, 바라옵건대 행궁으로 돌아가십시오. 제가 염탐하여 알아보고 나서, 그 후에 움직이셔도 됩니다."라고 하였다.
└ 강조의 정변을 구실로 침입한 거란군이 서경을 지나 개경에 다다르자 강감찬이 현종에게 남쪽으로 피란할 것을 권하여 현종이 나주로 들어갔어요.

정답 잡는 키워드

❶, ❷ 거란이 보낸 사신을 유배 보내고, 낙타를 만부교 아래에서 굶겨 죽임 → (가) 태조 때 만부교 사건
❸, ❹ 왕이 거란 군사들을 피해 나주로 들어감 → (나) 현종의 나주 피란(거란의 2차 침입)

(가)는 거란에서 온 사신을 유배 보내고 거란이 보낸 낙타를 만부교 아래에서 굶겨 죽였다는 내용을 통해 고려 태조 때 일어난 만부교 사건임을 알 수 있어요. (나)는 왕이 나주로 들어갔으며 척후병이 거란 군사들이 이르렀다고 보고한 것으로 보아 거란의 2차 침입 당시 고려 현종의 피란 상황임을 알 수 있어요. 고려는 건국 초부터 거란을 적대시하고 송과 친선 관계를 맺었어요. 이에 거란은 송을 공격하기 전에 고려와 송의 외교 관계를 끊기 위해 세 차례 고려를 침략하였어요. 성종 때 일어난 거란의 1차 침입 당시 서희가 외교 담판을 벌여 송과 교류를 끊고 거란과 교류할 것을 약속하여 거란군을 철수하게 하였어요. 그러나 고려가 송과의 관계를 계속 유지하자 거란은 현종 때 강조의 정변을 구실로 다시 침입하였어요. 개경이 함락되고 나주까지 피란하는 등 어려움을 겪은 현종은 직접 거란 조정에 찾아가 거란 황제를 만난다는 조건을 내세워 강화를 맺었어요. 이후 거란은 고려가 화의 조건을 지키지 않자 강동 6주의 반환 등을 요구하며 다시 침입하였어요.

① 묘청이 칭제건원을 주장하였다.
➡ 인종 때 묘청이 칭제건원과 서경 천도, 금국 정벌 등을 주장하였어요. (나) 이후의 사실이에요.

② 강감찬이 흥화진 전투에서 승리하였다.
➡ 현종 때 일어난 거란의 3차 침입 당시 강감찬이 흥화진에서 강둑을 막고 군사를 매복시켰다가 거란군이 강을 건널 때 둑을 트고 공격하여 크게 승리하였어요. (나) 이후의 사실이에요.

③서희의 활약으로 강동 6주를 획득하였다.
➡ 성종 때 일어난 거란의 1차 침입 당시 서희가 거란 장수 소손녕과 외교 담판을 벌여 강동 6주를 획득하였어요.

④ 최우가 강화도로 도읍을 옮겨 항전하였다.
➡ 고종 때 고려는 저고여 피살 사건을 구실로 몽골이 침략하자 일단 강화를 요청하고 몽골군을 물러나게 하였어요. 이어 당시 최고 권력자였던 최우가 강화도로 도읍을 옮겨 장기 항전을 준비하였어요. (나) 이후의 사실이에요.

⑤ 윤관이 별무반을 이끌고 동북 9성을 개척하였다.
➡ 예종 때 윤관이 별무반을 이끌고 여진을 정벌한 후 동북 9성을 개척하였어요. (나) 이후의 사실이에요.

13 고려의 문화유산   정답 ①

(가) 국가의 문화유산으로 적절하지 않은 것은? [3점]

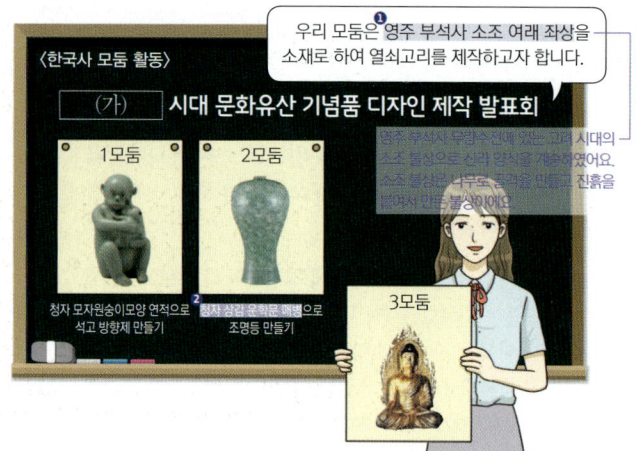

정답 잡는 키워드

❶ 영주 부석사 소조 여래 좌상, ❷ 청자 상감 운학문 매병 → 고려

영주 부석사 소조 여래 좌상, 청자 상감 운학문 매병 등을 통해 (가) 국가가 고려임을 알 수 있어요. 고려 전기에는 무늬나 장식이 없는 순청자가 많이 만들어졌으며, 12세기 후반에는 그릇 표면에 무늬를 새기고 그 안을 백토나 흑토로 채우는 독창적인 상감 기법을 이용한 상감 청자가 많이 만들어졌어요.

①
➡ 경주의 신라 고분에서 발견된 기마 인물형 토기 주인상이에요.

②
➡ 고려 시대에 만들어진 순청자인 청자 투각 칠보무늬 향로입니다.

③
➡ 고려 시대에 만들어진 청동 은입사 포류수금문 정병이에요.

④
➡ 고려 시대에 만들어진 나전 국화 넝쿨무늬 합이에요. 나전은 얇게 간 조개껍데기를 여러 형태로 오려 박아 넣거나 붙여서 장식하는 공예 기법이에요.

⑤
➡ 고려 시대에 만들어진 다각 다층탑인 평창 월정사 8각 9층 석탑이에요.

14 무신 집권기의 사실   정답 ①

(가)~(다)를 일어난 순서대로 옳게 나열한 것은? [3점]

(가) 김보당이 정중부·이의방을 토벌하고 의종을 다시 세우고자 …… 동북면지병마사 한언국과 군사를 일으켜 함께 하도록 했다. …… 정중부·이의방이 이 소식을 듣고 장군 이의민, 산원(散員) 박존위로 하여금 군사를 거느리고 남로로 가도록 했고, 또 군사를 서해도로 파견하여 대응하도록 했다.
— 1173년에 김보당이 무신 정변으로 폐위된 의종의 복위를 주장하며 동계에서 군사를 일으켰어요.

(나) 최충헌은 최충수와 함께 봉사를 올렸다. "…… 낡은 제도를 혁파하고 새로운 정치를 도모하심에 오로지 태조의 올바른 법을 따르시어 중흥의 길을 환히 여시길 바랍니다. 삼가 열 가지 사항을 아뢰옵니다."
— 1196년 최충헌은 동생 최충수와 함께 이의민을 제거하고 권력을 장악한 뒤 명종에게 봉사 10조라는 개혁안을 올렸어요.

(다) 왕과 세자가 몽골에서 개경으로 돌아온 이후, 삼별초가 반란을 일으켜 승화후 왕온을 [왕으로] 세우고 진도에 웅거하였다.
— 1270년 배중손을 중심으로 강화도에서 봉기한 삼별초는 진도로 이동하여 용장성을 쌓고 몽골에 대항하였어요.

정답 잡는 키워드

❶ 김보당이 정중부, 이의방을 토벌하고 의종을 다시 세우고자 함
→ (가) 김보당의 난(1173)

❷, ❸ 최충헌이 열 가지 사항의 봉사를 올림
→ (나) 최충헌이 봉사 10조를 올림(1196)

❹ 삼별초가 반란을 일으켜 진도에 웅거함
→ (다) 삼별초의 진도 웅거(1270)

(가) 김보당이 정중부와 이의방을 토벌하고 의종을 다시 세우기 위해 군사를 일으켰다는 내용을 통해 무신 정권 초기의 상황임을 알 수 있어요. 정중부, 이의방 등 무신들이 1170년에 무신 정변을 일으켜 정권을 장악하였어요. 무신 정권에 반발하여 동북면 병마사 김보당(1173), 서경 유수 조위총(1174) 등이 반란을 일으켰으나 실패하였어요.

(나) 최충헌이 최충수와 함께 열 가지 사항의 봉사를 올렸다는 내용을 통해 최충헌이 이의민을 제거하고 정권을 차지한 직후의 상황임을 알 수 있어요. 무신 정권 초기 무신 간의 권력 다툼으로 최고 집권자가 자주 교체되다가 1196년에 최충헌이 이의민을 제거하고 정권을 차지한 이후 아들 최우를 비롯하여 그 자손이 60여 년간 권력을 세습하였어요. 최충헌은 명종에게 봉사 10조를 올려 시정 개혁을 건의하였으나 이는 제대로 시행되지 않았어요.

(다) 삼별초가 반란을 일으켜 승화후 왕온을 왕으로 세우고 진도에 웅거하였다는 내용을 통해 고려 정부가 개경으로 환도한 이후의 상황임을 알 수 있어요. 몽골의 침략 초기 당시 실권자였던 최우의 주도 아래 강화도로 천도한 고려 정부는 오랜 전쟁에 지쳐 결국 몽골과 화의를 맺고 개경으로 돌아갈 것을 결정하였어요. 이에 삼별초는 고려 정부의 개경 환도 결정에 반발하여 강화도에서 봉기하였어요. 배중손이 이끈 삼별초는 승화후 왕온을 왕으로 추대하고 진도로 옮겨 가 대몽 항쟁을 이어 갔어요.

① (가) - (나) - (다)
➡ (가) 김보당의 난(1173) → (나) 최충헌이 봉사 10조의 개혁안 제출(1196) → (다) 고려 정부의 개경 환도와 삼별초의 봉기(1270)
② (가) - (다) - (나)
③ (나) - (가) - (다)
④ (나) - (다) - (가)
⑤ (다) - (가) - (나)

15 고려의 사회 모습 정답 ④

다음 자료에 나타난 시기의 사회 모습으로 적절한 것은? [2점]

> ─ 고려 예종은 교과 과정을 체계적으로 운영하기 위해 국자감에 유학 6강좌와 무학 1강좌로 구성된 7재를 설치하였어요.
>
> ○ ❶ 7재를 설치하였다. 주역을 [공부하는 곳은] 이택재, 상서는 대빙재, 모시(毛詩)는 경덕재, 주례는 구인재, 대례는 복응재, 춘추는 양정재, 무학은 강예재라고 하였다.
>
> ○ 왕이 결정하시기를 "…… 무학이 점차 번성하여 장차 문학하는 사람들과 각을 세워 불화하게 되면 매우 편치 못하게 될 것이다. …… 무학으로 무사를 선발하는 일과 무학재의 호칭은 모두 혁파하겠다."라고 하였다.
> ─ 고려 인종은 7재 중 무학재(강예재)를 폐지하고 경사 6학을 중심으로 교육 제도를 정비하였어요.

정답 잡는 키워드

❶ 7재 설치 → 고려 시대

7재를 설치하였다는 내용을 통해 자료에 나타난 시기가 고려 시대임을 알 수 있어요. 고려 예종 때 사학에 비해 관학이 위축되자 관학을 진흥시키기 위해 국자감에 7재라는 전문 강좌를 설치하였어요. 7재 가운데 하나인 무학재는 무학을 배우던 곳이며, 원래 이름은 강예재였어요. 인종 때 무학이 성하면 문학하는 사람들과 불화가 생길 수 있다는 이유로 무학으로 무사를 선발하는 일과 무학재를 모두 폐지하였어요. 무신들의 출세에 유용하였던 무학재의 폐지는 후에 무신 정변이 일어나는 배경으로 작용하였어요.

① 서얼이 통청 운동을 전개하였다.
⇒ 조선 후기에 서얼이 자신들의 관직 진출 제한을 철폐해 달라는 통청 운동을 전개하였어요.

② 사창절목에 따라 사창제가 시행되었다.
⇒ 조선 고종 때 환곡의 폐단을 바로잡기 위해 호조에서 정한 "사창절목"에 따라 사창제가 시행되었어요.

③ 왕조 교체를 예언하는 정감록이 유포되었다.
⇒ 조선 후기에 사회 혼란이 커지면서 왕조 교체를 예언하는 "정감록"이 유포되었어요.

④ 병자에게 약을 지급하는 혜민국이 설치되었다.
⇒ 고려 시대에 서민의 질병 치료를 위한 의료 기관인 혜민국이 설치되어 병자에게 약을 지급하였어요.

⑤ 국산 약재와 치료 방법을 정리한 향약집성방이 간행되었다.
⇒ 조선 세종 때 우리나라에서 나는 약재와 이를 이용한 치료 방법을 정리한 "향약집성방"이 간행되었어요.

기출 선택지 +α

❻ 을파소의 건의로 진대법이 실시되었다. (O/X)
❼ 기근에 대비하기 위해 구황촬요가 발간되었다. (O/X)
❽ 특수 행정 구역인 소의 주민들이 차별을 받았다. (O/X)
❾ 기금을 모아 그 이자로 빈민을 도와주는 제위보가 운영되었다. (O/X)

핵심 개념 | 고려 시대 사학의 융성과 관학 진흥책

사학 융성	고려 중기에 사학에서 공부한 사람들이 과거에서 좋은 성적을 거둠 → 최충의 9재 학당(문헌공도)을 비롯한 사학 12도 융성
관학 진흥책	• 숙종 때 국자감에 서적포를 두어 출판을 담당하게 함 • 예종 때 국자감에 7재(전문 강좌)와 양현고(장학 재단) 설치, 청연각·보문각 설치(학문 연구 장려) • 인종 때 경사 6학을 중심으로 정비

기출 선택지 +α 정답 ❻ ×[고구려] ❼ ×[조선] ❽ ○ ❾ ○

---

16 지눌의 활동 정답 ②

(가) 인물에 대한 설명으로 옳은 것은? [2점]

> 이것은 ❶ '불일보조국사'라는 시호를 받은 (가) 의 행적을 담고 있는 송광사 보조국사비입니다. 비문에는 그가 정혜결사를 조직하고, ❷ 권수정혜결사문을 지었다는 내용이 들어 있습니다. 또한, 당시 국왕이 그의 뜻을 흠모하여 그가 머물렀던 송광산 길상사(吉祥寺)를 조계산 수선사(修禪社)로 이름을 바꿔 주며 직접 글씨를 써서 보냈다는 등의 내용이 기록되어 있습니다.
> ─ 고려 후기에 지눌은 정혜결사(수선사 결사)를 통해 불교 개혁에 앞장서 승려 본연의 모습으로 돌아가 수행에 힘쓸 것을 주장하였어요.

정답 잡는 키워드

❶ '불일보조국사'라는 시호를 받음, ❷ "권수정혜결사문"을 지음
→ 지눌

'불일보조국사'라는 시호를 받았으며, "권수정혜결사문"을 지었다는 내용을 통해 (가) 인물이 고려의 승려 지눌임을 알 수 있어요. 지눌은 선종을 중심으로 교종을 통합하고자 하였으며, "권수정혜결사문"을 지어 수행 방법으로 참선과 교학을 나란히 수행하자는 정혜쌍수를 주장하였어요.

① 법화 신앙에 중점을 둔 백련 결사를 이끌었다.
⇒ 요세는 강진의 백련사에서 법화 신앙에 중점을 둔 백련 결사를 이끌었어요.

② 돈오점수를 바탕으로 꾸준한 수행을 강조하였다.
⇒ 지눌은 단번에 깨우치되 깨달은 후에도 점진적으로 수행을 계속해야 한다는 돈오점수를 주장하였어요.

③ 승려들의 전기를 기록한 해동고승전을 저술하였다.
⇒ 각훈은 삼국 시대 이래 우리나라 고승들의 전기를 정리한 "해동고승전"을 저술하였어요.

④ 선문염송집을 편찬하고 유불 일치설을 주장하였다.
⇒ 혜심은 심성의 도야를 강조한 유불 일치설을 주장하였는데, 이는 장차 성리학을 받아들일 수 있는 사상적 토대가 되었어요.

⑤ 성상융회를 제창하여 교종 내 대립을 해소하고자 하였다.
⇒ 균여는 화엄 사상을 중심으로 법상종의 사상을 융합하려는 성상융회를 제창하여 교종 내 교파 간의 대립을 해소하고자 하였어요.

기출 선택지 +α

❻ 정혜결사를 통해 불교 개혁에 앞장섰다. (O/X)
❼ 국청사의 주지가 되어 해동 천태종을 개창하였다. (O/X)
❽ 불교 관련 설화를 중심으로 삼국유사를 저술하였다. (O/X)
❾ 보현십원가를 지어 불교 교리를 대중에게 전파하였다. (O/X)
❿ 수선사 결사를 제창하여 불교계를 개혁하고자 하였다. (O/X)

기출 선택지 +α 정답 ❻ ○ ❼ ×[의천] ❽ ×[일연] ❾ ×[균여] ❿ ○

17 원 간섭기의 사실   정답 ①

밑줄 그은 '이 시기'에 볼 수 있는 모습으로 적절한 것은? [2점]

정답 잡는 키워드

❶ 권문세족이 도평의사사 장악, ❷ 많은 여성이 공녀로 끌려감,
❸ 변발과 호복 유행 → 원 간섭기

권문세족이 도평의사사를 장악하였으며, 많은 여성이 공녀로 끌려가고 변발과 호복이 유행하였다는 내용을 통해 밑줄 그은 '이 시기'가 원 간섭기임을 알 수 있어요. 고려 정부가 개경으로 환도한 이후 몽골은 국호를 '원'으로 바꾸었고, 고려의 내정에 간섭하였어요. 원 간섭기에 원과 친밀한 관계를 맺은 이들이 권문세족으로 성장하여 도평의사사를 장악하고 고위 관직을 독점하였어요. 이들은 불법적으로 토지를 겸병하고 대농장을 소유하였어요. 이 시기에 고려의 많은 여성이 원에 공녀로 끌려갔으며 지배층을 중심으로 원의 풍습인 변발과 호복이 유행하였어요.

①농상집요를 소개하는 관리
→ 원 간섭기에 이암이 목화 재배와 양잠 등 중국 화북 지방의 농법을 수록한 원의 농서인 "농상집요"를 소개하였어요.

② 흑창에서 곡식을 빌리는 농민
→ 고려 태조 때 빈민 구제 기관인 흑창이 설치되었어요. 흑창은 성종 때 의창으로 개칭되었으며 조선 시대까지 이어졌어요.

③ 사섬서에서 저화를 발행하는 장인
→ 조선 태종 때 설치된 사섬서에서 종이 화폐인 저화를 발행하였어요.

④ 선혜청에서 공가(貢價)를 받는 상인
→ 조선 광해군 때 대동법이 시행되면서 관련 업무를 처리할 관청으로 선혜청이 설치되어 거두어들인 쌀, 베, 동전의 출납을 관장하였어요. 공인은 선혜청에서 공가를 받아 필요한 물품을 마련하여 궁궐과 관청에 납품하였어요.

⑤ 상평통보로 물건을 거래하는 보부상
→ 조선 숙종 때부터 상평통보가 법정 화폐로 발행되었어요. 조선 후기에 상품 화폐 경제가 발달하면서 상평통보가 널리 유통되었어요.

기출 선택지 +α

❻ 정동행성에서 회의하는 관리 (O/X)
❼ 초조대장경을 조판하는 장인 (O/X)
❽ 삼강행실도를 읽고 있는 양반 (O/X)
❾ 만권당에서 대담을 나누는 학자 (O/X)
❿ 내의원에서 동의보감을 읽는 의원 (O/X)

기출 선택지 +α 정답 ❻ ○ ❼ ×[고려 전기] ❽ ×[조선] ❾ ○ ❿ ×[조선]

18 고려의 중앙 정치 조직   정답 ④

㉠~㉣에 대한 설명으로 옳은 것을 <보기>에서 고른 것은? [2점]

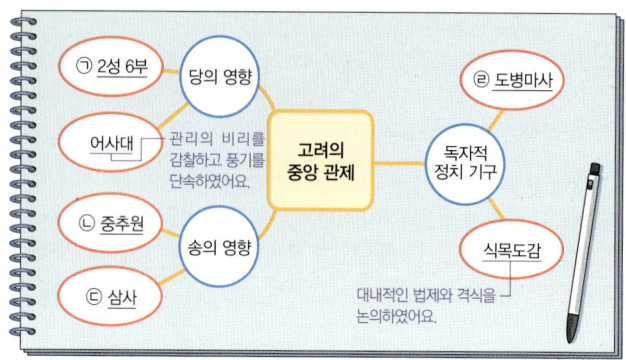

ㄱ. ㉠ - 좌·우사정이 6부를 나누어 관할하였다.
→ 발해는 3성 6부의 중앙 정치 조직을 두었는데, 정당성 아래에 좌·우사정을 두고 6부를 나누어 관할하게 하였어요. 고려는 중서문하성과 상서성의 2성과 상서성 아래 이·병·호·형·예·공부의 6부를 두었어요. 중서문하성은 국정을 총괄하는 최고 관서이며, 상서성은 6부를 통솔하며 정책을 집행하는 기구였어요.

ㄴ. ㉡ - 군사 기밀과 왕명 출납을 담당하였다.
→ 중추원은 추밀원이라고도 불렸으며, 군사 기밀을 담당하는 추밀과 왕명 출납을 담당하는 승선으로 구성되었어요.

ㄷ. ㉢ - 5품 이하의 관원에 대한 서경권을 행사하였다.
→ 조선 시대에 사헌부와 사간원의 관리들이 대간이라 불리며 5품 이하의 관원에 대해 서경권을 행사하였어요. 고려의 삼사는 화폐와 곡식의 출납과 회계를 담당하였어요. 고려 시대에 중서문하성의 낭사와 어사대의 관원이 대간이라 불리며 관직 임명에 대한 서경권을 행사하였어요.

ㄹ. ㉣ - 재추를 중심으로 국방, 군사 문제를 논의하였다.
→ 재추는 중서문하성의 재신과 중추원의 추밀을 말해요. 고려 시대에는 재추를 중심으로 운영되는 독자적 회의 기구인 도병마사와 식목도감이 있었어요. 이 중 도병마사에서는 주로 국방과 군사 문제 등을 논의하였어요.

① ㄱ, ㄴ   ② ㄱ, ㄷ   ③ ㄴ, ㄷ
④ ㄴ, ㄹ   ⑤ ㄷ, ㄹ

19 종묘 정답 ①

(가)에 해당하는 문화유산으로 옳은 것은? [2점]

□□신문
제△△호   2025년 ○○월 ○○일

조선 왕실의 신위 제자리로, 155년 만에 재현된 환안제

(가) 의 보수 공사가 완료됨에 따라, 창덕궁 옛 선원전에 임시 봉안되었던 ❶ 조선 왕과 왕비, 대한 제국 황제와 황후의 신위 49위를 (가) (으)로 다시 모셔오는 환안제가 155년 만에 재현되었다. 이번 의례에는 내외국인으로 구성된 시민 행렬단도 함께 참여하여 그 의미를 더했다. 환안제와 더불어 앞으로 전시와 체험 프로그램을 비롯해 다채로운 행사가 이어질 예정이다.

정답 잡는 키워드

❶ 조선 왕과 왕비, 대한 제국 황제와 황후의 신위 49위를 모심 → **종묘**

조선 왕과 왕비, 대한 제국 황제와 황후의 신위를 모신다는 내용을 통해 (가)에 해당하는 문화유산이 종묘임을 알 수 있어요. 종묘는 사직과 함께 왕조 국가를 표현하는 상징이에요. 조선을 건국한 태조 이성계는 왕실의 정통성을 확립하고 효를 실천하기 위해 한양으로 천도하면서 가장 먼저 종묘를 세웠어요. 종묘는 역사적 가치와 건축적 예술성을 인정받아 유네스코 세계 유산으로 등재되었어요.

①
➡ **종묘**의 정전입니다. 19칸의 신실이 가로로 길게 이어져 있는 구조로, 우리나라에서 가장 긴 목조 건축물이에요.

②
➡ 경복궁 후원에 있는 정자인 **향원정**이에요.

③
➡ 덕수궁에 있는 **정관헌**이에요. 전통 건축 양식에 서양식 요소가 결합되었어요.

④
➡ 창덕궁 후원에 있는 **주합루**입니다. 조선 정조 때 설치된 2층 누각으로, 정조는 이곳에 왕실 도서관 및 학문 연구 기관인 규장각을 설치하였어요.

⑤
➡ 대한 제국 시기에 세워진 **황궁우**입니다. 고종이 황제 즉위식을 거행한 환구단의 부속 건물이에요.

---

20 세조 재위 시기의 사실 정답 ①

(가) 왕의 재위 시기에 있었던 사실로 옳은 것은? [2점]

이 그림은 무관 오자치를 그린 것으로, 현존하는 무관 초상화 중에서 가장 이른 시기의 작품입니다. 오자치는 (가) 이/가 호패법을 재실시하는 등 지방 세력 통제를 강화하자, 이에 반발하며 ❶ 함길도에서 이시애가 일으킨 난을 평정한 공으로 적개공신에 책봉되었습니다.
※ 조선 태종 때 처음 시행된 호패법은 지속적으로 실시되지 못하고 폐지되었다가 세조 때 다시 실시되었어요.

정답 잡는 키워드

❶ 함길도에서 일어난 이시애의 난을 평정함 → **세조**

함길도에서 일어난 이시애의 난을 평정하였다는 내용을 통해 (가) 왕이 조선 세조임을 알 수 있어요. 조선은 원칙적으로 중앙에서 파견한 관리가 지방을 통치하였지만, 함길도 지역은 국경 지역에 접해 있는 특수한 사정을 고려하여 명망 있는 토착 세력을 지방관으로 임명하였어요. 하지만 세조는 중앙 집권 체제를 강화하면서 현지 출신 수령의 임명을 줄이고 중앙에서 직접 관리를 파견하였어요. 그리고 호패법을 재실시하는 등 지방 세력 통제를 강화하였습니다. 이에 불만을 품은 함길도 토착 세력인 이시애가 길주를 근거지로 반란을 일으켰다가 진압되었어요. 세조는 이시애의 반란을 진압한 후 지방 세력의 결집을 막기 위해 유향소를 폐지하였어요.

① **간경도감**이 설치되었다.
➡ **세조** 때 불교 경전을 간행하는 관청인 간경도감이 설치되었어요. 간경도감에서는 불경을 한글로 번역하여 편찬하기도 하였어요.

② **조선경국전**이 편찬되었다.
➡ **태조** 때 정도전이 나라를 다스리는 기준을 종합적으로 서술한 "조선경국전"을 편찬하였어요.

③ **국조오례의**가 완성되었다.
➡ **성종** 때 국가의 의례를 정비한 "국조오례의"가 완성되었어요.

④ **부민고소금지법**이 제정되었다.
➡ **세종** 때 하급 관리가 상급 관리를 고소하거나 지방의 향리나 백성이 관찰사나 수령을 고소하는 것을 금지하는 부민고소금지법이 제정되었어요.

⑤ **혼일강리역대국도지도**가 제작되었다.
➡ **태종** 때 세계 지도인 혼일강리역대국도지도가 제작되었어요. 혼일강리역대국도지도는 현존하는 동양에서 가장 오래된 세계 지도입니다.

기출 선택지 +α

❻ 북방에 4군 6진이 개척되었다. (O/X)
❼ 국가의 기본 법전인 경국대전이 완성되었다. (O/X)
❽ 조의제문이 발단이 되어 무오사화가 일어났다. (O/X)
❾ 성삼문 등이 상왕의 복위를 꾀하다가 처형되었다. (O/X)
❿ 현직 관리에게만 수조지를 지급하는 직전법이 시행되었다. (O/X)

기출 선택지 +α 정답 ❻ ×[세종] ❼ ×[성종] ❽ ×[연산군] ❾ O ❿ O

21 정유재란 이후의 사실 정답 ③

밑줄 그은 '이 전란' 이후에 있었던 사실로 옳은 것은? [2점]

이것은 ❶강화 교섭 결렬 이후 일본의 재침으로 시작된 이 전란 당시 흥양(현재 고흥군) 현감 최희량이 작성한 전과 보고서의 일부입니다. 여기에는 흥양에 침입한 일본군을 격퇴한 사실과 새로 제작한 전선(戰船)에 대한 내용 등이 자세히 기록되어 있으며, 삼도수군통제사 이순신의 서명도 있습니다.

조·명 연합군의 평양 탈환 이후 남해안 일대로 밀려난 일본이 명에 강화 교섭을 제의하였으나 회담이 결렬되어 정유재란이 일어났어요.

정답 잡는 키워드

❶ 강화 교섭 결렬 이후 일본의 재침으로 시작됨 → **정유재란**

강화 교섭 결렬 이후 일본의 재침으로 시작되었다는 내용을 통해 밑줄 그은 '이 전란'이 정유재란임을 알 수 있어요. 임진왜란이 일어나자 조선은 위기를 맞았으나 이순신이 이끄는 수군과 각지에서 일어난 의병의 활약, 명군의 지원으로 전세를 바꾸었어요. 이후 일본은 명과 강화 교섭을 벌였어요. 그러나 3년여에 걸친 협상은 결렬되었고, 이어 일본이 다시 조선을 침략하여 정유재란이 일어났어요. 이때 이순신이 이끄는 수군이 명량 대첩에서 큰 승리를 거두었어요. 전세가 불리해진 일본군은 도요토미 히데요시가 사망하자 본국으로 철수하기 시작하였고, 이순신이 이끄는 수군은 노량에서 퇴각하는 일본군을 격파하였어요.

① 신숙주가 일본에 다녀와 해동제국기를 저술하였다.
  ➡ 조선 성종 때 신숙주가 일본에 다녀온 경험을 토대로 일본의 정치, 외교, 사회 등을 종합적으로 정리한 "해동제국기"를 저술하였어요.

② 나세 등이 화포를 사용하여 진포에서 왜구를 격퇴하였다.
  ➡ 고려 말 우왕 때 나세, 최무선 등이 화포를 사용하여 진포에서 왜구를 격퇴하였어요.

③ 포로 송환을 목적으로 회답 겸 쇄환사가 일본에 파견되었다.
  ➡ 정유재란 이후 조선은 포로 송환을 위해 승려 유정을 회답 겸 쇄환사로 일본에 파견하였어요.

④ 조선 정부의 교역 제한에 반발하여 사량진 왜변이 일어났다.
  ➡ 조선 중종 때 사량진 왜변이 일어났어요. 삼포 왜란을 계기로 조선 정부는 삼포를 폐지하였으나 왜인들의 간청으로 임신약조를 체결하여 이전보다 제한을 강화한 교역을 다시 허용하였어요. 이러한 무역 상황이 이어져 불만을 품은 왜인들이 사량진에 침입하여 약탈을 자행하였어요.

⑤ 국방 문제를 논의하기 위한 임시 기구로 비변사가 설치되었다.
  ➡ 조선 중종 때 삼포 왜란을 계기로 국방 문제를 논의하기 위한 임시 기구로 비변사가 설치되었어요.

기출 선택지 +α

❻ 강홍립 부대가 사르후 전투에 참전하였다. (O/X)
❼ 서인이 반정을 일으켜 정권을 장악하였다. (O/X)
❽ 삼수병으로 구성된 훈련도감이 설치되었다. (O/X)
❾ 제한된 범위의 무역을 허용한 계해약조가 체결되었다. (O/X)
❿ 이덕형이 구원병 요청을 위해 명에 청원사로 파견되었다. (O/X)

기출 선택지 +α

정답 ❻ O[광해군 때, 1619년] ❼ O[광해군 때, 1623년]
  ❽ X[선조 때 임진왜란 중, 1593년] ❾ X[세종 때, 1443년]
  ❿ X[선조 때 임진왜란 중, 1592년]

---

22 현종~경종 재위 시기의 사실 정답 ④

(가) 시기에 있었던 사실로 옳은 것은? [3점]

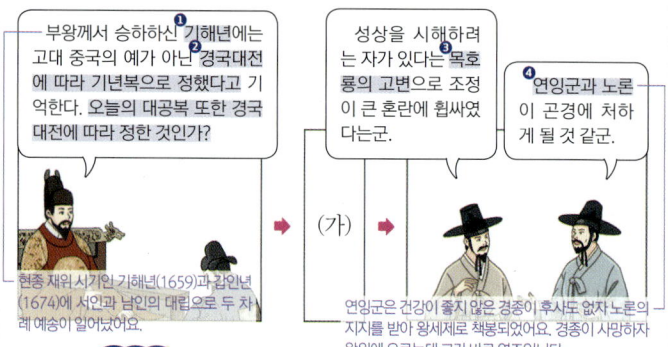

- 부왕께서 승하하신 ❶기해년에는 고대 중국의 예가 아닌 ❷경국대전에 따라 기년복으로 정했다고 기억합니다. 오늘의 대공복 또한 경국대전에 따라 정한 것인가?

현종 재위 시기인 기해년(1659)과 갑인년(1674)에 서인과 남인의 대립으로 두 차례 예송이 일어났어요.

- 성상을 시해하려는 자가 있다는 ❸목호룡의 고변으로 조정이 큰 혼란에 휩싸였다는군.
- ❹연잉군과 노론이 곤경에 처하게 될 것 같군.

연잉군은 건강이 좋지 않은 경종이 후사도 없자 노론의 지지를 받아 왕세제로 책봉되었어요. 경종이 사망하자 왕위에 오르는데 그가 바로 영조입니다.

정답 잡는 키워드

❶, ❷ 왕이 오늘의 대공복도 기해년에 기년복으로 정한 것처럼 "경국대전"에 따라 정한 것인지 물음 → **현종 재위 시기**
❸ 목호룡의 고변, ❹ 연잉군과 노론 → **경종 재위 시기**

첫 번째 그림은 왕이 부왕께서 승하하신 기해년에는 "경국대전"에 따라 기년복으로 정하였는데 오늘의 대공복도 그러한 것인지 묻는 내용으로 보아 조선 현종 재위 시기에 효종 비 상례를 두고 일어난 갑인예송 상황임을 알 수 있어요. 서인은 효종이 인조의 차남이므로 이에 맞는 예법을 따라야 한다고 주장하였고, 남인은 효종이 차남이긴 하지만 왕위를 계승하였기 때문에 왕실의 예에 따라야 한다고 주장하였어요. 효종이 사망하였을 때 일어난 기해예송(1차 예송)에서는 서인의 주장이, 효종 비가 사망하였을 때 일어난 갑인예송(2차 예송)에서는 남인의 주장이 받아들여졌어요. 두 번째 그림은 목호룡의 고변으로 연잉군과 노론이 곤경에 처하게 될 것이라는 내용을 통해 조선 경종 재위 시기의 상황임을 알 수 있어요. 목호룡은 풍수를 공부한 사람으로 처음에는 노론과 함께 연잉군을 보호하는 편에 있었어요. 그러나 노론 대신들이 실각하고 소론 정권이 들어서자 소론 편에 가담하여 경종을 시해하려는 모의가 있었다고 고변하였어요. 이로 인해 노론 인사들이 숙청되는 사건이 벌어졌어요. 따라서 현종 때 있었던 갑인예송과 경종 때 있었던 목호룡의 고변 사이의 시기에 있었던 사실을 찾으면 됩니다.

① 인조반정으로 북인 세력이 몰락하였다.
  ➡ 광해군 때 일어난 인조반정으로 광해군이 왕위에서 쫓겨나고 북인 세력이 몰락하였어요.

② 기축옥사로 이발 등 동인 세력이 축출되었다.
  ➡ 선조 때 정여립 모반 사건이 계기가 되어 기축옥사가 일어나 이발 등 동인 세력이 축출되었어요.

③ 양재역 벽서 사건으로 이언적 등이 화를 입었다.
  ➡ 명종 때 윤원형 등이 남아 있는 대윤 세력을 몰아내기 위해 양재역 벽서 사건을 일으켜 확대하면서 이언적 등이 화를 입었어요.

④ 인현 왕후가 폐위되고 남인이 권력을 차지하였다.
  ➡ 숙종 때 후궁 장씨가 낳은 왕자를 원자로 정하는 문제를 계기로 기사환국이 일어났으며, 인현 왕후가 폐위되고 남인이 권력을 차지하였어요.

⑤ 붕당의 폐해를 경계하기 위해 탕평비가 건립되었다.
  ➡ 영조 때 붕당 정치의 폐해를 경계하기 위해 성균관 앞에 탕평비가 건립되었어요.

기출 선택지 +α

❻ 송시열이 유배된 후 사사되었다. (O/X)
❼ 외척 간의 대립으로 윤임이 제거되었다. (O/X)
❽ 이인좌를 중심으로 소론 세력 등이 난을 일으켰다. (O/X)

기출 선택지 +α

정답 ❻ O[숙종 때(기사환국)] ❼ X[명종 때] ❽ X[영조 때]

23 이황의 활동 정답 ④

(가) 인물에 대한 설명으로 옳은 것은? [2점]

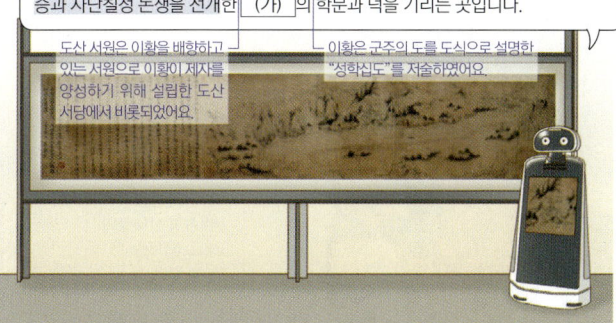

이 그림은 강세황이 그린 도산서원도입니다. 여기에는 서원의 배치와 건물 크기, 방향 등이 실제와 부합하게 묘사되어 있으며 건물 이름도 표기되어 있어 당시의 모습을 잘 보여 줍니다. 도산 서원은 ❶성학십도를 지어 군주의 수양을 강조하고, 기대승과 사단칠정 논쟁을 전개한 (가) 의 학문과 덕을 기리는 곳입니다.

- 도산 서원은 이황을 배향하고 있는 서원으로 이황이 제자를 양성하기 위해 설립한 도산 서당에서 비롯되었어요.
- 이황은 군주의 도를 도식으로 설명한 "성학십도"를 저술하였어요.

정답 잡는 키워드
❶ "성학십도"를 지음, ❷ 기대승과 사단칠정 논쟁을 전개함 → 이황

"성학십도"를 지었으며 기대승과 사단칠정 논쟁을 전개하였다는 내용을 통해 (가) 인물이 이황임을 알 수 있어요. 이황은 조선의 대표적인 성리학자로 인간 심성의 근원인 이(理)의 능동적 역할을 중시하였고, 기대승과 사단칠정 논쟁을 전개하기도 하였어요. 유학에서 사단(四端)은 인간의 본성에서 우러나오는 네 가지 마음을 말하며, 칠정(七情)은 인간의 일곱 가지 감정을 말해요. 이황과 기대승은 서신을 주고받으며 사단칠정에 대한 해석을 두고 논쟁을 벌였어요. 이황의 사상은 임진왜란 이후 일본에 전해져 일본의 성리학 발전에도 큰 영향을 끼쳤어요.

① 최초의 서원인 백운동 서원을 건립하였다.
  ➡ 주세붕은 최초의 서원인 백운동 서원을 건립하였어요. 백운동 서원은 이후 사액 서원이 되면서 소수 서원으로 개칭되었어요.

② 명에 대한 의리를 내세운 기축봉사를 올렸다.
  ➡ 송시열은 명에 대한 의리를 강조하고 청에 대한 복수를 주장한 기축봉사를 효종에게 올렸어요.

③ 동호문답을 통해 다양한 개혁 방안을 제시하였다.
  ➡ 이이는 수취 제도의 개혁 등 다양한 개혁 방안을 담은 "동호문답"을 저술하였어요.

④ 예안 향약을 시행하여 향촌의 교화를 위해 노력하였다.
  ➡ 이황은 벼슬에서 물러난 후 고향인 예안으로 내려가 예안 향약을 시행하여 향촌의 풍속 교화를 위해 노력하였어요.

⑤ 예학을 조선의 현실에 맞게 정리한 가례집람을 저술하였다.
  ➡ 김장생은 예학을 조선의 현실에 맞게 정리한 "가례집람"을 저술하였어요.

기출 선택지 +α
❻ 성호사설에서 한전론의 실시를 주장하였다. (O / X)
❼ 양명학을 연구하여 강화학파를 형성하였다. (O / X)
❽ 유학 경전을 주자와 달리 해석한 사변록을 저술하였다. (O / X)
❾ 성학집요를 저술하여 군주가 수행해야 할 덕목을 제시하였다. (O / X)

기출 선택지 +α 정답 ❻ ×[이익] ❼ ×[정제두] ❽ ×[박세당] ❾ ×[이이]

---

24 정조의 정책 정답 ③

(가) 왕이 추진한 정책으로 옳은 것은? [1점]

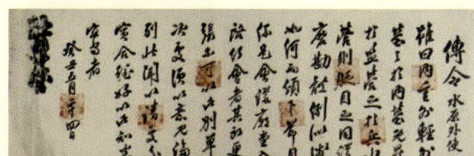

고문헌으로 보는 한국사

[해설] 이것은 장용영 내영에서 수원외사 번암 채제공에게 보낸 전령(傳令)입니다. 새롭게 마련된 장용영 절목의 문제점을 중앙에 아뢰어 고치도록 권한 내용을 담고 있습니다. ❶장용영은 (가) 이/가 조직한 친위 부대로 서울에 내영, ❷수원 화성에 외영을 두어 규장각과 함께 왕권 강화를 목적으로 운영되었습니다.

장용영은 기존 5군영과는 별도로 정조의 친위 부대로 조직되었으며, 정조의 뒤를 이어 즉위한 순조 때 해체되었어요.

정답 잡는 키워드
❶ 친위 부대로 장용영을 조직함,
❷ 수원 화성에 장용영의 외영을 둠 → 정조

친위 부대로 장용영을 조직하여 서울에 내영, 수원 화성에 외영을 두었다는 내용을 통해 (가) 왕이 조선 정조임을 알 수 있어요. 정조는 영조의 뒤를 이어 적극적인 탕평책을 추진하였어요. 또한, 왕권을 뒷받침할 군사적 기반으로 국왕의 친위 부대인 장용영을 설치하였으며, 수원 화성을 건설하여 자신의 정치적 기반으로 삼으려고 하였어요.

① 나선 정벌에 조총 부대를 파견하였다.
  ➡ 효종은 청의 요청에 따라 나선 정벌에 조총 부대를 파견하였어요.

② 호포제를 시행하여 양반에게도 군포를 징수하였다.
  ➡ 고종 때 흥선 대원군은 군정의 폐단을 바로잡기 위해 군포를 호(戶) 단위로 부과하는 호포제를 시행하여 양반에게도 군포를 징수하였어요.

③ 문신을 재교육하기 위한 초계문신제를 실시하였다.
  ➡ 정조는 자신의 개혁 정책을 뒷받침할 인재를 양성하기 위해 규장각을 설치하고 이곳에서 재능 있는 젊은 문신을 재교육하는 초계문신제를 실시하였어요.

④ 삼정의 문란을 시정하고자 삼정이정청을 설치하였다.
  ➡ 철종은 진주에서 시작된 농민 봉기가 전국으로 확산되는 가운데 봉기의 주요 원인이 된 삼정의 문란을 시정하고자 삼정이정청을 설치하였어요.

⑤ 각 궁방과 중앙 관서의 공노비 6만여 명을 해방하였다.
  ➡ 순조는 국가 재정을 확충하기 위해 각 궁방과 중앙 관서의 공노비 6만여 명을 해방하였어요.

기출 선택지 +α
❻ 경기도에 한하여 대동법을 시행하였다. (O / X)
❼ 청과 국경을 정하는 백두산정계비를 세웠다. (O / X)
❽ 통치 체제를 정비하고자 속대전을 편찬하였다. (O / X)
❾ 시전 상인의 특권을 축소하는 신해통공을 단행하였다. (O / X)
❿ 규장각에 검서관을 두어 서얼 출신 학자들을 기용하였다. (O / X)

기출 선택지 +α 정답 ❻ ×[광해군] ❼ ×[숙종] ❽ ×[영조] ❾ ○ ❿ ○

25 신유박해 정답 ⑤

(가) 사건에 대한 설명으로 옳은 것은? [3점]

정답 잡는 키워드

❶ 순조 1년(1801)에 일어남, ❷, ❸ 황사영이 베이징에 있는 주교에게 보낼 백서를 씀 → **신유박해**

순조 1년(1801)에 일어났으며, 황사영이 교회의 재건과 신앙의 자유를 호소하기 위해 베이징에 있는 주교에게 보낼 백서를 썼다는 내용을 통해 (가) 사건이 황사영 백서 사건의 배경이 된 신유박해임을 알 수 있어요. 조선 정조가 죽고 순조가 즉위한 직후 권력을 잡은 노론 강경파가 천주교 신자를 탄압하는 신유박해를 일으켰어요. 이를 배경으로 황사영 백서 사건이 일어났고, 이후 조선 정부의 천주교 탄압은 강화되었어요.

① 한성 조약이 체결되는 결과를 가져왔다.
➡ 갑신정변 이후 일본은 갑신정변의 책임을 조선에 떠넘기고 배상금 지불과 일본 공사관 신축 비용 등을 요구한 한성 조약의 체결을 강요하였어요.

② 정부의 요청으로 출병한 청군이 진압하였다.
➡ 임오군란, 갑신정변 등이 조선 정부의 요청으로 출병한 청군에 의해 진압되었어요.

③ 사태의 수습을 위해 박규수가 안핵사로 파견되었다.
➡ 경상 우병사 백낙신의 탐학이 원인이 되어 진주 농민 봉기가 일어나자 조선 정부는 사태 수습을 위해 박규수를 안핵사로 파견하였어요.

④ 이필제가 영해 지역에서 난을 일으키는 계기가 되었다.
➡ 1860년대 후반 동학이 재건되자 동학교도 이필제가 2대 교주 최시형과 함께 교조 최제우의 원한을 풀기 위해 영해 지역에서 난을 일으켰는데, 이는 동학 최초의 교조 신원 운동이었어요.

⑤ 전개 과정에서 이승훈, 정약용 등이 연루되어 처벌되었다.
➡ 신유박해 때 이승훈, 정약용 등이 연루되어 처벌되었어요. 이승훈은 우리나라 최초의 영세자였으나 신유박해 때 체포되어 죽임을 당하였고, 정약용은 신유박해에 연루되어 유배를 갔어요.

기출 선택지 +α

❻ 로즈 제독 함대가 강화도를 침입하는 빌미가 되었다. (O/X)
❼ 황사영이 외국 군대의 출병을 요청하는 원인이 되었다. (O/X)

기출 선택지 +α 정답 ❻ ×[병인박해] ❼ ○

---

26 조선 후기의 사회 모습 정답 ②

밑줄 그은 '이 시기'에 볼 수 있는 모습으로 적절하지 않은 것은? [1점]

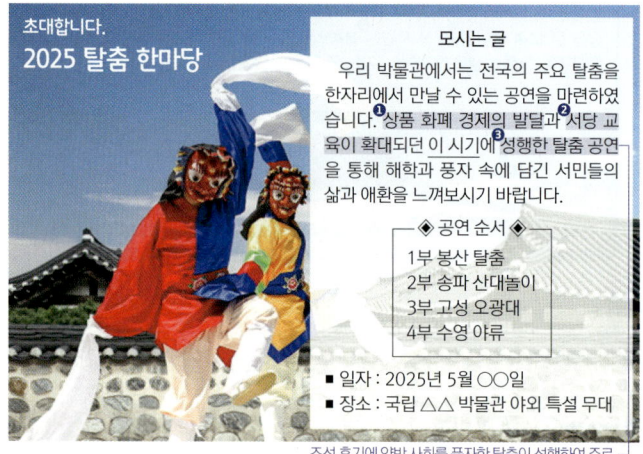

정답 잡는 키워드

❶ 상품 화폐 경제 발달, ❷ 서당 교육 확대, ❸ 탈춤 공연 성행
→ **조선 후기**

상품 화폐 경제가 발달하고 서당 교육이 확대되었으며, 탈춤 공연이 성행하였다는 내용을 통해 밑줄 그은 '이 시기'가 조선 후기임을 알 수 있어요. 조선 후기에 상품 화폐 경제가 발달하면서 서민의 경제적 지위가 향상되었으며, 서당 교육이 확대되어 서민의 의식 수준도 높아졌어요. 이는 서민 문화가 발달하는 배경이 되었어요.

① 판소리 흥보가를 구경하는 농민
➡ 조선 후기에 춘향가, 흥보가 등 노래와 사설로 이야기를 표현하는 판소리가 유행하였어요.

② 주자소에서 계미자를 만드는 장인
➡ 조선 전기 태종 때 주자소가 설치되고 금속 활자인 계미자가 제작되었어요.

③ 옥계 시사에서 시를 낭송하는 중인
➡ 조선 후기에는 중인도 양반처럼 시사를 조직하여 문학 활동을 하였어요.

④ 세책가에서 춘향전을 빌리는 부녀자
➡ 조선 후기에 "춘향전", "홍길동전" 등 한글 소설이 널리 읽혔으며, 돈을 받고 책을 빌려주는 세책가가 성행하였어요.

⑤ 호랑이를 소재로 민화를 그리는 화가
➡ 조선 후기에 호랑이, 까치, 해, 달 등을 소재로 하여 건강과 장수 등을 바라는 민중의 소박한 기원을 담은 민화가 유행하였어요.

핵심 개념 | 조선 후기 서민 문화의 발달

배경	• 상공업 발달, 농업 생산력 증대 → 서민의 경제적 지위 향상 • 서당 교육의 보급 → 서민의 의식 수준이 높아짐
특징	인간의 감정을 솔직하게 표현, 해학과 풍자로 양반이나 사회 비판
내용	• 판소리 : 이야기를 노래와 사설로 엮어 표현, 솔직한 감정 표현, 춘향가·심청가·흥부가·적벽가·수궁가 • 탈놀이(탈춤) : 향촌에서 마을굿의 일부로 공연, 산대놀이가 민중 오락으로 정착, 양반과 승려의 위선적인 모습이나 사회의 부정과 비리를 해학적으로 풍자 • 한글 소설 : "홍길동전"·"춘향전"·"토끼전"·"심청전"·"장화홍련전" 등이 읽힘, 소설을 읽어 주는 전기수 등장, 책 대여점인 세책가 성행 • 사설시조 : 자유로운 형식의 시조, 감정을 솔직하게 표현(남녀 간의 사랑, 사회 현실에 대한 비판 등)

27 조선 후기의 경제 상황 정답 ②

밑줄 그은 '이 시기'의 경제 상황으로 옳은 것은? [1점]

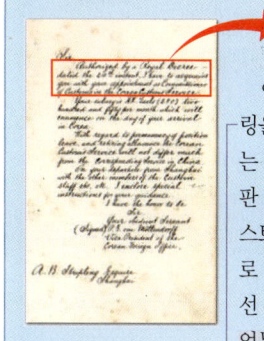

정답 잡는 키워드

❶ 이현, 칠패와 같은 난전이 표기됨, ❷ 시장이 도성 밖으로 확대됨

→ **조선 후기**

도성 내 이현, 남대문 밖의 칠패와 같은 난전이 표기되어 있으며, 시장이 도성 밖으로 확대되었다는 내용을 통해 밑줄 그은 '이 시기'가 조선 후기임을 알 수 있어요. 조선은 건국 초부터 종로에 시전을 설치하고 허가받은 상인에게 나라에서 필요로 하는 물품을 조달하게 하였으며, 그 대가로 물품에 대한 독점적 매매 권한을 주었어요. 조선 후기에 상업이 발달하고 사상의 활동이 활발해지면서 난전이 형성되어 시전 상인의 상권을 위협하였어요. 난전의 확대에 시전 상인이 반발하자 정부는 시전 상인에게 난전을 단속할 수 있는 권리, 즉 금난전권을 주었어요. 그러나 시전 상인과 난전 사이의 갈등이 심해지고 시전 상인이 금난전권을 통해 상권을 독점하여 폐해가 발생하자 정조는 신해통공을 실시하여 육의전을 제외한 시전 상인의 금난전권을 철폐하였어요.

① 백성에게 정전이 지급되었다.
→ 신라 성덕왕 때 국가의 토지 지배권 강화를 목적으로 백성에게 정전이 지급되었어요.

②초량 왜관을 통해 일본과 교역하였다.
→ 조선 후기에 부산 초량에 왜관을 설치하고 이를 통해 일본과 교역하였어요.

③ 주전도감에서 해동통보가 발행되었다.
→ 고려 숙종 때 설치된 화폐 주조 기관인 주전도감에서 은병(활구), 해동통보 등의 화폐가 발행되었어요.

④ 벽란도가 국제 무역항으로 번성하였다.
→ 고려 시대에 예성강 하구의 벽란도가 국제 무역항으로 번성하였어요.

⑤ 시장을 관리하기 위한 동시전이 설치되었다.
→ 신라 지증왕 때 수도 금성(경주)에 시장인 동시와 이를 감독하기 위한 관청인 동시전이 설치되었어요.

기출 선택지 +α

❻ 활구라고 불리는 은병이 유통되었다. (O / X)
❼ 당항성, 영암이 국제 무역항으로 번성하였다. (O / X)
❽ 광산을 전문적으로 경영하는 덕대가 등장하였다. (O / X)

기출 선택지 +α 정답 ❻ ×[고려] ❼ ×[신라] ❽ ○

---

28 개항기 경제 행정의 변화 정답 ④

다음 자료에 대한 탐구 활동으로 가장 적절한 것은? [2점]

> 왕명에 따라, 귀하가 조선 해관의 세무사로 임명되었음을 알려 드립니다.

이 자료는 조선 정부가 영국인 스트리플링을 인천 해관의 초대 세무사로 임명한다는 문서로, 당시 통리교섭통상사무아문 협판 묄렌도르프가 왕명을 받아 발송하였다. 스트리플링은 임명을 받고 두 달 뒤 제물포로 입국하여 인천 해관 창설에 참여했다. 조선 정부는 인천 해관 창설을 통해 관세 부과 업무를 공식적으로 시작하였다.

— 1883년에 개항장인 인천에 조선 정부가 설립한 관세 행정 기구입니다.

정답 잡는 키워드

❶ 인천 해관 창설, ❷ 관세 부과 업무를 공식적으로 시작

→ **조·미 수호 통상 조약 체결 후**

인천 해관이 창설되고 관세 부과 업무가 공식적으로 시작되었다는 내용을 통해 관세 무역이 처음으로 시작되는 상황임을 알 수 있어요. 조선은 1876년 일본과 강화도 조약을 체결하면서 개항하였어요. 강화도 조약과 그 후속 조치로 체결된 조·일 무역 규칙에서 조선 정부는 관세 규정을 두지 못하였어요. 이후 1882년에 체결된 조·미 수호 통상 조약에서 처음으로 관세 조항이 포함되어 조선의 관세 자주권이 인정되었어요. 이에 따라 관세 행정을 담당할 기구로 인천 해관이 설립되었어요.

① 한·일 의정서의 체결 과정을 파악한다.
➡ 1904년 러·일 전쟁을 도발한 일본은 한반도 내에서 군사 전략상 필요한 지역을 임의로 사용할 수 있도록 하는 한·일 의정서 체결을 강요하였어요.

② 미쓰야 협정이 끼친 영향을 조사한다.
➡ 1925년 일제는 만주에서 활동하는 독립군을 색출하기 위해 만주 군벌과 미쓰야 협정을 체결하였어요. 이로 인해 만주 지역에서의 독립군 활동이 크게 위축되었어요.

③ 강화도 조약이 체결된 계기를 알아본다.
➡ 1875년에 일어난 운요호 사건이 계기가 되어 이듬해에 강화도 조약이 체결되었어요.

④조·미 수호 통상 조약의 내용을 분석한다.
➡ 조선 정부는 1882년에 미국에 대한 최혜국 대우와 치외 법권을 인정하는 조항, 거중 조정과 관세 조항 등이 담긴 조·미 수호 통상 조약을 체결하였어요. 이는 조선이 서양 국가와 맺은 최초의 조약이었어요.

⑤ 헤이그 특사가 파견되는 원인을 살펴본다.
➡ 고종은 을사늑약의 부당성을 국제 사회에 알리기 위해 1907년에 헤이그에서 열린 만국 평화 회의에 특사를 파견하였어요.

29 개항기 인물 정답 ③

(가)~(마)에 들어갈 내용으로 적절하지 않은 것은? [2점]

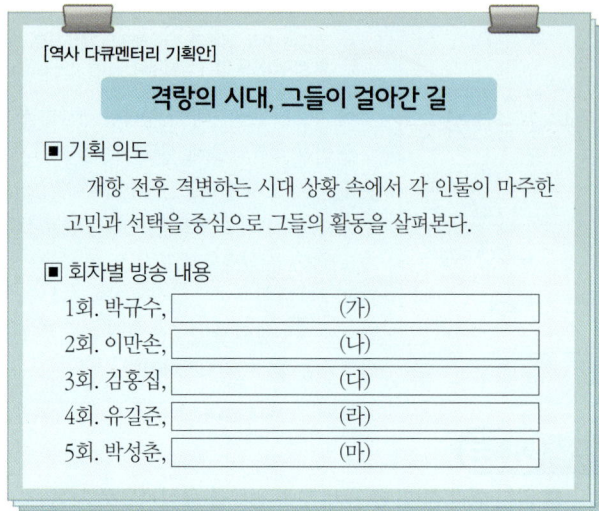

[역사 다큐멘터리 기획안]

격랑의 시대, 그들이 걸어간 길

■ 기획 의도
 개항 전후 격변하는 시대 상황 속에서 각 인물이 마주한 고민과 선택을 중심으로 그들의 활동을 살펴본다.

■ 회차별 방송 내용
1회. 박규수, (가)
2회. 이만손, (나)
3회. 김홍집, (다)
4회. 유길준, (라)
5회. 박성춘, (마)

① (가) - 북학 사상을 바탕으로 통상 개화론을 주장하다
➡ 박규수는 여러 차례 청을 오가며 서구 문물을 접하였으며, 북학 사상을 바탕으로 통상 개화론을 주장하였어요. 자신의 사랑방에서 김옥균, 홍영식, 서광범 등에게 세계정세를 전하였어요.

② (나) - 영남 만인소를 주도해 개항과 통상에 반대하다
➡ 이만손은 "조선책략"이 유포되고 미국과의 수교 움직임이 나타나자 영남 만인소를 주도하여 개항과 통상에 반대하였어요.

③ (다) - 보빙사로 미국에 다녀와 개화 정책을 추진하다
➡ 보빙사는 조·미 수호 통상 조약 체결 이후 미국 공사가 부임하자 그에 대한 답례로 미국에 파견된 사절단이에요. 전권대신 민영익을 비롯해 홍영식, 서광범 등이 파견되었어요. 김홍집은 제2차 수신사로 일본에 다녀왔으며, 귀국길에 청의 외교관 황준헌이 쓴 "조선책략"을 들여왔어요.

④ (라) - 서유견문을 집필하여 서양 근대 문명을 소개하다
➡ 유길준은 미국과 유럽 등을 다닌 경험을 바탕으로 "서유견문"을 집필하여 서양 근대 문명을 소개하였어요. 또한, 영국이 거문도를 불법 점령하자 조선 중립화론을 제기하기도 하였어요.

⑤ (마) - 백정 출신으로 관민 공동회에서 연설하다
➡ 박성춘은 백정 출신으로 1898년에 독립 협회가 개최한 관민 공동회에서 충군애국을 주제로 연설을 하였어요. 갑오개혁으로 신분제가 철폐되었지만 백정에 대한 차별 대우는 계속되었어요. 박성춘은 백정에 대한 사회적 차별 철폐를 위한 활동을 전개하기도 하였어요.

30 광무개혁 정답 ①

밑줄 그은 '개혁'의 내용으로 옳은 것은? [2점]

이 자료는 파리 만국 박람회 당시 한국관의 모습을 담은 채색 광고 엽서이다. ❶고종은 황제 즉위 후 구본신참을 내세운 개혁을 추진하면서, 박람회를 서구 문물을 받아들이고 우리나라를 세계에 소개하는 기회로 활용하고자 했다. 이후 1902년 고종은 박람회 관련 업무를 담당할 정부 기관으로 농상공부 산하에 임시 박람회 사무소를 개설하였다. 고종 황제는 구본신참에 입각하여 점진적 개혁을 추진하였는데, 이를 광무개혁이라고 합니다. 구본은 전제 군주제와 황제의 통수권을 강화하려는 정치적 입장이었고, 신참은 경제·산업·교육 분야의 근대화를 지향하는 입장이었어요.

정답 잡는 키워드

❶ 고종이 황제 즉위 후 구본신참을 내세우며 추진한 개혁
 → **광무개혁**

고종이 황제 즉위 후 구본신참을 내세워 추진하였다는 내용을 통해 밑줄 그은 '개혁'이 대한 제국 시기에 추진된 광무개혁임을 알 수 있어요. 고종은 1897년에 러시아 공사관에서 경운궁(덕수궁)으로 돌아온 후 연호를 '광무'로 정하고 황제의 자리에 올라 대한 제국의 수립을 선포하였어요. 대한 제국 정부는 옛것을 근본으로 하여 새로운 것을 참조한다는 구본신참의 원칙에 의거하여 광무개혁을 추진하였어요.

①지계아문을 설치하여 지계를 발급하였다.
➡ 대한 제국은 광무개혁을 추진하면서 양전 사업을 실시하고, 지계아문을 설치하여 토지 소유자에게 근대적 토지 소유 증명 문서인 지계를 발급하였어요.

② 건양이라는 독자적인 연호를 채택하였다.
➡ 조선 정부는 을미개혁을 추진하면서 태양력을 채택하고 '건양'이라는 독자적인 연호를 제정하였어요.

③ 박문국을 설치하고 한성순보를 발행하였다.
➡ 조선 정부는 1883년에 박문국을 설치하고 최초의 근대 신문인 한성순보를 발행하였어요.

④ 근대식 무기 제조 공장인 기기창을 설립하였다.
➡ 청에 파견되었던 영선사와 유학생들이 주도하여 1883년에 근대식 무기 제조 공장인 기기창을 설립하였어요.

⑤ 개혁의 방향을 제시한 홍범 14조를 반포하였다.
➡ 고종은 제2차 갑오개혁 추진 과정에서 개혁의 방향을 제시한 홍범 14조를 반포하였어요.

기출 선택지 +α

❻ 신식 군대인 별기군을 창설하였다. (O/X)
❼ 관립 의학교와 광제원을 설립하였다. (O/X)
❽ 공사 노비법을 혁파하고 과거제를 폐지하였다. (O/X)
❾ 지방 행정 구역을 8도에서 23부로 개편하였다. (O/X)
❿ 관립 상공 학교를 설립하여 실업 교육을 실시하였다. (O/X)

기출 선택지 +α
정답 ❻ ×[1881년] ❼ ○ ❽ ×[제1차 갑오개혁] ❾ ×[제2차 갑오개혁] ❿ ○

31 동학 농민 운동 정답 ③

(가)에 대한 탐구 활동으로 가장 적절한 것은? [1점]

(가) 에 참여한 이름 없는 이들을 위한 위령탑.
주변 조형물에는 '농민의 얼굴'과 '죽창'도 새겨져 있음
#여기는_정읍시_고부면

댓글 2개
- ○○○ : 이 마을에서 전봉준 등이 고부 군수 조병갑의 횡포에 맞서 사발통문을 작성했어. → 동학 농민 운동 당시 지도자 가운데 한 사람으로, 동학의 대접주였어요.
- □□□ : 고부 농민 봉기를 시작으로 전개된 (가) 에 참여한 이들의 흔적을 찾아볼 수 있어. → 사발을 엎어 그린 원을 중심으로 전봉준 등 20명의 이름을 둥글게 작성하여 주모자를 알 수 없도록 하였어요.

정답 잡는 키워드

❶ 전봉준, ❷ 고부 농민 봉기를 시작으로 전개됨
→ **동학 농민 운동**

전봉준이 참여하였으며 고부 농민 봉기를 시작으로 전개되었다는 내용을 통해 (가)가 동학 농민 운동임을 알 수 있어요. 고부 군수 조병갑은 저수지가 있는데도 농민을 동원하여 새로운 저수지를 만들고 물세를 징수하는 등 백성을 수탈하였어요. 이에 저항하여 전봉준의 주도로 고부 농민 봉기가 일어났어요. 전봉준과 농민군은 고부 관아를 점령하였으나 정부가 중재에 나서자 해산하였어요. 그런데 사태 수습을 위해 파견된 안핵사 이용태가 농민군을 동학교도로 몰아 탄압하였어요. 이에 분노한 전봉준을 비롯한 농민군과 동학교도가 무장과 백산 일대에서 봉기하였어요. 이후 동학 농민군은 황토현 전투와 황룡촌 전투에서 정부군을 크게 격파하고 전주성까지 점령하였어요.

① 삼국 간섭의 결과를 알아본다.
→ 청·일 전쟁에서 승리한 일본이 러시아, 프랑스, 독일의 압박에 굴복하여 랴오둥반도를 청에 반환하였어요. 삼국 간섭 이후 조선 정부가 친러 정책을 추진하자 위기감을 느낀 일본은 명성 황후를 친러 정책의 배후로 보고 을미사변을 일으켰어요.

② 척화비가 건립된 계기를 조사한다.
→ 병인양요와 신미양요를 겪은 이후 흥선 대원군은 서양과의 통상 수교 거부 의지를 널리 알리기 위해 전국 각지에 척화비를 세웠어요.

③ 전주 화약이 체결되는 과정을 살펴본다.
→ 동학 농민 운동 과정에서 동학 농민군은 전주성을 점령하였으나 외세의 개입을 막기 위해 서둘러 정부와 전주 화약을 체결하고 자진 해산하였어요.

④ 영국이 거문도를 점령한 목적을 분석한다.
→ 영국은 러시아의 남하를 견제한다는 구실로 1885년부터 약 2년 동안 거문도를 불법 점령하였어요.

⑤ 외규장각 도서가 약탈된 배경을 찾아본다.
→ 병인양요 당시 프랑스군은 강화도에서 퇴각하면서 외규장각의 도서를 약탈해 갔어요.

32 대한 제국 군대 해산 이후의 사실 정답 ④

다음 가상 대화 이후에 전개된 사실로 옳은 것은? [2점]

몇 달 전 한성에서 시위대 부대원들과 일본군 사이에 시가전이 있었습니다. 애비슨 선생님께서는 이때 다친 부대원들을 치료해 주셨는데요. 기억에 남는 일이 있다면 말씀해 주세요.

❶ 군대 해산 명령에 맞서 시위대 대대장 박승환이 자결한 후 전개된 시가전에서 부상 입은 부대원들이 실려 왔습니다. 여자 간호사들은 그동안 남자 환자들의 치료를 꺼리던 관습과 달리 헌신적으로 치료에 나섰습니다. 오래된 관습이 한순간에 깨지는 놀라운 순간이었습니다.

정답 잡는 키워드

❶ 군대 해산 명령에 맞서 시위대 대대장 박승환이 자결함
→ **대한 제국 군대 해산(1907)**

군대 해산 명령에 맞서 시위대 대대장 박승환이 자결하였다는 내용을 통해 1907년 대한 제국 군대가 해산된 상황과 관련된 대화임을 알 수 있어요. 일제는 1907년에 헤이그 특사 파견을 빌미로 고종을 황제의 자리에서 강제로 물러나게 하고 순종을 황제로 올린 뒤 한·일 신협약(정미7조약)을 체결하고 부속 각서까지 작성하였어요. 이에 따라 대한 제국의 행정 각 부에 일본인 차관이 임명되고 대한 제국의 군대가 강제 해산되었어요. 군대 해산에 반발하여 시위대 대대장 박승환이 자결하였고, 시위대 부대원들이 일본군과 총격전을 벌이며 저항하였어요.

① 최익현이 태인에서 의병을 일으켰다.
→ 1905년 11월에 을사늑약이 체결되자 이듬해인 1906년에 최익현이 태인에서 의병을 일으켜 항거하였어요.

② 일본이 독도를 불법적으로 편입하였다.
→ 러·일 전쟁 중이던 1905년에 일본이 독도를 불법적으로 자국의 시마네현에 편입하였어요.

③ 스티븐스가 외교 고문으로 부임하였다.
→ 1904년에 체결된 제1차 한·일 협약에 따라 재정 고문으로 메가타, 외교 고문으로 스티븐스가 부임하였어요.

④ 13도 창의군이 서울 진공 작전을 전개하였다.
→ 고종의 강제 퇴위와 대한 제국 군대 해산에 반발하여 정미의병이 일어났어요. 정미의병 당시 각지의 의병 부대가 연합하여 13도 창의군을 결성하고 1908년에 서울 진공 작전을 전개하였어요.

⑤ 유인석이 이끄는 부대가 충주성을 점령하였다.
→ 을미사변과 단발령 실시에 반발하여 1895년에 을미의병이 일어났어요. 을미의병 당시 유생 출신 유인석이 이끄는 부대가 충주성을 점령하였어요(1896).

기출 선택지 +α

❻ 러시아가 절영도 조차를 요구하였다. (O/X)
❼ 민영환이 조약 체결에 항거하여 순국하였다. (O/X)
❽ 민종식이 이끄는 의병 부대가 홍주성을 점령하였다. (O/X)
❾ 대한 제국이 기유각서를 통해 일제에 사법권을 박탈당하였다. (O/X)

기출 선택지 +α 정답 ❻ ×[1897년] ❼ ×[1905년] ❽ ×[1906년] ❾ ○[1909년]

33 하와이 지역의 민족 운동 정답 ⑤

밑줄 그은 '이곳'에서 있었던 민족 운동으로 옳은 것은? [2점]

> ❶ 첫 공식 이민. 백여 명의 이민자들이 대한 제국이 발행한 여행권을 가슴에 품고 낯선 땅에 1903년 도착했다. 두려움과 희망이 함께했다. 1/3
>
> 그들을 기다린 건 사탕수수 농장의 ❷ 고된 노동이었다. 열악한 환경에서도 1905년까지 노동 이민으로 약 7,000명이 이곳에 이주해 묵묵히 뿌리를 내렸다. 2/3
>
> 1910년, 일제의 국권 침탈로 그들은 돌아갈 곳도 보호받을 나라도 잃었다. 고된 환경 속에서도 그들은 한인 사회를 중심으로 스스로의 길을 만들어 갔다. 3/3

미국 공사 알렌의 주선으로 하와이 사탕수수 농장으로 우리나라 최초의 공식 이민이 이루어졌어요.

정답 잡는 키워드

❶ 첫 공식 이민, ❷ 사탕수수 농장의 고된 노동 → **하와이**

첫 공식 이민이 이루어졌으며 사탕수수 농장에서 고된 노동을 하였다는 내용을 통해 밑줄 그은 '이곳'이 미국 하와이임을 알 수 있어요. 1902년에 시작된 하와이 이민은 사탕수수 농장에서 일하기 위한 노동 이민이었어요. 이 시기에 하와이로 이주한 사람들은 열악한 조건 아래 사탕수수 농장 일을 비롯하여 개간, 철도 가설 등 고된 일에 종사하였어요. 이들은 어려운 생활 속에서도 한인 사회를 형성하고 각종 단체를 설립하여 독립운동을 지원하였어요.

① 한인 자치 기구인 경학사를 설립하였다.
→ 신민회 회원들이 중심이 되어 서간도(남만주) 삼원보 지역에 한인 자치 기구인 경학사를 설립하였어요.

② 권업신문을 발간하여 민족의식을 고취하였다.
→ 연해주 지역에서 이상설, 최재형 등이 독립운동 단체인 권업회를 조직하고 기관지로 권업신문을 발간하였어요.

③ 유학생을 중심으로 2·8 독립 선언을 발표하였다.
→ 일본 도쿄의 유학생들이 중심이 되어 1919년에 2·8 독립 선언을 발표하였어요. 2·8 독립 선언은 3·1 운동이 일어나는 배경이 되었어요.

④ 신한 청년당이 파리 강화 회의에 대표를 파견하였다.
→ 상하이에서 조직된 신한 청년당은 파리 강화 회의에 김규식을 한국 대표로 파견하여 한국의 독립을 주장하였어요.

⑤ 대조선 국민군단을 결성하고 군사 훈련을 실시하였다.
→ 하와이에서 박용만 등이 대조선 국민군단을 결성하고 군사 훈련을 실시하는 등 독립 전쟁을 준비하였어요.

기출 선택지 +α

❻ 숭무 학교를 세워 독립군을 양성하였다. (O / X)
❼ 민족 교육을 위해 서전서숙을 설립하였다. (O / X)
❽ 해조신문을 발간하여 국권 회복에 힘썼다. (O / X)
❾ 북로 군정서가 조직되어 독립 전쟁을 전개하였다. (O / X)
❿ 대한 광복군 정부를 세워 무장 독립 투쟁을 준비하였다. (O / X)

정답 ⑥ ×[멕시코] ⑦ ×[북간도] ⑧ ×[연해주] ⑨ ×[북간도] ⑩ ×[연해주]

---

34 경부선 개통 시기의 사회 모습 정답 ①

다음 기사가 보도된 시기에 볼 수 있는 모습으로 가장 적절한 것은? [3점]

> **□□신문**
> 제△△호 ○○○○년 ○○월 ○○일
>
> **정기 연락선 부산 입항, 경부선과 이어지다**
>
> 시모노세키를 출발한 연락선 '잇키마루'가 어제 부산항에 도착하며 정기 운항을 시작했다. 승객 317명, 화물 300톤을 실을 수 있는 이 배를 통해 일본에서 들어온 여객과 물자는 곧바로 경부선을 이용해 내륙으로 향하게 된다. ❶ 올해 1월 경부선이 개통된 이후 8개월 만에 해로까지 연결되면서, 한성-부산-도쿄로 연결되는 교통망이 구축되었다. 두 달 뒤 '쓰시마마루'도 추가 투입될 예정이라, 머지않아 이 노선은 매일 운행될 것이다.

일제에 의해 경인선(1899)을 시작으로 경부선(1905), 경의선(1906) 등이 차례로 개통되었어요.

정답 잡는 키워드

❶ 올해 1월 경부선 개통 → **1905년**

올해 1월 경부선이 개통되었다는 내용을 통해 기사가 보도된 시기가 1905년임을 알 수 있어요. 일제는 러·일 전쟁 중이던 1905년에 군사적 목적으로 서울과 부산을 연결하는 경부선을 개통하였어요.

① 대한매일신보를 읽고 있는 청년
→ 대한매일신보는 1904년에 양기탁이 영국인 베델과 함께 창간한 신문으로 국권이 피탈된 1910년 8월까지 발행되었어요. 국채 보상 운동을 지원하여 운동이 전국적으로 확산하는 데 기여하였어요.

② 경성 제국 대학에 입학하는 학생
→ 일제는 1924년에 경성 제국 대학을 설립하여 한국인의 고등 교육에 대한 열망을 무마하려 하였어요.

③ 원각사에서 은세계 공연을 보는 여성
→ 원각사는 우리나라 최초의 서양식 극장이며 이곳에서 1908년에 신소설 "은세계"가 상연되었어요.

④ 통리기무아문에서 개화 정책을 논의하는 관리
→ 조선 정부는 1880년에 개화 정책을 총괄할 기구로 통리기무아문을 설치하였어요. 통리기무아문은 1882년에 일어난 임오군란을 계기로 흥선 대원군이 재집권하면서 폐지되었어요.

⑤ 어린이날 기념행사에 참여하는 천도교 소년회 회원
→ 방정환이 중심이 된 천도교 소년회는 소년 운동을 전개하면서 1922년에 어린이날을 제정하고 1923년에 첫 번째 기념행사를 열었어요.

기출 선택지 +α

❻ 대한국 국제를 반포하는 황제 (O / X)
❼ 교육 입국 조서를 발표하는 관리 (O / X)
❽ 영선사 일행으로 청에 가는 생도 (O / X)
❾ 암태도 소작 쟁의에 참여하는 농민 (O / X)

정답 ⑥ ×[1899년] ⑦ ×[1895년] ⑧ ×[1881년] ⑨ ×[1923년~1924년]

35 용암포 사건 정답 ④

다음 상황이 나타난 시기를 연표에서 옳게 고른 것은? [3점]

> ○ 어제 러시아 공사 파블로프 씨가 용천군 용암포 삼림 회사의 편의를 위하여 전화와 전선을 추가로 가설할 뜻으로 외부(外部)에 조회하였으니, 외부에서 답 조회하기를 "해당 사안은 결코 인준하기 어려우니 귀 공사도 해당 회사에 훈칙하여 전신주 가설 사항은 절대 마음먹지 못하게 하라" 하였더라.
> — 황성신문 —
>
> ○ 일본, 영국, 미국의 각 공사가 우리 정부에 의주의 개방을 권고하더니, 영국 공사가 다시 조회하기를 "의주는 육지로 연결되어 화물을 운반하기가 매우 어렵고, …… 용암포는 크고 작은 선박들이 지장 없이 왕래할 수 있으니 용암포를 개항하라"고 하였고, 일본 공사가 또 조회하기를 "용암포 개항이 합당하니 속히 타결하라" 하였더라.
> 1903년 러시아가 용암포를 점령하고 조차를 요구하자 일본과 영국 등이 대한 제국 정부에 용암포를 러시아의 조차지로 인정할 수 없음을 통보하고, 용암포에 개항장을 설치하여 다른 국가에도 개방할 것을 요구하였어요.
> — 황성신문 —

정답 잡는 키워드

❶ 러시아가 용암포에 전화와 전선을 추가로 가설하고자 함,
❷, ❸, ❹ 영국 공사와 일본 공사 등이 용암포 개항을 요구함

→ **용암포 사건(1903)**

러시아 공사가 용암포에 전화와 전선을 가설하기 위해 문의하고, 영국과 일본 공사가 용암포 개항을 요구하는 것을 통해 용암포 사건과 관련된 자료임을 알 수 있어요.

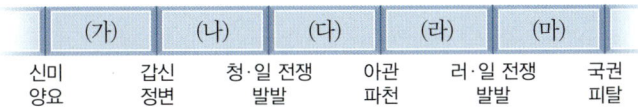

(가)	(나)	(다)	(라)	(마)
신미 양요	갑신 정변	청·일 전쟁 발발	아관 파천	러·일 전쟁 발발	국권 피탈

➡ **아관 파천** 이후 조선에서 러시아의 영향력이 확대되었고 삼림 채벌권, 광산 채굴권 등의 이권이 러시아로 넘어갔어요. 러시아는 1903년에 압록강 유역의 삼림 채벌에 착수하며 관련 종사자들을 보호한다는 구실로 군대를 동원해 압록강 하류의 용암포를 점령하였어요. 이어 대한 제국 정부에 용암포를 조차해 줄 것을 요구하였어요(**용암포 사건**). 러시아의 세력 확장을 우려한 일본, 영국은 러시아의 용암포 조차 요구가 부당하다고 주장하며 대한 제국에 용암포를 개항할 것을 요구하였어요. 용암포를 둘러싼 갈등으로 만주와 한반도를 둘러싼 러시아와 일본의 대립은 더욱 격화되었고, 이듬해인 1904년에 **러·일 전쟁이 발발**하였어요. 따라서 용암포 사건이 일어난 시기는 아관 파천과 러·일 전쟁 발발 사이인 ④ (라)입니다.

① (가) ② (나) ③ (다) ❹ (라) ⑤ (마)

연표로 흐름잡기

- 1896 ― **아관 파천**, 독립 협회 설립
- 1897 ― 고종이 경운궁으로 환궁, 대한 제국 수립
- 1898 ― 만민 공동회 개최, 관민 공동회 개최
- 1899 ― 대한국 국제 반포
- 1903 ― **용암포 사건**
- 1904 ― 러·일 전쟁 발발

36 3·1 운동 정답 ④

(가) 운동에 대한 설명으로 옳은 것은? [2점]

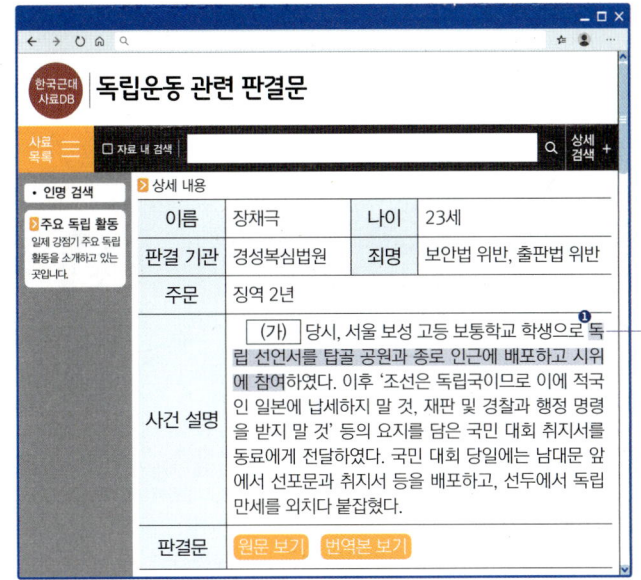

(가) 당시, 서울 보성 고등 보통학교 학생으로 독립 선언서를 탑골 공원과 종로 인근에 배포하고 시위에 참여하였다. 이후 '조선은 독립국이므로 이에 적극적인 일본에 납세하지 말 것, 재판 및 경찰과 행정 명령을 받지 말 것' 등의 요지를 담은 국민 대회 취지서를 동료에게 전달하였다. 국민 대회 당일에는 남대문 앞에서 선포문과 취지서 등을 배포하고, 선두에서 독립 만세를 외치다 붙잡혔다.

고종의 장례 기간 중에 일어난 3·1 운동은 학생과 시민들이 탑골 공원에서 벌인 만세 시위를 시작으로 전국 각지로 확산되었어요.

정답 잡는 키워드

❶ 독립 선언서를 탑골 공원과 종로 인근에 배포하고 시위에 참여함

→ **3·1 운동**

독립 선언서를 탑골 공원과 종로 인근에 배포하고 시위에 참여하였다는 내용을 통해 (가) 운동이 3·1 운동임을 알 수 있어요. 3·1 운동은 미국 대통령 윌슨의 민족 자결주의와 국외에서 발표된 독립 선언 등의 영향을 받아 국내에서 종교계 지도자와 학생들을 중심으로 계획되었어요. 3·1 운동 당일 민족 대표 33인은 태화관에서 독립 선언서를 낭독하고 스스로 체포되었으며, 비슷한 시각 탑골 공원에 모여 있던 학생과 시민들은 독립 선언서를 가져와 낭독하고 만세 운동을 시작하였어요. 3·1 운동은 일제 강점기 최대 규모의 독립운동으로 대한민국 임시 정부 수립의 계기가 되었어요. 또한, 일제가 이른바 문화 통치를 실시하는 배경이 되기도 하였어요.

① 정우회 선언의 영향을 받았다.
  ➡ 1926년에 사회주의 세력의 활동 방향을 밝힌 정우회 선언이 발표되었어요. 정우회 선언의 영향으로 1927년에 **신간회**가 **결성**되었어요.

② 통감부의 탄압과 방해로 중단되었다.
  ➡ 통감부는 1906년에 설치되어 1910년까지 존속되었어요. **국채 보상 운동** 등이 통감부의 탄압과 방해로 중단되었어요.

③ 순종의 인산일을 기회로 삼아 추진되었다.
  ➡ 천도교계 민족주의 세력과 사회주의 세력, 그리고 학생들이 순종의 인산일을 기회로 삼아 **6·10 만세 운동**을 추진하였어요.

❹ 전개 과정에서 일제가 제암리 학살 등을 자행하였다.
  ➡ **3·1 운동** 전개 과정에서 만세 시위가 확산되자 일제는 헌병 경찰과 군대를 동원하여 시위대를 무자비하게 탄압하였으며, 경기도 화성 제암리에서는 주민들을 교회당에 몰아넣고 학살하는 만행을 저질렀어요.

⑤ 성진회와 각 학교 독서회에 의해 전국적으로 확산되었다.
  ➡ **광주 학생 항일 운동**은 광주 지역 학생들이 결성한 비밀 결사인 성진회와 각 학교 독서회에 의해 전국적으로 확산되었어요.

기출 선택지 +α

❻ 대한민국 임시 정부가 수립되는 계기가 되었다. (O/X)
❼ 신간회에서 진상 조사단을 파견하여 지원하였다. (O/X)

기출 선택지 +α 정답 ❻ O ❼ X [광주 학생 항일 운동]

37 대한민국 임시 정부 정답 ④

(가)에 대한 설명으로 옳은 것은? [1점]

저희 모둠에서는 이번 체험 학습 답사지로 백산 상회 설립자 안희제를 기념하는 백산 기념관을 선정하였습니다. 백산 상회는 백산 무역 주식회사로 개편된 이후 (가) 의 ❶연통제 조직을 통해 독립운동 자금을 조달하였으며, ❷독립신문 보급 등의 역할도 담당하였습니다.

체험 학습 답사지 발표회 — 대한민국 임시 정부는 국내 비밀 행정 조직으로 연통제를 두었어요.

백산 상회는 1914년 독립운동가 안희제가 부산에 설립한 회사입니다. 1919년 백산 무역 주식회사로 개편된 이후 대한민국 임시 정부가 연통제 조직과 연락을 주고받을 때 통로 역할을 하였어요.

정답 잡는 키워드
❶ 연통제 조직, ❷ 독립신문 보급 → **대한민국 임시 정부**

연통제를 조직하고 독립신문을 보급하였다는 내용을 통해 (가)가 대한민국 임시 정부임을 알 수 있어요. 3·1 운동 이후 독립운동을 이끌 지도부의 필요성이 제기되어 상하이에서 대한민국 임시 정부가 수립되었어요. 대한민국 임시 정부는 독립운동 자금을 모금하고 국내외 독립운동가와 연락을 취하기 위해 연통제와 교통국을 두었어요. 또한, 외교 활동을 위해 미국에 구미 위원부를 두었으며, 기관지로 독립신문을 발간하여 임시 정부의 활동과 독립운동 상황을 국내외에 알리고자 하였어요.

① 고종 강제 퇴위 반대 운동을 전개하였다.
 → **대한 자강회**는 헤이그 특사 파견을 구실로 고종이 강제 퇴위를 당하자 고종 강제 퇴위 반대 운동을 전개하였어요.

② 일제의 황무지 개간권 요구를 저지하였다.
 → **보안회**는 일제의 황무지 개간권 요구에 반대하는 운동을 전개하여 일제의 요구를 저지하였어요.

③ 영은문이 있던 자리 부근에 독립문을 건립하였다.
 → **독립 협회**는 우리 민족의 독립 의지를 널리 알리기 위해 청의 사신을 맞이하던 영은문이 있던 자리 부근에 독립문을 건립하였어요.

④ 독립운동 자금 마련을 위해 독립 공채를 발행하였다.
 → **대한민국 임시 정부**는 독립운동 자금을 마련하기 위해 독립 공채를 발행하고 의연금을 모금하였어요.

⑤ 조선 총독부에 국권 반환 요구서를 제출하려 하였다.
 → **독립 의군부**는 조선 총독에게 국권 반환 요구서를 보내려고 계획하였으나 사전에 발각되어 실행에 옮기지 못하였어요.

기출 선택지 +α
❻ 조선 혁명 간부 학교를 설립하였다. (O/X)
❼ 만세보를 발행하여 민중 계몽에 힘썼다. (O/X)
❽ 민족 교육을 위해 대성 학교를 설립하였다. (O/X)
❾ 외교 활동을 위해 구미 위원부를 설치하였다. (O/X)
❿ 임시 사료 편찬회를 두어 한·일 관계 사료집을 간행하였다. (O/X)

기출 선택지 +α 정답 ❻ ×[의열단] ❼ ×[천도교] ❽ ×[신민회] ❾ ○ ❿ ○

---

38 의열단 정답 ③

밑줄 그은 '이 단체'에 대한 설명으로 옳은 것은? [2점]

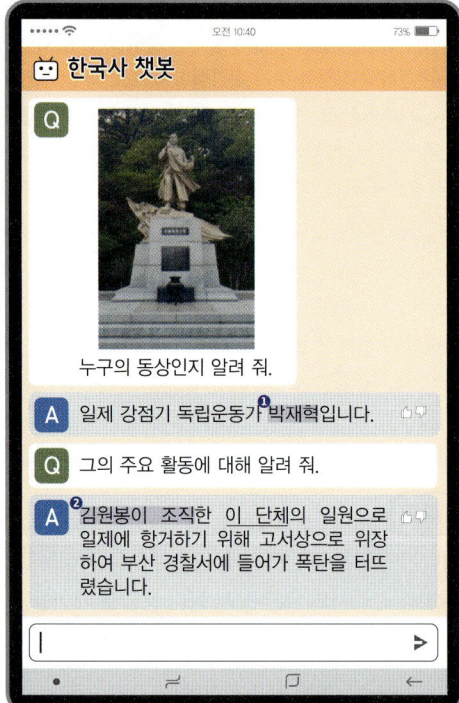

한국사 챗봇
Q 누구의 동상인지 알려 줘.
A 일제 강점기 독립운동가 ❶박재혁입니다.
Q 그의 주요 활동에 대해 알려 줘.
A ❷김원봉이 조직한 이 단체의 일원으로 일제에 항거하기 위해 고서상으로 위장하여 부산 경찰서에 들어가 폭탄을 터뜨렸습니다.

정답 잡는 키워드
❶ 박재혁, ❷ 김원봉이 조직 → **의열단**

김원봉이 조직하고 박재혁이 일원으로 활동하였다는 내용을 통해 밑줄 그은 '이 단체'가 의열단임을 알 수 있어요. 1919년에 김원봉 등이 만주에서 결성한 의열단의 소속 단원들은 신채호가 작성한 '조선 혁명 선언'을 활동 지침으로 삼아 일제 요인 암살, 식민 통치 기관 파괴 등의 무력 투쟁을 전개하였어요. 1920년대 후반에 의열단은 개별적인 의열 투쟁의 한계를 느끼고 조직적인 항일 무장 투쟁으로 노선을 바꾸었어요.

① 원산 노동자 총파업을 지원하였다.
 → 1929년에 원산 노동자 총파업이 일어나자 **신간회**를 비롯하여 전국 각지의 노동조합, 농민 단체 등이 이를 지원하였으며 일본, 프랑스 등지의 노동 단체가 격려 전문을 보내기도 하였어요.

② 신흥 강습소를 세워 독립군을 양성하였다.
 → **신민회** 회원들이 서간도(남만주) 삼원보 지역에 신흥 강습소를 설립하여 독립군을 양성하였어요.

③ 김익상, 김상옥 등이 단원으로 활동하였다.
 → 김익상, 김상옥 등은 **의열단** 단원으로 활동하였어요. 김익상은 조선 총독부에, 김상옥은 종로 경찰서에 폭탄을 투척하는 의거를 일으켰어요.

④ 상덕태상회를 통하여 군자금을 모집하였다.
 → 박상진 등을 중심으로 결성된 **대한 광복회**는 상덕태상회를 거점으로 하여 군자금을 모집하였어요.

⑤ 도쿄에서 일어난 이봉창 의거를 계획하였다.
 → 김구가 조직한 **한인 애국단**은 도쿄에서 일어난 이봉창 의거, 상하이에서 일어난 윤봉길 의거를 계획하였어요.

기출 선택지 +α
❻ 조선 혁명 선언을 활동 지침으로 삼았다. (O/X)
❼ 고종의 밀지를 받아 결성된 비밀 단체이다. (O/X)

기출 선택지 +α 정답 ❻ ○ ❼ ×[독립 의군부]

39 백남운 정답 ②

(가) 인물에 대한 설명으로 옳은 것은? [2점]

> 사료로 보는 한국사
>
> 조선사 연구는 과거 역사적, 사회적 발전의 변동 과정을 구체적이고 현실적으로 구명함과 동시에 실천적 동향을 이론화하는 것을 임무로 삼아야 한다. 그것을 위해서는 인류 사회의 일반적 운동 법칙인 사적 변증법으로 그 민족 생활의 계급적 제관계와 더불어 사회 체제의 역사적 변동을 구체적으로 분석하고 다시 그 법칙성을 일반적으로 추상화하는 것에 의해서만 가능하다.
>
> [해설] 이 사료는 ❶ (가) 이/가 저술한 조선사회경제사의 일부입니다. 그는 이 책에서 ❷ 한국사가 세계사의 보편적인 발전 법칙에 따라 발전하였다는 주장을 펼치며 한국 고대 경제사를 원시 씨족 사회, 원시 부족 국가의 제 형태, 노예 국가 시대로 체계화하여 서술하였습니다.

▶ 백남운은 물질적 생산력과 생산 관계의 변화가 역사 발전의 원동력이라고 보는 유물 사관에 입각하여 "조선사회경제사"를 저술하였어요.

정답 잡는 키워드
❶ "조선사회경제사" 저술, ❷ 한국사가 세계사의 보편적인 발전 법칙에 따라 발전하였다는 주장 → 백남운

"조선사회경제사"를 저술하였으며, 한국사가 세계사의 보편적인 발전 법칙에 따라 발전하였다는 주장을 펼쳤다는 내용을 통해 (가) 인물이 백남운임을 알 수 있어요. 백남운은 유물 사관을 바탕으로 세계사의 보편적 발전 법칙 위에서 한국사를 체계화하였어요.

① 조선 불교 유신론을 주장하였다.
  ▶ 한용운은 "조선 불교 유신론"을 저술하여 불교의 자주성 회복과 혁신을 주장하였어요.

②식민 사학의 정체성론을 반박하였다.
  ▶ 백남운은 한국사도 세계사의 보편적인 발전 법칙에 따라 발전하였다고 주장하였으며, 우리 역사가 왕조 교체에도 불구하고 발전하지 못하고 정체되었다는 식민 사학의 정체성론을 반박하였어요.

③ 조선사 편수회에 들어가 조선사 편찬에 참여하였다.
  ▶ 조선사 편수회는 조선 총독부에 의해 설치된 기관이에요. 최남선 등이 조선사 편수회 위원으로 활동하며 "조선사" 편찬에 참여하였어요.

④ 진단 학회를 설립하여 실증주의 사학을 발전시켰다.
  ▶ 이병도 등은 진단 학회를 설립하여 문헌 고증을 통해 역사를 객관적으로 서술하려는 실증주의 사학을 발전시켰어요.

⑤ 민족을 역사 서술의 중심에 둔 독사신론을 집필하였다.
  ▶ 신채호는 민족을 역사 서술의 중심에 둔 '독사신론'을 저술하여 민족주의 사학의 기반을 마련하였어요.

기출 선택지 +α
❻ 우리말 큰사전 편찬 사업을 추진하였다. (O/X)
❼ 국권 피탈 과정을 정리한 한국통사를 저술하였다. (O/X)
❽ 민족의 얼을 강조하고 조선학 운동을 주도하였다. (O/X)

기출 선택지 +α 정답 ❻ ×[최현배, 이윤재 등] ❼ ×[박은식] ❽ ×[정인보]

---

40 일제 강점기 사회 모습 정답 ⑤

(가)에 들어갈 내용으로 적절하지 않은 것은? [1점]

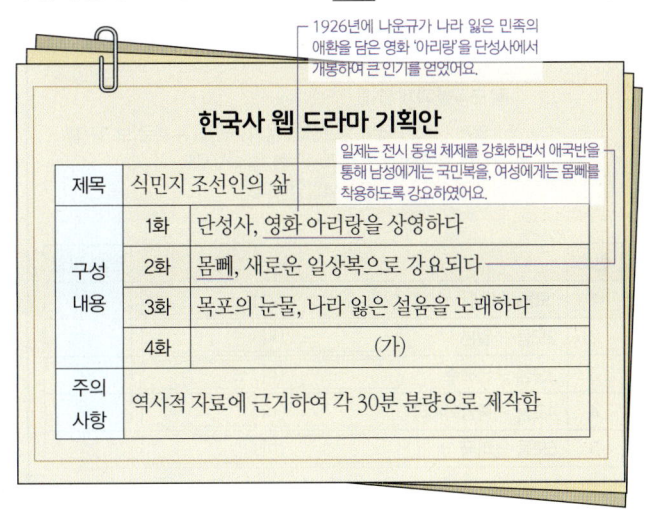

- 1926년에 나운규가 나라 잃은 민족의 애환을 담은 영화 '아리랑'을 단성사에서 개봉하여 큰 인기를 얻었어요.
- 일제는 전시 동원 체제를 강화하면서 애국반을 통해 남성에게는 국민복을, 여성에게는 몸뻬를 착용하도록 강요하였어요.

	한국사 웹 드라마 기획안	
제목	식민지 조선인의 삶	
구성 내용	1화	단성사, 영화 아리랑을 상영하다
	2화	몸뻬, 새로운 일상복으로 강요되다
	3화	목포의 눈물, 나라 잃은 설움을 노래하다
	4화	(가)
주의 사항	역사적 자료에 근거하여 각 30분 분량으로 제작함	

① 잡지 신여성, 여권 신장을 주장하다
  ▶ 천도교는 민족 문화 운동을 전개하기 위해 출판사인 개벽사를 설립하였어요. 개벽사는 1923년에 잡지 "신여성"을 발간하고 여성의 사회 진출과 여권 신장 등을 주장하였어요.

② 조선 형평사, 사회적 차별 철폐를 외치다
  ▶ 1923년에 백정들이 진주에서 조선 형평사를 조직하고 백정에 대한 사회적 차별 철폐를 주장하는 형평 운동을 전개하였어요.

③ 소설 상록수, 브나로드 운동을 널리 알리다
  ▶ 1930년대에 동아일보는 농촌 계몽 운동인 브나로드 운동을 전개하였어요. 심훈은 1935년에 브나로드 운동을 소재로 한 소설 "상록수"를 동아일보에 연재하여 민중의 큰 호응을 얻었어요.

④ 경성 방직 주식회사, 광목 태극성을 광고하다
  ▶ 경성 방직 주식회사는 1923년부터 광목 태극성을 생산하고 신문 광고를 통해 이를 알렸어요. 물산 장려 운동 당시의 상황을 반영하여 '조선 사람의 자본과 기술로 된 광목', '우리가 만든 것 우리가 쓰자'라는 문구가 광고에 사용되었어요.

⑤새마을 운동, 근면·자조·협동을 기치로 내세우다
  ▶ 박정희 정부 시기인 1970년에 농촌의 근대화를 표방한 새마을 운동이 시작되었어요. 새마을 운동은 농촌 환경 개선과 소득 증대를 통한 도시와 농촌 간의 균형 있는 발전을 목표로 하였어요.

41 일제 강점기 국외 동포들의 삶과 시련 정답 ③

(가)~(마)에 들어갈 내용으로 적절하지 않은 것은? [2점]

■ 모둠별 과제 안내
일제 강점기 국외 동포들의 삶과 시련을 주제로 보고서를 작성한 후 제목과 함께 게시판에 올려 주세요.
※ 과제 마감일은 5월 24일입니다.

번호	제목	첨부 파일
1	1모둠 - 만주	(가)
2	2모둠 - 일본	(나)
3	3모둠 - 연해주	(다)
4	4모둠 - 중앙아시아	(라)
5	5모둠 - 미국	(마)

① (가) - 일본군의 보복으로 간도 참변이 일어나다
➡ 3·1 운동 이후 만주 지역에 많은 독립군 단체가 결성되어 활동하였어요. 1920년 봉오동 전투와 청산리 대첩에서 패배한 일제는 이에 대한 보복으로 만주 지역의 독립군을 토벌한다는 구실을 내세워 그 지역의 한인들을 무차별 학살하는 간도 참변을 자행하였어요.

② (나) - 관동 대지진 당시 자경단에게 학살당하다
➡ 1923년 일본에서 관동 대지진이 일어나 큰 피해가 발생하였어요. 일본 정부는 혼란이 심해지자 국민의 불안을 잠재우고 불만을 다른 곳으로 돌리기 위해 한국인과 사회주의자들이 폭동을 일으킨다는 유언비어를 조직적으로 퍼뜨렸어요. 이를 믿은 일본인들이 조직한 자경단에 의해 수많은 한국인이 학살당하였어요.

③ (다) - 에네켄 농장에서 고된 노동에 시달리다
➡ 멕시코로 이주한 한인들은 에네켄 농장에서 고된 노동에 시달렸어요. 멕시코의 한인들은 어려운 상황에서도 성금을 모금하여 독립운동을 지원하였으며, 독립군 양성을 위해 숭무 학교를 설립하였어요. 연해주 지역에서는 독립운동 단체로 권업회가 조직되었으며, 이상설 등이 대한 광복군 정부를 세워 무장 독립 투쟁을 준비하였어요.

④ (라) - 소련 당국에 의해 강제로 이주되어 오다
➡ 1937년 소련의 스탈린에 의해 연해주 지역에 살고 있던 많은 한인이 중앙아시아로 강제 이주되었어요.

⑤ (마) - 교민들을 중심으로 흥사단이 창립되다
➡ 안창호는 1913년 미국 샌프란시스코에서 교민을 중심으로 흥사단을 결성하였어요.

42 한국 독립군 정답 ⑤

(가) 부대에 대한 설명으로 옳은 것은? [2점]

우리 고장의 독립운동가 | 일제가 1931년에 만주 사변을 일으키고 이듬해 만주국을 세워 중국 내에서 항일 감정이 고조되는 가운데 만주의 독립군 부대와 항일 중국군이 연합 작전을 전개하였어요.

이름에 조국의 광복을 담다
오광선 (1896~1967)

경기도 용인특례시 처인구 원삼면 출생으로 본명은 성묵이다. 1915년 중국으로 망명한 후 '조선의 광복'이라는 뜻의 광선(光鮮)으로 개명하였다. 1920년 대한 독립 군단 중대장으로 독립군을 지휘하였다. 만주 사변이 일어나자 (가) 의 ❶총사령관 지청천 등과 함께 중국군과 연합하여 1933년 ❷대전자령에서 일본군을 상대로 대승을 거두는 데 중요한 역할을 하였다. 1962년 건국 훈장 독립장을 받았다.

정답 잡는 키워드

❶ 총사령관 지청천, ❷ 대전자령에서 일본군을 상대로 대승
→ **한국 독립군**

총사령관이 지청천이었으며 대전자령 전투에서 일본군을 상대로 대승을 거두었다는 내용을 통해 (가) 부대가 한국 독립군임을 알 수 있어요. 1930년대 초반에 일제가 만주를 점령하자 독립군 부대와 항일 중국군이 연합군을 결성하여 일본군에 맞섰어요. 북만주 지역에서는 한국 독립군이, 남만주 지역에서는 조선 혁명군이 활동하였어요.

① 봉오동 전투에서 일본군을 크게 격파하였다.
➡ 1920년 홍범도가 이끄는 대한 독립군을 비롯한 독립군 연합 부대가 봉오동 전투에서 일본군에 승리하였어요.

② 미국과 연계하여 국내 진공 작전을 계획하였다.
➡ 한국 광복군은 미국과 연계하여 국내 진공 작전을 계획하였으나 일제의 갑작스러운 항복으로 실행에 옮기지는 못하였어요.

③ 중국 의용군과 연합하여 영릉가 전투에서 승리하였다.
➡ 양세봉이 이끄는 조선 혁명군은 중국 의용군과 연합하여 영릉가 전투 등에서 승리하였어요.

④ 조선 민족 전선 연맹 산하의 군사 조직으로 결성되었다.
➡ 김원봉의 주도 아래 조선 민족 전선 연맹 산하의 군사 조직으로 조선 의용대가 결성되었어요. 조선 의용대는 중국 관내 지역에서 조직된 최초의 한인 무장 부대였어요.

⑤ 한국 독립당의 군사 조직으로 북만주 지역에서 활약하였다.
➡ 한국 독립군은 한국 독립당의 군사 조직으로 북만주 지역에서 활약하였어요. 중국 호로군과 연합하여 쌍성보 전투, 대전자령 전투 등에서 일본군을 격퇴하였어요.

기출 선택지 +α

❻ 총사령 양세봉의 지휘 아래 활동하였다. (O/X)
❼ 쌍성보 전투에서 한·중 연합 작전을 전개하였다. (O/X)
❽ 중국 관내에서 결성된 최초의 한인 무장 부대였다. (O/X)
❾ 영국군의 요청으로 인도·미얀마 전선에 투입되었다. (O/X)

기출 선택지 +α
정답 ❻ ×[조선 혁명군] ❼ O ❽ ×[조선 의용대] ❾ ×[한국 광복군]

43 1930년대 후반 이후의 사실   정답 ④

밑줄 그은 '시기'에 있었던 사실로 옳은 것은? [1점]

> 이 자료는 조선어 학회가 추진하던 조선말 사전 편찬에 보탬이 되고자 함경도의 독자가 보내온 글로 '배우리(병아리)', '고얘앙(고양이)' 등 50여 개의 방언이 적혀 있습니다. ❶국가 총동원법이 시행되던 시기에 일제는 한글 연구를 민족 운동으로 간주하여 조선어 학회 회원들을 치안 유지법 위반 혐의로 대거 투옥하고 원고를 압수하였습니다.

1938년에 공포된 국가 총동원법은 인적·물적 자원에 대한 광범위한 통제권과 동원권을 국가에 부여하였으며, 전쟁 수행을 위해 국민 생활 전반을 통제하는 근거가 되었어요.

정답 잡는 키워드

❶ 국가 총동원법이 시행됨 → **1938년 이후**

국가 총동원법이 시행되었다는 내용을 통해 밑줄 그은 '시기'가 1938년 이후임을 알 수 있어요. 일제는 중·일 전쟁을 일으키고 침략 전쟁을 확대하면서 국가 총동원법을 제정하여 이를 근거로 전쟁에 필요한 자원을 본격적으로 수탈하였어요. 공출제와 식량 배급 제도 등을 통해 전쟁에 필요한 물자를 강제 동원하였으며, 징용과 지원병제, 징병제 등을 통해 한국인 청년들을 광산이나 군수 공장, 전쟁터 등으로 끌고 갔어요. 또한, 한국인을 전쟁에 쉽게 동원하기 위해 내선일체, 일선동조론 등을 내세워 민족 말살 정책을 본격화하였어요.

① 조선 태형령이 반포되었다.
➡ 일제는 1912년에 한국인에게만 태형을 적용하는 조선 태형령을 제정하였어요.

② 조선 노농 총동맹이 결성되었다.
➡ 1924년에 전국 단위의 노동자·농민 조직인 조선 노농 총동맹이 결성되었어요.

③ 임시 토지 조사국이 설립되었다.
➡ 일제는 1910년에 우리 국권을 빼앗은 직후 조선 총독부 산하에 임시 토지 조사국을 설립하여 본격적으로 토지 조사 사업을 수행하였어요.

④ 황국 신민 서사 암송이 강요되었다.
➡ 1937년 이후 일제는 일왕에 대한 충성 맹세문인 황국 신민 서사를 학교, 관공서, 회사 등에서 암송하도록 강요하였어요.

⑤ 조선 민립 대학 기성회가 창립되었다.
➡ 1920년대 초반에 이상재 등이 조선 민립 대학 기성회를 조직하여 민립 대학 설립 운동을 전개하였어요.

기출 선택지 +α

❻ 회사령이 제정되었다.	(O/X)
❼ 국민 징용령이 제정되었다.	(O/X)
❽ 헌병 경찰 제도가 실시되었다.	(O/X)
❾ 조선 사상범 예방 구금령이 공포되었다.	(O/X)
❿ 애국반이 편성되어 일상생활이 통제되었다.	(O/X)

기출 선택지 +α 정답 ❻ ×[1910년] ❼ ○[1939년] ❽ ×[1910년대] ❾ ○[1941년] ❿ ○[1938년]

---

44 제주 4·3 사건   정답 ⑤

(가) 사건에 대한 설명으로 가장 적절한 것은? [2점]

> (가) 사건에 대한 기록물이 마침내 유네스코 세계 기록 유산으로 등재되었습니다. 이 사건은 당시 ❶남한만의 단독 선거에 반대하는 무장대와 이를 진압하는 토벌대 간의 무력 충돌, 그 뒤 토벌대의 진압 과정에서 수많은 제주도민이 희생된 비극이었습니다. 기록물에는 수형인 명부와 희생자 유족 증언 등이 포함되어 있는데, 이번 등재로 국가 폭력에 맞서 진실을 밝히려는 노력과 함께 화해와 상생, 평화와 인권의 가치가 세계의 기억으로 인정받게 되었습니다.

14,673건의 (가) 기록물, 세계 기록 유산 등재

2025년에 제주 4·3 사건 기록물이 유네스코 세계 기록 유산으로 등재되었어요.

정답 잡는 키워드

❶ 남한만의 단독 선거에 반대하는 무장대와 이를 진압하는 토벌대 간의 무력 충돌, 그 뒤 토벌대의 진압 과정에서 수많은 제주도민이 희생됨 → **제주 4·3 사건**

남한만의 단독 선거에 반대하는 무장대와 이를 진압하는 토벌대 간의 무력 충돌, 그 뒤 토벌대의 진압 과정에서 수많은 제주도민이 희생되었다는 내용을 통해 (가) 사건이 1948년에 일어난 제주 4·3 사건임을 알 수 있어요. 제2차 미·소 공동 위원회가 결렬된 이후 미국이 한반도 문제를 유엔에 상정하여 유엔 총회에서 인구 비례에 의한 남북한 총선거 실시를 의결하였어요. 총선거의 공정한 감시를 위해 유엔 한국 임시 위원단이 파견되었으나 소련이 이들의 입북을 거부하였어요. 이에 유엔 소총회는 선거가 가능한 지역에서만 총선거를 실시하기로 결정하였어요. 남한만의 단독 선거가 결정되자 이에 반대하여 제주도에서 좌익 세력과 일부 주민이 무장봉기하였어요. 미군정은 군대와 경찰, 우익 단체를 동원하여 이들을 탄압하였고, 대한민국 정부 수립 이후에는 이승만 정부가 계엄령까지 선포하여 봉기 세력을 무차별적으로 진압하였어요. 이 과정에서 수많은 제주도민이 희생되었어요.

① 대통령이 하야하는 결과를 이끌어 냈다.
➡ 4·19 혁명으로 이승만이 대통령직에서 물러나고 허정 과도 정부가 수립되었어요.

② 호헌 철폐와 독재 타도 등의 구호를 내세웠다.
➡ 6월 민주 항쟁 당시 시민들은 '호헌 철폐'와 '독재 타도' 등의 구호를 내세웠어요.

③ 통일 주체 국민 회의가 구성되는 배경이 되었다.
➡ 1972년에 유신 헌법이 제정되고 이에 따라 통일 주체 국민 회의가 구성되었어요.

④ 6·3 시위의 전개와 비상계엄이 선포되는 계기가 되었다.
➡ 1964년에 박정희 정부의 굴욕적인 한·일 국교 정상화에 반대하는 6·3 시위가 일어났어요.

⑤ 진상 규명 및 희생자 명예 회복에 관한 특별법이 제정되었다.
➡ 제주 4·3 사건으로 수많은 제주도민이 희생되거나 억울하게 옥살이를 하였어요. 이에 김대중 정부 시기인 2000년에 제주 4·3 사건 진상 규명 및 희생자 명예 회복에 관한 특별법이 제정되었어요.

45 6·25 전쟁   정답 ①

밑줄 그은 '이 전쟁' 중에 있었던 사실로 옳은 것은? [2점]

6·25 전쟁 발발 약 두 달 후인 1950년 8월, 이승만 대통령은 부산을 임시 수도로 지정하고 대한민국 정부 기관을 부산으로 이전하였어요.

사진은 이 전쟁 당시 부산의 천막 교실 중 하나입니다. ❶임시 수도였던 부산에는 서울을 비롯한 각지의 학교가 피란해 와 천막 교실에서 수업이 진행되었습니다. 힘든 생활 중에서도 배움이 멈추지 않았다는 사실을 기억해 주세요.

정답 잡는 키워드

❶ 임시 수도 부산 → 6·25 전쟁

부산이 임시 수도였다는 내용을 통해 밑줄 그은 '이 전쟁'이 6·25 전쟁임을 알 수 있어요. 1950년 6월 25일에 북한의 기습 남침으로 6·25 전쟁이 발발하였어요. 3일 만에 서울이 함락되자 이승만 정부는 서울을 떠나 부산을 임시 수도로 정하였어요. 한편, 전쟁 중이던 1952년에 이승만 정부는 이승만의 재선을 목적으로 대통령 직선제 개헌을 시도하다가 국회의 반대에 부딪혔어요. 이에 부산 일대에 계엄령을 선포하고 개헌안에 반대하는 국회 의원들을 공산주의자로 몰아 구속하는 등 공포 분위기를 조성하였어요(부산 정치 파동). 이러한 가운데 대통령 직선제를 주요 내용으로 하는 발췌 개헌안이 국회에서 통과되었고, 이에 따라 치러진 대통령 선거에서 이승만이 재선에 성공하였어요.

①**발췌 개헌안이 통과되었다.**
  ➡ 1952년 7월에 임시 수도 부산에서 비상계엄이 선포된 가운데 국회에서 기립 표결로 발췌 개헌안이 통과되었어요.

② 삼청 교육대가 설치되었다.
  ➡ 전두환 등 신군부 세력은 1980년에 국가 보위 비상 대책 위원회를 구성하고 사회 정화를 명분으로 군부대 내에 삼청 교육대를 설치하였어요.

③ 한·미 상호 방위 조약이 체결되었다.
  ➡ 이승만 정부는 6·25 전쟁 이후인 1953년 10월에 미국과 한·미 상호 방위 조약을 체결하였어요.

④ 여수·순천 10·19 사건이 일어났다.
  ➡ 1948년 10월에 제주 4·3 사건 진압을 위해 이승만 정부가 여수와 순천 지역에 주둔한 군대에 출동 명령을 내리자 군대 내 일부 세력이 명령을 거부하고 무장봉기한 여수·순천 10·19 사건이 일어났어요.

⑤ 국가 보위 비상 대책 위원회가 구성되었다.
  ➡ 전두환 등 신군부 세력은 1980년에 5·18 민주화 운동을 무력으로 진압한 직후 국가 보위 비상 대책 위원회를 구성하였어요.

기출 선택지 +α

❻ 애치슨 선언이 발표되었다. (O/X)
❼ 부·마 민주 항쟁이 일어났다. (O/X)
❽ 흥남 철수 작전이 전개되었다. (O/X)
❾ 푸에블로호 나포 사건이 발생하였다. (O/X)
❿ 국회에서 국민 방위군 사건이 폭로되었다. (O/X)

기출 선택지 +α 정답 ❻ ×[1950년 1월] ❼ ×[1979년] ❽ ○ ❾ ×[1968년] ❿ ○

---

46 4·19 혁명   정답 ③

(가)에 들어갈 민주화 운동에 대한 설명으로 옳은 것은? [2점]

이것은 ❶2·28 민주 운동을 기념하는 탑입니다. 이 운동은 이승만 독재 정권이 선거를 앞두고 야당 부통령 후보 연설에 참석하는 것을 막기 위해 일요일 등교 조치를 내리자, 이에 반발한 대구 지역의 고등학생들이 시위에 나서며 시작되었습니다. 2·28 민주 운동은 이후 ❷대전의 3·8 민주 의거, ❸마산의 3·15 의거와 함께 (가) 의 도화선이 되었습니다.

이승만 정부는 1960년 3월 15일에 열린 정·부통령 선거에서 3인조·9인조 투표, 4할 사전 투표, 투표함 바꿔치기 등의 부정행위를 저질렀어요. 이에 선거 당일 마산에서 부정 선거를 규탄하는 시위가 일어났어요.

정답 잡는 키워드

❶ 2·28 민주 운동, ❷ 대전의 3·8 민주 의거, ❸ 마산의 3·15 의거
→ 4·19 혁명

2·28 민주 운동이 이후 대전의 3·8 민주 의거, 마산의 3·15 의거와 함께 도화선이 되었다는 내용을 통해 (가)에 들어갈 민주화 운동이 4·19 혁명임을 알 수 있어요. 제4·5대 정·부통령 선거를 앞둔 1960년 2월 28일, 이승만 정부와 자유당이 민주당의 대구 지역 선거 유세장에 학생들이 참석하는 것을 막기 위해 일요일에도 등교할 것을 지시하자 이에 항거하여 2·28 민주 운동이 일어났어요. 3월 8일에는 경찰이 대전 지역 학생들의 민주당 부통령 후보 선거 연설회 참여를 막자 이에 항거하여 3·8 민주 의거가 일어났어요. 선거 당일인 3월 15일, 이승만 정부가 부통령에 자유당의 이기붕을 당선시키기 위해 각종 부정을 자행하자 마산에서 학생들이 중심이 되어 부정 선거를 규탄하는 3·15 의거가 일어났어요. 이승만 정부의 독재와 부정 선거에 항거한 이러한 운동들은 4·19 혁명의 도화선이 되었어요.

① 시위 도중 대학생 이한열이 희생되었다.
  ➡ 6월 민주 항쟁 과정에서 대학생 이한열이 경찰이 쏜 최루탄에 맞아 희생되었어요.

② 시민군이 조직되어 계엄군에 저항하였다.
  ➡ 5·18 민주화 운동 과정에서 광주의 시민들은 계엄군의 무력 진압에 대항하여 시민군을 조직하였어요.

③**허정 과도 정부가 출범하는 계기가 되었다.**
  ➡ 4·19 혁명으로 이승만이 대통령직에서 물러나고 허정 과도 정부가 수립되었어요. 이후 헌법이 개정되어 내각 책임제가 채택되었어요.

④ 5년 단임의 대통령 직선제 개헌을 이끌어 냈다.
  ➡ 6월 민주 항쟁의 결과 6·29 민주화 선언이 발표되고 5년 단임의 직선제 개헌이 이루어졌어요.

⑤ 야당 총재의 국회 의원직 제명으로 촉발되었다.
  ➡ 야당 총재 김영삼을 국회 의원직에서 제명한 사건이 도화선이 되어 부·마 민주 항쟁이 일어났어요.

기출 선택지 +α

❻ 4·13 호헌 조치 철폐를 요구하였다. (O/X)
❼ 장면 내각이 출범하는 계기가 되었다. (O/X)
❽ 대학 교수단이 대통령 퇴진을 요구하며 시위행진을 벌였다. (O/X)

기출 선택지 +α 정답 ❻ ×[6월 민주 항쟁] ❼ ○ ❽ ○

47 3·1 민주 구국 선언 발표 이후의 사실   정답 ③

교사의 질문에 대한 학생의 답변으로 가장 적절한 것은? [3점]

> 이 자료는 종교계와 재야인사들이 명동 성당에서 독재 정권을 비판하며 발표한 3·1 민주 구국 선언의 일부입니다. 이 선언이 발표된 이후에 있었던 사실에 대해 말해 볼까요?

민주 구국 선언

1. 이 나라는 민주주의 기반 위에 서야 한다.
   ⋮
   첫째로 우리는 국민의 자유를 억압하는 긴급 조치를 곧 철폐하고 민주주의를 요구하다가 투옥된 민주 인사들과 학생들을 석방하라고 요구한다. 국민의 의사가 자유로이 표명될 수 있도록 언론, 집회, 출판의 자유를 국민에게 돌리라고 요구한다.
   둘째로 우리는 유신 헌법으로 허울만 남은 의회 정치가 회복되어야 한다고 주장한다. 자유로이 표현되는 민의를 국회는 입법에 반영해야 하고 정부는 이를 행정에 반영시켜야 한다. 이것을 꺼리고 막는 정권은 국민을 위한다면서 실은 국민을 위하려는 뜻이 없는 정권이다.
   ⋮

— 1976년 재야인사들이 유신 체제에 맞서 긴급 조치의 철폐와 박정희 정권의 퇴진을 주장하며 3·1 민주 구국 선언을 발표하였어요.

정답 잡는 키워드

❶ 3·1 민주 구국 선언 → **1976년**

박정희 정부는 1972년에 이른바 유신 헌법을 제정하여 영구적인 독재 체제의 기반을 구축하였어요. 유신 헌법은 대통령에게 헌법을 초월하는 긴급 조치권과 국회 해산권, 국회 의원 3분의 1 추천권 등 막강한 권한을 부여하였어요. 또한, 유신 헌법에 따라 통일 주체 국민 회의가 설치되어 대통령 선출을 위한 정치적 수단으로 이용되었어요. 유신 체제가 성립되자 이에 반대하는 시위가 이어졌고, 박정희 정부는 긴급 조치를 연이어 발표하며 유신 반대 운동을 탄압하였어요. 그러나 유신 체제에 반대하는 움직임은 계속되었고 1976년에 함석헌, 김대중 등 재야인사와 종교 지도자들이 명동 성당에 모여 3·1 민주 구국 선언을 발표하였어요.

① 국회 별관에서 3선 개헌안이 통과되었습니다.
➡ 1969년에 국회 본회의장을 점거하고 농성 중이던 야당 의원들을 피해 국회 별관에서 여당계 의원들만 참석한 가운데 3선 개헌안이 통과되었어요.

② 정부에 비판적인 경향신문이 폐간되었습니다.
➡ 1959년에 이승만 정부에 비판적인 기사를 게재하던 경향신문이 폐간되었어요.

③ YH 무역 노동자들이 야당 당사에서 농성하였습니다.
➡ 1979년에 YH 무역이 일방적으로 폐업을 공고하자 노동자들이 당시 야당이었던 신민당 당사에서 농성하였어요.

④ 최고 통치 기구인 국가 재건 최고 회의가 구성되었습니다.
➡ 1961년 5·16 군사 정변 직후 입법, 행정, 사법권을 행사하는 최고 통치 기구인 국가 재건 최고 회의가 구성되었어요. 국가 재건 최고 회의는 1963년 박정희 정부가 출범하면서 폐지되었어요.

⑤ 평화 통일론을 주장한 진보당의 조봉암이 처형되었습니다.
➡ 1959년에 평화 통일론을 주장한 진보당의 조봉암이 간첩 누명을 쓰고 처형되었어요.

48 김대중 정부 시기의 경제 상황   정답 ⑤

다음 기사가 보도된 정부 시기의 경제 상황으로 적절한 것은? [2점]

□□신문
제△△호   ○○○○년 ○○월 ○○일

❶ IMF 구제 금융 조기 상환

오늘 정부는 외환 위기 당시 국제 통화 기금(IMF)으로부터 빌린 돈을 모두 갚았다고 밝혔다. 구제 금융을 신청한 지 3년 8개월 만에 전액 조기 상환하게 된 것이다. 이에 따라 우리나라는 앞으로 정책 수립 과정에서 IMF의 간섭을 받지 않아도 되며, 회원국이면 누구나 해마다 진행하는 연례 협의만 하면 된다.

— 국제 통화 기금(IMF)은 한국에 구제 금융을 지원하는 대신, 부실기업 정리와 정부 재정 지출 축소 등 경제 구조 개선을 요구하며 적극적으로 개입하였어요.

정답 잡는 키워드

❶ IMF 구제 금융 조기 상환 → **김대중 정부**

IMF 구제 금융을 조기 상환하였다는 내용을 통해 기사가 보도된 시기가 김대중 정부 시기임을 알 수 있어요. 김영삼 정부 시기인 1997년 말에 외환 보유액 부족으로 경제 위기를 맞아 국제 통화 기금(IMF)으로부터 구제 금융을 지원받게 되었어요. 이후 출범한 김대중 정부는 외환 위기 극복을 위해 금융 기관과 기업에 대한 강도 높은 구조 조정을 단행하였고, 국민들은 자발적으로 금 모으기 운동을 전개하였어요. 이러한 노력으로 당초 계획보다 빠른 2001년에 국제 통화 기금(IMF)의 구제 금융 지원금을 모두 상환하였어요.

① 경제 기획원이 발족하였다.
➡ 1961년 5·16 군사 정변 이후 국가 경제 관련 업무를 담당하는 경제 기획원이 발족하였어요.

② 제4차 경제 개발 5개년 계획이 추진되었다.
➡ 박정희 정부 시기인 1977년부터 제4차 경제 개발 5개년 계획이 추진되었어요.

③ 미국과 자유 무역 협정(FTA)을 체결하였다.
➡ 노무현 정부 시기에 미국과 자유 무역 협정(FTA)을 체결하고, 이명박 정부 시기에 국회에서 이를 비준하였어요.

④ 저유가·저금리·저달러의 3저 호황이 있었다.
➡ 전두환 정부 시기에 저유가·저금리·저달러의 3저 호황으로 물가가 안정되고 수출이 증가하였어요.

⑤ 대통령 직속 자문 기구로 노사정 위원회가 출범하였다.
➡ 노사정 위원회는 김대중 대통령 당선으로 구성된 대통령직 인수 위원회 시기에 처음 발족되었으며, 김대중 정부 출범 이후 공식적인 대통령 직속 자문 기구가 되었어요.

기출 선택지 +α

❻ 처음으로 수출 100억 달러가 달성되었다. (O / X)
❼ 경제 협력 개발 기구(OECD)에 가입하였다. (O / X)
❽ 대통령 긴급 명령으로 금융 실명제가 실시되었다. (O / X)
❾ 저임금 노동자의 생활 안정을 위해 최저 임금법을 제정하였다. (O / X)
❿ 경제적 취약 계층을 위한 국민 기초 생활 보장법이 시행되었다. (O / X)

기출 선택지 +α

정답 ❻ ×[박정희 정부] ❼ ×[김영삼 정부] ❽ ×[김영삼 정부] ❾ ×[전두환 정부] ❿ ○

49 노무현 정부 시기의 통일 노력   정답 ⑤

다음 연설문을 발표한 정부 시기의 통일 노력으로 옳은 것은? [2점]

> ─ 노무현 대통령은 당선 이후 새 정부의 명칭을 참여 정부로 정하였어요.
>
> 6·15 공동 선언은 한반도의 운명을 바꾸어 놓은 역사적 전환점이었습니다. …… 남북 당국 간 회담이 100여 차례 이상 열리고, 인적·물적 교류도 크게 늘어났습니다. …… **참여 정부는 햇볕 정책과 6·15 정신을 계승**, 발전시킨 '평화 번영 정책'을 추진해 나가고 있습니다. 이대로 가면 한반도에 화해와 협력의 질서가 구축되고, 평화와 번영의 새로운 동북아 시대가 열리게 될 것입니다. 무엇보다 중요한 것은 남북 간 신뢰 구축입니다. 각 분야의 교류와 협력을 활성화시키고, 북핵 문제를 평화적으로 해결해 나가야 합니다.

정답 잡는 키워드

❶ 참여 정부, ❷ 햇볕 정책과 6·15 정신 계승 → **노무현 정부**

참여 정부가 햇볕 정책과 6·15 정신을 계승, 발전시킨 '평화 번영 정책'을 추진해 나가고 있다는 내용을 통해 연설문을 발표한 정부가 노무현 정부임을 알 수 있어요. 김대중 정부는 '햇볕 정책'이라고 불린 대북 화해 협력 정책을 추진하여 최초의 남북 정상 회담을 개최하고 6·15 남북 공동 선언을 발표하였어요. 이후 출범한 노무현 정부는 김대중 정부의 대북 화해 협력 정책을 계승·발전시켰어요. 제2차 남북 정상 회담을 개최하고 남북 관계 발전과 평화 번영을 위한 10·4 남북 정상 선언을 발표하였어요. 또한, 개성 공단 사업을 시작하고 경의선과 동해선 철도를 연결하는 등 남북 간 경제 교류를 확대하였어요.

① 판문점에서 남북 정상 회담을 개최하였다.
  ➡ 문재인 정부 시기에 남북한은 판문점에서 남북 정상 회담을 개최하고 한반도의 평화와 번영, 통일을 위한 4·27 판문점 선언을 발표하였어요.

② 남북한이 국제 연합(UN)에 동시 가입하였다.
  ➡ 노태우 정부 시기에 남북한은 국제 연합(UN)에 동시 가입하고, 남북 사이의 화해와 불가침 및 교류·협력에 관한 합의서인 남북 기본 합의서를 채택하였어요.

③ 남북 이산가족의 고향 방문을 최초로 성사시켰다.
  ➡ 전두환 정부 시기에 최초로 남북 이산가족 고향 방문단과 예술 공연단의 교환 방문이 성사되었어요.

④ 평화 통일 외교 정책에 관한 6·23 특별 성명을 발표하였다.
  ➡ 박정희 정부 시기에 평화 통일의 기반 조성을 위해 개방·선린 외교를 표방한 6·23 특별 성명이 발표되었어요.

❺ 남북 간 경제 교류 활성화를 위한 개성 공단 착공식을 열었다.
  ➡ 김대중 정부 시기에 개성 공단 건설에 대한 남북 합의가 이루어졌고, 노무현 정부 시기에 개성 공단 조성을 위한 공사가 시작되었어요.

기출 선택지 +α

⑥ 제2차 남북 정상 회담을 개최하였다. (O/X)
⑦ 금강산 해로 관광 사업을 시작하였다. (O/X)
⑧ 남북 조절 위원회를 설치하여 통일 방안을 논의하였다. (O/X)
⑨ 남북 사이의 화해와 불가침 및 교류·협력에 관한 합의서를 교환하였다. (O/X)
⑩ 남북 관계 발전과 평화 번영을 위한 10·4 남북 정상 선언을 발표하였다. (O/X)

정답 ⑥ O ⑦ ×[김대중 정부] ⑧ ×[박정희 정부] ⑨ ×[노태우 정부] ⑩ O

---

50 역사 속 관리 선발 방식   【킬러 문항】   정답 ⑤

㉠~㉤에 대한 설명으로 적절하지 않은 것은? [3점]

> **한국사 톺아보기   역사 속 관리 선발 방식**
>
> 신라는 국학 학생 등을 대상으로 유교 경전에 대한 이해 정도를 평가하여 관리로 선발하는 ㉠ **독서삼품과**를 마련하였다. 하지만 **골품제** 때문에 관료제 운영에 큰 기능을 발휘하지 못하였다. ─ 신라는 골품에 따라 관등 승진에 제한이 있었어요.
>
> 고려 시대에는 시험을 통해 인재를 등용하는 ㉡ **과거**가 도입되어 운영되면서 제술과, 명경과, 잡과가 승과와 함께 시행되었다. 그러나 반드시 과거로만 관직에 진출하는 것이 아니라, 음서 등으로 관직에 진출하기도 하였다.
>
> 조선 시대의 관리는 과거, 취재, 음서, 천거 등을 통해 선발되었다. 과거는 ㉢ **문과**, 무과, 잡과로 구성되었는데 문과와 무과를 중심으로 하여 양반 관료 체제가 갖추어졌다. 한편, 조선 중기에는 ㉣ **현량과**를 통해서 조정에 진출한 신진 세력들이 훈구 세력의 부정과 비리를 비판하기도 하였다.
>
> 개항기에는 군국기무처의 주도로 과거를 폐지하고 별도의 ㉤ **선거 조례**를 제정하여 과거 시험에서 평가하였던 유교 경전에 대한 지식이나 문장력보다는 실무에 적합한 재능과 능력을 갖춘 인재를 관리로 등용하고자 하였다.

─ 음서는 왕실의 자손과 나라에 공을 세운 공신, 5품 이상 고위 관리의 자손을 시험 없이 관리로 채용한 제도였어요.
─ 취재는 조선 시대에 과거와는 별도로 기술직 하급 관리를 채용하기 위해 실시한 시험이었어요.

① ㉠ - 원성왕 재위 시기에 시행되었다.
  ➡ 독서삼품과는 유교 경전의 이해 수준을 시험하여 관리 선발에 이용하고자 한 제도로, 신라 원성왕 때 시행되었어요.

② ㉡ - 쌍기의 건의를 수용하여 실시하였다.
  ➡ 과거는 고려 광종 때 처음 실시되었어요. 광종은 후주에서 귀화한 쌍기의 건의를 받아들여 시험을 통해 관리를 선발하는 과거제를 실시하였어요.

③ ㉢ - 식년시, 알성시, 증광시 등으로 운영되었다.
  ➡ 조선 시대의 과거는 문관을 뽑는 문과, 무관을 뽑는 무과, 기술직 관리를 뽑는 잡과가 시행되었으며 원칙적으로 양인 이상이면 응시할 수 있었어요. 식년시는 모든 과거의 공통적인 정규 시험으로 3년마다 한 번씩 시행되었어요. 알성시는 왕이 문묘에 참배한 후에 실시한 과거로 문과와 무과만 치러졌으며, 증광시는 나라에 경사가 있을 때 시행된 과거로 문과, 무과, 잡과 모두 치러졌어요.

④ ㉣ - 중종 때 조광조를 비롯한 사림들이 실시를 주장하였다.
  ➡ 현량과는 추천을 통해 관리를 임용하는 제도로 조선 중종 때 조광조를 비롯한 사림의 건의로 실시되었어요.

❺ ㉤ - 대한 제국 수립 이후 개혁의 일환으로 처음 단행되었다.
  ➡ 1894년 제1차 갑오개혁 때 군국기무처의 주도로 과거제가 폐지되고 선거 조례가 제정되어 이를 통해 관리가 선발되었어요. 1897년 대한 제국 수립 이후 광무개혁이 추진되는 가운데 관립 상공 학교, 관립 의학교 등이 설립되었고, 정부는 주로 이와 같은 근대적 학교의 졸업생, 유학생 등을 관리로 채용하였어요.

심화 제73회

2025년 2월 16일(일) 시행

해설 강의 바로 보기

합격률 66.2%
응시 인원 : 83,737명
합격 인원 : 55,388명

시대별 출제 비중

전근대 28문항

- **선사 2문항**: 청동기 시대의 생활 모습, 옥저와 삼한
- **고대 8문항**: 삼국 통일 과정, 대가야, 근초고왕, 고구려의 문화유산, 신라 말의 상황, 발해, 신라의 사회, 궁예의 활동
- **고려 8문항**: 태조 왕건의 정책, 고려의 경제, 인종 재위 시기의 사실, 망이·망소이의 난, 삼별초, 제왕운기, 공민왕 재위 시기의 사실, 고려와 왜구의 관계
- **조선 10문항**: 정도전, 세종의 업적, 조선과 명의 관계, 연산군 재위 시기의 사실, 우리나라의 성곽, 경재소, 정선의 작품, 철종 재위 시기의 사실, 균역법, 조선 후기의 사회 모습

근현대 22문항

- **개항기 6문항**: 갑신정변, 동학 농민 운동, 상권 수호 운동, 국채 보상 운동, 을사늑약, 근대 문물의 수용
- **일제 강점기 10문항**: 서간도 지역의 민족 운동, 1910년대 일제 식민 통치, 천도교 소년회의 활동, 1930년대의 모습, 광주 학생 항일 운동, 일제 강점기 대중문화, 한인 애국단, 조선 의용대, 물산 장려 운동, 1940년대 이후의 사실
- **현대 5문항**: 좌우 합작 운동, 제헌 헌법, 5·18 민주화 운동, 박정희 정부 시기의 모습, 노무현 정부~문재인 정부 사이의 통일 노력
- **시대 통합 1문항**: 한국의 세계 기록 유산

분류별 출제 비중 고대~조선

- 정치 15문항
- 경제 2문항
- 사회 5문항
- 문화 4문항

난이도별 출제 비중

- 상 3문항
- 중 36문항
- 하 11문항

큰별쌤의 한 줄 평

기본 개념과 흐름으로
충분히 풀 수 있는
무난한 시험

1. 청동기 시대의 생활 모습 정답 ②

(가) 시대의 생활 모습으로 옳은 것은? [1점]

〈집에서 만나는 박물관〉 2월호

부여 송국리 출토 유물

이번 호에서는 부여 송국리에서 출토된 대표적인 유물을 소개합니다. ❶ 사유 재산과 계급이 발생한 (가) 시대의 유물을 통해 당시 사람들의 생활 모습을 상상해 보세요.

🍄 유물 소개 — 동검은 청동으로 만든 칼을 말하며, 악기 비파와 모양이 유사하여 비파형 동검이라고 불려요.

◆ ❷ 비파형 동검

검몸[劍身] 아랫부분의 폭이 넓고 둥근 비파 모양을 이루며, 중앙보다 약간 위에 뚜렷한 좌우 돌기가 있는 것이 특징임. 또한, 검몸과 자루를 따로 만들어 결합하는 방식으로 제작됨.

— 청동기 시대에는 무늬가 없는 민무늬 토기가 제작되었어요.

◆ ❸ 민무늬 토기

무늬가 없는 토기를 일컬음. 지역과 시기에 따라 다양한 형태를 보이는데 송국리형 토기는 평평한 바닥의 작은 굽, 계란 모양의 몸체와 바깥으로 벌어진 입구 부분이 특징임.

정답 잡는 키워드

❶ 사유 재산과 계급 발생, ❷ 비파형 동검, ❸ 민무늬 토기
→ **청동기 시대**

사유 재산과 계급이 발생하였으며, 유물로 제시된 비파형 동검과 민무늬 토기를 통해 (가) 시대가 청동기 시대임을 알 수 있어요. 청동기 시대부터 구리와 주석 등의 합금인 청동을 이용해 도구를 만들기 시작하였어요. 청동은 재료를 구하기가 어렵고, 다루기도 까다로웠기 때문에 주로 지배자의 무기와 장신구, 의례 도구 등을 만드는 데 사용되었어요. 청동기 시대부터 사유 재산과 계급이 발생하여 권력을 가진 지배자가 등장하였어요.

① 소를 이용한 깊이갈이가 일반화되었다.
  ➡ 소를 이용한 깊이갈이는 고려 시대부터 일반화되었어요.

②반달 돌칼을 사용하여 벼를 수확하였다.
  ➡ 청동기 시대부터 반달 돌칼을 사용하여 벼, 보리 등의 곡식을 수확하였어요.

③ 주로 동굴이나 강가의 막집에서 살았다.
  ➡ 구석기 시대 사람들은 식량을 찾아 이동 생활을 하며 주로 동굴이나 강가의 막집에서 살았어요.

④ 주먹도끼, 찍개 등의 뗀석기를 처음 제작하였다.
  ➡ 구석기 시대에 주먹도끼, 찍개 등의 뗀석기를 만들기 시작하였어요.

⑤ 가락바퀴와 뼈바늘을 이용하여 옷을 만들기 시작하였다.
  ➡ 신석기 시대부터 가락바퀴로 실을 뽑고 실을 뼈바늘에 꿰거나 매어 옷을 만들기 시작하였어요.

기출 선택지 +α

❻ 오수전, 화천 등의 중국 화폐로 교역하였다. (O/X)
❼ 많은 인력을 동원하여 고인돌을 축조하였다. (O/X)
❽ 빗살무늬 토기에 음식을 저장하기 시작하였다. (O/X)
❾ 의례 도구로 청동 거울과 청동 방울 등을 제작하였다. (O/X)

기출 선택지 +α 정답 ❻ ×[철기 시대] ❼ ○ ❽ ×[신석기 시대] ❾ ○

2. 삼국 통일 과정 정답 ④

(가), (나) 사이의 시기에 있었던 사실로 옳은 것은? [3점]

— 642년 연개소문은 정변을 일으켜 영류왕의 조카인 보장왕을 새 왕으로 세우고 자신은 대막리지가 되어 국정을 총괄하였어요.

(가) ❶ 연개소문은 왕의 조카인 장을 왕으로 세우고 스스로 막리지가 되었다. 그 관직은 당의 병부상서 겸 중서령의 직임과 같다.

(나) ❷ 검모잠은 남은 백성을 모아 궁모성에서 패강 남쪽으로 내려와 당나라 관인 및 승려 법안 등을 죽이고 신라로 향하였다. 사야도에 이르러 고구려 대신 연정토의 아들 ❸ 안승을 알현하고, 한성으로 모셔와 임금으로 받들었다.

— 668년 고구려가 멸망한 후 검모잠은 고구려 유민을 규합하여 대동강 남쪽으로 내려와 부흥 운동을 일으켰으며 왕족인 안승을 왕으로 세워 부흥 세력을 결집하였어요.

정답 잡는 키워드

❶ 연개소문이 장을 왕으로 세우고 스스로 막리지가 됨
→ (가) **연개소문의 정변(642)**

❷, ❸ 검모잠이 안승을 임금으로 받듦
→ (나) **고구려 부흥 운동(668년 고구려 멸망 이후)**

(가)는 연개소문이 왕의 조카를 왕으로 세우고 스스로 막리지가 되었다는 내용을 통해 642년에 연개소문이 정변을 일으킨 상황임을 알 수 있어요. 연개소문은 영류왕을 시해하고 왕의 조카(보장왕)를 왕위에 올린 뒤 자신은 스스로 막리지가 되어 권력을 장악하였어요. (나)는 검모잠이 안승을 알현하고 한성으로 모셔와 임금으로 받들었다는 내용을 통해 고구려 멸망 이후 고구려 부흥 운동이 전개되는 상황임을 알 수 있어요. 고구려는 668년에 나·당 연합군의 공격으로 평양성이 함락되면서 멸망하였어요. 고구려 멸망 이후 검모잠은 한성(지금의 황해도 재령)에서 안승을 왕으로 추대(670)하고 고구려 부흥 운동을 전개하였어요. 하지만 안승은 검모잠과 갈등이 생기자 그를 제거하고, 신라에 투항하여 보덕국의 왕으로 임명되었어요(674).

① 을지문덕이 살수에서 대승을 거두었다.
  ➡ 612년에 을지문덕이 이끄는 고구려군이 살수에서 수의 군대를 크게 물리쳤어요.

② 사찬 시득이 기벌포에서 당군을 격파하였다.
  ➡ 676년에 나·당 전쟁이 치러지는 과정에서 신라의 사찬 시득이 기벌포에서 설인귀가 이끄는 당군을 격파하였어요.

③ 관구검이 이끄는 군대가 환도성을 함락하였다.
  ➡ 3세기 중반 동천왕 때 고구려는 위의 장수 관구검의 공격을 받아 환도성이 함락되었어요.

④김춘추가 당으로 건너가 군사 동맹을 체결하였다.
  ➡ 신라의 김춘추는 백제 견제를 위해 고구려와의 동맹을 시도하였으나 실패하자 648년에 당으로 건너가 나·당 동맹을 체결하였어요.

⑤ 장문휴가 자사 위준이 관할하는 당의 등주를 공격하였다.
  ➡ 732년에 발해 무왕은 장문휴를 보내 자사 위준이 관할하는 당의 등주를 공격하였어요.

기출 선택지 +α

❻ 이사부가 우산국을 복속시켰다. (O/X)
❼ 안시성의 군사와 백성들이 당군을 물리쳤다. (O/X)
❽ 미천왕이 서안평을 공격하여 영토를 넓혔다. (O/X)
❾ 영양왕이 온달을 보내 아단성을 공격하였다. (O/X)
❿ 계백이 이끄는 군대가 황산벌에서 결사 항전하였다. (O/X)

기출 선택지 +α 정답 ❻ ×[512년] ❼ ○[645년] ❽ ×[4세기 초] ❾ ×[6세기 말] ❿ ○[660년]

3 대가야 정답 ①

(가) 나라에 대한 설명으로 옳은 것은? [2점]

> 이 그림은 (가) 의 시조인 이진아시왕의 표준 영정입니다. 신증동국여지승람 등의 기록에 따르면 **수로왕과 형제인 그는 고령 일대를 중심으로 나라를 세웠다**고 합니다.

> 이진아시왕은 금관가야를 세운 수로왕의 형제로, 대가야를 세웠다고 전해지고 있어요.

정답 잡는 키워드

❶, ❷ 수로왕의 형제인 이진아시왕이
고령 일대를 중심으로 나라를 세움 → **대가야**

수로왕의 형제인 이진아시왕이 고령 일대를 중심으로 나라를 세웠다는 내용을 통해 (가) 나라가 대가야임을 알 수 있어요. 철기 문화가 발달하였던 한반도 남부의 변한 지역에서 여러 소국이 발전하여 가야 연맹을 형성하였어요. 전기 가야 연맹을 이끌던 금관가야가 광개토 태왕이 파견한 고구려 군대의 공격으로 세력이 약해지고 이후 비교적 피해가 덜했던 대가야가 후기 가야 연맹의 맹주 역할을 하였어요.

①**진흥왕 때 신라에 복속되었다.**
➡ **대가야**는 진흥왕 때인 562년에 신라에 복속되었어요.

② 집사부를 비롯한 14부를 설치하였다.
➡ **신라**는 집사부, 위화부, 병부 등 14부의 중앙 부서를 운영하였어요.

③ 지방 장관으로 욕살, 처려근지 등을 두었다.
➡ **고구려**는 지방 장관으로 욕살, 처려근지 등을 두어 다스렸어요.

④ 여러 가(加)들이 별도로 사출도를 주관하였다.
➡ **부여**에서는 마가, 우가, 저가, 구가 등 여러 가(加)들이 별도로 사출도를 주관하였어요.

⑤ 왕족인 부여씨와 8성의 귀족이 지배층을 이루었다.
➡ **백제**에서는 왕족인 부여씨와 8성의 귀족이 지배층을 이루었어요.

기출 선택지 +α

❻ 후기 가야 연맹을 주도하였다. (O / X)
❼ 나·당 연합군에 의해 멸망하였다. (O / X)
❽ 백강에서 왜군과 함께 당군에 맞서 싸웠다. (O / X)

핵심 개념 | 금관가야와 대가야

금관가야 (김해)	• "삼국유사"에 수로왕의 건국 신화가 전해짐('구지가') • 우수한 철기 문화를 바탕으로 전기 가야 연맹 주도 → 질 좋은 철 생산, 편리한 해상 교통, 낙랑과 왜를 연결하는 중계 무역으로 번성 → 고구려 광개토 태왕의 공격으로 쇠퇴 → 대가야로 중심지 이동 → 신라 법흥왕 때 신라에 병합(532)
대가야 (고령)	후기 가야 연맹 주도 → 농업에 유리한 입지 조건, 풍부한 철 산지 보유, 중국 및 왜와 교류 → 신라 진흥왕 때 신라에 복속(562)

기출 선택지 +α 정답 ⑥○ ⑦×[백제, 고구려] ⑧×[백제]

---

4 옥저와 삼한 정답 ③

(가), (나) 나라에 대한 설명으로 옳은 것은? [2점]

여러 나라의 성장 ▼

1. **(가)**
  - 정치: **삼로라고 불리는 군장이 다스림**
  - 경제: 소금, 해산물이 풍부함
  - 사회: 사람이 죽으면 시체를 가매장하였다가 나중에 **뼈만 추려 가족 공동 목곽에 안치함**

> 옥저와 동예에는 왕이 없고 읍군, 삼로라고 불리는 군장이 부족을 다스렸어요.

2. **(나)**
  - 정치: **신지, 읍차** 등의 지배자가 있었음
  - 경제: 철을 생산하고 벼농사가 발달함
  - 사회: **씨뿌리기가 끝난 5월과 농사를 마친 10월에 제사를 지냄**

> 삼한에는 세력 크기에 따라 신지, 읍차 등으로 불리는 정치적 지배자가 있었어요.

정답 잡는 키워드

❶ 삼로, ❷ 가족 공동 목곽 → **(가) 옥저**
❸ 신지, 읍차, ❹ 5월과 10월에 제사를 지냄 → **(나) 삼한**

(가) 나라는 삼로라고 불리는 군장이 다스렸으며, 사람이 죽으면 가매장하였다가 나중에 뼈만 추려 가족 공동 목곽에 안치하였다는 내용을 통해 옥저임을 알 수 있어요. 옥저는 지금의 함경도 지역에서 성장하였으나 고구려의 압력으로 고대 국가로 성장하지 못하고 고구려에 복속되었어요. (나) 나라는 신지, 읍차 등의 지배자가 있었으며, 벼농사가 발달하고 5월과 10월에 제사를 지냈다는 내용을 통해 삼한임을 알 수 있어요. 철기 문화를 배경으로 한반도 중남부에서는 수십 개의 소국으로 이루어진 마한, 진한, 변한이 성립되어 삼한이라는 연맹체를 이루었는데, 삼한 중에 세력이 컸던 마한의 소국 가운데 하나인 목지국의 지배자가 삼한 전체를 주도하였어요.

① (가) - 영고라는 제천 행사를 열었다.
➡ **부여**는 12월에 영고라는 제천 행사를 열었어요. 이때에 백성들이 한데 모여 하늘에 제사를 지내고 노래와 춤을 즐겼으며 죄수를 풀어 주기도 하였어요.

② (가) - 사회 질서를 유지하기 위해 범금 8조를 만들었다.
➡ **고조선**은 사회 질서를 유지하기 위해 범금 8조를 만들었어요. 현재 3개 조항이 전해져 당시의 사회 모습을 짐작할 수 있어요.

③**(나) - 신성 지역인 소도가 존재하였다.**
➡ **삼한**에는 소도라는 신성 지역이 있었으며, 천군이라고 불린 제사장이 소도에서 제사를 주관하였어요.

④ (나) - 제가 회의에서 나라의 중대사를 결정하였다.
➡ **고구려**는 귀족 회의인 제가 회의에서 국가 중대사를 결정하였어요.

⑤ (가), (나) - 도둑질한 자에게 12배로 배상하게 하였다.
➡ **부여**에는 도둑질한 자에게 훔친 물건값의 12배로 갚게 하는 1책 12법이 있었어요.

기출 선택지 +α

❻ (가) - 혼인 풍습으로 민며느리제가 있었다. (O / X)
❼ (가) - 읍락 간의 경계를 중시하는 책화가 있었다. (O / X)
❽ (나) - 목지국 등 많은 소국들로 이루어졌다. (O / X)
❾ (나) - 대가들이 사자, 조의, 선인을 거느렸다. (O / X)

기출 선택지 +α 정답 ⑥○ ⑦×[동예] ⑧○ ⑨×[고구려]

5 근초고왕 정답 ④

밑줄 그은 '왕'에 대한 설명으로 옳은 것은? [2점]

> ○ 고구려가 군사를 일으켜 쳐들어왔다. 왕이 듣고 군사를 패하(浿河) 가에 매복시켜 그들이 이르기를 기다렸다가 급히 치니 ❶ 고구려 군사가 패배하였다.
>
> ○ 옛 기록에 이르기를, "백제는 나라를 연 이래 문자로 일을 기록한 적이 없는데 이 왕 때에 이르러 ❷ 박사 고흥을 얻어 처음으로 서기가 있게 되었다."라고 하였다.
> — 근초고왕은 고흥에게 역사서인 "서기"를 편찬하게 하였어요.

정답 잡는 키워드

❶ 고구려 군사를 격퇴함,
❷ 박사 고흥을 얻어 처음으로 "서기"가 있게 되었음 → **근초고왕**

고구려 군사를 격퇴하였으며 박사 고흥을 얻어 처음으로 "서기"가 있게 되었다는 내용을 통해 밑줄 그은 '왕'이 백제 근초고왕임을 알 수 있어요. 근초고왕은 4세기 백제의 전성기를 이끈 왕으로 마한 지역의 여러 세력을 복속시키고 남해안으로 진출하였어요. 고구려에 대항하기 위해 신라와 우호 관계를 맺었으며, 중국 남조의 동진과도 외교 관계를 수립하고 일본 규슈 지방과도 활발히 교류하였어요.

① 금마저에 미륵사를 창건하였다.
  ➡ **무왕**은 지금의 익산 지역인 금마저에 미륵사를 창건하였어요.

② 윤충을 보내 대야성을 함락하였다.
  ➡ **의자왕**은 윤충을 보내 신라를 공격하여 전략적 요충지인 대야성을 함락하였어요.

③ 사비로 천도하고 국호를 남부여로 고쳤다.
  ➡ **성왕**은 백제의 중흥을 도모하기 위해 웅진에서 사비로 도읍을 옮기고 국호를 '남부여'로 고쳤어요.

④ **평양성을 공격하여 고국원왕을 전사시켰다.**
  ➡ **근초고왕**은 371년에 고구려의 평양성을 공격하여 고국원왕을 전사시켰어요.

⑤ 동진에서 온 마라난타를 통해 불교를 수용하였다.
  ➡ **침류왕**은 중국 동진에서 온 마라난타를 통해 불교를 수용하여 사상적 통합을 꾀하였어요.

기출 선택지 +α

❻ 수와 외교 관계를 맺고 친선을 도모하였다. (O / X)
❼ 계백의 결사대를 보내 신라군에 맞서 싸웠다. (O / X)
❽ 북위에 사신을 보내 고구려 공격을 요청하였다. (O / X)
❾ 진흥왕과 연합하여 한강 하류 지역을 수복하였다. (O / X)

기출 선택지 +α 정답 ❻ X[무왕] ❼ X[의자왕] ❽ X[개로왕] ❾ X[성왕]

---

6 고구려의 문화유산 정답 ⑤

다음 특별전에 전시될 문화유산으로 가장 적절한 것은? [2점]

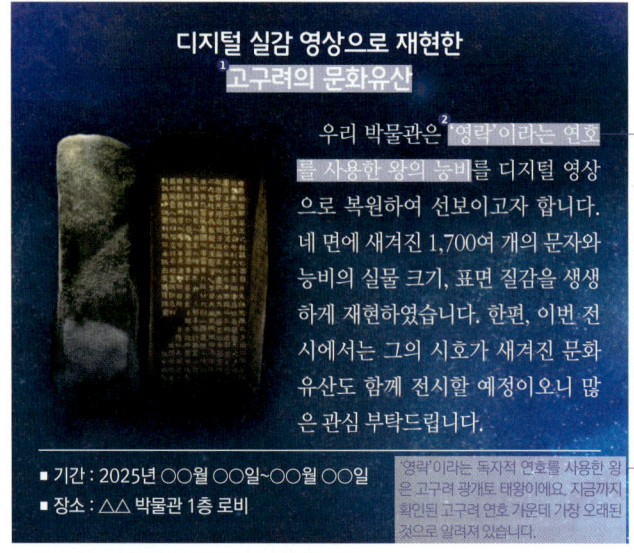

디지털 실감 영상으로 재현한
❶ **고구려의 문화유산**

우리 박물관은 ❷ '영락'이라는 연호를 사용한 왕의 능비를 디지털 영상으로 복원하여 선보이고자 합니다. 네 면에 새겨진 1,700여 개의 문자와 능비의 실물 크기, 표면 질감을 생생하게 재현하였습니다. 한편, 이번 전시에서는 그의 시호가 새겨진 문화유산도 함께 전시할 예정이오니 많은 관심 부탁드립니다.

■ 기간 : 2025년 ○○월 ○○일~○○월 ○○일
■ 장소 : △△ 박물관 1층 로비

'영락'이라는 독자적 연호를 사용한 왕은 고구려 광개토 태왕이에요. 지금까지 확인된 고구려 연호 가운데 가장 오래된 것으로 알려져 있습니다.

정답 잡는 키워드

❶ 고구려의 문화유산, ❷ '영락'이라는 연호를 사용한 왕의 능비
→ **광개토 태왕릉비**

고구려의 문화유산이며, '영락'이라는 연호를 사용한 왕의 능비라는 내용을 통해 자료의 문화유산이 광개토 태왕릉비임을 알 수 있어요. 광개토 태왕릉비는 장수왕이 아버지인 광개토 태왕의 업적을 기리기 위해 세운 것으로, 광개토 태왕이 백제 및 신라와 가야 지역까지 진출하였다는 내용이 새겨져 있어요. 따라서 고구려 광개토 태왕과 관련된 문화유산을 찾으면 됩니다.

①
➡ 경상북도 포항에서 발견된 **포항 중성리 신라비**입니다. 현존하는 가장 오래된 신라의 비석이에요.

②
➡ 백제의 무령왕릉에서 출토된 **석수**입니다. 무덤을 지키게 할 목적으로 무덤 안에 넣은 것으로 보입니다.

③
➡ 김해 대성동 고분군에서 출토된 금관가야의 **철제 판갑옷**이에요.

④
➡ 청동기 시대 후기~초기 철기 시대의 유물인 **농경문 청동기**입니다. 따비, 괭이 등을 이용하여 농사를 짓는 모습이 새겨져 있어요.

⑤
➡ 신라의 고분인 경주 호우총에서 발견된 **호우총 청동 그릇**이에요. 밑바닥에 광개토 태왕의 시호가 새겨져 있어 당시 신라와 고구려의 밀접한 관계를 짐작할 수 있어요.

7 신라 말의 상황 정답 ②

밑줄 그은 '시기'에 있었던 사실로 옳은 것은? [3점]

> 이것은 보령 성주사지 대낭혜화상탑비로, 진성 여왕의 명을 받아 최치원이 비문을 작성했습니다. ❶ 혜공왕 피살 이후 왕위 쟁탈전이 치열했던 시기에 당에서 수행하고 돌아와 ❷ 9산 선문 중 하나인 성주산문을 개창한 낭혜화상의 행적이 기록되어 있습니다.

정답 잡는 키워드
❶ 혜공왕 피살 이후 왕위 쟁탈전이 치열해짐, ❷ 9산 선문
→ **신라 말(8세기 후반 이후)**

혜공왕 피살 이후 왕위 쟁탈전이 치열하였다는 내용과 '9산 선문'을 통해 밑줄 그은 '시기'가 8세기 후반 이후인 신라 말에 해당함을 알 수 있어요. 신라는 780년에 혜공왕이 피살된 이후 벌어진 왕위 쟁탈전으로 중앙 정치가 혼란에 빠지고 지방 통제력도 약화되었어요. 이러한 상황에서 각 지역에서는 독자적인 세력을 가진 호족이 성장하였어요. 또한, 사상적으로는 불교계에서 교종의 권위를 부정하는 선종이 크게 일어났어요. 개인적 정신 수양을 강조하는 경향이 강한 선종은 지방 호족이 성장하는 데 사상적 기반이 되었고, 호족의 후원 속에서 각 지방에 9산 선문을 형성하였어요.

① 김흠돌 등 진골 세력이 숙청되었다.
➡ 삼국 통일 직후인 7세기 후반 신문왕 즉위 초에 왕의 장인인 김흠돌이 반란을 도모하자 왕은 이를 진압하고 진골 귀족 세력을 숙청하였어요.

②김헌창이 웅천주에서 반란을 일으켰다.
➡ 신라 말인 822년에 웅천주 도독 김헌창이 자신의 아버지 김주원이 왕위에 오르지 못한 것에 불만을 품고 반란을 일으켰어요.

③ 거칠부가 왕명에 의해 국사를 편찬하였다.
➡ 6세기 진흥왕 때 왕명에 따라 거칠부가 역사서인 "국사"를 편찬하였어요.

④ 복신과 도침이 부여풍을 왕으로 추대하였다.
➡ 660년 백제 멸망 이후 복신과 도침이 부여풍을 왕으로 추대하고 백제 부흥 운동을 전개하였어요.

⑤ 자장의 건의로 황룡사 구층 목탑이 건립되었다.
➡ 7세기 전반 선덕 여왕 때 승려 자장의 건의에 따라 황룡사 9층 목탑이 건립되었어요.

기출 선택지 +α
❻ 원광이 세속 5계를 제시하였다. (O/X)
❼ 장보고가 왕위 쟁탈전에 가담하였다. (O/X)
❽ 김유신이 비담과 염종의 난을 진압하였다. (O/X)
❾ 김춘추가 진골 출신 최초로 왕위에 올랐다. (O/X)
❿ 원종과 애노의 난 등 농민 봉기가 일어났다. (O/X)

기출 선택지 +α
정답 ❻ ×[6세기 말] ❼ ○ ❽ ×[7세기 중반] ❾ ×[7세기 중반] ❿ ○

---

8 발해 정답 ⑤

(가) 국가에 대한 설명으로 옳지 않은 것은? [2점]

> (가)의 불교문화에 대해 알려 줘.
>
> 역사 챗봇
> 1. 불교의 유행
> ○ ❶ 상경 용천부 등 (가)의 5경에서 발굴되는 절터, 불상, 석등 등을 통해 당시 불교문화가 발전하였음을 알 수 있어요.
> ○ ❷ 영광탑은 벽돌을 쌓아 만든 누각 형태의 전탑으로, 탑 아래에는 정효 공주 묘와 비슷한 지하 공간이 있어 무덤으로 보기도 해요.
> ○ 동경 용원부 유적에서 출토된 ❸ 이불병좌상은 석가불과 다보불이 나란히 앉아 있는 모습을 조각한 불상이에요.
> 2. 관련 사진
>
> 영광탑 / 이불병좌상

발해는 전략적 요충지에 상경 용천부, 동경 용원부, 중경 현덕부, 서경 압록부, 남경 남해부의 5경을 설치하였어요.

발해의 불상으로, 고구려 불상 양식의 영향을 받았어요.

정답 잡는 키워드
❶ 상경 용천부 등 5경, ❷ 영광탑, ❸ 이불병좌상 → **발해**

상경 용천부 등 5경이 있었으며, 영광탑과 이불병좌상이 제시된 것으로 보아 (가) 국가가 발해임을 알 수 있어요. 발해는 고구려 멸망 이후 대조영이 고구려 유민과 말갈인을 이끌고 지린성 동모산에서 세운 나라로 건국 초부터 고구려 계승 의식을 표방하였어요. 당의 제도를 본떠 3성 6부의 중앙 정치 조직을 정비하였으며, 당의 상서성에 해당하는 정당성이 국가의 중대사를 관할하고 그 장관인 대내상이 국정을 총괄하였어요. 지방 행정 구역은 5경 15부 62주로 나누었어요.

① 교육 기관으로 주자감을 설립하였다.
➡ 발해는 최고 교육 기관으로 주자감을 설립하여 인재를 양성하였어요.

② 감찰 업무를 담당하는 중정대가 있었다.
➡ 발해는 관리 감찰 기구로 중정대를 두었어요.

③ 인안, 대흥 등 독자적인 연호를 사용하였다.
➡ 발해는 무왕 때 '인안', 문왕 때 '대흥' 등 독자적인 연호를 사용하였어요.

④ 거란도, 영주도 등을 통해 주변국과 교역하였다.
➡ 발해는 거란도, 영주도, 일본도, 신라도 등을 통해 주변 국가와 활발하게 교류하였어요.

⑤내신좌평, 내두좌평 등 6좌평의 관제를 마련하였다.
➡ 백제는 내신좌평, 내두좌평, 위사좌평 등 6좌평의 관제를 마련하였어요.

9 신라의 사회

정답 ⑤

(가) 제도를 시행한 국가에 대한 설명으로 옳은 것은? [1점]

> ○ 풍월주(風月主), 원화(源花)의 법이 폐하여진 지 이미 여러 해였다. 왕은 나라를 일으키려면 풍월도를 먼저 하여야 한다고 생각하여 다시금 영(令)을 내려 귀인과 양가의 자제 중에서 얼굴이 아름답고 덕행이 있는 자를 선발해서 분장을 시켜 (가) 또는 국선(國仙)이라 이름하였다.
>
> ○ 좋은 가문 출신의 남자로서 덕행이 있는 자를 뽑아 (가) (이)라 하였다. 처음 설원랑을 받들어 국선으로 삼았는데 이것이 시초이다.

— 화랑도는 풍월도, 풍류도, 국선도 등으로도 불렸어요.
— 화랑도에서 지도자 격인 화랑의 별칭이에요.

정답 잡는 키워드

❶ 풍월도, ❷ 귀인과 양가의 자제 중에서 얼굴이 아름답고 덕행이 있는 자를 선발, ❸ 국선 → **신라의 화랑도**

'풍월도'와 '국선', 귀인과 양가의 자제 중에서 얼굴이 아름답고 덕행이 있는 자를 선발하였다는 내용을 통해 (가) 제도가 신라의 화랑도임을 알 수 있어요. 화랑은 '꽃처럼 아름다운 남성'이라는 뜻이에요. 화랑도는 원화 제도에서 기원한 것으로 귀족 출신의 화랑과 그를 따르는 다양한 신분의 낭도로 이루어졌어요. 화랑도는 원광이 제시한 세속 5계를 행동 규범으로 삼았으며 군사 훈련 등을 통해 협동과 단결 정신을 길렀어요. 신라는 진흥왕 때 유능한 인재 양성을 위해 화랑도를 국가적인 조직으로 개편하였어요.

① 태학과 경당을 두어 인재를 양성하였다.
  ➡ 고구려는 교육 기관으로 중앙에 태학, 지방에 경당을 두어 인재를 양성하였어요.

② 유랑민을 구휼하는 활인서를 설치하였다.
  ➡ 조선은 도성 안의 병든 사람을 구제하고 치료하는 기구로 동·서 활인서를 두었어요.

③ 정사암 회의에서 국가 중대사를 결정하였다.
  ➡ 백제에서는 귀족들이 정사암에 모여 재상을 선출하거나 국가의 중대사를 논의하였어요.

④ 도병마사에서 변경의 군사 문제 등을 논의하였다.
  ➡ 도병마사는 고려 시대에 고위 관리들이 모여 국방과 군사 문제 등을 논의하던 회의 기구입니다.

⑤ 골품에 따라 관등 승진, 일상생활 등을 엄격히 제한하였다.
  ➡ 신라의 골품제는 골품에 따라 관등 승진을 제한하고 집의 규모와 수레의 크기, 장신구 등 일상생활까지 규제한 엄격하고 폐쇄적인 신분 제도였어요.

기출 선택지 +α

❻ 지방의 22담로에 왕족을 파견하였다. (O/X)
❼ 전진의 순도를 통해 불교를 수용하였다. (O/X)
❽ 귀족 합의제인 화백 회의를 운영하였다. (O/X)
❾ 오경박사, 의박사, 역박사 등을 일본에 파견하였다. (O/X)

기출 선택지 +α 정답 ❻ ×[백제] ❼ ×[고구려] ❽ ○ ❾ ×[백제]

---

10 궁예의 활동

정답 ④

(가) 인물에 대한 설명으로 옳은 것은? [3점]

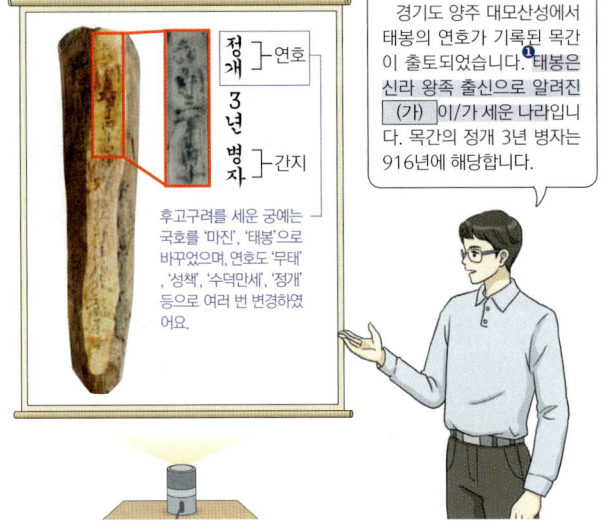

경기도 양주 대모산성에서 태봉의 연호가 기록된 목간이 출토되었습니다. ❶태봉은 신라 왕족 출신으로 알려진 (가) 이/가 세운 나라입니다. 목간의 정개 3년 병자는 916년에 해당합니다.

후고구려를 세운 궁예는 국호를 '마진', '태봉'으로 바꾸었으며, 연호도 '무태', '성책', '수덕만세', '정개' 등으로 여러 번 변경하였어요.

정답 잡는 키워드

❶ 태봉을 세움 → **궁예**

'태봉'이라는 나라를 세웠다는 내용을 통해 (가) 인물이 궁예임을 알 수 있어요. 신라의 왕족 출신으로 알려진 궁예는 북원 지역 호족인 양길의 휘하에서 세력을 키운 후 호족들의 지원을 받아 송악을 도읍으로 후고구려를 세웠어요. 궁예는 나라의 이름을 '마진'으로 고쳤다가 송악에서 철원으로 도읍을 옮긴 후 다시 '태봉'으로 바꾸었어요. 궁예는 전제 왕권을 추구하고 미륵불을 자처하며 폭정을 펴 신하들에 의해 왕위에서 쫓겨났어요.

① 경주의 사심관으로 임명되었다.
  ➡ 신라의 마지막 왕 경순왕 김부는 935년 고려에 신라를 넘겨주고 고려 태조에 의해 경주의 사심관으로 임명되었어요.

② 12목에 지방관을 처음으로 파견하였다.
  ➡ 고려의 성종은 12목을 설치하고 처음으로 지방관을 파견하였어요.

③ 폐정 개혁을 목표로 정치도감을 설치하였다.
  ➡ 고려 후기의 충목왕은 폐정 개혁을 목표로 정치도감을 설치하였어요.

④ 광평성을 비롯한 각종 정치 기구를 마련하였다.
  ➡ 궁예는 국호를 '마진'으로 바꾼 뒤에 최고 중앙 관서인 광평성을 비롯한 각종 정치 기구를 마련하였어요.

⑤ 오월(吳越)에 사신을 보내고 검교태보의 직을 받았다.
  ➡ 후백제를 세운 견훤은 오월에 사신을 보내고 검교태보의 직을 받았으며, 후당에도 사신을 보내 외교 관계를 맺었어요.

기출 선택지 +α

❻ 미륵불을 자처하며 왕권을 강화하였다. (O/X)
❼ 신라를 공격하여 경애왕을 죽게 하였다. (O/X)
❽ 공산 전투에서 고려군을 크게 무찔렀다. (O/X)
❾ 국호를 마진으로 바꾸고 철원으로 천도하였다. (O/X)
❿ 완도에 청해진을 설치하여 해상 무역을 전개하였다. (O/X)

기출 선택지 +α 정답 ❻ ○ ❼ ×[견훤] ❽ ×[견훤] ❾ ○ ❿ ×[장보고]

11 태조 왕건의 정책　　　　정답 ⑤

(가) 왕에 대한 설명으로 옳은 것은? [2점]

> **교외 체험 학습 보고서**
> △학년 △△반 △△번 이름 □□□
>
> ● 날짜 : 2025년 ○○월 ○○일
> ● 장소 : 경상북도 안동 태사묘
> ● 학습 내용
>
> 태조 왕건은 고창 전투에서 공을 세운 3명의 호족에게 태사의 칭호를 주고, 안동 권씨, 안동 김씨, 안동 장씨라는 성씨를 하사하였어요.
>
>
>
> 안동 태사묘는 ❶고창 전투에서 ┌─(가)─┐을/를 도와 견훤을 물리치는 데 공을 세워 향직을 수여 받은 권행, 김선평, 장길(장정필)의 위패를 봉안하고 있는 사당이다. 이번 체험 학습을 통해 안동이라는 지명이 고창 전투에서 승리한 ┌─(가)─┐이/가 고창군을 안동부로 승격시킨 데서 유래하였다는 것을 알 수 있었다.

정답 잡는 키워드

❶, ❷ 고창 전투에서 견훤을 물리침 → **태조 왕건**

안동 태사묘에 봉안된 인물들이 고창 전투에서 (가) 왕을 도와 견훤을 물리치는 데 공을 세웠다는 내용을 통해 (가) 왕이 고려 태조 왕건임을 알 수 있어요. 왕건은 후고구려를 세운 궁예의 신하였어요. 후백제와의 전투에서 활약하면서 사람들의 신망을 얻었고, 궁예가 폭정으로 축출되고 그 신하들의 추대를 받아 왕위에 올랐어요. 태조 왕건은 고창 전투에서 승리한 후 후삼국 통일의 주도권을 잡았어요. 이후 신라가 항복하고 일리천 전투에서 후백제군에 승리하면서 후삼국을 통일하였어요. 후삼국 통일 이후 태조 왕건은 자신의 세력 기반이었던 호족 세력을 통합하고 민생을 안정시켜 국가의 기틀을 다졌어요. 유력한 호족 가문과 혼인을 하거나 성씨를 하사하는 등 회유책을 폈고, 사심관 제도와 기인 제도를 실시하여 호족을 통제하고 지방 통치를 보완하였어요.

① 한양을 **남경**으로 **승격**시켰다.
　➡ **문종**은 처음으로 한양을 남경으로 승격시켰어요.

② **주전도감**을 **설치**하여 해동통보를 발행하였다.
　➡ **숙종**은 아우 의천의 건의를 받아들여 주전도감을 설치하고 은병(활구), 해동통보 등의 화폐를 발행하였어요.

③ 쌍기의 건의를 받아들여 **과거제를 실시**하였다.
　➡ **광종**은 쌍기의 건의를 받아들여 시험을 통해 관리를 선발하는 과거제를 실시하였어요.

④ **청연각**과 **보문각**을 두어 학문 연구를 장려하였다.
　➡ **예종**은 청연각과 보문각을 설치하여 학문 연구를 장려하였어요. 청연각은 왕실 도서를 관리하고 경연을 주관하였으며, 보문각은 학문 연구와 함께 왕의 정치적 자문을 담당하였어요.

⑤ 정계와 계백료서를 지어 관리의 규범을 제시하였다.
　➡ **태조 왕건**은 "정계"와 "계백료서"를 지어 관리들이 지켜야 할 규범을 제시하였어요.

12 고려의 경제　　　　정답 ①

다음 상황이 나타난 국가의 경제 모습으로 옳은 것은? [2점]

> 고려의 삼사는 조세 및 공물의 수입과 지출에 대한 회계 업무를 관장하였으며, 조선의 3사(사헌부, 사간원, 홍문관)는 언론 기능을 담당하였어요.
>
> 무릇 장마·가뭄·병충해·서리 피해로 작황이 부실한 경작지를 촌전(村典)*이 수령에게 보고하면 수령이 직접 검사하여 호부에 신고하고, 호부에서는 다시 ❶삼사에 보낸다. 삼사에서는 넘겨받은 문서를 조사한 뒤에 다시 그 지역 ❷안찰사로 하여금 따로 사람을 보내 자세히 조사하게 하여 재해로 피해를 입었다면 조세를 감면한다.
>
> *촌전 : 촌의 대표

정답 잡는 키워드

❶ 삼사, ❷ 안찰사 → **고려**

'삼사'와 '안찰사'를 통해 고려와 관련된 자료임을 알 수 있어요. 삼사는 고려 시대에 화폐와 곡식의 출납과 회계를 담당한 중앙 관청이었어요. 6부 가운데 호부와 함께 국가 재정의 주요 기능을 담당하였습니다. 한편, 고려는 5도 양계의 지방 행정 제도를 갖추었는데, 일반 행정 구역인 5도에는 지방관으로 안찰사를 파견하고 국경 지역인 양계에는 병마사를 파견하였어요.

①**벽란도**가 **국제 무역항**으로 번성하였다.
　➡ **고려** 시대에는 예성강 하구의 벽란도가 국제 무역항으로 번성하였어요. 벽란도에는 송과 일본의 상인뿐만 아니라 아라비아 상인도 왕래하였어요.

② **고추**, 담배 등이 **상품 작물**로 재배되었다.
　➡ **조선** 후기에 고추, 담배 등이 시장에 내다 팔기 위한 상품 작물로 재배되었어요.

③ 시장을 감독하는 관청인 **동시전**이 **설치**되었다.
　➡ **신라** 지증왕 때 수도 금성에 시장인 동시와 시장을 감독하는 관청인 동시전이 설치되었어요.

④ 광산을 전문적으로 경영하는 **덕대**가 활동하였다.
　➡ **조선** 후기에 물주의 자금을 받아 광산을 전문적으로 경영하는 덕대가 등장하여 활동하였어요.

⑤ 삼남 지방의 농법을 소개한 **농사직설**이 보급되었다.
　➡ **조선** 세종 때 정초, 변효문 등이 삼남 지방의 농법을 소개한 "농사직설"을 편찬하였어요.

기출 선택지 +α

❻ 경시서가 수도의 시전을 감독하였다.　　　　(O / X)
❼ 책문 후시를 통한 교역이 활발하였다.　　　　(O / X)
❽ 서적점, 다점 등의 관영 상점을 운영하였다.　　(O / X)
❾ 토지의 비옥도에 따라 6등급으로 나누어 전세를 거두었다.
　　　　　　　　　　　　　　　　　　　　　(O / X)

핵심 개념 | 고려의 경제

농업	・논 : 남부 지방 일부에서 이앙법(모내기법) 실시 ・밭 : 윤작법 실시(조·보리·콩의 2년 3작), 문익점이 원에서 목화씨를 들여와 목화 재배 시작 ・소를 이용한 깊이갈이 일반화, 이암이 원에서 농서 "농상집요"를 들여옴
무역	벽란도가 국제 무역항으로 번성 → 아라비아 상인에 의해 고려가 '코리아(COREA)'라는 이름으로 서역에 알려짐
상업	・화폐 : 건원중보(성종, 우리나라 최초의 금속 화폐), 은병과 해동통보(숙종) → 널리 유통되지는 못함 ・관청 : 경시서(시전의 상행위 감독), 주전도감(숙종, 화폐 주조) ・관영 상점 : 서적점, 다점 등을 운영

기출 선택지 +α 정답 ❻ O　❼ X[조선 후기]　❽ O　❾ X[조선 전기]

13 인종 재위 시기의 사실 정답 ④

다음 검색창에 들어갈 왕의 재위 시기에 있었던 사실로 옳은 것은? [2점]

시기	내용	원문 이미지
2년	❶ 이자겸의 셋째 딸을 왕비로 맞아들이다	
5년	❷ 척준경과 그 일당을 유배 보내다	
7년	금에 충성을 맹세하는 표문을 올리다	
23년	❸ 김부식이 삼국사기를 편찬해 바치다	

└ 김부식은 인종의 명을 받아 삼국의 역사를 정리한 "삼국사기"를 편찬하였어요.

정답 잡는 키워드

❶ 이자겸의 셋째 딸을 왕비로 맞아들임, ❷ 척준경과 그 일당을 유배 보냄, ❸ 김부식이 "삼국사기"를 편찬해 바침 → 인종

이자겸의 셋째 딸을 왕비로 맞아들이고 척준경과 그 일당을 유배 보냈으며, 김부식이 "삼국사기"를 편찬해 바쳤다는 내용을 통해 검색창에 들어갈 왕이 고려 인종임을 알 수 있어요. 이자겸은 고려 중기의 대표적인 문벌로 왕실과 중첩된 혼인 관계를 맺고 이를 배경으로 권력을 독점적으로 장악하였어요. 이자겸은 둘째 딸을 인종의 아버지인 예종의 왕비로 들여보낸 데 이어 인종에게도 셋째 딸과 넷째 딸을 왕비로 맞이하게 하였어요. 이자겸이 왕권을 위협할 정도로 권력을 갖게 되자 인종은 이자겸을 제거하려고 하였으나 실패하였어요. 이에 이자겸은 왕이 되고자 척준경과 함께 반란을 일으켰어요. 인종은 척준경을 회유하여 이자겸의 난을 진압하였고, 이자겸을 축출하는 데 공을 세운 척준경은 공신이 되었어요. 하지만 척준경은 세도를 부리다가 탄핵을 받고 유배되었어요.

① 최충헌이 봉사 10조를 올렸다.
→ 명종 때 이의민을 제거하고 권력을 장악한 최충헌이 시정 개혁안인 봉사 10조를 국왕에게 올렸어요.

② 동북 9성이 여진에 반환되었다.
→ 예종 때 윤관이 별무반을 이끌고 여진을 정벌한 후 동북 9성을 축조하였어요. 그러나 고려는 여진의 반환 요청이 계속되자 1년여 만에 동북 9성을 돌려주었어요.

③ 국자감이 성균관으로 개칭되었다.
→ 공민왕 때 국자감이 성균관으로 개칭되고 유학 교육이 장려되었어요.

④ 묘청 등이 서경에서 난을 일으켰다.
→ 인종 때 묘청을 비롯한 서경 세력이 서경 천도를 추진하다가 실패하자 서경에서 반란을 일으켰어요. 묘청의 난은 김부식이 이끈 관군에 의해 1년 만에 진압되었어요.

⑤ 광덕, 준풍 등의 독자적 연호가 사용되었다.
→ 광종 때 황제를 칭하고 '광덕', '준풍' 등의 독자적인 연호가 사용되었어요.

기출 선택지 +α

⑥ 강조가 정변을 일으켜 김치양을 제거하였다. (O / X)
⑦ 묘청 등이 칭제건원과 금 정벌을 주장하였다. (O / X)
⑧ 서희가 외교 담판을 벌여 강동 6주를 확보하였다. (O / X)
⑨ 왕실의 외척인 이자겸이 척준경과 함께 난을 일으켰다. (O / X)

기출 선택지 +α 정답 ⑥ ×[목종] ⑦ O ⑧ ×[성종] ⑨ O

14 망이·망소이의 난 정답 ②

다음 사건에 대한 탐구 활동으로 가장 적절한 것은? [1점]

❶ 망이 등이 홍경원에 불을 지르고 절에 있던 승려 10여 인을 죽였으며, 주지승을 위협하여 개경으로 서신을 가져가게 하였다. 그 서신에 대략 이르기를, "이미 ❷ 우리 고을을 현으로 승격시키고 또 수령을 두어 안무하더니, 돌이켜 다시 군대를 내어 토벌하러 와서 우리 어머니와 아내를 옥에 가두었으니 그 뜻은 어디에 있는가? 차라리 칼날 아래 죽을지언정 끝내 항복하여 포로가 되지 않을 것이며, 반드시 개경까지 가고야 말겠다."라고 하였다.

└ 국가가 지정한 특정 물품을 생산하여 공급하였던 소의 주민은 일반 군현민에 비해 차별을 받았어요. 이에 저항하여 망이·망소이가 난을 일으키자 고려 정부는 소를 현으로 승격시키고 현령과 현위를 파견하는 조치를 취하였어요.

정답 잡는 키워드

❶ 망이, ❷ 우리 고을을 현으로 승격 → 망이·망소이의 난

망이 등이 자신이 살고 있는 고을을 현으로 승격시켰다가 되돌리고 군대를 보내 토벌한 사실에 분노하여 서신을 개경으로 보냈다는 내용을 통해 자료의 사건이 고려 시대에 일어난 망이·망소이의 난임을 알 수 있어요. 무신 정권 시기에 농민 등 하층민에 대한 지배층의 수탈은 더욱 심해졌어요. 이에 불만을 품은 하층민이 전국 곳곳에서 봉기를 일으켰어요. 특히 1176년에 특수 행정 구역인 공주의 명학소에서는 망이·망소이 형제가 가혹한 수탈과 소 주민에 대한 차별에 저항하여 봉기하였어요. 이들의 기세가 오르자 고려 정부는 명학소를 충순현으로 승격시키는 등 회유책을 썼어요. 그러나 봉기가 수그러지지 않고 계속되자 군대를 파견하여 망이·망소이의 무리를 토벌하였어요.

① 안동도호부가 설치된 경위를 알아본다.
→ 고구려 멸망 후 당은 옛 고구려 땅을 지배하기 위한 기구로 평양에 안동도호부를 설치하였어요.

② 특수 행정 구역인 소에 대한 차별을 조사한다.
→ 고려에는 특수 행정 구역으로 향·부곡·소가 있었으며, 이곳의 주민은 거주 이전의 자유가 제한되고 일반 군현민보다 더 많은 세금을 납부하는 등 차별을 받았어요.

③ 신라 말 호족 세력이 성장하게 된 계기를 살펴본다.
→ 8세기 후반 이후 왕위 쟁탈전의 심화로 신라의 중앙 정치가 혼란에 빠지고 지방 통제력도 약화되자 각 지역에서 독자적인 세력을 형성한 호족이 성장하였어요.

④ 통청 운동을 통해 청요직으로 진출한 인물을 검색한다.
→ 조선 후기에 서얼은 자신들에 대한 관직 진출의 제한을 철폐해 달라는 집단 상소를 올리는 등 통청 운동을 전개하였어요.

⑤ 경기에 한하여 설치된 과전이 농민에게 미친 영향을 파악한다.
→ 고려 말 조준 등의 건의로 과전법이 실시되어 경기 지역의 토지로 과전이 지급되었어요. 과전법의 실시로 일시적으로는 농민의 세금 부담이 줄고 자영농이 증가하였어요.

기출 선택지 +α

⑥ 나·당 연합군이 결성된 계기를 파악한다. (O / X)
⑦ 집강소에서 추진한 개혁의 내용을 분석한다. (O / X)
⑧ 무신 집권기 하층민의 반란이 발생한 배경을 파악한다. (O / X)
⑨ 최승로의 시무 28조를 받아들여 달라진 제도를 살펴본다. (O / X)

기출 선택지 +α 정답 ⑥ ×[삼국 통일기] ⑦ ×[동학 농민 운동 중] ⑧ O ⑨ ×[고려 성종 때]

15 삼별초   정답 ②

(가) 군사 조직에 대한 설명으로 옳은 것은? [2점]

항파두리성은 개경 환도 결정에 반발하여 강화도에서 봉기한 (가) 이/가 진도를 거쳐 제주도로 옮겨 와 항쟁했던 곳인데요, 최근 발굴 조사에 대해 알려주세요.

이번 조사로 성문의 규모와 주요 건물지 등이 처음으로 확인되었습니다. 이 항파두리성 외에 제주도의 환해장성도 (가) 와/과 관련된 기록이 남아 있어, 앞으로 발굴 조사를 통한 연구가 기대됩니다.

〈제주 항파두리성 발굴 현장〉

정답 잡는 키워드

❶ 개경 환도 결정에 반발하여 강화도에서 봉기함,
❷ 진도를 거쳐 제주도로 옮겨 와 항쟁함 → **삼별초**

개경 환도 결정에 반발하여 강화도에서 봉기하였으며, 진도를 거쳐 제주도로 옮겨 와 항쟁하였다는 내용을 통해 (가) 군사 조직이 삼별초임을 알 수 있어요. 고려 무신 집권기에 몽골이 침략하자 당시 최고 집권자였던 최우는 몽골과 잠시 화의를 맺고 상황을 수습한 뒤, 이듬해에 강화도로 천도하여 장기적인 대몽 항쟁에 대비하였어요. 여러 차례 몽골의 침략이 이어지고 일반 백성을 중심으로 한 대몽 항쟁이 계속되었지만, 최씨 무신 정권이 무너진 후 고려 정부는 몽골과 화의를 맺고 개경 환도를 결정하였습니다. 삼별초는 이에 반발하여 배중손을 중심으로 봉기하였고, 강화도에서 진도로 근거지를 옮겨 대몽 항쟁을 이어 갔어요. 진도도 함락되자 삼별초는 김통정이 중심이 되어 다시 제주도로 이동하여 항쟁하였으나, 결국 고려와 몽골 연합군에 의해 진압되었습니다.

① 거란의 침입에 대비하여 설치되었다.
➡ 고려 정종 때 거란의 침입에 대비하여 **광군**이 설치되었어요.

②**최씨 무신 정권의 군사적 기반이었다.**
➡ **삼별초**는 좌별초, 우별초, 신의군으로 구성되었으며, 도방과 함께 최씨 무신 정권의 군사적 기반이었어요.

③ 원의 요청으로 일본 원정에 참여하였다.
➡ 삼별초가 진압된 이후 충렬왕 때 **관군, 비정규 병력** 등이 원의 요청에 따라 일본 원정에 동원되었어요.

④ 신기군, 신보군, 항마군으로 편성되었다.
➡ 고려 숙종 때 여진을 정벌하기 위해 신기군, 신보군, 항마군으로 편성된 **별무반**이 설치되었어요.

⑤ 최영의 지휘 아래 홍산에서 왜구를 격퇴하였다.
➡ 고려 말 우왕 때 최영이 이끄는 **고려군**이 홍산에서 왜구를 격퇴하였어요.

기출 선택지 +α

❻ 광군사의 통제를 받았다. (O / X)
❼ 국경 지역인 북계와 동계에 배치되었다. (O / X)
❽ 진도에서 용장성을 쌓고 몽골에 대항하였다. (O / X)

기출 선택지 +α 정답 ❻ ×[광군] ❼ ×[주진군] ❽ O

---

16 제왕운기   정답 ③

다음 검색창에 들어갈 역사서에 대한 설명으로 옳은 것은? [3점]

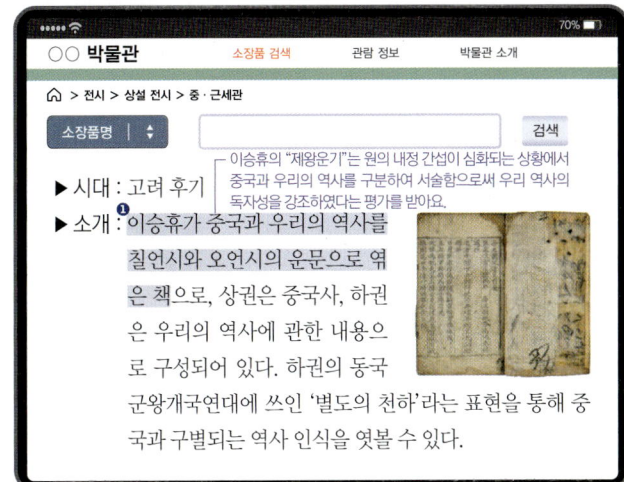

○○ 박물관 — 소장품 검색 관람 정보 박물관 소개
▷ 시대 : 고려 후기
▷ 소개 : 이승휴가 중국과 우리의 역사를 칠언시와 오언시의 운문으로 엮은 책으로, 상권은 중국사, 하권은 우리의 역사에 관한 내용으로 구성되어 있다. 하권의 동국군왕개국연대에 쓰인 '별도의 천하'라는 표현을 통해 중국과 구별되는 역사 인식을 엿볼 수 있다.

이승휴의 "제왕운기"는 원의 내정 간섭이 심해지는 상황에서 중국과 우리의 역사를 구분하여 서술함으로써 우리 역사의 독자성을 강조하였다는 평가를 받아요.

정답 잡는 키워드

❶ 이승휴가 중국과 우리의 역사를
칠언시와 오언시의 운문으로 엮음 → **"제왕운기"**

이승휴가 중국과 우리의 역사를 칠언시와 오언시의 운문으로 엮었다는 내용을 통해 검색창에 들어갈 역사서가 "제왕운기"임을 알 수 있어요. "제왕운기"는 원 간섭기인 충렬왕 때 이승휴가 중국과 우리나라의 제왕을 중심으로 서술한 역사서입니다. 중국의 역사는 신화 시대부터 원까지, 우리나라의 역사는 단군의 고조선부터 고려의 충렬왕 때까지를 다루었어요.

① 남북국이라는 용어가 처음 사용되었다.
➡ 조선 후기에 유득공은 "**발해고**"에서 발해를 우리 역사로 본격적으로 다루어 '남북국'이라는 용어를 처음 사용하였어요.

② 불교사를 중심으로 민간 설화를 담았다.
➡ 고려 후기에 일연이 쓴 "**삼국유사**"는 불교사를 중심으로 고대의 민간 설화와 야사 등을 담았어요.

③**단군의 고조선 건국 이야기가 수록되었다.**
➡ 이승휴는 "**제왕운기**"에서 우리 민족의 시조를 단군으로 보고 단군의 고조선 건국 이야기를 수록하였어요.

④ 왕명에 의해 고승들의 전기가 기록되었다.
➡ 고려의 승려 각훈은 왕명을 받아 고승들의 전기를 기록한 "**해동고승전**"을 저술하였어요.

⑤ 본기, 열전 등으로 구성된 기전체 형식으로 서술되었다.
➡ 기전체는 본기, 열전, 지, 연표로 구분하여 역사를 서술하는 방식이에요. 대표적인 기전체 역사서로 김부식 등이 참여한 "**삼국사기**"를 들 수 있어요.

기출 선택지 +α

❻ 유네스코 세계 기록 유산으로 등재되었다. (O / X)
❼ 고구려 시조의 일대기를 서사시로 표현하였다. (O / X)
❽ 중국과 우리나라의 역대 왕의 계보가 수록되었다. (O / X)

기출 선택지 +α 정답 ❻ ×["직지심체요절", 고려대장경판 등] ❼ ×['동명왕편'] ❽ O

17 공민왕 재위 시기의 사실

정답 ②

(가) 왕의 재위 시기에 있었던 사실로 옳은 것은? [2점]

❶ (가) 께서 돌아가신 뒤 어린 왕을 새로 옹립한 이인임이 원과의 관계 회복에 나섰다는군.

나도 들었네. ❷ 기철 세력을 숙청하고, 쌍성총관부를 수복했던 (가) 의 정책이 중단될까 염려되네.

이인임은 공민왕 사후에 우왕의 즉위를 주도하였으며 정권을 잡고 친원 정책을 취하였어요.

정답 잡는 키워드

❶ 기철 세력 숙청, ❷ 쌍성총관부 수복 → **공민왕**

기철 세력을 숙청하고 쌍성총관부를 수복하였다는 내용을 통해 (가) 왕이 고려 공민왕임을 알 수 있어요. 14세기 중반 왕위에 오른 공민왕은 원의 세력이 약해진 틈을 이용하여 반원 자주 정책을 추진하였어요. 원의 내정 간섭 기구인 정동행성 이문소를 폐지하고 친원 세력인 기철 일파를 숙청하였으며, 쌍성총관부를 공격하여 철령 이북의 영토를 수복하였어요. 또한, 왕권 강화를 위해 인사권을 장악하고 있던 정방을 폐지하고 전민변정도감을 설치하여 권문세족을 견제하였어요.

① 대각국사 **의천**이 **천태종**을 **개창**하였다.
➡ **숙종** 때 의천은 국청사를 중심으로 천태종을 개창하였어요.

②**신돈**을 중심으로 **전민변정** 사업이 추진되었다.
➡ **공민왕** 때 권문세족의 폐단이 극심하였던 토지와 노비 문제를 해결하기 위해 신돈을 등용하여 전민변정 사업을 추진하였어요.

③ **만적**이 개경에서 노비를 모아 **반란**을 **모의**하였다.
➡ 무신 집권기인 **신종** 때 만적이 개경에서 노비를 모아 반란을 모의하였으나 사전에 계획이 발각되어 실패하였어요.

④ **최충**이 **문헌공도**를 **설립**하여 유학 교육에 힘썼다.
➡ **문종** 때 최충은 9재 학당을 설립하여 유학 교육에 힘썼어요. 9재 학당은 최충이 죽은 뒤 그의 시호를 따서 문헌공도라고도 불렸어요.

⑤ **이규보**가 고구려 계승 의식을 강조한 **동명왕편**을 지었다.
➡ **명종** 때 이규보는 고구려 건국 시조인 동명왕(주몽)의 일대기를 서사시로 표현한 '동명왕편'을 지었어요. '동명왕편'에는 고구려 계승 의식이 반영되었어요.

기출 선택지 +α

❻ 초조대장경 조판이 시작되었다. (O/X)
❼ 정동행성 이문소를 폐지하였다. (O/X)
❽ 정지가 관음포에서 승리를 거두었다. (O/X)

핵심 개념 | 공민왕의 개혁 정치

배경	원·명 교체기	
개혁 내용	반원 자주 정책	기철 등 친원 세력 숙청, 고려의 관제 복구, 몽골풍 금지, 정동행성 이문소 폐지, 쌍성총관부 공격(철령 이북의 땅 수복)
	왕권 강화 정책	• 전민변정도감 설치(신돈 등용) → 권문세족 억압, 재정 기반 확대 추진 • 정방 폐지(국왕이 인사권 장악), 신진 사대부 등용
결과	권문세족의 반발 → 공민왕 시해로 개혁이 중단됨	

기출 선택지 +α 정답 ❻ ×[현종] ❼ ○ ❽ ×[우왕]

---

18 고려와 왜구의 관계

정답 ③

(가)에 대한 고려의 대응으로 옳은 것은? [2점]

특별 기획

❶ 최무선과 화포 이야기

중국의 군사 기밀이었던 화약 제조 기술을 습득하여 우리나라 최초로 화약의 자체 생산에 성공하였어요.

우리 박물관은 화약과 화기를 제조한 최무선 탄생 700주년 기념 특별전을 개최합니다. 특히 ❷ 진포 대첩에서 나세, 심덕부 등과 함께 화포를 이용해 (가) 을/를 물리친 장면을 실감 영상으로 만나보실 수 있습니다. 많은 관람 바랍니다.

• 기간 : 2025년 ○○월 ○○일~○○월 ○○일
• 장소 : △△ 박물관 특별 전시실

정답 잡는 키워드

❶, ❷ 최무선이 나세, 심덕부 등과 함께 화포를 이용하여 진포 대첩에서 물리침 → **왜구**

최무선이 나세, 심덕부 등과 함께 화포를 이용하여 진포 대첩에서 물리쳤다는 내용을 통해 (가)가 왜구임을 알 수 있어요. 고려 말에 잦은 왜구의 침입으로 해안 지방의 피해가 컸어요. 최무선은 왜구의 침략을 방어하기 위해 당시 중국이 가진 화약 제조법을 익히기 위해 노력하였어요. 그리고 우왕에게 화약과 화포 제작을 위한 화통도감의 설치를 건의하였어요. 진포 대첩 당시 화통도감에서 제작된 화약과 화포를 사용하여 왜구를 크게 물리쳤어요.

① **광군**을 **조직**하여 침입에 대비하였다.
➡ 고려 정종은 **거란**의 침입에 대비하여 광군을 창설하고 이를 통제하기 위한 기구로 광군사를 두었어요.

② **경성**과 **경원**에 **무역소**를 설치하였다.
➡ 조선 태종은 **여진**에 대한 회유책으로 국경 지역인 경성과 경원에 무역소를 설치하여 교역을 허용하였어요.

③**박위**를 파견하여 근거지를 토벌하였다.
➡ 고려 창왕은 박위를 파견하여 **왜구**의 근거지인 쓰시마섬을 토벌하였어요.

④ **어영청**을 중심으로 **북벌**을 **추진**하였다.
➡ 조선 효종은 **청**에 당한 치욕을 씻기 위해 어영청을 중심으로 청을 정벌하자는 북벌을 추진하였으나 실현하지는 못하였어요.

⑤ 대장도감을 설치하여 **팔만대장경**을 간행하였다.
➡ 최씨 무신 정권은 부처의 힘을 빌려 **몽골**의 침입을 물리치기 위해 대장도감을 설치하여 팔만대장경을 간행하였어요.

기출 선택지 +α

❻ 강화도로 도읍을 옮겨 항전하였다. (O/X)
❼ 화통도감을 두어 화포를 제작하였다. (O/X)
❽ 별무반을 편성하여 침입에 대비하였다. (O/X)
❾ 철령위 설치에 반발해 요동 정벌을 추진하였다. (O/X)
❿ 선물 받은 낙타를 만부교에서 굶어 죽게 하였다. (O/X)

기출 선택지 +α 정답 ❻ ×[몽골] ❼ ○ ❽ ×[여진] ❾ ×[명] ❿ ×[거란]

19 한국의 세계 기록 유산 정답 ⑤

(가)~(마)에 대한 설명으로 옳지 않은 것은? [3점]

(가) 조선왕조실록 (나) 직지심체요절 (다) 조선왕조의궤
(라) 동의보감 (마) 일성록

① (가) - 사초와 시정기 등을 종합하여 편찬하였다.
➡ "조선왕조실록"은 각 왕별로 역사적 사실을 기록한 편년체 역사서입니다. 대체로 전왕이 죽은 후 다음 왕의 즉위 초기에 편찬이 이루어지는데 실록청에서 사초와 시정기 등을 종합하여 편찬하였어요.

② (나) - 청주 흥덕사에서 금속 활자본으로 간행되었다.
➡ "직지심체요절"은 현존하는 세계에서 가장 오래된 금속 활자본으로 고려 말에 청주 흥덕사에서 간행되었어요. 현재는 프랑스 국립 도서관에 보관되어 있어요.

③ (다) - 병인양요 당시 일부가 프랑스군에게 약탈되었다.
➡ "조선왕조의궤"는 조선 시대 왕실이나 국가의 큰 행사가 있을 때 일체의 관련 사실을 글과 그림으로 기록한 책이에요. 참여한 인원, 사용된 물품, 비용 등 준비 과정부터 마무리까지 자세한 기록을 남김으로써 후세에 비슷한 성격의 행사가 있을 때 참고할 수 있도록 만들었어요. 병인양요 당시 프랑스군이 강화도 외규장각에 보관되어 있던 의궤와 여러 도서를 약탈해 갔어요.

④ (라) - 허준이 우리나라와 중국의 의서를 망라하여 집대성하였다.
➡ 조선 광해군 때 허준이 우리나라와 중국의 의서를 망라하여 집대성한 "동의보감"을 간행하였어요. "동의보감"은 의학 서적으로는 최초로 유네스코 세계 기록 유산에 등재되었어요.

⑤ (마) - 국왕의 비서 기관에서 발행한 관보이다.
➡ 조선 시대 국왕의 비서 기관인 승정원에서 관보 성격의 조보를 발행하였어요. "일성록"은 조선 정조가 세손 시절부터 자신의 언행과 학문을 기록한 일기에서 유래하였으며, 국왕의 동정과 국정 운영을 일기 형식으로 기록한 책이에요.

20 정도전 정답 ①

(가) 인물에 대한 설명으로 옳은 것은? [2점]

> 사료로 보는 한국사
>
> 임금의 자질에는 어리석은 자질도 있고 현명한 자질도 있으며 강한 자질도 있고 유약한 자질도 있어서 한결같지 않으니, 재상은 임금의 아름다운 점은 순종하고 나쁜 점은 바로잡으며, 옳은 일은 받들고 옳지 않은 것은 막아서, 임금으로 하여금 가장 올바른 경지에 들게 해야 한다.
>
> [해설] 이 글은 ❶이성계를 도와 조선 건국을 주도한 (가) 이/가 저술한 ❷조선경국전의 일부입니다. 그는 국가 운영을 위한 종합적인 통치 규범을 제시하고, 재상의 역할을 강조하였습니다.
>
> "조선경국전"은 정도전이 태조 이성계에게 지어 바친 법전으로, "경제육전"과 "경국대전"의 모체가 되었다고 평가를 받아요.

정답 잡는 키워드

❶ 이성계를 도와 조선 건국을 주도함, ❷ "조선경국전"을 저술함
→ 정도전

이성계를 도와 조선 건국을 주도하였으며, "조선경국전"을 저술하였다는 내용을 통해 (가) 인물이 정도전임을 알 수 있어요. 정도전은 이성계를 도와 조선 건국을 주도하였으며, 건국 이후에는 한양 도성을 설계하고 문물제도를 정비하는 등 국정 운영의 기틀을 마련하는 데 힘썼어요. 또한, 재상 중심의 정치를 강조하고, 민본과 덕치에 기반을 둔 통치 체제를 만들고자 하였어요. 하지만 국왕 중심의 정치를 추구한 이성계의 아들 이방원(태종)에 의해 제거되었어요.

① 불씨잡변을 지어 불교를 비판하였다.
➡ 태조 때 정도전은 성리학의 입장에서 불교의 교리를 비판한 "불씨잡변"을 저술하였어요.

② 계유정난을 계기로 정계에서 축출되었다.
➡ 수양 대군이 일으킨 계유정난을 계기로 단종을 보필하던 김종서, 황보인 등이 정계에서 축출되었어요.

③ 최초의 서원인 백운동 서원을 건립하였다.
➡ 중종 때 주세붕은 경상북도 영주에 우리나라 최초의 서원인 백운동 서원을 건립하였어요.

④ 일본에 다녀와서 해동제국기를 편찬하였다.
➡ 신숙주는 일본에 다녀와서 일본의 정치, 외교, 사회 등을 종합적으로 정리한 "해동제국기"를 편찬하였어요.

⑤ 성리학의 개념을 도식으로 설명한 성학십도를 지었다.
➡ 이황은 선조가 성군이 되기를 바라는 마음에서 군주의 도를 도식으로 설명한 "성학십도"를 지어 바쳤어요.

기출 선택지 +α

❻ 곽재우, 정인홍 등의 제자를 배출하였다. (O / X)
❼ 기축봉사를 올려 명에 대한 의리를 내세웠다. (O / X)
❽ 인재 등용을 위해 현량과 실시를 건의하였다. (O / X)
❾ 무오사화의 발단이 된 조의제문을 작성하였다. (O / X)

기출 선택지 +α 정답 ❻ ×[조식] ❼ ×[송시열] ❽ ×[조광조] ❾ ×[김종직]

21 세종의 업적 정답 ③

(가) 왕의 업적으로 옳은 것은? [2점]

정답 잡는 키워드

❶ "월인천강지곡" 편찬, ❷ 훈민정음 창제, ❸ 아들 수양 대군
→ 세종

훈민정음 창제 이후 아들 수양 대군에게 "석보상절"을 편찬하도록 명하였으며, 그 내용을 한글로 옮겨 "월인천강지곡"을 편찬하였다는 내용을 통해 (가) 왕이 조선 세종임을 알 수 있어요. 세종은 우리 고유의 문자인 훈민정음을 창제하였어요. "월인천강지곡"은 "석보상절"을 한글 노랫말로 옮긴 것으로 "용비어천가"와 함께 한글로 표기된 가장 오래된 가사(歌詞)입니다. 훈민정음 창제 당시의 언어를 연구하는 데 중요한 자료로 평가를 받고 있습니다.

① 수도 방어를 위해 금위영을 설치하였다.
  ➡ 숙종은 수도 방어를 위해 금위영을 설치하였어요. 금위영이 설치되면서 5군영 체제가 완성되었어요.
② 음악 이론 등을 집대성한 악학궤범을 완성하였다.
  ➡ 성종 때 성현이 음악 이론 등을 집대성한 "악학궤범"을 완성하였어요.
③ 한양을 기준으로 한 역법서인 칠정산을 간행하였다.
  ➡ 세종 때 한양을 기준으로 한 최초의 역법서인 "칠정산"이 간행되었어요.
④ 역대 문물제도를 정리한 동국문헌비고를 편찬하였다.
  ➡ 영조는 문물제도를 분류, 정리하여 백과사전식으로 구성한 "동국문헌비고"를 편찬하였어요.
⑤ 현직 관리에게만 수조지를 지급하는 직전법을 실시하였다.
  ➡ 세조는 새로운 관리에게 지급할 과전이 부족해지자 현직 관리에게만 수조권을 지급하는 직전법을 실시하였어요.

기출 선택지 +α

❻ 금속 활자인 갑인자를 주조하였다. (O/X)
❼ 창덕궁에 신문고를 처음 설치하였다. (O/X)
❽ 조선의 기본 법전인 경국대전을 반포하였다. (O/X)
❾ 유교 윤리의 보급을 위해 삼강행실도를 편찬하였다. (O/X)

기출 선택지 +α 정답 ❻ O ❼ X[태종] ❽ X[성종] ❾ O

---

22 조선과 명의 관계 정답 ②

(가) 국가에 대한 조선의 정책으로 옳은 것은? [2점]

정답 잡는 키워드

❶ 임진왜란 때 조선에 원군을 보냄 → 명

임진왜란 때 조선에 원군을 보냈다는 내용을 통해 (가) 국가가 명임을 알 수 있어요. 조선은 건국 초기에 명과 외교적 갈등을 겪었으나 태종이 즉위한 이후 사대 외교를 하면서 친선 관계를 유지하였어요. 임진왜란이 일어나 선조가 명에 원군을 요청하자 자국의 안보를 위해 유리하다고 판단한 명의 황제 신종이 조선에 지원군을 보냈어요. 후에 숙종은 명의 신종을 제사 지내기 위해 창덕궁에 대보단을 설치하였습니다.

① 나선 정벌에 조총 부대를 파견하였다.
  ➡ 조선 효종 때 청의 요청으로 나선 정벌을 위해 조총 부대를 파견하였어요.
② 하정사, 천추사 등 사절단을 보내었다.
  ➡ 조선은 정치·경제·문화적 이익을 위해 명에 사절단을 자주 보냈는데, 매해 신년에는 하정사, 황제나 황후의 생일에는 성절사, 황태자의 생일에는 천추사를 파견하였어요.
③ 백두산정계비를 세워 국경을 획정하였다.
  ➡ 조선 숙종 때 조선과 청의 관리가 백두산 일대를 답사한 뒤 백두산정계비를 세워 양국 간의 국경을 획정하였어요.
④ 한성에 동평관을 두어 무역을 허용하였다.
  ➡ 조선은 한성에 일본 사신이 머무는 숙소인 동평관을 두어 무역을 허용하였어요.
⑤ 공녀를 보내기 위해 결혼도감을 설치하였다.
  ➡ 원 간섭기에 고려는 원에 보낼 공녀를 징발하기 위해 결혼도감을 설치하였어요.

기출 선택지 +α

❻ 부산포, 제포, 염포의 삼포를 개항하였다. (O/X)
❼ 사절 왕래를 위하여 북평관을 개설하였다. (O/X)
❽ 막부의 요청에 따라 통신사를 파견하였다. (O/X)
❾ 정도전을 중심으로 요동 정벌을 추진하였다. (O/X)

기출 선택지 +α 정답 ❻ X[일본] ❼ X[여진] ❽ X[일본] ❾ O

23 연산군 재위 시기의 사실   정답 ⑤

(가)에 들어갈 내용으로 가장 적절한 것은? [2점]

[역사 다큐멘터리 기획안]

폭정으로 흔들리는 조선

■ 기획 의도
  국왕이 대신, 삼사 등과 함께 국정을 운영한 선왕 대의 정치 구조를 깨고 폭정을 일삼다가 폐위된 ○○○. 그의 재위 시기에 일어난 정치적 혼란을 살펴본다.

■ 구성 내용
  1부. 선왕 대에 성장한 삼사와 대립하다
  2부. ❶ 조의제문을 구실로 사림을 탄압하다
  3부. (가)
  4부. ❷ 반복된 폭정으로 반정이 일어나 폐위되다

무오사화, 갑자사화를 일으킨 이후에도 연산군의 폭정이 계속되자 성희안 일파가 중종반정을 일으켜 연산군을 몰아냈어요.

정답 잡는 키워드

❶ '조의제문'을 구실로 사림을 탄압함,
❷ 반복된 폭정으로 반정이 일어나 폐위됨 → **연산군**

'조의제문'을 구실로 사림을 탄압하였으며, 반복된 폭정으로 반정이 일어나 폐위되었다는 내용을 통해 (가)에는 조선 연산군 재위 시기의 사실이 들어가야 함을 알 수 있어요. 연산군 때 김일손이 스승 김종직의 '조의제문'을 사초에 실은 것을 문제 삼아 훈구 세력이 사림을 공격하여 많은 사림이 피해를 입은 무오사화가 일어났어요. 이후 폐비 윤씨 사사 사건을 빌미로 갑자사화가 일어났어요. 갑자사화 이후에도 연산군의 폭정이 계속되면서 민심이 동요하는 가운데 반정이 일어나 연산군이 폐위되고 중종이 즉위하였어요.

① 이괄의 난이 일어나 공주로 피란하다
  ➡ 인조 때 반정에서 공을 세운 이괄이 자신의 공로가 낮게 평가된 것에 불만을 품고 반란을 일으켰어요. 이때 인조는 도성을 떠나 공주 공산성으로 피란하였어요.

② 단종의 복위를 꾀한 성삼문 등을 처형하다
  ➡ 세조 때 집현전 학사였던 성삼문, 박팽년 등이 상왕인 단종의 복위를 꾀하다가 처형되었어요.

③ 영창 대군을 죽이고 인목 대비를 유폐하다
  ➡ 광해군 때 영창 대군이 사사되고 인목 대비가 유폐되었어요. 서인 세력은 이를 구실로 반정을 일으켜 광해군을 몰아내고 인조를 새 왕으로 세웠어요.

④ 위훈 삭제를 주장한 조광조 일파를 제거하다
  ➡ 중종 때 조광조가 주장한 위훈 삭제가 원인이 되어 기묘사화가 일어났어요. 이로 인해 조광조 일파가 정계에서 제거되고 많은 사림이 피해를 입었어요.

⑤ 폐비 윤씨 사사 사건을 빌미로 신하들을 숙청하다
  ➡ 연산군 때 왕의 생모인 폐비 윤씨 사사 사건의 전말이 알려지면서 갑자사화가 일어나 김굉필 등이 처형되었어요.

24 우리나라의 성곽   정답 ④

(가)~(마)에서 있었던 사실로 옳은 것은? [1점]

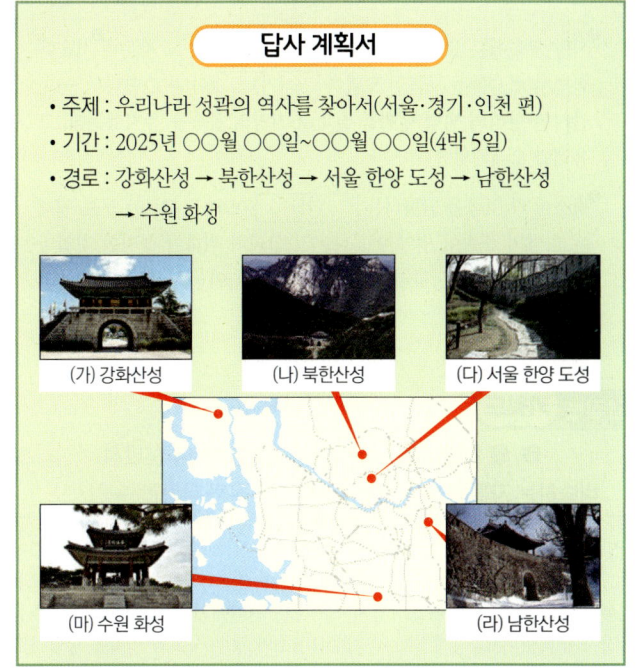

답사 계획서
• 주제 : 우리나라 성곽의 역사를 찾아서(서울·경기·인천 편)
• 기간 : 2025년 ○○월 ○○일~○○월 ○○일(4박 5일)
• 경로 : 강화산성 → 북한산성 → 서울 한양 도성 → 남한산성 → 수원 화성

(가) 강화산성 (나) 북한산성 (다) 서울 한양 도성
(마) 수원 화성 (라) 남한산성

① (가) - 정봉수가 후금의 침입에 맞서 싸웠다.
  ➡ 정묘호란 당시 정봉수는 용골산성에서 후금의 침입에 맞서 싸웠어요. 본래 강화산성은 몽골의 고려 침입 시기에 축조된 성곽이었어요. 개경 환도 후 원의 요청에 따라 고려 정부는 이 산성을 허물었어요. 이후 조선이 다시 세워 수차례 개·보수한 성곽이 지금의 강화산성입니다.

② (나) - 김준룡이 근왕병을 이끌고 적장을 사살하였다.
  ➡ 병자호란 당시 김준룡은 광교산에서 근왕병을 이끌고 청의 장수를 사살하였어요. 북한산성은 조선 시대에 한양 도성을 방어하기 위해 북한산 일대에 쌓은 산성이에요.

③ (다) - 신립이 배수의 진을 치고 전투를 벌였다.
  ➡ 임진왜란이 발발하자 신립은 충주 탄금대에서 배수의 진을 치고 일본군과 전투를 벌였으나 패배하였어요. 서울 한양 도성은 수도 한성을 방어하기 위해 쌓은 성이에요. 조선 초기에 정도전 등의 설계로 북악산, 인왕산, 목멱산(남산), 낙산을 이어 축조하였어요.

④ (라) - 병자호란 때 인조가 피란하여 항전하였다.
  ➡ 병자호란 때 인조는 남한산성으로 피란하여 항전하였으나 결국 청에 항복하고 삼전도에서 굴욕적인 항복 의식을 치렀어요.

⑤ (마) - 임진왜란 때 권율이 일본군을 크게 물리쳤다.
  ➡ 임진왜란 때 권율은 행주산성에서 일본군을 크게 물리쳤어요. 권율의 행주 대첩은 한산도 대첩, 진주 대첩과 함께 임진왜란 3대첩으로 꼽힙니다. 수원 화성은 조선 정조가 자신의 정치적 이상을 실현할 신도시로 건설하였어요.

25 경재소   정답 ④

(가) 기구에 대한 설명으로 옳은 것은? [3점]

> ❶지방 고을에는 그곳의 유력한 집안이 있습니다. 그 가운데 ❷서울에 살면서 벼슬하는 자들의 모임을 ___(가)___ (이)라고 합니다. …… 간사한 향리의 범법 행위를 살펴서 지방의 풍속을 유지했는데, 그 유래가 오래되었습니다. - "성종실록" -
>
> ❸평소에 각 고을을 담당하는 ___(가)___ (이)라고 부르는 곳도 원래는 지방의 풍속이 법에 어긋나는지 살피기 위하여 설치한 것입니다. 그런데 지금은 향리를 침학하여 사람들이 대부분 괴롭게 여기고 있습니다. - "선조실록" -

정답 잡는 키워드

❶, ❷ 지방의 유력한 집안 가운데 서울에 살면서 벼슬하는 자들의 모임, ❸ 평소에 각 고을을 담당함 → **경재소**

지방의 유력한 집안 가운데 서울에 살면서 벼슬하는 자들의 모임이며, 평소에 각 고을을 담당한다는 내용을 통해 (가) 기구가 경재소임을 알 수 있어요. 조선 정부는 수도 한성에 경재소를 설치하고 고위 관리에게 출신 지역의 경재소를 관장하게 하였어요. 경재소는 지방의 유향소와 정부 사이의 연락을 담당하고 유향소를 통제하는 역할을 하였어요. 임진왜란 후 수령권이 강화되어 유향소의 지위가 격하되면서 경재소의 역할도 사라져 선조 말에 폐지되었어요.

① 사헌부, 사간원과 함께 3사로 불렸다.
  ➡ 홍문관은 왕의 자문을 담당하고 경연을 주관하였으며 사헌부, 사간원과 함께 3사로 불렸어요.

② 소속 관원을 은대 학사라고도 칭하였다.
  ➡ 승정원은 왕의 비서 기관으로 왕명의 출납을 담당하였으며 소속 관원은 은대 학사라고도 불렸어요.

③ 서얼 출신 학자들이 검서관에 등용되었다.
  ➡ 정조 때 박제가, 유득공, 이덕무 등의 서얼 출신 학자들이 규장각 검서관에 등용되었어요.

④ 관할 유향소 임원의 임명권을 행사하였다.
  ➡ 경재소는 관할 유향소 품관을 임명·감독하면서 유향소를 통제하였어요.

⑤ 대사성 이하 좨주, 직강 등의 관직을 두었다.
  ➡ 조선의 최고 교육 기관인 성균관에는 수장인 대사성을 중심으로 좨주, 직강 등의 관직이 있었어요.

기출 선택지 +α

❻ 좌수와 별감을 선발하여 운영되었다. (O/X)
❼ 대성전을 세워 선현에 제사를 지냈다. (O/X)
❽ 조광조를 비롯한 사림의 건의로 혁파되었다. (O/X)
❾ 매향(埋香) 활동 등 각종 불교 행사를 주관하였다. (O/X)

핵심 개념 | 유향소와 경재소

유향소	지방 사족으로 구성, 수령 자문 및 향리의 비리 감시, 풍속 교화, 좌수와 별감을 선발하여 운영
경재소	해당 지방 출신의 중앙 고위 관리를 책임자로 임명, 유향소와 정부 사이의 연락 담당, 유향소 통제

기출 선택지 +α 정답 ❻ X[유향소] ❼ X[성균관, 향교] ❽ X[소격서] ❾ X[향도]

---

26 정선의 작품   정답 ①

(가) 인물의 작품으로 옳은 것은? [1점]

> 이곳 철원 삼부연 폭포는 ❶겸재 (가) 이/가 그린 그림으로도 유명합니다. 우리 산천의 아름다움을 사실적으로 표현한 ❷진경 산수화를 실제 모습과 함께 감상해 보세요.
>
> '실제 경치를 소재로 한 산수화'라는 뜻이에요. 관념적 이상 세계를 그린 중국의 산수화를 모방하던 화풍에서 벗어나 우리나라의 경치를 직접 보고 그린 그림입니다.

정답 잡는 키워드

❶ 겸재, ❷ 진경 산수화 → **정선**

'겸재'라는 호와 진경 산수화를 그렸다는 내용을 통해 (가) 인물이 정선임을 알 수 있어요. 조선 후기에 우리 산천을 소재로 하여 사실적으로 그린 진경 산수화가 등장하였어요. 겸재 정선은 진경 산수화를 그린 대표적인 화가로 금강전도, 인왕제색도 등의 작품을 남겼어요.

①
➡ 정선이 그린 금강전도입니다.

②
➡ 김홍도가 그린 산수 인물도(애내일성)입니다.

③
➡ 신윤복이 그린 월하정인입니다.

④
➡ 강세황이 그린 영통동구도입니다.

⑤
➡ 안견이 그린 몽유도원도입니다.

기출 선택지 +α

❻  (O/X)
❼ (O/X)
❽  (O/X)

기출 선택지 +α 정답 ❻ O[정선, 인왕제색도] ❼ X[김홍도, 옥순봉도] ❽ X[김정희, 세한도]

27 철종 재위 시기의 사실   정답 ⑤

(가) 왕의 재위 시기에 있었던 사실로 옳은 것은? [2점]

(가) 어진

이 그림은 (가) 의 초상화로, 조선 시대에 그려진 현존하는 어진 가운데 군복을 입고 있는 유일한 사례이다. 강화 도령으로 불렸던 그는 안동 김씨인 순원 왕후의 명으로 왕위에 올랐지만, ❶임술 농민 봉기가 일어나는 등 혼란한 상황 속에서 승하하였다. 6·25 전쟁 때 화재로 어진의 일부가 소실되었다.

철종은 국왕이 되기 전까지 어린 시절을 강화도에서 보내 강화 도령으로 불렸어요. 현종이 후사 없이 죽은 이후 왕조의 직계 혈통이 단절되자 방계 출신인 철종이 대왕대비의 명으로 왕위에 오르게 되었어요.

임술 농민 봉기는 1862년(철종 13), 즉 임술년에 진주에서 시작되어 전국으로 확산된 농민 봉기를 말해요.

정답 잡는 키워드

❶ 임술 농민 봉기가 일어남 → 철종

임술 농민 봉기가 일어났다는 내용을 통해 (가) 왕이 조선 철종임을 알 수 있어요. 정조가 죽은 이후 소수의 외척 가문이 권력을 독점하는 세도 정치가 전개되었어요. 세도 정치는 순조에서 철종 때까지 이어졌으며, 이 시기에 국가 기강이 해이해지면서 탐관오리의 횡포와 삼정의 문란이 극심하였어요. 이에 분노한 농민들이 사회 개혁을 요구하며 봉기하였는데, 철종 때 일어난 임술 농민 봉기가 대표적입니다.

① 윤지충 등이 처형된 신해박해가 일어났다.
→ 정조 때 천주교도 윤지충과 권상연이 유교식 제사를 지내지 않고 신주를 불태워 관에 고발되었어요. 이들은 혹독한 고문을 당하며 배교를 강요받았으나 신앙을 고수하다가 처형되었어요. 이를 신해박해(1791)라고 합니다.

② 오페르트가 남연군 묘 도굴을 시도하였다.
→ 고종 때인 1868년에 독일 상인 오페르트가 흥선 대원군의 아버지 남연군의 묘를 도굴하여 통상 협상에 이용하려고 하였으나 도굴에 실패하였어요.

③ 국왕의 친위 부대인 장용영이 창설되었다.
→ 정조 때 왕권 강화를 위해 국왕의 친위 부대인 장용영이 창설되었어요.

④ 경신환국 등 여러 차례 환국이 발생하였다.
→ 숙종 때 경신환국, 기사환국, 갑술환국 등 여러 차례 환국이 발생하였어요. 숙종은 왕권을 강화하기 위해 집권 붕당을 급격하게 교체하는 환국을 주도하였어요.

⑤ 박규수의 건의로 삼정이정청이 설치되었다.
→ 철종 때인 임술년(1862)에 일어난 진주 농민 봉기의 수습을 위해 파견된 안핵사 박규수의 건의로 삼정의 문란을 해결하기 위한 삼정이정청이 설치되었어요.

기출 선택지 +α

❻ 홍경래 등이 봉기하여 정주성을 점령하였다. (O/X)
❼ 자의 대비의 복상 문제로 예송이 전개되었다. (O/X)
❽ 외교 문서를 집대성한 동문휘고가 편찬되었다. (O/X)
❾ 황사영이 외국 군대의 출병을 요청하는 백서를 작성하였다. (O/X)
❿ 백낙신의 탐학이 발단이 되어 진주에서 농민들이 봉기하였다. (O/X)

기출 선택지 +α 정답 ❻ ×[순조] ❼ ×[현종] ❽ ×[정조] ❾ ×[순조] ❿ ○

28 균역법   정답 ②

다음 자료를 활용한 탐구 주제로 가장 적절한 것은? [2점]

균역법으로 인한 재정 손실을 보충하기 위해 명목상의 군관인 선무군관이라는 직책을 신설하고, 이들에게 군포를 부과하였어요.

❶선무군관 직책을 특별히 설치하고 서북을 제외한 6도에서 벼슬이 없는 자들 중 선정한다. 사족이 아니거나 음서를 받지 않은 자들, 군보(軍保) 역할에 그치기에는 아까운 자들을 대상으로 한다. ❷평시에는 입번(立番)과 훈련을 면해 주고 다만 베 1필을 받는데, 유사시에는 관할 수령이 지도하여 방비에 임하도록 한다.

군대에 복무하는 것을 말해요.

정답 잡는 키워드

❶ 선무군관 직책을 특별히 설치함,
❷ 평시에는 입번과 훈련을 면해 주고 베 1필을 받음 → 선무군관포

선무군관 직책을 특별히 설치하고 평시에는 입번과 훈련을 면해 주고 다만 베 1필을 받는다는 내용을 통해 선무군관포와 관련된 자료임을 알 수 있어요. 임진왜란 이후 납속이나 공명첩을 이용하여 신분이 상승한 이들이 늘어나면서 재정 기반인 상민의 수가 줄고 농민에게 이중 삼중으로 군포를 부과하는 사례가 많아졌어요. 또한, 어린아이에게 군포를 징수하는 황구첨정, 죽은 사람에게 군포를 거두어 가는 백골징포 등의 폐해가 빈번하게 일어났어요. 이에 영조는 농민의 군역 부담을 줄여 주기 위해 1년에 군포를 1필만 내도록 조정한 균역법을 제정하였어요. 균역법 실시로 부족해진 재정을 보충하기 위해 일부 부유한 상민에게 선무군관이라는 직책을 주고 1년에 1필씩 군포를 거두었어요.

① 토산물을 쌀, 동전 등으로 납부하게 한 원인
→ 방납의 폐해가 심해지자 광해군 때 공납을 토산물 대신 토지 결수에 따라 쌀, 동전 등으로 납부하게 하는 대동법이 처음 실시되었어요.

②균역법 실시로 인한 세입 감소분의 보충 방안
→ 균역법 실시로 인한 세입 감소분을 보충하기 위해 선무군관포를 징수하고 지주에게 토지 1결당 쌀 2두의 결작을 거두었어요. 또한, 어염세, 선박세 등을 국가 재정으로 귀속시켰어요.

③ 시전 상인의 특권을 축소한 신해통공 단행 배경
→ 조선 후기에 상업이 발달하면서 난전이 성행하는 가운데 독점적 권한을 가진 시전 상인의 횡포로 물가가 오르자 정조는 육의전을 제외한 시전 상인의 금난전권을 폐지하는 신해통공을 단행하였어요.

④ 전세를 풍흉에 따라 9등급으로 차등 부과한 이유
→ 세종은 전세를 효율적으로 수취하기 위해 풍흉에 따라 전세를 9등급으로 차등 부과하는 연분9등법을 실시하였어요.

⑤ 설점수세제를 시행하여 민간의 광산 개발을 허용한 목적
→ 조선 후기에 민영 수공업의 발달로 광산물 수요가 늘어나자 정부는 광산 개발을 촉진하고 국가 재정을 확충하기 위해 민간의 광산 개발을 허용하고 세금을 걷는 설점수세제를 시행하였어요.

29 갑신정변 정답 ①

다음 자료에 나타난 사건에 대한 설명으로 옳은 것은? [2점]

> 아, 고금 천하에 ❶김옥균, 홍영식 등의 역적들처럼 극악하고 무도한 자들이 있었겠습니까? …… 처음에는 연회를 베풀어 사람들을 찔러 죽이고 끝에는 변고가 일어났다고 선언하고는 전하를 강박하여 처소를 옮기게 하였습니다. ❷일본 사람들을 끼고 병기를 휘둘러 재상들을 모두 죽여 궁궐에 피를 뿌리고 장상(將相)의 중직을 잠깐 동안에 차지하여 종묘사직을 위태롭게 하였습니다.

― 김옥균, 홍영식, 서광범, 박영효 등 급진 개화파가 우정총국 개국 축하연을 기회로 삼아 갑신정변을 일으켰어요.

― 갑신정변 과정에서 민영목, 민태호 등 민씨 일파와 군권을 가진 고위 관리들이 제거되었어요.

정답 잡는 키워드
❶ 김옥균, 홍영식 등의 역적들,
❷ 일본 사람들을 끼고 병기를 휘둘러 재상들을 죽임 → **갑신정변**

김옥균과 홍영식을 역적으로 표현하고 있으며, 일본 사람들을 끼고 병기를 휘둘러 재상들을 죽였다는 내용을 통해 자료에 나타난 사건이 1884년에 일어난 갑신정변임을 알 수 있어요. 급진 개화파는 갑신정변을 일으키고 개화당 정부를 수립한 후 청과의 사대 관계 청산, 호조로 재정 일원화, 지조법 개혁, 문벌 폐지, 인민 평등권 확립, 능력에 따른 인재 등용 등의 내용을 담은 개혁 정강을 발표하였어요.

①**청군의 개입으로 3일 만에 실패하였다.**
➡ 급진 개화파는 **갑신정변** 후 개화당 정부를 수립하고 개혁을 추진하였으나 청군의 개입으로 3일 만에 실패하였어요.

② 전개 과정에서 **홍범 14조**가 반포되었다.
➡ **제2차 갑오개혁** 과정에서 개혁의 기본 방향을 제시한 홍범 14조가 반포되었어요.

③ **통리기무아문**이 설치되는 계기가 되었다.
➡ 통리기무아문은 **1880년**에 개화 정책을 총괄하기 위해 설치되었다가 1882년에 일어난 임오군란을 계기로 폐지되었어요.

④ 조·일 통상 장정이 체결되는 결과를 초래하였다.
➡ 조선 정부가 조·미 수호 통상 조약을 체결하면서 처음으로 관세에 대한 규정을 마련한 후 조선과 일본도 **1883년**에 조·일 통상 장정을 체결하여 관세를 설정하였어요.

⑤ **구식 군인**에 대한 **차별 대우**가 발단이 되어 일어났다.
➡ 구식 군인에 대한 차별 대우가 발단이 되어 1882년에 **임오군란**이 일어났어요.

기출 선택지 +α
❻ 수신사가 파견되는 데 영향을 주었다. (O/X)
❼ 한성 조약이 체결되는 결과를 가져왔다. (O/X)
❽ 구본신참에 입각하여 개혁이 추진되었다. (O/X)
❾ 청·일 간 톈진 조약 체결의 계기가 되었다. (O/X)
❿ 외규장각 건물이 불타고 의궤가 약탈당하였다. (O/X)

기출 선택지 +α
정답 ⑥ ×[강화도 조약 체결] ⑦ ○ ⑧ ×[광무개혁] ⑨ ○ ⑩ ×[병인양요]

---

30 조선 후기의 사회 모습 정답 ①

밑줄 그은 '이 시기'에 볼 수 있는 모습으로 적절하지 않은 것은? [1점]

이것은 경상도 단성현 김○봉 가계의 직역 변화입니다. 사노비였던 그는 노력 끝에 면천되었고, 후손들도 꾸준히 신분 상승을 도모하여 유학 직역을 획득하였습니다. 이와 같이 ❶신분 질서가 크게 동요한 이 시기에는 ❷구향과 신향 간의 향전이 발생하기도 하였습니다.

본인	김○봉	사노비
아들	김○발	보인(保人)
5세손	김○려	유학(幼學)
6세손	김○흠	유학(幼學)

〈김○봉 가계의 직역 변화〉

조선 후기에 향촌 사회의 지배권을 둘러싸고 지방의 전통 사족인 구향과 새롭게 양반층으로 성장한 신향이 대립하며 향전이 일어났어요.

정답 잡는 키워드
❶ 신분 질서가 크게 동요함, ❷ 구향과 신향 간의 향전이 발생함
→ **조선 후기**

신분 질서가 크게 동요하고 구향과 신향 간의 향전이 발생하였다는 내용을 통해 밑줄 그은 '이 시기'가 조선 후기임을 알 수 있어요. 조선 후기의 사회·경제적 변동 속에서 양반 중심의 신분 질서가 동요하고 향촌 지배 질서에도 변화가 나타났어요. 향촌 사회에서 사족(구향)이 가졌던 영향력은 점차 약해진 반면, 재산을 모아 신분을 상승시킨 새로운 계층(신향)이 등장해 사족의 향촌 지배권에 도전하여 갈등과 다툼이 벌어졌어요.

①**빈민을 구휼하는 제위보의 관리**
➡ **고려 시대**에 빈민 구호 및 질병 치료를 위해 기금을 모아 그 이자로 사업을 하는 재단 형식의 제위보가 운영되었어요.

② 시사(詩社)에서 시를 낭송하는 중인
➡ **조선 후기**에 중인도 양반의 전유물로 여겼던 시를 짓고 즐기는 문학 모임인 시사를 조직하여 활동하였어요.

③ 상평통보로 물건을 거래하는 보부상
➡ **조선 후기**에 상업이 발달하면서 화폐 유통이 확대되어 상평통보가 널리 사용되었어요.

④ 세책가에서 홍길동전을 빌리는 부녀자
➡ **조선 후기**에 "홍길동전", "춘향전" 등 한글 소설이 유행하면서 돈을 받고 책을 빌려주는 세책가가 성행하였어요.

⑤ 송파장에서 산대놀이 공연을 하는 광대
➡ **조선 후기**에 송파장, 강경장, 원산장 등 전국적으로 장시가 발달하였으며, 사람이 많이 모이는 곳에서 탈놀이 등의 공연이 벌어졌어요. 산대놀이는 탈을 쓰고 큰길가, 공터 등에 만든 무대에서 하는 가면극 또는 탈놀이를 말해요.

31 동학 농민 운동 정답 ④

(가), (나) 사이의 시기에 있었던 사실로 옳은 것은? [2점]

> (가) 통문으로 장터에 모이라는 기별이 왔다. 저녁 먹은 후 여러 마을에서 징 소리며 나팔 소리, 고함 소리가 천지에 뒤끓더니 ❶수천 명 군중들이 우리 마을 앞길로 몰려와 군수 조병갑을 죽인다며 소요를 일으켰다. 군중이 사방으로 포위하고 몰아갈 때 조병갑은 서울로 도망갔다. _{군수 조병갑의 탐학에 맞서 고부 농민들이 봉기를 일으켜 관아를 습격하고 수탈의 상징이었던 만석보를 파괴하였어요.}
>
> (나) 우두머리는 선화당을 점거하고 다른 ❷동학 도당들은 나누어 사대문을 막으니 성 안의 백성과 아전, 군교 등이 미처 나오지 못하고 화염 속에 빠진 자가 많아 그 수를 알지 못하였습니다. ❸전주성이 삽시간에 함락된 것은 감영이나 전주부의 관속 무리 중 내응하는 자가 많았기 때문입니다. _{동학 농민군이 전주성을 함락하자 조선 정부는 청에 파병을 요청하였어요. 이에 청이 군대를 파견하였고, 이 소식을 들은 일본도 조선에 있는 자국민을 보호한다는 구실로 군대를 보냈어요.}

정답 잡는 키워드

❶ 수천 명의 군중들이 군수 조병갑을 죽인다며 소요를 일으킴
→ (가) 고부 농민 봉기(1894. 1.)

❷, ❸ 동학 도당들이 전주성을 함락함
→ (나) 동학 농민군의 전주성 점령(1894. 4.)

(가)는 군중들이 군수 조병갑을 죽인다며 소요를 일으켰다는 내용을 통해 고부 농민 봉기가 일어난 상황임을 알 수 있어요. (나)는 동학 도당들에 의해 전주성이 함락되었다는 내용을 통해 동학 농민 운동 당시 농민군이 전주성을 점령한 상황임을 알 수 있어요. 전라도 고부의 군수 조병갑이 만석보를 짓고 강제로 사용하게 한 후 비싼 사용료를 징수하는 등 횡포를 부리자 이에 저항하여 전봉준을 중심으로 고부의 농민들이 봉기하였어요(1894). 조선 정부는 고부 농민 봉기를 수습하기 위해 이용태를 안핵사로 파견하였어요. 그러나 이용태는 오히려 봉기에 참여한 농민들을 동학교도로 몰아 탄압하였고, 이에 분노한 농민들이 대규모 봉기를 일으켜 동학 농민 운동이 시작되었어요. 동학 농민군은 황토현 전투와 황룡촌 전투에서 관군을 물리치고 전주성까지 점령하였으나 청과 일본의 개입을 우려하여 조선 정부와 전주 화약을 체결하고 자진 해산하였어요. 이후 농민군은 전라도 각지에 집강소를 설치하고 폐정 개혁안을 실천해 나갔어요.

① 남접과 북접이 논산에서 연합하였다.
➡ 일본군의 경복궁 점령 이후 동학 농민군이 다시 봉기하였고, 전봉준이 이끄는 남접과 손병희가 이끄는 북접이 논산에서 집결하여 연합 부대를 형성하였어요. (나) 이후의 사실이에요.

② 최제우가 혹세무민의 죄로 처형되었다.
➡ 1864년 동학 교조 최제우가 세상을 어지럽히고 백성을 속인다는 혹세무민의 죄로 처형되었어요. (가) 이전의 사실이에요.

③ 일본이 군대를 동원하여 경복궁을 점령하였다.
➡ 전주 화약 체결 이후 조선 정부는 청·일 양국 군대의 철수를 요구하였으나, 일본은 이를 거부하고 군대를 동원하여 경복궁을 기습 점령하였어요. (나) 이후의 사실이에요.

④ 농민군이 황룡촌 전투에서 관군에 승리하였다.
➡ 농민군이 황룡촌 전투에서 관군에 승리한 것은 전주성 점령 직전의 일이에요. 동학 농민군은 정읍(황토현 전투), 장성(황룡촌 전투) 등지에서 관군을 격파한 후 북상하여 전주성까지 점령하였어요.

⑤ 우금치에서 농민군이 관군과 일본군에 맞서 싸웠다.
➡ 남접과 북접이 논산에서 연합한 후 서울로 진격하였으나 공주의 우금치 전투에서 관군과 일본군에 패배하였어요. (나) 이후의 사실이에요.

32 상권 수호 운동 정답 ③

다음 상황의 배경으로 가장 적절한 것은? [3점]

> **역사 신문**
> 제△△호   ○○○○년 ○○월 ○○일
>
> ❶**시전 상인, 외국 상인의 퇴거를 요구하다**
>
> 며칠 전 시전 상인 수백 명이 가게 문을 닫고 외아문(통리교섭통상사무아문) 앞에서 연좌시위를 시작하였다. 시전 상인들은 몇 해 전부터 외국 상인의 한성 침투로 인해 입는 피해가 크다는 점을 주장하며 퇴거를 요구하였다. 향후 정부가 이 문제를 어떻게 해결해 나갈 것인지 귀추가 주목된다. _{조·청 상민 수륙 무역 장정이 체결된 이후 다른 외국 상인들도 최혜국 대우를 근거로 내륙으로 진출하였어요. 이로 인해 국내 상인의 상권이 크게 위협받았어요.}

정답 잡는 키워드

❶ 시전 상인이 외국 상인의 퇴거를 요구함 → 상권 수호 운동

시전 상인이 외아문(통리교섭통상사무아문) 앞에서 외국 상인의 퇴거를 요구하는 연좌시위를 시작하였다는 내용을 통해 상권 수호 운동이 전개되는 상황임을 알 수 있어요. 조·청 상민 수륙 무역 장정 체결 이후 외국 상인이 상권을 넓히면서 상권 침탈의 피해가 점점 커지자 시전 상인의 주도로 상권 수호 운동이 전개되었어요. 한성의 시전 상인은 청 상인과 일본 상인의 점포 철수를 요구하는 시위를 벌이며 가게의 문을 닫는 철시 운동을 전개하였어요. 1898년에는 시전 상인이 황국 중앙 총상회를 조직하여 외국 상인의 불법적인 상업 활동을 중단시켜 줄 것을 정부에 강력하게 요구하였어요.

① 동양 척식 주식회사가 설립되었다.
➡ 1908년에 일제가 한국의 토지와 자원을 수탈할 목적으로 동양 척식 주식회사를 설립하였어요.

② 일제가 황무지 개간권을 요구하였다.
➡ 1904년 한·일 의정서 체결 이후 일제가 황무지 개간권을 요구하자 보안회 등이 일제의 황무지 개간권 요구에 반대하는 운동을 전개하여 일제의 요구를 저지하는 데 성공하였어요.

③ 조·청 상민 수륙 무역 장정이 체결되었다.
➡ 1882년에 조·청 상민 수륙 무역 장정이 체결되면서 허가받은 청 상인의 내지 통상이 가능해졌어요. 이후 외국 상인의 상권 침탈이 심해지자 시전 상인의 주도로 상권 수호 운동이 전개되었어요.

④ 메가타의 주도로 화폐 정리 사업이 시행되었다.
➡ 제1차 한·일 협약 체결 후 재정 고문으로 부임한 메가타의 주도로 1905년에 화폐 정리 사업이 실시되었어요. 그 결과 국내 자본가와 상인, 농민이 큰 피해를 입었어요.

⑤ 회사 설립을 허가제로 하는 회사령이 공포되었다.
➡ 일제는 1910년에 회사 설립 시 조선 총독의 허가를 받도록 하는 회사령을 공포하여 민족 자본의 성장을 억제하고 한국인의 기업 활동을 제한하였어요.

33 국채 보상 운동   정답 ①

(가) 운동에 대한 설명으로 옳은 것은? [2점]

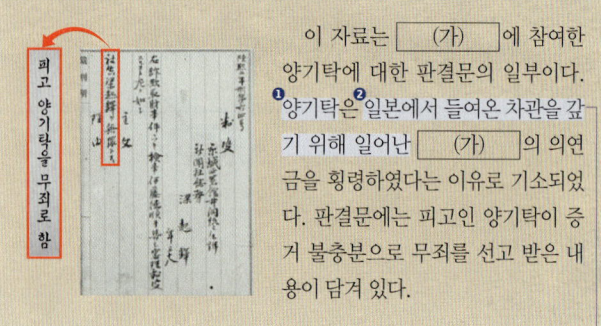

이 자료는 (가) 에 참여한 양기탁에 대한 판결문의 일부이다. ❶양기탁은 ❷일본에서 들여온 차관을 갚기 위해 일어난 (가) 의 의연금을 횡령하였다는 이유로 기소되었다. 판결문에는 피고인 양기탁이 증거 불충분으로 무죄를 선고 받은 내용이 담겨 있다.

국채 보상 운동 당시 많은 국민이 일본에 진 나랏빚을 갚기 위해 금주, 금연, 패물 헌납 등의 방법으로 성금을 마련하여 적극적으로 동참하였어요.

정답 잡는 키워드

❶ 양기탁이 참여함, ❷ 일본에서 들여온 차관을 갚기 위해 일어남
→ **국채 보상 운동**

양기탁이 참여하였으며 일본에서 들여온 차관을 갚기 위해 일어났다는 내용을 통해 (가) 운동이 국채 보상 운동임을 알 수 있어요. 을사늑약 체결 이후 일본은 여러 명목으로 대한 제국 정부에 차관 도입을 강요하였어요. 그 결과 대한 제국이 일본에 진 빚은 1,300만 원에 달하였으며, 이는 대한 제국의 1년 예산에 해당하는 막대한 금액이었어요. 이로 인해 일본에 경제적으로 예속되자 국민이 스스로 성금을 모아 나랏빚을 갚고 국권을 회복하자는 국채 보상 운동이 전개되었어요. 국채 보상 운동은 서상돈, 김광제 등의 발의로 1907년 대구에서 시작되어 전국으로 확산되었어요.

①**대한매일신보의 지원을 받아 확산되었다.**
➡ 대한매일신보, 황성신문 등 당시 언론의 적극적인 지원으로 **국채 보상 운동**이 전국적으로 확산되었어요.

② 조선 총독부의 탄압과 방해로 실패하였다.
➡ **국권 피탈** 이후 일제의 식민 통치 기관으로 조선 총독부가 설치되었어요. 국채 보상 운동은 통감부의 방해와 탄압으로 중단되었어요.

③ 백정에 대한 사회적 차별 철폐를 요구하였다.
➡ 1920년대에 백정들이 **형평 운동**을 전개하여 백정에 대한 사회적 차별 철폐를 요구하였어요.

④ 조선 민립 대학 기성회에서 모금 활동을 주도하였다.
➡ 이상재 등이 조선 민립 대학 기성회를 조직하여 모금 활동 방식으로 **민립 대학 설립 운동**을 전개하였어요.

⑤ 일본, 프랑스 등의 노동 단체로부터 격려 전문을 받았다.
➡ 1929년에 **원산 총파업**이 일어나자 일본, 프랑스 등 해외의 노동 단체가 격려 전문을 보내 지지하였어요.

기출 선택지 +α

❻ 회사령 폐지에 영향을 받았다. (O / X)
❼ 김광제 등의 발의로 본격화되었다. (O / X)
❽ 조선 형평사를 중심으로 전개되었다. (O / X)
❾ 대한민국 임시 정부가 수립되는 계기가 되었다. (O / X)

기출 선택지 +α 정답 ❻ ×[물산 장려 운동] ❼ ○ ❽ ×[형평 운동] ❾ ×[3·1 운동]

---

34 을사늑약   정답 ④

(가) 조약에 대한 설명으로 옳은 것은? [1점]

저는 지금 워싱턴에 있는 옛 주미 대한 제국 공사관 건물 앞에 나와 있습니다. 이곳은 1889년부터 외교 공관으로 사용되었으나, ❶ (가) 으로 외교권을 박탈당하여 그 기능을 상실하였습니다. 현재 이 건물을 대한민국 정부가 매입하여 전시관으로 활용하고 있습니다.

을사늑약 제2조에서 일본은 "한국 정부는 금후 일본국 정부의 중개 없이는 타국과 국제적 성질을 가진 어떠한 조약이나 약속을 맺어서는 안 된다."라고 명시하였어요.

정답 잡는 키워드

❶ 외교권을 박탈당함 → **을사늑약**

외교권이 박탈되었다는 내용을 통해 (가) 조약이 1905년에 체결된 을사늑약임을 알 수 있어요. 러·일 전쟁에서 승리한 일본은 대한 제국의 외교권을 빼앗는 을사늑약 체결을 강요하였어요. 고종과 일부 대신들이 강력히 반대하였으나, 일본은 군대를 동원하여 고종의 비준 없이 친일 대신 5명(을사오적)의 서명만으로 을사늑약을 강제 체결하였어요. 이로 인해 대한 제국은 일본에 외교권을 빼앗겼고, 이듬해 서울에 통감부가 설치되었습니다. 을사늑약이 체결되자 각계각층에서 저항 운동이 일어났고, 고종 황제도 을사늑약의 부당성을 국제 사회에 알리기 위해 1907년 네덜란드 헤이그에서 열린 만국 평화 회의에 특사를 파견하였어요.

① 러·일 전쟁 중에 체결되었다.
➡ 러·일 전쟁 중이던 1904년에 **한·일 의정서**와 **제1차 한·일 협약**이 체결되었어요. 을사늑약(제2차 한·일 협약)은 러·일 전쟁이 끝난 후인 1905년 11월에 체결되었어요.

② 최혜국 대우를 최초로 규정하였다.
➡ 1882년에 체결된 **조·미 수호 통상 조약**에서 최혜국 대우가 최초로 규정되었어요.

③ 천주교 포교 허용의 근거가 되었다.
➡ 1886년에 **조·프 수호 통상 조약**이 체결되면서 천주교 포교가 허용되었어요.

④**통감부가 설치되는 결과를 초래하였다.**
➡ **을사늑약**이 체결되면서 이듬해 통감부가 설치되고 이토 히로부미가 초대 통감으로 부임하였어요.

⑤ 스티븐스가 외교 고문으로 파견되는 배경이 되었다.
➡ 1904년에 체결된 **제1차 한·일 협약**에 따라 일본인 메가타가 재정 고문으로, 미국인 스티븐스가 외교 고문으로 부임하였어요.

기출 선택지 +α

❻ 재정 고문을 두도록 하는 조항을 담고 있다. (O / X)
❼ 외국 상인의 내지 통상권을 최초로 규정하였다. (O / X)

기출 선택지 +α 정답 ❻ ×[제1차 한·일 협약] ❼ ×[조·청 상민 수륙 무역 장정]

35 근대 문물의 수용   정답 ⑤

다음 가상 대화가 이루어진 시기 이후에 볼 수 있는 모습으로 가장 적절한 것은? [2점]

- 자네 들었는가? 며칠 전 한성 전기 회사에서 개통한 전차에 어린아이가 깔려 죽었다고 하네.
- 나도 들었네. 사고를 보고 격분한 사람들이 전차를 전복시키고 불태웠다더군.

1898년에 설립된 한성 전기 회사는 주로 한성의 전차와 전등 사업을 운영하였어요. 한성 전기 회사가 공급하는 전기를 사용하여 1899년 우리나라 최초의 전차가 개통되었어요.

정답 잡는 키워드
❶ 며칠 전 한성 전기 회사에서 전차 개통 → 1899년

며칠 전에 개통한 전차의 운행 중에 사망 사고가 일어났다는 내용을 통해 가상 대화가 이루어진 시기가 1899년임을 알 수 있어요. 1899년 5월에 우리나라 최초의 전차가 개통되어 서대문과 청량리 사이를 운행하였어요. 많은 사람이 새롭고 편리한 교통수단인 전차의 개통을 반겼지만, 운행 과정에서 여러 차례 참혹한 사고가 일어나 일부 사람들의 반감을 사기도 하였어요.

① 척화비를 세우기 위해 돌을 다듬는 석공
→ 흥선 대원군은 신미양요 직후인 1871년에 서양과의 통상 수교 거부 의지를 널리 알리기 위해 전국 각지에 척화비를 세웠어요. 척화비는 1882년 임오군란 때 흥선 대원군이 청으로 납치된 이후 대부분 철거되었어요.

② 거문도를 불법 점령하고 있는 영국 군인
→ 영국군은 1885년에 러시아의 남하를 견제한다는 구실로 거문도를 불법으로 점령하였어요.(~1887).

③ 연무당에서 일본과 조약을 체결하는 관리
→ 1876년에 강화도 연무당에서 조선과 일본 사이에 강화도 조약이 체결되었어요.

④ 보빙사의 일원으로 미국에 파견되는 역관
→ 조·미 수호 통상 조약 체결 이후 미국 공사가 한성에 부임하자 그에 대한 답례로 1883년에 보빙사가 미국에 파견되었어요.

⑤ 경부선 철도 개통식을 취재하는 신문 기자
→ 러·일 전쟁 중에 일본이 군사적 목적으로 경부선 철도 부설 공사를 시작하여 1905년에 개통시켰어요.

기출 선택지 +α
❻ 제너럴 셔먼호를 불태우는 평양 관민 (O/X)
❼ 대한매일신보의 기사를 읽고 있는 교사 (O/X)
❽ 원각사에서 은세계 공연을 관람하는 학생 (O/X)
❾ 조사 시찰단으로 일본에 파견되는 통역관 (O/X)
❿ 우정총국 개국 축하연에 참석하는 외교관 (O/X)

기출 선택지 +α 정답 ❻ ×[1866년] ❼ ○[1904년 창간] ❽ ○[1908년부터 상연] ❾ ×[1881년] ❿ ×[1884년]

---

36 서간도 지역의 민족 운동   정답 ①

(가) 지역에서 있었던 민족 운동에 대한 설명으로 옳은 것은? [2점]

이것은 (가) 에 세워진 신흥 강습소의 구성원이 만든 신흥 교우단의 기관지입니다. 이 기관지에는 군사, 교육, 역사 등 다양한 분야의 글이 게재되어 동포들의 민족의식을 고취하였습니다. 특히 신흥 무관 학교의 전신인 신흥 강습소의 조직과 활동을 알려 주는 내용이 많아 (가) 에서 전개된 독립운동을 연구하는 데 가치가 있습니다.

정답 잡는 키워드
❶ 신흥 강습소 → 서간도(남만주)

신흥 강습소가 세워졌다는 내용을 통해 (가) 지역이 서간도(남만주)임을 알 수 있어요. 일제가 국권을 침탈하고 가혹한 무단 통치를 펴자 국내에서 민족 운동이 어려워진 독립운동가들은 만주, 연해주 등 국외로 이동하여 독립운동 기지를 건설하였어요. 서간도(남만주)로 이주한 신민회의 이회영, 이상룡 등은 삼원보에 독립운동 기지를 건설하고 독립군 양성을 위해 신흥 강습소를 설립하였어요. 신흥 강습소는 이후 신흥 무관 학교로 발전하였어요.

① 한인 자치 기구인 경학사를 조직하였다.
→ 서간도(남만주) 삼원보 지역에서 신민회 회원들이 중심이 되어 한인 자치 기구인 경학사를 조직하였어요. 경학사는 이후 부민단을 거쳐 한족회로 발전하였어요.

② 유학생을 중심으로 2·8 독립 선언서를 발표하였다.
→ 1919년 일본 도쿄에서 민족 자결주의에 영향을 받은 한국인 유학생들이 2·8 독립 선언서를 발표하였어요.

③ 대조선 국민군단을 조직하여 군사 훈련을 실시하였다.
→ 미국 하와이에서 박용만 등이 대조선 국민군단을 조직하여 군사 훈련을 실시하였어요.

④ 대한 광복군 정부를 수립하여 무장 투쟁을 준비하였다.
→ 연해주에서 이상설, 이동휘 등이 권업회를 토대로 대한 광복군 정부를 수립하여 무장 독립 투쟁을 준비하였어요.

⑤ 독립군 비행사 양성을 위해 한인 비행 학교를 설립하였다.
→ 대한민국 임시 정부는 미국 캘리포니아주에 독립군 비행사 양성을 위한 한인 비행 학교를 설립하였어요.

기출 선택지 +α
❻ 숭무 학교를 세워 독립군을 양성하였다. (O/X)
❼ 권업회를 창립하여 항일 신문을 발행하였다. (O/X)
❽ 서전서숙을 설립하여 민족 교육을 실시하였다. (O/X)
❾ 중광단을 결성하여 항일 무장 투쟁을 전개하였다. (O/X)

기출 선택지 +α 정답 ❻ ×[멕시코] ❼ ×[연해주] ❽ ×[북간도] ❾ ×[북간도]

37 1910년대 일제 식민 통치 정답 ③

밑줄 그은 '시기'에 시행된 일제의 정책으로 옳은 것은? [1점]

- 이것은 어느 공립 보통학교의 졸업식 사진으로, ❶교원이 제복을 입고 칼을 차고 수업하던 당시 일제의 식민지 지배 정책을 잘 보여 주고 있어.
- 맞아. ❷헌병이 일반 경찰 업무를 맡아 재판 없이 체포 또는 구금하고, 벌금을 물리거나 태형에 처하기도 했던 시기였지.

무단 통치 시기에 일제는 군인과 경찰뿐만 아니라 조선 총독부 소속 관리와 관공립 학교 교원들도 제복을 입고 칼을 차도록 하였어요.

1910년대에 일제는 헌병 경찰 제도를 실시하여 군사 경찰인 헌병이 일반 경찰 업무까지 담당하게 하였어요.

정답 잡는 키워드

❶ 교원이 제복을 입고 칼을 차고 수업을 함,
❷ 헌병이 일반 경찰 업무를 맡음 → **1910년대 무단 통치 시기**

교원이 제복을 입고 칼을 차고 수업을 하였으며, 헌병이 일반 경찰 업무를 맡아 태형을 가하기도 했다는 내용을 통해 밑줄 그은 '시기'가 1910년대 무단 통치 시기임을 알 수 있어요. 국권을 강탈한 일제는 1910년대에 강압적인 무단 통치를 폈어요. 헌병 경찰 제도를 실시하였으며, 범죄 즉결례를 만들어 헌병 경찰이 정식 재판 없이 벌금이나 구류, 태형 등의 처벌을 할 수 있게 하였어요. 또한, 조선 태형령을 제정하여 한국인에게만 태형을 적용하였어요. 교원이나 일반 관리도 제복을 입고 칼을 차게 하여 일상에서도 위압적인 분위기를 조성하였습니다. 그러나 일제는 1919년 3·1 운동이 일어나자 무단 통치의 한계를 느끼고 이른바 문화 통치로 통치 방식을 바꾸었어요.

① 국가 총동원법을 공포하였다.
➡ 중·일 전쟁을 도발한 일제는 1938년에 국가 총동원법을 공포하여 인력과 물자를 강제 동원하였어요.

② 산미 증식 계획을 시행하였다.
➡ 일제는 일본 내 부족한 식량을 한국에서 확보하기 위해 1920년부터 산미 증식 계획을 시행하였어요.

③ 토지 조사 사업을 실시하였다.
➡ 일제는 1910년대에 식민지 지배에 필요한 재정을 확보하기 위해 토지 조사 사업을 실시하였어요.

④ 황국 신민 서사의 암송을 강요하였다.
➡ 일제는 1937년에 일왕에 대한 충성 맹세문인 황국 신민 서사를 제정한 뒤 학교, 관공서, 회사 등에서 암송을 강요하였어요.

⑤ 조선 사상범 예방 구금령을 제정하였다.
➡ 1941년에 일제는 독립운동을 탄압하기 위해 치안 유지법 위반으로 처벌받은 전력이 있는 사람 가운데 재범의 우려가 있다고 판단되는 경우 예방의 목적으로 구금을 허용한다는 조선 사상범 예방 구금령을 제정하였어요.

기출 선택지 +α

❻ 회사령을 공포하였다. (O/X)
❼ 애국반을 조직하였다. (O/X)
❽ 조선 태형령을 시행하였다. (O/X)

기출 선택지 +α 정답 ❻ O ❼ X [1938년] ❽ O

38 천도교 소년회의 활동 정답 ④

(가) 단체에 대한 설명으로 옳은 것은? [2점]

한 나라 한 사회나 한 집안의 장래를 맡은 사람은 누구인가. 곧 그 집안이나 그 사회나 그 나라의 아들과 손자일 것이다. ······ ❶(가) 은/는 어린이를 위한 부모의 도움이 두터워지기를 바라는 마음에서 5월 1일 오늘을 기회로 삼아 '어린이의 날'이라고 이름하고, 소년 회원이 거리마다 늘어서서 "항상 10년 후의 조선을 생각하십시오."라고 쓴 인쇄물을 배포하며 취지를 선전했다. 이러한 일은 조선 소년 운동의 처음이며, 다른 사회에서도 많이 응원하여 노력하기를 바란다.

어린이날은 제정 당시에는 5월 1일이었으나 1927년부터 5월 첫째 주 일요일로 변경되었어요. 광복 이후에는 5월 5일을 어린이날로 기념하고 있어요.

정답 잡는 키워드

❶ 어린이의 날 → **천도교 소년회**

5월 1일을 '어린이의 날'이라고 이름하였다는 내용을 통해 (가) 단체가 소년 운동을 전개한 천도교 소년회임을 알 수 있어요. 천도교 소년회는 천도교의 인내천 사상을 바탕으로 어린이도 어른과 마찬가지로 존중받아야 할 대상이라고 주장하였으며, 어린이날을 제정하고 잡지 "어린이"를 간행하였어요.

① 한글 맞춤법 통일안을 제정하였다.
➡ 조선어 학회는 한글 맞춤법 통일안과 표준어를 제정하였으며, "우리말(조선말) 큰사전"의 편찬을 추진하였어요.

② 기관지로 진단 학보를 발행하였다.
➡ 이병도 등은 진단 학회를 창립하고 기관지로 진단 학보를 발행하였어요.

③ 오산 학교를 설립하여 인재를 양성하였다.
➡ 신민회의 이승훈은 인재 양성을 위해 정주에 오산 학교를 설립하여 민족 교육을 실시하였어요.

④ 김기전, 방정환 등이 주축이 되어 활동하였다.
➡ 방정환은 김기전 등과 함께 천도교 소년회를 조직하여 본격적으로 소년 운동을 전개하였어요. 또한, 아이들을 하나의 인격체로 대접하라는 의미에서 '어린이'라는 용어를 사용하였어요.

⑤ 여성 교육의 중요성을 강조한 여권통문을 발표하였다.
➡ 1898년에 서울 북촌의 양반 여성들이 여성 교육의 중요성을 강조한 여권통문을 발표하였어요.

기출 선택지 +α

❻ 평양에 자기 회사를 설립하였다. (O/X)
❼ 일제의 황무지 개간권 요구를 저지하였다. (O/X)
❽ 민립 대학 설립을 위한 모금 운동을 전개하였다. (O/X)
❾ 어린이 등의 잡지를 발간하여 소년 운동을 주도하였다. (O/X)

기출 선택지 +α 정답 ❻ X [신민회] ❼ X [보안회] ❽ X [조선 민립 대학 기성회] ❾ O

39 1930년대의 모습 정답 ⑤

밑줄 그은 '시기'에 볼 수 있는 모습으로 가장 적절한 것은? [2점]

> 이 영상은 면양 장려 사업을 선전하기 위해 제작한 영화의 일부분으로, 대공황 이후 일제가 농촌 진흥 운동을 추진하던 시기의 모습을 담고 있습니다. 면양 장려 사업은 일본 기업 등에 공업 원료를 공급하기 위한 목적으로 실시되었습니다. 이 사업은 한반도 남부 지방에 면화 재배를 확대하는 면작 증식 계획과 함께 남면북양 정책으로 불렸습니다.

― 1930년대 일제는 농민의 자력갱생을 내세우며 농촌 진흥 운동을 추진하였어요.

1930년대 일제는 남면북양 정책을 추진하여 한반도를 값싼 원료 공급지로 활용하였어요.

"북선의 양은 말한다" 11:30/20:45

정답 잡는 키워드
❶ 일제가 농촌 진흥 운동 추진, ❷ 남면북양 정책 → 1930년대

일제가 농촌 진흥 운동과 남면북양 정책을 추진하였다는 내용을 통해 밑줄 그은 '시기'가 1930년대임을 알 수 있어요. 1930년대 초에 대공황의 여파로 농촌 경제가 몰락하고 소작 쟁의가 활발하게 일어났어요. 일제는 농촌을 통제하고 소작 쟁의를 막아 식민 지배 체제를 안정시키려는 목적에서 1932년에 조선 총독부 농촌 진흥 위원회 설치를 위한 규정을 공포하고 농촌 진흥 운동을 시작하였어요. 그리고 일본 방직업에 필요한 원료를 확보하기 위해 한반도 남부 지방에는 면화 재배, 북부 지방에는 양 사육을 강요한 남면북양 정책을 실시하였습니다.

① 근우회 창립총회에 참여하는 학생
➡ 1927년 신간회 결성을 계기로 민족주의 계열과 사회주의 계열로 나뉘어 있던 여성 단체들이 연대하여 근우회를 조직하였어요.

② 경성 제국 대학 설립을 추진하는 관리
➡ 일제는 1924년에 경성 제국 대학을 설립하였어요.

③ 원각사에서 연극 은세계를 공연하는 배우
➡ 우리나라 최초의 서양식 극장인 원각사에서 1908년에 신소설 "은세계"가 연극으로 공연되었어요. 원각사는 1914년에 화재로 소실되었어요.

④ 서울 진공 작전에 참여하는 13도 창의군 의병
➡ 정미의병 당시 이인영을 총대장, 허위를 군사장으로 하는 13도 창의군이 조직되었어요. 13도 창의군은 1908년에 서울 진공 작전을 전개하였어요.

⑤ 혁명적 농민 조합을 결성하여 일제에 저항하는 농민
➡ 1930년대에 대공황으로 인한 경제 위기로 소작 쟁의와 노동 쟁의가 증가하자 일제의 탄압이 심해졌어요. 당시 사회주의 세력은 일제의 눈을 피해 혁명적 농민 조합과 노동조합을 조직하고 농민과 노동자의 경제적 이익을 지키기 위한 운동을 벌였어요.

기출 선택지 +α
❻ 관민 공동회에서 연설하는 백정 (O/X)
❼ 전차 개통식에 참여하는 한성 전기 회사 직원 (O/X)
❽ 손기정 선수의 올림픽 우승 소식을 보도하는 기자 (O/X)

기출 선택지 +α 정답 ❻ ×[1898년] ❼ ×[1899년] ❽ O[1936년]

---

40 광주 학생 항일 운동 정답 ④

밑줄 그은 '사건'에 대한 설명으로 옳은 것은? [2점]

> □□신문
> 제△△호   1929년 ○○월 ○○일
>
> **신간회, 최고 간부를 광주로 특파하다**
>
> 지난 3일 전남 광주에서 일어난 고등 보통학교 학생 대 중학생의 충돌 사건에 대하여 신간회 본부에서는 지난 5일 중앙 상무 집행 위원회의 결의로 장성, 송정, 광주 세 지회에 긴급 조사를 지시하며 사태의 진전을 주시하고 있었다. 지난 8일 밤에는 신간회 주요 간부들이 긴급 상의한 결과, 사건 내용을 철저히 조사하는 동시에 구금된 학생들의 석방을 교섭하기 위하여 신간회 중앙 집행 위원장 허헌 씨와 서기장 황상규 씨, 회계장 김병로 씨 등 최고 간부를 광주까지 특파하였다고 한다.

― 광주 학생 항일 운동이 일어나자 신간회는 현지에 진상 조사단을 파견하고, 진상 조사 보고를 위한 대규모 민중 대회를 계획하였어요.

정답 잡는 키워드
❶ 신간회가 최고 간부를 광주로 특파함, ❷ 전남 광주에서 고등 보통학교 학생과 중학생 간에 충돌이 일어남 → 광주 학생 항일 운동

전남 광주에서 일어난 고등 보통학교 학생과 중학생의 충돌이며, 조사를 위해 신간회가 최고 간부를 광주로 특파하였다는 내용을 통해 밑줄 그은 '사건'이 광주 학생 항일 운동임을 알 수 있어요. 광주 학생 항일 운동은 1929년에 광주에서 나주로 가는 통학 열차에서 벌어진 한·일 학생 간 충돌이 발단이 되어 일어났어요. 광주 학생 항일 운동 당시 학생들은 한국인 본위의 교육 제도 확립 등을 요구하며 대규모 시위를 전개하였고, 신간회에서는 광주 학생 항일 운동의 진상 규명을 위한 진상 조사단을 파견하여 지원하였습니다.

① 순종의 인산일을 기회로 삼아 일어났다.
➡ 천도교계 민족주의 세력과 사회주의 세력, 그리고 학생들이 순종의 인산일을 기회로 삼아 6·10 만세 운동을 준비하였어요.

② 조선어 학회가 해산되는 결과를 가져왔다.
➡ 일제가 조작한 조선어 학회 사건으로 이윤재, 최현배, 이극로 등의 회원들이 구속되어 조선어 학회의 조직이 와해되었어요.

③ 정우회 선언을 발표하는 데 영향을 주었다.
➡ 자치론을 배격하는 비타협적 민족주의 세력과 치안 유지법에 의한 일제의 탄압으로 활동에 어려움을 겪던 사회주의 세력 모두에서 민족 협동 전선의 필요성이 대두하였어요. 특히 6·10 만세 운동을 통해 민족주의 세력과 사회주의 세력 간 연대의 공감대가 형성된 가운데 일부 사회주의 세력을 중심으로 비타협적 민족주의 세력과의 제휴를 주장한 정우회 선언이 발표되었어요.

④ 전국적인 시위와 동맹 휴학으로 확산하였다.
➡ 광주 학생 항일 운동을 수습하는 과정에서 일제 경찰이 한·일 학생을 차별하자 이에 분노한 광주 지역의 학생들은 민족 차별 중지, 식민지 교육 제도 철폐 등을 주장하며 대규모 시위와 동맹 휴학을 전개하였고, 성진회와 각 학교 독서회에 의해 전국으로 확산되었어요.

⑤ 일제가 이른바 문화 통치를 실시하는 계기가 되었다.
➡ 3·1 운동을 계기로 일제는 무단 통치의 한계를 인식하고 이른바 문화 통치를 실시하였어요.

기출 선택지 +α
❻ 조선인 본위의 교육 제도 확립 등을 요구하였다. (O/X)
❼ 배우자 가르치자 다 함께 브나로드를 구호로 내세웠다. (O/X)

기출 선택지 +α 정답 ❻ O ❼ ×[브나로드 운동]

41 일제 강점기 대중문화 정답 ①

(가)~(마)에 들어갈 내용으로 적절하지 않은 것은? [3점]

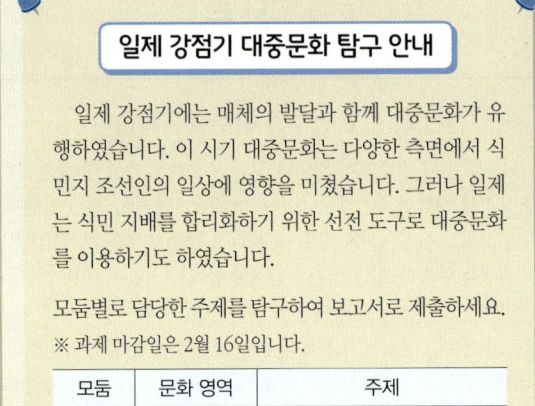

① (가) - 아침 이슬, 건전 가요에서 금지곡으로 지정되다
➡ '아침 이슬'은 박정희 정부 시기인 1970년대에 건전 가요에서 금지곡으로 지정되었어요. 금지곡은 국가의 심의 및 검열을 통해 방송·음반 발매·공연 등이 제한된 노래를 말해요. 1970년대 박정희 정부는 공연 활동 정화 대책을 발표하고 문화·예술에 대한 심의를 강화하였는데, 이 시기 수많은 대중가요가 금지곡으로 지정되었어요.

② (나) - 병정님, 조선인에 대한 징병제 실시를 미화하다
➡ 1944년에 개봉한 영화 '병정님'은 일제의 징병제에 따라 강제로 소집되어 전쟁터로 떠나는 한국 청년들을 보며 그 부모가 뿌듯함을 느낀다는 내용이 담겼어요.

③ (다) - 경성 방송국, 우리말 방송을 검열하여 송출하다
➡ 경성 방송국은 1927년 일본인에 의해 서울 정동에 세워진 방송국으로, 한국어와 일본어를 혼합한 단일 방송을 송출하였으나 그 내용은 사전 검열을 통해 통제받았어요.

④ (라) - 미쓰코시 백화점, 자본주의적 소비문화가 이식되다
➡ 1930년에 미쓰코시 백화점 경성점이 대규모 신관을 건립하고 영업을 시작하였어요. 이로써 한국 내에 자본주의적인 소비문화가 확산되었어요.

⑤ (마) - 신여성, 여권 신장 등의 내용으로 여성을 계몽하다
➡ 1923년에 천도교 계통의 출판사인 개벽사에서 여성의 사회 진출 및 여권 신장 등을 다룬 여성 잡지 "신여성"을 발행하여 여성을 계몽하였어요.

42 한인 애국단 정답 ③

(가) 단체의 활동으로 옳은 것은? [2점]

[우리 고장의 독립운동가]

조선 총독 암살을 시도했던 청년 유진만 (1912~1966)

세종특별자치시 연서면 출생으로 김구가 일제의 요인 제거 및 주요 기관 파괴를 목적으로 상하이에서 조직한 (가) 의 단원이다. 조선 총독 우가키 가즈시게를 암살하라는 지령을 받고 국내에 잠입하였으나 거사 전 검거되었다. 치안 유지법 등 위반 혐의로 징역 6년의 형을 선고받았다. 1990년 건국 훈장 애국장이 추서되었다.

정답 잡는 키워드

❶ 김구가 일제의 요인 제거 및 주요 기관 파괴를 목적으로 상하이에서 조직함 → **한인 애국단**

김구가 일제의 요인 제거 및 주요 기관 파괴를 목적으로 상하이에서 조직하였다는 내용을 통해 (가) 단체가 한인 애국단임을 알 수 있어요. 김구는 국민 대표 회의 결렬 이후 침체에 빠진 대한민국 임시 정부의 위기 상황을 극복하기 위한 방안을 고민하다가 적은 경비와 인원으로 큰 성과를 얻을 수 있는 의열 투쟁을 계획하고 1931년에 한인 애국단을 조직하였어요. 이봉창, 윤봉길 등이 한인 애국단의 단원으로 활동하며 의거를 일으켰어요. 이들의 의거는 중국 국민당 정부가 대한민국 임시 정부를 적극 지원하는 계기가 되었어요.

① 일제가 조작한 105인 사건으로 와해되었다.
➡ 비밀 결사로 조직된 신민회는 1911년에 일제가 조작한 105인 사건으로 조직이 드러나 해체되었어요.

② 파리 강화 회의에 독립 청원서를 제출하였다.
➡ 1919년에 대한민국 임시 정부가 프랑스 파리에서 활동하고 있던 신한 청년당의 김규식을 전권 대사로 임명하여 파리 강화 회의에 독립 청원서를 제출하였어요.

③ 단원인 윤봉길이 홍커우 공원 의거를 실행하였다.
➡ 윤봉길은 한인 애국단의 단원으로 상하이 홍커우 공원에서 열린 일왕 생일 및 상하이 사변 승리 축하 기념식장에 폭탄을 투척하여 일본군 장성과 고위 관리들을 처단하였어요.

④ 신채호가 작성한 조선 혁명 선언을 지침으로 삼았다.
➡ 의열단은 단장 김원봉의 요청을 받아 신채호가 작성한 '조선 혁명 선언'을 활동 지침으로 삼았어요. 신채호는 '조선 혁명 선언'에서 민중의 직접 혁명을 주장하였어요.

⑤ 군사 훈련을 위해 조선 혁명 간부 학교를 설립하였다.
➡ 의열단의 김원봉은 1932년에 중국 국민당 정부의 지원을 받아 독립군 간부를 양성하는 조선 혁명 간부 학교를 설립하였어요.

기출 선택지 +α

❻ 김익상, 김상옥 등이 단원으로 활동하였다. (O / X)
❼ 단원인 이봉창이 일왕의 행렬에 폭탄을 투척하였다. (O / X)
❽ 조선 총독부에 국권 반환 요구서를 제출하려 하였다. (O / X)

기출 선택지 +α 정답 ❻ X [의열단] ❼ O ❽ X [독립 의군부]

킬러 문항

43 조선 의용대   정답 ④

(가) 부대에 대한 설명으로 옳은 것은? [3점]

> 조선 의용대원 일부는 적극적인 항일 투쟁을 위해 화북 지역으로 이동하였고, 김원봉 등이 이끈 일부 대원은 충칭의 한국 광복군에 합류하였어요.
>
> 우리들은 군사 통일에 대한 구체적 의견으로 ❶ (가) 와/과 한국 광복군을 합병하여 조선 민족 혁명군으로 편성하자는 방안을 제출하였다. …… 그러나 대한민국 임시 정부와 한국 광복군 측에서는 우리들의 주장을 종래 찬성하지 아니하였고, 결국 본대는 한국 광복군 제1지대로 개편하게 되었다. …… (가) 은/는 ❷1938년 10월 10일 우한(武漢)에서 성립된 이래 ❸ 김원봉 대장의 정확한 영도 하에서 가장 우수한 수백 청년 간부의 희생적 분투와 노력에 의하여 모든 험로와 난관을 돌파하면서 전진하여 왔으며 또 이런 과정을 통하여 과거 43개월간 광영한 역사를 창조하였다. …… 본대 전체 동지는 한국 광복군을 확대 발전시키기 위해 노력할 것을 언명한다.

조선 의용대는 중국 관내에서 결성된 최초의 한인 무장 부대였어요.

정답 잡는 키워드
❶ 한국 광복군 제1지대로 개편, ❷ 1938년 우한에서 성립,
❸ 대장 김원봉 → **조선 의용대**

1938년에 우한에서 성립되었으며, 김원봉이 대장이고 한국 광복군 제1지대로 개편되었다는 내용을 통해 (가) 부대가 조선 의용대임을 알 수 있어요. 김원봉의 주도로 1919년에 만주에서 의열단이 조직되었어요. 이들은 개별 무력 투쟁을 통해 항일 운동을 전개하였으나 1920년대 후반에 투쟁 방식에 한계를 느끼고 조직적인 무장 투쟁 노선으로 전환하였어요. 김원봉을 비롯한 일부 의열단 단원들은 중국의 황푸 군관 학교에 입학하여 체계적인 군사 훈련을 받았고, 1932년에는 조선 혁명 간부 학교를 세워 독립군 간부를 양성하였어요. 한편, 1935년에 김원봉, 김소앙, 지청천 등 중국 관내에서 활동하던 독립운동 세력들이 연합하여 민족 혁명당을 결성하였어요. 하지만 김원봉을 중심으로 한 의열단 계열이 주도하면서 민족주의 계열이 이탈하고 민족 혁명당은 조선 민족 혁명당으로 개편되었어요. 중·일 전쟁 발발 직후 조선 민족 혁명당을 중심으로 사회주의 계열 단체들이 연합하여 조선 민족 전선 연맹을 결성하였고, 1938년에 김원봉 등이 주도하여 산하에 조선 의용대를 창설하였어요. 조선 의용대는 주로 일본군에 대한 심리전이나 후방 공작 활동으로 중국군을 지원하였어요.

① **동북 항일 연군**으로 **개편**되어 유격전을 전개하였다.
➡ 만주 지역에서 중국 공산당의 주도로 조직된 **동북 인민 혁명군**은 민족과 이념을 초월한 항일 연합 전선을 구축하기 위해 동북 항일 연군으로 개편되어 유격전을 전개하였어요.

② 간도 참변 이후 조직을 정비하고 **자유시**로 **이동**하였다.
➡ 간도 참변 이후 **만주 지역의 독립군 부대들**이 밀산에 집결하였다가 러시아 혁명군의 지원 약속을 믿고 자유시로 이동하였어요.

③ **쌍성보, 대전자령 전투** 등에서 일본군을 크게 물리쳤다.
➡ 1930년대 전반에 **한국 독립군**은 중국 호로군과 연합하여 쌍성보 전투, 대전자령 전투 등에서 일본군을 격퇴하였어요.

④ 조선 민족 전선 연맹 산하의 군사 조직으로 결성되었다.
➡ 김원봉은 중국 국민당 정부의 지원을 받아 우한에서 조선 민족 전선 연맹 산하의 군사 조직으로 **조선 의용대**를 결성하였어요.

⑤ **홍범도** 부대와 연합하여 **청산리**에서 일본군과 교전하였다.
➡ 김좌진이 이끄는 **북로 군정서**는 홍범도의 대한 독립군 등과 연합하여 청산리에서 일본군과 교전하였어요.

기출 선택지 +α
❻ 미군과 연계하여 국내 진공 작전을 준비하였다. (O / X)
❼ 중국 관내에서 조직된 최초의 한인 무장 부대였다. (O / X)

기출 선택지 +α 정답 ❻ ×[한국 광복군] ❼ ○

---

44 물산 장려 운동   정답 ③

밑줄 그은 '운동'에 대한 설명으로 옳은 것은? [2점]

선생님께서 참여하신 운동이 ❶'조선 사람 조선 것'이라는 구호를 내세웠다는 점에서 사실상 독립운동이 아니냐고 일제 경찰이 심문할 때 어떻게 대응하셨나요?

❷ 조선 물산의 생산과 소비를 장려하는 운동에 조선인이 참여하는 것은 당연한 일이 아닌가, 오사카 사람이 오사카의 물산을 장려하는 것도 문제 삼을 것이냐고 반문하니 주의만 주고 가더군요.

일본 상품을 배격하고 조선인 기업이 만든 상품의 사용을 장려하고자 전개된 물산 장려 운동 중에 등장한 구호입니다.

정답 잡는 키워드
❶ '조선 사람 조선 것'이라는 구호를 내세움,
❷ 조선 물산의 생산과 소비를 장려함 → **물산 장려 운동**

'조선 사람 조선 것'이라는 구호를 내세웠으며 조선 물산의 생산과 소비를 장려하였다는 내용을 통해 밑줄 그은 '운동'이 1920년대에 전개된 물산 장려 운동임을 알 수 있어요. 1920년대에 들어 회사령이 철폐되고 일본 상품에 대한 관세 폐지 움직임이 나타나 한국인 자본가들의 위기의식이 높아졌어요. 이러한 가운데 민족 산업을 보호·육성하여 경제적 자립을 이루자는 물산 장려 운동이 전개되었어요. 평양에서 조만식 등의 주도로 시작된 이 운동은 자작회, 토산 애용 부인회 등의 단체들이 활발히 참여하면서 전국으로 확산되었습니다.

① 조선 노동 총동맹을 중심으로 전개되었다.
➡ 전국적인 노동자·농민 조직으로 결성된 조선 노농 총동맹이 1927년에 조선 노동 총동맹과 조선 농민 총동맹으로 분화되었어요. 조선 노동 총동맹은 사회주의 계열의 지원을 받아 조직적으로 **노동 운동**을 전개하였어요.

② **보국안민, 제폭구민** 등이 구호로 사용되었다.
➡ **동학 농민 운동** 당시 동학 농민군은 보국안민, 제폭구민 등의 기치를 내걸고 백산에서 봉기하였어요.

③ 조선 관세령 폐지 등을 배경으로 확산하였다.
➡ 일본과 한국 사이의 관세를 대부분 철폐하는 조선 관세령 폐지 등을 배경으로 **물산 장려 운동**이 전국적으로 확산되었어요.

④ **황국 중앙 총상회**가 설립되는 결과를 가져왔다.
➡ 외국 상인의 상권 침탈이 심화되자 1898년에 서울의 시전 상인들이 **상권 수호 운동**을 전개하여 황국 중앙 총상회를 조직하였어요.

⑤ 일본 제일 은행권 화폐가 유통되는 계기가 되었다.
➡ 1905년에 실시된 **화폐 정리 사업**을 통해 일제가 일본 제일 은행권을 조선에서 법정 통화처럼 유통시켰어요.

기출 선택지 +α
❻ 중국의 5·4 운동에 영향을 주었다. (O / X)
❼ 통감부의 탄압과 방해로 중단되었다. (O / X)
❽ 평양에서 시작되어 전국적으로 확산되었다. (O / X)
❾ 자작회, 토산 애용 부인회 등의 단체가 활동하였다. (O / X)

기출 선택지 +α 정답 ❻ ×[3·1 운동] ❼ ×[국채 보상 운동 등] ❽ ○ ❾ ○

45 1940년대 이후의 사실 정답 ③

교사의 질문에 대한 학생의 답변으로 가장 적절한 것은? [1점]

일제는 1941년에 하와이 진주만의 미군 기지를 기습 공격하여 태평양 전쟁을 도발하였어요.

지도는 목포와 여수 일대의 일본군 방어 시설을 표시한 것입니다. 일본군은 ❶아시아·태평양 전쟁 말기 연합군의 상륙을 저지하기 위해 한반도 남서 해안 지역에 대규모 군사 방어 시설을 구축했습니다. 이 시기에 있었던 사실에 대해 말해 볼까요?

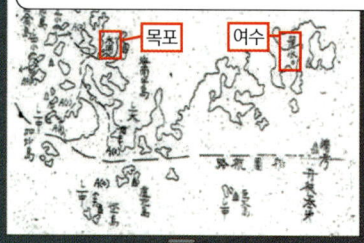

정답 잡는 키워드

❶ 아시아·태평양 전쟁 말기 → 1940년대

아시아·태평양 전쟁은 제2차 세계 대전 시기인 1941~1945까지 일본과 연합국 사이에 벌어진 전쟁을 말해요. 일제는 1929년에 시작된 대공황의 경제 위기를 대외 침략으로 극복하려고 하였어요. 이를 위해 1931년 만주 사변을 시작으로 대륙 침략에 본격적으로 나서 1937년에는 중·일 전쟁을 일으켰고, 1941년에는 태평양 지역으로 침략 전쟁을 확대하였어요. 전쟁을 확대하는 가운데 일제는 국가 총동원법을 시행하여 직접적이고 강제적인 방식으로 전쟁에 필요한 인력과 물자를 동원하였어요.

① 고종의 밀지를 받아 독립 의군부가 결성되었어요.
  ➡ 1912년에 전라도 지역에서 임병찬이 고종의 밀지를 받아 독립 의군부를 조직하였어요.
② 만주 군벌과 일제가 미쓰야 협정을 체결하였어요.
  ➡ 1925년에 일제는 만주 군벌과 미쓰야 협정을 체결하여 독립군에 대한 탄압을 강화하였어요.
③ 여자 정신 근로령으로 여성들이 강제 동원되었어요.
  ➡ 1944년에 일제는 여자 정신 근로령을 공포하여 한국 여성의 노동력을 강제로 동원하였어요.
④ 상하이에서 주권 재민을 천명한 대동단결 선언이 발표되었어요.
  ➡ 1917년에 상하이에서 신규식, 신채호, 조소앙 등이 국민 주권론을 담은 대동단결 선언을 발표하였어요.
⑤ 독립운동의 방략을 논의하고자 국민 대표 회의가 개최되었어요.
  ➡ 1923년에 대한민국 임시 정부는 독립운동의 새로운 방향을 모색하고자 국민 대표 회의를 개최하였어요.

기출 선택지 +α

❻ 박상진의 주도로 대한 광복회가 조직되었다. (O/X)
❼ 참의부, 정의부, 신민부가 만주 지역에 성립되었다. (O/X)
❽ 지주 문재철의 횡포에 맞서 암태도 소작 쟁의가 전개되었다. (O/X)

정답 ❻ ×[1915년] ❼ ×[1920년대 중반] ❽ ×[1923년~1924년]

46 좌우 합작 운동 정답 ②

다음 상황이 나타난 시기를 연표에서 옳게 고른 것은? [2점]

좌우 합작 운동 중에 미·소 공동 위원회 속개 및 민주주의 임시 정부 수립을 요구하는 좌우 합작 7원칙이 발표되었다.

미·소 공동 위원회를 속개시킴으로써 국제적으로 약속된 조선 민주주의 임시 정부 수립을 촉진하려는 ❶좌우 합작 운동은 김규식의 입원과 여운형의 피습 사건으로 말미암아 합작의 앞날이 우려되는 상황이었다. 그러나 최근 김규식이 퇴원하고 여운형의 치료도 순조로워, 22일 오후 7시 시내 모처에서 김규식, 여운형 두 사람을 비롯한 좌우 대표가 참석한 가운데 정식으로 예비회담이 개최되었다.

정답 잡는 키워드

❶ 좌우 합작 운동 → 1946년

1946년에 여운형과 김규식 등 중도 세력이 미군정의 지원을 받아 좌우 합작 운동을 전개하였어요.

(가)	(나)	(다)	(라)	(마)
8·15 광복	모스크바 3국 외상 회의	5·10 총선거 실시	대한민국 정부 수립	6·25 전쟁 발발	한·미 상호 방위 조약 체결

➡ 광복 이후 1945년 12월에 제2차 세계 대전의 전후 처리를 위해 모스크바 3국 외상 회의가 개최되었어요. 이 회의에서 한국 문제도 논의되어 한국의 임시 정부 수립을 지원할 목적으로 미·소 공동 위원회의 설치가 결정되었어요. 1946년 3월~5월에 열린 제1차 미·소 공동 위원회가 임시 민주 정부 수립을 위한 협의 대상을 선정하는 문제를 두고 미·소 간 의견 대립이 있어 무기한 휴회되자 이승만은 정읍에서 남한만의 단독 정부를 수립하자는 발언을 하였어요. 이에 중도 성향의 여운형과 김규식 등이 미군정의 지원을 받아 좌우 합작 위원회를 조직하여 좌우 합작 운동을 전개하였어요. 이들은 좌우 합작 7원칙을 발표하고 통일 정부 수립을 위해 노력하였어요. 그러나 미군정이 지지를 철회하고 여운형이 암살되어 운동은 중단되었어요. 이후 김구와 김규식을 중심으로 남북 협상이 추진되었으나 성과를 거두지 못하였지요. 결국 1948년 5월 10일, 유엔 한국 임시 위원단의 감시 아래 남한 지역에서 우리나라 최초의 보통 선거인 5·10 총선거가 실시되었어요.

따라서 좌우 합작 운동이 전개된 시기는 모스크바 3국 외상 회의와 5·10 총선거 실시 사이인 ②(나)입니다.

① (가) ②(나) ③ (다) ④ (라) ⑤ (마)

연표로 흐름잡기

1945. 8.	8·15 광복
1945. 12.	모스크바 3국 외상 회의
1946. 3.	제1차 미·소 공동 위원회 개최
1946. 6.	이승만 정읍 발언
1946. 7.	좌우 합작 위원회 조직(좌우 합작 운동)
1947. 5.	제2차 미·소 공동 위원회 개최
1947. 11.	유엔 총회 남북한 총선거 결정
1948. 5.	5·10 총선거 실시(제헌 국회 의원 선출)
1948. 8.	대한민국 정부 수립

47 제헌 헌법   정답 ②

(가)에 들어갈 주제로 가장 적절한 것은? [2점]

> **2025년 연속 기획 강좌**
> **헌법으로 보는 한국 현대사**
>
> 우리 학회에서는 헌법의 변천에 따른 민주주의 발전의 역사를 살펴보는 강좌를 마련하였습니다. 이번 달에는 '제헌 헌법'에 대한 강의를 준비하였으니 많은 관심과 참여 바랍니다.
>
> ■ 강의 주제 ■
> [제1강] 헌법 전문, 3·1 운동의 정신을 담다
> [제2강] 민주 공화국의 명문화로 주권 재민의 원칙을 다시 천명하다
> [제3강] (가)
> [제4강] 농민에게 농지를 분배하는 경자유전의 실현을 추구하다
>   └ 제헌 헌법에 따라 1949년 제헌 국회에서 유상 매수, 유상 분배를 규정한 농지 개혁법이 제정되었어요.
>
> ■ 일시 : 2025년 ○○월 매주 토요일 15:00~17:00
> ■ 장소 : □□ 학회 회의실

5·10 총선거의 결과로 구성된 초대 국회는 국호를 '대한민국'으로 정하고 헌법을 제정·공포하였는데, 이때 제정된 헌법을 제헌 헌법이라고 합니다. 제헌 헌법 전문에는 3·1 운동의 정신을 담았으며 대한민국이 민주 공화국임을 명문화하고 주권 재민의 원칙을 천명하였어요. 제헌 헌법에 따라 반민족 행위 처벌법과 농지 개혁법 등이 제정되었어요.

① 양원제 국회와 내각 책임제 정부를 구성하다
➡ 제3차 개헌에서 민의원과 참의원으로 구성된 양원제 국회를 규정하였어요. 제1차 개헌(발췌 개헌)에서도 양원제 국회를 규정하였으나 실제로 운영되지는 않았어요.

②반민족 행위자를 처벌할 수 있는 근거를 마련하다
➡ 제헌 헌법에 근거하여 초대 국회(제헌 국회)는 반민족 행위자를 처벌할 수 있는 반민족 행위 처벌법을 제정하고 반민족 행위 특별 조사 위원회를 구성하였어요.

③ 국민의 직접 선거로 5년 단임제 대통령을 선출하다
➡ 6월 민주 항쟁의 결과 5년 단임의 대통령 직선제를 주요 내용으로 하는 제9차 개헌이 이루어졌어요.

④ 초대 대통령의 중임 제한 철폐, 장기 집권 체제를 강화하다
➡ 1954년에 자유당은 초대 대통령에 한해 중임 제한을 철폐하는 내용을 담은 제2차 개헌을 사사오입의 억지 논리를 내세워 통과시켰어요.

⑤ 긴급 조치, 대통령이 국민의 기본권을 제한할 수 있게 하다
➡ 박정희 정부는 1972년에 대통령이 국민의 기본권을 제한할 수 있도록 하는 긴급 조치권을 포함한 제7차 개헌(유신 헌법)을 통과시켰어요.

48 5·18 민주화 운동   정답 ②

다음 자료에 나타난 민주화 운동에 대한 설명으로 옳은 것은? [1점]

> 우리는 왜 총을 들 수밖에 없었는가? 그 대답은 너무나 간단합니다. 너무나 무자비한 만행을 더 이상 보고 있을 수만 없어서 너도나도 총을 들고 나섰던 것입니다. …… ❶계엄 당국은 공수 부대를 대량으로 투입하여 시내 곳곳에서 학생, 젊은이들에게 무차별 살상을 자행하였으니 …… 너무나 경악스러운 또 하나의 사실은 20일 밤부터 계엄 당국은 발포 명령을 내려 무차별 발포를 시작했다는 것입니다. 이 고장을 지키고자 이 자리에 모이신 민주 시민 여러분! 그런 상황에 우리가 할 수 있는 일은 무엇이겠습니까?

정답 잡는 키워드
❶ 계엄 당국이 공수 부대를 대량으로 투입 → **5·18 민주화 운동**

계엄 당국이 공수 부대를 대량으로 투입하여 학생과 젊은이들을 무차별 살상하였다는 내용을 통해 자료에 나타난 민주화 운동이 5·18 민주화 운동임을 알 수 있어요. 1979년에 12·12 사태로 정권을 장악한 전두환, 노태우 등 신군부가 비상계엄을 확대하자 이에 반발하여 1980년 5월에 광주의 학생과 시민들이 시위를 전개하였어요. 신군부는 계엄군을 투입하여 무자비하게 시위를 진압하였고, 이 과정에서 수많은 광주의 시민들이 희생되었어요. 이러한 5·18 민주화 운동의 발생과 탄압에서부터 진상 조사 활동과 보상에 이르기까지의 관련 기록물은 그 의미와 가치를 인정받아 2011년에 유네스코 세계 기록 유산으로 등재되었어요.

① 4·13 호헌 조치 철폐를 요구하였다.
➡ 전두환 정부의 4·13 호헌 조치에 반발하여 일어난 6월 민주 항쟁 당시에 '호헌 철폐', '독재 타도' 등의 구호가 등장하였어요.

②시민군을 조직하여 계엄군에 대항하였다.
➡ 5·18 민주화 운동 과정에서 광주의 학생과 시민들은 계엄군의 발포 등 무력 진압에 대항하여 자발적으로 시민군을 조직하였어요.

③ 시위 도중 김주열이 최루탄을 맞고 사망하였다.
➡ 3·15 부정 선거를 규탄하는 마산 시위에 참여하였다가 실종된 김주열이 최루탄에 맞아 숨진 채 마산 앞바다에서 발견되었어요. 이에 분노한 시민과 학생들의 시위가 전국으로 확산되어 4·19 혁명으로 이어졌습니다.

④ 직선제 개헌을 약속한 6·29 민주화 선언을 이끌어 냈다.
➡ 6월 민주 항쟁의 결과 대통령 직선제 개헌을 약속한 6·29 민주화 선언이 발표되었어요.

⑤ 국민의 요구에 굴복하여 대통령이 하야하는 결과를 가져왔다.
➡ 4·19 혁명의 결과 이승만이 하야 성명을 발표하고 대통령직에서 물러났으며, 이후 허정을 수반으로 하는 과도 정부가 수립되었어요.

기출 선택지 +α
❻ 시위 도중 대학생 이한열이 희생되었다. (O/X)
❼ 경무대로 향하던 시위대가 경찰의 총격을 받았다. (O/X)
❽ 신군부의 비상계엄 확대와 무력 진압에 저항하였다. (O/X)
❾ 3·1 민주 구국 선언을 통해 긴급 조치 철폐 등을 주장하였다. (O/X)

기출 선택지 +α
정답 ❻ ×[6월 민주 항쟁] ❼ ×[4·19 혁명] ❽ ○ ❾ ×[유신 반대 운동]

49 박정희 정부 시기의 모습   정답 ①

(가) 정부 시기에 볼 수 있는 모습으로 가장 적절한 것은? [2점]

> 1972년에 공포된 유신 헌법에 따라 통일 주체 국민 회의가 설치되었어요.
>
> 이것은 ❶ 통일 주체 국민 회의에서 대통령을 선출하도록 헌법을 개정한 (가) 정부의 홍보물입니다. "우리 모두 불굴의 투지와 굳은 단결로써 조국의 안정과 번영, 그리고 평화 통일을 위해 전진합시다."라는 문구 등으로 헌법을 미화하였습니다.

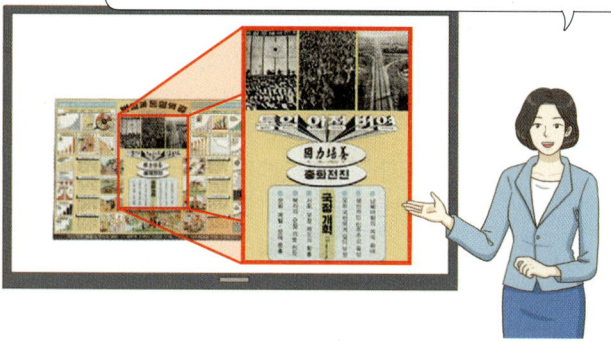

정답 잡는 키워드

❶ 통일 주체 국민 회의에서 대통령을 선출하도록 헌법을 개정함
  → **박정희 정부**

통일 주체 국민 회의에서 대통령을 선출하도록 헌법을 개정하였다는 내용을 통해 (가) 정부가 박정희 정부임을 알 수 있어요. 박정희 정부는 1972년에 10월 유신을 단행하고 유신 헌법을 제정하여 대통령에게 긴급 조치권과 국회 해산권 등의 초월적 권한을 부여하였고, 대통령 직선제를 통일 주체 국민 회의에 의한 간접 선거로 변경하였어요. 이에 따라 1972년 12월에 실시된 제8대 대통령 선거에서 통일 주체 국민 회의를 통해 무기명 투표로 박정희가 다시 대통령으로 선출되었어요.

① **거리에서 장발과 미니스커트를 단속하는 경찰**
  ➡ **박정희 정부** 시기인 1970년대에 사회악과 퇴폐풍조를 일소한다는 구실로 거리에서 장발과 미니스커트를 단속하였어요.

② 교복 자율화 조치로 사복을 입고 등교하는 학생
  ➡ **전두환 정부** 시기에 강압 정책에 대한 불만을 무마하기 위해 야간 통행금지 해제, 중고등학생 두발과 교복 자율화 등이 추진되었어요.

③ 금융 실명제에 따라 신분증 제시를 요구하는 은행원
  ➡ **김영삼 정부** 시기에 금융 거래의 투명성을 확보하고자 대통령 긴급 명령으로 금융 실명제가 실시되었어요.

④ 칠레와의 자유 무역 협정(FTA) 비준을 보도하는 기자
  ➡ 칠레와의 자유 무역 협정(FTA)은 2003년 김대중 정부 시기에 정식 서명이 이루어졌고, **노무현 정부** 시기인 2004년에 국회에서 비준되었어요.

⑤ 전국 민주 노동조합 총연맹 창립 대회에 참가하는 노동자
  ➡ **김영삼 정부** 시기인 1995년에 전국 민주 노동조합 총연맹(민주노총)이 창립되었어요.

기출 선택지 +α

❻ 서울 올림픽 대회에 참가하는 선수 (O / X)
❼ 경기장에서 프로 축구를 관람하는 회사원 (O / X)
❽ 최저 임금법 제정으로 최저 임금을 심의하는 위원 (O / X)
❾ 외환 위기 극복을 위한 금 모으기 운동에 참여하는 학생 (O / X)

기출 선택지 +α
정답 ❻ ×[노태우 정부] ❼ ×[전두환 정부 이후] ❽ ×[전두환 정부]
      ❾ ×[김영삼 정부 말~김대중 정부 초]

---

50 노무현 정부~문재인 정부 사이의 통일 노력   정답 ⑤

(가), (나) 사이의 시기에 있었던 사실로 옳은 것은? [3점]

> (가) 1. 남과 북은 6·15 공동 선언을 고수하고 적극 구현해 나간다.
>   ⋮
>   3. 남과 북은 군사적 적대 관계를 종식하고 한반도에서 긴장 완화와 평화를 보장하기 위해 긴밀히 협력하기로 하였다.
>   2007년 노무현 대통령이 평양에서 북한의 김정일 국방 위원장과 정상 회담을 갖고 6·15 남북 공동 선언에 기초하여 남북 관계를 확대·발전시켜 나가기 위한 10·4 남북 정상 선언을 발표하였어요.
>   ❶ - 10·4 남북 정상 선언 -
>
> (나) 1. 남과 북은 남북 관계의 전면적이며 획기적인 개선과 발전을 이룩하여 공동 번영과 자주 통일의 미래를 앞당겨 나갈 것이다.
>   ⋮
>   3. 남과 북은 항구적이며 공고한 평화 체제를 구축하기 위해 적극 협력해 나갈 것이다.
>   ❷ - 한반도의 평화와 번영, 통일을 위한 판문점 선언 -
>   2018년 문재인 대통령이 판문점에서 북한의 김정은 국무 위원장과 정상 회담을 갖고 4·27 판문점 선언을 발표하였어요.

정답 잡는 키워드

❶ 10·4 남북 정상 선언 → (가) **노무현 정부(2007)**
❷ 한반도의 평화와 번영, 통일을 위한 판문점 선언
  → (나) **문재인 정부(2018)**

(가)의 10·4 남북 정상 선언은 노무현 정부 시기인 2007년에 개최된 제2차 남북 정상 회담의 결과로 발표되었고, (나)의 한반도의 평화와 번영, 통일을 위한 판문점 선언은 문재인 정부 시기인 2018년에 개최된 남북 정상 회담의 결과로 발표되었어요. 김대중 정부 시기인 2000년에 분단 이후 최초의 남북 정상 회담이 개최되고 6·15 남북 공동 선언이 채택되었어요. 이어 들어선 노무현 정부는 김대중 정부의 대북 화해 협력 정책을 계승·발전시켜 남북 경제 교류를 확대하였어요. 2007년에는 제2차 남북 정상 회담을 개최하고 10·4 남북 정상 선언을 발표하였어요. 그러나 이명박·박근혜 정부 시기에는 북한의 김정일 국방 위원장의 사망으로 그의 아들 김정은에게 권력이 승계되고 핵 실험이 진행되는 등 각종 사건으로 인해 남북 관계가 경색되었어요. 이후 출범한 문재인 정부 시기인 2018년에 북한의 국무 위원장 김정은의 신년사에 남북 관계 개선과 평창 동계 올림픽 대표단 참가를 시사하는 발언이 포함되면서 남북한 사이의 긴장 관계가 완화되었어요. 그리고 2018년 4월 판문점에서 남북 정상 회담이 개최되었고 한반도의 평화와 번영, 통일을 위한 판문점 선언이 발표되었어요.

① 7·4 남북 공동 성명이 발표되었다.
  ➡ **박정희 정부** 시기인 1972년에 남북한은 평화 통일의 3대 원칙에 합의한 7·4 남북 공동 성명을 서울과 평양에서 동시에 발표하였어요.

② 개성 공업 지구 조성이 합의되었다.
  ➡ **김대중 정부**는 6·15 남북 공동 선언을 채택하고, 남북한의 교류 협력을 위한 개성 공업 지구 조성에 합의하였어요.

③ 남북한이 국제 연합(UN)에 동시 가입하였다.
  ➡ **노태우 정부** 시기에 남북한은 국제 연합(UN)에 동시 가입하고, 남북 기본 합의서를 채택하였어요.

④ 남북 이산가족 고향 방문단의 교환이 최초로 실현되었다.
  ➡ **전두환 정부** 시기에 남북 이산가족 고향 방문단의 교환이 최초로 실현되었어요.

⑤ **평창 동계 올림픽 개막식에서 남북 선수단이 공동 입장하였다.**
  ➡ **문재인 정부** 시기인 2018년 2월에 열린 평창 동계 올림픽 개막식에서 남북 선수단이 공동 입장하였고, 일부 종목에서는 남북 단일팀이 구성되어 참가하기도 하였어요.

심화 제72회

2024년 10월 20일(일) 시행

합격률 55.2%
응시 인원: 65,786명
합격 인원: 36,327명

해설 강의 바로 보기

시대별 출제 비중

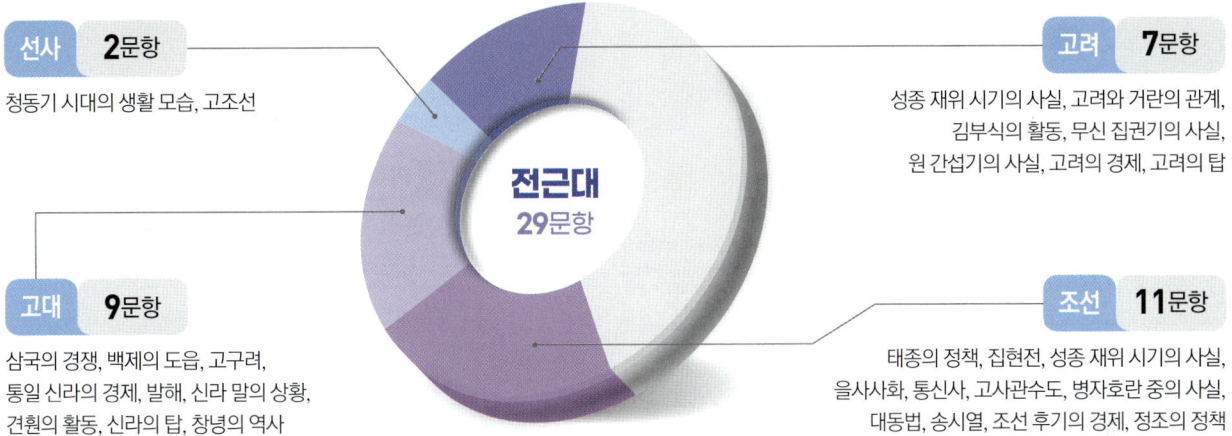

전근대 29문항

- **선사 2문항**: 청동기 시대의 생활 모습, 고조선
- **고대 9문항**: 삼국의 경쟁, 백제의 도읍, 고구려, 통일 신라의 경제, 발해, 신라 말의 상황, 견훤의 활동, 신라의 탑, 창녕의 역사
- **고려 7문항**: 성종 재위 시기의 사실, 고려와 거란의 관계, 김부식의 활동, 무신 집권기의 사실, 원 간섭기의 사실, 고려의 경제, 고려의 탑
- **조선 11문항**: 태종의 정책, 집현전, 성종 재위 시기의 사실, 을사사화, 통신사, 고사관수도, 병자호란 중의 사실, 대동법, 송시열, 조선 후기의 경제, 정조의 정책

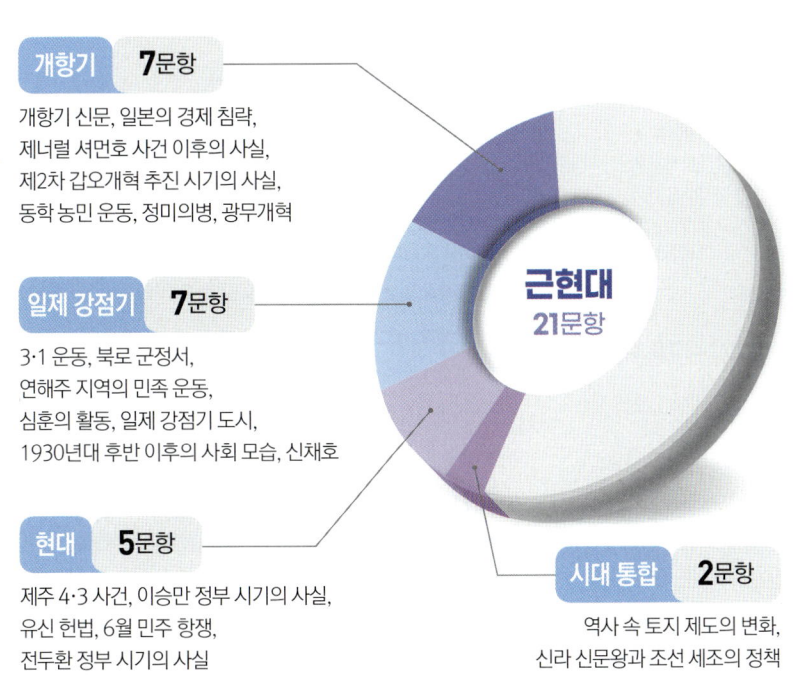

근현대 21문항

- **개항기 7문항**: 개항기 신문, 일본의 경제 침략, 제너럴 셔먼호 사건 이후의 사실, 제2차 갑오개혁 추진 시기의 사실, 동학 농민 운동, 정미의병, 광무개혁
- **일제 강점기 7문항**: 3·1 운동, 북로 군정서, 연해주 지역의 민족 운동, 심훈의 활동, 일제 강점기 도시, 1930년대 후반 이후의 사회 모습, 신채호
- **현대 5문항**: 제주 4·3 사건, 이승만 정부 시기의 사실, 유신 헌법, 6월 민주 항쟁, 전두환 정부 시기의 사실
- **시대 통합 2문항**: 역사 속 토지 제도의 변화, 신라 신문왕과 조선 세조의 정책

분류별 출제 비중 고대~조선

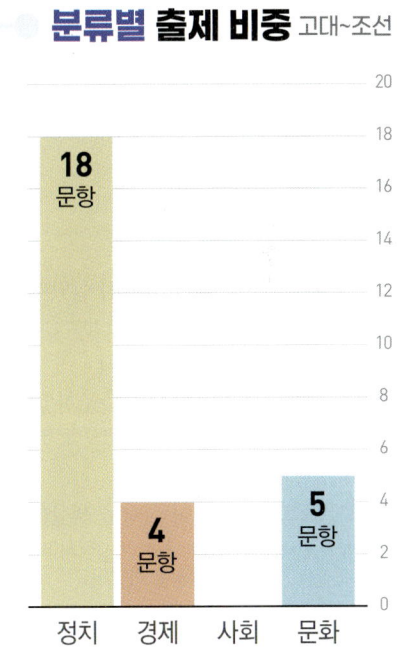

- 정치: 18문항
- 경제: 4문항
- 사회: (없음)
- 문화: 5문항

난이도별 출제 비중

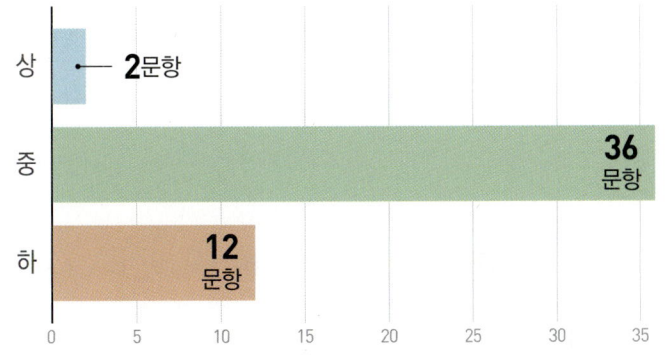

- 상: 2문항
- 중: 36문항
- 하: 12문항

큰별쌤의 한 줄 평

약간 어려운 자료가 나왔으나 기본 개념과 흐름으로 충분히 풀 수 있는 중간 난이도의 시험

1 청동기 시대의 생활 모습   정답 ②

(가) 시대의 생활 모습으로 옳은 것은? [1점]

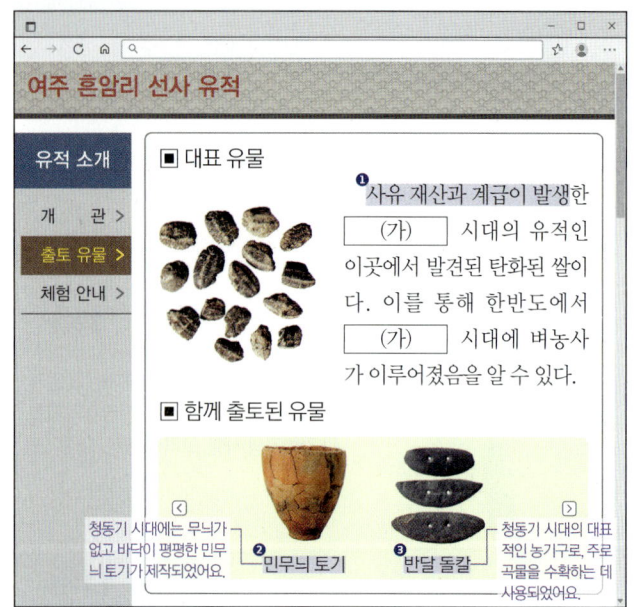

정답 잡는 키워드
❶ 사유 재산과 계급 발생, ❷ 민무늬 토기, ❸ 반달 돌칼
→ **청동기 시대**

사유 재산과 계급이 발생하였으며 민무늬 토기와 반달 돌칼이 함께 출토되었다는 내용을 통해 (가) 시대가 청동기 시대임을 알 수 있어요. 청동기 시대에는 농업 생산력이 향상되고 잉여 생산물이 생겨났어요. 이로 인해 사유 재산의 개념이 나타났고, 빈부의 차이가 생기면서 계급이 형성되어 권력을 가진 지배자가 등장하였어요. 청동기 시대에 들어와 금속을 다루기 시작하면서 비파형 동검, 청동 거울 등의 도구를 만들기 시작하였으나, 주로 의례용 또는 지배자의 무기나 장신구로 쓰였으며 일상생활에서는 여전히 반달 돌칼과 같은 석기가 사용되었어요.

① 주로 동굴이나 강가의 막집에서 살았다.
→ 구석기 시대 사람들은 주로 동굴이나 강가의 막집에서 살면서 식량을 찾아 이동 생활을 하였어요.

②지배층의 무덤으로 고인돌을 축조하였다.
→ 청동기 시대에 지배자가 등장하였으며, 많은 인력을 동원하여 지배층의 무덤으로 고인돌을 축조하였어요.

③ 농경과 목축을 시작하여 식량을 생산하였다.
→ 신석기 시대부터 농경과 목축이 시작되어 식량을 생산하였고, 강가나 바닷가에 움집을 짓고 정착 생활을 하였어요.

④ 호미, 쇠스랑 등의 철제 농기구를 제작하였다.
→ 철기 시대부터 호미, 쇠스랑 등의 철제 농기구가 제작되었어요.

⑤ 주먹도끼, 찍개 등의 뗀석기를 처음 제작하였다.
→ 구석기 시대에 돌을 깨뜨리거나 다듬어서 만든 뗀석기를 만들기 시작하였어요.

기출 선택지 +α
❻ 소를 이용한 깊이갈이가 일반화되었다.　　　(O / X)
❼ 비파형 동검과 청동 거울 등을 제작하였다.　　(O / X)
❽ 오수전, 화천 등의 중국 화폐로 교역하였다.　　(O / X)
❾ 빗살무늬 토기에 음식을 저장하기 시작하였다.　(O / X)

기출 선택지 +α 정답 ❻×[고려 시대] ❼○ ❽×[철기 시대] ❾×[신석기 시대]

2 고조선   정답 ③

밑줄 그은 '이 나라'에 대한 탐구 활동으로 가장 적절한 것은? [2점]

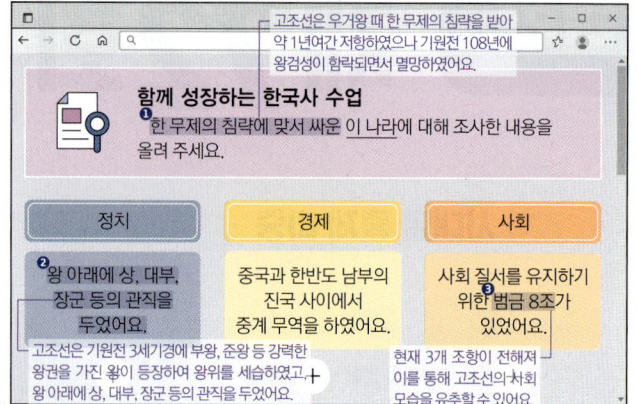

정답 잡는 키워드
❶ 한 무제의 침략에 맞서 싸움, ❷ 왕 아래에 상, 대부, 장군 등의 관직을 둠, ❸ 범금 8조가 있음 → **고조선**

한 무제의 침략에 맞서 싸웠으며, 왕 아래에 상, 대부, 장군 등의 관직을 두었고, 사회 질서를 유지하기 위한 범금 8조가 있었다는 내용을 통해 밑줄 그은 '이 나라'가 고조선임을 알 수 있어요. 고조선은 우리 역사상 최초의 국가로 청동기 문화를 바탕으로 세워졌으며, 기원전 4~3세기경에는 중국의 연과 대립할 정도로 성장하였어요. 고조선은 기원전 2세기 위만이 집권한 이후 중국의 한과 한반도 남부의 진 사이에서 중계 무역을 하면서 많은 이익을 얻었어요. 이로 인해 한과 대립하였고, 우거왕 때 한 무제가 파견한 군대에 맞서 싸웠어요.

① 임신서기석의 내용을 분석한다.
→ 임신서기석은 신라의 두 청년이 유교 경전 공부에 힘쓸 것을 다짐하는 내용이 새겨진 비석이에요. 임신서기석을 통해 신라에서 유학 교육이 이루어졌음을 알 수 있어요.

② 칠지도에 새겨진 명문을 해석한다.
→ 칠지도는 백제에서 만들어 일본에 전해진 것으로 알려져 있으며, 이를 통해 백제와 일본이 교류하였음을 알 수 있어요.

③수도 왕검성의 위치에 대한 자료를 검색한다.
→ 고조선의 수도는 왕검성으로, 그 위치에 대해서는 여러 의견이 있어요.

④ 10월에 지냈던 제천 행사인 동맹을 살펴본다.
→ 고구려는 10월에 동맹이라는 제천 행사를 지냈어요.

⑤ 국가의 중대사를 논의한 화백 회의에 대해 조사한다.
→ 신라는 만장일치제로 운영된 화백 회의에서 국가의 중대사를 논의하였어요.

기출 선택지 +α
❻ 신성 지역인 소도의 역할을 알아본다.　　　　(O / X)
❼ 삼국유사에 실린 김알지 신화를 분석한다.　　　(O / X)
❽ 위만 집권 이후 변화된 경제 상황을 조사한다.　(O / X)
❾ 무천이라는 제천 행사를 개최한 이유를 파악한다.(O / X)
❿ 마가, 우가, 저가, 구가 등이 다스렸던 지역을 조사한다.
　　　　　　　　　　　　　　　　　　　　(O / X)

기출 선택지 +α 정답 ❻×[삼한] ❼×[신라] ❽○ ❾×[동예] ❿×[부여]

3 삼국의 경쟁   정답 ②

(가), (나) 사이의 시기에 있었던 사실로 옳은 것은?   [2점]

> (가) 겨울에 ❶백제 왕이 태자와 함께 정병 3만 명을 거느리고 고구려를 침입하여 평양성을 공격하였다. 고구려 왕 사유가 힘껏 싸우며 막다가 날아오는 화살을 맞고 죽었다.
> — 고구려 왕 사유, 즉 고국원왕은 4세기 후반 백제 근초고왕의 공격으로 전사하였어요.
>
> (나) 정월에 백제는 고구려의 도살성을 쳐서 빼앗았다. 3월에는 고구려가 백제의 금현성을 함락시켰다. ❸신라 왕이 양국의 병사가 지친 틈을 타 이찬 이사부에게 명하여 병사를 내어 쳐서 두 성을 빼앗아 증축하고 갑사 1천 명을 두어 지키게 하였다.
> — 신라는 6세기 중반 진흥왕 때 고구려와 백제가 충돌하는 틈을 타 영토를 확장하였어요.
> — 이사부는 지증왕 때 우산국을 복속시킨 인물이에요. 진흥왕 때에는 도살성과 금현성을 함락시켰으며, 대가야 정복에도 앞장섰어요.

정답 잡는 키워드

❶, ❷ 백제 왕이 고구려의 평양성을 공격하여 고구려 왕 사유가 죽음
→ (가) 4세기 후반

❸ 신라 왕이 이사부를 보내 백제와 고구려의 두 성을 빼앗음
→ (나) 6세기 중반

(가)는 백제 왕이 고구려의 평양성을 공격하여 고구려 왕이 죽었다는 내용을 통해 백제 근초고왕이 고구려를 공격한 4세기 후반의 상황임을 알 수 있어요. 백제 근초고왕은 371년 평양성 전투에서 고국원왕을 전사시키고 황해도 일부 지역을 차지하였어요. (나)는 백제와 고구려가 서로 공격하는 틈을 타서 신라 왕이 이사부를 보내 두 성을 빼앗았다는 내용을 통해 6세기 중반 진흥왕 때의 상황임을 알 수 있어요. 진흥왕은 백제와 고구려가 서로 싸워 상대 지역에 속한 도살성과 금현성을 각각 점령하자, 양국의 군대가 지친 틈을 타 이사부를 보내 두 성을 빼앗았어요(550). 이후 백제 성왕과 연합하여 고구려를 공격해 한강 상류 지역을 차지한 진흥왕은 곧이어 백제를 공격해 한강 하류 지역까지 차지하였어요. 그 뒤 신라와 백제의 관계는 악화되었어요.

① 신라가 기벌포에서 당군을 격파하였다.
➡ 신라는 당과 연합하여 백제와 고구려를 차례로 정복하였어요. 그러나 당이 한반도 전체를 지배하려고 하자 나·당 전쟁을 벌였어요. 신라는 676년에 기벌포 전투에서 당군을 격퇴하면서 삼국 통일을 완수하였어요.

②고구려가 국내성에서 평양으로 천도하였다.
➡ 고구려 장수왕은 427년에 국내성에서 평양으로 천도하고 남진 정책을 본격화하였어요.

③ 계백이 이끈 결사대가 황산벌에서 패배하였다.
➡ 백제의 계백이 이끈 결사대는 660년에 황산벌에서 신라군에 맞서 싸웠으나 패배하였어요. 이후 백제는 나·당 연합군에 의해 사비성이 함락되면서 멸망하였어요.

④ 연개소문이 정변을 일으켜 권력을 장악하였다.
➡ 고구려의 연개소문은 642년에 정변을 일으켜 영류왕을 제거한 후 보장왕을 왕위에 올리고 권력을 장악하였어요.

⑤ 김춘추가 당으로 건너가 군사 동맹을 체결하였다.
➡ 신라의 김춘추는 642년 백제의 공격에 맞서기 위해 고구려에 동맹을 요청하였다가 거절당하였어요. 이후 648년에 당으로 건너가 군사 동맹을 체결하였어요.

기출 선택지 +α

❻ 법흥왕이 금관가야를 병합하였다.   (O / X)
❼ 의자왕이 윤충을 보내 대야성을 함락하였다.   (O / X)
❽ 을지문덕이 살수에서 수의 군대를 물리쳤다.   (O / X)
❾ 광개토 대왕이 신라에 침입한 왜를 물리쳤다. (O / X)

기출 선택지 +α 정답 ❻ O [532년] ❼ X [642년] ❽ X [612년] ❾ O [400년]

4 백제의 도읍   정답 ④

(가)~(다) 지역에 대한 설명으로 옳지 않은 것은?   [3점]

답사 계획서
◆ 주제 : 도읍지를 따라가는 ○○의 역사
◆ 기간 : 2024년 10월 △△일 ~ △△일
◆ 답사 지역 및 일정
- 1일차 : (가) — 한성(지금의 서울)은 백제 초기의 도읍지였어요. ❶ 풍납동 토성, ❷ 석촌동 고분군
- 2일차 : (나) — 웅진(지금의 공주)은 475년 문주왕이 천도한 때부터 538년 성왕이 사비로 천도할 때까지 백제의 두 번째 도읍지였어요. ❸ 공산성, ❹ 무령왕릉
- 3일차 : (다) — 사비(지금의 부여)는 538년 성왕이 천도한 때부터 660년 백제가 멸망할 때까지 백제의 마지막 도읍지였어요. ❺ 부소산성, ❻ 왕릉원(능산리 고분군)

정답 잡는 키워드

❶ 풍납동 토성, ❷ 석촌동 고분군 → (가) 서울
❸ 공산성, ❹ 무령왕릉 → (나) 공주
❺ 부소산성, ❻ 왕릉원(능산리 고분군) → (다) 부여

(가) 지역은 '풍납동 토성'과 '석촌동 고분군'을 통해 백제의 첫 번째 도읍지였던 한성(지금의 서울)임을 알 수 있어요. 풍납동 토성과 석촌동 고분군은 지금의 서울 송파구에 있는 백제의 유적이에요. 풍납동 토성은 판축 기법을 활용하여 성벽을 쌓은 백제 토성이며, 석촌동 고분군은 백제 초기의 계단식 돌무지무덤이 모여 있는 유적이에요.

(나) 지역은 '공산성'과 '무령왕릉'을 통해 백제가 고구려 장수왕의 공격으로 한성이 함락된 후 천도한 웅진(지금의 공주)임을 알 수 있어요. 공산성은 백제가 웅진으로 천도한 후 도읍을 방어하기 위해 쌓은 산성이에요. 무령왕릉은 공주의 송산리 고분군 안에 위치해 있으며, 무덤 안에서 무덤의 주인이 누구인지 알려 주는 묘지석이 발견되었어요.

(다) 지역은 '부소산성'과 '왕릉원(능산리 고분군)'을 통해 사비(지금의 부여)임을 알 수 있어요. 부소산성은 성왕 때 웅진에서 사비로 도읍을 옮기면서 축조한 것으로 추정되는 산성으로, 사비성이라고도 합니다. 부여 왕릉원(능산리 고분군)은 부여에 있는 백제 무덤군으로 모두 7기의 무덤이 있어요.

① (가) - 고구려에서 남하한 온조가 도읍으로 삼았다.
➡ 고구려에서 남하한 온조는 서울 한강 유역의 하남 위례성을 도읍으로 삼아 나라를 세웠어요.

② (나) - 문주왕 때 천도한 곳이다.
➡ 고구려 장수왕의 공격으로 한성이 함락되고 개로왕이 죽임을 당하자 개로왕의 뒤를 이은 문주왕 때 지금의 공주 지역인 웅진으로 천도하였어요.

③ (나) - 중국 남조의 영향을 받은 벽돌무덤이 있다.
➡ 공주의 무령왕릉은 중국 남조의 영향을 받아 벽돌무덤으로 축조되었어요.

④(다) - 왕궁리 오층 석탑이 있다.
➡ 왕궁리 5층 석탑은 백제의 궁궐터 유적인 익산의 왕궁리 유적에 있어요.

⑤ (다) - 백제 금동 대향로가 출토되었다.
➡ 백제 금동 대향로는 부여 능산리 절터에서 출토되었어요.

5 고구려
정답 ①

(가) 국가에 대한 설명으로 옳은 것은? [2점]

이것은 (가) 의 ❶쌍영총 벽화의 개마 무사 부분 모사도입니다. ❷안악 3호분 등 (가) 의 다른 고분 벽화에서도 개마 무사가 그려져 있어 이 국가의 군사, 무기 등의 모습을 알 수 있습니다.

- 안악 3호분 등 고구려의 굴식 돌방 무덤에는 벽화가 많이 남아 있어요.

정답 잡는 키워드
❶ 쌍영총, ❷ 안악 3호분 → 고구려

'쌍영총'과 '안악 3호분'을 통해 (가) 국가가 고구려임을 알 수 있어요. 쌍영총은 평안남도에 있는 고구려의 고분으로 내부에 인물 풍속도와 사신도가 그려져 있어요. 안악 3호분은 황해남도에 위치한 고구려의 고분으로 당시의 생활 모습을 짐작할 수 있는 벽화들이 발견되었어요.

①태학과 경당을 두어 인재를 양성하였다.
  ➡ 고구려는 교육 기관으로 중앙에 태학, 지방에 경당을 두어 인재를 양성하였어요.

② 골품에 따라 관등 승진에 제한이 있었다.
  ➡ 신라에는 골품제라는 신분 제도가 있어 골품에 따라 관등 승진에 제한이 있었어요.

③ 국경 지역인 양계에 병마사를 파견하였다.
  ➡ 고려는 5도 양계의 지방 행정 구역을 두었어요. 5도에는 안찰사를 파견하였으며, 양계에는 병마사를 파견하였어요.

④ 정사암에서 국가의 중대한 일을 결정하였다.
  ➡ 백제에서는 귀족들이 정사암에 모여 재상을 선출하거나 국가의 중대한 일을 결정하였어요.

⑤ 여러 가(加)들이 별도로 사출도를 주관하였다.
  ➡ 부여에서는 왕이 중앙을 다스리고 마가, 우가, 저가, 구가 등 여러 가(加)들이 별도로 사출도를 주관하였어요.

기출 선택지 +α
❻ 대가들이 사자, 조의, 선인을 거느렸다. (O/X)
❼ 지방에 22담로를 두어 왕족을 파견하였다. (O/X)
❽ 지방 장관으로 욕살, 처려근지 등이 있었다. (O/X)
❾ 단궁, 과하마, 반어피 등의 특산물이 있었다. (O/X)
❿ 박, 석, 김의 3성이 교대로 왕위를 계승하였다. (O/X)

기출 선택지 +α 정답 ❻ O ❼ X [백제] ❽ O ❾ X [동예] ❿ X [신라]

6 통일 신라의 경제
정답 ⑤

(가)에 들어갈 내용으로 가장 적절한 것은? [1점]

◈ 강좌 주제 ◈
한국사 교양 강좌 - 통일 신라의 경제
제1강 촌락 문서에 나타난 수취 체제의 특징
제2강 서시와 남시 설치를 통해 본 상업 발달
제3강 (가)

■ 일시 : 2024년 10월 △△일 △△시 ~ △△시
■ 장소 : ○○대학교 대강당

신라 촌락 문서는 일본 도다이사 쇼소인에서 발견된 통일 신라 시대의 문서로 서원경 인근 4개 촌락의 경제 상황이 기록되어 있어요. 신라 촌락 문서에는 인구수, 토지 종류와 면적, 소와 말의 수, 수목의 종류와 수 등이 기록되어 있어 조세 징수와 노동력 징발 등에 활용되었어요. 신라는 지증왕 때 수도 금성에 시장인 동시를 설치하였는데, 통일 이후 인구가 늘어나고 물자 유통이 활발해지면서 서시와 남시를 추가로 설치하였어요.

① 상평창과 물가 조절
  ➡ 상평창은 고려 시대에 설치된 물가 조절 기구로 조선 시대까지 이어졌어요.

② 은병이 화폐 유통에 미친 영향
  ➡ 은병은 고려 시대에 주조된 고액 화폐로 활구라고도 불렸어요.

③ 진대법으로 알아보는 빈민 구제
  ➡ 진대법은 고구려 고국천왕 때 마련된 춘대추납 방식의 빈민 구제 정책입니다.

④ 덩이쇠 수출을 통해 본 낙랑과의 교역
  ➡ 금관가야는 철이 풍부하게 생산되어 덩이쇠를 화폐처럼 사용하거나 낙랑, 왜 등에 수출하였어요.

⑤ 울산항을 통한 아라비아 상인들과의 교류
  ➡ 통일 신라 시기에 수도 금성과 가까운 울산항이 국제 무역항으로 번성하여 당, 일본 상인을 비롯하여 아라비아 상인도 왕래하였어요.

핵심 개념 | 통일 신라의 경제

토지 제도	• 신문왕 때 관료전을 지급하고 녹읍 폐지 → 경덕왕 때 귀족들의 반발로 녹읍 부활 • 성덕왕 때 백성에게 정전 지급
조세 제도	신라 촌락 문서(민정 문서) - 일본 도다이사 쇼소인에서 발견된 서원경(청주) 부근 4개 촌락에 대한 기록 문서 - 토지 종류와 면적, 인구수, 소와 말의 수, 나무의 종류와 수, 특산물 등을 파악하여 3년마다 작성 → 조세 징수와 노동력 징발에 활용
상업	수도 금성(경주)에 서시·남시를 추가로 설치, 시전(市典, 감독관청) 설치
대외 무역	• 당항성을 확보한 후 중국과 직접 교류 • 국제 무역항인 울산항에 아라비아 상인도 왕래 • 신라 말 장보고가 완도에 청해진 설치 → 신라, 당, 일본을 잇는 해상 무역권 장악

7 발해 정답 ②

밑줄 그은 '이 국가'에 대한 설명으로 옳은 것은? [2점]

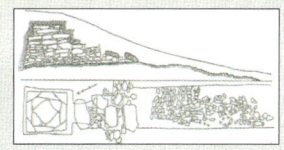
정혜 공주 무덤의 구조도

정혜 공주 묘지석

지린성 둔화에서 발견된 이 국가의 정혜 공주 무덤은 모줄임천장 구조의 굴식 돌방무덤으로 고구려 양식을 계승하고 있다. 또한, 내부에서 출토된 묘지석에 '황상'이라는 칭호가 사용된 점을 통해 이 국가의 자주성을 확인할 수 있다.
※ 정혜 공주는 발해 제3대 문왕의 둘째 딸이에요.

정답 잡는 키워드

❶ 정혜 공주 무덤, ❷ 고구려 양식 계승 → 발해

만주의 지린성 둔화에서 고구려 양식을 계승한 정혜 공주 무덤이 발견되었다는 내용을 통해 밑줄 그은 '이 국가'가 발해임을 알 수 있어요. 발해는 대조영이 고구려 유민과 말갈인을 이끌고 지린성 동모산에서 세운 나라로 고구려 계승을 표방하였어요. '인안', '대흥' 등의 독자적인 연호를 사용하였으며 전성기에 중국으로부터 해동성국이라고 불리기도 하였어요.

① 서경을 북진 정책의 기지로 삼았다.
→ 고려를 세운 태조 왕건은 평양을 서경으로 삼아 중시하였으며, 이를 북진 정책의 기지로 삼았어요.

②정당성의 대내상이 국정을 총괄하였다.
→ 발해는 3성 6부의 중앙 정치 조직을 갖추었으며, 3성 가운데 행정을 담당하는 정당성의 장관인 대내상이 국정을 총괄하였어요.

③ 영락이라는 독자적인 연호를 사용하였다.
→ 고구려의 광개토 태왕은 '영락'이라는 독자적인 연호를 사용하였어요.

④ 군사 조직으로 9서당 10정을 편성하였다.
→ 통일 신라의 신문왕은 중앙군으로 9서당, 지방군으로 10정을 편성하였어요.

⑤ 관리 선발을 위해 독서삼품과를 시행하였다.
→ 통일 신라의 원성왕은 유교적 소양을 갖춘 관리를 등용하기 위해 독서삼품과를 시행하였어요.

기출 선택지 +α

❻ 중정대를 두어 관리를 감찰하였다. (O/X)
❼ 최고 행정 관서로 집사부를 두었다. (O/X)
❽ 교육 기관으로 주자감을 설립하였다. (O/X)
❾ 개국, 태창이라는 연호를 사용하였다. (O/X)

핵심 개념 | 발해의 통치 체제

중앙	• 당의 3성 6부제 수용, 운영과 명칭에서 독자성 유지 　- 3성 : 정당성, 선조성, 중대성 → 정당성을 중심으로 운영(정당성의 장관인 대내상이 국정 총괄) 　- 6부 : 정당성이 6부를 둘로 나누어 관할(좌사정 - 충·인·의부, 우사정 - 지·예·신부), 6부의 명칭에 유교 이념 반영 • 중정대 : 감찰 기구, 관리 감찰
지방	5경 15부 62주
교육	주자감(유교 교육 담당), 당에 유학생 파견

기출 선택지 +α 정답
❻ O　❼ X [신라]　❽ O　❾ X [신라]

---

8 신라 말의 상황 정답 ③

교사의 질문에 대한 학생의 답변으로 옳은 것은? [2점]

화면에 표시된 부분은 진성 여왕 때 유포된 글로 당시 정치 상황을 비판하는 내용입니다. 삼국유사에 따르면 '찰니나제'는 여왕을, '소판니'와 '삼아간'은 위홍 등 간신들을 의미하는 것으로, 그들 때문에 나라가 망한다는 뜻입니다. 이 여왕의 재위 시기에 있었던 사실을 말해 볼까요?

나무망국 찰니나제 판니판니 소판니 우우삼아간 부이사바하

신라 말의 혼란스러운 정치 상황을 바로잡고자 최치원이 진성 여왕에게 시무책 10여 조를 올렸으나 진골 귀족들의 반발로 실현하지 못하였어요.

정답 잡는 키워드

❶ 진성 여왕 → 신라 말

신라는 8세기 후반 혜공왕이 피살된 이후 진골 귀족 간의 왕위 다툼으로 왕권이 불안정하고 지방 통제력이 약화되었어요. 이로 인해 귀족의 농민 수탈이 심해져 곳곳에서 농민 봉기가 일어났는데, 특히 9세기 말 진성 여왕 시기에 극심하였어요.

① 김흠돌이 반란을 도모하였어요.
→ 신라 신문왕 때 왕의 장인인 김흠돌이 반란을 도모하였으나, 신문왕이 이를 진압하고 반란 모의에 가담한 진골 귀족을 숙청하였어요.

② 김사미와 효심이 난을 일으켰어요.
→ 고려 무신 집권기에 지배층의 수탈에 저항하여 경상도 지역에서 김사미와 효심이 난을 일으켰어요.

③원종과 애노가 사벌주에서 봉기하였어요.
→ 신라 진성 여왕 때 전국 각지에서 농민 봉기가 일어났는데 사벌주에서 일어난 원종과 애노의 난이 대표적이에요.

④ 김유신이 비담과 염종의 난을 진압하였어요.
→ 신라 선덕 여왕 때 상대등 비담이 염종 등과 함께 반란을 일으키자 김유신이 이를 진압하였어요.

⑤ 복신과 도침이 주류성에서 군사를 일으켰어요.
→ 백제 멸망 후 복신과 도침이 주류성에서 군사를 일으켜 백제 부흥 운동을 전개하였어요.

기출 선택지 +α

❻ 이사부가 우산국을 정복하였다. (O/X)
❼ 최치원이 시무책 10여 조를 건의하였다. (O/X)
❽ 거칠부가 왕명에 의해 국사를 편찬하였다. (O/X)
❾ 자장의 건의로 황룡사 구층 목탑이 건립되었다. (O/X)
❿ 원광이 화랑도의 규범으로 세속 5계를 제시하였다. (O/X)

기출 선택지 +α
정답　❻ X [지증왕]　❼ O　❽ X [진흥왕]　❾ X [선덕 여왕]　❿ X [진평왕]

9 견훤의 활동 정답 ④

(가) 인물에 대한 설명으로 옳은 것은? [2점]

정답 잡는 키워드

❶ 경애왕을 습격함, ❷ 공산 전투에서 고려군에 대승을 거둠 → 견훤

경애왕을 습격하였으며, 공산 전투에서 고려군에 대승을 거두었다는 내용을 통해 (가) 인물이 견훤임을 알 수 있어요. 후백제를 세운 견훤은 충청도와 전라도의 경제력을 바탕으로 후삼국 간의 경쟁에서 우위를 차지하였어요. 신라가 고려와 연합하여 대항하려 하자 신라를 공격해 경애왕을 죽게 하였고, 신라를 도우러 온 고려군을 공산 전투에서 크게 물리쳤어요. 그러나 후백제는 고창 전투에서 고려군에 패배하여 세력이 약화되었고, 견훤이 넷째 아들에게 왕위를 물려주려 하면서 내부 갈등이 생겼어요. 견훤은 왕위 계승에 불만을 품은 큰아들 신검에 의해 금산사에 유폐되었다가 금산사를 탈출해 고려에 귀부하였어요.

① 훈요 10조를 남겼다.
→ 고려를 세운 태조 왕건은 후대 왕에게 정책 방향을 제시하기 위해 훈요 10조를 남겼어요.

② 경주의 사심관으로 임명되었다.
→ 신라의 마지막 왕인 경순왕 김부는 고려에 항복한 후 경주의 사심관으로 임명되었어요.

③ 금마저에 미륵사를 창건하였다.
→ 백제 무왕은 지금의 익산 지역인 금마저에 미륵사를 창건하였어요.

④ 완산주를 도읍으로 삼아 나라를 세웠다.
→ 견훤은 지금의 전주 지역인 완산주를 도읍으로 후백제를 건국하였어요.

⑤ 광평성을 비롯한 정치 기구를 마련하였다.
→ 후고구려를 세운 궁예는 국호를 '마진'으로 바꾼 후 광평성을 비롯한 정치 기구를 마련하였어요.

기출 선택지 +α

❻ 일리천 전투에서 고려군에게 패배하였다. (O/X)
❼ 국호를 마진으로 바꾸고 철원으로 천도하였다. (O/X)
❽ 오월에 사신을 보내고 검교태보의 직을 받았다. (O/X)

기출 선택지 +α 정답 ❻ ×[신검] ❼ ×[궁예] ❽ O

10 신라의 탑 정답 ⑤

(가)~(다)에 대한 설명으로 옳은 것은? [3점]

① (가) - 내부에서 무구정광대다라니경이 발견되었다.
→ 내부에서 무구정광대다라니경이 발견된 탑은 경주 불국사 3층 석탑이에요. 무구정광대다라니경은 현존하는 세계에서 가장 오래된 목판 인쇄물이에요.

② (가) - 1층 탑신에 당의 장수 소정방의 명으로 새긴 글이 있다.
→ 1층 탑신에 당의 장수 소정방의 명으로 새긴 글이 있는 탑은 백제의 부여 정림사지 5층 석탑이에요. 소정방이 새긴 글로 인해 '평제탑'이라고 불리기도 하였어요.

③ (나) - 자장의 건의로 건립되었다.
→ 신라 선덕 여왕 때 자장의 건의로 건립된 황룡사 9층 목탑은 고려 시대 몽골의 침입으로 소실되었어요. 경주 감은사지 3층 석탑은 삼국을 통일한 문무왕의 유업을 이어받아 아들인 신문왕이 감은사를 짓고 세운 탑이에요.

④ (나) - 돌을 벽돌 모양으로 다듬어 쌓았다.
→ 돌을 벽돌 모양으로 다듬어 쌓은 석탑을 모전 석탑이라고 합니다. 대표적인 모전 석탑으로 경주 분황사 모전 석탑, 제천 장락동 7층 모전 석탑 등을 들 수 있어요. 경주 감은사지 3층 석탑은 화강암을 깎아서 만든 탑으로, 동서 양편에 한 기씩 있어요.

⑤ (다) - 선종의 영향을 받아 만들어졌다.
→ 화순 쌍봉사 철감선사탑은 화강암으로 제작된 팔각원당형의 승탑이에요. 신라 말에 선종이 유행하면서 승려의 사리나 유골을 모신 승탑이 많이 제작되었어요.

핵심 개념 | 신라의 탑

경주 분황사 모전 석탑	현존하는 신라 석탑 중에 가장 오래됨, 돌을 벽돌 모양으로 다듬어 쌓아 올린 탑
황룡사 9층 목탑	선덕 여왕 때 승려 자장의 건의로 건립됨, 몽골이 고려에 침입하였을 때 소실됨
경주 감은사지 3층 석탑	신문왕 때 세워진 탑, 이중 기단 위에 3층을 쌓는 통일 신라 석탑 양식의 전형을 보여 줌
경주 불국사 3층 석탑	석탑을 보수하는 과정에서 무구정광대다라니경이 발견됨, 석가탑·무영탑이라고도 함
경주 불국사 다보탑	경주 불국사 3층 석탑과 함께 통일 신라 시대에 건립됨
화순 쌍봉사 철감선사탑	선종의 영향을 받아 만들어진 승탑

11 성종 재위 시기의 사실   정답 ⑤

다음 검색창에 들어갈 왕의 재위 기간에 있었던 사실로 옳은 것은? [2점]

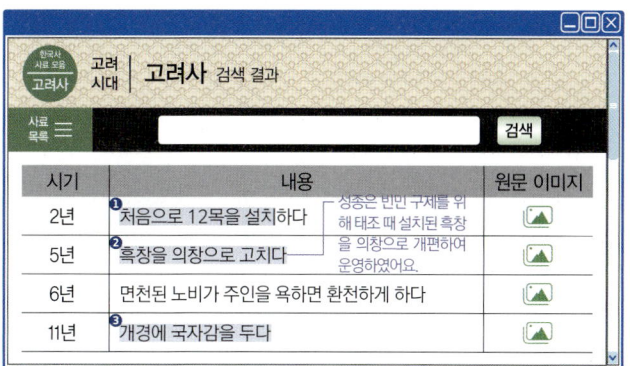

정답 잡는 키워드

❶ 처음으로 12목 설치, ❷ 흑창을 의창으로 고침,
❸ 개경에 국자감을 둠 → 고려 성종

처음으로 12목을 설치하고 흑창을 의창으로 고쳤으며, 개경에 국자감을 두었다는 내용을 통해 검색창에 들어갈 왕이 고려 성종임을 알 수 있어요. 성종은 유교 정치 이념을 바탕으로 중앙과 지방의 통치 체제를 정비하였어요. 2성 6부의 중앙 관제를 마련하고, 전국 주요 지역에 12목을 설치하여 지방관을 파견하였으며, 지방 세력을 통제하기 위해 향리 제도를 정비하였어요. 또한, 인재 양성을 위한 최고 교육 기관으로 개경에 국자감을 설치하여 유학 교육을 장려하였어요.

① 관학을 진흥하고자 양현고를 설치하였다.
➡ 예종은 사학의 융성으로 침체된 관학을 진흥하고자 장학 재단인 양현고를 설치하였어요.

② 광덕, 준풍 등의 독자적 연호를 사용하였다.
➡ 광종은 황제를 칭하고 '광덕', '준풍' 등의 독자적 연호를 사용하였어요.

③ 주전도감을 설치하여 해동통보를 발행하였다.
➡ 숙종은 화폐 주조 기관인 주전도감을 설치하여 해동통보 등을 발행하였어요.

④ 정계와 계백료서를 지어 관리의 규범을 제시하였다.
➡ 태조 왕건은 "정계"와 "계백료서"를 지어 관리들이 지켜야 할 규범을 제시하였어요.

⑤ 최승로의 시무 28조를 받아들여 통치 체제를 정비하였다.
➡ 성종은 최승로의 시무 28조를 받아들여 유교 정치 이념에 따라 정치 체제를 정비하였어요.

기출 선택지 +α

❻ 지방 세력 통제를 위해 향리제를 정비하였다. (O/X)
❼ 신돈을 등용하고 전민변정도감을 설치하였다. (O/X)
❽ 쌍기의 건의를 받아들여 과거제를 실시하였다. (O/X)
❾ 개경에 귀법사를 세우고 균여를 주지로 삼았다. (O/X)
❿ 청연각과 보문각을 두어 학문 연구를 장려하였다. (O/X)

기출 선택지 +α 정답 ❻ ○ ❼ ×[공민왕] ❽ ×[광종] ❾ ×[광종] ❿ ×[예종]

12 고려와 거란의 관계   정답 ③

(가)에 대한 고려의 대응으로 옳은 것은? [2점]

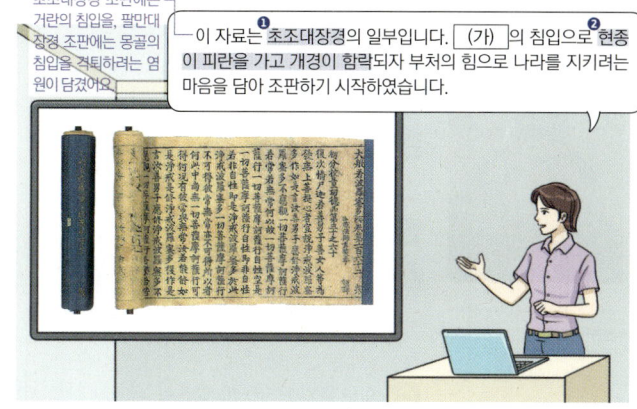

정답 잡는 키워드

❶ 초조대장경 조판,
❷ 현종이 피란을 가고 개경이 함락됨 → 거란

초조대장경을 조판하기 시작하였으며, 현종이 피란을 가고 개경이 함락되었다는 내용을 통해 (가)가 거란임을 알 수 있어요. 고려 성종 때 거란의 1차 침입이 일어났어요. 서희는 거란 장수 소손녕과 외교 담판을 벌여 송과의 관계를 끊고 거란과 교류할 것을 약속하여 거란을 물러나게 하였어요. 그러나 고려가 계속 송과의 관계를 유지하자 거란은 강조의 정변을 구실로 다시 침입하였어요. 고려는 거란의 2차 침입으로 개경이 함락되고 현종이 나주로 피란을 가는 등 위기를 맞았지만, 국경 지역에서는 양규의 부대가 큰 활약을 펼치기도 하였어요. 이 시기에 고려는 부처의 힘으로 거란의 침입을 물리치고 나라를 지키려는 마음을 담아 초조대장경을 조판하기 시작하였어요.

① 윤관을 보내 동북 9성을 개척하였다.
➡ 예종 때 윤관을 보내 여진을 정벌하고 동북 9성을 개척하였어요.

② 화통도감을 두어 화포를 제작하였다.
➡ 우왕 때 최무선의 건의로 화통도감이 설치되어 화포, 화약 무기 등을 제작하였어요. 최무선 등은 이를 이용하여 진포에서 왜구를 물리쳤어요.

③ 광군을 조직하여 침입에 대비하였다.
➡ 정종 때 거란의 침입에 대비하여 광군을 조직하였어요.

④ 박위를 파견하여 근거지를 토벌하였다.
➡ 창왕 때 박위를 파견하여 왜구의 근거지인 쓰시마섬을 토벌하였어요.

⑤ 철령위 설치에 반발해 요동 정벌을 추진하였다.
➡ 명이 철령위를 설치하고 철령 이북의 영토를 직접 통치하겠다고 통보하자 우왕과 최영은 요동 정벌을 추진하였어요.

기출 선택지 +α

❻ 양규가 무로대에서 적군을 물리쳤다. (O/X)
❼ 개경을 방어하기 위해 나성을 축조하였다. (O/X)
❽ 강화도로 도읍을 옮겨 장기 항전을 준비하였다. (O/X)
❾ 신기군, 신보군, 항마군으로 구성된 별무반을 창설하였다. (O/X)

기출 선택지 +α 정답 ❻ ○ ❼ ○ ❽ ×[몽골] ❾ ×[여진]

13 김부식의 활동   정답 ②

(가)에 들어갈 내용으로 적절한 것은? [2점]

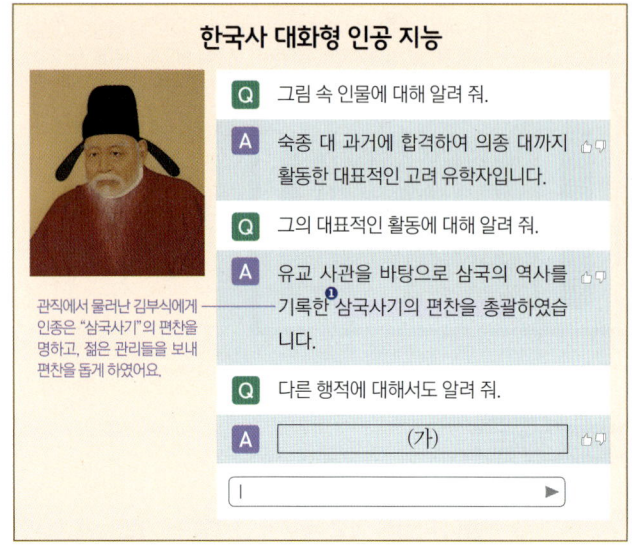

정답 잡는 키워드

❶ "삼국사기"의 편찬 총괄 → 김부식

"삼국사기"의 편찬을 총괄하였다는 내용을 통해 자료의 인물이 김부식임을 알 수 있어요. 김부식은 묘청의 난 이후 고려 인종의 명을 받아 삼국의 역사를 기록한 "삼국사기"를 편찬하였어요. 유교 사관을 바탕으로 기전체 형식으로 서술된 "삼국사기"는 현존하는 우리나라에서 가장 오래된 역사서입니다.

① 봉사 10조를 국왕에게 올렸습니다.
→ 최충헌은 이의민을 제거하고 권력을 장악한 후 명종에게 봉사 10조를 올려 시정 개혁을 건의하였어요.

②관군을 이끌고 묘청의 난을 진압하였습니다.
→ 묘청 등 서경 세력이 서경 천도 실패 후 서경에서 난을 일으키자 김부식이 관군을 이끌고 이를 진압하였어요.

③ 만권당에서 원의 유학자들과 교유하였습니다.
→ 만권당은 충선왕이 원의 연경에 머물면서 지은 독서당이에요. 이제현 등 고려의 학자들이 이곳에서 원의 유학자들과 교유하였어요.

④ 불씨잡변을 저술하여 불교를 비판하였습니다.
→ 조선 건국을 주도한 정도전은 성리학의 입장에서 불교 교리를 비판한 "불씨잡변"을 저술하였어요.

⑤ 9재 학당을 설립하여 유학 교육에 힘썼습니다.
→ 최충은 관직에서 물러난 뒤 사립 교육 기관인 9재 학당(문헌공도)을 설립하여 유학 교육에 힘썼어요.

기출 선택지 +α

❻ 역옹패설과 사략을 저술하였다. (O/X)
❼ 고려에 성리학을 최초로 소개하였다. (O/X)
❽ 고구려 계승 의식을 강조한 동명왕편을 지었다. (O/X)
❾ 불교 개혁을 주장하며 수선사 결사를 제창하였다. (O/X)

기출 선택지 +α 정답 ❻ X[이제현] ❼ X[안향] ❽ X[이규보] ❾ X[지눌]

14 무신 집권기의 사실   정답 ④

(가)~(다)를 일어난 순서대로 옳게 나열한 것은? [3점]

(가) 왕이 먼저 나라 안의 신하들을 권유하여 ❶개경으로 환도하게 하였다. 여러 신하들이 말하기를 "임금의 명령인데, 감히 따르지 않을 수 있겠는가?"라고 하였으므로, 임유무가 화가 나서 어떻게 해야 할지를 알지 못하였다.
— 무신 정권 최후의 집권자로, 그를 마지막으로 무신 정권은 몰락하고 개경 환도가 이루어졌어요.

(나) ❷조위총이 군사를 일으키자, 이의방이 이의민을 정동 대장군 지병마사로 임명하였다. 이의민이 군사를 거느리고 전투에 나섰다가 날아오는 화살에 눈을 맞았으나, 철령으로 진군하여 사방에서 북을 치고 고함을 지르면서 급습하여 크게 격파하였다.

(다) 백관이 최우의 집에 나아가 정년도목(政年都目)을 올렸다. 최우가 청사에 앉아 그것을 받았다. 6품 이하는 당하(堂下)에서 두 번 절하고 땅에 엎드려 감히 고개를 들고 보지 못하였다. 이때부터 ❸최우는 정방을 그의 집에 두고 백관의 인사 행정을 처리하였다.

정답 잡는 키워드

❶ 왕이 개경 환도를 명함 → (가) 원종의 개경 환도 결정(1270)
❷ 조위총이 군사를 일으킴 → (나) 무신 정권 초기(1174)
❸ 최우가 정방을 설치함 → (다) 최씨 무신 정권 시기(1225)

(가) 왕이 개경으로 환도하게 하였다는 내용을 통해 1270년 원종이 강화도에서 개경으로 도읍을 다시 옮긴다고 결정한 상황임을 알 수 있어요. 오랜 전쟁에 지친 고려 정부가 몽골과 강화를 맺고 개경 환도를 결정하였고, 이에 반대하던 무신 집권자 임유무가 피살되면서 무신 정권은 막을 내렸어요.

(나) 조위총이 군사를 일으켰다는 내용을 통해 무신 정권 초기의 상황임을 알 수 있어요. 1170년 무신 정변이 일어나고 무신 정권이 들어섰어요. 이에 반발하여 동북면 병마사 김보당(1173), 서경 유수 조위총(1174) 등이 반란을 일으켰으나 실패하였어요.

(다) 최우가 정방을 설치하였다는 내용을 통해 최씨 무신 정권 시기임을 알 수 있어요. 무신 정권 초기에는 최고 집권자가 자주 교체되는 정치적 혼란이 계속되었어요. 이러한 혼란은 1196년 최충헌이 이의민을 제거하고 정권을 차지하면서 수습되었고, 이후 약 60여 년간 최씨 무신 정권이 이어졌어요. 최충헌의 뒤를 이어 집권한 최우는 1225년에 자기 집에 정방을 설치하고 인사 행정을 장악하였어요. 최우는 몽골이 침략하자 강화도로 도읍을 옮겨 장기 항전을 준비하였어요.

① (가) - (나) - (다)
② (가) - (다) - (나)
③ (나) - (가) - (다)
④(나) - (다) - (가)
→ (나) 조위총의 난(1174, 무신 정권 초기) → (다) 최우가 정방 설치(1225, 최씨 무신 정권 시기) → (가) 원종의 개경 환도 결정(1270, 무신 정권 붕괴)
⑤ (다) - (나) - (가)

15 원 간섭기의 사실   정답 ①

밑줄 그은 '시기'의 사실로 옳은 것은? [2점]

정답 잡는 키워드

❶ 원 출신의 왕비, ❷ 충렬왕부터 공민왕에 이르는 시기
→ 원 간섭기

충렬왕부터 공민왕에 이르는 시기에 고려의 왕이 원의 공주와 결혼하여 원 출신의 왕비들이 여럿 있었다는 내용을 통해 밑줄 그은 '시기'가 원 간섭기임을 알 수 있어요. 고려는 몽골과 강화를 맺고 개경으로 환도한 이후 원의 내정 간섭을 받았어요. 원 간섭기에 고려 왕실의 호칭과 관제가 격하되었으며, 고려 백성이 원의 일본 원정에 동원되고 일부 영토를 원에 빼앗겼어요. 이 시기에 원은 고려의 젊은 여성을 공녀로 뽑아 데려가고 특산물을 징발하는 등 인적·물적 수탈을 자행하였어요.

①권문세족이 도평의사사를 장악하였다.
➡ 원 간섭기에 원과 친밀한 관계를 맺은 이들이 권문세족으로 성장하여 도평의사사를 장악하고 고위 관직을 독점하였어요.

② 왕조 교체를 예언하는 정감록이 유포되었다.
➡ 조선 후기에 탐관오리의 횡포가 심해지고, 이양선이 출몰하는 등 사회 혼란이 커지면서 왕조 교체를 예언하는 "정감록"이 유포되었어요.

③ 강조가 정변을 일으켜 김치양을 제거하였다.
➡ 고려 전기 목종 때 강조가 정변을 일으켜 김치양을 제거하고 목종을 폐위시켰어요(1009).

④ 김보당이 의종 복위를 주장하며 난을 일으켰다.
➡ 무신 집권기에 동북면 병마사 김보당이 의종 복위를 주장하며 난을 일으켰으나 실패하였어요(1173).

⑤ 국정을 총괄하는 기구로 교정도감이 설치되었다.
➡ 무신 집권기에 최고 집권자가 된 최충헌은 교정도감을 설치하여 국정을 총괄하는 권력 기구로 삼았어요.

기출 선택지 +α

❻ 만적이 개경에서 반란을 모의하였다. (O/X)
❼ 중서문하성과 상서성이 첨의부로 개편되었다. (O/X)
❽ 지배층을 중심으로 변발과 호복이 유행하였다. (O/X)

기출 선택지 +α 정답 ❻ ×[무신 집권기, 1198년] ❼ ○ ❽ ○

16 고려의 경제   정답 ③

(가) 국가의 경제 상황으로 옳은 것은? [2점]

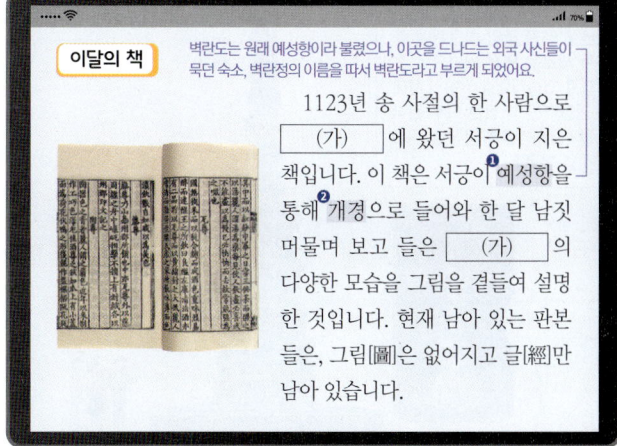

정답 잡는 키워드

❶ 예성항, ❷ 개경 → 고려

송의 사절 서긍이 예성항을 통해 개경에 들어왔다는 내용을 통해 (가) 국가가 고려임을 알 수 있어요. 고려 시대에 예성강 하구의 벽란도가 국제 무역항으로 번성하였는데 송, 일본 등 주변국 상인들이 왕래하였어요. 특히 아라비아 상인도 들어와 무역하였으며, 이들에 의해 고려가 'COREA(코리아)'라는 이름으로 서방 세계에 알려지기도 하였어요.

① 솔빈부의 말이 특산품으로 유명하였다.
➡ 발해는 목축이 발달하였는데, 특히 솔빈부의 말이 특산품으로 유명하였어요.

② 송상이 전국 각지에 송방을 설치하였다.
➡ 조선 후기에 개성을 근거지로 활동한 송상이 전국 각지에 송방이라는 지점을 설치하였어요.

③서적점, 다점 등의 관영 상점을 운영하였다.
➡ 고려는 건국 초기부터 상업을 육성하고 개경, 서경, 동경 등 대도시에 서적, 약, 술, 차 등을 판매하는 관영 상점을 운영하였어요.

④ 집집마다 부경이라고 불리는 창고가 있었다.
➡ 고구려에는 집집마다 부경이라고 불리는 작은 창고가 있었어요.

⑤ 광산을 전문적으로 경영하는 덕대가 나타났다.
➡ 조선 후기에 민영 광산이 발달하면서 물주로부터 자금을 투자받아 광산을 전문적으로 경영하는 덕대가 등장하였어요.

기출 선택지 +α

❻ 벽란도가 국제 무역항으로 번성하였다. (O/X)
❼ 상평통보가 발행되어 법화로 사용되었다. (O/X)
❽ 감자, 고구마 등의 구황 작물이 재배되었다. (O/X)
❾ 시장을 감독하는 관청인 동시전이 설치되었다. (O/X)
❿ 경시서의 관리들이 시전의 상행위를 감독하였다. (O/X)

기출 선택지 +α 정답 ❻ ○ ❼ ×[조선 후기] ❽ ×[조선 후기] ❾ ×[신라] ❿ ○

17 고려의 탑   정답 ③

(가) 국가의 탑으로 옳은 것은? [1점]

이 탑은 원래 개성에 있었는데 지금은 국립 중앙 박물관에 옮겨져 새로운 영상 기법으로 전시되고 있습니다. (가) 시대에 만들어진 이 탑은 이후 원각사지 십층 석탑에 영향을 주기도 하였습니다.

조선 전기에 축조된 서울 원각사지 10층 석탑은 대리석 석재를 비롯하여 전체적인 구조와 형태, 탑 표면에 장식된 화려한 조각 등이 개성 경천사지 10층 석탑과 유사합니다.

정답 잡는 키워드

❶ 원래 개성에 있었으나 지금은 국립 중앙 박물관에 옮겨져 있음,
❷ 원각사지 10층 석탑에 영향을 줌
→ **고려, 개성 경천사지 10층 석탑**

원래 개성에 있었으나 지금은 국립 중앙 박물관에 옮겨져 있으며, 원각사지 10층 석탑에 영향을 주었다는 내용을 통해 제시된 탑이 고려 시대에 만들어진 개성 경천사지 10층 석탑임을 알 수 있어요. 개성 경천사지 10층 석탑은 원의 영향을 받아 대리석으로 만들어졌어요.

①
➡ **통일 신라** 시기에 세워진 경주 불국사 3층 석탑이에요. 수리 과정에서 무구정광대다라니경이 발견되었어요.

②
➡ **백제**의 부여 정림사지 5층 석탑이에요. 목탑 양식이 남아 있으며, '평제탑'이라고 불리기도 하였어요.

③ **고려**의 평창 월정사 8각 9층 석탑이에요. 고려 전기에 유행한 다각 다층 양식의 대표적인 탑이에요.

④
➡ **통일 신라** 시기에 세워진 구례 화엄사 4사자 3층 석탑이에요. 신라의 사자 석탑으로는 유일하며, 수준 높은 조각 기술을 보여 줍니다.

⑤
➡ **백제**의 익산 미륵사지 석탑이에요. 목탑 양식이 반영된 석탑으로, 복원 공사 중에 사리장엄구와 금제 사리봉영기가 발견되었어요.

18 태종의 정책   정답 ②

밑줄 그은 '임금'에 대한 설명으로 옳은 것은? [2점]

 자네 들었는가? 임금께서 민무구, 민무질에게 자결을 명하셨다더군. 몇 해 전 어린 세자를 이용해 권세를 잡으려 했다는 죄로 귀양을 보내셨었지.

태종의 외척으로 제1차 왕자의 난 때 공을 세워 공신이 되었으나, 왕권 강화를 위해 외척 세력을 경계하던 태종에 의해 사사되었어요.

 나도 들었네. 중전마마의 동생으로 임금께서 정도전을 숙청할 때 공을 세웠던 사람들이지.

태종이 왕위에 오르기 전 일으킨 제1차 왕자의 난 때 정도전이 숙청되었어요.

정답 잡는 키워드

❶ 정도전 숙청 → **태종**

정도전을 숙청하였다는 내용을 통해 밑줄 그은 '임금'이 조선 태종(이방원)임을 알 수 있어요. 이방원은 태조 때 제1차 왕자의 난을 일으켜 정도전 등 반대파를 제거하고 정치적 실권을 장악하였어요. 이후 이방원의 형 이방과(영안군)가 세자로 책봉되었는데, 그가 태조의 뒤를 이어 즉위한 정종입니다. 이방원은 정종 때 일어난 제2차 왕자의 난을 진압하고 정종의 선양을 받아 왕위에 올랐어요(태종).

① 공신들에게 역분전을 지급하였다.
➡ **고려 태조 왕건**은 후삼국 통일 과정에서 공을 세운 공신들에게 공로와 인품에 따라 역분전을 지급하였어요.

②주자소를 두어 계미자를 주조하였다.
➡ **조선 태종**은 활자 주조를 담당하는 주자소를 두어 금속 활자인 계미자를 주조하였어요.

③ 정치도감을 설치하여 개혁을 추진하였다.
➡ **고려 충목왕**은 정치도감을 설치하여 불법적인 토지 문제 등을 해결하기 위해 개혁을 추진하였어요.

④ 구황촬요를 간행하여 기근에 대비하였다.
➡ **조선 명종**은 기근에 대비하기 위해 "구황촬요"를 간행하였어요. "구황촬요"에는 나무껍질 등을 이용하여 먹을 것을 만드는 방법, 굶주림으로 인해 종기가 나거나 빈사 상태에 빠진 사람을 치료하는 방법 등이 실려 있어요.

⑤ 유자광의 고변을 계기로 남이를 처형하였다.
➡ **조선 예종**은 남이가 모반을 꾀한다는 유자광의 고변이 있자 남이를 처형하였어요.

기출 선택지 +α

❻ 김종서를 보내 6진을 개척하였다. (O/X)
❼ 과전을 혁파하고 직전을 설치하였다. (O/X)
❽ 문하부를 폐지하고 낭사를 사간원으로 독립시켰다. (O/X)

핵심 개념 | 조선 태종의 정책

정치	• 두 차례 왕자의 난을 거쳐 즉위함 • 문하부 낭사(간쟁 담당)를 분리하여 사간원으로 독립시킴, 6조 직계제 실시(의정부의 역할 약화), 권근 등의 건의로 사병 혁파
경제, 사회	양전 사업과 호패법 실시, 창덕궁에 신문고를 처음 설치
문화	주자소 설치(계미자 주조), 혼일강리역대국도지도 제작

기출 선택지 +α 정답 ⑥ ×[세종] ⑦ ×[세조] ⑧ ○

19 집현전 정답 ④

(가) 기구에 대한 설명으로 옳은 것은? [3점]

> **도로명으로 보는 역사 : 만리재로**
>
>
> 이 도로명은 만리재에서 유래한 것이다. 만리재는 조선의 문신 최만리가 살았다고 하여 붙여진 지명이다. 세자의 스승이기도 하였던 최만리는 세종이 학문 연구, 편찬 사업 등을 수행하도록 설치한 (가) 의 부제학으로 활약하였다. 그러나 훈민정음 창제를 반대하는 상소를 올려 세종과 갈등을 빚기도 하였다.

정답 잡는 키워드

❶ 세종이 학문 연구, 편찬 사업 등을 수행하도록 설치 → 집현전

세종이 학문 연구, 편찬 사업 등을 수행하도록 설치하였다는 내용을 통해 (가) 기구가 집현전임을 알 수 있어요. 집현전은 조선 건국 초기부터 있었으나 유명무실한 집현전을 확대하여 학자 양성과 학문 연구, 편찬 사업 등을 수행하도록 하였어요. 집현전 학사들의 연구에 편의를 주기 위해 많은 서적을 구입하거나 인쇄하여 집현전에 보관하였으며, 소속 관리를 대상으로 독서와 연구에만 전념할 수 있도록 휴가를 주는 사가독서제를 시행하기도 하였어요.

① 은대(銀臺)라고도 불렸다.
→ 승정원은 왕명 출납을 맡은 왕의 비서 기관으로 은대라고도 불렸어요.

② 전문 강좌인 7재를 운영하였다.
→ 국자감은 고려의 최고 교육 기관으로 예종 때 관학 진흥을 위해 전문 강좌인 7재를 운영하였어요.

③ 고려의 삼사와 같은 기능을 수행하였다.
→ 고려의 삼사는 화폐와 곡식의 출납과 회계를 담당하였는데, 조선 시대에는 호조에서 이러한 재정 업무를 수행하였어요.

④ 단종 복위 운동을 계기로 세조에 의해 폐지되었다.
→ 집현전은 일부 집현전 학사와 그 출신자들이 주도하여 일으킨 단종 복위 운동을 계기로 세조에 의해 폐지되었어요.

⑤ 대사성을 수장으로 좨주, 직강 등의 관직을 두었다.
→ 성균관은 조선의 최고 교육 기관으로 대사성을 수장으로 좨주, 직강 등의 관직을 두었어요.

기출 선택지 +α

❻ 국왕 직속의 특별 사법 기구였다. (O / X)
❼ 업무 일지인 내각일력을 작성하였다. (O / X)
❽ 옥당이라고 불리며 경연을 담당하였다. (O / X)
❾ 왕의 비서 기관으로 왕명의 출납을 담당하였다. (O / X)
❿ 대사헌을 수장으로 집의, 장령 등의 관직을 두었다. (O / X)

기출 선택지 +α 정답 ❻ ×[의금부] ❼ ×[규장각] ❽ ×[홍문관] ❾ ×[승정원] ❿ ×[사헌부]

---

20 성종 재위 시기의 사실 정답 ②

밑줄 그은 '전하'의 재위 기간에 있었던 사실로 옳은 것은? [2점]

> 전하께서 성군을 이으셨으니, 예악(禮樂)으로 태평 시절을 일으키실 때가 바로 지금이다. 장악원 소장의 의궤와 악보가 오랜 세월이 지나서 끊어지고 문드러졌다. 다행히 보존된 것 역시 모두 엉성하고 오류가 있으며 빠진 것이 많다. 이에 성현 등에게 명하여 다시 교정하게 하였다. 책이 완성되자 악학궤범이라고 이름 지었다.
> └ 성종 때 성현 등이 궁중 음악을 집대성한 "악학궤범"을 편찬하였어요.

정답 잡는 키워드

❶ "악학궤범" 완성 → 조선 성종

"악학궤범"이 완성되었다는 내용을 통해 밑줄 그은 '전하'가 조선 성종임을 알 수 있어요. 성종은 세조 때 폐지되었던 집현전을 계승한 홍문관을 설치하고 경연을 활성화하였어요. 성종 때에는 "국조오례의", "동문선", "동국여지승람", "동국통감", "악학궤범" 등이 편찬되는 등 다양한 분야에서 활발하게 편찬 사업이 추진되었어요.

① 예학을 정리한 가례집람이 저술되었다.
→ 선조 때 김장생이 조선의 현실에 맞게 예학을 정리한 "가례집람"을 저술하였어요. "가례집람"은 후학들의 노력으로 숙종 때 간행되었어요.

② 국가의 기본 법전인 경국대전이 완성되었다.
→ 성종 때 조선의 기본 법전인 "경국대전"이 완성되어 유교적 통치 체제가 확립되었어요.

③ 외교 문서를 집대성한 동문휘고가 편찬되었다.
→ 정조 때 17세기 초반부터 조선이 청, 일본과 주고받은 외교 문서를 집대성한 "동문휘고"가 편찬되었어요.

④ 붕당의 폐해를 경계하기 위한 탕평비가 건립되었다.
→ 영조 때 붕당의 폐해를 경계하기 위해 성균관 입구에 탕평비가 건립되었어요.

⑤ 이조 전랑 임명을 둘러싸고 김효원과 심의겸이 대립하였다.
→ 선조 때 척신 정치의 잔재 청산과 이조 전랑 임명을 둘러싸고 김효원과 심의겸이 대립하여 사림이 동인과 서인으로 나뉘었어요.

기출 선택지 +α

❻ 부민고소금지법이 제정되었다. (O / X)
❼ 전통 한의학을 정리한 동의보감이 간행되었다. (O / X)
❽ 국가의 의례를 정비한 국조오례의가 완성되었다. (O / X)
❾ 반정 공신의 위훈 삭제를 주장한 조광조가 사사되었다. (O / X)
❿ 전국의 지리, 풍속 등이 수록된 동국여지승람이 편찬되었다. (O / X)

기출 선택지 +α 정답 ❻ ×[세종] ❼ ×[광해군] ❽ O ❾ ×[중종] ❿ O

21 을사사화 정답 ④

밑줄 그은 '이 사건'이 일어난 시기를 연표에서 옳게 고른 것은? [2점]

이곳은 최근에 개방된 효릉입니다. 조선 국왕 인종과 그의 왕비 인성 왕후가 모셔져 있습니다. 인종은 즉위한 지 1년도 되지 않아 사망하였습니다. 인종의 죽음은 ❶윤원형, 윤임 등 외척 간의 권력 다툼으로 사림이 피해를 입은 이 사건의 계기가 되었습니다.

명종의 외척인 윤원형 일파(소윤)와 인종의 외척인 윤임 일파(대윤)의 권력 다툼으로 을사사화가 일어났어요.

정답 잡는 키워드
❶ 윤원형, 윤임 등 외척 간의 권력 다툼으로 사림이 피해를 입음 → **을사사화**

윤원형, 윤임 등 외척 간의 권력 다툼으로 사림이 피해를 입었다는 내용을 통해 밑줄 그은 '이 사건'이 명종 때 일어난 을사사화임을 알 수 있어요.

(가)	(나)	(다)	(라)	(마)
이시애의 난	연산군 즉위	중종 반정	기묘 사화	선조 즉위	이괄의 난

➡ 중종 때 조광조가 반정 공신의 위훈 삭제 등 개혁을 추진하자 훈구 세력이 반발하여 **기묘사화**가 일어나 조광조가 사사되고 많은 사림이 피해를 입었어요. 중종의 뒤를 이어 인종이 즉위하였으나 1년도 되지 않아 사망하였어요. 이후 명종이 어린 나이에 즉위하자 명종의 어머니인 문정 왕후가 수렴청정을 하였어요. 이 과정에서 문정 왕후의 동생인 윤원형 등이 권력을 장악하였고, 이들은 선왕 인종의 외척 세력이었던 윤임 등과 대립하였어요. 소윤으로 불린 윤원형 일파는 **을사사화**를 일으켜 대윤으로 불리던 윤임 일파를 축출하였어요. 이후 명종의 뒤를 이어 **선조가 즉위**하였어요.
따라서 을사사화가 일어난 시기는 중종 때 일어난 기묘사화와 선조 즉위 사이인 ④ (라)입니다.

① (가) ② (나) ③ (다) ④ (라) ⑤ (마)

연표로 흐름잡기
- 1506 — 중종반정
- 1519 — 기묘사화
- 1544 — 인종 즉위
- 1545 — 명종 즉위, 을사사화
- 1547 — 양재역 벽서 사건
- 1567 — 선조 즉위

---

22 통신사 정답 ⑤

(가) 사절단에 대한 설명으로 옳은 것은? [2점]

그림으로 보는 조선 사절단의 여정

"사로승구도"는 1748년 ❶에도 막부의 요청으로 조선이 일본에 파견한 ⬜(가)⬜이/가 부산에서 에도에 이르는 여정을 담은 작품입니다. 일본의 명승지나 사행 중 겪은 인상적인 광경을 30장면으로 표현하였는데, 위 그림은 사절단이 에도로 들어갈 때 보았던 모습을 그린 것입니다.

임진왜란 이후 에도 막부 시기에 12차례에 걸쳐 통신사가 파견되었어요.

정답 잡는 키워드
❶ 에도 막부의 요청으로 조선이 일본에 파견 → **통신사**

에도 막부의 요청으로 조선이 일본에 파견하였다는 내용을 통해 (가) 사절단이 통신사임을 알 수 있어요. 임진왜란으로 단절되었던 조선과 일본의 외교는 전란이 끝난 지 10년도 되지 않아 재개되고, 조선은 일본의 요청에 따라 통신사를 파견하였어요. 일본의 막부는 실권자인 쇼군이 바뀔 때마다 그 권위를 인정받고 조선의 선진 문물을 받아들이고자 조선에 사절단의 파견을 요청하였어요. 이에 조선은 통신사를 파견하였어요. 통신사는 일본에서 국빈으로 대우받았으며, 조선의 문물을 전파하는 역할을 하였어요.

① 연행사라는 이름으로 보내졌다.
➡ 조선 시대 **청**에 파견한 사신을 연행사라고 하였어요. 연행사는 청의 수도인 '연경에 간 사신'이라는 뜻으로, 이들은 청에 다녀와 보고 느낀 것을 기록한 기행문인 연행록을 남기기도 하였어요.

② 암행어사의 형태로 비밀리에 파견되었다.
➡ 조선 정부는 1881년에 일본의 근대 문물을 시찰하기 위해 **조사 시찰단**을 파견하였어요. 조사 시찰단은 당시의 개화 반대 여론을 의식하여 암행어사의 형태로 비밀리에 파견되었어요.

③ 민영익, 홍영식, 서광범 등이 참여하였다.
➡ 조선 정부는 1883년에 미국 공사 부임에 대한 답례로 **보빙사**를 미국에 파견하였어요. 보빙사의 전권대신에 민영익, 부대신에 홍영식, 종사관에 서광범 등이 임명되었어요.

④ 사행을 다녀온 여정을 조천록으로 남겼다.
➡ 조선 전기 명에 파견한 사신을 **조천사**라고 하였어요. 이들은 사행을 다녀온 여정을 기록한 조천록을 남겼어요.

⑤ 관련 기록물이 세계 기록 유산에 등재되었다.
➡ **통신사**와 관련된 기록물은 '17~19세기 한·일 간 평화 구축과 문화 교류의 역사'라는 이름으로 세계 기록 유산에 등재되었어요.

23 고사관수도 정답 ④

(가)에 들어갈 작품으로 옳은 것은? [1점]

강희안은 조선 전기의 문신으로 화가, 서예가로도 유명하였어요. 강희안은 교두연수도, 산수인물도, 고사관수도 등의 그림을 남겼으며, 서예에도 뛰어나 강희안의 글씨를 본떠 금속 활자를 주조하기도 하였어요. 이를 을해자라고 합니다.

①
➡ 조선 후기의 화가 **전기**가 그린 매화초옥도입니다. 만개한 매화로 둘러싸인 초가집에 선비가 앉아 있는 모습을 그렸어요.

②
➡ 조선 후기에 **신윤복**이 그린 월하정인입니다. 한밤중에 담장 옆에서 남녀가 만나는 모습을 그렸어요.

③
➡ 조선 후기에 **김홍도**가 그린 송석원시사야연도입니다. 조선 후기에 중인들이 만든 시사 모임인 송석원 시사의 모습을 그렸어요.

④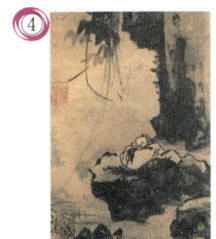
➡ 조선 전기에 **강희안**이 그린 고사관수도입니다. 흐르는 물을 바라보며 생각에 빠진 선비의 모습을 표현하였어요.

⑤
➡ 조선 후기에 **정선**이 그린 대표적인 진경 산수화인 금강전도입니다. 금강산의 모습을 사실적으로 표현하였어요.

24 병자호란 중의 사실 정답 ③

밑줄 그은 '전란' 중에 있었던 사실로 옳은 것은? [2점]

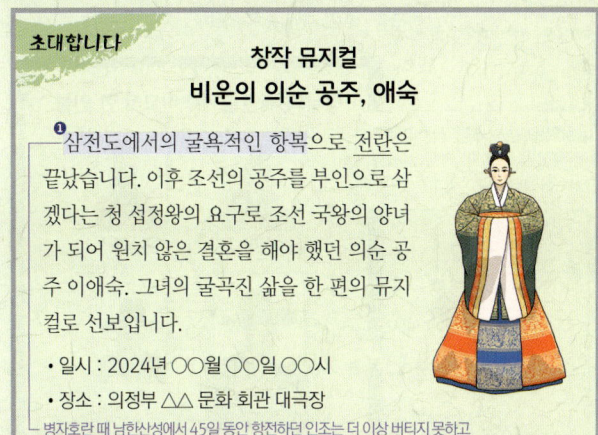

병자호란 때 남한산성에서 45일 동안 항전하던 인조는 더 이상 버티지 못하고 삼전도에서 청 태종에게 항복하는 수모를 겪었어요.

정답 잡는 키워드

❶ 삼전도에서의 굴욕적인 항복으로 끝남 → **병자호란**

삼전도에서의 굴욕적인 항복으로 전란이 끝났다는 내용을 통해 밑줄 그은 '전란'이 병자호란임을 알 수 있어요. 조선 인조 때 후금의 침입으로 정묘호란이 일어났어요. 정묘호란은 조선과 후금이 형제의 맹약을 맺고 끝이 났어요. 이후 강성해진 후금이 조선에 군신 관계를 요구하자 조선은 이를 거부하였어요. 후금은 국호를 '청'으로 바꾸었고, 청 태종이 자신들의 요구를 거부한 조선을 침략하여 병자호란이 일어났어요. 인조는 남한산성으로 피란하여 항전하였으나 결국 삼전도에서 항복 의식을 치렀어요.

① 이종무가 대마도를 정벌하였다.
➡ **세종** 때 이종무가 왜구의 근거지인 대마도를 정벌하였어요.

② 강홍립이 **사르후 전투**에 참전하였다.
➡ **광해군** 때 후금과 대립하고 있던 명의 요청을 받아 지원군으로 파견된 강홍립 부대가 사르후 전투에 참전하였어요.

③ 김준룡이 광교산 전투에서 승리하였다.
➡ **병자호란** 때 김준룡이 근왕병을 이끌고 지금의 경기도 용인 광교산 일대에서 벌어진 전투에서 청군에 승리하였어요.

④ 조헌이 금산에서 **의병**을 이끌고 활약하였다.
➡ **임진왜란** 때 조헌이 이끄는 700여 명의 의병이 금산에서 일본군에 맞서 싸웠으나 모두 전사하였어요.

⑤ 신립이 탄금대에서 배수의 진을 치고 전투를 벌였다.
➡ **임진왜란** 때 신립이 충주 탄금대에서 배수의 진을 치고 전투를 벌였으나 패배하였어요.

기출 선택지 +α

❻ 김상용이 강화도에서 순절하였다. (O/X)
❼ 정봉수와 이립이 용골산성에서 항전하였다. (O/X)
❽ 왕이 도성을 떠나 남한산성으로 피란하였다. (O/X)
❾ 김시민이 진주성에서 적군을 크게 물리쳤다. (O/X)
❿ 임경업이 백마산성에서 적의 침입에 대비하였다. (O/X)

기출 선택지 +α 정답 ❻ O ❼ X[정묘호란] ❽ O ❾ X[임진왜란] ❿ O

25 대동법   정답 ⑤

밑줄 그은 '이 법'에 대한 설명으로 옳은 것은? [1점]

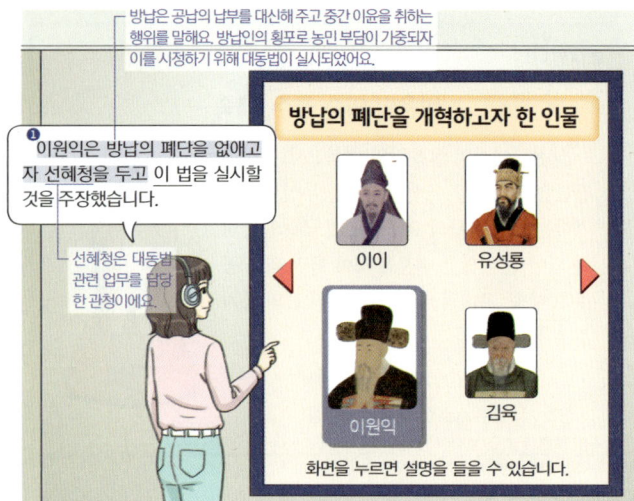

정답 잡는 키워드

❶ 이원익이 방납의 폐단을 없애고자 선혜청을 두고 실시 주장
→ **대동법**

이원익이 방납의 폐단을 없애고자 선혜청을 두고 실시할 것을 주장하였다는 내용을 통해 밑줄 그은 '이 법'이 대동법임을 알 수 있어요. 방납의 폐단으로 농민들의 고통이 커지자 선조 때 이이, 유성룡 등이 공납을 쌀로 거두는 수미법을 제안하였어요. 광해군 때에는 이원익이 방납의 폐단을 바로잡기 위해 대동법 시행을 건의하여 경기도 지역에서 선혜법이라는 이름으로 대동법이 처음 실시되었어요. 이후 김육 등의 노력으로 대동법이 실시되는 지역이 점차 늘어났어요. 대동법은 각 호(戶)마다 토산물을 내던 공납을 소유한 토지 결수를 기준으로 부과하여 쌀이나 베, 동전 등으로 납부하게 한 제도입니다.

① 양반에게도 군포를 거두었다.
➡ 고종 때 흥선 대원군이 군정의 문란을 바로잡기 위해 호포제를 실시하여 양반에게도 군포를 거두었어요.

② 토지 1결당 쌀 2두의 결작을 부과하였다.
➡ 영조 때 균역법이 실시되면서 줄어든 군포 수입을 보충하기 위해 지주에게 토지 1결당 쌀 2두의 결작을 부과하였어요.

③ 전세를 풍흉에 따라 9등급으로 차등 과세하였다.
➡ 세종 때 연분9등법이 시행되어 전세를 풍흉에 따라 9등급으로 차등 과세하였어요.

④ 부족한 재정 보충을 위해 선무군관포를 징수하였다.
➡ 영조 때 균역법이 실시된 후 부족한 재정 보충을 위해 일부 부유한 양민에게 선무군관이라는 명예직을 주고 선무군관포로 매년 베 1필을 징수하였어요.

⑤ 관청에 물품을 조달하는 공인이 등장하는 배경이 되었다.
➡ 대동법이 실시되면서 선혜청 등에서 구입 비용을 받아 왕실이나 관청에 물품을 조달하는 공인이 등장하였어요.

기출 선택지 +α

❻ 수신전과 휼양전을 폐지하였다. (O / X)
❼ 1결당 쌀 4~6두로 납부액을 고정하였다. (O / X)
❽ 특산물 대신 쌀, 베, 동전 등으로 납부하게 하였다. (O / X)
❾ 어장세, 선박세 등이 국가 재정으로 귀속되는 결과를 가져왔다. (O / X)

기출 선택지 +α 정답 ⑥ ×[직전법] ⑦ ×[영정법] ⑧ O ⑨ ×[균역법]

26 송시열   정답 ①

(가) 인물에 대한 설명으로 옳은 것은? [2점]

정답 잡는 키워드

❶ 기축봉사를 올려 명에 대한 의리를 강조함,
❷ 희빈 장씨의 소생을 원자로 정한 데에 반대함 → **송시열**

기축봉사를 올렸으며, 희빈 장씨의 소생을 원자로 정한 데에 반대하다가 제주도로 유배되었다는 내용을 통해 (가) 인물이 송시열임을 알 수 있어요. 조선 후기의 문신 송시열은 서인의 우두머리였으며, 효종 때 북벌을 주장하였어요. 숙종 때 인현 왕후에게 후사가 생기지 않아 왕이 희빈 장씨의 소생을 원자로 삼으려고 하자 이에 반대하다가 관작을 삭탈당하고 제주도로 유배되었어요.

① 기해예송에서 기년설을 주장하였다.
➡ 현종 때 일어난 기해예송에서 송시열과 서인은 자의 대비가 1년 상복을 입어야 한다는 기년설을 주장하여 남인과 대립하였어요.

② 지전설을 주장한 의산문답을 집필하였다.
➡ 홍대용은 지전설을 주장한 "의산문답"을 집필하고 중국 중심의 세계관을 비판하였어요.

③ 양명학을 연구하여 강화학파를 형성하였다.
➡ 정제두는 양명학을 체계적으로 연구하였으며, 강화도에서 후진 양성에 힘을 기울여 강화학파를 형성하였어요.

④ 역대 명필을 연구하여 추사체를 창안하였다.
➡ 김정희는 역대 명필을 연구하여 자신만의 독창적인 서체인 추사체를 창안하였어요.

⑤ 양반의 허례와 무능을 풍자한 양반전을 지었다.
➡ 박지원은 "양반전", "허생전", "호질" 등 한문 소설을 지어 양반의 허례와 무능을 풍자하였어요.

기출 선택지 +α

❻ 노론의 영수로 북벌론을 주장하였다. (O / X)
❼ 무오사화의 발단이 된 조의제문을 작성하였다. (O / X)
❽ 반계수록에서 토지 제도 개혁론을 제시하였다. (O / X)
❾ 동호문답을 통해 다양한 개혁 방안을 제시하였다. (O / X)
❿ 유학 경전을 주자와 달리 해석한 사변록을 저술하였다. (O / X)

기출 선택지 +α 정답 ⑥ O ⑦ ×[김종직] ⑧ ×[유형원] ⑨ ×[이이] ❿ ×[박세당]

27 조선 후기의 경제   정답 ①

다음 자료에 나타난 시기의 경제 상황으로 옳지 않은 것은? [1점]

> 비변사의 계사에, "현재 시전의 병폐로 서울과 지방의 백성이 원망하는 바는 오로지 도고(都庫)에 있습니다. 시중 시세를 조종하여 홀로 이익을 취하니 그 폐단은 한이 없습니다. 한성부에서 엄히 금하도록 하되 그 가운데 매우 심하게 폐단을 빚는 3강(한강·용산강·서강)의 시목전(柴木廛)·염해전(鹽醢廛)과 같은 무리는 그 주모자를 색출하여 형조로 송치해서 엄한 형벌로 다스려 후일을 징계하도록 분부하는 것이 어떻겠습니까?" 하니 윤허한다고 답하였다.

└ 조선 후기에 상업이 발달하면서 상품의 매점매석을 통해 큰 이윤을 취하는 독점적 도매상인 도고가 등장하였어요.

정답 잡는 키워드

❶ 도고 → 조선 후기

도고가 시중 시세를 조종하여 홀로 이익을 취하는 폐단이 생겼다는 내용을 통해 자료에 나타난 시기가 조선 후기임을 알 수 있어요. 조선 후기에 상업이 발달하면서 사상의 활동이 활발하였어요. 의주의 만상, 평양의 유상, 개성의 송상, 한강을 기반으로 한 경강상인, 동래의 내상 등 지역을 근거지로 삼은 사상이 활발하게 활동하였으며, 사상 가운데 일부는 공인과 함께 독점적 도매상인인 도고로 성장하였어요. 대규모 자본을 앞세운 도고의 활동으로 소상인이 몰락하고 물가가 상승하는 등의 폐단이 발생하기도 하였어요.

① 금속 화폐인 건원중보가 주조되었다.
→ 고려 성종 때 금속 화폐 건원중보가 주조되었으나 널리 유통되지는 못하였어요.

② 담배와 면화 등의 상품 작물이 재배되었다.
→ 조선 후기에 담배와 면화 등이 시장에 내다 팔기 위한 상품 작물로 널리 재배되었어요.

③ 보부상이 장시를 돌아다니며 상업 활동을 하였다.
→ 조선 후기에 정기 시장인 장시가 전국 각지에서 열렸으며, 보부상이 여러 장시를 돌며 물품을 판매하였어요.

④ 모내기법의 확대로 벼와 보리의 이모작이 성행하였다.
→ 조선 후기에 모내기법이 전국으로 확대되어 벼와 보리의 이모작이 성행하였어요.

⑤ 설점수세제의 시행으로 민간의 광산 개발이 허용되었다.
→ 조선 후기에 민간의 광산 개발을 허용하고 그 대신 세금을 부과하는 설점수세제가 시행되었어요.

28 정조의 정책   정답 ④

(가) 왕에 대한 설명으로 옳은 것은? [2점]

└ 정조의 명으로 규장각 검서관인 이덕무와 박제가가 장용영 소속 장교 백동수 등과 함께 편찬한 무예 교본이에요.

> 가상 현실 버스에 오신 여러분 환영합니다. 지금 창문 스크린으로 보고 계신 것은 무예도보통지에 실린 무예 동작입니다. (가) 의 명으로 이덕무, 박제가, 백동수 등이 편찬한 무예도보통지에는 기존의 무예신보에 마상 무예가 추가되어 총 24개의 무예가 실려 있습니다. 이 책은 장용영의 훈련 교재로 사용되었습니다.

└ 정조가 창설한 장용영은 정조 사후 순조가 즉위한 이듬해에 해체되었어요.

정답 잡는 키워드

❶ "무예도보통지", ❷ 장용영 → 정조

"무예도보통지"가 편찬되어 장용영의 훈련 교재로 사용되었다는 내용을 통해 (가) 왕이 조선 정조임을 알 수 있어요. 정조는 탕평책을 추진하였으며 왕권 강화를 위해 노력하였어요. 국왕 친위 부대로 장용영을 창설하고 젊고 재능 있는 문신들을 재교육하는 초계문신제를 시행하여 자신의 정책을 뒷받침하게 하였어요. 또한, 자신의 정치적 이상을 실현할 신도시로 수원 화성을 건설하였어요.

① 백두산정계비를 세워 청과의 국경을 정하였다.
→ 숙종은 관리를 파견하여 청의 관리와 함께 백두산 일대를 답사하게 하고 백두산정계비를 세워 청과의 국경을 정하였어요.

② 삼군부를 부활시켜 군사 업무를 담당하게 하였다.
→ 고종 때 흥선 대원군은 비변사를 혁파하고 삼군부를 부활시켜 군사 업무를 담당하게 하였어요.

③ 통치 체제를 정비하기 위해 속대전을 편찬하였다.
→ 영조는 "경국대전" 반포 이후에 공포된 법령 중에서 시행할 법령만을 추려 정리한 "속대전"을 편찬하였어요.

④ 규장각에 검서관을 두어 서얼 출신 학자들을 기용하였다.
→ 정조는 규장각에 검서관을 두어 박제가, 유득공, 이덕무 등 서얼 출신 학자들을 기용하였어요.

⑤ 한양을 기준으로 역법을 정리한 칠정산 내편을 제작하였다.
→ 세종 때 최초로 한양을 기준으로 한 역법서인 "칠정산 내편"을 제작하였어요.

기출 선택지 +α

❻ 집현전을 계승한 홍문관을 설치하였다. (O/X)
❼ 경기도에 한해서 대동법을 실시하였다. (O/X)
❽ 군역의 부담을 줄이고자 균역법을 제정하였다. (O/X)
❾ 대전통편을 편찬하여 통치 체제를 정비하였다. (O/X)
❿ 삼정의 문란을 시정하려고 삼정이정청을 설치하였다. (O/X)

기출 선택지 +α 정답 ❻ X[성종] ❼ X[광해군] ❽ X[영조] ❾ O ❿ X[철종]

29 개항기 신문 정답 ①

(가)~(라)에 들어갈 내용으로 옳은 것을 〈보기〉에서 고른 것은? [2점]

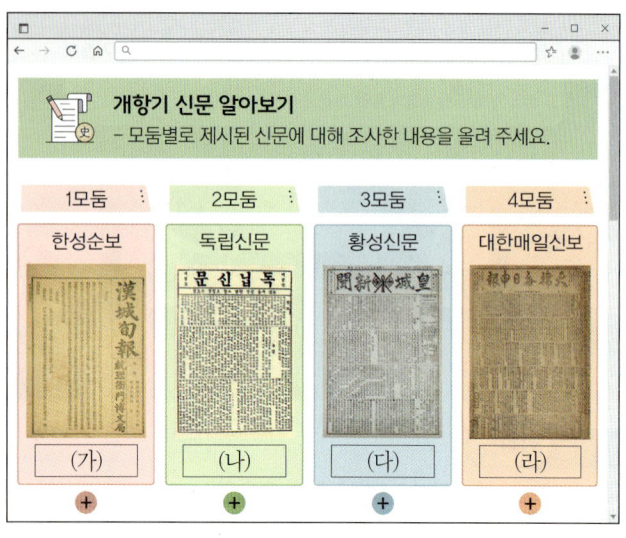

ㄱ. (가) - 정부에서 발행한 순 한문 신문이었어요.
➡ **한성순보**는 우리나라 최초의 근대 신문이에요. 정부에서 설립한 박문국에서 열흘에 한 번씩 순 한문으로 발행하였어요.

ㄴ. (나) - 서재필의 주도로 창간되었어요.
➡ **독립신문**은 우리나라 최초의 민간 신문으로 서재필의 주도로 창간되었어요. 순 한글로 발행되었으며, 영문판도 발행되어 국내 정세를 외국에 알리는 역할도 하였어요.

ㄷ. (다) - 일장기를 삭제한 손기정 사진이 실렸어요.
➡ 1936년 **조선중앙일보**와 **동아일보**는 베를린 올림픽의 마라톤 우승자 손기정의 사진을 게재하면서 그의 운동복에 그려진 일장기를 삭제하였어요. 황성신문은 1898년에 국한문 혼용으로 발행된 신문으로, 을사늑약 체결을 규탄한 장지연의 논설 '시일야방성대곡'을 처음으로 게재하였어요. 국권 피탈 이후 곧 폐간되었어요.

ㄹ. (라) - 상업 광고가 처음으로 게재되었어요.
➡ 상업 광고가 처음으로 게재된 신문은 1886년에 창간된 **한성주보**입니다. 대한매일신보는 1904년에 양기탁과 베델이 함께 창간한 신문이에요. 영국인 베델이 발행인으로 참여하였기 때문에 일본의 검열에서 비교적 자유로울 수 있었어요. 대한매일신보는 국채 보상 운동을 적극적으로 후원하여 국채 보상 운동이 전국적으로 확산하는 데 기여하였어요.

① ㄱ, ㄴ ② ㄱ, ㄷ ③ ㄴ, ㄷ
④ ㄴ, ㄹ ⑤ ㄷ, ㄹ

핵심 개념 | 근대 언론의 발달

한성순보	우리나라 최초의 근대 신문, 박문국에서 인쇄, 순 한문 신문, 열흘마다 발행하는 것이 원칙
한성주보	최초로 상업 광고 게재
독립신문	서재필 창간, 우리나라 최초의 민간 신문, 순 한글 신문, 영문판 발행
제국신문	순 한글 신문, 주로 서민과 부녀자에게 호응을 얻음
황성신문	장지연의 논설 '시일야방성대곡'을 처음으로 게재
대한매일신보	양기탁이 영국인 베델과 함께 창간, 영문으로도 발행, 일제의 침략을 비판하는 기사 게재, 의병 운동을 호의적으로 보도, 국채 보상 운동의 확산에 기여

킬러 문항
30 일본의 경제 침략 정답 ①

(가), (나) 체결 사이의 시기에 있었던 사실로 옳은 것은? [3점]

(가) 제6칙 이후 조선국 항구에 거주하는 ❶일본 인민은 양미(糧米)와 잡곡을 수출, 수입할 수 있다.
제7칙 ❷일본국 정부에 속한 모든 선박은 항세를 납부하지 않는다. (양곡의 수출입량에 대한 제한이 설정되지 않아 일본은 이 규정을 조선의 쌀을 대량으로 유출하는 근거로 삼았어요.)

(나) 제9관 입항하거나 출항하는 각 화물이 해관을 통과할 때는 응당 본 조약에 첨부된 세칙(稅則)에 따라 ❸관세를 납부해야 한다.
제37관 ❹조선국에서 가뭄과 홍수, 전쟁 등의 일로 인해 국내에 양식이 결핍할 것을 우려하여 일시 쌀 수출을 금지하려고 할 때에는 1개월 전에 지방관이 일본 영사관에게 통지하여 미리 그 기간을 항구에 있는 일본 상인들에게 전달하여 일률적으로 준수하는 데 편리하게 한다. (조·일 통상 장정에서는 조·일 무역 규칙에서 다루어지지 않았던 관세 부과에 대한 규정이 마련되었어요.)

정답 잡는 키워드

❶ 일본에 양미와 잡곡의 수출입 허용, ❷ 일본 정부에 속한 선박은 항세를 납부하지 않음 → **(가) 조·일 무역 규칙(1876)**
❸ 관세 납부, ❹ 쌀 수출을 금지할 때 1개월 전에 지방관이 일본 영사관에게 통지 → **(나) 조·일 통상 장정(1883)**

(가)는 일본에 양미와 잡곡의 수출입을 허용하며, 일본 정부 소속 선박은 항세를 납부하지 않는다는 내용을 통해 1876년에 체결된 조·일 무역 규칙임을 알 수 있어요. 강화도 조약의 후속 조치로 체결된 조·일 무역 규칙에서 조선 정부는 일본 상품에 대한 관세 규정을 두지 못하였어요. (나)는 관세가 부과되며, 쌀 수출을 금지하려고 할 때 1개월 전에 지방관이 일본 영사관에게 통지해야 한다는 내용을 통해 1883년에 체결된 조·일 통상 장정임을 알 수 있어요. 조·일 통상 장정으로 조선은 일본과의 무역에서 관세권을 일정 부분 회복하였으며, 조선의 지방관은 천재지변이나 변란으로 식량 부족의 우려가 있을 때 방곡령을 선포할 수 있게 되었어요. 그러나 조선의 지방관이 방곡령을 선포하였을 때 일본은 1개월 전 통보 규정을 어겼다고 트집을 잡아 방곡령을 철회시키고 막대한 배상금을 요구하였어요.

① 조·미 수호 통상 조약이 체결되었다.
➡ 1882년에 청의 알선으로 조·미 수호 통상 조약이 체결되었어요. 조·미 수호 통상 조약에서 조선의 관세 자주권이 최초로 인정되었어요.

② 러시아가 용암포 조차를 요구하였다.
➡ 대한 제국에 영향력을 행사하던 러시아가 1903년에 용암포를 점령하고 조차를 요구하였어요.

③ 영국이 거문도를 불법적으로 점령하였다.
➡ 1885년에 영국이 러시아의 남하를 견제한다는 구실로 거문도를 불법적으로 점령하였어요(~1887).

④ 일본 군함 운요호가 영종도를 공격하였다.
➡ 1875년에 일본 군함 운요호가 영종도를 공격한 운요호 사건이 일어났어요. 운요호 사건을 계기로 강화도 조약이 체결되었어요.

⑤ 청과 대등한 입장에서 한·청 통상 조약이 맺어졌다.
➡ 대한 제국 수립 이후인 1899년에 대한 제국과 청이 대등한 입장에서 한·청 통상 조약을 체결하였어요.

31 제너럴 셔먼호 사건 이후의 사실　　정답 ④

밑줄 그은 '사건' 이후에 전개된 사실로 옳은 것은?　[2점]

> 조선 왕 전하께
> …… 9월 말에 ❶평양의 대동강에서 좌초한 미국 상선에 승선한 사람들이 살해당했고 배가 불살라졌다는 고통스럽고 놀랄 만한 사건이 있었다고 들었습니다. 본 총병은 본국 수사 제독의 위임으로 파견되어 상세히 조사하라는 명을 받았습니다. 과연 이러한 일이 있었는지, 사실인지 아닌지, 생존자가 몇 사람인지 등을 귀국에서 신속히 조사해 분명히 답해 주시길 부탁드립니다.
> — 미국 군함 와추세트(Wachusett) 수사 총병 슈펠트(Shufeldt) —

정답 잡는 키워드

❶ 평양의 대동강에서 좌초한 미국 상선에 승선한 사람들이 살해당했고 배가 불살라졌음 → **제너럴 셔먼호 사건(1866)**

평양에서 미국 상선이 좌초되고 선원이 살해당하였다는 내용을 통해 밑줄 그은 '사건'이 제너럴 셔먼호 사건임을 알 수 있어요. 1866년에 미국 상선 제너럴 셔먼호가 대동강을 거슬러 평양까지 올라와 통상을 요구하며 살인과 약탈을 자행하자 평안 감사 박규수의 지휘 아래 평양 관민이 배를 불태워 침몰시킨 제너럴 셔먼호 사건이 일어났어요. 이를 구실로 미국은 조선에 배상금 지불과 통상을 요구하였으나 흥선 대원군이 거부하였어요. 이에 로저스 제독이 이끄는 미국 함대가 1871년 강화도를 침략하여 신미양요가 일어났어요.

① 홍경래가 난을 일으켰다.
→ 순조 때인 1811년에 홍경래 등은 서북인에 대한 차별과 지배층의 수탈에 항거하여 홍경래의 난을 일으켰어요.

② 임술 농민 봉기가 일어났다.
→ 철종 때인 1862년에 경상 우병사 백낙신의 탐학에 항거하여 일어난 진주 농민 봉기를 시작으로 전국 각지에서 임술 농민 봉기가 일어났어요.

③ 황사영 백서 사건이 발생하였다.
→ 순조 때인 1801년에 신유박해가 일어나자 천주교 신자였던 황사영이 중국 베이징 교구의 주교에게 군대 출병을 요청하는 편지를 보내려고 하다가 발각된 황사영 백서 사건이 발생하였어요.

④ 어재연이 광성보 전투에서 전사하였다.
→ 1871년 신미양요 당시 어재연이 광성보에서 미군에 항전하였으나 전사하였어요.

⑤ 청의 요청으로 나선 정벌에 조총 부대를 파견하였다.
→ 효종은 청의 요청에 따라 나선 정벌을 위한 조총 부대를 1654년과 1658년, 두 차례에 걸쳐 파견하였어요.

핵심 개념 | 서양 열강의 침략적 접근

제너럴 셔먼호 사건 (1866)	미국 상선 제너럴 셔먼호가 대동강을 거슬러 평양까지 들어와 통상 요구 → 조선 정부의 통상 요구 거부 → 미국 선원들이 약탈 등 횡포를 부림 → 평안 감사 박규수의 지휘 아래 평양 관민이 제너럴 셔먼호를 불태워 침몰시킴
병인양요 (1866)	프랑스가 병인박해를 구실로 강화도 침공 → 문수산성(한성근 부대), 정족산성(양헌수 부대)에서 조선군 항전 → 프랑스군 철수(외규장각 도서 등 각종 문화유산 약탈)
오페르트 도굴 사건 (1868)	독일 상인 오페르트가 무장한 선원을 데리고 덕산에 있는 흥선 대원군의 아버지 남연군의 묘 도굴 시도 → 지역 주민의 항거로 도굴 실패 → 조선에서 서양 세력에 대한 반감이 더욱 커짐
신미양요 (1871)	제너럴 셔먼호 사건을 구실로 미국이 강화도 침공 → 미군이 초지진, 덕진진 점령 → 어재연이 이끄는 부대가 광성보에서 항전하였으나 패배 → 조선군의 계속된 항전, 미군 철수

---

32 제2차 갑오개혁 추진 시기의 사실　　정답 ⑤

(가) 시기에 있었던 사실로 옳은 것은?　[3점]

❶ 일본으로 망명했던 박영효가 귀국했다네.
❷ 며칠 전 내무대신으로 임명되어 총리대신 김홍집과 함께 새로운 정부를 주도한다더군.
→ (가) →
❸ 단발령이 공포되었다네. 폐하께서는 이미 단발을 하셨다는군.
그래서 지금 전국에서 반대 상소가 빗발치고 있다네.

김홍집·박영효 연립 내각의 주도로 제2차 갑오개혁이 추진되었어요.
을미사변 직후 구성된 친일 성향의 김홍집 내각이 을미개혁을 추진하여 단발령을 공포하였어요.

정답 잡는 키워드

❶, ❷ 박영효가 귀국하여 총리대신 김홍집과 함께 새로운 정부를 주도함 → **김홍집·박영효 연립 내각 조직(1894)**
❸ 단발령 공포 → **을미개혁(1895)**

첫 번째 그림은 일본으로 망명했던 박영효가 돌아와 김홍집과 함께 새로운 정부를 주도한다는 내용을 통해 1894년 김홍집·박영효 연립 내각이 조직된 상황임을 알 수 있고, 두 번째 그림은 단발령이 공포되었다는 내용을 통해 1895년 을미개혁이 추진되는 상황임을 알 수 있어요. 김홍집과 박영효를 중심으로 구성된 내각은 제2차 갑오개혁을 추진하여 의정부를 폐지하고 내각제를 도입하였으며 8아문을 7부로, 8도의 지방 행정 구역을 23부로 개편하였어요. 또한, 재판소를 설치하여 사법권을 독립시켰어요.

① 과거제가 폐지되었다.
→ 제1차 갑오개혁 때 군국기무처는 과거제 폐지, 공사 노비법 혁파 등의 개혁을 추진하였어요.

② 호포제가 실시되었다.
→ 고종 때 흥선 대원군의 개혁 정책 추진 과정에서 군정의 문란을 바로잡기 위해 양반에게도 군포를 징수하는 호포제가 실시되었어요.

③ 교정청이 설치되었다.
→ 조선 정부는 동학 농민군과 전주 화약을 맺은 후 내정 개혁을 위해 임시 기구로 교정청을 설치하였어요.

④ 5군영이 2영으로 통합되었다.
→ 1881년 개화 정책의 일환으로 구식 군대인 5군영이 무위영과 장어영의 2영으로 통합되었어요.

⑤ 교육 입국 조서가 반포되었다.
→ 제2차 갑오개혁 과정에서 교육의 기본 방향을 제시한 교육 입국 조서가 반포되었어요.

기출 선택지 +α

❻ 원수부가 설치되었다.　　　　　　　　　　(O / X)
❼ 재판소를 설치하여 사법권을 독립시켰다.　(O / X)
❽ 지방 행정 구역이 8도에서 23부로 개편되었다.　(O / X)

핵심 개념 | 제2차 갑오개혁

추진	• 김홍집·박영효 연립 내각(제2차 김홍집 내각) • 군국기무처 폐지, 고종이 홍범 14조 반포
정치	의정부를 내각으로 개편, 8아문을 7부로 개편, 전국 8도를 23부로 개편, 재판소 설치, 지방관의 권한 축소
사회	교육 입국 조서 반포 → 한성 사범 학교, 소학교, 외국어 학교 관제 마련

기출 선택지 +α 　정답 ❻ ×[광무개혁, 1899년]　❼ ○　❽ ○

33 동학 농민 운동   정답 ③

(가)에 들어갈 내용으로 옳은 것은? [3점]

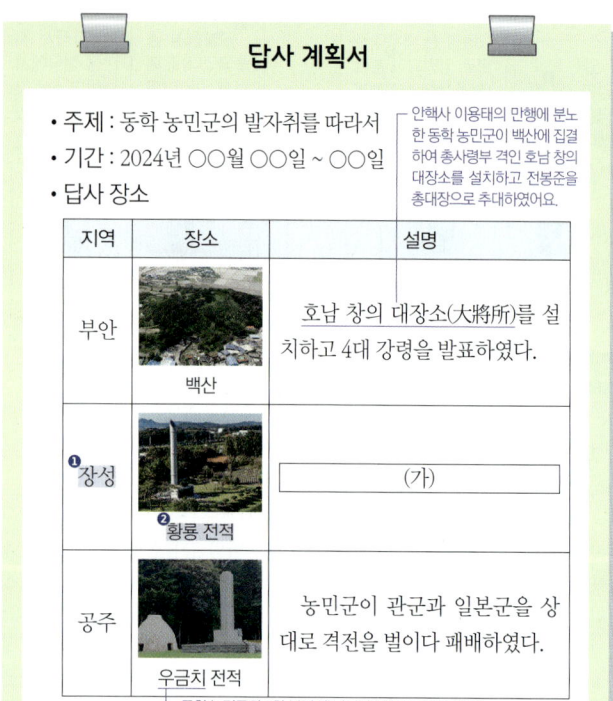

답사 계획서

- 주제 : 동학 농민군의 발자취를 따라서
- 기간 : 2024년 ○○월 ○○일 ~ ○○일
- 답사 장소

지역	장소	설명
부안	백산	호남 창의 대장소(大將所)를 설치하고 4대 강령을 발표하였다.
❶ 장성	❷ 황룡 전적	(가)
공주	우금치 전적	농민군이 관군과 일본군을 상대로 격전을 벌이다 패배하였다.

- 안핵사 이용태의 만행에 분노한 동학 농민군이 백산에 집결하여 총사령부 격인 호남 창의 대장소를 설치하고 전봉준을 총대장으로 추대하였어요.
- 동학 농민군의 2차 봉기 때 남접과 북접의 연합 부대가 서울을 향해 북상하며 일본군과 관군에 맞서 싸웠지만 공주 우금치에서 패배하였어요.

정답 잡는 키워드

❶ 장성, ❷ 황룡 전적 → **황룡촌 전투**

동학 농민 운동 당시의 황룡 전적을 통해 (가)에 들어갈 내용이 전라도 장성군 일대에서 벌어진 황룡촌 전투에 관한 것임을 알 수 있어요. 조선 정부는 조병갑의 탐학과 수탈에 저항하여 일어난 고부 농민 봉기를 수습하기 위해 이용태를 안핵사로 파견하였어요. 그러나 이용태는 오히려 봉기에 참여한 농민들을 동학교도로 몰아 탄압하였고, 이에 분노한 농민들이 대규모 봉기를 일으켜 동학 농민 운동이 시작되었어요. 동학 농민군은 신무기 장태를 사용하여 정읍 지역에서 있었던 황토현 전투에 이어 장성 지역에서 벌어진 황룡촌 전투에서도 승리하였어요. 이후 전주성까지 점령하였으나 청과 일본의 개입을 우려하여 조선 정부와 전주 화약을 체결하고 자진 해산하였어요.

① 농민군이 정부와 화약을 맺었다.
➡ 전주성을 점령한 동학 농민군은 조선 정부와 전주 화약을 체결하였어요.

② 최제우가 혹세무민의 죄로 처형되었다.
➡ 동학을 창시한 최제우는 세상을 어지럽히고 백성을 속였다는 혹세무민의 죄로 대구 지역에서 처형되었어요.

③ 홍계훈의 관군을 상대로 농민군이 승리하였다.
➡ 지금의 전라남도 장성 지역에서 일어난 황룡촌 전투에서 동학 농민군이 홍계훈의 관군을 상대로 승리하였어요.

④ 피신해 있던 농민군의 지도자 전봉준이 체포되었다.
➡ 우금치 전투에서 패배한 이후 피신해 있던 동학 농민군의 지도자 전봉준이 순창에서 체포되었어요.

⑤ 농민들이 조병갑의 탐학에 맞서 만석보를 파괴하였다
➡ 고부 군수 조병갑의 탐학에 맞서 전봉준 등 고부 농민들이 고부 관아를 습격하고 수탈의 상징이었던 만석보를 파괴하였어요.

34 정미의병   정답 ①

밑줄 그은 '이 시기'의 의병 활동에 대한 설명으로 옳은 것은? [2점]

이곳 지리산 연곡사에는 의병장 고광순의 순절비가 있습니다. 그는 지리산을 중심으로 장기 항전을 계획하다가 일본군의 토벌 작전으로 순국하였습니다. ❶ 고종의 강제 퇴위와 군대의 강제 해산으로 의병 활동이 고조된 이 시기에는 고광순을 비롯하여 각계각층의 사람들이 국권 회복을 위해 활동했습니다.

정답 잡는 키워드

❶ 고종의 강제 퇴위와 군대의 강제 해산으로 의병 활동이 고조됨 → **정미의병**

고종의 강제 퇴위와 군대의 강제 해산으로 의병 활동이 고조되었다는 내용을 통해 밑줄 그은 '이 시기'가 1907년 이후임을 알 수 있어요. 일제는 1907년에 헤이그 특사 파견을 구실로 고종을 강제 퇴위시키고 한·일 신협약(정미7조약)의 체결을 강요하였어요. 그리고 한·일 신협약의 부속 각서에 따라 대한 제국의 군대를 해산시켰어요. 고종의 강제 퇴위와 군대 해산이 계기가 되어 정미의병이 일어났으며, 해산된 군인 중 일부가 의병에 합류하여 의병 부대의 전투력이 한층 강화되고 조직화되었어요.

①13도 창의군을 결성하였다.
➡ 정미의병 당시 각지의 의병 부대가 연합하여 이인영을 총대장으로 13도 창의군을 결성하고 서울 진공 작전을 전개하였어요.

② 한·중 연합 전선을 형성하였다.
➡ 1930년대 전반에 만주 지역의 독립군 부대들은 항일 중국군과 한·중 연합 전선을 형성하였어요.

③ 최익현이 태인에서 궐기하였다.
➡ 1905년 을사늑약 체결에 항거하여 일어난 을사의병 당시 최익현이 태인에서 궐기하였어요.

④ 고경명 등이 의병장으로 활약하였다.
➡ 임진왜란 중에 곽재우, 고경명 등이 의병장으로 활약하였어요.

⑤ 봉오동 전투에서 일본군을 격퇴하였다.
➡ 1920년에 홍범도가 이끄는 대한 독립군을 비롯한 독립군 연합 부대는 봉오동 전투에서 일본군을 격퇴하였어요.

기출 선택지 +α

❻ 고종의 해산 권고 조칙에 따라 해산하였다.   (O/X)
❼ 민종식이 이끄는 부대가 홍주성을 점령하였다.   (O/X)
❽ 의병 부대가 연합하여 서울 진공 작전을 전개하였다.   (O/X)

핵심 개념 | 정미의병

원인	고종 황제의 강제 퇴위, 대한 제국의 군대 해산
특징	일부 해산 군인의 합류로 의병의 조직력과 전투력 강화, 다양한 계층 참여 → 항일 의병 전쟁으로 발전
활동	13도 창의군 결성(총대장 이인영·군사장 허위, 각국 영사관에 통문을 보내 의병을 국제법상 교전 단체로 인정할 것을 요구), 서울 진공 작전(1908)

기출 선택지 +α 정답 ❻ ×[을미의병] ❼ ×[을사의병] ❽ ○

35 광무개혁 정답 ⑤

밑줄 그은 '개혁'의 내용으로 옳은 것은? [2점]

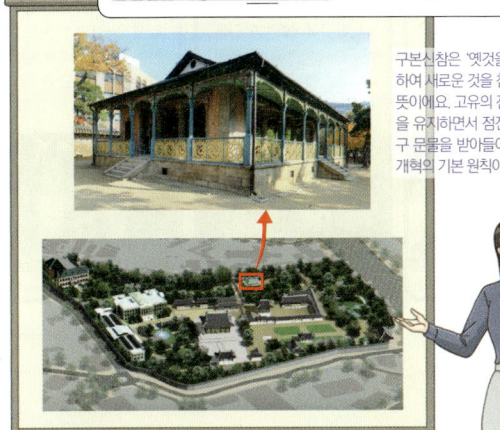

> 덕수궁 내에 있는 정관헌은 전통 건축 양식에 근대적 요소를 결합한 것으로 평가받고 있습니다. ❶ 고종이 황제로 즉위한 후 구본신참을 바탕으로 개혁을 추진할 때 건립되었습니다.

> 구본신참은 '옛것을 근본으로 하여 새로운 것을 참조한다'는 뜻이에요. 고유의 전통과 사상을 유지하면서 점진적으로 서구 문물을 받아들이자는 광무개혁의 기본 원칙이었어요.

정답 잡는 키워드

❶ 고종이 황제로 즉위한 후 구본신참을 바탕으로 추진함
→ **광무개혁**

고종이 황제로 즉위한 후 구본신참을 바탕으로 추진하였다는 내용을 통해 밑줄 그은 '개혁'이 광무개혁임을 알 수 있어요. 1897년에 러시아 공사관에서 경운궁(덕수궁)으로 돌아온 고종은 연호를 '광무'로 정하고 환구단에서 황제의 자리에 올라 대한 제국의 수립을 선포하였으며, 구본신참의 원칙 아래 광무개혁을 추진하였어요.

① 홍범 14조를 반포하였다.
→ 제2차 갑오개혁 당시 고종은 개혁의 기본 방향을 제시한 홍범 14조를 반포하였어요.

② 공사 노비법을 혁파하였다.
→ 제1차 갑오개혁 때 신분제를 폐지하고 공사 노비법을 혁파하였어요.

③ 신식 군대인 별기군을 창설하였다.
→ 1881년에 조선 정부는 개화 정책에 따라 신식 군대인 별기군을 창설하였어요.

④ 근대 교육 기관인 육영 공원을 설립하였다.
→ 1886년에 조선 정부는 근대 교육 기관인 육영 공원을 설립하고 헐버트, 길모어 등을 교사로 초빙하였어요.

⑤ 지계아문을 설치하여 토지 소유자에게 지계를 발급하였다.
→ 대한 제국은 광무개혁을 추진하면서 지계아문을 설치하여 토지 소유자에게 근대적 토지 소유 증명서인 지계를 발급하였어요.

기출 선택지 +α

❻ 관립 의학교와 광제원을 설립하였다. (O / X)
❼ 건양이라는 독자적인 연호를 사용하였다. (O / X)
❽ 조혼을 금지하고 과부의 재가를 허용하였다. (O / X)
❾ 행정 기구를 6조에서 8아문으로 개편하였다. (O / X)
❿ 관립 상공 학교를 설립하여 실업 교육을 실시하였다. (O / X)

정답 ❻ O ❼ X [을미개혁] ❽ X [제1차 갑오개혁] ❾ X [제1차 갑오개혁] ❿ O

36 3·1 운동 정답 ④

(가) 운동에 대한 설명으로 옳은 것은? [1점]

언론 보도로 본 만세 기념일

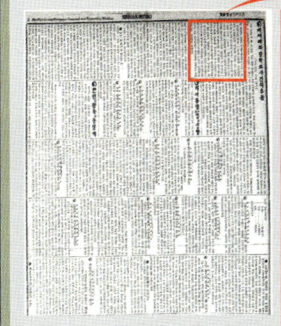

> ❶ 3월 1일에 배화 여학교 학생 일동은 학교 동산에 올라가서 우리 독립 선언 기념을 경축하기 위하여 만세를 부르고, 배재 학교 생도 일동은 3월 1일에 일제히 결석하고 3월 2일에 등교하여 갑자기 그 학교 마당에서 만세를 불렀으니 …… 저와 같은 불미한 행동을 허락한 까닭으로 그 학교 교장들은 파직하고 심하면 그 학교를 폐쇄할 지경에 이르겠다더라.

[해설] 이 자료는 신한민보 1920년 4월 20일자에 실린 기사이다. ❷ 민족 최대의 독립운동이었던 (가) 의 1주년 무렵 배화 여학교와 배재 학교 학생들이 만세 운동을 전개하여 학교가 폐쇄될 위기에 처했다는 내용이 담겨 있다.

정답 잡는 키워드

❶ 3월 1일에 학생들이 독립 선언 기념을 경축하기 위해 만세를 부름, ❷ 민족 최대의 독립운동 → **3·1 운동**

독립 선언 기념을 경축하여 1주년 무렵인 1920년 3월 1일에 만세 운동이 전개되었으며, 민족 최대의 독립운동이었다는 내용을 통해 (가) 운동이 3·1 운동임을 알 수 있어요. 미국 대통령 윌슨의 민족 자결주의와 국외에서 이어진 독립 선언의 영향을 받아 국내에서도 독립 선언의 움직임이 일어났어요. 그러던 중 고종이 승하하자 종교계 지도자와 학생들이 중심이 되어 고종의 인산일에 즈음하여 대대적인 만세 시위를 벌이기로 계획하였어요. 1919년 3월 1일 민족 대표들은 시위가 격화될 것을 우려해 태화관에서 독립 선언서를 낭독하고 일제에 자진하여 체포되었어요. 탑골 공원에 모여 있던 학생과 시민들은 민족 대표들이 나타나지 않자 독립 선언서를 가져와 낭독하고 만세 시위를 전개하였어요. 만세 시위는 전국으로 확산되었고 일제는 헌병과 군대를 동원하여 탄압하였어요.

① 통감부의 방해와 탄압으로 중단되었다.
→ 1910년에 일제가 대한 제국의 국권을 강탈하고 조선 총독부를 설치하면서 통감부는 폐지되었어요. 통감부의 방해와 탄압으로 중단된 대표적인 운동으로는 일본에 진 나랏빚을 국민이 갚아 국권을 회복하자는 취지로 전개된 국채 보상 운동이 있어요.

② 러시아의 절영도 조차 요구를 저지하였다.
→ 독립 협회는 만민 공동회를 개최하고 러시아를 비롯한 열강의 이권 침탈을 규탄하는 이권 수호 운동을 전개하여 러시아의 절영도 조차 요구를 저지하였어요.

③ 순종의 인산일을 기회로 삼아 추진되었다.
→ 1926년에 순종의 인산일을 기회로 삼아 6·10 만세 운동이 추진되었어요.

④ 대한민국 임시 정부 수립의 계기가 되었다.
→ 3·1 운동을 계기로 독립운동을 이끌어 갈 통일된 지도부의 필요성이 제기되어 중국 상하이에서 대한민국 임시 정부가 수립되었어요.

⑤ 성진회와 각 학교 독서회에 의해 전국적으로 확산되었다.
→ 광주 학생 항일 운동은 광주 지역 학생들이 결성한 비밀 결사인 성진회와 각 학교 독서회에 의해 전국적으로 확산되었어요.

37 북로 군정서 정답 ⑤

(가) 부대에 대한 설명으로 옳은 것은? [3점]

이달의 독립운동가

노은(蘆隱) 김규식

- 생몰년: 1882~1931
- 생애 및 활동

경기도 구리에서 태어났다. 대한 제국 군인 출신으로 의병 활동에 참여하다가 일본군에게 체포되어 복역하였다. ❶1920년 청산리 전투에서 김좌진, 이범석 등이 이끈 □(가)□의 지도부로 활약하였다. 이후 러시아, 만주 일대에서 독립운동을 계속하다가 1931년에 순국하였다. 1963년 건국 훈장 독립장이 추서되었다.

1920년 10월 백운평, 어랑촌 등지에서 일본군에 맞서 싸운 청산리 전투 당시 김좌진, 이범석 등이 이끈 북로 군정서가 활약하였다.

정답 잡는 키워드

❶ 1920년 청산리 전투에서 김좌진, 이범석 등이 이끎
→ **북로 군정서**

1920년 청산리 전투에서 김좌진, 이범석 등이 이끌었다는 내용을 통해 (가) 부대가 북로 군정서임을 알 수 있어요. 김좌진이 지휘한 북로 군정서는 홍범도의 대한 독립군 등과 연합하여 청산리 일대에서 일본군에 대승을 거두었어요.

① 영릉가에서 일본군에 승리를 거두었다.
  ➡ 양세봉이 이끄는 **조선 혁명군**은 항일 중국군과 연합하여 영릉가 전투에서 일본군에 승리를 거두었어요.

② 미국과 연계하여 국내 진공 작전을 계획하였다.
  ➡ **한국 광복군**은 미국과 연계하여 국내 진공 작전을 계획하였으나 일제가 갑작스럽게 항복하여 실행에 옮기지 못하였어요.

③ 중국 팔로군과 함께 호가장 전투에서 활약하였다.
  ➡ 조선 의용대 일부 대원이 화북으로 이동하여 구성한 **조선 의용대 화북 지대**는 중국 공산당의 팔로군과 함께 호가장 전투에서 활약하였어요.

④ 동북 항일 연군으로 개편되어 유격전을 전개하였다.
  ➡ 만주 지역에서 중국 공산당의 주도로 조직된 **동북 인민 혁명군**은 민족과 이념을 초월한 항일 연합 전선을 구축하기 위해 동북 항일 연군으로 개편되어 유격전을 전개하였어요.

⑤ 중광단을 중심으로 조직되어 항일 독립 전쟁에 참여하였다.
  ➡ **북로 군정서**는 대종교 계열의 중광단을 중심으로 조직되어 항일 독립 전쟁에 참여하였어요.

기출 선택지 +α

❻ 대전자령에서 일본군을 기습하였다. (O / X)
❼ 중국 의용군과 연합하여 흥경성에서 승리하였다. (O / X)
❽ 조선 민족 전선 연맹의 무장 조직으로 결성되었다. (O / X)
❾ 홍범도 부대와 연합하여 청산리에서 일본군을 격퇴하였다. (O / X)
❿ 인도·미얀마 전선에 파견되어 영국군과 연합 작전을 펼쳤다. (O / X)

기출 선택지 +α

정답 ⑥ ×[한국 독립군] ⑦ ×[조선 혁명군] ⑧ ×[조선 의용대] ⑨ ○
⑩ ×[한국 광복군]

---

38 연해주 지역의 민족 운동 정답 ②

밑줄 그은 '이 지역'을 지도에서 옳게 찾은 것은? [1점]

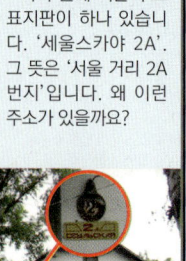

1/3: 여기 눈에 띄는 주소 표지판이 하나 있습니다. '세울스카야 2A'. 그 뜻은 '서울 거리 2A번지'입니다. 왜 이런 주소가 있을까요?

2/3: 사실 이 지역에는 ❶신한촌 등 한인 집단 거주지가 있었습니다. 그러나 이곳에 살던 한인들은 ❷1937년에 중앙아시아로 강제 이주를 당하였습니다.

3/3: 세월이 흘러 현재는 신한촌의 역사를 기억하기 위한 조형물이 세워져 있습니다. 점차 잊히는 이들의 역사, 우리의 관심이 필요한 때입니다.

1937년 소련 공산당 서기장 스탈린은 일제에 협력하는 것을 방지한다는 명분으로 연해주의 한인들을 중앙아시아로 강제 이주시켰어요.

(가) 남만주 / (나) 연해주 / (다) 일본 / (라) 하와이 / (마) 멕시코

정답 잡는 키워드

❶ 신한촌 등 한인 집단 거주지가 있었음,
❷ 1937년에 거주 한인들이 중앙아시아로 강제 이주를 당함
→ **연해주**

신한촌 등 한인 집단 거주지가 있었으며, 이곳에 살던 한인들이 1937년에 중앙아시아로 강제 이주를 당하였다는 내용을 통해 밑줄 그은 '이 지역'이 연해주임을 알 수 있어요. 두만강 건너에 있는 연해주는 국내와 가까워 1860년대부터 우리 민족이 이주하였어요. 주로 농업 이민자였고, 일제 강점기에 독립운동을 위해 이주한 사람도 많았습니다. 한인 집단 거주지인 신한촌은 항일 애국지사들의 집결지였으며 국외 독립운동의 근거지 중 한 곳이었어요. 1937년 소련 당국에 의해 연해주에 살고 있던 많은 한인이 중앙아시아 지역으로 강제 이주를 당하여 우즈베키스탄과 카자흐스탄 등지에 머물게 되었어요.

① (가)
  ➡ 신민회 회원들은 **남만주**(서간도)에 삼원보를 개척하여 독립운동 기지로 삼고 독립군 양성을 위해 신흥 강습소를 설립하였어요.

② (나)
  ➡ **연해주** 지역에서는 권업회가 조직되고 이상설, 이동휘를 정·부통령으로 하는 대한 광복군 정부가 수립되었어요.

③ (다)
  ➡ **일본**에 유학 중이던 한국인 학생들은 미국 대통령 윌슨이 제창한 민족 자결주의에 자극을 받아 1919년 2월 8일 도쿄에서 독립 선언서를 발표하였어요 (2·8 독립 선언).

④ (라)
  ➡ 미국 **하와이**에서 박용만 등이 독립군 사관을 양성할 목적으로 대조선 국민군단을 창설하였어요.

⑤ (마)
  ➡ **멕시코**로 이주한 한인들은 독립군 양성 기관으로 숭무 학교를 설립하여 무장 투쟁을 준비하였어요.

39 심훈의 활동 정답 ⑤

(가)에 들어갈 내용으로 적절한 것은? [2점]

자료로 보는 **한국 영화**

이 자료는 일제 강점기에 발행된 극장 홍보지로, 심훈이 감독한 무성 영화 '먼동이 틀 때'를 소개한 것이다. 이 영화는 나운규의 '아리랑'에 이어 한국 영화 초기 명작으로 평가받기도 한다. 이외에도 심훈은 다수의 시나리오와 영화 평론을 집필하였으며, _____(가)_____

심훈은 일제 강점기에 활동한 문인이자 영화인이에요. 3·1 운동에 참여하였다가 투옥되었으며, 동아일보사에 입사하여 기자 생활을 하다가 일본으로 건너가 영화를 공부하였어요. 귀국 후 영화 '먼동이 틀 때'의 원작을 쓰고 각색, 감독까지 맡아 제작하였어요. 또한, 저항시 '그날이 오면'을 발표하였어요.

① 별 헤는 밤, 참회록 등의 시를 남겼다.
➡ 윤동주는 '서시'를 비롯하여 '별 헤는 밤', '참회록' 등의 시를 남겼어요. 사후에 유고 시집 "하늘과 바람과 별과 시"가 발간되었어요.

② 국문 연구소의 연구 위원으로 활동하였다.
➡ 주시경, 지석영 등은 대한 제국 정부가 학부 아래 설립한 국문 연구소에서 연구 위원으로 활동하였어요.

③ 근대극 형식을 도입한 토월회를 조직하였다.
➡ 1923년에 일본 도쿄에서 박승희 등 한국인 유학생들이 중심이 되어 토월회라는 극단을 조직하였어요.

④ 실천적인 유교 정신을 강조하는 유교 구신론을 저술하였다.
➡ 박은식은 시대의 흐름을 따라가지 못하는 유교를 비판하며 실천적인 유교 정신을 강조하는 '유교 구신론'을 저술하였어요.

⑤ 브나로드 운동을 소재로 한 소설 상록수를 신문에 연재하였다.
➡ 심훈은 브나로드 운동을 소재로 한 소설 "상록수"를 동아일보에 연재하여 민중의 큰 호응을 얻었어요.

기출 선택지 +α

⑥ 저항시 그날이 오면을 발표하였다. (O/X)
⑦ 광야, 절정 등의 저항시를 발표하였다. (O/X)
⑧ 미국과 유럽을 여행한 뒤 서유견문을 집필하였다. (O/X)
⑨ 세계 지리 교과서인 사민필지를 한글로 저술하였다. (O/X)
⑩ 민족을 역사 서술의 중심에 둔 독사신론을 발표하였다. (O/X)

정답 ⑥ O ⑦ X [이육사] ⑧ X [유길준] ⑨ X [헐버트] ⑩ X [신채호]

40 일제 강점기 도시 정답 ②

(가)에 들어갈 내용으로 가장 적절한 것은? [1점]

탐구 활동 계획서

1. 주제: _____(가)_____
2. 조사 방법: 문헌 조사, 인터넷 검색 등
3. 참고 자료

• 자료 1

미쓰코시 백화점 경성 지점

경성 우편국을 끼고 돌아서면 요지경 같은 진고개다. …… 미쓰코시에 들어가니 아래층은 음식과 과자를 팔고, 2층으로 가니 거기는 일본 옷뿐이더라.
- "별건곤" -

• 자료 2

토막집과 토막민

경성부 내의 토막민 수가 1,583호이고 인구가 5,000여 명에 달한다고 한다. …… 토막민 자체에 대한 사회적 책임으로 보아 중대한 사회 문제라고 아니할 수 없는 것이다.
- 동아일보 -

일제는 대한 제국의 국권을 침탈한 이후 한성부를 경성부로 고치고 식민 지배의 행정 중심지로 삼았어요. 일제 강점기 경성은 청계천을 경계로 한국인이 사는 북촌과 일본인이 주로 사는 남촌으로 나뉘어 도시화가 진행되었어요. 일제는 다수의 일본인이 거주하는 남촌 지역을 위주로 근대적인 도시 개발을 추진하였어요. 백화점과 은행 같은 상업 시설뿐만 아니라 도로, 상하수도, 전기와 같은 기반 시설도 북촌보다 남촌에 집중되었어요. 한편, 청계천이나 도시 외곽에는 농촌을 떠나 도시로 몰려든 사람들이 터를 잡았어요. 이들은 땅을 파고 위에 거적 등을 얹어 비바람만 겨우 가릴 수 있는 토막집을 짓고 생활하였기 때문에 토막민이라 불렸어요.

① 개화 정책의 추진과 한계
➡ 조선 정부는 개항 이후 근대화를 위해 개화 정책을 추진하였으나 개화 반대 세력의 반발과 외세의 침탈 등으로 어려움을 겪었어요.

② 식민지 근대 도시의 이중성
➡ 일제 강점기 경성에 들어선 백화점과 도시 변두리 빈민층이 사는 토막집의 대비되는 모습은 식민지 근대 도시의 이중성을 잘 드러냅니다.

③ 형평 운동의 전개 과정과 반발
➡ 1920년대 백정들이 조선 형평사를 조직하고 백정에 대한 사회적 차별 철폐를 주장하며 형평 운동을 전개하였어요. 그러나 형평 운동에 반대하는 시위가 발생하기도 하였어요.

④ 경제 개발 5개년 계획의 시행 결과
➡ 박정희 정부 시기인 1962년부터 경제 개발 5개년 계획이 시행되었어요.

⑤ 상품 화폐 경제의 발달과 신분제의 동요
➡ 조선 후기에 상품 화폐 경제가 발달하면서 부유한 상민층이 등장하고 이들 중 일부는 납속과 공명첩을 이용하여 신분이 상승하기도 하였어요. 이로 인해 신분제가 동요하였어요.

41 1930년대 후반 이후의 사회 모습 정답 ①

밑줄 그은 '시기'에 볼 수 있는 사회 모습으로 가장 적절한 것은? [2점]

> 1938년 일제가 제정·공포한 국가 총동원법은 일본 본토 외에 한국을 비롯한 식민지에도 적용되었어요.

이것은 한 제과 업체의 캐러멜 광고로 탱크와 전투기 그림을 활용하여 "캐러멜도 싸우고 있다!"라는 문구를 담고 있습니다. 중·일 전쟁 이후 일제가 국가 총동원법을 시행한 시기에 제작된 이 광고는 당시 군국주의 문화가 일상에까지 스며들어 있었음을 잘 보여 줍니다.

정답 잡는 키워드
❶ 중·일 전쟁 이후 일제가 국가 총동원법을 시행함
→ 1930년대 후반 이후

중·일 전쟁 이후 일제가 국가 총동원법을 시행하였다는 내용을 통해 밑줄 그은 '시기'가 1930년대 후반 이후임을 알 수 있어요. 일제는 1937년 중·일 전쟁을 일으키고 침략 전쟁을 확대하면서 1938년 국가 총동원법을 제정하여 전쟁에 필요한 자원을 본격적으로 수탈하였어요. 공출제와 식량 배급 제도 등을 통해 전쟁에 필요한 물자를 강제 동원하였으며 지원병제, 학도 지원병제, 징병제를 실시하여 한국인 청년들을 전쟁터로 끌고 갔어요.

① 몸뻬 착용을 권장하는 애국반 반장
➡ 일제는 한국인의 일상생활을 감시하고 통제하기 위해 1938년부터 애국반을 조직하고, 전시 동원 체제를 강화하면서 애국반을 통해 남성에게는 국민복을, 여성에게는 몸뻬를 착용하도록 강요하였어요.

② 경성 제국 대학 설립을 추진하는 관리
➡ 일제는 1924년에 경성 제국 대학을 설립하여 한국인의 고등 교육에 대한 열망을 억누르려 하였어요.

③ 헌병 경찰에게 끌려가 태형을 당하는 농민
➡ 일제는 1910년대에 헌병 경찰 제도를 실시하였으며, 한국인에게만 태형을 적용하는 조선 태형령을 시행하였어요. 헌병 경찰 제도와 조선 태형령은 이른바 문화 통치가 시작되면서 폐지되었어요.

④ 원산 총파업에 연대 지원금을 보내는 외국 노동자
➡ 1929년에 원산 인근의 라이징 선 석유 회사에서 일본인 감독관이 한국인 노동자를 구타한 사건이 발단이 되어 원산 총파업이 일어났어요.

⑤ 안창남의 고국 방문 비행을 환영하기 위해 상경하는 청년
➡ 일본에서 비행술을 배운 안창남은 1922년에 동아일보사 후원으로 고국 방문 비행을 하여 성황리에 마쳤어요.

기출 선택지 +α
❻ 암태도 소작 쟁의에 참여하는 농민 (O/X)
❼ 국방헌금 모금에 적극 협력하는 부호 (O/X)
❽ 내선일체에 협력하자는 논설을 쓰는 언론인 (O/X)

기출 선택지 +α 정답 ⑥ X [1923~1924년] ⑦ O ⑧ O

42 신채호 정답 ①

㉠~㉤에 대한 설명으로 옳지 않은 것은? [2점]

단재 신채호 연보

1880년 충청도 회덕에서 출생
1898년 성균관에 입학
1907년 ㉠ 신민회 활동에 참여하고 대한매일
       신보 필진으로 근무
1919년 상하이로 가서 ㉡ 대한민국 임시 정
       부 수립에 참여
1923년 ㉢ '조선 혁명 선언' 작성
1927년 무정부주의 동방 연맹 창립 대회에 참가
1928년 타이완 지룽에서 체포됨
1931년 ㉣ "조선상고사"가 조선일보에 연재됨
1936년 ㉤ 뤼순 감옥에서 사망

① ㉠ - 광주 학생 항일 운동에 진상 조사단을 파견하였다.
➡ 신간회는 광주 학생 항일 운동의 진상 규명을 위한 진상 조사단을 파견하였어요. 신민회는 비밀 결사 형태로 조직된 애국 계몽 운동 단체로 안창호, 신채호, 양기탁 등이 참여하였지만, 1910년대 초에 와해되었어요.

② ㉡ - 이륭양행에 교통국을 설치하여 국내와 연락을 취하였다.
➡ 대한민국 임시 정부는 이륭양행에 통신 연락 상설 기구로 교통국을 설치하여 국내와 연락을 취하였어요.

③ ㉢ - 의열단이 활동 지침으로 삼았다.
➡ 신채호는 의열단장 김원봉의 요청을 받아 민중의 직접 혁명을 주장한 '조선 혁명 선언'을 작성하였어요. '조선 혁명 선언'은 의열단의 활동 지침이 되었어요.

④ ㉣ - 역사를 아와 비아의 투쟁으로 정의하였다.
➡ 신채호는 "조선상고사"에서 역사를 아(我)와 비아(非我)의 투쟁으로 정의하였어요.

⑤ ㉤ - 안중근 의사가 순국한 곳이다.
➡ 안중근은 만주 하얼빈에서 을사늑약 체결에 핵심적 역할을 한 이토 히로부미를 처단하였으나 현장에서 체포되어 뤼순 감옥에서 순국하였어요.

43 제주 4·3 사건 정답 ⑤

(가) 사건에 대한 설명으로 가장 적절한 것은? [3점]

이것은 냉전과 분단의 상징물인 독일 베를린 장벽의 일부로, (가) 을/를 기념하는 이 공원에 기증되었습니다. 이곳 제주도에서 일어난 (가) 은/는 남한만의 단독 선거에 반대하는 무장대와 이를 진압하는 토벌대 간의 무력 충돌, 그 뒤 토벌대의 진압 과정에서 수많은 제주도민이 희생된 사건으로, 6·25 전쟁이 끝나고 나서야 종결되었습니다.

정답 잡는 키워드

❶ 남한만의 단독 선거에 반대하는 무장대를 진압하는 과정에서 수많은 제주도민이 희생됨 → 제주 4·3 사건

남한만의 단독 선거에 반대하는 무장대와 이를 진압하는 토벌대 간의 무력 충돌, 그 뒤 토벌대의 진압 과정에서 수많은 제주도민이 희생되었다는 내용을 통해 (가) 사건이 제주 4·3 사건임을 알 수 있어요. 제2차 미·소 공동 위원회가 결렬된 후 유엔 총회에서 남북한 총선거를 의결하고 유엔 한국 임시 위원단을 파견하였으나, 소련이 유엔 한국 임시 위원단의 입북을 거부하자 유엔 소총회에서 남한만의 단독 총선거가 결의되었어요. 이에 남한만의 단독 선거에 반대하여 일어난 움직임이 제주 4·3 사건으로 이어졌어요. 이러한 상황으로 제주도 지역에서 5·10 총선거가 정상적으로 치러지지 못하였어요.

① 허정 과도 정부가 구성되는 결과를 가져왔다.
   ➡ 4·19 혁명으로 이승만 정부가 무너지고 허정을 수반으로 하는 과도 정부가 구성되었어요.

② 국가 보위 비상 대책 위원회가 설치되는 배경이 되었다.
   ➡ 12·12 사태로 정권을 장악한 전두환 등 신군부 세력은 1980년에 광주에서 일어난 5·18 민주화 운동을 무력으로 진압한 직후 국가 보위 비상 대책 위원회를 설치하였어요.

③ 장기 독재를 비판하는 3·1 민주 구국 선언을 발표하였다.
   ➡ 박정희 정부 시기에 유신 체제에 반대하여 장기 독재를 비판하는 3·1 민주 구국 선언이 발표되었어요.

④ 민주화를 위한 개헌 청원 100만 인 서명 운동을 전개하였다.
   ➡ 박정희 정부 시기에 장준하, 백기완 등 재야인사들이 유신 헌법 철폐를 요구하며 민주 회복을 위한 개헌 청원 100만 인 서명 운동을 전개하였어요.

⑤ 정부 차원에서 진상 조사 보고서를 발간하고 공식 사과하였다.
   ➡ 제주 4·3 사건으로 많은 제주도민이 희생되거나 억울하게 옥살이를 하였어요. 이에 김대중 정부 시기인 2000년에 제주 4·3 사건 진상 규명 및 희생자 명예 회복에 관한 특별법이 제정되었고, 이어 노무현 정부 시기인 2003년에는 정부 차원에서 진상 조사 보고서를 발간하고 공식 사과하였어요.

기출 선택지 +α

❻ 4·13 호헌 조치에 저항하며 일어났다. (O/X)
❼ 장면의 민주당 정권이 들어서는 계기가 되었다. (O/X)
❽ 희생자들의 명예 회복을 위한 특별법이 제정되었다. (O/X)

기출 선택지 +α 정답 ❻ ×[6월 민주 항쟁] ❼ ×[4·19 혁명] ❽ ○

44 이승만 정부 시기의 사실 정답 ①

교사의 질문에 대한 학생의 대답으로 적절하지 않은 것은? [2점]

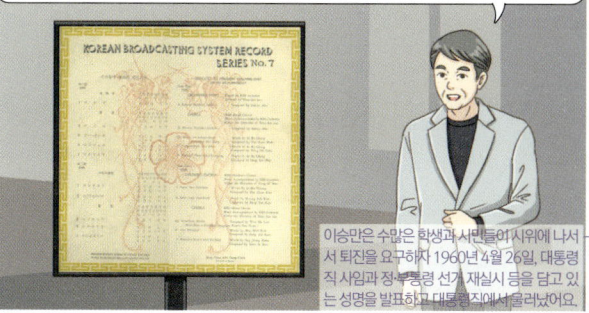

이것은 그의 84세 생일을 위해 기획된 LP 음반의 재킷으로, '제84회 탄신 기념'이라고 적혀 있습니다. 음반에는 '애국가', '만수무강하시리', '우남 행진곡' 등이 수록되어 있습니다. 그러나 그는 다음 해에 일어난 4·19 혁명으로 하야했습니다. 그가 대통령으로 재임하던 시기에 있었던 사실을 말해 볼까요?

이승만은 수많은 학생과 시민들이 시위에 나서서 퇴진을 요구하자 1960년 4월 26일, 대통령직 사임과 정·부통령 선거 재실시 등을 담고 있는 성명을 발표하고 대통령직에서 물러났어요.

정답 잡는 키워드

❶ 4·19 혁명으로 하야 → 이승만

4·19 혁명으로 하야하였다는 내용을 통해 자료에서 설명하는 대통령이 이승만임을 알 수 있어요. 이승만은 제헌 국회에서 제정한 헌법에 따라 대한민국 초대 대통령으로 선출되었어요. 이후 두 차례의 개헌을 통해 집권을 연장한 이승만 정부는 정권 유지를 위해 1960년에 있었던 제4대 대통령 및 제5대 부통령 선거에서 부정행위를 저질렀어요(3·15 부정 선거). 이에 학생과 시민들이 저항하여 4·19 혁명이 일어나 이승만이 대통령직에서 하야하고 자유당 정권은 무너졌어요.

① 경부 고속 도로가 개통되었어요.
   ➡ 박정희 정부 시기인 1970년에 경부 고속 도로가 개통되었어요.

② 한·미 상호 방위 조약이 체결되었어요.
   ➡ 이승만 정부 시기인 1953년 10월에 한·미 상호 방위 조약이 체결되었어요.

③ 진보당의 당수였던 조봉암이 처형되었어요.
   ➡ 이승만 정부 시기인 1959년에 간첩 혐의가 씌워진 진보당의 당수 조봉암이 처형되었어요.

④ 반민족 행위 특별 조사 위원회가 해체되었어요.
   ➡ 제헌 국회 직속으로 설치된 반민족 행위 특별 조사 위원회가 이승만 정부의 비협조와 방해로 그 역할을 다하지 못한 채 1949년 10월에 해체되었어요.

⑤ 유상 매수, 유상 분배 원칙의 농지 개혁법이 제정되었어요.
   ➡ 이승만 정부 시기인 1949년에 제헌 국회가 유상 매수, 유상 분배 원칙의 농지 개혁법을 제정하였어요.

45 유신 헌법 정답 ⑤

밑줄 그은 '당시 헌법'이 시행된 시기에 볼 수 있는 모습으로 가장 적절한 것은? [2점]

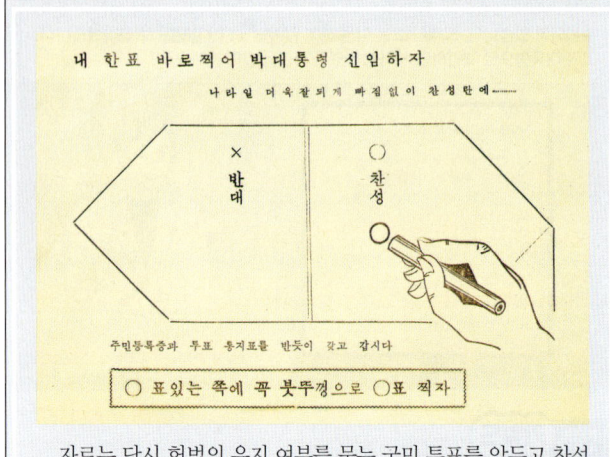

자료는 당시 헌법의 유지 여부를 묻는 국민 투표를 앞두고 찬성을 독려하는 홍보문의 일부이다. 이 투표의 실시 결과 당시 헌법을 유지하는 것으로 결정되었다. 3개월 뒤 이 헌법을 부정, 반대하는 주장이나 보도를 일체 금지하고 위반자는 영장 없이 체포한다는 내용을 핵심으로 한 ❶대통령 긴급 조치 제9호가 선포되었다.

↳ 유신 헌법에 따라 대통령은 국민의 기본권을 포괄적으로 제한할 수 있는 긴급 조치권을 행사할 수 있었어요.

정답 잡는 키워드

❶ 대통령 긴급 조치 제9호 선포 → 유신 헌법

대통령 긴급 조치 제9호가 선포되었다는 내용을 통해 밑줄 그은 '당시 헌법'이 유신 헌법임을 알 수 있어요. 1969년에 편법을 동원하여 3선 개헌을 통과시킨 박정희는 1971년에 치러진 제7대 대통령 선거에서 야당의 김대중 후보를 힘겹게 누르고 3선에 성공하였어요. 이후 1972년에 안보와 통일 대비 등을 내세워 10월 유신을 단행하고 유신 헌법을 제정하였어요. 유신 헌법은 대통령의 중임 제한 규정을 두지 않아 사실상 박정희의 영구 집권을 가능하게 만들었고, 대통령에게 국회 의원 3분의 1 추천권, 긴급 조치권 등의 막강한 권한을 부여하였어요. 유신 헌법은 1980년 10월 제8차 개헌이 단행될 때까지 적용되었습니다.

① 국민 방위군에 소집되는 청년
➡ 1950년 이승만 정부 시기에 국민 방위군 설치법이 공포되었어요. 6·25 전쟁 당시 중국군의 개입으로 전세가 불리해지자 이를 타개하기 위해 17세에서 40세 미만의 장정이 국민 방위군으로 소집되었으나, 1951년에 일어난 국민 방위군 사건으로 해체되었어요.

② 개성 공단 착공식에 참석하는 기업인
➡ 김대중 정부 시기에 6·15 남북 공동 선언에 따라 남북한 교류 협력의 하나로 개성 공업 지구 건설에 대한 남북 합의가 이루어졌고, 노무현 정부 시기인 2003년부터 개성 공업 지구 건설 공사가 시작되었어요.

③ 미·소 공동 위원회의 재개를 요구하는 시민
➡ 1946년 3월에 미·소 공동 위원회가 개최되었으나 임시 민주 정부에 참여할 단체 선정을 두고 미국과 소련의 의견이 달라 입장 차이를 좁히지 못하여 무기 휴회를 선언하였어요. 이후 한국 문제 처리가 지연되는 데 따른 내외적 압력이 높아지자 미국과 소련은 1947년에 미·소 공동 위원회를 재개하였어요.

④ 남북 기본 합의서 채택 소식을 보도하는 기자
➡ 노태우 정부는 1991년에 남북 사이의 화해와 불가침 및 교류·협력에 관한 합의서인 남북 기본 합의서를 채택하였어요.

⑤ 통일 주체 국민 회의 대의원 명단을 점검하는 공무원
➡ 1972년에 공포된 유신 헌법에 따라 설치된 통일 주체 국민 회의에서 간선제 방식으로 대통령이 선출되었어요. 통일 주체 국민 회의는 제8차 개헌으로 폐지되었어요.

46 6월 민주 항쟁 정답 ②

(가) 민주화 운동에 대한 설명으로 적절한 것은? [2점]

그때 고등학생이었던 저는 ❶호헌 철폐가 무슨 뜻인지 잘 몰랐어요. 다만 1980년 5월의 경험과 전두환이라는 인물을 통해 당시 우리나라가 독재 국가라고 인식하고 있었습니다. 그래서 시위에 참여했었어요.

당시 ❷민주 헌법 쟁취 국민운동 본부가 지정했던 국민 평화 대행진 구호가 '동장에서 대통령까지 내 손으로'였어요. 이 구호가 담긴 현수막을 만들면 감옥에 갈 수도 있었지만, 스프레이와 천을 사다가 밤에 건물 옥상에서 이 글귀를 현수막에다가 적었어요.

참여자의 구술로 살펴보는 지역별 (가)

전라도 경상도 수도권 강원도 충청도

↳ '호헌'이란 '헌법을 보호하여 지킨다'는 뜻이에요. 전두환 정부가 대통령 간선제인 현행 헌법을 유지하겠다는 4·13 호헌 조치를 발표하자 '호헌 철폐'를 외치는 시위가 확산되었어요.

정답 잡는 키워드

❶ 호헌 철폐, ❷ 민주 헌법 쟁취 국민운동 본부 → 6월 민주 항쟁

'호헌 철폐'와 민주 헌법 쟁취 국민운동 본부가 활동하였다는 내용을 통해 (가) 민주화 운동이 6월 민주 항쟁임을 알 수 있어요. 전두환 정부는 시민들의 직선제 개헌 요구를 무시하고 기존 헌법에 따라 선거를 치르겠다는 4·13 호헌 조치를 발표하였어요. 이러한 상황에서 박종철 고문치사 사건에 대한 진실이 폭로되어 폭압적인 정부를 규탄하는 시위가 확산되었어요. 이때 시위에 참가한 대학생 이한열이 경찰이 쏜 최루탄에 피격되는 사건이 일어났어요. 이를 계기로 민주화에 대한 요구는 더욱 커졌고, 수많은 시민이 민주 헌법 쟁취 국민운동 본부가 개최한 6·10 국민 대회에 참여하여 '호헌 철폐', '독재 타도' 등을 외치며 시위를 벌였어요.

① 굴욕적인 한·일 국교 정상화에 반대하였다.
➡ 박정희 정부의 굴욕적인 한·일 국교 정상화에 반대하여 6·3 시위가 일어났어요.

②5년 단임의 대통령 직선제 개헌을 이끌어 냈다.
➡ 6월 민주 항쟁의 결과 5년 단임의 대통령 직선제 개헌이 이루어졌어요.

③ 시위 과정에서 시민군이 자발적으로 조직되었다.
➡ 5·18 민주화 운동 과정에서 광주의 학생과 시민들은 계엄군의 발포 등 무력 진압에 대항하여 자발적으로 시민군을 조직하였어요.

④ 3선 개헌 반대 범국민 투쟁 위원회를 결성하였다.
➡ 박정희 정부가 대통령 3회 연임을 허용하는 개헌을 추진하자 3선 개헌 반대 범국민 투쟁 위원회가 결성되어 3선 개헌 반대 운동을 주도하였어요.

⑤ 대통령 중심제에서 의원 내각제로 바뀌는 계기가 되었다.
➡ 4·19 혁명을 통해 이승만 정부가 무너지고 허정 과도 정부가 수립되어 의원 내각제와 양원제 국회 구성을 골자로 한 개헌이 이루어졌어요.

기출 선택지 +α

❻ 시위 도중 대학생 이한열이 희생되었다. (O / X)
❼ 야당 총재의 국회 의원직 제명으로 촉발되었다. (O / X)
❽ 신군부의 비상계엄 확대와 무력 진압에 저항하였다. (O / X)
❾ 대통령이 하야하여 미국으로 망명하는 결과를 가져왔다. (O / X)

기출 선택지 +α

정답 ❻ O ❼ X [부·마 민주 항쟁] ❽ X [5·18 민주화 운동] ❾ X [4·19 혁명]

[47~48] 다음을 읽고 물음에 답하시오.

(가) ㉠왕은 5월에 교서를 내려 **❶문무 관료들에게 토지를 차등 있게 주었다.** …… 봄 정월에 중앙과 지방 관리들의 **❷녹읍을 폐지하고** 해마다 조를 차등 있게 주고 이를 일정한 법으로 삼았다.

(나) **❸처음으로 직관(職官)·산관(散官)의 각 품의 전시과를 제정하였는데**, 관품의 높고 낮은 것은 논하지 않고 다만 인품만 가지고 전시과의 등급을 결정하였다. <small>고려 경종 때 처음으로 마련된 시정 전시과는 관등과 인품을 기준으로 전현직 관리에게 수조권을 지급한 제도였어요.</small>

(다) 도평의사사에서 글을 올려 과전을 지급하는 법을 정할 것을 청하니, 그 의견을 따랐다. **❹경기는 사방의 근본이므로 마땅히 과전을 설치하여 사대부를 우대하여야 한다.** 무릇 수도에 거주하며 왕실을 지키는 자는 **❺현직, 산직(散職)을 불문하고 각각 과(科)에 따라 받게 한다.** <small>과전법에서는 관리에게 지급하는 수조지, 즉 지급 대상 토지를 원칙적으로 경기 지역에 한정하였어요.</small>

(라) 만약 그 자신이 죽고 그 아내에게 미치게 되면 **❻수신전**이라 일컬었고, 부부가 다 죽고 그 아들에게 전해지면 **❼휼양전**이라 일컬었으며, 만약 그 아들이 관직에 제수되더라도 그대로 그 전지를 주고는 과전이라 일컬었는데, …… ㉡왕께서 이를 없애고, 현직 관리에게 주어 **❽직전(職田)**이라 하였던 것입니다.

47 역사 속 토지 제도의 변화   정답 ①

(가)~(라)를 일어난 순서대로 옳게 나열한 것은? [3점]

정답 잡는 키워드

- ❶ 문무 관료들에게 토지를 줌, ❷ 녹읍 폐지
  → (가) 신라 신문왕 시기 토지 개혁
- ❸ 처음으로 전시과 제정 → (나) 시정 전시과(고려 경종)
- ❹, ❺ 경기에 과전을 설치하여 현직, 산직의 과에 따라 토지 지급
  → (다) 과전법(고려 말 공양왕)
- ❻, ❼, ❽ 수신전과 휼양전을 없애고 현직 관리에게 토지 지급
  → (라) 직전법(조선 세조)

(가) **신라 신문왕**은 조세만 거둘 수 있는 **관료전을 지급**하고 조세를 거두고 백성의 노동력까지 징발할 수 있는 **녹읍을 폐지**하여 귀족 세력의 경제 기반을 약화하였어요.
(나) **고려 경종**은 관리에게 관직 복무에 대한 대가로 전지와 시지를 지급하는 **전시과** 제도를 처음 마련하였어요(시정 전시과).
(다) 위화도 회군으로 정권을 장악한 이성계와 신진 사대부는 **과전법**을 마련하여 토지 개혁을 추진하였어요. 과전법은 관직 복무에 대한 대가로 전현직 관리에게 수조지를 지급하는 제도로, **고려 말 공양왕** 때 제정되어 조선 초기까지 시행되었어요.
(라) **조선 세조**는 수신전, 휼양전 등의 명목으로 토지가 세습되어 신진 관리에게 지급할 과전이 부족해지자 **직전법**을 제정하여 현직 관리에게만 수조권을 지급하였어요.

① **(가) - (나) - (다) - (라)**
  ➡ (가) 관료전 지급, 녹읍 폐지(신라 신문왕) → (나) 시정 전시과(고려 경종) → (다) 과전법(고려 말 공양왕) → (라) 직전법(조선 세조)
② (가) - (나) - (라) - (다)
③ (나) - (가) - (라) - (다)
④ (나) - (다) - (가) - (라)
⑤ (다) - (라) - (나) - (가)

48 신라 신문왕과 조선 세조의 정책   정답 ③

㉠, ㉡ 왕에 대한 설명으로 옳은 것을 〈보기〉에서 고른 것은? [2점]

ㄱ. ㉠ - 병부를 처음으로 설치하였다.
  ➡ **신라 법흥왕**은 군사와 관련된 업무를 담당하는 병부를 처음으로 설치하였어요.

ㄴ. ㉠ - 전국에 9주 5소경을 설치하였다.
  ➡ **신라 신문왕**은 전국에 9주 5소경을 설치하여 지방 행정 제도를 정비하였어요.

ㄷ. ㉡ - 6조 직계제를 시행하였다.
  ➡ **조선 세조**는 계유정난을 통해 즉위한 이후 왕권 강화를 위해 6조 직계제를 시행하였어요.

ㄹ. ㉡ - 초계문신제를 실시하였다.
  ➡ **조선 정조**는 젊은 문신 중에서 재능 있는 자를 선발하여 규장각에 소속시켜 재교육하는 초계문신제를 실시하였어요.

① ㄱ, ㄴ   ② ㄱ, ㄷ   ③ **ㄴ, ㄷ**
④ ㄴ, ㄹ   ⑤ ㄷ, ㄹ

기출 선택지 +α

ㅁ. ㉠ - 화랑도를 국가 조직으로 개편하였다. (O / X)
ㅂ. ㉠ - 유학 교육을 위하여 국학을 설립하였다. (O / X)
ㅅ. ㉡ - 동국문헌비고를 편찬하여 역대 문물을 정리하였다. (O / X)
ㅇ. ㉡ - 길주를 근거지로 일어난 이시애의 난을 진압하였다. (O / X)

기출 선택지 +α 정답 ㅁ. ×[신라 진흥왕] ㅂ. ○ ㅅ. ×[조선 영조] ㅇ. ○

49 전두환 정부 시기의 사실   정답 ②

다음 뉴스가 보도된 정부 시기의 사실로 옳은 것은?   [2점]

정답 잡는 키워드

❶ 교복과 두발의 자율화, ❷ 야간 통행금지 해제 → 전두환 정부

중고등학생의 교복과 두발을 자율화하고, 야간 통행금지 해제가 본격 적용되었다는 내용을 통해 전두환 정부 시기에 보도된 뉴스임을 알 수 있어요. 전두환 정부는 민주화 운동과 노동 운동을 탄압하고 언론 통제를 강화하는 등 강압적인 정책을 폈어요. 한편으로는 중고등학생의 교복과 두발 자율화, 야간 통행금지 해제, 해외여행 자유화, 프로 야구단과 프로 축구단 창단과 같은 유화 정책을 추진하여 국민의 불신과 불만을 무마하려고 하였어요.

① 서울 올림픽 대회가 개최되었다.
➡ 노태우 정부 시기인 1988년에 서울 올림픽 대회가 개최되었어요.

②보도 지침으로 언론이 통제되었다.
➡ 전두환 정부는 언론 통제를 위해 거의 매일 각 언론사에 기사 보도를 제한하는 보도 지침을 내려보냈어요.

③ 삼풍 백화점 붕괴 사고가 일어났다.
➡ 김영삼 정부 시기에 삼풍 백화점 붕괴 사고가 일어나 많은 인명 피해가 발생하였어요.

④ 양성평등의 실현을 위해 호주제가 폐지되었다.
➡ 노무현 정부 시기에 양성평등의 실현과 평등한 가족 관계 형성을 위해 호주제가 폐지되었어요.

⑤ 사회 통합을 위한 다문화 가족 지원법이 시행되었다.
➡ 이명박 정부 시기에 다문화 가족의 삶의 질 향상과 사회 통합을 위한 다문화 가족 지원법이 시행되었어요.

기출 선택지 +α

❻ 최저 임금법이 제정되었다.   (O/X)
❼ 프로 야구가 6개 구단으로 출범하였다.   (O/X)
❽ 군 내부의 사조직인 하나회가 해체되었다.   (O/X)

기출 선택지 +α 정답 ❻O ❼O ❽X[김영삼 정부]

50 창녕의 역사   정답 ③

(가) 지역을 지도에서 옳게 찾은 것은?   [1점]

정답 잡는 키워드

❶ 신라 진흥왕 척경비 → 경상남도 창녕

'신라 진흥왕 척경비'를 통해 (가) 지역이 경상남도 창녕임을 알 수 있어요. 창녕에는 인위적인 훼손이 거의 없어 멸종 위기종을 포함한 다양한 생물들이 서식하고 있는 국내 최대 규모의 천연 늪인 우포늪이 있어요. 또한, 삼국 시대 무덤군인 교동과 송현동 고분군, 통일 신라의 전형적인 석조 불탑인 술정리 동 3층 석탑 등이 남아 있어요.

① ㉠
➡ 충주에는 고구려 장수왕이 영토 확장을 기념하여 세운 충주 고구려비가 있어요. 고려 시대에는 몽골의 침략에 대항하여 김윤후가 충주성 관민과 함께 몽골군을 격퇴하였어요.

② ㉡
➡ 안동에서는 후백제와 고려 간의 고창 전투가 일어났으며, 고려 시대에 홍건적의 침입을 피해 공민왕이 이곳으로 피란하였어요.

③㉢
➡ 창녕에는 신라 진흥왕이 가야 지역으로 영토를 확장하고 세운 신라 진흥왕 척경비가 남아 있어요. 진흥왕은 영토 확장을 기념하여 단양 신라 적성비와 4개의 순수비(북한산 순수비, 창녕 척경비, 황초령 순수비, 마운령 순수비)를 세웠어요.

④ ㉣
➡ 전주는 견훤이 도읍으로 삼아 후백제를 건국한 곳이에요. 조선을 세운 태조의 어진을 모신 경기전이 이곳에 건립되었으며, 동학 농민 운동 당시 농민군과 정부가 이곳에서 화약을 체결하였어요.

⑤ ㉤
➡ 강화도에서는 병인양요와 신미양요가 일어났으며, 운요호 사건을 계기로 강화 연무당에서 조·일 수호 조규, 즉 강화도 조약이 체결되었어요.

심화 제71회

2024년 8월 10일(토) 시행

합격률 46.8%
- 응시 인원: 72,627명
- 합격 인원: 33,987명

시대별 출제 비중

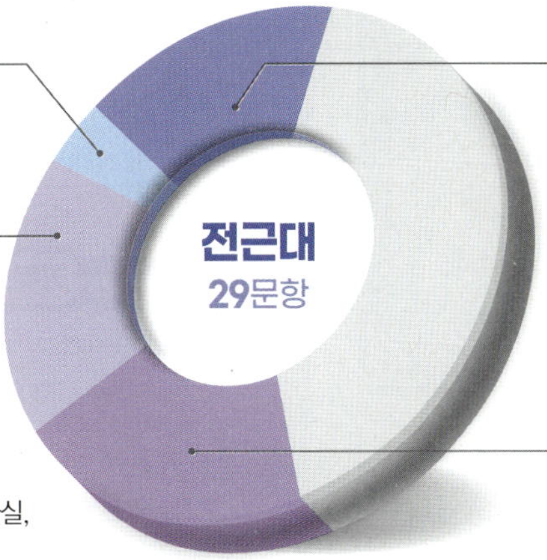

전근대 29문항

- **선사 2문항**: 구석기 시대의 생활 모습, 부여
- **고대 9문항**: 금관가야, 원광의 활동, 백제의 성장과 발전, 신라 지증왕, 경주 불국사 3층 석탑, 고구려 멸망 이후의 사실, 발해 무왕 시기의 사실, 궁예의 활동, 공주의 역사
- **고려 8문항**: 고려의 경제, 고려 전기의 사실, 고려의 관학 진흥책, 무신 집권기의 사실, 고려의 대몽 항쟁, 고려의 국가유산, 이제현의 활동, 안동의 역사
- **조선 10문항**: 태조 재위 시기의 사실, 비변사, 을사사화, 조선 후기의 대외 관계, 조선 후기의 경제, 숙종 재위 시기의 사실, 김정희의 활동, 조선 후기의 사회 모습, 세도 정치 시기의 사실, 처용무

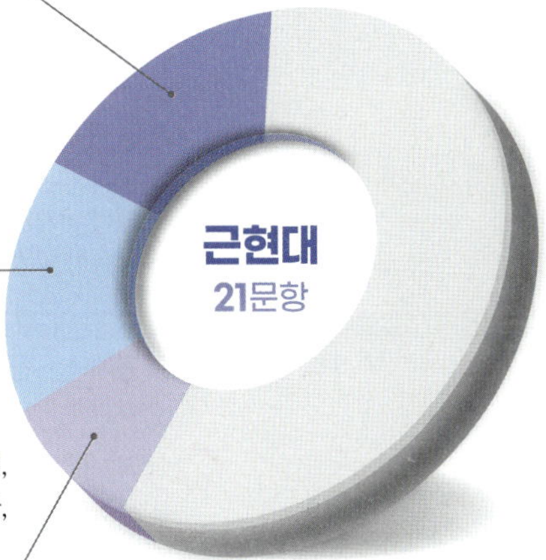

근현대 21문항

- **개항기 8문항**: 신미양요 이후의 사실, 조·일 수호 조규 부록과 조·영 수호 통상 조약, 을미개혁, 통리기무아문, 대한매일신보, 독립 협회의 활동, 화폐 정리 사업, 안중근의 활동
- **일제 강점기 8문항**: 연해주 지역의 민족 운동, 1910년대의 사회 모습, 회사령 폐지와 농촌 진흥 운동 사이의 사실, 민립 대학 설립 운동, 원산 총파업 이후의 사실, 일제 강점기 사회 및 문화의 변화, 한국 광복군, 1930년대 후반 이후의 사실
- **현대 5문항**: 6·25 전쟁, 5·10 총선거, 노태우 정부 시기의 사실, 부·마 민주 항쟁, 김대중 정부의 통일 노력

분류별 출제 비중 고대~조선

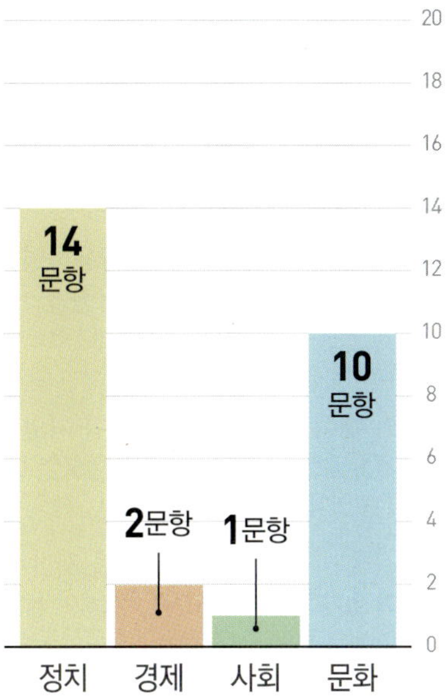

- 정치: 14문항
- 경제: 2문항
- 사회: 1문항
- 문화: 10문항

난이도별 출제 비중

- 상: 5문항
- 중: 33문항
- 하: 12문항

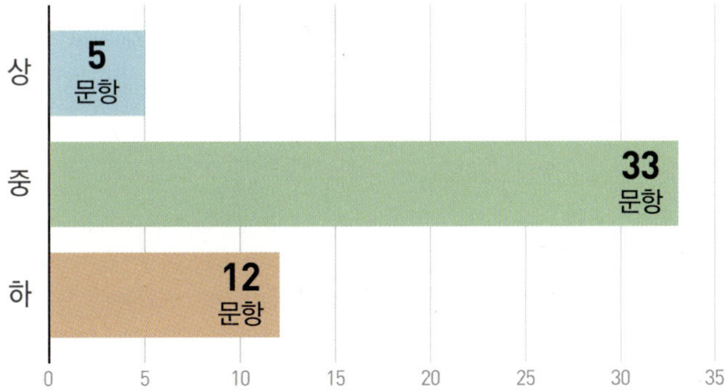

큰별쌤의 한 줄 평

까다로운 자료가 나오고 신중한 자료 해석이 필요한 약간 어려운 시험

1 구석기 시대의 생활 모습 정답 ①

(가) 시대의 생활 모습으로 옳은 것은? [1점]

정답 잡는 키워드
❶ 뗀석기를 처음 사용, ❷ 주먹도끼, ❸ 연천 전곡리 유적
→ 구석기 시대

뗀석기를 처음 사용하였다는 내용과 '주먹도끼', '연천 전곡리 유적' 등을 통해 (가) 시대가 구석기 시대임을 알 수 있어요. 구석기 시대 사람들은 주먹도끼, 찍개 등의 뗀석기를 만들어 사용하였으며, 사냥과 채집 등을 통해 식량을 구하였어요. 연천 전곡리 유적은 공주 석장리 유적, 단양 수양개 유적과 함께 우리나라의 대표적인 구석기 시대 유적입니다.

① 주로 동굴이나 바위 그늘에서 살았다.
➡ 구석기 시대 사람들은 식량을 찾아 이동 생활을 하면서 주로 동굴이나 바위 그늘, 강가의 막집에서 살았어요.

② 청동 방울 등을 의례 도구로 사용하였다.
➡ 청동기 시대에 청동 방울, 비파형 동검, 거친무늬 거울 등 청동기가 만들어졌어요. 청동은 주로 지배자의 무기나 장신구 또는 의례 도구를 만드는 데 사용되었어요.

③ 따비와 괭이로 땅을 갈아 농사를 지었다.
➡ 신석기 시대부터 농경이 시작되었어요. 따비와 괭이는 땅을 갈 때 사용하던 농기구입니다.

④ 거푸집을 이용하여 세형 동검을 제작하였다.
➡ 초기 철기 시대에 거푸집을 이용하여 세형 동검을 제작하였어요. 세형 동검은 한반도 지역에서 발견되어 한국식 동검이라고도 불립니다.

⑤ 빗살무늬 토기를 만들어 식량을 저장하였다.
➡ 신석기 시대 사람들은 빗살무늬 토기를 만들어 음식을 조리하거나 식량을 저장하는 데 사용하였어요.

기출 선택지 +α
❻ 반량전, 명도전 등의 화폐를 사용하였다. (O / X)
❼ 지배층의 무덤으로 고인돌을 축조하였다. (O / X)
❽ 실을 뽑기 위해 가락바퀴를 처음 사용하였다. (O / X)
❾ 주로 동굴이나 강가에 막집을 짓고 거주하였다. (O / X)

기출 선택지 +α 정답 ❻ ×[철기 시대] ❼ ×[청동기 시대] ❽ ×[신석기 시대] ❾ ○

2 부여 정답 ④

다음 검색창에 들어갈 나라에 대한 설명으로 옳은 것은? [2점]

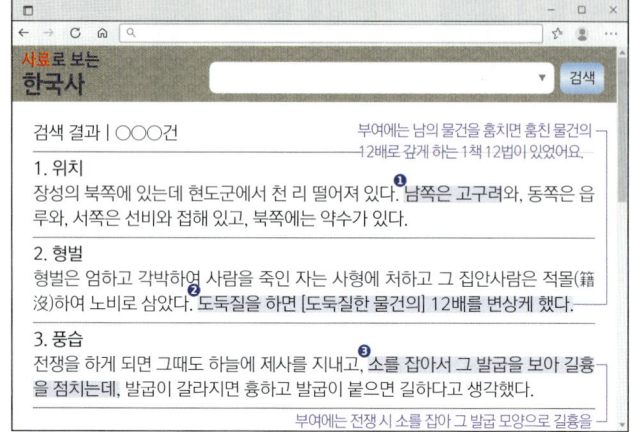

정답 잡는 키워드
❶ 남쪽은 고구려와 접해 있음, ❷ 도둑질을 하면 12배를 변상케 함,
❸ 소를 잡아서 그 발굽으로 길흉을 점침 → 부여

남쪽은 고구려와 접해 있으며, 1책 12법과 우제점법의 풍습이 있었다는 내용을 통해 검색창에 들어갈 나라가 부여임을 알 수 있어요. 만주 쑹화강 유역에서 성장한 부여는 철기 문화를 배경으로 등장한 여러 나라 가운데 가장 북쪽에 위치하였으며, 남쪽으로는 고구려와 접해 있었어요. 부여에는 지배자나 높은 계급의 사람이 죽으면 순장을 하는 풍습이 있었으며, 형이 죽으면 동생이 형수를 아내로 삼는 형사취수제의 풍습도 있었어요.

① 신성 지역인 소도가 있었다.
➡ 삼한에는 신성 지역인 소도가 있었어요. 제사장인 천군이 소도에서 제사를 주관하였는데, 이곳에는 정치적 지배자의 영향력이 미치지 못하였어요.

② 혼인 풍습으로 민며느리제가 있었다.
➡ 옥저에는 남자 집에서 혼인을 약속한 여자아이를 데리고 와 키운 뒤 성인이 되면 남자가 여자 집에 예물을 주고 정식으로 혼인하는 민며느리제라는 혼인 풍습이 있었어요.

③ 읍락 간의 경계를 중시하는 책화가 있었다.
➡ 동예에는 읍락 간의 경계를 중시하여 이를 침범하면 노비나 가축 등으로 변상하게 하는 책화가 있었어요.

④ 여러 가(加)들이 각각 사출도를 주관하였다.
➡ 부여에서는 왕이 중앙을 다스리고 마가, 우가, 저가, 구가 등의 여러 가(加)들이 각각 사출도를 다스렸어요.

⑤ 사회 질서를 유지하기 위해 범금 8조를 만들었다.
➡ 고조선은 사회 질서를 유지하기 위해 범금 8조를 만들었어요. 현재 3개 조항이 전해져 당시의 사회 모습을 짐작할 수 있게 해줍니다.

기출 선택지 +α
❻ 영고라는 제천 행사를 열었다. (O / X)
❼ 정사암에 모여 재상을 선출하였다. (O / X)
❽ 신지, 읍차라고 불린 지배자가 있었다. (O / X)
❾ 왕 아래 상가, 대로, 패자 등의 관직이 있었다. (O / X)
❿ 특산물로 단궁, 과하마, 반어피가 유명하였다. (O / X)

기출 선택지 +α 정답 ❻ ○ ❼ ×[백제] ❽ ×[삼한] ❾ ×[고구려] ❿ ×[동예]

3 금관가야 정답 ①

(가) 나라에 대한 설명으로 옳은 것은? [1점]

정답 잡는 키워드

❶ 수로왕이 건국 → 금관가야

수로왕이 건국하였다는 내용을 통해 (가) 나라가 금관가야임을 알 수 있어요. 금관가야는 지금의 김해 지역을 중심으로 발전하였어요. 철이 풍부하게 생산되어 낙랑과 왜에 철을 수출하였으며, 해상 활동에 유리한 입지 조건을 바탕으로 낙랑과 왜를 연결하는 중계 무역으로 번성하였어요. 금관가야는 전기 가야 연맹을 주도하였으나, 400년에 고구려 광개토 태왕이 신라에 침입한 왜를 격퇴하는 과정에서 고구려군의 공격을 받아 쇠퇴하였어요. 이후 가야 연맹은 고령 지역의 대가야가 주도하였어요.

① 법흥왕 때 신라에 복속되었다.
➡ 금관가야는 법흥왕 때인 532년에 신라에 복속되었어요.

② 서옥제라는 혼인 풍습이 있었다.
➡ 고구려에는 혼인 후 신랑이 신부의 집 뒤편에 서옥이라는 집을 짓고 살다가 자식이 장성하면 가족과 함께 자신의 집으로 돌아가는 서옥제라는 혼인 풍습이 있었어요.

③ 6좌평이 중요한 국사를 논의하였다.
➡ 백제는 내신좌평, 위사좌평 등 6좌평의 관제를 정비하였는데 이들이 국가의 중대사를 논의하였어요.

④ 만장일치제로 운영된 화백 회의가 있었다.
➡ 신라에는 귀족들이 모여 만장일치로 중요한 정책을 결정하는 화백 회의가 있었어요.

⑤ 지방에 22담로를 두어 왕족을 파견하였다.
➡ 백제의 무령왕은 지방 통제를 강화하기 위해 22담로에 왕족을 파견하였어요.

기출 선택지 +α

❻ 덩이쇠를 화폐처럼 사용하였다. (O / X)
❼ 집사부를 비롯한 14부를 두었다. (O / X)
❽ 빈민을 구제하기 위해 진대법을 시행하였다. (O / X)
❾ 철이 많이 생산되어 낙랑과 왜 등에 수출하였다. (O / X)
❿ 왕족인 부여씨와 8성의 귀족이 지배층을 이루었다. (O / X)

기출 선택지 +α 정답 ❻ O ❼ X [신라] ❽ X [고구려] ❾ O ❿ X [백제]

킬러 문항
4 원광의 활동 정답 ④

(가) 인물에 대한 설명으로 옳은 것은? [3점]

> 왕이 고구려가 자주 국경을 침략하는 것을 걱정하여❶ 수에 군사를 요청해 고구려를 치고자 하였다. 이에 (가) 에게 명하여❷ 걸사표를 짓도록 하였다. (가) 이/가 말하기를, "자기가 살고자 남을 멸하는 것은❸ 출가한 승려로서 적합한 행동은 아니지만, 제가 대왕의 땅에서 살고 대왕의 물과 풀을 먹고 있으니 어찌 감히 명을 따르지 않겠습니까."라고 하면서 글을 써서 올렸다.
> ― 신라 진평왕은 원광에게 걸사표를 짓게 하여 수에 보냈는데, 이는 612년 수 양제의 고구려 공격에 영향을 주었어요.

정답 잡는 키워드

❶, ❷, ❸ 왕이 승려에게 수에 군사를 요청하는 걸사표를 짓도록 명함
→ 원광

왕이 출가한 승려에게 수에 군사를 요청하는 걸사표를 짓도록 명하였다는 내용을 통해 (가) 인물이 신라의 승려 원광임을 알 수 있어요. 신라 진평왕은 고구려가 여러 차례 영토를 침범해 오자 수에 군사를 요청하여 고구려를 공격하고자 원광에게 걸사표를 짓게 하였어요. 원광은 승려로서 자기가 살려고 남을 멸하는 것은 적합한 행동이 아니지만 왕의 백성으로 살고 있으므로 명을 따르겠다면서 걸사표를 지어 올렸어요.

① 구법 순례기인 왕오천축국전을 남겼다.
➡ 혜초는 인도와 중앙아시아 지역을 다녀온 후 구법 순례기인 "왕오천축국전"을 남겼어요.

② 황룡사 구층 목탑의 건립을 건의하였다.
➡ 자장은 선덕 여왕에게 황룡사 9층 목탑의 건립을 건의하였어요.

③ 무애가를 지어 불교 대중화에 기여하였다.
➡ 원효는 대중이 쉽게 불교를 받아들일 수 있도록 무애가를 지어 불교 대중화에 기여하였어요.

④ 사군이충 등을 포함한 세속 5계를 제시하였다.
➡ 원광은 화랑도가 지켜야 할 규범으로 사군이충, 사친이효, 교우이신, 임전무퇴, 살생유택의 세속 5계를 제시하였어요.

⑤ 풍수지리 사상이 반영된 송악명당기를 저술하였다.
➡ 도선은 풍수지리 사상을 반영하여 송악, 즉 지금의 개성을 명당으로 제시한 도참서인 "송악명당기"를 저술하였어요.

기출 선택지 +α

❻ 향가 모음집인 삼대목을 편찬하였다. (O / X)
❼ 유식의 교리를 담은 해심밀경소를 저술하였다. (O / X)
❽ 화엄일승법계도를 지어 화엄 사상을 정리하였다. (O / X)
❾ 종파 간의 사상적 대립을 해소하기 위해 십문화쟁론을 지었다. (O / X)

기출 선택지 +α 정답 ❻ X [위홍, 대구화상] ❼ X [원측] ❽ X [의상] ❾ X [원효]

5 백제의 성장과 발전   정답 ⑤

(가)~(다) 학생이 발표한 내용을 일어난 순서대로 옳게 나열한 것은? [2점]

정답 잡는 키워드

❶ 도읍을 사비로 옮김, ❷ 국호를 '남부여'라고 함 → (가) 성왕(538)

❸ 동진에서 온 마라난타를 통해 불교 수용 → (나) 침류왕(384)

❹ 고구려의 평양성을 공격함 → (다) 근초고왕(371)

(가) 성왕은 538년에 백제의 중흥을 도모하기 위해 웅진에서 사비로 도읍을 옮기고, 부여 계승 의식을 내세우며 국호를 '남부여'로 바꾸었어요.
(나) 침류왕은 384년에 중국 동진에서 온 승려 마라난타를 통해 불교를 수용하여 사상적 통합을 꾀하였어요.
(다) 근초고왕은 371년에 고구려의 평양성을 공격하여 고국원왕을 전사시켰어요.

① (가) - (나) - (다)
② (가) - (다) - (나)
③ (나) - (가) - (다)
④ (나) - (다) - (가)
⑤ (다) - (나) - (가)

➡ (다) 근초고왕의 고구려 평양성 공격(371) → (나) 침류왕의 불교 수용(384) → (가) 성왕의 사비 천도 및 국호 '남부여' 변경(538)

핵심 개념 | 백제 주요 왕 재위 시기의 사실

근초고왕	고구려 평양성 공격(황해도 일대 차지, 고국원왕 전사), 고흥에게 "서기"를 편찬하게 함
침류왕	중국 동진에서 온 마라난타를 통해 불교 수용
비유왕	고구려 장수왕의 남진 정책에 대항하여 신라와 동맹 결성(나·제 동맹)
개로왕	북위에 사신을 보내 고구려 협공을 요청, 고구려 장수왕의 공격으로 한성을 빼앗기고 전사
문주왕	웅진(공주)으로 천도
동성왕	신라와 결혼 동맹 결성(→ 나·제 동맹 강화)
무령왕	전국 22담로에 왕족 파견, 중국 남조의 양과 교류
성왕	사비(부여)로 천도, 국호를 '남부여'로 개칭, 신라 진흥왕과 연합하여 한강 하류 지역 회복(→ 신라에 빼앗김), 관산성 전투에서 전사
무왕	금마저(익산)에 미륵사 창건
의자왕	대야성 등 신라의 40여 성 함락, 계백의 결사대를 보내 신라군에 맞서 싸움(황산벌 전투), 나·당 연합군의 공격으로 백제 멸망(660)

6 신라 지증왕   정답 ③

밑줄 그은 '왕'에 대한 설명으로 옳은 것은? [2점]

정답 잡는 키워드

❶ 국호를 '신라'로 확정, ❷ 임금의 호칭을 신라 국왕으로 함,
❸ 순장 금지 → 지증왕

국호를 '신라'로 확정하고 임금의 호칭을 신라 국왕으로 하였으며, 순장을 금지한다는 명을 내렸다는 내용을 통해 밑줄 그은 '왕'이 신라 지증왕임을 알 수 있어요. 지증왕은 순장을 금지하고 우경을 장려하는 등 농업 생산력을 높이기 위해 힘썼어요. 정치 개혁에도 나서 국호를 '신라'로 확정하고 최고 지배자, 즉 임금의 칭호를 '마립간'에서 '왕'으로 바꾸었어요. 또한, 수도 금성(경주)에 시장인 동시와 시장을 감독하는 관청인 동시전을 설치하였어요.

① 병부와 상대등을 설치하였다.
 ➡ 법흥왕은 병부와 상대등을 설치하였어요. 병부는 군사와 관련된 업무를 담당하는 관청이고, 상대등은 귀족 세력을 대표하는 신라의 최고 관직으로 화백 회의를 이끌었어요.

② 백제 비유왕과 동맹을 체결하였다.
 ➡ 눌지 마립간은 고구려 장수왕이 수도를 평양으로 옮기고 남진 정책을 본격화하자 이에 대응하여 백제 비유왕과 나·제 동맹을 체결하였어요.

③ 이사부를 보내 우산국을 복속시켰다.
 ➡ 지증왕은 이사부를 보내 지금의 울릉도 일대인 우산국을 복속시켰어요.

④ 매소성 전투에서 당의 군대를 격파하였다.
 ➡ 문무왕은 매소성 전투와 기벌포 전투에서 당의 군대를 격파하고 삼국 통일을 완성하였어요.

⑤ 김흠돌의 난을 진압하고 귀족들을 숙청하였다.
 ➡ 신문왕은 즉위 직후 김흠돌이 도모한 반란을 진압하고 진골 귀족 세력을 숙청하여 왕권을 강화하였어요.

기출 선택지 +α

❻ 마운령, 황초령 등에 순수비를 세웠다. (O/X)
❼ 대가야를 정복하여 영토를 확장하였다. (O/X)
❽ 국학을 설립하여 유학 교육을 진흥시켰다. (O/X)
❾ 시장을 감독하기 위해 동시전을 설치하였다. (O/X)
❿ 이차돈의 순교를 계기로 불교를 공인하였다. (O/X)

정답 ❻ ×[진흥왕] ❼ ×[진흥왕] ❽ ×[신문왕] ❾ ○ ❿ ×[법흥왕]

7 경주 불국사 3층 석탑   정답 ⑤

(가)에 해당하는 국가유산으로 옳은 것은? [2점]

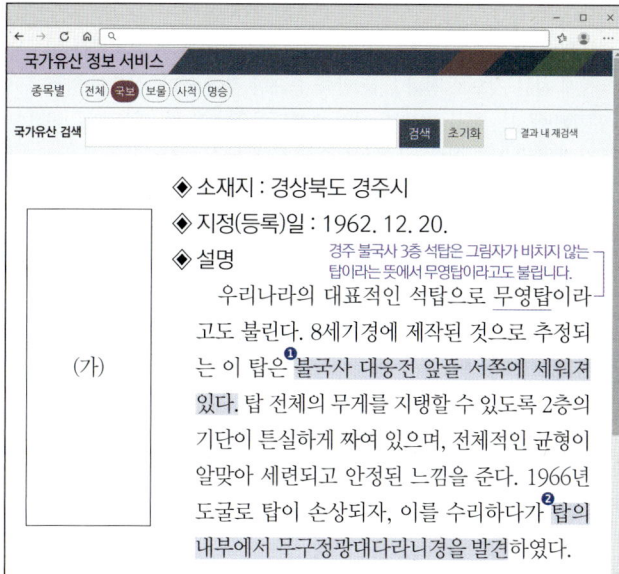

◆ 소재지 : 경상북도 경주시
◆ 지정(등록)일 : 1962. 12. 20.
◆ 설명
  우리나라의 대표적인 석탑으로 무영탑이라고도 불린다. 8세기경에 제작된 것으로 추정되는 이 탑은 ❶불국사 대웅전 앞뜰 서쪽에 세워져 있다. 탑 전체의 무게를 지탱할 수 있도록 2층의 기단이 튼실하게 짜여 있으며, 전체적인 균형이 알맞아 세련되고 안정된 느낌을 준다. 1966년 도굴로 탑이 손상되자, 이를 수리하다가 ❷탑의 내부에서 무구정광대다라니경을 발견하였다.

경주 불국사 3층 석탑은 그림자가 비치지 않는 탑이라는 뜻에서 무영탑이라고도 불립니다.

정답 잡는 키워드

❶ 불국사 대웅전 앞뜰 서쪽에 세워져 있음,
❷ 탑의 내부에서 무구정광대다라니경을 발견함
→ **경주 불국사 3층 석탑**

불국사 대웅전 앞뜰 서쪽에 세워져 있으며, 탑을 수리하다가 내부에서 무구정광대다라니경을 발견하였다는 내용을 통해 (가)에 해당하는 국가유산이 경주 불국사 3층 석탑임을 알 수 있어요. 경주 불국사 3층 석탑은 석가탑, 무영탑이라고도 불리며 신라 석탑의 수준 높은 조형미를 보여 줍니다. 불국사 3층 석탑을 보수하는 과정에서 현존하는 세계에서 가장 오래된 목판 인쇄물인 무구정광대다라니경이 발견되었어요.

①
➡ 신라의 **구례 화엄사 4사자 3층 석탑**이에요.

②
➡ 백제의 **부여 정림사지 5층 석탑**이에요.

③
➡ 신라의 **경주 분황사 모전 석탑**이에요.

④
➡ 발해의 전탑인 **영광탑**이에요.

⑤
➡ 신라의 **경주 불국사 3층 석탑**이에요.

---

8 고구려 멸망 이후의 사실   정답 ①

다음 상황 이후에 전개된 사실로 옳은 것은? [3점]

> 당 고조의 이름인 이연의 '연'자를 피하여 같은 뜻을 가진 '천'자로 성을 고쳐 연개소문의 아들 연남생, 연남건, 연남산의 이름을 '천'씨로 기록하였어요.
>
> 12월에 황제가 함원전에서 포로를 받아들였다. [황제가] 왕은 정사를 자기가 한 것이 아니라 하였기에 용서하여 사평태상백 원외동정으로 삼았다. 천남산은 사재소경으로, 승려 신성은 은청광록대부로, 천남생은 우위대장군으로 삼았다. …… 천남건은 검주(黔州)로 유배를 보냈다. 5부, 176성, 69만여 호를 나누어 9도독부, 42주, 100현으로 만들고, ❶평양에 안동도호부를 두어 이를 통치하게 하였다.
>
> 고구려 멸망 후 당은 고구려의 옛 땅을 다스리기 위해 평양에 안동도호부를 설치하고 설인귀를 책임자로 삼아 관리하도록 하였어요.
>
> – "삼국사기" –

정답 잡는 키워드

❶ 평양에 안동도호부 설치 → **고구려 멸망(668) 직후**

평양에 안동도호부를 두어 통치하게 하였다는 내용을 통해 자료의 상황이 고구려 멸망 직후임을 알 수 있어요. 고구려는 668년에 나·당 연합군의 공격으로 평양성이 함락되면서 멸망하였어요. 당은 고구려 멸망 직후 고구려의 영토를 9도독부 42주 100현으로 나누고 이를 통치하기 위한 최고 군정 기관으로 안동도호부를 설치하였어요.

①**안승이 보덕국 왕으로 임명되었다.**
➡ 고구려 멸망 이후 고구려 부흥 운동을 전개하던 안승이 신라에 귀순하자 문무왕은 안승을 금마저(익산)에 머물게 하고 674년에 보덕국 왕으로 임명하였어요.

② 을지문덕이 살수에서 대승을 거두었다.
➡ 을지문덕이 이끈 고구려군은 612년에 고구려를 침공한 수의 군대에 맞서 살수에서 대승을 거두었어요(살수 대첩).

③ 김춘추가 당과의 군사 동맹을 성사시켰다.
➡ 신라의 김춘추는 고구려와 동맹 교섭을 하다가 결렬되자 648년에 당으로 건너가 당과의 군사 동맹을 성사시켰어요.

④ 의자왕이 윤충을 보내 대야성을 함락하였다.
➡ 백제의 의자왕은 642년에 윤충을 보내 신라를 공격하여 대야성을 함락하였어요.

⑤ 연개소문이 정변을 일으켜 영류왕을 시해하였다.
➡ 고구려의 연개소문은 642년에 정변을 일으켜 영류왕을 시해하고 보장왕을 왕위에 앉힌 뒤 스스로 대막리지가 되어 권력을 장악하였어요.

기출 선택지 +α

❻ 흑치상지가 임존성에서 군사를 일으켰다. (O / X)
❼ 사찬 시득이 기벌포에서 당군을 격파하였다. (O / X)
❽ 김유신이 비담과 염종의 반란을 진압하였다. (O / X)
❾ 계백이 이끄는 군대가 황산벌에서 항전하였다. (O / X)
❿ 부여풍이 백강에서 왜군과 함께 당군에 맞서 싸웠다. (O / X)

정답 ⑥ ×[660년] ⑦ ○[676년] ⑧ ×[647년] ⑨ ×[660년] ⑩ ×[663년]

9 발해 무왕 시기의 사실

정답 ②

다음 사건이 일어난 시기를 연표에서 옳게 고른 것은? [2점]

┌─ 732년 발해 무왕의 명에 따라 장문휴가 군대를 이끌고
│ 당의 등주를 습격하여 전과를 올렸어요.

개원(開元) 20년에 ❶발해가 천자의 조정을 원망하여 군사를 거느리고 ❷동주(登州)를 습격하여 자사 위준을 살해하였습니다. 이에 황제께서 크게 노하여 하행성 등에게 군사를 징발하여 바다를 건너 공격해 토벌하도록 명하였습니다. 아울러 당에 숙위하고 있던 신라인 김사란을 귀국시켜 신라로 하여금 발해를 공격하도록 하였습니다. …… 겨울은 깊어 가고 눈이 많이 내려 신라와 당의 군대가 추위에 고생하므로 회군을 명하였습니다.

정답 잡는 키워드

❶, ❷ 발해가 당의 등주를 습격하여 자사 위준을 살해함

→ **발해 무왕 시기**

발해가 당의 등주를 습격하여 자사 위준을 살해하였다는 내용을 통해 자료의 사건이 일어난 시기가 발해 무왕 때임을 알 수 있어요.

(가)	(나)	(다)	(라)	(마)
발해 건국	무왕 즉위	문왕 상경 천도	선왕 즉위	고려 건국	발해 멸망

➡ 발해를 세운 대조영의 뒤를 이어 **무왕이 즉위**하였어요. 무왕은 '인안'이라는 독자적인 연호를 사용하였고, 당과 무력으로 대결하면서 영토 확장에 나섰어요. 자신의 동생 대문예로 하여금 당과 손잡은 흑수 말갈을 정벌하게 하였으며, 장문휴가 이끄는 군대를 보내 **당의 산둥반도 등주를 공격**하였어요. 무왕의 뒤를 이은 문왕은 당에 대해 강경한 정책을 폈던 무왕과 달리 대외 관계를 개선하여 당과 친선 관계를 맺고 당의 제도와 문물을 수용하여 중앙 정치 체제를 3성 6부로 정비하였어요. 또한 '대흥', '보력'이라는 독자적인 연호를 사용하였으며, 중경 현덕부에서 **상경 용천부로 천도**하였어요.

따라서 발해가 당의 등주를 습격한 시기는 무왕 즉위와 문왕 상경 천도 사이인 ②(나)입니다.

① (가) ②(나) ③ (다) ④ (라) ⑤ (마)

연표로 흐름잡기

대조영	지린성 동모산에서 발해 건국
무왕	**당의 산둥반도 등주 공격**(장문휴), '인안' 연호 사용
문왕	당과 친선 관계 형성, 당의 제도와 문물 수용, 3성 6부의 중앙 관제 정비, '대흥'·'보력' 연호 사용, **상경으로 천도**
선왕	지방 행정 체제 확립(5경 15부 62주), '건흥' 연호 사용, 전성기를 누림(→ 당으로부터 해동성국이라 불림)

---

10 고려의 경제

정답 ④

다음 자료에 나타난 시기의 경제 상황으로 옳은 것은? [1점]

┌─ 고려 시대 고위 관료인 중서문하성의 재신과
│ 중추원의 추밀을 아울러 일컫는 말이에요.

왕이 제서(制書)를 내리기를, "백성을 부유하게 하고 국가를 이롭게 하는 것으로 전화(錢貨)만큼 중요한 것이 없다. 서북의 양조(兩朝)에서는 이를 행한 지 이미 오래되었으나 우리나라는 홀로 아직 행하지 않고 있다. 이제 처음으로 화폐를 주조하는 법을 제정하고, 이에 따라 주조한 동전 15,000관(貫)을 재추(宰樞)와 문무 양반 및 군인에게 나누어 하사하여 화폐 사용의 시작점으로 삼고자 한다. 전문(錢文)은 ❶해동통보라고 한다."라고 하였다.

└─ 고려 성종 때 우리나라 최초의 화폐인 건원중보가 발행되었고, 숙종 때
   은병(활구), 삼한통보, 해동통보, 해동중보 등이 발행되었어요.

정답 잡는 키워드

❶ 해동통보 → **고려 시대**

해동통보를 주조하였다는 내용을 통해 자료에 나타난 시기가 고려 시대임을 알 수 있어요. 고려 숙종 때 의천의 건의에 따라 화폐 주조 기관인 주전도감이 설치되어 은병(활구), 해동통보 등의 화폐가 발행되었어요. 하지만 고려 시대에 화폐의 유통이 활발하지는 않았어요.

① 송상이 전국 각지에 송방을 두었다.
  ➡ 조선 후기에 개성을 근거로 활동한 사상인 송상이 전국 각지에 송방이라는 지점을 두었어요.

② 감자, 고구마 등의 구황 작물이 재배되었다.
  ➡ 조선 후기에 감자, 고구마 등이 전래되어 구황 작물로 재배되었어요.

③ 시장을 감독하는 관청인 동시전이 설치되었다.
  ➡ 신라 지증왕 때 수도 금성(경주)에 설치된 시장인 동시를 감독하는 관청으로 동시전이 설치되었어요.

④ 예성강 하구의 벽란도가 국제 무역항으로 번성하였다.
  ➡ 고려 시대에 예성강 하구의 벽란도가 국제 무역항으로 번성하였어요. 벽란도에는 송, 일본 상인을 비롯해 멀리 아라비아 상인도 왕래하였어요.

⑤ 설점수세제의 시행으로 민간의 광산 개발이 허용되었다.
  ➡ 조선 후기에 민간의 광산 개발을 허용하고 그 대신 세금을 내게 하는 설점수세제가 시행되었어요.

기출 선택지 +α

❻ 솔빈부의 말이 특산물로 수출되었다. (O / X)
❼ 서적점, 다점 등의 관영 상점이 운영되었다. (O / X)
❽ 경시서의 관리들이 수도의 시전을 감독하였다. (O / X)
❾ 내상과 만상이 국제 무역을 통해 부를 축적하였다. (O / X)
❿ 모내기법의 확대로 벼와 보리의 이모작이 성행하였다. (O / X)

기출 선택지 +α 정답 ⑥ X[발해] ⑦ O ⑧ O ⑨ X[조선 후기] ⑩ X[조선 후기]

11 고려 전기의 사실 　　　　　　　　　정답 ②

(가), (나) 사이의 시기에 있었던 사실로 옳은 것은? [3점]

> 고려 태조 때 지급된 역분전은 논공행상의 성격을 띤 토지 제도였어요.
>
> (가) ❶ 처음으로 역분전을 정하였다. 통일할 때 조정의 관리들과 군사들에게 관계(官階)는 논하지 않고, 그 사람의 성품과 행동이 착하고 악함과 공로가 크고 작음을 참작하여 차등 있게 주었다.
>
> (나) 12월에 ❷ 문무 양반 및 군인들의 전시과를 개정하였다. 제1과는 전지 100결, 시지 70결을 지급한다. …… 제18과는 전지 20결을 지급한다. 이 한(限)에 들지 못한 자에게는 모두 전지 17결을 주기로 하고 이것을 통상의 법식으로 한다.
>
> 고려의 기본적인 토지 제도인 전시과는 경종 때 처음 마련된 이후 목종 때 개정되어 문종 때 최종적으로 정비되었어요.

정답 잡는 키워드

❶ 처음으로 역분전을 정함 → (가) 고려 태조
❷ 문무 양반 및 군인들의 전시과를 개정함 → (나) 고려 목종

(가)는 처음으로 역분전을 정하였다는 내용을 통해 고려 태조가 재위한 시기의 사실임을 알 수 있어요. 태조는 개국 공신에게 인품과 공로를 기준으로 역분전을 차등 지급하였어요. (나)는 문무 양반 및 군인들의 전시과를 개정하였다는 내용을 통해 고려 목종이 재위한 시기의 사실임을 알 수 있어요. 전시과는 관직 복무에 대한 대가로 전지와 시지를 지급하는 토지 제도로 경종 때 처음 만들어졌어요. 처음 제정된 전시과에서는 전현직 관리에게 관등과 인품을 기준으로 수조권을 주었어요(시정 전시과). 이후 목종 때 전시과가 개정되어 관등만을 기준으로 18등급으로 나누어 전지와 시지를 지급하였어요(개정 전시과).

① 경기에 한하여 과전법이 실시되었다.
➡ 공양왕 때 조준 등의 건의로 경기에 한하여 과전법이 실시되었어요. (나) 이후의 사실이에요.

②쌍기의 건의로 과거제가 시행되었다.
➡ 광종 때 후주에서 귀화한 쌍기의 건의로 과거제가 시행되었어요. 광종의 뒤를 이은 경종 때 전시과가 처음 마련되었어요.

③ 신돈이 전민변정도감의 책임자가 되었다.
➡ 공민왕 때 신돈이 전민변정도감의 책임자가 되어 개혁을 추진하였어요. (나) 이후의 사실이에요.

④ 만적이 개경에서 노비를 모아 반란을 모의하였다.
➡ 무신 집권기에 만적이 개경에서 노비를 모아 반란을 모의하였으나 사전에 계획이 발각되어 실패하였어요. (나) 이후의 사실이에요.

⑤ 최충헌이 봉사 10조를 올려 시정 개혁을 건의하였다.
➡ 무신 집권기에 최충헌이 명종에게 봉사 10조를 올려 시정 개혁을 건의하였어요. (나) 이후의 사실이에요.

기출 선택지 +α

❻ 최승로가 시무 28조를 건의하였다. (O / X)
❼ 외침에 대비하여 광군을 조직하였다. (O / X)
❽ 왕실의 외척인 이자겸이 난을 일으켰다. (O / X)
❾ 김부식 등이 왕명으로 삼국사기를 편찬하였다. (O / X)
❿ 노비안검법의 실시로 국가 재정이 확충되었다. (O / X)

기출 선택지 +α 정답 ❻ O [성종] ❼ O [정종] ❽ X [인종] ❾ X [인종] ❿ O [광종]

---

12 궁예의 활동 　　　　　　　　　정답 ④

(가) 인물의 활동으로 옳은 것은? [2점]

> 궁예는 양길로부터 얻은 병력을 기반으로 독자적인 세력을 형성하였어요. 이에 양길은 자신을 배신한 궁예를 제거하려 하였으나 실패하였어요.
>
> ○ 북원의 도적 우두머리인 ❶양길은 (가) 이/가 자신을 배신한 것을 미워하여 국원 등 10여 곳의 성주들과 그를 칠 것을 모의하고 비뇌성 아래로 진군하였다. 그러나 양길의 병사는 패배하여 흩어져 달아났다.
> - "삼국사기" -
>
> ○ [태조가] 수군을 거느리고 서해로부터 광주(光州) 부근에 이르러 ❷ 금성군을 쳐서 함락하고 10여 군현을 공격하여 차지하였다. 이에 ❸ 금성군을 고쳐서 나주라 하고 군사를 나누어서 지키게 한 뒤 돌아왔다. …… (가) 이/가 ❹ 변경의 일을 물었는데, 태조가 변방을 안정시키고 경계를 넓힐 전략을 보고하였다. 좌우의 신하가 모두 [태조를] 주목하게 되었다.
> - "고려사" -
>
> 궁예는 휘하에 있던 왕건을 보내 금성군을 차지함으로써 후백제의 배후에 군사적 거점을 마련하는 한편, 후백제가 중국의 오월과 왕래하는 것을 견제할 수 있었어요.

정답 잡는 키워드

❶ 양길을 배신함, ❷, ❸ 태조(왕건)가 금성군을 함락, 나주로 고쳐 부름, ❹ 변경의 일을 묻자 태조(왕건)가 전략을 보고함
→ **후고구려의 궁예**

양길을 배신하였으며, 변경의 일을 묻자 태조(왕건)가 변방을 안정시키고 경계를 넓힐 전략을 보고하였다는 내용을 통해 (가) 인물이 후고구려를 세운 궁예임을 알 수 있어요. 궁예는 북원 지역의 호족인 양길의 휘하에서 세력을 키운 후 호족들의 지원을 받아 송악을 도읍으로 후고구려를 건국하였어요. 궁예는 후백제를 배후에서 견제하기 위해 왕건으로 하여금 전략적으로 중요한 금성군을 공격하게 하여 함락하고, 금성군을 나주라고 바꾸어 불렀어요.

① 일리천 전투에서 신검의 군대를 물리쳤다.
➡ 고려의 태조 왕건은 일리천 전투에서 신검의 후백제군을 물리치고 이후 후삼국을 통일하였어요.

② 9산 선문 중 하나인 가지산문을 개창하였다.
➡ 신라 말에 승려 체징은 전라남도 장흥의 가지산에서 9산 선문 중 하나인 가지산문을 개창하였어요.

③ 문무 관료전을 지급하고 녹읍을 폐지하였다.
➡ 신라의 신문왕은 문무 관료전을 지급하고 녹읍을 폐지하여 귀족 세력의 경제 기반을 약화하였어요.

④광평성을 비롯한 각종 정치 기구를 마련하였다.
➡ 궁예는 국호를 '마진'으로 바꾼 뒤 최고 중앙 관서인 광평성을 비롯한 각종 정치 기구를 마련하였어요.

⑤ 정계와 계백료서를 지어 관리의 규범을 제시하였다.
➡ 고려의 태조 왕건은 "정계"와 "계백료서"를 지어 관리들이 지켜야 할 규범을 제시하였어요.

기출 선택지 +α

❻ 금마저에 미륵사를 창건하였다. (O / X)
❼ 후당과 오월에 사신을 파견하였다. (O / X)
❽ 금산사에 유폐된 후 왕건에게 귀부하였다. (O / X)
❾ 폐정 개혁을 목표로 정치도감을 설치하였다. (O / X)
❿ 국호를 마진으로 바꾸고 철원으로 천도하였다. (O / X)

기출 선택지 +α 정답 ❻ X [백제 무왕] ❼ X [견훤] ❽ X [견훤] ❾ X [고려 충목왕] ❿ O

13 고려의 관학 진흥책   정답 ①

(가)에 들어갈 내용으로 가장 적절한 것은? [2점]

정답 잡는 키워드

❶ 문헌공도 등 사학의 발달로 관학이 위축됨,
❷ 서적포를 두어 출판을 담당하게 함 → 고려 정부의 관학 진흥책

문헌공도 등 사학의 발달로 관학이 위축되었으며 서적포를 두어 출판을 담당하게 하였다는 내용을 통해 (가)에는 관학 진흥을 위해 고려 정부가 시행한 정책이 들어가야 함을 알 수 있어요. 고려 시대에 사학이 발달하면서 최충이 설립한 9재 학당을 비롯한 사학 12도가 크게 융성하였어요. 고려 정부는 사학에 비해 관학이 위축되자 국자감에 출판을 담당하는 서적포와 장학 재단인 양현고를 설치하는 등 관학 진흥을 위해 노력하였어요.

①국자감에 전문 강좌인 7재를 개설하였어.
➡ 고려 예종은 관학 진흥책의 하나로 국자감에 전문 강좌인 7재를 개설하였어요.

② 사액 서원에 서적과 노비 등을 지급하였어.
➡ 서원은 조선 시대에 설립된 사립 교육 기관이에요. 국왕으로부터 현판을 하사받은 사액 서원에는 서적과 노비 등이 지급되었어요.

③ 독서삼품과를 실시하여 인재를 등용하였어.
➡ 신라 원성왕은 유교 경전의 이해 수준을 시험하여 관리 선발에 이용하는 독서삼품과를 실시하였어요.

④ 초계문신제를 시행하여 문신을 재교육하였어.
➡ 조선 정조는 자신의 정책을 뒷받침할 인재를 양성하기 위해 젊은 문신을 재교육하는 초계문신제를 시행하였어요.

⑤ 흥왕사에 교장도감을 두고 속장경을 편찬하였어.
➡ 고려의 승려 의천은 "속장경(교장)"의 판각과 간행을 위해 흥왕사에 교장도감을 설치하고 불교 경전에 대한 주석서를 모아 "속장경(교장)"을 편찬하였어요.

14 무신 집권기의 사실   정답 ④

다음 서술형 평가의 답안에 들어갈 내용으로 가장 적절한 것은? [1점]

서술형 평가 ○학년 ○○반 이름 : ○○○

◎ 다음 상황들이 나타난 시기의 사회 모습을 서술하시오.

○ ❶이의방은 평소 자기를 핍박하는 이고를 미워하였는데, 이고가 난을 모의한다는 말을 듣고 그를 살해하였다.
○ ❷서경 유수 조위총이 반란을 일으켰는데, 두경승이 향산동 통로역에서 반란군을 패퇴시켰다.
○ ❸최우가 정방(政房)을 자기 집에 설치하고 문사를 선발하여 여기에 소속시켰다.

답안

정답 잡는 키워드

❶ 이의방이 이고를 살해함, ❷ 서경 유수 조위총이 반란을 일으킴,
❸ 최우가 자기 집에 정방을 설치함 → 무신 집권기

이의방은 1170년에 정중부, 이고 등과 함께 무신 정변을 일으켰는데, 이고가 정권을 마음대로 하려고 하자 그를 제거하고 정권을 장악하였어요. 무신 정권에 반발하여 서경 유수 조위총이 1174년에 군사를 일으켜 정중부와 이의방 등의 제거를 도모하였으나 실패하였어요. 한편, 무신 정변 이후 무신 간 권력 다툼으로 최고 권력자가 여러 차례 바뀌는 가운데 최충헌이 1196년에 이의민을 제거하고 정권을 장악하였어요. 최충헌의 뒤를 이어 집권한 최우는 1225년에 자신의 집에 인사 행정을 담당하는 정방을 설치하여 인사권을 장악하였어요. 따라서 자료의 답안에는 고려 무신 집권기의 사회 모습이 들어가야 합니다.

① 서얼이 통청 운동을 전개하였다.
➡ 조선 후기에 서얼이 관직 진출의 제한을 철폐하고자 통청 운동을 전개하였어요.

② 청해진을 거점으로 국제 무역이 이루어졌다.
➡ 통일 신라 시기에 장보고가 설치한 청해진을 거점으로 국제 무역이 이루어졌어요.

③ 왕조 교체를 예언하는 정감록 등이 유포되었다.
➡ 조선 후기에 사회 불안감이 고조되면서 왕조 교체를 예언하는 "정감록" 등이 유포되었어요.

④ 망이·망소이의 난 등 하층민의 봉기가 발생하였다.
➡ 고려 무신 집권기에 정치 혼란과 지배층의 가혹한 수탈로 인해 망이·망소이의 난, 전주 관노비의 난, 김사미·효심의 난, 만적의 난 등 하층민의 봉기가 각지에서 일어났어요.

⑤ 역관들이 시사(詩社)에 참여해 위항 문학 활동을 하였다.
➡ 조선 후기에 역관, 의관 등 중인들이 종래 양반을 중심으로 이루어진 문예 활동에 참여하여 시사를 조직하고 위항 문학 활동을 하였어요.

기출 선택지 +α

❻ 원종과 애노가 사벌주에서 봉기하였다. (O / X)
❼ 웅천주 도독 김헌창이 반란을 일으켰다. (O / X)
❽ 김보당이 의종 복위를 주장하며 난을 일으켰다. (O / X)
❾ 기근에 대비하기 위하여 구황촬요가 간행되었다. (O / X)

기출 선택지 +α
정답 ❻ ×[신라 진성 여왕] ❼ ×[신라 헌덕왕] ❽ ○ ❾ ×[조선 명종]

15 고려의 대몽 항쟁 정답 ①

(가)에 대한 고려의 대응으로 옳은 것은? [2점]

> 박서는 살리타가 이끄는 몽골군이 귀주성을 포위하고 공격해 오자 김중온, 김경손 등과 함께 끝까지 방어하여 몽골군을 물리쳤어요.
>
> ○ 박서는 김중온의 군사로 성의 동서쪽을, 김경손의 군사로는 성의 남쪽을, 별초 250여 인은 나누어 3면을 지키게 하였다. (가) 의 군사들이 성을 여러 겹으로 포위하고 공격하자 성안의 군사들이 갑자기 나가 싸워 그들을 패주시켰다.
>
> ○ 송문주는 귀주에서 종군하였던 사람인데 그 공으로 낭장(郎將)으로 초수(超授)되었다. 이후 죽주 방호별감이 되었을 때, (가) 이/가 죽주성에 이르러 보름 동안이나 다방면으로 공격하였으나 성을 빼앗지 못하고 물러갔다.
>
> 송문주는 귀주성에서 몽골군을 물리치는 데 공을 세웠고 이후 다시 침입한 몽골군을 죽주성에서 격퇴하였어요.

정답 잡는 키워드

❶, ❷ 박서가 군사들을 이끌고 물리침,
❸, ❹ 송문주가 죽주성에서 물리침 → **몽골**

박서와 송문주가 격퇴하였다는 내용을 통해 (가)가 몽골임을 알 수 있어요. 몽골은 사신 저고여의 피살을 빌미로 1231년에 고려를 침략한 이후 여러 차례에 걸쳐 고려를 공격하였어요. 박서의 귀주성 전투는 몽골의 1차 침입 때, 송문주의 죽주성 전투는 몽골의 3차 침입 때 있었던 전투입니다.

①강화도로 도읍을 옮겨 항전하였다.
➡ **몽골**이 침략하자 당시 최고 집권자였던 최우는 일단 강화를 맺어 몽골군을 철수하게 한 후 강화도로 도읍을 옮겨 항전하였어요.

② 광군을 창설하여 침입에 대비하였다.
➡ 고려 정종 때 **거란**의 침입에 맞서기 위해 광군을 창설하였어요.

③ 화통도감을 설치하여 군사력을 증강하였다.
➡ 고려 우왕 때 **왜구**의 침입으로 인한 피해가 커지자 최무선의 건의에 따라 화통도감을 설치하여 화약과 화포를 제작해 군사력을 증강하였어요.

④ 철령위 설치에 반발하여 **요동 정벌**을 **추진**하였다.
➡ 고려 우왕 때 **명**이 철령위를 설치하려고 하자 우왕과 최영이 이에 반발하여 요동 정벌을 추진하였어요.

⑤ 신기군, 신보군, 항마군으로 구성된 별무반을 창설하였다.
➡ 고려 숙종 때 윤관의 건의에 따라 **여진**을 정벌하기 위해 신기군, 신보군, 항마군으로 구성된 별무반을 창설하였어요.

기출 선택지 +α

❻ 윤관을 보내 동북 9성을 축조하였다. (O/X)
❼ 김윤후가 충주성 전투에서 활약하였다. (O/X)
❽ 서희를 보내 소손녕과 외교 담판을 벌였다. (O/X)
❾ 박위로 하여금 쓰시마섬을 정벌하게 하였다. (O/X)
❿ 대장도감을 설치하여 팔만대장경을 간행하였다. (O/X)

핵심 개념 | 고려와 몽골의 관계

몽골의 침략	고려에 파견한 사신 저고여가 피살된 사건을 구실로 침략 시작(1231), 이후 여러 차례 침략
고려의 대항	귀주성 전투(박서), 강화 천도(1232), 처인성 전투·충주성 전투(김윤후), 죽주성 전투(송문주), 충주 다인철소 주민의 항전, 팔만대장경 조판
삼별초의 항쟁	고려 정부의 개경 환도에 반발하여 강화도(배중손 지휘) → 진도(용장성) → 제주도(항파두리, 김통정 지휘)로 근거지를 옮기며 항전

기출 선택지 +α 정답 ❻ X[여진] ❼ O ❽ X[거란] ❾ X[왜구] ❿ O

16 고려의 국가유산 정답 ⑤

(가) 국가의 국가유산으로 옳지 않은 것은? [1점]

> ## □□신문
> 제△△호   2024년 ○○월 ○○일
>
> ### '국보 순회전 : 모두의 곁으로', 강진군에서 열려
>
>
> ▲ 청자 상감 모란무늬 항아리
>
> 국립 중앙 박물관이 지역 간의 문화 격차를 해소하기 위해 기획한 국보 순회전이 전남 강진군에서 '도자기에 핀 꽃, ❶상감 청자'를 주제로 개최된다. 이번 전시에서는 청자 상감 모란무늬 항아리, 청자 상감 물가풍경무늬 매병 등 (가) 의 대표적인 국가유산인 상감 청자가 공개된다. 특히 국보 '청자 상감 모란무늬 항아리'는 왕실 자기의 전형을 보여 주는 유물로 모란을 정교하고 화려하면서도 사실적으로 묘사하였다는 평가를 받는다. 전시회 관계자는 "상감 청자의 생산지였던 강진군에서 개최되어 더 큰 의미가 있다."라고 밝혔다.
>
> 상감 청자는 나전 칠기 등에 활용되던 상감 기법을 도자기에 적용한 고려의 독창적인 청자입니다.

정답 잡는 키워드

❶ 상감 청자 → **고려**

상감 청자가 대표적인 국가유산이라는 내용을 통해 (가) 국가가 고려임을 알 수 있어요. 상감 청자는 표면에 무늬를 새기고 그 안을 백토나 흑토 등으로 채우는 상감 기법을 이용하여 만든 청자로, 12세기 후반에 많이 만들어졌어요.

① ② ③

➡ **고려** 시대에 만들어진 대형 석불인 논산 관촉사 석조 미륵보살 입상이에요.

➡ **고려** 시대에 만들어진 나전 국화 넝쿨무늬 합이에요. 나전 칠기는 옻칠을 한 표면에 조개 껍데기를 정교하게 오려 붙여 장식한 공예품이에요.

➡ **고려** 시대에 제작된 수월관음도입니다. 물에 비친 달빛을 관음보살이 내려다보는 모습을 그린 불화입니다.

④ ⑤

➡ **고려** 후기에 만들어진 개성 경천사지 10층 석탑이에요. 원의 영향을 받아 대리석으로 만들어졌어요.

➡ **조선** 후기에 김득신이 그린 파적도입니다.

17 이제현의 활동   정답 ⑤

다음 가상 인터뷰의 주인공에 대한 설명으로 옳은 것은? [3점]

최근에 역옹패설을 저술하셨는데 독자들이 관심 가질 만한 내용을 소개해 주세요.

고위 관리 유청신이 원의 사신과 몽골말로 직접 대화하자 홍자번이 역관을 심하게 꾸짖었고, 이에 유청신이 부끄러워 한 일화가 실려 있습니다.

정답 잡는 키워드

❶ "역옹패설" 저술 → 이제현

"역옹패설"을 저술하였다는 내용을 통해 가상 인터뷰의 주인공이 이제현임을 알 수 있어요. 이제현은 고려 후기의 문신이자 학자로, 중서문하성의 수장인 문하시중 등의 관직을 역임하였어요. 대표적인 저술로 "역옹패설"과 함께 성리학적 유교 사관을 반영한 역사서인 "사략" 등이 있어요.

① 불씨잡변을 지어 불교를 비판하였다.
→ 조선 초기에 정도전은 성리학의 입장에서 불교 교리를 비판한 "불씨잡변"을 저술하였어요.

② 정혜결사를 통해 불교 개혁에 앞장섰다.
→ 고려 후기에 지눌은 참선, 노동 등 승려 본연의 수행에 힘써야 한다고 주장하며 정혜결사를 결성하고 이를 통해 불교 개혁에 앞장섰어요.

③ 청방인문표를 지어 인질의 석방을 요구하였다.
→ 신라 문무왕 때 강수는 당에 잡혀 있던 태종 무열왕의 아들 김인문을 석방해 줄 것을 청하는 외교 문서인 '청방인문표'를 지었어요.

④ 고구려 계승 의식을 강조한 동명왕편을 지었다.
→ 고려 후기에 이규보는 고구려 건국 시조인 동명왕(주몽)의 일대기를 서사시로 표현한 '동명왕편'을 지었어요. '동명왕편'에는 고구려 계승 의식이 반영되었어요.

⑤ 만권당에서 조맹부, 요수 등의 문인들과 교유하였다.
→ 고려 후기에 이제현은 왕위에서 물러난 충선왕의 부름을 받아 원의 연경으로 가서 만권당에 머무르며 조맹부, 요수 등 원의 문인들과 교유하였어요.

기출 선택지 +α

❻ 역사서인 사략을 저술하였다. (O / X)
❼ 문헌공도를 설립하여 유학 교육에 힘썼다. (O / X)
❽ 불교 관련 자료를 중심으로 삼국유사를 집필하였다. (O / X)
❾ 성학십도를 지어 군주의 도를 도식으로 설명하였다. (O / X)
❿ 조선경국전을 저술하여 통치 제도 정비에 기여하였다. (O / X)

기출 선택지 +α 정답 ⑥ ○ ⑦ ×[최충] ⑧ ×[일연] ⑨ ×[이황] ⑩ ×[정도전]

18 안동의 역사   정답 ①

(가) 지역에서 있었던 사실로 옳은 것은? [3점]

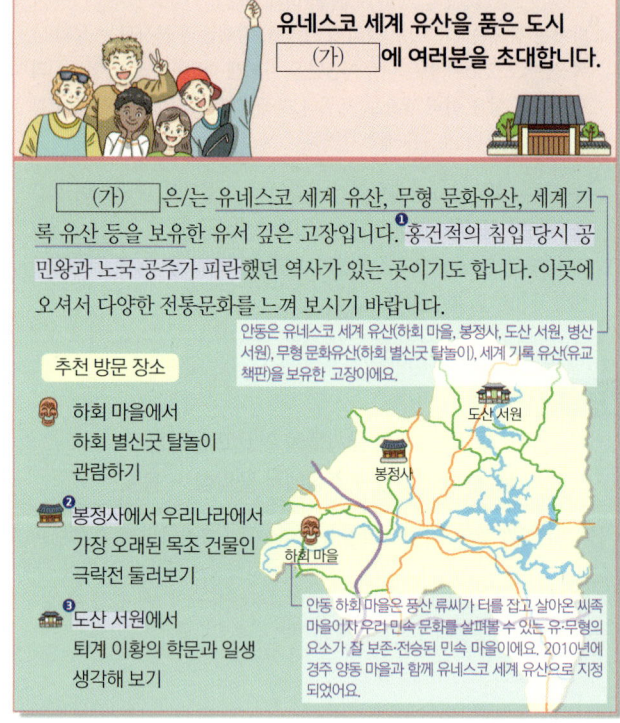

유네스코 세계 유산을 품은 도시 (가) 에 여러분을 초대합니다.

(가) 은/는 유네스코 세계 유산, 무형 문화유산, 세계 기록 유산 등을 보유한 유서 깊은 고장입니다. 홍건적의 침입 당시 공민왕과 노국 공주가 피란했던 역사가 있는 곳이기도 합니다. 이곳에 오셔서 다양한 전통문화를 느껴 보시기 바랍니다.

추천 방문 장소
- 하회 마을에서 하회 별신굿 탈놀이 관람하기
- 봉정사에서 우리나라에서 가장 오래된 목조 건물인 극락전 둘러보기
- 도산 서원에서 퇴계 이황의 학문과 일생 생각해 보기

정답 잡는 키워드

❶ 홍건적의 침입 당시 공민왕과 노국 공주가 피란함,
❷ 봉정사, ❸ 도산 서원 → 안동

고려 공민왕 때 홍건적이 고려에 침입하여 개경을 향해 내려오자 공민왕과 왕비인 노국 대장 공주가 안동으로 피란하였어요. 안동 봉정사에는 현존하는 우리나라에서 가장 오래된 목조 건물인 극락전이 있어요. 안동 봉정사 극락전은 고려 시대에 지어진 주심포 양식의 건물이에요. 안동 도산 서원은 조선의 성리학자 퇴계 이황이 고향 안동에서 제자들을 가르쳤던 서당 자리에 세워진 서원이에요. 따라서 (가) 지역은 안동입니다.

① 왕건이 고창 전투에서 견훤에게 승리하였다.
→ 왕건은 930년에 지금의 안동 지역에서 벌어진 고창 전투에서 견훤에게 승리하면서 후백제와의 경쟁에서 우위를 차지하였어요.

② 묘청이 반란을 일으키고 국호를 대위라 하였다.
→ 고려 인종 때 묘청 등 서경 세력은 국호를 '대위', 연호를 '천개'로 정하고 지금의 평양인 서경에서 반란을 일으켰어요.

③ 흥덕사에서 금속 활자본인 직지심체요절이 간행되었다.
→ 고려 우왕 때인 1377년에 청주 흥덕사에서 현존하는 세계에서 가장 오래된 금속 활자본인 "직지심체요절"이 간행되었어요.

④ 정중부를 비롯한 무신들이 보현원에서 정변을 일으켰다.
→ 1170년 지금의 개성 인근의 보현원에서 정중부를 비롯한 무신들이 정변을 일으켜 정권을 장악하였어요.

⑤ 이성계를 중심으로 한 고려군이 황산에서 왜구를 격퇴하였다.
→ 고려 말에 이성계를 중심으로 한 고려군이 지금의 전라도 남원 지역인 지리산 부근 황산에서 왜구를 격퇴하였어요.

19 태조 재위 시기의 사실   정답 ④

밑줄 그은 '임금'의 재위 시기에 있었던 사실로 옳은 것은? [2점]

> 조선 건국 후 천도를 준비하는 과정에서 무악(지금의 신촌 지역), 한양(지금의 종로 지역), 계룡(지금의 계룡시) 등이 후보지로 거론되었어요.
>
> ❶ 임금이 무악에 이르러서 도읍을 정할 땅을 물색하였다. 좌시중 조준, 우시중 김사형에게 말하였다. "고려 말에 ❷ 서운관에서 송도의 지덕이 이미 쇠했다는 이유로 여러 번 글을 올려 한양으로 도읍을 옮기자고 하였다. 근래에는 계룡이 도읍할 만한 곳이라 하기에 백성을 공사에 동원하여 힘들게 하였다. 이제 또 여기가 도읍할 만한 곳이라 하여 와서 보니, 유한우 등이 도리어 무악보다는 송도가 더 명당이라고 고집한다. 그대들은 도읍할 만한 곳을 서운관 관리에게 다시 보고받도록 하라."
>
> 고려의 도읍이던 개경은 송도 또는 송경으로도 불렸어요.

정답 잡는 키워드

❶ 무악에 이르러 도읍을 정할 땅을 물색함, ❷ 서운관에서 글을 올려 한양으로 도읍을 옮기자고 함 → **태조 이성계**

임금이 도읍을 정할 땅을 물색하면서 무악을 둘러보았으며 한양으로 도읍을 옮기자는 주장이 제기되고 계룡을 도읍으로 삼기 위해 백성을 공사에 동원하였다는 내용을 통해 조선 건국 직후의 상황임을 알 수 있어요. 따라서 조선 태조 재위 시기의 사실을 찾으면 됩니다. 태조 이성계는 조선 건국 직후 천도를 추진하였어요. 당시 새 왕조의 도읍으로 무악, 한양, 계룡 등이 거론되었고, 최종적으로 한양이 결정되었어요. 이후 태조는 한양에 종묘와 사직단, 경복궁 등을 세워 도성의 모습을 갖추었어요.

① 독창적 문자인 훈민정음이 반포되었다.
  ➡ 세종 때 우리 고유의 독창적 문자인 훈민정음이 반포되었어요.

② 수도 방어를 위하여 금위영이 창설되었다.
  ➡ 숙종 때 국왕 호위와 수도 방어를 위한 금위영이 창설되었어요. 이로써 훈련도감, 어영청, 총융청, 수어청, 금위영의 5군영 체제가 완성되었어요.

③ 조선의 기본 법전인 경국대전이 완성되었다.
  ➡ 세조 때 만들기 시작한 "경국대전"은 성종 때 완성되었어요.

④ 왕위 계승을 둘러싸고 왕자의 난이 발생하였다.
  ➡ 태조와 정종 때 왕위 계승을 둘러싸고 왕자의 난이 일어났어요. 태조 때 제1차 왕자의 난을 일으켜 정권을 차지한 이방원은 정종 때 일어난 제2차 왕자의 난을 진압하고 세자로 책봉되었어요.

⑤ 성삼문 등이 상왕의 복위를 꾀하다가 처형되었다.
  ➡ 세조 때 성삼문 등이 왕위를 빼앗기고 상왕이 된 단종의 복위를 꾀하다가 처형되었어요.

기출 선택지 +α

❻ 학문 연구 기관인 집현전이 설치되었다. (O / X)
❼ 정도전 등이 요동 정벌 계획을 추진하였다. (O / X)
❽ 함길도 토착 세력인 이시애가 난을 일으켰다. (O / X)
❾ 국가의 의례를 정비한 국조오례의가 완성되었다. (O / X)
❿ 세계 지도인 혼일강리역대국도지도가 제작되었다. (O / X)

20 비변사   정답 ②

(가) 기구에 대한 설명으로 옳은 것은? [2점]

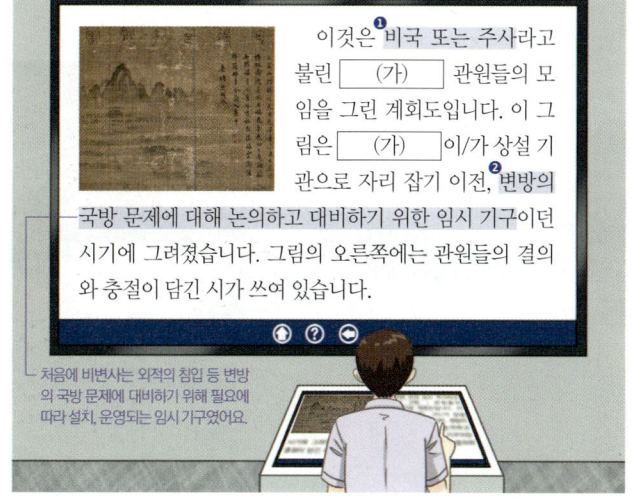

이것은 ❶ 비국 또는 주사라고 불린 (가) 관원들의 모임을 그린 계회도입니다. 이 그림은 (가) 이/가 상설 기관으로 자리 잡기 이전, ❷ 변방의 국방 문제에 대해 논의하고 대비하기 위한 임시 기구이던 시기에 그려졌습니다. 그림의 오른쪽에는 관원들의 결의와 충절이 담긴 시가 쓰여 있습니다.

처음에 비변사는 외적의 침입 등 변방의 국방 문제에 대비하기 위해 필요에 따라 설치, 운영되는 임시 기구였어요.

정답 잡는 키워드

❶ 비국 또는 주사라고 불림, ❷ 변방의 국방 문제에 대해 논의하고 대비하기 위한 임시 기구 → **비변사**

비국 또는 주사라고 불렸으며 본래 변방의 국방 문제에 대해 논의하고 대비하기 위한 임시 기구였다는 내용을 통해 (가) 기구가 비변사임을 알 수 있어요. 비변사는 조선 중종 때 삼포 왜란을 계기로 국방 문제를 논의하기 위해 임시로 설치되었어요. 이후 명종 때 을묘왜변을 겪으면서 상설 기구화되었고, 양 난을 거치며 조직이 확대되어 조선 후기에는 국방뿐 아니라 국정 전반을 총괄하는 최고 기구로 발전하였어요.

① 수도의 행정과 치안을 담당하였다.
  ➡ 한성부는 수도 한성의 행정과 치안을 담당하였어요.

② 흥선 대원군이 집권한 시기에 혁파되었다.
  ➡ 비변사는 세도 정치 시기에 소수의 특정 가문이 요직을 장악하면서 세도 가문의 세력 기반이 되었어요. 고종 즉위 후 흥선 대원군이 집권하면서 비변사를 혁파하고 의정부와 삼군부의 기능을 부활하였어요.

③ 국왕 직속 사법 기구로 반역죄 등을 다루었다.
  ➡ 의금부는 국왕 직속 사법 기구로 반역죄, 강상죄 등의 중죄를 다스렸어요.

④ 5품 이하의 관리 임명에 대한 서경권을 행사하였다.
  ➡ 사헌부와 사간원의 관리는 대간이라 불리며 5품 이하의 관리 임명에 대한 서경권을 행사하였어요.

⑤ 도승지를 수장으로 좌승지, 우승지 등의 관직을 두었다.
  ➡ 승정원은 왕명의 출납을 담당한 왕의 비서 기관으로 도승지를 비롯해 좌승지, 우승지 등의 관직을 두었어요.

기출 선택지 +α

❻ 사헌부, 사간원과 함께 3사로 불렸다. (O / X)
❼ 임진왜란 이후 조직과 기능이 확대되었다. (O / X)
❽ 대사성 이하 좨주, 직강 등의 관직을 두었다. (O / X)
❾ 세도 정치 시기에 외척의 세력 기반이 되었다. (O / X)
❿ 왕의 비서 기관으로 왕명의 출납을 담당하였다. (O / X)

기출 선택지 +α 정답 ❻ ×[세종] ❼ ○ ❽ ×[세조] ❾ ×[성종] ❿ ×[태종]

기출 선택지 +α 정답 ❻ ×[홍문관] ❼ ○ ❽ ×[성균관] ❾ ○ ❿ ×[승정원]

21 을사사화 정답 ③

밑줄 그은 '이 사건'에 대한 설명으로 옳은 것은? [2점]

> 이곳은 이언적의 위패를 모신 경주 옥산 서원입니다. 이언적은 이른바 ❶ 대윤과 소윤이라는 정치 세력 간의 갈등으로 윤임 등 대윤 세력이 탄압받은 이 사건 당시 관련자들의 처리를 두고 갈등이 생기자 스스로 관직에서 물러났습니다. 이후 양재역 벽서 사건에 연루되어 유배되었습니다.

> 을사사화 이후 양재역에 문정 왕후를 비난하는 내용의 벽서가 붙었어요. 문정 왕후와 윤원형 일파는 이 벽서를 빌미로 윤임 일파의 남은 무리마저 숙청하였는데 이 사건을 정미사화라고도 합니다.

정답 잡는 키워드
❶ 대윤과 소윤이라는 정치 세력 간의 갈등으로 윤임 등 대윤 세력이 탄압받음 → 을사사화

대윤과 소윤의 갈등으로 대윤 세력이 탄압받았다는 내용을 통해 밑줄 그은 '이 사건'이 을사사화임을 알 수 있어요. 조선 명종 때 외척 간의 대립으로 을사사화가 일어났어요. 인종이 일찍 사망하면서 그 아우인 명종이 어린 나이로 즉위하였어요. 어린 왕을 대신해 어머니인 문정 왕후가 수렴청정을 하였고 문정 왕후의 동생인 윤원형 일파(소윤)가 권력을 장악하였어요. 윤원형 일파는 인종의 외척이었던 윤임 일파(대윤)를 제거하기 위해 을사사화를 일으켰어요.

① 김종직의 조의제문이 발단이 되었다.
⇒ 연산군 때 김종직이 세조의 왕위 찬탈을 풍자한 '조의제문'을 지었는데, 이는 무오사화의 발단이 되었어요.

② 폐비 윤씨 사사 사건이 원인이 되었다.
⇒ 연산군 때 왕의 생모인 폐비 윤씨 사사 사건의 전말이 알려지면서 이에 연루된 김굉필을 비롯한 사림 세력과 훈구 세력이 피해를 입은 갑자사화가 일어났어요.

③ 왕실 외척 간의 권력 다툼으로 일어났다.
⇒ 명종 때 인종의 외척인 대윤과 명종의 외척인 소윤 간의 권력 다툼으로 을사사화가 일어났어요.

④ 진성 대군이 왕으로 즉위하는 결과를 가져왔다.
⇒ 무오사화, 갑자사화를 일으킨 이후에도 연산군의 폭정이 계속되자 성희안 일파가 중종반정을 일으켜 연산군을 몰아내고 성종의 둘째 아들인 진성 대군을 왕(중종)으로 추대하였어요.

⑤ 조광조 등이 반정 공신의 위훈 삭제를 주장하였다.
⇒ 중종 때 조광조 등이 반정 공신의 위훈 삭제를 주장하자 훈구 세력이 반발하면서 기묘사화가 일어났어요.

기출 선택지 +α
⑥ 윤임 일파가 제거되는 결과를 가져왔다. (O/X)
⑦ 서인과 남인 사이에 발생한 전례 문제이다. (O/X)
⑧ 상왕의 복위를 목적으로 성삼문 등이 일으켰다. (O/X)

기출 선택지 +α 정답 ⑥ O ⑦ X [예송] ⑧ X [단종 복위 운동]

22 조선 후기의 대외 관계 정답 ⑤

(가), (나) 사이의 시기에 있었던 사실로 옳은 것은? [2점]

> 이괄이 난을 일으켜 수도를 함락하자, 인조는 공산성으로 피란하였어요.
> (가) 임금이 여러 도(道)에 명을 내렸다. "나라의 운세가 매우 좋지 않아 역적 이괄이 군사를 일으켰는데, 여러 장수들이 좌시하여 수도가 함락되고 말았다. …… 예로부터 반역은 어느 시대에나 있었지만, 이처럼 극도로 흉악한 역적은 없었다. 종사와 자전*을 염려하여 남쪽으로 피란하기로 결정하였다."
>
> (나) 정명수가 심양에 있는 소현 세자의 관소에 와서 용골대의 뜻을 전하기를, "세자가 이곳에 들어온 지가 이미 5년이 되었으니, 어찌 스스로 먹고살 길을 마련하지 않는가. 세자와 인질들에게 어찌 먹고살 식량을 늘 지급해 줄 수가 있겠는가. 경작할 땅을 주어 내년부터 각자 농사를 지어 먹도록 함이 마땅하다."라고 하였다.
>
> *자전(慈殿): 임금의 어머니
> 병자호란에 패한 이후 청의 심양에 끌려간 소현 세자는 8년 동안 인질 생활을 하였어요.

정답 잡는 키워드
❶ 이괄이 군사를 일으켜 수도를 함락함 → (가) 이괄의 난
❷ 소현 세자가 심양에 머물고 있음 → (나) 병자호란 이후

(가)는 이괄이 군사를 일으켜 수도를 함락하였다는 내용을 통해 이괄의 난과 관련된 자료임을 알 수 있어요. (나)는 소현 세자가 심양에 머물고 있는 것으로 보아 병자호란 이후의 상황을 보여 주는 자료임을 알 수 있어요. 조선 인조 즉위 후 인조반정의 공신이었던 이괄이 자신의 공로가 낮게 평가된 것에 불만을 품고 반란을 일으켰어요. 반란은 진압되었으나 이괄의 잔당이 후금에 넘어가 인조가 부당하게 왕이 되었다고 전하였고, 조선의 친명 정책을 못마땅하게 여기던 후금이 광해군의 원수를 갚는다는 명분을 내세워 조선을 침략해 정묘호란이 일어났어요. 정묘호란은 조선이 후금과 화의를 맺으면서 끝이 났어요. 이후 세력을 키운 후금은 국호를 '청'으로 바꾸고 조선에 군신 관계를 요구하였어요. 조선 정부 내에서 주화파와 척화파가 대립하였고, 척화의 분위기가 우세하여 청의 요구를 거부하였어요. 이에 청이 조선을 침략하면서 병자호란이 일어났어요. 인조는 남한산성으로 피란하여 항전하였으나 결국 삼전도에서 항복하고 청과 강화를 맺었어요. 이후 소현 세자와 봉림 대군을 비롯하여 수많은 사람이 청에 볼모로 끌려갔어요.

① 정문부가 길주에서 의병을 이끌었다.
⇒ 임진왜란 당시 정문부는 길주 등지에서 의병을 이끌고 일본군을 격파하여 함경도 북부 지역을 되찾았어요.

② 삼수병으로 구성된 훈련도감이 설치되었다.
⇒ 임진왜란 중에 포수, 사수, 살수의 삼수병으로 구성된 훈련도감이 설치되었어요.

③ 영창 대군이 사사되고 인목 대비가 유폐되었다.
⇒ 광해군 때 영창 대군이 사사되고 인목 대비가 유폐되었어요. 이는 서인이 인조반정을 일으키는 원인이 되었어요.

④ 이덕형이 구원병 요청을 위해 명에 청원사로 파견되었다.
⇒ 임진왜란 당시 이덕형은 명에 청원사로 건너가 구원병을 요청하여 명군의 참전을 성사시켰어요.

⑤ 김상헌 등이 남한산성에서 화의에 반대하여 항전을 주장하였다.
⇒ 병자호란 당시 인조가 남한산성으로 피란하였어요. 이곳에서 김상헌 등의 척화파는 청과의 화의에 반대하여 항전을 주장하였고, 최명길 등의 주화파는 청과 화의를 맺을 것을 주장하였어요.

23 조선 후기의 경제   정답 ③

다음 자료를 활용한 탐구 활동으로 가장 적절한 것은? [2점]

> 좌의정 채제공이 왕에게 아뢰었다. "빈둥거리는 무뢰배가 삼삼오오 떼를 지어 스스로 상점을 개설하고 일용품을 거래하는 일이 많아졌습니다. 그들은 큰 물건에서 작은 물건까지 싼값에 억지로 사들이기 일쑤입니다. 혹 물건 주인이 말을 듣지 않으면 ❶난전(亂廛)으로 몰아서 결박하여 형조와 한성부로 끌고 가 혹독한 형벌을 당하도록 합니다. 이 때문에 물건 주인은 본전에서 밑지더라도 어쩔 수 없이 팔고 갑니다. 그리고 무뢰배들은 제각기 가게를 벌여놓고 배나 되는 값을 받습니다. 어쩔 수 없이 사야 하는 사람은 그 가게 외에서는 물건을 구할 수 없기 때문에, 물건 값이 날마다 치솟고 있습니다."

전란으로 시전 상업 체계가 무너지자 육의전을 비롯한 시전 상인에게 국역을 부담하는 대신 난전을 단속할 수 있는 금난전권을 부여하였어요.

정답 잡는 키워드
❶ 난전으로 몰아서 형벌을 당하게 함 → **금난전권의 폐해**

난전으로 몰아서 형벌을 당하도록 하였다는 내용을 통해 금난전권의 폐해를 지적하는 자료임을 알 수 있어요. 조선 후기에 상업의 발달로 허가받지 않은 상인의 상업 활동이 활발해지면서 난전이 성행하였어요. 시전 상인은 금난전권을 행사하여 난전의 상업 활동을 규제하였는데, 이를 남용하면서 소상인의 성장이 억제되고 상품 거래의 독점으로 물가가 크게 오르는 등 폐해가 발생하였어요. 이에 정조 때 채제공의 건의로 시전 상인의 특권을 축소하는 통공 정책이 추진되었어요. 통공 정책으로 사상의 상업 활동이 활기를 띠게 되었어요.

① 계해약조의 체결 과정을 확인한다.
➡ 세종 때 **일본과의 교역 규모를 규정**한 계해약조가 체결되었어요.

② 오가작통법의 실시 목적을 파악한다.
➡ 조선 시대에 **향촌 주민을 효율적으로 지배하고 농민이 토지에서 이탈하는 것을 막기 위해** 이웃하고 있는 다섯 집을 하나의 통으로 묶어 관리하는 오가작통법이 실시되었어요.

③ **신해통공을 단행하게 된 배경을 조사한다.**
➡ 정조 때 **시전 상인이 금난전권을 통해 상권을 독점하여 폐해가 발생**하자 육의전을 제외한 시전 상인의 금난전권을 폐지하는 신해통공이 단행되었어요.

④ 토지 소유자에게 결작을 부과한 이유를 살펴본다.
➡ 영조 때 **균역법의 실시로 군포 수입이 줄어들자 부족한 재정을 보충하기 위해** 토지 소유자에게 결작이 부과되었어요.

⑤ 풍흉에 따라 전세를 차등 부과하는 기준을 알아본다.
➡ 세종 때 전세를 효율적으로 수취하기 위해 **풍흉에 따라 9등급으로 나누어 토지 1결당 최고 20두에서 최하 4두를 부과**하는 연분9등법이 실시되었어요.

24 숙종 재위 시기의 사실   정답 ④

밑줄 그은 '이 왕'의 재위 시기에 있었던 사실로 옳은 것은? [2점]

이것은 조선과 청 사이의 경계를 나타내고자 세운 비석의 탁본입니다. 비석에 대해 자세히 설명해 주시겠어요?

이 비석은 국경을 분명히 하기 위해 청에서 파견한 오라총관 목극등과 이 왕이 보낸 조선의 관리들이 현지를 답사하고 세웠습니다. ❷비석에는 서쪽은 압록강, 동쪽은 토문강을 경계로 한다는 내용이 새겨져 있습니다.

19세기 후반에 들어 조선인의 간도 이주가 늘어나면서 백두산정계비문의 토문강 위치에 대한 이견으로 조선과 청 사이에 간도 귀속을 둘러싼 분쟁이 일어났어요.

정답 잡는 키워드
❶ 조선과 청 사이의 경계를 나타내고자 비석을 세움,
❷ 비석에 서쪽은 압록강, 동쪽은 토문강을 경계로 한다는 내용을 새김 → **숙종 때 백두산정계비 건립**

조선과 청 사이의 경계를 나타내고자 비석을 세웠으며, 비석에 서쪽은 압록강, 동쪽은 토문강을 경계로 한다는 내용이 새겨져 있다는 점을 통해 밑줄 그은 '이 왕'이 조선 숙종임을 알 수 있어요. 숙종 때 만주 일대를 둘러싸고 조선과 청 사이에 국경 분쟁이 일어나자 양국은 관리를 파견하여 백두산 일대를 답사하고 국경을 확정한 뒤 백두산정계비를 세웠어요.

① 최제우가 혹세무민의 죄로 처형되었다.
➡ 고종 때 동학 교조 최제우가 세상을 어지럽히고 백성을 속인다는 혹세무민의 죄로 처형되었어요.

② 변급, 신류 등이 나선 정벌에 참여하였다.
➡ 효종 때 청의 요청에 따라 변급, 신류 등이 조총 부대를 이끌고 나선(러시아) 정벌에 참여하였어요.

③ 국왕의 친위 부대인 장용영이 창설되었다.
➡ 정조 때 왕권을 뒷받침할 군사적 기반으로 국왕의 친위 부대인 장용영이 창설되었어요.

④ **경신환국 등 여러 차례 환국이 발생하였다.**
➡ 숙종 때 경신환국, 기사환국, 갑술환국 등 정국을 주도하는 붕당과 견제하는 붕당이 급격하게 바뀌는 환국이 여러 차례 발생하였어요.

⑤ 정여립 모반 사건을 빌미로 기축옥사가 일어났다.
➡ 선조 때 정여립 모반 사건을 빌미로 기축옥사가 일어나 동인이 큰 피해를 입고 서인이 정국을 주도하게 되었어요.

기출 선택지 +α
❻ 양재역 벽서 사건이 발생하였다. (O/X)
❼ 경기도에 한해서 대동법이 실시되었다. (O/X)
❽ 자의 대비의 복상 문제로 예송이 전개되었다. (O/X)
❾ 인현 왕후가 폐위되고 남인이 권력을 차지하였다. (O/X)
❿ 붕당의 폐해를 경계하기 위한 탕평비가 건립되었다. (O/X)

기출 선택지 +α 정답 ❻ ×[명종] ❼ ×[광해군] ❽ ×[현종] ❾ ○ ❿ ×[영조]

25 김정희의 활동   정답 ②

밑줄 그은 '이 인물'에 대한 설명으로 옳은 것은? [2점]

정답 잡는 키워드

❶ 제주도에서 유배 생활을 함, ❷ 독창적인 서체로 유명함,
❸ 세한도를 그림 → 김정희

제주도에서 유배 생활을 하였으며, 독창적인 서체로 유명하고 세한도를 그렸다는 내용을 통해 밑줄 그은 '이 인물'이 김정희임을 알 수 있어요. 김정희는 고증학의 영향을 받아 금석학에 조예가 깊었으며, 예술적 능력도 뛰어나 세한도, 모질도 등의 그림을 남겼어요. 특히 세한도는 제주도에 유배를 가 있던 자신을 잊지 않고 귀한 책을 보내 준 제자 이상적에게 답례로 그려 준 그림으로 김정희의 대표적인 작품이에요. 또한, 김정희는 역대 명필을 연구하여 자신만의 독창적 서체인 추사체를 창안하였어요. '추사'는 김정희의 호입니다.

① 기대승과 사단칠정 논쟁을 전개하였다.
➡ 유학에서 '사단(四端)'은 인간의 본성에서 우러나오는 마음을 말하며, '칠정(七情)'은 인간의 일곱 가지 감정을 말해요. 이황은 기대승과 사단칠정에 대한 논쟁을 벌였으며 기대승의 의견을 받아들여 자신의 견해를 수정하기도 하였어요.

②북한산비가 진흥왕 순수비임을 고증하였다.
➡ 김정희는 "금석과안록"에서 북한산비가 진흥왕 순수비임을 처음으로 고증하였어요.

③ 양명학을 연구하여 강화학파를 형성하였다.
➡ 정제두는 양명학을 체계적으로 연구하였으며, 강화도에서 후진 양성에 힘을 기울여 강화학파를 형성하였어요.

④ 청으로부터 시헌력을 도입하자고 건의하였다.
➡ 김육은 청에서 사용하는 시헌력의 도입을 효종에게 건의하였어요.

⑤ 열하일기에서 수레와 선박의 사용을 강조하였다.
➡ 박지원은 청에 다녀온 후 청에서 보고 들은 내용을 기록한 "열하일기"에서 수레와 선박의 사용을 강조하였어요.

기출 선택지 +α

❻ 기기도설을 참고하여 거중기를 설계하였다. (O / X)
❼ 역대 명필을 연구하여 추사체를 창안하였다. (O / X)
❽ 100리 척을 사용하여 동국지도를 제작하였다. (O / X)
❾ 안평 대군의 꿈을 소재로 몽유도원도를 그렸다. (O / X)
❿ 10리마다 눈금을 표시한 대동여지도를 완성하였다. (O / X)

기출 선택지 +α
정답 ❻ ×[정약용] ❼ ○ ❽ ×[정상기] ❾ ×[안견] ❿ ×[김정호]

26 조선 후기의 사회 모습   정답 ②

다음 가상 대화가 이루어진 시기에 볼 수 있는 모습으로 적절하지 않은 것은? [2점]

정답 잡는 키워드

❶ 각 궁방과 중앙 관청에 소속된 노비를 모두 양민으로 삼음,
❷ 노비 문서를 불태움 → 순조, 공노비 해방(1801)

각 궁방과 중앙 관청에 소속된 노비, 즉 공노비를 모두 양민으로 삼고 노비 문서를 불태우라는 명을 내렸다는 내용을 통해 가상 대화가 이루어진 시기가 조선 순조 때인 1801년임을 알 수 있어요. 순조는 군역 대상자를 확보하고 국가 재정을 확충하기 위해 각 궁방과 중앙 관서의 공노비를 해방하였어요.

① 담배 농사를 짓는 농민
➡ 조선 후기에 담배, 인삼, 고추 등이 시장에 내다 팔기 위한 상품 작물로 재배되었어요.

②염포 왜관에서 교역하는 상인
➡ 염포는 조선 전기인 세종 때 일본인에게 교역을 허락한 3포 가운데 하나였어요. 부산포, 제포와 함께 개항되었으나 중종 때 일어난 삼포 왜란으로 폐쇄되었어요.

③ 세책가에서 춘향전을 빌리는 부녀자
➡ 조선 후기에 "춘향전", "홍길동전" 등 한글 소설이 유행하면서 돈을 받고 책을 빌려주는 세책가가 성행하였어요.

④ 관청에 필요한 물품을 납품하는 공인
➡ 조선 후기에 대동법이 실시되면서 관청에 필요한 물품을 납품하는 공인이 등장하였어요.

⑤ 송파장에서 산대놀이 공연을 벌이는 광대
➡ 조선 후기에 송파장, 강경장, 원산장 등 전국적으로 장시가 발달하고 사람이 많이 모이는 곳에서 탈놀이 등의 공연이 벌어졌어요. 송파 산대놀이는 서울과 경기 지방에서 성행한 탈놀이입니다.

27 세도 정치 시기의 사실 　　　정답 ⑤

밑줄 그은 '이 시기'에 있었던 사실로 옳은 것은? [2점]

순조 때에는 안동 김씨, 헌종 때에는 풍양 조씨, 철종 때에는 다시 안동 김씨가 왕실의 외척으로 권력을 독점하였어요.

이 우표 속 그림은 국왕의 혼인을 축하하기 위해 거행된 진하례 모습을 그린 궁중 행사도입니다. 그림에 보이는 왕실 행사의 화려함과는 달리 안동 김씨 등 외척 세력이 세 왕에 걸쳐 60여 년 동안 권력을 잡은 이 시기에는 국왕의 실권이 많이 위축되었습니다.

정답 잡는 키워드

❶ 안동 김씨 등 외척 세력이 세 왕에 걸쳐 60여 년 동안 권력을 잡음,
❷ 국왕의 실권이 많이 위축됨 → 세도 정치 시기

안동 김씨 등 외척 세력이 세 왕에 걸쳐 60여 년 동안 권력을 잡았으며, 국왕의 실권이 많이 위축되었다는 내용을 통해 밑줄 그은 '이 시기'가 19세기 세도 정치 시기임을 알 수 있어요. 정조의 뒤를 이어 순조가 어린 나이로 즉위하면서 안동 김씨 등 왕실 외척을 비롯한 소수 특정 가문이 비변사를 중심으로 권력을 독점하여 왕권이 위축되었어요. 이러한 상황은 순조, 헌종, 철종에 걸쳐 60여 년간 이어졌습니다. 이 시기에 정치 기강이 해이해져 매관매직 등 부정부패가 만연하였고, 탐관오리의 수탈과 삼정의 문란이 극에 달하였어요.

① 어영청을 중심으로 북벌이 추진되었다.
➡ 효종 때 어영청을 중심으로 청에 당한 치욕을 씻기 위해 청을 정벌하자는 북벌이 추진되었으나 실현되지는 못하였어요.

② 윤지충 등이 처형된 신해박해가 일어났다.
➡ 정조 때 천주교도 윤지충과 권상연이 유교식 제사를 지내지 않고 신주를 불태워 관에 고발되었어요. 이들은 혹독한 고문을 당하며 배교를 강요받았으나 신앙을 고수하다가 처형되었어요. 이를 신해박해(1791)라고 합니다.

③ 이필제가 영해 지역을 중심으로 난을 일으켰다.
➡ 고종 때 동학교도 이필제가 교조 최제우의 원한을 풀기 위해 영해 지역에서 난을 일으켰는데, 이는 동학 최초의 교조 신원 운동이었어요.

④ 경복궁 중건 비용 마련을 위해 당백전이 발행되었다.
➡ 고종 때 집권한 흥선 대원군은 왕권 강화를 위해 경복궁을 중건하였어요. 이 과정에서 중건 비용을 마련하기 위해 당백전이 발행되었어요.

⑤ 삼정의 문란을 해결하기 위해 삼정이정청이 설치되었다.
➡ 철종 때 진주 농민 봉기의 수습을 위해 파견된 안핵사 박규수의 건의에 따라 삼정의 문란을 해결하기 위한 삼정이정청이 설치되었어요.

기출 선택지 +α

❻ 왕이 도성을 떠나 공산성으로 피란하였다. (O / X)
❼ 외교 문서를 집대성한 동문휘고가 편찬되었다. (O / X)
❽ 홍경래 등이 난을 일으켜 정주성을 점령하였다. (O / X)
❾ 이인좌를 중심으로 한 소론 세력이 난을 일으켰다. (O / X)

기출 선택지 +α　정답　❻ ×[인조] ❼ ×[정조] ❽ O[순조] ❾ ×[영조]

28 신미양요 이후의 사실 　　　정답 ③

(가) 사건 이후에 일어난 사실로 옳은 것은? [1점]

3년 전 우리나라에서 전시한 어재연 장군의 수자기를 찍은 사진이야. 어재연 장군은 미군이 강화도를 침략한 (가) 당시 광성보에서 항전하였어.

맞아. 이 수자기는 그때 빼앗겼다가 많은 노력 끝에 대여 형식으로 들어와 실물을 볼 수 있었지. 안타깝게도 지금은 미국으로 다시 돌아가 언제 돌아올 수 있을지 모른다고 해.

수자기는 장군이 군대를 지휘할 때 사용하는 깃발이에요. 신미양요 당시 미군은 어재연 장군의 수자기를 탈취해 갔어요.

정답 잡는 키워드

❶ 어재연 장군이 강화도를 침략한 미군에 맞서 광성보에서 항전함
→ 신미양요

어재연 장군이 강화도를 침략한 미군에 맞서 광성보에서 항전하였다는 내용을 통해 (가) 사건이 신미양요임을 알 수 있어요. 제너럴 셔먼호 사건을 구실로 1871년에 미군이 강화도를 침략하여 신미양요가 일어났어요. 신미양요 당시 미군이 초지진, 덕진진을 함락하고 광성보를 공격해 오자 어재연이 이끄는 조선 수비대가 맞서 싸웠으나 전력의 열세로 패배하였어요.

① 의궤를 비롯한 외규장각 도서가 약탈당하였다.
➡ 1866년 병인양요 당시 프랑스군이 철수하면서 의궤를 비롯한 외규장각 도서를 약탈해 갔어요.

② 홍경래 등이 난을 일으켜 정주성을 점령하였다.
➡ 순조 때인 1811년에 지배층의 수탈과 서북 지역에 대한 차별에 반발하여 홍경래 등이 난을 일으켜 정주성을 점령하였으나 관군에 의해 진압되었어요.

③ 종로를 비롯한 전국 각지에 척화비가 건립되었다.
➡ 신미양요 이후 흥선 대원군은 서양 세력과의 통상 수교 거부 의지를 널리 알리기 위해 종로를 비롯한 전국 각지에 척화비를 건립하였어요.

④ 제너럴 셔먼호가 대동강 유역에서 통상을 요구하였다.
➡ 1866년에 미국 상선 제너럴 셔먼호가 대동강을 거슬러 올라와 통상을 요구하며 횡포를 부리자 평안 감사 박규수의 지휘 아래 평양 관민이 제너럴 셔먼호를 불태워 침몰시켰어요.

⑤ 황사영이 외국 군대의 출병을 요청하는 백서를 작성하였다.
➡ 순조 때인 1801년에 신유박해가 일어나자 천주교도 황사영이 신앙의 자유를 얻기 위해 중국 베이징 교구의 주교에게 군대의 출병을 요청하는 백서를 작성하여 비밀리에 보내려다가 발각되었어요.

기출 선택지 +α

❻ 한성근 부대가 문수산성에서 항전하였다. (O / X)
❼ 신유박해로 많은 천주교도가 처형되었다. (O / X)
❽ 일본 군함 운요호가 영종도를 공격하였다. (O / X)
❾ 오페르트가 남연군 묘 도굴을 시도하였다. (O / X)
❿ 로즈 제독의 함대가 양화진을 침입하였다. (O / X)

기출 선택지 +α　정답　❻ ×[1866년] ❼ ×[1801년] ❽ O[1875년] ❾ ×[1868년] ❿ ×[1866년]

29 조·일 수호 조규 부록과 조·영 수호 통상 조약 정답 ④

(가), (나) 조약 사이의 시기에 볼 수 있는 모습으로 가장 적절한 것은? [3점]

> (가) ❶ 부산항에서 일본국 인민이 통행할 수 있는 도로 이정(里程)은 부두로부터 기산하여 조선 이법(里法)으로 동서남북 직경 10리로 정한다. 동래부는 이정 밖에 있지만 특별히 왕래할 수 있다. 일본국 인민은 마음대로 통행하며 조선 토산물과 일본국 물품을 사고팔 수 있다. ─ 개항장 내 일본인이 자유롭게 통행하거나 무역을 할 수 있는 지역의 범위를 사방 10리로 규정하였어요.
>
> (나) 통상 지역에서 조선 이법 100리 이내, 혹은 장래 양국 관원이 서로 의논하여 정하는 경계 안에서 영국 인민은 여행증명서 없이 마음대로 돌아다닐 수 있다. ❷ 여행증명서를 지닌 영국 인민은 조선 각지를 돌아다니며 통상하거나, 각종 화물을 들여와 팔거나 (단, 조선 정부가 불허한 서적·인쇄물 등은 제외), 일체 토산물을 구매할 수 있다.

정답 잡는 키워드
❶ 부산항에서 일본국 인민이 통행할 수 있는 범위를 동서남북 직경 10리로 정함 → (가) **조·일 수호 조규 부록(1876)**
❷ 영국 인민의 내지 통상 허용 → (나) **조·영 수호 통상 조약(1883)**

(가) 조약은 일본국 인민이 통행할 수 있는 범위를 부산항에서 동서남북 직경 10리로 정한다는 내용을 통해 1876년 강화도 조약(조·일 수호 조규)을 보완하기 위해 체결된 조·일 수호 조규 부록임을 알 수 있어요. 조·일 수호 조규 부록에서는 일본인의 활동 범위를 설정하고 개항장에서 일본 화폐의 유통을 허용하였어요. (나) 조약은 영국 인민의 통행과 통상에 관한 내용을 정한 것으로 보아 1883년에 체결된 조·영 수호 통상 조약임을 알 수 있어요. 조선은 1882년에 서양 국가들 가운데 처음으로 미국과 수호 통상 조약을 체결하였어요. 뒤이어 1883년에는 영국·독일, 1884년에는 러시아, 1886년에는 프랑스와도 수호 통상 조약을 체결하였어요. 조·영 수호 통상 조약에서 조선은 영국 상인의 내륙 진출을 허용하고, 최혜국 대우와 치외 법권을 인정하였어요.

① 거문도를 불법으로 점거하는 영국 군인
  ➡ 갑신정변 후 조선을 둘러싸고 주변국이 각축을 벌이는 상황에서 영국이 러시아를 견제한다는 명분으로 거문도를 불법으로 점거하였어요(1885~1887).

② 남연군 묘의 도굴을 시도하는 독일 상인
  ➡ 1868년에 독일 상인 오페르트가 조선 정부에 통상을 요구하는 데 이용하고자 흥선 대원군의 아버지인 남연군의 묘를 도굴하려다가 실패하였어요.

③ 부산 절영도의 조차를 요구하는 러시아 공사
  ➡ 1897년에 러시아가 저탄소(석탄 저장고) 설치를 위해 부산 절영도의 조차를 요구하였어요.

④ 조·청 상민 수륙 무역 장정을 체결하는 청 관리
  ➡ 1882년 청군의 개입으로 임오군란이 진압된 뒤에 청의 강요로 조·청 상민 수륙 무역 장정이 체결되었어요.

⑤ 톈진 조약에 따라 조선에서 철수하는 일본 군인
  ➡ 갑신정변 후 청과 일본은 조선에서 양국 군대를 공동 철수하고, 향후에 조선에 파병할 경우에는 사전에 서로 통보할 것을 약속한 톈진 조약을 체결하였어요(1885).

기출 선택지 +α
⑥ 우정총국 개국 축하연에 참석하는 외교관 (O / X)
⑦ 조사 시찰단으로 일본에 파견되는 통역관 (O / X)

기출 선택지 +α 정답 ⑥ X [1884년] ⑦ O [1881년]

---

30 처용무 정답 ①

(가)에 대한 설명으로 옳은 것은? [2점]

> **한국의 무형 문화유산 ─ (가)**
> 한국사 알림이 채널 조회 수 202,408
>
> 궁중 무용 중 유일하게 사람 형상의 가면을 쓰고 추는 춤으로 5명이 중앙과 동서남북을 상징하는 5가지 색깔의 옷을 입고 춤을 춥니다. 가면의 팥죽색은 악귀를 물리치는 벽사의 의미를 담고 있습니다. 2009년 '유네스코 무형 문화유산'으로 등재되었습니다.

정답 잡는 키워드
❶ 궁중 무용 중 유일하게 사람 형상의 가면을 쓰고 추는 춤,
❷ 유네스코 무형 문화유산 → **처용무**

궁중 무용 중 유일하게 사람 형상의 가면을 쓰고 추는 춤이며, 유네스코 무형 문화유산으로 등재되었다는 내용을 통해 (가)는 처용무임을 알 수 있어요. 처용무는 '오방 처용무'라고도 해요. 5명의 무용수가 각각 동서남북과 중앙의 다섯 방향, 즉 오방(五方)을 상징하는 색깔의 옷을 입고 악귀를 물리치는 의미가 담긴 춤을 추는 궁중 무용입니다.

① 처용 설화를 바탕으로 하였다.
  ➡ 처용무는 동해 용왕의 아들로 사람 형상을 한 처용이 춤을 추어 천연두를 옮기는 역신으로부터 인간 아내를 구해 냈다는 처용 설화를 바탕으로 하였어요.

② 종묘에서 행하는 제향 의식이다.
  ➡ 종묘 제례에 대한 설명이에요. 종묘 제례 및 종묘 제례악은 2001년에 유네스코 무형 문화유산으로 등재되었어요.

③ 부처의 영취산 설법 모습을 재현하였다.
  ➡ 영산재에 대한 설명이에요. 영산재는 불교에서 행하는 49재(사람이 죽은 지 49일째 되는 날에 지내는 제사 의례)의 한 형태입니다. 2009년에 유네스코 무형 문화유산으로 등재되었어요.

④ 창과 아니리, 너름새 등으로 구성되었다.
  ➡ 판소리에 대한 설명이에요. 판소리는 고수(북치는 사람)의 장단에 맞추어 소리꾼이 창과 아니리(말), 너름새(몸짓)로 구연하는 공연이에요. 2003년에 유네스코 무형 문화유산으로 등재되었어요.

⑤ 양반, 파계승 등을 풍자하는 내용이 담겨 있다.
  ➡ 탈놀이에 대한 설명이에요. 양주 별산대놀이, 하회 별신굿 탈놀이 등 '한국의 탈춤' 18개 종목이 2022년에 유네스코 무형 문화유산으로 등재되었어요.

31 을미개혁 — 정답 ③

밑줄 그은 '개혁'의 내용으로 옳은 것은? [2점]

어제 발행된 관보를 보았는가? 지난 8월 ❶국모 시해 사건 이후 김홍집 내각에서 추진한 개혁의 일환으로 ❷태양력을 시행한다더니, 그에 맞추어 연호를 새로 정하라는 조칙이 내려졌군.

그래서 내일부터 양력 1월 1일이 시작되고, 새로운 연호는 건양으로 정해졌다고 하네.

> 을미사변 이후 수립된 김홍집 내각은 태양력 사용을 공식으로 채택하고, 1895년 11월 17일을 양력으로 환산하여 1896년 1월 1일로 삼는다는 조칙을 내렸어요.

정답 잡는 키워드
❶ 국모 시해 사건 이후 김홍집 내각에서 추진, ❷ 태양력 시행,
❸ 새로운 연호를 '건양'으로 정함 → **을미개혁**

국모 시해 사건 이후 김홍집 내각에서 추진하였으며, 태양력을 시행하고 '건양'이라는 새로운 연호를 정하였다는 내용을 통해 밑줄 그은 '개혁'이 1895년에 추진된 을미개혁임을 알 수 있어요. 삼국 간섭 이후 조선 정부가 친러 정책을 펴자 위기감을 느낀 일본은 친러 정책의 배후 세력을 명성 황후라고 여겨 시해한 을미사변을 저질렀어요. 이어 구성된 친일 성향의 김홍집 내각은 을미개혁을 추진하여 태양력을 시행하고 '건양' 연호를 제정하였어요.

① 양전 사업을 실시하여 지계를 발급하였다.
  ➡ 광무개혁을 추진하는 과정에서 대한 제국 정부는 양전 사업을 실시하고 근대적 토지 소유 증명 문서인 지계를 발급하였어요.

② 지방 행정 구역을 8도에서 23부로 개편하였다.
  ➡ 제2차 갑오개혁 때 의정부를 내각으로, 8아문을 7부로 바꾸었으며, 지방 행정 구역을 8도에서 23부로 개편하였어요.

③ 군제를 개편하여 친위대와 진위대를 설치하였다.
  ➡ 을미개혁 때 군제를 개편하여 중앙에는 친위대, 지방에는 진위대를 설치하였어요.

④ 공사 노비법을 혁파하고 과부의 재가를 허용하였다.
  ➡ 제1차 갑오개혁 때 공사 노비법 혁파, 과부의 재가 허용, 조혼 금지 등의 개혁을 추진하였어요.

⑤ 교육의 기본 방향을 제시한 교육 입국 조서를 반포하였다.
  ➡ 제2차 갑오개혁 때 고종은 교육의 기본 방향을 제시한 교육 입국 조서를 반포하였어요.

기출 선택지 +α
❻ 재판소를 설치하였다. (O / X)
❼ 은 본위제를 도입하였다. (O / X)

핵심 개념 | 을미개혁

배경	삼국 간섭 후 조선 정부가 친러 정책 추진 → 일본이 친러 정책을 주도하던 명성 황후 시해(을미사변) → 친일적인 김홍집 내각이 구성되어 개혁 추진
내용	태양력 채택, '건양' 연호 사용, 군제 개편(중앙 - 친위대, 지방 - 진위대 설치), 단발령 실시, 종두법 시행, 우편 사무 재개
중단	아관 파천 직후 김홍집 내각 붕괴 → 개혁 중단

기출 선택지 +α 정답 ❻ ×[제2차 갑오개혁] ❼ ×[제1차 갑오개혁]

---

32 통리기무아문 — 정답 ①

(가) 기구를 통해 추진된 정책으로 옳은 것은? [2점]

이곳은 기기창 건물 중 하나인 번사창입니다. ❶강화도 조약 체결 이후 정부는 국내외 정세에 대응하고 개화 정책을 총괄하기 위한 기구로 (가) 을/를 설치하였습니다. 이 기구의 건의로 청에 파견된 영선사 일행에 유학생을 포함시켜 근대 문물을 배워 오도록 하였습니다. 이러한 노력의 영향으로 설치된 근대적 무기 공장이 바로 기기창이었습니다.

> 통리기무아문의 건의로 1881년에 조선 정부는 청의 기기국에 영선사 김윤식을 대표로 하는 유학생과 기술자들을 파견하였어요. 이들은 무기 제조 기술을 습득하고 돌아와 근대식 무기 제조 공장인 기기창 설립을 주도하였어요.

정답 잡는 키워드
❶ 강화도 조약 체결 이후에 설치된 개화 정책 총괄 기구
→ **통리기무아문**

강화도 조약 체결 이후 개화 정책을 총괄하기 위해 설치되었다는 내용을 통해 (가) 기구가 통리기무아문임을 알 수 있어요. 개항 후 조선 정부는 변화하는 국내외 정세에 대응하고 개화 정책을 총괄하기 위해 1880년에 통리기무아문을 설치하고 소속 부서로 외교 업무를 담당하는 교린사, 군사에 관한 일을 관장하는 군무사, 외국과의 통상에 관한 일을 맡은 통상사 등의 12사를 두었어요. 통리기무아문은 일본과 청에 사절단을 파견하는 등의 개화 정책을 추진하였어요.

① 별기군을 창설하였다.
  ➡ 통리기무아문은 기존 5군영의 군사 조직을 무위영과 장어영의 2영으로 축소하고, 신식 군대인 별기군을 창설하였어요.

② 원수부를 설치하였다.
  ➡ 대한 제국 정부는 황제 직속의 군 통수 기관인 원수부를 설치하여 황제권을 강화하였어요.

③ 대전통편을 편찬하였다.
  ➡ 조선 정조는 통치 체제를 정비하기 위해 "경국대전"과 "속대전" 등을 통합·보완하여 "대전통편"을 편찬하였어요.

④ 신문지법을 공포하였다.
  ➡ 대한 제국 정부는 신문의 창간과 발행 등을 관리하여 한국의 언론을 탄압·통제하고자 한 통감부의 강요로 1907년에 신문지법을 공포하였어요.

⑤ 서당 규칙을 제정하였다.
  ➡ 조선 총독부는 재래의 서당에 근대적 교육을 추가한 개량 서당이 확산되자 1918년에 서당 규칙을 제정하여 이를 탄압하였어요.

기출 선택지 +α
❻ 과거제를 폐지하였다. (O / X)
❼ 대한국 국제를 반포하였다. (O / X)
❽ 5군영을 2영으로 통합하였다. (O / X)

기출 선택지 +α 정답 ❻ ×[군국기무처(제1차 갑오개혁)] ❼ ×[대한 제국 정부(광무개혁)] ❽ ○

33 대한매일신보 정답 ④

(가) 신문에 대한 설명으로 옳은 것은? [1점]

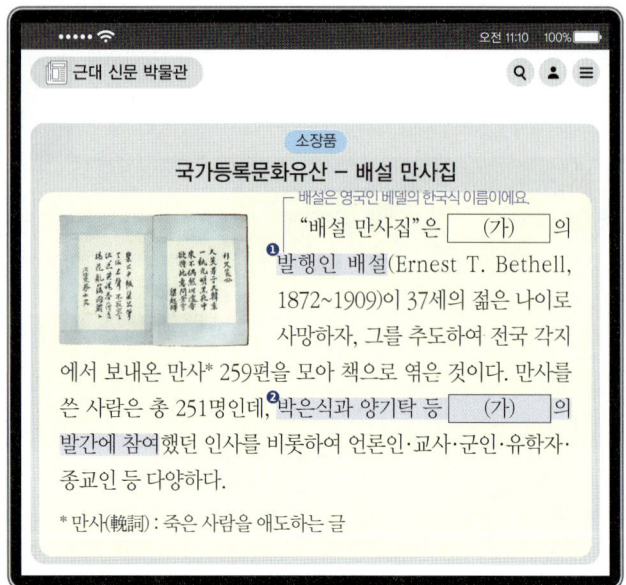

정답 잡는 키워드

❶ 발행인 배설, ❷ 박은식과 양기탁 등이 발간에 참여함

→ 대한매일신보

배설이 발행인이며, 박은식과 양기탁 등이 발간에 참여하였다는 내용을 통해 (가) 신문이 대한매일신보임을 알 수 있어요. 베델은 양기탁 등과 함께 1904년에 대한매일신보를 창간하였어요. 영국인 베델이 발행인으로 참여하였기 때문에 일제의 간섭에서 비교적 자유로워 박은식, 신채호 등이 쓴 항일 논설을 게재하고, 의병 투쟁에 호의적인 기사를 실을 수 있었어요.

① 박문국에서 발행하였다.
➡ 박문국은 조선 정부가 인쇄·출판 업무를 위해 설치한 관청입니다. 박문국에서 한성순보, 한성주보 등이 발행되었어요.

② 브나로드 운동을 주도하였다.
➡ 동아일보는 1930년대에 '배우자 가르치자 다 함께 브나로드'라는 구호를 내세우며 농촌 계몽 운동인 브나로드 운동을 주도하였어요.

③ 여권통문을 처음 게재하였다.
➡ 여권통문은 서울 북촌의 양반 여성들이 발표한 우리나라 최초의 여성 권리 선언문으로, 황성신문이 여권통문을 처음 게재하였어요.

④ 국채 보상 운동을 지원하였다.
➡ 대한매일신보는 국채 보상 운동을 적극적으로 지원하여 운동이 전국적으로 확산하는 데 기여하였어요.

⑤ 순 한글판으로 발행된 최초의 신문이었다.
➡ 독립신문은 순 한글판으로 발행된 최초의 신문이었어요. 국내 상황을 외국인에게 알리기 위해 영문판도 함께 발행되었어요.

기출 선택지 +α

❻ 상업 광고를 처음으로 실었다. (O/X)
❼ 의병 투쟁에 호의적인 기사를 게재하였다. (O/X)
❽ 일장기를 삭제한 손기정 사진을 게재하였다. (O/X)
❾ 순 한문 신문으로 열흘마다 발행하는 것이 원칙이었다. (O/X)

기출 선택지 +α
정답 ❻ X[한성주보] ❼ O ❽ X[조선중앙일보, 동아일보] ❾ X[한성순보]

---

34 독립 협회의 활동 정답 ③

(가) 단체의 활동으로 옳은 것은? [2점]

> ❶독립문 주춧돌 놓는 예식을 독립 공원 부지에서 열었다. …… 회장 안경수 씨가 연설하기를, "(가) 이/가 처음에 시작할 때 단지 회원이 네다섯 명이더니 오늘날 회원은 수천 명이다. 조선 인민들이 나라가 독립되는 것을 좋아하기에 심지어 궁벽한 시골에 사는 인민 중에서 ❷독립문 세우는 데 돈을 보조하는 사람들이 있으며, 외국 사람 중에서도 돈 낸 사람들이 많이 있었다. 이것을 보면 조선 사람들도 오늘부터 조선에서 모든 일을 (가) 하듯이 시작하여 모두 합심하기를 바란다."라고 하였다.

독립 협회는 청의 사신을 맞이하던 영은문이 있던 자리 부근에 전 국민을 상대로 모금 운동을 벌여 독립문을 세웠어요.

정답 잡는 키워드

❶ 독립문 주춧돌 놓는 예식을 엶, ❷ 독립문을 세우고자 함

→ 독립 협회

독립 공원 부지에서 독립문 주춧돌 놓는 예식을 열었으며, 독립문을 세우고자 하였다는 내용을 통해 (가) 단체가 독립 협회임을 알 수 있어요. 독립 협회는 서재필 등이 중심이 되어 창립한 단체로, 민중 계몽을 통한 근대화와 자주독립 수호를 위한 활동을 전개하였어요. 독립문과 독립관을 세워 자주독립의 의지를 드러냈으며, 토론회와 강연회 등을 개최하여 민중 계몽에 힘썼어요. 또한, 만민 공동회를 열어 러시아의 절영도 조차 요구를 저지하고, 한·러 은행 폐쇄를 이끌어 내는 등 열강의 이권 침탈을 저지하는 데 앞장섰어요.

① 고종 강제 퇴위 반대 운동을 전개하였다.
➡ 대한 자강회는 헤이그 특사 파견을 구실로 고종이 강제 퇴위를 당하자 고종 강제 퇴위 반대 운동을 전개하였어요.

② 일제의 황무지 개간권 요구를 저지시켰다.
➡ 보안회는 황무지 개간권 요구에 반대하는 운동을 전개하여 일제의 요구를 저지하였어요.

③ 중추원 개편을 통한 의회 설립을 추진하였다.
➡ 독립 협회는 중추원 개편을 통한 의회 설립 운동을 전개하여 관민 공동회에서 헌의 6조를 채택하고 고종의 재가를 받았어요.

④ 대성 학교를 설립하여 민족 교육을 실시하였다.
➡ 신민회는 인재 양성을 위해 오산 학교와 대성 학교를 설립하여 민족 교육을 실시하였어요.

⑤ 독립운동 자금 마련을 위해 독립 공채를 발행하였다.
➡ 대한민국 임시 정부는 독립운동 자금을 마련하기 위해 독립 공채를 발행하고 의연금을 거두었어요.

기출 선택지 +α

❻ 어린이날을 제정하고 소년 운동을 전개하였다. (O/X)
❼ 태극 서관을 설립하여 계몽 서적을 보급하였다. (O/X)
❽ 외교 활동을 펼치기 위해 구미 위원부를 설치하였다. (O/X)
❾ 만민 공동회를 열어 열강의 이권 침탈을 저지하였다. (O/X)

기출 선택지 +α
정답 ❻ X[천도교 소년회] ❼ X[신민회] ❽ X[대한민국 임시 정부] ❾ O

35 화폐 정리 사업   정답 ⑤

밑줄 그은 '사업'에 대한 탐구 활동으로 가장 적절한 것은? [2점]

화폐로 보는 한국사

백동화(白銅貨)는 전환국에서 발행한 액면가 2전 5푼의 동전이다. 당시 재정 궁핍으로 본위 화폐인 은화는 거의 주조되지 않았고, 보조 화폐인 백동화가 주로 제조되어 사용되었다. 러·일 전쟁 중에 ❶재정 고문으로 임명된 메가타 다네타로의 주도하에 전환국을 폐지하고 ❷백동화와 엽전을 일본 제일 은행권으로 교환하는 사업을 추진하면서, 백동화의 발행이 중단되었다.

└─ 백동화는 상태에 따라 갑·을·병종으로 구분하여 교환되었는데, 본래 가치보다 낮게 평가되는 경우가 많았고 병종은 아예 교환에서 제외되었어요.

정답 잡는 키워드
❶ 재정 고문으로 임명된 메가타가 주도함, ❷ 백동화와 엽전을 일본 제일 은행권으로 교환 → **화폐 정리 사업**

재정 고문으로 임명된 메가타가 주도하였으며, 백동화와 엽전을 일본 제일 은행권으로 교환한다는 내용을 통해 밑줄 그은 '사업'이 화폐 정리 사업임을 알 수 있어요. 제1차 한·일 협약 체결(1904) 후 재정 고문으로 파견된 메가타의 주도로 화폐 정리 사업이 실시되었어요. 이는 대한 제국의 화폐를 일본 제일 은행권으로 교환하는 사업으로, 백동화의 가치를 제대로 평가하지 않고 화폐의 상태로 등급을 나누어 교환해 주는 규정에 따라 진행되었어요. 이로 인해 국내 자본가뿐 아니라 상인, 농민이 큰 피해를 입었어요.

① 군국기무처의 활동을 조사한다.
➡ 군국기무처는 초정부적인 정책 의결 기구로 **제1차 갑오개혁**을 추진하였어요.

② 당오전이 발행된 배경을 파악한다.
➡ 당오전은 명목상 상평통보의 5배 가치를 가진 화폐로 **개항 이후 조선 정부의 재정난을 해결**하기 위해 발행되었어요.

③ 삼국 간섭이 발생한 원인을 분석한다.
➡ **청·일 전쟁에서 승리한 일본**은 청과 시모노세키 조약을 체결하여 **랴오둥반도와 타이완 등을 차지**하고 막대한 배상금을 받았어요. 그러자 한반도와 만주 지역에서 세력 확대를 노리던 러시아가 프랑스와 독일을 끌어들여 랴오둥반도를 청에 반환하도록 일본을 압박하는 삼국 간섭이 일어났어요.

④ 대한 광복회가 결성된 목적을 살펴본다.
➡ 1915년에 대구에서 박상진 등이 비밀 결사인 대한 광복회를 조직하였어요. 대한 광복회는 **공화 정체의 근대 국가 수립을 목표**로 친일 부호 처단, 군자금 모금 등의 활동을 전개하였으며 독립군 양성을 위해 만주에 무관 학교를 세우고자 하였어요.

⑤ 제1차 한·일 협약 체결의 영향을 알아본다.
➡ 제1차 한·일 협약에 따라 재정 고문으로 일본인 메가타, 외교 고문으로 미국인 스티븐스가 부임하였고, 이후 메가타의 주도로 **화폐 정리 사업**이 추진되었어요.

핵심 개념	화폐 정리 사업
시행	제1차 한·일 협약에 따라 일본이 파견한 재정 고문 메가타가 주도
시행 내용	• 상평통보, 백동화 등을 제일 은행권으로 교체 • 백동화를 상태에 따라 갑·을·병종으로 구분하여 교환 → 본래 가치보다 평가 절하, 교환이 거부되기도 함 • 전환국 폐지, 금 본위제 실시
영향	국내 자본가뿐만 아니라 상인, 농민의 피해가 컸음

36 연해주 지역의 민족 운동   정답 ①

(가) 지역에서 일어난 민족 운동에 대한 설명으로 옳은 것은? [3점]

이 문서는 일제에 협력하는 것을 ❶방지한다는 명분으로 (가) 의 한인들을 중앙아시아로 강제 이주시키라는 명령서이다.

1937년에 소련 공산당 서기장 스탈린이 승인한 이 명령의 시행으로 블라디보스토크를 포함한 (가) 의 한인 10만 명 이상이 우즈베키스탄, 카자흐스탄 등지로 강제 이주당하였다.

└─ 중·일 전쟁 발발 이후 스탈린은 일제에 협력하는 것을 방지한다는 명분으로 연해주에 거주하던 한인들을 황무지나 다름없는 중앙아시아로 강제 이주시켰어요.

정답 잡는 키워드
❶, ❷ 소련 공산당 서기장 스탈린의 승인하에 한인들을 중앙아시아로 강제 이주시킴 → **연해주**

스탈린의 명령으로 (가) 지역의 한인들을 중앙아시아로 강제 이주시켰다는 내용을 통해 (가) 지역이 연해주임을 알 수 있어요. 연해주는 한반도와 접해 있어 19세기 말부터 우리 민족이 많이 이주한 지역이에요. 국권 피탈 이후 일제가 독립운동을 탄압하자 많은 애국지사가 만주와 연해주 등지로 이동하여 정착하였어요. 연해주 지역에서는 신한촌이라는 한인 집단촌이 형성되었으며, 1914년에는 이상설, 이동휘 등의 주도로 대한 광복군 정부가 수립되었어요. 또한, 3·1 운동을 계기로 연해주에서는 임시 정부 성격의 단체인 대한 국민 의회가 결성되었어요.

①권업회를 조직하고 신문을 발행하였다.
➡ **연해주** 지역의 한인들은 독립운동 단체인 권업회를 조직하고 기관지로 권업신문을 발행하였어요.

② 한인 자치 기구인 경학사를 설립하였다.
➡ **서간도**로 이주한 신민회 회원들은 한인 자치 기구인 경학사를 설립하고 신흥 강습소를 세웠어요.

③ 유학생을 중심으로 2·8 독립 선언서를 발표하였다.
➡ 민족 자결주의의 영향을 받은 **일본**의 한국인 유학생들이 도쿄에서 2·8 독립 선언서를 발표하였어요.

④ 독립군 양성을 위해 대조선 국민군단을 결성하였다.
➡ 박용만은 **하와이**에서 독립군 양성을 위해 대조선 국민군단을 결성하여 군사 훈련을 실시하였어요.

⑤ 서전서숙과 명동 학교를 설립하여 민족 교육을 실시하였다.
➡ **북간도** 지역의 한인들은 서전서숙과 명동 학교를 설립하여 민족 교육을 실시하였어요.

기출 선택지 +α

❻ 해조신문을 발간하여 국권 회복에 힘썼다. (O / X)
❼ 독립군 양성을 위해 신흥 강습소를 세웠다. (O / X)
❽ 숭무 학교를 설립하여 독립군을 양성하였다. (O / X)
❾ 북로 군정서가 조직되어 독립 전쟁을 전개하였다. (O / X)
❿ 대한 광복군 정부를 세워 무장 독립 투쟁을 준비하였다. (O / X)

기출 선택지 +α 정답 ❻ O   ❼ X [서간도]   ❽ X [멕시코]   ❾ X [북간도]   ❿ O

37 안중근의 활동   정답 ②

(가) 인물의 활동으로 옳은 것은? [1점]

신간 도서 소개

동양 평화론
미완의 원고, 책으로 출간

"슬프도다! 천만 뜻밖에도 일본이 승리한 이후에 가장 가깝고 친하며 어질고 약한, 같은 인종인 한국을 억눌러 강제로 조약을 맺었다."

(가) 은/는 ❶뤼순 감옥에서 사형 집행을 눈앞에 두고 온 힘을 다해 동양 평화론을 집필하였다. 안타깝게도 그는 원고를 완성하지 못하고 형장의 이슬로 사라졌지만, 국가 간의 평등과 상호 협력으로 평화를 이룩하자는 그의 주장은 오늘날에도 시사점을 준다.

정답 잡는 키워드

❶ 뤼순 감옥에서 "동양 평화론" 집필 → 안중근

뤼순 감옥에서 사형 집행을 눈앞에 두고 "동양 평화론"을 집필하였다는 내용을 통해 (가) 인물이 안중근임을 알 수 있어요. 안중근은 연해주에서 의병장으로 활약하였으며, 1909년에 만주 하얼빈에서 이토 히로부미를 처단하는 의거를 일으켜 일제에 체포되었어요. 뤼순 감옥에 수감된 안중근은 "동양 평화론"을 집필하는 데 힘썼으나 사형 집행이 앞당겨져 완성하지는 못하였어요. 그는 "동양 평화론"에서 일제의 침략성을 비판하며 한·중·일이 대등한 위치에서 상호 협력할 때 진정한 동양의 평화를 지킬 수 있다고 주장하였어요.

① 명동 성당 앞에서 이완용을 습격하였다.
  → 이재명은 명동 성당 앞에서 을사오적 중 한 명인 이완용을 습격하여 중상을 입혔어요.

② 하얼빈에서 이토 히로부미를 사살하였다.
  → 안중근은 하얼빈에서 초대 통감이자 을사늑약 체결에 앞장선 이토 히로부미를 사살하였어요.

③ 타이중에서 일본 육군 대장을 저격하였다.
  → 조명하는 타이완의 타이중에서 일왕의 장인이자 일본 육군 대장인 구니노미야를 저격하여 치명상을 입혔어요.

④ 샌프란시스코에서 D.W. 스티븐스를 처단하였다.
  → 장인환과 전명운은 미국 샌프란시스코에서 일제의 한국 침략이 정당하다고 선전한 친일 미국인 스티븐스를 처단하였어요.

⑤ 서울역에서 신임 총독의 마차에 폭탄을 투척하였다.
  → 강우규는 지금의 서울역에서 신임 총독으로 부임하는 사이토 마코토가 탄 마차에 폭탄을 투척하였어요.

기출 선택지 +α

❻ 동양 척식 주식회사에 폭탄을 투척하였다. (O/X)
❼ 고종의 밀지를 받아 독립 의군부를 조직하였다. (O/X)
❽ 한인 애국단을 결성하여 의거 활동을 전개하였다. (O/X)
❾ 조선 혁명 간부 학교를 세워 독립군을 양성하였다. (O/X)

기출 선택지 +α 정답 ❻ ×[나석주] ❼ ×[임병찬] ❽ ×[김구] ❾ ×[김원봉]

---

38 1910년대의 사회 모습   정답 ⑤

밑줄 그은 '시기'의 사회 모습으로 가장 적절한 것은? [2점]

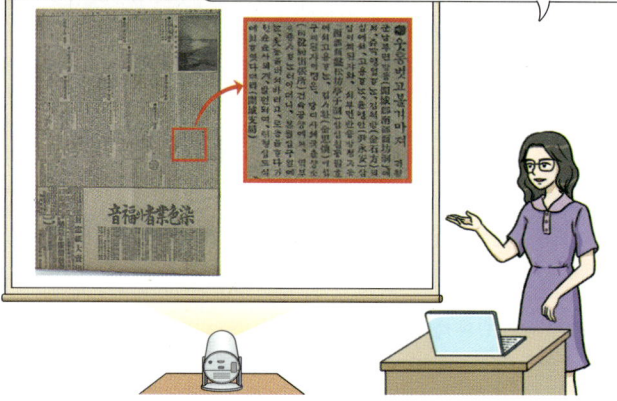

1912년에 제정된 조선 태형령에 근거하여 헌병 경찰은 일상생활 전반에서 일어나는 경범죄에 대해 태형으로 즉결 처분을 내릴 수 있었어요. 조선 태형령은 3·1 운동 이후 폐지되었어요.

개성에서 청년 두 명이 웃통을 벗고 일하다가 순사에게 발견되어 태형에 처해졌다는 신문 기사입니다. 일제가 ❶조선 태형령을 시행한 시기에는 기사의 내용처럼 사소한 사안에도 태형이라는 가혹한 형벌이 집행되었습니다.

정답 잡는 키워드

❶ 조선 태형령 시행 → 1910년대

조선 태형령을 시행하였다는 내용을 통해 밑줄 그은 '시기'가 일제가 무단 통치를 실시한 1910년대임을 알 수 있어요. 일제는 대한 제국의 국권을 강탈한 후 헌병 경찰제를 실시하여 강압적인 무단 통치를 하였어요. 관리와 교사에게 제복을 입고 칼을 차게 하여 사회적으로 공포 분위기를 조성하였으며, 한국인에게만 적용하는 조선 태형령을 제정하여 시행하였어요. 1919년에 3·1 운동이 일어나자 일제는 무단 통치의 한계를 느끼고 이른바 문화 통치로 통치 방식을 바꾸었어요.

① 육영 공원에서 외국인 교사를 초빙하였다.
  → 조선 정부는 1886년에 근대 교육 기관인 육영 공원을 설립하고 헐버트, 길모어 등 외국인 교사를 초빙하여 근대 학문을 교육하였어요. 육영 공원은 국권 피탈 이전인 1894년에 폐교되었습니다.

② 애국반이 편성되어 일상생활이 통제되었다.
  → 일제는 1938년에 국민 정신 총동원 조선 연맹을 조직하고, 그 말단 조직으로 애국반을 만들어 한국인의 일상생활을 통제하였어요.

③ 조선 형평사가 창립되어 형평 운동을 전개하였다.
  → 1923년에 진주에서 조선 형평사가 창립되어 백정에 대한 사회적 차별 철폐 운동인 형평 운동을 전개하였어요.

④ 나운규가 제작한 아리랑이 단성사에서 개봉되었다.
  → 1926년에 나운규가 제작한 영화 '아리랑'이 단성사에서 처음 개봉되었어요.

⑤ 경복궁에서 조선 물산 공진회가 최초로 개최되었다.
  → 일제는 1915년에 경복궁의 일부 건물을 훼손하거나 고쳐 지은 후 전국의 물품을 수집·전시한 박람회인 조선 물산 공진회를 개최하였어요.

기출 선택지 +α

❻ 강압적 통치를 목적으로 헌병 경찰제가 실시되었다. (O/X)
❼ 조선 노동 총동맹과 조선 농민 총동맹이 창립되었다. (O/X)
❽ 여자 정신 근로령으로 한국인 여성이 강제 동원되었다. (O/X)
❾ 사회주의 세력의 활동 방향을 밝힌 정우회 선언이 발표되었다. (O/X)

기출 선택지 +α 정답 ❻ ○ ❼ ×[1927년] ❽ ×[1944년] ❾ ×[1926년]

39 회사령 폐지와 농촌 진흥 운동 사이의 사실 정답 ②

(가), (나)가 공포된 시기의 사이에 있었던 사실로 옳은 것은? [2점]

> (가) 회사령 폐지에 관한 건
> ❶ 회사령은 폐지한다. – 1920년 일제는 회사 설립 시 조선 총독부의 허가를 받도록 하는 회사령을 폐지하고 신고제로 전환하였어요.
> - 부칙
> 1. 이 영은 공포일로부터 시행한다.
> 2. 구령에 의하여 설립한 회사로 이 영 시행 당시 존재하는 것은 조선 민사령에 의하여 설립한 것으로 본다.
>
> (나) 조선 총독부 농촌 진흥 위원회 규정
> 제1조 조선의 농산어촌 진흥에 관한 방침, 시설 및 통제에 관한 중요 사항을 심의하기 위하여 조선 총독부에 ❷ 조선 총독부 농촌 진흥 위원회를 둔다.
> 제3조 위원장은 조선 총독부 정무총감으로 한다.

정답 잡는 키워드

❶ 회사령을 폐지함 → (가) 1920년
❷ 조선 총독부 농촌 진흥 위원회를 둠 → (나) 1932년

(가)는 회사령을 폐지한다는 내용을 통해 공포된 시기가 1920년임을 알 수 있어요. 일제는 1920년에 일본 기업의 한국 진출을 쉽게 만들기 위해 회사령을 폐지하고 회사 설립을 신고제로 바꾸었어요. (나)는 조선 총독부 농촌 진흥 위원회를 설치한다는 내용을 통해 공포된 시기가 1932년임을 알 수 있어요. 1930년대 초 대공황의 여파로 농촌 경제가 몰락하고 소작 쟁의가 격렬해졌어요. 일제는 농촌을 통제하고 소작 쟁의를 억제하여 식민 지배 체제를 안정시키려는 목적에서 1932년 조선 총독부 농촌 진흥 위원회 설치를 위한 규정을 공포하고 농촌 진흥 운동을 시작하였어요.

① 함경도에서 방곡령이 선포되었다.
➡ 1889년 함경도 관찰사 조병식이 방곡령을 선포하였어요.

② 조선 물산 장려회가 평양에서 창립되었다.
➡ 1920년에 평양에서 조만식 등을 중심으로 조선 물산 장려회가 창립되어 물산 장려 운동이 시작되었어요.

③ 황국 중앙 총상회의 상권 수호 운동이 전개되었다.
➡ 외국 상인의 상권 침탈에 맞서 시전 상인들은 1898년에 황국 중앙 총상회를 조직하여 상권 수호 운동을 전개하였어요.

④ 유상 매수, 유상 분배를 규정한 농지 개혁법이 제정되었다.
➡ 1949년 제헌 국회에서 유상 매수, 유상 분배를 규정한 농지 개혁법이 제정되었어요.

⑤ 국가 총동원법을 제정하여 인력과 물자를 강제 동원하였다.
➡ 일제는 1938년에 국가 총동원법을 제정하여 전쟁에 필요한 인력과 물자를 강제 동원하였어요.

기출 선택지 +α

❻ 무기 제조 공장인 기기창이 설립되었다. (O/X)
❼ 근대적 상회사인 대동 상회가 설립되었다. (O/X)
❽ 만주 군벌과 일제 사이에 미쓰야 협정이 체결되었다. (O/X)
❾ 기한 내에 토지를 신고하게 하는 토지 조사령이 제정되었다. (O/X)

기출 선택지 +α 정답 ❻ ×[1883년] ❼ ×[1883년] ❽ ○[1925년] ❾ ×[1912년]

40 민립 대학 설립 운동 정답 ③

다음 자료가 발표된 시기를 연표에서 옳게 고른 것은? [2점]

> 대학을 세운다는 일은 극히 거창하여 여간 몇 사람의 힘으로는 도저히 성취할 바가 아니므로 금일까지 실지의 운동이 일어나지 못하였던 것이라. 그러나 일이 거창하고 어렵다고 시작을 아니하면 언제까지든지 조선 사람의 대학이라는 것은 생겨볼 수가 없다. 그러므로 이번에 조선 전도의 다수한 유지를 망라하여 민중적 운동으로 될 수 있는 대로 많은 사람의 힘을 합하여 민립 대학 한 곳을 세워 보고자 ❶ 이상재, 이승훈 등의 주창으로 수일 전에 민립 대학 기성 준비회를 조직하고 집행 위원을 선정하였는데, 장차 각 부·군에서 다수한 발기인의 참가를 구하여 경성에서 발기회를 열고 실행 방법을 결정할 터이다.

1922년 이상재 등이 조선 민립 대학 기성 준비회를 결성 하였고, 이어 이듬해인 1923년에 발기 총회를 개최하여 정식으로 조선 민립 대학 기성회가 조직되었어요.

정답 잡는 키워드

❶ 이상재, 이승훈 등의 주창으로 민립 대학 기성 준비회를 조직함
→ 1920년대 초반 민립 대학 설립 운동

이상재, 이승훈 등의 주창으로 민립 대학 기성 준비회가 조직되었다는 내용을 통해 민립 대학 설립 운동과 관련된 자료임을 알 수 있어요.

1895	1911	1919	1924	1938	1942
(가)	(나)	(다)	(라)	(마)	
한성 사범 학교 설립	제1차 조선 교육령	3·1 운동	경성 제국 대학 개교	제3차 조선 교육령	조선어 학회 사건

➡ 3·1 운동 이후 1920년대 들어 일제가 이른바 문화 통치를 내세우자 국내에서 민족주의계 인사들이 중심이 되어 실력 양성 운동을 전개하였어요. 민립 대학 설립 운동은 우리 민족의 힘으로 고등 교육을 실시할 대학을 설립하자는 실력 양성 운동으로, 인재를 양성하여 민족의 역량을 강화하자는 목표로 추진되었어요. 1920년대 초반에 이상재 등이 조선 민립 대학 기성회를 조직하고 민립 대학 설립을 위한 모금 운동을 벌였어요. 그러나 일제의 방해와 모금 실적 저조로 우리 민족의 대학 설립 시도는 실패하였어요. 일제는 한국인의 고등 교육에 대한 열망을 잠재우기 위해 1924년에 경성 제국 대학을 설립하였어요.
따라서 민립 대학 설립 운동이 전개된 시기는 3·1 운동과 경성 제국 대학 개교 사이인 ③ (다)입니다.

① (가) ② (나) ③ (다) ④ (라) ⑤ (마)

연표로 흐름잡기

1919	3·1 운동, 대한민국 임시 정부 수립
1920	봉오동 전투, 청산리 대첩, 산미 증식 계획 시작
1921	자유시 참변
1922	제2차 조선 교육령 공포, 조선 민립 대학 기성 준비회 조직
1923	국민 대표 회의 개최, '조선 혁명 선언' 작성(신채호), 조선 형평사 창립(진주), 조선 민립 대학 기성회 발기 총회 개최
1924	경성 제국 대학 개교

41 원산 총파업 이후의 사실 정답 ②

(가) 사건 이후에 전개된 사실로 옳은 것은? [3점]

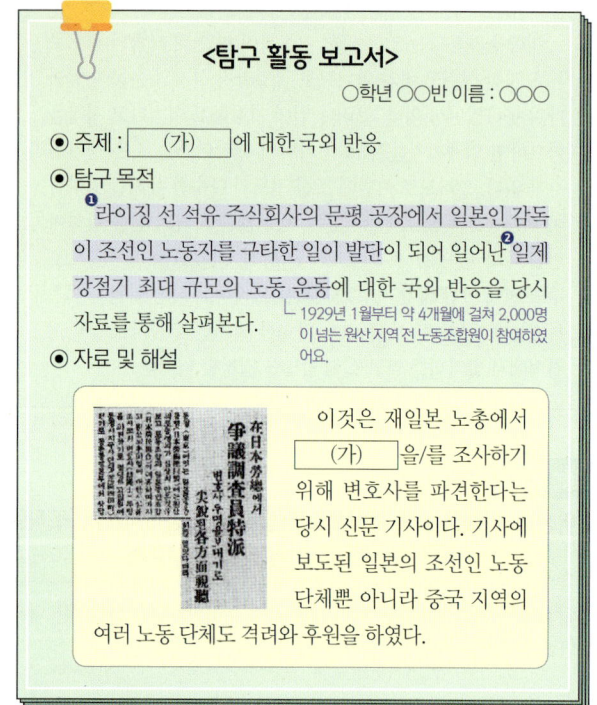

정답 잡는 키워드

❶ 라이징 선 석유 주식회사의 문평 공장에서 일본인 감독이 조선인 노동자를 구타한 일이 발단이 됨,
❷ 일제 강점기 최대 규모의 노동 운동 → 원산 총파업(1929)

라이징 선 석유 주식회사의 문평 공장에서 일본인 감독이 조선인 노동자를 구타한 일이 발단이 되어 일어났으며, 일제 강점기 최대 규모의 노동 운동이라는 내용을 통해 (가) 사건이 원산 총파업임을 알 수 있어요. 1920년대에 사회주의 사상이 국내로 유입되면서 농민 운동과 노동 운동이 활발하게 일어났어요. 1929년 라이징 선 석유 주식회사의 노동자들은 폭행 사건을 일으킨 일본인 감독의 파면과 노동 조건의 개선을 요구하였어요. 그러나 회사 측에서 요구를 수용하겠다는 약속을 어기고 노동자들을 탄압하자 원산 지역 노동자 대부분이 대규모 총파업에 돌입하였어요.

① 동양 척식 주식회사가 설립되었다.
➡ 일제는 1908년에 한국의 토지와 자원을 수탈할 목적으로 동양 척식 주식회사를 설립하였어요.

②강주룡이 을밀대 지붕에서 고공 농성을 벌였다.
➡ 1931년에 평양에 있는 고무 공장의 노동자 강주룡이 임금 삭감에 저항하여 을밀대 지붕에서 고공 농성을 벌였어요.

③ 황실의 지원을 받아 대한 천일 은행이 창립되었다.
➡ 1899년에 일본 금융 기관의 침투에 대응하여 황실의 지원을 받아 대한 천일 은행이 창립되었어요.

④ 전국 단위의 조직인 조선 노농 총동맹이 조직되었다.
➡ 1924년에 전국 단위의 노동자·농민 조직인 조선 노농 총동맹이 조직되었어요. 조선 노농 총동맹은 1927년에 조선 노동 총동맹과 조선 농민 총동맹으로 분화되었어요.

⑤ 고율의 소작료에 반발하여 암태도 소작 쟁의가 발생하였다.
➡ 1923년에 암태도의 소작 농민들이 고율의 소작료를 징수하는 지주 문재철의 횡포에 맞서 암태도 소작 쟁의를 일으켰어요.

42 일제 강점기 사회 및 문화의 변화 정답 ③

(가)에 들어갈 내용으로 가장 적절한 것은? [1점]

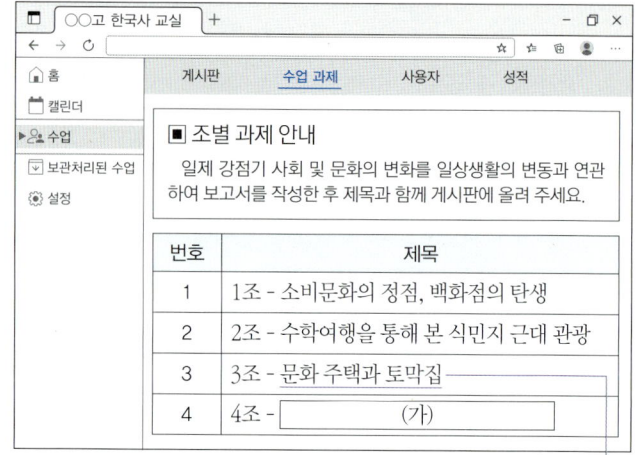

① 서양식 의료의 수용, 광혜원
➡ 광혜원은 우리나라 최초의 서양식 병원으로 1885년에 설립되었어요. 광혜원은 설립 직후 제중원으로 이름이 바뀌었어요.

② 근대적 우편 제도의 시작, 우정총국
➡ 우정총국은 1884년에 설립되었으나 개국 축하연에서 갑신정변이 일어나면서 폐지되었어요.

③전시 통제 체제 속에서 강요된 여성복, 몸뻬
➡ 중·일 전쟁을 일으키고 침략 전쟁을 확대한 일제는 전시 통제 체제를 본격화하였어요. 1940년대 초반에 여성들의 전시 의복으로 몸뻬를 장려하기 시작해 1944년경에는 '몸뻬 필착 운동'이라는 명목 아래 몸뻬 착용을 강요하였어요.

④ 근면, 자조, 협동을 기치로 내세운 새마을 운동
➡ 박정희 정부 시기인 1970년에 농촌 환경 개선과 소득 증대를 목표로 새마을 운동이 시작되었어요.

⑤ 상품 광고의 새로운 장을 연 컬러텔레비전 방송
➡ 1980년에 우리나라 최초로 컬러텔레비전 방송이 시작되었어요.

43 한국 광복군 정답 ④

(가) 부대에 대한 설명으로 옳은 것은? [2점]

[해설] 이 사진은 충칭에서 열린 ❶대한민국 임시 정부의 '(가) 총사령부 성립 전례식' 기념사진 중 하나이다. 사진에는 대한민국 임시 정부 주석 김구와 함께 이 부대의 ❷총사령관인 지청천이 '광복 조국'이 쓰인 기를 들고 있는 모습이 보인다. (가) 은/는 ❸영국군의 요청으로 인도, 미얀마 전선에서 작전을 펼치는 등 활발한 활동을 전개하였다.

> 한국 광복군은 미얀마를 점령하고 있던 일본군을 축출하기 위해 연합군의 일원으로 인도, 미얀마 전선에 파견되었어요.

정답 잡는 키워드

❶ 대한민국 임시 정부, ❷ 총사령관 지청천, ❸ 영국군의 요청으로 인도, 미얀마 전선에서 작전을 펼침 → **한국 광복군**

충칭에서 대한민국 임시 정부가 총사령부 성립 전례식을 열었으며, 총사령관이 지청천이고 영국군의 요청으로 인도·미얀마 전선에서 작전을 펼쳤다는 내용을 통해 (가) 부대가 한국 광복군임을 알 수 있어요. 대한민국 임시 정부의 정규군으로 창설된 한국 광복군은 대한민국 임시 정부의 대일 선전 성명서 발표 이후 연합군과 수행하는 합동 작전에 주력하였어요. 영국군의 요청에 따라 병력 일부가 인도·미얀마 전선에 파견되어 주로 일본군을 상대로 한 포로 심문, 정보 수집, 선전 활동 등을 수행하였어요.

① 자유시 참변으로 세력이 약화되었다.
➡ 간도 참변 이후 만주 지역의 독립군 부대들이 러시아 혁명군의 지원 약속을 믿고 자유시로 이동하였다가 자유시 참변을 당하여 세력이 약화되었어요.

② 영릉가에서 일본군에 승리를 거두었다.
➡ 조선 혁명군은 중국 의용군과 연합하여 영릉가 전투에서 일본군에 승리를 거두었어요.

③ 봉오동 전투에서 일본군을 크게 물리쳤다.
➡ 홍범도가 이끄는 대한 독립군 등 독립군 연합 부대가 봉오동 전투에서 일본군을 크게 물리쳤어요.

④ **미군과 연계하여 국내 진공 작전을 준비하였다.**
➡ 한국 광복군은 미군과 연계하여 국내 정진군을 조직하고 국내 진공 작전을 준비하였어요. 하지만 국내 정진군이 국내에 투입되기 직전에 일제가 갑작스럽게 항복하여 실행에 옮기지 못하였어요.

⑤ 쌍성보 전투에서 한·중 연합 작전을 전개하였다.
➡ 한국 독립군은 쌍성보 전투에서 중국 호로군과 한·중 연합 작전을 전개하여 일본군을 격퇴하였어요.

44 1930년대 후반 이후의 사실 정답 ③

밑줄 그은 '시기'에 볼 수 있는 모습으로 적절하지 않은 것은? [2점]

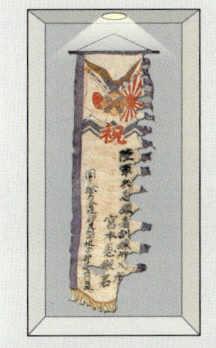

장행기

> 일제는 1938년 육군 특별 지원병령을 공포하여 한국인을 전쟁에 반강제로 동원하였어요.

장행기는 지원병 형식으로 끌려가는 청년을 환송하기 위해 국민 총력 조선 연맹 지부에서 만들어 준 깃발이다. 이 장행기의 주인공은 ❶일제가 중·일 전쟁을 일으키고 침략을 확대하던 시기에 지원병으로 끌려가 전사하였다. 장행기에는 창씨개명한 그의 일본식 이름이 적혀 있다.

> 일제는 1940년부터 한국인의 성명을 일본식으로 바꾸게 하는 창씨개명을 강요하였어요.

정답 잡는 키워드

❶ 일제가 중·일 전쟁을 일으키고 침략을 확대함
→ **1930년대 후반 이후**

일제가 중·일 전쟁을 일으키고 침략을 확대하였다는 내용을 통해 밑줄 그은 '시기'가 1930년대 후반 이후임을 알 수 있어요. 일제는 1929년에 시작된 대공황의 경제 위기를 대외 침략으로 극복하려고 하였어요. 1931년에 만주 사변을 일으키고, 1937년에 중·일 전쟁을 일으켜 침략 전쟁을 확대하였지요. 또한, 일제는 전쟁 확대에 필요한 더 많은 인적·물적 자원을 수탈하기 위해 한국인의 민족의식을 말살하고 한반도를 전쟁 물자 보급을 위한 병참 기지로 이용하는 정책을 추진하였어요.

① 국방헌금 모금에 적극 협력하는 부호
➡ 일제는 1930년대 후반 이후 전쟁에 필요한 자금을 마련하기 위해 국방헌금 모금을 강요하였고, 친일 부호들은 이에 적극 협력하였어요.

② 황국 신민 서사 암송을 강요받는 학생
➡ 일제는 1937년 일왕에 대한 충성 맹세문인 황국 신민 서사를 제정하고 암송을 강요하였어요.

③ **원각사에서 연극 은세계를 공연하는 배우**
➡ 원각사는 1908년에 세워진 우리나라 최초의 서양식 극장이에요. 은세계, 치악산 등의 신극이 공연되었으나 1914년 화재로 소실되었어요.

④ 내선일체에 협력하자는 논설을 쓰는 언론인
➡ 일제는 1930년대 후반 이후 한국인의 민족의식을 말살하기 위해 일본과 조선이 한 몸과 같다는 내선일체를 내세웠어요.

⑤ 국민 징용령에 의해 강제로 동원되는 노동자
➡ 일제는 1939년에 국민 징용령을 시행하여 전쟁에 필요한 노동력을 강제로 동원하였어요.

45 공주의 역사   정답 ②

다음 안내에 따라 학생이 발표한 내용으로 가장 적절한 것은? [3점]

> 감영은 조선 시대 각 도의 관찰사가 거처하던 관청으로 8도에 설치되었는데, 본래 청주 지역에 있던 충청 감영이 임진왜란 이후 공주 지역으로 옮겨졌어요.
>
> 학생 여러분, 이번 시간에는 우리 고장의 유적과 기념물을 조사해서 발표하는 활동을 하겠습니다. 우리 고장은 금강 중류에 위치한 유서 깊은 도시입니다. ❶남한에서 최초로 발굴된 구석기 유적이 있어 선사 시대부터 우리 고장에 사람이 살았던 것을 알 수 있습니다. 또한, 삼국이 상호 경쟁하던 시기에는 ❷백제의 수도로서 백제 중흥을 위한 노력이 전개되었던 곳으로 백제 고분을 통해 당시의 문화를 엿볼 수 있습니다. 고려 시대에는 최승로의 건의에 따라 설치된 12목 중의 하나였고, 이후 조선 시대에도 감영이 있어 지역의 중심지 역할을 하였습니다. 그리고 근대에는 ❸동학 농민군이 관군과 일본군에 맞서 치열한 전투를 전개하는 등 외세를 물리치기 위한 민족 운동이 펼쳐지기도 하였습니다.
> 그럼, 모둠별로 우리 고장의 다양한 유적과 기념물에 대해 조사한 후 알게 된 내용을 발표해 봅시다.
>
> — 고려 성종 때 설치된 12목 중 공주목을 말해요.

정답 잡는 키워드

❶ 남한에서 최초로 발굴된 구석기 유적이 있음, ❷ 백제의 수도, ❸ 동학 농민군이 관군과 일본군에 맞서 치열한 전투를 벌임 → **공주**

남한에서 최초로 발굴된 구석기 시대 유적은 공주 석장리 유적이에요. 백제는 고구려 장수왕의 공격을 받아 한성이 함락된 후 지금의 공주 지역인 웅진으로 수도를 옮겼어요. 동학 농민 운동 당시 공주 우금치에서 동학 농민군이 관군과 일본군에 맞서 치열하게 싸웠으나 전력과 무기의 열세로 패배하였어요.

① 갑 - 수양개 유적을 조사하여 우리 고장에 살던 구석기인들이 다양한 기법으로 석기를 제작했음을 알 수 있었습니다.
→ 수양개 유적은 단양에 있는 선사 시대 유적이에요. 다양한 유물이 출토되어 한반도 구석기 문화의 실재를 확인할 수 있어요. 수양개 유적에는 구석기 시대뿐만 아니라 신석기, 청동기 시대의 흔적도 남아 있어요.

②을 - 송산리 고분군의 벽돌무덤을 조사하여 무령왕이 중국 남조, 왜 등과 활발하게 교류했음을 알 수 있었습니다.
→ 공주 송산리 고분군에서 발견된 무령왕릉은 중국 남조의 영향을 받아 벽돌무덤으로 축조되었어요. 또한, 무덤 내부에서 일본에서만 나는 소나무로 만든 관이 발견되어 일본과도 활발하게 교류하였음을 알 수 있어요.

③ 병 - 만인 의총을 조사하여 정유재란 당시 우리 고장의 백성들이 조·명 연합군과 함께 결사 항전했음을 알 수 있었습니다.
→ 정유재란 당시 일본군은 곡창 지대인 전라도 지방을 먼저 점령하고 북진할 계획을 세웠어요. 일본군은 전략적 요충지인 남원을 공격하였고 조·명 연합군과 남원성의 백성들이 힘을 합쳐 치열하게 싸웠으나 수적 열세로 결국 함락되었어요. 만인 의총은 이때 전사한 사람들의 시신을 한데 모아 묻은 무덤이에요.

④ 정 - 만석보 유지비를 조사하여 우리 고장 농민들이 군수 조병갑의 수탈에 저항하여 봉기했음을 알 수 있었습니다.
→ 1894년에 고부(지금의 정읍) 군수 조병갑이 만석보를 쌓고 강제로 사용하게 한 후 비싼 사용료를 징수하는 등 횡포를 부리자 이에 저항하여 농민들이 봉기하였어요(고부 농민 봉기).

⑤ 무 - 아우내 3·1 운동 독립 사적지를 조사하여 유관순이 우리 고장에서 만세 시위를 주도했음을 알 수 있었습니다.
→ 3·1 운동 당시 유관순이 고향인 천안으로 내려가 아우내 장터에서 만세 시위를 주도하였어요.

46 6·25 전쟁   정답 ⑤

(가) 전쟁 중에 있었던 사실로 옳은 것은?

6·25 전쟁 당시 미국을 비롯한 16개국이 유엔군으로 참전하였어요. [2점]

> 저는 지금 ❶부산의 재한 유엔 기념 공원 내에 있는 ❷유엔군 전몰장병 추모명비 앞에 와 있습니다. (가) 에서 전사하거나 실종된 4만여 명의 이름을 새겨 넣어 추도와 기억의 공간으로 만든 이곳에서 평화의 가치를 생각해 보았으면 합니다.

정답 잡는 키워드

❶, ❷ 부산에 유엔군 전몰장병 추모명비가 있음 → **6·25 전쟁**

부산에 전쟁에서 전사하거나 실종된 유엔군을 추모하는 공간이 있다는 내용을 통해 (가) 전쟁이 6·25 전쟁임을 알 수 있어요. 1950년 6월 25일에 북한의 남침으로 6·25 전쟁이 발발하였어요. 북한의 남침을 침략 행위로 규정한 유엔 안전 보장 이사회에서는 유엔군의 파병을 결정하였어요. 6·25 전쟁은 발발 3년여 만인 1953년 7월 27일에 판문점에서 정전 협정이 체결되면서 중단되었어요. 한편, 전쟁 중이던 1952년에 임시 수도 부산에서 정부가 이승만의 재선을 목적으로 대통령 직선제 개헌을 시도하였다가 국회의 반대에 부딪혔어요. 이에 이승만 정부가 부산 일대에 계엄령을 선포하고 개헌안에 반대하는 국회 의원들을 공산주의자로 몰아 구속하는 등 공포 분위기를 조성하여 정국은 혼란에 빠졌어요(부산 정치 파동). 이러한 가운데 대통령 직선제를 주요 내용으로 하는 발췌 개헌안이 국회에서 통과되었고, 개정된 헌법에 따라 치러진 대통령 선거에서 이승만이 당선되어 재선에 성공하였어요.

① 애치슨 라인이 발표되었다.
→ 6·25 전쟁 발발 이전인 1950년 1월에 미국의 태평양 지역 방위선에서 한국과 타이완을 제외한 애치슨 라인이 발표되었어요.

② 한·일 기본 조약이 체결되었다.
→ 박정희 정부는 경제 개발 자금을 마련하기 위해 일본과 국교 정상화를 추진하여 1965년에 한·일 기본 조약을 체결하였어요.

③ 국가 보위 비상 대책 위원회가 설치되었다.
→ 12·12 사태로 정권을 장악한 전두환 등 신군부 세력은 1980년에 5·18 민주화 운동을 무력으로 진압한 직후 국가 보위 비상 대책 위원회를 설치하였어요.

④ 김구, 김규식 등이 남북 협상에 참여하였다.
→ 6·25 전쟁 발발 이전인 1948년 4월에 김구와 김규식 등은 통일 정부 수립을 위해 평양에서 열린 남북 협상에 참여하였으나 성과를 거두지 못하였어요.

⑤비상계엄이 선포된 가운데 발췌 개헌안이 통과되었다.
→ 6·25 전쟁 중인 1952년 7월에 당시 임시 수도였던 부산에 비상계엄이 선포된 가운데 국회에서 기립 표결로 발췌 개헌안이 통과되었어요.

기출 선택지 +α

❻ 부산이 임시 수도로 정해졌다. (O/X)
❼ 한·미 상호 방위 조약이 맺어졌다. (O/X)
❽ 국회에서 국민 방위군 사건이 폭로되었다. (O/X)

기출 선택지 +α 정답 ❻ O   ❼ X [1953년 10월]   ❽ O

47 5·10 총선거 정답 ②

밑줄 그은 '총선거'에 대한 설명으로 옳은 것은? [1점]

공보물로 본 우리나라 선거의 역사

유엔 총회의 결정에 따라 5·10 총선거의 공정한 감시 및 관리를 위해 파견된 임시 기구였어요.

[해설] 이것은 ❶유엔 한국 임시 위원단의 감시하에 우리나라 최초로 실시된 총선거에 출마한 장면 후보자의 선거 공보이다. 후보자의 사진, 약력, 선거 구호 등이 보이고, 특히 자세한 투표 안내가 눈에 띈다.

정답 잡는 키워드

❶ 유엔 한국 임시 위원단의 감시하에
우리나라 최초로 실시된 총선거 → 5·10 총선거

유엔 한국 임시 위원단의 감시하에 우리나라 최초로 실시된 총선거는 1948년에 치러진 5·10 총선거입니다. 1947년에 제2차 미·소 공동 위원회가 결렬된 후 유엔 총회에서 인구 비례에 따른 남북한 총선거를 결의하고 선거 관리를 위해 유엔 한국 임시 위원단을 파견하였지만, 소련이 유엔 한국 임시 위원단의 입북을 거부하였어요. 이에 유엔 소총회가 개최되어 선거가 가능한 지역에서의 총선거, 즉 남한만의 총선거를 결의하였어요. 이에 따라 1948년 5월 10일, 유엔 한국 임시 위원단의 감시 아래 우리나라 최초의 보통 선거인 5·10 총선거가 실시되었어요.

① 5·16 군사 정변 이후에 실시되었다.
➡ 박정희를 비롯한 일부 군인들이 1961년에 5·16 군사 정변을 일으켰고, 이들에 의해 헌법이 개정되어 1963년 11월에 제6대 국회 의원 총선거가 실시되었어요.

②제헌 국회 의원을 선출하기 위해 시행되었다.
➡ 1948년에 5·10 총선거가 시행되어 임기 2년의 제헌 국회 의원이 선출되고 제헌 국회가 구성되었어요.

③ 통일 주체 국민 회의 대의원이 투표에 참여하였다.
➡ 1972년에 유신 헌법에 따라 설치된 통일 주체 국민 회의의 대의원은 제8대~제11대 대통령 선거에 참여하여 간선제로 대통령을 선출하였어요. 통일 주체 국민 회의는 1980년에 이루어진 제8차 개헌에 따라 폐지되었어요.

④ 민의원, 참의원으로 구성된 양원제 국회가 탄생하였다.
➡ 1960년 4·19 혁명 후 내각 책임제를 골자로 한 제3차 개헌이 이루어졌고, 개정된 헌법에 따라 치러진 제5대 국회 의원 총선거로 민의원과 참의원으로 구성된 양원제 국회가 탄생하였어요.

⑤ 신한 민주당이 창당 한 달 만에 제1 야당이 되는 결과를 가져왔다.
➡ 1985년 1월에 창당한 신한 민주당은 창당 한 달 만에 치러진 제12대 국회 의원 총선거에서 제1 야당이 되었어요.

48 노태우 정부 시기의 사실 정답 ②

【킬러 문항】

다음 기사가 보도된 정부 시기의 사실로 옳은 것은? [3점]

□□신문
제△△호 ○○○○년 ○○월 ○○일

❶제24회 서울 올림픽 개회식이 열리다

제24회 서울 올림픽 개회식이 어제 잠실 올림픽 주경기장에서 성공적으로 열렸다. 개회식 마지막 행사에서는 주제곡 '손에 손잡고'가 울려 퍼지는 가운데 서울 올림픽 마스코트인 호돌이를 비롯하여 이전 올림픽의 마스코트들이 함께 춤추는 장면이 연출되어 동서 화합의 의미를 더했다.

12년 만에 동서 양 진영이 함께 모인 이번 대회에서는 160개국의 선수 8,000여 명이 참가하여 과거 어느 대회보다 수준 높은 경기가 펼쳐질 것으로 예상된다.

정답 잡는 키워드

❶ 제24회 서울 올림픽 개회식이 열림 → 노태우 정부

제24회 서울 올림픽 개회식이 열렸다는 내용을 통해 노태우 정부 시기에 보도된 신문 기사임을 알 수 있어요. 노태우 정부는 1988년에 제24회 서울 올림픽 대회를 성공적으로 개최하고 북방 외교를 추진하여 소련, 중국 등의 사회주의 국가와 수교를 맺었어요.

① 국민 교육 헌장이 발표되었다.
➡ 박정희 정부는 1968년에 우리나라 교육이 지향해야 할 이념과 근본 목표를 담은 국민 교육 헌장을 발표하였어요. 국민 교육 헌장에는 개인보다 국가의 발전을 우선시하는 국가주의적 입장이 반영되었어요.

②3당 합당으로 민주 자유당이 창당되었다.
➡ 노태우 정부 시기에 치러진 제13대 국회 의원 총선거에서 여당인 민주 정의당이 원내 과반수 의석 확보에 실패하면서 여소야대 정국이 형성되어 야당 주도로 여러 현안들이 처리되었어요. 이에 여당인 민주 정의당은 당시의 정치 국면을 돌파하기 위해 야당인 통일 민주당, 신민주 공화당과 합당하여 1990년에 민주 자유당을 창당하였어요.

③ 군 내부의 사조직인 하나회가 해체되었다.
➡ 김영삼 정부는 1993년에 군 개혁을 통해 군 내부의 사조직인 하나회를 해체하였어요.

④ 사회 정화를 명분으로 삼청 교육대가 설치되었다.
➡ 전두환 등 신군부 세력이 신설한 국가 보위 비상 대책 위원회(국보위)가 1980년에 사회 정화를 명분으로 삼청 교육대를 설치하였어요.

⑤ 외환 위기 극복을 위한 금 모으기 운동이 전개되었다.
➡ 우리나라는 김영삼 정부 시기인 1997년 말에 외환 보유액 부족으로 경제 위기를 맞아 국제 통화 기금(IMF)에 구제 금융을 요청하였어요. 이후 민간 차원에서 금 모으기 운동이 추진되었고 1998년 1월에 한국방송공사(KBS)의 '금 모으기 캠페인' 방송을 통해 전국으로 확산되었어요. 김대중 정부 시기까지 이어진 금 모으기 운동은 국제 통화 기금(IMF)에서 지원받은 자금을 조기에 상환하는 원동력이 되었습니다.

기출 선택지 +α

❻ 국가 인권 위원회가 출범하였다. (O / X)
❼ 중화 인민 공화국과 국교를 수립하였다. (O / X)

기출 선택지 +α 정답 ❻ ×[김대중 정부] ❼ ○

49 부·마 민주 항쟁   정답 ①

(가) 민주화 운동에 대한 설명으로 옳은 것은? [2점]

하계 답사 안내

우리 문화원에서는 ❶부산과 마산 지역의 시민과 학생들이 일으킨 (가) 의 의미를 조명하는 답사를 준비하였습니다. ❷YH 무역 사건, 야당 총재의 국회 의원직 제명 등 일련의 사건으로 당시 정부에 대한 민심 이반이 가속화하는 가운데 일어난 (가) 의 유적지를 둘러보면서 민주주의의 소중함을 되새기는 기회가 되길 바랍니다.

※ 야당 총재 김영삼의 국회 의원직 제명은 김영삼의 정치적 본거지인 부산·경남 지역의 여론을 크게 악화시켜 부산·마산 일대에서 유신 정권 퇴진을 외치는 시위가 확산되었어요.

◆ 기간 : 2024년 ○월 ○○일 ~ ○월 ○○일
◆ 답사 일정
 • 1일차 : 부산대 10·16 기념관 – 국제 시장 – 부산 양서 협동조합 터
 • 2일차 : 경남대 교내 기념석 – 서항 공원 – 창동 사거리
◆ 주요 답사지

10·16 기념관 | 서항 공원 내 기념물

◆ 주관 : △△ 문화원

정답 잡는 키워드

❶ 부산과 마산 지역의 시민과 학생들이 일으킴,
❷ YH 무역 사건, 야당 총재의 국회 의원직 제명 이후에 일어남
→ **부·마 민주 항쟁**

부산과 마산 지역에서 일어났으며, YH 무역 사건과 야당 총재의 국회 의원직 제명 등이 계기가 되었다는 내용을 통해 (가) 민주화 운동이 부·마 민주 항쟁임을 알 수 있어요. 박정희 정부 시기에 국내 최대 가발 업체 중 하나였던 YH 무역이 일방적으로 폐업을 공고하자 노동자들이 야당인 신민당 당사에서 시위를 벌이다 강제 해산되었어요. 이를 계기로 유신 독재 체제를 거세게 비판하던 야당 총재 김영삼이 국회 의원직에서 제명되자 1979년 10월에 부산과 마산 일대에서 유신 체제에 저항하는 부·마 민주 항쟁이 일어났어요.

① **유신 체제 붕괴의 배경이 되었다.**
  ➡ **부·마 민주 항쟁**에 대처할 방안을 두고 정권 내 갈등이 커지는 가운데 대통령 박정희가 측근에 의해 총에 맞아 사망한 10·26 사태가 일어나 유신 체제는 사실상 붕괴되었어요.

② 시민군을 조직하여 계엄군에 대항하였다.
  ➡ 5·18 민주화 운동 과정에서 광주의 학생과 시민들은 계엄군의 발포 등 무력 진압에 대항하여 자발적으로 시민군을 조직하여 계엄군에 대항하였어요.

③ 시위 도중 김주열이 최루탄을 맞고 사망하였다.
  ➡ 3·15 부정 선거를 규탄하는 마산 시위에 참여하였다가 실종된 김주열이 최루탄에 맞아 숨진 채 마산 앞바다에서 발견되었어요. 이에 분노한 시민과 학생들의 시위가 전국으로 확산되며 4·19 혁명으로 이어졌습니다.

④ 직선제 개헌을 약속한 6·29 선언을 이끌어 냈다.
  ➡ 6월 민주 항쟁의 결과 대통령 직선제 개헌을 약속한 6·29 선언이 발표되었어요.

⑤ 대통령이 하야하여 미국으로 망명하는 결과를 가져왔다.
  ➡ 3·15 부정 선거가 발단이 되어 일어난 4·19 혁명으로 이승만이 대통령직에서 물러나 미국으로 망명하였어요.

---

50 김대중 정부의 통일 노력   정답 ③

다음 연설이 있었던 정부의 통일 노력으로 옳은 것은? [2점]

노벨 위원회가 긍정적으로 평가해 준 최근의 남북 관계에 대해 몇 말씀드리겠습니다. 저는 지난 6월에 ❶북한의 김정일 국방 위원장과 역사적인 남북 정상 회담을 가졌습니다 …… 우리의 일관되고 성의 있는 자세와 노르웨이를 비롯한 전 세계 모든 나라의 햇볕 정책에 대한 지지는 북한의 태도를 바꾸게 만들었습니다.

※ 겨울에 나그네의 외투를 벗게 만드는 것은 '강한 바람(강경 정책)'이 아니라, '따뜻한 햇볕(유화 정책)'이라는 이솝 우화에서 인용한 말로, 김대중 정부의 대북 화해 협력 정책을 뜻해요.

정답 잡는 키워드

❶ 북한의 김정일 국방 위원장과 남북 정상 회담을 가짐,
❷ '햇볕 정책' → **김대중 정부**

북한의 김정일 국방 위원장과 남북 정상 회담을 가졌으며 '햇볕 정책'이 언급된 것으로 보아 김대중 대통령의 연설임을 알 수 있어요. 김대중 정부는 '햇볕 정책'이라고도 불린 대북 화해 협력 정책을 추진하여 남북 간 화해 분위기를 조성하였어요. 그리고 분단 이후 최초로 남북 정상 회담을 성사시켰어요.

① 남북 기본 합의서를 교환하였다.
  ➡ 노태우 정부는 남북 사이의 화해와 불가침 및 교류·협력에 관한 합의서인 남북 기본 합의서를 교환하였어요.

② 7·4 남북 공동 성명을 발표하였다.
  ➡ 박정희 정부는 '자주, 평화, 민족 대단결'이라는 평화 통일의 3대 원칙에 합의한 7·4 남북 공동 성명을 발표하였어요.

③ **6·15 남북 공동 선언을 채택하였다.**
  ➡ 김대중 정부는 2000년에 평양에서 남북 정상 회담을 개최하고 6·15 남북 공동 선언을 채택하였어요.

④ 한반도 비핵화 공동 선언에 합의하였다.
  ➡ 노태우 정부는 남북 고위급 회담에서 한반도 비핵화 공동 선언에 합의하였어요.

⑤ 남북 이산가족 고향 방문단의 교환을 최초로 실현하였다.
  ➡ 전두환 정부는 북한의 수해 지원을 계기로 남북 이산가족 고향 방문단의 교환 방문을 최초로 실현하였어요.

기출 선택지 +α

❻ 남북 조절 위원회를 구성하였다. (O / X)
❼ 개성 공업 지구 건설에 합의하였다. (O / X)
❽ 남북한이 국제 연합(UN)에 동시 가입하였다. (O / X)
❾ 민족자존과 통일 번영을 위한 7·7 선언을 발표하였다. (O / X)
❿ 평화 통일 외교 정책에 관한 6·23 특별 성명을 발표하였다. (O / X)

기출 선택지 +α
정답 ❻ ×[박정희 정부] ❼ O ❽ ×[노태우 정부] ❾ ×[노태우 정부] ❿ ×[박정희 정부]

심화 제70회

2024년 5월 25일(토) 시행

해설 강의 바로 보기

합격률 46.8%
응시 인원 : 57,108명
합격 인원 : 26,705명

시대별 출제 비중

전근대 26문항

- **선사 2문항**: 청동기 시대의 생활 모습, 동예
- **고대 8문항**: 삼국의 경쟁, 소수림왕 재위 시기의 사실, 삼국 시대 도교, 원효의 활동, 발해, 최치원의 활동, 신라 말의 상황, 후삼국 통일 과정
- **고려 6문항**: 고려의 경제 상황, 고려 승려들의 활동, 숙종의 정책, 무신 정변, 몽골 침입기의 사실, 원 간섭기의 사실
- **조선 10문항**: 태종의 정책, 김종서의 활동, 성종 재위 시기의 사실, 중종 재위 시기 사림의 활동, 임진왜란, 대동법, 정조 재위 시기의 사실, 조선 후기의 경제, 박지원의 활동, 김홍도의 작품

근현대 24문항

- **개항기 6문항**: 서구 열강의 침략적 접근, 조·미 수호 통상 조약, 갑신정변, 덕수궁, 정미의병, 1900년의 사회 모습
- **일제 강점기 8문항**: 서간도 지역의 민족 운동, 3·1 운동, 1910년대 일제 식민 통치, 대종교, 1920년대 국외 무장 투쟁, 1920년대 중반의 사실, 1930년대 후반 이후 일제 식민 통치, 조소앙의 활동
- **현대 8문항**: 남북 협상, 노태우 정부의 통일 노력, 한·미 상호 방위 조약 체결 이후의 사실, 개헌의 역사, 김영삼 정부 시기의 사실, 노무현 정부 시기의 사실, 김대중 정부 시기의 사실, 대구와 광주의 역사
- **시대 통합 2문항**: 한국의 산지 승원, 기록으로 만나는 사회 보장 제도

분류별 출제 비중 고대~조선

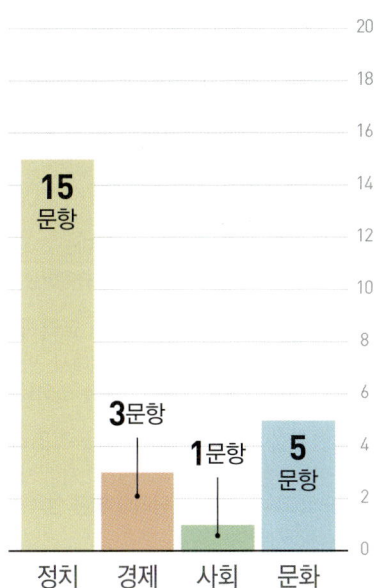

- 정치 15문항
- 경제 3문항
- 사회 1문항
- 문화 5문항

난이도별 출제 비중

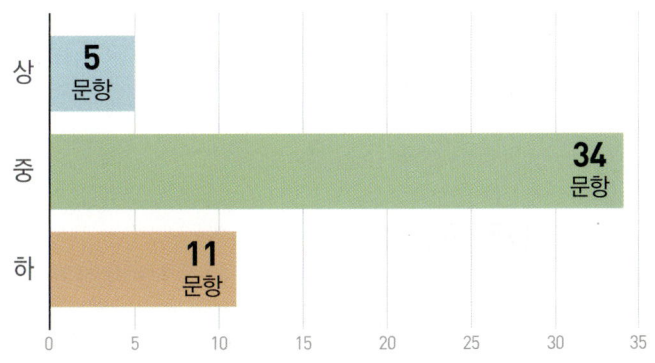

- 상 5문항
- 중 34문항
- 하 11문항

큰별쌤의 한 줄 평

까다로운 자료와 낯선 선지가 출제된 어려운 시험

1 청동기 시대의 생활 모습

정답 ③

(가) 시대의 생활 모습으로 가장 적절한 것은? [1점]

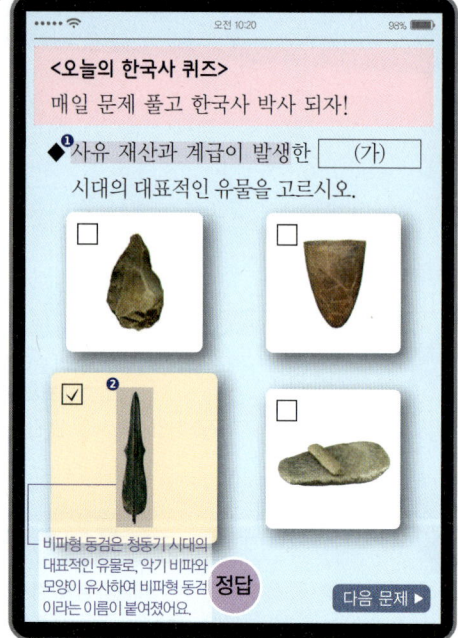

정답 잡는 키워드

❶ 사유 재산과 계급 발생, ❷ 비파형 동검 → 청동기 시대

사유 재산과 계급이 발생하였으며, 비파형 동검이 대표적인 유물인 것으로 보아 (가) 시대가 청동기 시대임을 알 수 있어요. 청동기 시대에는 농업 생산력이 향상되고 잉여 생산물이 생겨났어요. 이에 따라 사유 재산의 개념이 나타나고 빈부의 차이가 생기면서 계급이 형성되었어요. 또한, 정복 활동이 활발해지면서 계급 분화가 뚜렷해지고, 강력한 권력을 가진 지배자가 등장하였어요. 청동기 시대에 제작된 비파형 동검, 청동 거울 등의 청동기는 주로 지배자의 무기나 장신구 또는 의례용으로 쓰였으며, 일상생활에서는 여전히 석기가 사용되었어요.

① 철제 무기로 정복 활동을 벌였다.
  ➡ 철기 시대부터 철제 무기가 사용되었어요.
② 오수전, 화천 등의 중국 화폐로 교역하였다.
  ➡ 오수전과 화천은 철기 시대 유적에서 발견되는 중국 화폐입니다. 이를 통해 중국과 교역이 이루어졌음을 알 수 있어요.
③ 많은 인력을 동원하여 고인돌을 축조하였다.
  ➡ 고인돌은 청동기 시대부터 만들어지기 시작한 지배층의 무덤이에요. 거대한 규모의 고인돌을 통해 당시에 많은 인력을 동원할 수 있는 지배자가 존재하였음을 알 수 있어요.
④ 주로 동굴이나 강가에 막집을 짓고 거주하였다.
  ➡ 구석기 시대에는 식량을 찾아 이동 생활을 하였으며 주로 동굴이나 강가에 막집을 짓고 거주하였어요.
⑤ 가락바퀴와 뼈바늘을 사용하여 옷을 만들기 시작하였다.
  ➡ 신석기 시대에 가락바퀴를 이용하여 실을 뽑고 뼈바늘로 옷이나 그물 등을 만들기 시작하였어요.

기출 선택지 +α

❻ 반달 돌칼을 사용하여 곡식을 수확하였다. (O / X)
❼ 빗살무늬 토기에 음식을 저장하기 시작하였다. (O / X)

기출 선택지 +α 정답 ⑥ ○ ⑦ ×[신석기 시대]

---

2 동예

정답 ③

(가) 나라에 대한 설명으로 옳은 것은? [2점]

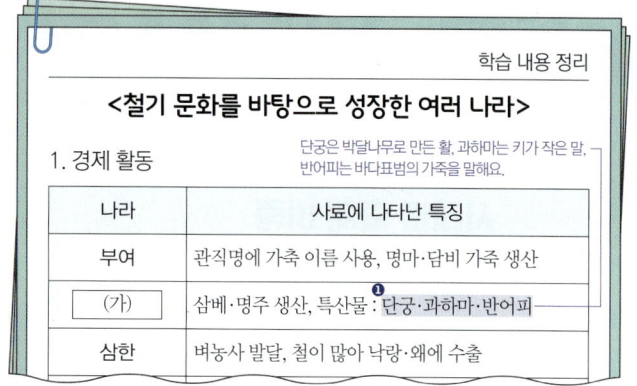

정답 잡는 키워드

❶ 단궁, 과하마, 반어피 → 동예

철기 문화를 바탕으로 성장하였으며, 단궁과 과하마, 반어피가 특산물이라는 내용을 통해 (가) 나라가 동예임을 알 수 있어요. 고조선 멸망 이후 만주와 한반도에서는 철기 문화를 바탕으로 부여, 고구려, 옥저, 동예, 삼한 등 여러 나라가 성장하였어요. 동예는 지금의 강원도 북부 동해안 지역에 위치한 나라로, 고구려의 압박을 받아 크게 성장하지 못하고 고구려에 통합되었어요.

① 신지, 읍차 등의 지배자가 있었다.
  ➡ 삼한에는 왕이 없고 세력 크기에 따라 신지, 읍차라고 불린 지배자가 있었어요.
② 혼인 풍습으로 민며느리제가 있었다.
  ➡ 옥저에는 혼인을 약속한 여자아이를 남자 집에서 데려와 키운 후 성인이 되면 여자 집에 예물을 주고 혼인하는 민며느리제라는 혼인 풍습이 있었어요.
③ 10월에 무천이라는 제천 행사를 열었다.
  ➡ 동예는 매년 10월에 무천이라는 제천 행사를 열었어요.
④ 여러 가(加)들이 각각 사출도를 주관하였다.
  ➡ 부여는 왕이 중앙을 다스리고 마가, 우가, 저가, 구가 등의 가(加)들이 별도로 사출도를 주관하였어요.
⑤ 제가 회의에서 나라의 중대사를 결정하였다.
  ➡ 고구려는 제가 회의라는 귀족 회의에서 나라의 중대사를 결정하였어요.

기출 선택지 +α

❻ 서옥제라는 혼인 풍습이 있었다. (O / X)
❼ 신성 지역인 소도가 존재하였다. (O / X)
❽ 읍군이나 삼로라는 지배자가 있었다. (O / X)
❾ 범금 8조를 통해 사회 질서를 유지하였다. (O / X)
❿ 읍락 간의 경계를 중시하는 책화가 있었다. (O / X)

기출 선택지 +α 정답 ⑥ ×[고구려] ⑦ ×[삼한] ⑧ ○[옥저, 동예] ⑨ ×[고조선] ⑩ ○

3 삼국의 경쟁   정답 ②

다음 자료에 나타난 사건의 영향으로 가장 적절한 것은? [3점]

> "삼국사기"에는 백제 개로왕이 장수왕이 보낸 고구려 첩자 도림에게 속아 대대적인 토목 공사를 벌여 국력을 소진하였다는 이야기가 전해집니다.
>
> ❶왕이 문주에게 일러 말하기를, "내가 어리석고 밝지 못하여 간사한 사람[도림]의 말을 믿어 이 지경이 되었다. …… 나는 마땅히 사직에서 죽겠지만, 네가 이곳에서 함께 죽는 것은 이로울 게 없다. ❷어찌 난을 피하여 나라의 계통을 잇지 않겠는가?"라고 하였다. …… 고구려의 대로 제우·재증걸루·고이만년 등이 북성을 공격하여 7일 만에 빼앗았다. 이동하여 남성을 공격하니 성 안 사람들이 두려워하였다. 왕이 성을 나와 도망하자, ❸고구려 장수 재증걸루 등이 왕을 보고 말에서 내려 절한 다음에 그 얼굴을 향해 세 번 침을 뱉고는 죄를 나열한 다음 포박하여 아차성 아래로 보내 죽였다.
>
> 백제는 475년에 고구려의 공격을 받아 도읍 한성이 함락되고 개로왕이 죽임을 당하였어요. 이후 위협한 문주왕이 같은 해 웅진으로 천도하며 백제 웅진기가 시작되었어요.

정답 잡는 키워드

❶, ❷ 왕(개로왕)이 문주에게 나라의 계통을 잇게 함,
❸ 고구려 장수 재증걸루 등이 왕(개로왕)을 죽임
→ **고구려의 공격으로 백제의 도읍 한성 함락(475)**

왕(개로왕)이 문주에게 나라의 계통을 이을 것을 당부하였으며, 고구려의 공격으로 성이 함락되고 왕이 죽임을 당하였다는 내용을 통해 고구려 장수왕 때 백제의 도읍 한성을 함락한 상황임을 알 수 있어요. 장수왕은 427년에 도읍을 평양으로 옮기고 남진 정책을 본격화하였어요. 이에 대항하여 백제는 신라와 동맹을 맺었어요(나·제 동맹). 고구려의 공격으로 475년에 백제의 도읍 한성이 함락되고 개로왕이 전사하였어요. 개로왕의 뒤를 이어 왕위에 오른 문주왕은 위기를 수습하고자 웅진으로 도읍을 옮겼어요.

① 고구려가 평양으로 천도하였다.
→ 고구려 장수왕은 국내성을 기반으로 한 귀족 세력을 약화하고 왕권을 강화하기 위해 427년에 국내성에서 평양으로 천도하였어요.

②동성왕이 나·제 동맹을 강화하였다.
→ 백제 문주왕이 웅진으로 천도한 이후 정치적 혼란 속에서 즉위한 동성왕은 493년에 신라 이벌찬 비지의 딸과 혼인하면서 신라와의 동맹을 강화하였어요.

③ 고국원왕이 근초고왕의 공격을 받아 전사하였다.
→ 고구려 고국원왕은 백제와 세력 다툼을 벌이던 중 371년 백제 근초고왕의 공격을 받아 평양성에서 전사하였어요.

④ 백제가 고구려를 견제하고자 북위에 국서를 보냈다.
→ 고구려 장수왕이 평양으로 천도하고 본격적으로 남진 정책을 추진하자, 백제 개로왕은 고구려를 견제하기 위해 472년 북위에 고구려를 협공하자는 내용의 국서를 보냈어요.

⑤ 신라가 왜를 격퇴하기 위해 고구려에 군사를 청하였다.
→ 신라의 내물 마립간은 왜를 격퇴하기 위해 399년에 고구려에 군사를 청하였고 이듬해 고구려 광개토 태왕은 신라에 군대를 파견하였어요.

기출 선택지 +α

❻ 백제의 문주왕이 웅진으로 천도하였다.   (O / X)
❼ 고구려의 태조왕이 옥저를 복속시켰다.   (O / X)
❽ 고구려가 후연을 공격하고 요동 땅을 차지하였다.   (O / X)
❾ 관구검이 이끄는 위의 군대가 고구려를 침략하였다.   (O / X)

기출 선택지 +α
정답 ❻ ○[475년] ❼ ×[1세기] ❽ ×[5세기 초 고구려 광개토 태왕 때]
❾ ×[3세기 고구려 동천왕 때]

---

4 소수림왕 재위 시기의 사실   정답 ①

(가) 왕의 재위 시기에 있었던 사실로 옳은 것은? [2점]

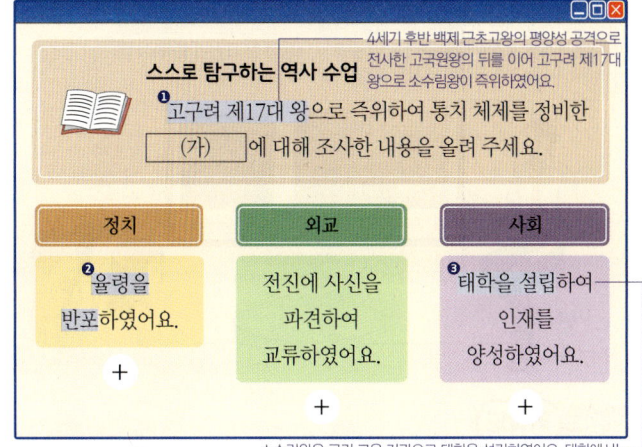

> 4세기 후반 백제 근초고왕의 평양성 공격으로 전사한 고국원왕의 뒤를 이어 고구려 제17대 왕으로 소수림왕이 즉위하였어요.
>
> 스스로 탐구하는 역사 수업
> 고구려 제17대 왕으로 즉위하여 통치 체제를 정비한 (가) 에 대해 조사한 내용을 올려 주세요.
>
> 정치 — ❷율령을 반포하였어요.
> 외교 — 전진에 사신을 파견하여 교류하였어요.
> 사회 — ❸태학을 설립하여 인재를 양성하였어요.
>
> 소수림왕은 국립 교육 기관으로 태학을 설립하였어요. 태학에서는 주로 귀족 자제를 대상으로 유학을 교육하였어요.

정답 잡는 키워드

❶ 고구려 제17대 왕, ❷ 율령 반포, ❸ 태학 설립 → **소수림왕**

고구려 제17대 왕이며, 율령을 반포하고 태학을 설립하였다는 내용을 통해 (가) 왕이 고구려 소수림왕임을 알 수 있어요. 소수림왕은 고국원왕이 전사한 위기 상황 속에서 즉위하였으며, 국가의 위기를 극복하기 위한 여러 정책을 추진하였어요. 율령을 반포하여 통치 체제를 정비하였으며, 인재 양성을 위해 태학을 설립하였어요. 또한, 당시 중국의 패권을 차지한 전진에 사신을 파견하고 우호적인 관계를 맺는 등 대외 관계를 안정시키기 위해 노력하였어요.

①승려 순도를 통해 불교를 수용하였다.
→ 소수림왕은 전진에서 온 승려 순도를 통해 불교를 수용하였어요.

② 낙랑군을 축출하여 영토를 확장하였다.
→ 미천왕은 낙랑군과 대방군을 축출하여 영토를 확장하였어요.

③ 영락이라는 독자적인 연호를 사용하였다.
→ 광개토 태왕은 '영락'이라는 독자적인 연호를 사용하였어요.

④ 을지문덕이 살수에서 수의 군대를 물리쳤다.
→ 영양왕 때 을지문덕이 이끄는 고구려군이 살수에서 우중문이 이끄는 수의 별동대를 크게 물리쳤어요.

⑤ 이문진이 유기를 간추린 신집 5권을 편찬하였다.
→ 영양왕 때 이문진이 왕명을 받아 역사서 "유기"를 간추린 "신집" 5권을 편찬하였어요.

기출 선택지 +α

❻ 도읍을 국내성에서 평양으로 옮겼다.   (O / X)
❼ 서안평을 점령하여 영토를 확장하였다.   (O / X)
❽ 을파소를 등용하고 진대법을 실시하였다.   (O / X)
❾ 당의 침입에 대비하여 천리장성을 축조하였다.   (O / X)

기출 선택지 +α
정답 ❻ ×[장수왕] ❼ ×[미천왕] ❽ ×[고국천왕] ❾ ×[영류왕~보장왕]

5 삼국 시대 도교

정답 ②

강연자의 질문에 대한 청중의 답변으로 가장 적절한 것은? [2점]

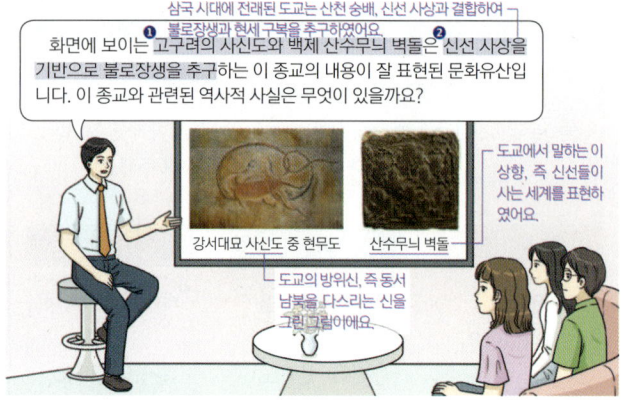

삼국 시대에 전래된 도교는 산천 숭배, 신선 사상과 결합하여 불로장생과 현세 구복을 추구하였어요.

화면에 보이는 고구려의 사신도와 백제 산수무늬 벽돌은 신선 사상을 기반으로 불로장생을 추구하는 이 종교의 내용이 잘 표현된 문화유산입니다. 이 종교와 관련된 역사적 사실은 무엇이 있을까요?

도교에서 말하는 이 상향, 즉 신선들이 사는 세계를 표현하였어요.

강서대묘 사신도 중 현무도 산수무늬 벽돌

도교의 방위신, 즉 동서남북을 다스리는 신을 그린 그림이에요.

정답 잡는 키워드

❶ 고구려의 사신도, 백제 산수무늬 벽돌,
❷ 신선 사상을 기반으로 불로장생을 추구함 → **도교**

고구려의 사신도와 백제 산수무늬 벽돌에 이 종교의 내용이 잘 표현되어 있으며, 신선 사상을 기반으로 불로장생을 추구한다는 것으로 보아 자료에서 말하는 종교가 도교임을 알 수 있어요. 도교는 중국에서 신선 사상을 기반으로 유교, 불교와 여러 신앙 요소들을 받아들여 형성된 종교입니다. 삼국 시대에 한반도에 전래되어 귀족 사회를 중심으로 유행하였으며 사상, 문학, 예술과 일상생활 등 여러 방면에 영향을 끼쳤어요.

① 간경도감에서 경전이 간행되었습니다.
➡ 조선 세조는 간경도감을 설치하여 **불교** 경전을 한글로 번역하고 간행하였어요.

②연개소문이 당에 도사 파견을 요청하였습니다.
➡ 도사는 **도교**를 믿고 수행하는 사람을 말해요. 고구려 보장왕 때 연개소문은 당에 도사 파견을 요청하였어요. 이때 고구려에 건너온 도사들의 활동으로 왕실 및 지배층에 도교 사상이 퍼졌어요.

③ 과거 시험의 교재로 사서집주가 채택되었습니다.
➡ 사서는 **성리학**의 기본 경전인 "논어", "맹자", "대학", "중용"을 말하며 "사서집주"는 사서를 주석한 책이에요. "사서집주"는 고려 후기에 성리학의 도입과 함께 유입되어 이후 과거 시험의 교재로 채택되었어요.

④ 범일이 9산 선문 중 하나인 사굴산문을 개창하였습니다.
➡ 신라 말에 참선 수행을 통해 깨달음을 얻으려는 **불교** 종파인 선종이 유행하면서 9산 선문이 형성되었어요.

⑤ 주요 경전의 이름이 새겨진 임신서기석이 만들어졌습니다.
➡ 임신서기석은 신라의 두 청년이 **유교** 경전을 공부할 것을 맹세한 내용을 새긴 비석이에요.

핵심 개념	도교의 발달
특징	산천 숭배, 신선 사상과 결합 → 귀족 사회를 중심으로 발달
고구려	사신도 : 도교의 방위를 나타내는 상징적 동물인 청룡(동), 백호(서), 주작(남), 현무(북)의 사신을 그린 그림
백제	백제 금동 대향로(부여 능산리 절터에서 출토), 산수무늬 벽돌
신라	화랑도 → 낭가 사상(신채호)

6 원효의 활동

정답 ③

(가) 승려에 대한 설명으로 옳은 것은? [2점]

일체유심조
모든 것은 마음먹기에 달려 있다!

우리 역사상 불교 발전에 가장 크게 이바지한 승려를 가리키는 이번 투표에서 여러분들의 현명한 선택을 기다립니다.

기호 ○번 (가)

■ 주요 활동
❶ "금강삼매경론", "대승기신론소" 등 저술
❷ 일심 사상과 화쟁 사상 주장

원효의 화쟁 사상은 불교 종파 간에 서로 대립하는 다양한 이론들을 열 개의 주제로 나누어 정리한 그의 저서 "십문화쟁론"에 잘 드러나 있어요.

정답 잡는 키워드

❶ "금강삼매경론", "대승기신론소" 저술,
❷ 일심 사상과 화쟁 사상 주장 → **원효**

"금강삼매경론"과 "대승기신론소"를 저술하였으며, 일심 사상과 화쟁 사상을 주장하였다는 내용을 통해 (가) 승려가 신라의 원효임을 알 수 있어요. 원효는 "금강삼매경론", "대승기신론소" 등을 저술하여 불교 교리 연구에 힘썼으며, 모든 진리는 한마음에서 나온다는 일심 사상과 화쟁 사상을 주장하며 종파 간의 사상적 대립을 극복하기 위해 노력하였어요. 또한, '나무아미타불'만 외우면 누구나 극락에 갈 수 있다고 주장하며 일반 백성에게 불교를 알렸어요.

① 구법 순례기인 왕오천축국전을 남겼다.
➡ **혜초**는 인도와 중앙아시아 지역을 순례하고 돌아와 구법 순례기인 "왕오천축국전"을 남겼어요.

② 황룡사 구층 목탑의 건립을 건의하였다.
➡ **자장**은 선덕 여왕에게 부처의 힘으로 나라를 안정시키고 외적의 침입을 막는다는 염원을 담아 황룡사 9층 목탑의 건립을 건의하였어요.

③무애가를 지어 불교 대중화에 기여하였다.
➡ **원효**는 백성들이 쉽게 불교 교리를 받아들일 수 있도록 무애가라는 노래를 지어 불교 대중화에 기여하였어요.

④ 화랑도의 규범으로 세속 5계를 제시하였다.
➡ **원광**은 화랑이 지켜야 할 행동 규범으로 세속 5계를 제시하였어요.

⑤ 화엄일승법계도를 지어 화엄 사상을 정리하였다.
➡ **의상**은 당에서 화엄 사상을 연구하고 돌아와 화엄 사상의 요지를 정리한 '화엄일승법계도'를 지었어요.

핵심 개념	통일 신라 불교의 발전
원효	• 일심 사상과 화쟁 사상을 통해 종파 간의 사상적 대립을 조화롭게 승화시키려고 함(원융회통) • 아미타 신앙(정토 신앙) : '나무아미타불'만 외우면 누구나 극락에 갈 수 있다고 주장, '무애가'를 지어 전파 → 불교 대중화에 기여 • "대승기신론소", "십문화쟁론", "금강삼매경론" 등 저술
의상	화엄종 개창, 화엄 사상 정립, 부석사 등 많은 사찰 건립, 관음 신앙(관세음보살을 믿어 현세의 고난을 구제받고자 하는 신앙) 전파, '화엄일승법계도' 저술
혜초	인도와 중앙아시아를 순례한 뒤 "왕오천축국전" 저술
선종의 유행	실천 수행을 통한 깨달음 추구 → 지방 호족의 사상적 배경이 됨, 9산 선문 성립, 승탑과 탑비 유행

7 발해 정답 ④

(가) 국가에 대한 설명으로 옳은 것은? [1점]

> 신라고기(新羅古記)에 이르기를 "고(구)려의 옛 장수 조영의 성은 대씨(大氏)니 남은 군사를 모아 태백산 남쪽에서 나라를 세우고 나라 이름을 (가) (이)라고 하였다." …… 지장도(指掌圖)에 보면 "(가) 은/는 만리장성 동북쪽 모서리 밖에 있다."라고 하였다.

정답 잡는 키워드

❶ 고구려의 옛 장수 대조영이 나라를 세움 → 발해

고구려의 옛 장수 대조영이 나라를 세웠다는 내용을 통해 (가) 국가가 발해임을 알 수 있어요. 발해는 고구려 출신 대조영이 고구려 유민과 말갈인을 이끌고 지린성 동모산에서 세운 나라로 고구려 계승 의식을 표방하였어요. 9세기 선왕 때 옛 고구려의 영토를 대부분 회복하고 전성기를 맞았으며, 이 무렵 중국으로부터 해동성국이라고 불리기도 하였어요. 발해는 당의 제도를 받아들여 3성 6부의 중앙 정치 조직을 갖추었으나 그 명칭과 운영에서는 독자성을 유지하였어요.

① 군사 조직으로 9서당 10정을 편성하였다.
  ➡ 신라는 통일 이후 9서당의 중앙군과 10정의 지방군을 편성하여 군사 조직을 정비하였어요.

② 정사암에 모여 국가 중대사를 논의하였다.
  ➡ 백제에서는 귀족들이 정사암에 모여 재상을 선출하거나 국가 중대사를 논의하였어요.

③ 광평성을 비롯한 각종 정치 기구를 갖추었다.
  ➡ 후고구려를 세운 궁예는 국호를 '마진'으로 바꾸고 광평성을 비롯한 각종 정치 기구를 두었어요. 이어 철원으로 수도를 옮기고 국호를 다시 '태봉'으로 바꾸었어요.

④ 5경 15부 62주의 지방 행정 제도를 마련하였다.
  ➡ 발해는 주요 지역에 5경을 설치하였으며, 지방을 15부로 나누고 그 아래 62주를 두는 지방 행정 제도를 마련하였어요.

⑤ 상수리 제도를 시행하여 지방 세력을 견제하였다.
  ➡ 신라는 지방 세력가나 그 자제를 일정 기간 수도에 머무르게 하는 상수리 제도를 시행하여 지방 세력을 견제하였어요.

기출 선택지 +α

❻ 일길찬, 사찬 등의 관등이 있었다. (O/X)
❼ 중정대를 두어 관리를 감찰하였다. (O/X)
❽ 교육 기관으로 주자감을 설립하였다. (O/X)
❾ 내신좌평, 위사좌평 등 6좌평의 관제를 마련하였다. (O/X)
❿ 청연각과 보문각을 설치하여 학문 연구를 장려하였다. (O/X)

기출 선택지 +α 정답 ❻ ×[신라] ❼ O ❽ O ❾ ×[백제] ❿ ×[고려]

8 최치원의 활동 정답 ③

(가) 인물에 대한 설명으로 옳은 것은? [2점]

> [역사 다큐멘터리 기획안]
> **도당 유학생, 서로 다른 길을 걷다**
>
> ■ 기획 의도
> - 신라 말 골품제의 한계에 부딪힌 6두품의 당 유학생이 늘어났어요. '신라 3최'라고도 불리는 최치원, 최승우, 최언위는 모두 6두품 출신으로, 당에 유학하여 빈공과에 급제하였어요.
> ❶ 당에 건너가 유학했던 6두품들이 신라로 돌아온 이후의 행보를 알아본다.
> - 최치원은 당에서 귀국한 후 진성 여왕에게 개혁안 10여 조를 올렸으나 진골 귀족들의 반대로 받아들여지지 않자 이후 은둔 생활을 하였다고 해요.
>
> ■ 구성 내용
> 1. (가) , ❷ 진성 여왕에게 시무책 10여 조를 올리다
> 2. 최승우, 견훤의 신하로 왕건에게 보내는 격문을 짓다
> 3. 최언위, 고려에 투항하여 문한관으로 문명을 떨치다

정답 잡는 키워드

❶ 6두품 출신의 도당 유학생,
❷ 진성 여왕에게 시무책 10여 조를 올림 → 최치원

당에 건너가 유학했던 6두품이며, 신라로 돌아온 후에 진성 여왕에게 시무책 10여 조를 올렸다는 내용을 통해 (가) 인물이 최치원임을 알 수 있어요. 최치원은 당에 건너가 외국인을 대상으로 한 과거 시험인 빈공과에 급제하여 당의 관리로서 관직 생활을 하였어요. 신라에 돌아온 후 정치를 바로잡고 혼란스러운 사회를 안정시키기 위해 진성 여왕에게 시무책 10여 조를 건의하였으나, 진골 귀족들의 반대에 부딪혀 실현하지 못하였어요.

① 향가 모음집인 삼대목을 편찬하였다.
  ➡ 위홍과 대구화상은 진성 여왕의 명을 받아 향가 모음집인 "삼대목"을 편찬하였어요.

② 외교 문서인 청방인문표를 작성하였다.
  ➡ 강수는 외교 문서 작성에 능하여 당에 잡혀 있던 태종 무열왕의 아들 김인문을 석방해 줄 것을 당의 고종에게 청하는 '청방인문표'를 작성하였어요.

③ 격황소서를 지어 문장가로서 이름을 떨쳤다.
  ➡ 최치원은 당에서 반란을 일으킨 황소에게 항복을 권하는 격문인 '격황소서'를 지어 문장가로 이름을 널리 알렸어요.

④ 유식의 교의를 담은 해심밀경소를 저술하였다.
  ➡ 원측은 유식의 교의를 담은 "해심밀경"의 주석서인 "해심밀경소"를 저술하였어요.

⑤ 국왕에게 조언하는 내용의 화왕계를 저술하였다.
  ➡ 설총은 국왕에게 충신을 가까이할 것을 조언하는 내용의 '화왕계'를 저술하였어요.

기출 선택지 +α

❻ 한자의 음과 훈을 차용한 이두를 체계적으로 정리하였다. (O/X)
❼ 신라 말의 사회상을 보여 주는 해인사 묘길상탑기를 남겼다. (O/X)

기출 선택지 +α 정답 ❻ ×[설총] ❼ O

9 신라 말의 상황 정답 ④

다음 상황이 나타난 시기를 연표에서 옳게 고른 것은? [3점]

> 각간 김경신이 해몽을 청하자 아찬 여삼은 "복두를 벗은 것은 위에 다른 사람이 없다는 뜻이요, 소립을 쓴 것은 면류관을 쓸 징조이며, 12현금(絃琴)을 든 것은 12대손까지 왕위를 전한다는 조짐이며, 천관사 우물로 들어간 것은 궁궐로 들어갈 상서로운 조짐입니다."라고 하였다. "위에 주원이 있는데 어찌 내가 왕위에 오를 수 있겠소?"라고 경신이 묻자, 아찬이 대답하기를 "청컨대 은밀히 북천신에게 제사 지내면 될 것입니다."라고 하여 이에 따랐다. 얼마 지나지 않아 ❶선덕왕이 죽자, 나라 사람들이 김주원을 왕으로 받들어 궁중으로 맞아들이려 했다. ❷주원의 집은 북천 북쪽에 있었는데 홀연히 냇물이 불어나 건널 수가 없었다. 이에 경신이 먼저 궁궐로 들어가 왕위에 올랐다.

8세기 후반 혜공왕의 뒤를 이은 선덕왕이 죽은 후에 왕위 다툼이 일어났으며, 이때 김경신(원성왕)이 김주원을 물리치고 왕위에 올랐어요.

정답 잡는 키워드
❶, ❷ 선덕왕이 죽은 후 김주원 대신 김경신이 왕위에 오름
→ **8세기 후반 원성왕 즉위**

선덕왕이 죽은 이후 나라 사람들이 김주원을 왕으로 맞으려 하였으나 냇물이 불어나 건너지 못하고 김경신이 먼저 궁궐에 들어가 왕위에 올랐다는 내용을 통해 8세기 후반에 신라 원성왕이 즉위하는 상황임을 알 수 있어요.

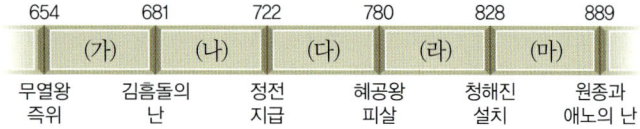

654	681	722	780	828	889
(가)	(나)	(다)	(라)	(마)	
무열왕 즉위	김흠돌의 난	정전 지급	혜공왕 피살	청해진 설치	원종과 애노의 난

➡ 780년 **혜공왕이 피살**된 이후 왕위 쟁탈전이 치열해져 150여 년간 20여 명의 왕이 교체되면서 신라의 중앙 정치가 혼란에 빠졌어요. 혜공왕의 뒤를 이어 김경신과 김주원 등의 추대로 선덕왕이 왕위에 올랐어요. 선덕왕이 후사 없이 죽자 내물 마립간의 후손인 김경신과 무열왕계인 김주원 사이에 왕위 다툼이 벌어졌고 결국 **김경신(원성왕)이 왕위를 차지**하였어요(785). 이후 김주원의 아들 김헌창은 헌덕왕 때인 822년에 아버지가 왕위에 오르지 못한 것에 원한을 품고 웅천주(지금의 공주)에서 반란을 일으켰으나 실패하였어요. 헌덕왕의 뒤를 이어 흥덕왕이 즉위하였고 흥덕왕 때인 828년에 장보고가 완도에 해상 기지인 **청해진을 설치**하여 해적을 소탕하고 해상 무역을 전개하였어요.

따라서 원성왕이 즉위한 시기는 혜공왕 피살과 청해진 설치 사이인 ④ (라)입니다.

① (가) ② (나) ③ (다) ④ (라) ⑤ (마)

연표로 흐름잡기

780	혜공왕 피살
785	선덕왕 사망, 원성왕 즉위(김경신이 김주원과의 왕위 다툼에서 승리)
788	원성왕 때 독서삼품과 설치
822	헌덕왕 때 김헌창의 난 발생
828	흥덕왕 때 장보고가 완도에 청해진 설치

10 후삼국 통일 과정 정답 ③

(가)에 들어갈 내용으로 적절한 것은? [2점]

한국사 동영상 제작 계획안

다시 하나로, 민족의 재통일을 이루다
○학년 ○반 ○모둠

■ 제작 의도
고려의 후삼국 통일 과정과 역사적 의의를 주요 인물과 관련된 사건의 발생 순서에 따라 살펴본다.

■ 장면별 구성 내용
#1. 신숭겸, 공산 전투에서 전사하다
— 후백제의 견훤은 신라의 금성을 습격하여 경애왕을 죽게 하고 경순왕(김부)을 새 왕으로 세웠어요. 귀환길에 신라를 도우러 온 고려군을 공산 전투에서 크게 무찔렀어요.
#2. 왕건, 고창 전투에서 후백제군을 물리치다
#3. 견훤, 금산사에서 탈출하여 고려에 귀순하다
— 935년 견훤이 나주로 도망쳐 와 귀순하기를 청하자 왕건은 그를 받아들이고 존칭하며 대우하였어요.
#4. (가)
#5. 왕건, 일리천에서 신검의 군대에 승리하다
— 936년 왕건은 일리천 전투 승리 후 후백제를 멸망시키고 후삼국을 통일하여 민족의 재통일을 이루었어요.

후삼국 통일 과정에서 견훤의 고려 귀순(935)과 일리천 전투(936) 사이의 시기에 있었던 사실을 찾으면 됩니다. 고려는 공산 전투(927)에서 후백제군에 크게 패하였고 이때 고려의 장수 신숭겸이 위기에 빠진 왕건을 구하기 위해 싸우다가 전사하였어요. 그 뒤 고려는 고창 전투(930)에서 후백제군을 물리치면서 후삼국 통일의 주도권을 장악하였어요. 이때 타격을 입은 후백제의 세력이 약화하는 가운데 견훤이 막내아들 금강에게 왕위를 물려주려 하자 이에 불만을 품은 큰아들 신검이 견훤을 금산사에 유폐하는 일이 일어났어요. 견훤은 금산사를 탈출하여 고려에 귀순하였고, 이어 신라의 경순왕도 더 이상 나라를 유지하기 어렵다고 판단하여 고려에 항복하였어요. 이후 고려 태조 왕건은 견훤과 함께 일리천 전투에서 신검이 이끄는 후백제군을 격퇴하고 곧이어 후삼국을 통일하였어요.

① 안승, 보덕국 왕으로 책봉되다
➡ 고구려 멸망 후 검모잠이 안승을 왕으로 추대하고 고구려 부흥 운동을 전개하였어요. 안승은 검모잠과 의견 대립이 생기자 그를 죽이고 신라에 투항하여 보덕국 왕으로 책봉되었어요(674).

② 궁예, 국호를 태봉으로 바꾸다
➡ 궁예는 고구려 계승을 내세우며 송악을 도읍으로 삼아 후고구려를 건국하였어요. 이후 국호를 '마진'으로 바꾸었고, 이어 철원으로 천도한 후 다시 국호를 '태봉'으로 바꾸었어요(911).

③ 경순왕 김부, 경주의 사심관이 되다
➡ 경순왕 김부가 항복해 오자 고려 태조는 신라국을 없애고 금성을 경주로 삼은 후 김부를 경주의 사심관으로 임명하였어요(935).

④ 윤충, 대야성을 공격하여 함락시키다
➡ 백제 의자왕은 윤충을 보내 전략적 요충지인 신라의 대야성을 공격하여 함락시켰어요(642).

⑤ 흑치상지, 임존성에서 부흥군을 이끌다
➡ 백제 멸망 후 흑치상지는 임존성에서 백제 부흥 운동을 일으켜 부흥군을 이끌었어요(660).

11 고려의 경제 상황   정답 ④

(가) 국가의 경제 상황으로 옳은 것은?   [1점]

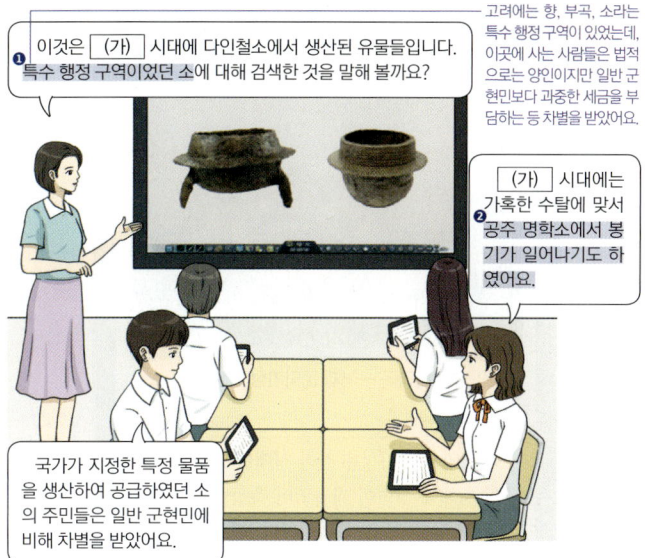

- 이것은 (가) 시대에 다인철소에서 생산된 유물들입니다. 특수 행정 구역이었던 소에 대해 검색한 것을 말해 볼까요?
- 고려에는 향, 부곡, 소라는 특수 행정 구역이 있었는데, 이곳에 사는 사람들은 법적으로는 양인이지만 일반 군현민보다 과중한 세금을 부담하는 등 차별을 받았어요.
- (가) 시대에는 가혹한 수탈에 맞서 공주 명학소에서 봉기가 일어나기도 하였어요.
- 국가가 지정한 특정 물품을 생산하여 공급하였던 소의 주민들은 일반 군현민에 비해 차별을 받았어요.

정답 잡는 키워드

❶ 특수 행정 구역인 소가 있음,
❷ 공주 명학소에서 봉기가 일어남 → 고려

특수 행정 구역인 소가 있었으며, 공주 명학소에서 봉기가 일어났다는 내용을 통해 (가) 국가가 고려임을 알 수 있어요. 고려에는 특수 행정 구역으로 향·부곡·소가 있었어요. 향과 부곡에 사는 사람들은 주로 농사를 지었고, 소에 사는 사람들은 주로 국가에서 필요로 하는 수공업품을 생산하였어요. 이곳의 주민들은 거주 이전의 자유가 제한되고 일반 군현민에 비해 더 많은 세금을 내는 등 차별을 받았어요. 무신 집권기인 1176년에 공주 명학소에서 망이·망소이가 소 거주민에 대한 차별과 지배층의 가혹한 수탈에 저항하여 봉기하였어요.

① 특산품으로 솔빈부의 말이 유명하였다.
➡ 발해는 목축이 발달하여 특산품으로 솔빈부의 말이 유명하였어요.

② 풍흉에 따라 9등급으로 전세를 거두었다.
➡ 조선은 세종 때 연분9등법을 시행하여 풍흉에 따라 9등급으로 전세를 거두었어요.

③ 감자, 고구마 등의 작물이 널리 재배되었다.
➡ 조선 후기에 감자, 고구마 등이 전래되어 구황 작물로 널리 재배되었어요.

④ 경시서의 관리들이 시전의 상행위를 감독하였다.
➡ 고려 시대에 경시서의 관리들이 수도 개경에 설치된 시전의 상행위를 감독하였어요.

⑤ 설점수세제를 시행하여 민간의 광산 개발을 허용하였다.
➡ 조선 후기에 설점수세제를 시행하여 민간의 광산 개발을 허용하는 대신에 세금을 내게 하였어요.

기출 선택지 +α

❻ 삼한통보, 해동통보 등이 발행되었다. (O / X)
❼ 만상이 대청 무역으로 부를 축적하였다. (O / X)
❽ 서적점, 다점 등의 관영 상점이 운영되었다. (O / X)
❾ 당항성, 영암이 국제 무역항으로 번성하였다. (O / X)
❿ 시장을 감독하는 관청인 동시전이 설치되었다. (O / X)

기출 선택지 +α 정답 ❻ ○ ❼ ×[조선 후기] ❽ ○ ❾ ×[신라] ❿ ×[신라]

---

12 고려 승려들의 활동   정답 ③

(가)~(마)에 들어갈 내용으로 적절한 것은?   [3점]

〈한국사 학술 강좌〉

인물로 보는 고려 불교사

우리 학회에서는 고려 승려들의 활동을 통해 불교사의 흐름을 파악하는 자리를 마련하였습니다. 관심 있는 분들의 많은 참여를 바랍니다.

■ 강좌 주제 ■

제1강 균여, (가)
제2강 의천, (나)
제3강 지눌, (다)
제4강 요세, (라)
제5강 혜심, (마)

- 일시 : 2024년 ○○월 ○○일 09:00~17:00
- 장소 : □□ 박물관 대강당
- 주최 : △△ 학회

① (가) - 법화 신앙에 중점을 둔 백련 결사를 제창하다
➡ 백련 결사를 제창한 인물은 요세입니다. 균여는 광종이 그를 위해 지은 귀법사의 주지가 되어 민중을 교화하고 불법을 널리 펴기 위해 노력하였어요. 또한, '보현십원가' 등 화엄 사상을 담은 향가를 지어 대중에게 불교 교리를 전파하는 데 힘썼어요.

② (나) - 심성의 도야를 강조한 유불 일치설을 주장하다
➡ 유불 일치설을 주장한 인물은 혜심이에요. 의천은 문종의 아들로 국청사를 중심으로 해동 천태종을 개창하였어요. 송에 유학한 후 돌아와 동아시아 각지의 불교 서적을 수집하여 그 목록을 정리한 "신편제종교장총록"을 펴냈으며, 불교 경전에 대한 주석서를 모아 "교장"을 편찬하였어요. 교종을 중심으로 불교 교단을 통합하고자 하였으며, 수행 방법으로 이론의 연마와 수행을 함께 강조하는 교관겸수를 제시하였어요.

③ (다) - 권수정혜결사문을 작성하여 정혜쌍수를 강조하다
➡ 지눌은 선종을 중심으로 불교 교단을 통합하고자 하였으며, 불교 개혁 운동을 벌여 수선사 결사를 조직하였어요. 또한, "권수정혜결사문"을 지어 수행 방법으로 참선과 교리 공부를 함께하는 정혜쌍수를 강조하였어요.

④ (라) - 이론과 수행을 함께 강조하는 교관겸수를 제시하다
➡ 교관겸수를 제시한 인물은 의천이에요. 요세는 법화 신앙을 강조하며 백련사에서 백련 결사를 결성하여 불교 정화 운동을 전개하였어요.

⑤ (마) - 보현십원가를 지어 불교 교리를 대중에게 전파하다
➡ '보현십원가'를 지은 인물은 균여입니다. 혜심은 지눌의 제자로 "선문염송집"을 편찬하고 유불 일치설을 주장하였어요. 혜심의 유불 일치설은 장차 성리학을 받아들일 수 있는 사상적 토대가 되었어요.

핵심 개념 | 고려 승려들의 활동

균여	향가 '보현십원가'를 지어 불교 교리 전파
의천	해동 천태종 개창, 교장도감 설치 및 "교장" 편찬, 화폐 사용 건의, 교관겸수 제시(이론 연마 + 실천, 교종 중심의 선종 통합 추구)
지눌	조계종 정립, 송광사에서 수선사 결사 조직, "권수정혜결사문" 작성, 정혜쌍수와 돈오점수를 바탕으로 선종 위주의 교종 통합 추구
요세	강진 만덕사(백련사)에서 백련 결사 조직, 자신의 행동을 진정으로 참회하는 법화 신앙 강조
혜심	유불 일치설을 주장하며 심성의 도야 강조 → 성리학 수용의 사상적 토대 마련, "선문염송집" 편찬

13 숙종의 정책   정답 ①

(가) 왕에 대한 설명으로 옳은 것은? [2점]

이것은 조카 헌종을 몰아내고 즉위한 (가) 의 넷째 딸인 복령 궁주 왕씨 묘지명입니다. 여기에서는 복령 궁주를 '천자의 딸'이라고 표현하여 국왕의 권위를 드러내고자 하였습니다. (가) 은/는 개경 세력을 견제하고자 남경에 궁궐을 짓고, 재정을 확보하기 위해 ❶주전도감을 설치하여 해동통보를 발행하는 등 왕권 강화를 꾀하였습니다.

고려 숙종은 송에 다녀온 동생 의천이 금속화폐의 사용을 강력히 주장하자 이를 받아들여 주전도감을 설치하고 은병(활구), 해동통보 등의 화폐를 발행하였어요.

정답 잡는 키워드

❶ 주전도감을 설치하여 해동통보를 발행함 → **숙종**

주전도감을 설치하여 해동통보를 발행하였다는 내용을 통해 (가) 왕이 고려 숙종임을 알 수 있어요. 문종의 셋째 아들인 숙종은 조카인 헌종이 어린 나이로 즉위하자 헌종을 몰아내고 왕위에 올랐어요. 개경 세력을 견제하기 위해 남경개창도감을 설치하여 남경(지금의 서울)에 궁궐을 지었어요. 또한, 의천의 건의를 받아들여 화폐 주조 기관인 주전도감을 설치하였어요.

① 여진 정벌을 위해 별무반을 창설하였다.
➡ **숙종**은 윤관의 건의를 받아들여 기병 위주의 여진을 정벌할 부대로 별무반을 창설하였어요. 별무반은 기병 부대인 신기군, 보병 부대인 신보군, 승병인 항마군으로 구성되었어요.

② 전국에 12목을 설치하고 관리를 파견하였다.
➡ **성종**은 최승로의 시무 28조를 받아들여 전국의 주요 지역에 12목을 설치하고 지방관을 파견하였어요.

③ 광덕, 준풍 등의 독자적인 연호를 사용하였다.
➡ **광종**은 황제를 칭하고 '광덕', '준풍' 등의 독자적인 연호를 사용하였어요.

④ 거란의 침입에 대비하여 개경에 나성을 축조하였다.
➡ **현종**은 강감찬의 건의에 따라 거란의 침입에 대비하여 개경에 나성을 축조하였어요.

⑤ 정계와 계백료서를 지어 관리의 규범을 제시하였다.
➡ **태조 왕건**은 후백제를 정벌하여 후삼국 통일을 이룬 직후 "정계"와 "계백료서"를 지어 관리들이 지켜야 할 규범을 제시하였어요.

기출 선택지 +α

❻ 국자감에 서적포를 설치하였다. (O/X)
❼ 관학을 진흥하고자 양현고를 설치하였다. (O/X)
❽ 흑창을 처음 설치하여 민생을 안정시켰다. (O/X)
❾ 최승로의 시무 28조를 받아들여 통치 체제를 정비하였다. (O/X)
❿ 전시과 제도를 처음 마련하여 관리에게 토지를 지급하였다. (O/X)

기출 선택지 +α
정답 ❻ O ❼ ×[예종] ❽ ×[태조 왕건] ❾ ×[성종] ❿ ×[경종]

14 무신 정변   정답 ④

(가) 사건에 대한 탐구 활동으로 가장 적절한 것은? [2점]

대한민국 방방곡곡 - 거제 둔덕기성 전경
한국사 채널   조회 수 140,525

거제의 둔덕기성은 신라 시대에 축조되었고, 고려 시대에 성벽이 개축되어 축성법의 변화를 연구하는 데 학술적 가치가 큰 사적입니다. ❶정중부 등이 일으킨 (가) (으)로 ❷폐위된 의종이 이곳에서 머물렀다고 전해지고 있습니다. 이후 김보당은 의종을 경주로 피신시켜 복위를 시도하였습니다.

무신 집권기에 동북면 병마사 김보당이 동계에서 군사를 일으켜 무신 정변으로 폐위된 의종의 복위를 시도하였으나 실패하였어요.

정답 잡는 키워드

❶ 정중부 등이 일으킴, ❷ 의종 폐위 → **무신 정변**

정중부 등이 일으킨 사건이며, 이 사건으로 의종이 폐위되었다는 내용을 통해 (가) 사건이 1170년에 일어난 무신 정변임을 알 수 있어요. 무신에 대한 차별 대우와 의종의 실정이 원인이 되어 정중부, 이의방 등 무신들이 정변을 일으켜 정권을 장악하였어요. 이후 100여 년 동안 무신 집권기가 이어졌습니다.

① 정동행성이 설치되는 배경을 살펴본다.
➡ 원 간섭기에 원은 **일본 원정**을 위해 고려에 정동행성을 설치하였어요. 일본 원정이 실패한 후에도 정동행성을 그대로 두어 고려의 내정을 간섭하는 기구로 이용하였어요.

② 철령위 설치에 대한 최영의 대응을 검색한다.
➡ 14세기 후반 명이 쌍성총관부 지역이 원래 원의 영토라는 이유를 들어 고려에 철령위 설치를 통보하자 우왕과 최영은 **요동 정벌을 추진**하여 이성계에게 군대를 이끌고 출정할 것을 명하였어요.

③ 칭제건원과 금국 정벌을 주장한 인물을 찾아본다.
➡ 고려 인종 때 **묘청을 비롯한 서경 세력**은 칭제건원과 금국 정벌을 주장하였어요. 그러나 개경 세력의 반대로 서경 천도가 좌절되자 서경에서 반란을 일으켰어요(묘청의 난).

④ 서경 유수 조위총이 반란을 일으킨 이유를 알아본다.
➡ **무신 정변**으로 무신들이 정권을 장악하자 이에 반발하여 서경 유수 조위총이 군사를 일으켜 정중부 등의 제거를 도모하였으나 실패하였어요.

⑤ 이성계 등 신흥 무인 세력이 성장하는 과정을 조사한다.
➡ 고려 말에 **홍건적과 왜구를 격퇴**하는 과정에서 최영, 이성계 등 신흥 무인 세력이 성장하였어요.

15 몽골 침입기의 사실   정답 ④

(가), (나) 사이의 시기에 있었던 사실로 옳은 것은? [2점]

> 몽골의 1차 침입 이후 최우는 강화 천도를 강행하였어요. 본토에 남겨진 백성들은 몽골군에 대항하여 끝까지 싸웠는데, 처인성 전투와 충주성 전투가 대표적이에요.
>
> (가) ❶최우가 녹전거(祿轉車) 100여 대를 빼앗아 ❷집안의 재물을 강화도로 옮기니, 수도가 흉흉하였다. …… 또 사자(使者)를 여러 도에 나누어 보내어, 백성을 산성과 섬으로 옮겼다.
>
> (나) ❸김방경과 흔도(忻都), 홍차구, 왕희, 왕옹 등이 3군을 거느리고 진도를 토벌하여 크게 격파하고, 승화후 왕온을 죽였다. ❹김통정이 남은 무리를 이끌고 탐라로 도망하여 들어갔다.
>
> 고려와 몽골 연합군의 공격으로 배중손이 이끌던 삼별초가 진도에서 무너지자, 김통정이 남은 삼별초를 통솔하여 제주도(탐라)로 들어가 항쟁을 계속하였어요.

정답 잡는 키워드

❶, ❷ 최우가 집안의 재물을 강화도로 옮김
→ **(가) 강화 천도(1232)**

❸ 김방경과 흔도 등이 진도를 토벌하여 크게 격파함,
❹ 김통정이 남은 무리를 이끌고 탐라로 들어감
→ **(나) 삼별초의 제주도(탐라) 이동(1271)**

(가)는 최우가 집안의 재물을 강화도로 옮긴다는 내용을 통해 고려 정부가 강화도로 천도하는 상황임을 알 수 있어요. (나)는 김방경과 흔도 등이 진도를 토벌하자 김통정이 남은 무리를 이끌고 탐라로 들어갔다는 내용을 통해 삼별초가 제주도(탐라)로 이동하여 대몽 항쟁을 이어 가는 상황임을 알 수 있어요. 따라서 몽골의 침입으로 고려 정부가 강화도로 천도한 이후부터 개경 환도에 반대하여 진도에서 대몽 항쟁을 벌이고 있던 삼별초가 제주도로 이동한 사이의 시기에 있었던 사실을 찾으면 됩니다. 몽골이 고려를 침략하자 당시 실권자였던 최우는 일단 강화를 맺어 몽골군을 물러가게 한 후 강화도로 천도하여 장기 항전을 준비하였어요. 이후 몽골은 여러 차례 고려를 침략하였는데 오랜 기간 몽골과 전쟁을 치르면서 국토가 황폐해지고 많은 백성이 죽거나 포로로 끌려갔어요. 고려 정부가 몽골과 강화를 맺고 개경 환도를 결정하자, 삼별초는 이에 반발하여 강화도에서 진도, 제주도로 근거지를 옮기며 대몽 항쟁을 이어갔으나 고려와 몽골 연합군에 의해 진압되었어요.

① 양규가 곽주성을 급습하여 탈환하였다.
➡ 거란의 2차 침입 당시 양규가 거란군에 맞서 흥화진을 지켜낸 후 곽주성을 급습하여 성을 탈환하였어요(1010).

② 최무선이 진포에서 왜구를 격퇴하였다.
➡ 우왕 때 최무선이 화약과 화포를 이용하여 진포에서 왜구를 격퇴하였어요(1380).

③ 강조가 정변을 일으켜 국왕을 폐위하였다.
➡ 목종 때 강조가 정변을 일으켜 목종을 폐위하고 현종을 새로운 왕으로 세웠어요(1009). 이후 거란이 강조의 정변을 구실로 고려에 다시 침입하였어요 (거란의 2차 침입).

④ 김윤후가 처인성에서 살리타를 사살하였다.
➡ 몽골의 2차 침입 당시 김윤후가 처인성에서 몽골 장수 살리타를 사살하였어요(1232).

⑤ 이자겸과 척준경이 반란을 일으켜 궁궐을 불태웠다.
➡ 인종 때 왕실의 외척이었던 이자겸이 척준경과 함께 반란을 일으켜 궁궐을 불태우고 자신을 제거하려고 한 무리를 죽이거나 유배 보냈어요(1126).

기출 선택지 +α

❻ 최영이 홍산 전투에서 크게 승리하였다. (O / X)
❼ 다인철소의 주민들이 충주에서 항전하였다. (O / X)
❽ 유인우, 이자춘 등이 쌍성총관부를 수복하였다. (O / X)

기출 선택지 +α 정답 ❻ ×[1376년] ❼ ○[1254년] ❽ ×[1356년]

---

16 원 간섭기의 사실   정답 ③

다음 자료에 나타난 시기의 사회 모습으로 적절한 것은? [1점]

> 응방은 원 간섭기에 원에 조공으로 보낼 매를 잡아 기르기 위해 설치한 관청이며, 겁령구는 원의 공주를 따라온 시종을 말해요.
>
> ○ 당시 ❶응방·겁령구 및 내수(內竪) 등의 천한 자들이 모두 사전(賜田)을 받았는데, 많은 경우는 수백 결에 이르렀다. 일반 백성을 유인하여 전호로 삼고, 가까운 곳에 있는 민전에서는 모두 수조하였으므로 주와 현에서는 부세가 들어올 바가 없게 되었다.
>
> ○ 공주가 장차 입조(入朝)할 예정이었으므로, 인후와 염승익에게 명하여 ❷양가의 자녀로서 나이가 14~15세인 자들을 선발하였고, 순군(巡軍)과 홀적(忽赤) 등으로 하여금 인가를 수색하게 하였다. 혹 밤중에 침실에 돌입하거나 노비를 포박하여 심문하기도 하였으니, 비록 자녀가 없는 자라 할지라도 깜짝 놀라 동요하게 되었다. 원망하며 우는 소리가 온 거리에 가득하였다.
>
> 순군과 홀적은 원 간섭기 충렬왕 때 설치된 군사 조직이에요.
>
> 원의 지속적인 공녀 요구로 원에 보낼 공녀를 강제 선발하였으며, 이로 인해 고려에는 조혼의 풍습이 생겨나기도 했어요.

정답 잡는 키워드

❶ 응방, 겁령구 등이 사전을 받음,
❷ 나이 어린 양가의 자녀를 선발함 → **원 간섭기**

응방·겁령구 등의 천한 자들이 모두 사전을 받았으며, 나이가 14~15세인 양가의 자녀를 선발하였다는 내용을 통해 자료에 나타난 시기가 원 간섭기임을 알 수 있어요. 고려 정부가 몽골과 강화를 맺고 개경으로 환도하면서 고려는 본격적으로 몽골이 세운 원의 간섭을 받게 되었어요. 고려 국왕이 원의 공주와 결혼하여 원의 부마국이 되었으며, 이에 따라 왕실의 호칭과 관제가 격하되었어요. 또한, 원이 공녀와 환관을 뽑아 강제로 데려가고 특산물(금, 은, 인삼 등)과 매 등을 강요하는 등 인적·물적 수탈에 시달렸어요. 한편, 이 시기에 원의 세력에 기대어 성장한 권문세족이 권력을 장악하고 부를 축적하였어요.

① 최충이 9재 학당을 설립하였다.
➡ 고려 문종 때 관직에서 물러난 최충은 사립 교육 기관인 9재 학당을 세워 유학을 교육하였어요.

② 만적이 개경에서 반란을 모의하였다.
➡ 무신 집권기에 만적이 개경에서 노비를 모아 신분 해방을 도모하는 반란을 모의하였으나 사전에 발각되어 실패하였어요.

③ 지배층을 중심으로 변발과 호복이 유행하였다.
➡ 원 간섭기에 지배층을 중심으로 변발과 호복 같은 몽골 풍습이 유행하였어요. 이 시기 고려의 풍속도 몽골에 전해져 유행하였어요.

④ 국난 극복을 기원하며 초조대장경이 조판되었다.
➡ 고려 현종 때 부처의 힘으로 거란을 물리치고자 하는 염원을 담아 초조대장경 조판이 시작되었어요.

⑤ 기근에 대비하기 위하여 구황촬요가 간행되었다.
➡ 조선 명종 때 기근에 대비하는 방법이 담긴 "구황촬요"가 간행되었어요.

기출 선택지 +α

❻ 서얼이 통청 운동을 전개하였다. (O / X)
❼ 도병마사가 도평의사사로 개편되었다. (O / X)
❽ 원종과 애노가 사벌주에서 봉기하였다. (O / X)
❾ 상민층이 납속과 공명첩을 활용하여 신분 상승을 꾀하였다. (O / X)

기출 선택지 +α 정답 ❻ ×[조선 후기] ❼ ○ ❽ ×[신라 진성 여왕] ❾ ×[조선 후기]

17 태종의 정책 정답 ④

(가) 왕에 대한 설명으로 옳은 것은? [2점]

정답 잡는 키워드

❶ 두 차례에 걸친 왕자의 난으로 즉위 → 태종

두 차례에 걸친 왕자의 난으로 즉위하였다는 내용을 통해 (가) 왕이 조선 태종임을 알 수 있어요. 국왕 중심의 정치를 추구한 태종은 두 차례 왕자의 난을 통해 재상 중심의 정치를 강조한 정도전 등 자신의 반대 세력을 제거한 뒤 정종의 양위로 즉위하였어요. 태종은 왕권 강화를 위해 6조 직계제를 실시하여 6조가 의정부를 거치지 않고 국왕에게 업무를 직접 보고하고 재가를 받도록 하였어요. 또한, 전국의 인구 동태를 파악하여 조세 징수와 군역 부과에 활용하기 위해 호패법을 실시하였어요.

① 경국대전을 완성하여 통치 체제를 정비하였다.
  ➡ 성종은 세조 때부터 만들기 시작한 "경국대전"을 완성하여 통치 체제를 정비하였어요.

② 초계문신제를 시행하여 문신들을 재교육하였다.
  ➡ 정조는 젊은 문신들 가운데 유능한 인재를 선발하여 재교육하는 초계문신제를 시행하였어요.

③ 길주를 근거지로 일어난 이시애의 난을 진압하였다.
  ➡ 세조 때 중앙 집권 체제를 강화하기 위해 북도 출신 수령의 임명을 줄이고 중앙에서 직접 관리를 파견하였어요. 이에 불만을 품은 함길도 토착 세력인 이시애가 길주를 근거지로 난을 일으켰으나 진압되었어요.

④ 문하부를 폐지하고 낭사를 사간원으로 독립시켰다.
  ➡ 태종은 문하부를 폐지하고 문하부 낭사를 사간원으로 독립시켜 간쟁과 논박을 관장하게 하였어요.

⑤ 붕당의 폐해를 경계하기 위한 탕평비를 건립하였다.
  ➡ 영조는 붕당 정치의 폐단이 심해지자 붕당의 폐해를 경계하기 위해 성균관 입구에 탕평비를 건립하였어요.

기출 선택지 +α

❻ 주자소를 설치하여 계미자를 주조하였다. (O / X)
❼ 현직 관리를 대상으로 직전법을 실시하였다. (O / X)
❽ 궁중 음악을 집대성한 악학궤범을 편찬하였다. (O / X)
❾ 기유약조를 체결하여 일본과의 무역을 재개하였다. (O / X)
❿ 신해통공을 실시하여 시전 상인의 특권을 축소하였다. (O / X)

기출 선택지 +α 정답 ❻ O ❼ X [세조] ❽ X [성종] ❾ X [광해군] ❿ X [정조]

18 김종서의 활동 정답 ①

(가) 인물에 대한 설명으로 옳은 것은? [2점]

정답 잡는 키워드

❶ 세종 대 함길도 병마도절제사로 활약, ❷ 문종 대 "고려사절요" 편찬 총괄, ❸ 계유정난 때 살해됨 → 김종서

세종 대 함길도 병마도절제사로 활약하였으며, 문종 대 "고려사절요" 편찬을 총괄하고 계유정난 때 살해되었다는 내용을 통해 (가) 인물이 김종서임을 알 수 있어요. 김종서는 세종 때 북방 지역에서 군사 지휘관으로서 큰 공로를 세웠으며, 문종 때 "고려사"를 완성하고 이어서 "고려사절요" 편찬을 총괄하였어요. 문종이 재위 2년 만에 사망하자 당시 황보인 등과 함께 문종의 유언을 받아 어린 단종을 보필하였어요. 그러나 왕위를 노리던 수양 대군(세조)이 일으킨 계유정난 때 살해되었어요.

① 두만강 일대에 6진을 개척하였다.
  ➡ 조선 세종 때 김종서는 여진을 정벌하고 두만강 일대에 6진을 개척하였어요.

② 탄금대에서 배수의 진을 치고 싸웠다.
  ➡ 임진왜란 때 신립이 충주 탄금대에서 배수의 진을 치고 일본군에 맞서 싸웠으나 패배하였어요.

③ 조총 부대를 이끌고 나선 정벌에 나섰다.
  ➡ 조선 효종 때 청의 요청에 따라 변급, 신류 등이 조총 부대를 이끌고 나선 정벌에 나섰어요.

④ 왜구의 근거지인 쓰시마섬을 정벌하였다.
  ➡ 고려 창왕 때 박위, 조선 세종 때 이종무가 왜구의 근거지인 쓰시마섬(대마도)을 정벌하였어요.

⑤ 외교 담판을 통해 강동 6주를 획득하였다.
  ➡ 고려의 서희가 거란의 1차 침입 당시 거란 장수 소손녕과 외교 담판을 벌여 강동 6주를 획득하였어요.

기출 선택지 +α

❻ 불씨잡변을 지어 불교를 비판하였다. (O / X)
❼ 반정 공신의 위훈 삭제를 주장하였다. (O / X)
❽ 사화의 발단이 된 조의제문을 작성하였다. (O / X)
❾ 일본에 다녀와서 해동제국기를 편찬하였다. (O / X)
❿ 충청도 지역까지 대동법의 확대 실시를 건의하였다. (O / X)

기출 선택지 +α 정답 ❻ X [정도전] ❼ X [조광조] ❽ X [김종직] ❾ X [신숙주] ❿ X [김육]

19 성종 재위 시기의 사실 정답 ③

밑줄 그은 '전하'의 재위 시기에 있었던 사실로 옳은 것은? [2점]

며칠 전 전하께서 예문관에서 옛 집현전의 직제를 분리하여 홍문관으로 이관하는 것을 명하셨다고 하네. 이제 ❶홍문관이 옛 집현전의 기능을 대신한다는 것이지.

→ 조선 성종은 세조 때 폐지된 집현전을 계승한 홍문관을 설치하였어요.

홍문관원들이 경연관을 겸한다고 하니 앞으로 경연이 더욱 활성화되겠군.

→ 경연은 국왕과 신하가 함께 유교 경전과 역사에 대해 연구하며 학문과 정책을 토론하던 일을 말해요. 성종 때부터 홍문관에서 경연을 담당하였어요.

정답 잡는 키워드

❶ 홍문관이 옛 집현전의 기능을 대신함 → 성종

홍문관이 옛 집현전의 기능을 대신하게 되었다는 내용을 통해 밑줄 그은 '전하'가 조선 성종임을 알 수 있어요. 성종은 도서와 문서의 보관 및 관리를 담당한 홍문관에 집현전의 직제와 역할을 이관하여 경연을 주관하고 왕의 자문에 응하는 일을 맡도록 하였어요.

① 국왕의 친위 부대인 장용영이 설치되었다.
  → 정조 때 왕권을 뒷받침할 군사적 기반으로 국왕의 친위 부대인 장용영이 설치되었어요.

② 백운동 서원이 사액을 받아 소수 서원이 되었다.
  → 명종 때 우리나라 최초의 서원인 백운동 서원이 이황의 건의로 사액을 받아 소수 서원이 되었어요.

③ 국가의 의례를 정비한 국조오례의가 완성되었다.
  → 성종 때 나라에서 지내는 다섯 가지 의례(오례)의 예법과 절차 등을 그림을 곁들여 정리한 "국조오례의"가 완성되었어요.

④ 통치 체제를 정비하기 위해 속대전이 편찬되었다.
  → 영조 때 "경국대전" 반포 이후에 공포된 법령 가운데 시행할 법령만을 추려 "속대전"이 편찬되었어요.

⑤ 수조권이 세습되던 수신전과 휼양전이 폐지되었다.
  → 세조 때 현직 관리에게만 수조권을 지급하는 직전법이 시행되면서 수조권이 세습되던 수신전과 휼양전이 폐지되었어요.

기출 선택지 +α

❻ 수도 방어를 위해 금위영이 설치되었다. (O / X)
❼ 집현전 관리를 대상으로 사가독서제가 시행되었다. (O / X)
❽ 전국의 지리, 풍속 등이 수록된 동국여지승람이 편찬되었다. (O / X)

핵심 개념 | 조선 성종 재위 시기의 사실

정치	집현전을 계승한 홍문관 설치, 경연 확대 실시, 사림 등용(김종직 등 사림을 홍문관과 대간에 임명), "경국대전" 완성·반포
경제	수조권 남용으로 농민의 불만 증대 → 관수관급제 실시(지방 관청이 수조권 대행) → 국가의 토지 지배력 강화
문화	"해동제국기"(신숙주), "국조오례의", "동문선"(서거정), "동국여지승람", "동국통감"(서거정), "악학궤범"(성현) 등 편찬

기출 선택지 +α 정답 ❻ ×[숙종] ❼ ×[세종] ❽ ○

---

20 중종 재위 시기 사림의 활동 정답 ③

다음 자료에 대한 탐구 활동으로 가장 적절한 것은? [2점]

→ 중종 때 조광조를 비롯한 사림의 건의로 도교 의식을 담당한 소격서가 폐지되었어요.

○ ❶조광조 등이 아뢰기를, "❷소격서가 요사하고 허탄함은 이미 경연에서 다 아뢰었고 전하께서도 그것이 허탄함을 환히 아시니 지금 다시 말할 것이 없습니다. ……"라고 하였다.

○ 신광한이 아뢰기를, "지난번에 ❸조광조가 아뢰었던 천거로 인재를 뽑는 일은 여럿이 의논한 일입니다. 각별히 천거하는 것은 한(漢)에서 시행한 현량과 효렴과를 따르는 것이 가합니다. 이것은 자주 할 수는 없으나 지금은 이를 시행할 만한 기회입니다. ……"라고 하였다.

→ 조광조는 학문과 덕행이 뛰어난 인재를 천거하여 관리로 임용하는 현량과의 실시를 건의하였어요.

정답 잡는 키워드

❶, ❷ 조광조가 소격서의 폐단을 말함, ❸ 조광조가 천거로 인재를 뽑자고 건의함 → 중종 때 조광조의 개혁

조광조가 소격서의 폐단을 지적하고, 천거로 인재를 뽑자고 건의하였다는 내용을 통해 조선 중종 재위 시기의 상황을 기록한 자료임을 알 수 있어요. 연산군의 폭정으로 반정이 일어나 연산군이 폐위되고 중종이 즉위하였어요. 이후 중종은 반정에 공을 세운 훈구 대신들이 정권을 장악하자 이들을 견제하기 위해 조광조를 비롯한 사림 세력을 등용하였어요.

① 호포제를 실시한 배경을 조사한다.
  → 고종 때 흥선 대원군은 군정의 문란을 바로잡기 위해 군포를 집집마다 부과하는 호포제를 실시하여 양반에게도 군포를 징수하였어요.

② 기해예송의 전개 과정과 결과를 파악한다.
  → 현종 때 효종이 사망하면서 서인과 남인이 인조의 계비인 자의 대비가 얼마 동안 상복을 입어야 하는지를 두고 논쟁을 벌였는데, 이를 기해예송(1차 예송)이라고 합니다. 기해예송에서는 1년복을 주장한 서인의 의견이 받아들여졌어요.

③ 중종 때 사림과 언관들이 제기한 주장을 검색한다.
  → 사림은 성종 때부터 중앙 정계에 진출하였어요. 연산군 때 두 차례 사화를 겪으며 세력이 꺾였던 사림은 중종 때 다시 영향력을 가졌어요. 중종 때 등용된 조광조 등 사림은 주로 언관직에 진출하여 훈구 세력의 잘못을 비판하고 유교적 이상 정치인 도학 정치를 이루고자 하였어요.

④ 정여립 모반 사건을 계기로 동인이 입은 피해를 찾아본다.
  → 선조 때 정여립 모반 사건을 계기로 기축옥사가 일어나 동인이 큰 피해를 입고, 서인이 정국을 주도하게 되었어요.

⑤ 인현 왕후가 폐위되고 남인이 권력을 차지한 사건을 알아본다.
  → 숙종 때 희빈 장씨 소생의 원자 책봉 문제로 기사환국이 일어나 인현 왕후가 폐위되고 남인이 권력을 차지하게 되었어요.

21 임진왜란 정답 ①

(가) 전쟁 중에 있었던 사실로 옳은 것은? [2점]

> 문학으로 만나는 한국사
>
> ❶ 홍계남이 당초 의병을 일으켜 흉적을 쳐서 활을 쏘아 맞히고 벤 수급이 매우 많았고 가는 곳마다 공을 세우니, 적들이 홍장군이라고 부르며 감히 침범하지 못했다. 호서(충청도) 내지가 편안할 수 있었던 것은 모두 홍계남의 공이라고 한다. 가상한 일이다. 의병이 곳곳에서 봉기하였지만, …… ❷ 고경명과 조헌은 모두 나랏일에 몸을 바쳐 죽을 자리에서 죽었으니 가히 그 명성에 걸맞는다고 말할 수 있다.
> — "쇄미록" —
>
> - 홍계남은 임진왜란이 일어나자 안성에서 의병을 일으켰으며, 전라도와 경상도로 진출하여 활동하기도 하였어요.
> - 임진왜란 당시 금산에서 의병장 고경명과 조헌이 일본군과 치열한 전투를 벌였으나 모두 전사하였어요.
>
> [해설] 이 작품은 오희문이 (가) 중에 있었던 일을 적은 일기이다. 적군의 침입과 약탈, 의병장의 활동, 피란민의 참혹한 생활 등이 생생하게 담겨 있다.

정답 잡는 키워드

❶ 홍계남이 의병을 일으킴,
❷ 고경명과 조헌이 나랏일에 몸을 바쳐 죽음 → **임진왜란**

홍계남이 의병을 일으켰으며, 고경명과 조헌이 나랏일에 몸을 바쳐 죽었다는 내용을 통해 (가) 전쟁이 임진왜란임을 알 수 있어요. 임진왜란 당시 전국 각지에서 의병이 일어나 활동하였어요. 이들은 향토 지리에 밝아 이에 알맞은 유격전을 전개하여 일본군에 큰 피해를 입혔어요. 홍계남, 고경명, 조헌 외에도 김천일, 정문부, 곽재우, 사명 대사(유정) 등이 임진왜란 당시에 의병장으로 활약하였어요.

①**삼수병으로 구성된 훈련도감이 설치되었다.**
➡ **임진왜란** 중에 포수, 사수, 살수의 삼수병으로 구성된 훈련도감이 설치되었어요. 훈련도감은 급료를 받는 상비군이 주축을 이루었어요.

② 왕이 도성을 떠나 **남한산성**으로 **피란**하였다.
➡ **병자호란** 당시 인조가 남한산성으로 피란하여 항전하였으나 결국 삼전도에서 항복하였어요.

③ 송시열, 이완 등을 중심으로 **북벌**이 **추진**되었다.
➡ **병자호란 이후** 효종은 송시열, 이완 등과 함께 청에 당한 치욕을 갚기 위해 어영청을 중심으로 북벌을 추진하였어요.

④ 국방 문제를 논의하기 위해 **비변사**가 **신설**되었다.
➡ **중종** 때 삼포 왜란이 일어나자 국방 문제를 논의하기 위한 임시 기구로 비변사가 처음 설치되었어요.

⑤ 제한된 범위의 무역을 허용한 **계해약조**가 **체결**되었다.
➡ **세종** 때 세견선의 입항 규모 등에 관한 규정을 정하여 일본과 제한된 범위의 무역을 허용한 계해약조가 체결되었어요.

기출 선택지 +α

❻ 김상용이 강화도에서 순절하였다. (O/X)
❼ 정봉수와 이립이 용골산성에서 항전하였다. (O/X)
❽ 김시민이 진주성에서 적군을 크게 물리쳤다. (O/X)
❾ 조·명 연합군이 평양성 전투에서 승리하였다. (O/X)

기출 선택지 +α 정답 ❻ X [병자호란] ❼ X [정묘호란] ❽ O ❾ O

---

22 한국의 산지 승원 정답 ⑤

(가)~(마)에 대한 설명으로 적절하지 않은 것은? [3점]

답사 계획서

- 주제 : 불교 문화유산이 숨 쉬는 곳, 산사(山寺)를 찾아서
  - 유네스코가 주목한 사찰을 중심으로
- 기간 : 2024년 ○○월 ○○일~○○일
- 경로 : 보은 법주사 → 영주 부석사 → 안동 봉정사 → 합천 해인사 → 순천 선암사

(가) 보은 법주사
(나) 영주 부석사
(다) 안동 봉정사
(라) 합천 해인사
(마) 순천 선암사

양산 통도사, 영주 부석사, 안동 봉정사, 보은 법주사, 공주 마곡사, 순천 선암사, 해남 대흥사 등 7개 사찰이 '산사, 한국의 산지 승원'이라는 이름으로 유네스코 세계 유산으로 등재되었어요. 한국 불교문화의 전통을 보존하고 계승하였다는 역사성과 주변 경관과의 조화를 이루는 예술성 등을 인정받은 사찰들이에요.

① (가) - 오층 목조탑 내부에 부처의 일생을 그린 팔상도가 있다.
➡ **보은 법주사**에 있는 팔상전 내부에는 부처의 일생을 여덟 장면으로 그린 팔상도가 있어요. 보은 법주사 팔상전은 우리나라에 남아 있는 유일한 목조탑이에요.

② (나) - 배흘림기둥에 주심포 양식으로 축조된 무량수전이 있다.
➡ **영주 부석사**에 있는 무량수전은 고려 시대에 지어진 목조 건물로 배흘림기둥에 주심포 양식으로 축조되었어요. 건물 내부에는 소조 여래 좌상이 봉안되어 있어요.

③ (다) - 현존하는 우리나라 최고(最古)의 목조 건물인 극락전이 있다.
➡ **안동 봉정사**에 있는 극락전은 고려 시대에 지어진 주심포 양식의 건물로 현존하는 우리나라에서 가장 오래된 목조 건축물이에요.

④ (라) - 팔만대장경판을 보관하고 있는 장경판전이 있다.
➡ **합천 해인사**에는 유네스코 세계 기록 유산인 팔만대장경판을 보관하고 있는 장경판전이 있어요. 장경판전은 환기, 온도, 습도 조절이 가능하도록 설계된 과학적인 건축물로 유네스코 세계 유산으로 등재되어 있어요.

⑤**(마) - 무구정광대다라니경이 발견된 삼층 석탑이 있다.**
➡ **경주 불국사**에 있는 3층 석탑을 해체, 보수하는 과정에서 세계에서 가장 오래된 목판 인쇄본인 무구정광대다라니경이 발견되었어요. 순천 선암사는 신라 시대에 지어진 사찰로 고려 시대에 의천이 중건하였어요. 선암사에는 동·서 3층 석탑, 대웅전 등 다양한 문화유산이 남아 있어요.

23 대동법 정답 ②

밑줄 그은 '제도'에 대한 설명으로 옳은 것을 <보기>에서 고른 것은? [2점]

- 이원익의 건의로 경기도에서 시행되는 수취 제도에 대해 설명해 주세요.
- 방납은 공물을 아전이나 상인 등이 대신 납부하고 중간 이익을 얻는 일을 말해요. 그 대가를 터무니없이 비싸게 거두어들이는 등 폐단이 커져 백성들의 부담이 가중되었어요.
- 이번에 시행되는 제도는 지방의 특산물을 징수하면서 나타난 방납의 폐단을 막아 백성들의 부담을 줄여 주기 위한 것입니다. 공물을 현물 대신 토지의 결수에 따라 쌀로 납부합니다.
- 대동법은 소유한 토지 결수를 기준으로 세금 납부액이 정해졌기 때문에 양반 지주들의 반발이 커서 전국적으로 확대되는 데 오랜 시간이 걸렸어요.

정답 잡는 키워드

❶ 방납의 폐단을 막음, ❷ 공물을 현물 대신 토지의 결수에 따라 쌀로 납부 → **대동법**

방납의 폐단을 막기 위한 것이며, 공물을 현물 대신 토지의 결수에 따라 쌀로 납부한다는 내용을 통해 밑줄 그은 '제도'가 대동법임을 알 수 있어요. 조선 후기에 방납의 폐단이 심해지자 이를 바로잡기 위해 대동법이 시행되었어요. 대동법은 집집마다 부과되던 공납을 토지에 부과하여 현물 대신 소유한 토지 결수에 따라 쌀이나 동전, 베 등으로 납부하게 한 제도입니다. 광해군 때 이원익의 건의로 경기도에서 처음 시행된 대동법은 이후 김육 등의 노력으로 확대 시행되어 숙종 때에는 일부 지역을 제외한 전국에서 실시되었어요.

ㄱ. 선혜청에서 관련 업무를 담당하였다.
→ **대동법**은 처음에 선혜법이라는 이름으로 시행되었으며, 관련 업무를 처리할 관청으로 선혜청이 설치되었어요. 선혜청에서는 대동법 시행으로 거둔 쌀과 동전, 베 등의 출납을 관장하였어요.

ㄴ. 재정을 보충하기 위해 지주에게 결작을 부과하였다.
→ **균역법**의 시행으로 부족해진 재정을 보충하기 위해 지주에게 토지 1결당 쌀 2두의 결작을 부과하였어요.

ㄷ. 관청에 물품을 조달하는 공인이 등장하는 배경이 되었다.
→ **대동법**이 시행되면서 왕실이나 관청에 필요한 물품을 조달하는 공인이 등장하였어요. 공인의 활동은 상품 화폐 경제의 발달에 영향을 끼쳤어요.

ㄹ. 어장세, 선박세 등이 국가 재정으로 귀속되는 결과를 가져왔다.
→ **균역법**의 시행으로 부족해진 재정을 보충하기 위해 어장세, 선박세 등 왕실의 수입이었던 세금을 국가 재정으로 귀속하였어요.

① ㄱ, ㄴ ② ㄱ, ㄷ ③ ㄴ, ㄷ
④ ㄴ, ㄹ ⑤ ㄷ, ㄹ

기출 선택지 +α

ㅁ. 양반에게도 군포를 부과하였다. (O/X)
ㅂ. 비옥도에 따라 토지를 6등급으로 나누었다. (O/X)
ㅅ. 풍흉에 관계없이 전세 부담액을 고정하였다. (O/X)
ㅇ. 특산물 대신 쌀, 베, 동전 등으로 납부하게 하였다. (O/X)

기출 선택지 +α 정답 ㅁ. X[호포제] ㅂ. X[전분6등법] ㅅ. X[영정법] ㅇ. O

---

24 정조 재위 시기의 사실 정답 ②

다음 시나리오에 등장하는 왕의 재위 시기에 있었던 사실로 옳은 것은? [2점]

> #5. 궁궐 안
> 왕과 신하들이 대화하는 장면
>
> 신하1: 전하, 우리나라의 습속은 예로부터 신분에 따라 등용하는 것이 원칙이었습니다. 서얼들을 적자와 똑같이 대우한다면, 서얼이 적자를 능멸하는 폐단이 열리게 될 것입니다.
>
> 왕: 수많은 서얼들도 나의 신하인데 그들이 제자리를 얻지 못하고 포부도 펴지 못한다면 이 또한 과인의 허물일 것이오. 규장각에 검서관을 두어 이덕무, 박제가, 유득공, 서이수를 등용하려는 내 결심은 변함이 없을 것이니 그리 알고 물러들 가시오.

- 서얼은 양반의 자손 가운데 첩의 소생을 일컫는 말이에요.
- 검서관은 규장각 안에서 실무를 담당하는 관원으로, 기본 임무는 규장각 관료들을 보좌하고 문서를 필사하는 것이에요. 초대 검서관으로 이덕무 등 서얼 출신 학자 4인이 등용되었어요.

정답 잡는 키워드

❶ 규장각에 검서관을 두어 이덕무, 박제가, 유득공 등을 등용함
→ **정조**

규장각에 검서관을 두어 이덕무, 박제가, 유득공 등을 등용한다는 내용을 통해 시나리오에 등장하는 왕이 조선 정조임을 알 수 있어요. 조선 시대에 서얼은 양반의 자제임에도 문과 응시에 제한을 받는 등 차별을 당하였어요. 서얼 차별은 임진왜란 이후 완화되기 시작하였으며, 서얼은 여러 차례 집단 상소 운동을 벌여 관직 진출의 제한을 없애 달라고 요구하였어요. 이러한 노력의 결과 정조 때 이덕무, 박제가, 유득공 등 서얼 출신 학자들이 규장각 검서관에 등용되기도 하였어요.

① 왕권 강화를 위해 6조 직계제가 시행되었다.
→ **태종**과 **세조** 때 왕권 강화를 위해 6조에서 직접 왕에게 업무를 보고하고 지시를 받는 6조 직계제가 시행되었어요.

②거중기 등을 활용하여 수원 화성이 축조되었다.
→ **정조** 때 정약용이 고안한 거중기 등을 활용하여 수원 화성이 축조되었어요.

③ 청과 국경을 정하는 백두산정계비가 건립되었다.
→ **숙종** 때 조선과 청의 관리가 함께 백두산 일대를 답사한 뒤 양국 간 국경을 정하는 백두산정계비를 세웠어요.

④ 통치 체제를 정비하기 위해 대전회통이 편찬되었다.
→ **고종** 때 흥선 대원군의 주도로 통치 체제를 정비하기 위해 "대전회통"이 편찬되었어요. "대전회통"은 조선 시대 마지막 통일 법전이에요.

⑤ 삼정의 문란을 시정하기 위한 삼정이정청이 설치되었다.
→ **철종** 때 진주 농민 봉기의 수습을 위해 파견된 안핵사 박규수의 건의에 따라 삼정의 문란을 시정하기 위한 삼정이정청이 설치되었어요.

기출 선택지 +α

❻ 대외 관계를 정리한 동문휘고가 간행되었다. (O/X)
❼ 신유박해로 수많은 천주교도들이 처형되었다. (O/X)
❽ 명의 신종을 제사 지내는 만동묘가 설치되었다. (O/X)
❾ 이인좌를 중심으로 한 소론 세력이 난을 일으켰다. (O/X)
❿ 왕조의 통치 규범을 재정비한 대전통편이 편찬되었다. (O/X)

기출 선택지 +α 정답 ❻ O ❼ X[순조] ❽ X[숙종] ❾ X[영조] ❿ O

25 조선 후기의 경제   정답 ②

다음 상황이 나타난 시기에 볼 수 있는 모습으로 적절하지 않은 것은? [1점]

> 조선 후기 국경 지대에서 사상들의 밀무역, 즉 후시 무역이 성행하였어요. 특히 만상, 송상이 청과의 무역을 주도하였어요.

김화진 등이 아뢰기를, "……❶ 만상과 송상이 함께 수많은 가죽을 마음대로 밀무역을 합니다. 수달 가죽은 금지 품목 가운데 하나인데 변경을 지키는 관리들이 대수롭지 않게 여겨 1년, 2년이 되면 곧 일상적인 물건과 같아지니 …… 이후로는 한결같이 법전에 의거하여 금지 조항을 거듭 자세히 밝혀서 송상과 만상에게 법을 범해서는 안 되며, 범하는 사람이 있으면 일일이 적발하여 법에 따라 엄격하게 처벌한다는 것을 분명히 알게 해야 합니다. 아울러 살피지 못한 변방의 관리들도 드러나는 대로 무겁게 다스린다는 뜻을 분명히 알게 해야 합니다. ……"라고 하니, 임금이 그리하라 하였다.

정답 잡는 키워드
❶ 만상과 송상이 활동함 → 조선 후기

조선 후기에 상업이 발달하면서 사상이 활발하게 활동하였어요. 사상 중에는 특정 지역을 기반으로 활동하는 상인이 있었는데 대표적으로 의주의 만상, 개성의 송상, 평양의 유상, 동래의 내상 등이 있었어요. 이 시기에 대외 무역도 활발하게 이루어져 국경 지역에서 사무역인 후시가 성행하였어요. 만상과 송상은 주로 대청 무역에 종사하여 부를 축적하였어요.

① 채굴 노동자를 고용하는 덕대
→ 조선 후기에 민간의 광산 개발이 활발해지면서 물주에게서 자금을 받아 광산을 전문적으로 경영하는 덕대가 등장하였어요.

②벽란도에서 교역하는 송의 상인
→ 고려 시대에 예성강 하구의 벽란도가 국제 무역항으로 번성하여 송, 거란, 여진, 일본뿐 아니라 아라비아의 상인도 왕래하였어요.

③ 상평통보로 물건을 거래하는 보부상
→ 조선 후기에 상업이 발달하면서 화폐 유통이 확대되어 상평통보가 널리 사용되었어요. 이 시기에 여러 장시를 돌며 물품을 판매하는 보부상이 상평통보로 물건을 거래하였어요.

④ 포구에서 물품의 매매를 중개하는 여각
→ 조선 후기에 포구에서 객주, 여각 등이 물품 매매 중개·금융·숙박 등의 영업을 하였어요.

⑤ 담배, 인삼 등 상품 작물을 재배하는 농민
→ 조선 후기에 담배, 인삼, 면화, 고추 등이 시장에 내다 팔기 위한 상품 작물로 재배되었어요.

핵심 개념	조선 후기의 경제
농업	• 모내기법(이앙법)의 확대 → 벼와 보리의 이모작 확산 • 광작 확산, 구황 작물 전래(고구마, 감자 등), 상품 작물 재배(담배, 인삼, 면화, 고추 등)
상업	• 공인의 활약 → 도고로 성장 • 경강상인(한강), 송상(개성), 만상(의주), 유상(평양), 내상(동래) 등 사상의 성장 • 장시 발달 → 보부상이 여러 장시를 돌며 물품 판매 • 포구를 중심으로 상업 발달(객주, 여각의 활동) • 대외 무역 활발(개시 무역, 후시 무역)
수공업	민영 수공업 발달, 선대제 성행
광업	설점수세제 시행으로 민영 광산 증가, 덕대 등장

26 박지원의 활동   정답 ④

(가) 인물에 대한 설명으로 옳은 것은? [2점]

박지원은 청에 파견된 사절단을 수행하면서 보고 들은 내용을 기록한 "열하일기"를 남겼어요.

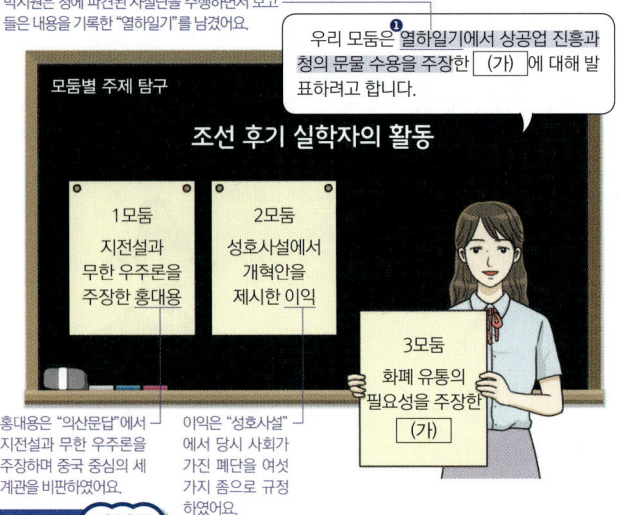

우리 모둠은 ❶ 열하일기에서 상공업 진흥과 청의 문물 수용을 주장한 (가) 에 대해 발표하려고 합니다.

모둠별 주제 탐구
조선 후기 실학자의 활동

1모둠: 지전설과 무한 우주론을 주장한 홍대용
2모둠: 성호사설에서 개혁안을 제시한 이익
3모둠: 화폐 유통의 필요성을 주장한 (가)

홍대용은 "의산문답"에서 지전설과 무한 우주론을 주장하며 중국 중심의 세계관을 비판하였어요.
이익은 "성호사설"에서 당시 사회가 가진 폐단을 여섯 가지 좀으로 규정하였어요.

정답 잡는 키워드
❶ "열하일기"에서 상공업 진흥과 청의 문물 수용 주장 → 박지원

"열하일기"에서 상공업 진흥과 청의 문물 수용을 주장하였다는 내용을 통해 (가) 인물이 박지원임을 알 수 있어요. 박지원은 조선 후기에 상공업 중심의 개혁을 주장한 실학자로, 청의 선진적인 문물을 보고 돌아와 "열하일기"를 집필하였어요. 여기에서 박지원은 수레와 선박의 이용 등을 강조하였어요.

① 북한산비가 진흥왕 순수비임을 고증하였다.
→ 김정희는 "금석과안록"에서 북한산비가 진흥왕 순수비임을 고증하였어요.

② 청으로부터 시헌력을 도입하자고 건의하였다.
→ 김육은 청에서 사용하는 시헌력의 도입을 효종에게 건의하였어요.

③ 우서에서 사농공상의 직업적 평등을 주장하였다.
→ 유수원은 "우서"에서 상공업 진흥을 위한 사농공상의 직업적 평등과 전문화를 주장하였어요.

④양반전을 지어 양반의 허례와 무능을 풍자하였다.
→ 박지원은 "양반전", "허생전", "호질" 등의 한문 소설을 지어 양반의 허례와 무능을 풍자하였어요.

⑤ 10리마다 눈금을 표시한 대동여지도를 완성하였다.
→ 김정호는 10리마다 눈금을 표시한 대동여지도를 제작하였어요. 대동여지도는 목판으로 만들어져 대량 인쇄가 가능하였어요.

기출 선택지 +α
❻ 북학의에서 절약보다 소비를 권장하였다. (O/X)
❼ 의산문답에서 무한 우주론을 주장하였다. (O/X)
❽ 경세유표에서 국가 제도의 개혁 방향을 제시하였다. (O/X)

핵심 개념	상공업 중심의 개혁론
유수원	"우서" 저술, 상공업의 진흥과 기술 혁신 강조, 사농공상의 직업적 평등과 전문화 주장
홍대용	"임하경륜"·"의산문답"·"담헌서"·"을병연행록" 저술, 지전설과 무한 우주론을 주장하여 중국 중심의 세계관 극복, 혼천의 제작
박지원	"열하일기"·"양반전"·"허생전"·"호질" 등 저술, 수레와 선박 이용 강조, 화폐 유통의 필요성 주장, 양반의 위선과 무능 비판
박제가	• "북학의" 저술(재물을 우물에 비유, 생산력 증대를 위해 소비 권장) • 청 문물의 수용, 수레와 선박 이용 등 주장

기출 선택지 +α 정답 ❻ ×[박제가] ❼ ×[홍대용] ❽ ×[정약용]

27 김홍도의 작품   정답 ①

(가) 인물의 작품으로 옳은 것은? [1점]

> 이 작품은 **❶조선 후기 대표적 풍속화가**인 **❷단원** (가) 이/가 나귀를 타고 유람하는 나그네의 시점으로 그린 행려풍속도병입니다. 8폭 병풍에는 계절에 따라 변해가는 산수와 대장간, 나루터 등 다양한 세상살이의 모습이 생동감 있게 표현되어 있습니다. 각 폭의 그림 위쪽에는 그의 스승인 강세황의 그림평이 적혀 있습니다.

> 조선 후기에는 당시 사람들의 생활 모습을 생생하게 담은 풍속화가 유행하였어요. 대표적 풍속화가인 김홍도는 서당, 씨름, 타작, 무동 등의 작품을 남겼어요.

정답 잡는 키워드

❶ 조선 후기 대표적 풍속화가, ❷ 단원 → **김홍도**

조선 후기의 대표적인 풍속화가이며 '단원'이라는 호를 사용한 것으로 보아 (가) 인물이 김홍도임을 알 수 있어요. 김홍도는 강세황으로부터 그림을 배웠으며, 도화서의 화원으로 활동하였어요. 서민의 일상생활을 소탈하고 익살스럽게 표현한 풍속화를 비롯하여 산수화, 인물화 등 다양한 분야에서 뛰어난 작품을 남겼어요.

① 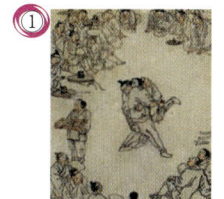 ➡ **김홍도**가 그린 씨름입니다.

②  ➡ **정선**이 그린 금강전도입니다.

③ ➡ **김득신**이 그린 파적도입니다.

④  ➡ **신윤복**이 그린 월하정인입니다.

⑤  ➡ **강세황**이 그린 영통동구도입니다.

기출 선택지 +α

❻ (O / X)   ❼ (O / X)   ❽ (O / X)   ❾ (O / X)

기출 선택지 +α

정답 ❻ O [타작] ❼ X [신윤복, 단오풍정] ❽ O [무동] ❾ X [김정희, 세한도]

---

28 서구 열강의 침략적 접근   정답 ②

(가), (나) 사이의 시기에 있었던 사실로 옳은 것은? [3점]

> (가) 순무영에서 **❶정족산성** 수성장 **❷양헌수**가 보내온 보고에 의하면, "…… 우리 군사가 잠입한 사실을 적들이 알지 못하였습니다. 오늘 저들은 우리가 지키고 있는 성을 점령할 계책으로 그 우두머리가 말을 타고 나귀를 끌고 짐바리와 술과 음식을 가지고 동문과 남문으로 나누어 들어왔습니다. 이때 우리 군사들이 좌우에 매복하였다가 일제히 총탄을 퍼부었습니다. ……"라고 하였습니다.
> — 병인양요 당시 프랑스 로즈 제독의 함대가 강화도를 침략해 오자 정족산성에서 양헌수 부대가 프랑스군을 물리쳤어요.

> (나) 4월 24일에 계속해서 올린 강화 진무사 정기원의 치계에, "**❸미국 배가 다시 항구로 들어와서 광성진을 습격하여 함락하였는데**, 중군 **❹어재연**이 힘껏 싸우다가 목숨을 바쳤고, 사망한 군사가 매우 많습니다. 적병은 초지포 부근에 주둔하였습니다. 장수 이렴이 밤을 이용하여 습격해서야 그들을 퇴각시켰습니다."라고 하였습니다.
> — 신미양요 당시 미군이 초지진과 덕진진을 함락하고 광성보를 공격하오자 어재연 부대가 끝까지 항전하였으나 결국 패하였어요.

정답 잡는 키워드

❶ 정족산성, ❷ 양헌수 → (가) **병인양요(1866)**
❸ 미국이 광성진 함락, ❹ 어재연 → (나) **신미양요(1871)**

(가)는 양헌수가 정족산성에서 적을 공격하였다는 내용을 통해 1866년에 일어난 병인양요와 관련된 자료임을 알 수 있어요. 1866년에 일어난 병인박해를 구실로 같은 해에 프랑스군이 강화도를 침략하여 병인양요가 일어났어요. 병인양요 당시 양헌수 부대가 정족산성에서, 한성근 부대가 문수산성에서 항전하였어요. 마침내 프랑스군은 퇴각하였으나, 그 과정에서 강화도 외규장각에 보관되어 있던 도서와 의궤를 약탈해 갔어요. (나)는 미국 배가 광성진을 습격하여 함락하고, 어재연이 전사하였다는 내용을 통해 1871년에 일어난 신미양요와 관련된 자료임을 알 수 있어요. 1866년에 평양에서 일어난 제너럴 셔먼호 사건을 빌미로 1871년에 미군이 강화도를 침략하여 신미양요가 일어났어요. 신미양요 당시 어재연 부대가 결사 항전하였으나 전력의 열세로 패배하고 광성보가 함락되었어요.

① 일본 군함 운요호가 영종도를 공격하였다.
➡ 1875년에 일본 군함 운요호가 허가 없이 강화도에 접근하자 조선 수비대가 경고 포격을 가하였어요. 그러자 운요호는 초지진을 포격하고 이어 영종도를 공격하였어요.

② **오페르트가 남연군 묘의 도굴을 시도하였다.**
➡ 1868년에 독일 상인 오페르트가 통상 협상에 이용하기 위해 흥선 대원군의 아버지인 남연군의 묘를 도굴하려다가 실패하였어요.

③ 마젠창과 묄렌도르프가 고문으로 파견되었다.
➡ 1882년 임오군란 이후 청은 마젠창(마건상)과 묄렌도르프를 고문으로 파견하여 조선에 대한 내정 간섭을 본격화하였어요.

④ 영국군이 러시아를 견제하기 위해 거문도를 점령하였다.
➡ 영국군은 러시아의 남하를 견제한다는 명분을 내세워 1885년부터 약 2년간 조선의 거문도를 불법 점령하였어요.

⑤ 황사영이 외국 군대의 출병을 요청하는 백서를 작성하였다.
➡ 1801년에 신유박해가 일어나자 황사영이 신앙의 자유를 얻기 위해 외국 군대의 출병을 요청하는 백서를 작성하여 중국 베이징 교구의 주교에게 전달하려고 하다가 발각되었어요.

29 조·미 수호 통상 조약　　　　정답 ①

(가) 조약에 대한 설명으로 옳은 것은? [2점]

설명: 미국에서 발행된 'Frank Leslies Illustrated Newspaper' 1883년 9월 29일자에 실린 보빙사의 사진이다. 전권대신 민영익과 부대신 홍영식 등으로 구성된 보빙사는 (가) 체결로 미국 공사가 부임하자 그에 대한 답례로 파견되었다. 미국에서 아서 대통령을 만나고 우체국, 신문사, 병원 등 각종 근대 시설을 시찰하고 돌아왔다.

8명의 조선 관리로 구성된 보빙사 일행은 1883년 40여 일 동안 미국에 체류하면서 각종 근대 시설을 시찰하였어요.

정답 잡는 키워드
❶, ❷ 미국 공사가 부임하자 그에 대한 답례로 민영익, 홍영식 등으로 구성된 보빙사 파견 → **조·미 수호 통상 조약**

조약의 체결로 미국 공사가 부임하였고 그에 대한 답례로 민영익과 홍영식 등으로 구성된 보빙사가 파견되었다는 내용을 통해 (가) 조약이 1882년에 체결된 조·미 수호 통상 조약임을 알 수 있어요. 조·미 수호 통상 조약은 조선이 서양 국가와 맺은 최초의 조약으로, "조선책략" 유포와 미국과의 수교론이 제기된 상황에서 청의 알선으로 체결되었어요. 조·미 수호 통상 조약 체결 이후 1883년에 조선 정부는 전권대신 민영익을 비롯해 홍영식, 서광범, 유길준 등으로 구성된 보빙사를 미국에 파견하였어요.

① **최혜국 대우를 최초로 규정하였다.**
→ **조·미 수호 통상 조약**은 한 나라가 제3국에 부여하고 있는 가장 유리한 조건을 조약 상대국에도 부여하는 최혜국 대우를 최초로 규정하였으며, 거중 조정 조항과 관세 부과 조항을 포함하였어요.

② 통감부가 설치되는 계기가 되었다.
→ **을사늑약**(제2차 한·일 협약)의 강제 체결로 대한 제국의 외교권이 박탈되었고, 이어 통감부가 설치되어 이토 히로부미가 초대 통감으로 부임하였어요.

③ 천주교 포교 허용의 근거가 되었다.
→ **조·프 수호 통상 조약**에 천주교 포교를 허용하는 조항이 포함되었어요.

④ 재정 고문을 두도록 하는 조항을 담고 있다.
→ **제1차 한·일 협약**이 체결된 후 일본인 메가타가 재정 고문으로, 미국인 스티븐스가 외교 고문으로 부임하였어요.

⑤ 부산, 원산, 인천이 개항되는 결과를 가져왔다.
→ **강화도 조약**에 따라 부산, 원산, 인천이 차례로 개항되었어요.

기출 선택지 +α
❻ 거중 조정에 대한 내용이 포함되었다. (O / X)
❼ 방곡령 시행에 대한 규정을 명시하였다. (O / X)
❽ 청의 알선으로 서양 국가와 맺은 최초의 조약이다. (O / X)

기출 선택지 +α 정답 ❻ ○　❼ ×[조·일 통상 장정]　❽ ○

---

30 갑신정변　　　　정답 ③

(가)에 대한 설명으로 옳은 것은? [2점]

  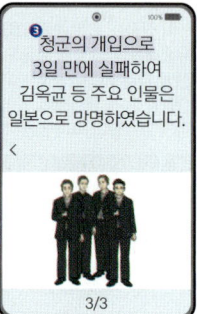

1/3 우정총국 개국 축하연에서 일부 급진 개화파가 (가) 을/를 일으켰습니다.
2/3 권력을 장악한 그들은 청과의 사대 관계 청산 등을 담은 개혁 정강을 발표하였습니다.
3/3 청군의 개입으로 3일 만에 실패하여 김옥균 등 주요 인물은 일본으로 망명하였습니다.

정답 잡는 키워드
❶ 우정총국 개국 축하연에서 일부 급진 개화파가 일으킴,
❷ 개혁 정강을 발표함, ❸ 청군의 개입으로 3일 만에 실패함
→ **갑신정변**

우정총국 개국 축하연에서 일부 급진 개화파가 정변을 일으켜 권력을 장악하고 개혁 정강을 발표하였으나 결국 청군의 개입으로 3일 만에 실패하였다는 내용을 통해 (가)가 갑신정변임을 알 수 있어요. 김옥균, 서광범, 박영효, 서재필 등 급진 개화파는 우정총국 개국 축하연을 이용하여 정변을 일으키고 개화당 정부를 구성하였어요. 개화당 정부는 청과의 사대 관계 청산, 호조로의 재정 일원화, 지조법 개혁, 문벌 폐지, 인민 평등권 확립, 능력에 따른 인재 등용 등의 내용을 담은 개혁 정강을 발표하고 개혁을 추진하려 하였어요. 그러나 청군이 개입하면서 정변은 3일 만에 실패하였어요.

① 전개 과정에서 집강소가 설치되었다.
→ **동학 농민 운동** 당시 동학 농민군은 조선 정부와 전주 화약을 체결한 후 전라도 각지에 집강소를 설치하고 폐정 개혁안을 실천하였어요.

② 수신사가 파견되는 데 영향을 주었다.
→ **강화도 조약 체결** 이후 조선 정부는 일본의 근대 시설을 시찰하기 위해 수신사를 파견하였어요.

③ **한성 조약이 체결되는 결과를 가져왔다.**
→ **갑신정변** 이후 일본은 갑신정변의 책임을 조선에 떠넘기고 배상금 지불과 일본 공사관 신축 비용 부담 등을 요구한 한성 조약의 체결을 강요하였어요.

④ 사태 수습을 위해 박규수가 안핵사로 파견되었다.
→ **진주 농민 봉기**가 일어나자 조선 정부는 사태 수습을 위해 박규수를 안핵사로 파견하였어요.

⑤ 구식 군인에 대한 차별 대우가 발단이 되어 일어났다.
→ 1882년에 구식 군인들이 신식 군대인 별기군과의 차별 대우에 반발하여 **임오군란**을 일으켰어요.

기출 선택지 +α
❻ 보국안민, 제폭구민을 기치로 내걸었다. (O / X)
❼ 청·일 간 톈진 조약 체결의 계기가 되었다. (O / X)
❽ 일본 공사관에 경비병이 주둔하는 계기가 되었다. (O / X)

핵심 개념 | 갑신정변의 결과

한성 조약	• 조선과 일본 간에 체결 • 조선이 일본 공사관의 신축 비용 부담, 일본에 배상금 지불 약속
톈진 조약	• 청과 일본 간에 체결 • 조선에서 양국 군대의 공동 철수, 향후 조선에 군대 파병 시 상대국에 미리 통보할 것을 약속함

기출 선택지 +α 정답 ❻ ×[동학 농민 운동]　❼ ○　❽ ×[임오군란]

31 덕수궁   정답 ①

(가) 궁궐에 대한 설명으로 옳은 것은? [3점]

돈덕전으로의 초대

돈덕전이 재건되어 전시관으로 개관합니다. 많은 관람 부탁드립니다.

- 주소 : 서울특별시 중구 세종대로 99
- 개관일 : 2023년 ○○월 ○○일

● 소개

돈덕전은 (가) 안에 지어진 유럽풍 외관의 건물로, 고종 즉위 40주년 기념행사를 열기 위해 건립되었다. 1층에는 폐하를 알현하는 폐현실, 2층에는 침실이 자리하여 각국 외교 사절의 폐현 및 연회장, 국빈급 외국인의 숙소로 사용되었다.

❶ 러시아 공사관에서 ❷ (가) 으로 거처를 옮긴 뒤부터 고종은 중명전을 비롯한 서구식 건축물을 지어 근대 국가로서의 면모를 보여 주고자 하였다. 돈덕전 역시 이러한 의도가 투영된 건축물이다.

※ 을미사변 이후 1896년에 러시아 공사관으로 거처를 옮겼던 고종은 이듬해 경운궁(지금의 덕수궁)으로 환궁하였어요.

정답 잡는 키워드

❶ 고종이 러시아 공사관에서 거처를 옮겨 옴,
❷ 고종이 중명전을 비롯한 서구식 건축물을 지음 → **덕수궁**

고종이 러시아 공사관에서 환궁한 곳이며, 중명전을 비롯한 서구식 건축물을 지었다는 내용을 통해 (가) 궁궐이 덕수궁임을 알 수 있어요. 덕수궁의 원래 이름은 경운궁이었으나 고종이 퇴위 후 이곳에 머물게 되면서 고종의 장수를 빈다는 의미가 담긴 덕수궁으로 바뀌었어요. 고종이 러시아 공사관에서 경운궁(덕수궁)으로 거처를 옮긴 이후 정관헌, 중명전, 돈덕전, 석조전 등 서양식 건축물이 지어졌어요. 이 가운데 중명전은 1905년에 을사늑약이 체결된 곳이기도 합니다.

① **제1차 미·소 공동 위원회가 개최되었다.**
➡ 1946년 3월, **덕수궁** 석조전에서 제1차 미·소 공동 위원회가 개최되었어요.

② 도성 내 서쪽에 있어 **서궐**이라고 불렸다.
➡ **경희궁**은 도성 내 서쪽에 있어 서궐이라고 불렸고, 창덕궁과 창경궁은 동궐이라고 불렸어요.

③ 일제에 의해 **창경원**으로 **격하**되기도 하였다.
➡ 일제는 **창경궁**에 동물원과 식물원을 설치하는 등 창경궁을 훼손하고, 이름마저 창경원으로 격하시켰어요.

④ 정도전이 **궁궐과 주요 전각의 명칭**을 정하였다.
➡ **경복궁**은 조선 건국 이후 가장 먼저 건립된 궁궐로, 궁궐과 주요 전각의 명칭은 건국을 주도한 정도전이 정하였어요.

⑤ 태종이 도읍을 한양으로 다시 옮기며 건립하였다.
➡ 태종은 개경에서 한양으로 다시 도읍을 옮기면서 기존에 있던 경복궁은 그대로 두고 **창덕궁**을 새로 건립하였어요.

기출 선택지 +α

❻ 근정전을 정전으로 하였다. (O/X)
❼ 일제에 의해 동물원 등이 설치되었다. (O/X)
❽ 왕실 도서관인 규장각이 설치된 곳이다. (O/X)
❾ 조선 물산 공진회 개최 장소로 이용되었다. (O/X)
❿ 인목 대비가 광해군에 의해 유폐된 장소이다. (O/X)

기출 선택지 +α 정답 ❻ ×[경복궁] ❼ ×[창경궁] ❽ ×[창덕궁] ❾ ×[경복궁] ❿ ○

---

32 정미의병   정답 ⑤

(가) 의병에 대한 설명으로 옳은 것은? [2점]

이달의 독립운동가

최초의 여성 의병 지도자 윤희순(尹熙順)

- 생몰년 : 1860~1935
- 생애 및 활동

경기도 구리 출신으로 명성 황후 시해 사건이 일어나자 '안사람 의병가'를 창작하여 여성의 의병 참여를 독려하는 데 앞장섰다. ❶ 고종의 강제 퇴위와 군대 해산에 반발하여 일어난 (가) 당시 30여 명의 여성으로 의병대를 조직하여 최초의 여성 의병장으로 활약하였다. 일제에 나라를 뺏긴 이후에는 만주로 망명하여 항일 인재 양성과 무장 투쟁을 이어 나갔다. 1990년 건국 훈장 애족장이 추서되었다.

정답 잡는 키워드

❶ 고종의 강제 퇴위와 군대 해산에 반발하여 일어남
→ **정미의병(1907)**

고종의 강제 퇴위와 군대 해산에 반발하여 일어났다는 내용을 통해 (가) 의병이 1907년에 일어난 정미의병임을 알 수 있어요. 일제가 헤이그 특사 파견을 빌미로 고종을 강제로 퇴위시키고 한·일 신협약(정미7조약)을 체결한 이후 부속 각서에 따라 대한 제국의 군대를 해산하자 이에 반발하여 정미의병이 일어났어요. 이때 해산 군인 중 일부가 정미의병에 합류하여 의병의 전투력이 강화되었어요.

① **최익현**이 **태인**에서 **궐기**하였다.
➡ 최익현은 을사늑약 체결에 항거하여 전라도 태인에서 의병을 일으켰어요(**을사의병**).

② **고종의 해산 권고 조칙**에 따라 **해산**하였다.
➡ 1895년에 을미사변과 단발령 시행에 반발하여 **을미의병**이 일어났어요. 을미의병은 아관 파천 후 고종이 단발령을 철회하고 의병 해산을 권고하자 대부분 해산하였어요.

③ 민종식이 이끄는 부대가 홍주성을 점령하였다.
➡ 을사늑약 체결에 반발하여 일어난 **을사의병** 때 민종식이 이끄는 부대가 홍주성을 점령하였어요.

④ 일본에 국권 반환 요구서를 제출하고자 하였다.
➡ 국권 피탈 이후 임병찬의 주도로 조직된 **독립 의군부**가 일본에 국권 반환 요구서를 보내려고 하였어요.

⑤ **의병 부대가 연합하여 서울 진공 작전을 전개하였다.**
➡ **정미의병** 당시 각지의 의병 부대가 연합하여 이인영을 총대장으로 하는 13도 창의군을 결성하고 서울 진공 작전을 전개하였어요.

기출 선택지 +α

❻ 13도 창의군을 결성하였다. (O/X)
❼ 최익현, 민종식 등이 주도하였다. (O/X)
❽ 단발령 시행에 반발하여 봉기하였다. (O/X)
❾ 유생 출신 유인석이 이끄는 의병이 충주성을 점령하였다. (O/X)

기출 선택지 +α 정답 ❻ ○ ❼ ×[을사의병] ❽ ×[을미의병] ❾ ×[을미의병]

33 1900년의 사회 모습   정답 ⑤

㉠ 시기에 볼 수 있는 모습으로 가장 적절한 것은? [2점]

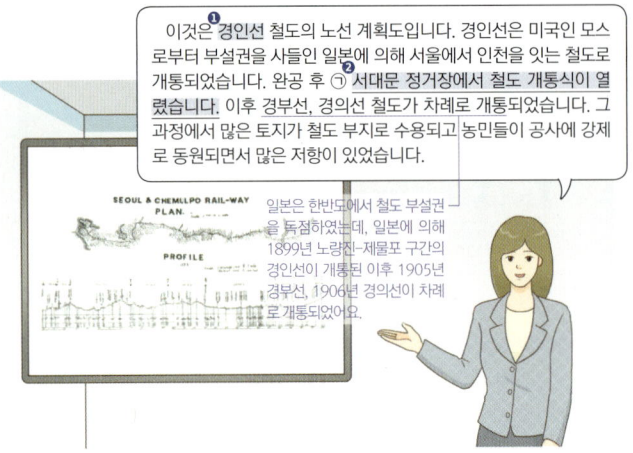

이것은 경인선 철도의 노선 계획도입니다. 경인선은 미국인 모스로부터 부설권을 사들인 일본에 의해 서울에서 인천을 잇는 철도로 개통되었습니다. 완공 후 ㉠ 서대문 정거장에서 철도 개통식이 열렸습니다. 이후 경부선, 경의선 철도가 차례로 개통되었습니다. 그 과정에서 많은 토지가 철도 부지로 수용되고 농민들이 공사에 강제로 동원되면서 많은 저항이 있었습니다.

일본은 한반도에서 철도 부설권을 독점하였는데, 일본에 의해 1899년 노량진-제물포 구간의 경인선이 개통된 이후 1905년 경부선, 1906년 경의선이 차례로 개통되었어요.

정답 잡는 키워드

❶, ❷ 서대문 정거장에서 경인선 철도 개통식이 열림 → 1900년

서대문 정거장에서 경인선 철도 개통식이 열렸다는 내용을 통해 1900년의 상황임을 알 수 있어요. 경인선은 우리나라 최초의 철도로 1899년에 서울 노량진과 인천 제물포 구간이 먼저 개통되었으며, 이듬해 한강 철교가 완공되면서 서울 서대문역까지 연장되어 경인선 전 구간이 개통되었어요. 서대문 정거장은 개통 당시 서울에서 열차가 출발하던 역으로, 지금의 이화 여고 자리 부근에 있었어요. 따라서 1900년에 볼 수 있는 모습을 찾으면 됩니다.

① 학도 지원병을 독려하는 지식인
➡ 일제는 중·일 전쟁 이후 침략 전쟁을 확대하면서 부족한 병력을 보충하기 위해 1943년에 학도 지원병 제도를 실시하였어요.

② 금난전권 폐지에 반대하는 시전 상인
➡ 조선 정조는 1791년에 신해통공을 단행하여 육의전을 제외한 시전 상인의 금난전권을 폐지하였어요.

③ 근우회가 주최하는 강연에 참여하는 여성
➡ 1927년에 신간회 결성을 계기로 민족주의 계열과 사회주의 계열로 나뉘어 있던 여성 단체들이 연대하여 근우회를 조직하였어요.

④ 두모포에서 무력시위를 벌이는 일본 군인
➡ 1878년에 일본 군인이 관세 문제로 부산의 두모포에서 무력시위를 벌였어요.

⑤ 근대 학문을 가르치는 한성 사범 학교 교사
➡ 1895년 제2차 갑오개혁 추진 과정에서 교육 입국 조서가 반포되고 이에 따라 교원 양성을 위해 한성 사범 학교가 설립되었어요. 한성 사범 학교는 1911년에 일제가 제1차 조선 교육령을 발표하면서 경성 고등 보통학교의 사범과 또는 교원 속성과로 개편되었어요.

기출 선택지 +α

❻ 원수부에서 업무를 처리하는 관리 (O / X)
❼ 황토현 전투에서 승리하는 농민군 (O / X)
❽ 조사 시찰단으로 일본에 파견되는 통역관 (O / X)

기출 선택지 +α 정답 ❻ O [1899~1904년] ❼ X [1894년] ❽ X [1881년]

---

34 서간도 지역의 민족 운동   정답 ①

밑줄 그은 '이 지역'에서 있었던 민족 운동으로 옳은 것은? [3점]

□□신문
제△△호   ○○○○년 ○○월 ○○일

"원병상 회고록"으로 본 국외 민족 운동

한국 독립운동사의 일면을 살펴볼 수 있는 책이 발간되었다. 이 책은 신흥 무관 학교 졸업생이자 교관으로 독립군 양성에 헌신한 원병상의 회고록이다. 책에는 ❶이 지역에 세워진 신흥 무관 학교의 변화 과정과 학생들의 생활상이 구체적으로 담겨 있을 뿐만 아니라, ❷국권 피탈 이후 망명해 온 독립지사들이 힘겹게 정착해 나가는 과정이 생생하게 기록되어 있어 독립운동사와 생활사 자료로서 가치가 크다.

1911년 서간도에 설립된 신흥 강습소로 출발한 신흥 무관 학교는 1920년 폐교될 때까지 수많은 졸업생을 배출하였는데, 이들은 항일 무장 독립군의 중추적 역할을 수행하였습니다.

정답 잡는 키워드

❶ 신흥 무관 학교가 세워짐, ❷ 국권 피탈 이후 망명해 온 독립지사들이 정착함 → 서간도(남만주)

국권 피탈 이후 망명해 온 독립지사들이 정착하였으며 신흥 무관 학교가 세워졌다는 내용을 통해 밑줄 그은 '이 지역'이 서간도(남만주) 지역임을 알 수 있어요. 국권 피탈 이후 일제의 무단 통치로 국내에서의 민족 운동이 어려워지자 독립지사들은 만주, 연해주 등지로 이동하여 독립운동 기지를 건설하였어요. 서간도(남만주) 삼원보 지역으로 이주한 이회영, 이상룡 등은 독립군 양성을 위해 신흥 강습소를 세웠어요. 신흥 강습소는 이후 신흥 무관 학교로 발전하였어요.

① 한인 자치 기구인 경학사가 설립되었다.
➡ 서간도(남만주) 지역에서 신민회 회원들이 중심이 되어 한인 자치 기구인 경학사를 설립하였어요. 경학사는 이후 부민단을 거쳐 한족회로 발전하였어요.

② 권업회가 조직되어 기관지를 발행하였다.
➡ 연해주 지역에서 이상설, 최재형 등이 독립운동 단체인 권업회를 조직하였어요. 권업회는 기관지로 권업신문을 발행하였어요.

③ 유학생들을 중심으로 2·8 독립 선언서가 발표되었다.
➡ 일본 도쿄에서 민족 자결주의에 영향을 받은 한국인 유학생들을 중심으로 2·8 독립 선언서가 발표되었어요.

④ 대조선 국민군단이 결성되어 군사 훈련을 실시하였다.
➡ 미국 하와이에서 박용만 등이 대조선 국민군단을 결성하여 군사 훈련을 실시하였어요.

⑤ 흥사단이 창립되어 교민들에게 민족의식을 심어 주고자 하였다.
➡ 미국 샌프란시스코에서 안창호의 주도로 흥사단이 창립되어 교민들에게 민족의식을 심어 주고자 하였어요.

기출 선택지 +α

❻ 숭무 학교를 세워 독립군을 양성하였다. (O / X)
❼ 독립군 양성을 위해 신흥 강습소를 세웠다. (O / X)
❽ 이봉창이 일왕의 행렬에 폭탄을 투척하였다. (O / X)
❾ 대한인 국민회를 조직하여 외교 활동을 펼쳤다. (O / X)
❿ 대한 광복군 정부가 세워져 무장 독립 투쟁을 준비하였다. (O / X)

기출 선택지 +α 정답 ❻ X [멕시코] ❼ O ❽ X [일본 도쿄] ❾ X [미국] ❿ X [연해주]

35 3·1 운동   정답 ③

밑줄 그은 '운동'에 대한 설명으로 옳은 것은? [1점]

정답 잡는 키워드
❶ 고종의 인산일을 계기로 시작됨, ❷ 독립 선언서 발표 → 3·1 운동

고종의 인산일을 계기로 시작된 만세 운동으로 당시에 독립 선언서가 발표되었다는 내용을 통해 밑줄 그은 '운동'이 1919년에 일어난 3·1 운동임을 알 수 있어요. 제1차 세계 대전이 끝나갈 무렵 미국 대통령 윌슨이 민족 자결주의를 발표하였어요. 이에 식민 지배를 받던 약소민족은 독립에 대한 희망을 갖게 되었고 국내외의 민족 운동가들도 영향을 받았어요. 일본 도쿄에서 한국인 유학생들이 2·8 독립 선언서를 발표하였고, 국내에서도 독립 선언의 움직임이 일어났어요. 그러던 중 고종이 갑자기 승하하자 종교계 지도자와 학생 대표들은 고종의 인산일에 즈음하여 대규모 만세 시위를 벌이기로 계획하였어요. 3월 1일 민족 대표는 탑골 공원에서 독립 선언서를 낭독하고 시위를 전개할 계획이었으나, 시위가 과격해질 것을 우려하여 태화관이라는 음식점에 모여 독립 선언서를 낭독하고 일제에 스스로 체포되었어요. 비슷한 시각 탑골 공원에 모여 있던 학생과 시민들은 민족 대표들이 나타나지 않자 스스로 독립 선언서를 낭독하고 만세 운동을 시작하였어요. 이후 만세 운동은 전국 각지와 해외로 확산되었어요.

① 통감부의 방해와 탄압으로 중단되었다.
➡ 을사늑약 체결로 설치된 통감부는 1910년에 조선 총독부가 설치되면서 폐지되었어요. 국채 보상 운동 등이 통감부의 방해와 탄압으로 중단되었어요.

② 천도교 소년회가 창립된 후 본격화되었다.
➡ 1921년 천도교 소년회가 창립된 후 방정환, 김기전 등이 중심이 된 소년 운동이 본격화되었어요.

③ 일제가 이른바 문화 통치를 실시하는 배경이 되었다.
➡ 3·1 운동을 계기로 일제는 한국인에 대한 무단 통치의 한계를 인식하고 이른바 문화 통치를 실시하였어요.

④ 성진회와 각 학교 독서회에 의해 전국으로 확산되었다.
➡ 광주 학생 항일 운동은 광주 지역 학생들이 결성한 비밀 결사인 성진회와 각 학교 독서회에 의해 전국으로 확산되었어요.

⑤ 시위를 준비하는 과정에서 사회주의자들이 대거 검거되었다.
➡ 6·10 만세 운동을 준비하는 과정에서 계획이 발각되어 시위를 준비하던 사회주의자들이 대거 검거되었어요.

36 1910년대 일제 식민 통치   정답 ③

밑줄 그은 '시기'에 시행된 일제의 정책으로 옳은 것은? [1점]

정답 잡는 키워드
❶ 토지 조사 사업 실시 → 1910~1918년

토지 조사 사업이 실시되었다는 내용을 통해 밑줄 그은 '시기'가 1910~1918년임을 알 수 있어요. 일제는 1910년대에 한국인의 저항을 억누르기 위해 강압적인 무단 통치를 실시하였어요. 군사 경찰인 헌병이 일반 경찰 업무까지 담당하게 하였으며, 교사와 관리에게 제복을 입고 칼을 차게 하여 일상생활에서도 강압적인 분위기를 조성하였어요. 경제적으로는 식민 지배에 필요한 재정을 확보하고 일본인의 토지 소유를 쉽게 하기 위해 토지 조사 사업을 추진하였어요. 또한, 회사령, 어업령, 삼림령, 조선 광업령 등을 제정하여 한국인의 자본 축적과 산업 발전을 억제하였어요.

① 애국반을 조직하였다.
➡ 일제는 한국인의 일상생활을 감시하고 통제하기 위해 1938년부터 애국반을 조직하였어요.

② 신문지법을 제정하였다.
➡ 일제는 우리나라의 신문을 통제·탄압하기 위해 대한 제국 정부를 압박하여 1907년에 신문지법을 제정하게 하였어요.

③ 조선 태형령을 시행하였다.
➡ 일제는 1912년에 한국인에게만 태형을 적용하는 조선 태형령을 시행하였어요. 조선 태형령은 3·1 운동 이후인 1920년에 폐지되었어요.

④ 산미 증식 계획을 실시하였다.
➡ 일제는 자국의 식량 부족 문제를 해결하기 위해 1920년부터 한국에서 산미 증식 계획을 실시하였어요.

⑤ 황국 신민 서사의 암송을 강요하였다.
➡ 일제는 중·일 전쟁을 일으키고 침략 전쟁을 확대하면서 한국인의 민족의식을 말살하기 위해 1937년 일왕에 대한 충성을 맹세하는 황국 신민 서사를 제정하여 암송을 강요하였어요.

기출 선택지 +α
❻ 회사령을 시행하였다. (O / X)
❼ 치안 유지법을 공포하였다. (O / X)
❽ 국민 징용령이 제정되었다. (O / X)
❾ 국가 총동원법을 제정하였다. (O / X)

기출 선택지 +α 정답 ❻ ○ ❼ ×[1925년] ❽ ×[1939년] ❾ ×[1938년]

37 대종교 정답 ⑤

(가) 종교에 대한 설명으로 옳은 것은? [2점]

정답 잡는 키워드
❶ 나철이 만주에서 단군 신앙을 기반으로 창시 → 대종교

나철이 만주에서 단군 신앙을 기반으로 창시하였다는 내용을 통해 (가) 종교가 대종교임을 알 수 있어요. 대종교는 나철이 오기호와 함께 1909년에 창시한 민족 종교로, 단군 숭배 사상을 통해 민족의식을 고취하였어요.

① 개벽, 신여성 등의 잡지를 발간하였다.
  ➡ 천도교는 민중 계몽을 위해 "개벽", "신여성" 등의 잡지를 발간하였어요.

② 한용운 등이 사찰령 폐지를 주장하였다.
  ➡ 불교계에서는 한용운 등이 주축이 되어 1920년대에 사찰령 폐지 운동을 전개하였어요.

③ 박중빈을 중심으로 새 생활 운동을 펼쳤다.
  ➡ 박중빈이 창시한 원불교는 허례 폐지, 근검절약 등을 강조한 새 생활 운동을 펼쳤어요.

④ 김창숙의 주도로 파리 장서 운동을 전개하였다.
  ➡ 유교계는 김창숙의 주도로 유림 대표 137명 명의의 독립 청원서를 파리 강화 회의에 보내는 파리 장서 운동을 전개하였어요.

⑤ 무장 투쟁을 전개하기 위해 중광단을 조직하였다.
  ➡ 대종교는 1911년 북간도 지역에서 항일 무장 단체인 중광단을 조직하였어요. 중광단은 후에 북로 군정서로 발전하였어요.

기출 선택지 +α
❻ 만세보를 발행하여 민중 계몽에 앞장섰다. (O/X)
❼ 단군 숭배 사상을 통해 민족의식을 높였다. (O/X)
❽ 배재 학당을 세워 신학문 보급에 기여하였다. (O/X)
❾ 의민단을 조직하여 항일 무장 투쟁을 전개하였다. (O/X)
❿ 경향신문을 발행하여 민중 계몽을 위해 노력하였다. (O/X)

정답 ❻×[천도교] ❼ O ❽×[개신교] ❾×[천주교] ❿×[천주교]

38 1920년대 국외 무장 투쟁 정답 ①

(가)~(다)를 일어난 순서대로 옳게 나열한 것은? [2점]

주제: 1920년대 국외 민족 운동의 시련

(가) 일본군이 독립군에 대한 보복으로 간도 지역의 한인을 학살한 간도 참변이 발생하였어요.

(나) 독립군의 통합 과정에서 많은 희생자가 발생한 자유시 참변이 일어났어요.

(다) 만주에서 활동하는 독립군 색출을 위해 조선 총독부가 만주 군벌과 미쓰야 협정을 체결하였어요.

간도 참변 이후 러시아령 자유시로 이동한 독립군 내부에서 지휘권을 두고 갈등이 일어났고, 이 과정에서 일제와의 마찰을 우려한 러시아 혁명군이 독립군에 무장 해제를 요구하며 이를 거부하는 독립군 부대를 공격하였어요. 이로 인해 많은 독립군이 희생되었습니다.

정답 잡는 키워드
❶ 간도 참변 발생 → (가) 1920년
❷ 자유시 참변이 일어남 → (나) 1921년
❸ 미쓰야 협정 체결 → (다) 1925년

(가) 1920년 봉오동 전투와 청산리 전투에서 패배한 일본군은 이에 대한 보복으로 간도의 한인 마을을 습격하여 무차별 학살을 자행하였어요(간도 참변). 이후 만주 지역의 독립군 부대들이 밀산에 모여 대한 독립군단을 조직하고, 약소민족의 민족 운동을 지원하겠다는 러시아 혁명군(적군)의 약속을 믿고 러시아령 자유시로 이동하였어요. 하지만 (나) 독립군의 통합 과정에서 1921년에 자유시 참변이 일어나 큰 타격을 입었어요. 이후 다시 만주 지역으로 돌아온 독립군은 전열을 정비하고 독립 전쟁을 효율적으로 수행하기 위해 노력하였어요. 그 결과 1920년대 중반에 참의부, 정의부, 신민부의 3부가 성립되었어요. 한편, (다) 일제는 1925년 독립군의 활동을 탄압하기 위해 만주 지역의 중국 군벌과 미쓰야 협정을 체결하였어요. 이로 인해 만주 지역에서의 독립군 활동은 크게 위축되었어요.

① (가) - (나) - (다)
  ➡ (가) 간도 참변(1920) → (나) 자유시 참변(1921) → (다) 미쓰야 협정 체결(1925)
② (가) - (다) - (나)
③ (나) - (가) - (다)
④ (나) - (다) - (가)
⑤ (다) - (가) - (나)

핵심 개념 | 1920년대 국외 무장 독립 전쟁

봉오동 전투	대한 독립군(홍범도) 등 독립군 연합 부대가 봉오동에서 일본군을 크게 격퇴(1920. 6.)
청산리 전투	북로 군정서(김좌진), 대한 독립군(홍범도) 등의 독립군 연합 부대가 백운평, 어랑촌 등지에서 일본군을 크게 격퇴(1920. 10.)
독립군의 시련	• 간도 참변(1920) : 봉오동 전투와 청산리 전투에서 패한 일본군이 간도의 한인 마을을 습격하고 무차별 학살 자행 • 독립군 부대들이 밀산으로 이동 → 대한 독립군단 조직(총재 서일) → 러시아령 자유시로 이동 • 자유시 참변(1921) : 러시아 혁명군이 무장 해제 요구를 거부한 독립군 공격 → 많은 수의 독립군이 희생됨
독립군 재정비	• 3부 결성 : 독립군의 만주 귀환 → 참의부, 정의부, 신민부 결성 • 일제가 독립군 탄압을 위해 만주 군벌과 미쓰야 협정 체결(1925) → 독립군의 활동 위축 • 3부 통합 운동 : 국민부(남만주), 혁신 의회(북만주)로 재편

39 1920년대 중반의 사실   정답 ⑤

밑줄 그은 '시기'에 볼 수 있는 모습으로 가장 적절한 것은? [3점]

❶ 아리랑 아리랑 아라리오 ~~ 아리랑 고개로 넘어간다 ~~ 나를 버리고 가시는 임은 ~~ 십 리도 못가서 발병 난다 ~~ ♪

❷ 이 노래가 영화 음악으로도 쓰였다는 것을 알고 있었어?

❸ 나운규가 감독과 주연을 모두 맡았네.

❹ 이 영화가 처음 제작 발표된 시기의 민족적 애환을 잘 표현하였다는 평가를 받고 있어.

정답 잡는 키워드

❶, ❷ '아리랑'이 영화 음악으로 쓰임,
❸, ❹ 나운규가 감독과 주연을 맡은 영화가 처음 제작 발표됨
→ 영화 '아리랑' 개봉(1926)

나운규가 감독과 주연을 맡은 영화 '아리랑'은 1926년에 서울 종로의 단성사에서 처음 개봉되었어요. 따라서 1926년, 즉 1920년대 중반에 볼 수 있는 모습을 찾으면 됩니다.

① 관민 공동회에서 연설하는 백정
➡ 1898년에 개혁 성향의 정부 대신과 학생, 시민들이 함께 참여한 관민 공동회가 열렸어요. 이 자리에서 사회적으로 천대받던 백정 출신 박성춘이 연설을 하였어요.

② 교육 입국 조서를 발표하는 관리
➡ 1895년 제2차 갑오개혁 추진 과정에서 교육의 기본 방향을 제시한 교육 입국 조서가 발표되었어요.

③ 원각사에서 은세계 공연을 보는 관객
➡ 우리나라 최초의 서양식 극장인 원각사에서 1908년에 신소설 "은세계"가 연극으로 상연되었어요. 원각사는 1914년에 화재로 소실되었어요.

④ 전차 개통식에 참여하는 한성 전기 회사 직원
➡ 1899년에 서대문에서 청량리를 오가는 최초의 전차가 개통되었어요. 한성 전기 회사는 대한 제국 황실과 미국인이 공동 출자하여 1898년에 설립한 전기 회사입니다.

⑤ 카프(KAPF)를 형성하여 활동하는 신경향파 작가
➡ 사회주의 혁명을 목적으로 한 신경향파 문인들이 1920년대 중반에 카프(KAPF)를 형성하여 활동하였어요.

기출 선택지 +α

❻ 태형을 집행하는 헌병 경찰 (O / X)
❼ 경성 제국 대학에서 강의하는 교수 (O / X)
❽ 경부선 철도 개통식을 구경하는 청년 (O / X)

기출 선택지 +α 정답 ❻ ×[1910년대] ❼ O[1924년 설립] ❽ ×[1905년]

40 1930년대 후반 이후 일제 식민 통치   정답 ⑤

밑줄 그은 '이 시기'에 시행된 일제의 정책으로 옳은 것은? [1점]

❶ 일제는 1941년에 초등 교육 기관의 명칭을 '황국 신민의 학교'라는 의미를 담은 국민학교로 바꾸었어요.

❷ 이 사진은 어느 국민학교의 수업 장면입니다. 중·일 전쟁 이후 일제가 침략 전쟁을 확대하던 이 시기에는 학생들도 '대동아 전쟁'이라는 주제로 일제의 침략 행위를 정당화하는 교육을 받아야 했습니다.

정답 잡는 키워드

❶ 국민학교, ❷ 중·일 전쟁 이후 일제가 침략 전쟁을 확대함
→ 1930년대 후반 이후

'국민학교'라는 명칭과 중·일 전쟁 이후 일제가 침략 전쟁을 확대하던 시기라는 내용을 통해 밑줄 그은 '이 시기'가 1930년대 후반 이후임을 알 수 있어요. 일제는 1937년 중·일 전쟁을 일으킨 이후 침략 전쟁을 확대하였고, 1941년에는 태평양 전쟁을 일으켰어요. 이 시기에 일제는 침략 전쟁에 한국인을 쉽게 동원하기 위해 한국인의 민족의식을 말살하는 정책을 본격적으로 추진하였으며, 전쟁 수행에 필요한 인적·물적 자원을 수탈하였어요.

① 회사령을 공포하였다.
➡ 일제는 1910년에 민족 자본의 성장을 억제하기 위해 회사 설립 시 총독의 허가를 받도록 하는 회사령을 공포하였어요. 회사령은 1920년에 폐지되었어요.

② 치안 유지법을 제정하였다.
➡ 일제는 1925년에 치안 유지법을 제정하여 사회주의 운동과 독립운동가를 탄압하는 데 이용하였어요.

③ 헌병 경찰제를 실시하였다.
➡ 일제는 1910년대에 강압적 통치를 목적으로 헌병 경찰제를 실시하였어요. 3·1 운동 이후 일제는 헌병 경찰제를 폐지하고 보통 경찰제를 실시하였어요.

④ 경성 제국 대학을 설립하였다.
➡ 일제는 한국인의 고등 교육에 대한 열망을 무마하기 위해 1924년에 경성 제국 대학을 설립하였어요.

⑤ 조선 사상범 예방 구금령을 시행하였다.
➡ 일제는 1941년에 실제 행위가 없더라도 범죄를 일으킬 우려가 있다는 판단만으로 사상범을 미리 체포하거나 구금할 수 있다는 내용을 담은 조선 사상범 예방 구금령을 시행하여 독립운동에 대한 탄압을 강화하였어요.

기출 선택지 +α

❻ 토지 조사령을 제정하였다. (O / X)
❼ 여자 정신 근로령을 공포하였다. (O / X)
❽ 보통학교의 수업 연한을 4년으로 정하였다. (O / X)

기출 선택지 +α 정답 ❻ ×[1912년] ❼ O[1944년] ❽ ×[1911년 제1차 조선 교육령 제정]

41 조소앙의 활동 정답 ⑤

밑줄 그은 '나'에 대한 설명으로 옳은 것은? [3점]

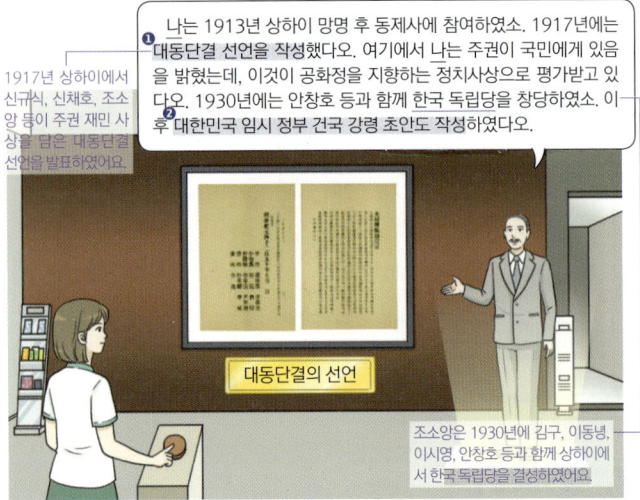

나는 1913년 상하이 망명 후 동제사에 참여하였소. 1917년에는 **대동단결 선언을 작성**했다오. 여기에서 나는 주권이 국민에게 있음을 밝혔는데, 이것이 공화정을 지향하는 정치사상으로 평가받고 있다오. 1930년에는 안창호 등과 함께 한국 독립당을 창당하였소. 이후 **대한민국 임시 정부 건국 강령 초안**도 작성하였다오.

1917년 상하이에서 신규식, 신채호, 조소앙 등이 주권 재민 사상을 담은 대동단결 선언을 발표하였어요.

조소앙은 1930년에 김구, 이동녕, 이시영, 안창호 등과 함께 상하이에서 한국 독립당을 결성하였어요.

정답 잡는 키워드

❶ 대동단결 선언 작성,
❷ 대한민국 임시 정부 건국 강령 초안 작성 → **조소앙**

대동단결 선언과 대한민국 임시 정부 건국 강령 초안을 작성하였다는 내용을 통해 밑줄 그은 '나'가 조소앙임을 알 수 있어요. 조소앙은 대한민국 임시 정부 수립에 참여하였으며 임시 정부에서 외교 문제를 전담하였어요. 또한, 삼균주의를 바탕으로 광복 이후 국가 건설의 계획을 담은 대한민국 임시 정부 건국 강령 초안을 작성하였어요.

① 조선 혁명 선언을 작성하였다.
  ➡ 신채호는 의열단장 김원봉의 요청으로 '조선 혁명 선언'을 작성하였어요. '조선 혁명 선언'은 의열단의 활동 지침이 되었어요.

② 한국독립운동지혈사를 저술하였다.
  ➡ 박은식은 "한국독립운동지혈사"를 저술하여 우리 민족의 독립 투쟁 과정을 정리하였어요.

③ 극동 인민 대표 대회에서 의장단으로 선출되었다.
  ➡ 1922년 러시아 모스크바에서 동아시아 각국의 공산당 및 민족 혁명 단체 대표자들이 참여한 극동 인민 대표 대회가 열렸어요. 이 대회에서 김규식과 여운형이 의장단으로 선출되었어요.

④ 헤이그에서 열린 만국 평화 회의에 특사로 파견되었다.
  ➡ 고종은 을사늑약의 부당성을 국제 사회에 알리기 위해 헤이그에서 열린 만국 평화 회의에 이상설, 이준, 이위종을 특사로 파견하였어요.

⑤ 새로운 국가 건설을 위한 이념으로 삼균주의를 주장하였다.
  ➡ 조소앙은 개인과 개인, 민족과 민족, 국가와 국가 간의 완전한 균등을 표방하고 이의 실현을 위한 정치·경제·교육의 균등을 강조한 삼균주의를 주장하였어요.

기출 선택지 +α

❻ 대한민국 임시 의정원의 초대 의장을 맡았다. (O/X)
❼ 조선 혁명 간부 학교를 세워 독립군을 양성하였다. (O/X)
❽ 조선학 운동을 주도하여 여유당전서를 간행하였다. (O/X)
❾ 일제의 패망과 건국에 대비하여 조선 건국 동맹을 결성하였다. (O/X)

기출 선택지 +α

정답 ❻ ×[이동녕] ❼ ×[김원봉] ❽ ×[정인보, 안재홍 등] ❾ ×[여운형]

---

42 남북 협상 정답 ⑤

다음 편지가 작성된 시기를 연표에서 옳게 고른 것은? [2점]

친애하는 메논 박사

유엔 한국 임시 위원단의 의장이자 인도 대표 자격으로 한국에 온 메논은 남북 지도자 회담에 큰 관심을 보였어요.

❶ **남북 지도자 회담**에 관하여 귀하와 귀 위원단에게 우리의 의견과 각서를 이미 제출한 바이오니 우리는 가급적 우리 양인의 명의로 남에서 이에 찬동하는 제 정당의 대표 회담을 소집하여 이미 제출한 바에 제1차 보조를 하겠습니다. 이 회의에서 남쪽이 대표를 선출하면 북쪽에 연락할 인원과 방법에 대한 것을 결정하겠습니다. 귀 위원단이 이에 대하여 원만하고 적극적인 협조를 직접 간접으로 하여 주시면 대단히 감사하겠으며 우리 양방의 노력으로 하여금 우리가 공동으로 목적하는 바를 이루어지기를 믿습니다. 끝으로 우리의 심각한 경의를 표합니다.

❷ 김구, 김규식

남북 협상이 별다른 성과 없이 끝난 이후 서울로 돌아온 김구와 김규식 등이 불참한 가운데 남한에서는 예정대로 5·10 총선거가 치러졌어요.

정답 잡는 키워드

❶ 남북 지도자 회담, ❷ 김구, 김규식 → **남북 협상**

김구와 김규식이 남북 지도자 회담에 관해 작성한 편지로, 1948년에 추진된 남북 협상과 관련된 자료임을 알 수 있어요.

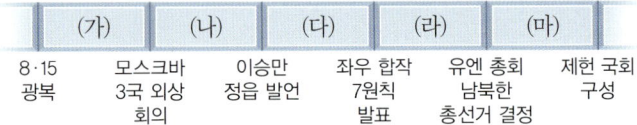

(가)	(나)	(다)	(라)	(마)
8·15 광복	모스크바 3국 외상 회의	이승만 정읍 발언	좌우 합작 7원칙 발표	유엔 총회 남북한 총선거 결정	제헌 국회 구성

➡ 두 차례의 미·소 공동 위원회가 성과 없이 끝나면서 미국은 한반도 문제를 유엔으로 이관하였어요. 유엔 총회에서 남북한 총선거를 결정하고 유엔 한국 임시 위원단을 파견하였으나, 소련이 유엔 한국 임시 위원단의 입북을 거부하면서 남북한 총선거 실시는 불가능하게 되었어요. 이에 유엔 소총회에서 선거가 가능한 지역, 즉 남한만의 단독 선거를 결의하였어요. 한반도가 분단될 위기에 놓이자 김구와 김규식 등이 통일 정부 수립을 위한 남북한 정치 지도자 회담을 북측에 제안하여 평양에서 남북 협상이 이루어졌어요. 하지만 성과를 거두지 못하였고, 통일 정부 수립은 좌절되었어요. 이후 남한 지역에서 우리나라 최초의 보통 선거인 5·10 총선거가 실시되었고 그 결과로 제헌 국회가 구성되었어요.
따라서 남북 협상이 이루어진 시기는 유엔 총회 남북한 총선거 결정과 제헌 국회 구성 사이인 ⑤ (마)입니다.

① (가) ② (나) ③ (다) ④ (라) ⑤ (마)

연표로 흐름잡기

1947 ─ 제2차 미·소 공동 위원회 결렬
유엔 총회에서 인구 비례에 의한 남북한 총선거 결정

1948 ─ 유엔 한국 임시 위원단 파견 → 소련의 입북 거부
유엔 소총회에서 남한만의 단독 총선거 결의
남북 협상 추진(김구, 김규식), 제주 4·3 사건
5·10 총선거(제헌 국회 의원 선출), 제헌 국회 구성, 제헌 헌법 공포
대한민국 정부 수립

43 노태우 정부의 통일 노력　　정답 ③

다음 연설문을 발표한 정부의 통일 노력으로 옳은 것은? [2점]

> 노태우 정부 시기인 1991년 12월 서울에서 열린 제5차 남북 고위급 회담에서 남북 기본 합의서가 채택·서명되었어요.
>
> ❶ 제5차 남북 고위급 회담에서 서명된 합의서는 남과 북이 오랜 단절과 대립을 청산하여 상호 신뢰를 바탕으로 이 땅에, 평화의 질서를 구축하고 교류 협력을 통해 민족의 화해와 공동 번영을 이루어가기 위해 필요한 조처들을 망라하고 있습니다. …… 석 달 전 ❷ 남북한의 유엔 동시 가입과 이에 이은 이번 합의서의 서명은 한반도 문제 해결과 민족 통일을 향한 여정에 획기적인 이정표를 세운 것입니다. …… 나는 올해 안에 한반도의 비핵화를 실현하는 합의를 이루고 밝아오는 새해와 함께 남과 북이 평화와 협력, 평화와 공동 번영의 새로운 시대를 힘차게 열게 되기를 바랍니다.
>
> ─ 노태우 정부 시기인 1991년 9월에 남북한이 유엔에 동시 가입하였어요.

정답 잡는 키워드
❶ 제5차 남북 고위급 회담에서 서명된 합의서,
❷ 남북한의 유엔 동시 가입 → **노태우 정부**

제5차 남북 고위급 회담에서 합의서가 서명되었으며, 석 달 전 남북한이 유엔에 동시 가입하였다는 내용을 통해 연설문을 발표한 정부가 노태우 정부임을 알 수 있어요. 1988년에 출범한 노태우 정부는 냉전이 해체되는 국제 정세의 변화 속에서 북방 외교를 추진하여 소련, 중국 및 동유럽 사회주의 국가와 외교 관계를 맺고 교류를 확대하였어요. 또한, 남북 대화에도 적극적으로 나서 여러 차례 남북 고위급 회담을 개최하여 남북한이 유엔에 동시 가입하는 성과를 이루어 냈어요. 이어 남북 기본 합의서(남북 사이의 화해와 불가침 및 교류·협력에 관한 합의서)를 채택하고 한반도 비핵화 공동 선언에도 합의하였어요.

① 판문점에서 남북 정상 회담을 개최하였다.
➡ 문재인 정부는 판문점에서 남북 정상 회담을 개최하고 한반도의 평화와 번영, 통일을 위한 4·27 판문점 선언을 발표하였어요.

② 남북 이산가족의 고향 방문을 최초로 성사시켰다.
➡ 전두환 정부는 남북 이산가족의 고향 방문과 예술 공연단의 교환 방문을 최초로 성사시켰어요.

③ 민족자존과 통일 번영을 위한 7·7 선언을 발표하였다.
➡ 노태우 정부는 민족자존과 통일 번영을 위한 7·7 선언을 발표하고 북방 정책을 추진하였어요.

④ 7·4 남북 공동 성명을 실천하기 위해 남북 조절 위원회를 구성하였다.
➡ 박정희 정부는 7·4 남북 공동 성명의 합의 사항을 이행하기 위해 남북 조절 위원회를 구성하였어요.

⑤ 남북 관계 발전과 평화 번영을 위한 10·4 남북 정상 선언에 서명하였다.
➡ 노무현 정부는 제2차 남북 정상 회담을 성사시키고 남북 관계 발전과 평화 번영을 위한 10·4 남북 정상 선언에 서명하였어요.

기출 선택지 +α
❻ 남북 기본 합의서를 채택하였다. (O / X)
❼ 개성 공업 지구 건설에 합의하였다. (O / X)
❽ 금강산 해로 관광 사업을 시작하였다. (O / X)
❾ 한반도 비핵화 공동 선언에 서명하였다. (O / X)
❿ 평화 통일 외교 정책에 관한 6·23 특별 성명을 발표하였다. (O / X)

기출 선택지 +α
정답 ❻ O　❼ ×[김대중 정부]　❽ ×[김대중 정부]　❾ O　❿ ×[박정희 정부]

---

44 한·미 상호 방위 조약 체결 이후의 사실　　정답 ②

다음 상황 이후에 일어난 사실로 옳은 것은? [2점]

> ❶ 오늘 미합중국 존 포스터 덜레스 국무 장관과 우리나라 변영태 외무 장관 사이에 상호 방위 조약이 체결되었습니다. 이로써 양국은 우호 관계를 바탕으로 한국에 대한 공산주의자들의 침공에 맞서 나란히 싸울 수 있도록 상호 이해와 공동의 이상을 나누게 되었습니다.
>
> 정전 협정 체결 이후인 1953년 10월에 이승만 정부는 방위를 목적으로 미군을 한국에 주둔시킨다는 내용을 담은 한·미 상호 방위 조약을 체결하였어요.

정답 잡는 키워드
❶ 한국과 미국이 상호 방위 조약 체결 → **1953년**

이승만 정부의 반공 포로 석방으로 정전 회담이 결렬될 위기에 놓이자 미국은 한국에 한·미 상호 방위 조약의 체결과 경제 원조를 약속하고 1953년 7월에 정전 협정을 체결하였어요. 이후 1953년 10월에 미국 워싱턴에서 존 포스터 덜레스 미국 국무 장관과 변영태 외무 장관 사이에 한·미 상호 방위 조약이 체결되어 1954년 11월에 발효되었어요.

① 반민족 행위 특별 조사 위원회가 설치되었다.
➡ 1948년에 제헌 국회에서 반민족 행위 처벌법이 제정되고 이에 따라 반민족 행위 특별 조사 위원회가 설치되었어요.

② 평화 통일론을 주장한 진보당의 조봉암이 처형되었다.
➡ 1959년에 이승만 정부는 평화 통일론을 주장한 진보당의 조봉암에게 간첩 혐의를 씌워 사형에 처하였어요.

③ 비상계엄이 선포된 가운데 발췌 개헌안이 통과되었다.
➡ 6·25 전쟁 중이던 1952년에 비상계엄이 선포된 가운데 임시 수도인 부산에서 발췌 개헌안이 통과되었어요.

④ 미국의 극동 방위선을 규정한 애치슨 라인이 발표되었다.
➡ 1950년 1월에 미국이 태평양 지역 방위선에서 한국과 타이완을 제외한다는 애치슨 라인을 발표하였어요.

⑤ 유상 매수, 유상 분배를 규정한 농지 개혁법이 제정되었다.
➡ 이승만 정부 시기인 1949년에 농가 경제의 자립과 국민 경제의 균형 발전을 위해 유상 매수, 유상 분배를 규정한 농지 개혁법이 제정되었어요.

기출 선택지 +α
❻ 정부 형태가 내각 책임제로 바뀌었다. (O / X)
❼ 국회에서 국민 방위군 사건이 폭로되었다. (O / X)
❽ 국회 프락치 사건으로 일부 국회 의원이 체포되었다. (O / X)
❾ 국가 보안법 개정안을 통과시킨 이른바 보안법 파동이 일어났다. (O / X)
❿ 일제가 남긴 재산 처리를 위하여 귀속 재산 처리법이 제정되었다. (O / X)

기출 선택지 +α
정답 ❻ O[1960년]　❼ ×[1951년]　❽ ×[1949년]　❾ O[1958년]　❿ ×[1949년]

45 개헌의 역사 정답 ②

(가), (나) 헌법에 대한 설명으로 옳은 것은? [2점]

(가)
- 제39조 ① 대통령은 통일 주체 국민 회의에서 토론 없이 무기명 투표로 선거한다.
- 제47조 대통령의 임기는 6년으로 한다.
- 제59조 ① 대통령은 국회를 해산할 수 있다.

> 1972년에 단행된 제7차 개헌(유신 헌법)에 따라 대통령이 통일 주체 국민 회의에서 간선제로 선출되었어요.
> 대통령의 임기를 기존 4년에서 6년으로 늘리고, 중임이나 연임 제한에 관한 규정을 두지 않았어요.

(나)
- 제39조 ① 대통령은 대통령 선거인단에서 무기명 투표로 선거한다.
- ③ 대통령 선거인단에서 재적 대통령 선거인 과반수의 찬성을 얻은 자를 대통령 당선자로 한다.
- 제45조 대통령의 임기는 7년으로 하며, 중임할 수 없다.

> 1980년에 단행된 제8차 개헌에서 대통령 선거인단에 의한 대통령 간선제와 7년 단임제가 규정되었어요.

정답 잡는 키워드

❶ 통일 주체 국민 회의에서 대통령 선출, ❷ 대통령이 국회 해산 가능
→ (가) 제7차 개헌(유신 헌법)

❸ 대통령 선거인단에서 대통령 선출,
❹ 대통령의 임기 7년, 중임할 수 없음 → (나) 제8차 개헌

(가) 헌법은 통일 주체 국민 회의에서 토론 없이 무기명 투표로 대통령을 선출하며, 대통령이 국회를 해산할 수 있다는 내용을 통해 제7차 개헌, 이른바 유신 헌법임을 알 수 있어요. 박정희 정부는 1972년에 유신 헌법을 제정하여 영구적인 독재 체제의 기반을 구축하였어요. 유신 헌법은 대통령에게 국회 해산권 등의 초헌법적인 권한을 부여하였으며, 긴급 조치를 통해 국민의 기본권까지도 통제할 수 있게 하였어요. (나) 헌법은 대통령 선거인단에서 무기명 투표로 대통령을 뽑고, 대통령의 임기는 7년으로 중임할 수 없다는 내용을 통해 1980년에 이루어진 제8차 개헌임을 알 수 있어요. 12·12 사태로 정권을 잡은 신군부 세력의 전두환은 당시 대통령직을 수행하고 있던 최규하를 물러나게 하고 유신 헌법에 따라 제11대 대통령에 선출되었어요. 이후 대통령 선거인단에 의한 간선제와 7년 단임의 임기를 내용으로 하는 제8차 개헌을 단행한 후 개정된 새 헌법에 따라 1981년에 제12대 대통령에 당선되었어요.

① (가) - 6·25 전쟁 중 부산에서 공포되었다.
➡ 6·25 전쟁 중 부산에서 공포된 것은 **발췌 개헌**, 즉 **제1차 개헌**이에요. 제7차 개헌은 1972년 박정희 정부 시기에 이루어졌어요.

②(가) - 대통령의 국회 의원 1/3 추천 조항을 담고 있다.
➡ **제7차 개헌(유신 헌법)**은 대통령의 국회 의원 1/3 추천 조항을 담고 있어요. 대통령이 국회 의원 1/3을 추천하면 통일 주체 국민 회의에서 승인·선출하는 방식으로 이루어졌어요.

③ (나) - 호헌 동지회 결성의 배경이 되었다.
➡ **사사오입 개헌**, 즉 **제2차 개헌**에 반대하는 야당의 국회 의원들이 모여 호헌 동지회를 결성하였어요.

④ (나) - 3·1 민주 구국 선언에 영향을 주었다.
➡ **제7차 개헌(유신 헌법)** 이후 박정희 정부의 유신 체제에 반대하여 1976년에 함석헌, 김대중 등 재야인사들이 3·1 민주 구국 선언을 발표하였어요.

⑤ (가), (나) - 6월 민주 항쟁 이후에 제정되었다.
➡ 1987년 6월 민주 항쟁 이후에 **제9차 개헌**이 단행되면서 5년 단임의 대통령 직선제가 실시되었어요.

46 김영삼 정부 시기의 사실 정답 ④

(가) 시기에 있었던 사실로 옳은 것은? [1점]

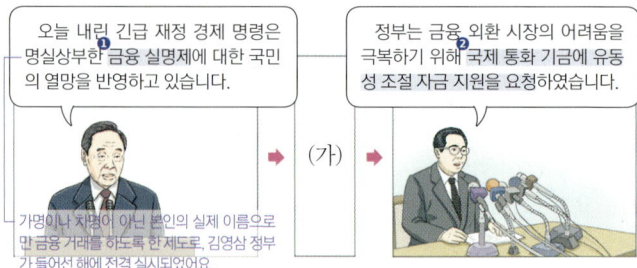

> 오늘 내린 긴급 재정 경제 명령은 명실상부한 금융 실명제에 대한 국민의 열망을 반영하고 있습니다.
> 가명이나 차명이 아닌 본인의 실제 이름으로만 금융 거래를 하도록 한 제도로, 김영삼 정부가 들어선 해에 전격 실시되었어요.

→ (가) →

> 정부는 금융 외환 시장의 어려움을 극복하기 위해 국제 통화 기금에 유동성 조절 자금 지원을 요청하였습니다.

정답 잡는 키워드

❶ 금융 실명제 실시,
❷ 국제 통화 기금에 유동성 조절 자금 지원 요청 → 김영삼 정부

금융 실명제를 실시하고 국제 통화 기금에 유동성 조절 자금 지원을 요청하였다는 내용을 통해 (가) 시기가 김영삼 정부 시기임을 알 수 있어요. 김영삼 정부는 출범 직후인 1993년에 투명한 금융 거래를 위해 대통령 긴급 명령으로 금융 실명제를 실시하였어요. 이후 집권 말기인 1997년 말에 외환 보유액 부족으로 경제 위기를 맞게 되자 국제 통화 기금(IMF)에 구제 금융을 요청하여 국제 통화 기금(IMF)의 관리를 받게 되었어요.

① 처음으로 수출액 100억 달러를 달성하였다.
➡ **박정희 정부** 시기인 1977년에 처음으로 연간 수출액 100억 달러를 달성하였어요.

② 미국과 자유 무역 협정(FTA)을 체결하였다.
➡ **노무현 정부** 시기에 미국과 자유 무역 협정(FTA)을 체결하고, 이명박 정부 시기에 국회에서 이를 비준하였어요.

③ 저유가·저금리·저달러의 3저 호황이 있었다.
➡ **전두환 정부** 시기에 저유가·저금리·저달러의 3저 호황으로 물가가 안정되고 수출이 증가하였어요.

④경제 협력 개발 기구(OECD) 회원국이 되었다.
➡ **김영삼 정부** 시기에 자유 무역 추세가 확대되자 시장 개방 정책을 추진하고 경제 협력 개발 기구(OECD)에 가입하였어요.

⑤ 원조 물자를 가공하는 삼백 산업이 발달하였다.
➡ **이승만 정부** 시기에 원조 물자를 가공하여 밀가루, 설탕, 면직물을 생산하는 삼백 산업이 발달하였어요.

기출 선택지 +α

❻ 최저 임금법이 제정되었다. (O / X)
❼ 포항 제철소 1기 설비가 준공되었다. (O / X)
❽ 제1차 경제 개발 5개년 계획이 추진되었다. (O / X)

핵심 개념 | 김영삼 정부

민주주의의 발전	군 내부 사조직(하나회) 폐지, 공직자 윤리법 개정(재산 등록 의무화), 지방 자치제 전면 실시, '역사 바로 세우기'(전두환·노태우 두 전직 대통령 구속, 국민학교를 초등학교로 개칭, 조선 총독부 건물 철거)
경제 정책	• 공기업 민영화, 시장 개방 확대, 금융 실명제 실시, 전국 민주 노동조합 총연맹 창립, 경제 협력 개발 기구(OECD)에 가입 • 국제 단기 자본 이탈, 국가 신임도 하락(외환 위기) → 국제 통화 기금(IMF)의 구제 금융을 지원받음

기출 선택지 +α 정답 ❻ X[전두환 정부] ❼ X[박정희 정부] ❽ X[박정희 정부]

47 노무현 정부 시기의 사실 정답 ④

밑줄 그은 '정부' 시기에 있었던 사실로 옳은 것은? [3점]

> 시사 토크
> - 지난 3월 정부는 호주제 폐지를 내용으로 하는 법률을 공포하였습니다. 어떤 변화가 예상되나요?
> - 여성 가족부와 여성 단체들은 환영의 뜻을 밝히고 있지만, 유림의 반대도 있어 갈등이 심화될 것 같습니다.
> - 그럼에도 다양한 가족 형태를 반영하여 사회적 차별이 줄어들 것으로 보입니다.

호주제란 호주(남성 가장)를 중심으로 가족의 관계를 등록하는 제도로 노무현 정부가 양성평등 실현을 위해 호주제를 폐지하였어요.

정답 잡는 키워드

❶ 호주제 폐지 → 노무현 정부

호주제가 폐지되었다는 내용을 통해 밑줄 그은 '정부'가 노무현 정부임을 알 수 있어요. 노무현 정부는 국토 균형 발전을 위해 행정 중심 복합 도시 건설을 추진하였으며, 각종 질병의 통합 관리를 위해 질병 관리 본부를 설치하였어요. 남북 관계에서는 김대중 정부의 대북 화해 협력 정책을 계승하여 제2차 남북 정상 회담을 개최하였으며 남북 간의 경제 교류 확대에도 힘썼어요.

① 평창 동계 올림픽이 개최되었다.
→ 문재인 정부 시기인 2018년에 평창 동계 올림픽이 개최되었어요.

② 전국 민주 노동조합 총연맹이 창립되었다.
→ 김영삼 정부 시기인 1995년에 전국 민주 노동조합 총연맹(민주노총)이 창립되었어요.

③ 헝가리와 상주 대표부 설치 협정을 체결하였다.
→ 노태우 정부 시기인 1988년에 헝가리와 상주 대표부 설치 협정을 체결하였어요.

④ 진실·화해를 위한 과거사 정리 기본법이 제정되었다.
→ 노무현 정부 시기인 2005년에 과거사 진상 규명을 목적으로 진실·화해를 위한 과거사 정리 기본법이 제정되었어요.

⑤ 중학교 입시 제도가 폐지되고 무시험 추첨제가 실시되었다.
→ 박정희 정부 시기인 1969년에 과도한 입시 경쟁을 해소하고자 서울을 시작으로 중학교 입시 제도가 폐지되고 무시험 추첨제가 실시되었어요.

기출 선택지 +α

❻ 프로 야구가 6개 구단으로 출범하였다. (O/X)
❼ 함평 고구마 피해 보상 운동이 전개되었다. (O/X)
❽ 친일 반민족 행위 진상 규명 위원회가 출범하였다. (O/X)

핵심 개념 | 노무현 정부

민주주의의 발전	행정 중심 복합 도시 추진, 질병 관리 본부 설치, 진실·화해를 위한 과거사 정리 위원회 구성, 친일 반민족 행위 진상 규명 위원회 출범, 노인 장기 요양 보험법 제정, 호주제 폐지
경제 정책	한·칠레 자유 무역 협정 발효, 한·미 자유 무역 협정 서명(→ 2012년 발효)
통일 노력	제2차 남북 정상 회담 개최(2007), 10·4 남북 정상 선언 발표, 개성 공단 건설 실현, 금강산 육로 관광 시작

기출 선택지 +α 정답 ❻ ×[전두환 정부] ❼ ×[박정희 정부] ❽ ○

---

48 기록으로 만나는 사회 보장 제도 정답 ⑤

㉠~㉤에 대한 설명으로 적절하지 않은 것은? [2점]

> **기록으로 만나는 사회 보장 제도**
> [개요] [일반 문서류] [사진 기록물] [동영상 기록물]
>
> 국민 기초 생활 보장법 / 주요 경과 / 관련 기록
>
> **국민의 생활을 보장하다**
> 1999년 제정된 국민 기초 생활 보장법은 국민 생활 보호 제도를 대체하여 2000년 10월 1일부터 본격 시행되었다. 이는 저소득층에 대한 국가의 책임을 강화하는 사회 보장 제도로의 전환을 의미한다. 오늘날 사회 보장 제도는 민생 안정을 위한 역사 속 사회 시책에서도 그 뿌리를 찾아볼 수 있다. 삼국 시대 고구려에서 실시한 ㉠ 진대법, 고려 시대 ㉡ 의창과 ㉢ 제위보의 설치, 조선 시대 ㉣ 환곡제와 ㉤ 사창제의 운영은 오늘날 사회 보장 제도의 범주에 해당한다.

① ㉠ - 고국천왕이 시행하였다.
→ 고구려 고국천왕은 재상 을파소의 건의를 받아들여 빈민 구제를 위해 진대법을 시행하였어요.

② ㉡ - 성종이 흑창을 확대 개편하여 설치하였다.
→ 고려 성종은 태조 때 설치된 빈민 구제 기구인 흑창을 의창으로 확대 개편하였어요. 의창은 조선 시대에도 이어졌어요.

③ ㉢ - 기금을 모아 그 이자로 빈민을 구휼하였다.
→ 고려 시대에는 기금을 모아 그 이자로 빈민을 구휼하는 일종의 재단인 제위보가 운영되었어요.

④ ㉣ - 세도 정치기에 농민을 수탈하는 수단으로 변질되었다.
→ 환곡제는 식량이 모자라는 봄에 곡식을 빌려주고 추수한 뒤에 이자를 붙여 갚도록 하는 구휼 제도입니다. 그러나 세도 정치기에는 규정 이상으로 환곡의 수량을 늘리거나 강제로 곡식을 빌려주고 이자를 받아가는 등 농민을 수탈하는 수단으로 변질되었어요.

⑤ ㉤ - 구제도감을 두어 백성을 구호하였다.
→ 구제도감은 고려 시대에 전염병이나 자연재해가 발생하였을 때 설치된 임시 구호 기관으로 환자의 치료와 병사자의 매장 등을 담당하였어요. 사창제는 조선 고종 때 흥선 대원군이 환곡의 폐단을 바로잡기 위해 환곡 관리를 향촌의 덕망이 있는 사람들에게 맡겨 자치적으로 운영하도록 한 제도입니다.

킬러 문항

49 김대중 정부 시기의 사실   정답 ②

다음 기사가 보도된 정부 시기의 사실로 옳은 것은? [2점]

□□신문 제△△호 ○○○○년 ○○월 ○○일

제17회 FIFA❶한·일 월드컵 개막식이 열리다

제17회 FIFA 한·일 월드컵 개막식이 어제 저녁 서울 월드컵 경기장에서 성공적으로 열렸다. 오후 7시 25분부터 취타대 등을 앞세운 32개 참가국 입장이 끝난 뒤 진행된 개막 행사는 환영·소통·어울림·나눔으로 구성되었다. 이후 세계 평화와 인류 화합의 새 시대가 열리고 한·일 양국 간 우호 친선의 21세기가 열리기를 기원하는 대통령의 개막 선언으로 화려하게 마무리되었다.

김대중 정부 시기인 2002년에 한·일 월드컵 대회가 개최되었어요. 한·일 월드컵 대회는 월드컵 축구 대회 최초로 두 개의 나라가 공동 개최한 대회였어요.

정답 잡는 키워드
❶ 한·일 월드컵 개막식이 열림 → 김대중 정부

한·일 월드컵 개막식이 열렸다는 내용을 통해 김대중 정부 시기에 보도된 신문 기사임을 알 수 있어요. 김대중 정부 시기인 2002년에 한·일 공동으로 월드컵 축구 대회가 개최되었고, 부산에서는 제14회 아시아 경기 대회가 개최되었어요. 김대중 정부는 외환 위기를 계기로 경제적 취약 계층을 위한 국민 기초 생활 보장법을 제정하여 생활이 어려운 사람들에게 생계비, 주거비, 의료비 등을 보조하였어요. 또한, 금융 기관과 대기업에 대한 강도 높은 구조 조정과 국민의 자발적인 금 모으기 운동 등을 통해 국제 통화 기금(IMF)으로부터 받은 구제 금융 지원금을 조기에 상환하였어요.

① 중앙정보부가 창설되었다.
→ 박정희 정부 시기인 1961년에 국가 재건 최고 회의 산하의 국가 정보·수사 기관으로 중앙정보부가 창설되었어요.

②국가 인권 위원회가 출범하였다.
→ 김대중 정부 시기인 2001년에 국가 공권력과 사회적 차별 행위에 의한 인권 침해를 구제할 목적으로 국가 인권 위원회가 출범하였어요.

③ 세계 무역 기구(WTO)에 가입하였다.
→ 김영삼 정부 시기인 1995년에 우리나라는 세계 무역 기구(WTO)의 출범과 함께 회원국으로 가입하였어요.

④ G20 정상 회의를 서울에서 개최하였다.
→ 이명박 정부 시기인 2010년에 세계 주요 20개국을 회원으로 하는 국제기구인 G20 정상 회의를 서울에서 개최하였어요.

⑤ 37년 만에 야간 통행금지가 해제되었다.
→ 전두환 정부 시기인 1982년에 일부 지역을 제외한 전국에서 야간 통행금지가 해제되었어요.

기출 선택지 +α
❻ 지방 자치제가 전면 시행되었다. (O/X)
❼ 국민 기초 생활 보장법이 실시되었다. (O/X)
❽ 중화 인민 공화국과 국교를 수립하였다. (O/X)
❾ 개성 공단에서 의류 생산이 시작되었다. (O/X)

기출 선택지 +α 정답 ❻ X[김영삼 정부] ❼ O ❽ X[노태우 정부] ❾ X[노무현 정부]

---

50 대구와 광주의 역사   정답 ②

(가), (나) 지역에서 있었던 사실로 옳은 것을 <보기>에서 고른 것은? [2점]

달구벌 **(가)** 의 2·28 민주 운동을 기념하는 의미를 담은 228번 버스가 5·18 민주화 운동이 일어난 빛고을 **(나)** 에서 5월 18일부터 운행됩니다. 대한민국 민주주의의 역사를 공유하는 달구벌과 빛고을 두 도시가 열어갈 화합과 협력의 새로운 장이 주목됩니다.

❶ 2·28 민주 운동은 3·15 의거와 4·19 혁명 등 이후 전개된 민주화 운동에 영향을 주었어요.

정답 잡는 키워드
❶ 2·28 민주 운동 → (가) 대구
❷ 5·18 민주화 운동 → (나) 광주

(가) 지역은 2·28 민주 운동이 일어났다는 내용을 통해 대구임을 알 수 있어요. 1960년에 이승만 정부와 자유당이 민주당의 대구 지역 선거 유세장에 학생들이 가지 못하도록 일요일에도 등교할 것을 지시하자 이에 항거하는 2·28 민주 운동이 일어났어요. (나) 지역은 5·18 민주화 운동이 일어났다는 내용을 통해 광주임을 알 수 있어요. 1980년 광주에서 전두환, 노태우 등 신군부의 불법적 정권 탈취와 비상계엄 확대에 저항하여 5·18 민주화 운동이 전개되었어요. 이 과정에서 신군부가 공수 부대와 계엄군을 앞세워 시위대를 무력 진압하여 수많은 광주 시민이 희생되었어요.

ㄱ. (가) - 김광제 등을 중심으로 국채 보상 운동이 시작되었다.
→ 1907년 대구에서 김광제 등을 중심으로 나랏빚을 갚아 국권을 회복하자는 국채 보상 운동이 시작되었어요.

ㄴ. (가) - YH 무역 노동자들이 폐업에 항의하며 농성을 벌였다.
→ 1979년 가발 제조 업체인 YH 무역이 일방적으로 폐업 조치를 취하자 여성 노동자들이 이에 항의하며 서울에 있는 신민당사에서 농성을 벌였어요.

ㄷ. (나) - 한·일 학생 간의 충돌을 계기로 민족 운동이 일어났다.
→ 1929년 통학 열차에서 일어난 한·일 학생 간의 충돌 사건이 발단이 되어 광주 학생 항일 운동이 일어났어요. 당시 일제의 민족 차별에 분노한 광주 지역의 학생들이 대규모 시위를 전개하였어요.

ㄹ. (나) - 3·15 부정 선거를 규탄한 김주열의 시신이 발견되었다.
→ 1960년 4월 11일 마산 앞바다에서 3·15 부정 선거에 항의하는 시위에 참여하였던 학생 김주열의 시신이 발견되었어요. 이를 계기로 시민들의 시위가 전국으로 확산되어 4·19 혁명으로 이어졌어요.

① ㄱ, ㄴ   ② ㄱ, ㄷ   ③ ㄴ, ㄷ
④ ㄴ, ㄹ   ⑤ ㄷ, ㄹ

기출 선택지 +α
ㅁ. (가) - 4·3 사건으로 많은 주민이 희생되었다. (O/X)
ㅂ. (가) - 제1차 미·소 공동 위원회가 개최되었다. (O/X)
ㅅ. (나) - 강우규가 사이토 총독에게 폭탄을 투척하였다. (O/X)
ㅇ. (나) - 강주룡이 을밀대 지붕에서 고공 농성을 벌였다. (O/X)

기출 선택지 +α 정답 ㅁ. X[제주도] ㅂ. X[서울] ㅅ. X[서울] ㅇ. X[평양]

심화 제69회

2024년 2월 17일(토) 시행

합격률 54.6%
응시 인원: 65,616명
합격 인원: 35,819명

시대별 출제 비중

전근대 29문항

- **선사 2문항**: 신석기 시대의 생활 모습, 동예와 삼한
- **고대 8문항**: 진흥왕의 업적, 무령왕의 정책, 수·당의 침략과 고구려의 항쟁, 금동 연가 7년명 여래 입상, 삼국 통일 과정, 통일 신라의 경제, 발해, 신문왕의 업적
- **고려 9문항**: 태조 왕건의 정책, 평양의 역사, 고려의 경제, 고려와 여진의 관계, 무신 집권기 사회 동요, 원 간섭기의 사실, 고려의 문화유산, 몽골 침입기의 사실, 최영의 활동
- **조선 10문항**: 균역법, 사헌부, 조광조의 활동, 광해군의 정책, 병자호란의 영향, 세조 재위 시기의 사실, 충주 지역의 역사, 환국의 전개, 박제가, 세도 정치기의 사회 모습

근현대 21문항

- **개항기 6문항**: 병인양요, 임오군란의 영향, 제1차 갑오개혁, 독립 협회, 국채 보상 운동, 고종 강제 퇴위 이후의 사실
- **일제 강점기 6문항**: 물산 장려 운동, 의열단, 1920년대 국내 민족 운동, 1930년대 후반 이후의 사실, 백남운의 활동, 한국 광복군
- **현대 8문항**: 대한민국 정부 수립 과정, 6·25 전쟁, 장면 내각 시기의 사실, 사사오입 개헌 이후의 상황, 박정희 정부 시기의 사실, 박정희 정부 시기의 경제 상황, 5·18 민주화 운동, 김영삼 정부 시기의 사실
- **시대 통합 1문항**: 시대별 군사 조직

분류별 출제 비중 고대~조선

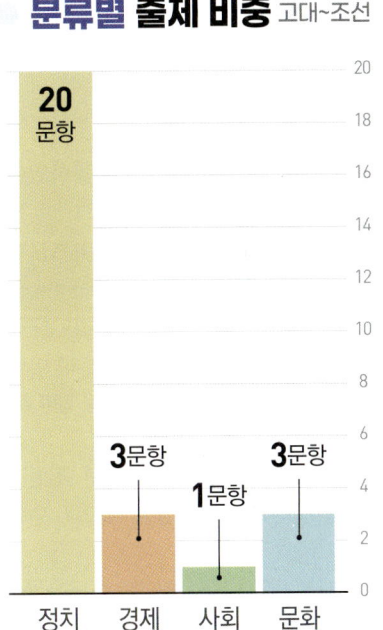

- 정치: 20문항
- 경제: 3문항
- 사회: 1문항
- 문화: 3문항

난이도별 출제 비중

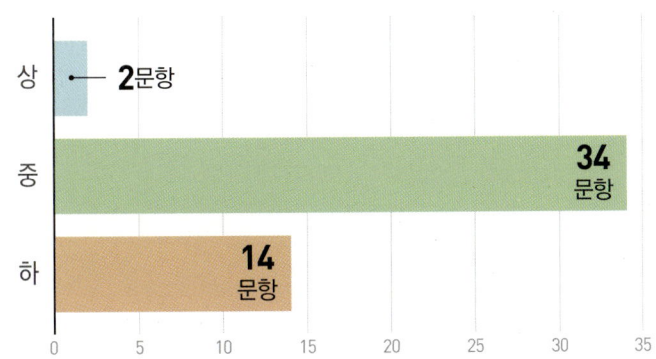

- 상: 2문항
- 중: 34문항
- 하: 14문항

큰별쌤의 한줄평

기본 개념과 흐름으로 충분히 풀 수 있는 무난한 시험

1 신석기 시대의 생활 모습

정답 ③

(가) 시대의 생활 모습으로 가장 적절한 것은? [1점]

> 초대합니다
> **수장고에서 찾아낸 유물 이야기**
>
> 우리 박물관은 수장고의 유물을 선정하여 분기별로 특별 전시회를 개최하고 있습니다. 이번 전시회에서는 (가) 시대를 주제로 한 유물들이 전시될 예정입니다.
>
> ■ 대표 전시 유물
>
> 부산 동삼동 유적은 서울 암사동 유적, 제주 고산리 유적과 함께 대표적인 신석기 시대의 유적입니다.
>
> 동삼동 패총 유적에서 출토된 ❶빗살무늬 토기로 짧은 사선 무늬, 생선뼈무늬 등이 잘 드러납니다. ❷농경과 목축이 시작된 (가) 시대에 식량의 저장과 조리를 위해 이와 같은 토기가 제작되었습니다.
>
> ■ 기간 : 2024. ○○. ○○. ~ ○○. ○○.
> ■ 장소 : △△ 박물관 특별 전시실
>
> 신석기 시대의 대표적인 토기로 밑면이 뾰족하여 모래나 진흙에 고정시켜 사용하였어요.

정답 잡는 키워드

❶ 빗살무늬 토기, ❷ 농경과 목축 시작 → **신석기 시대**

빗살무늬 토기가 출토되었으며, 농경과 목축이 시작되었다는 내용을 통해 (가) 시대가 신석기 시대임을 알 수 있어요. 신석기 시대에는 빗살무늬 토기를 만들어 식량을 저장하거나 음식을 조리하였으며, 갈돌과 갈판 등 간석기를 만들어 사용하였어요. 또한, 농경과 목축을 시작하였으며, 강가나 바닷가에 마을을 이루어 정착 생활을 하였어요.

① 반달 돌칼을 이용하여 벼를 수확하였다.
  ➡ **청동기 시대**에 반달 돌칼을 이용하여 벼 등 곡식을 수확하였어요.

② 주로 동굴이나 강가의 막집에 거주하였다.
  ➡ **구석기 시대** 사람들은 식량을 찾아 이동 생활을 하였으며, 주로 동굴이나 강가의 막집에 거주하였어요.

③ 가락바퀴와 뼈바늘로 옷을 만들어 입었다.
  ➡ **신석기 시대**에는 가락바퀴로 실을 뽑아 뼈바늘을 이용하여 옷을 만들어 입었어요.

④ 많은 인력을 동원하여 고인돌을 축조하였다.
  ➡ **청동기 시대**에 계급이 발생하였으며, 지배자가 많은 인력을 동원하여 고인돌을 축조하였어요.

⑤ 주먹도끼, 찍개 등의 뗀석기를 처음 제작하였다.
  ➡ **구석기 시대**에 주먹도끼, 찍개 등의 뗀석기를 처음 제작하였어요.

기출 선택지 +α

❻ 소를 이용한 깊이갈이가 일반화되었다. (O / X)
❼ 명도전을 이용하여 중국과 교역하였다. (O / X)
❽ 청동 방울 등을 의례 도구로 이용하였다. (O / X)
❾ 농경과 목축을 통하여 식량을 생산하였다. (O / X)
❿ 빗살무늬 토기에 음식을 저장하기 시작하였다. (O / X)

기출 선택지 +α 정답 ❻ ×[고려 시대] ❼ ×[철기 시대] ❽ ×[청동기 시대] ❾ ○ ❿ ○

---

2 진흥왕의 업적

정답 ⑤

밑줄 그은 '이 왕'의 업적으로 옳은 것은? [2점]

> 이 비석은 원래 도선국사비, 무학대사비 등으로 알려져 있었지.
>
> 맞아. 그런데 ❶조선 후기에 김정희가 금석과안록에서 이 왕이 건립한 순수비임을 고증하였어.
>
> 조선 후기에 김정희는 자신의 저서인 "금석과안록"에서 도선국사비, 무학대사비 등으로 알려져 있던 북한산비가 진흥왕 순수비임을 고증하였어요.

정답 잡는 키워드

❶ 조선 후기에 김정희가 "금석과안록"에서 순수비임을 고증함
  → **진흥왕**

김정희가 "금석과안록"에서 순수비임을 고증하였다는 내용을 통해 밑줄 그은 '이 왕'이 신라 진흥왕임을 알 수 있어요. 진흥왕은 백제 성왕과 연합하여 고구려를 공격해 한강 상류 지역을 차지한 후 백제가 되찾은 한강 하류의 땅마저 빼앗아 한강 유역 전체를 장악하였어요. 이어서 대가야를 정복하여 낙동강 유역을 차지하고, 북쪽으로 함흥평야까지 진출하였어요. 진흥왕은 영토 확장을 기념하여 단양 적성비를 비롯해 4개의 순수비(북한산 순수비, 창녕 척경비, 황초령 순수비, 마운령 순수비)를 건립하였어요.

① 관료전을 지급하고 녹읍을 폐지하였다.
  ➡ **신문왕**은 관료전을 지급하고 녹읍을 폐지하여 귀족들의 경제 기반을 약화하였어요.

② 인재 등용을 위해 독서삼품과를 실시하였다.
  ➡ **원성왕**은 유교적 소양을 갖춘 인재를 등용하기 위해 독서삼품과를 실시하였어요.

③ 이차돈의 순교를 계기로 불교를 공인하였다.
  ➡ **법흥왕**은 불교를 공인하고 진흥시키고자 하였으나 귀족들의 반대로 뜻을 이루지 못하다가 이차돈의 순교를 계기로 불교를 공인하였어요.

④ 지방관을 감찰하기 위해 외사정을 파견하였다.
  ➡ **문무왕**은 지방관을 감찰하기 위해 감찰 관리인 외사정을 파견하였어요.

⑤ 대아찬 거칠부에게 명하여 국사를 편찬하였다.
  ➡ **진흥왕**은 거칠부에게 명하여 역사서인 "국사"를 편찬하였으나, 현재 전하지 않습니다.

기출 선택지 +α

❻ 대가야를 정복하여 영토를 확장하였다. (O / X)
❼ 국가적인 조직으로 화랑도를 개편하였다. (O / X)
❽ 건원이라는 독자적인 연호를 제정하였다. (O / X)
❾ 국학을 설립하여 유학 교육을 실시하였다. (O / X)
❿ 국호를 신라로 확정하고 왕이라는 칭호를 사용하였다. (O / X)

기출 선택지 +α 정답 ❻ ○ ❼ ○ ❽ ×[법흥왕] ❾ ×[신문왕] ❿ ×[지증왕]

3 동예와 삼한   정답 ③

(가), (나) 나라에 대한 설명으로 옳은 것을 <보기>에서 고른 것은? [3점]

> 읍군·삼로는 동예와 옥저, 신지·읍차는 삼한의 정치 지배자를 가리키는 말이에요.
>
> (가) 대군장이 없고, 그 관직으로는 후(侯)와 읍군과 삼로가 있다. …… 해마다 10월이면 하늘에 제사를 지내는데, 밤낮으로 술 마시며 노래 부르고 춤추니, 이를 **무천**이라 한다. 또 호랑이를 신으로 여겨 제사 지낸다.   - "후한서" 동이열전 -
>
> (나) 해마다 **5월**이면 씨뿌리기를 마치고 귀신에게 제사를 지낸다. 떼를 지어 모여서 노래와 춤을 즐기며 술 마시고 노는데 밤낮으로 쉬지 않는다. …… 국읍에 각각 한 사람씩을 세워서 천신의 제사를 주관하게 하는데, 이를 **천군**이라 부른다.   - "삼국지" 위서 동이전 -
>
> 삼한에서는 씨뿌리기가 끝난 5월과 추수를 마친 10월에 제천 행사를 열었어요.

정답 잡는 키워드

❶ 읍군과 삼로, ❷ 무천 → (가) **동예**
❸ 5월에 제사를 지냄, ❹ 천군 → (나) **삼한**

읍군과 삼로라는 지배자가 있었으며, 10월에 무천이라는 제천 행사를 열었다는 내용을 통해 (가) 나라가 동예임을 알 수 있어요. 동예는 지금의 강원도 북부 동해안 지역에 위치한 나라로 왕이 없고 읍군, 삼로라고 불리는 지배자가 부족을 다스렸어요. 동예는 고구려의 압박을 받아 크게 성장하지 못하고 고구려에 통합되었어요. 5월에 씨뿌리기를 마치고 제사를 지내며, 천신의 제사를 주관하는 천군이 있었다는 내용을 통해 (나) 나라가 삼한임을 알 수 있어요. 철기가 보급되면서 한반도 중남부에는 수십 개의 소국으로 이루어진 마한, 진한, 변한의 삼한이 성립하였어요. 삼한 중에 세력이 컸던 마한의 소국 가운데 하나인 목지국의 지배자가 삼한 전체를 주도하였어요. 삼한에는 제사장인 천군과 신성 지역인 소도가 있었는데, 소도에는 정치적 지배자의 힘이 미치지 못하였어요.

ㄱ. (가) - 혼인 풍습으로 **민며느리제**가 있었다.
➡ **옥저**에는 혼인 풍습으로 민며느리제가 있었어요. 민며느리제는 신랑 집에서 신부가 될 여자아이를 데려와 키우다가 어른이 되면 돌려보낸 뒤 신부 집에 예물을 보내고 정식으로 혼인하는 풍습이에요.

ㄴ. (가) - 읍락 간의 경계를 중시하는 책화가 있었다.
➡ **동예**에는 읍락 간의 경계를 중시하여 다른 읍락의 영역을 함부로 침범하면 소나 말, 노비 등으로 변상하게 하는 책화 풍습이 있었어요.

ㄷ. (나) - 신지, 읍차 등의 지배자가 있었다.
➡ **삼한**의 여러 소국에는 세력 크기에 따라 신지, 읍차라고 불린 정치적 지배자가 있었어요.

ㄹ. (나) - 여러 가(加)들이 별도로 **사출도**를 주관하였다.
➡ **부여**에서는 왕이 중앙을 다스리고, 마가·우가·저가·구가 등의 여러 가(加)들이 별도로 사출도를 주관하였어요.

① ㄱ, ㄴ   ② ㄱ, ㄷ   ③ ㄴ, ㄷ
④ ㄴ, ㄹ   ⑤ ㄷ, ㄹ

기출 선택지 +α

ㅁ. (가) - 목지국 등 많은 소국들로 이루어졌다.   (O / X)
ㅂ. (가) - 12월에 영고라는 제천 행사를 열었다.   (O / X)
ㅅ. (나) - 신성 지역인 소도가 존재하였다.   (O / X)
ㅇ. (나) - 단궁, 과하마, 반어피 등이 특산물로 유명하였다. (O / X)

기출 선택지 +α 정답 ㅁ. X[삼한 중에 마한] ㅂ. X[부여] ㅅ. O ㅇ. X[동예]

---

4 무령왕의 정책   정답 ⑤

(가)에 들어갈 내용으로 적절한 것은? [2점]

> 🌸 **한국사 교양 강좌** 🌸
>
> 우리 학회는 ❶ **백제 웅진기**의 역사를 주제로 교양 강좌를 운영하고 있습니다. 이번 달에는 백제 중흥의 기틀을 마련한 왕에 대한 강좌를 준비하였습니다.
>
> 백제는 고구려 장수왕의 공격을 받아 한성이 함락된 후 웅진으로 천도하였어요. 무령왕은 웅진에 도읍한 시기에 즉위하여 중흥의 기틀을 마련하였어요.
>
> 제1강 - 동성왕을 시해한 백가를 처단하다
> 제2강 - ❷ 지방의 22담로에 왕족을 파견하다
> 제3강 -   (가)
> 제4강 - 공주 왕릉원에 안장되다
>
> 무령왕은 지방의 22담로에 왕족을 파견하여 지방 통제를 강화하였어요.
>
> ■ 주최 : □□학회
> ■ 일시 : 2024년 2월 매주 수요일 19:00~21:00
> ■ 장소 : ○○대학교 인문대학 대강의실

정답 잡는 키워드

❶ 백제 웅진기, ❷ 지방의 22담로에 왕족 파견 → **무령왕**

백제 웅진기의 왕으로 지방의 22담로에 왕족을 파견하였다는 내용을 통해 제시된 자료가 백제 무령왕에 관한 것임을 알 수 있어요. 동성왕이 위사좌평 백가가 보낸 자객에 의해 시해되자 무령왕이 왕위를 이어받았어요. 무령왕은 백가를 처단한 후 고구려의 남하에 맞서 국방 체제를 정비하고 고구려의 침입을 물리쳤어요. 또한, 흉년이 들자 나라의 창고를 열어 백성을 구제하고 하천을 정비하는 등 백성의 삶을 안정시키기 위해 노력하였어요. 무령왕은 죽은 후에 공주 왕릉원에 안장되었습니다. 무령왕릉은 무덤의 주인이 밝혀진 유일한 백제 왕릉이에요.

① 금마저에 미륵사를 창건하다
➡ **무왕**은 지금의 익산 지역인 금마저에 미륵사를 창건하였어요.

② 윤충을 보내 대야성을 함락하다
➡ **의자왕**은 642년에 윤충을 보내 전략적 요충지인 신라의 대야성을 함락하였어요.

③ 평양성을 공격하여 고국원왕을 전사시키다
➡ **근초고왕**은 371년에 고구려의 평양성을 공격하여 고국원왕을 전사시켰어요.

④ 진흥왕과 연합하여 한강 하류 지역을 수복하다
➡ **성왕**은 진흥왕과 연합하여 고구려를 공격해 한강 하류 지역을 수복하였어요. 그러나 신라의 공격을 받아 이 지역을 다시 빼앗겼어요.

⑤ 사신을 보내 중국 남조의 양과 외교 관계를 강화하다
➡ **무령왕**은 사신을 보내 중국 남조의 양과 외교 관계를 강화하였어요. 무령왕릉은 중국 남조의 영향을 받아 벽돌무덤으로 축조되었어요.

기출 선택지 +α

❻ 고흥으로 하여금 서기를 편찬하게 하였다.   (O / X)
❼ 사비로 천도하고 국호를 남부여로 고쳤다.   (O / X)
❽ 북위에 사신을 보내 고구려 공격을 요청하였다.   (O / X)
❾ 동진에서 온 마라난타를 통해 불교를 수용하였다. (O / X)

기출 선택지 +α 정답 ❻ X[근초고왕] ❼ X[성왕] ❽ X[개로왕] ❾ X[침류왕]

5 수·당의 침략과 고구려의 항쟁 정답 ③

(가), (나) 사이의 시기에 있었던 사실로 옳은 것은? [2점]

> 을지문덕은 수의 장군 우중문에게 철수를 권하는 시를 보내고, 퇴각하는 수의 군대를 살수(지금의 청천강)에서 공격하여 대승을 거두었어요.

(가) ❶ 을지문덕이 우중문에게 시를 보내 이르기를, "신묘한 계책은 천문을 다 헤아렸고 기묘한 계획은 지리를 모두 통달하였도다. 싸움에 이겨 이미 공로가 드높으니 만족할 줄 알고 그치기를 바라노라."라고 하였다.

(나) 안시성 사람들이 황제의 깃발과 일산을 멀리서 바라보고, 곧장 성에 올라가 북을 치고 소리를 질렀다. 황제가 화를 내자, 이세적은 성을 함락하는 날에 남자를 모두 구덩이에 묻어 죽이자고 청하였다. ❷ 안시성 사람들이 이를 듣고 더욱 굳게 지키니, 오래도록 공격하여도 함락되지 않았다.

> 당 태종은 안시성 공격이 뜻대로 되지 않자 안시성보다 높은 토산을 쌓아 공격하였지만 함락하지 못하였어요.

정답 잡는 키워드

❶ 을지문덕이 우중문에게 시를 보냄 → (가) 살수 대첩(612)
❷ 안시성이 함락되지 않음 → (나) 안시성 전투(645)

(가)는 을지문덕이 우중문에게 시를 보낸 것으로 보아 612년에 있었던 살수 대첩과 관련된 자료임을 알 수 있어요. 중국을 통일한 수는 대군을 동원하여 고구려를 공격하였어요. 고구려의 항전에 막혀 별다른 성과를 내지 못하는 상황에서 수는 우중문과 우문술이 지휘하는 별동대를 구성하여 평양성을 바로 공격하려 하였어요. 을지문덕은 유도 작전을 펴 수의 군대를 유인하였고, 마침내 살수에서 크게 물리쳤어요. (나)는 안시성 사람들이 항전하여 함락되지 않았다는 내용을 통해 645년에 일어난 안시성 전투 상황임을 알 수 있어요. 수가 멸망한 후 들어선 당은 연개소문의 정변을 빌미로 고구려를 침공하였어요. 당 태종은 직접 군대를 이끌고 고구려의 요동성, 백암성을 차례로 무너뜨렸지만, 안시성 전투에서 고구려 군민의 거센 저항에 부딪혀 함락에 실패하고 물러났어요.

① 관구검이 환도성을 공격하여 함락하였다.
→ 3세기 동천왕 때 고구려는 위의 장수 관구검의 공격을 받아 환도성이 함락되었어요.

② 계백이 이끄는 군대가 황산벌에서 항전하였다.
→ 660년 계백이 이끄는 백제군이 황산벌에서 신라군에 항전하였으나 패배하였어요. 이후 나·당 연합군의 공격으로 사비성이 함락되면서 백제가 멸망하였어요.

③ 연개소문이 정변을 일으켜 권력을 장악하였다.
→ 642년 연개소문은 영류왕을 제거하고 보장왕을 왕위에 올리는 정변을 일으켜 권력을 장악하였어요.

④ 광개토 대왕이 신라에 침입한 왜를 격퇴하였다.
→ 400년에 광개토 태왕은 신라의 요청을 받아 군대를 파견하여 신라에 침입한 왜를 격퇴하였어요.

⑤ 미천왕이 낙랑군을 축출하여 영토를 확장하였다.
→ 4세기 초에 미천왕은 낙랑군과 대방군을 축출하여 영토를 확장하였어요.

기출 선택지 +α

❻ 소수림왕이 율령을 반포하였다. (O/X)
❼ 장수왕이 백제를 공격하여 한성을 함락하였다. (O/X)
❽ 안승이 신라에 의해 보덕국 왕으로 책봉되었다. (O/X)
❾ 고국천왕이 을파소를 등용하고 진대법을 실시하였다. (O/X)

기출 선택지 +α 정답 ❻ ×[373년] ❼ ×[475년] ❽ ×[674년] ❾ ×[2세기 후반]

---

6 금동 연가 7년명 여래 입상 정답 ②

다음 설명에 해당하는 문화유산으로 옳은 것은? [2점]

문화유산 발표 대회
- 경상남도 의령군에서 출토되어 1964년에 국보로 지정되었어.
- ❶ 고구려 승려들이 만든 천불(千佛) 중 하나야.
- ❷ 광배 뒷면에 고구려의 연호로 추정되는 연가(延嘉)라는 글자가 새겨져 있어.

정답 잡는 키워드

❶ 고구려 승려들이 만듦, ❷ 광배 뒷면에 고구려의 연호로 추정되는 연가라는 글자가 새겨져 있음
→ **금동 연가 7년명 여래 입상**

고구려의 승려들이 만들었으며, '연가'라는 글자가 새겨져 있는 문화유산은 금동 연가 7년명 여래 입상이에요. 광배 뒷면에 새겨진 '연가 7년'이라는 글자를 통해 불상의 제작 연대를 추정할 수 있어요.

①
→ 고려의 불상인 영주 부석사 소조 여래 좌상이에요.

②
→ 고구려의 불상인 금동 연가 7년명 여래 입상이에요.

③
→ 통일 신라 시대에 만들어진 것으로 보이는 경주 구황동 금제 여래 좌상이에요.

④
→ 익산 왕궁리 5층 석탑의 해체 보수 과정에서 출토된 금동불 입상이에요. 통일 신라 시대에 만들어진 것으로 추정하지만, 제작 시기에 대해 다양한 가설이 제기되고 있어요.

⑤
→ 고구려 불상 양식의 영향을 받은 발해의 이불 병좌상이에요.

7 삼국 통일 과정   정답 ④

(가)~(다)를 일어난 순서대로 옳게 나열한 것은? [3점]

> (가) 사찬 시득이 수군을 거느리고 소부리주 기벌포에서 설인귀와 싸웠으나 패배하였다. 다시 나아가 크고 작은 22번의 싸움에서 승리하고, 4천여 명의 목을 베었다.
> — 나·당 전쟁 당시 신라의 사찬 시득은 기벌포 전투에서 설인귀가 이끄는 당군을 격파하였어요.
>
> (나) 흑치상지가 도망하여 흩어진 무리들을 모으니, 열흘 사이에 따르는 자가 3만여 명이었다. …… 흑치상지가 별부장 사타상여를 데리고 험준한 곳에 웅거하여 복신과 호응하였다.
> — 사비성이 함락되자 흑치상지는 임존성에서 병력을 수습하여 백제 부흥 운동을 벌였어요.
>
> (다) 검모잠이 국가를 다시 일으키기 위하여 당을 배반하고 보장왕의 외손 안승을 세워 임금으로 삼았다. 당 고종이 대장군 고간을 보내 행군총관으로 삼고 병력을 내어 그들을 토벌하니, 안승이 검모잠을 죽이고 신라로 달아났다.
> — 검모잠은 왕족인 안승을 왕으로 추대하여 고구려 부흥 운동을 벌였어요.

정답 잡는 키워드

❶, ❷, ❸ 사찬 시득이 기벌포에서 승리함 → **(가) 기벌포 전투(676)**

❹, ❺ 흑치상지가 복신과 호응함
→ **(나) 백제 부흥 운동(660년 백제 멸망 이후)**

❻ 검모잠이 안승을 임금으로 삼음
→ **(다) 고구려 부흥 운동(668년 고구려 멸망 이후)**

(가) 사찬 시득이 기벌포에서 설인귀와 싸워 패배하였으나 다시 나아가 승리하였다는 내용을 통해 나·당 전쟁 중 676년에 일어난 기벌포 전투 상황임을 알 수 있어요. 신라는 당과 연합하여 백제와 고구려를 차례로 멸망시켰어요. 이후 당이 한반도 전체를 지배하려고 하자 신라는 당과의 전쟁에 나서서 매소성 전투, 기벌포 전투에서 승리하고 삼국 통일을 완성하였어요.

(나) 흑치상지가 무리를 모아 복신과 호응하였다는 내용을 통해 660년 백제 멸망 이후 전개된 백제 부흥 운동 상황임을 알 수 있어요. 백제 멸망 이후 흑치상지는 임존성, 복신과 도침은 주류성을 거점으로 하여 백제 부흥 운동을 전개하였어요. 백제 부흥 운동 세력은 한때 당군을 격퇴하고 세력을 넓히기도 하였으나, 왜의 지원을 받은 백강 전투에서 나·당 연합군에 패하면서 백제 부흥 운동은 실패로 끝났어요.

(다) 검모잠이 안승을 임금으로 삼았다는 내용을 통해 668년 고구려 멸망 이후 전개된 고구려 부흥 운동 상황임을 알 수 있어요. 고구려 멸망 이후 검모잠은 고구려의 유민을 모으고 안승을 왕으로 세워 한성(지금의 황해도 재령)을 중심으로 고구려 부흥 운동을 전개하였어요. 그러나 안승이 검모잠을 죽이는 등 지배층의 내분으로 고구려 부흥 운동은 실패하였고, 안승은 무리를 이끌고 신라에 투항하였어요.

① (가) - (나) - (다)
② (가) - (다) - (나)
③ (나) - (가) - (다)
④ **(나) - (다) - (가)**
➡ (나) 백제 부흥 운동(660년 백제 멸망 이후) → (다) 고구려 부흥 운동(668년 고구려 멸망 이후) → (가) 기벌포 전투(676)
⑤ (다) - (나) - (가)

---

8 통일 신라의 경제   정답 ②

(가) 국가의 경제 상황으로 옳은 것은? [2점]

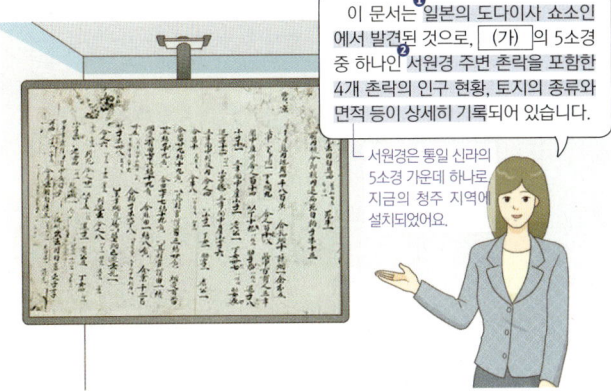

> 이 문서는 일본의 도다이사 쇼소인에서 발견된 것으로, **(가)** 의 5소경 중 하나인 서원경 주변 촌락을 포함한 4개 촌락의 인구 현황, 토지의 종류와 면적 등이 상세히 기록되어 있습니다.
>
> 서원경은 통일 신라의 5소경 가운데 하나로, 지금의 청주 지역에 설치되었어요.

정답 잡는 키워드

❶ 일본의 도다이사 쇼소인에서 발견됨,
❷ 서원경 주변 4개 촌락의 정보 기록 → **신라 촌락 문서**

일본 도다이사 쇼소인에서 발견된 문서로 서원경 주변 촌락의 여러 경제적 정보를 기록하였다는 내용을 통해 제시된 문서가 신라 촌락 문서(민정 문서)임을 알 수 있어요. 따라서 (가) 국가는 신라입니다. 신라 촌락 문서는 각 촌락의 인구수, 토지 종류와 면적, 소와 말의 수, 수목의 종류와 수 등을 조사하여 3년에 한 번씩 기록한 것입니다. 신라 촌락 문서를 통해 당시의 경제 상황과 세무 행정에 대해 짐작할 수 있어요.

① 경성과 경원에 무역소를 두었다.
➡ 조선은 여진의 요청에 따라 국경 지역인 경성과 경원에 무역소를 설치하여 교역을 허용하였어요.

② **수도에 서시와 남시를 설치하였다.**
➡ 신라는 지증왕 때 수도에 동시라는 시장을 설치하였고, 통일 이후 서시와 남시를 추가로 설치하였어요.

③ 주전도감에서 해동통보를 발행하였다.
➡ 고려 숙종 때 화폐 주조 기관인 주전도감을 설치하여 해동통보를 발행하였어요.

④ 독점적 도매상인 도고가 출현하였다.
➡ 조선 후기에 상업이 발달하면서 공인과 사상의 활동이 활발하였어요. 이들 가운데 일부는 독점적 도매상인인 도고로 성장하였어요.

⑤ 감자, 고구마 등을 구황 작물로 재배하였다.
➡ 조선 후기에 감자, 고구마 등이 전래되어 구황 작물로 재배되었어요.

기출 선택지 +α

❻ 활구라고 불리는 은병이 주조되었다. (O/X)
❼ 집집마다 부경이라는 창고가 있었다. (O/X)
❽ 울산항, 당항성이 무역항으로 번성하였다. (O/X)
❾ 국경 지대에서 개시 무역과 후시 무역이 이루어졌다. (O/X)
❿ 설점수세제의 시행으로 민간의 광산 개발이 허용되었다. (O/X)

기출 선택지 +α
정답 ❻ ×[고려] ❼ ×[고구려] ❽ O ❾ ×[조선 후기] ❿ ×[조선 후기]

9 발해 정답 ④

(가) 국가에 대한 설명으로 옳은 것은? [2점]

> 명문(名文)으로 만나는 한국사
> — 대조영은 698년에 지린성 동모산에서 발해를 건국하였어요.
>
> …… 신이 삼가 (가) 의 원류를 살펴보건대, 고구려가 멸망하기 이전에는 본디 이름도 없는 조그마한 부락에 불과하였는데, …… 걸사[비]우와 ❶대조영 등이 측천무후가 임조(臨朝)할 즈음에 이르러, 영주에서 반란이 일어나자 그곳에서 도주하여 황구(荒丘)를 차지하고 비로소 ❷진국(振國)이라고 칭하였습니다. ……
> — 대조영이 나라를 세웠을 때 그 이름을 진국이라 하였어요. 점차 세력이 커져 당에서 대조영을 발해 군왕이라 하면서 발해가 나라 이름으로 널리 사용되었어요.
>
> [해설] 이 글은 ❸최치원이 작성한 사불허북국거상표(謝不許北國居上表)의 일부입니다. 이를 통해 ❹북국으로 표현된 (가) 의 건국 과정 등을 파악할 수 있습니다.

정답 잡는 키워드

❶, ❷ 대조영이 진국이라고 칭함,
❸, ❹ 최치원이 북국으로 표현 → **발해**

대조영이 진국이라고 칭하였으며, 신라의 최치원이 북국으로 표현하였다는 내용을 통해 (가) 국가가 발해임을 알 수 있어요. 발해는 고구려 출신 대조영이 고구려 유민과 말갈인을 기반으로 세운 나라로, 초기 국호는 진국이었어요. 9세기 선왕 때 옛 고구려 영토의 대부분을 차지하는 등 전성기를 이루었고, 이 무렵 중국에서 발해를 해동성국이라고 부르기도 하였어요. 발해는 당의 제도를 본떠 3성 6부의 중앙 정치 조직을 정비하였는데, 그 명칭과 운영에서는 독자성을 유지하였어요. 지방 행정 조직은 5경 15부 62주 체제로 정비하였어요.

① **정사암 회의**에서 나라의 중대사를 결정하였다.
  → **백제**는 정사암 회의에서 재상을 선출하고 나라의 중대사를 결정하였어요.
② 지방의 여러 성에 **욕살, 처려근지** 등을 두었다.
  → **고구려**는 지방의 여러 성에 욕살, 처려근지 등의 관리를 두어 다스렸어요.
③ **도병마사**에서 변경의 군사 문제 등을 논의하였다.
  → 도병마사는 **고려** 시대에 고위 관리들이 모여 국방과 군사 문제 등을 논의하던 회의 기구입니다.
④ 서적 관리, 주요 문서 작성 등을 위해 문적원을 두었다.
  → **발해**는 3성 6부의 중앙 정치 조직을 중심으로 관리 감찰 기구인 중정대, 서적 관리와 주요 문서 작성 등을 담당한 문적원, 국립 교육 기관인 주자감 등을 두었어요.
⑤ **골품**에 따라 관등 승진, 일상생활 등을 엄격히 제한하였다.
  → **신라**는 엄격한 신분제인 골품제를 마련하여 골품에 따라 관등 승진, 일상생활 등을 엄격히 제한하였어요.

기출 선택지 +α

❻ 중정대를 두어 관리를 감찰하였다. (O/X)
❼ 9서당 10정의 군사 조직을 갖추었다. (O/X)
❽ 광평성 등의 정치 기구를 마련하였다. (O/X)
❾ 정당성의 대내상이 국정을 총괄하였다. (O/X)
❿ 내신좌평 등 6좌평의 관제를 정비하였다. (O/X)

기출 선택지 +α 정답 ❻ ○ ❼ ×[통일 신라] ❽ ×[후고구려(마진)] ❾ ○ ❿ ×[백제]

---

10 태조 왕건의 정책 정답 ⑤

(가) 왕에 대한 설명으로 옳은 것은? [1점]

이 불상은 충청남도 논산시에 있는 개태사지 석조 여래 삼존 입상으로, 큼직한 손과 신체의 굴곡이 거의 드러나지 않는 원통형의 형태가 특징입니다. 개태사는 **후삼국을 통일한** (가) 이/가 이를 기념하여 세운 사찰입니다.

— 개태사는 왕건이 일리천 전투에서 승리하고 지금의 논산 지역인 황산에서 신검의 항복을 받으며 후삼국을 통일한 것을 기념하여 세운 사찰이에요.

정답 잡는 키워드

❶ 후삼국을 통일함 → **태조 왕건**

후삼국을 통일하였다는 내용을 통해 (가) 왕이 고려 태조 왕건임을 알 수 있어요. 고려는 930년 고창 전투에서 후백제군을 물리치면서 후삼국 통일의 주도권을 잡았어요. 이후 후백제의 견훤이 고려에 귀부하였고 신라 경순왕도 고려에 스스로 항복하였어요. 이어 태조 왕건이 신검의 후백제를 정벌하여 후삼국 통일을 이루었어요. 태조 왕건은 자신의 세력 기반이었던 호족 세력을 통합하고 민생을 안정시키기 위해 노력하였어요. 또한, 서경(평양)을 전진 기지로 삼아 북진 정책을 추진하였어요.

① 관학 진흥을 위해 **양현고를 설치**하였다.
  → **예종**은 사학의 융성으로 침체된 관학을 진흥하기 위해 장학 재단인 양현고를 설치하였어요.
② 쌍기의 건의를 받아들여 **과거제를 시행**하였다.
  → **광종**은 후주에서 귀화한 쌍기의 건의를 받아들여 과거제를 시행하였어요.
③ 전국에 **12목을 설치**하고 **지방관을 파견**하였다.
  → **성종**은 최승로의 건의에 따라 전국 주요 지역에 12목을 설치하고 지방관을 파견하였어요.
④ **전시과 제도를 처음 마련**하여 관리에게 토지를 지급하였다.
  → **경종**은 전시과 제도를 처음 마련하여 관리에게 전지와 시지를 지급하였어요.
⑤ 후대 왕들이 지켜야 할 정책 방향을 담은 훈요 10조를 남겼다.
  → **태조 왕건**은 후대 왕들이 지켜야 할 정책 방향을 담은 훈요 10조를 남겼어요.

기출 선택지 +α

❻ 평양을 서경으로 삼아 중시하였다. (O/X)
❼ 빈민 구제 기관인 흑창을 설치하였다. (O/X)
❽ 신돈을 등용하고 전민변정도감을 두었다. (O/X)
❾ 국자감에 7재라는 전문 강좌를 개설하였다. (O/X)
❿ 광덕, 준풍 등의 독자적 연호를 사용하였다. (O/X)

기출 선택지 +α 정답 ❻ ○ ❼ ○ ❽ ×[공민왕] ❾ ×[예종] ❿ ×[광종]

11 평양의 역사 정답 ②

다음 검색창에 들어갈 지역에서 있었던 사실로 옳은 것은? [3점]

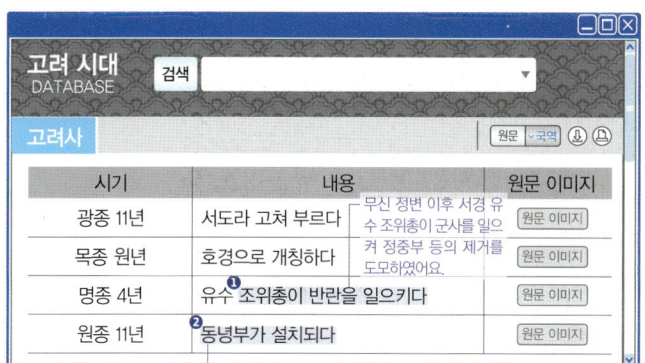

└ 원 간섭기에 원은 서경에 동녕부, 화주에 쌍성총관부, 제주도에 탐라총관부를 설치하였어요.

정답 잡는 키워드

❶ 조위총이 반란을 일으킴, ❷ 동녕부가 설치됨 → **서경(평양)**

조위총이 반란을 일으켰으며, 동녕부가 설치되었다는 내용을 통해 검색창에 들어갈 지역이 서경(평양)임을 알 수 있어요. 고려를 세운 태조 왕건은 건국 초에 평양을 서경으로 삼아 중시하였으며, 훈요 10조에서도 서경을 중시할 것을 강조하였어요.

① 정몽주가 이방원 세력에게 피살되었다.
　➡ 고려 말에 정몽주는 새로운 나라를 세우는 데 반대하다가 **개경(개성)**에서 이방원 세력에게 피살되었어요.

②묘청이 반란을 일으키고 국호를 대위라 하였다.
　➡ 고려 인종 때 묘청을 비롯한 서경 세력은 서경 천도를 추진하다가 개경 세력의 반대로 실패하자 국호를 '대위', 연호를 '천개'라고 정하고 **서경(평양)**에서 반란을 일으켰어요.

③ 몽골의 침략으로 황룡사 구층 목탑이 소실되었다.
　➡ 고려 시대에 몽골의 침략으로 **경주**의 황룡사 9층 목탑이 소실되었어요.

④ 흥덕사에서 금속 활자로 직지심체요절이 간행되었다.
　➡ 고려 말에 **청주** 흥덕사에서 금속 활자로 "직지심체요절"이 간행되었어요. "직지심체요절"은 현존하는 세계에서 가장 오래된 금속 활자 인쇄본이에요.

⑤ 정서가 유배 중에 정과정이라는 고려 가요를 지었다.
　➡ 고려 의종 때 정서가 **동래(부산)**에서 유배 중에 정과정이라는 고려 가요를 지었어요.

기출 선택지 +α

❻ 우리나라 최초의 근대 교육 기관이 설립되었다. (O/X)
❼ 원의 영향을 받은 경천사지 십층 석탑이 축조되었다. (O/X)
❽ 김광제 등을 중심으로 국채 보상 운동이 시작되었다. (O/X)
❾ 안창호가 민족 교육을 위해 대성 학교를 설립하였다. (O/X)
❿ 조만식 등을 중심으로 조선 물산 장려회가 결성되었다.(O/X)

기출 선택지 +α 정답 ❻ ×[원산] ❼ ×[개성] ❽ ×[대구] ❾ ○ ❿ ○

---

12 고려의 경제 정답 ②

다음 자료에 나타난 국가의 경제 상황으로 옳은 것은? [2점]

> ┌ 고려는 은병이라는 고액 화폐를 발행하였는데, 은병 윗부분의 입구가 넓어 활구라고 불리기도 하였어요.
>
> ○ 이때에 **은병**을 화폐로 쓰기 시작하였다. 그 제도는 은 한 근으로 만들며 본국의 지형을 본뜨도록 하였다. 속칭 활구라 하였다.
> ○ 도평의사사에서 방을 붙여 알리기를, "지금부터 은병 하나를 쌀로 환산하여 개경에서는 15~16석, 지방에서는 18~19석의 비율로 하되, **경시서**에서 그 해의 풍흉을 살펴 그 값을 정할 것이다."라고 하였다.
> └ 고려는 수도 개경의 시전을 감독할 관청으로 경시서를 설치하였어요. 경시서는 조선 시대에도 이어졌습니다.

정답 잡는 키워드

❶ 은병, ❷ 경시서 → **고려**

은병을 화폐로 쓰기 시작하였으며, 경시서에서 풍흉을 살펴 값을 정한다는 내용을 통해 자료에 나타난 국가가 고려임을 알 수 있어요. 고려 성종 때 화폐로 건원중보가 발행되었고, 숙종 때에는 의천의 건의에 따라 주전도감이 설치되어 은병(활구), 해동통보 등이 발행되었어요. 그러나 이러한 화폐는 널리 유통되지 못하였고, 일상적인 거래에서는 여전히 베와 곡식 등이 화폐를 대신하였어요.

① 솔빈부의 말을 특산물로 수출하였다.
　➡ **발해**는 목축이 발달하였으며, 솔빈부의 말이 특산물로 유명하였어요.

②서적점, 다점 등의 관영 상점을 운영하였다.
　➡ **고려**는 상업을 적극 육성하여 대도시에 서적점, 다점, 주식점 등의 관영 상점을 두어 운영하였어요.

③ 청해진을 중심으로 해상 무역을 전개하였다.
　➡ **신라** 흥덕왕 때 장보고는 완도에 청해진을 설치하여 해적을 소탕하고 이곳을 중심으로 해상 무역을 전개하였어요.

④ 광산을 전문적으로 경영하는 덕대가 활동하였다.
　➡ **조선** 후기에 자본을 투자받아 광산을 전문적으로 경영하는 덕대가 활동하였어요.

⑤ 기유약조를 체결하여 일본과의 교역을 재개하였다.
　➡ **조선** 광해군 때 기유약조를 체결하여 임진왜란으로 중단되었던 일본과의 교역을 재개하였어요.

기출 선택지 +α

❻ 모내기법이 전국적으로 확산되었다. (O/X)
❼ 송상이 전국 각지에 송방을 설치하였다. (O/X)
❽ 거란도, 영주도 등을 통해 주변국과 교역하였다. (O/X)
❾ 경시서의 관리들이 시전의 상행위를 감독하였다. (O/X)
❿ 예성강 하구의 벽란도가 국제 무역항으로 번성하였다. (O/X)

기출 선택지 +α 정답 ❻ ×[조선 후기] ❼ ×[조선 후기] ❽ ×[발해] ❾ ○ ❿ ○

13 고려와 여진의 관계 정답 ⑤

(가)에 대한 고려의 대응으로 옳은 것은? [2점]

> 변방의 장수가 보고하기를, " (가) 이/가 매우 사나워 변방의 성을 침입하고 있습니다."라고 하였다. …… ❶드디어 출병하기로 의논을 정하여 윤관을 원수로 삼고 지추밀원사 오연총을 부원수로 삼았다. 윤관이 아뢰기를, "신이 일찍이 선왕의 밀지를 받들었고 지금 또 엄명을 받았으니, 어찌 감히 삼군을 통솔하여 (가) 의 보루를 깨뜨리고 우리의 강토를 개척하여 나라의 수치를 씻지 않겠습니까."라고 하였다.
>
> 기병 위주의 여진에 대항하기 위해 별무반 편성을 건의하였던 윤관이 예종 때 여진 정벌군의 원수가 되어 별무반을 이끌고 여진 정벌에 나섰어요.

정답 잡는 키워드

❶ 윤관을 원수로 삼아 출병함 → **여진 정벌**

출병하기로 의논을 정하여 윤관을 원수로 삼았다는 내용을 통해 (가)가 여진임을 알 수 있어요. 12세기 초 부족을 통일한 여진은 고려의 국경을 자주 침범하였어요. 이에 고려는 숙종 때 윤관의 건의를 받아들여 신기군, 신보군, 항마군으로 구성된 별무반을 설치하고 예종 때 여진을 정벌하였어요.

① 광군을 창설하여 침입에 대비하였다.
  ➡ 정종 때 거란의 침입에 대비하여 광군을 창설하였어요.
② 박위를 파견하여 근거지를 토벌하였다.
  ➡ 창왕 때 박위가 왜구의 근거지인 대마도(쓰시마섬)를 토벌하였어요.
③ 강화도로 도읍을 옮겨 장기 항전을 준비하였다.
  ➡ 고종 때 몽골이 고려를 침략하자 당시 최고 권력자였던 최우는 강화도로 도읍을 옮겨 장기 항전을 준비하였어요.
④ 선물 받은 낙타를 만부교에서 굶어 죽게 하였다.
  ➡ 태조 왕건은 발해를 멸망시킨 거란을 적대시하였어요. 이에 거란에서 선물로 보내온 낙타를 만부교 아래에 묶어 두고 굶어 죽게 하였어요.
⑤ 동북 9성을 설치하고 경계를 알리는 비석을 세웠다.
  ➡ 윤관은 예종 때 여진을 정벌하여 동북 9성을 설치하고 경계를 알리는 비석을 세웠어요. 그러나 여진이 계속해서 돌려줄 것을 요청하자 9성 지역을 1년여 만에 여진에 반환하였어요.

기출 선택지 +α

❻ 서희를 보내 소손녕과 외교 담판을 벌였다. (O/X)
❼ 대장도감을 설치하여 팔만대장경을 간행하였다. (O/X)
❽ 화통도감을 설치하여 화약과 화포를 제작하였다. (O/X)
❾ 최영이 철령위 설치에 반발하여 요동 정벌을 추진하였다. (O/X)
❿ 신기군, 신보군, 항마군 등으로 구성된 별무반을 조직하였다. (O/X)

기출 선택지 +α 정답 ❻ ×[거란] ❼ ×[몽골] ❽ ×[왜구] ❾ ×[명] ❿ O

---

14 무신 집권기 사회 동요 정답 ⑤

다음 자료를 활용한 탐구 활동으로 가장 적절한 것은? [1점]

> 무신 집권기인 1193년에 김사미가 운문(지금의 청도)에서, 효심이 초전(지금의 울산)에서 반란을 일으켰어요. 이들은 세력을 합쳐 관군에 대항하며 경상도의 여러 지역에서 기세를 올렸어요.
>
> ○ 남쪽에서 도적들이 봉기하였다. 가장 심한 자들은 운문을 거점으로 한 ❶김사미와 초전을 거점으로 한 ❷효심이었다. 이들은 유랑민을 불러 모아 주현을 습격하여 노략질하였다.
> ○ 원율 사람인 ❸이연년이 백적도원수라 자칭하며 많은 사람을 불러 모아 여러 주군을 공격하여 노략질하니 최린이 지휘사 김경손과 함께 그들을 격파하였다.
>
> 무신 집권기인 1237년에 지금의 담양 일대에서 이연년이 백제 부흥을 내세우며 반란을 일으켰어요.

정답 잡는 키워드

❶, ❷ 김사미·효심의 난, ❸ 이연년의 난
→ **고려 무신 집권기 사회 동요**

김사미·효심의 난, 이연년의 난은 고려 무신 집권기에 일어났어요. 무신 정변으로 무신 정권이 수립된 이후에도 농민에 대한 지배층의 수탈이 계속되고 더욱 심해졌어요. 이에 불만을 품은 농민과 천민의 봉기가 전국 곳곳에서 일어났어요. 대표적으로 공주 명학소에서 일어난 망이·망소이의 난과 함께 김사미·효심의 난 등을 들 수 있어요. 이 시기에 고려 왕조를 부정하고 신라, 고구려, 백제의 부흥을 내세운 봉기가 일어나기도 하였는데, 이비·패좌, 최광수, 이연년의 난이 대표적이에요.

① 노비안검법이 실시된 목적을 알아본다.
  ➡ 고려 광종은 왕권을 강화하고 국가 재정을 확충하기 위해 노비안검법을 실시하였어요.
② 삼정이정청이 설치된 과정을 살펴본다.
  ➡ 조선 철종 때 진주에서 시작된 농민 봉기를 계기로 삼정의 문란을 바로잡기 위한 삼정이정청이 설치되었어요.
③ 사심관 제도가 시행된 사례를 조사한다.
  ➡ 고려 태조 왕건은 호족 세력을 견제하기 위해 사심관 제도를 실시하였어요. 고려에 투항한 신라의 마지막 왕인 경순왕 김부를 경주 지역의 사심관으로 임명한 것이 시초예요.
④ 집강소에서 추진한 개혁의 내용을 분석한다.
  ➡ 동학 농민 운동 당시 동학 농민군은 전주에서 조선 정부와 화약을 체결한 후 전라도 각지에 집강소를 설치하여 폐정 개혁안을 실천하였어요.
⑤ 무신 집권기 하층민의 반란이 발생한 배경을 파악한다.
  ➡ 무신 집권기 정치 혼란이 이어지는 가운데 지배층의 수탈이 심해지면서 김사미·효심의 난, 이연년의 난 등 하층민의 반란이 전국 각지에서 일어났어요.

핵심 개념 | 무신 집권기 사회 동요

배경	무신들 간의 권력 다툼으로 중앙 정부의 지방 통제력 약화, 하층민에게 과도한 세금 부과
반무신 난	동북면 병마사 김보당의 난, 서경 유수 조위총의 난
하층민의 저항	• 망이·망소이의 난(공주 명학소) : 정부가 명학소를 충순현으로 승격시켜 회유 시도 → 무력 진압됨 • 김사미(운문)·효심(초전)의 난 • 만적의 난(사노비 만적이 개경에서 봉기 계획, 신분 해방 운동의 성격), 전주 관노비의 난
삼국 부흥 운동	경주에서 이비·패좌가 신라 부흥 표방, 서경에서 최광수가 고구려 부흥 표방, 담양에서 이연년 형제가 백제 부흥 표방

15 원 간섭기의 사실   정답 ⑤

다음 사건이 일어난 시기를 연표에서 옳게 고른 것은? [2점]

> 원 간섭기에 원 황실과 혼인 관계를 맺은 기철의 가문은 국왕을 압도하는 권력을 누렸어요. 기륜, 기원은 기철의 동생이에요.
>
> ❶ 조일신이 전 찬성사 정천기 등과 함께 기철·기륜·기원·고용보 등을 제거할 것을 모의하고 그들을 체포하게 하였는데, 기원은 잡아서 목을 베고 나머지는 모두 도망갔다. 조일신이 그 무리를 거느리고 나아가서 ❷왕이 있던 궁궐을 포위하고, 숙직하고 있던 판밀직사사 최덕림, 상호군 정환 등 여러 사람을 죽였다.
>
> 원 간섭기 고려의 관제가 격하되어 중추원이 밀직사로 개편되었어요. 판밀직사사는 밀직사의 최고 관직이에요.

정답 잡는 키워드

❶ 조일신 등이 기철 등을 제거할 것을 모의함,
❷ 왕이 있던 궁궐을 포위하고 판밀직사사 등 여러 사람을 죽임

→ **조일신의 난(공민왕 재위 시기)**

조일신 등이 기철과 그 일파를 제거할 것을 모의하였으며 궁궐을 포위하고 판밀직사사 등 여러 사람을 죽였다는 내용을 통해 사건이 일어난 시기가 원 간섭기임을 알 수 있어요.

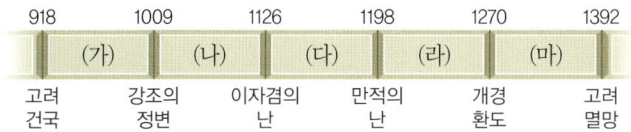

918	1009	1126	1198	1270	1392
	(가)	(나)	(다)	(라)	(마)
고려 건국	강조의 정변	이자겸의 난	만적의 난	개경 환도	고려 멸망

➡ 몽골과의 전쟁이 끝난 뒤 고려 정부는 **개경**으로 **환도**하였고, 이후 몽골은 국호를 '원'으로 바꾸고 고려의 내정에 간섭하였어요. 이 시기에 고려의 국왕은 원의 공주와 혼인하여 원 황실의 사위가 되었고, 왕자들은 원에서 성장하며 교육을 받았어요. 공민왕이 원에 있던 시절에 공민왕을 수행한 조일신은 공민왕이 왕위에 오르자 높은 벼슬에 올라 권세를 휘두르고 부당한 행위를 자행하여 여러 사람의 원성을 샀어요. 또한, 기철 등 친원 세력과도 갈등을 빚었어요. 비판의 목소리가 커지자 위기를 느낀 **조일신**은 **반란**을 일으켜 친원파를 제거하기로 하고 이들을 공격하였어요. 이때 기철 일파 가운데 기원만이 살해되고 나머지는 모두 도망가서 화를 면했어요. 조일신은 공민왕이 있던 궁궐까지 포위한 후 왕을 위협하여 스스로 우정승에 오르고 자신의 수하들에게도 벼슬을 내리게 하였어요. 조일신이 전횡을 일삼자 공민왕은 측근 및 대신들과 논의하여 조일신을 제거하였어요. 한편, 공민왕의 개혁 과정에서 신진 사대부가 크게 성장하였고, 고려에 침입한 홍건적과 왜구를 격퇴하면서 신흥 무인 세력도 백성의 신망을 얻어 정치 세력을 형성하였어요. 대표적인 신흥 무인 세력인 이성계와 급진 개혁파 신진 사대부가 새 왕조를 세우는 데 뜻을 같이하여 **고려**가 **멸망**하였어요.

따라서 자료의 사건이 일어난 시기는 원 간섭기가 본격적으로 시작된 개경 환도 이후와 고려 멸망 사이인 ⑤ (마)입니다.

① (가)　② (나)　③ (다)　④ (라)　⑤ (마)

연표로 흐름잡기

- **1270** — **개경 환도**, 삼별초의 대몽 항쟁(~1273)
- **1280** — 정동행성 설치
- **1351** — 공민왕 즉위
- **1352** — **조일신의 난**
- **1356** — 기철 등 친원 세력 숙청, 정동행성 이문소 폐지, 쌍성총관부 공격(철령 이북의 영토 회복)
- **1388** — 위화도 회군
- **1391** — 과전법 제정
- **1392** — **고려 멸망**, 조선 건국

16 고려의 문화유산   정답 ①

밑줄 그은 '국가'의 문화유산으로 옳지 않은 것은? [2점]

> 이것은 왕실의 종친인 신안공 왕전이 ❶몽골의 침략을 받던 시기에 국가의 태평을 기원하며 발원한 법화경서탑도(法華經書塔圖)입니다. 감색 종이에 금가루 등으로 법화경 수만 자를 한 자씩 써서 칠층 보탑을 형상화한 것이 특징입니다.

고려는 거란(10~11세기), 여진(12세기), 몽골(13세기), 홍건적과 왜구(14세기) 등 끊임없이 외적의 침략을 받았어요.

정답 잡는 키워드

❶ 몽골의 침략을 받음 → **고려**

몽골의 침략을 받았다는 내용을 통해 밑줄 그은 '국가'가 고려임을 알 수 있어요. 법화경서탑도는 7층 탑 모양의 그림처럼 보이지만 수만 자에 달하는 법화경의 내용을 한 글자씩 탑 모양을 따라 사경(경전을 베껴 쓰는 불교 의식)을 해서 만든 것이에요.

① 　② 　③

➡ 금동 대향로는 **백제**의 문화유산으로 불교와 도교의 요소가 복합적으로 반영되어 있어요.
➡ **고려** 시대에 만들어진 대형 석불인 논산 관촉사 석조 미륵보살 입상이에요.
➡ **고려** 시대에 만들어진 순청자인 청자 투각 칠보무늬 향로입니다.

④ 　⑤

➡ **고려** 시대에 만들어진 다각 다층탑인 평창 월정사 8각 9층 석탑이에요.
➡ **고려** 시대에 만들어진 청동 은입사 포류수금문 정병이에요.

17 몽골 침입기의 사실   정답 ③

(가), (나) 사이의 시기에 있었던 사실로 옳은 것은? [3점]

> (가) 살리타가 이첩(移牒)하기를, "황제께서 고려가 사신 저고여를 죽인 이유 등 몇 가지 일을 물으셨다."라고 하면서 말 2만 필, 어린 남녀 수천 명, 자주색 비단 1만 필, 수달피 1만 장과 군사의 의복을 요구하였다.
>
> (나) 첨의부에서 아뢰기를, "제국 대장 공주의 겁령구*와 내료(內僚)들이 좋은 땅을 많이 차지하여 산천으로 경계를 정하고 사패(賜牌)**를 받아 조세를 납입하지 않으니, 청컨대 사패를 도로 거두소서."라고 하였다.
>
> * 겁령구: 시종인
> ** 사패: 토지 등에 대한 권리를 인정해 주는 증서

제국 대장 공주는 충렬왕의 왕비입니다. 충렬왕이 세자 시절 원에 머물고 있을 때 혼인하였고, 충렬왕이 즉위하면서 고려에 들어왔어요.

원 간섭기에 중서문하성과 상서성이 합쳐져 첨의부로 격하되었어요.

정답 잡는 키워드

❶ 몽골이 사신 저고여의 피살을 빌미로 공물 요구
→ (가) 몽골의 1차 침입

❷ 첨의부, ❸ 제국 대장 공주의 겁령구가 좋은 땅을 많이 차지함
→ (나) 원 간섭기

(가)는 살리타가 사신 저고여를 죽인 이유를 물으면서 고려에 공물을 요구하였다는 내용을 통해 몽골의 1차 침입과 관련된 상황임을 알 수 있어요. (나)는 첨의부라는 기구의 명칭과 제국 대장 공주를 따라온 겁령구가 좋은 땅을 많이 차지하였다는 내용을 통해 원 간섭기의 상황임을 알 수 있어요. 1225년에 고려에 왔던 사신 저고여가 몽골로 돌아가던 중 피살되는 사건이 벌어졌어요. 몽골은 이를 빌미로 1231년에 고려를 침략하였어요. 고려는 귀주성, 충주성 전투 등에서 승리하였으나 몽골군의 공격으로 수도 개경이 포위되자 몽골 장수 살리타와 강화를 맺었어요. 몽골군이 철수하자 고려 정부는 강화도로 도읍을 옮기고 장기 항전을 준비하였어요. 이후 몽골은 여러 차례 고려를 침략하였어요. 오랜 전쟁으로 국토가 황폐해지고 많은 백성이 죽거나 포로로 끌려갔어요. 결국 고려 정부는 몽골과 강화를 맺고 개경 환도를 결정하였으나 삼별초는 이에 반발하여 대몽 항쟁을 이어 갔어요. 한편, 고려 정부가 개경으로 환도한 이후 몽골은 국호를 '원'으로 바꾸고 본격적으로 고려의 내정에 간섭하였어요. 고려는 원의 공주와 결혼하여 원의 부마국이 되었으며, 왕실 호칭과 관제는 격하되었어요.

① 신숭겸이 공산 전투에서 전사하였다.
➡ 후삼국 통일 이전인 927년에 일어난 공산 전투에서 고려의 장수 신숭겸이 위기에 빠진 왕건을 구하기 위해 싸우다가 전사하였어요. (가) 이전의 사실이에요.

② 최승로가 왕에게 시무 28조를 올렸다.
➡ 고려 성종 때 최승로가 시무 28조를 올려 국가 운영 방안을 제시하였어요(982). (가) 이전의 사실이에요.

③ 김방경의 군대가 탐라에서 삼별초를 진압하였다.
➡ 고려 정부가 개경 환도를 결정하자 삼별초는 강화도에서 진도, 진도에서 제주도(탐라)로 근거지를 옮겨 가며 대몽 항쟁을 전개하였어요. 그러나 제주도에서 김방경이 이끄는 여·원 연합군의 공격을 받아 진압되었어요(1273).

④ 강감찬이 개경에 나성을 축조할 것을 건의하였다.
➡ 11세기 초 거란의 침입이 이어지는 가운데 강감찬의 건의로 개경을 방어하기 위해 나성이 축조되었어요. (가) 이전의 사실이에요.

⑤ 경대승이 정중부 등을 제거하고 권력을 장악하였다.
➡ 무신 정변으로 들어선 무신 정권 초기에 무신 간의 권력 다툼으로 여러 차례 최고 집권자가 교체되었는데, 1179년에 경대승이 최고 집권자였던 정중부 등을 제거하고 권력을 장악하였어요. (가) 이전의 사실이에요.

---

18 최영의 활동   정답 ①

(가) 인물의 활동으로 옳은 것은? [2점]

이것은 명의 철령위 설치에 반발하여 팔도도통사로서 요동 정벌을 추진하였던 (가) 의 초상입니다. 그는 요동 정벌에 반대한 이성계가 위화도 회군으로 정권을 장악하면서 죽임을 당하였습니다.

정답 잡는 키워드

❶, ❷ 명의 철령위 설치에 반발하여 요동 정벌 추진,
❸ 이성계가 위화도 회군으로 정권을 장악하면서 죽임을 당함
→ 최영

명의 철령위 설치에 반발하여 요동 정벌을 추진하였으며, 위화도 회군으로 정권을 장악한 이성계에게 죽임을 당하였다는 내용을 통해 (가) 인물이 고려의 최영임을 알 수 있어요. 원을 몰아내고 중국 대륙을 장악한 명이 철령위를 설치하여 철령 이북의 영토를 직접 다스리겠다고 통고하자 고려 우왕과 최영은 이성계에게 출병을 명령하여 요동 정벌을 단행하였어요. 4불가론을 내세우며 요동 정벌에 반대한 이성계는 위화도에서 군대를 멈추고 우왕에게 회군 명령을 요청하였지만 받아들여지지 않자 위화도에서 군대를 돌려 개경으로 돌아와 우왕과 최영을 몰아내고 권력을 장악하였어요.

①홍산 전투에서 왜구를 물리쳤다.
➡ 고려 말에 최영, 이성계 등 신흥 무인 세력이 외적의 침입을 격퇴하는 과정에서 정치 세력으로 성장하였어요. 최영은 1376년에 지금의 부여 지역인 홍산에서 왜구를 크게 물리쳤어요.

② 화통도감의 설치를 건의하였다.
➡ 고려 말 우왕 때 최무선은 화약과 화포를 제작하기 위한 화통도감의 설치를 건의하였어요.

③ 정변을 일으켜 목종을 폐위하였다.
➡ 고려 목종 때인 1009년에 강조가 정변을 일으켜 목종을 폐위하고 현종을 왕위에 올렸어요.

④ 의종 복위를 도모하여 군사를 일으켰다.
➡ 무신 집권기인 1173년에 동북면 병마사 김보당이 의종 복위를 주장하며 군사를 일으켰어요.

⑤ 교정별감이 되어 국정 전반을 장악하였다.
➡ 무신 집권기 이의민을 제거하고 권력을 잡은 최충헌은 교정도감을 설치하고 그 책임자인 교정별감이 되어 국정 전반을 장악하였어요.

기출 선택지 +α

❻ 처인성에서 몽골군을 물리쳤다. (O/X)
❼ 인사 행정 담당 기구로 정방을 설치하였다. (O/X)
❽ 봉사 10조를 올려 시정 개혁을 제안하였다. (O/X)

기출 선택지 +α 정답 ❻ ×[김윤후] ❼ ×[최우] ❽ ×[최충헌]

19 균역법 정답 ③

밑줄 그은 '대책'에 대한 탐구 활동으로 가장 적절한 것은? [2점]

> 양역(良役)의 편중됨이 실로 양민의 뼈를 깎아 지탱하지 못하는 폐단이 됩니다. 전하께서 이를 불쌍하게 여겨 ❶2필의 역을 특별히 1필로 감하였으니, 이는 천지와 같은 큰 은덕이요 죽은 사람을 살려 주는 은혜입니다. …… 그러나 이미 포를 감하였으니 마땅히 그 대신할 것을 보충해야 하나 나라의 재원은 한정이 있습니다. …… 이에 신들은 감히 눈앞의 한때 일을 다행으로 여기지 않고 좋은 대책을 찾아 반드시 오래도록 이어지게 하겠습니다.
>
> 영조는 백성의 군역 부담을 덜어 주기 위해 1년에 2필씩 내던 군포를 절반으로 줄이는 균역법을 실시하였어요.

정답 잡는 키워드
❶ 2필의 역을 1필로 감함 → 균역법

2필의 역을 1필로 감하였다는 내용을 통해 조선 영조 때 시행된 균역법과 관련된 자료임을 알 수 있어요. 따라서 밑줄 그은 '대책'은 균역법 실시로 인해 줄어든 국가 재정을 보충하기 위한 것입니다. 영조는 균역법 실시로 줄어든 재정을 보충하기 위해 지주에게 토지 1결당 쌀 2두의 결작을 부과하고, 어염세, 선박세 등 왕실 재정으로 사용되던 세금을 국가 재정에 귀속시켰어요.

① 공인이 등장하게 된 배경을 살펴본다.
➡ 대동법이 실시되면서 관청에서 필요로 하는 물품을 조달하는 공인이 등장하였어요.

② 당백전 발행이 끼친 영향을 파악한다.
➡ 고종 때 흥선 대원군이 경복궁을 중건하면서 필요한 재정을 마련하기 위해 고액 화폐인 당백전을 발행하였어요. 짧은 기간에 고액 화폐가 남발되어 화폐 가치가 떨어지고 물가가 폭등하는 등 경제 혼란이 나타났어요.

③ 선무군관포를 징수한 목적을 찾아본다.
➡ 영조는 균역법 실시로 줄어든 재정을 보충하기 위해 일부 부유한 상민에게 선무군관이라는 명예직을 주어 1년에 1필씩 군포를 거두었어요.

④ 토산물을 쌀, 동전 등으로 납부하게 한 원인을 조사한다.
➡ 광해군 때 방납의 폐단을 바로잡기 위해 공납을 토산물 대신 토지 결수에 따라 쌀, 동전 등으로 납부하게 하는 대동법을 처음 실시하였어요.

⑤ 전세를 풍흉에 따라 9등급으로 차등 부과한 이유를 알아본다.
➡ 세종은 전세를 효율적으로 수취하기 위해 풍흉에 따라 전세를 9등급으로 차등 부과하는 연분9등법을 실시하였어요.

핵심 개념 | 균역법 시행

시행	농민의 군포 부담이 증가하자 영조 때 1년에 군포 2필을 납부하던 것을 1필로 줄여 줌
줄어든 국가 재정 보충 방법	• 결작(지주에게 토지 1결당 쌀 2두 징수), 선무군관포(일부 부유한 상민에게 선무군관의 칭호를 주고 1년에 군포 1필 징수) 등으로 충당 • 어장세, 염세, 선박세를 국가 재정으로 귀속

20 사헌부 정답 ⑤

(가) 기구에 대한 설명으로 옳은 것은? [2점]

대사헌은 조선 시대 사헌부의 수장이에요.

총마계회도(驄馬契會圖)
총마들의 모임을 기념하기 위해 그린 그림으로, 총마는 감찰의 별칭이다. 감찰은 ❶대사헌을 수장으로 하는 (가) 의 관원으로, ❷관리의 위법 사항을 규찰하였다. 그림에는 계회 장소의 모습과 함께 왕이 내린 시문, 참석자 명단 등이 담겨 있다.

사헌부는 백관에 대한 규찰과 탄핵, 풍속 교정 등을 관장하였어요.

정답 잡는 키워드
❶ 대사헌, ❷ 관리의 위법 사항 규찰 → 사헌부

수장이 대사헌이며, 관리의 위법 사항을 규찰하였다는 내용을 통해 (가) 기구가 사헌부임을 알 수 있어요. 사헌부는 조선 시대에 관리 감찰을 관장하던 기구로 상대, 오대라고도 불렸어요. 사헌부는 사간원, 홍문관과 함께 3사로 불리며 권력의 독점을 견제하는 언론 기능을 담당하였어요.

① 수도의 행정과 치안을 담당하였다.
➡ 한성부는 수도의 행정과 치안을 담당하였어요.

② 왕명 출납을 맡은 왕의 비서 기관이었다.
➡ 승정원은 왕의 비서 기관으로 왕명의 출납을 담당하였어요.

③ 왕에게 경서 등을 강론하는 경연을 주관하였다.
➡ 홍문관은 왕에게 경서 등을 강론하는 경연을 주관하였으며 왕의 자문에 응하는 일을 맡았어요.

④ 역사서를 편찬하고 사고에 보관하는 일을 맡았다.
➡ 춘추관은 역사서를 편찬하고 사고에 보관하는 역할을 맡았어요.

⑤ 5품 이하 관리의 임명 과정에서 서경권을 행사하였다.
➡ 사헌부의 관리는 사간원의 관리와 함께 대간으로 불렸으며 5품 이하 관리의 임명 과정에서 서경권을 행사하였어요.

기출 선택지 +α

❻ 소속 관원을 대간이라고도 불렀다. (O/X)
❼ 사림의 건의로 중종 때 폐지되었다. (O/X)
❽ 사간원, 홍문관과 함께 삼사로 불렸다. (O/X)
❾ 은대(銀臺), 후원(喉院)이라고도 불리었다. (O/X)
❿ 반역죄, 강상죄 등을 범한 중죄인을 다스렸다. (O/X)

핵심 개념 | 조선의 3사(언론 기구)

사헌부 (대사헌)	관리들의 비리 감찰, 풍속 교화	대간 (서경·간쟁·봉박권)
사간원 (대사간)	정책에 대한 간쟁·논박 담당	
홍문관 (대제학)	• 집현전을 계승하여 성종 때 설치 • 국왕 자문 담당, 경연 주관	

기출 선택지 +α 정답 ❻ O ❼ X [소격서] ❽ O ❾ X [승정원] ❿ X [의금부]

21 조광조의 활동   정답 ④

(가)에 들어갈 내용으로 가장 적절한 것은? [2점]

정답 잡는 키워드

❶ 반정 공신의 위훈 삭제 등 개혁 추진,
❷ 소격서 폐지에 앞장섬 → 조광조

반정 공신의 위훈 삭제 등 개혁을 추진하였으며, 소격서 폐지에 앞장섰다는 내용을 통해 조광조와 관련된 자료임을 알 수 있어요. 조선 중종은 훈구 세력을 견제하기 위해 조광조를 비롯한 사림 세력을 등용하였어요. 조광조는 성리학적 가치를 강조하며 소격서 폐지, 현량과 실시, 일부 반정 공신의 위훈 삭제 등 급진적인 개혁을 추진하였어요. 이에 훈구 세력이 반발하면서 일어난 기묘사화로 사사되었어요.

① 성학집요를 지어서 임금에게 바쳤어요.
  ➡ 이이는 군주가 수양해야 할 덕목과 지식을 담은 "성학집요"를 지어서 선조에게 바쳤어요.

② 김종직의 조의제문을 사초에 포함시켰어요.
  ➡ 김일손은 김종직이 쓴 '조의제문'을 사초에 포함시켰어요. 이로 인해 무오사화가 일어났어요.

③ 최초의 서원인 백운동 서원을 건립하였어요.
  ➡ 주세붕은 최초의 서원인 백운동 서원을 건립하였어요. 후에 백운동 서원은 사액 서원이 되면서 소수 서원으로 개칭되었어요.

④ 소학의 보급과 현량과 실시를 주장하였어요.
  ➡ 조광조는 성리학적 질서에 바탕을 둔 사회 운영을 위해 향약과 "소학" 보급에 노력하였어요. 또한, 신진 인사 등용을 위해 학문과 덕행이 뛰어난 인재를 추천하여 관리로 임용하는 현량과의 실시를 주장하였어요.

⑤ 재상 중심의 정치를 강조한 조선경국전을 저술하였어요.
  ➡ 정도전은 나라를 다스리는 기준을 종합적으로 서술한 "조선경국전"에서 재상 중심의 정치를 강조하였어요.

기출 선택지 +α

❻ 불씨잡변을 지어 불교를 비판하였다. (O/X)
❼ 일본에 다녀와서 해동제국기를 편찬하였다. (O/X)
❽ 군주의 도를 도식으로 설명한 성학십도를 지었다. (O/X)
❾ 예안 향약을 시행하여 향촌 교화를 위해 노력하였다. (O/X)

기출 선택지 +α 정답 ❻ ×[정도전] ❼ ×[신숙주] ❽ ×[이황] ❾ ×[이황]

---

22 광해군의 정책   정답 ③

밑줄 그은 '이 왕'이 추진한 정책으로 옳은 것은? [2점]

정답 잡는 키워드

❶ 영창 대군을 죽이고 인목 대비를 폐위함,
❷ 후금과의 관계 악화를 피하려 한 외교 정책을 선택함 → 광해군

동생 영창 대군을 죽이고 어머니 인목 대비를 폐위시켰으며, 후금과의 관계 악화를 피하려 한 외교 정책을 폈다는 내용을 통해 밑줄 그은 '이 왕'이 조선 광해군임을 알 수 있어요. 광해군은 임진왜란 중에 세자로 책봉되어 민심을 수습하고 군량과 병기를 조달하면서 위기를 극복하기 위해 노력하였어요. 전쟁이 끝난 후 선조가 나중에 태어난 적자 영창 대군을 세자로 삼으려고 하였으나 뜻을 이루지 못한 채 죽어 광해군이 북인 세력의 지지를 받아 왕위에 오를 수 있었어요. 광해군은 국력이 강성해진 후금과 쇠퇴한 명 사이에서 중립 외교를 펴 후금과의 전쟁을 피하였어요. 또한, 왕위 계승 과정에서 갈등을 빚은 영창 대군을 제거하고 영창 대군의 생모인 인목 대비를 폐위하였어요. 서인 세력은 이를 빌미로 반정을 일으켜 광해군을 폐위하고 인조를 왕위에 올렸어요.

① 6조 직계제를 처음으로 실시하였다.
  ➡ 태종은 왕권을 강화하기 위해 6조가 왕에게 직접 업무를 보고하고 왕의 재가를 받아 업무를 추진하는 6조 직계제를 처음으로 실시하였어요.

② 학문 연구 기관으로 집현전을 두었다.
  ➡ 세종은 집현전을 설치하여 학문과 정책 연구를 담당하게 하였어요.

③ 전란의 피해를 복구하고 동의보감을 간행하였다.
  ➡ 광해군은 임진왜란 이후의 피해를 복구하고 허준으로 하여금 의학 서적인 "동의보감"을 간행하게 하였어요.

④ 역대 문물제도를 정리한 동국문헌비고를 편찬하였다.
  ➡ 영조는 문물제도를 분류, 정리하여 백과사전식으로 구성한 "동국문헌비고"를 편찬하였어요.

⑤ 시전 상인의 특권을 축소하는 신해통공을 단행하였다.
  ➡ 정조는 육의전을 제외한 시전 상인의 금난전권을 폐지하는 신해통공을 단행하였어요.

기출 선택지 +α

❻ 경기도에 한해서 대동법을 실시하였다. (O/X)
❼ 속대전을 편찬하여 통치 체제를 정비하였다. (O/X)
❽ 문하부 낭사를 분리하여 사간원으로 독립시켰다. (O/X)
❾ 일본과의 교역 규모를 규정한 계해약조를 체결하였다. (O/X)
❿ 현직 관리에게만 수조지를 지급하는 직전법을 시행하였다. (O/X)

기출 선택지 +α 정답 ❻ O ❼ ×[영조] ❽ ×[태종] ❾ ×[세종] ❿ ×[세조]

23 병자호란의 영향 정답 ①

밑줄 그은 '이 전쟁'의 영향으로 가장 적절한 것은? [2점]

사료로 만나는 한국사

신풍부원군 장유가 예조에 단자를 올리기를 "외아들이 있는데 강도(江都)의 변 때 그의 처가 잡혀갔다가 속환되어 지금은 친정 부모집에 가 있습니다. 그대로 배필로 삼아 함께 조상의 제사를 받들 수 없으니, 새로 장가들도록 허락해 주십시오."라고 하였다.

위 사료는 이 전쟁 중 강화도가 함락되면서 적국으로 끌려갔다 돌아온 며느리를 아들과 이혼하게 해달라는 내용의 글이다. 국왕이 삼전도에서 항복하며 종결된 이 전쟁으로 많은 사람들이 포로로 끌려갔다. 여성들은 살아 돌아오더라도 절개를 잃었다는 이유로 억울하게 이혼을 당하기도 하였다.

— 병자호란 당시 인조는 삼전도에서 굴욕적인 항복 의식을 치르고 청과 군신 관계를 맺었어요.

정답 잡는 키워드

❶ 국왕이 삼전도에서 항복하며 종결됨 → **병자호란**

국왕이 삼전도에서 항복하며 종결되었다는 내용을 통해 밑줄 그은 '이 전쟁'이 병자호란임을 알 수 있어요. 후금이 정묘호란 이후 '청'으로 국호를 바꾸고 군신 관계를 요구하며 조선을 침략해 병자호란이 일어났어요(1636). 인조는 남한산성으로 피란하여 청에 항전하였으나 결국 항복하였어요. 전쟁에서 패한 후 소현 세자와 봉림 대군을 비롯하여 여러 신하가 청에 인질로 끌려갔고, 수많은 백성이 청에 포로로 끌려가 고통을 겪었어요.

①**이완 등을 중심으로 북벌이 추진되었다.**
➡ 병자호란 이후 효종 때 이완 등을 중심으로 청에 대한 치욕을 씻기 위해 청을 정벌하자는 북벌이 추진되었어요.

② 김종서가 두만강 일대에 6진을 개척하였다.
➡ 세종 때 김종서가 여진을 정벌하고 두만강 일대에 6진을 개척하였어요.

③ 이종무가 적의 근거지인 쓰시마섬을 정벌하였다.
➡ 세종 때 이종무가 왜구의 근거지인 쓰시마섬(대마도)을 정벌하였어요.

④ 강홍립이 이끄는 부대가 사르후 전투에 참전하였다.
➡ 광해군 때 후금과 대립하고 있던 명의 요청으로 강홍립이 이끄는 부대가 파견되어 사르후 전투에 참전하였어요.

⑤ 국방 문제를 논의하기 위해 비변사가 처음으로 설치되었다.
➡ 중종 때 삼포 왜란을 계기로 외적의 침입에 대비하고 국방 문제를 논의하기 위한 임시 기구로 비변사가 처음 설치되었어요.

핵심 개념	병자호란(1636)
배경	후금의 성장 → 후금의 군신 관계 요구 → 조선 정부 내에서 주화파와 척화파의 대립 → 조선이 '청'으로 국호를 바꾼 후금의 요구 거부
경과	청 태종의 침략, 임경업의 백마산성 항전 → 청군이 한성으로 진격 → 인조가 남한산성으로 피신하여 45일간 항전
결과·영향	삼전도에서 강화 체결(청과 군신 관계를 맺음) → 이후 북벌 운동 대두

---

24 세조 재위 시기의 사실 정답 ①

(가) 왕의 재위 시기에 있었던 사실로 옳은 것은? [2점]

— 과전을 받던 관리가 죽은 뒤 그 부인에게 지급된 토지입니다.

만약 그 자신이 죽고 아내에게 전지가 전해지면 **수신전**이라 하였고, 부부가 모두 죽고 아들에게 전해지면 **휼양전**이라 일컬었으며, 만약 그 아들이 관직에 제수된다면 그대로 그 전지를 주고 과전이라 하였다. …… **(가)** 이/가 이 제도를 폐지하고 현직 관리에게 전지를 주고 **직전**이라 하였다.

— 과전을 받던 부모가 모두 죽고 그 자식이 어린 경우 부모의 과전을 휼양전이라는 이름으로 물려받게 하였어요.

정답 잡는 키워드

❶, ❷, ❸ 수신전과 휼양전을 폐지하고, 현직 관리에게 전지를 주고 직전이라 함 → **세조 때 직전법 실시**

수신전과 휼양전을 폐지하였으며, 현직 관리에게 전지를 주고 직전이라 하였다는 내용을 통해 (가) 왕이 조선 세조임을 알 수 있어요. 과전법 체제하에서 지급된 과전은 원칙적으로 세습되지 않지만 수신전, 휼양전 등의 명목으로 세습되는 경우가 있었어요. 이로 인해 새로 임명된 관리에게 지급할 토지가 부족해지자 세조 때 수신전과 휼양전을 폐지하고 현직 관리에게만 수조권을 지급하는 직전법이 시행되었어요.

①**불교 경전을 간행하는 간경도감이 설치되었다.**
➡ 세조는 불교를 숭상하여 불교 경전을 간행하는 관청인 간경도감을 설치하였어요. 간경도감에서는 불경을 한글로 번역하여 편찬하기도 하였어요.

② 음악 이론 등을 집대성한 악학궤범이 완성되었다.
➡ 성종 때 성현 등에 의해 음악 이론 등을 집대성한 "악학궤범"이 완성되었어요.

③ 세계 지도인 혼일강리역대국도지도가 제작되었다.
➡ 태종 때 현존하는 동양에서 가장 오래된 세계 지도인 혼일강리역대국도지도가 제작되었어요.

④ 신하를 재교육하기 위한 초계문신제가 실시되었다.
➡ 정조 때 젊은 문신들을 뽑아 재교육하는 초계문신제가 실시되었어요.

⑤ 삼남 지방의 농법을 소개한 농사직설이 편찬되었다.
➡ 세종 때 정초, 변효문 등이 각지 농민들의 경험을 수집하여 이를 바탕으로 우리 풍토에 맞는 농법을 정리한 "농사직설"이 편찬되었어요.

기출 선택지 +α

❻ 주자소가 설치되어 계미자가 주조되었다. (O / X)
❼ 국가의 기본 법전인 경국대전이 완성되었다. (O / X)
❽ 청과의 경계를 정한 백두산정계비가 세워졌다. (O / X)
❾ 성삼문 등이 상왕의 복위를 꾀하다가 처형되었다. (O / X)
❿ 한양을 기준으로 한 역법서인 칠정산이 간행되었다. (O / X)

핵심 개념	세조 재위 시기의 사실
정치	6조 직계제 부활, 집현전과 경연 폐지, "경국대전" 편찬 시작, 이시애의 난을 진압한 후 유향소 폐지, 성삼문 등이 단종의 복위를 꾀하다가 처형됨
경제	현직 관리에게만 수조권을 지급하는 직전법 실시
문화	간경도감 설치(→ 불교 경전 간행), 서울 원각사지 10층 석탑 건립

기출 선택지 +α 정답 ❻ X[태종] ❼ X[성종] ❽ X[숙종] ❾ O ❿ X[세종]

25 충주 지역의 역사   정답 ④

(가) 지역에서 있었던 사실로 옳은 것은? [2점]

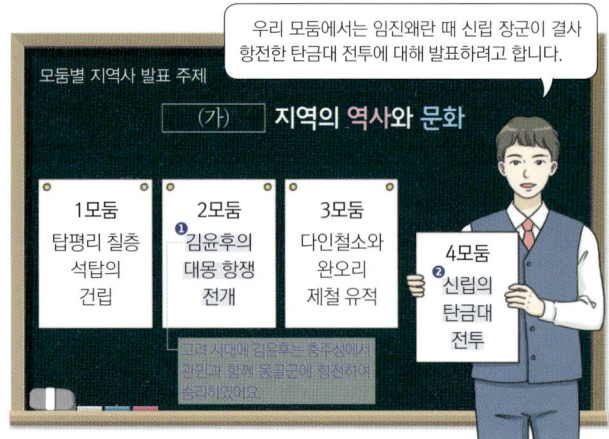

정답 잡는 키워드

❶ 김윤후의 대몽 항쟁 전개, ❷ 신립의 탄금대 전투 → **충주**

김윤후가 대몽 항쟁을 벌였으며, 임진왜란 때 신립 장군이 탄금대 전투에서 결사 항전하였다는 내용을 통해 (가) 지역이 충청북도 충주임을 알 수 있어요. 충주 탑평리 7층 석탑은 통일 신라 시대에 축조된 석탑으로, 한반도의 중앙부에 위치하여 중앙탑이라고도 불립니다. 다인철소는 충주 지역에 있었던 고려 시대의 특수 행정 구역인 소 가운데 하나로, 철을 생산하여 고려 정부에 바쳤어요. 몽골의 침입을 받았을 때 다인철소 주민들이 항전하여 몽골군을 물리치자 고려 조정에서 그 공을 인정하여 다인철소를 일반 군현으로 승격시켜 주었어요.

① 제1차 미·소 공동 위원회가 개최되었다.
➡ 1946년에 서울 덕수궁 석조전에서 제1차 미·소 공동 위원회가 개최되었어요.

② 명 신종을 기리는 만동묘가 건립되었다.
➡ 조선 숙종 때 임진왜란 당시 조선을 도와준 명의 신종을 기리는 만동묘가 충청북도 괴산에 세워졌어요.

③ 강주룡이 을밀대 지붕에서 고공 농성을 벌였다.
➡ 일제 강점기에 고무 공장의 노동자 강주룡이 평양의 을밀대 지붕에서 임금 삭감 반대 및 노동 조건 개선을 주장하며 고공 농성을 벌였어요.

④ 고구려비가 남한 지역에서 유일하게 발견되었다.
➡ 충주 지역에 있는 충주 고구려비는 국내에 남아 있는 유일한 고구려 비석으로, 이를 통해 고구려가 한강 이남 지역까지 진출하였음을 알 수 있어요.

⑤ 박재혁이 경찰서에서 폭탄을 터뜨리는 의거를 일으켰다.
➡ 일제 강점기에 의열단원 박재혁은 부산 경찰서에 폭탄을 투척하는 의거를 일으켰어요.

기출 선택지 +α

❻ 망이·망소이가 난을 일으켰다. (O / X)
❼ 유생 출신 유인석이 의병을 일으켰다. (O / X)
❽ 오페르트가 남연군 묘 도굴을 시도하였다. (O / X)
❾ 만적을 비롯한 노비들이 신분 해방을 도모하였다. (O / X)
❿ 미국 상선 제너럴 셔먼호가 관민들에 의해 불태워졌다. (O / X)

기출 선택지 +α
정답 ❻ ×[공주] ❼ ×[제천] ❽ ×[예산] ❾ ×[개성] ❿ ×[평양]

---

26 환국의 전개   정답 ②

(가) 시기에 있었던 사실로 옳은 것은? [3점]

정답 잡는 키워드

❶ 희빈 장씨가 낳은 왕자를 원자로 삼음 → **기사환국(1689)**
❷ 장씨에게 내렸던 왕후의 지위를 거두고 옛 작호인 희빈을 내려 줌 → **갑술환국(1694)**

조선 숙종은 왕권을 강화하기 위해 집권 붕당을 급격하게 교체하는 환국을 주도하였어요. 첫 번째 그림은 희빈 장씨가 낳은 왕자를 원자로 삼았다는 내용을 통해 기사환국과 관련된 상황임을 알 수 있어요. 숙종은 서인 세력이 원자 책봉을 반대하자 서인을 몰아내고 남인을 중용하였어요(기사환국). 또한, 인현 왕후를 폐위하고 희빈 장씨를 왕후로 삼았어요. 두 번째 그림은 장씨에게 내렸던 왕후의 지위를 거두고 옛 작호인 희빈을 내린다는 내용을 통해 갑술환국과 관련된 상황임을 알 수 있어요. 갑술환국으로 남인이 몰락하고 다시 서인이 집권하게 되었으며 인현 왕후가 복위되었어요.

① 무신 이징옥이 반란을 일으켰다.
➡ 단종 때 일어난 계유정난 직후 함길도 도절제사 이징옥이 수양 대군에 맞서 반란을 일으켰으나 실패하였어요.

② 송시열이 유배된 후 사사되었다.
➡ 서인 세력의 영수였던 송시열은 희빈 장씨가 낳은 왕자의 원자 책봉에 반대하다가 기사환국 때 유배된 후 사사되었어요. 갑술환국 이후 서인이 다시 집권하면서 송시열의 관작이 회복되었어요.

③ 자의 대비의 복상 문제로 예송이 일어났다.
➡ 현종 때 효종과 효종 비의 국상 과정에서 자의 대비의 복상 문제를 두고 남인과 서인이 대립한 예송이 일어났어요.

④ 정여립 모반 사건을 빌미로 기축옥사가 발생하였다.
➡ 선조 때 정여립 모반 사건을 빌미로 기축옥사가 일어나 동인이 피해를 입었어요.

⑤ 붕당 정치의 폐해를 막기 위해 탕평비가 건립되었다.
➡ 영조 때 붕당 정치의 폐해를 막기 위해 성균관 입구에 탕평비가 건립되었어요.

기출 선택지 +α

❻ 양재역 벽서 사건이 발생하였다. (O / X)
❼ 목호룡의 고변으로 옥사가 발생하였다. (O / X)
❽ 공신 책봉에 불만을 품고 이괄이 반란을 일으켰다. (O / X)
❾ 남인이 축출되고 노론과 소론이 정국을 주도하였다. (O / X)
❿ 인현 왕후가 폐위되고 희빈 장씨가 왕비로 책봉되었다. (O / X)

기출 선택지 +α
정답 ❻ ×[명종] ❼ ×[경종] ❽ ×[인조] ❾ ×[갑술환국 이후] ❿ ○

27 박제가   정답 ④

(가) 인물에 대한 설명으로 옳은 것은? [2점]

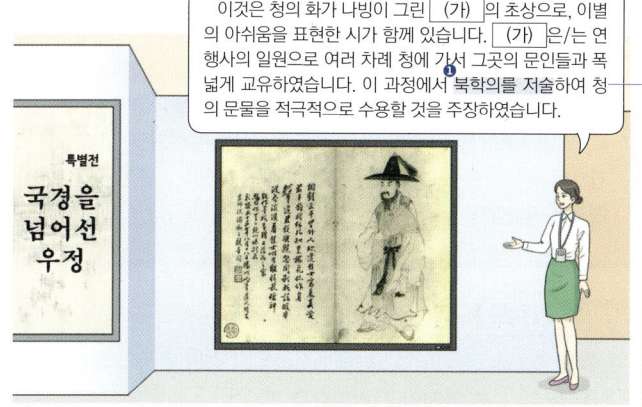

> 이것은 청의 화가 나빙이 그린 (가) 의 초상으로, 이별의 아쉬움을 표현한 시가 함께 있습니다. (가) 은/는 연행사의 일원으로 여러 차례 청에 가서 그곳의 문인들과 폭넓게 교유하였습니다. 이 과정에서 북학의를 저술하여 청의 문물을 적극적으로 수용할 것을 주장하였습니다.

박제가는 청의 제도와 풍속을 살펴보고 돌아와 그곳에서 보고 들은 내용을 담은 "북학의"를 저술하였어요.

정답 잡는 키워드

❶ "북학의" 저술 → 박제가

"북학의"를 저술하였다는 내용을 통해 (가) 인물이 박제가임을 알 수 있어요. 박제가는 조선 후기에 상공업 중심의 개혁론을 주장한 북학파 실학자로 소비를 통한 생산력 증대와 청과의 통상 확대 등을 주장하였어요.

① 세계 지리서인 지구전요를 저술하였다.
➡ 최한기는 서양의 과학 기술과 천문·지구 등에 관한 내용을 정리한 "지구전요"를 저술하였어요.

② 의산문답에서 무한 우주론을 주장하였다.
➡ 홍대용은 "의산문답"에서 무한 우주론을 주장하며 중국 중심의 세계관을 비판하였어요.

③ 기기도설을 참고하여 거중기를 설계하였다.
➡ 정약용은 "기기도설"을 참고하여 거중기를 제작해 이를 수원 화성 축조에 활용하였어요.

④ 서자 출신으로 규장각 검서관에 기용되었다.
➡ 박제가는 서자 출신으로 정조 때 유득공, 이덕무 등과 함께 규장각 검서관에 기용되었어요.

⑤ 양반전을 지어 양반의 허례와 무능을 풍자하였다.
➡ 박지원은 "양반전", "호질" 등의 한문 소설을 지어 양반의 허례와 무능을 풍자하였어요.

핵심 개념 | 조선 후기 실학자

유형원	"반계수록" 저술, 균전론 주장
이익	• "성호사설", "곽우록" 등 저술 • 한전론 주장, 사회 폐단을 '여섯 가지 좀'으로 규정
정약용	• "마과회통", "경세유표", "목민심서", "흠흠신서" 등 저술 • '전론'에서 여전론 제안 → 후에 현실성을 고려한 정전제 제시
유수원	"우서" 저술, 사농공상의 직업적 평등과 전문화 주장
홍대용	• "의산문답", "담헌서", "을병연행록" 등 저술 • 지전설, 무한 우주론 주장 → 중국 중심의 세계관 극복
박지원	• "열하일기" 저술, "양반전"·"허생전"·"호질" 등 한문 소설 저술 • 수레와 선박 이용 강조, 화폐 유통의 필요성 주장
박제가	"북학의" 저술(재물을 우물에 비유, 생산력 증대를 위해 절약보다 소비 권장), 청 문물의 수용, 수레와 선박 이용 등 주장

28 세도 정치기의 사회 모습   정답 ⑤

다음 가상 대화가 이루어진 시기의 사회 모습으로 가장 적절한 것은? [1점]

> 자네 소식 들었나? 지난달 진주에서 백성들이 난을 일으켜 관아를 습격하고 아전의 집을 불태웠다더군.
>
> 나도 들었네. 경상 우병사 백낙신의 탐학과 향리들의 횡포에 맞서 유계춘이 주도하였다고 하더군.

1862년 진주에서 일어난 농민 봉기를 시작으로 전국 각지에서 농민 봉기가 이어졌어요. 1862년이 임술년이기 때문에 당시에 일어난 농민 봉기를 임술 농민 봉기라고 합니다.

정답 잡는 키워드

❶ 진주에서 백성들이 난을 일으킴,
❷ 유계춘이 경상 우병사 백낙신의 탐학 등에 맞서 주도함
→ 세도 정치 시기에 일어난 진주 농민 봉기(1862)

경상 우병사 백낙신의 탐학과 향리들의 횡포에 맞서 유계춘의 주도로 진주에서 백성들이 난을 일으켰다는 내용을 통해 진주 농민 봉기에 관한 가상 대화임을 알 수 있어요. 진주 농민 봉기는 세도 정치 시기인 1862년에 일어났어요. 정조가 죽은 이후 소수의 외척 가문이 권력을 독점한 세도 정치가 전개되었어요. 세도 정치는 순조에서 철종 때까지 이어져 국가 기강이 해이해지면서 탐관오리의 수탈과 삼정의 문란이 극에 달하였어요. 이에 농민들이 사회 개혁을 요구하며 봉기하였어요. 순조 때 일어난 홍경래의 난과 철종 때 일어난 진주 농민 봉기가 대표적이에요.

① 빈민 구제를 위해 흑창이 설치되었다.
➡ 고려 태조 왕건은 민생 안정을 위해 빈민 구제 기관인 흑창을 설치하였어요.

② 원종과 애노가 사벌주에서 봉기하였다.
➡ 신라 말 진성 여왕 때 귀족들의 농민 수탈이 극에 달하여 사벌주에서 일어난 원종과 애노의 난을 시작으로 농민 봉기가 전국 각지에서 일어났어요.

③ 홍건적의 침입으로 개경이 함락되었다.
➡ 고려 공민왕 때 홍건적의 침입으로 개경이 함락되고 공민왕이 안동까지 피란하였어요.

④ 지배층을 중심으로 변발과 호복이 유행하였다.
➡ 고려 원 간섭기에 지배층을 중심으로 변발과 호복 등 몽골식 복장이 유행하였어요.

⑤ 안동 김씨 등의 세도 정치로 매관매직이 성행하였다.
➡ 세도 정치 시기에 안동 김씨, 풍양 조씨 등 몇몇 외척 세력이 권력을 독점하면서 정치 질서가 무너져 매관매직이 성행하였어요.

기출 선택지 +α

❻ 왕실의 외척인 이자겸이 난을 일으켰다.   (O / X)
❼ 기근에 대비하기 위해 구황촬요가 간행되었다.   (O / X)
❽ 지방에서 호족들이 반독립적인 세력으로 성장하였다.   (O / X)
❾ 김사미와 효심이 가혹한 수탈에 저항하여 봉기하였다.   (O / X)

기출 선택지 +α
정답 ❻ X [고려 인종]   ❼ X [조선 명종]   ❽ X [신라 말]   ❾ X [고려 무신 집권기]

29 병인양요   정답 ③

(가) 사건에 대한 설명으로 옳은 것은? [1점]

대한민국 방방곡곡 – 전등사
한국사 채널   조회 수 82,461

전등사는 **강화도 정족산성** 안에 위치한 사찰로 대웅전, 약사전 등 많은 문화유산을 보유하고 있다. 사찰 내에는 조선왕조실록을 보관하였던 정족산 사고가 복원되어 있다. 뿐만 아니라 ⌈(가)⌋ 때 **프랑스군을 물리친 양헌수 장군의 승전비**도 있다.

정답 잡는 키워드

❶ 강화도 정족산성, ❷ 양헌수 장군이 프랑스군을 물리침
→ **병인양요**

강화도 정족산성 안의 사찰에 프랑스군을 물리친 양헌수 장군의 승전비가 있다는 내용을 통해 (가) 사건이 병인양요임을 알 수 있어요. 1866년에 일어난 병인박해 때 프랑스 선교사가 처형된 것을 빌미로, 같은 해에 프랑스군이 강화도를 침략하여 병인양요가 일어났어요. 병인양요 당시 한성근 부대가 문수산성에서, 양헌수 부대가 정족산성에서 프랑스군에 맞서 싸웠어요.

① 운요호 사건을 빌미로 일어났다.
→ 일본이 일으킨 운요호 사건을 계기로 조선은 일본과 **강화도 조약**을 체결하였어요.

② 왕이 공산성으로 피란하는 계기가 되었다.
→ 이괄의 난이 일어나자 인조는 한성을 떠나 공산성으로 피란하였어요.

③ 전개 과정에서 외규장각 도서가 약탈당하였다.
→ **병인양요** 당시 프랑스군이 퇴각하면서 강화도 외규장각에 보관되어 있던 도서와 각종 문화유산을 약탈해 갔어요.

④ 사태 수습을 위해 이용태가 안핵사로 파견되었다.
→ 고부 농민 봉기가 일어나자 조선 정부가 사태 수습에 나서 이용태를 안핵사로 파견하였어요.

⑤ 황사영이 외국 군대의 출병을 요청하는 원인이 되었다.
→ 순조 때 신유박해가 일어나자 피신해 있던 천주교도 황사영이 신앙의 자유를 얻기 위해 외국 군대의 출병을 요청하는 편지를 작성하여 중국 베이징 교구의 주교에게 전달하려고 하였어요.

기출 선택지 +α

❻ 흥선 대원군이 톈진으로 압송되는 결과를 가져왔다. (O/X)
❼ 전개 과정에서 어재연 부대가 광성보에서 항전하였다. (O/X)
❽ 조선 정부의 프랑스 선교사 처형이 구실이 되어 일어났다. (O/X)

기출 선택지 +α   정답   ❻ ×[임오군란]   ❼ ×[신미양요]   ❽ ○

---

30 임오군란의 영향   정답 ④

다음 자료에 나타난 사건의 영향으로 가장 적절한 것은? [2점]

이때 세금을 부과하는 직책의 신하들이 재물을 거두어들여 자기 배만 채우면서 각영(各營)에 소속된 **군인들의 봉급**은 몇 달 동안 나누어 주지 않았다. 그리하여 **훈국(訓局)의 군사**가 맨 먼저 난을 일으키고, 각영의 군사가 잇달아 일어났다. 이들은 이최응, 민겸호, 김보현, 민창식을 죽였고 또 중전을 시해하려 하였다. **중전은 장호원으로 피하였다.**

(주석) 무위영 소속의 구 훈련도감 군인들을 말해요.
별기군에 비해 열악한 조건에서 버티던 구식 군인들은 13개월 만에 봉급으로 지급된 쌀에 모래와 겨 등이 섞여 있자 분노하여 난을 일으켰어요.

정답 잡는 키워드

❶ 군인들의 봉급이 몇 달 동안 지급되지 않아 훈국의 군사가 난을 일으킴, ❷ 중전이 장호원으로 피신함 → **임오군란(1882)**

몇 달 동안 봉급이 지급되지 않아 군인들이 난을 일으켰으며, 중전이 장호원으로 피신하였다는 내용을 통해 자료에 나타난 사건이 1882년에 일어난 임오군란임을 알 수 있어요. 신식 군대인 별기군이 창설된 이후 별기군에 비해 차별 대우를 받던 구식 군인들은 군란을 일으켜 선혜청을 공격하고 일본인 교관을 살해하였어요. 또한, 정부 고관의 집과 일본 공사관 등도 습격하였어요. 이에 당시 민씨 정권의 최고 권력자로 원성을 산 명성 황후가 군란을 피해 궁궐을 빠져나와 장호원으로 피신하였어요. 고종이 흥선 대원군에게 사태 수습을 맡기면서 흥선 대원군이 재집권하여 별기군을 없애고 개화 정책을 중단하였어요. 한편, 민씨 정권은 청에 파병을 요청하였고, 청군에 의해 군란이 진압되었어요. 이후 청이 내정에 간섭하였고, 일본은 임오군란 과정에서 일어난 피해에 대한 배상을 요구하며 조선과 제물포 조약을 체결하였어요.

① 강화도 조약이 체결되었다.
→ 운요호 사건을 계기로 강화도 조약이 체결되었어요.

② 김기수가 수신사로 일본에 파견되었다.
→ 강화도 조약 체결 이후 김기수가 수신사로 일본에 파견되었어요.

③ 종로와 전국 각지에 척화비가 세워졌다.
→ 신미양요 이후 흥선 대원군은 종로와 전국 각지에 서양 세력과의 통상 수교 거부 의지를 담은 척화비를 세웠어요.

④ 일본 공사관 경비 명목으로 일본군이 주둔하였다.
→ **임오군란** 이후 조선은 일본과 제물포 조약을 체결하여 일본에 배상금을 지불하고, 일본 공사관 경비를 위한 일본군의 주둔을 허용하였어요.

⑤ 통리기무아문을 설치하고 그 아래에 12사를 두었다.
→ 1880년에 조선 정부는 개화 정책의 총괄 기구로 통리기무아문을 설치하고 그 아래에 12사를 두었어요.

기출 선택지 +α

❻ 제물포 조약의 체결로 이어졌다. (O/X)
❼ 김윤식이 청에 영선사로 파견되었다. (O/X)
❽ 조·청 상민 수륙 무역 장정이 체결되었다. (O/X)
❾ 로저스 제독이 이끄는 미군이 강화도에 침입하였다. (O/X)

기출 선택지 +α   정답   ❻ ○   ❼ ×[1881년]   ❽ ○   ❾ ×[1871년]

31 제1차 갑오개혁 정답 ①

(가)에 들어갈 내용으로 적절한 것은? [2점]

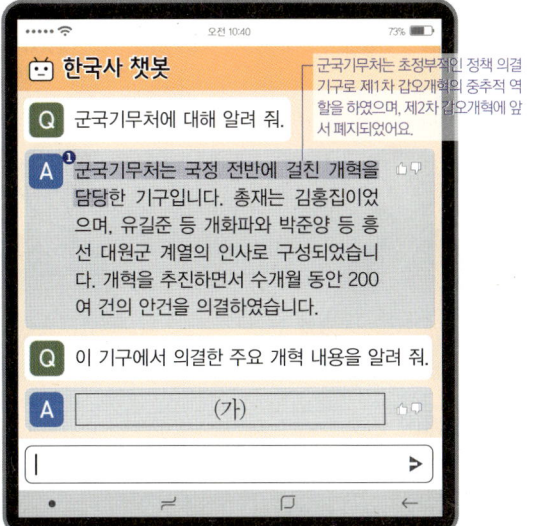

정답 잡는 키워드

❶ 군국기무처에서 국정 전반에 걸친 개혁 담당 → 제1차 갑오개혁

군국기무처에서 국정 전반에 걸친 개혁을 담당하였다는 내용을 통해 (가)에 들어갈 내용이 제1차 갑오개혁 당시의 개혁안임을 알 수 있어요. 1894년 일본의 강요로 구성된 김홍집 내각은 개혁을 추진할 최고 정책 결정 기구로 군국기무처를 설치하고 제1차 갑오개혁을 추진하였어요. 군국기무처는 수개월 동안 200여 건의 안건을 의결하였어요. 그러나 청·일 전쟁에서 승기를 잡은 일본이 적극적으로 조선의 내정에 간섭하면서 군국기무처가 폐지되고 새로 구성된 김홍집·박영효 연립 내각이 제2차 갑오개혁을 추진하였어요.

① 공사 노비법을 혁파하였습니다.
→ 제1차 갑오개혁 때 양반과 상민의 신분 차별을 법적으로 폐지하고 공사 노비법을 혁파하였어요.

② 5군영을 2영으로 통합하였습니다.
→ 개항 이후 조선 정부는 개화 정책을 총괄하는 통리기무아문을 설치하고 기존 5군영의 군사 조직을 무위영과 장어영의 2영으로 개편하는 등의 개혁을 추진하였어요.

③ 건양이라는 연호를 제정하였습니다.
→ 을미개혁 때 태양력을 채택하고 '건양'이라는 연호를 제정하였어요.

④ 한성 사범 학교 관제를 반포하였습니다.
→ 제2차 갑오개혁 때 교육의 기본 방향을 제시한 교육 입국 조서가 반포되었고, 이에 따라 한성 사범 학교 관제를 마련·반포하였어요.

⑤ 지계아문을 설치하여 지계를 발급하였습니다.
→ 대한 제국 시기 광무개혁을 추진하는 과정에서 지계아문을 설치하고 근대적 토지 소유 증명서인 지계를 발급하였어요.

기출 선택지 +α

⑥ 과거제를 폐지하였다. (O/X)
⑦ 재판소를 설치하였다. (O/X)
⑧ 은 본위제를 도입하였다. (O/X)
⑨ 태양력을 공식 채택하였다. (O/X)
⑩ 행정 기구를 6조에서 8아문으로 개편하였다. (O/X)

기출 선택지 +α 정답 ⑥ ○ ⑦ ×[제2차 갑오개혁] ⑧ ○ ⑨ ×[을미개혁] ⑩ ○

32 독립 협회 정답 ④

(가) 단체에 대한 설명으로 옳은 것은? [2점]

> 신들은 나라가 나라일 수 있는 조건은 두 가지가 있다고 생각합니다. 첫째는 자립하여 다른 나라에 의지하지 않는 것이며, 둘째는 자수(自修)하여 나라 안에 정법(政法)을 행하는 것입니다. 이 두 가지는 하늘이 우리 폐하께 부여해 준 하나의 큰 권한으로서, 이 권한이 없으면 나라가 없는 것입니다. 그래서 신 등은 (가) 을/를 설립하여 독립문을 세우고 위로는 황상의 지위를 높이며, 아래로는 인민의 뜻을 확고히 함으로써 억만년 무궁한 기초를 확립하고자 하였던 것입니다.

독립 협회는 우리 민족의 독립 의지를 널리 알리기 위해 청의 사신을 맞이하던 영은문이 있던 자리 부근에 독립문을 건립하였어요.

정답 잡는 키워드

❶ 독립문을 세움 → 독립 협회

독립문을 세웠다는 내용을 통해 (가) 단체가 독립 협회임을 알 수 있어요. 미국에서 돌아온 서재필은 독립신문 발간을 계기로 독립 협회를 창립하였어요. 독립 협회는 독립문을 세워 자주독립의 의지를 드러냈고, 강연회와 토론회를 열어 민중 계몽에 앞장섰어요. 만민 공동회를 개최하여 러시아의 내정 간섭과 이권 침탈을 규탄하여 이를 저지하기도 하였어요. 또한, 정부 대신이 참여한 관민 공동회에서 헌의 6조를 채택하여 고종의 재가를 받았어요. 그러나 독립 협회의 활동에 위기감을 느낀 보수 세력이 독립 협회가 공화정을 실시하려 한다고 모함하였어요. 이에 고종은 독립 협회의 해산을 명령하고 간부들을 체포하는 등 독립 협회를 탄압하였어요.

① 만세보를 발행하여 민중 계몽에 힘썼다.
→ 천도교는 기관지로 만세보를 발행하여 민중 계몽에 힘썼어요.

② 일본의 황무지 개간권 요구를 저지하였다.
→ 보안회는 일본의 황무지 개간권 요구에 반대하는 운동을 전개하여 일본의 요구를 저지하였어요.

③ 일제가 조작한 105인 사건으로 와해되었다.
→ 비밀 결사로 조직된 신민회는 일제가 조작한 105인 사건으로 조직이 드러나 해체되었어요.

④ 중추원 개편을 통해 의회 설립을 추진하였다.
→ 독립 협회는 대한 제국 정부와 협상하여 새로운 중추원 관제를 반포하도록 하고, 중추원 개편을 통한 의회 설립을 추진하였어요.

⑤ 독립운동 자금 마련을 위해 독립 공채를 발행하였다.
→ 대한민국 임시 정부는 독립운동 자금을 마련하기 위해 독립 공채를 발행하였어요.

기출 선택지 +α

⑥ 정우회 선언의 영향으로 결성되었다. (O/X)
⑦ 고종 강제 퇴위 반대 운동을 주도하였다. (O/X)
⑧ 러시아의 절영도 조차 요구에 반대하였다. (O/X)
⑨ 태극 서관을 설립하여 계몽 서적을 보급하였다. (O/X)
⑩ 관민 공동회를 개최하여 헌의 6조를 결의하였다. (O/X)

기출 선택지 +α 정답 ⑥ ×[신간회] ⑦ ×[대한 자강회] ⑧ ○ ⑨ ×[신민회] ⑩ ○

33 국채 보상 운동   정답 ②

다음 자료에 나타난 민족 운동에 대한 설명으로 옳은 것은? [1점]

> ― 일제는 화폐 정리 사업에 드는 비용과 일본인을 위한 여러 시설을 만드는 데 필요한 재정을 일본에서 강제로 빌리게 하였어요. 그 결과 대한 제국은 정부의 1년 예산에 달하는 1,300만 원의 빚을 지게 되었어요.
>
> 거액의 ①외채 1,300만 원을 해마다 미루다가 갚지 못할 지경에 이른 다면 나라를 보존하기 어려울 것이니, 나라를 보존하지 못하면, 아! 우리 동포는 장차 무엇에 의지하겠습니까? …… 근래에 신문을 접하니, ②영남에서 시작하여 서울에 이르기까지 담배를 끊어 나라의 빚을 갚자는 논의가 시작되었고, 발기한 지 며칠이 되지 않아 의연금을 내는 자들이 날마다 이른다 하니, 우리 백성들이 임금에게 충성하고 나라를 사랑하는 마음을 통쾌하게 볼 수 있습니다.

정답 잡는 키워드

① 외채 1,300만 원, ② 영남에서 시작하여 서울에 이르기까지 담배를 끊어 나라의 빚을 갚자는 논의가 시작됨 → **국채 보상 운동**

외채가 1,300만 원에 달하며, 영남에서 시작하여 서울에 이르기까지 담배를 끊어 나라의 빚을 갚자는 논의가 시작되었다는 내용을 통해 자료에 나타난 민족 운동이 국채 보상 운동임을 알 수 있어요. 1907년에 국민이 성금을 모아 일본에 진 나랏빚을 갚고 국권을 회복하자는 국채 보상 운동이 전개되었어요. 국채 보상 운동은 김광제, 서상돈 등의 발의로 대구에서 시작되었으며, 국민들은 금주, 금연 등을 통해 성금을 모으고 비녀와 반지 등을 내놓기도 하였어요. 국채 보상 운동은 전국적으로 확산되었으나 통감부의 탄압과 방해로 중단되었어요.

① 조선 총독부의 탄압과 방해로 실패하였다.
  → 조선 총독부는 국권 피탈 이후 설치된 식민 통치 기관이에요. 1920년대 민립 대학 설립 운동 등이 조선 총독부의 탄압과 방해로 실패하였어요.

②대한매일신보 등의 지원을 받아 확산되었다.
  → 국채 보상 운동은 대구에서 시작되어 대한매일신보 등의 지원을 받아 전국으로 확산되었어요.

③ 대한민국 임시 정부가 수립되는 계기가 되었다.
  → 1919년에 일어난 3·1 운동을 계기로 독립운동을 체계적으로 이끌어 갈 지도부의 필요성이 제기되어 대한민국 임시 정부가 수립되었어요.

④ 백정에 대한 사회적 차별 철폐를 목적으로 하였다.
  → 1923년에 조선 형평사가 조직되어 백정에 대한 사회적 차별 철폐를 목표로 형평 운동을 전개하였어요.

⑤ 조선 민립 대학 기성회에서 모금 활동을 전개하였다.
  → 1920년대 초에 창립된 조선 민립 대학 기성회가 민립 대학 설립 운동을 벌이며 모금 활동을 전개하였어요.

기출 선택지 +α

⑥ 통감부의 탄압으로 중단되었다. (O/X)
⑦ 신간회에서 진상 조사단을 파견하여 지원하였다. (O/X)
⑧ 일본, 프랑스 등지의 노동 단체로부터 격려 전문을 받았다. (O/X)
⑨ 국외로도 확산되어 필라델피아에서 한인 자유 대회가 열렸다. (O/X)

---

34 고종 강제 퇴위 이후의 사실   정답 ④

다음 대화에 나타난 사건 이후의 사실로 옳은 것은? [3점]

> 며칠 전 황제 폐하께서 황태자 전하께 대리를 명하는 조칙을 내리셨다는 소식을 들었는가?
>
> 들었네. 그 다음 날 ①일본 군대의 삼엄한 경계 속에서 양위식이 거행되어 대리가 아니라 사실상 황제께서 퇴위당하신 셈이지.
>
> ― 일제는 이완용 등 내각 대신들을 동원하여 고종을 압박해 황태자에게 국사를 대리시킨다는 조칙을 내리게 하였어요. 고종은 단지 황태자 대리를 승인한 것이었지만 일제는 바로 다음 날 양위식을 거행하여 고종의 퇴위를 기정사실화하였어요.

정답 잡는 키워드

① 일본 군대의 삼엄한 경계 속에서 양위식이 거행되어 사실상 황제가 퇴위당함 → **고종의 강제 퇴위(1907)**

일본 군대의 삼엄한 경계 속에서 양위식이 거행되어 사실상 황제가 퇴위당하였다는 내용을 통해 대화에 나타난 사건이 1907년 고종의 강제 퇴위에 관한 것임을 알 수 있어요. 을사늑약 체결 이후 고종은 을사늑약의 부당함을 국제 사회에 알리기 위해 네덜란드 헤이그에서 열린 만국 평화 회의에 이상설, 이준, 이위종을 특사로 파견하였어요. 그러나 헤이그에 파견된 특사 일행은 일본의 방해와 열강의 무관심으로 성과를 거두지 못하였어요. 일본은 헤이그 특사 파견을 빌미로 고종을 강제 퇴위시킨 이후 한·일 신협약을 체결하여 내정 간섭을 강화하고 부속 각서를 통해 대한 제국의 군대를 해산시켰어요.

① 신식 군대인 별기군이 창설되었다.
  → 조선 정부가 개화 정책을 추진하면서 1881년에 신식 군대인 별기군을 창설하였어요.

② 묄렌도르프가 외교 고문으로 파견되었다.
  → 1882년 임오군란 이후 청이 묄렌도르프를 외교 고문으로 파견하였어요.

③ 초대 통감으로 이토 히로부미가 부임하였다.
  → 을사늑약이 체결되고 이듬해인 1906년에 통감부가 설치되어 이토 히로부미가 초대 통감으로 부임하였어요.

④기유각서가 체결되어 사법권을 박탈당하였다.
  → 1909년에 일제는 강압적으로 기유각서를 체결하여 대한 제국의 사법권과 감옥 사무 처리권을 박탈하였어요.

⑤ 관민 공동회가 개최되어 헌의 6조를 결의하였다.
  → 1898년에 독립 협회의 주관으로 정부 대신들도 참석한 관민 공동회가 개최되어 국정 개혁안인 헌의 6조를 결의하였어요.

기출 선택지 +α

⑥ 대한국 국제가 반포되었다. (O/X)
⑦ 이만손 등이 영남 만인소를 올렸다. (O/X)
⑧ 데라우치가 초대 총독으로 부임하였다. (O/X)
⑨ 우정총국 개국 축하연에서 정변이 일어났다. (O/X)
⑩ 13도 창의군이 서울 진공 작전을 전개하였다. (O/X)

기출 선택지 +α
정답 ⑥ O ⑦ X[광주 학생 항일 운동] ⑧ X[원산 총파업] ⑨ X[3·1 운동]

기출 선택지 +α
정답 ⑥ X[1899년] ⑦ X[1881년] ⑧ O[1910년] ⑨ X[1884년] ⑩ O[1908년]

35 물산 장려 운동 정답 ②

밑줄 그은 '이 운동'에 대한 설명으로 옳은 것을 <보기>에서 고른 것은? [2점]

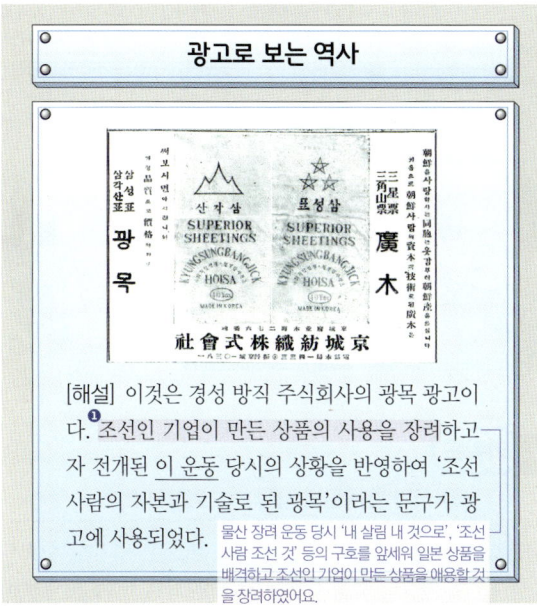

[해설] 이것은 경성 방직 주식회사의 광목 광고이다. ❶ 조선인 기업이 만든 상품의 사용을 장려하고자 전개된 이 운동 당시의 상황을 반영하여 '조선 사람의 자본과 기술로 된 광목'이라는 문구가 광고에 사용되었다.

물산 장려 운동 당시 '내 살림 내 것으로', '조선 사람 조선 것' 등의 구호를 앞세워 일본 상품을 배척하고 조선인 기업이 만든 상품을 애용할 것을 장려하였어요.

정답 잡는 키워드
❶ 조선인 기업이 만든 상품의 사용 장려 → 물산 장려 운동

조선인 기업이 만든 상품의 사용을 장려하고자 전개되었다는 내용을 통해 밑줄 그은 '이 운동'이 물산 장려 운동임을 알 수 있어요. 1920년 회사령이 폐지되고 일본 상품에 대한 관세가 철폐된다는 소식이 국내에 전해지면서 일본 기업에 비해 그 수나 자본금이 적고 기술력이 뒤처지는 한국 기업과 자본가들의 위기의식이 높아졌어요. 이러한 가운데 민족 산업을 보호·육성하여 민족 경제의 자립을 이루자는 물산 장려 운동이 전개되었어요. 물산 장려 운동은 자작회, 토산 애용 부인회 등의 단체들이 활발하게 참여하여 전국적으로 확산되었어요.

ㄱ. 회사령 폐지 등이 배경이 되었다.
➡ 1920년에 일제가 일본 기업과 자본의 한국 침투를 쉽게 만들기 위해 회사령을 폐지하였어요. 이에 한국인 기업의 위기감이 높아지는 가운데 물산 장려 운동이 일어났어요.

ㄴ. 황국 중앙 총상회의 주도하에 전개되었다.
➡ 외국 상인들의 상권 침탈에 대응하여 1898년 서울의 시전 상인들이 황국 중앙 총상회를 조직하고 상권 수호 운동을 전개하였어요.

ㄷ. 평양에서 시작되어 전국적으로 확산되었다.
➡ 물산 장려 운동은 평양에서 조만식 등의 주도로 시작되어 전국적으로 확산되었어요.

ㄹ. 대동 상회 등 근대적 상회사가 설립되는 계기가 되었다.
➡ 개항 이후 외국 상인들이 국내에 진출하면서 국내 상인들의 상권이 침해되자 이에 맞서기 위한 방안으로 대동 상회 등 근대적 상회사가 설립되었어요.

① ㄱ, ㄴ ② ㄱ, ㄷ ③ ㄴ, ㄷ
④ ㄴ, ㄹ ⑤ ㄷ, ㄹ

기출 선택지 +α
ㅁ. 조선 관세령 폐지를 계기로 확산되었다. (O/X)
ㅂ. 자작회, 토산 애용 부인회 등의 단체가 활동하였다. (O/X)

기출 선택지 +α 정답 ㅁ. O ㅂ. O

---

36 의열단 정답 ①

(가) 단체에 대한 설명으로 옳은 것은? [2점]

이달의 독립운동가

황상규

경상남도 밀양 출생이다. 1918년 만주로 망명하였으며 김동삼, 김좌진, 안창호 등과 대한 독립 선언서를 발표하였다. 1919년 11월 ❶김원봉 등과 (가) 을/를 조직하여 ❷일제 기관의 파괴와 조선 총독 이하의 관리 및 매국노의 암살 등을 꾀하였다. 1920년에 국내로 폭탄을 들여와 의거를 준비하던 중 발각되어 7년의 징역형을 선고받았다. 1963년 건국 훈장 독립장이 추서되었다.

의열단은 조선 총독부, 종로 경찰서, 동양 척식 주식회사 등 일제의 주요 식민 통치 기관을 파괴 대상으로 삼았어요.

정답 잡는 키워드
❶ 김원봉 등과 조직, ❷ 일제 기관의 파괴와 조선 총독 이하의 관리 및 매국노의 암살 등을 꾀함 → 의열단

김원봉 등이 조직하였으며, 일제 기관의 파괴와 조선 총독 이하의 관리 및 매국노의 암살 등을 꾀하였다는 내용을 통해 (가) 단체가 의열단임을 알 수 있어요. 의열단은 1919년에 김원봉의 주도로 만주에서 조직되었어요. 박재혁, 김익상, 김상옥, 김지섭, 나석주 등이 단원으로 활동하며 식민 통치 기관에 폭탄을 투척하는 등의 의거를 일으켰어요. 1920년대 후반에 의열단은 개인 폭력 투쟁 방식에 한계를 느끼고 조직적인 무장 투쟁 노선으로 전환하였어요. 김원봉을 비롯한 일부 단원들은 중국의 황푸 군관 학교에 입학해 체계적인 군사 훈련을 받았고, 1932년에는 조선 혁명 간부 학교를 세워 군사 교육을 실시하고 독립군 간부를 양성하였어요.

① 조선 혁명 선언을 활동 지침으로 삼았다.
➡ 의열단은 신채호가 쓴 '조선 혁명 선언'을 활동 지침으로 삼았어요. '조선 혁명 선언'에서 신채호는 민중의 직접 혁명을 주장하였어요.

② 삼균주의를 기초로 한 건국 강령을 발표하였다.
➡ 대한민국 임시 정부는 충칭에서 조소앙의 삼균주의를 기초로 한 건국 강령을 발표하였어요.

③ 잡지 개벽 등을 발행하여 민족의식을 고취하였다.
➡ 천도교는 잡지 "개벽", "신여성" 등을 발행하여 민족의식을 고취하였어요.

④ 홍커우 공원에서 일어난 윤봉길 의거를 계획하였다.
➡ 김구가 조직한 한인 애국단은 상하이 홍커우 공원에서 일어난 윤봉길 의거를 계획하였어요.

⑤ 조선 총독부에 국권 반환 요구서를 제출하려 하였다.
➡ 고종의 밀지를 받아 임병찬이 조직한 독립 의군부는 조선 총독부에 국권 반환 요구서를 보내려고 하였으나 실현하지 못하였어요.

기출 선택지 +α
❻ 비밀 행정 조직인 연통제를 운영하였다. (O/X)
❼ 도쿄에서 일어난 이봉창 의거를 계획하였다. (O/X)
❽ 단원인 나석주가 동양 척식 주식회사에 폭탄을 던졌다. (O/X)
❾ 단원 일부가 황푸 군관 학교에 입학해 군사 훈련을 받았다. (O/X)

기출 선택지 +α 정답 ❻ X [대한민국 임시 정부] ❼ X [한인 애국단] ❽ O ❾ O

37 1920년대 국내 민족 운동   정답 ①

(가)~(다)를 발표된 순서대로 옳게 나열한 것은? [3점]

> (가) 우리들 민중의 통곡과 복상이 결코 이척[순종]의 죽음에 있지 않다는 것을 민중 각자의 마음속에 그것을 명백히 말해 주고 있다. 우리들의 비애와 통렬한 애도는 경술년 8월 29일 이래 쌓이고 쌓인 슬픔이다. …… 금일의 통곡·복상의 충성과 의분을 돌려 우리들의 해방 투쟁에 바치자!
> — 6·10 만세 운동은 순종의 인산일 당일에 일어났어요.
>
> (나) 조선 민족의 정치적 의식이 발달함에 따라 민족적 중심 단결을 요구하는 시기를 맞이하여 민족주의를 표방한 신간회가 발기인의 연명으로 3개 조의 강령을 발표하였다.
> 1. 우리는 정치적·경제적 각성을 촉진함
> 1. 우리는 단결을 공고히 함
> 1. 우리는 기회주의를 일체 부인함
> — 6·10 만세 운동 이후 자치론에 반대하는 비타협적 민족주의 세력과 사회주의 세력의 민족 협동 전선으로 신간회가 창립되었어요.
>
> (다) 우리 2천만 생령(生靈)을 사랑하고 조국을 사랑하는 광주 학생 남녀 수십 명이 중상을 입었다. 고뇌하는 청년 학생 2백 명이 불법으로 철창 속에 갇혀 있다. …… 우리들은 광주 학생의 석방을 요구하는 동시에 참을 수 없는 피눈물로 시위 대열에 나가는 것이다.
> — 광주 학생 항일 운동 당시 학생들은 검거된 한국인 학생들의 즉시 석방을 요구하였어요. 신간회는 진상 조사단을 파견하여 광주 학생 항일 운동을 지원하였어요.

정답 잡는 키워드

① 순종의 죽음 → (가) 6·10 만세 운동(1926)
② 신간회가 3개 조의 강령 발표 → (나) 신간회 창립(1927)
③ 광주 학생들이 중상을 입고 철창 속에 갇혀 있음
  → (다) 광주 학생 항일 운동(1929)

(가) 순종의 죽음이 언급된 것을 통해 1926년에 일어난 6·10 만세 운동과 관련된 자료임을 알 수 있어요. 1926년 순종의 인산일(장례일)을 기회로 삼아 사회주의 세력과 천도교계 민족주의 세력 그리고 학생 단체들이 대규모 만세 운동을 계획하였어요. 그러나 사전에 계획이 발각되면서 사회주의 세력과 민족주의 세력은 참여하지 못한 채 학생들의 주도로 만세 운동이 전개되었어요. 6·10 만세 운동은 일제의 탄압으로 전국으로 확산되지는 못하였지만, 국내에서 민족 유일당 운동이 전개되는 계기가 되었어요.
(나) 신간회가 3개 조의 강령을 발표하였다는 내용을 통해 신간회 창립과 관련된 자료임을 알 수 있어요. 6·10 만세 운동을 통해 민족주의 세력과 사회주의 세력 간 연대의 공감대가 형성되었어요. 사회주의 세력이 발표한 정우회 선언을 계기로 비타협적 민족주의 세력과 사회주의 세력이 연합하여 1927년에 신간회를 창립하였어요. 신간회는 일제 강점기 최대 규모의 민족 운동 단체로 성장하였으며, 각지에 지회를 설치하고 강연회를 개최하여 민족의식을 고취하는 등 활발하게 활동하였어요.
(다) 광주 학생 수십 명이 중상을 입고 불법으로 철창 속에 갇혀 있다는 내용을 통해 1929년에 일어난 광주 학생 항일 운동 당시에 발표된 자료임을 알 수 있어요. 광주 학생 항일 운동은 통학 열차에서 일어난 한·일 학생 간의 충돌이 발단이 되어 일어났어요. 이를 수습하는 과정에서 일제 경찰이 한국인 학생과 일본인 학생을 차별하자 이에 분노한 광주 지역의 학생들이 민족 차별 중지, 식민지 교육 제도 철폐 등을 주장하며 대규모 시위를 전개하였고, 항일 시위는 전국으로 확산되었어요.

① (가) - (나) - (다)
 ➡ (가) 6·10 만세 운동(1926) → (나) 신간회 창립(1927) → (다) 광주 학생 항일 운동(1929)
② (가) - (다) - (나)
③ (나) - (가) - (다)
④ (나) - (다) - (가)
⑤ (다) - (나) - (가)

38 1930년대 후반 이후의 사실   정답 ③

밑줄 그은 '시기'에 볼 수 있는 모습으로 가장 적절한 것은? [1점]

이곳은 전라남도 여수시 거문도에 있는 해안 동굴 진지입니다. ① 국가 총동원법이 시행되던 시기에 일제는 이와 같은 군사 시설물을 거문도를 비롯한 각지에 구축하였습니다.

1938년에 제정·공포된 국가 총동원법은 인적·물적 자원에 대한 광범위한 통제권과 동원권을 국가에 부여한 것으로, 일제의 식민지인 한반도의 모든 한국인과 물적 자원 역시 국가 총동원법의 적용 대상이 되었어요.

정답 잡는 키워드

① 국가 총동원법 시행 → 1938년 이후

국가 총동원법이 시행되었다는 내용을 통해 밑줄 그은 '시기'가 1938년 이후임을 알 수 있어요. 일제는 중·일 전쟁을 일으키고 침략 전쟁을 확대하면서 전쟁에 필요한 자원을 수탈하기 위해 국가 총동원법을 제정하였어요. 공출제와 식량 배급 제도 등을 통해 전쟁에 필요한 물자를 강제 동원하였으며, 지원병제, 학도 지원병제, 징병제 등을 통해 한국인 청년들을 전쟁터로 끌고 갔어요. 또한, 국민 징용령을 실시하여 군수 공장이나 전쟁 시설에 한국인 청장년을 강제 동원해 노동력을 착취하였어요. 한국인을 전쟁에 쉽게 동원하기 위해 민족의식을 말살하는 정책을 본격적으로 추진하여 신사 참배와 궁성 요배를 강요하고 성과 이름을 일본식으로 바꾸게 하였어요.

① 태형을 집행하는 헌병 경찰
 ➡ 1910년대에 일제는 헌병 경찰 제도를 실시하고 조선 태형령을 제정하여 한국인에게만 태형을 집행하였어요. 헌병 경찰 제도와 조선 태형령은 3·1 운동 이후 폐지되었어요.
② 원산 총파업에 참여하는 노동자
 ➡ 1929년에 원산 인근의 석유 회사에서 일본인 감독이 한국인 노동자를 폭행한 사건이 계기가 되어 원산 총파업이 일어났어요.
③ 황국 신민 서사를 암송하는 학생
 ➡ 1937년 이후 일제는 일왕에 대한 충성 맹세문인 황국 신민 서사를 학교, 관공서, 회사 등에서 암송하도록 강요하였어요.
④ 경성 제국 대학 설립을 추진하는 관리
 ➡ 1924년에 일제는 경성 제국 대학을 설립하여 고등 교육에 대한 한국인의 교육열을 약화하려고 하였어요.
⑤ 서울 진공 작전에 참여하는 13도 창의군 의병
 ➡ 정미의병 당시 이인영을 총대장, 허위를 군사장으로 하는 13도 창의군이 조직되었어요. 13도 창의군은 1908년에 서울 진공 작전을 전개하였어요.

기출 선택지 +α

⑥ 회사령을 공포하는 총독부 관리 (O / X)
⑦ 신사 참배에 강제로 동원되는 학생 (O / X)
⑧ 암태도 소작 쟁의에 참여하는 농민 (O / X)
⑨ 몸뻬 착용을 권장하는 애국반 반장 (O / X)
⑩ 근우회의 창립 기사를 작성하는 기자 (O / X)

기출 선택지 +α
정답 ⑥ ×[1910년] ⑦ ○ ⑧ ×[1923~1924년] ⑨ ○ ⑩ ×[1927년]

39 대한민국 정부 수립 과정   정답 ④

(가), (나) 법령이 발표된 사이의 시기에 있었던 사실로 옳은 것은? [3점]

> (가) 제1조 ❶신한 공사를 조선 정부에서 독립한 기관으로써 창립함.
> 공사는 군정 장관 또는 그의 수임자가 후임자를 임명할 때까지 10명의 직무를 집행하는 취체역이 관리함.
> 제4조 …… 동양 척식 주식회사가 소유하던 조선 내 법인의 일본인 재산은 전부 신한 공사에 귀속됨.
>
> (나) 제4조 본법 시행에 관한 사무는 농림부 장관이 관장한다.
> 제12조 ❷농지의 분배는 농지의 종목, 등급 및 농가의 능력 등에 기준한 점수제에 의거하되 ❸1가당 총경영 면적 3정보를 초과하지 못한다.
> 제13조 분배받은 농지에 대한 상환액 및 상환 방법은 다음에 의한다.
> 1. 상환액은 해당 농지의 주생산물 생산량의 12할 5푼을 5년간 납입케 한다.

— 1949년에 지주에게 농지를 유상 매수하여 경작 농민에게 유상 분배하는 방식의 농지 개혁법이 제정되었어요. 농지 개혁법에서는 1가구당 농지 소유 상한을 3정보로 제한하였어요.

정답 잡는 키워드

❶ 신한 공사를 창립함 → **(가) 신한 공사 설립(1946)**
❷, ❸ 농지의 분배는 1가당 총경영 면적 3정보를 초과하지 못함 → **(나) 농지 개혁법 제정(1949)**

(가)는 신한 공사를 창립한다는 내용을 통해 1946년에 발표된 것임을 알 수 있어요. 일제의 패망 이후 남한 지역에 들어온 미군정은 한국 내 있던 동양 척식 주식회사와 일본인 소유의 토지 등 귀속 재산의 처리를 위해 신한 공사를 설립하였어요. (나)는 농지를 분배하며 1가구당 3정보를 초과하지 못하게 한다는 내용을 통해 1949년에 제정된 농지 개혁법임을 알 수 있어요. 제헌 국회는 농가 경제의 자립과 경제의 균형 발전을 위해 유상 매수와 유상 분배를 원칙으로 하는 농지 개혁법을 제정하였어요.

① 조선 건국 동맹이 결성되었다.
➡ 여운형은 1944년에 일제의 패망과 광복에 대비하여 국내에서 조선 건국 동맹을 결성하였어요.

② 한·미 상호 방위 조약이 체결되었다.
➡ 한·미 상호 방위 조약은 1953년 10월에 체결되었어요.

③ 조선 사상범 예방 구금령이 공포되었다.
➡ 일제는 1941년에 조선 사상범 예방 구금령을 공포하여 범법 행위의 우려가 있다는 이유만으로 구금을 가능하게 하여 독립운동을 탄압하였어요.

④ 5·10 총선거로 제헌 국회가 구성되었다.
➡ 1948년에 치러진 5·10 총선거로 제헌 국회가 구성되어 헌법이 제정되었어요.

⑤ 정부에 비판적인 경향신문이 폐간되었다.
➡ 이승만 정부는 1959년 정부에 비판적인 기사를 게재하는 경향신문을 폐간시켰어요.

기출 선택지 +α

❻ 여수·순천 10·19 사건이 일어났다. (O/X)
❼ 조선 건국 준비 위원회가 결성되었다. (O/X)
❽ 반민족 행위 특별 조사 위원회가 설치되었다. (O/X)

기출 선택지 +α 정답 ❻ O [1948년] ❼ X [1945년] ❽ O [1948년]

---

40 백남운의 활동   정답 ③

다음 가상 인터뷰의 주인공에 대한 설명으로 옳은 것은? [2점]

> 며칠 전 경성에서 ❶조선사회경제사 출판 축하회가 있었습니다. 저자로서 책에 대한 소개를 부탁드립니다.
>
> 저는 ❷우리 역사의 전개 과정을 세계사의 보편적인 발전 법칙에 따라 네 단계로 나누어 파악하였습니다. 이 책에서는 그 중 원시 씨족 사회와 삼국 정립기의 노예제 사회에 대해 서술하였습니다.

정답 잡는 키워드

❶ "조선사회경제사" 저술, ❷ 우리 역사의 전개 과정을 세계사의 보편적인 발전 법칙에 따라 네 단계로 나누어 파악 → **백남운**

"조선사회경제사"를 저술하였으며, 우리 역사의 전개 과정을 세계사의 보편적인 발전 법칙에 따라 네 단계로 나누어 파악하였다는 내용을 통해 가상 인터뷰의 주인공이 백남운임을 알 수 있어요. 백남운은 유물 사관을 토대로 세계사의 보편성 위에서 우리 역사를 체계화하였어요.

① 진단 학회를 조직하였다.
➡ 이병도 등은 진단 학회를 조직하고 실증주의 사학을 발전시켰어요.

② 한국독립운동지혈사를 저술하였다.
➡ 박은식은 "한국독립운동지혈사"를 저술하여 우리 민족의 독립 투쟁 과정을 정리하였어요.

③ 식민 사학의 정체성론을 반박하였다.
➡ 백남운은 한국사도 세계사의 보편적인 발전 법칙에 따라 발전하였다고 주장하며 식민 사학의 정체성론을 반박하였어요.

④ 우리말 큰사전 편찬 사업을 추진하였다.
➡ 이윤재, 최현배 등은 조선어 학회를 조직하고 "우리말(조선말) 큰사전" 편찬 사업을 추진하였어요.

⑤ 민족의 얼을 강조하고 조선학 운동을 주도하였다.
➡ 민족주의 사학을 계승한 정인보는 민족의 얼을 강조하고 "여유당전서" 간행을 계기로 조선학 운동을 주도하였어요.

기출 선택지 +α

❻ 조선상고사를 저술하였다. (O/X)
❼ 국문 연구소의 연구 위원으로 활동하였다. (O/X)
❽ 국권 피탈 과정을 정리한 한국통사를 집필하였다. (O/X)
❾ 민족을 역사 서술의 중심에 둔 독사신론을 발표하였다. (O/X)
❿ 식민 사학을 반박하는 조선봉건사회경제사를 저술하였다. (O/X)

기출 선택지 +α 정답 ❻ X [신채호] ❼ X [주시경, 지석영 등] ❽ X [박은식] ❾ X [신채호] ❿ O

41 한국 광복군   정답 ④

(가) 부대에 대한 설명으로 옳은 것은? [2점]

> 조선 의용대의 일부 대원은 적극적인 항일 투쟁을 위해 화북 지역으로 이동하였고, 김원봉 등 일부 대원은 한국 광복군에 합류하였어요.
>
> 한국 독립운동을 촉진하고 한국 혁명 역량을 집중하기 위해 이번 달 15일 중국 국민당 군사 위원회는 조선 의용대를 개편하여 (가) 에 편입할 것을 특별히 명령하였다. 제1지대는 총사령에게 직속되어 이(지)청천 장군이 통할한다. …… (가) 의 총사령부는 충칭에 설치하기로 결정하였다.

정답 잡는 키워드

❶ 조선 의용대를 개편하여 편입함, ❷ 총사령 지청천,
❸ 충칭에 총사령부 설치 → **한국 광복군**

조선 의용대가 편입되었으며, 총사령이 지청천이고 총사령부가 충칭에 설치되었다는 내용을 통해 (가) 부대가 한국 광복군임을 알 수 있어요. 대한민국 임시 정부는 윤봉길의 상하이 훙커우 공원 의거 이후 상하이를 떠나 여러 지역을 거쳐 1940년 충칭에 정착하였어요. 이곳에서 대한민국 임시 정부는 중국 국민당 정부의 지원을 받아 지청천을 총사령으로 하는 한국 광복군을 창설하였어요. 1942년에는 조선 의용대의 일부 대원들이 합류하면서 전력이 강화되었어요.

① 자유시 참변으로 세력이 약화되었다.
→ 간도 참변 이후 만주 지역의 독립군 부대들이 러시아 혁명군의 지원 약속을 믿고 자유시로 이동하였다가 참변을 당하여 세력이 약화되었어요.

② 영릉가 전투에서 일본군에 승리하였다.
→ 조선 혁명군은 중국 의용군과 함께 영릉가 전투, 흥경성 전투 등에서 일본군에 승리하였어요.

③ 쌍성보 전투에서 한·중 연합 작전을 전개하였다.
→ 한국 독립군은 쌍성보 전투, 대전자령 전투 등에서 중국 호로군과 연합 작전을 전개하였어요.

④ **국내 정진군을 편성하여 국내 진공 작전을 추진하였다.**
→ 한국 광복군은 미국 전략 정보국(OSS)과 협력하여 국내 정진군을 편성하고 국내 진공 작전을 추진하였어요. 그러나 일본의 갑작스러운 항복으로 작전을 실행하지는 못하였어요.

⑤ 홍범도 부대와 연합하여 청산리에서 일본군을 격퇴하였다.
→ 김좌진이 이끄는 북로 군정서는 홍범도의 대한 독립군 등과 연합하여 청산리에서 일본군을 격퇴하였어요.

기출 선택지 +α

❻ 미국 전략 정보국(OSS)의 지원을 받았다. (O / X)
❼ 중국 의용군과 연합하여 흥경성에서 승리하였다. (O / X)
❽ 조선 혁명 간부 학교를 세워 군사력을 강화하였다. (O / X)
❾ 조선 민족 전선 연맹의 무장 조직으로 결성되었다. (O / X)
❿ 인도·미얀마 전선에 파견되어 영국군과 연합 작전을 펼쳤다. (O / X)

기출 선택지 +α 정답 ❻ O ❼ X [조선 혁명군] ❽ X [의열단] ❾ X [조선 의용대] ❿ O

---

42 6·25 전쟁   정답 ④

밑줄 그은 '전쟁' 중에 있었던 사실로 옳은 것은? [1점]

이 비석은 북한군의 남침으로 시작된 전쟁 중 벌어진 장진호 전투를 기념하기 위해 미국 버지니아주에 세워진 것입니다. 장진호 전투는 북한을 돕기 위해 참전한 중국군을 상대로 유엔군 등이 벌인 주요 전투 중 하나였습니다. — 1950년 11월 말부터 12월 초까지 함경남도 장진 일대에서 중국군에 포위된 유엔군이 치열하게 벌인 전투입니다.

정답 잡는 키워드

❶ 북한군의 남침으로 시작된 전쟁 → **6·25 전쟁**

북한군의 남침으로 시작되었다는 내용을 통해 밑줄 그은 '전쟁'이 1950년 6월에 시작된 6·25 전쟁임을 알 수 있어요. 1950년 6·25 전쟁 발발 이후 낙동강 전선까지 물러났던 국군과 유엔군은 인천 상륙 작전을 전개하여 서울을 수복하고 압록강 일대까지 진격하였어요. 그러나 중국군이 참전하면서 벌인 대대적인 공세에 밀려 1951년 1월에 서울을 다시 북한군에 넘겨주었어요(1·4 후퇴). 국군과 유엔군은 반격에 나서 3월에 서울을 재탈환하고 38도선 일대까지 진출하였어요. 이후 1953년 7월 정전 협정이 체결될 때까지 38도선 부근에서 전선이 교착 상태에 빠졌어요.

① 애치슨 라인이 발표되었다.
→ 1950년 1월에 미국의 태평양 지역 방위선에서 한국과 타이완을 제외한다는 애치슨 선언이 발표되었어요.

② 가쓰라·태프트 밀약이 체결되었다.
→ 러·일 전쟁 중이던 1905년에 일본과 미국은 대한 제국과 필리핀에 대한 서로의 지배를 인정한 가쓰라·태프트 밀약을 체결하였어요.

③ 모스크바 3국 외상 회의가 개최되었다.
→ 1945년 12월에 모스크바에서 미국, 영국, 소련의 외무 장관이 모여 한반도 처리 문제를 논의한 모스크바 3국 외상 회의가 개최되었어요.

④ **흥남에서 대규모 철수 작전이 전개되었다.**
→ 중국군이 6·25 전쟁에 개입하면서 국군과 유엔군이 북한 지역에서 밀려나 1950년 12월에 흥남에서 대규모 철수 작전이 전개되었어요.

⑤ 김구, 김규식 등이 남북 협상에 참여하였다.
→ 1948년 4월에 김구와 김규식 등이 남한만의 단독 선거에 반대하며 통일 정부 수립을 위한 남북 협상에 참여하였어요.

기출 선택지 +α

❻ 브라운 각서가 체결되었다. (O / X)
❼ 부산이 임시 수도로 정해졌다. (O / X)
❽ 푸에블로호 나포 사건이 발생하였다. (O / X)
❾ 국회에서 국민 방위군 사건이 폭로되었다. (O / X)

기출 선택지 +α 정답 ❻ X [1966년] ❼ O ❽ X [1968년] ❾ O

43 장면 내각 시기의 사실 정답 ⑤

다음 성명을 발표한 정부 시기에 볼 수 있는 모습으로 적절한 것은? [2점]

- 4·19 혁명 이후 내각 책임제를 골자로 하는 개헌(제3차 개헌)이 이루어졌어요.
- ❶ 내각 책임제 속에서 행정부에 맡겨진 책무를 유감없이 수행하기 위해 무엇보다 먼저 행정부 내의 기강 확립에 주안점을 두지 않아서는 안 될 것입니다. …… ❷ 부정 선거 원흉의 처단은 이미 공소 제기와 구형을 한 터이므로 법원의 엄정한 판결이 있을 것을 기대하는 바입니다.
- 3·15 부정 선거가 원인이 되어 일어난 4·19 혁명으로 이승만 정부가 무너지고 허정 과도 정부의 헌법 개정(제3차 개헌)을 거쳐 장면 내각이 수립되었어요.

정답 잡는 키워드

❶ 내각 책임제, ❷ 부정 선거의 원흉 처단 → 장면 내각

내각 책임제 정부이며, 부정 선거에 대한 처벌을 추진한다는 내용을 통해 성명을 발표한 정부가 장면 내각임을 알 수 있어요. 4·19 혁명으로 이승만이 대통령직에서 하야하고 허정 과도 정부가 수립되었어요. 이후 개헌이 추진되어 내각 책임제가 채택되었고, 새 헌법에 따라 치러진 총선거에서 민주당이 압승하여 국회 다수당이 되었어요. 새로 구성된 국회는 윤보선을 대통령으로 선출하였고, 윤보선이 지명한 장면이 국회의 동의를 얻어 국무총리에 취임하여 내각을 이끌었어요.

① 국민 교육 헌장을 읽고 있는 학생
→ 박정희 정부 시기인 1968년에 국민 교육 헌장이 공포되었어요.

② 서울 올림픽 대회에 참가하는 선수
→ 노태우 정부 시기인 1988년에 서울 올림픽 대회가 개최되었어요.

③ 개성 공단 착공식을 취재하는 기자
→ 노무현 정부 시기인 2003년에 개성 공단 공사가 시작되었어요.

④ 함평 고구마 피해 보상 투쟁에 참여하는 농민
→ 박정희 정부 시기인 1976년에 함평군 농협이 고구마 전량 수매를 약속하고 이행하지 않아 농민들이 피해를 입었어요. 이에 농민들은 고구마 피해 보상을 요구하며 투쟁을 전개하였어요. 농민들은 1978년까지 투쟁을 전개하여 보상을 약속받았어요.

⑤ 민의원에서 통과된 법안을 심의하는 참의원 의원
→ 제3차 개헌으로 내각 책임제와 함께 국회 양원제가 채택되었어요. 이에 따라 장면 내각 시기에 국회가 민의원과 참의원의 양원제로 운영되었어요.

기출 선택지 +α

❻ 경기장에서 프로 축구를 관람하는 회사원 (O / X)
❼ 금융 실명제에 따라 신분증 제시를 요구하는 은행원 (O / X)
❽ 정부의 도시 정책에 반발해 시위를 하는 광주 대단지 이주민 (O / X)

기출 선택지 +α 정답 ❻ ×[전두환 정부 이후] ❼ ×[김영삼 정부 이후] ❽ ×[박정희 정부]

---

44 사사오입 개헌 이후의 상황 정답 ②

밑줄 그은 '개헌' 이후에 있었던 사실로 옳은 것은? [2점]

> **대한 변호사 협회장의 성명**
>
> 이번 개헌 안건의 의결에 있어서 찬성표 수가 135이고 재적 의원 수가 203인 것은 변하지 않는 수이다. 그러면 재적인 수의 3분의 2는 135.333이니 이 선에 도달하려면 동일한 표수가 있어야 될 것이다. …… 찬성표가 재적인 수에 도달하거나 또는 정족수 이상 되어야 하거늘 0.333에 도달하지 못하니 그것을 ❶사사오입이라는 구실로 떼어버리고 정족수인 3분의 2와 동일한 수라고 하는 것은 헌법 위반이 되는 것이므로 법조인으로서 이를 이해하기 곤란하다.

사사오입 개헌(1954)이 통과되어 초대 대통령인 이승만의 중임 제한이 철폐된 가운데 치러진 제3대 대통령 선거(1956)에서 자유당 후보로 나선 이승만이 다시 당선되었어요.

정답 잡는 키워드

❶ 사사오입 → 사사오입 개헌(제2차 개헌, 1954)

1954년에 국회의 여당인 자유당이 억지 논리를 앞세워 이른바 사사오입 개헌을 통과시킴으로써 다시 대통령 선거에 나선 이승만이 제3대 대통령 선거에서 승리하여 자유당은 정권을 유지하였어요. 그런데 선거 과정에서 무소속 대통령 후보로 출마한 조봉암이 예상보다 많은 득표를 하였어요. 이러한 지지를 바탕으로 조봉암이 선거 뒤에 혁신 세력을 규합하여 진보당을 창당하자 이승만과 자유당 정부는 위기를 느꼈어요. 이에 이승만 정부는 평화 통일론을 주장한 조봉암을 비롯한 진보당 간부들을 국가 변란 혐의로 체포하였어요(진보당 사건, 1958).

① 여수·순천 10·19 사건이 일어났다.
→ 1948년에 제주 4·3 사건 진압을 위해 이승만 정부가 여수와 순천에 주둔한 군대에 출동 명령을 내렸지만 군대 내 일부 세력이 명령을 거부하고 무장봉기하였어요. 이를 여수·순천 10·19 사건이라고 합니다.

② 진보당의 당수였던 조봉암이 처형되었다.
→ 이승만 정부는 1959년에 평화 통일을 주장한 진보당의 당수 조봉암에게 간첩 혐의를 씌워 사형에 처하였어요.

③ 반민족 행위 특별 조사 위원회가 설치되었다.
→ 제헌 국회에서 제정된 반민족 행위 처벌법에 따라 1948년 10월에 반민족 행위 특별 조사 위원회가 설치되었어요.

④ 국회 프락치 사건으로 일부 국회 의원이 체포되었다.
→ 1949년에 공산당과 내통하였다는 혐의로 현역 국회 의원 10여 명이 검거·기소된 국회 프락치 사건으로 정부에 비판적인 의원들이 제거되어 반민족 행위 처벌법의 공소 시효를 단축시키는 개정안이 통과되었어요.

⑤ 여운형 등의 주도로 좌우 합작 위원회가 구성되었다.
→ 1946년에 여운형, 김규식 등이 통일 정부 수립을 위해 좌우 합작 위원회를 조직하고 좌우 합작 7원칙을 발표하였어요.

기출 선택지 +α

❻ 부산에서 발췌 개헌안이 통과되었다. (O / X)
❼ 일부 군인들이 5·16 군사 정변을 일으켰다. (O / X)
❽ 3·15 부정 선거로 여당 부통령 후보가 당선되었다. (O / X)
❾ 경찰이 반민족 행위 특별 조사 위원회를 습격하였다. (O / X)

기출 선택지 +α 정답 ❻ ×[1952년] ❼ O[1961년] ❽ O[1960년] ❾ ×[1949년]

45 박정희 정부 시기의 사실   정답 ③

(가) 헌법이 시행된 시기의 사실로 옳은 것은? [2점]

- 1974년 박정희 정부가 전국 민주 청년 학생 총연맹(민청학련) 사건의 배후 세력으로 인민 혁명당을 지목하고, 국가 변란을 기도했다는 혐의로 국가 보안법 및 긴급 조치 제4호에 따라 관련자들에게 사형 및 무기 징역을 선고한 사건이에요.

정답 잡는 키워드

① 인민 혁명당 재건위 사건, ② 긴급 조치 제4호
→ 유신 헌법(박정희 정부)

인민 혁명당 재건위 사건 당시 긴급 조치 제4호 등에 의거하여 처벌되었다는 내용을 통해 (가) 헌법이 박정희 정부가 제정한 유신 헌법임을 알 수 있어요. 유신 헌법은 박정희의 영구 집권을 실현하고 대통령의 권한을 비정상적으로 강화하는 폭압적 지배 체제의 기초였어요. 유신 체제 아래 국민은 언론·출판·결사 등 민주 사회의 기본적인 권리를 제대로 누릴 수 없었고, 일상생활까지 통제받기도 하였어요. 재야인사, 학생, 종교인 등을 중심으로 유신 체제에 반대하는 운동이 치열하게 전개되었고, 유신 헌법 폐지를 요구하는 목소리가 높아졌어요. 이에 박정희 정부는 긴급 조치를 연이어 발표해 이를 억압하고 탄압하였어요. 대표적인 사례가 인민 혁명당 재건위 사건이에요.

① 김주열이 최루탄을 맞고 사망하였다.
   ➡ 1960년에 이승만 정부가 자행한 3·15 부정 선거에 항의하는 시위가 전국 각지에 일어났고, 마산에서 시위에 참여하였다가 실종된 김주열의 시신이 발견되면서 시위는 격화되었어요.

② 부천 경찰서 성 고문 사건이 발생하였다.
   ➡ 전두환 정부 시기인 1986년에 부천 경찰서에서 여성 노동자에 대한 조사 과정에서 성 고문 사건이 일어났어요.

③ 개헌 청원 백만 인 서명 운동이 전개되었다.
   ➡ 박정희 정부 시기인 1973년에 장준하, 백기완 등 재야인사들을 중심으로 유신 헌법 개정을 요구하는 개헌 청원 100만 인 서명 운동이 전개되었어요.

④ 국민 보도 연맹원에 대한 학살이 자행되었다.
   ➡ 국민 보도 연맹은 1949년에 좌익 운동을 하다 전향한 사람들로 조직된 반공 단체였어요. 하지만 이승만 정부 시기인 6·25 전쟁 초기에 북한군에 밀려 정부와 경찰이 후퇴하는 과정에서 국민 보도 연맹원에 대한 학살이 자행되었어요.

⑤ 민주화 시위 도중 대학생 강경대가 희생되었다.
   ➡ 노태우 정부 시기인 1991년에 대학생 강경대가 노태우 정부의 반민주적 통치에 반대하는 시위를 벌이다가 경찰의 과잉 진압으로 사망하였어요.

기출 선택지 +α

⑥ 박종철 고문치사 사건이 발생하였다. (O/X)
⑦ 신민당사에서 YH 무역 노동자들이 농성을 하였다. (O/X)
⑧ 장기 독재에 저항한 3·1 민주 구국 선언이 발표되었다. (O/X)

기출 선택지 +α 정답
⑥ ×[전두환 정부] ⑦ ○ ⑧ ○

---

46 박정희 정부 시기의 경제 상황   정답 ①

(가) 정부 시기의 경제 상황으로 옳은 것은? [1점]

- 경부 고속 도로 개통: 박정희 정부는 서울 - 부산 간 고속 도로(경부 고속 도로)를 1968년에 착공하여 1970년에 완공하였어요.
- 포항 제철소 1기 준공: 1970년에 시작된 포항 종합 제철소 1기 건설 공사가 1973년에 마무리되었어요.

정답 잡는 키워드

① 경부 고속 도로 개통, ② 포항 제철소 1기 준공 → 박정희 정부

경부 고속 도로가 개통되고 포항 제철소 1기가 준공되었다는 자료를 통해 (가) 정부가 박정희 정부임을 알 수 있어요. 박정희 정부는 1962년부터 1971년까지 제1, 2차 경제 개발 5개년 계획을 추진하여 신발·의류·가발 등 노동 집약적 경공업 제품의 수출에 집중하였어요. 이 시기에 서울과 부산을 잇는 경부 고속 도로가 개통되었어요. 1970년대에는 제3, 4차 경제 개발 5개년 계획을 추진하여 중화학 공업 중심의 경제 발전을 추구하였어요. 이 시기에 포항 종합 제철소가 준공되고 연간 수출액 100억 달러가 달성되었어요.

① 제3차 경제 개발 5개년 계획을 추진하였다.
   ➡ 박정희 정부는 1972년부터 고도성장 및 중화학 공업화를 목표로 제3차 경제 개발 5개년 계획을 추진하였어요.

② 미국과 자유 무역 협정(FTA)을 체결하였다.
   ➡ 노무현 정부 시기에 체결된 미국과의 자유 무역 협정(FTA)이 이명박 정부 시기에 국회에서 비준되었어요.

③ 대통령 긴급 명령으로 금융 실명제를 실시하였다.
   ➡ 김영삼 정부 출범 직후인 1993년에 대통령 긴급 명령으로 금융 실명제가 실시되었어요.

④ 국제 통화 기금(IMF)의 구제 금융 지원금을 조기 상환하였다.
   ➡ 김대중 정부는 기업에 대한 강도 높은 구조 조정과 국민의 자발적인 금 모으기 운동 등에 힘입어 국제 통화 기금(IMF)에서 지원받은 자금을 조기에 상환하였어요.

⑤ 저임금 노동자의 생활 안정을 위해 최저 임금법을 제정하였다.
   ➡ 전두환 정부 시기인 1986년에 낮은 임금의 노동자를 보호하기 위한 취지로 최저 임금법이 제정되었어요.

기출 선택지 +α

⑥ 연간 수출액 100억 달러가 달성되었다. (O/X)
⑦ 경제 협력 개발 기구(OECD)에 가입하였다. (O/X)
⑧ 저유가·저금리·저달러의 3저 호황이 있었다. (O/X)
⑨ 원조 물자를 가공하는 삼백 산업이 발달하였다. (O/X)
⑩ 농촌의 근대화를 표방한 새마을 운동이 전개되었다. (O/X)

기출 선택지 +α 정답
⑥ ○ ⑦ ×[김영삼 정부] ⑧ ×[전두환 정부] ⑨ ×[이승만 정부] ⑩ ○

[47~48] 다음을 읽고 물음에 답하시오.

(가) ❶여덟째는 적금서당이다. 왕 6년에 보덕국 사람들로 당을 만들었다. 금장의 색은 ❷적흑이다. 아홉째는 청금서당이다. …… 금장의 색은 청백이다.
— 통일 신라의 중앙군인 9서당의 각 부대는 옷의 색으로 구분하였는데, 이 중 적금서당은 보덕국의 고구려 유민, 청금서당은 백제인으로 편성된 부대였어요.

(나) ❸응양군, 1령(領)으로 군에는 정3품의 상장군 1인과 종3품의 대장군 1인을 두었으며, …… 정8품의 산원 3인, 정9품의 위 20인, 대정은 40인을 두었다.

(다) ❹무위영, 절목계하본(節目啓下本)에 의하여 낭청 1명을 훈련도감의 예에 따라 문신으로 추천하여 군색종사관으로 칭하고 …… 중군은 포장·장어영 중군을 거친 자로 추천하여 금군별장이라 칭한다.

(라) 별대와 정초군의 군병을 합하여 한 영(營)의 제도를 만들어 본영은 ❺금위영이라 칭하고, 군병은 금위별대라 칭한다.

킬러 문항

47 시대별 군사 조직   정답 ②

(가)~(라) 군사 조직을 만들어진 순서대로 옳게 나열한 것은? [3점]

정답 잡는 키워드

❶ 여덟째는 적금서당, ❷ 아홉째는 청금서당
→ (가) 9서당(통일 신라 신문왕)

❸ 응양군 → (나) 2군(고려)

❹ 무위영 → (다) 2영(조선 고종)

❺ 금위영 → (라) 5군영(조선 숙종)

(가) 신라는 통일 이후 신문왕 때 9서당의 중앙군과 10정의 지방군 체제를 갖추었어요. 신라인 외에 고구려인, 백제인, 말갈인까지 포함하여 9서당을 편성하고 이를 통해 민족 융합을 꾀하였어요.

(나) 고려의 중앙군인 2군은 국왕의 친위 부대로, 응양군과 용호군으로 구성되었어요.

(다) 조선 고종 때 개화 정책의 일환으로 훈련도감 등 종래의 5군영을 무위영과 장어영의 2영으로 통합하였어요.

(라) 조선 숙종 때 국왕 호위와 수도 방어를 위한 금위영이 설치되어 5군영 체제가 완성되었어요. 임진왜란 중에 훈련도감이 설치된 것을 시작으로 인조 때 어영청, 총융청, 수어청이 차례로 설치되고, 숙종 때 5군영 가운데 가장 마지막으로 금위영이 창설되었어요.

① (가) - (나) - (다) - (라)
②(가) - (나) - (라) - (다)
➡ (가) 9서당(통일 신라 신문왕) → (나) 2군(고려) → (라) 5군영(조선 숙종) → (다) 2영(조선 고종)
③ (나) - (가) - (라) - (다)
④ (나) - (다) - (가) - (라)
⑤ (다) - (라) - (나) - (가)

48 신문왕의 업적   정답 ①

밑줄 그은 '왕'의 업적으로 옳은 것은? [2점]

삼국 통일을 완수한 문무왕의 뒤를 이어 즉위한 신라 신문왕은 진골 귀족 세력을 숙청하고 왕권을 강화하였어요. 이를 바탕으로 통치 체제를 정비하여 9주 5소경의 지방 행정 조직을 마련하고 9서당 10정의 군사 조직을 갖추었습니다. 또한, 국학을 설치하여 유학을 교육하고 왕권을 뒷받침할 인재를 양성하였어요.

①김흠돌의 난을 진압하였다.
➡ 신라 신문왕은 즉위 초에 일어난 김흠돌의 난을 진압하고 진골 귀족 세력을 숙청하여 왕권을 강화하였어요.

② 병부와 상대등을 설치하였다.
➡ 신라 법흥왕은 병부와 상대등을 설치하여 정치 조직을 정비하였어요.

③ 나선 정벌에 조총 부대를 파견하였다.
➡ 조선 효종은 청의 요청에 따라 나선 정벌을 위해 변급, 신류 등이 이끄는 조총 부대를 파견하였어요.

④ 정계와 계백료서를 지어 관리의 규범을 제시하였다.
➡ 고려 태조 왕건은 "정계"와 "계백료서"를 지어 관리들이 지켜야 할 규범을 제시하였어요.

⑤ 쌍성총관부를 공격하여 철령 이북의 땅을 수복하였다.
➡ 고려 공민왕은 유인우, 이자춘 등을 보내 원이 설치한 쌍성총관부를 공격하여 철령 이북의 영토를 수복하였어요.

기출 선택지 +α

❻ 백성에게 정전을 지급하였다. (O/X)
❼ 친위 부대로 장용영을 설치하였다. (O/X)
❽ 이사부를 보내 우산국을 복속시켰다. (O/X)
❾ 백두산정계비를 세워 국경을 정하였다. (O/X)
❿ 지방 행정 제도를 9주 5소경으로 정비하였다. (O/X)

핵심 개념 | 신문왕의 왕권 강화와 체제 정비

왕권 강화	• 김흠돌의 난 진압 → 진골 귀족 숙청 • 관료전 지급, 녹읍 폐지 → 진골 귀족의 경제 기반 약화
체제 정비	• 중앙 정치 기구(집사부, 병부, 위화부 등 14개 중앙 부서 정비), 지방 행정 조직(9주 5소경 설치), 군사 조직(9서당 10정 설치) • 국학 설치(유학 교육 → 왕권을 보좌할 실무 관료 양성)

기출 선택지 +α
정답 ❻ ×[신라 성덕왕] ❼ ×[조선 정조] ❽ ×[신라 지증왕] ❾ ×[조선 숙종] ❿ ○

49 5·18 민주화 운동   정답 ⑤

(가) 민주화 운동에 대한 설명으로 옳은 것은? [1점]

5·18 민주화 운동 당시 시민을 향해 발포하는 계엄군의 폭력적 진압에 맞서 광주의 시민들도 무장하여 대응하였어요.

정답 잡는 키워드
❶ 전남 도청 본관, ❷ 시민군이 계엄군에 항쟁 → 5·18 민주화 운동

전남 도청 본관에서 시민군이 계엄군에 항쟁하였다는 내용을 통해 (가) 민주화 운동이 5·18 민주화 운동임을 알 수 있어요. 1980년 광주에서 일어난 5·18 민주화 운동은 전두환 등 신군부의 불법적 정권 탈취와 비상계엄 확대에 대한 저항이었어요. 당시 시위에 나선 광주의 학생과 시민들은 계엄 철폐와 신군부 퇴진을 요구하였고, 이 과정에서 신군부가 계엄군과 공수 부대를 앞세워 무자비하게 진압하자 시민들은 자발적으로 시민군을 조직하여 대항하였어요. 그러나 계엄군이 시민들을 무력 진압하면서 수많은 광주의 시민들이 희생되었어요.

① 3·1 민주 구국 선언을 발표하였다.
→ 1976년에 김대중, 함석헌 등 재야인사들이 3·1 민주 구국 선언을 통해 긴급 조치 철폐 등을 주장하며 유신 반대 운동을 전개하였어요.

② 시위 도중 대학생 이한열이 희생되었다.
→ 1987년 박종철 고문치사 사건에 대한 진실이 폭로되어 폭압적인 전두환 정부를 규탄하는 시위가 확산되는 가운데 대학생 이한열이 경찰이 쏜 최루탄에 피격된 사건이 일어났어요. 이에 분노한 많은 시민과 학생들이 6·10 국민 대회에 참여하고 대규모 시위를 전개하였어요(6월 민주 항쟁).

③ 호헌 철폐, 독재 타도 등의 구호를 외쳤다.
→ 6월 민주 항쟁 당시 시민들은 '호헌 철폐', '독재 타도' 등의 구호를 외치며 시위에 참여하였어요.

④ 허정 과도 정부가 출범하는 계기가 되었다.
→ 4·19 혁명으로 이승만이 대통령직에서 물러나고 허정 과도 정부가 출범하였어요.

⑤ 관련 기록물이 유네스코 세계 기록 유산으로 등재되었다.
→ 5·18 민주화 운동의 발생과 탄압에서부터 진상 조사 활동과 보상에 이르기까지의 관련 기록물이 유네스코 세계 기록 유산으로 등재되었어요.

기출 선택지 +α
❻ 5년 단임의 대통령 직선제 개헌을 이끌어 냈다. (O/X)
❼ 전개 과정에서 시민군이 자발적으로 조직되었다. (O/X)
❽ 신군부의 비상계엄 확대가 원인이 되어 일어났다. (O/X)
❾ 경무대로 향하던 시위대가 경찰의 총격을 받았다. (O/X)
❿ 대통령 하야를 요구하며 대학교수단이 시위행진을 벌였다. (O/X)

기출 선택지 +α 정답 ❻ ×[6월 민주 항쟁] ❼ ○ ❽ ○ ❾ ×[4·19 혁명] ❿ ×[4·19 혁명]

---

50 김영삼 정부 시기의 사실   정답 ⑤

다음 뉴스가 보도된 정부 시기에 있었던 사실로 옳은 것은? [3점]

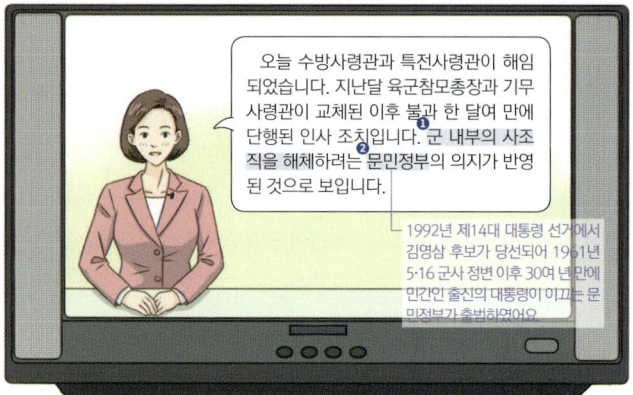

오늘 수방사령관과 특전사령관이 해임되었습니다. 지난달 육군참모총장과 기무사령관이 교체된 이후 불과 한 달여 만에 단행된 인사 조치입니다. 군 내부의 사조직을 해체하려는 문민정부의 의지가 반영된 것으로 보입니다.

1992년 제14대 대통령 선거에서 김영삼 후보가 당선되어 1961년 5·16 군사 정변 이후 30여 년만에 민간인 출신의 대통령이 이끄는 문민정부가 출범하였어요.

정답 잡는 키워드
❶ 군 내부의 사조직 해체, ❷ 문민정부 → 김영삼 정부

'군 내부의 사조직을 해체하려는 문민정부'라는 내용을 통해 김영삼 정부 시기에 있었던 뉴스 보도임을 알 수 있어요. 김영삼 대통령은 당선 이후 새 정부의 명칭을 군부 출신이 아니라는 점을 부각시켜 문민정부로 정하였어요. 김영삼 정부는 군대 내의 사조직이었던 하나회를 중심으로 하는 신군부 세력을 해체하기 위해 대대적인 군 개혁에 착수하여 하나회를 척결하였어요. 또한, 전두환, 노태우 두 전직 대통령을 비롯한 신군부 핵심 인물들을 12·12 사태와 5·18 민주화 운동 당시 무력 진압과 부정부패 등의 혐의로 재판정에 세웠어요.

① 굴욕적인 대일 외교에 반대하는 6·3 시위가 일어났다.
→ 박정희 정부 시기에 굴욕적인 대일 국교 정상화에 반대하여 6·3 시위가 일어났어요.

② 북방 외교를 추진하여 사회주의 국가인 소련과 수교하였다.
→ 노태우 정부 시기에 냉전이 해체되는 국제 정세의 변화 속에서 북방 외교를 추진하여 소련, 중국 등 사회주의 국가들과 수교를 맺었어요.

③ 통일 방안을 논의하기 위해 남북 조절 위원회를 설치하였다.
→ 박정희 정부 시기에 남북한은 7·4 남북 공동 성명에 따라 남북 조절 위원회를 설치하여 통일 방안을 논의하였어요.

④ 경제적 취약 계층을 위한 국민 기초 생활 보장법을 시행하였다.
→ 김대중 정부 시기에 경제적 취약 계층을 위해 국가가 생계비, 주거비, 의료비 등을 보조하는 국민 기초 생활 보장법을 시행하였어요.

⑤ 역사 바로 세우기를 내세우며 옛 조선 총독부 건물을 철거하였다.
→ 김영삼 정부 시기에 '역사 바로 세우기' 운동의 일환으로 일제 잔재 청산을 추진하여 옛 조선 총독부 건물을 철거하였어요.

기출 선택지 +α
❻ 남북 기본 합의서가 채택되었다. (O/X)
❼ 지방 자치제가 전면 시행되었다. (O/X)
❽ 한·일 월드컵 축구 대회가 개최되었다. (O/X)
❾ 국민학교라는 명칭을 초등학교로 변경하였다. (O/X)
❿ 거창 사건 등 관련자의 명예 회복에 관한 특별 조치법이 제정되었다. (O/X)

기출 선택지 +α 정답 ❻ ×[노태우 정부] ❼ ○ ❽ ×[김대중 정부] ❾ ○ ❿ ○

심화 제68회

2023년 12월 2일(토) 시행

합격률 59.4%
- 응시 인원: 31,210명
- 합격 인원: 18,524명

해설 강의 바로 보기

시대별 출제 비중

전근대 28문항

- **선사 3문항**: 청동기 시대의 생활 모습, 고조선, 부여
- **고대 7문항**: 백제의 문화유산, 삼국 통일 과정, 신라 말의 상황, 금관가야, 소수림왕의 업적, 발해의 문화유산, 삼국 시대 사람들의 학습 활동
- **고려 7문항**: 성종 재위 시기의 사실, 광종 재위 시기의 사실, 고려의 지방 통치 체제, 고려와 여진의 관계, 삼별초, 원 간섭기의 사실, 직지심체요절
- **조선 11문항**: 정도전의 활동, 세조의 정책, 임진왜란, 조식의 활동, 세종 재위 시기의 사실, 조선 후기의 사회 모습, 영조의 정책, 승정원, 예송, 종묘, 조선 시대 역관

근현대 22문항

- **개항기 6문항**: 강화도 조약, 동학 농민 운동, 부산 두모포 수세 사건, 보빙사, 신민회의 활동, 광무개혁
- **일제 강점기 6문항**: 1930년대 후반 이후 일제 식민 통치, 3·1 운동, 국민 대표 회의, 산미 증식 계획, 북로 군정서, 형평 운동
- **현대 7문항**: 6·25 전쟁, 김대중 정부의 통일 정책, 4·19 혁명, 박정희 정부 시기의 경제 상황, 전두환 정부 시기의 사회 모습, 여운형의 활동, 전태일 분신 투쟁의 영향
- **시대 통합 3문항**: 역사 속 천문 관련 사례, 개성의 역사, 여러 가지 자기의 특징

분류별 출제 비중 고대~조선

- 정치: 16문항
- 경제: —
- 사회: 1문항
- 문화: 8문항

난이도별 출제 비중

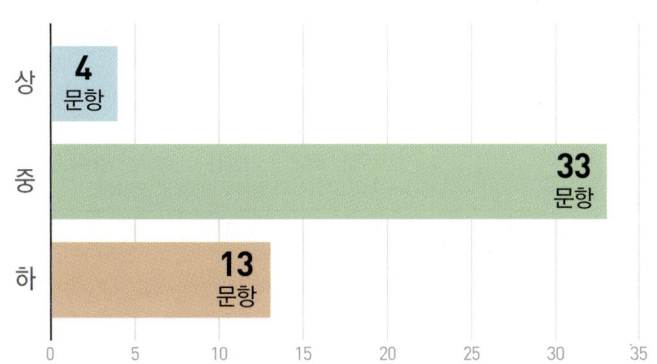

- 상: 4문항
- 중: 33문항
- 하: 13문항

큰별쌤의 한 줄 평

낯선 자료가 출제되었으나 기본 개념만 충실히 익히면 충분히 합격할 수 있는 평이한 시험

1 청동기 시대의 생활 모습 정답 ①

(가) 시대의 생활 모습에 대한 설명으로 옳은 것은? [1점]

사진으로 만나는 ❶고창 고인돌 유적

고창 고인돌 유적과 함께 화순, 강화의 고인돌 유적은 보존 상태가 좋고 형태가 다양하여 2000년에 유네스코 세계 유산으로 등재되었어요.

우리 박물관에서는 2000년 유네스코 세계 유산으로 등재된 고창 고인돌 유적을 소개하는 특별전을 마련하였습니다. 고인돌은 ❷계급이 발생한 (가) 시대를 대표하는 무덤입니다. 사진을 통해 다양한 고인돌의 형태를 살펴보시기 바랍니다.

- 기간: 2023년 ○○월 ○○일~○○월 ○○일
- 장소: ▲▲박물관 기획 전시실

정답 잡는 키워드

❶ 고창 고인돌 유적, ❷ 계급 발생 → **청동기 시대**

'고창 고인돌 유적'과 계급이 발생하였다는 내용을 통해 (가) 시대가 청동기 시대임을 알 수 있어요. 청동기 시대에는 지배층의 무덤으로 고인돌을 만들었어요. 거대한 규모의 고인돌을 통해 많은 인력을 동원할 수 있는 힘을 가진 지배자가 존재하였음을 알 수 있어요. 청동기 시대에 농경이 발달하고 생산력이 향상되어 잉여 생산물이 생기면서 토지나 생산물에 대한 사유 개념이 나타났고, 빈부의 차이가 발생하여 계급이 형성되었어요.

① 반달 돌칼로 벼를 수확하였다.
➡ **청동기 시대**에 반달 돌칼을 사용하여 벼, 보리 등의 곡식을 수확하였어요. 청동기 시대에도 농기구는 주로 돌로 만들어졌어요.

② 소를 이용하여 깊이갈이를 하였다.
➡ **고려 시대**에 들어와 소를 이용한 깊이갈이가 일반화되었어요.

③ 주로 동굴이나 강가의 막집에서 살았다.
➡ **구석기 시대**에 사람들은 이동 생활을 하며 주로 동굴이나 강가의 막집에서 살았어요.

④ 오수전, 화천 등의 중국 화폐로 교역하였다.
➡ **철기 시대** 유적에서 발견되는 오수전, 화천 등의 중국 화폐를 통해 중국과 교역이 이루어졌음을 알 수 있어요.

⑤ 옷을 만들 때 가락바퀴와 뼈바늘을 이용하기 시작하였다.
➡ **신석기 시대**에 가락바퀴로 실을 뽑고 뼈바늘로 옷이나 그물 등을 만들기 시작하였어요.

기출 선택지 +α

❻ 반량전, 명도전 등 화폐를 사용하였다. (O / X)
❼ 비파형 동검과 청동 거울 등을 제작하였다. (O / X)
❽ 쟁기, 쇠스랑 등의 철제 농기구를 사용하였다. (O / X)
❾ 빗살무늬 토기에 음식을 저장하기 시작하였다. (O / X)
❿ 정착 생활을 하게 되면서 움집이 처음 만들어졌다. (O / X)

---

2 고조선 정답 ④

(가)에 들어갈 내용으로 가장 적절한 것은? [2점]

#8. 궁궐 안

손자와 대화하며 과거를 회상하는 장면

손자: 할아버지, 어떻게 왕이 되셨나요?
왕: 이 땅에 들어와서 ❶처음에는 국경 수비를 맡았다가 준왕을 몰아내고 왕이 되었지.
손자: 또 무슨 일을 하셨어요?
왕: 왕검성을 중심으로 기반을 정비하고 백성을 받아들여 나라의 내실을 다졌단다. 그리고 (가)

왕검성은 고조선의 도읍이에요. 고조선은 기원전 108년 한 무제의 공격으로 왕검성이 함락되면서 멸망하였어요.

정답 잡는 키워드

❶ 처음에는 국경 수비를 맡았다가 준왕을 몰아내고 왕이 됨 → **위만**

처음에는 국경 수비를 맡았다가 준왕을 몰아내고 왕이 되었다는 내용을 통해 자료의 왕이 고조선의 위만임을 알 수 있어요. 위만은 기원전 2세기경 중국의 진·한 교체기에 연에서 무리를 이끌고 고조선으로 들어왔어요. 준왕의 신임을 얻은 위만은 서쪽 변경의 수비를 담당하면서 세력을 키운 후 준왕을 몰아내고 왕위에 올랐어요. 위만의 집권 이후 고조선은 본격적으로 철기 문화를 수용하고 중국의 한과 한반도 남부 사이에서 중계 무역을 하여 많은 이익을 얻었어요.

① 율령을 반포하여 체제를 정비하였단다.
➡ 율령은 고대 국가의 법률로 '율'은 형법, '령'은 행정 법규를 말해요. **고구려, 백제, 신라**는 고대 국가로 성장하는 과정에서 율령을 반포하고 체제를 정비하였어요.

② 화랑도를 국가적인 조직으로 개편하였단다.
➡ **신라**는 진흥왕 때 인재 양성을 위해 화랑도를 국가적인 조직으로 개편하였어요.

③ 내신좌평 등 여섯 명의 좌평을 거느렸단다.
➡ **백제**는 내신좌평, 위사좌평 등 6좌평의 관제를 마련하였어요.

④ 진번과 임둔을 복속하여 영토를 확대하였단다.
➡ **위만**은 **고조선** 주변 지역의 진번과 임둔을 복속하여 영토를 확대하였어요.

⑤ 지방의 여러 성에 욕살, 처려근지 등을 두었단다.
➡ **고구려**는 지방의 여러 성에 욕살, 처려근지 등의 관리를 두어 다스렸어요.

기출 선택지 +α

❻ 한 무제가 파견한 군대에 맞서 싸웠다. (O / X)
❼ 옥저를 정복하고 동해안으로 진출하였다. (O / X)
❽ 연의 장수 진개의 공격을 받아 영토를 빼앗겼다. (O / X)

핵심 개념 고조선

위만의 집권	위만이 고조선에 들어와 준왕을 몰아내고 왕위 차지
발전	• 철기 문화를 본격적으로 수용 • 진번과 임둔을 복속시켜 세력 확장 • 중국의 한과 한반도 남부의 진 사이에서 중계 무역으로 큰 이익을 얻음 → 한과 대립
멸망	한 무제의 침입 → 기원전 108년 우거왕 때 왕검성이 함락되면서 멸망 → 한이 고조선의 일부 지역에 군현 설치

기출 선택지 +α
정답 ❻ ×[철기 시대] ❼ ○ ❽ ×[철기 시대] ❾ ×[신석기 시대] ❿ ×[신석기 시대]

기출 선택지 +α
정답 ❻ ×[고조선 우거왕] ❼ ×[고구려 태조왕] ❽ ×[기원전 3세기, 위만 집권 이전]

3 부여   정답 ③

다음 자료에 해당하는 나라에 대한 설명으로 옳은 것은? [2점]

> ○ 산릉과 넓은 못[澤]이 많아서 동이 지역에서는 가장 넓고 평탄한 곳이다. …… 사람들은 체격이 크고 성품은 굳세고 용감하며, 근엄·후덕하여 다른 나라를 쳐들어가거나 노략질하지 않는다.
>
> ○ 은력(殷曆) 정월에 지내는 제천 행사는 국중 대회로 날마다 마시고 먹고 노래하고 춤추는데, 그 이름을 ❶영고라 했다.
>
> — "삼국지" 위서 동이전 —

- 고구려의 동맹, 동예의 무천, 삼한의 10월제는 모두 추수가 끝나는 10월에 행해졌으나, 부여의 영고는 은력 정월, 곧 12월에 행해졌어요. 본격적인 사냥철이 시작되는 12월에 제천 행사를 연 것으로 보아 수렵 사회의 전통을 계승한 것으로 짐작됩니다.

정답 잡는 키워드

❶ 영고 → 부여

영고라는 제천 행사를 열었다는 내용을 통해 자료에 해당하는 나라가 부여임을 알 수 있어요. 부여는 만주 쑹화강 일대 평야 지역에서 성장하였어요. 부여에는 순장, 형사취수제 등의 풍습이 있었으며, 엄격한 법이 있어 남의 물건을 훔칠 경우 12배로 갚게 하였어요. 또한, 12월에 영고라는 제천 행사를 열고 죄수를 풀어 주기도 하였어요.

① 신성 지역인 소도가 존재하였다.
  ➡ 삼한에는 제사장인 천군과 신성 지역인 소도가 있었어요.

② 혼인 풍습으로 민며느리제가 있었다.
  ➡ 옥저에는 여자가 어렸을 때 남자 집에서 데려다 키운 후 성인이 되면 남자가 여자 집에 예물을 주고 혼인하는 민며느리제라는 혼인 풍습이 있었어요.

③ 여러 가(加)들이 각각 사출도를 주관하였다.
  ➡ 부여는 5부족 연맹체로, 왕이 중앙을 다스렸고 마가, 우가, 저가, 구가 등의 가(加)들이 각각 사출도를 주관하였어요.

④ 특산물로 단궁, 과하마, 반어피가 유명하였다.
  ➡ 동예는 특산물로 단궁, 과하마, 반어피가 유명하였어요.

⑤ 왕 아래 상가, 대로, 패자 등의 관직이 있었다.
  ➡ 고구려에는 왕 아래 상가, 대로, 패자 등의 관직이 있었고, 여러 대가들이 각기 사자, 조의, 선인 등의 관리를 거느렸어요.

기출 선택지 +α

❻ 정사암에 모여 재상을 선출하였다. (O/X)
❼ 도둑질한 자에게 12배로 배상하게 하였다. (O/X)
❽ 읍락 간의 경계를 중시하는 책화가 있었다. (O/X)
❾ 박, 석, 김의 3성이 교대로 왕위를 계승하였다. (O/X)
❿ 사회 질서를 유지하기 위해 범금 8조를 만들었다. (O/X)

핵심 개념 부여

위치	쑹화강 유역의 평야 지대에서 성장
정치	5부족 연맹체 : 중앙(왕이 통치) + 사출도(마가·우가·저가·구가 등 여러 가들이 통치) → 왕권 미약
경제	농경과 목축 발달
법률	엄격한 법률 : 살인자는 사형, 도둑질을 하면 12배로 배상(1책 12법) 등
풍속	• 순장, 형사취수제(형이 죽으면 형수를 아내로 삼음) • 제천 행사 : 영고(12월, 수렵 사회의 전통 계승)

기출 선택지 +α 정답 ❻ ×[백제] ❼ ◯ ❽ ×[동예] ❾ ×[신라] ❿ ×[고조선]

---

4 백제의 문화유산   정답 ③

(가)~(마) 문화유산에 대한 설명으로 적절하지 않은 것은? [2점]

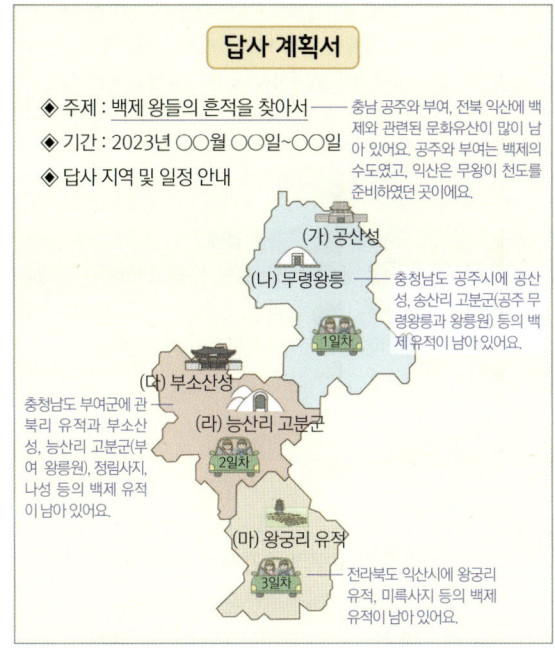

답사 계획서

- ◆ 주제 : 백제 왕들의 흔적을 찾아서 — 충남 공주와 부여, 전북 익산에 백제와 관련된 문화유산이 많이 남아 있어요. 공주와 부여는 백제의 수도였고, 익산은 무왕이 천도를 준비하였던 곳이에요.
- ◆ 기간 : 2023년 ○○월 ○○일~○○일
- ◆ 답사 지역 및 일정 안내
  - (가) 공산성
  - (나) 무령왕릉 — 충청남도 공주시에 공산성, 송산리 고분군(공주 무령왕릉과 왕릉원) 등의 백제 유적이 남아 있어요. 1일차
  - (다) 부소산성
  - (라) 능산리 고분군 — 충청남도 부여군에 관북리 유적과 부소산성, 능산리 고분군(부여 왕릉원), 정림사지, 나성 등의 백제 유적이 남아 있어요. 2일차
  - (마) 왕궁리 유적 — 전라북도 익산시에 왕궁리 유적, 미륵사지 등의 백제 유적이 남아 있어요. 3일차

① (가) - 웅진성이라 불리기도 하였다.
  ➡ 공산성은 백제의 두 번째 수도인 웅진(지금의 공주)을 방어하기 위해 축조된 산성이에요. 백제 시대에는 웅진성으로 불렸다가 고려 시대부터 공산성이라고 불렸어요.

② (나) - 중국 남조의 영향을 받았다.
  ➡ 무령왕릉은 중국 남조의 영향을 받아 벽돌무덤으로 조성되었어요.

③ (다) - 성왕이 전사한 곳이다.
  ➡ 백제 성왕은 554년에 지금의 충청북도 옥천에 있었던 관산성에서 신라군과 싸우다 전사하였어요. 부소산성은 백제의 수도였던 사비(지금의 부여) 방어를 위해 축조된 산성이에요.

④ (라) - 사신도 벽화가 남아 있는 무덤이 발견되었다.
  ➡ 능산리 고분군(부여 왕릉원)은 부여에 있는 백제의 무덤군으로 모두 7기의 무덤이 있어요. 이 가운데 제1호 고분에서 사신도 벽화가 발견되었어요.

⑤ (마) - 수부(首府)라는 글자가 새겨진 기와가 출토되었다.
  ➡ 왕궁리 유적은 익산에 있는 백제의 궁궐터로, 백제 무왕 때 조성된 것으로 추정됩니다. 이곳에서 왕의 거처와 중앙 행정 기구가 있는 곳을 뜻하는 '수부(首府)'라는 글자가 새겨진 기와가 출토되었어요.

5 삼국 통일 과정   정답 ②

(가), (나) 사이의 시기에 있었던 사실로 옳은 것은? [3점]

> (가) 겨울에 왕이 장차 백제를 쳐서 대야성에서의 싸움을 되갚으려고 **❶이찬 김춘추를 고구려에 보내서 군사를 청하였다.** 대야성 전투에서 패하였을 때 도독인 품석의 아내도 죽었는데, 바로 춘추의 딸이었다.
> └ 대야성 함락과 백제군에 의한 딸 부부의 죽음에 충격을 받은 김춘추가 원한을 갚기 위해 고구려에 원병을 청하러 갔어요.
>
> (나) ❷춘추가 무릎을 꿇고 아뢰기를, "…… 만약 폐하께서 천조(天朝)의 군사를 빌려주시어 흉악한 무리를 없애주지 않으신다면 저희 백성은 모두 포로가 될 것이니, 그렇다면 산 넘고 바다 건너 행하는 술직(述職)*도 다시는 바랄 수 없을 것입니다."라고 하였다. ❸당 태종이 매우 옳다고 여겨서 군사의 출정을 허락하였다.
>
> *술직: 제후가 입조하여 천자에게 맡은 직무를 아뢰는 것
> └ 고구려 침략에 거듭 실패한 당 태종이 신라의 제안을 받아들여 나당 동맹이 이루어졌어요.
>
> – "삼국사기" –

정답 잡는 키워드

❶ 김춘추가 고구려에 가서 군사를 청함
→ (가) 김춘추, 고구려에 군사 요청(642)

❷, ❸ 김춘추의 군사 요청을 당 태종이 수락함
→ (나) 김춘추, 당과 동맹 체결(648)

(가)는 김춘추를 고구려에 보내 군사를 청하였다는 내용을 통해 642년 김춘추가 고구려에 건너가 군사 지원을 요청하는 상황임을 알 수 있어요. (나)는 김춘추가 당에 가서 군사를 요청하고 당 태종이 군사의 출정을 허락하는 것으로 보아 나·당 동맹이 체결되는 상황임을 알 수 있어요. 신라는 642년에 백제 의자왕의 공격을 받아 40여 개의 성을 빼앗기고 전략적 요충지인 대야성이 함락되는 위기를 맞았어요. 이에 김춘추를 보내 고구려에 군사 지원을 요청하였으나 고구려는 신라에 빼앗긴 죽령 이북의 영토를 요구하고 김춘추를 억류하였어요. 군사 요청에 실패하고 신라로 돌아온 김춘추는 648년에 당으로 건너가 나·당 동맹을 성사시켰어요. 이후 나·당 연합군은 백제와 고구려를 차례로 멸망시켰어요.

① 문무왕이 안승을 보덕국 왕으로 봉하였다.
→ 고구려 멸망 이후 신라 문무왕은 당의 군대를 몰아내기 위해 고구려 부흥 운동을 지원하였으며, 674년 안승을 금마저(지금의 익산)에 머물게 하고 보덕국 왕으로 봉하였어요.

②안시성의 군사와 백성들이 당군을 물리쳤다.
→ 고구려는 645년에 당 태종의 공격을 받아 요동성과 백암성이 차례로 함락되었지만, 안시성 전투에서 당군을 물리쳤어요.

③ 복신과 도침이 부여풍을 왕으로 추대하였다.
→ 백제 멸망(660) 이후 복신과 도침은 부여풍을 왕으로 추대하고 백제 부흥 운동을 전개하였어요.

④ 계백이 이끄는 군대가 황산벌에서 항전하였다.
→ 계백이 이끄는 백제군이 660년에 황산벌에서 신라군에 맞서 싸웠으나 패배하였어요. 이후 나·당 연합군에 사비성이 함락되면서 백제는 멸망하였어요.

⑤ 진흥왕이 대가야를 정복하여 영토를 확장하였다.
→ 신라 진흥왕은 562년에 대가야를 정복하여 영토를 확장하였어요.

기출 선택지 +α

❻ 흑치상지가 임존성에서 군사를 일으켰다. (O/X)
❼ 사찬 시득이 기벌포에서 당군을 격파하였다. (O/X)
❽ 을지문덕이 살수에서 수의 군대를 크게 물리쳤다. (O/X)

기출 선택지 +α 정답 ❻ ×[660년] ❼ ×[676년] ❽ ×[612년]

---

6 신라 말의 상황   정답 ③

밑줄 그은 '시기'에 있었던 사실로 옳은 것은? [2점]

> ❶최치원이 지은 해인사 묘길상탑기에는 ❷진성 여왕이 다스리던 시기의 혼란스러운 사회상이 묘사되어 있습니다. '전란과 흉년으로 악 중의 악이 없는 곳이 없고 도처에 굶어 죽거나 싸우다 죽은 시신이 널려 있다.'고 한탄하는 내용이 적혀 있습니다.

합천 해인사 길상탑과 그 안에서 나온 묘길상탑기(탁본)

└ 최치원은 진성 여왕 때 해인사 부근에서 있었던 전란으로 사망한 사람들의 넋을 위로하기 위해 세운 길상탑의 탑지인 '해인사 묘길상탑기'를 남겼어요. 이를 통해 신라 말의 혼란한 사회상을 짐작할 수 있어요.

정답 잡는 키워드

❶ 최치원, ❷ 진성 여왕이 다스리던 시기 → 신라 말(9세기 말)

최치원이 해인사 묘길상탑기를 지었으며 진성 여왕이 다스리던 시기라는 내용을 통해 밑줄 그은 '시기'가 신라 말임을 알 수 있어요. 신라 말에 최치원은 당으로 건너가 빈공과에 급제한 후 당에서 관직 생활을 하였어요. 신라로 귀국한 후 진성 여왕에게 사회 개혁을 위한 시무 10여 조를 건의하였으나 진골 귀족들의 반발로 받아들여지지 않자 은둔 생활을 하였어요.

① 원광이 세속 5계를 제시하였다.
→ 원광은 6세기 말 진평왕 때 화랑도의 규범으로 세속 5계를 제시하였어요.

② 이차돈의 순교로 불교가 공인되었다.
→ 6세기 법흥왕 때 이차돈의 순교를 계기로 불교가 공인되었어요.

③원종과 애노가 사벌주에서 봉기하였다.
→ 9세기 말 진성 여왕 때 사벌주에서 일어난 원종과 애노의 봉기를 계기로 농민 봉기가 잇달아 일어났어요.

④ 거칠부가 왕명에 의해 국사를 편찬하였다.
→ 6세기 진흥왕 때 거칠부가 왕명을 받아 역사서인 "국사"를 편찬하였어요.

⑤ 자장의 건의로 황룡사 구층 목탑이 건립되었다.
→ 7세기 전반 선덕 여왕 때 자장의 건의로 황룡사 9층 목탑이 건립되었어요.

기출 선택지 +α

❻ 이사부가 우산국을 정복하였다. (O/X)
❼ 왕의 장인인 김흠돌이 반란을 도모하였다. (O/X)
❽ 최치원이 왕에게 시무 10여 조를 건의하였다. (O/X)

핵심 개념 | 신라 말의 동요

정치 혼란	• 진골 귀족의 왕위 쟁탈전 심화(혜공왕 피살 이후 150여 년간 20여 명의 왕 교체) → 지방 세력의 반란(김헌창의 난, 장보고의 난) • 왕권 약화, 상대등의 권한 강화

새로운 세력의 성장	• 호족: 스스로 성주·장군이라 칭하며 지방의 행정권과 군사권 장악, 독자적인 세력 형성
	  - 1세대: 장보고(법화원, 청해진)
	  - 2세대: 견훤, 궁예
	• 6두품: 골품제의 모순 비판, 최치원의 시무 10여 조 건의 등 개혁 주장 → 호족 세력과 연계, 반신라적 경향

농민 봉기	진성 여왕 시기에 절정 → 원종과 애노의 난(889), 적고적의 난(896) 등

기출 선택지 +α 정답 ❻ ×[6세기 지증왕] ❼ ×[7세기 후반 신문왕] ❽ ○

7 금관가야 정답 ④

(가) 나라에 대한 설명으로 옳은 것은? [2점]

정답 잡는 키워드
❶ 김수로왕에 의해 건국됨, ❷ 김해 봉황동 유적 → **금관가야**

김수로왕에 의해 건국되었다고 전해지며 김해 지역에 유적이 있는 것을 통해 (가) 나라가 금관가야임을 알 수 있어요. 전기 가야 연맹의 맹주였던 금관가야는 지금의 김해 지역에서 성장하였으며, 우수한 제철 기술과 해상 활동에 유리한 입지 조건을 바탕으로 낙랑과 왜를 연결하는 중계 무역으로 번성하였어요. 그러나 4세기 말에 고구려 광개토 태왕이 보낸 고구려군의 공격을 받아 쇠퇴하였어요. 이후 가야 연맹은 대가야를 중심으로 재편되었고, 금관가야는 532년 법흥왕 때 신라에 복속되었어요.

① 집사부를 비롯한 14부를 두었다.
➡ **신라**는 집사부, 위화부, 병부 등 14부의 중앙 부서를 운영하였어요.

② 집집마다 부경이라는 창고가 있었다.
➡ **고구려**에는 집집마다 부경이라는 작은 창고가 있었어요.

③ 대가들이 사자, 조의, 선인을 거느렸다.
➡ **고구려**에서는 대가들이 사자, 조의, 선인 등의 관리를 거느렸어요.

④ 철이 많이 생산되어 낙랑, 왜 등에 수출하였다.
➡ **금관가야**는 철이 풍부하게 생산되어 낙랑, 왜 등에 수출하였으며, 덩이쇠를 화폐처럼 사용하였어요.

⑤ 왕족인 부여씨와 8성의 귀족이 지배층을 이루었다.
➡ **백제**에서는 왕족인 부여씨와 8성의 귀족이 지배층을 이루었어요.

기출 선택지 +α
❻ 법흥왕 때 신라에 복속되었다. (O / X)
❼ 덩이쇠를 화폐처럼 사용하였다. (O / X)
❽ 골품에 따라 관등 승진에 제한이 있었다. (O / X)
❾ 만장일치제로 운영된 화백 회의가 있었다. (O / X)
❿ 오경박사, 의박사, 역박사 등을 일본에 파견하였다. (O / X)

기출 선택지 +α 정답
❻ O ❼ O ❽ X[신라] ❾ X[신라] ❿ X[백제]

---

8 소수림왕의 업적 정답 ①

밑줄 그은 '왕'의 업적으로 옳은 것은? [1점]

> ○ 왕은 이름이 구부이고, **고국원왕**의 아들이다. 신체가 장대하고, 웅대한 지략이 있었다.
> ↳ 소수림왕은 백제 근초고왕의 평양성 공격으로 전사한 아버지 고국원왕의 뒤를 이어 즉위하였어요.
> ○ **진(秦)** 왕 부견이 사신과 승려 순도를 보내 불상과 경문을 주었다. 왕이 사신을 보내 답례로 방물(方物)을 바쳤다. - "삼국사기" -
> ↳ 소수림왕은 전진에서 온 승려 순도를 통해 불교를 받아들였어요.

정답 잡는 키워드
❶ 고국원왕의 아들, ❷ 진 왕이 승려 순도를 보내 불상과 경문을 줌
→ **소수림왕**

고국원왕의 아들이며, 진 왕 부견이 승려 순도를 통해 불상과 경문을 보내오자 답례로 방물을 바쳤다는 내용을 통해 밑줄 그은 '왕'이 고구려 소수림왕임을 알 수 있어요. 4세기 후반 백제와의 전쟁에서 고국원왕이 전사하는 등 국가적 위기 상황에서 즉위한 소수림왕은 불교 수용, 태학 설립, 율령 반포 등을 통해 체제를 정비하고 위기 극복을 위해 노력하였어요. 소수림왕 때의 체제 정비를 바탕으로 고구려는 광개토 태왕과 그 아들 장수왕 시기에 전성기를 이루었어요.

① 태학을 설립하여 인재를 양성하였다.
➡ **소수림왕**은 인재 양성을 위해 국립 교육 기관으로 태학을 설립하였어요.

② 도읍을 국내성에서 평양으로 옮겼다.
➡ **장수왕**은 국내성에서 평양으로 도읍을 옮기고 남진 정책을 본격화하였어요.

③ 서안평을 점령하여 영토를 확장하였다.
➡ **미천왕**은 서안평을 점령하여 영토를 확장하고, 낙랑군과 대방군을 축출하였어요.

④ 영락이라는 독자적인 연호를 사용하였다.
➡ **광개토 태왕**은 '영락'이라는 독자적인 연호를 사용하였어요.

⑤ 을파소를 등용하고 진대법을 시행하였다.
➡ **고국천왕**은 을파소를 등용하고 빈민 구제를 위해 진대법을 시행하였어요.

기출 선택지 +α
❻ 병부와 상대등을 설치하였다. (O / X)
❼ 고흥에게 서기를 편찬하게 하였다. (O / X)
❽ 낙랑군을 축출하여 영토를 확장하였다. (O / X)
❾ 율령을 반포하여 통치 체제를 정비하였다. (O / X)
❿ 백제의 한성을 공격하여 개로왕을 전사시켰다. (O / X)

핵심 개념 | 4~5세기 고구려

미천왕	서안평 점령, 낙랑군과 대방군 축출
고국원왕	전연(선비족)의 침입을 받음, 백제 근초고왕의 공격으로 전사(평양성 전투)
소수림왕	불교 수용(전진의 승려 순도가 전함), 태학 설립, 율령 반포 → 중앙 집권적 체제 정비
광개토 태왕	백제 공격(한강 이북 차지), 신라에 침입한 왜 격퇴, 거란과 후연을 격파하여 요동과 만주 일대 장악, '영락' 연호 사용
장수왕	평양 천도(427), 백제의 한성 함락(→ 백제 개로왕 전사, 백제의 웅진 천도), 한반도 중부 지역까지 영토 확장

기출 선택지 +α 정답
❻ X[신라 법흥왕] ❼ X[백제 근초고왕] ❽ X[고구려 미천왕] ❾ O
❿ X[고구려 장수왕]

킬러 문항

9. 성종 재위 시기의 사실
정답 ②

밑줄 그은 '교서'를 내린 왕의 재위 기간에 볼 수 있는 모습으로 가장 적절한 것은? [3점]

> ❶ 상평창을 양경(兩京)과 12목에 설치하고 교서를 내렸다. "한서 식화지에 '그해가 풍년인지 흉년인지에 따라 곡식을 풀거나 거두어들이는 것을 행한다.'라고 하였다. …… 경시서에 맡겨 곡식을 풀거나 거두어들이도록 하라."
> (고려의 수도인 개경과 서경을 말해요.)

정답 잡는 키워드

❶ 양경과 12목에 상평창 설치 → 성종

양경과 12목에 상평창을 설치하였다는 내용을 통해 밑줄 그은 '교서'를 내린 왕이 고려 성종임을 알 수 있어요. 성종은 물가 조절을 위해 상평창을 설치하였어요. 상평창은 풍년일 때 곡식의 가격이 떨어지면 값을 올려 사들였다가 흉년이 들어 곡식의 가격이 올라가면 싼값에 곡식을 내놓아 가격이 내려가게 하여 물가를 조절하였어요.

① 서적포에서 책을 인쇄하는 관리
➡ 숙종 때 관학 진흥을 위해 국자감에 출판을 담당하는 서적포를 설치하였어요.

② 국자감 학생들을 가르치는 박사
➡ 성종은 개경에 국립 교육 기관으로 국자감을 설립하여 유학 교육을 실시하였어요.

③ 양현고의 재정을 관리하는 관원
➡ 예종 때 관학 진흥을 위해 국자감에 장학 재단인 양현고를 설치하였어요.

④ 9재 학당에서 유교 경전을 읽는 학생
➡ 문종 때 최충은 벼슬에서 물러난 후 사립 교육 기관인 9재 학당을 세웠어요. 9재 학당은 최충의 시호를 따서 문헌공도라고 불리기도 하였어요.

⑤ 청연각의 소장 도서를 분류하는 학사
➡ 예종 때 궁궐 내에 일종의 도서관인 청연각을 설치하였어요.

기출 선택지 +α

❻ 초조대장경을 조판하는 장인 (O/X)
❼ 의창에서 곡식을 빌리는 백성 (O/X)
❽ 도평의사사에서 회의하는 관리 (O/X)
❾ 화통도감에서 화약 무기를 시험하는 군인 (O/X)

기출 선택지 +α 정답 ❻ ×[현종] ❼ ○ ❽ ×[원 간섭기] ❾ ×[우왕]

---

10. 발해의 문화유산
정답 ①

(가) 국가의 문화유산으로 옳은 것은? [2점]

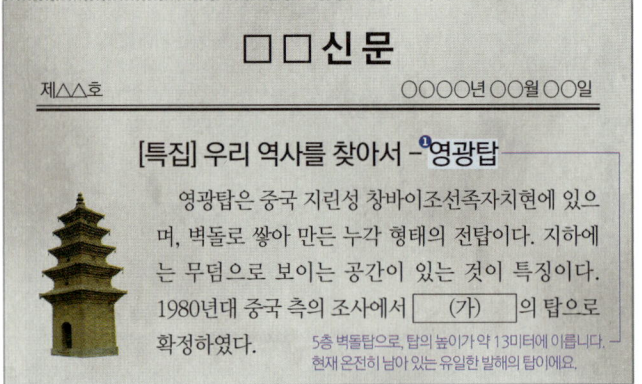

□□신문 제△△호 ○○○○년 ○○월 ○○일

[특집] 우리 역사를 찾아서 – ❶영광탑

영광탑은 중국 지린성 창바이조선족자치현에 있으며, 벽돌로 쌓아 만든 누각 형태의 전탑이다. 지하에는 무덤으로 보이는 공간이 있는 것이 특징이다. 1980년대 중국 측의 조사에서 (가) 의 탑으로 확정하였다.

5층 벽돌탑으로, 탑의 높이가 약 13미터에 이릅니다. 현재 온전히 남아 있는 유일한 발해의 탑이에요.

정답 잡는 키워드

❶ 영광탑 → 발해

중국 지린성에 있는 영광탑이 자료로 제시된 것을 통해 (가) 국가가 발해임을 알 수 있어요. 발해는 고구려 출신 대조영이 고구려 유민과 말갈인을 이끌고 동모산에서 건국한 나라로 고구려 계승 의식을 표방하였어요. 발해의 왕이 일본에 보낸 국서에서 '고려', '고려 국왕'이라는 호칭을 사용하였고, 일본도 발해를 '고려'라고 불렀어요. 또한, 발해 유적지에서 발견된 온돌 유적이나 문화유산이 고구려 양식과 유사한 점으로 볼 때 발해가 고구려 계승 의식을 가졌음을 짐작할 수 있어요.

①  ②  ③

➡ 발해의 불상인 이불병좌상이에요. 고구려 불상 양식의 영향을 받았어요.
➡ 고려의 불상인 영주 부석사 소조 여래 좌상이에요. 신라 양식을 계승하였어요.
➡ 고구려의 불상인 금동 연가 7년명 여래 입상이에요.

④  ⑤

➡ 신라의 불상인 경주 석굴암 본존불상이에요. 신라의 뛰어난 석공 기술을 보여 줍니다.
➡ 고려 말~조선 초에 만들어진 것으로 보이는 금동 관음보살 좌상이에요.

기출 선택지 +α

❻  ❼ ❽

(O/X) (O/X) (O/X)

기출 선택지 +α

정답 ❻ ○[발해, 치미] ❼ ×[신라, 천마도] ❽ ×[백제, 무령왕릉 석수]

11 광종 재위 시기의 사실
정답 ⑤

(가) 왕의 재위 시기에 있었던 사실로 옳은 것은? [1점]

공은 대송(大宋) 강남 천주 출신이다. …… 예빈성 낭중에 임명하고 집 한 채를 내려 주었다.

이것은 고려에 귀화한 채인범의 묘지명으로 현존하는 고려 시대 묘지명 중 가장 오래된 것입니다. ❶ 노비안검법을 실시한 (가) 은/는 채인범, 쌍기 등의 귀화인들을 적극 등용하였습니다.

후주에서 귀화한 쌍기는 ❷ 광종에게 과거제 설치를 건의하였으며, 958년 처음으로 실시된 과거에서 지공거가 되어 과거 시험을 주관하였어요.

정답 잡는 키워드
❶ 노비안검법 실시, ❷ 쌍기 등용 → 광종

노비안검법을 실시하였으며, 쌍기 등의 귀화인을 적극 등용하였다는 내용을 통해 (가) 왕이 고려 광종임을 알 수 있어요. 왕위 계승을 둘러싼 외척 간의 다툼이 이어지는 가운데 즉위한 광종은 왕권 강화를 위해 노력하였어요. 먼저 본래 양인이었다가 억울하게 노비가 된 사람을 조사하여 양인 신분으로 되돌려 주는 노비안검법을 실시하여 공신과 호족 세력을 약화하고 국가 재정을 확충하고자 하였어요. 또한, 쌍기의 건의를 받아들여 과거제를 도입하였으며, 관리의 등급에 따라 관복색을 구분하는 공복을 제정하여 관리의 위계질서를 세웠어요.

① 최승로가 시무 28조를 건의하였다.
  ➡ 성종 때 최승로가 시정 개혁안인 시무 28조를 건의하였어요. 성종은 이를 수용하여 유교 정치 이념을 바탕으로 통치 체제를 정비하였어요.

② 경기에 한하여 과전법이 실시되었다.
  ➡ 공양왕 때 조준 등의 건의로 경기 지역에 한하여 과전법이 처음 실시되었어요. 과전법은 조선 시대로 이어져 시행되었어요.

③ 신돈이 전민변정도감의 판사가 되었다.
  ➡ 공민왕 때 신돈이 전민변정도감의 설치를 건의하였어요. 전민변정도감이 설치되자 신돈은 스스로 판사가 되어 권문세족이 부당하게 빼앗은 토지와 노비를 원래 주인에게 되돌려 주는 개혁을 추진하였어요.

④ 빈민 구제 기관인 흑창이 처음 설치되었다.
  ➡ 태조 때 빈민 구제 기관인 흑창이 처음 설치되었어요. 흑창은 이후 성종 때 의창으로 개칭되었으며 조선 시대까지 이어졌어요.

⑤ 광덕, 준풍 등의 독자적 연호가 사용되었다.
  ➡ 광종 때 '광덕', '준풍' 등의 독자적 연호가 사용되었어요.

기출 선택지 +α
❻ 국가 주도로 해동통보가 발행되었다. (O/X)
❼ 쌍기의 건의로 과거제가 시행되었다. (O/X)
❽ 관리의 규범을 제시한 계백료서가 반포되었다. (O/X)
❾ 경순왕 김부가 경주의 사심관으로 임명되었다. (O/X)
❿ 처음으로 직관·산관 각 품의 전시과가 제정되었다. (O/X)

기출 선택지 +α
정답 ❻ X[숙종] ❼ O ❽ X[태조 왕건] ❾ X[태조 왕건] ❿ X[경종]

---

12 고려의 지방 통치 체제
정답 ③

(가) 시대의 지방 통치 체제에 대한 설명으로 옳은 것은? [2점]

❶ 개경으로 가는 주요 길목인 혜음령에 세워졌던 혜음원에는 행인의 안전한 통행을 위한 숙소와 사원이 있었습니다. 혜음원지를 통해 개경 외에 ❷ 남경, 동경 등이 설치되었던 (가) 시대 원(院)의 모습을 유추할 수 있습니다.

고지도와 항공 사진을 통해 본 혜음원지

정답 잡는 키워드
❶ 개경, ❷ 남경, 동경 등 설치 → 고려 시대

개경 외에 남경, 동경 등이 설치되었다는 내용을 통해 (가) 시대가 고려 시대임을 알 수 있어요. 고려는 수도 개경 외에 몇몇 도시에 수도와 비슷한 기능과 역할을 담당하게 하였어요. 건국 초에 평양을 서경으로 삼아 중시하였으며, 이후 옛 신라의 수도였던 경주를 동경으로 승격시켰어요. 문종 때에는 풍수지리의 영향으로 남경 길지설이 대두되면서 한양을 남경으로 삼았어요. 고려는 여러 차례 지방 행정 제도의 개편을 거쳐 5도 양계의 행정 조직을 정비하고 그 아래 주, 군, 현을 두었어요.

① 22담로에 왕족을 파견하였다.
  ➡ 담로는 백제의 지방 행정 구역이에요. 무령왕은 지방 통제를 강화하기 위해 22담로에 왕족을 파견하였어요.

② 전국에 9주 5소경을 설치하였다.
  ➡ 신라는 통일 이후 전국에 9주 5소경을 설치하여 지방 행정 제도를 정비하였어요.

③ 특수 행정 구역으로 향, 부곡, 소가 있었다.
  ➡ 고려에는 향·부곡·소라는 특수 행정 구역이 있었는데, 이곳의 주민은 거주 이전의 자유가 제한되고 일반 군현민에 비해 더 많은 세금을 내는 등 차별 대우를 받았어요.

④ 지방관을 감찰하기 위하여 외사정을 두었다.
  ➡ 신라는 지방관을 감찰하기 위해 외사정을 파견하였어요.

⑤ 지방 행정 구역을 8도에서 23부로 개편하였다.
  ➡ 조선은 제2차 갑오개혁을 추진하면서 지방 행정 구역을 8도에서 23부로 개편하였어요.

기출 선택지 +α
❻ 전국을 5경 15부 62주로 나누었다. (O/X)
❼ 경재소를 두어 유향소를 통제하였다. (O/X)
❽ 국경 지역인 양계에 병마사를 파견하였다. (O/X)
❾ 상수리 제도를 실시하여 지방 세력을 견제하였다. (O/X)

기출 선택지 +α
정답 ❻ X[발해] ❼ X[조선] ❽ O ❾ X[신라]

13 고려와 여진의 관계
정답 ③

(가)~(다)를 일어난 순서대로 옳게 나열한 것은? [3점]

(가) 금의 군주 아구다가 국서를 보내 이르기를, "형인 금 황제가 아우인 고려 국왕에게 문서를 보낸다. …… 이제는 거란을 섬멸하였으니, 고려는 우리와 형제의 관계를 맺어 대대로 무궁한 우호 관계를 이루기 바란다."라고 하였다.

(나) 윤관이 여진인 포로 346명과 말, 소 등을 조정에 바치고 영주·복주·웅주·길주·함주 및 공험진에 성을 쌓았다. 공험진에 비(碑)를 세워 경계로 삼고 변경 남쪽의 백성을 옮겨 와 살게 하였다.

(다) 정지상 등이 왕에게 아뢰기를, "대동강에 상서로운 기운이 있으니 신령스러운 용이 침을 토하는 형국으로, 천 년에 한 번 만나기 어려운 일입니다. 천심에 응답하고 백성들의 뜻에 따르시어 금을 제압하소서."라고 하였다.

정답 잡는 키워드

❶, ❷ 금이 고려에 형제 관계를 맺을 것을 요구
→ (가) 금의 형제 관계 요구

❸ 윤관이 여진을 정벌하고 영주, 복주 등에 성을 쌓음
→ (나) 윤관의 여진 정벌, 동북 9성 축조

❹, ❺ 정지상 등이 금 제압 주장 → (다) 정지상 등의 금국 정벌 주장

12세기 초 여진이 성장하면서 고려는 국경 지역에서 여진과 자주 충돌하였어요. 숙종 때 윤관의 건의로 여진 정벌을 위한 별무반이 편성되었고, (나) 예종 때 윤관이 별무반을 이끌고 여진을 정벌한 후 동북 9성을 축조하였어요. 그러나 여진이 계속해서 반환을 요청하고 고려에 조공을 바칠 것을 약속하여 1년 만에 여진에 9성 지역을 돌려주었어요. 이후 세력이 강성해진 여진이 (가) 금을 세우고 고려에 형제 관계를 요구하였으며 거란(요)을 멸망시킨 뒤에는 군신 관계까지 요구하였어요. 인종의 외척으로 당시 권력을 장악하고 있던 이자겸은 정권을 유지하고 전쟁을 피하기 위해 금의 요구를 수용하였어요. 이후 이자겸은 반란을 일으켰다가 실패한 후 축출되었어요. 고려는 대내적으로는 왕권이 약화되고 대외적으로는 금의 압박으로 불안정한 상황을 맞았어요. 이때 (다) 정지상, 묘청 등이 인종에게 서경 길지설을 내세워 서경 천도를 건의하고 칭제건원과 금국 정벌 등을 주장하였어요. 서경 세력은 개경 세력의 반발로 서경 천도가 좌절되자 서경에서 반란을 일으켰으나 김부식이 이끄는 관군에 의해 진압되었어요.

① (가) - (나) - (다)
② (가) - (다) - (나)
③ **(나) - (가) - (다)**
→ (나) 윤관의 여진 정벌, 동북 9성 축조 → (가) 금의 형제 관계 요구 → (다) 정지상 등의 금국 정벌 주장
④ (나) - (다) - (가)
⑤ (다) - (나) - (가)

핵심 개념 | 고려와 여진의 관계(12세기)

여진 정벌	여진의 성장, 국경 부근에서 자주 충돌 → 윤관의 건의로 신기군(기병), 신보군(보병), 항마군(승병)으로 구성된 별무반 편성(1104) → 윤관이 별무반을 이끌고 여진 정벌 → 동북 지방에 9성 축조(1107) → 여진의 계속적인 침입과 동북 9성 반환 요청, 여진이 조공을 바치겠다고 약속하여 1년여 만에 여진에 9성 지역을 돌려줌
사대 요구 수용	여진이 금을 세운 뒤 고려에 형제 관계 요구 → 고려가 거절함 → 금이 거란(요)을 멸망시킨 뒤 고려에 군신 관계 요구 → 당시 권력을 장악하고 있던 이자겸이 정권 유지를 위해 금의 사대 요구 수용 → 묘청, 정지상 등의 서경 세력이 금에 대한 사대 비판, 금 정벌 주장

14 역사 속 천문 관련 사례
정답 ④

㉠에 대한 답으로 옳지 않은 것은? [2점]

이것은 하늘의 별자리를 새긴 조선 시대 대표적인 천문도야.

㉠ 한국의 역사에서 천문에 관한 또 다른 사례를 알려 줄래?

천상열차분야지도라는 이름은 천문 현상을 12개 분야로 나누어 차례로 늘어놓았다는 뜻이래.

조선 태조 때 만들어진 천문도입니다. 천문학은 통치자의 권위와 관련이 있으며 천문 현상은 민생의 바탕이 되는 농업에 큰 영향을 주었기 때문에 조선의 역대 왕들은 천문학에 많은 관심을 기울였어요.

① 고구려 무용총에 별자리를 그린 벽화가 있어.
➡ 무용총을 비롯한 고구려의 여러 고분에는 별자리를 그린 벽화가 그려져 있어요. 고구려는 높은 수준의 천문 과학 기술을 가진 것으로 보입니다. 조선 태조 때 제작된 천상열차분야지도는 고구려의 천문도를 바탕으로 하였어요.

② 삼국사기에 일식, 월식에 관한 많은 관측 기록이 있어.
➡ 고려 인종 때 김부식 등이 편찬한 "삼국사기"에는 일식, 월식을 포함한 많은 천문 관측 기록이 수록되어 있어요.

③ 충선왕은 서운관에서 천체 운행을 관측하도록 했어.
➡ 고려 충선왕은 천문, 기상 관측, 역법 등을 담당한 사천감과 태사국을 통합하여 서운관이라 하고, 천체 운행 등 천문 현상을 관측하도록 하였어요.

④ **선조 때는 날아가서 폭발하는 비격진천뢰가 개발되었어.**
➡ 조선 선조 때 이장손이 날아가서 폭발하는 병기인 비격진천뢰를 개발하였어요. 비격진천뢰는 임진왜란 때 사용되어 성과를 거두기도 하였어요.

⑤ 홍대용이 의산문답을 통해 지전설과 무한 우주론을 주장했어.
➡ 조선 후기에 홍대용은 "의산문답"에서 천문에 대한 지식을 바탕으로 지구가 스스로 돈다는 지전설과 지구가 우주의 중심이 아닌 무수한 별 가운데 하나라는 무한 우주론을 주장하며 중국 중심의 세계관을 비판하였어요.

15 삼별초 정답 ④

(가) 군사 조직에 대한 설명으로 옳은 것은? [2점]

> 최우가 집권하면서 설치한 야별초에 소속된 군인이 늘어나자 이를 좌·우별초로 나누었어요.
>
> 이것은 태안 마도 3호선에서 발굴된 죽찰입니다. 적외선 촬영 기법을 통해 상어를 담은 상자를 우□□별초도령시랑 집에 보낸다는 문장이 확인되었습니다. 우□□별초는 우별초로 해석되는데, 우별초는 최씨 무신 정권이 조직한 (가) 의 하나로 시랑은 장군 격인 정4품이었습니다.
>
> 삼별초는 최씨 무신 정권의 군사적 기반이었어요.

앞면 / 앞면 적외선 / 뒷면 / 뒷면 적외선

정답 잡는 키워드

❶ 우별초, ❷ 최씨 무신 정권이 조직 → **삼별초**

우별초가 최씨 무신 정권이 조직한 군사 조직의 하나라는 내용을 통해 (가) 군사 조직이 삼별초임을 알 수 있어요. 삼별초는 최씨 무신 정권의 최우가 개경의 치안 유지를 위해 설치한 야별초에서 비롯된 군사 조직이에요. 야별초는 좌별초와 우별초로 분리되었고, 여기에 몽골군에게 포로로 잡혀갔다가 탈출해 온 병사들로 구성된 신의군이 더해져 삼별초가 편성되었어요.

① 후금의 침입에 대비하고자 창설되었다.
➡ 조선 인조는 후금과의 관계가 악화되자 후금의 침입에 대비하기 위해 **어영청, 총융청, 수어청**을 설치하였어요.

② 원의 요청으로 일본 원정에 참여하였다.
➡ **삼별초의 대몽 항쟁이 진압된 이후** 고려 충렬왕 때 원의 요청으로 **고려군**이 일본 원정에 참여하였어요. 여·원 연합군은 두 차례 일본 원정에 나섰으나 실패하였어요.

③ 신기군, 신보군, 항마군으로 편성되었다.
➡ 고려 숙종 때 윤관의 건의로 여진을 정벌하기 위한 **별무반**이 조직되었어요. 별무반은 기병인 신기군, 보병인 신보군, 승병인 항마군으로 편성되었어요.

④ 진도에서 용장성을 쌓고 몽골에 대항하였다.
➡ 고려 정부가 몽골과 강화를 맺고 개경 환도를 결정하자, **삼별초**는 이에 반발하여 강화도에서 진도로 근거지를 옮겨 용장성을 쌓고 몽골에 대항하였어요. 이후 진도가 함락되자 다시 제주도로 근거지를 옮겨 대몽 항쟁을 이어 갔으나 고려와 몽골 연합군에 의해 진압되었어요.

⑤ 응양군과 용호군으로 구성된 국왕의 친위 부대였다.
➡ 고려의 중앙군인 **2군**은 국왕의 친위 부대로, 응양군과 용호군으로 구성되었어요.

기출 선택지 +α

❻ 거란의 침입에 대비하여 창설되었다. (O/X)
❼ 최씨 무신 정권의 군사적 기반이었다. (O/X)
❽ 국경 지역인 북계와 동계에 배치되었다. (O/X)
❾ 옷깃 색을 기준으로 9개의 부대로 편성되었다. (O/X)

기출 선택지 +α 정답 ❻ ×[광군] ❼ O ❽ ×[주진군] ❾ ×[9서당]

---

16 원 간섭기의 사실 정답 ③

다음 서술형 평가의 답안에 들어갈 내용으로 가장 적절한 것은? [2점]

> **서술형 평가** ○학년 ○○반 이름 : ○○○
>
> ◎ 아래의 인물들이 활동한 시기에 볼 수 있는 사회 모습에 대해 서술하시오.
>
> 원 간섭기에 원에 조공으로 보낼 매를 잡아 기르기 위해 응방이 설치되었어요.
>
> ○ ❶윤수는 응방을 관리하였는데 권력을 믿고 악행을 행하여 사람들로부터 비난받았다.
> ○ 유청신은 몽골어를 익혀 여러 차례 원에 사신으로 가서 공을 세우고 ❷충렬왕의 총애를 받아 장군이 되었다.
> ○ ❸기철과 형제들은 누이동생이 원 순제의 황후가 된 후 국법을 무시하고 횡포를 부렸다.
>
> **답안** 기철은 원 간섭기에 공녀로 원에 끌려갔다가 원 순제의 황후가 된 기황후의 친오빠로, 기황후와 원의 세력을 배경으로 권력을 독점하고 횡포를 부렸어요.

정답 잡는 키워드

❶ 응방, ❷ 충렬왕, ❸ 기철 → **원 간섭기**

'응방', '충렬왕', '기철' 등을 통해 자료의 인물들이 활동한 시기가 고려가 원의 간섭을 받은 원 간섭기임을 알 수 있어요. 몽골은 고려와 강화를 맺은 이후 국호를 '원'으로 바꾸고 고려의 내정에 간섭하였어요. 원은 쌍성총관부, 동녕부, 탐라총관부를 설치하여 고려의 영토 일부를 직접 지배하기도 하였어요. 또한, 일본 원정을 위해 설치한 정동행성을 일본 원정 이후에도 그대로 두어 내정 간섭 기구로 이용하였어요. 이 시기에 고려의 왕이 원의 공주와 혼인하여 고려는 원의 부마국이 되었으며, 왕실 호칭과 관제도 격하되었어요. 원의 요구로 많은 공물을 보내야 하였으며, 많은 고려의 여성이 공녀로 끌려갔어요.

① 왕조 교체를 예언하는 정감록이 유포되었습니다.
➡ **조선 후기**에 사회 혼란이 커지면서 왕조 교체를 예언하는 "정감록"이 유포되었어요.

② 대각국사 의천이 해동 천태종을 개창하였습니다.
➡ **고려 전기 숙종** 때 대각국사 의천이 해동 천태종을 개창하여 교종을 중심으로 선종을 통합하고자 하였어요.

③ 지배층을 중심으로 변발과 호복이 유행하였습니다.
➡ **원 간섭기**에 변발, 호복 등 몽골의 풍습(몽골풍)이 고려의 지배층을 중심으로 유행하였어요.

④ 가혹한 수탈에 저항하여 망이·망소이가 봉기하였습니다.
➡ **무신 집권기인 명종** 때 지배층의 가혹한 수탈에 저항하여 공주의 명학소에서 망이·망소이가 봉기하였어요.

⑤ 상민층이 납속과 공명첩을 활용하여 신분 상승을 꾀하였습니다.
➡ **조선 후기**에 상민층이 납속과 공명첩을 활용하여 신분 상승을 꾀하였어요. 그 결과 양반의 수가 증가하고 상민의 수가 감소하여 양반 중심의 신분 질서가 동요하였어요.

기출 선택지 +α

❻ 권문세족이 도평의사사를 장악하였다. (O/X)
❼ 일본 원정을 위해 정동행성이 설치되었다. (O/X)
❽ 기근에 대비하기 위해 구황촬요가 간행되었다. (O/X)
❾ 이자겸이 왕실의 외척이 되어 권력을 독점하였다. (O/X)

기출 선택지 +α 정답 ❻ O ❼ O ❽ ×[조선 명종] ❾ ×[12세기, 고려 인종]

17 직지심체요절   정답 ②

(가) 문화유산에 대한 설명으로 옳은 것은? [2점]

2023년 프랑스 국립 도서관에서 열린 '인쇄하다! 구텐베르크의 유럽' 전에서 (가) 이/가 공개되었습니다.

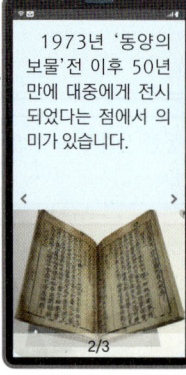
1973년 '동양의 보물'전 이후 50년 만에 대중에게 전시되었다는 점에서 의미가 있습니다.

❷ 승려 백운이 편찬한 불서로 제자들이 ❶ 1377년 청주 흥덕사에서 인쇄하였습니다. 현재 하권만 프랑스에 남아 있습니다.

"직지심체요절"의 정식 명칭은 "백운화상초록불조직지심체요절"로, 고려 말의 승려 백운 화상이 부처와 고승들의 어록에서 중요한 내용을 뽑아서 만든 책이에요.

정답 잡는 키워드
❶ 승려 백운이 편찬, ❷ 1377년 청주 흥덕사에서 인쇄
→ "직지심체요절"

승려 백운이 편찬하였으며 1377년에 청주 흥덕사에서 인쇄하였다는 내용을 통해 (가) 문화유산이 "직지심체요절"임을 알 수 있어요. "직지심체요절"은 고려 말인 1377년 청주 흥덕사에서 금속 활자로 간행되었어요. 19세기에 주한 프랑스 대리 공사였던 콜랭 드 플랑시가 수집하여 프랑스에 가지고 갔으며, 현재 프랑스 국립 도서관에 보관되어 있어요. 프랑스 국립 도서관에서 근무하던 박병선 박사가 "직지심체요절"을 발견하고 연구하여 지금까지 남아 있는 금속 활자본 가운데 세계에서 가장 오래된 것이라는 사실을 밝혀냈어요.

① 신미양요 때 미군이 탈취하였다.
➡ 신미양요 때 미군은 어재연 장군의 장군기인 수자기를 탈취해 갔어요.

②현존하는 최고(最古)의 금속 활자본이다.
➡ "직지심체요절"은 현존하는 세계에서 가장 오래된 금속 활자본으로, 그 가치를 인정받아 유네스코 세계 기록 유산으로 등재되었어요.

③ 거란의 침입을 물리치기 위해 제작하였다.
➡ 고려 현종 때 부처의 힘을 빌려 거란의 침입을 물리치고자 하는 염원을 담아 초조대장경이 만들어졌어요.

④ 장영실, 이천 등이 제작한 활자로 인쇄하였다.
➡ 조선 세종 때 장영실, 이천 등이 왕명으로 금속 활자인 갑인자를 주조하였어요. 이후 "자치통감" 등의 다양한 책이 갑인자로 인쇄되었어요.

⑤ 불국사 삼층 석탑을 보수하는 과정에서 발견되었다.
➡ 불국사 3층 석탑을 보수하는 과정에서 무구정광대다라니경이 발견되었어요. 무구정광대다라니경은 현존하는 세계에서 가장 오래된 목판 인쇄물이에요.

기출 선택지 +α
❻ 세금 수취를 위해 3년마다 작성되었다. (O / X)
❼ 유네스코 세계 기록 유산으로 등재되었다. (O / X)
❽ 현재 프랑스 국립 도서관에 보관되어 있다. (O / X)
❾ 왕의 열람을 위한 어람용이 따로 제작되었다. (O / X)

기출 선택지 +α 정답 ❻ ×[신라 촌락 문서] ❼ ○ ❽ ○ ❾ ×["의궤"]

---

18 정도전의 활동   정답 ④

밑줄 그은 '인물'에 대한 설명으로 옳은 것은? [2점]

- 정도전은 성리학자의 입장에서 불교 교리를 비판한 "불씨잡변"을 지었어요.
- ❶ 불씨잡변을 지어 불교를 비판하였던 인물에 대해 말해 보자.
- ❷ 도성의 축조 계획을 세우고 새 궁궐의 이름을 경복궁이라고 지었어.
- ❸ 제1차 왕자의 난 때 이방원에게 죽임을 당하였지.
- 정도전은 한양 도성 축조 계획을 세우고, 법궁으로 지은 경복궁과 경복궁 내 주요 전각에 이름을 붙였어요.

정답 잡는 키워드
❶ "불씨잡변"을 지어 불교 비판, ❷ 경복궁의 이름을 지음,
❸ 제1차 왕자의 난 때 죽임을 당함 → 정도전

"불씨잡변"을 짓고 경복궁의 이름을 지었으며, 제1차 왕자의 난 때 이방원에게 죽임을 당하였다는 내용을 통해 밑줄 그은 '인물'이 정도전임을 알 수 있어요. 정도전은 이성계를 도와 조선 건국을 주도하였으며, 건국 이후에는 한양 도성의 기본 계획을 세우고 제도를 정비하는 등 국정 운영의 기틀을 마련하였어요. 정도전은 재상 중심의 정치를 강조하였는데, 국왕 중심의 정치를 추구한 이방원이 일으킨 제1차 왕자의 난 때 죽임을 당하였어요.

① 최초의 서원인 백운동 서원을 건립하였다.
➡ 중종 때 풍기 군수 주세붕이 우리나라 최초의 서원인 백운동 서원을 건립하였어요.

② 일본에 다녀와서 해동제국기를 편찬하였다.
➡ 신숙주는 일본에 다녀와서 일본의 정치, 외교, 사회 등을 종합적으로 정리한 "해동제국기"를 편찬하였어요.

③ 성학십도를 지어 군주의 도를 도식으로 설명하였다.
➡ 이황은 선조가 성군이 되기를 바라는 마음으로 군주의 도를 도식으로 설명한 "성학십도"를 지어 바쳤어요.

④조선경국전을 저술하여 통치 제도 정비에 기여하였다.
➡ 정도전은 나라를 다스리는 기준을 종합적으로 서술한 "조선경국전"을 지어 태조에게 바쳤어요.

⑤ 경세유표를 집필하여 국가 제도의 개혁 방향을 제시하였다.
➡ 정약용은 유배 생활을 하면서 "경세유표"를 집필하여 국가 제도의 개혁 방향을 제시하였고, "목민심서"를 저술하여 수령이 지켜야 할 지침을 밝혔어요.

기출 선택지 +α
❻ 지공거 출신으로 9재 학당을 설립하였다. (O / X)
❼ 인재 등용을 위해 현량과 실시를 건의하였다. (O / X)
❽ 기축봉사를 올려 명에 대한 의리를 내세웠다. (O / X)
❾ 경제문감을 저술하고 재상 중심의 정치를 주장하였다. (O / X)

핵심 개념 | 정도전의 활동

활동	• 이성계를 도와 조선 건국을 주도함, 재상 중심의 정치 강조, 조선 초 문물제도 정비에 크게 기여함 • 한양 도성의 기본 계획을 세움, 새 궁궐의 이름을 경복궁이라 지음
저서	"조선경국전"(태조 이성계에게 지어 바친 법전), "경제문감"(정치 철학서), "불씨잡변"(불교 이론 비판) 등 저술

기출 선택지 +α 정답 ❻ ×[최충] ❼ ×[조광조] ❽ ×[송시열] ❾ ○

19 세조의 정책   정답 ②

(가) 왕에 대한 설명으로 옳은 것은? [3점]

> 작품명 : 출기파적도(出奇破賊圖)
>
> 이 그림은 ❶이시애가 일으킨 반란을 좌대장 어유소가 진압하는 상황을 표현한 것이다. 이시애는 ____(가)____ 의 호패법 재실시 등 중앙의 통제 강화에 반발하여 함길도에서 반란을 일으켰다.
>
> 이시애의 난 과정에서 유향소를 중심으로 현지의 토착 세력이 결집하여 중앙의 통제에 반발하자 세조는 난을 진압한 후 유향소를 폐지하였어요.

정답 잡는 키워드

❶ 이시애가 반란을 일으킴 → 세조 때

이시애가 반란을 일으켰다는 내용을 통해 (가) 왕이 조선 세조임을 알 수 있어요. 조선은 중앙에서 지방관을 파견하였으나 함길도 지역은 국경 지역에 접해 있는 특수한 사정을 고려하여 명망 있는 토착 세력을 지방관으로 임명하였어요. 그러나 세조가 중앙 집권 체제를 강화하면서 현지 출신 수령을 점차 줄이고 중앙에서 직접 관리를 파견하였어요. 이에 불만을 품은 함길도 토착 세력 이시애가 길주를 근거지로 반란을 일으켰어요. 세조는 이시애의 반란을 진압하고 유향소를 폐지하였어요.

① 주자소를 설치하여 계미자를 주조하였다.
  ➡ 태종은 활자 주조 관청인 주자소를 설치하여 계미자를 주조하였어요.

②현직 관리를 대상으로 직전법을 실시하였다.
  ➡ 세조는 수신전, 휼양전 등의 명목으로 토지가 세습되어 새 관리에게 지급할 토지가 부족해지자 현직 관리에게만 수조권을 지급하는 직전법을 실시하였어요.

③ 조선의 기본 법전인 경국대전을 완성하였다.
  ➡ 성종은 세조 때부터 편찬을 시작한 "경국대전"을 완성하여 통치 체제를 정비하였어요.

④ 기유약조를 체결하여 일본과의 무역을 재개하였다.
  ➡ 광해군은 기유약조를 체결하여 임진왜란으로 중단되었던 일본과의 무역을 재개하였어요.

⑤ 폐비 윤씨 사사 사건을 빌미로 갑자사화를 일으켰다.
  ➡ 연산군은 폐비 윤씨 사사 사건을 빌미로 갑자사화를 일으켜 생모 윤씨의 폐위와 죽음에 관여한 훈구와 사림 세력을 탄압하였어요.

기출 선택지 +α

❻ 준천사를 신설하여 홍수에 대비하였다.   (O/X)
❼ 대전통편을 편찬하여 통치 체제를 정비하였다.   (O/X)
❽ 단종 복위 운동을 계기로 집현전을 폐지하였다. (O/X)
❾ 문하부 낭사를 분리하여 사간원으로 독립시켰다. (O/X)

기출 선택지 +α 정답 ❻ X[영조] ❼ X[정조] ❽ O ❾ X[태종]

20 임진왜란   정답 ③

(가) 전쟁에 대한 탐구 활동으로 가장 적절한 것은? [1점]

전쟁과 귀화인

김충선 / 천만리

❶(가) 당시 ❷일본군 사야가는 조선에 항복한 후 조총 기술의 보급 등에 기여하였다. 이후 공을 인정받아 김충선이라는 이름을 하사받았다.

❸명의 장수로 (가) ❹에 참전한 천만리는 평양성, 울산성 등의 전투에서 공을 세우고 조선에 남았다. 전공이 인정되어 화산군에 봉해졌다.

임진왜란 당시 조총의 위력을 실감했던 조선 정부는 투항한 일본인들을 통하여 조총 제작 기술을 알아내고, 노획한 조총을 분석하는 등 조총의 제작에 힘을 기울였어요.

정답 잡는 키워드

❶, ❷ 일본군 사야가가 항복 후 조총 기술의 보급에 기여함,
❸, ❹ 명의 장수로 평양성, 울산성 등의 전투에서 공을 세움
→ 임진왜란

일본군 김충선과 명의 장수 천만리가 조선에 귀화하였다는 내용을 통해 (가) 전쟁이 임진왜란임을 알 수 있어요. 1592년에 일본군이 조선을 침략하면서 임진왜란이 발발하였어요. 전쟁 초기에 조선은 수도 한성이 함락되고 선조가 의주로 피란하는 등 위기를 맞았어요. 그러나 이순신이 이끄는 수군과 각지에서 일어난 의병의 활약, 그리고 명의 지원으로 전세를 역전시킬 수 있었어요. 일본은 조·명 연합군의 반격으로 전세가 불리해지자 명과 휴전 협상을 진행하였어요. 휴전 협상은 3년에 걸쳐 진행되었으나 결렬되었어요. 이에 일본군이 다시 조선을 침략하여 정유재란이 일어났어요. 정유재란 중 도요토미 히데요시가 사망하자 일본군은 본국으로 철수하였고, 이순신이 노량 해전에서 크게 승리하면서 7년여에 걸친 전쟁이 끝이 났어요.

① 나선 정벌의 전적지를 검색한다.
  ➡ 효종 때 청과 러시아(나선) 사이에 국경 분쟁이 일어나 청이 조선에 지원군을 요청하였어요. 이에 효종은 두 차례에 걸쳐 조총 부대를 파견하였어요. 나선 정벌에 나섰던 조총 부대는 청군과 연합하여 흑룡강 일대에서 러시아군을 격퇴하였어요.

② 북학론이 끼친 영향을 파악한다.
  ➡ 조선 후기에 홍대용, 박제가 등은 청의 앞선 문물을 받아들여 조선을 발전시키자는 북학론을 제기하였어요.

③명량 해전의 승리 요인을 분석한다.
  ➡ 정유재란 당시 이순신이 이끄는 수군이 불리한 전황에도 불구하고 명량에서 일본 수군을 크게 격파하였어요.

④ 삼정이정청의 활동 내용을 찾아본다.
  ➡ 철종 때 진주 농민 봉기를 시작으로 임술 농민 봉기가 일어났어요. 조선 정부는 사태 수습을 위해 파견한 안핵사 박규수의 건의에 따라 삼정이정청을 설치하여 봉기의 주요 원인이었던 삼정의 문란을 시정하고자 하였어요.

⑤ 4군과 6진을 개척한 과정을 알아본다.
  ➡ 세종 때 최윤덕과 김종서가 여진을 정벌하고 4군 6진을 개척하였어요.

21 조식의 활동   정답 ①

(가)의 활동으로 옳은 것은? [3점]

> 문학으로 만나는 역사 인물
>
> 請看千石鐘
> 非大扣無聲
> 爭似頭流山
> 天鳴猶不鳴
>
> 천 석 들어가는 큰 종을 보소서
> 크게 치지 않으면 소리가 없다오
> 어떻게 해야만 두류산*처럼
> 하늘이 울어도 울지 않을까
>
> * 두류산 : 지리산의 별칭
>
> [해설]
> (가) 이/가 만년에 지리산 기슭 산천재에서 학문을 연구하고 제자들을 가르치며 지은 시이다. 지리산에 빗대어 자신의 높은 기상을 표현하였다. 그의 ❶호는 남명으로, ❷조선 중기 경상우도의 대표적인 성리학자로 알려져 있다. 평소 경(敬)과 의(義)를 강조하며 ❸학문의 실천성을 강조하였다.

붕당 형성 과정에서 조식과 이황의 학문을 따르는 영남 지역의 사림이 주로 동인을 이루었어요.

정답 잡는 키워드
❶ 호 '남명', ❷ 조선 중기 경상우도의 대표적인 성리학자, ❸ 학문의 실천성 강조 → 조식

호가 '남명'이며, 조선 중기 경상우도의 대표적인 성리학자로 학문의 실천성을 강조하였다는 내용을 통해 (가) 인물이 조식임을 알 수 있어요. 조선 중기의 성리학자 조식은 관직에 나아가지 않고 평생을 학문 연구와 후진 양성에 힘썼어요. 조식은 '경(敬)'으로 마음을 곧게 하고 '의(義)'로서 실천할 것을 강조하면서 아는 데에서 그치지 않고 실행에 옮기는 것을 중시하였어요. 조식의 사상은 지리산을 중심으로 경상우도의 특징적인 학풍을 이루었으며, 안동을 중심으로 한 경상좌도의 대표적 성리학자인 이황과 함께 영남 유학을 대표하였어요.

① 곽재우, 정인홍 등의 제자를 배출하였다.
→ 조식의 실천을 강조하는 가르침은 곽재우, 정인홍 등의 제자들에게 영향을 주었어요. 이들은 임진왜란 당시 의병을 일으켜 활약하였어요.

② 기기도설을 참고하여 거중기를 설계하였다.
→ 정약용은 "기기도설"을 참고하여 거중기를 설계하였어요. 정약용이 설계한 거중기는 수원 화성 축조에 사용되기도 하였어요.

③ 위훈 삭제를 주장하여 훈구 세력의 반발을 샀다.
→ 조광조는 위훈 삭제를 주장하여 훈구 세력의 반발을 샀어요. 이로 인해 일어난 기묘사화로 조광조 일파가 제거되었어요.

④ 북학의를 저술하여 수레와 배의 이용을 권장하였다.
→ 박제가는 "북학의"를 저술하여 수레와 배의 이용을 권장하고 청 문물의 수용을 강조하였어요.

⑤ 양명학을 체계적으로 연구하여 강화학파를 형성하였다.
→ 조선 후기에 정제두는 양명학을 체계적으로 연구하여 강화학파를 형성하였어요.

기출 선택지 +α
❻ 반계수록에서 토지 제도 개혁론을 제시하였다. (O / X)
❼ 우서에서 사농공상의 직업적 평등을 주장하였다. (O / X)
❽ 동호문답에서 수취 제도의 개혁 등을 제안하였다. (O / X)
❾ 예안 향약을 시행하여 향촌 교화를 위해 노력하였다. (O / X)

기출 선택지 +α 정답 ❻ ×[유형원] ❼ ×[유수원] ❽ ×[이이] ❾ ×[이황]

---

22 세종 재위 시기의 사실   정답 ②

밑줄 그은 '왕'의 재위 기간에 있었던 사실로 옳은 것은? [2점]

> 〈역사 다큐멘터리 제작 기획안〉
>
> **조선, 전국적인 규모의 여론 조사를 실시하다!**
>
> ■ 기획 의도
> 여론 조사를 통해 정책을 추진하려는 ❶왕의 모습에서 '민본'의 의미를 생각해 본다.
>
> ■ 장면별 주요 내용
> #1. 왕은 관리와 백성을 대상으로 공법 시행에 대한 전국적인 찬반 조사를 명하다.
> #2. 호조에서 찬성 98,657명, 반대 74,149명이라는 결과를 보고하다.
> #3. 여러 차례 보완을 거쳐 ❷토지의 비옥도와 풍흉에 따라 조세를 차등 징수하는 내용의 공법을 확정하다.

세종은 토지의 비옥도에 따라 6등급으로 나누고(전분6등법), 풍흉에 따라 9등급으로 나누어(연분9등법) 조세를 부과하는 공법을 시행하였어요.

정답 잡는 키워드
❶ 공법 시행에 대한 여론 조사 실시, ❷ 토지의 비옥도와 풍흉에 따라 조세를 차등 징수하는 공법 확정 → 세종

공법 시행에 대한 여론 조사를 실시하였으며, 토지의 비옥도와 풍흉에 따라 조세를 차등 징수하는 내용의 공법을 확정하였다는 내용을 통해 밑줄 그은 '왕'이 조선 세종임을 알 수 있어요. 세종은 전세의 효율적인 수취를 위해 공법을 제정하였어요.

① 세계 지도인 혼일강리역대국도지도가 제작되었다.
→ 태종 때 세계 지도인 혼일강리역대국도지도가 제작되었어요. 혼일강리역대국도지도는 현존하는 동양에서 가장 오래된 세계 지도입니다.

② 각지의 농법을 작물별로 정리한 농사직설이 간행되었다.
→ 세종 때 각지 농민의 경험을 바탕으로 우리 풍토에 맞는 농법을 정리한 "농사직설"이 간행되었어요.

③ 유능한 인재를 양성하기 위해 초계문신제가 시행되었다.
→ 정조 때 인재 양성을 위해 젊은 문신들을 뽑아 재교육하는 초계문신제가 시행되었어요.

④ 우리나라와 중국의 의서를 망라한 동의보감이 완성되었다.
→ 광해군 때 우리나라와 중국의 의서를 망라하여 전통 한의학을 집대성한 "동의보감"이 완성되었어요.

⑤ 전국의 지리, 풍속 등이 수록된 동국여지승람이 편찬되었다.
→ 성종 때 각 지역의 역사와 산물, 풍속 등을 기록한 "동국여지승람"이 편찬되었어요.

기출 선택지 +α
❻ 부민고소금지법이 제정되었다. (O / X)
❼ 금속 활자인 갑인자가 제작되었다. (O / X)
❽ 국가의 의례를 정비한 국조오례의가 완성되었다. (O / X)
❾ 한양을 기준으로 천체 운동을 계산한 칠정산이 편찬되었다. (O / X)

기출 선택지 +α 정답 ❻ ○ ❼ ○ ❽ ×[성종] ❾ ○

23 조선 후기의 사회 모습 정답 ①

다음 상황이 나타난 시기에 볼 수 있는 모습으로 적절하지 않은 것은? [1점]

> 송파 산대놀이는 서울과 경기 지방에서 성행한 탈놀음입니다.
>
> 송파장에 왔으니 ① 산대놀이 보고 가자.
>
> 송파장에 사람들도 많고 ② 상평통보도 두둑이 챙겨서 좋네.
>
> 쌀 팔고 ③ 고추, 담배 사러 왔는데 이런 구경도 하게 되는군.

조선 후기에 고추, 담배 등이 상품 작물로 재배되어 벼농사에 비해 높은 소득을 올리는 소득원이 되었어요. 상품 작물 재배로 일부 농민이 부농층으로 성장하기도 하였어요.

정답 잡는 키워드

❶ 산대놀이, ❷ 상평통보, ❸ 고추, 담배 → 조선 후기

송파장에서 산대놀이를 하고 있으며, 상평통보가 유통되고 사람들이 고추와 담배를 사러 왔다고 말하는 내용을 통해 자료의 상황이 나타난 시기가 조선 후기임을 알 수 있어요. 조선 후기에 상품 유통이 활발해지면서 전국 곳곳에서 장시가 열렸고, 일부 장시는 상설 시장으로 발전하였어요. 특히 송파장, 강경장, 원산장 등은 몇 개의 군현을 연결하는 상업의 중심지로 성장하였어요. 또한, 상업이 발달하면서 화폐 사용이 활발해져 상평통보가 전국적으로 유통되었어요. 농업에서는 시장에 내다 팔기 위한 고추, 담배, 면화 등이 상품 작물로 재배되었어요.

①**벽란도**에서 인삼을 사는 송의 상인
➡ **고려 시대**에 예성강 하구의 벽란도가 국제 무역항으로 번성하여 송과 일본 상인뿐 아니라 아라비아 상인도 왕래하였어요.

② 호랑이를 소재로 민화를 그리는 화가
➡ **조선 후기**에 건강과 장수 등을 바라는 민중의 소박한 기원을 담은 호랑이, 까치 등을 소재로 한 민화가 유행하였어요.

③ 광산 노동자에게 품삯을 나눠 주는 덕대
➡ **조선 후기**에 물주로부터 자본을 받아 광산을 전문적으로 경영하는 덕대가 등장하였어요.

④ 여러 장시를 돌며 물품을 판매하는 보부상
➡ **조선 후기**에 여러 장시를 돌며 물품을 판매하는 보부상이 전국의 장시를 하나의 유통망으로 연결하는 역할을 하였어요.

⑤ 저잣거리에서 영웅 소설을 읽어 주는 전기수
➡ **조선 후기**에 한글 소설이 유행하면서 사람들이 많이 모이는 곳에는 돈을 받고 전문적으로 책을 읽어 주는 직업인 전기수가 있었어요.

24 영조의 정책 정답 ⑤

다음 왕에 대한 설명으로 옳은 것은? [2점]

초상과 어진으로 만나는 조선의 왕

왼편은 연잉군 시절인 20대의 초상이며 오른편은 50대의 어진이다. 그는 즉위 후 탕평 교서를 반포하고 ❶탕평비를 건립하였다. ❷준천사를 신설하여 홍수에 대비하였으며, ❸신문고를 다시 설치하여 백성들의 억울함을 듣고자 하였다.

> 신문고는 백성들의 억울한 일을 해결해 줄 목적으로 대궐 밖에 달았던 북이에요. 조선 태종 때 처음 설치되었어요.

정답 잡는 키워드

❶ 탕평비 건립, ❷ 준천사 신설, ❸ 신문고 재설치 → 영조

탕평비를 건립하였으며, 준천사를 신설하고 신문고를 다시 설치하였다는 내용을 통해 자료의 왕이 조선 영조임을 알 수 있어요. 연잉군 시절 왕세제로 책봉되어 노론과 소론 사이의 갈등 속에 붕당 정치의 폐단을 직접 겪은 영조는 즉위 후 붕당을 없애려는 자신의 뜻에 동의하는 탕평파를 중심으로 정국을 운영하였어요. 탕평 정치에 대한 자신의 의지를 보이기 위해 탕평비를 세우기도 하였습니다. 영조는 각 붕당의 사상적 지주였던 산림의 존재를 부정하고 서원을 정리하였어요. 또한, 준천사를 신설하고 홍수에 대비하기 위해 청계천을 준설하였으며, 신문고를 다시 설치하고 지나친 형벌을 금지하였어요.

① 통치 체제를 정비하기 위해 **대전회통**을 편찬하였다.
➡ **고종** 때 흥선 대원군은 "속대전"과 "대전통편" 편찬 이후 추가된 각종 법규를 보완하여 "대전회통"을 편찬하였어요.

② 왕권 강화를 위해 친위 부대인 **장용영**을 설치하였다.
➡ **정조**는 왕권 강화를 위해 친위 부대인 장용영을 설치하고 수원 화성에 장용영 외영을 두었어요.

③ 각 궁방과 중앙 관서의 **공노비 6만여 명**을 해방하였다.
➡ **순조**는 국가 재정을 확충하기 위해 각 궁방과 중앙 관서의 공노비 6만여 명을 해방하였어요.

④ 어영청을 중심으로 국방력을 강화하고 **북벌**을 추진하였다.
➡ **효종**은 어영청을 중심으로 국방력을 강화하고 청에 당한 치욕을 씻기 위한 북벌을 추진하였으나 실현하지는 못하였어요.

⑤**균역법**을 시행하여 백성들의 군역 부담을 줄여 주고자 하였다.
➡ **영조**는 백성들의 군역 부담을 줄여 주기 위해 군포를 1년에 1필만 납부하게 하는 균역법을 시행하였어요.

기출 선택지 +α

❻ 청과의 경계를 정한 백두산정계비를 세웠다. (O / X)
❼ 속대전을 편찬하여 통치 제도를 정비하였다. (O / X)
❽ 신해통공으로 시전 상인의 특권을 축소하였다. (O / X)
❾ 역대 문물을 정리한 동국문헌비고를 편찬하였다. (O / X)
❿ 전세를 1결당 4~6두로 고정하는 영정법을 제정하였다. (O / X)

기출 선택지 +α 정답 ⑥ X [숙종] ⑦ O ⑧ X [정조] ⑨ O ⑩ X [인조]

25 승정원 정답 ④

(가) 관서에 대한 설명으로 옳은 것은? [2점]

> **체험 활동 소감문**
>
> 2023년 12월 2일 ○○○
>
>
> 지난 토요일에 '승경도' 놀이를 체험했다. 승경도는 조선 시대 관직 이름을 적은 놀이판이다. 윷을 던져 말을 옮기는데, 승진을 할 수도 있지만 자칫하면 파직이 되거나 사약까지 받을 수 있어 흥미진진했다.
>
> 놀이 규칙에 은대법이 있는데, ❶ (가) 을/를 총괄하는 도승지 자리에 도착한 사람은 당하관 자리에 있는 사람들이 던진 윷의 결괏값을 이용할 수 있는 규칙이다. ❷ 은대가 무엇인지 몰랐는데, (가) 을/를 뜻함을 알게 되었다. 〔승정원에는 도승지, 좌승지, 우승지, 좌부승지, 우부승지, 동부승지 모두 6인의 승지가 있었어요.〕

정답 잡는 키워드
❶ 도승지가 총괄, ❷ 은대 → **승정원**

도승지가 총괄하는 관서라는 내용과 '은대'를 통해 (가) 관서가 조선의 중앙 정치 기구인 승정원임을 알 수 있어요. 은대는 승정원의 별칭이었습니다. 이 때문에 승정원의 소속 관원을 은대 학사라고도 불렀어요. 승정원에는 도승지를 비롯하여 6명의 승지가 있어 각각 6조의 일을 나누어 맡았는데, 왕명으로 각 승지의 업무는 수시로 변경되기도 하였어요.

① 수도의 행정과 치안을 맡아보았다.
→ 한성부는 수도의 행정과 치안을 맡아보았어요.

② 재상들이 합의하여 국정을 총괄하였다.
→ 의정부는 재상들의 합의로 국정을 총괄하는 최고 관서였어요.

③ 반역죄, 강상죄를 범한 중죄인을 다스렸다.
→ 의금부는 국왕 직속 사법 기구로 반역죄, 강상죄를 범한 중죄인을 다스렸어요.

④ 왕의 비서 기관으로 왕명의 출납을 담당하였다.
→ 승정원은 왕의 비서 기관으로 왕명의 출납을 담당하였으며, 은대, 정원, 후원, 대언사 등으로 불리기도 하였어요.

⑤ 외적의 침입에 대비하기 위한 임시 기구로 설치되었다.
→ 비변사는 중종 때 외적의 침입에 대비하기 위한 임시 기구로 설치되었으나 임진왜란을 겪으면서 국정을 총괄하는 기구로 변화하였어요.

기출 선택지 +α
❻ 업무 일지인 내각일력을 작성하였다. (O/X)
❼ 소속 관원을 은대 학사라고도 칭하였다. (O/X)
❽ 외국으로 가는 사신의 통역을 전담하였다. (O/X)

기출 선택지 +α 정답 ❻ ×[규장각] ❼ ○ ❽ ×[사역원]

---

26 예송 정답 ④

다음 상황이 나타난 시기를 연표에서 옳게 고른 것은? [3점]

> ○ 송준길이 아뢰었다. "적처(嫡妻) 소생이라도 둘째부터는 서자입니다. …… ❶ 둘째 아들은 비록 왕통을 계승하였더라도 (그를 위해서는) 3년복을 입어서는 안 됩니다." 〔"주자가례"에 따르면 장남이 죽으면 그 어머니는 3년복을 입고, 차남 이하 아들이 죽으면 1년복(기년복)을 입어야 하였어요.〕
>
> ○ 허목이 상소하였다. "장자를 위해 3년복을 입는다는 것은 위로 쳐서 정체(正體)이기 때문입니다. …… ❷ 첫째 아들이 죽어서 적처 소생의 둘째를 세우는 것도 역시 장자라고 부릅니다."

정답 잡는 키워드
❶ 둘째 아들은 왕통을 계승하였더라도 3년복을 입어서는 안 됨,
❷ 첫째 아들이 죽어서 적처 소생의 둘째를 세우는 것도 역시 장자라고 부름 → **1차 예송(현종 때)**

왕통을 계승하였더라도 장자가 아니라 둘째 아들이기 때문에 3년복을 입어서는 안 된다는 주장과 첫째 아들이 죽어서 적처 소생의 둘째를 세우는 것도 역시 장자라고 부른다는 주장이 제기된 것으로 보아 조선 현종 때 일어난 1차 예송(기해예송)과 관련된 상황임을 알 수 있어요.

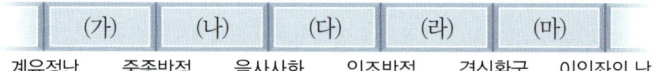

(가)	(나)	(다)	(라)	(마)
계유정난	중종반정	을사사화	인조반정	경신환국	이인좌의 난

➡ 예송은 서인과 남인 사이에서 벌어진 왕실 의례에 대한 논쟁이었으나, 인조의 뒤를 이어 차남으로 왕위를 계승한 효종의 정통성과 관련된 정치적 논쟁이기도 하였어요. 예송은 현종 때 효종과 효종 비의 장례를 두고 두 차례 일어났는데 서인은 왕실도 사대부의 예에 따라 효종을 차남으로 대우하여야 한다고 주장하였으며, 남인은 왕실과 사대부의 예는 다르므로 효종에게 장자의 예를 적용해야 한다고 주장하였어요. 이에 따라 효종이 사망하였을 때 일어난 1차 예송(기해예송) 당시 인조의 계비였던 자의 대비의 상복 입는 기간을 두고 서인은 1년복(기년복)을, 남인은 3년복을 주장하였어요. 이때에는 서인의 주장이 받아들여져 서인이 정치 주도권을 잡게 되었어요. 이후 효종 비가 사망하였을 때 일어난 2차 예송(갑인예송)에서는 남인의 주장이 받아들여졌어요. 현종의 뒤를 이어 즉위한 숙종 때 경신환국이 일어나 서인이 허적과 윤휴 등 남인을 대거 몰아내고 정권을 장악하였습니다.

따라서 예송이 나타난 시기는 인조반정과 경신환국 사이인 ④ (라)입니다.

① (가) ② (나) ③ (다) ④ (라) ⑤ (마)

연표로 흐름잡기

1623	인조반정 → 광해군 축출, 인조 즉위
1627	정묘호란 발발
1636	병자호란 발발(~1637)
1649	효종 즉위
1659	현종 즉위, 1차 예송(기해예송)
1674	2차 예송(갑인예송), 숙종 즉위
1680	경신환국(서인 집권)

27 종묘   정답 ②

(가) 문화유산에 대한 설명으로 옳은 것은? [1점]

이 건물은 (가) 의 정전입니다. (가) 은/는 태조 이성계가 개경에 처음 세웠는데, 도읍을 한양으로 옮긴 후 지금의 위치에 건립하였습니다. 사직과 더불어 왕조 국가를 표현하는 상징이었습니다.

종묘는 사직과 함께 왕조 국가를 표현하는 상징으로, 종묘사직은 곧 국가 자체를 의미합니다. 경복궁을 중심으로 왼쪽에 종묘, 오른쪽에 사직단을 세웠어요(좌묘우사).

정답 잡는 키워드

❶ 정전, ❷ 사직과 더불어 왕조 국가를 표현하는 상징 → 종묘

정전이 있으며, 사직과 더불어 왕조 국가를 표현하는 상징이라는 내용을 통해 (가) 문화유산이 종묘임을 알 수 있어요. 조선을 건국한 태조 이성계는 왕실의 정통성을 확립하고 효를 실천하기 위해 한양으로 천도하면서 가장 먼저 종묘를 세웠어요. 종묘의 정전은 가로로 길게 이어져 있는 구조로, 총 19칸으로 구성되어 있는데 우리나라에서 가장 긴 목조 건물입니다. 종묘는 역사적 가치와 건축적 예술성을 인정받아 유네스코 세계 유산으로 등재되었어요.

① 경내에 조선 총독부 청사가 세워졌다.
➡ 국권 피탈 이후 일제에 의해 경복궁의 경내에 조선 총독부 청사가 세워졌어요.

② 역대 국왕과 왕비의 신주가 모셔져 있다.
➡ 종묘는 조선 시대 역대 국왕과 왕비의 신주를 모시고 제사를 지내던 공간이에요. 정전과 영녕전에 연산군과 광해군을 제외한 왕과 왕비의 신주가 모셔져 있어요.

③ 대성전과 명륜당을 중심으로 구성되어 있다.
➡ 조선 시대의 교육 기관인 성균관과 향교는 공자를 비롯한 성현의 위패를 모신 대성전과 학생들을 가르치는 강당인 명륜당, 그리고 부속 건물로 구성되었어요.

④ 일제 강점기에 창경원으로 격하되기도 하였다.
➡ 일제는 창경궁을 훼손하고 내부에 동물원과 식물원을 설치하였어요. 또한, 궁궐의 이름을 창경원으로 격하시켰어요.

⑤ 토지와 곡식의 신에게 제사를 지내는 공간이다.
➡ 사직단은 토지의 신인 사(社)와 곡식의 신인 직(稷)에게 제사를 지내는 공간이에요.

기출 선택지 +α

❻ 후원에 왕실 도서관인 규장각이 있었다. (O / X)
❼ 조선 물산 공진회 개최 장소로 이용되었다. (O / X)
❽ 신농씨와 후직씨에게 풍년을 기원하는 곳이다. (O / X)

기출 선택지 +α 정답 ❻ ×[창덕궁] ❼ ×[경복궁] ❽ ×[선농단]

---

28 조선 시대 역관   정답 ⑤

(가)에 들어갈 대답으로 적절한 것은? [2점]

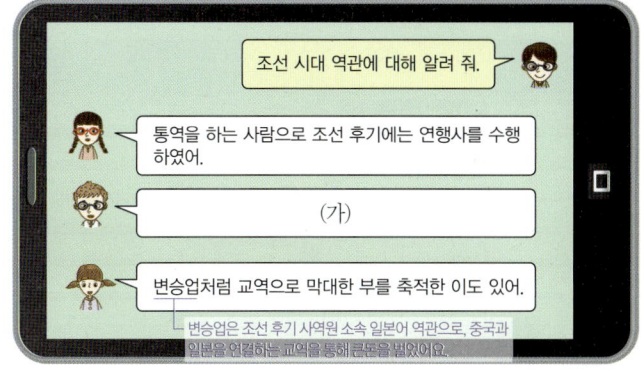

조선 시대 역관에 대해 알려 줘.
- 통역을 하는 사람으로 조선 후기에는 연행사를 수행하였어.
- (가)
- 변승업처럼 교역으로 막대한 부를 축적한 이도 있어.

변승업은 조선 후기 사역원 소속 일본어 역관으로, 중국과 일본을 연결하는 교역을 통해 큰 부를 벌었어요.

조선 시대의 역관은 중인 계층으로 주로 사신을 수행하면서 통역을 담당하였어요. 이들 중에는 대외 무역으로 큰 이익을 얻은 사람도 있었어요. 조선 시대의 역관, 의관, 천문관, 율관 등 전문적 기술을 갖춘 관리들은 중인 계급에 속하였어요. 조선 후기에 기술직 중인들은 관직 진출 제한을 없애 달라는 소청 운동을 전개하였으나 받아들여지지 않았어요.

① 사간원에서 간쟁을 담당하였어.
➡ 사간원의 관리들은 간관이라고 불리며 왕의 잘못을 비판하는 간쟁을 담당하였어요.

② 매매, 상속, 증여의 대상이었어.
➡ 조선 시대 천민의 대다수를 차지하던 노비는 재산으로 취급되어 매매, 상속, 증여의 대상이었어요.

③ 수군, 봉수 등 천역에 종사하였어.
➡ 조선 시대에 신분은 양인이지만 천역에 종사하는 이들을 신량역천이라고 하였는데, 수군, 봉수, 역졸 등이 이에 해당하였어요.

④ 수령을 보좌하면서 향촌 실무를 담당하였어.
➡ 조선 시대의 향리는 지방 관아의 6방(이·호·예·병·형·공방)에 소속되어 수령을 보좌하고 향촌의 행정 실무를 담당하였어요.

⑤ 사역원에서 노걸대언해 같은 교재로 교육받았어.
➡ 사역원은 역관을 양성하고 통역과 번역을 담당한 기구로, 역관들은 이곳에서 외국어 교육을 받았어요. "노걸대언해"는 중국어 학습 교재입니다.

핵심 개념	조선 시대의 신분제
양반	문무 관리와 그 자손, 토지와 노비 소유, 과거 등을 통해 고위 관직 차지, 각종 국역 면제, 유학 교육
중인	• 역관·의관·화원 등 기술관과 중앙 관청의 하급 관리, 향리, 서얼 등 • 직역 세습, 같은 신분끼리 혼인, 전문 기술이나 행정 실무 담당
상민	• 농민·상인·수공업자 : 법적으로 과거 응시 자격 부여 • 신량역천 : 양인 중에 천역을 담당하는 계층 → 수군, 봉수, 역졸 등 육체적으로 힘든 일에 종사
천민	• 노비 : 천민 중 대다수 차지, 공노비와 사노비, 재산으로 취급, 매매·상속·양도·증여의 대상, 일천즉천, 장례원에서 노비의 호적과 소송 관리 • 백정, 광대, 무당 등

29 개성의 역사   정답 ④

다음 특별전에서 볼 수 있는 도시의 역사에 대한 설명으로 적절하지 <u>않은</u> 것은? [2점]

정답 잡는 키워드

❶ 송악, ❷ 개주 → **개성**

송악, 개주라고 불린 도시는 개성이에요. 개성(개경)은 고려가 몽골의 침입을 받아 강화도로 도읍을 옮겼던 시기를 제외하고는 고려가 멸망할 때까지 고려 왕조의 수도로서 정치, 경제, 문화의 중심지 역할을 하였어요. 고려를 건국한 태조가 철원에서 송악으로 도읍을 옮겨 개주라고 칭하였으며, 후에 개경으로 명칭이 바뀌었어요.

① 고려 태조 왕건이 도읍으로 삼았다.
➡ 고려 태조 왕건은 자신의 세력 근거지인 **개성(개경)**을 도읍으로 삼았어요.

② 원의 영향을 받은 경천사지 십층 석탑이 축조되었다.
➡ **개성** 경천사에 원의 영향을 받아 축조된 경천사지 10층 석탑이 있었어요. 경천사지 10층 석탑은 대한 제국 시기에 일본으로 불법 반출되었다가 반환되어 경복궁에 설치되었다가 현재는 국립 중앙 박물관 내부에 전시되어 있어요.

③ 조선 후기 송상이 근거지로 삼아 전국적으로 활동하였다.
➡ 조선 후기에 활동한 송상은 **개성**을 근거지로 삼았으며, 전국에 송방이라는 지점을 설치하기도 하였어요.

④ 일제 강점기 강주룡이 을밀대 지붕 위에서 고공 농성을 하였다.
➡ 일제 강점기에 고무 공장 노동자 강주룡은 회사의 임금 삭감 결정에 반발하여 **평양**의 을밀대 지붕 위에서 고공 농성을 하였어요.

⑤ 북위 38도선 분할 이후 남한에 속했다가 정전 협정으로 북한 지역이 되었다.
➡ **개성**은 광복 이후 북위 38도선을 기준으로 남북 지역으로 나뉠 때 남한에 속하여 개성시로 편성되었으나, 6·25 전쟁이 일어나고 정전 협정이 체결되면서 북한 지역이 되었어요.

30 강화도 조약   정답 ③

다음 대화가 오갔던 회담 결과 체결된 조약에 대한 설명으로 옳은 것은? [2점]

- 일본은 운요호 사건을 빌미로 조선에 개항을 요구하였어요.

운요호가 작년에 귀국 경내를 통과하다가 포격을 받았으니, 귀국이 교린의 우의를 저버린 것입니다.

운요호는 국적과 이유를 밝히지 않고 곧장 우리가 수비하는 곳으로 진입해 왔으니, 변방 수비병의 발포는 부득이한 것이었소.

일본 전권변리대신 구로다 기요타카

조선 접견대관 신헌
신헌은 조선 측 대표로 강화도 조약을 체결하고 그 전말을 기록한 "심행일기"를 남겼어요.

정답 잡는 키워드

❶ 운요호, ❷ 신헌 → **강화도 조약**

일본의 구로다 기요타카와 조선의 신헌이 운요호 문제를 두고 대화를 하고 있는 것으로 보아 운요호 사건에 관한 대화임을 알 수 있어요. 1875년에 일본의 군함 운요호가 허락 없이 강화도로 접근하자 경고 포격을 가한 조선군과 일본군 사이에 충돌이 일어났고, 운요호는 보복에 나서 영종도를 공격하였어요(운요호 사건). 이 사건을 계기로 조선은 일본과 강화도 조약을 체결하였어요. 강화도 조약의 정식 명칭은 조·일 수호 조규로, 1876년에 강화도 연무당에서 체결되었습니다. 강화도 조약으로 조선은 부산 외 2곳의 항구를 개항하게 되었어요.

① 천주교 포교가 허용되었다.
➡ 1886년에 **조·프 수호 통상 조약**이 체결되면서 천주교 포교가 허용되었어요.

② 갑신정변의 영향으로 체결되었다.
➡ 갑신정변의 영향으로 조선과 일본은 **한성 조약**을 체결하였어요. 그 결과 조선은 일본에 공사관 공사 비용과 배상금을 지불하였어요.

③ 일본 측의 해안 측량권이 인정되었다.
➡ **강화도 조약**은 우리나라 최초의 근대적 조약이었으나, 일본에 해안 측량권, 영사 재판권 등을 인정한 불평등 조약이었어요.

④ 통신사가 처음 파견되는 계기가 되었다.
➡ 통신사는 조선 전기부터 일본에 보낸 공식 사절단이에요. **강화도 조약 체결 이후** 조선은 일본의 근대 문물을 시찰하기 위해 **수신사**를 파견하였어요.

⑤ 외국 상인의 내지 통상권을 최초로 규정하였다.
➡ 임오군란 이후 체결된 **조·청 상민 수륙 무역 장정**에서 최초로 외국 상인의 내지 통상권을 규정하였어요.

기출 선택지 +α

❻ 최혜국 대우를 최초로 규정하였다. (O / X)
❼ 일본 경비병의 공사관 주둔을 명시하였다. (O / X)
❽ 조약 체결에 반대하여 민영환이 자결하였다. (O / X)
❾ 메가타가 재정 고문으로 부임하는 근거가 되었다. (O / X)
❿ 부산 외 2곳에 개항장이 설치되는 결과를 가져왔다. (O / X)

기출 선택지 +α
정답 ❻ ×[조·미 수호 통상 조약] ❼ ×[제물포 조약] ❽ ×[을사늑약]
❾ ×[제1차 한·일 협약] ❿ ○

31. 동학 농민 운동   정답 ①

(가)~(다)를 일어난 순서대로 옳게 나열한 것은? [2점]

> (가) 고부에서 민란이 다시 일어났다는 소문이 자자합니다. …… 장흥 부사 ❶이용태를 고부군 안핵사로 임명하여 밤새 달려가 엄격히 조사하여 등급을 나누고 구별하여 보고하게 하소서.
>
> (나) 전봉준은 무주 집강소에 다음과 같은 통문을 보냈다. "최근 ❷일본이 경복궁을 침범하였다. 국왕이 욕을 당했으니, 우리들은 마땅히 달려가 목숨을 걸고 의로써 싸워야 한다."
>
> (다) 청국의 간섭을 끊어버리고 우리 대조선국의 고유한 독립 기초를 군건히 하였는데, 이번에 ❸마관(馬關, 시모노세키) 조약으로 말미암아 세계에 드러나는 빛이 더욱 빛나게 되었다.
>
> └ 조선 정부의 철병 요구를 거부하고 일본군이 1894년 6월 기습적으로 경복궁을 침범하고 조선 정부를 장악하였어요. 이에 동학 농민군이 재봉기하였어요.

정답 잡는 키워드

❶ 이용태를 고부군 안핵사로 임명 → (가) 고부 농민 봉기(1894. 1.)
❷ 일본이 경복궁 침범 → (나) 동학 농민군의 제2차 봉기(1894. 9.)
❸ 시모노세키 조약 → (다) 청·일 전쟁에서 일본 승리(1895. 4.)

(가) 조선 정부는 고부 군수 조병갑의 탐학과 수탈에 저항하여 일어난 고부 농민 봉기를 수습하기 위해 이용태를 안핵사로 파견하였어요. 그러나 이용태는 오히려 봉기에 참여한 농민들을 동학교도로 몰아 탄압하였고, 이에 분노한 농민들이 대규모 봉기를 일으켜 동학 농민 운동이 시작되었어요. 동학 농민군은 황토현 전투, 황룡촌 전투에서 관군을 격파하고 전주성까지 점령하였으나 청과 일본의 개입을 우려하여 정부와 전주 화약을 체결하고 자진 해산하였어요.

(나) 전주 화약 체결 이후 일본군이 경복궁을 무력으로 점령하고 청·일 전쟁을 일으키자 동학 농민군은 일본군 타도를 외치며 다시 봉기하였어요(동학 농민군의 제2차 봉기). 전봉준 중심의 남접과 손병희 중심의 북접이 논산에 집결하여 서울을 향해 진격하던 중에 공주 우금치에서 일본군과 관군에 맞서 싸웠으나 패배하였어요.

(다) 청·일 전쟁에서 승리한 일본은 청과 시모노세키 조약을 체결하였어요. 시모노세키 조약에서 조선이 자주독립국임을 청이 인정함으로써 일본은 조선에 대한 청의 간섭을 배제할 수 있었어요.

①(가) - (나) - (다)
  → (가) 고부 농민 봉기(1894. 1.) → (나) 동학 농민군의 제2차 봉기(1894. 9.) → (다) 시모노세키 조약 체결(1895. 4.)
②(가) - (다) - (나)
③(나) - (가) - (다)
④(나) - (다) - (가)
⑤(다) - (나) - (가)

핵심 개념 | 동학 농민 운동

고부 농민 봉기 (1894. 1.)	고부 군수 조병갑의 탐학과 수탈(만석보를 강제로 사용하게 하고 세금 징수) → 전봉준 주도로 봉기, 고부 관아 점령 → 정부의 중재로 농민들이 자진 해산
1차 봉기 (1894. 3.)	• 안핵사 이용태가 봉기 참여자를 동학교도로 몰아 탄압 → 동학 농민군이 보국안민(반외세)과 제폭구민(반봉건)을 내걸고 백산에서 봉기 → 황토현 전투, 황룡촌 전투 승리 → 전주성 점령 • 정부가 청에 파병 요청 → 청군의 조선 상륙 → 일본인 거류민 보호를 구실로 일본군도 조선 상륙 → 전주 화약 체결 → 동학 농민군의 자진 해산, 집강소 설치(폐정 개혁안 실천), 정부는 교정청을 설치하여 개혁 착수, 청·일 양국에 철병 요구
2차 봉기 (1894. 9.)	일본군의 경복궁 무력 점령과 내정 간섭, 청·일 전쟁 발발 → 동학 농민군이 일본군 타도를 외치며 재봉기 → 동학의 남접(전봉준 중심)과 북접(손병희 중심)이 연합, 서울로 북상 → 공주 우금치 전투 패배

킬러 문항
32. 부산 두모포 수세 사건   정답 ②

해설사가 설명하는 사건이 발생한 시기를 연표에서 옳게 고른 것은? [3점]

> 조선 정부는 이곳에 해관을 설치하고 ❶동래부 거류지의 일본 상인과 거래하는 조선 상인으로부터 세금을 징수하였습니다. 그러자 일본 상인이 조약 위반이라고 반발하였고, 결국 3개월 만에 수세가 중단되었습니다.

우리나라 최초의 세관터
-두모진해관-

1878년 9월 28일 우리나라 최초의 세관인 두모진 해관이 설치되었으나, 일본 군함이 관세 문제로 두모포에서 무력시위를 벌여 3개월 만에 폐관되었어요.

정답 잡는 키워드

❶ 동래부 거류지의 일본 상인과 거래하는 조선 상인으로부터 세금 징수, ❷ 두모진 해관 → 부산 두모포 수세 사건(1878)

동래부 거류지의 일본 상인과 거래하는 조선 상인으로부터 세금을 징수하였다가 일본 상인의 반발로 중단되었다는 내용과 '두모진 해관'을 통해 해설사가 설명하는 사건이 부산 두모포 수세 사건(1878)임을 알 수 있어요.

(가)	(나)	(다)	(라)	(마)
척화비 건립	제1차 수신사 파견	영국의 거문도 점령	함경도 방곡령 선포	청·일 전쟁 발발	러·일 전쟁 발발

→ 강화도 조약 체결 직후 조선 정부는 일본의 근대 시설을 살펴보기 위해 김기수를 제1차 수신사로 파견하였어요. 강화도 조약의 부속 조약이 체결되면서 부산에 최초로 거류지가 설정되고 일본인의 거주와 교역이 허용되었어요. 개항 이후 교역량이 늘어나자 교역 과정에서의 세금 문제에 관심을 갖게 된 조선 정부는 부산의 두모포 내에 해관을 설치하여 세금을 거두게 하였어요. 하지만 강화도 조약의 후속 조치로 체결된 조·일 무역 규칙에서 일본 상품에 대한 관세 규정을 두지 못하였기 때문에 일본 상인에게 직접적으로 관세를 징수할 수 없어 일본 상인과 거래하는 조선 상인을 상대로 상품세를 내게 하였어요. 이로 인해 무역 거래 물품의 가격이 급등하는 한편, 조선 상인들의 일본 상품 구매가 줄어들자 부산의 일본 상인들이 이러한 징세는 곧 관세라면서 항의하였고, 급기야 일본이 군함까지 동원하여 부산 앞바다에서 무력시위를 벌여 결국 조선 정부가 징세를 철회하는 상황이 일어났어요(부산 두모포 수세 사건, 1878). 한편, 한반도를 둘러싼 열강의 각축이 심해지는 가운데 1885년 러시아의 남하를 견제한다는 구실로 영국이 거문도를 불법 점령하였어요.

따라서 부산 두모포 수세 사건이 일어난 시기는 제1차 수신사 파견(1876)과 영국의 거문도 점령(1885) 사이인 ② (나)입니다.

①(가)   ②(나)   ③(다)   ④(라)   ⑤(마)

연표로 흐름잡기

1876	강화도 조약 체결, 제1차 수신사 파견(김기수)
1878	부산 두모포 수세 사건
1880	제2차 수신사 파견(김홍집), "조선책략" 유포
1882	조·미 수호 통상 조약 체결, 임오군란
1884	우정총국 설치, 갑신정변
1885	영국의 거문도 불법 점령(~1887)

33 보빙사   정답 ⑤

(가) 사절단에 대한 설명으로 옳은 것은? [2점]

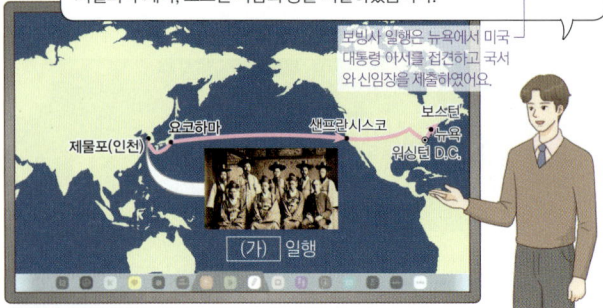

> ❶ 미국 공사의 부임에 대한 답례로 (가) 이/가 파견되었습니다. 8명의 조선 관리로 구성된 이들은 40여 일 동안 ❷ 미국에 체류하면서 뉴욕의 전등 시설과 우체국, 보스턴 박람회 등을 시찰하였습니다.

> 보빙사 일행은 뉴욕에서 미국 대통령 아서를 접견하고 국서와 신임장을 제출하였어요.

정답 잡는 키워드

❶, ❷ 미국 공사 부임에 대한 답례로 파견되어 미국에 체류
→ **보빙사**

미국 공사의 부임에 대한 답례로 파견되어 미국에 체류하였다는 내용을 통해 (가) 사절단이 보빙사임을 알 수 있어요. 조·미 수호 통상 조약 체결 후 푸트 미국 공사의 조선 부임에 대한 답례로 1883년에 보빙사가 미국에 파견되었어요. 이들은 40여 일간 미국에 머물며 근대 시설을 둘러보고 돌아왔어요.

① 에도 막부의 요청으로 파견되었다.
➡ 임진왜란 이후 조선은 일본과 외교 관계를 단절하였으나 에도 막부가 국교 재개를 여러 차례 요청하자 1609년에 기유약조를 체결하고 이후 통신사를 파견하여 조선의 문물을 전파하였어요.

② 별기군(교련병대) 창설을 건의하였다.
➡ 조선 정부는 일본 공사의 건의를 받아들여 신식 군대인 별기군을 창설하였어요.

③ 조선책략을 들여와 국내에 소개하였다.
➡ 제2차 수신사로 일본에 파견되었던 김홍집이 "조선책략"을 국내로 들여왔어요. "조선책략"은 조·미 수호 통상 조약 체결에 영향을 끼쳤어요.

④ 기기국에서 무기 제조 기술을 습득하고 돌아왔다.
➡ 1881년에 조선 정부는 청에 영선사와 유학생들을 파견하였어요. 이들은 청의 기기국에서 무기 제조 기술을 습득하고 돌아와 근대식 무기 제조 공장인 기기창 설립을 주도하였어요.

⑤ **전권대신 민영익과 홍영식, 서광범 등으로 구성되었다.**
➡ 미국에 파견된 보빙사는 전권대신 민영익을 비롯하여 홍영식, 서광범, 유길준 등으로 구성되었어요.

기출 선택지 +α

❻ 기기창 설립의 계기가 되었다. (O / X)
❼ 해국도지, 영환지략을 들여와 국내에 소개하였다. (O / X)
❽ 개화 반대 여론을 의식하여 비밀리에 파견되었다. (O / X)

기출 선택지 +α 정답 ❻ X [영선사] ❼ X [오경석] ❽ X [조사 시찰단]

---

34 1930년대 후반 이후 일제 식민 통치   정답 ⑤

(가)에 들어갈 내용으로 적절한 것은? [1점]

학술 발표회

우리 연구회에서는 ❶ 중·일 전쟁 발발 이후 실시된 일제의 식민 통치 정책에 대한 학술 발표회를 마련하였습니다. 관심 있는 분들의 많은 참석 바랍니다.

> 중·일 전쟁을 도발하여 본격적인 대륙 침략에 나선 일제는 곧이어 국가 총동원법을 제정하여 전시 동원 체제를 확립하고, 식민 통치의 방향을 전쟁에 필요한 자원 동원에 두었어요.

- 주제 : (가)
- 일시 : 2023년 ○○월 ○○일 14:00~17:00
- 장소 : △△대학교 인문대학 소회의실
- 주최 : □□연구회

정답 잡는 키워드

❶ 중·일 전쟁 발발 이후 실시된 일제의 식민 통치 정책
→ **1937년 이후 일제의 국가 총동원 체제**

일제는 중·일 전쟁을 일으키고 침략 전쟁을 확대하면서 국가 총동원법을 제정하여 이를 근거로 전쟁에 필요한 자원을 본격적으로 수탈하였어요. 공출제와 식량 배급 제도 등을 통해 전쟁에 필요한 물자를 강제 동원하였으며, 지원병제, 학도 지원병제, 징병제를 실시하여 한국인 청년들을 전쟁터로 끌고 갔어요. 또 국민 징용령을 실시하여 광산이나 군수 공장 또는 전쟁 시설 건설 공사 등에 한국인 청장년을 끌고 가 노예처럼 일하게 하였어요. 전쟁 막바지에는 여자 정신 근로령을 만들어 여성들도 군수 공장에서 강제로 일하게 하였습니다.

① 치안 유지법의 제정 배경
➡ 일제는 1925년에 천황제나 사유 재산 제도를 부정하는 사회주의 운동을 단속하기 위해 치안 유지법을 제정하여 독립운동을 탄압하는 데에도 적용하였어요.

② 조선 태형령의 적용 사례 분석
➡ 일제는 1910년대에 헌병 경찰 제도를 실시하였으며, 한국인에게만 태형을 적용하는 조선 태형령을 시행하였어요. 헌병 경찰 제도와 조선 태형령은 1920년대에 들어오면서 폐지되었어요.

③ 제1차 조선 교육령의 제정 목적
➡ 일제는 1911년에 제1차 조선 교육령을 제정하여 보통학교의 수업 연한을 4년으로 정하고 농업, 상업 등의 실업 교육 위주의 과목만 개설하였어요.

④ 경성 제국 대학의 설립 의도와 과정
➡ 일제는 1924년에 경성 제국 대학을 설립하여 한국인의 고등 교육에 대한 열망을 무마하려 하였어요.

⑤ **국가 총동원법의 제정과 조선에서의 시행**
➡ 중·일 전쟁을 도발한 일제는 1938년에 국가 총동원법을 제정하여 인력과 물자를 강제 동원하였어요.

핵심 개념 | 1930년대 후반 이후 일제의 국가 총동원 체제

물자 수탈	• 전쟁 물자 확보 목적(농기구·식기 등 금속 공출, 지하자원 약탈) • 미곡 공출과 식량 배급제, 금속 공출(금속류 회수령 공포, 1941) 실시 등
인력 수탈	• 병력 동원 : 지원병제(1938), 학도 지원병제(1943), 징병제(1944) 실시 • 노동력 동원 : 국민 징용령(1939) → 광산, 군수 공장, 전쟁 시설 건설 공사 등에 강제 동원 • 여성 동원 : 여자 정신 근로령(1944) → 군수 공장에 동원, 일본군 '위안부'로 강제 동원

35 3·1 운동   정답 ③

다음 자료에 나타난 민족 운동에 대한 설명으로 옳지 않은 것은? [2점]

> ❶ **한국인들이 독립 선언을 하다**
> - 집회에 참가한 수천 명 체포 -
>
> 일본 당국은 고종의 장례식을 계기로 문제가 발생할 것으로 예상하고 많은 헌병을 서울로 집결시켰다. …… 전국의 모든 도시와 마을에서 독립을 위한 행진과 시위가 일어났다. 일본 측은 당황했지만 곧 재정비하여 강력하고 신속한 진압에 나섰다. 그 결과 수천 명의 시위대가 체포되었지만 일본 측 보고서에는 수백 명으로 기록되어 있다.

종교계와 민족 지도자들은 고종의 장례식에 많은 사람이 모일 것으로 보고 3·1 운동을 계획하였어요.

정답 잡는 키워드

❶ 한국인들의 독립 선언, ❷ 고종의 장례식을 계기 → **3·1 운동**

한국인들이 독립 선언을 하였으며 고종의 장례식이 계기가 되었다는 내용을 통해 자료에 나타난 민족 운동이 3·1 운동임을 알 수 있어요. 미국 대통령 윌슨의 민족 자결주의가 국내에 전해지고 국외에서 독립 선언이 이어지는 가운데 국내에서도 독립 선언의 움직임이 일어났어요. 그러던 중에 고종이 갑자기 승하하자 종교계 지도자와 학생 대표들이 모임을 갖고 고종의 장례식을 즈음하여 대대적인 만세 시위를 계획하였어요. 1919년 3월 1일, 민족 대표는 탑골 공원에 나아가 독립 선언서를 낭독하고 시위를 전개할 계획이었으나, 시위가 과격해질 것을 우려하여 태화관이라는 음식점에 모여 독립 선언서를 낭독하고 일제에 스스로 체포되었어요. 비슷한 시각 탑골 공원에 모여 있던 학생과 시민들은 민족 대표들이 나타나지 않자 독립 선언서를 가져와 낭독하고 만세 운동을 시작하였어요. 이후 만세 운동은 전국은 물론 국외로도 확산되었어요.

① 중국의 5·4 운동에 영향을 주었다.
➡ 3·1 운동은 중국의 5·4 운동, 인도의 비폭력·불복종 운동 등 외국의 민족 운동에 영향을 주었어요.

② 대한민국 임시 정부 수립의 계기가 되었다.
➡ 3·1 운동 이후 독립운동을 이끌어 갈 통일된 지도부의 필요성이 대두되어 상하이에서 대한민국 임시 정부가 수립되었어요.

③ 신간회에서 진상 조사단을 파견하여 지원하였다.
➡ 광주 학생 항일 운동이 일어나자 신간회에서 진상 조사단을 파견하여 지원하였어요.

④ 국외로도 확산되어 필라델피아에서 한인 자유 대회가 열렸다.
➡ 3·1 운동은 국외로도 확산되어 만주, 연해주 지역에서 만세 시위가 이어졌고, 미국의 필라델피아에서는 미주 지역 동포가 한인 자유 대회를 개최하기도 하였어요.

⑤ 평화적 만세 운동에서 무력 투쟁 사례가 늘어나기 시작하였다.
➡ 일제가 경찰, 군대 등을 동원하여 총칼을 휘두르며 3·1 운동을 무력으로 진압하자 평화적 만세 시위는 점차 적극적인 무력 투쟁의 양상을 띠게 되었어요.

36 신민회의 활동   정답 ⑤

(가) 단체에 대한 설명으로 옳은 것은? [2점]

> 이 자료는 (가) 의 활동 목적이 잘 드러나 있는 통용 장정의 일부입니다. (가) 은/는 안창호와 양기탁 등이 중심이 된 비밀 결사로 태극 서관을 설립하여 회원들의 연락 장소로 사용하였습니다.
>
> 이 자료에 대해 말씀해 주시겠습니까?
>
> 본회의 목적은 ……
> 쇠퇴한 교육과 산업을 개량하고 사업을 유신시켜
> 유신된 국민이 통일 연합해서
> 유신이 된 자유 문명국을 성립시킨다.
>
> 신민회는 계몽 서적의 출판·보급을 위해 태극 서관을 운영하였어요.

정답 잡는 키워드

❶ 안창호와 양기탁 등이 중심이 된 비밀 결사, ❷ 태극 서관 설립
→ **신민회**

안창호와 양기탁 등이 중심이 된 비밀 결사이고 태극 서관을 설립하였다는 내용을 통해 (가) 단체가 신민회임을 알 수 있어요. 신민회는 국권 회복과 공화 정체의 근대 국민 국가 수립을 목표로 활동한 비밀 결사로, 태극 서관과 자기 회사를 운영하는 등 민족 산업 육성에 힘썼어요. 또한, 오산 학교와 대성 학교를 설립하여 민족 교육을 실시하였으며, 장기적인 독립운동의 기반을 마련하기 위해 국외 독립운동 기지 건설에 적극적으로 나섰어요.

① 복벽주의를 표방하였다.
➡ 독립 의군부는 임병찬이 고종의 밀지를 받아 조직한 독립운동 단체로, 복벽주의를 내걸고 대한 제국의 국권 회복과 고종의 복위를 도모하였어요.

② 13도 창의군을 결성하였다.
➡ 정미의병 때 각지의 의병 부대가 연합하여 13도 창의군을 결성하고 서울 진공 작전을 전개하였어요.

③ 일제의 황무지 개간권 요구를 저지하였다.
➡ 보안회는 일본의 황무지 개간권 요구에 반대하는 운동을 전개하여 일본의 요구를 저지하였어요.

④ 근대 교육을 위해 배재 학당을 설립하였다.
➡ 개신교 선교사 아펜젤러는 배재 학당을 세워 신학문 보급에 기여하였어요.

⑤ 일제가 조작한 105인 사건으로 해체되었다.
➡ 신민회는 일제가 조작한 105인 사건으로 조직이 드러나 해체되었어요.

기출 선택지 +α

❻ 중추원 개편을 통해 의회 설립을 추진하였다. (O / X)
❼ 남만주 삼원보에 독립운동 기지를 건설하였다. (O / X)
❽ 대성 학교를 설립하여 민족 교육을 실시하였다. (O / X)
❾ 조선 총독부에 국권 반환 요구서를 발송하려 하였다. (O / X)
❿ 독립운동 자금을 마련하기 위해 독립 공채를 발행하였다. (O / X)

기출 선택지 +α
정답 ❻ ×[독립 협회] ❼ O ❽ O ❾ ×[독립 의군부] ❿ ×[대한민국 임시 정부]

37 광무개혁 정답 ⑤

밑줄 그은 '개혁'에 해당하는 내용으로 옳은 것을 〈보기〉에서 고른 것은? [2점]

[건축으로 보는 한국사] 석조전

고종은 황제로서의 권위와 근대 국가를 향한 의지를 보여 주기 위해 서양의 신고전주의 양식으로 설계된 석조전 착공을 명하였다. 그러나 ❶ 황제권 강화를 표방하며 개혁을 추진하던 고종은 석조전이 완공되기 전에 강제로 퇴위당하였다.

└ 대한 제국은 황제권 강화를 통해 나라의 국권을 수호하고 자강 개혁을 이루고자 광무개혁을 추진하였어요.

정답 잡는 키워드
❶ 고종이 황제권 강화를 표방하며 개혁 추진 → 광무개혁

고종이 황제권 강화를 표방하며 개혁을 추진하였다는 내용을 통해 밑줄 그은 '개혁'이 대한 제국 시기에 추진된 광무개혁임을 알 수 있어요. 1897년에 러시아 공사관에서 경운궁(덕수궁)으로 돌아온 고종은 연호를 '광무'로 정하고 환구단을 세워 황제의 자리에 올라 대한 제국의 수립을 선포하였어요. 대한 제국 정부는 구본신참의 원칙 아래 광무개혁을 추진하였습니다.

ㄱ. 박문국을 설치하여 한성순보를 발행하였다.
➡ 조선 정부는 1883년에 박문국을 설치하여 우리나라 최초의 근대 신문인 한성순보를 발행하였어요.

ㄴ. 통리기무아문을 설치하여 개화 정책을 추진하였다.
➡ 조선 정부는 1880년에 개화 정책을 총괄하는 기구로 통리기무아문을 설치하여 개혁을 추진하였어요.

ㄷ. 관립 상공 학교를 설립하여 실업 교육을 실시하였다.
➡ 대한 제국은 광무개혁의 일환으로 관립 상공 학교와 각종 기술 교육 기관을 설립하였어요.

ㄹ. 지계아문을 설치하여 토지 소유자에게 지계를 발급하였다.
➡ 대한 제국은 광무개혁을 추진하는 과정에서 양전 사업을 실시하여 근대적 토지 소유 증명 문서인 지계를 발급하였어요.

① ㄱ, ㄴ ② ㄱ, ㄷ ③ ㄴ, ㄷ
④ ㄴ, ㄹ ⑤ ㄷ, ㄹ

기출 선택지 +α

ㅁ. 관립 의학교와 광제원을 설립하였다. (O/X)
ㅂ. 행정 기구를 6조에서 8아문으로 개편하였다. (O/X)
ㅅ. 군 통수권 장악을 위하여 원수부를 설치하였다. (O/X)
ㅇ. 서양식 근대 교육 기관인 육영 공원을 설립하였다. (O/X)

기출 선택지 +α 정답 ㅁ. O ㅂ. X[제1차 갑오개혁] ㅅ. O ㅇ. X[1886년]

킬러 문항

38 국민 대표 회의 정답 ①

밑줄 그은 '회의'에 대한 설명으로 옳은 것은? [3점]

본 회의는 2천만 민중의 공의(公意)를 지키는 국민적 대회합으로서, 최고의 권위에 의해 국민의 완전한 통일을 견고하게 하며 광복 대업의 근본 방침을 수립하고, 이로써 우리 민족의 자유를 만회하고 독립을 완성하기를 기도하며 이에 선언하노라. ❶ 삼일 운동으로써 우리 민족의 정신적 통일은 이미 표명되었다. …… ❷ 본 대표들은 국민이 위탁한 사명을 받아 국민적 대단결을 힘써 도모하며, 독립 전도의 대방책을 확립하여 통일적 기관하에서 대업을 기성(期成)하려 한다.

└ 국내외 각지에서 온 대표들은 임시 정부의 노선 갈등을 극복하고 위기에 처한 대한민국 임시 정부의 활로를 모색하기 위해 국민 대표 회의를 소집하였어요.

정답 잡는 키워드
❶ 삼일 운동으로써 우리 민족의 정신적 통일은 이미 표명,
❷ 본 대표들은 국민이 위탁한 사명을 받아 국민적 대단결을 도모, 독립 전도의 대방책 확립 → 국민 대표 회의

'삼일 운동으로써 우리 민족의 정신적 통일은 이미 표명', '본 대표들은 국민이 위탁한 사명을 받아 국민적 대단결을 힘써 도모하며, 독립 전도의 대방책을 확립' 등을 통해 밑줄 그은 '회의'가 대한민국 임시 정부가 개최한 국민 대표 회의임을 알 수 있어요. 대한민국 임시 정부는 일제의 탄압으로 연통제와 교통국 조직이 와해되어 독립운동 자금을 모으기 어렵게 되고, 외교 활동도 큰 성과를 거두지 못하는 상황에 처하였어요. 또한, 독립운동의 노선을 둘러싸고 독립운동 세력이 외교 독립론, 무장 투쟁론, 실력 양성론 등으로 나뉘어 갈등이 심화되었어요. 이에 대한민국 임시 정부는 독립운동의 새로운 방향을 모색하고자 1923년에 상하이에서 국민 대표 회의를 개최하였어요. 하지만 회의는 창조파와 개조파의 대립으로 결렬되었어요. 이후 많은 독립운동가 임시 정부에서 이탈하였고, 일제의 감시와 탄압이 심해져 대한민국 임시 정부의 활동이 크게 위축되었어요.

①창조파와 개조파가 대립하였다.
➡ 1923년에 개최된 국민 대표 회의는 임시 정부를 해체하고 새로운 조직을 만들자는 창조파와 임시 정부의 조직만 개선하자는 개조파의 대립으로 성과 없이 끝이 났어요.

② 대일 선전 성명서를 공포하였다.
➡ 1941년에 태평양 전쟁이 일어나자 대한민국 임시 정부는 대일 선전 성명서를 발표하고 한국 광복군을 연합군의 일원으로 참전시켰어요.

③ 삼균주의를 기초로 하는 건국 강령을 발표하였다.
➡ 대한민국 임시 정부는 1941년에 충칭에서 조소앙의 삼균주의를 기초로 한 건국 강령을 발표하였어요.

④ 파리 강화 회의에 김규식을 파견할 것을 결정하였다.
➡ 신한 청년당은 파리 강화 회의에 김규식을 한국 대표로 파견하여 한국의 독립을 주장하였어요. 이어 대한민국 임시 정부가 1919년에 프랑스 파리에서 활동하고 있던 김규식을 전권 대사로 임명하여 파리 강화 회의에 독립 청원서를 제출하였어요.

⑤ 지청천을 사령관으로 하는 한국 광복군을 조직하였다.
➡ 1940년 충칭에 정착한 대한민국 임시 정부는 정규군으로 지청천을 총사령으로 하는 한국 광복군을 창설하였어요.

39 산미 증식 계획   정답 ⑤

밑줄 그은 '이 계획'에 대한 설명으로 옳은 것은? [1점]

> 이 계획 실시로 인하여 ❶수리 조합비 부담이 커졌어. 가뜩이나 지세도 부담 되는데 개량 종자 구입비로 돈이 더 들어가네. 이래서 살겠나.

> 우리 마을 박서방은 ❷소작농으로 전락하였다지. 우리 집은 ❸쌀이 없어 만주에서 들여온 잡곡만 먹고 있다네.

> 산미 증식 계획 기간에 논의 관개 시설 개선을 위해 수리 시설이 확충되면서 많은 수리 조합이 생겨났어요. 수리 시설의 혜택을 받는 토지의 소유자는 모두 수리 조합비를 부담해야 하였어요.

일제는 산미 증식 계획을 실행하면서 일본으로 쌀을 유출하고 한국 내에는 만주의 값싼 잡곡을 들여와 부족한 식량을 보충하였어요.

정답 잡는 키워드

❶ 수리 조합비 부담이 커짐, ❷ 소작농으로 전락,
❸ 쌀이 없어 만주에서 잡곡을 들여옴 → **산미 증식 계획**

이 계획 실시로 수리 조합비 부담이 커졌으며, 소작농으로 전락한 농민이 생기고 쌀이 없어 만주에서 들여온 잡곡만 먹고 있다는 내용을 통해 밑줄 그은 '이 계획'이 산미 증식 계획임을 알 수 있어요. 일제는 자국의 식량 부족 문제를 해결하기 위해 1920년부터 한국에서 산미 증식 계획을 추진하였어요. 그 결과 쌀 생산량은 조금 늘어났지만 일본으로 더 많은 양의 쌀이 유출되어 한국의 식량 사정이 악화되었어요. 또한, 농민들은 수리 조합비, 종자 개량비, 비료 대금 등 쌀 증산 비용마저 떠안게 되어 생활이 더욱 어려워졌어요. 이에 소작농으로 전락한 농민들이 생겨났으며 화전민이 되거나 만주, 연해주 등지로 이주하는 농민도 늘어났어요.

① 독립 협회 결성의 계기가 되었다.
→ 미국에서 귀국한 서재필은 1896년 **독립신문 발간**을 계기로 민중 계몽을 통한 근대화와 자주독립 수호를 위한 단체로 독립 협회를 조직하였어요.

② 국채 보상 운동의 배경이 되었다.
→ 1907년에 국민의 성금으로 **일본에 진 국채**를 갚아 경제적 예속에서 벗어나 국권을 회복하자는 국채 보상 운동이 대구에서 김광제, 서상돈 등의 발의로 시작되었어요.

③ 재정 고문 메가타의 주도로 시행되었다.
→ 제1차 한·일 협약에 따라 대한 제국 재정 고문으로 파견된 메가타가 **화폐 정리 사업**을 주도하였어요.

④ 토지 조사 사업이 시행되는 배경이 되었다.
→ 일제는 **1910년부터** 1918년까지 **식민 통치의 경제적 토대를 마련**하기 위해 토지 조사 사업을 실시하였어요.

⑤ 일본의 쌀 부족 현상을 해결하기 위해 시행되었다.
→ 일제는 일본 내 부족한 식량을 한국에서 확보하기 위해 1920년부터 **산미 증식 계획**을 추진하였어요.

기출 선택지 +α

❻ 은 본위제가 본격적으로 실시되는 배경이 되었다. (O/X)
❼ 황국 중앙 총상회가 중심이 되어 반대 운동을 전개하였다. (O/X)
❽ 함경도 관찰사 조병식이 방곡령을 선포하는 계기가 되었다. (O/X)

기출 선택지 +α

정답 ❻ X [1894년, 제1차 갑오개혁] ❼ X [1898년, 상권 수호 운동]
❽ X [1889년, 일본으로의 곡물 유출 방지]

---

40 북로 군정서   정답 ④

(가) 부대에 대한 설명으로 옳은 것은? [2점]

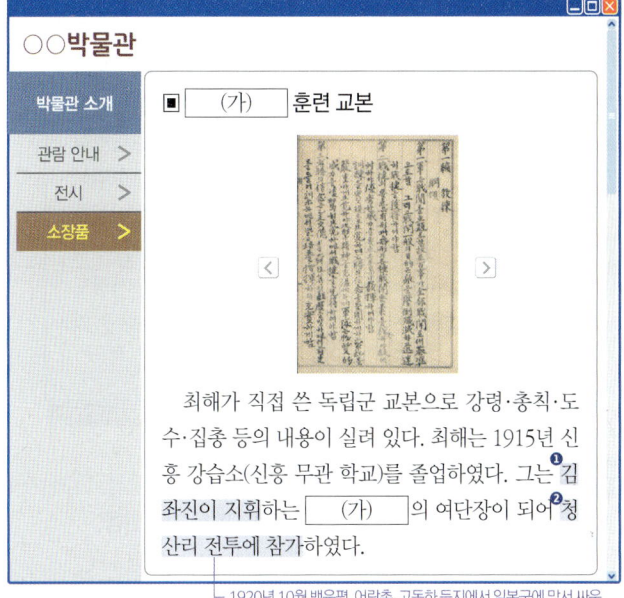

○○박물관
■ (가) 훈련 교본

최해가 직접 쓴 독립군 교본으로 강령·총칙·도수·집총 등의 내용이 실려 있다. 최해는 1915년 신흥 강습소(신흥 무관 학교)를 졸업하였다. 그는 ❶ 김좌진이 지휘하는 (가) 의 여단장이 되어 ❷ 청산리 전투에 참가하였다.

1920년 10월 백운평, 어랑촌, 고동하 등지에서 일본군에 맞서 싸운 청산리 전투 당시 북로 군정서가 활약하였어요.

정답 잡는 키워드

❶ 김좌진이 지휘, ❷ 청산리 전투에 참가 → **북로 군정서**

김좌진이 지휘하는 부대로 청산리 전투에 참가하였다는 내용을 통해 (가) 부대가 북로 군정서임을 알 수 있어요. 김좌진이 지휘한 북로 군정서는 홍범도의 대한 독립군 등과 연합하여 청산리 일대에서 일본군에 대승을 거두었어요.

① 대전자령에서 일본군을 기습하였다.
→ 지청천이 이끄는 **한국 독립군**은 항일 중국군과 연합하여 대전자령 전투 등에서 일본군에 대승을 거두었어요.

② 영릉가에서 일본군에 승리를 거두었다.
→ 양세봉이 이끄는 **조선 혁명군**은 항일 중국군과 연합하여 영릉가 전투 등에서 일본군에 승리를 거두었어요.

③ 동북 항일 연군으로 개편되어 유격전을 전개하였다.
→ 만주 지역에서 중국 공산당의 주도로 조직된 **동북 인민 혁명군**은 민족과 이념을 초월한 항일 연합 전선을 구축하기 위해 동북 항일 연군으로 개편되어 유격전을 펼쳤어요.

④ 중광단을 중심으로 조직되어 항일 독립 전쟁에 참여하였다.
→ 1911년에 북간도에서 대종교도가 중심이 된 중광단이 결성되었어요. 이후 중광단은 **북로 군정서**로 발전하여 항일 무장 투쟁을 전개하였어요.

⑤ 인도·미얀마 전선에 파견되어 영국군과 연합 작전을 펼쳤다.
→ **한국 광복군**의 일부 대원은 영국군의 요청으로 인도·미얀마 전선에 파견되어 연합군의 일원으로 활동하였어요.

기출 선택지 +α

❻ 흥경성에서 일본군을 격퇴하였다. (O/X)
❼ 쌍성보 전투에서 한·중 연합 작전을 전개하였다. (O/X)
❽ 중국 관내에서 결성된 최초의 한인 무장 부대였다. (O/X)
❾ 홍범도 부대와 연합하여 청산리에서 일본군과 교전하였다. (O/X)

기출 선택지 +α

정답 ❻ X [조선 혁명군] ❼ X [한국 독립군] ❽ X [조선 의용대] ❾ O

41 형평 운동 정답 ①

다음 가상 일기의 밑줄 그은 '운동'에 대한 설명으로 옳은 것은? [1점]

> 1925년 ○○월 ○○일
> 우리 ❶백정들은 신분제가 폐지되었음에도 끊임없이 차별받았다. 다 같은 조선 민족인데 왜 우리를 핍박하는 걸까? 우리는 ❷저울처럼 평등한 세상을 만들기 위해 몇 해 전부터 운동을 벌이고 있지만 사람들의 인식을 바꾸기는 쉽지 않은 것 같다. 얼마 전 예천에서는 '백정을 핍박하는 것은 죄가 아니다.'라고 말하는 사람도 있다고 하니 우리는 언제쯤 평등한 대우를 받을 수 있을까?
> 저울 형(衡), 평등할 평(平). 즉, 형평 운동은 백정들이 사용하는 저울처럼 평등한 세상을 만들겠다는 목표 아래 전개되었어요.

정답 잡는 키워드
❶ 백정들은 신분제가 폐지되었음에도 차별받음,
❷ 저울처럼 평등한 세상을 만들고자 함 → 형평 운동

신분제가 폐지되었음에도 백정들이 끊임없이 차별받았으며, 저울처럼 평등한 세상을 만들기 위해 운동을 벌이고 있다는 내용을 통해 밑줄 그은 '운동'이 형평 운동임을 알 수 있어요. 1894년 갑오개혁 때 법적으로 신분제가 폐지되었지만 백정에 대한 차별은 여전히 남아 있었어요. 이들에 대한 사회적 편견과 차별은 일제 강점기에도 계속되었습니다. 이에 백정들은 1923년에 경상남도 진주에서 조선 형평사를 조직하고 백정에 대한 사회적 차별 철폐를 주장하는 형평 운동을 전개하였어요.

①조선 형평사의 주도로 전개되었다.
➡ 형평 운동을 주도한 조선 형평사는 백정에 대한 모욕적인 칭호를 폐지하는 등 사회적 차별 철폐를 목표로 활동하였어요.

② 대한매일신보의 지원을 받아 확대되었다.
➡ 대한매일신보는 국채 보상 운동을 적극적으로 후원하여 운동이 전국으로 확산하는 데 기여하였어요.

③ 평양에서 시작하여 전국적으로 확산되었다.
➡ 물산 장려 운동은 조만식 등의 주도로 평양에서 시작하여 전국적으로 확산되었어요.

④ 순종의 인산일을 기한 대규모 시위를 계획하였다.
➡ 천도교계 민족주의 세력과 사회주의 세력, 그리고 학생들이 순종의 인산일을 기회로 삼아 6·10 만세 운동을 준비하였어요.

⑤ 라이징 선 석유 회사의 한국인 구타 사건을 계기로 시작되었다.
➡ 1929년에 원산 인근의 라이징 선 석유 회사에서 일본인 감독관이 한국인 노동자를 구타한 사건이 발단이 되어 원산 총파업이 일어났어요.

기출 선택지 +α
❻ 김광제 등의 발의로 시작되었다. (O / X)
❼ 백정에 대한 사회적 차별 철폐를 주장하였다. (O / X)
❽ 자작회, 토산 애용 부인회 등의 단체가 활동하였다. (O / X)
❾ 배우자 가르치자 다함께 브나로드를 구호로 내세웠다. (O / X)
❿ 일제가 이른바 문화 통치를 실시하는 결과를 가져왔다. (O / X)

기출 선택지 +α
정답 ❻ ×[국채 보상 운동] ❼ O ❽ ×[물산 장려 운동] ❾ ×[브나로드 운동] ❿ ×[3·1 운동]

42 6·25 전쟁 정답 ④

교사의 질문에 대한 학생의 답변으로 적절하지 않은 것은? [2점]

이 우표는 6·25 전쟁이 발발하고 북한군에 점령당했던 서울을 되찾은 것을 기념해 만들어졌습니다. 9월 28일 서울 수복 이후에 벌어진 상황에 대해 말해 볼까요?

1950년 6월 25일에 북한의 기습 남침으로 6·25 전쟁이 발발하였어요. 북한의 남침을 침략 행위로 규정한 유엔 안전 보장 이사회에서 유엔군을 파병하였고, 낙동강 지역까지 밀렸던 국군과 유엔군은 반격을 시도하였어요. 1950년 9월에 국군과 유엔군은 인천 상륙 작전을 전개하여 북한군에 점령당했던 서울을 수복하는 데 성공하고, 여세를 몰아 38도선을 돌파하여 압록강 일대까지 진격하였어요.

① 반공 포로가 석방되었어요.
➡ 1953년 6·25 전쟁의 정전 회담이 진행되는 가운데 이승만 정부가 반공 포로를 일방적으로 석방하였어요.

② 한·미 상호 방위 조약이 체결되었어요.
➡ 이승만 정부의 반공 포로 석방으로 정전 회담이 결렬될 위기에 놓이자 미국은 한국에 한·미 상호 방위 조약의 체결과 경제 원조를 약속하고 1953년 7월에 정전 협정을 조인하였어요. 한·미 상호 방위 조약은 정전 후 1953년 10월에 체결되었어요.

③ 흥남에서 대규모 철수가 이루어졌어요.
➡ 중국군이 6·25 전쟁에 개입하면서 국군과 유엔군이 북한 지역에서 밀려나 1950년 12월에 흥남 철수 작전이 전개되었어요.

④유엔군이 인천 상륙 작전을 전개하였어요.
➡ 1950년 9월 15일에 국군과 유엔군이 인천 상륙 작전에 성공하여 9월 28일 서울을 수복하였어요.

⑤ 비상계엄이 선포된 가운데 발췌 개헌안이 통과되었어요.
➡ 6·25 전쟁 중인 1952년 7월 임시 수도였던 부산에 비상계엄이 선포된 가운데 대통령 직선제를 주요 내용으로 하는 발췌 개헌안이 통과되었어요.

핵심 개념 | 6·25 전쟁

배경	미군과 소련군이 한반도에서 철수, 중국의 공산화, 남북의 대립과 군사적 충돌, 미국의 애치슨 선언 발표
전개	북한군의 기습 남침(1950. 6. 25.) → 북한군이 3일 만에 서울 점령 → 유엔군의 참전, 낙동강 방어선 구축, 다부동 전투 → 국군과 유엔군의 인천 상륙 작전(1950. 9. 15.) → 서울 수복(1950. 9. 28.), 38도선 돌파 → 평양 점령, 압록강 일대까지 진격 → 중국군 참전 → 국군과 유엔군 후퇴, 흥남 철수 작전(1950. 12.) → 서울 함락(1·4 후퇴, 1951), 국민 방위군 사건 발생 → 70여 일 만에 서울 재탈환 → 38도선 부근에서 공방전, 정전 회담 진행(포로 교환 방식 등을 둘러싸고 갈등) → 이승만 정부가 포로수용소에 있던 반공 포로 석방(1953. 6.) → 판문점에서 정전 협정 체결(1953. 7. 27.)
피해와 영향	• 막대한 인명·재산 피해, 전쟁고아와 이산가족 발생, 남북 간의 이념 대립과 적대감 심화 • 한·미 상호 방위 조약 체결(1953. 10.), 반공 교육 강화 등

43 김대중 정부의 통일 정책 정답 ④

(가) 정부의 통일 정책에 대한 설명으로 옳은 것은? [1점]

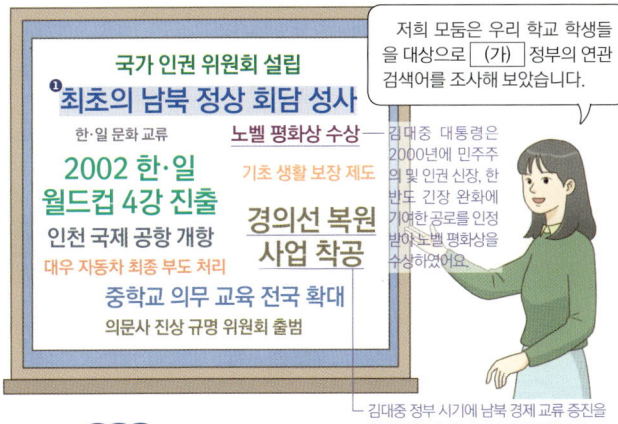

정답 잡는 키워드

❶ 최초의 남북 정상 회담 성사 → 김대중 정부

최초의 남북 정상 회담이 성사되었다는 내용을 통해 (가) 정부가 김대중 정부임을 알 수 있어요. 김대중 정부는 '햇볕 정책'이라고도 불린 대북 화해 협력 정책을 추진하여 남북 간 화해 분위기를 조성하였어요. 이런 가운데 기업인 정주영이 소 떼를 이끌고 북한을 방문하면서 남북 간 교류와 협력을 위한 논의가 본격적으로 진행되어 해로를 통한 금강산 관광 사업이 시작되었어요. 그리고 2000년에는 평양에서 분단 이후 최초로 남북 정상 회담이 개최되었습니다.

① 남북 기본 합의서에 서명하였다.
➡ 노태우 정부는 남북 사이의 화해와 불가침 및 교류·협력에 관한 합의서인 남북 기본 합의서에 서명하였어요.

② 남북한이 유엔에 동시 가입하였다.
➡ 노태우 정부는 북한과 함께 유엔에 동시 가입하였어요.

③ 7·4 남북 공동 성명을 발표하였다.
➡ 박정희 정부는 '자주, 평화, 민족 대단결'이라는 평화 통일의 3대 원칙에 합의한 7·4 남북 공동 성명을 발표하였어요.

④ 6·15 남북 공동 선언을 채택하였다.
➡ 김대중 정부는 분단 이후 최초로 남북 정상 회담을 개최하고 6·15 남북 공동 선언을 채택하였어요.

⑤ 남북 이산가족 고향 방문을 최초로 실현하였다.
➡ 전두환 정부는 남북 이산가족 고향 방문과 예술 공연단 교환 방문을 최초로 실현하였어요.

기출 선택지 +α

⑥ 남북 조절 위원회를 구성하였다. (O/X)
⑦ 한반도 비핵화 공동 선언에 합의하였다. (O/X)
⑧ 남북한이 개성 공단 조성에 합의하였다. (O/X)
⑨ 판문점에서 남북 정상 회담을 개최하였다. (O/X)
⑩ 민족자존과 통일 번영을 위한 7·7 선언을 발표하였다. (O/X)

정답 ⑥ ×[박정희 정부] ⑦ ×[노태우 정부] ⑧ ○ ⑨ ×[문재인 정부]
⑩ ×[노태우 정부]

44 4·19 혁명 정답 ②

(가) 민주화 운동에 대한 설명으로 옳은 것은? [2점]

정답 잡는 키워드

❶ 3·15 부정 선거에 항거 → 4·19 혁명

3·15 부정 선거에 항거하며 일어났다는 내용을 통해 (가) 민주화 운동이 4·19 혁명임을 알 수 있어요. 이승만 정부가 정권 유지를 위해 1960년에 3·15 부정 선거를 일으키자 이에 항의하여 전국에서 시위가 일어났어요. 당시 정부는 비상계엄을 선포하고 군대를 동원하여 시위를 강경 진압하였어요. 하지만 분노한 시위대는 부정 선거를 규탄하고 대통령의 퇴진을 요구하는 시위를 이어 갔습니다. 결국 국민적 요구에 굴복한 이승만 대통령이 하야 성명을 발표하였어요.

① 긴급 조치 철폐를 요구하였다.
➡ 박정희 정부가 1972년에 유신 헌법을 제정한 이후 유신 헌법 및 긴급 조치 철폐를 요구하는 유신 반대 운동이 전개되었어요.

② 장면 내각이 출범하는 배경이 되었다.
➡ 4·19 혁명 이후 구성된 허정 과도 정부가 개헌을 추진하였고, 새 헌법에 따라 총선을 거쳐 장면 내각이 출범하였어요.

③ 전남 도청에서 시민군이 계엄군에 맞서 싸웠다.
➡ 5·18 민주화 운동 과정에서 광주의 학생과 시민들은 계엄군의 발포 등 무력 진압에 대항하여 자발적으로 시민군을 조직하였어요.

④ 민주화를 위한 개헌 청원 100만 인 서명 운동이 전개되었다.
➡ 1973년에 장준하, 백기완 등 재야인사들을 중심으로 유신 헌법 개정을 요구하는 개헌 청원 100만 인 서명 운동이 전개되었어요.

⑤ 5년 단임의 대통령 직선제 개헌이 이루어지는 계기가 되었다.
➡ 6월 민주 항쟁의 결과 5년 단임의 대통령 직선제를 주요 내용으로 하는 개헌이 이루어졌어요.

기출 선택지 +α

⑥ 시위 도중 대학생 이한열이 희생되었다. (O/X)
⑦ 호헌 철폐와 독재 타도 등의 구호를 내세웠다. (O/X)
⑧ 이승만이 대통령직에서 물러나는 결과를 가져왔다. (O/X)
⑨ 신군부의 비상계엄 확대와 무력 진압에 저항하였다. (O/X)
⑩ 대학교수단이 대통령 퇴진을 요구하며 시위행진을 벌였다. (O/X)

정답 ⑥ ×[6월 민주 항쟁] ⑦ ×[6월 민주 항쟁] ⑧ ○ ⑨ ×[5·18 민주화 운동]
⑩ ○

45 박정희 정부 시기의 경제 상황   정답 ②

다음 사건이 있었던 정부 시기의 경제 상황으로 옳은 것은? [3점]

사진으로 보는 현대사

❶ YH 무역 여성 노동자들은 일방적인 폐업에 항의하며 ❷ 신민당 당사에서 농성 시위를 벌이다 경찰에 의해 강제 해산되었다. 그 과정에서 노동자 김경숙이 사망하였다. 이 사진은 현장에 남아 있던 머리띠와 신발들이다. 머리띠에는 '안 되면 죽음이다'라는 글귀가 쓰여 있다.

정답 잡는 키워드

❶, ❷ YH 무역 여성 노동자들이 신민당 당사에서 농성 시위를 벌이다 경찰에 의해 강제 해산됨 → **박정희 정부**

YH 무역 여성 노동자들이 신민당 당사에서 농성 시위를 벌이다 경찰에 의해 강제 해산되었다는 내용을 통해 제시된 사건이 박정희 정부 시기에 있었던 YH 무역 사건임을 알 수 있어요. 따라서 박정희 정부 시기의 경제 상황을 찾으면 됩니다. YH 무역 사건을 계기로 유신 독재 체제를 거세게 비판하던 야당 총재 김영삼이 국회 의원직에서 제명되자 1979년 10월에 부산과 마산 일대에서 유신 체제에 저항하는 부·마 민주 항쟁이 일어나기도 하였어요.

① 금융 실명제가 실시되었다.
→ **김영삼 정부** 시기에 금융 거래의 투명성을 확보하고자 대통령 긴급 명령으로 금융 실명제가 실시되었어요.

②연간 수출액 100억 달러가 달성되었다.
→ **박정희 정부** 시기인 1977년에 처음으로 연간 수출액 100억 달러가 달성되었어요.

③ 개성 공단에서 의류 생산이 시작되었다.
→ 김대중 정부 시기에 남북한이 합의한 개성 공단 건설 사업이 **노무현 정부** 시기에 실현되어 이를 통해 남북 간 경제 교류가 이루어졌어요.

④ 칠레와 자유 무역 협정(FTA)을 체결하였다.
→ 칠레와의 자유 무역 협정(FTA)은 2003년 **김대중 정부** 시기에 정식 서명이 이루어졌고, 노무현 정부 시기인 2004년에 국회에서 비준되었어요.

⑤ 저금리, 저유가, 저달러의 3저 호황이 있었다.
→ **전두환 정부** 시기에 저금리, 저유가, 저달러의 3저 호황으로 물가가 안정되고 수출이 증가하였어요.

기출 선택지 +α

❻ 최저 임금법이 제정되었다. (O/X)
❼ 경부 고속 도로가 개통되었다. (O/X)
❽ 포항 제철소 1기 설비가 준공되었다. (O/X)
❾ 경제 협력 개발 기구(OECD)에 가입하였다. (O/X)

기출 선택지 +α 정답 ❻ ×[전두환 정부] ❼ ○ ❽ ○ ❾ ×[김영삼 정부]

---

46 전두환 정부 시기의 사회 모습   정답 ④

밑줄 그은 '정부' 시기의 사회 모습으로 옳은 것은? [2점]

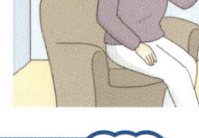

❶ 야간 통행금지를 해제했던 정부 시절 기억나는가?

❷ 프로 야구와 프로 축구가 출범하고 해외 여행도 갈 수 있게 되었지.

수많은 사람들이 불법적으로 ❸ 삼청 교육대에 끌려 갔잖아.

전두환 정부는 1982년 6개 구단으로 프로 야구를 출범시킨 이후 이듬해에는 프로 축구를 출범시켜 본격적인 프로 스포츠 시대를 열었지만, 정치에 대한 국민의 관심을 돌리기 위한 조치였다는 비판을 받기도 합니다.

정답 잡는 키워드

❶ 야간 통행금지 해제, ❷ 프로 야구와 프로 축구 출범, ❸ 삼청 교육대 → **전두환 정부**

야간 통행금지 해제, 프로 야구와 프로 축구 출범, 삼청 교육대 등의 내용을 통해 밑줄 그은 '정부'가 전두환 정부임을 알 수 있어요. 12·12 군사 반란(12·12 사태)을 통해 권력을 잡은 전두환 등 신군부 세력은 1980년 5월 국가 보위 비상 대책 위원회를 구성하고 사회 정화를 명분으로 군부대 내에 삼청 교육대를 설치하였어요. 이후 전두환이 유신 헌법에 따라 제11대 대통령에 선출되었고, 곧이어 유신 헌법을 일부 수정한 제8차 개헌에 따라 제12대 대통령에 취임하였어요. 전두환 정부는 언론 통제, 민주화 운동 탄압 등의 강압 정책을 추진하는 한편, 강압 정책에 대한 불만을 무마하기 위해 야간 통행금지 해제, 중·고등학생 두발과 교복 자율화, 해외여행 자유화, 프로 야구와 프로 축구단 창단 등 유화 정책을 추진하기도 하였어요.

① 금강산 관광이 시작되었다.
→ 정주영의 소 떼 방북을 계기로 남북한의 교류와 협력이 본격화되면서 금강산 관광 사업이 시작되어 해로 관광은 **김대중 정부** 시기, 육로 관광은 노무현 정부 시기에 이루어졌어요.

② 서울 올림픽 대회가 개최되었다.
→ **노태우 정부** 시기인 1988년에 서울 올림픽 대회가 개최되었어요.

③ 삼풍 백화점 붕괴 사고가 발생하였다.
→ **김영삼 정부** 시기에 삼풍 백화점 붕괴 사고가 발생하여 많은 인명 피해가 발생하였어요.

④보도 지침을 통해 언론을 통제하였다.
→ **전두환 정부** 시기에 언론의 기사 통제를 위해 보도 지침이 작성되어 각 언론사에 내려졌어요.

⑤ 양성평등 실현을 위해 호주제가 폐지되었다.
→ **노무현 정부** 시기에 양성평등의 실현과 평등한 가족 관계 형성을 위해 호주제가 폐지되었어요.

기출 선택지 +α

❻ 국가 인권 위원회가 설립되었다. (O/X)
❼ 박종철 고문치사 사건이 발생하였다. (O/X)
❽ 야당 총재가 국회 의원직에서 제명되었다. (O/X)
❾ 전국 민주 노동조합 총연맹이 창립되었다. (O/X)
❿ 친일 반민족 행위 진상 규명 위원회가 출범하였다. (O/X)

기출 선택지 +α
정답 ❻ ×[김대중 정부] ❼ ○ ❽ ×[박정희 정부] ❾ ×[김영삼 정부]
❿ ×[노무현 정부]

47 여운형의 활동   정답 ⑤

(가)에 들어갈 내용으로 옳은 것은? [2점]

한국사 대화형 인공 지능

Q 이 사진 속 인물에 대해 알려 줘.

A 사진 속 인물의 호는 몽양이며, 독립운동가입니다. 1918년에 상하이에서 신한 청년당을 조직하였으며, 대한민국 임시 정부에 참여하였습니다. 1945년 8월 조선 건국 준비 위원회를 결성하였습니다.

여운형은 광복 직후 안재홍 등과 함께 조선 건국 준비 위원회를 결성하고, 위원장을 맡았어요.

Q 그 이후의 행적에 대해 알려 줘.

A (가)

정답 잡는 키워드
❶ 호 '몽양', ❷ 신한 청년당 조직, ❸ 조선 건국 준비 위원회 결성
→ **여운형**

'몽양'이라는 호를 썼으며, 신한 청년당을 조직하고 조선 건국 준비 위원회를 결성하였다는 내용을 통해 사진 속 인물이 여운형임을 알 수 있어요. 여운형은 상하이에서 신한 청년당 조직에 참여하고 김규식을 파리 강화 회의에 한국 대표로 파견할 것을 결정하였어요. 이후 상하이 임시 정부 수립에 힘썼으며 정부 요인으로 활동하였어요. 1933년에 조선중앙일보사 사장직에 취임하였으나 베를린 올림픽 마라톤 우승자 손기정의 사진을 게재하면서 그의 운동복에 그려진 일장기를 삭제한 일로 신문이 폐간되어 사장직에서 물러났어요. 광복 직후에는 조선 건국 동맹을 기반으로 조선 건국 준비 위원회를 결성하여 새로운 국가 건설을 위해 노력하였어요.

① 한국 민주당을 창당하였습니다.
➡ 1945년 9월에 송진우, 김성수 등 우익 인사들이 중심이 되어 한국 민주당을 창당하였어요.

② 5·10 총선거에 출마하였습니다.
➡ 1948년 5월에 실시된 5·10 총선거에서 제헌 국회 의원이 선출되었어요. 여운형은 1947년 7월에 서울 혜화동에서 피살되었어요.

③ 단독 정부 수립을 주장하였습니다.
➡ 이승만은 제1차 미·소 공동 위원회가 무기 휴회되자 정읍에서 남한만의 단독 정부 수립을 주장하였어요.

④ 조선 혁명 선언을 작성하였습니다.
➡ 신채호는 의열단장 김원봉의 요청을 받아 민중의 직접 혁명을 주장한 '조선 혁명 선언'을 작성하였어요. '조선 혁명 선언'은 의열단의 활동 지침이 되었어요.

⑤ 좌우 합작 위원회를 조직하였습니다.
➡ 광복 이후 **여운형**, 김규식 등은 통일 정부 수립을 위해 좌우 합작 위원회를 조직하고 좌우 합작 7원칙을 발표하였어요.

기출 선택지 +α
❻ 조선 건국 동맹을 결성하였다. (O/X)
❼ 샌프란시스코에서 흥사단을 결성하였다. (O/X)
❽ 미국에서 귀국하여 독립 촉성 중앙 협의회를 이끌었다. (O/X)

기출 선택지 +α 정답 ❻ O ❼ X [안창호] ❽ X [이승만]

48 삼국 시대 사람들의 학습 활동   정답 ③

교사의 질문에 대한 학생의 답으로 옳은 것은? [2점]

충남 부여 쌍북리에서 숫자들이 기록된 목간이 출토되었는데 놀랍게도 구구단이 쓰여 있었습니다. 삼국 시대에 살았던 사람들도 우리처럼 구구단을 공부했다는 것이 신기합니다. 삼국 시대 사람들의 학습 활동을 확인할 수 있는 또 다른 사례는 무엇이 있을까요?

자료에서 교사는 삼국 시대 사람들의 학습 활동에 대해 이야기하고 있습니다. 고구려는 수도에 태학을, 지방에는 경당을 두어 인재를 양성하였어요. 백제에는 유교 경전을 교육하기 위한 오경박사가 있었고, 신라에서는 임신서기석을 통해 유학 교육이 행해졌음을 알 수 있어요.

① 울주 대곡리 반구대에 고래 사냥 모습을 새겼습니다.
➡ **선사 시대** 문화유산인 울주 대곡리 반구대에는 풍요와 사냥 성공을 바라는 고래 사냥 모습이 새겨져 있어요.

② 이제현이 만권당에서 원의 학자들과 교류하였습니다.
➡ **고려** 후기 학자인 이제현은 충선왕이 원의 연경에 세운 만권당에서 원의 학자들과 교류하였어요.

③ 청소년들이 경당에서 책을 읽고 활쏘기를 배웠습니다.
➡ **고구려**는 지방에 경당을 설치하여 청소년들에게 학문과 무예를 가르쳤어요.

④ 독특한 회계 정리 방식인 사개치부법을 사용하였습니다.
➡ 개성상인은 **고려** 시대부터 독특한 회계 정리 방식인 사개치부법을 사용하였어요. 사개치부법은 개성 부기라고도 불렸어요.

⑤ 정혜 공주 묘지석에는 유교 경전과 중국 역사서의 내용이 인용되어 있습니다.
➡ **발해** 문왕의 딸인 정혜 공주의 묘지석에는 유교 경전과 중국 역사서의 내용이 인용되어 새겨져 있어요.

49 여러 가지 자기의 특징   정답 ③

(가)~(마)의 설명과 사진을 연결한 것으로 옳지 않은 것은? [3점]

- (가) 태토와 유약이 모두 백색이고 1,200도 이상에서 구워 만든 자기다. 영국 여왕 엘리자베스 2세가 이 자기 중 하나를 보면서 '세상에서 제일 아름다운 그릇'이라는 찬사를 보냈다.
- (나) 철분이 약간 함유된 태토에 유약을 입혀 고온에서 구워 낸 자기다. 송 사신 서긍은 "푸른 빛깔을 고려인은 비색(翡色)이라 하는데 근래에 들어 빛깔이 더욱 좋아졌다."고 하였다.
- (다) 회색 태토 위에 백토로 표면을 분장한 뒤에 유약을 입혀 구운 자기다. 고유섭이 회청색을 띠는 사기라는 의미로 '분장회청사기(분청사기)'라 하였다.
  ─ 도자기에 사용하는 청색 물감을 말해요. 회회청이라 불리기도 하였어요.
- (라) 초벌구이한 백자 위에 코발트로 그림 그린 후 유약을 발라 구운 자기다. 코발트는 수입산 안료였기에 예종은 관찰사를 통해 백성들이 회회청(코발트)을 구해 오도록 독려할 정도였다.
  ─ 음각한 부분에 다른 색의 흙을 메워 무늬를 표현하는 상감 기법을 말해요.
- (마) 표면에 무늬를 파고 백토와 자토를 그 자리에 넣어 초벌구이한 후 유약을 발라 구워 낸 자기다. 최순우는 "고려 사람들은 비색의 자기에 영롱한 수를 놓는 방법을 궁리해 냈다."고 하였다.

- (가) 태토와 유약이 모두 백색이고 고온에서 구워 만든 자기는 **백자**입니다. 백자는 조선 시대에 들어와 많이 만들어졌으며, 깨끗하고 검소한 아름다움을 가져 사대부가 선호하였어요.
- (나) 고려의 **청자**는 철분이 조금 섞인 백토 위에 미량의 철분이 함유된 유약을 발라 고온에서 구운 자기입니다. 비색이라고 불리는 신비한 푸른빛의 아름다움으로 유명하였어요. 고려 전기에는 무늬가 없는 순청자가 많이 제작되었습니다.
- (다) 회색 태토 위에 맑게 거른 백토로 표면을 분장한 뒤 유약을 입혀 구운 자기는 **분청사기**입니다. 조선 전기에 많이 제작되었으며, 자유롭고 실용적인 형태와 다양한 무늬를 가진 것이 특징이에요.
- (라) 조선 시대에 백자 위에 코발트 안료를 사용해 푸른색으로 그림을 그려 넣고 유약을 발라 구워 낸 **청화 백자**가 만들어졌어요. 청화 백자는 조선 후기에 유행하였습니다.
- (마) 고려 시대에 그릇 표면에 무늬를 새기고 그 안을 백토나 자토 등으로 채우는 상감 기법을 이용한 **상감 청자**가 제작되었어요. 상감 청자는 고려의 독창적인 공예품이었어요.

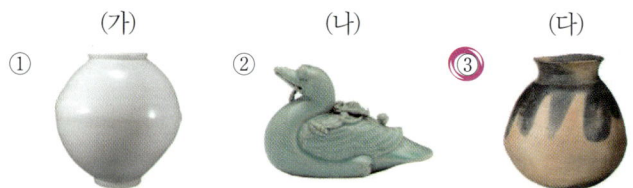

(가) ① ➡ 조선 시대에 만들어진 **백자 달항아리**입니다.
(나) ② ➡ 고려 시대에 만들어진 **청자 오리 모양 연적**이에요.
(다) ③ ➡ 청동기 시대의 민무늬 토기 형식인 **가지무늬 토기**입니다.

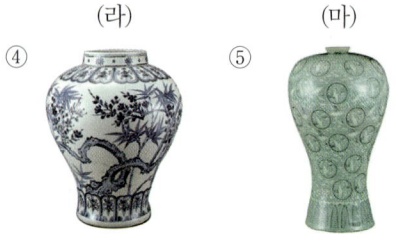

(라) ④ ➡ 조선 후기에 만들어진 **백자 청화 매죽문 항아리**입니다.
(마) ⑤ ➡ 고려 시대에 만들어진 상감 청자인 **청자 상감 운학문 매병**이에요.

50 전태일 분신 투쟁의 영향   정답 ⑤

다음 사건의 영향을 받아 발생한 사실로 옳은 것은? [2점]

근로 기준법을 준수하라!

나는 아주 작은 바늘 구멍이라도 내기 위해서 죽는 것입니다. 그 작은 구멍을 자꾸 키워 벽을 허물어야 합니다. 그래야 없는 사람도 살고 근로자도 살 수 있는 것입니다.

정답 잡는 키워드

❶ 근로 기준법 준수를 요구하며 분신 → **전태일 분신 투쟁(1970)**

근로 기준법 준수를 요구하며 분신한 내용을 통해 자료의 사건이 전태일 분신 투쟁임을 알 수 있어요. 박정희 정부는 1960년대에 값싼 노동력을 이용한 경공업을 중심으로 경제 성장을 추진하였는데, 이 과정에서 노동자들은 낮은 임금과 열악한 환경 속에서 장시간 노동에 시달렸습니다. 근로 기준법 준수와 열악한 노동 환경 개선을 요구하는 시위가 전개되었지만, 정부는 수출 경쟁력 확보를 위해 저임금 정책을 고수하였어요. 이에 서울 평화 시장에서 재단사로 일하며 노동 운동을 하던 전태일은 1970년에 근로 기준법 준수를 요구하며 분신 투쟁을 벌였어요.

① **신한 공사가 설립**되어 귀속 재산을 관리하였다.
   ➡ **일제의 패망 뒤** 남한 지역에 들어온 미군정은 1946년 일본인이 남긴 귀속 재산 처리를 위해 신한 공사를 설립하였어요.

② 부산에서 **조선 방직의 총파업 사건**이 발생하였다.
   ➡ 조선 방직은 국내 최초의 방직 공장이었으나 열악한 노동 조건 때문에 노동 쟁의가 끊이지 않았어요. 1930년 조선 방직 노동자들이 **노동 조건 개선과 민족 차별 철폐를 요구**하며 총파업을 벌였으나 일제 경찰과 회사 측 관리자들의 강력한 탄압으로 실패하였어요.

③ 경제 자립을 목표로 **제1차 경제 개발 5개년 계획**이 추진되었다.
   ➡ 박정희 정부는 **장면 내각의 경제 개발 계획을 수정**하여 1962년부터 1966년까지 제1차 경제 개발 5개년 계획을 추진하였어요. 제1차 경제 개발 계획 시기에는 신발, 의류 등 노동 집약적 경공업 제품의 수출에 집중하였어요.

④ 미국에서 들여온 원조 물자를 기반으로 **삼백 산업**이 발달하였다.
   ➡ 제2차 세계 대전이 끝난 후 **미국은 공산주의 확산을 방지하고자 여러 국가에 원조를 제공**하였어요. 이승만 정부 시기에 미국에서 들여온 원조 물자를 가공하여 밀가루, 설탕, 면직물을 생산하는 삼백 산업이 발달하였어요.

⑤ 평화 시장 노동자들을 중심으로 한 청계 피복 노동조합이 결성되었다.
   ➡ **전태일 분신 투쟁**을 계기로 많은 사람들이 노동 문제에 관심을 기울이면서 노동 운동이 본격화되었어요. 이에 전태일의 뜻을 이어받은 평화 시장 노동자들을 중심으로 한 청계 피복 노동조합이 결성되었습니다.

심화 제67회

2023년 10월 21일(토) 시행

합격률 49.2%
응시 인원 : 31,985명
합격 인원 : 15,723명

시대별 출제 비중

전근대 28문항

- **선사 2문항**
  청동기 시대의 생활 모습, 여러 나라의 제천 행사

- **고대 8문항**
  성왕의 정책, 경주 분황사 모전 석탑, 삼국 통일 과정, 의상의 활동, 신문왕의 정책, 신라 말의 상황, 발해, 후삼국 통일 과정

- **고려 9문항**
  광종의 정책, 현종 재위 시기의 사실, 최충헌의 활동, 고려 중기의 사실, 원 간섭기의 사실, 논산 관촉사 석조 미륵보살 입상, 국자감, 고려의 정치 기구, 고려 말 요동 정벌

- **조선 9문항**
  고려사, 유향소, 김종서의 활동, 조선 후기의 모습, 임진왜란, 조선 후기 실학의 발달, 조선 후기 군사 조직의 정비, 정조 재위 시기의 사실, 신유박해

근현대 22문항

- **개항기 8문항**
  신미양요, 개항 이후 체결된 조약, 한성순보, 전주 화약 체결 이후의 사실, 육영 공원, 박정양의 활동, 광무개혁, 일제의 국권 침탈 과정

- **일제 강점기 7문항**
  의열단, 광주 학생 항일 운동, 한국 독립군, 1930년대 후반 이후 일제 식민 통치, 천도교의 활동, 민족 문화 수호 운동, 일본에서의 민족 운동

- **현대 4문항**
  여운형의 활동, 사사오입 개헌의 결과, 박정희 정부 시기의 사실, 노무현 정부의 통일 노력

- **시대 통합 3문항**
  역사 속 화폐, 역사 속 노비 처우의 변화, 역사 속 노비 관련 사건

분류별 출제 비중 고대~조선

- 정치 17문항
- 경제 1문항
- 사회 2문항
- 문화 6문항

난이도별 출제 비중

- 상 4문항
- 중 33문항
- 하 13문항

큰별쌤의 한 줄 평

낯선 자료와 선지가
다소 등장한
약간 어려운 시험

1. 청동기 시대의 생활 모습 정답 ④

(가) 시대의 생활 모습으로 옳은 것은? [1점]

❶ 계급이 출현한 (가) 시대의 생활상을 엿볼 수 있는 환호, 고인돌, 민무늬 토기 등이 울주 검단리 유적에서 발굴되었습니다. 특히 마을의 방어 시설로 보이는 환호는 우리나라의 (가) 시대 유적에서 처음 확인된 것으로, 둘레가 약 300미터에 달합니다.

청동기 시대에는 무늬가 없고 바닥이 평평한 민무늬 토기가 제작되었어요.

고인돌은 청동기 시대에 등장한 지배층의 무덤이에요. 거대한 규모의 고인돌을 통해 많은 사람을 동원할 수 있는 힘을 가진 지배자가 존재하였음을 짐작할 수 있어요.

정답 잡는 키워드
❶ 계급 출현, ❷ 고인돌, ❸ 민무늬 토기 → **청동기 시대**

계급이 출현하였으며 고인돌, 민무늬 토기 등이 발굴되었다는 내용을 통해 (가) 시대가 청동기 시대임을 알 수 있어요. 청동기 시대에 처음으로 금속 도구가 제작되었어요. 청동은 재료를 구하기가 어렵고 다루기도 까다로운 금속이었기 때문에 주로 지배자의 무기나 의례 도구, 장식품 제작에 사용되었어요. 청동기 시대에 농업의 발달로 생산력이 향상되어 잉여 생산물이 생기면서 토지나 생산물에 대한 사유 개념이 나타났고, 빈부의 차이가 발생하여 계급이 출현하였어요.

① 철제 무기로 정복 활동을 벌였다.
➡ 철제 무기는 **철기 시대**부터 제작되었어요.

② 주로 동굴이나 막집에서 거주하였다.
➡ **구석기 시대**에 사람들은 식량을 찾아 이동 생활을 하였으며, 주로 동굴이나 강가의 막집에서 거주하였어요.

③ 소를 이용한 깊이갈이가 일반화되었다.
➡ **고려 시대**에 들어와 소를 이용한 깊이갈이가 일반화되었어요.

④ 비파형 동검과 청동 거울 등을 제작하였다.
➡ **청동기 시대**에 비파형 동검과 청동 거울 등 청동 도구를 제작하였어요.

⑤ 빗살무늬 토기에 음식을 저장하기 시작하였다.
➡ 빗살무늬 토기는 우리나라 **신석기 시대**의 대표적인 토기로, 식량을 저장하거나 음식을 조리하는 데 사용되었어요.

기출 선택지 +α
❻ 거푸집을 이용하여 도구를 제작하였다. (O / X)
❼ 반달 돌칼을 사용하여 곡물을 수확하였다. (O / X)
❽ 계급이 없는 평등한 공동체 생활을 하였다. (O / X)
❾ 호미, 쇠스랑 등의 철제 농기구를 제작하였다. (O / X)
❿ 옷을 만들 때 가락바퀴와 뼈바늘을 이용하기 시작하였다. (O / X)

정답 ❻ ○ ❼ ○ ❽ ×[구석기 시대, 신석기 시대] ❾ ×[철기 시대] ❿ ×[신석기 시대]

---

2. 여러 나라의 제천 행사 정답 ④

(가)~(라)에 들어갈 내용으로 옳은 것을 〈보기〉에서 고른 것은? [2점]

〈여러 나라의 제천 행사〉

나라	내용
부여	(가)
고구려	(나)
동예	(다)
삼한	(라)

ㄱ. (가) - **무천**이라는 제천 행사에서 밤낮으로 음주가무를 즐겼다.
➡ 무천은 **동예**의 제천 행사입니다. 부여는 만주 쑹화강 유역에서 성장한 연맹 왕국으로 왕권이 강하지 않았어요. 왕이 중앙을 다스리고 왕 아래 마가, 우가, 저가, 구가 등 여러 가(加)들이 별도로 사출도를 주관하였지요. 부여는 매년 영고라는 제천 행사를 열었는데, 이때 하늘에 제사를 지내고 노래와 춤을 즐기며 죄수를 풀어 주기도 하였어요.

ㄴ. (나) - 10월에 지내는 제천 행사는 국중대회로 동맹이라 하였다.
➡ 고구려는 부여에서 내려온 주몽이 졸본을 도읍으로 삼아 건국한 나라입니다. 고구려에서는 대가들이 사자, 조의, 선인 등의 관리를 독자적으로 거느렸으며, 제가 회의를 통해 국가의 중대사를 결정하였어요. **고구려**는 매년 10월에 동맹이라는 제천 행사를 열었어요.

ㄷ. (다) - **영고**라는 제천 행사를 열고 죄수를 풀어 주기도 하였다.
➡ 영고는 **부여**의 제천 행사입니다. 동예는 강원도 북부 동해안 지역에 위치하였던 나라로, 왕이 없고 읍군, 삼로라고 불린 지배자가 부족을 다스렸어요. 동예에는 읍락의 경계를 중시하여 다른 부족의 영역을 함부로 침범하면 소나 말, 노비 등으로 변상하게 하는 책화라는 풍습이 있었어요. 또 단궁, 과하마, 반어피가 특산물로 유명하였으며, 매년 10월에 무천이라는 제천 행사를 열어 밤낮으로 음주가무를 즐겼어요.

ㄹ. (라) - 씨뿌리기가 끝난 5월과 농사를 마친 10월에 제사를 지냈다.
➡ 철기 시대에 한반도 중남부에 마한, 진한, 변한의 삼한이 성립되었어요. 삼한은 목지국, 사로국, 구야국 등 여러 소국으로 이루어졌어요. 삼한에는 왕이 없고 신지, 읍차라고 불린 지배자가 있었으며, 천군이라는 제사장이 제사를 주관하였어요. **삼한**은 씨뿌리기가 끝난 5월과 농사를 마친 10월에 제천 행사를 지냈습니다.

① ㄱ, ㄴ ② ㄱ, ㄷ ③ ㄴ, ㄷ
④ ㄴ, ㄹ ⑤ ㄷ, ㄹ

3 성왕의 정책   정답 ①

다음 자료에 해당하는 왕에 대한 설명으로 옳은 것은? [1점]

백제 제26대 왕 명농, 지혜와 식견이 뛰어나고 결단력이 있었다.

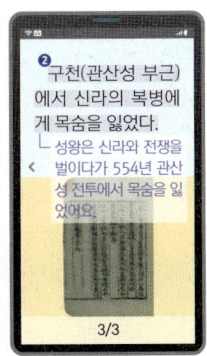
웅진에서 사비로 도읍을 옮기고 백제의 중흥을 꾀했다.

구천(관산성 부근)에서 신라의 복병에게 목숨을 잃었다.
- 성왕은 신라와 전쟁을 벌이다가 554년 관산성 전투에서 목숨을 잃었어요.

→ 고구려 장수왕의 공격으로 수도 한성이 함락되어 웅진으로 천도한 백제는 성왕 때 다시 대외 진출에 유리한 사비로 도읍을 옮겼어요.

정답 잡는 키워드

❶ 웅진에서 사비로 도읍을 옮김,
❷ 관산성 부근에서 신라의 복병에게 목숨을 잃음 → **성왕**

웅진에서 사비로 도읍을 옮겼으며, 관산성 부근에서 신라의 복병에게 목숨을 잃었다는 내용을 통해 자료에 해당하는 왕이 백제 성왕임을 알 수 있어요. 6세기 중반 백제 성왕은 신라 진흥왕과 연합하여 고구려를 공격해 한강 유역을 되찾았어요. 양국은 한강 유역을 나누어 차지하였으나, 곧이어 신라군이 백제를 기습 공격하여 한강 유역 전체를 차지하였어요. 이에 분노한 성왕이 신라 공격에 나섰다가 관산성 전투에서 전사하였어요.

① **국호를 남부여로 개칭하였다.**
  ➡ **성왕**은 웅진에서 사비로 천도하고 부여 계승 의식을 내세우며 국호를 '남부여'로 개칭하였어요.

② 금마저에 미륵사를 창건하였다.
  ➡ **무왕**은 지금의 익산 지역인 금마저에 미륵사를 창건하였어요.

③ 고흥에게 서기를 편찬하게 하였다.
  ➡ **근초고왕**은 고흥에게 역사서인 "서기"를 편찬하게 하였어요.

④ 윤충을 보내 대야성을 함락하였다.
  ➡ **의자왕**은 윤충을 보내 신라를 공격하여 전략적 요충지인 대야성을 함락하였어요.

⑤ 동진에서 온 마라난타를 통해 불교를 수용하였다.
  ➡ **침류왕**은 동진에서 온 마라난타를 통해 불교를 수용하여 사상적 통합을 꾀하였어요.

기출 선택지 +α

❻ 평양성 전투에서 고국원왕을 전사시켰다. (O / X)
❼ 계백의 결사대를 보내 신라군에 맞서 싸웠다. (O / X)
❽ 북위에 사신을 보내 고구려 공격을 요청하였다. (O / X)
❾ 진흥왕과 연합하여 한강 하류 지역을 되찾았다. (O / X)

핵심 개념 | 백제의 중흥

무령왕	전국 22담로에 왕족 파견(→ 지방 통제 강화), 중국 남조의 양과 교류, 무령왕릉(→ 중국 남조 및 왜와의 교류를 보여 줌)
성왕	• 사비(지금의 부여) 천도, 국호를 '남부여'로 고침(538) • 중앙 관청을 22부로 확대, 중앙과 지방 행정 조직 정비(5부 5방) • 신라 진흥왕과 연합하여 고구려로부터 한강 하류 지역을 회복하였으나 신라에 빼앗김 → 신라 공격에 나섰다가 관산성 전투에서 전사(554)
무왕	백제 부흥을 위해 노력 → 금마저(지금의 익산)에 미륵사 창건

기출 선택지 +α 정답 ❻ ×[근초고왕] ❼ ×[의자왕] ❽ ×[개로왕] ❾ ○

4 경주 분황사 모전 석탑   정답 ④

(가)에 해당하는 문화유산으로 옳은 것은? [3점]

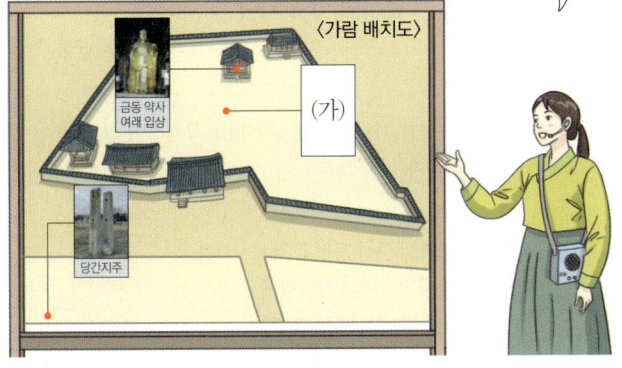

국보로 지정된 (가) 은 현존하는 신라 탑 중에 가장 오래된 것으로 평가받습니다. 이 탑은 돌을 벽돌 모양으로 다듬어 쌓았다는 특징이 있으며, 선덕 여왕 3년에 건립된 것으로 추정됩니다.

정답 잡는 키워드

❶ 현존하는 신라 탑 중에 가장 오래된 것,
❷ 돌을 벽돌 모양으로 다듬어 쌓음 → **경주 분황사 모전 석탑**

현존하는 신라의 탑 가운데 가장 오래되었으며, 돌을 벽돌 모양으로 다듬어 쌓았다는 내용을 통해 (가)에 해당하는 문화유산이 경주 분황사 모전 석탑임을 알 수 있어요. 경주 분황사 모전 석탑은 신라 선덕 여왕 때 분황사를 창건하면서 동시에 건립된 것으로 추정됩니다.

①
➡ 통일 신라의 **경주 불국사 3층 석탑**이에요. 탑을 보수하던 중 무구정광대다라니경이 발견되었어요.

②
➡ 백제의 **부여 정림사지 5층 석탑**이에요. 목탑 양식을 띠고 있어요.

③
➡ 발해의 **영광탑**이에요. 벽돌로 쌓아 만든 전탑입니다.

④
➡ 신라의 **경주 분황사 모전 석탑**이에요. 기단 위 모퉁이에 화강암으로 조각한 사자상이 놓여 있어요.

⑤
➡ 백제의 **익산 미륵사지 석탑**이에요. 복원 공사 중에 금제 사리봉영기가 발견되어 석탑의 건립 연도 등이 밝혀졌어요.

5 삼국 통일 과정   정답 ②

(가)에 들어갈 내용으로 가장 적절한 것은? [3점]

> **한국사 동영상 제작 계획안**
>
> ### 삼국이 하나 되다
> ○학년 ○반 ○모둠
>
> ■ 제작 의도
>   삼국 통일 과정을 사건의 발생 순서대로 구성하여 그 의의와 한계를 살펴본다.
>
> ■ 장면별 구성 내용
>   #1. 김춘추가 당과의 군사 동맹을 성사시키다
>   #2. 백제의 결사대 5천 명이 황산벌에서 패하다
>   #3. 연개소문이 죽고 내분이 일어나다 — 연개소문 사후 아들들 사이에 권력 다툼이 발생하여 맏아들 연남생이 당에 항복하고, 연개소문의 아우 연정토가 신라에 투항하는 등 내분이 일어났어요.
>   #4. _____(가)_____
>   #5. 신라 수군이 기벌포에서 승리하다 — 신라의 사찬 시득이 기벌포에서 설인귀가 이끄는 당의 수군을 격파하였어요.

정답 잡는 키워드
❶ 고구려, 연개소문 사후 지배층의 분열 → 665년
❷ 신라, 기벌포 전투에서 승리 → 676년

백제 의자왕의 공격으로 위기에 빠진 신라가 김춘추를 고구려로 보내 동맹을 시도하였으나 실패하였어요. 이후 김춘추는 당으로 건너가 군사 지원을 요청하였고, 당이 이를 받아들이면서 나·당 연합군이 결성되었어요. 백제는 660년에 계백이 이끄는 결사대가 황산벌 전투에서 신라군에 패한 후 나·당 연합군에 의해 사비성이 함락되면서 멸망하였어요. 백제 멸망 이후 흑치상지, 복신, 도침 등이 백제 부흥 운동을 전개하였으나 실패하였어요. 고구려는 연개소문이 죽은 이후 지배층 내부에 분열이 생겨 혼란에 빠졌고, 668년에 나·당 연합군의 공격을 받아 멸망하였어요. 고구려 멸망 이후 고연무, 검모잠, 안승 등이 고구려 부흥 운동을 전개하였어요. 한편, 고구려 멸망 이후 당은 한반도 전체를 지배하려는 야욕을 노골적으로 드러냈어요. 이에 신라는 당과 전쟁을 벌여 675년 매소성 전투, 676년 기벌포 전투에서 당군을 격퇴하면서 삼국 통일을 완수하였어요. 따라서 (가)에는 연개소문 사후 고구려에서 내분이 일어난 665년과 신라가 당과의 기벌포 전투에서 승리한 676년 사이 시기에 있었던 사실이 들어가면 됩니다.

① 흑치상지가 당의 유인궤에게 항복하다
  ➡ 백제 부흥 운동을 전개하던 흑치상지는 663년에 당의 유인궤에게 항복하였어요. #2와 #3 사이에 들어갈 내용이에요.

②문무왕이 안승을 보덕국 왕으로 책봉하다
  ➡ 신라 문무왕은 안승이 신라에 항복해 오자 금마저에 머물게 하고 674년에 안승을 보덕국 왕으로 책봉하였어요.

③ 을지문덕이 살수에서 수의 군대를 물리치다
  ➡ 을지문덕이 이끈 고구려군은 612년에 살수에서 수의 군대를 크게 물리쳤어요. #1 이전에 해당하는 내용이에요.

④ 부여풍이 백강에서 왜군과 함께 당군에 맞서 싸우다
  ➡ 부여풍 등 백제 부흥 세력은 663년에 왜의 지원군과 함께 백강에서 당군에 맞서 싸웠으나 패배하였어요. #2와 #3 사이에 들어갈 내용이에요.

⑤ 개로왕이 북위에 사신을 보내 고구려 공격을 요청하다
  ➡ 백제 개로왕은 472년에 북위에 사신을 보내 함께 고구려 공격에 나설 것을 요청하였으나 북위는 백제의 요청을 거절하였어요. #1 이전에 해당하는 내용이에요.

---

6 의상의 활동   정답 ⑤

밑줄 그은 '이 승려'에 대한 설명으로 옳은 것은? [2점]

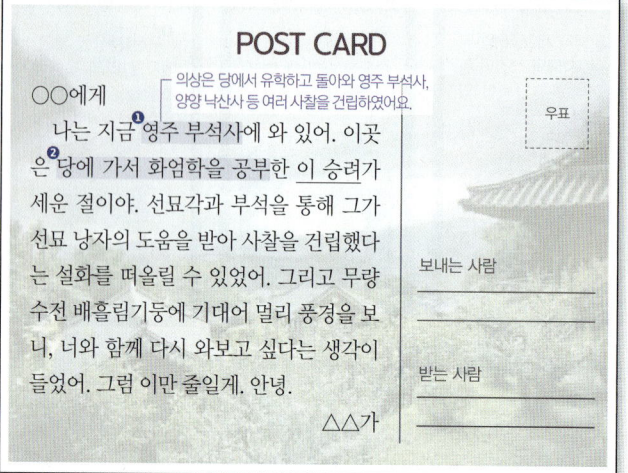

> **POST CARD**
>
> ○○에게
> 나는 지금 영주 부석사에 와 있어. 이곳은 ❷당에 가서 화엄학을 공부한 이 승려가 세운 절이야. 선묘각과 부석을 통해 그가 선묘 낭자의 도움을 받아 사찰을 건립했다는 설화를 떠올릴 수 있었어. 그리고 무량수전 배흘림기둥에 기대어 멀리 풍경을 보니, 너와 함께 다시 와보고 싶다는 생각이 들었어. 그럼 이만 줄일게, 안녕.
> △△가
>
> (의상은 당에서 유학하고 돌아와 영주 부석사, 양양 낙산사 등 여러 사찰을 건립하였어요.)

정답 잡는 키워드
❶ 영주 부석사 창건, ❷ 당에 가서 화엄학 공부 → 의상

영주 부석사를 세웠으며 당에 가서 화엄학을 공부하였다는 내용을 통해 밑줄 그은 '이 승려'가 신라의 의상임을 알 수 있어요. 의상은 당에서 화엄종을 공부하고 돌아와 '모든 존재는 서로 의존하여 조화를 이룬다'는 화엄 사상을 설파하고 신라 화엄종을 개창하였어요. 또한, 화엄 사상의 요지를 축약한 '화엄일승법계도'를 지어 화엄 사상을 정리하였어요.

① 황룡사 구층 목탑의 건립을 건의하였다.
  ➡ 자장은 선덕 여왕에게 황룡사 9층 목탑의 건립을 건의하였어요.

② 무애가를 지어 불교 대중화에 노력하였다.
  ➡ 원효는 백성들이 쉽게 불교를 받아들일 수 있도록 무애가를 지어 부르며 불교 대중화에 노력하였어요.

③ 유식의 교의를 담은 해심밀경소를 저술하였다.
  ➡ 원측은 유식의 교의를 담은 "해심밀경"을 풀이한 주석서인 "해심밀경소"를 저술하였어요.

④ 승려들의 전기를 정리한 해동고승전을 편찬하였다.
  ➡ 고려의 승려 각훈은 왕명을 받아 고승들의 전기를 정리한 "해동고승전"을 편찬하였어요.

⑤현세의 고난에서 구제받고자 하는 관음 신앙을 강조하였다.
  ➡ 의상은 관세음보살에 의지하여 현세의 고난에서 구제받고자 하는 관음 신앙을 강조하였어요.

핵심 개념 | 신라의 승려

원광	화랑도의 규범으로 세속 5계 제시, 왕명으로 수에 군사를 청하는 걸사표 작성
원측	"해심밀경소" 저술
원효	일심 사상과 화쟁 사상 주장, 무애가를 지어 불교 대중화에 기여, "대승기신론소"·"십문화쟁론"·"금강삼매경론" 등 저술
의상	화엄종 개창, 화엄 사상 정립, 부석사 등 많은 사찰 건립, 관음 신앙 전파, '화엄일승법계도' 저술
자장	선덕 여왕에게 황룡사 9층 목탑의 건립 건의
혜초	인도와 중앙아시아를 순례한 뒤 "왕오천축국전" 저술
도선	"송악명당기" 저술

7 신문왕의 정책
정답 ②

(가) 왕의 업적으로 옳은 것은? [2점]

> 대왕암이 내려다 보이는 이곳은 경주 이견대입니다. 선왕을 기리며 감은사를 완공한 ❶ (가) 은/는 이곳에서 용을 만나는 신묘한 일을 겪었고, 이를 통해 검은 옥대와 만파식적의 재료가 된 대나무를 얻었다고 합니다.

경주 감은사는 신문왕이 아버지 문무왕의 유업을 이어받아 완공한 사찰이에요. 선왕의 은혜에 감사하는 마음을 담아 감은사라 이름 붙였다고 합니다.

신문왕이 용에게서 받은 대나무로 피리(만파식적)를 만들었는데 이 피리를 불면 나라의 모든 근심 걱정이 사라졌다는 이야기가 "삼국유사"에 실려 있어요. 만파식적 설화는 신문왕 때 강력한 왕권을 구축하였음을 보여줍니다.

정답 잡는 키워드
❶ 감은사 완공, ❷ 만파식적 → **신문왕**

감은사를 완공하였으며, 만파식적 설화와 관련된 (가) 왕은 통일 신라의 신문왕이에요. 삼국 통일을 완수한 문무왕의 뒤를 이어 즉위한 신문왕은 즉위 초에 일어난 김흠돌의 난을 진압하면서 진골 귀족 세력을 숙청하고 왕권을 강화하였어요. 이를 바탕으로 통치 체제를 정비하여 9주 5소경의 지방 행정 조직을 마련하고 9서당 10정의 군사 조직을 갖추었습니다. 또한, 국학을 설치하여 유학을 교육하고 왕권을 뒷받침할 인재를 양성하였어요.

① 향가 모음집인 삼대목을 편찬하였다.
➡ **진성 여왕**은 위홍과 대구 화상에게 명하여 향가 모음집인 "삼대목"을 편찬하게 하였어요.

② 관료전을 지급하고 녹읍을 폐지하였다.
➡ **신문왕**은 관리에게 해당 지역에서 조세만 거둘 수 있는 관료전을 지급하고, 노동력까지 징발할 수 있는 녹읍을 폐지하여 귀족의 경제적 기반을 약화하였어요.

③ 인사를 담당하는 위화부를 창설하였다.
➡ **진평왕**은 위화부를 창설하여 관리 인사에 관한 업무를 담당하게 하였어요.

④ 건원이라는 독자적인 연호를 사용하였다.
➡ **법흥왕**은 '건원'이라는 독자적인 연호를 사용하였어요.

⑤ 시장을 감독하기 위해 동시전을 설치하였다.
➡ **지증왕**은 수도 금성에 시장인 동시를 설치하고, 동시를 감독하기 위한 관청으로 동시전을 두었어요.

기출 선택지 +α
⑥ 백성에게 정전을 지급하였다. (O/X)
⑦ 화랑도를 국가적 조직으로 개편하였다. (O/X)
⑧ 마립간이라는 칭호를 처음 사용하였다. (O/X)
⑨ 관리 선발을 위해 독서삼품과를 실시하였다. (O/X)
⑩ 지방 행정 제도를 9주 5소경으로 정비하였다. (O/X)

기출 선택지 +α
정답 ⑥ ×[성덕왕] ⑦ ×[진흥왕] ⑧ ×[내물 마립간] ⑨ ×[원성왕] ⑩ O

---

8 신라 말의 상황
정답 ④

다음 상황 이후에 전개된 사실로 옳은 것은? [2점]

> 이찬 김지정이 반역하여 무리를 모아 궁궐을 에워싸고 침범하였다. 여름 4월에 상대등 김양상이 이찬 경신과 함께 군사를 일으켜 김지정 등을 죽였으나, 왕과 왕비는 반란군에게 살해되었다. 양상 등이 왕의 시호를 ❷ 혜공왕이라 하였다.
> – "삼국사기" –

780년 김지정이 일으킨 난으로 혜공왕이 살해된 이후 진압을 주도한 김양상(선덕왕)이 즉위하면서 "삼국사기"의 시기 구분 상 신라 중대가 끝나고 하대가 시작되었어요.

정답 잡는 키워드
❶, ❷ 혜공왕과 왕비가 반란군에게 살해됨
→ **8세기 후반, 진골 귀족 간의 왕위 쟁탈전 전개**

혜공왕과 왕비가 반란군에게 살해되었다는 내용을 통해 혜공왕 피살 이후, 즉 신라 말에 전개된 사실을 찾으면 됩니다. 8세기 후반 혜공왕이 피살된 이후 진골 귀족 간의 왕위 쟁탈전이 치열하게 전개되어 신라는 150여 년 동안 20명의 왕이 교체되는 혼란에 빠졌어요. 이로 인해 나라의 통치 질서가 흔들리고 지방 통제력이 약화되어 각 지역에서 호족이 성장하였어요. 또한, 귀족의 농민 수탈이 더욱 심해져 원종과 애노의 난을 비롯한 농민 봉기가 전국 각지에서 일어났어요.

① 김흠돌이 반란을 도모하였다.
➡ **7세기 후반** 신문왕 때 왕의 장인인 김흠돌이 반란을 일으켰으나 진압되었어요(681).

② 이사부가 우산국을 복속하였다.
➡ **6세기** 지증왕 때 이사부가 지금의 울릉도 일대인 우산국을 복속하였어요(512).

③ 김대성이 불국사 조성을 주도하였다.
➡ **8세기 중반** 경덕왕 때 김대성이 불국사 조성을 주도하였어요.

④ 장보고가 왕위 쟁탈전에 가담하였다.
➡ 장보고는 신라 말의 대표적인 호족이에요. **9세기 중반** 중앙의 왕위 쟁탈전에 관여하였고, 청해진을 거점으로 반란을 도모하다가 조정에서 보낸 자객에 의해 살해되었어요.

⑤ 거칠부가 왕명에 의해 국사를 편찬하였다.
➡ **6세기 중반** 진흥왕 때 거칠부가 왕명을 받아 역사서인 "국사"를 편찬하였어요(545).

기출 선택지 +α
⑥ 원종과 애노가 사벌주에서 봉기하였다. (O/X)
⑦ 최치원이 시무책 10여 조를 건의하였다. (O/X)
⑧ 김춘추가 진골 출신 최초로 왕위에 올랐다. (O/X)
⑨ 이차돈의 순교를 계기로 불교가 공인되었다. (O/X)
⑩ 복신과 도침이 부여풍을 왕으로 추대하였다. (O/X)

기출 선택지 +α
정답 ⑥ O[9세기 진성 여왕] ⑦ O[9세기 진성 여왕] ⑧ ×[7세기 태종 무열왕] ⑨ ×[6세기 법흥왕] ⑩ ×[7세기 백제 부흥 운동]

9 발해 정답 ①

(가) 국가에 대한 설명으로 옳은 것은? [2점]

> 정효 공주는 발해 문왕의 넷째 딸이에요. 정효 공주의 무덤은 고구려와 당의 양식이 혼합된 벽돌무덤으로 만들어졌어요.

이 글은 양태사가 지은 '밤에 다듬이 소리를 듣고'라는 한시로, 정효 공주 묘지(墓誌) 등과 함께 (가) 의 한문학 수준을 보여 주는 대표적인 사례입니다. 이 시에는 문왕 때 일본에 사신으로 파견된 그가 다듬이 소리를 듣고 고국을 그리워하는 마음이 잘 표현되어 있습니다.

> 서리 기운 가득한 하늘에 달빛 비치니 은하수도 밝은데
> 나그네 돌아갈 일 생각하니 감회가 새롭네
> 홀로 앉아 지새는 긴긴 밤 근심에 젖어 마음 아픈데
> 홀연히 들리누나 이웃집 아낙네 다듬이질 소리
> 바람결에 그 소리 끊기는 듯 이어지는 듯
> 밤 깊어 별빛 기우는데 잠시도 쉬지 않네
> 나라 떠나온 뒤로 아무 소리 듣지 못하더니
> 이제 타향에서 고향 소리 듣는구나
> ⋮

문왕은 발해의 제3대 왕으로 당과 친선 관계를 맺고 당의 제도와 문물을 수용하였어요.

정답 잡는 키워드

❶ 정효 공주, ❷ 문왕 → 발해

'정효 공주'와 '문왕'을 통해 (가) 국가가 발해임을 알 수 있어요. 발해는 대조영이 고구려 유민과 말갈인을 이끌고 동모산에서 세운 나라로 고구려 계승을 표방하였어요. 9세기 선왕 때 옛 고구려 영토의 대부분을 차지하며 전성기를 이루었으며, 이 무렵에 중국으로부터 해동성국이라고 불리기도 하였어요. 발해는 당의 제도와 문물을 받아들여 3성 6부의 중앙 정치 체제를 정비하였으며, 5경 15부 62주의 지방 행정 제도를 갖추었어요.

①교육 기관으로 주자감을 설립하였다.
  ➡ 발해는 최고 교육 기관으로 주자감을 두어 인재를 양성하였어요.
② 골품제라는 엄격한 신분제를 마련하였다.
  ➡ 신라는 엄격한 신분제인 골품제를 운영하여 골품에 따라 관등 승진에 제한을 두고 집의 규모, 수레의 크기, 옷의 색깔 등 일상생활까지 규제하였어요.
③ 정사암에 모여 국가 중대사를 논의하였다.
  ➡ 백제에서는 귀족들이 정사암에 모여 재상을 선출하거나 국가 중대사를 논의하였어요.
④ 관리 선발을 위해 독서삼품과를 시행하였다.
  ➡ 신라 원성왕은 국학의 학생들을 대상으로 유교 경전에 대한 이해도를 평가하여 관리로 등용하는 독서삼품과를 시행하였어요.
⑤ 청연각과 보문각을 설치하여 학문 연구를 장려하였다.
  ➡ 고려 예종은 청연각과 보문각을 설치하여 학문 연구를 장려하였어요. 청연각은 왕실 도서를 관리하고 경연을 주관하였으며, 보문각은 학문 연구와 함께 왕의 정치적 자문을 담당하였어요.

기출 선택지 +α

❻ 정당성의 대내상이 국정을 총괄하였다. (O/X)
❼ 태학과 경당을 두어 인재를 양성하였다. (O/X)
❽ 군사 조직을 9서당 10정으로 편성하였다. (O/X)
❾ 5경 15부 62주의 지방 행정 제도를 마련하였다. (O/X)

정답 ❻ O ❼ X[고구려] ❽ X[통일 신라] ❾ O

---

10 후삼국 통일 과정 정답 ④

다음 상황 이후에 있었던 사실로 옳은 것은? [3점]

> 파진찬 신덕, 영순 등이 ❶신검에게 ❷견훤을 금산사에 유폐하고 사람을 보내 금강을 죽이도록 권하였다. 신검이 대왕을 자칭하고 국내에 대사면령을 내렸다. 교서에 이르기를, "…… 왕위를 어리석은 아이에게 줄 뻔하였다. 다행스러운 것은 상제께서 진정한 마음을 내리시니 군자들이 허물을 고쳤고 맏아들인 나에게 명하여 이 한 나라를 다스리게 하셨다는 점이다. ……"라고 하였다.

견훤의 큰아들 신검은 견훤이 자신의 이복동생인 금강에게 왕위를 물려주려고 하자 불만을 품고 견훤을 금산사에 가두고 금강을 살해한 후 즉위하였어요.

정답 잡는 키워드

❶, ❷ 신검이 견훤을 금산사에 유폐 → 신검이 후백제 왕위 차지

신검이 견훤을 금산사에 유폐하였다는 내용을 통해 후백제에서 신검이 왕위를 차지하는 상황임을 알 수 있어요. 후백제를 세운 견훤의 세력이 강성해지자 신라는 고려와 연합하여 대항하고자 하였어요. 이에 927년 견훤의 후백제군은 신라의 금성을 습격하여 경애왕을 죽게 하고 신라를 도우러 온 고려군을 공산 전투에서 격퇴하였습니다. 이후 일어난 고창 전투에서 후백제는 호족들의 지원을 받은 고려군에 패하면서 큰 타격을 입었어요(930). 고창 전투 패배 이후 세력이 위축된 상황에서 후백제에서는 왕위 계승을 둘러싸고 다툼이 일어나 신검이 아버지 견훤을 금산사에 유폐하고 왕위에 올랐어요(935).

① 궁예가 광평성을 설치하였다.
  ➡ 후고구려를 세운 궁예는 국호를 '마진'으로 바꾼 후 최고 중앙 관서인 광평성을 설치하였어요(904).
② 장문휴가 당의 등주를 공격하였다.
  ➡ 8세기 전반 발해 무왕 때 장문휴가 당의 등주를 선제공격하여 당군을 격파하였어요(732).
③ 신숭겸이 공산 전투에서 전사하였다.
  ➡ 후백제와 고려의 공산 전투 당시 신숭겸은 후백제군에게 포위되어 위기에 빠진 왕건을 구하기 위해 싸우다가 전사하였어요(927).
④왕건이 일리천 전투에서 승리하였다.
  ➡ 견훤은 금산사에 유폐되었다가 탈출하여 고려의 왕건에게 귀부하였어요. 이후 왕건과 견훤이 함께 일리천 전투에서 신검이 이끄는 후백제군을 격퇴하였어요(936).
⑤ 김헌창이 웅천주에서 반란을 일으켰다.
  ➡ 9세기 전반 신라 헌덕왕 때 웅천주 도독 김헌창은 자신의 아버지 김주원이 왕이 되지 못한 것에 불만을 품고 반란을 일으켰어요(822).

기출 선택지 +α

❻ 장보고가 청해진을 설치하였다. (O/X)
❼ 궁예가 정변으로 왕위에서 축출되었다. (O/X)
❽ 경순왕 김부가 경주의 사심관으로 임명되었다. (O/X)
❾ 견훤이 경주를 습격하여 경애왕을 죽게 하였다. (O/X)
❿ 왕건이 고창 전투에서 후백제군을 상대로 승리하였다. (O/X)

정답 ❻ X[828년] ❼ X[918년] ❽ O ❾ X[927년] ❿ X[930년]

11 광종의 정책   정답 ①

(가) 왕이 추진한 정책으로 옳은 것은? [1점]

한국사 묻고 답하기   조회 수 : 123

질문: 고려 시대 연호에 대하여 질문합니다. 고려는 중국의 연호를 주로 사용한 것으로 알고 있는데, 중국과 다른 연호를 쓴 사례가 있나요?

답변:
- 광종은 황제를 칭하고 '광덕', '준풍' 등의 독자적 연호를 사용하였어요.
- 태조가 고려를 건국한 후 천수라는 연호를 사용했습니다.
- (가) 이/가 왕권을 강화하기 위해 광덕, 준풍이라는 연호를 제정하고, 개경을 황도라 칭하기도 하였습니다.
- 광종은 수도인 개경을 '황제의 도읍'을 뜻하는 황도라 칭하기도 하였어요.

정답 잡는 키워드

❶ '광덕', '준풍'이라는 연호 제정 → 광종

'광덕', '준풍'이라는 연호를 제정하였다는 내용을 통해 (가) 왕이 고려 광종임을 알 수 있어요. 태조 왕건이 죽은 후 왕위를 둘러싼 외척 간의 다툼이 이어지는 가운데 왕위에 오른 광종은 불안정한 왕권을 강화하기 위한 정책들을 추진하였어요. 먼저 노비안검법을 실시하여 공신과 호족의 세력 기반을 약화하고 국가 재정을 확충하였어요. 또한, 쌍기의 건의에 따라 과거제를 도입하여 유교적 소양을 갖춘 신진 세력을 등용하였으며, 공복을 제정하여 관리의 기강을 확립하였어요.

① 과거제를 도입하였다.
➡ 광종은 후주에서 귀화한 쌍기의 건의를 받아들여 과거제를 도입하였어요.

② 흑창을 처음 설치하였다.
➡ 태조 왕건은 빈민을 구제하기 위한 기구로 흑창을 처음 설치하였어요. 흑창은 성종 때 의창으로 개칭되었으며 조선 시대까지 이어졌어요.

③ 전시과 제도를 시행하였다.
➡ 경종은 관리에게 관직 복무에 대한 대가로 전지와 시지를 지급하는 전시과 제도를 처음 시행하였어요.

④ 삼국사기 편찬을 명령하였다.
➡ 인종은 김부식 등에게 명하여 역사서인 "삼국사기"를 편찬하게 하였어요.

⑤ 12목에 지방관을 파견하였다.
➡ 성종은 최승로의 시무 28조를 수용하여 전국의 주요 지역에 12목을 설치하고 지방관을 파견하였어요.

기출 선택지 +α

❻ 국자감에 서적포를 설치하였다. (O / X)
❼ 노비안검법을 시행하여 재정을 확충하였다. (O / X)
❽ 국자감을 성균관으로 개칭하고 유학 교육을 강화하였다. (O / X)
❾ 정계와 계백료서를 지어 관리가 지켜야 할 규범을 제시하였다. (O / X)

기출 선택지 +α 정답 ⑥ ×[숙종] ⑦ ○ ⑧ ×[공민왕] ⑨ ×[태조 왕건]

---

12 현종 재위 시기의 사실   정답 ②

(가) 왕의 재위 기간에 있었던 사실로 옳은 것은? [3점]

〈역사 연극 시나리오 구상〉

제목: (가) 의 험난한 피란길
- 고려의 서북면을 지키던 강조가 목종을 폐위시킨 뒤 현종을 왕위에 올렸어요. 거란은 강조의 죄를 묻는다는 구실로 고려에 침입하였어요.

○학년 ○반 ○모둠

장면 1: 강조의 정변을 구실로 침입한 거란군이 서경까지 이르자 강감찬이 왕에게 남쪽으로 피란할 것을 권유한다.

장면 2: 왕이 개경을 떠나 전라도 삼례에 이르는 동안 호위군이 도망가는 등의 어려움을 겪는다.

장면 3: 나주에 도착한 왕은 강화가 성립되어 거란군이 물러간다는 소식을 듣고 안도한다.

정답 잡는 키워드

❶, ❷ 강조의 정변을 구실로 거란군이 침입하자 왕이 나주로 피란함 → 현종

강조의 정변을 구실로 거란이 침입하자 왕이 나주로 피란하였다는 내용을 통해 (가) 왕이 고려 현종임을 알 수 있어요. 현종이 재위한 시기에 거란의 2차, 3차 침입이 일어났어요. 거란의 2차 침입 당시 개경이 함락되어 현종이 나주까지 피란하였으나 강화가 성립되어 거란군이 물러났어요. 이 과정에서 양규는 철수하는 거란군을 여러 차례 공격하여 끌려가고 있던 많은 고려인 포로를 구출하였어요. 거란의 3차 침입 때에는 강감찬이 이끄는 고려군이 귀주에서 거란군을 크게 물리쳤어요. 고려 정부는 거란의 침입이 이어지는 가운데 강감찬의 건의로 수도 개경을 방어하기 위해 나성을 쌓기도 하였어요.

① 만부교 사건이 일어났다.
➡ 태조 때 거란의 사신을 귀양 보내고 선물로 받은 낙타 50마리를 만부교 아래 묶어 두어 굶겨 죽인 만부교 사건이 일어났어요.

② 초조대장경 조판이 시작되었다.
➡ 현종 때 부처의 힘으로 거란의 침입을 물리치고자 하는 염원을 담아 초조대장경 조판 작업이 시작되었어요.

③ 사신 저고여가 귀국길에 피살되었다.
➡ 고종 때 고려에 온 몽골 사신 저고여가 귀국길에 피살되었어요. 몽골은 이 사건을 구실로 고려에 침입하였어요.

④ 공주 명학소에서 망이·망소이가 봉기하였다.
➡ 무신 집권기인 명종 때 공주 명학소에서 망이·망소이가 소 거주민에 대한 차별과 지배층의 가혹한 수탈에 저항하여 난을 일으켰어요.

⑤ 신돈을 중심으로 전민변정 사업이 추진되었다.
➡ 공민왕 때 권문세족의 폐해가 극심하였던 토지와 노비 문제를 해결하기 위해 신돈을 중심으로 전민변정 사업이 추진되었어요.

기출 선택지 +α

❻ 최승로가 시무 28조를 건의하였다. (O / X)
❼ 강감찬이 귀주에서 대승을 거두었다. (O / X)
❽ 안우, 이방실 등이 홍건적을 격파하였다. (O / X)
❾ 신기군, 신보군, 항마군 등으로 구성된 별무반이 조직되었다. (O / X)

기출 선택지 +α 정답 ⑥ ×[성종] ⑦ ○ ⑧ ×[공민왕] ⑨ ×[숙종]

13 최충헌의 활동 정답 ②

(가) 인물의 활동으로 옳은 것은? — 최충헌이 1196년에 이의민을 제거하고 정권을 장악하였어요. [2점]

이것은 이의민을 제거하고 정권을 장악한 (가) 의 묘지명 탁본입니다. 여기에는 그가 명종의 퇴위와 신종의 즉위에 관여한 사실 등이 기록되어 있습니다.

정답 잡는 키워드

❶ 이의민을 제거하고 정권 장악 → **최충헌**

이의민을 제거하고 정권을 장악하였다는 내용을 통해 (가) 인물이 최충헌임을 알 수 있어요. 무신 정변 이후 무신 간의 권력 다툼이 심화되어 최고 집권자가 여러 차례 바뀌면서 정권이 불안정하였어요. 최충헌은 정권을 잡고 명종에게 봉사 10조를 올려 시정 개혁을 건의하였지만 제대로 시행되지는 않았어요.

① 인사 행정을 담당하던 정방을 폐지하였다.
  ➡ 공민왕은 인사권을 장악하기 위해 인사 행정을 담당하던 정방을 폐지하였어요.

②교정도감을 두어 국가의 중요한 사무를 처리하였다.
  ➡ 최충헌은 권력을 장악한 이후 교정도감을 설치하여 국정을 총괄하는 최고 권력 기구로 삼고, 스스로 교정도감의 수장인 교정별감이 되어 국정 전반을 장악하였어요.

③ 삼별초를 이끌고 진도로 이동하여 대몽 항쟁을 펼쳤다.
  ➡ 고려 정부가 몽골과 강화를 맺고 개경 환도를 결정하자 배중손은 삼별초를 이끌고 강화도에서 진도로 이동하여 대몽 항쟁을 펼쳤어요.

④ 화약과 화포 제작을 위한 화통도감 설치를 건의하였다.
  ➡ 우왕 때 최무선은 화약과 화포 제작을 위한 화통도감 설치를 건의하였어요. 화통도감에서 제작된 화약과 화포는 왜구를 물리치는 데 사용되었어요.

⑤ 후세의 정책 방향을 제시하기 위해 훈요 10조를 남겼다.
  ➡ 태조 왕건은 후대 왕에게 훈요 10조를 남겨 고려 왕조가 나아갈 방향을 제시하였어요.

기출 선택지 +α

❻ 봉사 10조를 올려 시정 개혁을 건의하였다. (O / X)
❼ 보현원에서 정변을 일으켜 정권을 장악하였다. (O / X)
❽ 강화도로 도읍을 옮겨 몽골의 침략에 대비하였다. (O / X)

핵심 개념 무신 집권기의 권력 기구

교정도감	최충헌이 설치함, 국정을 총괄하는 최고 권력 기구, 우두머리인 교정별감이 최고 권력 행사(교정별감은 최씨 정권의 집권자가 세습)
정방	최우가 설치함, 인사 행정 기구(인사권 장악) → 공민왕의 개혁 정치 과정에서 폐지됨
서방	최우가 설치함, 국정 논의, 문인 등용
도방	경대승이 신변 경호 등을 목적으로 설치한 사병 조직 → 이의민 때 해체됨 → 최충헌 때 다시 설치되어 강화됨
삼별초	야별초에서 시작, 개경의 치안 유지를 위해 설치 → 좌별초·우별초·신의군으로 구성되어 정권 유지에 활용됨

기출 선택지 +α 정답 ❻ O ❼ X [정중부, 이의방 등] ❽ X [최우]

---

14 고려 중기의 사실 정답 ④

(가), (나) 사이의 시기에 있었던 사실로 옳은 것은? [2점]

(가) ❶윤관이 포로 346구와 말 96필, 소 300여 마리를 바쳤다. 의주와 통태진·평융진에 성을 쌓고, 함주·영주·웅주·길주·복주, 공험진과 함께 북계 ❷9성이라 하였다. — 처인성 전투에서 승리한 처인부곡은 몽골의 침입을 막아 낸 공이 인정되어 처인현으로 승격되었어요.

(나) 그해 12월 16일에 ❸처인부곡의 작은 성에서 적과 싸우던 중 화살로 적의 괴수인 ❹살리타를 쏘아 죽였습니다. 사로잡은 자들이 많았으며 나머지 무리는 무너져 흩어졌습니다.

정답 잡는 키워드

❶ 윤관, ❷ 9성 → (가) **예종, 윤관의 동북 9성 설치(1107)**
❸, ❹ 처인부곡의 성에서 살리타 사살
→ (나) **고종, 김윤후의 처인성 전투(1232)**

(가)는 윤관이 9성을 축조하였다는 내용을 통해 12세기 초 고려 예종 때 있었던 여진 정벌과 관련된 상황임을 알 수 있어요. 숙종 때 윤관이 여진을 정벌하기 위한 별무반 창설을 건의하여 신기군, 신보군, 항마군으로 구성된 별무반이 조직되었어요. 이후 예종 때 윤관이 별무반을 이끌고 여진을 정벌한 후 동북 9성을 쌓았어요. (나)는 처인성에서 살리타를 사살하였다는 내용을 통해 몽골의 침입 당시 김윤후가 활약한 처인성 전투 상황임을 알 수 있어요. 13세기에 몽골은 사신 저고여의 피살 사건을 구실 삼아 고려를 공격한 이후 여러 차례 침략하였어요. 김윤후는 1232년에 처인성 전투에서 부곡민을 이끌고 싸움에 나서서 몽골 장수 살리타를 사살하고 몽골군을 물리쳤어요.

① 외침에 대비하여 광군을 조직하였다.
  ➡ 10세기 중반 고려 정종 때 거란의 침입에 대비하여 예비군 성격의 광군이 조직되었어요.

② 서희의 활약으로 강동 6주를 획득하였다.
  ➡ 10세기 말 고려 성종 때 일어난 거란의 1차 침입 당시 서희가 거란 장수 소손녕과 외교 담판을 벌여 강동 6주를 획득하였어요.

③ 이제현이 만권당에서 유학자들과 교유하였다.
  ➡ 원 간섭기인 14세기 초에 충선왕이 왕위에서 물러난 후 원의 연경에 있는 자신의 집에 독서당인 만권당을 설립하였어요. 만권당에서 이제현 등 고려의 학자들이 원의 유학자들과 교유하였어요.

④묘청 등이 칭제건원과 금 정벌을 주장하였다.
  ➡ 12세기 고려 인종 때 묘청, 정지상 등 서경 세력이 서경 천도를 추진하고 칭제건원과 금 정벌을 주장하였으나 김부식 등 개경 세력의 반발에 부딪혀 실패하였어요.

⑤ 압록강에서 도련포까지 천리장성을 축조하였다.
  ➡ 고려는 거란의 세 차례 침입을 막아 낸 후 11세기 중반에 압록강에서 도련포에 이르는 천리장성을 축조하여 국경의 경비를 강화하였어요. 덕종 때 축조가 시작되어 정종 때 완성되었어요.

기출 선택지 +α

❻ 이자겸이 금의 사대 요구를 수용하였다. (O / X)
❼ 일본 원정을 위해 정동행성이 설치되었다. (O / X)
❽ 강조가 정변을 일으켜 김치양을 제거하였다. (O / X)
❾ 유인우, 이자춘 등이 쌍성총관부를 수복하였다. (O / X)

기출 선택지 +α 정답 ❻ O [1126년] ❼ X [1280년] ❽ X [1009년] ❾ X [1356년]

15 원 간섭기의 사실   정답 ②

다음 자료를 활용한 탐구 활동으로 가장 적절한 것은? [2점]

> 고려 후기의 무신으로, 몽골군과 연합하여 진도와 제주도에서 삼별초를 진압하는 데 앞장섰으며, 여·원 연합군의 두 차례 일본 원정에도 참여하였어요.
>
> 시중 ❶김방경과 대장군 인공수를 [상국(上國)]에 파견하여 표문을 올렸다. "우리나라는 근래 역졸을 소탕하는 대군에 군량을 공급하는 일로 이미 해마다 백성에게서 양식을 거두어들였습니다. 게다가 ❷일본 정벌에 필요한 전함을 건조하는 데 장정들이 모두 징발되었고 노약자들만 겨우 밭 갈고 씨 뿌리는 일을 하고 있습니다."

정답 잡는 키워드

❶ 김방경, ❷ 일본 정벌에 필요한 전함 건조에 장정들이 징발됨
→ **원 간섭기**

김방경을 파견하였으며, 일본 정벌에 필요한 전함을 건조하는 데 장정들이 징발되었다는 내용을 통해 제시된 자료가 원 간섭기의 상황임을 알 수 있어요. 몽골과 강화를 맺고 개경으로 환도한 이후 본격적으로 원의 간섭 아래 놓인 고려는 원의 일본 원정에 동원되었어요. 원은 일본 정벌을 위한 중심 기구로 정동행성을 고려에 설치하고 전쟁 물자뿐만 아니라 백성까지 강제로 동원하여 두 차례 일본 원정을 추진하였으나 실패하였어요.

① 삼전도비가 건립된 계기를 찾아본다.
➡ 병자호란 당시 조선 인조는 삼전도에서 굴욕적인 항복 의식을 치르고 청과 군신 관계를 맺었어요. 이후 청은 삼전도에 청 태종의 공적을 칭송하는 내용을 새긴 비석을 세우도록 하였어요.

②정동행성이 설치되는 배경을 살펴본다.
➡ 원은 일본 원정을 준비하기 위해 정동행성을 설치하여 고려의 인적·물적 자원을 동원하였어요. 또한, 일본 원정이 실패한 이후에도 정동행성을 그대로 두어 고려의 내정 간섭에 이용하였어요.

③ 사심관 제도가 시행된 원인을 조사한다.
➡ 고려 태조 왕건은 후삼국 통일 이후 지방 통치를 보완하고 호족을 견제하기 위해 사심관 제도를 실시하였어요. 사심관 제도는 지방 출신 고위 관리를 사심관으로 임명하여 출신 지역을 통제하도록 한 제도입니다.

④ 조위총의 난이 전개되는 과정을 알아본다.
➡ 무신 정변 이후 서경 유수 조위총이 무신 정변을 주도한 정중부와 이의방을 제거하기 위해 난을 일으켰으나 실패하였어요.

⑤ 권수정혜결사문이 작성된 목적을 파악한다.
➡ 고려의 승려 지눌은 "권수정혜결사문"을 작성하여 수행 방법으로 참선과 교리 공부를 함께하는 정혜쌍수를 강조하였어요.

핵심 개념	원 간섭기의 모습
내정 간섭	• 원이 화주에 쌍성총관부, 서경에 동녕부, 제주에 탐라총관부 설치 → 고려 영토의 일부를 직접 지배함 • 원이 일본 정벌을 위해 개경에 정동행성 설치 → 일본 원정 실패 후에도 정동행성을 그대로 두어 고려의 내정을 간섭하는 데 이용함
인적·물적 수탈	• 결혼도감 설치, 공녀 강제 선발(→ 조혼 풍습 유행) • 특산물 징발(금, 은, 베, 인삼, 약재 등), 응방 설치(매 징발)
권문세족의 성장	도평의사사(도당)와 정방 장악, 음서를 통해 관직 진출, 대농장 소유
문화 교류	• 몽골풍(몽골 → 고려) : 변발, 호복, 족두리, 연지 등 몽골의 풍습과 소주, 만두 등 몽골 음식이 고려에 전래됨 • 고려양(고려 → 몽골) : 떡, 두루마기 등 고려의 풍속이 몽골에 전래됨

16 논산 관촉사 석조 미륵보살 입상   정답 ③

밑줄 그은 '불상'에 해당하는 문화유산으로 옳은 것은? [2점]

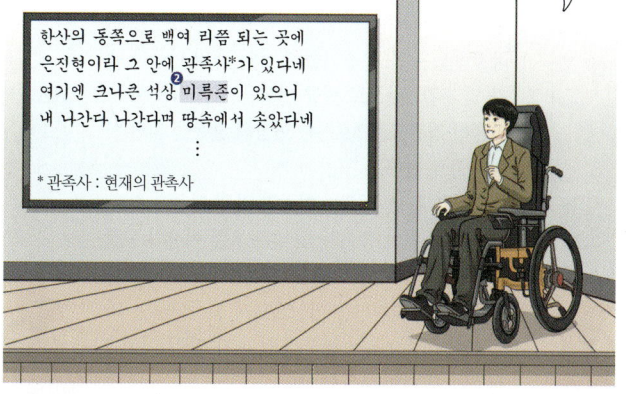

> 이것은 이색의 목은집에 실린 시의 일부입니다. 그는 ❶관촉사에서 열린 법회에 참여하고 그곳에서 보았던 불상을 떠올리며 이 시를 지었습니다.
>
> 한산의 동쪽으로 백여 리쯤 되는 곳에
> 은진현이라 그 안에 관촉사*가 있다네
> 여기엔 크나큰 석상 ❷미륵존이 있으니
> 내 나간다 나간다며 땅속에서 솟았다네
> ⋮
>
> *관촉사 : 현재의 관촉사

정답 잡는 키워드

❶ 관촉사, ❷ 미륵존 → **논산 관촉사 석조 미륵보살 입상**

관촉사에 크나큰 석상 미륵존이 있다는 내용을 통해 밑줄 그은 '불상'이 논산 관촉사 석조 미륵보살 입상임을 알 수 있어요. 고려 초기에 지방 호족의 영향으로 개성 있는 모습의 거대 불상이 만들어졌어요. 논산 관촉사 석조 미륵보살 입상은 우리나라 석조 불상 중 가장 큰 불상이에요.

①
➡ 고려의 파주 용미리 마애 이불 입상이에요.

②
➡ 통일 신라의 경산 팔공산 관봉 석조 여래 좌상이에요.

③
➡ 고려의 논산 관촉사 석조 미륵보살 입상이에요. '은진 미륵'이라고 불리기도 해요.

④
➡ 백제의 서산 용현리 마애 여래 삼존상이에요.

⑤
➡ 고려의 안동 이천동 마애 여래 입상이에요.

17 국자감 정답 ④

(가) 교육 기관에 대한 설명으로 옳은 것은? [2점]

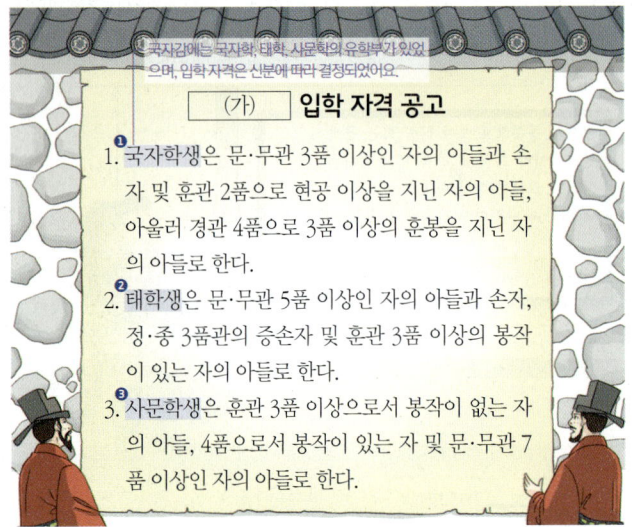

정답 잡는 키워드

❶ 국자학생, ❷ 태학생, ❸ 사문학생 → **국자감**

국자학생과 태학생, 사문학생이 있으며 신분에 따라 입학 자격이 다른 것으로 보아 (가)가 고려의 최고 교육 기관인 국자감임을 알 수 있어요. 고려 성종은 인재를 양성하기 위해 교육 기관으로 국자감을 정비하였어요. 국자감은 크게 유학부와 기술학부로 나뉘었어요. 유학부는 다시 국자학, 태학, 사문학의 세 분야로 나뉘었는데 국자학은 문·무관 3품 이상, 태학은 5품 이상, 사문학은 7품 이상의 자제가 입학할 수 있었어요. 율학, 서학, 산학을 교육하는 기술학부에는 8품 이하 관리의 자제나 향리·서민의 자제가 입학할 수 있었어요.

① 문헌공도로 불리기도 하였다.
➡ 고려 문종 때 최충은 사립 교육 기관인 **9재 학당**을 설립하였는데, 최충의 시호를 따 문헌공도라고 불리기도 하였어요.

② 중앙에서 **교수**나 **훈도**가 파견되었다.
➡ 조선 시대 지방에 설치된 **향교**에서는 중앙에서 파견된 교수나 훈도가 학생들을 교육하였어요.

③ 전국의 부·목·군·현에 하나씩 설치되었다.
➡ 조선 시대에 전국의 부·목·군·현에 **향교**가 하나씩 설치되었어요.

④ 장학 기금 마련을 위해 양현고가 설립되었다.
➡ 고려 예종은 관학 진흥을 위해 **국자감**에 양현고를 설립하여 장학 기금을 마련하였어요.

⑤ 사가독서제를 시행하여 학문에 전념하게 하였다.
➡ 조선 세종은 **집현전**의 학사 가운데 유능한 사람을 선발하여 독서 및 연구를 위한 휴가를 주는 사가독서제를 실시하였어요.

핵심 개념 | 고려의 교육 기관

관학	• 중앙: 국자감(유학부, 기술학부로 구성)
	  - 유학부: 국자학·태학·사문학 교육, 과거에서 명경과·제술과에 응시(7품 이상 관리의 자제가 입학)
	  - 기술학부: 율학·서학·산학 교육, 과거에서 잡과에 응시(8품 이하 관리·향리·서민의 자제가 입학)
	• 지방: 향교(지방 관리와 서민의 자제 교육)

사학	최충의 9재 학당(문헌공도)을 비롯한 사학 12도 융성

18 고려의 정치 기구 정답 ①

㉠~㉣ 기구에 대한 설명으로 옳은 것을 <보기>에서 고른 것은? [2점]

> **역사 돋보기 왕실과의 혼인을 통한 이자겸의 출세**
>
> 음서로 관직에 진출한 이자겸은 1108년 둘째 딸이 예종의 비가 되면서 빠른 속도로 출세하였다. 1109년 ㉠ 추밀원(중추원) 부사, 1111년 ㉡ 어사대의 대부가 된다. 1113년에는 ㉢ 상서성의 좌복야에 임명되었고, 1118년 재신으로서 판이부사를 맡았으며, 1122년 ㉣ 중서문하성 중서령에 오른다.
>
> 중추원은 11세기 말에 추밀원으로 개칭되었으나 업무에는 큰 변동이 없었고, 원 간섭기에 밀직사로 바뀌며 관제가 격하되었어요.

ㄱ. ㉠ - 군사 기밀과 왕명 출납을 담당하였다.
➡ **추밀원(중추원)**은 군사 기밀과 왕명 출납을 담당하였어요. 추밀원(중추원)의 추밀은 중서문하성의 재신과 함께 국가 중대사를 결정하는 회의 기구인 도병마사와 식목도감에 참여하였어요.

ㄴ. ㉡ - 소속 관원이 낭사와 함께 서경권을 행사하였다.
➡ **어사대**는 감찰 기구로 관리의 비리를 감찰하고 풍기를 단속하였어요. 어사대의 관원은 중서문하성의 낭사와 함께 대간이라고 불리며 서경권을 행사하였어요.

ㄷ. ㉢ - 화폐·곡식의 출납과 회계를 담당하였다.
➡ 고려 시대에 화폐·곡식의 출납과 회계를 담당한 기구는 **삼사**입니다. 상서성은 이·병·호·형·예·공부의 6부를 통솔하며 정책을 집행하였어요.

ㄹ. ㉣ - 원 간섭기에 도평의사사로 개편되었다.
➡ 원 간섭기에 **도병마사**가 도평의사사로 개편되었어요. 도병마사는 국방과 군사 문제를 담당한 회의 기구입니다. 중서문하성은 정책을 심의하고 국정을 총괄하는 최고 중앙 관서였어요.

① ㄱ, ㄴ ② ㄱ, ㄷ ③ ㄴ, ㄷ
④ ㄴ, ㄹ ⑤ ㄷ, ㄹ

핵심 개념 | 고려의 중앙 통치 조직

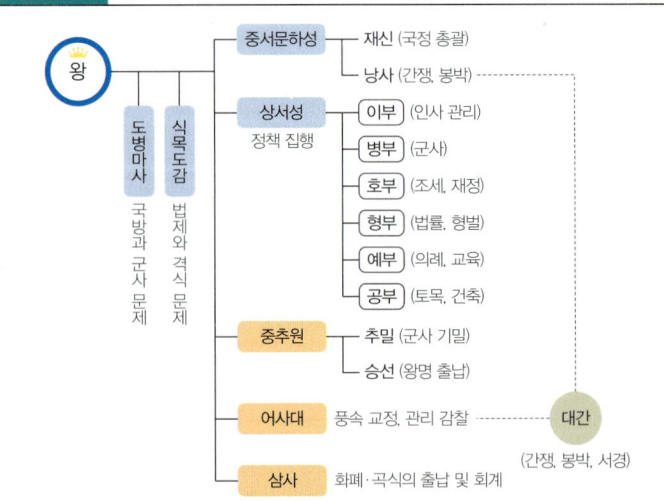

19 고려 말 요동 정벌 정답 ③

다음 상황이 나타난 시기를 연표에서 옳게 고른 것은? [2점]

> 명 황제가 말하기를, "철령을 따라 이어진 북쪽과 동쪽과 서쪽은 원래 개원로(開元路)*가 관할하던 군민(軍民)이 속하던 곳이니, 한인·여진인·달달인·고려인을 그대로 요동에 소속시켜라."라고 하였다. …… ❶ 왕은 최영과 함께 요동을 공격하기로 계책을 결정하였으나, 감히 드러내어 말하지 못하고 사냥 간다는 핑계를 대고 서쪽으로 해주에 행차하였다.
> — 명 황제가 철령 이북 지역을 일방적으로 명의 영토로 귀속시키려 하자 우왕과 최영은 요동 정벌을 결정하였어요.
>
> * 개원로(開元路): 원이 설치한 행정 구역

정답 잡는 키워드

❶ 왕이 최영과 함께 요동을 공격하기로 함
→ 우왕 때 요동 정벌 추진

명 황제가 철령 이북의 땅을 요구하자 왕이 최영과 함께 요동을 공격하기로 결정하였다는 내용을 통해 자료의 상황이 고려 말 우왕 때의 요동 정벌 단행과 관련 있음을 알 수 있어요.

1351	1359	1380	1391	1394	1400
(가)	(나)	(다)	(라)	(마)	
공민왕 즉위	홍건적 침입	황산 대첩	과전법 실시	한양 천도	태종 즉위

➡ 고려 말에 왜구의 침입이 잦아 해안 지방의 피해가 커지는 가운데 최영이 홍산, **이성계가 황산 등지에서 왜구를 격퇴**하여 큰 승리를 거두었어요. 이를 통해 최영, 이성계 등은 백성의 신망을 얻었고, 최영은 정치적 실권까지 장악하였어요. 한편, 원을 몰아내고 중국 대륙을 차지한 명은 공민왕이 수복한 쌍성총관부 지역이 원래 원의 영토였다는 이유를 들어 이 지역에 철령위를 설치하여 직접 다스리겠다고 고려 조정에 통고하였어요. 이에 **우왕과 최영은 요동 정벌을 추진**하여 이성계와 군대를 파견하였어요. 이성계는 4불가론을 내세우며 요동 정벌을 멈출 것을 요청하였으나 받아들여지지 않자 위화도에서 군사를 돌려 개경으로 돌아와 우왕과 최영을 몰아내고 권력을 장악하였어요. 이후 이성계와 정도전, 조준 등 일부 신진 사대부가 **과전법을 실시**하는 등 개혁을 추진하였어요.

따라서 자료의 상황이 나타난 시기는 황산 대첩과 과전법 실시 사이인 ③ (다)입니다.

① (가)   ② (나)   (다)   ④ (라)   ⑤ (마)

연표로 흐름잡기

1376	최영의 홍산 대첩
1377	최무선의 건의로 화통도감 설치(화약, 화포 제작)
1380	최무선의 진포 대첩, 이성계의 **황산 대첩**
1388	명의 철령위 설치에 반발하여 **요동 정벌 추진**, 위화도 회군
1391	**과전법 실시**
1392	고려 멸망, 조선 건국

---

20 고려사 [킬러 문항] 정답 ⑤

밑줄 그은 '이 역사서'에 대한 설명으로 옳은 것은? [3점]

> 본기, 열전, 지, 표 등으로 구성하여 역사를 서술하는 기전체는 사마천의 "사기"에서 비롯되었어요.
>
> 대개 이미 지나간 나라의 흥망은 장래의 교훈이 되기 때문에 이 역사서를 편찬하여 올리는 바입니다. …… ❶ **범례는 사마천의 "사기"를 따르고**, 대의(大義)는 모두 왕께 아뢰어 재가를 얻었습니다. 본기(本紀)라는 이름을 피하고 세가(世家)라고 한 것은 명분의 중요성을 나타내기 위함이며, 가짜 왕인 ❷ **신씨들[신우, 신창]을 세가에 넣지 않고 열전으로 내린 것**은 그들이 왕위를 도둑질한 사실을 엄히 논죄하려는 것입니다.

정답 잡는 키워드

❶ "사기"의 범례를 따름, ❷ 신씨들(신우, 신창)을 세가에 넣지 않고 열전으로 내림 → "고려사"

"사기"의 범례를 따른 역사서이며 '본기'가 아닌 '세가'로 기록하고 신씨들(신우, 신창)을 세가에 넣지 않고 열전으로 내렸다는 내용을 통해 밑줄 그은 '이 역사서'가 "고려사"임을 알 수 있어요. 고려의 역사를 세가, 열전, 지, 연표 등의 기전체 형식으로 서술한 "고려사"는 조선 초부터 편찬이 시작되어 문종 때 완성되었어요. "고려사"에서는 우왕과 창왕의 재위 기간에 있었던 일을 왕의 역사를 다루는 세가가 아닌 인물의 역사를 다루는 열전에 신우, 신창이라는 이름으로 실었어요. 우왕과 창왕을 고려 왕조의 성씨인 왕씨가 아닌 신씨라 하여 이성계 등의 공양왕 옹립이나 조선 건국을 정당화하려는 입장을 반영한 것으로 보입니다.

① 발해사를 우리 역사로 체계화하였다.
   ➡ 조선 후기에 유득공은 "발해고"를 저술하여 발해의 역사를 우리 역사로 체계화하였어요.

② 고구려 시조의 일대기를 서사시로 표현하였다.
   ➡ 고려 후기에 이규보는 고구려 건국 시조의 일대기를 서사시로 표현한 '동명왕편'을 저술하였어요.

③ 불교사를 중심으로 고대의 민간 설화를 수록하였다.
   ➡ 고려 후기에 승려 일연은 불교사를 중심으로 고대의 민간 설화를 수록한 "삼국유사"를 저술하였어요.

④ 고조선부터 고려 말까지의 역사를 연대순으로 기록하였다.
   ➡ 조선 성종 때 서거정 등이 왕명을 받아 고조선부터 고려 말까지의 역사를 연대순으로 정리한 "동국통감"을 간행하였어요.

⑤ **조선 건국을 정당화하는 입장에서 고려의 역사를 정리하였다.**
   ➡ "고려사"는 조선 건국의 정당성을 강조하는 입장에서 고려의 역사를 정리하였어요.

기출 선택지 +α

❻ 국왕의 비서 기관에서 작성하였다. (O / X)
❼ 우리나라 최고(最古)의 역사서이다. (O / X)
❽ 남북국이라는 용어를 처음 사용하였다. (O / X)
❾ 세가, 열전, 지, 연표 등의 체제로 구성되었다. (O / X)

정답 ❻ ×["승정원일기"]   ❼ ×["삼국사기"]   ❽ ×["발해고"]   ❾ ○

21 유향소 정답 ②

(가) 기구에 대한 설명으로 옳은 것은? [2점]

> 우부승지 김종직이 아뢰기를, "고려 태조는 여러 고을에 영을 내려 공변되고 청렴한 선비를 뽑아서 향리들의 불법을 규찰하게 하였으므로 간사한 향리가 저절로 없어져 5백 년간 풍화를 유지할 수 있었습니다. 우리 조정에서는 ❶이시애의 난 이후 (가) 이/가 혁파되자 간악한 향리들이 불의를 자행하여서 건국한 지 1백 년도 못 되어 풍속이 쇠퇴해졌습니다. …… ❷청컨대 (가) 을/를 다시 설립하여 향풍(鄕風)을 규찰하게 하소서."라고 하였다.
> – "성종실록" –

세조는 이시애의 난을 진압한 후 유향소를 폐지하였어요.
유향소는 성종 때 다시 설치되었어요.

정답 잡는 키워드
❶ 이시애의 난 이후 혁파되자 향리들이 불의를 자행,
❷ 다시 설립하여 향풍을 규찰하게 할 것을 청함 → 유향소

이시애의 난 이후 혁파되자 간악한 향리들이 불의를 자행하여 풍속이 쇠퇴해졌음을 지적하고 다시 설립하여 향풍을 규찰하게 할 것을 청하는 내용을 통해 (가) 기구가 유향소임을 알 수 있어요. 조선 시대 각 군현에서는 지방 사족들이 향촌 자치 기구로 유향소를 구성하였어요. 유향소는 지방 사족의 여론을 모아 수령을 보좌하거나 견제하였으며, 향리의 부정과 비리를 감시하고 풍속을 교화하는 등의 역할을 하였어요.

① 조광조 일파의 건의로 폐지되었다.
→ 조광조를 비롯한 사림의 건의로 도교 의식을 담당한 소격서가 폐지되었어요.

② 좌수와 별감을 중심으로 운영되었다.
→ 좌수와 별감은 유향소의 주요 직책으로, 지방 사족 중에서 선발되었어요.

③ 풍기 군수 주세붕이 처음 설립하였다.
→ 주세붕은 최초의 서원인 백운동 서원을 설립하였어요. 백운동 서원은 이후 이황의 건의에 따라 국왕으로부터 '소수 서원'이라는 현판을 받아 사액 서원이 되었어요.

④ 대사성 이하 좨주, 직강 등의 관직을 두었다.
→ 조선의 최고 교육 기관인 성균관은 수장으로 대사성을 두고 그 아래 좨주, 직강 등의 관직을 두었어요.

⑤ 매향(埋香) 활동 등 각종 불교 행사를 주관하였다.
→ 고려 시대에 향도는 매향 활동 등 각종 불교 행사를 주관하였어요. 향도는 불교 신앙 조직에서 점차 활동 범위를 넓혀 고려 후기에는 공동체 생활을 주도하는 마을 공동 조직으로 성격이 바뀌었어요.

기출 선택지 +α
❻ 대성전을 세워 성현에 제사를 지냈다. (O/X)
❼ 옥당이라고 불리며 경연을 담당하였다. (O/X)
❽ 흥선 대원군에 의해 대부분 철폐되었다. (O/X)

핵심 개념 | 유향소와 경재소
유향소	지방 사족들이 구성, 수령 자문 및 향리의 비리 감시, 풍속 교화, 좌수와 별감을 선발하여 운영
경재소	해당 지방 출신의 중앙 고위 관리를 책임자로 임명, 유향소와 정부 사이의 연락 담당, 유향소 통제

기출 선택지 +α 정답 ❻ ×[성균관, 향교] ❼ ×[홍문관] ❽ ×[서원]

킬러 문항
22 김종서의 활동 정답 ①

다음 검색창에 들어갈 인물의 활동으로 옳은 것은? [2점]

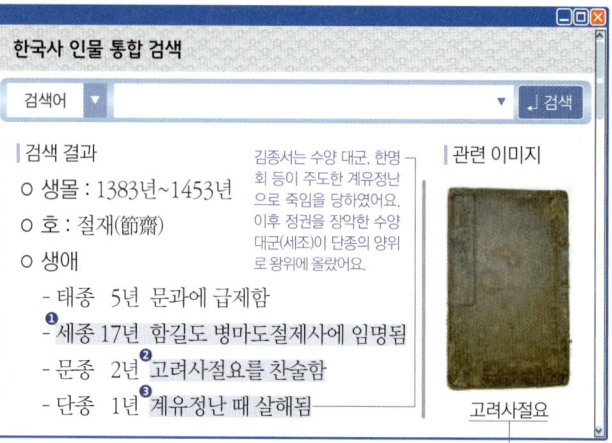

한국사 인물 통합 검색
검색어 ▼ 검색
| 검색 결과 | 관련 이미지 |

○ 생몰 : 1383년~1453년
○ 호 : 절재(節齋)
○ 생애
 - 태종 5년 문과에 급제함
 - ❶세종 17년 함길도 병마도절제사에 임명됨
 - 문종 2년 ❷고려사절요를 찬술함
 - 단종 1년 ❸계유정난 때 살해됨

김종서는 수양 대군, 한명회 등이 주도한 계유정난으로 죽임을 당하였어요. 이후 정권을 장악한 수양 대군(세조)이 단종의 양위로 왕위에 올랐어요.

고려사절요
김종서 등이 고려 시대의 역사를 편년체로 정리하였어요.

정답 잡는 키워드
❶ 세종 때 함길도 병마도절제사에 임명됨,
❷ "고려사절요"를 찬술함, ❸ 계유정난 때 살해됨 → 김종서

세종 때 함길도 병마도절제사를 역임하고, "고려사절요"를 찬술하였으며, 계유정난 때 살해되었다는 내용을 통해 검색창에 들어갈 인물이 김종서임을 알 수 있어요. 김종서는 조선 태종 때 관직에 진출한 이후 세종과 문종, 단종을 모신 충신으로 알려져 있어요. 세종 때 북방에서 군사 지휘관으로서 큰 공로를 세웠으며, 문종 때에는 "고려사"를 완성하고 "고려사절요"를 찬술하는 등 역사서 편찬에도 참여하였어요. 문종이 재위 2년 만에 사망하자 문종의 유언을 받아 황보인 등과 함께 어린 단종을 보필하다가 왕위를 노리던 수양 대군(세조)이 일으킨 계유정난 때 살해되었어요.

① 여진을 정벌하고 6진을 개척하였다.
→ 김종서는 세종 때 여진을 정벌하고 두만강 유역에 6진을 개척하였어요.

② 불씨잡변을 지어 불교를 비판하였다.
→ 정도전은 태조 때 "불씨잡변"을 지어 당시 폐단이 심하였던 불교를 비판하였어요.

③ 반정 공신의 위훈 삭제를 주장하였다.
→ 조광조는 중종 때 반정 공신의 위훈 삭제를 주장하다가 훈구 세력의 반발로 일어난 기묘사화로 사사되었어요.

④ 왜구의 근거지인 쓰시마섬을 정벌하였다.
→ 이종무는 세종 때 군사를 이끌고 가 왜구의 근거지인 쓰시마섬(대마도)을 정벌하였어요. 고려 말 창왕 때 박위가 쓰시마섬을 토벌하기도 하였어요.

⑤ 충청도 지역까지 대동법의 확대 실시를 건의하였다.
→ 김육은 효종 때 충청도 지역까지 대동법을 확대 실시할 것을 건의하였어요.

기출 선택지 +α
❻ 일본에 다녀와서 해동제국기를 편찬하였다. (O/X)
❼ 명에 대한 의리를 내세워 기축봉사를 올렸다. (O/X)
❽ 향촌의 풍속 교화를 위해 예안 향약을 시행하였다. (O/X)
❾ 재상 중심의 정치를 강조한 조선경국전을 편찬하였다. (O/X)

기출 선택지 +α 정답 ❻ ×[신숙주] ❼ ×[송시열] ❽ ×[이황] ❾ ×[정도전]

23 조선 후기의 모습   정답 ⑤

다음 가상 대화가 이루어진 시기에 볼 수 있는 모습으로 적절하지 않은 것은? [1점]

- ❶ 만상 임상옥이 인삼 무역으로 큰 수익을 거두었다고 하네.
- 그러게. 중국 상인들이 연행사를 따라오는 상인들에게 인삼을 대량으로 구매하려고 인삼국을 차렸다는군.

연행사는 청의 도읍인 '연경에 간 사신'이라는 뜻이에요.

만상은 조선후기에 의주를 근거지로 주로 중국과 무역 활동을 한 상인이에요. 대청 무역으로 부를 축적하였어요.

정답 잡는 키워드

❶ 만상, ❷ 연행사 → **조선 후기**

'만상', '연행사' 등을 통해 가상 대화가 이루어진 시기가 조선 후기임을 알 수 있어요. 조선 후기에 농업 생산량이 증가하고 상품 화폐 경제가 발달하면서 상업 활동이 활발하게 이루어졌어요. 만상, 송상, 내상 등 지역을 근거지로 삼은 사상이 활발히 활동하였으며, 일부 사상은 전국의 장시를 연결하는 유통망을 가지고 거대한 자본을 축적하였어요. 또한, 조선 후기에 청에 파견된 사신인 연행사의 행렬이 오가는 과정에서 양국의 무역이 활발히 이루어졌어요.

① 담배 농사를 짓고 있는 농민
   ➡ **조선 후기**에 담배, 면화 등 상품 작물의 재배가 활발하게 이루어졌어요.

② 관청에 종이를 납품하는 공인
   ➡ **조선 후기**에 대동법이 실시되면서 관청에서 필요로 하는 물품을 납품하는 공인이 등장하였어요.

③ 시사(詩社)에서 시를 낭송하는 중인
   ➡ **조선 후기**에 중인도 양반의 전유물로 여겨졌던 시사를 조직하여 시를 짓고 즐기는 문학 활동을 하였어요.

④ 장시에서 판소리 공연을 하는 소리꾼
   ➡ **조선 후기**에 사람들이 많이 모이는 장시에서 노래와 사설로 이야기하는 판소리 공연이 성행하였어요.

⑤ **솔빈부**의 특산품인 **말**을 수입하는 상인
   ➡ **발해**에서는 목축이 발달하여 말이 특산품이자 주요 수출품이었는데, 특히 솔빈부의 말이 유명하였어요.

24 임진왜란   정답 ②

다음 기사에 보도된 전투 이후의 사실로 옳은 것은? [2점]

1593년 1월 류성룡 등이 이끄는 조선군과 이여송이 이끄는 명의 지원군이 함께 일본군을 공격하여 평양성을 탈환하였어요.

역 사 신 문

제△△호   ○○○○년 ○○월 ○○일

❶ 조·명 연합군, 평양성 탈환

평안도 도체찰사 류성룡, 도원수 김명원이 이끄는 관군이 명 제독 이여송 부대에 합세하여 평양성을 되찾았다. 이번 전투에서 아군의 불랑기포를 비롯한 화포가 위력을 발휘하여 일본군은 크게 패하고 남쪽으로 내려갔다. 이 전투의 승리는 향후 전쟁의 판도를 바꿀 것으로 기대된다.

정답 잡는 키워드

❶ 조·명 연합군, 평양성 탈환
→ **임진왜란 당시 평양성 전투(1593. 1.)**

조·명 연합군이 일본군으로부터 평양성을 탈환하였다는 내용을 통해 기사에 보도된 전투가 임진왜란 때 있었던 평양성 전투임을 알 수 있어요. 따라서 임진왜란 당시 조·명 연합군이 평양성을 탈환한 이후의 사실을 찾으면 됩니다. 임진왜란 초기에 열세였던 조선은 한성에 이어 평양성이 함락되고 선조가 의주로 피란하는 등 위기를 맞았으나, 수군과 의병의 활약으로 전세를 뒤집을 수 있는 발판을 마련할 수 있었어요. 이후 명의 지원군이 도착하면서 조·명 연합군은 평양성을 탈환하고 일본군을 몰아내기 시작하였어요. 일본이 휴전을 제의하고 명과 일본군 사이에 휴전 협상이 진행되었으나 3년여에 걸친 협상은 결렬되었고 일본이 다시 조선을 침략하여 정유재란이 일어났어요(1597). 조선 관군은 명의 지원군과 함께 일본군의 북진을 막았고, 이순신이 명량에서 일본 수군을 대파하여 일본군의 서해 진출을 차단하였습니다. 전세가 불리해진 일본군은 도요토미 히데요시가 사망하자 본국으로 철수하기 시작하였고, 이순신이 이끄는 수군은 노량 해전에서 퇴각하는 일본군을 격파하였어요.

① 송상현이 동래성에서 항전하였다.
   ➡ 1592년 4월 임진왜란 발발 직후 일본군이 침략 2일 만에 부산진과 동래성을 무너뜨렸어요. 이때 동래성의 부사 송상현이 항전하였지만 패배하고 죽음을 맞았어요.

② 권율이 행주산성에서 적군을 격퇴하였다.
   ➡ 1593년 2월 권율이 행주산성에서 일본군을 크게 격퇴하였어요. 행주 대첩은 한산도 대첩, 진주 대첩과 함께 임진왜란 3대첩으로 꼽힙니다.

③ 이순신이 한산도 앞바다에서 대승을 거두었다.
   ➡ 1592년 7월 이순신이 이끄는 수군이 한산도 앞바다에서 일본의 수군을 크게 격파하였어요.

④ 신립이 탄금대 앞에서 배수의 진을 치고 싸웠다.
   ➡ 1592년 4월 신립이 탄금대에서 배수의 진을 치고 빠른 속도로 북상하는 일본군에 항전하였으나 패배하였어요.

⑤ 최윤덕이 올라산성에서 이만주 부대를 정벌하였다.
   ➡ 세종 때 최윤덕이 올라산성에서 여진의 부족장인 이만주 부대를 정벌하였어요.

기출 선택지 +α

❻ 김시민이 진주에서 적군을 크게 물리쳤다. (O/X)
❼ 휴전 회담의 결렬로 정유재란이 시작되었다. (O/X)
❽ 이순신이 명량에서 왜의 수군을 대파하였다. (O/X)

기출 선택지 +α 정답 ❻ X[진주 대첩(1592. 10.)] ❼ O[1597년] ❽ O

25 조선 후기 실학의 발달   정답 ④

(가), (나) 인물에 대한 설명으로 옳은 것은? [2점]

정답 잡는 키워드

❶ "북학의" 저술, ❷ 소비 촉진을 통한 생산력 증대 주장
→ (가) 박제가

❸ "경세유표" 저술 → (나) 정약용

"북학의"를 저술하고 소비 촉진을 통한 생산력 증대를 주장한 (가) 인물은 박제가이며, "경세유표"를 저술한 (나) 인물은 정약용이에요. 박제가는 조선 후기의 실학자로 상공업 중심의 개혁론을 강조하였어요. 서얼 출신으로 규장각 검서관에 발탁되었으며, 청에 다녀와 그곳에서 보고 들은 내용을 담은 "북학의"를 저술하였어요. 정약용은 조선 후기에 농업 중심의 개혁론을 주장한 실학자입니다. 정조가 죽은 후 오랫동안 유배 생활을 하면서 "경세유표", "목민심서", "흠흠신서" 등 500여 권의 책을 저술하였어요.

① (가) - 100리 척을 사용하여 동국지도를 제작하였다.
→ 정상기는 최초로 100리 척을 사용하여 동국지도를 제작하였어요.

② (가) - 곽우록에서 토지 매매를 제한하는 한전론을 제시하였다.
→ 이익은 "곽우록"에서 한 가구당 생계에 필요한 최소한의 토지인 영업전을 지급하고, 이 토지의 매매를 제한하는 방식의 한전론을 제시하였어요.

③ (나) - 의산문답에서 중국 중심의 세계관을 비판하였다.
→ 홍대용은 "의산문답"에서 무한 우주론과 지전설을 주장하며 중국 중심의 세계관을 비판하였어요.

④(나) - 여전론을 통해 마을 단위의 공동 경작을 주장하였다.
→ 정약용은 토지의 공동 소유 및 공동 경작과 노동량에 따른 수확물의 분배를 주장한 여전론을 제안하였으며 후에 현실성을 고려하여 정전제를 주장하였어요.

⑤ (가), (나) - 양명학을 연구하여 강화학파를 형성하였다.
→ 정제두는 양명학을 체계적으로 연구하였으며, 강화도에서 후진 양성에 힘을 기울여 강화학파를 형성하였어요.

기출 선택지 +α

❻ (가) - 지봉유설에서 천주실의를 소개하였다. (O / X)
❼ (가) - 서얼 출신으로 규장각 검서관에 기용되었다. (O / X)
❽ (나) - 마과회통에서 홍역에 대한 지식을 정리하였다. (O / X)
❾ (나) - 우서에서 사농공상의 직업적 평등을 주장하였다. (O / X)

기출선택지 +α 정답 ❻ ×[이수광] ❼ ○ ❽ ○ ❾ ×[유수원]

---

26 조선 후기 군사 조직의 정비   정답 ③

(가)~(다)를 일어난 순서대로 옳게 나열한 것은? [2점]

> 임진왜란 중에 훈련도감이 설치된 것을 시작으로 인조 때 어영청, 총융청, 수어청이 차례로 설치되고, 숙종 때 5군영 가운데 가장 마지막으로 금위영이 창설되었어요.

조선 후기 군사 조직의 정비

(가) 이괄의 난 이후 수도 외곽의 방어를 위해 총융청을 설치하였다.

(나) 포수, 살수, 사수의 삼수병 체제로 구성된 훈련도감을 조직하였다.

(다) 국왕의 호위와 도성 수비 강화를 목적으로 금위영을 창설하였다.

정답 잡는 키워드

❶ 총융청 설치 → (가) 인조
❷ 훈련도감 조직 → (나) 선조
❸ 금위영 창설 → (다) 숙종

(가) 인조 때 이괄의 난을 겪은 이후 도성 방비를 강화하기 위해 총융청이 설치되었어요(1624).

(나) 선조 때 일어난 임진왜란 중에 포수, 사수, 살수의 삼수병 체제로 구성된 훈련도감이 조직되었어요(1593). 훈련도감은 급료를 받는 상비군이 주축을 이루었어요.

(다) 숙종 때 국왕 호위와 도성 수비 강화를 목적으로 금위영이 창설되었어요(1682). 금위영이 창설되면서 5군영 체제가 완성되었어요.

① (가) - (나) - (다)
② (가) - (다) - (나)
③ (나) - (가) - (다)
 → (나) 훈련도감 조직(선조) → (가) 총융청 설치(인조) → (다) 금위영 창설(숙종)
④ (나) - (다) - (가)
⑤ (다) - (나) - (가)

핵심 개념 | 조선 후기 군사 조직의 정비

중앙군	• 훈련도감 : 임진왜란 중에 설치, 포수·사수·살수의 삼수병으로 구성, 급료를 받는 상비군이 주축, 직업 군인의 성격 • 어영청 : 인조 때 설치, 한성 수비 • 총융청 : 인조 때 설치, 경기 서북 지역 수비 • 수어청 : 인조 때 설치, 남한산성 수비 • 금위영 : 숙종 때 설치, 국왕 호위·수도 방어 → 5군영 체제 완성
지방군	속오군 : 양반에서 노비에 이르는 모든 신분 계층으로 편성, 평소에는 생업에 종사하고 농한기에 훈련, 전쟁 시 동원

27 정조 재위 시기의 사실   정답 ③

(가) 왕의 재위 기간에 있었던 사실로 옳은 것은? [1점]

정답 잡는 키워드

❶, ❷ 혜경궁 홍씨를 모시고 현륭원에 다녀오는 모습을
그린 화성능행도 → 정조

혜경궁 홍씨를 모시고 현륭원에 다녀오는 모습을 그린 화성능행도라는 설명을 통해 (가) 왕이 조선 정조임을 알 수 있어요. 정조는 자신의 정치적 이상을 실현할 신도시로 수원 화성을 건설하였어요. 자료의 그림은 정조가 어머니 혜경궁 홍씨를 모시고 아버지 사도 세자의 무덤인 현륭원에 다녀와 화성 행궁에서 아버지와 어머니의 회갑을 기념하여 성대한 연회를 베푼 뒤 한양으로 돌아오는 모습을 그린 그림이에요.

① 자의 대비의 복상 문제로 예송이 전개되었다.
　➡ 현종 때 자의 대비의 복상 문제로 서인과 남인 사이에 두 차례 예송이 전개되었어요. 효종이 죽은 뒤 벌어진 1차 예송에서는 서인의 주장이, 효종 비가 죽은 뒤 벌어진 2차 예송에서는 남인의 주장이 받아들여졌어요.

② 명의 신종을 제사 지내는 만동묘가 설치되었다.
　➡ 숙종 때 임진왜란 당시 조선을 도와준 명의 신종을 제사 지내는 만동묘가 설치되었어요.

③ 문신을 재교육하기 위한 초계문신제가 실시되었다.
　➡ 정조 때 재능 있는 젊은 문신을 선발하여 재교육하는 초계문신제가 실시되었어요.

④ 붕당의 폐해를 경계하는 탕평비가 성균관에 건립되었다.
　➡ 영조 때 국왕의 탕평 의지를 널리 알리고 붕당의 폐해를 경계하는 탕평비가 성균관에 건립되었어요.

⑤ 비변사의 혁파로 의정부와 삼군부의 기능이 정상화되었다.
　➡ 고종 때 흥선 대원군의 주도로 비변사가 혁파되어 의정부와 삼군부의 기능이 정상화되었어요.

기출 선택지 +α

❻ 국왕 친위 부대인 장용영이 설치되었다. (O/X)
❼ 홍경래 등의 봉기로 정주성이 점령되었다. (O/X)
❽ 허적과 윤휴 등 남인들이 대거 축출되었다. (O/X)
❾ 대외 관계를 정리한 동문휘고가 간행되었다. (O/X)
❿ 왕조의 통치 규범을 재정비한 대전통편이 편찬되었다. (O/X)

기출 선택지 +α 정답 ❻ O ❼ ×[순조] ❽ ×[숙종] ❾ O ❿ O

28 신유박해   정답 ③

다음 상황이 나타난 시기를 연표에서 옳게 고른 것은? [3점]

> 사학(邪學) 죄인 황사영은 사족으로서 사술(邪術)에 미혹됨이 가장 심한 자였다. [그는] 의금부에서 체포하려는 것을 미리 알고 피신하였는데, 상복을 입고 성명을 바꾸거나 토굴에 숨어서 종적을 감춘 지 반년이 지났다. 포청에서 은밀히 염탐하여 지금에야 제천 땅에서 붙잡았다. 그의 문서를 수색하던 중 백서를 찾았는데, 장차 북경의 천주당에 전하려고 한 것이었다.
> 　천주교도 황사영은 신유박해의 전말과 이에 대한 대응 전략을 흰 비단에 적어 중국 베이징 교구의 주교에게 비밀리에 보내려고 하였으나 발각되었어요.

정답 잡는 키워드

❶, ❷ 황사영의 문서를 수색하던 중 북경의 천주당에 전하려고 한
백서를 찾음 → 황사영 백서 사건(1801)

황사영의 백서를 찾았는데 북경(베이징)의 천주당에 전하려 한 것이었다는 내용을 통해 자료의 상황이 신유박해 때 발생한 황사영 백서 사건과 관련 있음을 알 수 있어요.

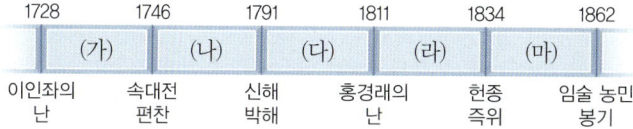

1728	1746	1791	1811	1834	1862
(가)	(나)	(다)	(라)	(마)
이인좌의 난	속대전 편찬	신해박해	홍경래의 난	헌종 즉위	임술 농민 봉기

➡ 조선 정조 때 전라도 진산의 천주교도 윤지충이 어머니가 임종하자 자신의 신앙을 지키기 위해 신주를 불사르고 천주교식으로 장례를 치러 관에 고발되었어요. 관에 끌려온 윤지충은 혹독한 고문으로 배교를 강요받았지만 끝까지 신앙을 고수하여 결국 처형되었어요. 이는 우리나라 최초의 천주교도 박해 사건으로 신해박해 또는 진산 사건이라고도 불립니다. 정조가 죽고 순조가 즉위한 직후에는 권력을 잡은 노론 강경파가 천주교 신자를 처형하는 신유박해를 일으켰어요. 이때 피신해 있던 황사영이 신앙의 자유를 얻기 위해 중국 베이징에 있는 주교에게 군대를 출병해 줄 것을 요청하는 편지를 보내려다가 발각되었어요(황사영 백서 사건, 1801). 이로 인해 조선 정부의 천주교 탄압이 더욱 강화되었어요. 한편, 나이 어린 순조가 즉위하면서 왕실의 외척을 비롯한 소수의 특정 가문이 정치권력을 독점한 세도 정치가 전개되었어요. 이 시기에 홍경래, 우군칙 등이 평안도 지역에 대한 차별과 세도 가문을 비롯한 지배층의 수탈에 항거하여 반란을 일으켰어요(홍경래의 난).
따라서 황사영 백서 사건이 일어난 시기는 신해박해와 홍경래의 난 사이인 ③ (다)입니다.

① (가)　② (나)　③ (다)　④ (라)　⑤ (마)

연표로 흐름잡기

- 1791 — 신해박해, 신해통공
- 1800 — 순조 즉위
- 1801 — 공노비 해방, 신유박해, 황사영 백서 사건
- 1811 — 홍경래의 난(~1812)
- 1846 — 김대건 신부(우리나라 최초의 천주교 신부) 순교
- 1866 — 병인박해

29 신미양요   정답 ⑤

(가) 사건에 대한 설명으로 옳은 것은? [1점]

> 이 척화비는 자연석에 비문을 새긴 것이 특징입니다. 척화비는 ❶제너럴 셔먼호 사건을 구실로 일어난 (가) 이후 전국 각지에 세워졌습니다. 이를 통해 서양 세력과의 통상 수교를 거부한 역사의 한 장면을 엿볼 수 있습니다.
>
> 서양 오랑캐가 침범하는데 싸우지 않으면 화친하는 것이요, 화친을 주장함은 나라를 팔아먹는 것이라는 내용이 새겨져 있어요.

정답 잡는 키워드
❶ 제너럴 셔먼호 사건을 구실로 일어남 → 신미양요

제너럴 셔먼호 사건을 구실로 일어났다는 내용을 통해 (가) 사건이 신미양요임을 알 수 있어요. 1866년에 미국 상선 제너럴 셔먼호가 대동강을 거슬러 평양까지 들어와 통상을 요구하며 살인과 약탈을 자행하자 평안 감사 박규수의 지휘 아래 평양 관민이 제너럴 셔먼호를 불태워 침몰시켰어요. 이를 구실로 로저스 제독이 이끄는 미국 함대가 1871년 강화도를 침략하여 신미양요가 일어났어요. 신미양요 직후 흥선 대원군은 서양과의 통상 수교 거부 의지를 널리 알리기 위해 전국 각지에 척화비를 세웠어요.

① 청군의 개입으로 종결되었다.
➡ 청군의 개입으로 종결된 사건으로 임오군란, 갑신정변 등이 있어요.

② 외규장각 도서가 약탈되는 결과를 가져왔다.
➡ 병인양요 당시 프랑스군이 퇴각하면서 강화도 외규장각에 보관되어 있던 도서와 의궤를 약탈해 갔어요.

③ 에도 막부에 통신사가 파견되는 계기가 되었다.
➡ 임진왜란으로 조선과 일본의 국교가 단절되었으나 광해군 때 기유약조를 체결하고 교역을 재개하였어요. 이후 에도 막부의 요청으로 통신사도 파견되었어요.

④ 사태 수습을 위해 박규수가 안핵사로 파견되었다.
➡ 1862년에 진주 농민 봉기가 일어나자 조선 정부는 사태 수습을 위해 박규수를 안핵사로 파견하였어요.

⑤ 전개 과정에서 어재연 부대가 광성보에서 항전하였다.
➡ 신미양요 당시 어재연이 이끄는 부대가 광성보에서 미군에 항전하였으나 패배하였어요.

기출 선택지 +α
❻ 제물포 조약의 체결로 이어졌다. (O/X)
❼ 톈진 조약이 체결되는 배경이 되었다. (O/X)
❽ 운요호가 강화도와 영종도를 공격하였다. (O/X)
❾ 로즈 제독의 함대가 양화진을 침입하였다. (O/X)
❿ 양헌수 부대가 정족산성에서 적군을 물리쳤다. (O/X)

기출 선택지 +α
정답 ❻ ×[임오군란] ❼ ×[갑신정변] ❽ ×[운요호 사건] ❾ ×[병인양요] ❿ ×[병인양요]

---

30 개항 이후 체결된 조약   정답 ③

(가), (나) 조약에 대한 설명으로 옳은 것은? [3점]

> (가) 제4조 …… 조선 상인이 북경에서 규정에 따라 교역하고, ❶중국 상인이 조선의 양화진과 서울에 들어가 영업소를 개설한 경우를 제외하고 각종 화물을 내지로 운반하여 상점을 차리고 파는 것을 허가하지 않는다. ……
>
> (나) 제37관 조선국에서 가뭄과 홍수, 전쟁 등의 일로 ❷국내에 양식이 부족할 것을 우려하여 일시 쌀 수출을 금지하려고 할 때에는 1개월 전에 지방관이 일본 영사관에 통지하고, 미리 그 기간을 항구에 있는 일본 상인들에게 전달하여 일률적으로 준수하는 데 편리하게 한다.
>
> 조·일 통상 장정을 근거로 함경도, 황해도 등 각지의 지방관이 방곡령을 선포하여 일본으로의 과도한 곡물 유출을 막고자 하였어요.

정답 잡는 키워드
❶ 중국 상인이 조선의 양화진과 서울에 영업소 개설 → (가) 조·청 상민 수륙 무역 장정(1882)
❷ 쌀 수출을 금지하려고 할 때 1개월 전에 지방관이 일본 영사관에 통지할 것 → (나) 조·일 통상 장정(1883)

(가) 조약은 중국 상인이 조선의 양화진과 서울에 영업소를 개설한 경우를 제외하면 내지로 화물을 운반하지 않는다는 내용을 통해 조·청 상민 수륙 무역 장정임을 알 수 있어요. 조선은 임오군란 이후 청과 조·청 상민 수륙 무역 장정을 체결하여 치외 법권을 인정하고, 양화진과 한성에 청 상인이 점포를 개설할 수 있는 권리와 허가받은 청 상인의 내지 통상을 허용하였어요. (나) 조약은 쌀 수출을 금지하려고 할 때에는 1개월 전에 지방관이 일본 영사관에 통보해야 한다는 내용을 통해 1883년에 체결된 조·일 통상 장정임을 알 수 있어요. 조·일 통상 장정의 체결로 일본 상품에 대한 관세가 규정되었고, 천재지변과 변란으로 인한 식량 부족의 우려가 있을 때 방곡령을 선포할 수 있게 되었어요. 그러나 조선의 지방관이 방곡령을 선포하였을 때 일본은 1개월 전 통보 규정을 어겼다고 트집을 잡아 방곡령을 철회시키고 막대한 배상금을 요구하였어요.

① (가) - 통감부가 설치되는 계기가 되었다.
➡ 1905년에 을사늑약이 체결되면서 이듬해 통감부가 설치되고 이토 히로부미가 초대 통감으로 부임하였어요.

② (가) - 조선의 관세 자주권을 최초로 인정하였다.
➡ 1882년에 체결된 조·미 수호 통상 조약에서 조선의 관세 자주권을 최초로 인정하였어요.

③ (나) - 최혜국 대우를 규정한 조항을 담고 있다.
➡ 조·일 통상 장정을 체결하면서 조선 정부는 일본에 최혜국 대우를 부여하였어요. 이로써 조·청 상민 수륙 무역 장정으로 청 상인에게 허용한 내지 통상권을 일본 상인에게도 허용하게 되었어요.

④ (나) - 일본 공사관의 경비병 주둔을 명시하였다.
➡ 임오군란 이후 조선과 일본이 체결한 제물포 조약에서 일본 공사관 경비를 위한 경비병 주둔을 허용하였어요.

⑤ (가), (나) - 갑신정변의 영향으로 체결되었다.
➡ 갑신정변 이후 조선은 일본과 한성 조약을 체결하여 배상금을 지불하고 일본 공사관 공사 비용을 부담하기로 하였어요.

기출 선택지 +α
❻ (가) - 최혜국 대우를 최초로 규정하였다. (O/X)
❼ (나) - 방곡령 시행에 대한 규정을 명시하였다. (O/X)

기출 선택지 +α
정답 ❻ ×[조·미 수호 통상 조약] ❼ ○

31 한성순보 정답 ⑤

다음 검색창에 들어갈 신문에 대한 설명으로 옳은 것은? [2점]

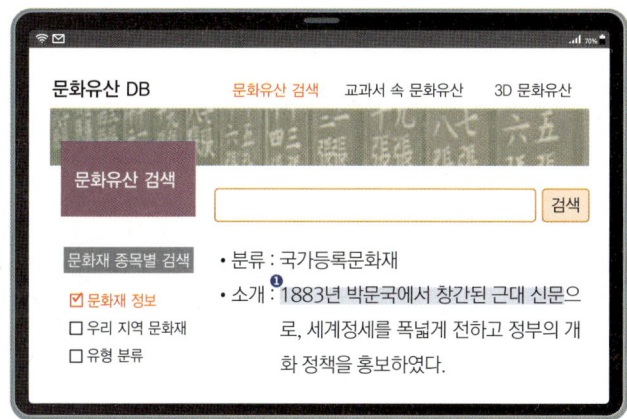

정답 잡는 키워드
❶ 1883년 박문국에서 창간된 근대 신문 → 한성순보

1883년 박문국에서 창간된 근대 신문은 한성순보입니다. 개항 이후 조선 정부는 개화 정책을 추진하면서 신문, 잡지 등의 편찬과 인쇄 업무를 담당하는 출판 기관으로 박문국을 설치하였어요. 박문국에서는 우리나라 최초의 근대 신문인 한성순보를 발행하였어요. 한성순보는 정부의 정책을 알리는 관보의 성격을 띠고 있었어요.

① 여권통문을 처음 보도하였다.
➡ 여권통문은 서울 북촌의 양반 여성들이 발표한 우리나라 최초의 여성 권리 선언문이에요. 황성신문은 여권통문을 처음으로 보도하였어요.

② 국채 보상 운동의 확산에 기여하였다.
➡ 국채 보상 운동은 대한매일신보, 황성신문 등 언론의 지지를 받으며 전국적으로 확산되었어요.

③ 의병 투쟁에 호의적인 기사를 게재하였다.
➡ 대한매일신보는 영국인 베델이 발행인으로 참여하였기에 일본의 간섭에서 비교적 자유로워 의병의 활약상이나 항일 논조의 기사를 많이 실었어요.

④ 외국인이 읽을 수 있도록 영문으로도 발행되었다.
➡ 독립신문과 대한매일신보는 외국인이 읽을 수 있도록 영문으로도 발행되었어요.

⑤ 순 한문 신문으로 열흘마다 발행하는 것이 원칙이었다.
➡ 한성순보는 순 한문 신문으로 열흘마다 발행하는 것이 원칙이었어요. 한성순보의 '순'은 열흘을 의미합니다.

32 전주 화약 체결 이후의 사실 정답 ①

다음 가상 뉴스에서 보도하는 사건 이후에 전개된 사실로 옳은 것은? [1점]

동학 농민 운동 당시 전주 화약 체결 이후의 사실을 찾는 문제입니다. 동학 농민군이 전주성을 함락하자 조선 정부는 청에 파병을 요청하였어요. 이에 따라 청이 군대를 파견하였고, 이 소식을 들은 일본도 조선에 있는 자국민을 보호한다는 구실을 내세워 파병하였어요. 동학 농민군은 청과 일본의 개입을 막기 위해 서둘러 정부와 전주 화약을 맺고 해산한 후 전라도 각지에 자치 기구인 집강소를 설치하여 치안을 유지하고 폐정 개혁안을 실천해 나갔어요.

① 남접과 북접이 논산에서 연합하였다.
➡ 전주 화약 체결 이후 일본군이 경복궁을 점령하자 동학 농민군은 다시 봉기하였어요. 전봉준 중심의 남접과 손병희 중심의 북접이 논산에서 연합하여 서울로 진격하였으나 우금치 전투에서 일본군과 관군에 크게 패하였어요.

② 농민군이 황룡촌 전투에서 관군에 승리하였다.
➡ 황룡촌 전투는 전주 화약 체결 이전에 있었어요. 동학 농민군은 황토현 전투와 황룡촌 전투 승리 이후 전주성을 점령하였어요.

③ 교조 신원을 요구하는 보은 집회가 개최되었다.
➡ 보은 집회는 동학 농민군이 봉기하기 이전인 1893년에 개최되었어요. 보은 집회에서 동학교도는 정부의 탄압으로 처형된 교조 최제우의 억울한 누명을 풀어 줄 것을 요구하였어요.

④ 사태 수습을 위해 안핵사 이용태가 파견되었다.
➡ 고부 농민 봉기 이후 사태 수습을 위해 이용태가 안핵사로 파견되었으나 오히려 봉기에 참여한 농민군을 동학교도로 몰아 탄압하였어요. 이에 분노한 전봉준을 비롯한 농민들과 동학교도가 백산에서 다시 봉기하면서 동학 농민 운동이 본격적으로 전개되었어요. 전주 화약 체결 이전의 사실이에요.

⑤ 전봉준이 농민을 이끌고 고부 관아를 습격하였다.
➡ 고부 군수 조병갑의 횡포에 맞서 전봉준이 농민을 이끌고 고부 관아를 습격하는 고부 농민 봉기를 일으켰어요. 전주 화약 체결 이전의 사실이에요.

기출 선택지 +α
❻ 농민군이 백산에서 4대 강령을 발표하였다. (O / X)
❼ 일본이 군대를 동원하여 경복궁을 점령하였다. (O / X)
❽ 우금치에서 농민군과 일본군이 격전을 벌였다. (O / X)
❾ 농민군이 황토현 전투에서 관군에게 승리하였다. (O / X)

정답 ❻ ×[전주 화약 체결 이전] ❼ ◯ ❽ ◯ ❾ ×[전주 화약 체결 이전]

33 육영 공원   정답 ⑤

다음 대화에 해당하는 교육 기관에 대한 설명으로 옳은 것은? [2점]

정답 잡는 키워드

❶ 신학문을 가르치는 관립 교육 기관,
❷, ❸ 젊은 관리와 명문가의 자제 교육 → **육영 공원**

신학문을 가르치는 관립 교육 기관으로 젊은 관리가 소속된 좌원과 명문가의 자제를 선발한 우원으로 구성되었다는 내용을 통해 대화에 해당하는 교육 기관이 육영 공원임을 알 수 있어요. 조선 정부는 1886년에 근대적 관립 학교인 육영 공원을 설립하였어요. 육영 공원은 주로 젊은 관리와 고관의 자제들에게 근대 학문을 교육하였어요.

① 7재라는 전문 강좌가 개설되었다.
　➡ 고려 예종은 관학을 진흥시키기 위해 국자감에 7재라는 전문 강좌를 개설하였어요.

② 조선 총독부의 탄압으로 폐교되었다.
　➡ 조선 총독부는 일제가 대한 제국의 국권을 강탈한 후 세운 식민 통치 기관이에요. 조선 총독부의 탄압으로 대성 학교 등이 폐교되었어요. 육영 공원은 국권 피탈 이전인 1894년에 폐교되었습니다.

③ 교육 입국 조서에 근거하여 세워졌다.
　➡ 교육 입국 조서는 제2차 갑오개혁 과정에서 발표되었고, 이를 계기로 한성 사범 학교, 외국어 학교 등이 세워졌어요. 교육 입국 조서는 육영 공원이 폐교된 이후인 1895년에 발표되었어요.

④ 주요 건물로 대성전과 명륜당을 두었다.
　➡ 조선 시대의 국립 교육 기관인 성균관과 향교에는 성현의 제사를 모시는 대성전과 유학 교육이 이루어지는 명륜당이 있었어요.

⑤ 헐버트, 길모어 등이 교사로 초빙되었다.
　➡ 육영 공원은 미국인 헐버트, 길모어 등을 교사로 초빙하여 영어를 비롯한 수학, 지리학 등 근대 학문을 교육하였어요.

핵심 개념 | 근대 교육의 발달

1880년대	• 동문학(1883) : 정부가 세운 통역관 양성소 • 원산 학사(1883) : 함경도 덕원 지방의 관민이 세운 우리나라 최초의 근대식 학교 • 육영 공원(1886) : 정부가 세운 관립 학교, 헐버트와 길모어 등 미국인 교사 초빙, 젊은 관리와 고관 자제 입학 • 개신교 선교사들이 배재 학당, 이화 학당 등 설립
1890년대	• 갑오개혁으로 학무아문 설치, 교육 입국 조서 반포(1895) → 근대 학교 법규 제정 • 소학교, 한성 사범 학교, 외국어 학교 등 각종 관립 학교 설립
1900년대	• 을사늑약 이후 애국 계몽 운동가들이 학교를 설립하여 교육 구국 운동 전개 → 오산 학교(이승훈, 정주), 대성 학교(안창호, 평양) • 만주 지역에 용정촌, 명동촌 등 한인 집성촌이 형성됨 → 서전서숙(이상설), 명동 학교(김약연)가 설립되어 민족 교육 실시

34 박정양의 활동   정답 ⑤

(가) 인물의 활동으로 옳은 것은? [3점]

정답 잡는 키워드

❶ 초대 주미 공사 → **박정양**

초대 주미 공사로 임명된 (가) 인물은 박정양이에요. 조·미 수호 통상 조약 체결 이후 미국이 조선에 공사를 파견하자 이에 대한 답례로 조선 정부는 1883년에 민영익, 홍영식, 유길준 등으로 구성된 보빙사를 미국에 파견하였어요. 1887년에는 청의 내정 간섭을 견제하고 자주 외교를 펴기 위해 박정양을 초대 주미 공사로 파견하였습니다.

① 샌프란시스코에서 흥사단을 창립하였다.
　➡ 안창호는 미국 샌프란시스코에서 재미 한인을 중심으로 흥사단을 창립하였어요.

② 황준헌이 쓴 조선책략을 국내에 들여왔다.
　➡ 제2차 수신사로 일본에 파견된 김홍집은 청의 외교관 황준헌이 쓴 "조선책략"을 국내에 들여왔어요.

③ 인재 양성을 위해 오산 학교를 설립하였다.
　➡ 신민회의 이승훈은 정주에 오산 학교를 설립하여 민족 교육을 실시하였어요.

④ 국문 연구소를 설립하고 연구 위원으로 활동하였다.
　➡ 국문 연구소는 대한 제국 정부가 한글 연구를 위해 학부 아래 설치한 기관이에요. 주시경과 지석영 등은 국문 연구소에서 국문 정리와 맞춤법 연구를 하였어요.

⑤ 독립 협회의 제안을 받아들여 중추원 관제 개편을 추진하였다.
　➡ 독립 협회가 의회 설립 운동을 추진하면서 보수적인 대신들을 퇴진시키고 개혁적 성향을 가진 박정양 중심의 내각을 수립하는 데 성공하였어요. 박정양 내각은 독립 협회의 제안을 받아들여 중추원 관제 개편을 추진하였어요.

기출 선택지 +α

❻ 민족 교육을 위해 대성 학교를 설립하였다. (O / X)
❼ 영국인 베델과 함께 대한매일신보를 창간하였다. (O / X)
❽ 조선 광문회를 조직하여 민족 고전을 간행하였다. (O / X)
❾ 미국과 유럽을 여행한 뒤 서유견문을 집필하였다. (O / X)
❿ 헤이그에서 열린 만국 평화 회의에 특사로 파견되었다. (O / X)

기출 선택지 +α

정답 ❻ ×[안창호] ❼ ×[양기탁] ❽ ×[박은식, 최남선 등] ❾ ×[유길준]
❿ ×[이상설, 이준, 이위종]

35 광무개혁   정답 ④

(가)에 들어갈 내용으로 가장 적절한 것은? [2점]

한국사 특강

우리 학회에서는 고종이 황제로 즉위한 이후 ❶구본신참에 입각하여 추진한 정책을 주제로 강좌를 마련하였습니다. 많은 관심과 참여 바랍니다.

> 대한 제국은 옛것을 근본으로 하여 새로운 것을 참조한다는 구본신참에 입각하여 광무개혁을 추진하였어요.

■ 강좌 내용 ■

- 제1강 (가)
- 제2강 ❷ 대한국 국제 반포와 황제 중심 정치 구조
- 제3강 ❸ 지계 발급과 근대적 토지 소유권

- 기간 : 2023년 10월 ○○일~○○일
- 일시 : 매주 토요일 14:00~16:00
- 장소 : △△ 연구원

정답 잡는 키워드

❶ 구본신참에 입각하여 추진, ❷ 대한국 국제 반포, ❸ 지계 발급
→ **광무개혁**

고종이 황제로 즉위한 이후 구본신참에 입각하여 정책을 추진하였으며, 대한국 국제를 반포하고 지계를 발급하였다는 내용을 통해 (가)에는 광무개혁과 관련된 내용이 들어가야 함을 알 수 있어요. 대한 제국은 광무개혁을 추진하면서 1899년에 대한국 국제를 반포하여 황제의 절대 권한을 규정하였고, 양전 사업을 실시하여 근대적 토지 소유 증명 문서인 지계를 발급하였어요.

① 통역관 양성을 위한 동문학 설립
  ➡ 대한 제국 수립 이전인 1883년에 조선 정부는 통역관 양성을 목적으로 외국어 교육 기관인 동문학을 설립하였어요.

② 개혁 방향을 제시한 홍범 14조 반포
  ➡ 대한 제국 수립 이전인 1895년에 조선 정부는 제2차 갑오개혁을 추진하면서 개혁의 기본 방향을 제시한 홍범 14조를 반포하였어요.

③ 통리기무아문 설치와 개화 정책 추진
  ➡ 조선 정부는 1880년에 개화 정책을 총괄하는 기구로 통리기무아문을 설치하여 개화 정책을 추진하였어요.

④ 원수부 창설과 황제의 군 통수권 강화
  ➡ 대한 제국은 1899년에 황제의 군 통수권 장악을 위해 황제 직속의 원수부를 창설하였어요.

⑤ 23부로의 지방 제도 개편과 지방관 권한 축소
  ➡ 대한 제국 수립 이전인 1895년에 조선 정부는 제2차 갑오개혁을 추진하는 과정에서 지방 제도를 23부로 개편하고 지방관의 권한을 축소하였어요.

핵심 개념 | 대한 제국의 수립과 광무개혁

대한 제국의 수립	아관 파천 이후 열강의 침탈 심화, 고종의 환궁을 요구하는 여론 고조 → 고종의 경운궁(덕수궁) 환궁 → 연호를 '광무'로 바꾸고 환구단에서 황제 즉위식 거행, 대한 제국 선포(1897)
광무개혁	• 정치 : 대한국 국제 제정(1899) → 황제권의 절대화 추구 • 군사 : 원수부 설치(황제가 군 통수권 장악), 무관 학교 설립, 친위대와 진위대의 군사 수 증강 • 경제 : 양지아문·지계아문 설치(→ 양전 사업 실시, 지계 발급), 상공업 진흥 정책(→ 근대적 공장과 회사 설립) • 사회 : 관립 실업 학교(상공 학교)와 기술 교육 기관 설립, 근대 시설 확충(전화 가설, 전차·경인선 개통 등)

---

36 일제의 국권 침탈 과정   정답 ⑤

(가), (나) 사이의 시기에 있었던 사실로 옳은 것은? [2점]

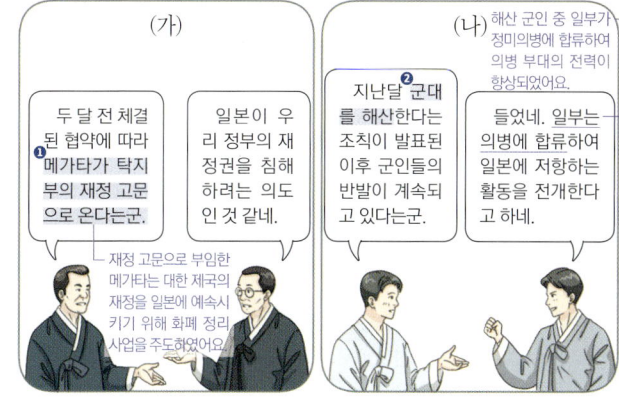

(가) 두 달 전 체결된 협약에 따라 ❶메가타가 탁지부의 재정 고문으로 온다는군. / 일본이 우리 정부의 재정권을 침해하려는 의도인 것 같네.

재정 고문으로 부임한 메가타는 대한 제국의 재정을 일본에 예속시키기 위해 화폐 정리 사업을 주도하였어요.

(나) 지난달 ❷군대를 해산한다는 조칙이 발표된 이후 군인들의 반발이 계속되고 있다는군. / 들었네. 일부는 의병에 합류하여 일본에 저항하는 활동을 전개한다고 하네. / 해산 군인 중 일부가 정미의병에 합류하여 의병 부대의 전력이 향상되었어요.

정답 잡는 키워드

❶ 메가타가 재정 고문으로 부임
→ (가) 1904년 제1차 한·일 협약 체결 이후

❷ 군대 해산 → (나) 1907년 한·일 신협약 체결 이후

(가)는 메가타가 탁지부의 재정 고문으로 온다는 내용을 통해 1904년 제1차 한·일 협약(한·일 외국인 고문 용빙에 관한 협정서)이 체결된 이후의 상황임을 알 수 있어요. 러·일 전쟁에서 승기를 잡은 일본은 대한 제국에 제1차 한·일 협약의 체결을 강요하였어요. 이에 따라 재정 고문으로 일본인 메가타, 외교 고문으로 미국인 스티븐스가 파견되었어요. (나)는 군대를 해산한다는 조칙이 발표되었다는 내용을 통해 1907년 한·일 신협약(정미7조약)이 체결된 이후의 상황임을 알 수 있어요. 일제는 헤이그 특사 파견을 구실로 고종을 강제 퇴위시킨 후에 한·일 신협약을 체결하여 통감의 내정 간섭 권한을 강화하고 대한 제국의 행정 각 부에 일본인 차관을 임명하였으며, 부속 각서를 통해 대한 제국의 군대를 해산하였어요.

① 데라우치가 초대 총독으로 부임하였다.
  ➡ 1910년에 병합 조약이 체결되어 대한 제국은 일본에 국권을 빼앗겼고, 이어 조선 총독부가 설치되어 초대 총독으로 데라우치가 부임하였어요. (나) 이후의 사실이에요.

② 13도 창의군이 서울 진공 작전을 전개하였다.
  ➡ 고종의 강제 퇴위와 대한 제국의 군대 해산이 계기가 되어 1907년에 정미의병이 일어났어요. 정미의병 당시 각지의 의병 부대가 연합하여 13도 창의군을 결성하고 서울 진공 작전을 전개하였어요(1908). (나) 이후의 사실이에요.

③ 기유각서를 통해 일제에 사법권을 박탈당하였다.
  ➡ 일제는 1909년에 체결한 기유각서를 통해 대한 제국의 사법권과 감옥 사무 처리권을 박탈하였어요. (나) 이후의 사실이에요.

④ 상권 수호를 위해 황국 중앙 총상회가 조직되었다.
  ➡ 1898년에 서울의 시전 상인들이 외국 상인의 상권 침탈에 맞서기 위해 황국 중앙 총상회를 조직하였어요. (가) 이전의 사실이에요.

⑤ 헤이그에서 열린 만국 평화 회의에 특사가 파견되었다.
  ➡ 고종은 을사늑약의 부당성을 국제 사회에 알리기 위해 1907년에 이상설, 이준, 이위종을 만국 평화 회의가 열리는 네덜란드 헤이그에 특사로 파견하였어요. 일제는 이를 빌미로 고종을 강제 퇴위시키고 한·일 신협약(정미7조약) 체결을 강요하였어요.

37 의열단 정답 ③

(가) 단체에 대한 설명으로 옳은 것은? [2점]

> **판결문**
>
> 피고 : 오복영 외 1인
> 주문 : 피고 두 명을 각 징역 7년에 처한다.
> 이유
> 제1. 피고 오복영은 이전부터 조선 독립을 희망하고 있었다.
> 1. 대정 11년(1922) 11월 중 ❶김상옥, 안홍한 등이 조선 독립 자금 강탈을 목적으로 권총, 불온문서 등을 가지고 조선에 오는 것을 알고 천진에서 여비 40원을 조달함으로써 동인 등으로 하여금 조선으로 들어오게 하고
> 2. 대정 12년(1923) 8월 초순 (가) 단원으로 활약할 목적으로 피고 이영주의 권유에 의해 동 단에 가입하고
> 3. 이어서 피고 이영주와 함께 (가) ❷단장 김원봉 및 단원 유우근의 지휘하에 피고 두 명은 ❸조선 내 관리를 암살하고 주요 관아, 공서를 폭파함으로 민심의 동요를 초래하고 ……

- 의열단원 김상옥은 1923년 종로 경찰서에 폭탄을 투척하는 의거를 일으켰어요.
- 김원봉은 1919년 만주에서 일제 요인 암살, 식민 통치 기관 파괴 등 무력 투쟁을 전개할 단체로 의열단을 조직하였어요.

정답 잡는 키워드

❶ 단원 김상옥, ❷ 단장 김원봉, ❸ 조선 내 관리를 암살하고 주요 관아와 공서를 폭파함 → **의열단**

판결문에 김상옥이 언급되고 있으며, 단장 김원봉의 지휘하에 조선 내 관리를 암살하고 주요 관아와 공서를 폭파하였다는 내용을 통해 (가) 단체가 의열단임을 알 수 있어요. 의열단은 신채호가 작성한 '조선 혁명 선언'을 활동 지침으로 삼아 일제에 맞서 개인별로 무력 투쟁을 전개한 의거 단체로 박재혁, 김익상, 김상옥, 김지섭, 나석주 등이 단원으로 활동하였어요.

① 일제의 황무지 개간권 요구를 저지하였다.
  ➡ 보안회는 일제의 황무지 개간권 요구에 반대하는 운동을 전개하여 일본의 요구를 철회시켰어요.
② 일제가 조작한 105인 사건으로 큰 타격을 입었다.
  ➡ 비밀 결사로 조직된 신민회는 일제가 조작한 105인 사건으로 조직이 드러나 해체되었어요.
③ **단원인 나석주가 동양 척식 주식회사에 폭탄을 던졌다.**
  ➡ 의열단 소속의 나석주는 조선 식산 은행과 동양 척식 주식회사에 폭탄을 투척하는 의거를 일으켰어요.
④ 조선 총독부에 국권 반환 요구서를 제출하고자 하였다.
  ➡ 국권 피탈 이후 임병찬의 주도로 국내에서 조직된 독립 의군부는 조선 총독부에 국권 반환 요구서를 제출하고자 하였으나 사전에 조직이 발각되어 실현하지 못하였어요.
⑤ 이륭양행에 교통국을 설치하여 국내와 연락을 취하였다.
  ➡ 대한민국 임시 정부는 이륭양행에 통신 기관인 교통국을 설치하여 국내와 연락을 취하였어요.

기출 선택지 +α

❻ 조선 혁명 선언을 활동 지침으로 삼았다. (O/X)
❼ 윤봉길, 이봉창 등이 단원으로 활동하였다. (O/X)
❽ 고종의 밀지를 받아 결성된 비밀 단체였다. (O/X)
❾ 삼균주의를 기초로 하는 건국 강령을 발표하였다. (O/X)

기출 선택지 +α

정답 ❻ ○ ❼ X [한인 애국단] ❽ X [독립 의군부] ❾ X [대한민국 임시 정부]

---

38 광주 학생 항일 운동 정답 ②

밑줄 그은 '이 운동'에 대한 설명으로 옳은 것을 <보기>에서 고른 것은? [1점]

이것은 1929년 11월 ❶한·일 학생 간의 충돌을 계기로 시작된 이 운동을 기념하는 탑입니다. 당시 민족 차별에 분노한 ❷광주 지역 학생들이 대규모 시위를 전개하였고, 전국의 많은 학교가 동맹 휴학으로 동참하였습니다. 이 기념탑은 학생들의 단결된 의지를 타오르는 횃불로 형상화한 것입니다.

광주와 나주를 오가는 통학 열차 안에서 일본 남학생이 한국 여학생을 희롱한 일이 발단이 되어 양국 학생 사이에 싸움이 일어났어요.

정답 잡는 키워드

❶ 한·일 학생 간의 충돌을 계기로 시작,
❷ 광주 지역 학생들이 대규모 시위 전개 → **광주 학생 항일 운동**

1929년 11월 한·일 학생 간의 충돌을 계기로 시작되었으며, 광주 지역 학생들이 대규모 시위를 전개하였다는 내용을 통해 밑줄 그은 '이 운동'이 광주 학생 항일 운동임을 알 수 있어요. 한·일 학생 간 충돌 사건을 수습하는 과정에서 일제 경찰이 일방적으로 일본 학생만 두둔하자, 민족 차별에 분노한 광주 지역의 학생들이 민족 차별 중지, 식민지 교육 철폐 등을 주장하며 대규모 시위를 전개하였고, 이후 항일 시위는 전국으로 확산되었습니다.

ㄱ. 조선인 본위의 교육 제도 확립 등을 요구하였다.
  ➡ 광주 학생 항일 운동 당시 학생들은 조선인 본위의 교육 제도 확립 등을 요구하였어요.
ㄴ. 대한매일신보의 후원 속에 전국으로 확산하였다.
  ➡ 국권 피탈 이전에 전개된 국채 보상 운동은 대한매일신보 등의 후원 속에 전국으로 확산되었어요.
ㄷ. 신간회에서 진상 조사단을 파견하여 지원하였다.
  ➡ 신간회는 광주 학생 항일 운동의 진상 규명을 위한 진상 조사단을 파견하였으며, 민중 대회를 개최하려고 하였으나 사전에 발각되었어요.
ㄹ. 일제가 이른바 문화 통치를 실시하는 배경이 되었다.
  ➡ 3·1 운동을 계기로 일제는 무단 통치의 한계를 느끼고 이른바 문화 통치를 실시하였어요.

① ㄱ, ㄴ ② **ㄱ, ㄷ** ③ ㄴ, ㄷ
④ ㄴ, ㄹ ⑤ ㄷ, ㄹ

기출 선택지 +α

ㅁ. 순종의 인산일을 기회로 삼아 추진되었다. (O/X)
ㅂ. 대한민국 임시 정부 수립에 영향을 주었다. (O/X)
ㅅ. 일본, 프랑스 등의 노동 단체로부터 격려 전문을 받았다. (O/X)
ㅇ. 성진회와 각 학교 독서회에 의해 전국적으로 확산하였다. (O/X)

기출 선택지 +α

정답 ㅁ. X [6·10 만세 운동] ㅂ. X [3·1 운동] ㅅ. X [원산 총파업] ㅇ. ○

39 한국 독립군   정답 ⑤

(가) 부대에 대한 설명으로 옳은 것은? [2점]

> ❶대전자령은 태평령이라고도 하는데, 일본군이 서남부의 왕칭현 쪽으로 가려면 반드시 지나가야 하는 지점이었다. 대전자령의 양쪽은 험준한 절벽과 울창한 산림 지대로 되어 있어 적을 공격하기에 알맞은 곳이었다. 이 전투에 <u>(가)</u>의 주력 부대 500여 명, 차이시잉(柴世榮)이 거느리는 중국 의용군인 길림구국군 2,000여 명이 참가하였다. …… ❷한·중 연합군은 계곡 양편 산기슭에 구축되어 있는 참호 속에 미리 매복·대기하여 일본군 습격 준비를 마쳤다.
> - "청천장군의 혁명투쟁사" -

지청천은 1930년대 전반 한국 독립군 총사령관으로 항일 투쟁을 전개하였으며, 이후 대한민국 임시 정부가 창설한 한국 광복군 총사령관에 취임하여 광복 때까지 항일전을 수행하였어요.

정답 잡는 키워드
❶, ❷ 대전자령 전투에 한·중 연합군으로 참가함 → 한국 독립군

대전자령 전투에 한·중 연합군으로 참가하여 일본군 습격을 준비하였다는 내용을 통해 (가) 부대가 한국 독립군임을 알 수 있어요. 한국 독립군은 총사령관 지청천의 지휘 아래 항일 중국군과 함께 일본군에 맞서 싸웠어요. 한국 독립군은 쌍성보 전투, 사도하자 전투, 대전자령 전투 등에서 한·중 연합 작전을 전개하여 승리를 거두었어요.

① 영국군의 요청으로 인도·미얀마 전선에 투입되었다.
➡ 한국 광복군의 일부 대원은 영국군의 요청으로 인도·미얀마 전선에 투입되어 활동하였어요.

② 간도 참변 이후 조직을 정비하고 자유시로 이동하였다.
➡ 간도 참변 이후 만주 지역의 독립군 부대들은 밀산에 집결하여 조직을 정비하고 자유시로 이동하였어요.

③ 중국 관내(關內)에서 결성된 최초의 한인 무장 부대였다.
➡ 김원봉은 중국 국민당 정부의 지원을 받아 우한에서 조선 의용대를 결성하였어요. 조선 의용대는 중국 관내에서 결성된 최초의 한인 무장 부대였어요.

④ 홍범도 부대와 연합하여 청산리에서 일본군과 교전하였다.
➡ 김좌진이 이끄는 북로 군정서는 홍범도의 대한 독립군 등과 연합하여 청산리 일대에서 일본군을 크게 무찔렀어요.

⑤ 한국 독립당의 군사 조직으로 북만주 지역에서 활약하였다.
➡ 한국 독립군은 북만주 지역의 혁신 의회가 해체된 후 결성된 한국 독립당의 군사 조직이에요.

기출 선택지 +α
⑥ 미군과 연계하여 국내 진공 작전을 계획하였다. (O/X)
⑦ 쌍성보 전투에서 한·중 연합 작전을 전개하였다. (O/X)
⑧ 영릉가 전투에서 일본군과 싸워 크게 승리하였다. (O/X)
⑨ 중국 팔로군에 편제되어 항일 전선에 참여하였다. (O/X)
⑩ 중국 국민당 정부의 지원을 받아 우한에서 창설되었다. (O/X)

정답 ⑥×[한국 광복군] ⑦○ ⑧×[조선 혁명군] ⑨×[조선 의용군] ⑩×[조선 의용대]

---

40 1930년대 후반 이후 일제 식민 통치   정답 ⑤

밑줄 그은 '이 시기'에 있었던 사실로 옳은 것은? [1점]

> **문학으로 만나는 한국사**
>
> "이제 곧 창씨개명이 문제가 아닌 날이 닥칠 겁니다. 그때는 사느냐 죽느냐, 이 문제가 턱에 걸려서 아무것도 뵈지 않을걸요. 아 왜 지년(去年) 칠월에 국가 총동원법 제4조라고 허면서, 국민 징용령이 안 떨어졌습니까? 일본 본토는 그렇다 치고, 조선, 대만, 사할린, 남양 군도에까지 그 징용령이 시행되고 있는 판에, 징병령인들 떨어지지 않겠습니까? 지금 지원병 제도는 장차 징병 문제를 결정하려는 시험으로 해 보는 것이라고 허드구만요."
> 이기채는 가슴이 까닭 없이 덜컥, 내려앉는다.
> - "혼불" -

[해설] 이 작품에는 일제가 ❶국가 총동원법을 제정하고 노동력 수탈을 위해 국민 징용령 등을 시행하던 이 시기 우리 민족의 삶이 잘 표현되어 있다.

일제는 1939년에 국민 징용령을 공포·시행하여 한국인 청장년들을 군수 공장, 탄광, 건설 공사 현장 등으로 끌고 갔어요.

정답 잡는 키워드
❶ 국가 총동원법 제정, ❷ 국민 징용령 시행 → 1930년대 후반

국가 총동원법을 제정하고 국민 징용령을 시행하였다는 내용을 통해 밑줄 그은 '이 시기'가 1930년대 후반 이후에 해당함을 알 수 있어요. 일제는 중·일 전쟁을 일으키고 침략 전쟁을 확대하면서 1938년에 국가 총동원법을 제정하여 전쟁에 필요한 인적·물적 자원을 본격적으로 빼앗아 갔어요. 국가 총동원법 제4조에서 일본 정부는 전시에 국가 총동원상 필요할 때에는 제국 신민을 징용하여 총동원 업무에 종사할 수 있도록 하였고, 이에 근거하여 국민 징용령을 제정하여 전쟁에 필요한 노동력을 강제로 동원하였어요. 일제는 공출제와 식량 배급 제도 등을 통해 전쟁에 필요한 물자를 강제 동원하였으며, 지원병제, 학도 지원병제, 징병제를 실시하여 한국인 청년들을 전쟁터로 끌고 갔어요. 또한, 한국인을 전쟁에 쉽게 동원하기 위해 내선일체, 일선동조론 등을 내세워 민족 말살 정책을 본격화하였어요.

① 조선 태형령이 공포되었다.
➡ 일제는 1912년에 한국인에게만 태형을 적용하는 조선 태형령을 제정하였어요. 조선 태형령은 1920년에 폐지되었어요.

② 헌병 경찰 제도가 실시되었다.
➡ 일제는 1910년대에 군사 경찰인 헌병이 일반 경찰 업무까지 맡는 헌병 경찰 제도를 실시하였어요. 헌병 경찰 제도는 3·1 운동 이후 보통 경찰 제도로 바뀌었어요.

③ 경성 제국 대학이 설립되었다.
➡ 일제는 1920년대에 민립 대학 설립 운동이 전개되자 이를 방해하고, 한국인의 불만을 무마하기 위해 1924년에 경성 제국 대학을 설립하였어요.

④ 조선 농민 총동맹이 조직되었다.
➡ 전국적인 노동자·농민 조직으로 결성된 조선 노농 총동맹이 1927년에 조선 노동 총동맹과 조선 농민 총동맹으로 분화되었어요.

⑤ 황국 신민 서사 암송이 강요되었다.
➡ 일제는 1930년대 후반에 일왕에 대한 충성 맹세문인 황국 신민 서사를 제정한 뒤 암송을 강요하였어요.

41 천도교의 활동 정답 ②

(가) 종교에 대한 설명으로 옳은 것은? [2점]

> **기획 전시**
> **방정환이 꿈꾼 어린이를 위한 나라**
>
> 우리 박물관에서는 "어린이" 창간 100주년을 기념하는 특별전을 준비하였습니다. ❶동학을 계승한 종교인 ❷(가) 계열의 방정환 등이 어린이들에게 다양한 읽을거리를 제공하기 위해 발간한 ❸잡지 "어린이"의 전시와 함께 여러 체험 행사를 준비하였으니 많은 관심 바랍니다.
> - 동학의 제3대 교주 손병희는 동학을 천도교로 개칭하였어요.
> - 방정환은 천도교 신자로, 손병희의 사위였어요.
>
> - 기간 : 2023. ○○.○○. ~ ○○.○○.
> - 장소 : △△ 박물관 특별 전시실
> - 전시 자료 소개
>
>
> ▲ "어린이" 제7권 제3호   ▲ "어린이" 제9권 제1호

정답 잡는 키워드

❶ 동학을 계승한 종교, ❷, ❸ 방정환 등이 잡지 "어린이"를 발간함
→ **천도교**

동학을 계승한 종교이며, 방정환 등이 잡지 "어린이"를 발간하였다는 내용을 통해 (가) 종교가 소년 운동을 주도한 천도교임을 알 수 있어요. 천도교 세력은 어린아이를 한울님처럼 대하라는 제2대 교주 최시형의 뜻을 이어받아 소년 운동을 적극적으로 전개하였어요. 특히 방정환의 주도로 창립된 천도교 소년회는 어린이날을 제정하고 잡지 "어린이"를 간행하였어요.

① 한용운 등이 **사찰령 폐지**를 주장하였다.
  ➡ 일제가 제정한 사찰령에 맞서 사찰령 폐지 운동을 펼친 종교는 **불교**입니다. 1920년대에 한용운 등이 주축이 된 조선 불교 유신회가 사찰령 폐지를 주장하였어요.

②**만세보**를 발행하여 민중 계몽에 앞장섰다.
  ➡ **천도교**는 만세보라는 기관지를 발행하여 민중 계몽에 앞장섰어요.

③ 박중빈을 중심으로 **새 생활 운동**을 펼쳤다.
  ➡ 박중빈이 창시한 **원불교**는 간척 사업을 추진하고 허례 폐지, 근검절약 등을 강조한 새 생활 운동을 전개하였어요.

④ **배재 학당**을 세워 신학문을 보급하고자 힘썼다.
  ➡ 배재 학당은 **개신교** 선교사 아펜젤러가 세운 근대 교육 기관으로 신학문 보급에 기여하였어요.

⑤ **의민단**을 **조직**하여 항일 무장 투쟁을 전개하였다.
  ➡ **천주교**는 만주에서 의민단을 조직하여 항일 무장 투쟁을 전개하였어요.

기출 선택지 +α

❻ 여성 교육을 위해 이화 학당을 설립하였다. (O / X)
❼ 중광단을 조직하여 무장 투쟁을 전개하였다. (O / X)
❽ 잡지 개벽을 발행하여 민족의식을 고취하였다. (O / X)
❾ 경향신문을 발행하여 민중 계몽을 위해 노력하였다. (O / X)

기출 선택지 +α 정답 ❻ ×[개신교] ❼ ×[대종교] ❽ ○ ❾ ×[천주교]

---

42 민족 문화 수호 운동 정답 ①

(가)에 들어갈 내용으로 가장 적절한 것은? [3점]

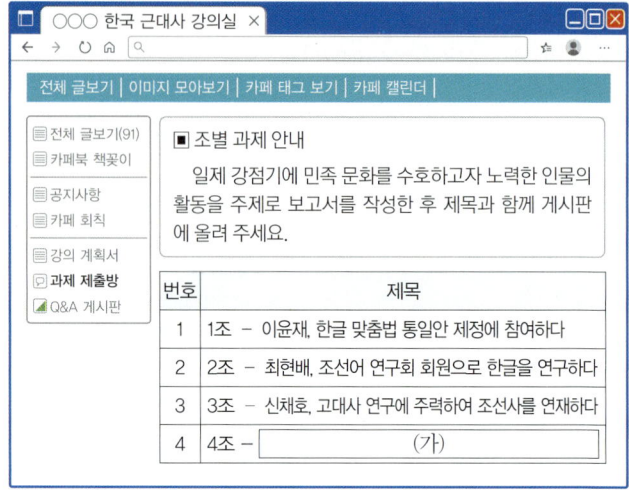

① **정인보, 민족의 얼을 강조하고 조선학 운동을 전개하다**
  ➡ 정인보는 **1930년대**에 민족의 얼을 강조하고, 정약용의 저서를 모은 "여유당전서" 간행을 계기로 조선학 운동을 전개하였어요.

② 장지연, 황성신문에 **시일야방성대곡**이라는 논설을 싣다
  ➡ 장지연은 **1905년** 을사늑약이 체결되자 황성신문에 '시일야방성대곡'을 실어 을사늑약의 부당성을 비판하였어요.

③ 유길준, **서유견문**을 집필하여 서양 근대 문명을 소개하다
  ➡ 유길준은 **1889년**에 미국과 유럽 등을 다닌 경험을 바탕으로 "서유견문"을 완성하여 1895년에 간행하였어요.

④ **최익현**, 지부복궐척화의소를 올려 **왜양일체론**을 **주장**하다
  ➡ 최익현은 **1876년** 개항에 반대하며 지부복궐척화의소를 올려 일본과 서양의 실체는 똑같다는 왜양일체론을 주장하였어요.

⑤ 신헌, **강화도 조약** 체결의 전말을 기록한 **심행일기**를 남기다
  ➡ 신헌은 **1876년**에 조선 측 대표로 강화도 조약을 체결하고 그 전말을 기록한 "심행일기"를 남겼어요.

핵심 개념 | 1930년대 민족 문화 수호 운동

국어	• 조선어 학회 : 조선어 연구회의 개편 → 한글 강습회 개최, 한글 맞춤법 통일안과 표준어 제정, "우리말 큰사전" 편찬 추진 → 조선어 학회 사건(1942)으로 회원들이 검거·투옥됨, 강제 해산 • 저항 시인 활동 : 이육사('광야', '절정' 등), 윤동주('서시', '별 헤는 밤', "하늘과 바람과 별과 시" 등) • 문맹 퇴치 운동 : 동아일보 주도로 브나로드 운동 전개
국사	• 민족주의 사학 : 우리 역사의 자주적 발전과 우수성 강조 → 정인보("조선사연구", '얼' 강조), 안재홍 등의 조선학 운동("여유당전서" 간행 사업을 계기로 본격화) • 실증주의 사학 : 객관적 사실에 근거하는 문헌 고증과 학술 활동 전개(랑케 사학) → 이병도 등이 진단 학회 조직(1934), 진단 학보 발간 • 사회 경제 사학 : 유물 사관을 바탕으로 세계사의 보편적 발전 법칙 위에 한국사를 체계화함 → 일제 식민 사관의 정체성론 비판, 백남운이 "조선사회경제사"·"조선봉건사회경제사" 저술

43 일본에서의 민족 운동

정답 ③

밑줄 그은 '이 지역'에서 있었던 민족 운동으로 옳은 것은? [2점]

> 이것은 ❶1923년 이 지역에서 발생한 지진 당시 희생된 조선인을 위로하기 위해 세운 추모비입니다. 지진이 일어나자 "조선인이 불을 질렀다", "조선인이 공격해 온다" 등의 유언비어가 퍼졌고, 이에 현혹된 사람들이 조직한 자경단 등에 의해 ❷수많은 조선인이 학살되었습니다.

정답 잡는 키워드

❶ 1923년에 발생한 지진, ❷ 수많은 조선인이 학살됨 → **일본**

1923년에 지진이 발생하였으며, 이후 유언비어가 퍼져 수많은 조선인이 학살되었다는 내용을 통해 밑줄 그은 '이 지역'이 일본임을 알 수 있어요. 1923년 9월에 일본 도쿄를 중심으로 한 관동 지역에 큰 지진이 일어났어요. 수많은 이재민과 사상자가 발생하여 일본 내 민심이 크게 동요된 상황에서 조선인이 폭동을 일으켰다는 유언비어가 퍼졌어요. 이에 현혹된 사람들이 자경단을 조직하여 수많은 조선인을 학살하였고 일본 정부는 사실상 이를 묵인하였어요.

① 한인 자치 기구인 **경학사를 설립**하였다.
➡ **서간도(남만주)**로 이주한 신민회의 이회영, 이상룡 등은 삼원보에 한인 자치 기구인 경학사를 설립하였어요.

② 민족 교육을 위해 **서전서숙을 건립**하였다.
➡ 이상설, 이동녕 등은 **북간도**의 용정촌에 서전서숙을 건립하여 민족 교육을 실시하였어요.

③ 유학생을 중심으로 2·8 독립 선언서를 발표하였다.
➡ 민족 자결주의에 영향을 받은 **일본** 도쿄의 한국인 유학생들이 2·8 독립 선언서를 발표하였어요.

④ **대조선 국민군단을 결성**하여 군사 훈련을 실시하였다.
➡ 박용만은 **하와이**에서 대조선 국민군단을 결성하여 군사 훈련을 실시하는 등 무장 투쟁을 준비하였어요.

⑤ 대한 광복군 정부를 세워 무장 독립 투쟁을 준비하였다.
➡ **연해주**에서 이상설, 이동휘 등이 권업회를 토대로 대한 광복군 정부를 수립하여 무장 독립 투쟁을 준비하였어요.

기출 선택지 +α

❻ 해조신문을 발간하여 국권 회복에 힘썼다. (O / X)
❼ 이봉창이 일왕의 행렬에 폭탄을 투척하였다. (O / X)
❽ 신흥 강습소를 설립하여 독립군을 양성하였다. (O / X)
❾ 숭무 학교를 설립하여 무장 투쟁을 준비하였다. (O / X)
❿ 대한인 국민회를 중심으로 외교 활동을 전개하였다. (O / X)

기출 선택지 +α 정답 ❻ ×[연해주] ❼ ○ ❽ ×[서간도] ❾ ×[멕시코] ❿ ×[미국]

44 여운형의 활동

정답 ①

(가) 인물에 대한 설명으로 옳은 것은? [2점]

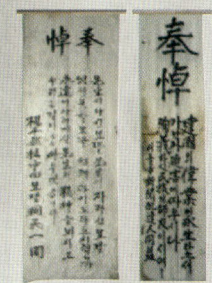

□□일보
제△△호 2023년 ○○월 ○○일

'❶몽양 (가) 장례식 만장' 117점 국가등록문화재 등록 예고

1918년 중국에서 ❷신한 청년당을 조직하고 해방 후 ❸좌우 합작 운동을 추진한 (가) 선생의 마지막 길에 내걸린 만장(輓章)이 국가등록문화재가 된다. 만장이란 망자를 추모하는 글을 비단이나 종이에 적어 만든 깃발로, 1947년 거행된 그의 장례식에는 각계각층이 애도하는 만장이 내걸렸다.

이 만장은 독립운동에 헌신하고 광복 후 좌우 대통합을 위해 노력했던 그에 대한 대중들의 인식과 평가를 담은 자료로서 중요한 역사적 가치가 있다.

정답 잡는 키워드

❶ 몽양, ❷ 신한 청년당 조직, ❸ 좌우 합작 운동 추진 → **여운형**

'몽양'이라는 호를 썼으며, 신한 청년당을 조직하고 해방 후 좌우 합작 운동을 추진하였다는 내용을 통해 (가) 인물이 여운형임을 알 수 있어요. 여운형은 김규식 등과 함께 중국 상하이에서 신한 청년당을 조직하여 파리 강화 회의에 김규식을 한국 대표로 파견하는 등 한국의 독립을 위해 힘썼어요. 광복 이후에 제1차 미·소 공동 위원회가 성과 없이 무기 휴회되고 이승만이 단독 정부 수립을 주장하는 상황에서 여운형은 김규식과 함께 좌우 합작 위원회를 구성하여 좌우 합작 운동을 전개하였어요. 이들은 좌우 합작 7원칙을 발표하는 등 통일 정부 수립을 위해 노력하였으나 좌우익 세력의 외면 속에 미군정이 지지를 철회하고 여운형이 암살되면서 좌우 합작 운동은 실패하였어요.

① 조선 건국 동맹을 결성하였다.
➡ **여운형**은 1944년에 조선 건국 동맹을 결성하여 광복에 대비하였으며, 광복 직후 조선 건국 동맹을 기반으로 조선 건국 준비 위원회를 조직하였어요.

② 한국독립운동지혈사를 **저술**하였다.
➡ **박은식**은 독립 투쟁 과정을 정리한 "한국독립운동지혈사"를 저술하였어요.

③ 권업회의 **초대 회장**으로 선출되었다.
➡ **최재형**은 연해주에서 조직된 권업회의 초대 회장으로 선출되었으며, 권업회의 기관지 역할을 한 권업신문 발간에도 참여하였어요.

④ 대한 광복회를 **조직**하여 친일파를 처단하였다.
➡ **박상진** 등은 대구에서 비밀 결사 형태로 대한 광복회를 조직하여 군자금 모금과 친일파 처단 등의 활동을 벌였어요.

⑤ 백산 상회를 **설립**하여 독립운동 자금을 마련하였다.
➡ **안희제**는 독립운동 자금을 마련하기 위해 부산에 백산 상회를 설립하고 대한민국 임시 정부에 독립운동 자금을 지원하였어요.

기출 선택지 +α

❻ 상하이에서 한인 애국단을 조직하였다. (O / X)
❼ 조선 건국 준비 위원회의 활동을 주도하였다. (O / X)
❽ 극동 인민 대표 대회에서 의장단으로 선출되었다. (O / X)

기출 선택지 +α 정답 ❻ ×[김구] ❼ ○ ❽ ○

45 사사오입 개헌의 결과   정답 ⑤

밑줄 그은 '개헌안'의 시행 결과로 옳은 것은? [2점]

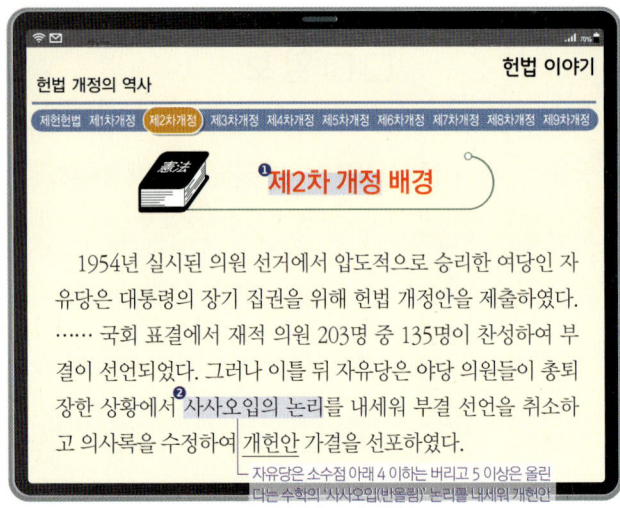

정답 잡는 키워드

❶ 제2차 개정, ❷ 사사오입의 논리 → **사사오입 개헌(제2차 개헌)**

제2차 개정이며 사사오입의 논리를 내세워 부결 선언을 취소하였다는 내용을 통해 밑줄 그은 '개헌안'이 이승만 정부 시기에 이루어진 이른바 사사오입 개헌임을 알 수 있어요. 이승만 정부와 자유당은 장기 집권을 위해 개헌 당시 대통령, 즉 초대 대통령에 한하여 중임 제한을 철폐한다는 부칙을 추가한 개헌안을 발의하고 헌법 개정을 추진하였어요. 국회에서 개헌안 통과를 위해서는 재적 의원 203명 중 3분의 2에 해당하는 136명의 동의가 필요하였는데, 투표 결과 1명이 부족한 135명이 동의하여 부결이 선언되었어요. 그러나 이틀 뒤 자유당은 사사오입 논리를 억지로 적용하여 부결 선언을 취소하고 개헌안이 통과되었다고 다시 선포하였습니다.

① 통일 주체 국민 회의에서 대통령이 선출되었다.
➡ 박정희 정부는 **제7차 개헌**에 따른 유신 헌법을 제정하고 통일 주체 국민 회의에서 대통령을 선출하도록 하였어요. 통일 주체 국민 회의는 1980년에 이루어진 제8차 개헌에 따라 폐지되었어요.

② 5년 단임의 대통령이 직선제에 의해 선출되었다.
➡ 전두환 정부 시기에 6월 민주 항쟁의 결과로 5년 단임의 대통령 직선제 개헌안(**제9차 개헌**)이 통과되었어요.

③ 대통령이 국회 의원의 3분의 1을 추천하게 되었다.
➡ **제7차 개헌**에 따른 유신 헌법에 의해 대통령은 중임 제한 없이 영구 집권이 가능하였고, 국회 의원의 3분의 1을 추천하게 되었어요.

④ 국회에서 간접 선거 방식으로 대통령이 선출되었다.
➡ **제헌 헌법**에 따라 국회에서 간접 선거 방식으로 초대 대통령이 선출되었으며, 이후 **제3차 개헌**에 따라 4대 대통령이 국회에서 선출되었어요. 제7차 개헌인 유신 헌법에 따라 8~11대 대통령이 통일 주체 국민 회의에서, 제8차 개헌에 따라 12대 대통령이 대통령 선거인단에서 간접 선거 방식으로 선출되었어요.

⑤ 개헌 당시의 대통령에 한하여 중임 제한이 철폐되었다.
➡ **사사오입 개헌(제2차 개헌)**으로 개헌 당시의 대통령, 즉 이승만 대통령에 한하여 중임 제한이 철폐되었어요.

기출 선택지 +α

❻ 대통령 중심제가 의원 내각제로 바뀌었다. (O/X)
❼ 선거인단이 선출하는 7년 단임의 대통령제가 실시되었다. (O/X)

기출 선택지 +α 정답 ❻ ×[제3차 개헌] ❼ ×[제8차 개헌]

46 역사 속 화폐   정답 ③

(가)~(마)에 들어갈 내용으로 적절하지 않은 것은? [1점]

스스로 탐구하는 역사 수업

우리 역사에서 사용된 화폐를 주제로 보고서를 작성한 후 제목과 함께 올려 주세요.
※ 과제 마감일은 10월 21일입니다.

번호	제목	
1	1모둠 – 명도전,	(가)
2	2모둠 – 해동통보,	(나)
3	3모둠 – 은병,	(다)
4	4모둠 – 상평통보,	(라)
5	5모둠 – 백동화,	(마)

① (가) - 중국 연과의 교류 관계를 보여 주다
➡ **명도전**은 우리나라 철기 시대 유적에서 발견되는 중국 화폐로, 이를 통해 당시 중국의 연과 교류하였음을 짐작할 수 있어요.

② (나) - 의천의 건의로 화폐가 주조되다
➡ 고려 숙종은 아우 의천의 건의를 받아들여 주전도감을 설치하고 은병, **해동통보** 등 화폐를 발행하였어요.

③ (다) - **경복궁 중건**을 위해 제작되다
➡ 흥선 대원군 집권 시기에 경복궁 중건을 위해 제작된 화폐는 **당백전**이에요. 은병은 은 1근으로 제작된 고려의 화폐로 활구라고도 불렸어요.

④ (라) - 법화로 발행되어 전국적으로 유통되다
➡ 조선 숙종 때 허적 등의 건의에 따라 **상평통보**가 법화로 발행되어 전국적으로 유통되었어요.

⑤ (마) - 전환국에서 화폐가 발행되다
➡ 1883년에 화폐 주조 기관인 전환국이 설치되었어요. 전환국에서는 1892년부터 **백동화**를 발행하였어요.

[47~48] 다음 자료를 읽고 물음에 답하시오.

(가) ❶만적 등 6명이 북산에서 나무하다가 공사 노비를 불러 모아 모의하기를, "국가에서 경인년·계사년 이후로 높은 벼슬이 천한 노비에게서 많이 나왔으니, 장수와 재상이 어찌 종자가 있으랴. …… 그 주인을 죽이고 ❷노비 문서를 불태워 삼한에서 천인을 없애면 모두 공경 장상이 될 수 있을 것이다."라고 하였다.

(나) 왕 7년, ❸노비를 안검하여 그 시비를 분별하도록 명하자, 노비로 주인을 배반한 자가 매우 많아지고 윗사람을 능멸하는 풍조가 크게 행해졌다. 사람들이 모두 탄식하고 원망하였다. 대목 왕후가 이를 간절히 간언하였으나 왕은 받아들이지 않았다.

(다) 1. 문벌, 양반과 상인들의 등급을 없애고 귀천에 관계없이 인재를 선발하여 등용한다.
　　1. ❹과부가 재가하는 것은 귀천을 막론하고 자신의 의사대로 하게 한다.
　　1. ❺공노비와 사노비에 관한 법을 일체 혁파하고 사람을 사고파는 일을 금지한다.

(라) "임금이 백성을 대할 때는 귀천이 없고 내외 없이 고루 균등하게 적자(赤子)로 여겨야 하는데, 노(奴)와 비(婢)라고 하여 구분하는 것이 어찌 똑같이 동포로 여기는 뜻이겠는가. ❻내노비 36,974명과 시노비 29,093명을 모두 양민으로 삼도록 하라. 그리고 승정원으로 하여금 노비 문서를 거두어 돈화문 밖에서 불태우도록 하라."

└ 조선 후기에 상민의 수가 감소하면서 군역 대상자가 줄어들어 국가 재정이 부족해지자 순조는 공노비 해방을 통해 상민의 수를 늘려 재정을 보완하고자 하였어요.

47 역사 속 노비 처우의 변화　　정답 ③

(가)~(라)를 일어난 순서대로 옳게 나열한 것은? [3점]

정답 잡는 키워드

❶, ❷ 만적 등이 공사 노비를 불러 모아 노비 문서를 불태울 것 등을 모의함 → (가) 만적의 난(고려 무신 집권기, 1198)

❸ 노비를 안검하여 그 시비를 분별하도록 명함 → (나) 노비안검법 실시(고려 광종, 956)

❹ 과부의 재가 허용, ❺ 공사 노비법 혁파 → (다) 제1차 갑오개혁(조선 고종, 1894)

❻ 내노비와 시노비를 모두 양민으로 삼도록 명함 → (라) 공노비 해방(조선 순조, 1801)

(가) 만적 등이 공사 노비를 불러 모아 노비 문서를 불태울 것을 모의하였다는 내용을 통해 고려 무신 집권기에 일어난 만적의 난에 관한 자료임을 알 수 있어요. 무신 집권기에 개경에서 노비 만적이 신분 해방을 도모하는 반란을 모의하였으나 사전에 계획이 발각되어 실패하였어요.

(나) 왕이 노비를 안검하여 그 시비를 분별하도록 명하였다는 내용을 통해 고려 광종 때의 노비안검법 실시에 관한 자료임을 알 수 있어요. 광종은 공신과 호족의 세력 기반을 약화하고 국가 재정을 확충하기 위해 노비안검법을 실시하여 본래 양인이었으나 억울하게 노비가 된 사람의 신분을 되돌려 주었어요.

(다) 과부의 재가를 허용하고, 공사 노비법을 혁파한다는 내용을 통해 조선 고종 때 추진된 제1차 갑오개혁에 관한 자료임을 알 수 있어요. 제1차 갑오개혁으로 신분제와 노비제가 혁파되었어요.

(라) 내노비와 시노비 6만여 명을 모두 양민으로 삼도록 하라는 내용을 통해 조선 순조 때의 공노비 해방에 관한 자료임을 알 수 있어요. 순조는 군역 대상자를 확보하고 국가 재정을 확충하기 위해 각 궁방과 중앙 관서의 공노비를 해방하였어요.

① (가) - (나) - (다) - (라)
② (가) - (나) - (라) - (다)
③ (나) - (가) - (라) - (다)
　➡ (나) 노비안검법 실시(고려 광종, 956) → (가) 만적의 난(고려 무신 집권기, 1198) → (라) 공노비 해방(조선 순조, 1801) → (다) 제1차 갑오개혁(조선 고종, 1894)
④ (나) - (다) - (가) - (라)
⑤ (다) - (라) - (나) - (가)

48 역사 속 노비 관련 사건　　정답 ①

(가)~(라)를 활용한 탐구 활동으로 적절한 것을 〈보기〉에서 고른 것은? [2점]

ㄱ. (가) - 무신 집권기에 발생한 하층민의 봉기에 대해 알아본다.
　➡ 만적의 난은 고려 무신 정권 당시 최충헌이 집권한 시기에 일어났어요. 무신 집권기의 정치 혼란 가운데 지배층의 수탈이 심해지면서 망이·망소이의 난, 김사미와 효심의 난, 만적의 난 등 하층민의 봉기가 각지에서 일어났어요.

ㄴ. (나) - 호족의 경제적 기반을 약화시킨 제도를 살펴본다.
　➡ 호족의 경제·군사적 기반이었던 노비를 양인으로 되돌리는 노비안검법의 시행으로 호족의 세력 기반이 약화되었어요.

ㄷ. (다) - 균역법이 시행되는 배경을 파악한다.
　➡ 조선 영조는 군포 징수와 관련하여 여러 가지 폐단이 발생하고 백성의 부담이 커지자 군역 부담을 줄이기 위해 균역법을 시행하였어요.

ㄹ. (라) - 삼정이정청이 설치된 계기를 조사한다.
　➡ 1862년에 진주에서 농민 봉기가 일어나자 조선 정부는 사태 수습을 위해 박규수를 안핵사로 파견하였어요. 이후 박규수의 건의로 삼정의 문란을 바로잡기 위해 삼정이정청이 설치되었어요.

① ㄱ, ㄴ　② ㄱ, ㄷ　③ ㄴ, ㄷ
④ ㄴ, ㄹ　⑤ ㄷ, ㄹ

49 박정희 정부 시기의 사실 정답 ④

(가) 정부 시기에 있었던 사실로 옳은 것은? [2점]

① (가) 정부의 민주화 운동 탄압 사례 중의 하나로 알려진 전국 민주 청년 학생 총연맹 사건의 관련 기록물이 세상에 나왔습니다. 국가 기록원은 사건이 발생한 지 40여 년 만에 관련 인물 180명의 재판 기록과 수사 기록을 공개했습니다.

- 1974년 박정희 정부가 유신 반대 투쟁을 벌인 전국 민주 청년 학생 총연맹(민청학련) 관련자들을 대통령 긴급 조치 위반 및 내란 음모 등의 혐의로 구속·기소한 사건이에요.

'민청학련 사건' 기록물, 세상 밖으로

정답 잡는 키워드

❶ 전국 민주 청년 학생 총연맹 사건 → 박정희 정부

민주화 운동 탄압 사례로 전국 민주 청년 학생 총연맹 사건(민청학련 사건)이 있다는 내용을 통해 (가) 정부가 박정희 정부임을 알 수 있어요. 박정희 정부는 유신 체제에 반대하는 시위가 이어지자 전국 민주 청년 학생 총연맹 사건과 인민 혁명당 재건위 사건(제2차 인민 혁명당 사건) 등을 조작하여 관련자를 잡아들이고 유신 반대 운동을 탄압하였어요.

① 정부에 비판적인 경향신문이 폐간되었다.
  ➡ 이승만 정부는 정부에 비판적인 기사를 게재하는 경향신문을 폐간하는 등 언론을 통제하였어요.

② 국민의 요구에 굴복하여 대통령이 하야하였다.
  ➡ 이승만 정부 시기 3·15 부정 선거가 발단이 되어 일어난 4·19 혁명으로 이승만이 대통령직에서 물러났어요.

③ 민주화 시위 도중 대학생 강경대가 희생되었다.
  ➡ 노태우 정부 시기인 1991년에 대학생 강경대가 노태우 정부의 반민주적 통치에 항거하는 시위를 벌이다가 경찰의 과잉 진압으로 사망하였어요.

④ 장기 독재에 저항한 3·1 민주 구국 선언이 발표되었다.
  ➡ 박정희 정부 시기인 1976년에 유신 체제에 반대하여 긴급 조치 철폐 등을 요구하는 3·1 민주 구국 선언이 발표되었어요.

⑤ 기존의 헌법을 유지하는 4·13 호헌 조치가 선언되었다.
  ➡ 전두환 정부는 국민의 대통령 직선제 개헌 요구를 거부하고 기존의 헌법을 유지하겠다는 4·13 호헌 조치를 발표하였어요.

기출 선택지 +α

❻ 박종철 고문치사 사건이 발생하였다. (O / X)
❼ 군 내부의 사조직인 하나회가 해체되었다. (O / X)
❽ 인민 혁명당 재건위 사건으로 관련자가 탄압받았다. (O / X)
❾ 평화 통일론을 주장한 진보당의 조봉암이 구속되었다. (O / X)
❿ 민주 회복을 위한 개헌 청원 백만 인 서명 운동이 전개되었다. (O / X)

기출 선택지 +α
정답 ❻ ×[전두환 정부] ❼ ×[김영삼 정부] ❽ ○ ❾ ×[이승만 정부] ❿ ○

50 노무현 정부의 통일 노력 정답 ⑤

다음 연설이 있었던 정부의 통일 노력으로 옳은 것은? [2점]

진작부터 꼭 한 번 와 보고 싶었습니다. 참여 정부 와서 첫 삽을 떴기 때문에 …… 지금 개성 공단이 매출액의 증가 속도, 그리고 근로자의 증가 속도 같은 것이 눈부시지요. …… 경제적으로 공단이 성공하고, 그것이 남북 관계에서 평화에 대한 믿음을 우리가 가질 수 있게 만드는 것이거든요. 또 함께 번영해 갈 수 있는 가능성에 대해서 우리가 믿음을 갖게 되는 것이기 때문에, 이것이 선순환되면 앞으로 정말 좋은 결과가 있을 것입니다.

- 노무현 대통령은 2007년 평양에서 제2차 남북 정상 회담 일정을 마치고 서울로 돌아오는 길에 개성 공단을 방문하였어요.
- 노무현 대통령은 대통령 당선 이후 새 정부의 명칭을 참여 정부로 정하였어요.

정답 잡는 키워드

❶ 참여 정부, ❷ 개성 공단 → 노무현 정부

참여 정부에서 공사를 시작한 개성 공단에 와 보고 싶었다는 방문 소감을 통해 개성 공단을 건설하여 운영을 본격화한 노무현 정부 시기의 연설임을 알 수 있어요. 노무현 정부는 김대중 정부의 대북 화해 협력 정책을 계승·발전시켜 개성 공단 사업을 시작하고, 경의선과 동해선 철도를 연결하는 등 남북 간 경제 교류를 확대하였어요.

① 남북한이 국제 연합(UN)에 동시 가입하였다.
  ➡ 노태우 정부는 북한과 함께 유엔에 동시 가입하였어요.

② 민족자존과 통일 번영을 위한 7·7 선언을 발표하였다.
  ➡ 노태우 정부는 민족자존과 통일 번영을 위한 7·7 선언을 발표하고 북방 정책을 추진하였어요.

③ 남북 이산가족 고향 방문단의 교환 방문을 최초로 성사시켰다.
  ➡ 전두환 정부는 남북 이산가족 고향 방문단과 예술 공연단의 교환 방문을 최초로 성사시켰어요.

④ 7·4 남북 공동 성명 실천을 위해 남북 조절 위원회를 구성하였다.
  ➡ 박정희 정부는 7·4 남북 공동 성명의 합의 사항을 이행하기 위해 남북 조절 위원회를 구성하였어요.

⑤ 남북 관계 발전과 평화 번영을 위한 10·4 남북 정상 선언을 발표하였다.
  ➡ 노무현 정부는 제2차 남북 정상 회담을 개최하고 10·4 남북 정상 선언을 발표하였어요.

기출 선택지 +α

❻ 제2차 남북 정상 회담을 개최하였다. (O / X)
❼ 남북한이 한반도 비핵화 공동 선언을 채택하였다. (O / X)
❽ 평화 통일 외교 정책에 관한 6·23 특별 성명을 발표하였다. (O / X)
❾ 남북 사이의 화해와 불가침 및 교류·협력에 관한 합의서를 교환하였다. (O / X)

기출 선택지 +α
정답 ❻ ○ ❼ ×[노태우 정부] ❽ ×[박정희 정부] ❾ ×[노태우 정부]

700만이 선택한
큰★별쌤 최태성
유튜브 공식채널

별님들이 원하는 **한국사 콘텐츠의 모든 것**,
최태성 TV와 함께하세요.

 한국사 **인강** 전문채널

 한국사 **교양** 전문채널

 초등 별님들의 역사 놀이터!

 어린이를 위한 재밌는 역사의 첫걸음!

▶ 유튜브에서 **최태성** ▼ 을 검색하세요.